# All in one

# सामाजिक विज्ञान

## CBSE कक्षा 9

NCERT का सरल भाषा में अध्ययन ▪ अभ्यास प्रश्न ▪ सैंपल पेपर्स

Recommended by Teachers
Trusted by Toppers

# All in one

# सामाजिक विज्ञान

## CBSE कक्षा 9

NCERT का सरल भाषा में अध्ययन ▪ अभ्यास प्रश्न ▪ सैंपल पेपर्स

*लेखक*
विजय प्रताप सिंह
रवि कसेरा
राजेश कुमार

arihant
SUCCESS AND NOTHING LESS

arihant
SUCCESS AND NOTHING LESS

# अरिहन्त प्रकाशन

(स्कूल डिवीज़न सीरीज़)



卐 रजि. कार्यालय

'रामछाया' 4577/15, अग्रवाल रोड, दरिया गंज, नई दिल्ली-110002
फोन: 011-47630600, 43518550; फैक्स: 011-23280316

मुख्य कार्यालय

कालिन्दी, टी०पी० नगर, मेरठ (यूपी)-250002 फोन: 0121-7156203, 7156204

卐 शाखा कार्यालय

आगरा, अहमदाबाद, बरेली, बंगलुरु, चेन्नई, दिल्ली, गुवाहाटी, हैदराबाद, जयपुर, झाँसी, कोलकाता, लखनऊ, नागपुर तथा पुणे

卐 PO No : TXT-XX-XXXXXXX-X-XX

**Published by Arihant Publications (India) Ltd.**

'अरिहन्त' की पुस्तकों के बारे में अधिक जानकारी के लिए हमारी वेबसाइट
www.arihantbooks.com पर लॉग इन करें या info@arihantbooks.com पर सम्पर्क करें।

*Follow us on*

卐 मूल्य ₹ 450.00

प्रोडक्शन टीम

| पब्लिशिंग मैनेजर | कवर डिज़ाइनर | इनर डिज़ाइनर |
|---|---|---|
| महेन्द्र सिंह रावत, केशव मोहन | सलमान | अंकित त्यागी |
| **प्रोजेक्ट हैड** | **पेज लेआउट** | **प्रूफ रीडर** |
| मोहित महरोल | रवि सागर | दीपक |

# Index *cum* Study Planner

Studied | Revised | Exam ready

## इतिहास (भारत और समकालीन विश्व-I)

## भूगोल (समकालीन भारत-I)

## राजनीति विज्ञान (लोकतांत्रिक राजनीति–I)

Studied | Revised | Exam ready

## अर्थशास्त्र

# One Book- Endless Features
## to Help you Succeed

### संपूर्ण अध्ययन

प्रत्येक अध्याय के प्रारम्भ में NCERT Theory को Easy to Read/ Understand रूप में दिया गया है। Theory के बीच में मानचित्र, टेबल, फ्लोचार्ट आदि दिए गए हैं, जिनकी सहायता से विद्यार्थी विषय संकल्पनाओं को आसानी से समझ पाएँगे।

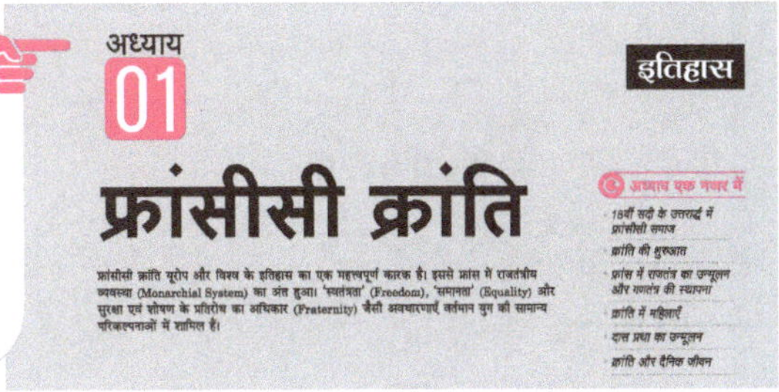

### परीक्षा अभ्यास

पाठ्यपुस्तक के प्रत्येक अध्याय के NCERT प्रश्नोत्तर के पश्चात् 'परीक्षा अभ्यास' दिया गया है, जिसमें वस्तुनिष्ठ प्रश्न, अतिलघु उत्तरीय, लघु उत्तरीय और दीर्घ उत्तरीय आदि प्रश्न दिए गए हैं। परीक्षा अभ्यास देने का मुख्य उद्देश्य यह है कि छात्र अपने द्वारा अध्याय में पढ़ी हुई पाठ्य सामग्री से संबंधित प्रश्नोत्तर का अध्ययन यहाँ कर सकते हैं।

### NCERT फोल्डर

पाठ्यपुस्तक के प्रत्येक अध्याय में NCERT पाठ्यपुस्तक के अभ्यास प्रश्नों का उत्तर सरल भाषा में दिया गया है तथा उतना ही उत्तर दिया गया है जितना कि प्रश्न में अनिवार्य रूप से पूछा गया है। NCERT प्रश्नोत्तर को यहाँ देने का मुख्य उद्देश्य यह है कि छात्र NCERT का पूर्ण अभ्यास एक ही पुस्तक में कर सकें।

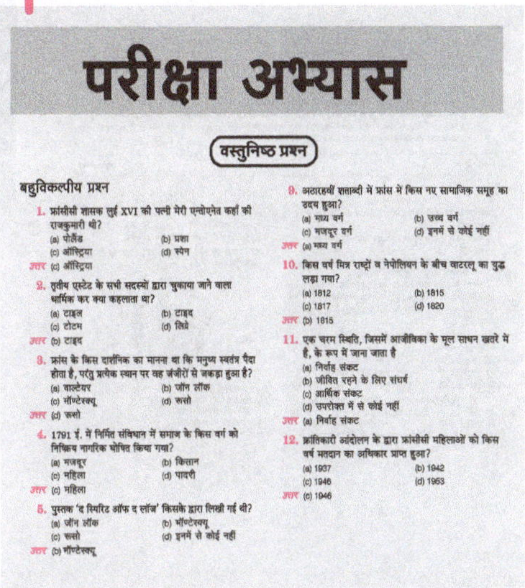


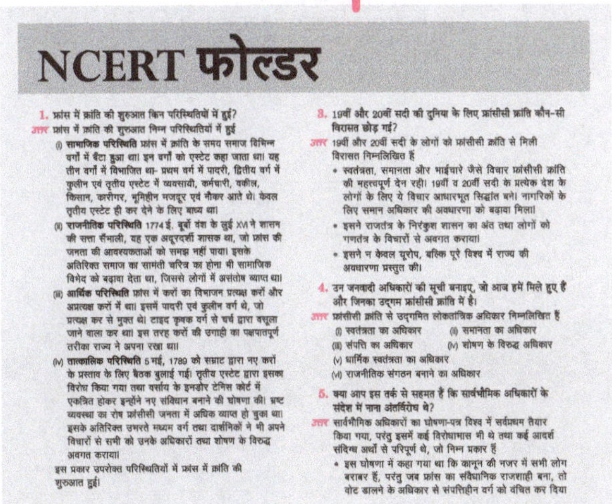

# One Book- Endless Features

## *to Help you Succeed*

**सैंपल पेपर्स**

पुस्तक के अंत में CBSE के नवीनतम पाठ्यक्रम व नवीनतम सैंपल पेपर पर आधारित 3 सैंपल पेपर्स दिए गए हैं। सभी सैंपल पेपर्स को परीक्षा पैटर्न व समय सीमा को ध्यान में रखकर तैयार किया गया है। इन सैंपल पेपर्स की प्रैक्टिस कर छात्र परीक्षा की सटीक तैयारी कर सकते हैं।

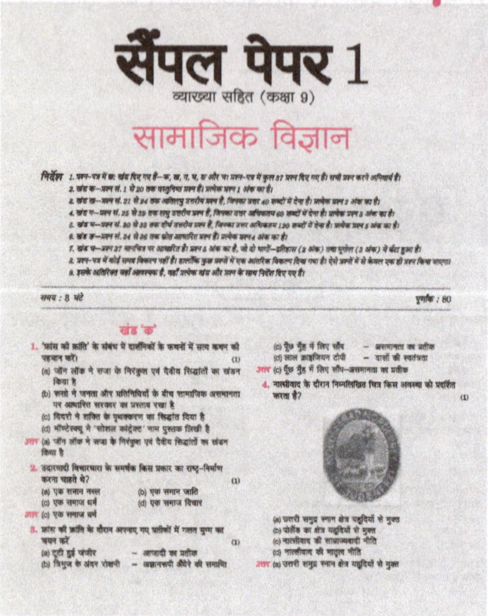

# सैंपल पेपर 1

व्याख्या सहित (कक्षा 9)

## सामाजिक विज्ञान

समय : 3 घंटे | पूर्णांक : 80

खंड 'क'

**स्वयं को जाँचें**

परीक्षा अभ्यास के पश्चात् अध्याय के इस चरण में छात्र अध्याय से संबंधित अपने ज्ञान का मूल्यांकन कर सकते हैं। इसमें भी वस्तुनिष्ठ प्रश्न, अतिलघु उत्तरीय, लघु उत्तरीय और दीर्घ उत्तरीय प्रश्न दिए गए हैं।

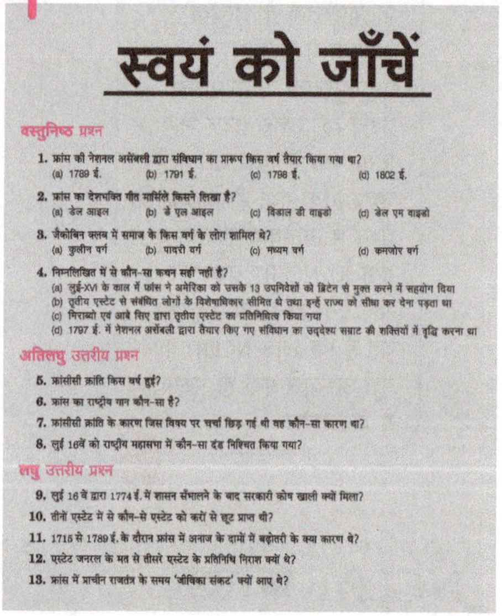

# स्वयं को जाँचें

### वस्तुनिष्ठ प्रश्न

1. फ्रांस की नेशनल असेंबली द्वारा संविधान का प्रारूप किस वर्ष तैयार किया गया था?
(a) 1789 ई. (b) 1791 ई. (c) 1798 ई. (d) 1802 ई.
2. फ्रांस का देशभक्ति गीत मार्सिले किसने लिखा है?
(a) डेल आइल (b) डे एल आइल (c) विडाल डी वाइडो (d) डेल एम वाइडो
3. जैकोबिन क्लब में समाज के किस वर्ग के लोग शामिल थे?
(a) कुलीन वर्ग (b) पादरी वर्ग (c) मध्यम वर्ग (d) कमजोर वर्ग
4. निम्नलिखित में से कौन-सा कथन सही नहीं है?
(a) लुई-XVI के काल में फ्रांस ने अमेरिका को उसके 13 उपनिवेशों को ब्रिटेन से मुक्त करने में सहयोग दिया
(b) तृतीय एस्टेट से संबंधित लोगों के विशेषाधिकार सीमित थे तथा इन्हें राज्य को सीधा कर देना पड़ता था
(c) मिराब्यो एवं आबे सिए द्वारा तृतीय एस्टेट का प्रतिनिधित्व किया गया
(d) 1797 ई. में नेशनल असेंबली द्वारा तैयार किए गए संविधान का उद्देश्य सम्राट की शक्तियों में वृद्धि करना था

### अतिलघु उत्तरीय प्रश्न

5. फ्रांसीसी क्रांति किस वर्ष हुई?
6. फ्रांस का राष्ट्रीय गान कौन-सा है?
7. फ्रांसीसी क्रांति के कारण जिस विषय पर चर्चा छिड़ गई थी वह कौन-सा कारण था?
8. लुई 16वें को राष्ट्रीय महासभा में कौन-सा दंड निश्चित किया गया?

### लघु उत्तरीय प्रश्न

9. लुई 16 वें द्वारा 1774 ई. में शासन सँभालने के बाद सरकारी कोष खाली क्यों मिला?
10. तीनों एस्टेट में से कौन-से एस्टेट को करों से छूट प्राप्त थी?
11. 1715 से 1789 ई. के दौरान फ्रांस में अनाज के दामों में बढ़ोतरी के क्या कारण थे?
12. एस्टेट जनरल के मत से तीसरे एस्टेट के प्रतिनिधि निराश क्यों थे?
13. फ्रांस में प्राचीन राजतंत्र के समय 'जीविका संकट' क्यों आए थे?

# नवीनतम पाठ्यक्रम

| इतिहास (भारत और समकालीन विश्व–I) | | | मानचित्र इंगित के सहित 20 |
|---|---|---|---|
| **अनुभाग** | **अध्याय संख्या** | **अध्याय का नाम** | **अंक आवंटित** |
| **I घटनाक्रम और प्रक्रिया** | I | फ्रांसीसी क्रांति | **18+2 मानचित्र इंगित करना।** |
| | II | यूरोप में समाजवाद एवं रूसी क्रांति | |
| | III | नाजीवाद और हिटलर का उदय | |
| **II आजीविका, अर्थव्यवस्था और समाज** | IV | वन, समाज और उपनिवेशवाद<br>**बहु–मूल्यांकन के हिस्से के रूप में अंतर्विषय परियोजना**<br>(आंतरिक रूप से 5 अंकों के लिए मूल्यांकन) | |
| | V | आधुनिक विश्व में चरवाहे<br>**(केवल आवधिक मूल्यांकन के भाग के रूप में मूल्यांकन किया जाना है)** | |

| भूगोल (समकालीन भारत–I) | | मानचित्र इंगित करने सहित 20 |
|---|---|---|
| **अध्याय संख्या** | **अध्याय का नाम** | **अंक आवंटित** |
| 1 | भारत–आकार और स्थान | **17+3 मैप प्वॉइंटिंग*** |
| 2 | भारत का भौतिक स्वरूप | |
| 3 | अपवाह | |
| 4 | जलवायु | |
| 5 | प्राकृतिक वनस्पति और वन्यजीव<br>**(वार्षिक परीक्षा में मूल्यांकन हेतु केवल मानचित्र का ही उल्लेख किया जाना है।)** | |
| | **बहुविध मूल्यांकन के हिस्से के रूप में अंत:विषय परियोजना**<br>(आंतरिक रूप से 5 अंकों के लिए मूल्यांकन किया गया।) | |
| 6 | जनसंख्या | *निशान जैसा कि ऊपर बताया गया है |

| राजनीति विज्ञान (लोकतांत्रिक राजनीति-I) | | 20 अंक |
|---|---|---|
| **अध्याय संख्या** | **अध्याय का नाम** | **अंक आवंटित** |
| 1 | लोकतंत्र क्या? | 20 |
| | लोकतंत्र क्यों? | |
| 2 | संविधान निर्माण | |
| 3 | चुनावी राजनीति | |
| 4 | संस्थाओं का कामकाज | |
| 5 | लोकतांत्रिक अधिकार | |

| अर्थशास्त्र | | 20 अंक |
|---|---|---|
| **अध्याय संख्या** | **अध्याय का नाम** | **अंक आवंटित** |
| 1 | पालमपुर गाँव की कहानी | 20 |
| | **(केवल आवधिक मूल्यांकन के भाग के रूप में मूल्यांकन किया जाना है)** | |
| 2 | संसाधन के रूप में लोग | |
| 3 | निर्धनता : एक चुनौती | |
| 4 | भारत में खाद्य सुरक्षा | |

अध्याय 01



# फ्रांसीसी क्रांति

फ्रांसीसी क्रांति यूरोप और विश्व के इतिहास का एक महत्त्वपूर्ण कारक है। इससे फ्रांस में राजतंत्रीय व्यवस्था (Monarchial System) का अंत हुआ। 'स्वतंत्रता' (Freedom), 'समानता' (Equality) और सुरक्षा एवं शोषण के प्रतिरोध का अधिकार (Fraternity) जैसी अवधारणाएँ वर्तमान युग की सामान्य परिकल्पनाओं में शामिल हैं।

**अध्याय एक नजर में**

- 18वीं सदी के उत्तरार्द्ध में फ्रांसीसी समाज
- क्रांति की शुरुआत
- फ्रांस में राजतंत्र का उन्मूलन और गणतंत्र की स्थापना
- क्रांति में महिलाएँ
- दास प्रथा का उन्मूलन
- क्रांति और दैनिक जीवन

## 18वीं सदी के उत्तरार्द्ध में फ्रांसीसी समाज

1774 ई. में बूर्बो राजवंश के लुई XVI ने 20 वर्ष की उम्र में फ्रांस के राजा के रूप में शासन सँभाला। लुई XVI का विवाह ऑस्ट्रिया की राजकुमारी मेरी एन्तोएनेत (Marie Antoinette) से हुआ। लंबे समय तक चले युद्ध के कारण फ्रांस के वित्तीय संसाधन नष्ट हो चुके थे, जिसके परिणामस्वरूप राजकोष खाली हो गया। लुई XVI के काल में फ्रांस ने अमेरिका को उसके 13 उपनिवेशों को ब्रिटेन से मुक्त कराने में सहयोग दिया। इस युद्ध के कारण फ्रांस पर 10 अरब **लिव्रे** (Livres) से भी अधिक का ऋण हो गया, जबकि उस पर पहले से ही 2 अरब लिव्रे का ऋण था। सरकार से ऋण देने वाले 10% ब्याज की माँग करने लगे।

फ्रांस की सरकार द्वारा यह दुर्लभ होता जा रहा था कि वह सैन्य खर्च, राजदरबार, सरकारी कार्यालय तथा विश्वविद्यालयों का खर्च वहन कर सके, जिसके कारण फ्रांसीसी सरकार करों में बढ़ोतरी के लिए बाध्य हुई। करों की बढ़ोतरी से ही समस्या का समाधान संभव नहीं था, क्योंकि 18वीं सदी में फ्रांसीसी समाज तीन एस्टेट (Three Estates) में विभाजित था और तृतीय एस्टेट के व्यक्ति ही कर देते थे। वर्गों में विभाजित फ्रांसीसी समाज मध्यकालीन सामंती व्यवस्था (Feudal System) का अंग था। **प्राचीन राजतंत्र** (Old Regime) पद का प्रयोग 1789 ई. से पहले के फ्रांसीसी समाज एवं संस्थाओं के लिए होता था।

फ्रांसीसी समाज के तीन एस्टेट निम्न प्रकार थे

### **प्रथम एस्टेट** (पादरी वर्ग)

यह वर्ग चर्च के विशेष कार्यों को करने वाले व्यक्तियों का समूह था। इस वर्ग के लोगों को जन्म से कुछ अधिकार प्राप्त थे; जैसे—राज्य को देने वाले करों में इन्हें छूट प्राप्त थी। हालाँकि चर्च किसानों से **टाइद** (Tithe) नामक धार्मिक कर वसूलता था। यह कर कृषि उपज के दसवें हिस्से के बराबर होता था।

### **द्वितीय एस्टेट** (कुलीन वर्ग)

इस वर्ग में धनी और कुलीन (Aristocrat) व्यक्ति शामिल थे। राज्य को दिए जाने वाले करों से इन्हें भी छूट प्राप्त थी।

इस वर्ग के सदस्यों को कुछ अन्य सामंती विशेषाधिकार (Feudal Privileges) भी प्राप्त थे; जैसे—सामंती कर (Feudal Dues), जो ये किसानों से वसूल करते थे।

### तृतीय एस्टेट

- जनसंख्या के शेष बचे सभी लोग तृतीय एस्टेट से संबंधित थे; जैसे—बड़े व्यवसायी, व्यापारी, अदालती कर्मचारी, वकील आदि।
- इस वर्ग से संबंधित लोगों के विशेषाधिकार सीमित थे तथा इन्हें राज्य को सीधे कर देना पड़ता था।
- इस वर्ग के सदस्यों को **टाइल** (Taille) नामक प्रत्यक्ष कर भी देना पड़ता था। इसके अतिरिक्त कई अप्रत्यक्ष कर भी थे, जो दैनिक जीवन से संबंधित वस्तुओं पर लगे थे; जैसे—तंबाकू और नमक।
- कृषक वर्ग की संख्या फ्रांस में सर्वाधिक थी। इनकी संख्या लगभग 90% थी, जिसमें से बहुत कम के पास अपनी भूमि थी।
- लगभग 60% जमीन पर कुलीनों, चर्च और तीसरे एस्टेट्स के अमीरों का अधिकार था।
- किसान अपने स्वामी के घर एवं खेतों में काम करना, सैन्य सेवाएँ देना अथवा सड़कों के निर्माण में सहयोग देना आदि कार्य करने के लिए बाध्य थे।

## जीने का संघर्ष

फ्रांस की जनसंख्या 1715 ई. में 2.3 करोड़ थी, जो 1789 ई. में बढ़कर 2.8 करोड़ हो गई, जिसके परिणामस्वरूप खाद्यान्नों की माँग में वृद्धि हुई, लेकिन खाद्यान्नों का उत्पादन माँग के अनुसार नहीं बढ़ रहा था।

इन लोगों के मुख्य खाद्य, पाव रोटी (Bread) की कीमतें तेजी से बढ़ने लगी। अधिकांश श्रमिक कारखानों में मजदूरों का काम करते थे, जिनके मालिकों ने उनकी मजदूरी निर्धारित की हुई थी, परंतु इनकी मजदूरी बढ़ती हुई कीमतों के समान नहीं थी।

स्थितियाँ तब और भी गंभीर हो जाती थीं, जब सूखे या ओले के प्रकोप से फसलें नष्ट हो जाती थीं। ऐसे **जीविका संकट** (Subsistence Crisis) प्राचीन राजतंत्र में सामान्य थे।

## मध्यम वर्ग का उदय

18वीं सदी में नए सामाजिक वर्ग (Social Group) का उदय हुआ, जिसे **मध्यम वर्ग** (Middle Class) के रूप में जाना जाता था।

इस वर्ग ने विदेशी व्यापार के कारण संपत्ति अर्जित की थी। तीसरे एस्टेट में इन सौदागरों एवं निर्माताओं के अतिरिक्त प्रशासनिक सेवा व वकील जैसे व्यक्ति भी शामिल थे।

यह वर्ग पढ़ा-लिखा होने के कारण जन्म से विशेषाधिकार को न मानकर योग्यता को व्यक्ति के सामाजिक पद का आधार मानता था।

जॉन लॉक (John Locke), ज्याँ जाक रूसो (Jean Jacques Rousseau) और मॉण्टेस्क्यू (Montesquieu) जैसे दार्शनिकों ने स्वतंत्रता, समान नियमों तथा समान अवसरों पर आधारित समाज की परिकल्पना प्रस्तुत की थी।

दार्शनिकों के विचार निम्नलिखित थे

(i) **जॉन लॉक** ने अपनी पुस्तक *'टू ट्रीटाइज़ेज़ ऑफ गवर्नमेंट'* (Two Treaties of Government) में राजा के निरंकुश एवं दैवीय सिद्धांतों का खंडन किया है।

(ii) **रूसो** ने अपनी कृति *'सोशल कॉण्ट्रैक्ट'* (Social Contract) में जनता और प्रतिनिधियों के बीच एक सामाजिक अनंबंध पर आधारित सरकार का प्रस्ताव रखा।

(iii) **मॉण्टेस्क्यू** ने अपनी पुस्तक *'द स्पिरिट ऑफ द लॉज'* (The Spirit of the Laws) में विधायिका, कार्यपालिका तथा न्यायपालिका के मध्य शक्तियों के विभाजन की बात कही है।

फ्रांस के राजनीतिक विचारकों के लिए अमेरिकी संविधान और इसमें दी गई व्यक्तिगत अधिकारों की गारंटी प्रेरणा का एक महत्त्वपूर्ण स्रोत थी। इसके अतिरिक्त फ्रांस के कॉफी हाउसों व सैलॉन (Salons) में इन दार्शनिकों के विचार पर बहस तथा पुस्तक एवं अखबारों के माध्यम से प्रचार-प्रसार होने लगा। इसी बीच राज्य के खर्चों को पूरा करने के लिए लुई XVI द्वारा पुन: करों में वृद्धि की खबर लोगों तक पहुँची, जिससे पूर्व से चली आ रही विशेषाधिकार वाली व्यवस्था के विरुद्ध लोगों का विरोध बढ़ गया।

## क्रांति की शुरुआत

फ्रांसीसी सम्राट लुई XVI ने 5 मई, 1789 को नए करों के प्रस्ताव के अनुमोदन के लिए **प्रतिनिधि सभा** (Estate General) की बैठक बुलाई।

इस सभा में प्रथम तथा द्वितीय एस्टेट्स के 300-300 प्रतिनिधि थे, जो आमने-सामने की लाइन में बिठाए गए थे। तृतीय एस्टेट (600 प्रतिनिधि) का प्रतिनिधित्व इसके अपेक्षाकृत समृद्ध एवं शिक्षित वर्ग कर रहे थे।

कारीगर (Artisans), कृषक (Peasants) एवं औरतों का इस सभा में जाना वर्जित था। फिर भी पत्रों के माध्यम से उनकी माँगों एवं शिकायतों की सूची बनाई गई, जिनको प्रतिनिधियों द्वारा सभा में प्रस्तुत किया जा सके।

तीसरे वर्ग के प्रतिनिधियों ने माँग रखी कि इस बार पूरी सभा द्वारा मतदान कराया जाना चाहिए, जिसमें प्रत्येक सदस्य को एक मत देने का अधिकार होगा, लेकिन सम्राट ने इस प्रस्ताव को अस्वीकार कर दिया। इसके कारण तीसरे वर्ग के प्रतिनिधि विरोध जताते हुए सभा से बाहर आ गए।

### तृतीय एस्टेट की नेशनल असेंबली

- तृतीय एस्टेट के प्रतिनिधि 20 जून को वर्साय के इनडोर **टेनिस कोर्ट** (Tennis Court) में एकत्रित हुए।
- इन्होंने स्वयं को नेशनल असेंबली (National Assembly) घोषित किया। इन्होंने यह प्रतिज्ञा ली कि जब तक सम्राट की शक्ति को कम करने वाला संविधान तैयार नहीं हो जाएगा, तब तक असेंबली (Assembly) भंग नहीं होगी।
- **मिराब्यो** (Mirabeau) एवं **आबे सिए** (Abbe Sieyes) द्वारा तृतीय एस्टेट का प्रतिनिधित्व किया गया।
- मिराब्यो का जन्म कुलीन परिवार में हुआ था, लेकिन वह सामंती विशेषाधिकारों वाले समाज का उन्मूलन चाहता था। आबे सिए मूलरूप से पादरी था, उसने *'तीसरा एस्टेट क्या है?'* (What is a third Estate?) नामक एक प्रभावशाली प्रचार-पुस्तिका (Pamphlet) लिखी थी।

### बास्तील विद्रोह की शुरुआत

- जिस वक्त नेशनल असेंबली संविधान का प्रारूप तैयार करने में व्यस्त थी पूरा फ्रांस आंदोलित हो रहा था। उस समय फ्रांस में पड़ने वाली अत्यधिक ठंड ने फसलों के उत्पादन को अधिक नुकसान पहुँचाया और पावरोटी की कीमतों में वृद्धि हो रही थी।
- पावरोटी की कीमत में वृद्धि के कारण दुकानदार स्थिति का फायदा उठाते हुए जमाखोरी में जुट गए। खाद्य वस्तुओं की दुकान पर घंटों के इंतजार के बाद क्रोधित महिलाओं की भीड़ ने दुकान पर धावा बोल दिया।
- 14 जुलाई, 1789 को उत्तेजित भीड़ ने बास्तील के किले को ध्वस्त कर दिया। फ्रांस के लोग बास्तील के किले को पसंद नहीं करते थे, क्योंकि यह सम्राट की शक्ति और जनता के शोषण का प्रतीकात्मक रूप था।
- ग्रामीण क्षेत्रों में यह अफवाह फैल गई कि जागीरों के मालिकों (Lords of Manor) द्वारा लुटेरों (Brigands) को बुलाया गया है, जो पकी फसलों को बर्बाद करने आ रहे हैं। इस अफवाह की पहुँच दूर के गाँव में भी हुई, जिससे डरे हुए किसानों ने गाँव में स्थित **ग्रामीण किलों** (Chateau) पर आक्रमण कर दिया।
- उन्होंने अन्न भंडारों को लूटा और लगान संबंधी दस्तावेजों को जला दिया। इन सभी कारणों से कुलीन वर्ग द्वारा अपनी जागीरों को छोड़कर पड़ोसी देशों में शरण लेनी पड़ी।

### विशेषाधिकारों की समाप्ति

- लुई XVI को विद्रोह की उग्र होती हुई प्रवृत्ति के कारण अंततः नेशनल असेंबली को मान्यता देनी पड़ी तथा यह मान लिया गया कि सत्ता पर संविधान का अंकुश होगा।
- 4 अगस्त, 1789 की असेंबली द्वारा करों, कर्त्तव्यों और बंधनों वाली सामंती व्यवस्था (Feudal System of Obligations and Taxes) के उन्मूलन की घोषणा की गई।
- अपने विशेषाधिकारों को छोड़ने के लिए पादरी वर्ग को भी विवश किया गया।
- चर्च के स्वामित्व वाली भूमि जब्त कर ली गई।
- इस प्रकार सरकार को कम-से-कम 20 अरब लिव्रे की संपत्ति प्राप्त हुई।

## फ्रांस संवैधानिक राजतंत्र बन गया

- 1791 ई. में नेशनल असेंबली द्वारा संविधान का प्रारूप तैयार किया गया, जिसका मुख्य उद्देश्य सम्राट की शक्तियों को कम करना था।
- अब सत्ता का विकेंद्रीकरण हो चुका था, जिसके अंतर्गत शक्तियों का विभाजन विधायिका (Legislature), कार्यपालिका (Executive) तथा न्यायपालिका (Judiciary) में कर दिया गया।
- इस परिवर्तन ने फ्रांस को एक संवैधानिक राजतंत्र में बदल दिया था।

### राष्ट्रीय सभा द्वारा निर्मित कानून

नए संविधान के अंतर्गत कानून बनाने का अधिकार नेशनल असेंबली को प्राप्त था। नेशनल असेंबली अप्रत्यक्ष (Indirect) रूप से चुनी जाती थी। नागरिकों द्वारा एक निर्वाचक समूह का चुनाव किया जाता था, जो पुनः असेंबली के सदस्यों को चुनते थे।

राष्ट्रीय सभा द्वारा कुछ निर्मित कानून निम्न प्रकार थे

- 25 वर्ष से अधिक उम्र वाले पुरुष, जो तीन दिन की मजदूरी के बराबर कर चुकाते थे, उन्हें **सक्रिय नागरिक** (Active Citizen) अर्थात् उन्हें मत देने का अधिकार दिया गया। शेष पुरुषों और महिलाओं को **निष्क्रिय नागरिक** (Passive Citizen) कहा गया।
- निर्वाचक की योग्यता प्राप्त करने तथा असेंबली का सदस्य होने के लिए लोगों का करदाताओं की उच्चतम श्रेणी में होना आवश्यक था।
- संविधान **पुरुष एवं नागरिक अधिकार** (Rights of Man and Citizen) घोषणा-पत्र के साथ प्रारंभ हुआ। इस घोषणा-पत्र में जीवन के अधिकार (Right to Life), अभिव्यक्ति की स्वतंत्रता (Freedom of Speech) और कानूनी बराबरी के अधिकार को नैसर्गिक (Natural) एवं आवश्यक अधिकार बताया गया। है। साथ ही यह भी घोषित किया गया कि राज्य का यह कर्त्तव्य होगा कि वह प्रत्येक नागरिक के नैसर्गिक अधिकारों की रक्षा करेगा।

**चेक प्वॉइंट 01**

1. *लुई XVI ने किस वर्ष शासन सँभाला?*
2. *चर्च द्वारा वसूल किया जाने वाला कर क्या कहलाता था?*
3. *1715 ई. में फ्रांस की जनसंख्या कितनी थी?*
4. *मॉण्टेस्क्यू की पुस्तक का नाम बताइए।*

## फ्रांस में राजतंत्र का उन्मूलन और गणतंत्र की स्थापना

फ्रांस में घटित होने वाली घटनाओं से पड़ोसी देश के शासक भी चिंतित थे। इनके शासकों ने 1789 ई. में ऐसी घटनाओं को नियंत्रित करने के लिए सेना भेजी, परंतु 1792 ई. में नेशनल असेंबली ने प्रशा और ऑस्ट्रिया के विरुद्ध युद्ध की घोषणा कर दी। इस युद्ध में हजारों की संख्या में स्वयंसेवी, सैन्य सेवा देने के लिए जमा होने लगे।

इनके द्वारा देशभक्ति गीत **मार्सिले** (Marseillaise) गाए जाने लगे, जो कवि रॉजेट दि लाइल (Roget de L' Isle) की लिखी हुई कविता थी। इसे सर्वप्रथम मार्सिलेस के स्वयंसेवियों द्वारा पेरिस की ओर बढ़ते समय गाया गया था, जिसके कारण इसका नाम मार्सिले (Marseillaise) पड़ा। कालांतर में यह फ्रांस का **राष्ट्रीय गान** (National Anthem of France) बन गया।

फ्रांस के एक बड़े आबादी समूह को यह लगने लगा था कि क्रांति को और आगे बढ़ाया जाए, क्योंकि 1791 ई. के संविधान ने केवल अमीर वर्ग को ही राजनीतिक अधिकार प्रदान किए थे।

क्रांतिकारी युद्धों से जनता को भारी क्षति व अधिक कठिनाई झेलनी पड़ी। इसलिए राजनीतिक क्लब (Political Clubs) इस समय लोगों के बीच लोकप्रिय होने लगे, क्योंकि यहीं पर लोग एकत्र

होकर राजनीतिक कार्य-योजना तथा सरकारी नीतियों पर बहस करने लगे थे। इसमें **जैकोबिन** अधिक लोकप्रिय हुआ। इसका नाम फ्रांस के भूतपूर्व कॉन्वेंट ऑफ सेंट जेकब के नाम पर पड़ा था। इस पूरी अवधि में महिलाएँ भी सक्रिय थीं और उन्होंने भी अपने क्लब बना लिए।

### जैकोबिन क्लब

- जैकोबिन क्लब (Jacobin Club) मूलत: फ्रांस के **कम समृद्ध हिस्से** (Less Prosperous Section) का प्रतिनिधित्व करता था, जिसमें छोटे दुकानदार और कारीगर; जैसे—जूता बनाने वाले, पेस्ट्री बनाने वाले, घड़ीसाज, छपाई करने वाले तथा नौकर शामिल थे। इनका नेतृत्वकर्ता **मैक्समिलियन रोबेस्प्येर** था।
- जैकोबिनों द्वारा गोदी कारीगरों (Dock Workers) की तरह लंबी धारीदार पतलून (Long Striped Trousers) पहनने का निर्णय लिया गया। ऐसा उन्होंने समाज में स्वयं को कुलीन वर्गों द्वारा घुटनों तक पहने जाने वाले ब्रीचेस (Breeches) से अलग दिखाने के लिए किया था।
- यह ब्रीचेस पहनने वाले कुलीन वर्गों को उनकी सत्ता समाप्ति का संदेश देने का एक माध्यम भी था, इसलिए जैकोबिनों को **सौ कुलॉत** (Sans-culottes) के नाम से जाना गया। सौ कुलॉत का शाब्दिक अर्थ बिना घुटन्ने वाला है। सौ कुलॉत पुरुष लाल रंग की टोपी भी पहनते थे, जो स्वतंत्रता का प्रतीक थी, लेकिन महिलाओं को ऐसा करने की अनुमति नहीं थी।

### कन्वेंशन : नवनिर्वाचित सभा

- 1792 ई. की गर्मियों में जैकोबिन ने खाद्य पदार्थों की महँगाई एवं अभाव से नाराज पेरिसवासियों को लेकर एक विशाल हिंसक विद्रोह की योजना बनाई। 10 अगस्त, 1792 को जैकोबिनों द्वारा ट्यूलेरिए के महल पर हमला किया गया।
- राजा के अंगरक्षक को मारकर, राजा को कई घंटों तक के लिए बंधक बनाया गया। कालांतर में असेंबली ने राजघराने के परिवार को जेल में डालने का प्रस्ताव पारित कर दिया। साथ ही नए चुनाव कराए गए, जिसमें 21 वर्ष से अधिक उम्र वाले पुरुषों को मत देने का अधिकार दिया गया। चाहे उनके पास संपत्ति हो या नहीं।
- नई निर्वाचित असेंबली को 'कन्वेंशन' का नाम दिया। 21 सितंबर, 1792 को राजतंत्र की समाप्ति हुई तथा फ्रांस को **गणतंत्र** (Republic) घोषित किया गया।
- न्यायालय द्वारा लुई XVI को **देशद्रोह** (Treason) के आरोप में मृत्युदंड दिया गया।
- 21 जनवरी, 1793 को उसे सार्वजनिक रूप से प्लेस डी लॉ कॉन्कॉर्ड में फाँसी दी गई। कुछ समय बाद रानी मेरी एन्तोएनेत को भी फाँसी की सजा सुनाई गई।

## आतंकी राज

फ्रांस में 1793-94 ई. के काल को आतंक का युग (Reign of Terror) कहा जाता था, जिसका नेतृत्व **रोबेस्प्येर** द्वारा किया जा रहा था। रोबेस्प्येर ने नियंत्रण एवं दंड की नीति अपनाई।

इस दौरान निम्नलिखित घटनाएँ हुईं

- उसके हिसाब से जो भी गणतंत्र के शत्रु थे उन लोगों को गिरफ्तार किया गया तथा क्रांतिकारी न्यायालय द्वारा उन पर मुकदमा चलाया गया। इसमें गणतंत्र के शत्रु, कुलीन, पादरी तथा राजनीतिक दल के सदस्य शामिल थे। क्रांतिकारी न्यायालय द्वारा यदि ये दोषी पाए जाते थे, तो इनको **गिलोटिन** (Guillotine) पर चढ़ा दिया जाता था।
- किसानों को बाध्य किया गया कि वे अपना अनाज शहरों में लाकर सरकार द्वारा निर्धारित मूल्य पर बेचें, साथ ही महँगे सफेद आटे पर भी रोक लगा दी गई।
- सभी नागरिकों के लिए समानता का प्रतीक तथा साबुत गेहूँ से बनी रोटी **समता रोटी** (Equality Bread) खाना अनिवार्य कर दिया गया।
- सामान्य बोलचाल की भाषा में भी बराबरी लागू करने की कोशिश की गई। परंपरागत मान्स्यूर (महाशय) एवं मदाम (महोदया) के स्थान पर सभी फ्रांसीसी पुरुषों के लिए सितोयेन (नागरिक) एवं महिलाओं के लिए सितोयीन (नागरिका) प्रयोग किया जाने लगा।
- चर्च बंद कर दिए गए तथा उनके भवनों का प्रयोग बैरक या दफ्तर के रूप में किया जाने लगा।
- रोबेस्प्येर फ्रांस का तानाशाह बन चुका था, क्योंकि इसके द्वारा सभी नीतियों को बहुत सख्ती से लागू किया गया। अंतत: न्यायालय द्वारा इसे दोषी पाया गया तथा जुलाई, 1794 में इसे गिलोटिन पर चढ़ा दिया गया।

## डिरेक्ट्री शासित फ्रांस

- जैकोबिन के पतन के बाद सत्ता मध्यम वर्ग के संपन्न लोगों के पास आ गई थी। एक नए संविधान का निर्माण किया गया, जिसने संपत्तिहीन वर्ग को मत देने से वंचित कर दिया।
- इस संविधान में दो चुनी गई विधानपरिषदों का प्रावधान था। ये परिषदें पाँच सदस्यीय कार्यपालिका को नियुक्त करती थीं, जिसे **डिरेक्ट्री** (Directory) कहा जाता था।
- इस प्रावधान के माध्यम से जैकोबिनों के शासनकाल वाली एक व्यक्ति केंद्रित कार्यपालिका से बचने का प्रयास किया गया, परंतु डिरेक्ट्री का विवाद विधानपरिषदों से होता रहता था, जब परिषद् उन्हें निष्कासित करने की कोशिश करती थी।
- इस राजनैतिक अस्थिरता के कारण सैनिक तानाशाह नेपोलियन बोनापार्ट के उदय का मार्ग प्रशस्त हुआ। इन परिवर्तनों के दौरान स्वतंत्रता, विधिसम्मत समानता तथा बंधुत्व प्रेरक आदर्श बने रहे। इन मूल्यों ने आगामी सदी में न केवल फ्रांस, बल्कि पूरे यूरोप के राजनीतिक आंदोलनों को भी प्रेरित किया।

## क्रांति में महिलाएँ

फ्रांसीसी क्रांति में महिलाओं की भूमिका महत्त्वपूर्ण रही। तीसरे एस्टेट की अधिकांश महिलाएँ जीविका निर्वाह के लिए काम करती थीं।

ये सिलाई-बुनाई, कपड़ों की धुलाई, बाजारों में फल-फूल एवं सब्जियाँ बेचती थीं तथा साथ ही संपन्न घरों में काम किया करती थीं।

इनमें अधिकतर महिलाएँ अशिक्षित थीं। सिर्फ कुलीनों तथा धनी व्यक्तियों की बेटियाँ ही 'कॉन्वेंट' में पढ़ाई कर सकती थीं।

महिलाओं को अपने परिवार का पालन-पोषण करना पड़ता था; जैसे—खाना पकाना, पानी लाना, लाइन लगाकर पावरोटी लाना और बच्चों की देखरेख आदि। उनकी मजदूरी भी पुरुषों की तुलना में कम थी।

1791 ई. के संविधान ने फ्रांसीसी महिलाओं को निराश किया था, जिसकी मुख्य वजह इन्हें मताधिकार से वंचित रखा जाना था। संविधान में इन्हें निष्क्रिय नागरिक का दर्जा प्रदान किया गया था।

महिलाओं द्वारा मत देने का अधिकार, असेंबली में इन्हें चुने जाने का अधिकार तथा राजनीतिक पदों की माँग की जाने लगी। अपने विचारों को विस्तारित करने के लिए इन्होंने महिला क्लब की स्थापना की और समाचार-पत्र निकाले। इस समय लगभग साठ महिला क्लब (Women's Club) अस्तित्व में थे, जो फ्रांस के विभिन्न शहरों में थे। **द सोसायटी ऑफ रिवोल्यूशनरी एण्ड रिपब्लिकन विमन** (The Society of Revolutionary and Republican Women) सबसे प्रसिद्ध क्लब था।

### महिलाओं के जीवन सुधार से संबंधित पारित कानून

प्रारंभिक वर्षों में क्रांतिकारी सरकार ने महिलाओं के जीवन में सुधार लाने वाले कानून लागू किए। ये हैं

- सरकारी विद्यालयों की स्थापना के साथ ही सभी लड़कियों के लिए स्कूली शिक्षा को अनिवार्य कर दिया गया।
- महिलाएँ अब अपने अनुसार विवाह कर सकती थीं। इनके पिता द्वारा इन्हें विवाह के लिए मजबूर नहीं किया जा सकता था।
- शादी को स्वैच्छिक अनुबंध माना गया और नागरिक कानूनों के तहत उनका पंजीकरण किया जाने लगा।
- तलाक को कानूनी मान्यता मिल गई तथा इसके लिए पुरुष एवं महिला दोनों आवेदन कर सकते थे।
- महिलाओं को व्यावसायिक प्रशिक्षण दिया जाने लगा, वह कलाकार बन सकती थीं तथा स्वयं का उद्यम स्थापित कर सकती थीं।

### फ्रांसीसी महिलाओं को मत देने का अधिकार

- राजनीतिक अधिकारों के लिए महिलाओं का संघर्ष जारी रहा। आतंक काल के समय सरकार ने महिला क्लबों को बंद करने और उनकी राजनीतिक गतिविधियों (Political Activities) पर प्रतिबंध लगाने वाला कानून लागू किया।
- महिलाओं का मताधिकार और समान वेतन के लिए संघर्ष अंतर्राष्ट्रीय स्तर पर 19वीं तथा 20वीं शताब्दी तक जारी रहा। क्रांतिकारी आंदोलन के दौरान फ्रांसीसी महिलाओं की राजनीतिक सरगर्मियों को प्रेरक स्मृति के रूप में जीवित रखा गया। अंततः वर्ष 1946 में फ्रांसीसी महिलाओं को मताधिकार मिला।

**ओलंप दे गूज़ (1748-93)**

ओलंप दे गूज फ्रांस की महत्त्वपूर्ण क्रांतिकारी महिला थीं। इन्होंने संविधान द्वारा घोषित पुरुष एवं नागरिक अधिकार का विरोध किया। इन्होंने 1791 ई. में **महिला एवं नागरिक अधिकार घोषणा-पत्र** तैयार किया, जिसमें इन्होंने नेशनल असेंबली एवं महारानी से यह माँग की कि इस पर कार्यवाही की जाए।

ओलंप दे गूज ने 1793 ई. में जैकोबिन सरकार द्वारा जबरदस्ती महिला क्लबों को बंद करने की आलोचना की। नेशनल कन्वेंशन द्वारा इन पर देशद्रोह का मुकदमा चलाया गया, जिसके बाद इन्हें फाँसी पर लटका दिया गया।

## दास प्रथा का उन्मूलन

जैकोबिन सरकार द्वारा जो महान् सुधार हुए उनमें फ्रांसीसी उपनिवेशों में दास प्रथा का उन्मूलन (Abolition of Slavery) महत्त्वपूर्ण था

फ्रांसीसी उपनिवेशों में कैरीबियन; जैसे—मार्टिनिक, गॉडेलोप और सैन डोमिंगो आदि महत्त्वपूर्ण थे, जो तंबाकू, नील (Indigo), चीनी तथा कॉफी के महत्त्वपूर्ण आपूर्तिकर्ता थे। अपरिचित एवं दूर देश जाने और काम करने के प्रति यूरोपियों की अनिच्छा का अर्थ था—बागानों में श्रम की कमी।

इससे दासों का व्यापार शुरू किया, जो यूरोप, अफ्रीका और अमेरिका के मध्य शुरू हुआ। 17वीं शताब्दी में इसे ही **त्रिकोणीय दास व्यापार** (Triangular Slave Trade) के नाम से जाना जाता था।

फ्रांसीसी व्यापारी अपने पोतों को बोर्दे (Bordeaux) या नान्ते (Nantes) बंदरगाह से अफ्रीका तट तक ले जाते, जहाँ से ये स्थानीय सरदारों से दास खरीदते थे।

इन दासों को हथकड़ी लगाकर अटलांटिक महासागर के पार कैरीबियाई देशों की लंबी समुद्री यात्रा पर भेज दिया जाता था। वहाँ उन्हें बाग मालिकों को बेच दिया जाता था। दास श्रम के कारण ही यूरोपीय बाजारों में चीनी, कॉफी एवं नील की बढ़ती माँग को पूरा करना संभव हुआ। बोर्दे और नान्ते जैसे बंदरगाह दास व्यापार के कारण ही समृद्ध नगर बन गए। 18वीं सदी में दास प्रथा की अधिक आलोचना नहीं हुई।

लंबी बहस के बाद नेशनल असेंबली द्वारा 1794 ई. में दासता को गैर-कानूनी घोषित किया गया तथा सभी दासों को फ्रांस एवं इसके समुद्रपारीय उपनिवेशों से मुक्त कर दिया गया।

दस साल के उपरांत नेपोलियन द्वारा पुनः बागान मालिकों को श्रमिकों की आपूर्ति के स्तर पर प्रस्तुत किया गया। ये दास **अफ्रीकी नीग्रो** (African Negroes) के नाम से जाने जाते थे। अंततः 1848 ई. में फ्रांस के उपनिवेशों से दासता का उन्मूलन किया गया।

## क्रांति और दैनिक जीवन

1789 ई. के बाद फ्रांस में रह रही महिलाओं, पुरुषों एवं बच्चों के जीवन में कई बदलाव आए, जिसमें 1789 ई. में सेंसरशिप की समाप्ति (Abolition of Censorship) महत्त्वपूर्ण थी।

इसमें यह निहित था कि सभी लिखित सामग्री और सांस्कृतिक गतिविधियों को राजा के सेंसर अधिकारियों द्वारा पास किए जाने के बाद ही प्रकाशित किया जा सकता है। सेंसरशिप की समाप्ति तथा अधिकारों के घोषणा-पत्र ने भाषण एवं अभिव्यक्ति की स्वतंत्रता को नैसर्गिक अधिकार घोषित किया।

इसके परिणामस्वरूप फ्रांसीसी शहरों में समाचार-पत्रों, पुस्तकों, पर्चों एवं छपी हुई तस्वीरों की संख्या तेजी से बढ़ने लगी। प्रेस की स्वतंत्रता का अर्थ यह था कि किसी भी घटना पर परस्पर विरोधी विचार भी व्यक्त किए जा सकते थे। प्रिंट माध्यम का उपयोग करके एक पक्ष से दूसरे पक्ष को अपने दृष्टिकोण से सहमत कराने की कोशिश की गई। नाटक, संगीत, उत्सवों और जुलूसों में असंख्य लोग जाने लगे। स्वतंत्रता और न्याय के बारे में राजनीतिज्ञों व दार्शनिकों के लेखन को समझने और उससे जुड़ने का तरीका लोकप्रिय था, क्योंकि किताबों का पढ़ना उस समय शिक्षितों के लिए ही संभव था।

## निष्कर्ष

- नेपोलियन बोनापार्ट ने स्वयं को 1804 ई. में फ्रांस का सम्राट घोषित कर दिया। उसने अपने पड़ोसी राज्यों से पुराने राजवंशों को हटाकर नए साम्राज्यों का निर्माण किया। नए साम्राज्यों की बागडोर नेपोलियन ने अपने रिश्तेदारों के हाथों में दे दी।
- नेपोलियन ने निजी संपत्ति की रक्षा के लिए कानून बनाकर नाप-तौल की दशमलव पद्धति चलाई।
- जनसाधारण ने आरंभ में नेपोलियन को स्वतंत्रता के प्रतीक के रूप में समझा, परंतु शीघ्र ही जनसाधारण सैनिक कार्यवाहियों से त्रस्त होने लगे।
- अंततः 1815 ई. में नेपोलियन को वाटरलू की लड़ाई में पराजित कर दिया। उसकी मृत्यु के काफी समय बाद यूरोप के अन्य भागों में मुक्ति और आधुनिक कानून को फैलाने वाले उसके क्रांतिकारी उपायों का प्रभाव दिखा।
- स्वतंत्रता और जनवादी अधिकारों के विचार फ्रांसीसी क्रांति की सबसे महत्त्वपूर्ण विरासत थी। ये विचार फ्रांस से शेष यूरोप में फैले और वहाँ सामंती व्यवस्था का विनाश हुआ।
- **टीपू सुल्तान** और **राजा राममोहन राय** क्रांतिकारी फ्रांस में उत्पन्न विचारों से प्रेरणा लेने वाले दो महत्त्वपूर्ण भारतीय हैं।

## टाइमलाइन

| वर्ष | महत्त्वपूर्ण घटना |
|---|---|
| 1774 ई. | लुई XVI फ्रांस का राजा बना। करों की दर अधिक होने से प्राचीन राजतंत्र के समाज में असंतोष उपजा। |
| 1789 ई. | सम्राट लुई XVI द्वारा एस्टेट्स जनरल का आह्वान। तृतीय एस्टेट द्वारा नेशनल असेंबली का गठन। जनसाधारण की सेना द्वारा बास्तील किले को ढहा दिया गया। |
| 1791 ई. | निरंकुश सत्ता पर अंकुश लगाने के लिए संविधान का निर्माण किया गया। |
| 1792-93 ई. | राजा की हत्या करके जैकोबिन गणराज्य को समाप्त कर दिया गया। फ्रांस में गणराज्य की स्थापना की गई। फ्रांस पर डायरेक्टी का शासन। |
| 1804 ई. | नेपोलियन फ्रांस का सम्राट बना। |
| 1815 ई. | वाटरलू के युद्ध में नेपोलियन की हार। |

### चेक प्वॉइंट 02

1. *मार्सिलेफकिसकी कविता थी?*
2. *जैकोबिन क्लब किसका प्रतिनिधित्व करता था?*
3. *फ्रांस को गणतंत्र कब घोषित किया गया?*
4. *किस वर्ष फ्रांस के उपनिवेशों से दासता का उन्मूलन हुआ था?*
5. *नेपोलियन की दशमलव पद्धति किससे संबंधित है?*

### इन्हें भी जानें

- ***लिव्रे*** *(Livres)* फ्रांस की मुद्रा, जिसे 1794 ई. में समाप्त कर दिया गया था।
- ***एस्टेट*** *(Estate)* क्रांति से पहले फ्रांसीसी समाज में सत्ता और सामाजिक हैसियत को बताने वाली श्रेणी एस्टेट कहलाती थी।
- ***पादरी वर्ग*** *(Clergy)* चर्च के विशेष कार्यों को करने वाले व्यक्तियों का समूह पादरी वर्ग कहलाता था।
- ***टाइद*** *(Tithes)* यह चर्च द्वारा वसूल किया जाने वाला कर था। यह कृषि उपज के दसवें हिस्से के बराबर होता था।
- ***टाइल*** *(Taille)* राज्य द्वारा वसूल किया जाने वाला कर टाइल कहलाता था।
- ***जीविका संकट*** *(Subsistence Crisis)* ऐसी चरम स्थिति, जब जीवित रहने के न्यूनतम साधन भी खतरे में पड़ने लगते हैं।
- ***नीग्रो*** *(Negroes)* अफ्रीका में सहारा रेगिस्तान के दक्षिणी भाग में रहने वाले लोगों को नीग्रो कहा जाता था। यह अपमानजनक शब्द है, जिसका अब प्रायः प्रयोग नहीं किया जाता। इस शब्द का प्रयोग अपमान करने के लिए किया जाता था।
- ***गिलोटिन*** *(Guillotine)* गिलोटिन दो स्तंभों के बीच लटकते आरे वाली मशीन थी, जिस पर रखकर अपराधी का सिर धड़ से अलग कर दिया जाता था।
- ***सेंसरशिप*** *(Censorship)* लिखित सामग्री का राजा के सेंसर अधिकारियों द्वारा पास किए जाने के बाद प्रकाशन।
- ***सौ कुलॉत*** *(Sans-culottes)* धारीदार लंबी पतलून पहनने वाले जैकोबिन क्लब के सदस्य।
- ***कॉन्वेंट*** *(Convent)* धार्मिक जीवन को समर्पित समूह की इमारत।

# NCERT फोल्डर

**1.** **फ्रांस में क्रांति की शुरुआत किन परिस्थितियों में हुई?**

**उत्तर** फ्रांस में क्रांति की शुरुआत निम्न परिस्थितियों में हुई

(i) **सामाजिक परिस्थिति** फ्रांस में क्रांति के समय समाज विभिन्न वर्गों में बँटा हुआ था। इन वर्गों को एस्टेट कहा जाता था। यह तीन वर्गों में विभाजित था- प्रथम वर्ग में पादरी, द्वितीय वर्ग में कुलीन एवं तृतीय एस्टेट में व्यवसायी, कर्मचारी, वकील, किसान, कारीगर, भूमिहीन मजदूर एवं नौकर आते थे। केवल तृतीय एस्टेट ही कर देने के लिए बाध्य था।

(ii) **राजनीतिक परिस्थिति** 1774 ई. बूर्बो वंश के लुई XVI ने शासन की सत्ता सँभाली, यह एक अदूरदर्शी शासक था, जो फ्रांस की जनता की आवश्यकताओं को समझ नहीं पाया। इसके अतिरिक्त समाज का सामंती चरित्र का होना भी सामाजिक विभेद को बढ़ावा देता था, जिससे लोगों में असंतोष व्याप्त था।

(iii) **आर्थिक परिस्थिति** फ्रांस में करों का विभाजन प्रत्यक्ष करों और अप्रत्यक्ष करों में था। इसमें पादरी एवं कुलीन वर्ग थे, जो प्रत्यक्ष कर से मुक्त थे। टाइद कृषक वर्ग से चर्च द्वारा वसूला जाने वाला कर था। इस तरह करों की उगाही का पक्षपातपूर्ण तरीका राज्य ने अपना रखा था।

(iv) **तात्कालिक परिस्थिति** 5 मई, 1789 को सम्राट द्वारा नए करों के प्रस्ताव के लिए बैठक बुलाई गई। तृतीय एस्टेट द्वारा इसका विरोध किया गया तथा वर्साय के इनडोर टेनिस कोर्ट में एकत्रित होकर इन्होंने नए संविधान बनाने की घोषणा की। भ्रष्ट व्यवस्था का रोष फ्रांसीसी जनता में अधिक व्याप्त हो चुका था। इसके अतिरिक्त उभरते मध्यम वर्ग तथा दार्शनिकों ने भी अपने विचारों से सभी को उनके अधिकारों तथा शोषण के विरुद्ध अवगत कराया।

इस प्रकार उपरोक्त परिस्थितियों में फ्रांस में क्रांति की शुरुआत हुई।

**2.** **फ्रांसीसी समाज के किन तबकों को क्रांति का फायदा मिला? फ्रांस में कौन-से समूह सत्ता छोड़ने के लिए मजबूर हो गए? फ्रांसीसी क्रांति के नतीजों से समाज के किन समूहों को निराशा हुई होगी?**

**उत्तर** फ्रांसीसी समाज के वे सभी वर्ग जिन्होंने मिलकर तृतीय एस्टेट्स का गठन किया था, उन्हें क्रांति का सर्वाधिक लाभ हुआ। तृतीय एस्टेट में मजदूर, छोटे अधिकारीगण, वकील, अध्यापक, डॉक्टर एवं व्यवसायी आदि शामिल थे।

पहले इन्हें सभी कर अदा करने पड़ते थे व पादरियों एवं कुलीन लोगों द्वारा उन्हें हर कदम पर सदैव अपमानित किया जाता था, किंतु क्रांति के बाद उनके साथ समाज के उच्च वर्ग के समान व्यवहार किया जाने लगा।

पादरियों एवं कुलीनों को शक्ति त्यागने पर बाध्य होना पड़ा तथा उनसे सभी विशेषाधिकार छीन लिए गए। समाज के अपेक्षाकृत निर्धन वर्गों तथा महिलाओं को क्रांति के परिणाम से निराशा हुई होगी, क्योंकि क्रांति के बाद समानता की प्रतिज्ञा पूर्ण रूप से फलीभूत नहीं हुई।

**3.** **19वीं और 20वीं सदी की दुनिया के लिए फ्रांसीसी क्रांति कौन-सी विरासत छोड़ गई?**

**उत्तर** 19वीं और 20वीं सदी के लोगों को फ्रांसीसी क्रांति से मिली विरासत निम्नलिखित हैं

- स्वतंत्रता, समानता और भाईचारे जैसे विचार फ्रांसीसी क्रांति की महत्त्वपूर्ण देन रही। 19वीं व 20वीं सदी के प्रत्येक देश के लोगों के लिए ये विचार आधारभूत सिद्धांत बने। नागरिकों के लिए समान अधिकार की अवधारणा को बढ़ावा मिला।
- इसने राजतंत्र के निरंकुश शासन का अंत तथा लोगों को गणतंत्र के विचारों से अवगत कराया।
- इसने न केवल यूरोप, बल्कि पूरे विश्व में राज्य की अवधारणा प्रस्तुत की।

**4.** **उन जनवादी अधिकारों की सूची बनाइए, जो आज हमें मिले हुए हैं और जिनका उद्गम फ्रांसीसी क्रांति में है।**

**उत्तर** फ्रांसीसी क्रांति से उद्गमित लोकतांत्रिक अधिकार निम्नलिखित हैं

(i) स्वतंत्रता का अधिकार (ii) समानता का अधिकार

(iii) संपत्ति का अधिकार (iv) शोषण के विरुद्ध अधिकार

(v) धार्मिक स्वतंत्रता का अधिकार

(vi) राजनीतिक संगठन बनाने का अधिकार

**5.** **क्या आप इस तर्क से सहमत हैं कि सार्वभौमिक अधिकारों के संदेश में नाना अंतर्विरोध थे?**

**उत्तर** सार्वभौमिक अधिकारों का घोषणा-पत्र विश्व में सर्वप्रथम तैयार किया गया, परंतु इसमें कई विरोधाभास भी थे तथा कई आदर्श संदिग्ध अर्थों से परिपूर्ण थे, जो निम्न प्रकार हैं

- इस घोषणा में कहा गया था कि कानून की नजर में सभी लोग बराबर हैं, परंतु जब फ्रांस का संवैधानिक राजशाही बना, तो वोट डालने के अधिकार से संपत्तिहीन वर्ग को वंचित कर दिया गया। वहीं महिलाओं को भी ये अधिकार प्राप्त नहीं हो सका।
- व्यक्ति के चहुँमुखी विकास को लक्ष्य नहीं बनाया गया।
- शिक्षा के अधिकार को कोई महत्त्व नहीं दिया गया। फ्रांस द्वारा नए उपनिवेश बनाना तथा इन पर अपना प्रभुत्व बनाए रखा गया।
- फ्रांस द्वारा उन्नीसवीं सदी के पूर्वार्द्ध में भी दास प्रथा को जारी रखा गया। दास प्रथा पर यहाँ के बौद्धिक वर्ग द्वारा आलोचना की गई। कार्य की स्वतंत्रता और व्यापार का कोई उल्लेख नहीं किया गया था।

**6.** **नेपोलियन के उदय को कैसे समझा जा सकता है?**

**उत्तर** 1796 ई. में निर्देशिका के पतन के तुरंत बाद नेपोलियन का उदय हुआ। अतः नेपोलियन सैन्य तानाशाह के रूप में सत्तारूढ़ हुआ। १८०४ ई. में नेपोलियन बोनापार्ट ने स्वयं को फ्रांस का सम्राट घोषित कर दिया। वह पड़ोसी यूरोपीय देशों पर विजय करने निकल पड़ा, उसने पुराने राजवंशों को हटाकर नए साम्राज्यों का निर्माण किया। नए साम्राज्यों की बागडोर उसने अपने परिवार के सदस्यों को सौंपी थी। उसने निजी संपत्ति की सुरक्षा जैसे कई कानून बनाए और दशमलव प्रणाली पर आधारित नाप-तौल की एक समान पद्धति शुरू की।

# परीक्षा अभ्यास

## वस्तुनिष्ठ प्रश्न

### बहुविकल्पीय प्रश्न

**1.** फ्रांसीसी शासक लुई XVI की पत्नी मेरी एन्तोएनेत कहाँ की राजकुमारी थी?

(a) पोलैंड (b) प्रशा
(c) ऑस्ट्रिया (d) स्पेन

**उत्तर** (c) ऑस्ट्रिया

**2.** तृतीय एस्टेट के सभी सदस्यों द्वारा चुकाया जाने वाला धार्मिक कर क्या कहलाता था?

(a) टाइल (b) टाइद
(c) टोटम (d) लिव्रे

**उत्तर** (b) टाइद

**3.** फ्रांस के किस दार्शनिक का मानना था कि मनुष्य स्वतंत्र पैदा होता है, परंतु प्रत्येक स्थान पर वह जंजीरों से जकड़ा हुआ है?

(a) वाल्टेयर (b) जॉन लॉक
(c) मॉण्टेस्क्यू (d) रूसो

**उत्तर** (d) रूसो

**4.** 1791 ई. में निर्मित संविधान में समाज के किस वर्ग को निष्क्रिय नागरिक घोषित किया गया?

(a) मजदूर (b) किसान
(c) महिला (d) पादरी

**उत्तर** (c) महिला

**5.** पुस्तक 'द स्पिरिट ऑफ द लॉज' किसके द्वारा लिखी गई थी?

(a) जॉन लॉक (b) मॉण्टेस्क्यू
(c) रूसो (d) इनमें से कोई नहीं

**उत्तर** (b) मॉण्टेस्क्यू

**6.** जैकोबिन क्लब का नेतृत्व किसने किया था?

(a) रोबेस्प्येर (b) नेपोलियन
(c) रूसो (d) वाल्टेयर

**उत्तर** (a) रोबेस्प्येर

**7.** नेशनल असेंबली ने किस वर्ष दास प्रथा को गैर-कानूनी घोषित किया?

(a) 1791 (b) 1794
(c) 1798 (d) 1804

**उत्तर** (b) 1794

**8.** फ्रांस में सेंसरशिप की समाप्ति किस वर्ष की गई थी?

(a) 1786 (b) 1789
(c) 1791 (d) 1793

**उत्तर** (b) 1789

**9.** अठारहवीं शताब्दी में फ्रांस में किस नए सामाजिक समूह का उदय हुआ?

(a) मध्य वर्ग (b) उच्च वर्ग
(c) मजदूर वर्ग (d) इनमें से कोई नहीं

**उत्तर** (a) मध्य वर्ग

**10.** किस वर्ष मित्र राष्ट्रों व नेपोलियन के बीच वाटरलू का युद्ध लड़ा गया?

(a) 1812 (b) 1815
(c) 1817 (d) 1820

**उत्तर** (b) 1815

**11.** एक चरम स्थिति, जिसमें आजीविका के मूल साधन खतरे में है, के रूप में जाना जाता है

(a) निर्वाह संकट
(b) जीवित रहने के लिए संघर्ष
(c) आर्थिक संकट
(d) उपरोक्त में से कोई नहीं

**उत्तर** (a) निर्वाह संकट

**12.** क्रांतिकारी आंदोलन के द्वारा फ्रांसीसी महिलाओं को किस वर्ष मतदान का अधिकार प्राप्त हुआ?

(a) 1937 (b) 1942
(c) 1946 (d) 1953

**उत्तर** (c) 1946

**13.** सम्राट बनने के पश्चात् नेपोलियन ने साम्राज्य की बागडोर किसके हाथों में सौंप दी?

(a) मध्यम वर्ग के
(b) पादरियों के
(c) अपने रिश्तेदारों के
(d) सामंतों के

**उत्तर** (c) अपने रिश्तेदारों के

**14.** पराजित होने के बाद नेपोलियन को किस द्वीप पर भेज दिया गया था?

(a) सेंट हेलेना (b) सेंट वियेना
(c) क्यूबा (d) होनोलूलू

**उत्तर** (a) सेंट हेलेना

**15.** निम्नलिखित कथनों पर विचार कर सत्य कथन की पहचान कीजिए

(a) 19वीं सदी में फ्रांसीसी समाज चार एस्टेट में विभाजित था
(b) फ्रांसीसी समाज में प्रथम एस्टेट को कुलीन वर्ग कहा जाता था

(c) फ्रांसीसी समाज के द्वितीय वर्ग को पादरी वर्ग के रूप में मान्यता प्राप्त थी
(d) पादरी वर्ग विशेष कार्यों को करने वाले व्यक्तियों का समूह था

उत्तर (d) पादरी वर्ग विशेष कार्यों को करने वाले व्यक्तियों का समूह था

**16.** द्वितीय एस्टेट के संबंध में कौन-सा कथन सत्य नहीं है?
(a) इस एस्टेट में धनी व्यक्ति शामिल थे
(b) द्वितीय एस्टेट को राज्य द्वारा निर्धारित करों को देना पड़ता था
(c) द्वितीय एस्टेट को राज्य द्वारा दिए जाने वाले करों से छूट प्राप्त थी
(d) द्वितीय एस्टेट के सदस्यों को कुछ विशेषाधिकार प्राप्त थे

उत्तर (b) द्वितीय एस्टेट को राज्य द्वारा निर्धारित करों को देना पड़ता था

**17.** निम्नलिखित में से कौन-सा कथन अठारहवीं सदी के उत्तरार्द्ध में फ्रांसीसी समाज से संबंधित है?
1. अठारहवीं सदी में फ्रांसीसी समाज दो एस्टेट्स में बँटा हुआ था।
2. अठारहवीं सदी में फ्रांस की आबादी का 90% भाग कृषकों का था।
3. 1794 ई. में फ्रांस की मुद्रा लिव्रे को समाप्त कर दिया गया।

**कूट**
(a) केवल 1
(b) 1 और 3
(c) 2 और 3
(d) उपरोक्त सभी

उत्तर (c) 2 और 3

**18.** निम्नलिखित में से कौन-सा कथन फ्रांस के गणतंत्र की स्थापना से संबंधित था?
1. फ्रांस में गणतंत्र की स्थापना के लिए देशभक्ति गीत मार्सिले का प्रयोग किया गया।
2. 21 सितंबर, 1792 को राजतंत्र की समाप्ति हुई, जिसके पश्चात् फ्रांस को गणतंत्र घोषित किया गया।
3. फ्रांस क्रांति के समय पिरामिड असमानता का प्रतीक था।

**कूट**
(a) 1 और 2
(b) केवल 3
(c) 1 और 3
(d) ये सभी

उत्तर (a) 1 और 2

**19.** निम्नलिखित कथनों के आधार पर फ्रांस की सरकार की पहचान कीजिए
1. इनके द्वारा नियंत्रण एवं दंड की सख्त नीति अपनाई गई।
2. इनके द्वारा दोषी को गिलोटिन पर चढ़ाकर सिर कलम कर दिया जाता था।
3. इनके द्वारा कानून बनाकर मजदूरी एवं कीमतों की अधिकतम सीमा तय की थी।

(a) डिरेक्ट्री शासित फ्रांस सरकार
(b) राजतंत्रात्मक फ्रांस सरकार
(c) रोबेस्प्येर सरकार
(d) महिला बहुसंख्यक फ्रांस सरकार

उत्तर (c) रोबेस्प्येर सरकार

**20.** निम्नलिखित कथनों के आधार पर पहचान कीजिए
- इसके द्वारा 1804 ई. में स्वयं को फ्रांस का सम्राट घोषित किया गया।
- उसने पड़ोस के यूरोपीय देशों की विजय यात्रा शुरू की।
- उसने पुराने राजवंशों को हटाकर नए साम्राज्य बनाए और उनकी बागडोर अपने खानदान के लोगों के हाथ में दे दी।

(a) लुई-16
(b) लुई-14
(c) नेपोलियन बोनापार्ट
(d) जैकोबिनों

उत्तर (c) नेपोलियन बोनापार्ट

**21.** फ्रांस की क्रांति के दौरान अपनाए गए प्रतीकों में गलत युग्म का चयन करें
(a) टूटी हुई जंजीर – आजादी का प्रतीक
(b) त्रिभुज के अंदर रोशनी – अज्ञानरूपी अँधेरे की समाप्ति
(c) पूँछ मुँह में लिए साँप – असमानता का प्रतीक
(d) लाल क्राइजियन टोपी – दासों की स्वतंत्रता

उत्तर (c) पूँछ मुँह में लिए साँप–असमानता का प्रतीक

**22.** दिए गए युग्मों में से सही युग्म की पहचान करें

| | पुस्तक | | लेखक |
|---|---|---|---|
| (a) | टू ट्रीटाइजेज ऑफ गवर्नमेंट | – | लॉक |
| (b) | द स्पिरिट ऑफ द लॉज | – | वर्नियर |
| (c) | द सोशल कॉन्ट्रैक्ट | – | रूसो |
| (d) | वाट इज थर्ड एस्टेट | – | आबे सिए |

उत्तर (b) द स्पिरिट ऑफ द लॉज–वर्नियर

## चित्र आधारित प्रश्न

**23.** फ्रांसीसी क्रांति के दौरान छड़ों का बर्छीदार गट्ठर किसका प्रतीक था?

(a) आजादी का प्रतीक
(b) एकता का प्रतीक
(c) सनातनता का प्रतीक
(d) शाही सत्ता का प्रतीक

उत्तर (b) एकता का प्रतीक

परीक्षा अभ्यास

**24.** विधि पट फ्रांसीसी क्रांति में किसका प्रतीक था?

(a) कानून की पहुँच (b) कानून की बराबरी
(c) कानून का स्पष्ट होना (d) कानून का लिखित होना

**उत्तर** (b) कानून की बराबरी

## सुमेलित करें

**25.** सुमेलित कीजिए

| सूची I | सूची II |
|---|---|
| A. बास्तील के समक्ष विद्रोह | 1. 1791 |
| B. फ्रांस संवैधानिक प्रजातांत्रिक राज्य बना | 2. 1789 |
| C. फ्रांस में आतंक का युग | 3. 1804 |
| D. नेपोलियन फ्रांस का सम्राट बना | 4. 1793 |

**कूट**

| | A | B | C | D | | A | B | C | D |
|---|---|---|---|---|---|---|---|---|---|
| (a) | 2 | 4 | 3 | 1 | (b) | 1 | 3 | 4 | 2 |
| (c) | 2 | 1 | 4 | 3 | (d) | 1 | 2 | 3 | 4 |

**उत्तर** (c) 2 1 4 3

**26.** सुमेलित कीजिए

| सूची I | सूची II |
|---|---|
| A. दास प्रथा का उन्मूलन | 1. 1789 |
| B. महिलाओं को मताधिकार | 2. 1815 |
| C. वाटरलू की लड़ाई | 3. 1848 |
| D. सामंती प्रथा का उन्मूलन | 4. 1946 |

**कूट**

| | A | B | C | D | | A | B | C | D |
|---|---|---|---|---|---|---|---|---|---|
| (a) | 4 | 3 | 2 | 1 | (b) | 2 | 4 | 1 | 3 |
| (c) | 3 | 1 | 4 | 2 | (d) | 3 | 4 | 2 | 1 |

**उत्तर** (d) 3 4 2 1

## रिक्त स्थान भरें

**27.** चर्च किसानों से .......... नामक धार्मिक कर वसूलता था जो कृषि उपज के 10वें हिस्से के बराबर होता था।

**उत्तर** टाइद

**28.** जॉन लॉक ने अपनी पुस्तक .......... में राजा के निरंकुश एवं दैवीय सिद्धांतों का खण्डन किया है।

**उत्तर** टू ट्रीटाइज़ेज़ ऑफ गवर्नमेंट

**29.** तृतीय एस्टेट के प्रतिनिधि वर्साय के इण्डोर टेनिस कोर्ट में एकत्रित हुए जहाँ पर इन्होंने स्वयं को .......... घोषित किया।

**उत्तर** नेशनल असेंबली

**30.** 1791 ई. में नेशनल असेंबली द्वारा संविधान का प्रारूप तैयार किया गया इसके साथ ही फ्रांस को ........ में बदल दिया गया।

**उत्तर** संवैधानिक राजतंत्र

**31.** 1791 ई. के संविधान ने फ्रांसीसी महिलाओं को निराश किया था जिसकी मुख्य वजह इन्हें .......... से वंचित रखा जाना था।

**उत्तर** मताधिकार

## सही और पुनः लिखें

**32.** फ्रांस में सत्ता का विकेंद्रीकरण के पश्चात् शक्तियों का विभाजन सामंतों, पादरियों एवं आम जनों में कर दिया गया।

**उत्तर** फ्रांस में सत्ता का विकेंद्रीकरण के पश्चात् शक्तियों का विभाजन विधायिका, कार्यपालिका तथा न्यायपालिका में कर दिया गया।

**33.** दास श्रम के माध्यम से ही यूरोपीय बाजारों में चीनी, कॉफी, नील की बढ़ती माँगों को पूरा करना संभव हुआ, 18वीं सदी में औपनिवेशिक काल में दास श्रम की व्यापक आलोचना की गई।

**उत्तर** दास श्रम के माध्यम से ही यूरोपीय बाजारों में चीनी, कॉफी, नील की बढ़ती माँगों को पूरा करना संभव हुआ। 18वीं सदी में विशेष रूप से औपनिवेशिक काल में इस प्रथा की कभी आलोचना नहीं हुई, बल्कि इसे और प्रोत्साहित किया गया।

## कथन/कारण

**34.** **कथन** (A) 1791 के संविधान के तहत फ्रांसीसी महिलाओं को मताधिकार से वंचित रखा गया था।

**कारण** (R) फ्रांस की महिलाओं द्वारा निर्मित क्लब 'द सोसायटी ऑफ रिवोल्यूशनरी खंड रिपब्लिकन विमन' समान राजनीतिक अधिकार का पक्षधर था।

**कूट**

(a) A और R दोनों सही हैं तथा R, A की सही व्याख्या है
(b) A और R दोनों सही हैं, परंतु R, A का सही व्याख्या नहीं है
(c) A सही है, किंतु R गलत है
(d) A गलत है, किंतु R सही है

**उत्तर** (b) A और R दोनों सही हैं, परंतु R, A का सही व्याख्या नहीं है

परीक्षा अभ्यास

**35.** **कथन** (A) फ्रांस का जैकोबिन क्लब मूलतः कमजोर वर्ग का प्रतिनिधित्व करता था, जिसका नेतृत्वकर्ता रोबेस्प्येर था।

**कारण** (R) रोबेस्प्येर फ्रांस का तानाशाही शासक बन गया और इसके समर्थक ही इसकी नीतियों से परेशान होने लगे।

**कूट**

(a) A और R दोनों सही हैं तथा R, A की सही व्याख्या है
(b) A और R दोनों सही हैं, परंतु R, A की सही व्याख्या नहीं है
(c) A सही है, किंतु R गलत है
(d) A गलत है, किंतु R सही है

*उत्तर* (b) A और R दोनों सही हैं, परंतु R, A की सही व्याख्या नहीं है

## अतिलघु उत्तरीय प्रश्न

**1.** **फ्रांसीसी क्रांति के समय फ्रांस में किस राजवंश का शासन था?**

*उत्तर* फ्रांसीसी क्रांति के समय फ्रांस में बूर्बो वंश का शासन था।

**2.** **तृतीय वर्ग से कौन संबंधित थे?**

*उत्तर* प्रथम एवं द्वितीय वर्ग, जिससे कुलीन एवं पादरी वर्ग संबंधित थे, को छोड़कर सभी तृतीय वर्ग से संबंधित थे।

**3.** **फ्रांस का कौन-सा वर्ग सभी करों की अदायगी करता था?**

*उत्तर* तृतीय वर्ग के लोगों द्वारा सभी करों की अदायगी की जाती थी।

**4.** **18वीं सदी में वसूले जाने वाले प्रत्यक्ष कर का क्या नाम था, जो राज्य सरकार द्वारा वसूले जाते थे?**

*उत्तर* 18वीं सदी में वसूले जाने वाले प्रत्यक्ष कर का नाम 'टाइल' था, जो राज्य सरकार द्वारा वसूला जाता था।

**5.** **'एक व्यक्ति एक वोट' के विचार रूसो की किस पुस्तक में है?**

*उत्तर* रूसो ने यह विचार 'द सोशल कॉण्ट्रैक्ट' में प्रयुक्त किए थे।

**6.** **रोबेस्प्येर सरकार द्वारा किए गए किन्हीं दो कार्यों का वर्णन कीजिए।**

*उत्तर* रोबेस्प्येर सरकार द्वारा किए गए दो कार्य निम्नलिखित हैं

(i) कानून बनाकर मजदूरी एवं कीमतों की अधिकतम सीमा तय कर दी।
(ii) गोश्त एवं पाव-रोटी की राशनिंग कर दी गई।

**7.** **20 जून, 1789 को तृतीय एस्टेट का प्रतिनिधित्व किसके द्वारा किया गया?**

*उत्तर* 20 जून, 1789 को तृतीय एस्टेट का नेतृत्व मिराब्यो और आबे सिए द्वारा किया गया।

**8.** **फ्रांसीसी संविधान के अनुसार मानव के प्राकृतिक एवं नैसर्गिक अधिकार कौन-से हैं?**

*उत्तर* अभिव्यक्ति की स्वतंत्रता, बोलने की स्वतंत्रता, सभी के लिए एक समान कानून, व्यक्ति के प्राकृतिक एवं नैसर्गिक अधिकार हैं।

**9.** **सौ कुलॉत के साथ पहने जाने वाली लाल टोपी किसका प्रतीक थी?**

*उत्तर* सौ कुलॉत के साथ पहने जाने वाली लाल टोपी स्वतंत्रता का प्रतीक थी।

**10.** **महिला एवं नागरिक अधिकार घोषणा-पत्र किसके द्वारा लिखा गया था?**

*उत्तर* 'ओलंप दे गूज' द्वारा 1791 ई. में 'महिला एवं नागरिक अधिकार' घोषणा-पत्र लिखा गया।

**11.** **1792 ई. में निर्मित असेंबली का क्या नाम था?**

*उत्तर* 1792 ई. में निर्मित असेंबली का नाम कन्वेंशन था।

**12.** **नेपोलियन बोनापार्ट ने स्वयं को राजा कब घोषित किया?**

*अथवा* **1804 ई. में किसके द्वारा स्वयं को राजा घोषित किया गया?**

*उत्तर* नेपोलियन बोनापार्ट द्वारा स्वयं को फ्रांस का सम्राट 1804 ई. में घोषित किया गया।

**13.** **नेपोलियन बोनापार्ट कब और कहाँ पराजित हुआ ?**

*उत्तर* 1815 ई. में नेपोलियन 'वाटरलू' के युद्ध में पराजित हुआ।

**14.** **वो कौन भारतीय थे, जो फ्रांसीसी क्रांति के विचारों से प्रभावित हुए?**

*उत्तर* टीपू सुल्तान एवं राजा राममोहन राय ऐसे भारतीयों के उदाहरण हैं, जो फ्रांसीसी क्रांति के विचारों से प्रभावित थे।

**15.** **तीसरे एस्टेट की अधिकांश महिलाएँ किस तरह के कार्य करती थीं?**

*उत्तर* तीसरे एस्टेट की अधिकांश महिलाएँ जीविका निर्वाह के लिए काम करती थीं। वे सिलाई, बुनाई, कपड़ों की धुलाई करती थीं, बाजारों में फल-फूल और सब्जियाँ बेचती थीं अथवा संपन्न घरों में घरेलू काम करती थीं।

**16.** **फ्रांसीसी क्रांति के उपरांत वह कौन-सा वर्ग था, जिसकी शक्ति का उन्मूलन किया गया?**

*उत्तर* फ्रांसीसी क्रांति के उपरांत प्रथम एवं द्वितीय एस्टेट के वर्ग को विवश किया गया कि वे अपनी शक्ति को त्याग दें।

**17.** **फ्रांसीसी महिलाओं को मताधिकार का अधिकार कब मिला?**

*उत्तर* वर्ष 1946 में फ्रांसीसी महिलाओं को मत देने का अधिकार मिला।

## लघु उत्तरीय प्रश्न

**1.** **18वीं सदी के उत्तरार्द्ध में फ्रांसीसी समाज को स्पष्ट कीजिए।**

*उत्तर* 18वीं सदी के उत्तरार्द्ध में फ्रांसीसी समाज तीन एस्टेटस में बँटा था। वर्गों में विभाजित फ्रांसीसी समाज मध्यकालीन सामंती व्यवस्था का अंग था। प्रथम एस्टेट के अंतर्गत पादरी वर्ग आता है।

इस वर्ग को समाज में कुछ विशेषाधिकार जन्म से ही प्राप्त थे। द्वितीय एस्टेट के अंतर्गत कुलीन वर्ग आते हैं।

कुलीन वर्ग को कुछ अन्य सामंती विशेषाधिकार भी प्राप्त थे। वह किसानों से सामंती शुल्क वसूल किया करते थे।

तृतीय एस्टेट पुनः तीन भागों में विभक्त था, जिसके पहले वर्ग में बड़े व्यवसायी, व्यापारी, अदालती कर्मचारी तथा दूसरे वर्ग में किसान और कारीगर और तीसरे वर्ग में छोटे किसान, भूमिहीन मजदूर नौकर आते थे। किसान अपने स्वामी की सेवा, स्वामी के घर एवं खेतों में काम करना, सैन्य सेवाएँ देना अथवा सड़कों के निर्माण में सहयोग आदि करने के लिए बाध्य थे।

**2. फ्रांस में लुई XVI को सत्ता सँभालने के समय किन समस्याओं का सामना करना पड़ा?**

**उत्तर** फ्रांस में लुई XVI को सत्ता सँभालने के समय निम्न समस्याओं का सामना करना पड़ा

- लुई XVI 1774 ई. में फ्रांस की राजगद्दी पर आसीन हुआ। राज्यारोहण के समय उसने राजकोष खाली पाया। लुई XVI को वर्साय के विशाल महल और राजदबार की शानो-शौकत बनाए रखने के लिए अतिरिक्त वित्तीय बोझ का सामना करना पड़ा।
- लुई XVI के शासनकाल में फ्रांस ने अमेरिका के 13 उपनिवेशों को ब्रिटेन से आजाद कराने में सहायता दी थी। इस युद्ध के चलते फ्रांस पर दस अरब लिव्रे से भी अधिक का कर्ज और जुड़ गया, जबकि उस पर पहले से ही दो अरब लिव्रे का बोझ चढ़ा हुआ था।
- सरकार से कर्जदाता अब 10% ब्याज की माँग करने लगे थे। फलस्वरूप फ्रांसीसी सरकार अपने बजट का बहुत बड़ा हिस्सा दिनोदिन बढ़ते जा रहे कर्ज को चुकाने पर मजबूर थी।

**3. जीविका संकट काल क्या था? फ्रांस में 18वीं शताब्दी में इसके लिए उत्तरदायी किन्हीं तीन कारकों का उल्लेख कीजिए।**

**उत्तर** जीविका संकट काल एक ऐसी स्थिति है जब जीवित रहने में न्यूनतम साधन भी खतरे में पड़ने लगते हैं। 18वीं शताब्दी में फ्रांस में जीविका संकट के निम्नलिखित कारक थे

(i) 18वीं शताब्दी में फ्रांस की जनसंख्या में तेजी से वृद्धि हुई, जिसके परिणामतः अनाज उत्पादन की तुलना में उसकी माँग काफी तेजी से बढ़ी।

(ii) 18वीं शताब्दी में फ्रांस में अधिकतर कामगार कारखानों में मजदूरी करते थे और उनकी मजदूरी मालिक तय करते थे, लेकिन मजदूरी महँगाई की दर से नहीं बढ़ सकी।

(iii) 18वीं शताब्दी में फ्रांस की स्थिति तब और बदतर हो जाती जब सूखे या ओले के प्रकोप से पैदावार गिर जाती, इससे रोजी-रोटी का संकट पैदा हो जाता था।

**4. मध्यम वर्ग के उदय के रूप में किसे जाना जाता है? स्पष्ट कीजिए।**

**उत्तर** 18वीं सदी में नए सामाजिक वर्ग का उदय हुआ, जिसे मध्यम वर्ग के रूप में जाना जाता था। इस वर्ग ने समुद्रपारीय व्यापार से रेशमी तथा ऊनी वस्त्रों के उत्पादन के कारण संपत्ति अर्जित की थी। तीसरे एस्टेट में इन सौदागरों एवं निर्माताओं के अतिरिक्त प्रशासनिक सेवा व वकील जैसे व्यक्ति भी शामिल थे। यह वर्ग पढ़ा-लिखा होने के कारण जन्म से विशेषाधिकार को न मानकर योग्यता को व्यक्ति के सामाजिक पद का आधार मानता था। जॉन लॉक, रूसो और मॉण्टेस्क्यू जैसे दार्शनिकों ने स्वतंत्रता, समान नियमों तथा समान अवसरों पर आधारित समाज की परिकल्पना प्रस्तुत की थी।

जॉन लॉक ने अपनी पुस्तक 'टू ट्रीटाइजेज ऑफ गवर्नमेंट' में राजा के निरंकुश एवं दैवीय सिद्धांत का खंडन किया, जबकि रूसो ने जनता एवं प्रतिनिधियों के बीच एक सामाजिक अनुबंध पर आधारित सरकार का प्रस्ताव रखा।

**5. तृतीय स्टेट की नेशनल असेंबली के गठन में मिराब्यो एवं आबे सिए का क्या योगदान रहा?**

**उत्तर** मिराब्यो और आबे सिए ने तृतीय स्टेट की नेशनल असेंबली के गठन में नेतृत्वकर्ता के रूप में योगदान दिया। इसके अन्तर्गत मिराब्यो सामंती विशेषाधिकार वाले समाज को खत्म करने की जरूरत से सहमत था वही आबे सिए ने तीसरा स्टेट क्या है शीर्षक से अत्यन्त प्रभावशाली प्रचार पुस्तक लिखी।

फ्रांसीसी क्रांति के दौरान तीसरे एस्टेट के लोगों ने फ्रांसीसी राष्ट्र के प्रवक्ता के रूप में कार्य किया, क्रांति के दौरान तृतीय एस्टेट ने अपने आपको नेशनल असेंबली के रूप में घोषित किया तथा शपथ ली कि जब तक सम्राट की शक्तियों को कम करने वाला संविधान तैयार नहीं किया जाएगा तब तक असेंबली को भंग नहीं किया जा सकता।

**6. नए संविधान के अंतर्गत कानून बनाने का अधिकार किसे प्राप्त था? संक्षेप में स्पष्ट कीजिए।**

**उत्तर** नए संविधान के अंतर्गत कानून बनाने का अधिकार नेशनल असेंबली को प्राप्त था। नेशनल असेंबली अप्रत्यक्ष रूप से चुनी जाती थी। नागरिकों द्वारा एक निर्वाचक समूह का चुनाव किया जाता था, जो पुनः असेंबली के सदस्यों को चुनते थे। राष्ट्रीय सभा द्वारा कुछ निर्मित कानून निम्न प्रकार थे

- सभी नागरिकों को मत देने का अधिकार नहीं था। 25 वर्ष से अधिक उम्र वाले पुरुष, जो तीन दिन की मजदूरी के बराबर कर चुकाते थे, इन्हें सक्रिय नागरिक (अर्थात् इन्हें मत देने का अधिकार) दिया गया। शेष पुरुषों और महिलाओं को निष्क्रिय नागरिक कहा गया।
- निर्वाचक की योग्यता प्राप्त करने तथा असेंबली का सदस्य होने के लिए लोगों का करदाताओं की उच्चतम श्रेणी में होना आवश्यक था।

**7. 'जैकोबिन' कौन थे? उनसे संबंधित मुख्य बातों को बताइए।**

**उत्तर** 'जैकोबिन' फ्रांसीसी समाज का सबसे मशहूर क्लब था। इसका नाम पेरिस के भूतपूर्व कॉन्वेंट ऑफ संट जेकब के नाम पर पड़ा। जैकोबिन क्लब मूलतः फ्रांस के कमजोर वर्ग का प्रतिनिधित्व करता था, जिसमें छोटे दुकानदार और कारीगर जैसे–जूता बनाने वाले, पेस्ट्री बनाने वाले, घड़ीसाज, छपाई करने वाले तथा नौकर शामिल थे। इनका नेतृत्वकर्ता मैक्समिलियन रोबेस्प्येर था। जैकोबियनों द्वारा गोदी कारीगरों की तरह लंबी धारीदार पतलून पहनने का निर्णय लिया गया। ऐसा उन्होंने समाज में स्वयं को कुलीन वर्गों द्वारा घुटनों तक पहने जाने वाले ब्रीचेस से अलग दिखाने के लिए किया था।

**8. रोबेस्प्येर कौन था? उसके राज्य को 'आतंक का राज्य' क्यों कहा जाता था?**

उत्तर रोबेस्प्येर फ्रांस का एक क्रूर राजा था। उसका शासनकाल 1793 से 1794 ई. के मध्य था। उसके राज्य को आतंक का राज्य निम्न कारणों से कहा जाता था

- वह गणतंत्र को शत्रु के रूप में मानता था। उसके फैसले का पार्टी में जो सदस्य विरोध करता था, उस सदस्य को जेल में डाल दिया जाता था तथा उस पर न्यायालय में मुकदमा भी चलाया जाता था। यदि दोष सिद्ध हो गया, तो उसे गिलोटिन पर चढ़ाकर उसका सिर काट दिया जाता था।
- राजा ने अपनी नीतियों को काफ़ी कठोरतापूर्वक लागू किया था, जिससे आम जनता और उसके समर्थक भी भय से काँप उठे।

इन सभी कारणों से रोबेस्प्येर के राज्य को 'आतंक का राज्य' कहा जाता था।

**9. रोबेस्प्येर सरकार ने समता स्थापित करने के लिए कौन-कौन से नए नियम बनाए?**

उत्तर रोबेस्प्येर सरकार द्वारा बनाए गए नए नियम निम्नलिखित थे

- रोबेस्प्येर सरकार ने कानून बनाकर मज़दूरी एवं कीमतों की अधिकतम सीमा तय कर दी।
- किसानों को अपना अनाज शहरों में ले जाकर सरकार द्वारा तय कीमत पर बेचने के लिए बाध्य किया गया।
- महँगे सफेद आटे के प्रयोग पर रोक लगा दी गई। सभी नागरिकों के लिए साबुत गेहूँ से बनी और बराबरी का प्रतीक मानी जाने वाली 'समता रोटी' खाना अनिवार्य कर दिया गया।
- चर्चों को बंद कर दिया गया और उनके भवनों को बैरक या दफ्तर बना दिया गया।
- सामान्य बोलचाल की भाषा में भी समानता लागू करने का प्रयास किया गया।

**10. जैकोबिन सरकार के पतन के बाद फ्रांस में हुए किन्हीं चार परिवर्तनों को बताएँ।**

उत्तर जैकोबिन सरकार के पतन के बाद फ्रांस में चार परिवर्तन हुए, जो निम्नलिखित थे

(i) जैकोबिन सरकार के पतन के पश्चात् वहाँ की सत्ता मध्यवर्ग के संपन्न लोगों के पास आ गई।

(ii) नए संविधान के अनुसार गरीब लोगों को मताधिकार से वंचित कर दिया गया।

(iii) नए संविधान में दो निर्वाचित विधानपरिषदों की व्यवस्था थी, जिसमें पाँच सदस्यों वाली एक कार्यपालिका डायरेक्ट्री को नियुक्त किया गया था, जिसे डायरेक्ट्री के नाम से जाना जाता था। इस नियम के अनुसार जैकोबिन के शासनकाल वाली एक व्यक्ति केंद्रीय कार्यपालिका को खत्म कर दिया गया, परंतु डायरेक्ट्रों का विधानपरिषदों से मतभेद चलता रहा। ऐसे मौकों पर परिषद् उन्हें पद से हटाने की पूर्ण रूप से चेष्टा करती थी।

(iv) डिरेक्ट्री की राजनीतिक उठा-पटक के कारण ही सैनिक तानाशाह नेपोलियन बोनापार्ट का उदय हो पाया।

**11. फ्रांस में नवनिर्मित संविधान के किन्हीं दो दोषों की चर्चा कीजिए।**

उत्तर फ्रांस के नवनिर्मित संविधान में दोष निम्न थे

(i) कार्यपालिका एवं परिषदों के बीच संबंध सही नहीं चल रहे थे। प्रायः कार्यपालिका एवं विधायिका के बीच अकसर झगड़े होने लगते थे, जिससे उन्हें बर्खास्त करना पड़ता था।

(ii) सरकार के इन दो अंगों के बीच की झड़पों से कार्यपालिका के कार्य में प्रायः राजनीतिक असंतुलन पैदा हो जाता था। इससे सैनिक तानाशाह का उदय हुआ और नेपोलियन बोनापार्ट फ्रांस का शासक बन गया।

(iii) फ्रांस के नवनिर्मित संविधान में संपत्तिहीन वर्ग को मताधिकार से वंचित कर दिया गया था।

**12. "प्रारंभिक वर्षों से क्रांतिकारी सरकार ने महिलाओं के जीवन में सुधार लाने वाले कानून लागू किए।" इस कथन को स्पष्ट कीजिए।**

उत्तर प्रारंभिक वर्षों में क्रांतिकारी सरकार ने महिलाओं के जीवन में सुधार लाने वाले कानून लागू किए। जो निम्न थे

- महिलाओं को सरकारी स्कूलों में शिक्षा का अधिकार प्राप्त हो गया, जो अनिवार्य शिक्षा के रूप में था।
- महिलाएँ अब अपने अनुसार विवाह कर सकती थीं। इनके पिता द्वारा इन्हें विवाह के लिए मजबूर नहीं किया जा सकता था।
- शादी का स्वैच्छिक अनुबंध के स्तर पर पंजीकरण कराना अनिवार्य हो गया।
- तलाक को कानूनी मान्यता मिल गई तथा इसके लिए पुरुष एवं महिला दोनों आवेदन कर सकते थे।
- महिलाओं को प्रशिक्षण दिया जाने लगा, जिससे वह कलाकार बन सकती थीं तथा स्वयं का उद्यम स्थापित कर सकती थीं।

## C दीर्घ उत्तरीय प्रश्न

**1. फ्रांस की क्रांति विभिन्न दार्शनिकों के विचारों से प्रभावित थी, कुछ प्रमुख दार्शनिकों के विचारों का वर्णन करें।**

उत्तर फ्रांस की क्रांति पर निम्नलिखित दार्शनिकों का प्रभाव था

**रूसो** रूसो फ्रांस के एक महान् दार्शनिक थे। इन्होंने फ्रांस में निरंकुशतावाद को समाप्त करने के लिए अपने क्रांतिकारी विचारों द्वारा लोकतांत्रिक शासन का मार्ग प्रशस्त किया। 'सोशल कॉण्ट्रैक्ट' इनकी प्रसिद्ध कृति है। इनका विचार था कि राजा को जन-भावनाओं के अनुकूल कार्य करना चाहिए। फ्रांस की क्रांति को प्रोत्साहित करने में इनकी महत्त्वपूर्ण भूमिका थी।

**मॉण्टेस्क्यू** ये एक महान् विचारक एवं लेखक थे। ये गणतंत्रीय लोकतंत्र के समर्थक थे। ये राजा के दैवी अधिकार के सिद्धांतों के घोर आलोचक थे। इंग्लैंड की शासन पद्धति पर इनका गहरा प्रभाव था। ये फ्रांस में भी इंग्लैंड की तरह ही शासन व्यवस्था की उम्मीद करते थे। इन्होंने अपने सिद्धांतों की व्याख्या अपनी पुस्तक 'द स्पिरिट ऑफ लॉज' में की।

**वॉल्टेयर** ये एक प्रसिद्ध विचारक एवं लेखक थे। इनके विचारों से फ्रांस की क्रांति को प्रमुख बल मिला। ये निरंकुश शासन के स्थान पर जनकल्याणकारी शासन की स्थापना करना चाहते थे। इन्होंने चर्च की बुराइयों की तुलना 'बदनाम वस्तु' से की।

इस प्रकार फ्रांस के लोग रूसो, मॉण्टेस्क्यू तथा वॉल्टेयर जैसे महान् दार्शनिकों एवं लेखकों के विचारों से प्रभावित होकर स्वतंत्रता की माँग करने लगे। इन प्रमुख विचारकों ने फ्रांस के निवासियों को सामाजिक, आर्थिक एवं राजनीतिक बुराइयों से अवगत कराया।

**2. विश्व इतिहास में फ्रांस की क्रांति महत्त्वपूर्ण क्रांतियों में से एक थी। फ्रांसीसी क्रांति के पीछे कौन-से राजनीतिक कारक महत्त्वपूर्ण थे? स्पष्ट करें।**

**उत्तर** फ्रांसीसी क्रांति के राजनीतिक कारण निम्नलिखित थे

(i) **राजा का निरंकुश होना** फ्रांस का राजा स्वेच्छाचारी एवं निरंकुश हो गया था। वहाँ के शासक ने राजा के दैवी अधिकारों को प्रतिपादित किया तथा स्वयं को ईश्वर का प्रतिनिधि घोषित कर दिया। इस कारण राजा जनता के प्रति अपने कर्त्तव्यों को भूल गया तथा जनकल्याण के प्रति लापरवाही बरतने लगा।

(ii) **राजा द्वारा अपव्यय किया जाना** इस समय राजा द्वारा नागरिकों पर अनेक नए-नए करों का अधिरोपण किया जाता था। जनता द्वारा प्राप्त इन करों को राजा के भोग-विलास पर खर्च किया जाता था।

(iii) **प्रांतों में असमानता** फ्रांस के विभिन्न प्रांतों में अलग-अलग कानून प्रचलित थे। गरीब एवं अमीर वर्ग के लिए भी अलग-अलग कानून थे, जिसके कारण जनता को अनेक परेशानियों का सामना करना पड़ता था।

(iv) **व्यक्तिगत स्वतंत्रता का अभाव** राजा के दरबारियों के पास अधिकार पत्र होते थे, जिन पर राजा की मुहर लगी होती थी। वे जिन्हें कैद करना चाहते, उनके नाम अधिकार पत्र पर लिखे होते थे। इस व्यवस्था के कारण अनेक निर्दोष लोगों को जेल जाना पड़ता था।

(v) **सेना में असंतोष** साधारण सैनिकों की उन्नति के द्वार बंद थे, जिसके कारण सेना में असंतोष पैदा हुआ, जो फ्रांस की राज्य क्रांति का एक कारण बना।

इस प्रकार, उपरोक्त राजनीतिक परिस्थितियाँ फ्रांस की क्रांति का कारण बनीं।

**3. दास प्रथा के अंत से आप क्या समझते हो? सविस्तार वर्णन करें।**

**उत्तर** जैकोबिन सरकार द्वारा जो महान् सुधार हुए उनमें दास प्रथा का अंत महत्त्वपूर्ण था। फ्रांसीसी उपनिवेशों में कैरीबियन; जैसे-मार्टिनिक, गॉडेलोप और सैन डोमिंगो आदि महत्त्वपूर्ण थे, जो तंबाकू, नील, चीनी तथा कॉफी के महत्त्वपूर्ण आपूर्तिकर्ता थे। फ्रांसीसियों को जहाँ श्रमिकों की आवश्यकता थी, वहीं यूरोपीय द्वारा दूर देशों में जाकर काम न करने की इच्छा ने दासों का व्यापार शुरू किया, जो यूरोप, अफ्रीका और अमेरिका के मध्य शुरू हुआ। 17वीं शताब्दी में इसे ही त्रिकोणीय दास व्यापार के नाम से जाना जाता था।

फ्रांसीसी व्यापारी अपने पोतों को बोर्दे या नान्ते बंदरगाह से अफ्रीका तट तक ले जाते, जहाँ से ये स्थानीय सरदारों से दास खरीदते थे। इन दासों को हथकड़ी लगाकर तीन महीने लंबे अटलांटिक महासागर के पार कैरीबियाई देशों की समुद्री यात्रा पर भेज दिया जाता था। हालाँकि 18वीं सदी में दासता की कम ही आलोचना हुई है।

लंबी बहस के बाद नेशनल असेंबली द्वारा 1794 ई. में दासता को गैर-कानूनी घोषित किया गया तथा सभी दासों को फ्रांस एवं इसके समुद्रपारीय उपनिवेशों से मुक्त कर दिया गया। दस साल के उपरांत नेपोलियन द्वारा पुनः बागान मालिकों को श्रमिकों की आपूर्ति शुरू किया गया। ये दास अफ्रीकी नीग्रो के नाम से जाने जाते थे। अंततः 1848 ई. में फ्रांस के उपनिवेशों से दासता का उन्मूलन किया गया।

**4. "फ्रांसीसी समाज में 18वीं सदी में महिलाओं को कई तरह की मुश्किलों का सामना करना पड़ रहा था।" क्या आप इससे सहमत हैं? वर्णन कीजिए।**

**उत्तर** फ्रांसीसी समाज में महिलाओं की स्थिति दयनीय थी तथा इन्हें कई तरह की कठिनाइयों का सामना करना पड़ रहा था। इसे निम्नलिखित तथ्यों द्वारा समझा जा सकता है

(i) अधिकांश महिलाएँ जीविका के लिए काम करती थीं। वे सिलाई-बुनाई कपड़ों की धुलाई करती थीं। बाजारों में फल-फूल, सब्जियाँ बेचती थीं तथा बहुत-सी महिलाएँ वेश्यावृत्ति करती थीं।

(ii) अधिकांश महिलाओं के पास पढ़ाई-लिखाई तथा व्यावसायिक प्रशिक्षण के मौके नहीं थे। केवल कुलीन वर्ग की लड़कियाँ ही कॉन्वेंट में पढ़ पाती थीं, इसके बाद उनकी शादी कर दी जाती थी।

(iii) कामकाजी महिलाओं को अपने परिवार का पालन-पोषण भी करना पड़ता था; जैसे-खाना पकाना, पानी लाना, लाइन लगा कर पावरोटी लाना, उनकी मजदूरी पुरुषों की तुलना में कम होती थी।

(iv) 1791 के संविधान में महिलाओं को निष्क्रिय माना जाता था। इस कारण वह असेंबली चुनाव में मतदान भी नहीं कर सकती थीं।

(v) 18वीं सदी में फ्रांस में पुरुष एवं नागरिक अधिकार घोषणा पत्र का जिक्र मिलता है, परंतु महिलाओं को महिला व नागरिक अधिकार घोषणा पत्र के लिए लंबा संघर्ष करना पड़ा।

उपरोक्त कथनों से स्पष्ट होता है कि 18वीं शताब्दी में फ्रांस की महिलाओं को कई तरह की मुश्किलों का सामना करना पड़ा था।

**5.** फ्रांस में संवैधानिक राजतंत्र के स्थापित हो जाने के बाद कौन-कौन से परिवर्तन हुए? स्पष्ट करें।

**उत्तर** फ्रांस में संवैधानिक राजतंत्र के स्थापित हो जाने के बाद निम्न परिवर्तन हुए

- फ्रांस में संवैधानिक राजतंत्र के अंतर्गत नेशनल असेंबली ने 1791 में संविधान का प्रारूप पूर्ण किया। संवैधानिक राजतंत्र स्थापित हो जाने के बाद शक्तियों को विधायिका, कार्यपालिका और न्यायपालिका में विभाजित कर दिया गया।
- संवैधानिक राजतंत्र के अंतर्गत कानून बनाने का अधिकार नेशनल असेंबली को सौंप दिया गया। नेशलन असेंबली का चुनाव अप्रत्यक्ष रूप से किया जाता था, जिसमें सभी नागरिकों को मतदान का अधिकार नहीं था। 25 वर्ष से अधिक उम्र वाले केवल ऐसे पुरुषों को ही सक्रिय नागरिक का दर्जा दिया गया था, जो कम से कम तीन दिन की मजदूरी के बराबर कर चुकाते थे।
- संवैधानिक राजतंत्र में संवधिान पुरुष व नागरिक अधिकार घोषणा-पत्र के साथ शुरू हुआ था।
- जीवन के अधिकार, अभिव्यक्ति की स्वतंत्रता के अधिकार और कानूनी बराबरी के अधिकार को नैसर्गिक एवं अहरणीय अधिकार के रूप में स्थापित किया गया। ये अधिकार व्यक्ति को जन्म से ही प्राप्त होते थे और इन अधिकारों को छीना नहीं जा सकता था। राज्य का यह कर्त्तव्य था कि वह प्रत्येक नागरिक के नैसर्गिक अधिकारों की रक्षा करे।

**6.** फ्रांसीसी क्रांति के दौरान पुरुष एवं नागरिक अधिकार घोषणा-पत्र पारित किया गया। पुरुष एवं नागरिक अधिकार घोषणा-पत्र में उपस्थित कार्यों का वर्णन करें।

**उत्तर** पुरुष एवं नागरिक अधिकार घोषणा-पत्र के अंतर्गत निम्नलिखित कार्यों का वर्णन है

(i) व्यक्ति स्वतंत्र पैदा होते हैं, स्वतंत्र रहते हैं और उनके अधिकार समान होते हैं।

(ii) प्रत्येक राजनीतिक संगठन का लक्ष्य व्यक्ति के नैसर्गिक एवं अहरणीय अधिकारों को संरक्षित रखना है।

(iii) समग्र संप्रभुता का स्रोत राज्य में निहित है।

(iv) स्वतंत्रता का आशय ऐसे काम करने की शक्ति से है जो दूसरों के लिए नुकसानदेह न हो।

(v) कानून सामान्य इच्छा की अभिव्यक्ति है। सभी नागरिकों को व्यक्तिगत रूप से या अपने प्रतिनिधियों के माध्यम से इसके निर्माण में भाग लेने का अधिकार है।

(vi) कानून सम्मत प्रक्रिया के बाहर किसी भी व्यक्ति को न तो दोषी ठहराया जा सकता है और न ही गिरफ्तार किया जा सकता है।

(vii) सभी नागरिकों पर उनकी आय के अनुसार समान रूप से कर लगाया जाना चाहिए।

(viii) संपत्ति का अधिकार एक अनुलंघनीय अधिकार है। किसी भी व्यक्ति को इससे वंचित नहीं किया जा सकता है। जब तक कि विधि द्वारा स्थापित प्रक्रिया के तहत सार्वजनिक आवश्यकता के लिए संपत्ति का अधिग्रहण करना आवश्यक न हो।

## स्रोत आधारित प्रश्न

नीचे दिए गए स्रोतों को पढ़िए और उसके नीचे दिए प्रश्नों के उत्तर लिखिए।

**1.** 18वीं सदी में एक नए सामाजिक समूह का उदय हुआ, जिसे मध्य वर्ग कहा गया, जिसने फैलते समुद्रपारीय व्यापार और ऊनी तथा रेशमी वस्त्रों के उत्पादन के बल पर संपत्ति अर्जित की थी। ऊनी और रेशमी कपड़ों का या तो निर्यात किया जाता था या समाज के समृद्ध लोग उसे खरीद लेते थे। तीसरे एस्टेट में इन सौदागरों एवं निर्माताओं के अतिरिक्त प्रशासनिक सेवा व वकील जैसे पेशेवर लोग भी शामिल थे। ये सभी पढ़े-लिखे थे और इनका मानना था कि समाज के किसी भी समूह के पास जन्मना विशेषाधिकार नहीं होने चाहिए। किसी भी व्यक्ति की सामाजिक हैसियत का आधार उसकी योग्यता ही होनी चाहिए।

स्वतंत्रता, समान नियमों तथा समान अवसरों के विचार पर आधारित समाज की यह परिकल्पना जॉन लॉक और ज्याँ ज़ॉक तथा रूसो जैसे दार्शनिकों ने प्रस्तुत की थी। अपने टू ट्रीटाइज़ेज़ ऑफ़ गवर्नमेंट में लॉक ने राजा के दैवी और निरंकुश अधिकारों के सिद्धांत का खंडन किया था। रूसो ने इसी विचार को आगे बढ़ाते हुए जनता और उसके प्रतिनिधियों के बीच एक सामाजिक अनुबंध पर आधारित सरकार का प्रस्ताव रखा। मॉन्टेस्क्यू ने 'द स्पिरिट ऑफ़ द लॉज़' नामक रचना में सरकार के अंदर विधायिका, कार्यपालिका और न्यायपालिका के बीच सत्ता विभाजन की बात कही।

(i) फैलते हुए समुद्रपारीय व्यापार और ऊनी तथा रेशमी वस्त्रों के उत्पादन के बल पर किस वर्ग ने अत्यधिक संपत्ति अर्जित करने में सफलता प्राप्त की थी?

(a) सर्वहारा वर्ग के समूह ने अत्यधिक संपत्ति अर्जित की थी
(b) बुजुर्वा वर्ग के समूह ने अत्यधिक संपत्ति अर्जित की थी
(c) मध्य वर्ग के समूह ने अत्यधिक संपत्ति अर्जित की थी
(d) अमीर वर्ग के समूह ने अत्यधिक संपत्ति अर्जित की थी

**उत्तर** (c) मध्य वर्ग के समूह ने अत्यधिक संपत्ति अर्जित की थी

(ii) 18वीं सदी में फ्रांसीसी क्रांति के समय उत्पन्न हुए तीसरे एस्टेट में निम्नलिखित में से कौन-सा एक वर्ग मुख्य रूप से शामिल नहीं था?

(a) सौदागरों (पेशेवर) का समूह
(b) प्रशासनिक अधिकारियों का समूह
(c) निर्माताओं का समूह
(d) सर्वहारा वर्ग का समूह

**उत्तर** (d) सर्वहारा वर्ग का समूह

(iii) फ्रांसीसी क्रांति के दौरान समाज में स्वतंत्रता, समान नियमों तथा समान अवसरों के विचार को प्रसारित करने की कल्पना जॉन लॉक, ........ तथा ........ ने प्रस्तुत की।

(a) जीन जेक्स, रूसो (b) दिदरो, रूसो
(c) वाल्टेयर, मॉन्टेस्क्यू (d) मॉन्टेस्क्यू, ज्याँ जॉक

**उत्तर** (a) जीन जेक्स, रूसो

(iv) फ्रांस के राजनीतिक चिंतकों के लिए किस देश के व्यक्तिगत अधिकारों की गारंटी प्रेरणा का एक महत्त्वपूर्ण स्रोत थी?
(a) ब्रिटेन (b) अमेरिका
(c) स्पेन (d) रूस

उत्तर (b) अमेरिका

(v) अठारहवीं सदी में फ्रांस में किस कारण अनाज उत्पादन की तुलना में अनाज की माँग तेजी से बढ़ी थी?
(a) करों में वृद्धि के कारण
(b) जनसंख्या में वृद्धि के कारण
(c) अकाल में वृद्धि के कारण
(d) बीमारियों में वृद्धि के कारण

उत्तर (b) जनसंख्या में वृद्धि के कारण

(vi) सामाजिक अनुबंध पर आधारित सरकार का प्रस्ताव किसके द्वारा रखा गया?
(a) लेनिन (b) रूसो
(c) जेम्स मिल (d) जॉन लॉक

उत्तर (b) रूसो

**2.** फ्रांसीसी उपनिवेशों में दास-प्रथा का उन्मूलन जैकोबिन शासन के क्रांतिकारी सामाजिक सुधारों में से एक था। कैरिबिआई उपनिवेश-मार्टिनिक, गॉडेलोप और सैन डोमिंगों तंबाकू, नील, चीनी एवं कॉफी जैसी वस्तुओं के महत्त्वपूर्ण आपूर्तिकर्ता थे। अपरिचित एवं दूर देश जाने और काम करने के प्रति यूरोपियों की अनिच्छा का मतलब था—बागानों में श्रम की कमी। इस कमी को यूरोप, अफ्रीका एवं अमेरिका के बीच त्रिकोणीय दास-व्यापार द्वारा पूरा किया गया। दास-व्यापार सत्रहवीं शताब्दी में शुरू हुआ।

फ्रांसीसी सौदागर बोर्दे या नांते बंदरगाह से अफ्रीका तट पर जहाज ले जाते थे, जहाँ वे स्थानीय सरदारों से दास खरीदते थे। दासों को दाग कर एवं हथकड़ियाँ डालकर अटलांटिक महासागर के पार कैरिबिआई देशों तक तीन माह की लंबी समुद्री-यात्रा के लिए जहाजों में ठूँस दिया जाता था। वहाँ उन्हें बागान मालिकों को बेच दिया जाता था। दास-श्रम के बल पर यूरोपीय बाजारों में चीनी, कॉफी एवं नील की बढ़ती माँग को पूरा करना संभव हुआ। बोर्दे और नांते जैसे बंदरगाह फलते-फूलते दास-व्यापार के कारण ही समृद्ध नगर बन गए।

(i) अपरिचित एवं दूर देश जाने और काम करने के प्रति यूरोपियों की अनिच्छा का मतलब था—बागानों में श्रम की कमी। यहाँ अपरिचित एवं दूर देश का तात्पर्य
(a) कैरिबिआई उपनिवेश से है
(b) यूरोपियन उपनिवेश से है
(c) द. अफ्रीका उपनिवेश से है
(d) ब्रिटिश उपनिवेश से है

उत्तर (a) कैरिबिआई उपनिवेश से है

(ii) फ्रांसीसी उपनिवेशों में व्यापार करने की त्रिकोणीय दास-व्यापार नीति में .......... शामिल नहीं था/थे।
(a) यूरोप (b) अफ्रीका
(c) अमेरिका (d) कैरिबिआई देश

उत्तर (d) कैरिबिआई देश

(iii) दास प्रथा के अंतर्गत दासों को दाग कर एवं हथकड़ियाँ डालकर किस महासागर के कैरिबिआई देशों तक तीन माह की लंबी समुद्री-यात्रा के लिए जहाजों में ठूँस दिया जाता था।
(a) प्रशांत महासागर के पार
(b) अटलांटिक महासागर के पार
(c) हिंद महासागर के पार
(d) भूमध्य सागर के पार

उत्तर (b) अटलांटिक महासागर के पार

(iv) निम्नलिखित में से कौन-सा कथन सत्य है?
(a) दास व्यापार की शुरुआत 17वीं शताब्दी से हुई थी
(b) कैरिबियाई उपनिवेशों से आवश्यक वस्तुओं का निर्यात किया जाता था
(c) 'a' और 'b' दोनों
(d) दास प्रथा के कारण अमेरिकी बाजारों में समृद्धि दर्ज की गई थी

उत्तर (c) 'a' और 'b' दोनों

(v) निम्नलिखित में से कौन-सा कथन असत्य है?
(a) कैरिबियाई उपनिवेश-मार्टिनिक, गॉडेलोप और सैन डोमिंगों तंबाकू, नील, चीनी और कॉफी जैसी वस्तुओं के महत्त्वपूर्ण आपूर्तिकर्ता थे
(b) दास व्यापार की शुरुआत 16वीं शताब्दी से हुई थी
(c) फ्रांसीसी सौदागर अफ्रीका के स्थानीय सरदारों से दासों की खरीद करते थे
(d) अफ्रीकी दासों को कैरिबियाई बागान मालिकों को बेच दिया जाता था

उत्तर (b) दास व्यापार की शुरुआत 16वीं शताब्दी से हुई थी

(vi) निम्नलिखित कथनों का अध्ययन कर सही उत्तर का चयन करें
1. फ्रांसीसी सौदागर अफ्रीकी दासों की खरीद हेतु बोर्दे या नांते बंदरगाहों का उपयोग करते थे।
2. बागानों में श्रम की कमी को एशियाई दास व्यापार द्वारा पूरा किया गया।
3. दास-श्रम के बल पर यूरोपीय बाजारों में चीनी, कॉफी एवं नील की बढ़ती माँग को पूरा करना संभव हुआ।

**कूट**
(a) 1 और 2 (b) 2 और 3
(c) 1 और 3 (d) ये सभी

उत्तर (c) 1 और 3

**3.** महिलाएँ शुरू से ही फ्रांसीसी समाज में इतने अहम परिवर्तन लाने वाली गतिविधियों में सक्रिय रूप से शामिल थीं। उन्हें उम्मीद थी कि उनकी भागीदारी क्रांतिकारी सरकार को उनका जीवन सुधारने हेतु ठोस कदम उठाने के लिए प्रेरित करेगी।

तीसरे एस्टेट की अधिकांश महिलाएँ जीविका निर्वाह के लिए काम करती थीं। वे सिलाई-बुनाई, कपड़ों की धुलाई करती थीं, बाजारों में फल-फूल-सब्जियाँ बेचती थीं अथवा संपन्न घरों में घरेलू काम करती थीं। अधिकांश महिलाओं के पास पढ़ाई-लिखाई तथा व्यावसायिक प्रशिक्षण के अवसर नहीं थे।

केवल कुलीनों की लड़कियाँ अथवा तीसरे एस्टेट के धनी परिवारों की लड़कियाँ ही कॉन्वेंट में पढ़ पाती थीं। इसके बाद उनकी शादी कर दी जाती थी।

महिलाओं ने अपने हितों की हिमायत करने और उन पर चर्चा करने के लिए खुद के राजनीतिक क्लब शुरू किए और अखबार निकाले। फ्रांस के विभिन्न नगरों में महिलाओं के लगभग 60 क्लब अस्तित्व में आए। उनमें 'द सोसाइटी ऑफ रिवोल्यूशनरी एंड रिपब्लिकन विमेन' सबसे मशहूर क्लब था। उनकी एक प्रमुख माँग यह थी कि महिलाओं को पुरुषों के समान राजनीतिक अधिकार प्राप्त होने चाहिए।

(i) फ्रांसीसी समाज में किन महिलाओं को शिक्षित होने का अधिकार था?

**उत्तर** फ्रांसीसी समाज में केवल कुलीनों की लड़कियाँ अथवा तीसरे एस्टेट के धनी परिवारों की लड़कियों को ही कॉन्वेंट स्कूलों में शिक्षित होने का अधिकार था। इसके बाद उनकी शादी कर दी जाती थी।

(ii) अठारहवीं सदी में फ्रांसीसी महिलाओं को कब निराशा का सामना करना पड़ा?

**उत्तर** अठारहवीं सदी में फ्रांसीसी महिलाओं को तब निराशा का सामना करना पड़ा, जब उन्हें निष्क्रिय नागरिकों का दर्जा दिया गया, क्योंकि उससे पहले महिलाओं ने मताधिकार असेंबली के लिए चुने जाने तथा राजनीतिक पदों की माँग रखी, क्योंकि उनका मानना था कि नई सरकार में उनके हितों का प्रतिनिधित्व हो पाएगा।

(iii) फ्रांसीसी सरकार ने महिलाओं से संबंधित कौन-से कार्य किए?

**उत्तर** अठारहवीं सदी में फ्रांसीसी सरकार ने महिलाओं के जीवन में सुधार लाने वाले कुछ कानून लागू किए तथा सरकारी विद्यालयों की स्थापना के साथ ही सभी लड़कियों के लिए स्कूली शिक्षा को अनिवार्य कर दिया। अब उनके पिता उन्हें उनकी मर्जी के खिलाफ शादी के लिए बाध्य नहीं कर सकते थे। शादी को स्वैच्छिक अनुबंध माना गया और नागरिक कानूनों के अंतर्गत उनका पंजीकरण किया जाने लगा।

**4. स्रोत 'अ' अठारहवीं सदी के अंत में फ्रांस की स्थिति**

फ्रांस की स्थिति आने वाले वर्षों में भी तनावपूर्ण बनी रही। यद्यपि लुई XVI ने संविधान पर हस्ताक्षर कर दिए थे, परंतु प्रशा के राजा से उसकी गुप्त वार्ता भी चल रही थी।

फ्रांस की घटनाओं से अन्य पड़ोसी देशों के शासक भी चिंतित थे। इसलिए 1789 ई. की गर्मियों के बाद होने वाली ऐसी घटनाओं को नियंत्रित करने के लिए इन शासकों ने सेना भेजने की योजना बना ली थी, लेकिन जब तक इस योजना पर अमल होता अप्रैल, 1792 में नेशनल असेंबली ने प्रशा एवं ऑस्ट्रिया के विरुद्ध युद्ध की घोषणा का प्रस्ताव पारित कर दिया।

**स्रोत 'ब' फ्रांस द्वारा प्रशा एवं ऑस्ट्रिया पर आक्रमण**

फ्रांस द्वारा प्रशा एवं ऑस्ट्रिया पर युद्ध के अंतर्गत प्रांतों से हजारों स्वयंसेवी सेना में भर्ती होने के लिए जमा होने लगे। उन्होंने इस युद्ध को यूरोपीय राजाओं एवं कुलीनों के विरुद्ध जनता की जंग के रूप में लिया। उनके होंठों पर देशभक्ति के जो तराने थे, उनमें कवि रॉजेट दि लाइल द्वारा रचित मार्सिले भी था। यह गीत पहली बार मार्सिलेस के स्वयंसेवियों ने पेरिस की ओर कूच करते हुए गाया था, इसलिए इस गाने का नाम मार्सिले हो गया, जो अब फ्रांस का राष्ट्रगान है।

**स्रोत 'स' युद्ध के अंतर्गत फ्रांस की स्थिति**

क्रांतिकारी युद्धों से जनता को भारी क्षति एवं आर्थिक कठिनाइयाँ झेलनी पड़ीं। पुरुषों के मोर्चे पर चले जाने के बाद घर-परिवार और रोजी-रोटी की जिम्मेवारी औरतों के कंधों पर आ पड़ी।

**स्रोत 'अ' अठारहवीं सदी के अंत में फ्रांस की स्थिति**

(i) अठारहवीं सदी के राजनीतिक परिप्रेक्ष्य में आम जनता की क्या राय थी?

**उत्तर** अठारहवीं सदी के राजनीतिक परिप्रेक्ष्य में फ्रांस की आबादी के एक बड़े हिस्से को ऐसा लगता था कि क्रांति के सिलसिले को आगे बढ़ाने की जरूरत है, क्योंकि वर्ष 1971 के संविधान से केवल अमीरों को ही राजनीतिक अधिकार प्राप्त हुए थे।

**स्रोत 'ब' फ्रांस द्वारा प्रशा एवं ऑस्ट्रिया पर आक्रमण**

(ii) फ्रांसीसी जनता ने प्रशा तथा ऑस्ट्रिया पर किए गए युद्ध को किस प्रकार लिया?

**उत्तर** फ्रांसीसी जनता ने प्रशा तथा ऑस्ट्रिया पर किए गए युद्ध को एक राष्ट्रीय युद्ध के रूप में लिया। इस समय फ्रांस की जनता देशभक्ति के गीत गा रही थी। उनमें कवि रॉजेट दि लाइल द्वारा रचित मार्सिले भी था। यह गीत पहली बार मार्सिलेस के स्वयंसेवियों ने पेरिस की ओर कूच करते हुए गाया था, इसलिए इस गाने का नाम मार्सिले हो गया, जो बाद में फ्रांस का राष्ट्रगान बना।

**स्रोत 'स' युद्ध के अंतर्गत फ्रांस की स्थिति**

(iii) फ्रांस में जैकोबिन क्लब के सदस्य समाज में किस वर्ग से आते थे?

**उत्तर** फ्रांस में जैकोबिन क्लब के सदस्य मुख्यत: समाज के कम समृद्ध हिस्से से आते थे। इनमें छोटे दुकानदार और कारीगर; जैसे—जूता बनाने वाले, पेस्ट्री बनाने वाले, घड़ीसाज, छपाई करने वाले और नौकर व दिहाड़ी मजदूर शामिल थे।

## मानचित्र आधारित प्रश्न

**1.** फ्रांस के रूपरेखीय मानचित्र में निम्नलिखित स्थानों को चिह्नित कीजिए तथा उन्हें नामांकित कीजिए
(i) बोरडॉक्स (ii) नान्तेस

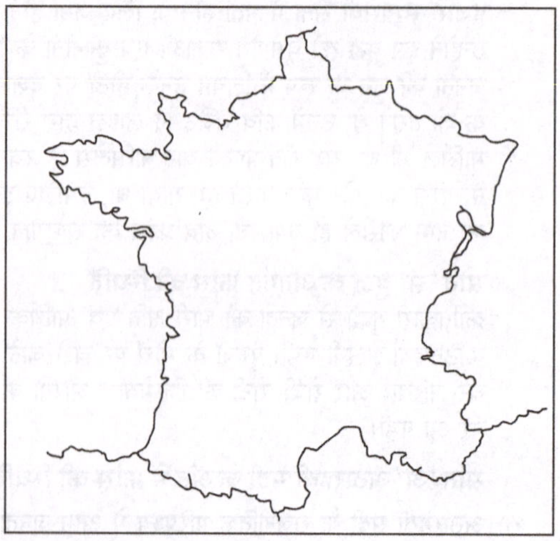

**उत्तर** निम्न मानचित्र देखें

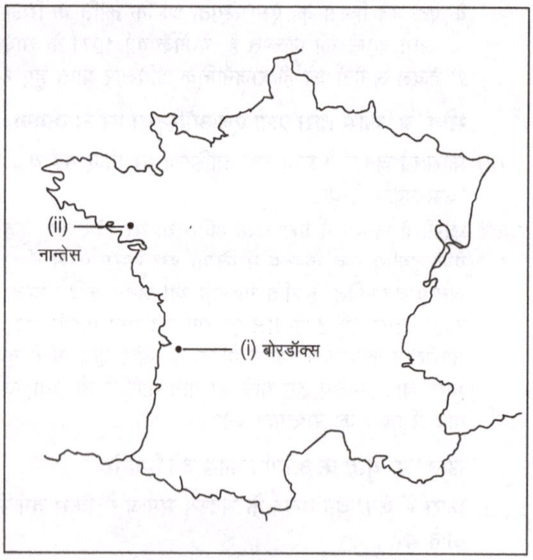


**2.** फ्रांस के रूपरेखीय मानचित्र में अंकित A एवं B स्थानों को पहचानिए तथा उनके नाम लिखिए

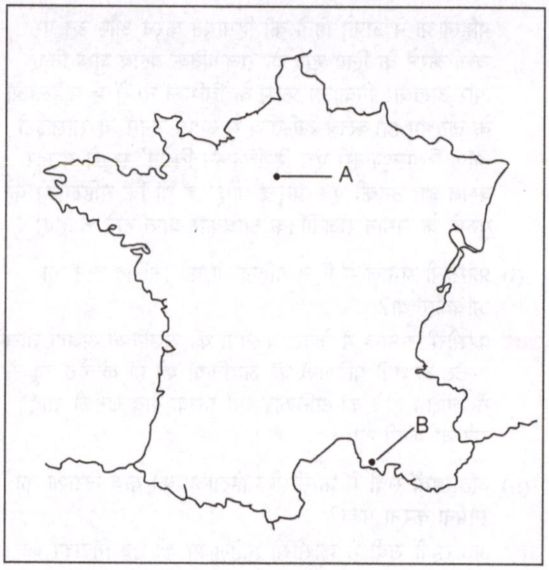


**उत्तर** निम्न मानचित्र देखें

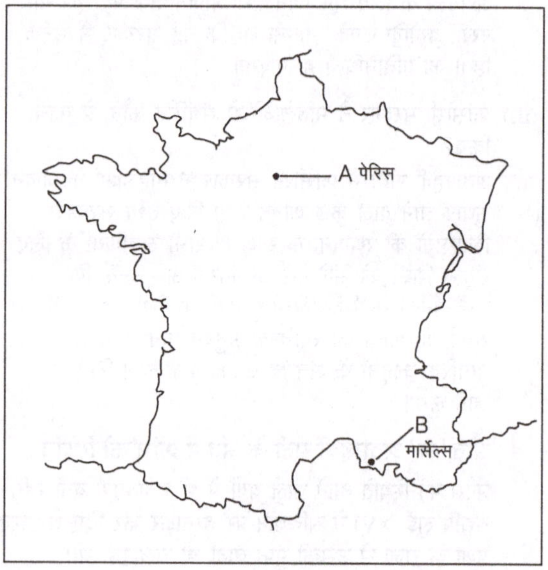

# स्वयं को जाँचें

## वस्तुनिष्ठ प्रश्न

**1.** फ्रांस की नेशनल असेंबली द्वारा संविधान का प्रारूप किस वर्ष तैयार किया गया था?
(a) 1789 ई. (b) 1791 ई. (c) 1798 ई. (d) 1802 ई.

**2.** फ्रांस का देशभक्ति गीत मार्सिले किसने लिखा है?
(a) डेल आइल (b) डे एल आइल (c) विडाल डी वाइडो (d) डेल एम वाइडो

**3.** जैकोबिन क्लब में समाज के किस वर्ग के लोग शामिल थे?
(a) कुलीन वर्ग (b) पादरी वर्ग (c) मध्यम वर्ग (d) कमजोर वर्ग

**4.** निम्नलिखित में से कौन-सा कथन सही नहीं है?
(a) लुई-XVI के काल में फ्रांस ने अमेरिका को उसके 13 उपनिवेशों को ब्रिटेन से मुक्त करने में सहयोग दिया
(b) तृतीय एस्टेट से संबंधित लोगों के विशेषाधिकार सीमित थे तथा इन्हें राज्य को सीधा कर देना पड़ता था
(c) मिराब्यो एवं आबे सिए द्वारा तृतीय एस्टेट का प्रतिनिधित्व किया गया
(d) 1797 ई. में नेशनल असेंबली द्वारा तैयार किए गए संविधान का उद्देश्य सम्राट की शक्तियों में वृद्धि करना था

## अतिलघु उत्तरीय प्रश्न

**5.** फ्रांसीसी क्रांति किस वर्ष हुई?

**6.** फ्रांस का राष्ट्रीय गान कौन-सा है?

**7.** फ्रांसीसी क्रांति के कारण जिस विषय पर चर्चा छिड़ गई थी वह कौन-सा कारण था?

**8.** लुई 16वें को राष्ट्रीय महासभा में कौन-सा दंड निश्चित किया गया?

## लघु उत्तरीय प्रश्न

**9.** लुई 16 वें द्वारा 1774 ई. में शासन सँभालने के बाद सरकारी कोष खाली क्यों मिला?

**10.** तीनों एस्टेट में से कौन-से एस्टेट को करों से छूट प्राप्त थी?

**11.** 1715 से 1789 ई. के दौरान फ्रांस में अनाज के दामों में बढ़ोतरी के क्या कारण थे?

**12.** एस्टेट जनरल के मत से तीसरे एस्टेट के प्रतिनिधि निराश क्यों थे?

**13.** फ्रांस में प्राचीन राजतंत्र के समय 'जीविका संकट' क्यों आए थे?

## दीर्घ उत्तरीय प्रश्न

**14.** फ्रांस में मानव अधिकारों की घोषणा का क्या प्रभाव पड़ा?

**15.** क्रांति से पूर्व महिलाओं की स्थिति कैसी थी? फ्रांस के संदर्भ में वर्णन कीजिए।

**16.** नेपोलियन द्वारा किए गए सुधारों का वर्णन कीजिए।

अध्याय

02

# यूरोप में समाजवाद एवं रूसी क्रांति

**अध्याय एक नजर में**

- सामाजिक परिवर्तन का युग
- रूसी क्रांति
- पेत्रोग्राद में फरवरी क्रांति
- अक्टूबर, 1917 की क्रांति
- रूसी क्रांति और सोवियत संघ का वैश्विक प्रभाव

## सामाजिक परिवर्तन का युग

फ्रांसीसी क्रांति (French Revolution) ने नई सामाजिक संरचना की संभावनाओं का सूत्रपात किया था। 18वीं सदी से पहले फ्रांस का समाज एस्टेट्स (Estates) और श्रेणियों में बँटा हुआ था। समाज की आर्थिक और सामाजिक सत्ता पर कुलीन वर्ग (Aristocracy) और चर्च (Church) का नियंत्रण था।

भारत में भी राजा राममोहन राय और डेरोजियो (Derozio) ने फ्रांसीसी क्रांति के महत्त्व का उल्लेख किया है और काफी लोगों ने क्रांति के पश्चात् यूरोप की स्थिति पर विचार किया।

फ्रांसीसी क्रांति के पश्चात् यूरोप और एशिया में 'व्यक्तिगत अधिकारों' (Individual Rights) और 'सामाजिक सत्ता' पर नियंत्रण को लेकर विचार किया गया। यूरोप के लगभग सभी लोग समाज में पूर्ण परिवर्तन चाहते थे। बहुत से लोग परिवर्तन के पक्ष में थे परंतु वे चाहते थे कि परिवर्तन धीरे-धीरे हो इनमें से कुछ उदारवादी (Liberals), कुछ रूढ़िवादी (Conservatives) तथा कुछ रैडिकल (Radical) थे। रूस में हुई क्रांति के फलस्वरूप समाजवाद बीसवीं सदी का स्वरूप तय करने वाले सबसे महत्त्वपूर्ण और शक्तिशाली विचारों की शृंखला का हिस्सा बन गया था।

## उदारवादी, रूढ़िवादी और रैडिकल

### उदारवादी

- समाज परिवर्तन के समर्थकों में एक समूह उदारवादियों का था, जो ऐसा राष्ट्र चाहते थे, जहाँ सभी धर्मों को एकसमान सम्मान मिले।
- उदारवादी समूह, वंश (Dynastic) आधारित शासकों की अनियंत्रित सत्ता के भी विरोधी थे।
- उदारवादियों के अनुसार सरकार को किसी के अधिकारों को छीनने का अधिकार नहीं दिया जाना चाहिए।
- उदारवादी समूह प्रतिनिधित्व पर आधारित निर्वाचित सरकार (Elected Government) के पक्ष में था, जो मुक्त और प्रशिक्षित न्यायपालिका द्वारा बनाए गए कानून के अनुसार शासन कार्य चलाए।
- यह समूह लोकतंत्रवादी (Democrat) नहीं था और यह सार्वभौमिक वयस्क मताधिकार (Universal Adult Franchise) अर्थात् सभी को मत देने के अधिकार के पक्ष में भी नहीं था। उनका मानना था कि वोट का अधिकार केवल संपत्तिधारियों को ही मिलना चाहिए।

### रैडिकल

- रैडिकल समूह के लोग ऐसी सरकार के पक्ष में थे, जो देश की आबादी के बहुमत के समर्थन पर आधारित हो।
- ये बड़े जमींदारों एवं सम्पन्न उद्योगपतियों को प्राप्त किसी भी प्रकार के विशेषाधिकार के विरुद्ध थे।
- इस समूह ने महिला अधिकारों का समर्थन किया और विभिन्न **मताधिकार आंदोलनों** (Suffragette Movements) का आयोजन किया।
- यह समूह निजी संपत्ति का विरोधी नहीं था, लेकिन कुछ लोगों के पास संपत्ति का संकेंद्रण होने का विरोध अवश्य करता था।

### रूढ़िवादी

- रूढ़िवादी वर्ग उदारवादी तथा रैडिकल दोनों का विरोधी था।
- 19वीं सदी तक इनके विचार बदले तथा इन्हें भी लगने लगा कि परिवर्तन आवश्यक है।
- इनका मानना था अतीत का सम्मान करते हुए बदलाव की प्रक्रिया हो। अत: ये चाहते थे कि परिवर्तन धीरे हो।
- फ्रांसीसी क्रांति के बाद उत्पन्न हुई राजनीतिक उथल-पुथल के बाद सामाजिक परिवर्तन से संबंधित इन विचारों के मध्य काफी टकराव हुए। 19वीं सदी की क्रांति ने सभी राजनीतिक धाराओं की सीमाओं और संभावनाओं को स्पष्ट कर दिया।

## औद्योगिक समाज और सामाजिक परिवर्तन

औद्योगिक क्रांति के दौरान कई सामाजिक और आर्थिक परिवर्तन हुए। इनमें से कुछ निम्नलिखित हैं

- शहर, नए औद्योगिक क्षेत्र तथा रेलवे लाइन का विकास हुआ।
- महिलाओं, पुरुषों एवं बच्चों को कारखानों में काम मिला।
- लोग कम मजदूरी में अधिक समय तक काम करने को विवश थे।
- औद्योगिक वस्तुओं की माँग कम होने के कारण बेरोजगारी समान थी।
- शहर तेजी से बसते और फैलते जा रहे थे, इसलिए आवास और साफ-सफाई (Sanitation) का कार्य मुश्किल होता जा रहा था।

उदारवादी और रैडिकल दोनों ही इन समस्याओं के समाधान ढूँढने की कोशिश कर रहे थे। अनेक कारखानों के मालिक उदारवादी और रैडिकल थे। इन्होंने महसूस किया कि कर्मचारियों के प्रयासों को प्रोत्साहित किया जाना चाहिए। इनका विश्वास था कि यदि मजदूर स्वस्थ हों तथा नागरिक पढ़े-लिखे हों तो इस व्यवस्था का लाभ उठाया जा सकता है।

इन्हें व्यक्तिगत प्रयास, श्रम और उद्यमशीलता में अधिक विश्वास था। इन समूहों (उदारवादी या रैडिकल) की मान्यता थी कि व्यक्ति को व्यक्तिगत स्वतंत्रता, गरीबों को रोजगार की प्राप्ति तथा पूँजीपतियों को बिना रोक टोक काम करने से समाज में तरक्की होगी। इसी कारण सामाजिक परिवर्तन के इच्छुक व्यक्ति उदारवादी और रैडिकल समूहों व पार्टियों के साथ जुड़ गए थे।

1815 ई. में कुछ राष्ट्रवादी, उदारवादी और रैडिकल आंदोलनकारी क्रांति के पक्ष में थे, जिससे यूरोप सरकार को समाप्त किया जाए। **फ्रांस**, **इटली**, **जर्मनी** और **रूस** के राष्ट्रवादी क्रांतिकारी बन गए और राजा को हटाने का प्रयास करने लगे।

राष्ट्रवादी कार्यकर्ता, क्रांति के द्वारा ऐसे राष्ट्रों की स्थापना करना चाहते थे, जिनमें सभी नागरिकों को समान अधिकार प्राप्त हो।

इटली के राष्ट्रवादी **गिसेप्पे मेजिनी** (Giuseppe Mazzini ) ने 1815 ई. के बाद, राष्ट्रवादियों के साथ मिलकर ऐसे इटली के गठन की प्रक्रिया प्रारंभ की, जहाँ सभी को समान अधिकार प्राप्त हैं।

## यूरोप में समाजवाद का आगमन

19वीं शताब्दी के मध्य तक यूरोप में समाजवाद एक जाना-पहचाना विचार था। समाजवादी **निजी संपत्ति** (Private Property) के विरोधी थे। उनका मानना था कि संपत्ति के निजी स्वामित्व की व्यवस्था ही सभी समस्याओं का आधार है। उनका विचार था कि यदि संपत्ति पर किसी एक व्यक्ति के बजाय पूरे समाज का नियंत्रण हो तो साझा सामाजिक हितों पर ठीक प्रकार से ध्यान दिया जा सकता है। कुछ समाजवादियों का दृष्टिकोण निम्न प्रकार हैं

### कम्युनिस्ट समाज के विचार

- **रॉबर्ट ओवेन** (1771-1858) इनके द्वारा 'नया समन्वय' (New Harmony) नाम से एक नए समुदाय की रचना का प्रयास किया गया। इनका प्रयास इंडियाना (Indiana) नामक यूएसए (USA) के प्रांत में किया गया था।
- **लुई ब्लांक** (1813-1882) ये चाहते थे कि सरकार द्वारा सामूहिक उद्यमों (Co-operatives) को बढ़ावा दिया जाए तथा पूँजीवादी (Capitalist) उद्यमों को हटाया जाए। सामूहिक उद्यमों (Co-operative) में ऐसे लोग सम्मिलित थे, जो मिलकर वस्तुएँ बनाते थे तथा उससे होने वाले लाभ को आपस में बाँट लेते थे।
- **कार्ल मार्क्स** (1818-1882) इनका विचार था कि औद्योगिक समाज पूँजीवादी समाज है और फैक्ट्रियों में लगी पूँजी पर पूँजीपतियों का स्वामित्व है। पूँजीपतियों को जो लाभ प्राप्त होता है, वह मजदूरों की मेहनत से होता है। मजदूरों की स्थिति में तब तक सुधार नहीं होगा, जब तक पूँजीपति वर्ग फैक्ट्रियों से स्वयं ही लाभ कमाते रहेंगे। मार्क्स का मानना था कि स्वयं को पूँजीवादी शोषण से मुक्त कराने के लिए एक अलग समाज की स्थापना करनी होगी, जिसमें संपूर्ण संपत्ति पर संपूर्ण समाज का नियंत्रण होगा। मार्क्स ने इस समाज को **साम्यवादी समाज** (Communist Society) का नाम दिया और उन्हें विश्वास था कि पूँजीपतियों के साथ होने वाले इस संघर्ष में मजदूर वर्ग ही विजयी होगा।
- **फ्रेडरिक एंगेल्स** (1820-1895) इन्होंने कहा कि मजदूरों को पूँजीवाद और निजी संपत्ति के शासन को समाप्त करना होगा।

## समाजवाद के लिए समर्थन

समाजवादियों ने अपने प्रयासों में समन्वय लाने के लिए **द्वितीय इंटरनेशनल** नामक एक अंतर्राष्ट्रीय संस्था बनाई। **इंग्लैंड** और **जर्मनी** के मजदूरों ने **सामाजिक लोकतांत्रिक पार्टी** (Social Democratic Party) और श्रमिक संघ (Labour Party) जैसे संगठन बनाने शुरू कर दिए।

ये संगठन इसलिए बनाए गए, क्योंकि

- वे अपने जीवन और कार्यस्थितियों में सुधार लाना चाहते थे।
- वे संकट के समय अपने सदस्यों की मदद करने के लिए कोष स्थापित करना चाहते थे।
- काम के घंटों में कमी तथा मताधिकार का अधिकार चाहते थे।

ब्रिटेन के समाजवादियों और ट्रेड यूनियन आंदोलनकारियों ने वर्ष 1905 में लेबर पार्टी (Labour Party) के नाम से और फ्रांस में भी सोशलिस्ट पार्टी (Socialist Party) के नाम से अपनी एक अलग पार्टी बना ली। वर्ष 1914 तक यूरोप में कहीं भी समाजवादी सरकार के गठन में सफल नहीं हो पाए, परंतु इन्होंने स्वयं को मजबूती से संसदीय राजनीति में प्रस्तुत किया।

**चेक प्वॉइंट 01**

1. *रूढ़िवादी वर्ग किस वर्ग का विरोधी था?*
2. *यूरोपियन सरकार को किस वर्ष समाप्त किया गया?*
3. *कार्ल मार्क्स द्वारा किस नए समाज की परिकल्पना की गई?*
4. *लेबर पार्टी की स्थापना किस वर्ष हुई थी?*
5. *किस वर्ष यूरोप में समाजवादी सरकार के गठन में सफल नहीं हो पाए?*

# रूसी क्रांति

वर्ष 1917 की अक्टूबर क्रांति के माध्यम से समाजवादियों ने रूस में सरकार का अधिग्रहण किया। फरवरी, 1917 में राजतंत्र (Monarchy) का अंत और अक्टूबर में घटी इन घटनाओं को ही रूसी क्रांति (Russian Revolution) के नाम से जाना गया।

## रूसी साम्राज्य, 1914

- वर्ष 1914 में **जार निकोलस द्वितीय** (Tsar Nicholas II) का रूस एवं उसके पूरे साम्राज्य पर शासन था। मॉस्को (Moscow) के आस-पास के क्षेत्र के अतिरिक्त रूसी साम्राज्य में फिनलैंड (Finland), लातविया (Latvia), लिथुआनिया (Lithuania), एस्तोनिया (Estonia), पोलैंड (Polland), यूक्रेन (Ukraine) व बेलारूस (Belarus) के कुछ क्षेत्र भी समाहित थे।
- यह साम्राज्य प्रशांत महासागर तक फैला था और वर्तमान के मध्य एशियायी राज्यों के साथ-साथ जॉर्जिया, आर्मेनिया व अजरबैजान भी इसी साम्राज्य के अंतर्गत आते थे। रूस में सबसे अधिक ऑर्थोडॉक्स क्रिश्चियैनिटी धर्म को मानने वाले लोग थे। रूसी साम्राज्य के अंतर्गत रहने वालों में कैथोलिक, प्रोटेस्टेंट, मुस्लिम और बौद्ध भी शामिल थे।

## अर्थव्यवस्था और समाज

- 20वीं सदी के प्रारंभ में रूस की 85% जनता अजीविका के लिए कृषि पर निर्भर थी। फ्रांस में 40% और जर्मनी के 50% लोग कृषि कार्यों में संलग्न थे।
- रूसी साम्राज्य के किसान अपनी आवश्यकताओं के साथ-साथ बाजार के लिए भी पैदावार करते थे। रूस अनाज का एक बड़ा निर्यातक था।
- उद्योग कम संख्या में थे। महत्त्वपूर्ण औद्योगिक क्षेत्र **सेंट पीटर्सबर्ग** और **मॉस्को** थे।
- 1890 ई. में रेलवे के विस्तार के कारण कई फैक्ट्रियों की शुरुआत हुई तथा इसके साथ ही विदेशी निवेशक भी बड़ी मात्रा में यहाँ पहुँचे, जिसके परिणामस्वरूप कोयले का उत्पादन दो गुना तथा स्टील का उत्पादन चार गुना बढ़ गया।
- अधिकांश कारखाने उद्योगपतियों की निजी संपत्ति थे। हालाँकि सरकारी विभाग द्वारा इन फैक्ट्रियों पर नजर रखी जाती थी कि मजदूरों को न्यूनतम वेतन मिले तथा कार्य करने का समय निश्चित रहे।
- जहाँ मजदूर कारखानों में सामान्यत: 10-12 घंटे तक काम करते थे, वहीं कारीगरों की इकाइयों (Units) और वर्कशॉपों में काम प्राय: 15 घंटे तक होता था।
- मजदूरों को सामाजिक समूहों या उनके कौशल (Skill) द्वारा विभाजित किया गया था। उदाहरण के लिए, धातुकर्मी मजदूर (Metal Workers) स्वयं को दूसरे मजदूरों से कुलीन (Aristocrat) समझते थे, क्योंकि इनके कार्य में अच्छे प्रशिक्षण और निपुणता की आवश्यकता होती थी।
- वर्ष 1914 में लगभग 31% महिलाएँ फैक्ट्री में मजदूर के रूप में कार्य करती थीं, परंतु इन्हें मजदूरी पुरुषों की अपेक्षा कम मिलती (आधे से तीन-चौथाई तक) थी।
- कुछ संगठन भी इस समय कार्यरत थे, जो बेरोजगार मजदूरों को इनके कठिन दौर में वित्तीय मदद दिया करते थे, परंतु इन संगठनों की संख्या बहुत कम थी। कभी-कभी मजदूर संगठित होकर हड़ताल किया करते थे। 1896-97 के मध्य कपड़ा उद्योग में और 1902 में धातु उद्योग में ऐसी हड़तालें व्यापक संख्या में आयोजित की गई।
- ग्रामीण क्षेत्रों में अधिकांश जमीन पर कृषकों द्वारा कृषि की जाती थी। विशाल संपत्तियों पर कुलीन वर्ग, राजशाही तथा ऑर्थोडॉक्स चर्चों ने अपना प्रभुत्व स्थापित कर रखा था। यहाँ किसान धार्मिक आधार पर बँटे हुए थे और इनके मध्य सामंतों एवं नवाबों के लिए सम्मान नहीं था।
- कुलीनों को शक्ति, जार को उनके द्वारा दी जाने वाली सेवा एवं निष्ठा से मिली थी, न कि इनकी लोकप्रियता से किसान समुदाय को **मीर** (Commune) कहा जाता था।
- फ्रांसीसी क्रांति के दौरान ब्रिटनी के कृषक कुलीनों का सम्मान करते थे तथा इनके लिए इन्होंने लड़ाइयाँ भी लड़ीं। रूसी कृषक चाहते थे कि कुलीनों से जमीनें लेकर इनको दे दी जाए। ये कभी लगान नहीं चुकाते थे और इनके द्वारा कई जगहों पर जमींदारों की हत्याएँ भी की जाने लगीं। वर्ष 1902 में दक्षिणी रूस तथा वर्ष 1905 में संपूर्ण रूस में ऐसी घटनाएँ घटने लगीं।
- रूसी कृषक समय-समय पर अपनी सारी जमीन कम्यून *(मीर)* को दे देते थे और फिर कम्यून प्रत्येक कृषक को परिवार की आवश्यकता के अनुसार भूमि वितरित करता था।

## रूस में समाजवाद

- रूस में वर्ष 1914 से पहले सभी राजनीतिक पार्टियाँ गैर-कानूनी थी। मार्क्स के विचारों को मानने वाले समाजवादियों ने 1898 ई. में **रशियन सोशल डेमोक्रेटिक वर्कर्स पार्टी** (रूसी सामाजिक लोकतांत्रिक श्रमिक पार्टी) का गठन किया था। इस पार्टी को

सरकारी आतंक के कारण गैर-कानूनी संगठन के रूप में कार्य करना पड़ता था। इस पार्टी ने अपना अखबार निकाला तथा मजदूरों को संगठित कर हड़ताल आदि कार्यक्रम आयोजित किए।

- कुछ रूसी समाजवादियों का मानना था कि रूसी कृषक स्वाभाविक रूप से समाजवादी हैं, जिसके पीछे मुख्य कारण इनके द्वारा समय- समय पर भूमि का वितरण करना था। इस आधार पर यह माना गया कि रूस में क्रांति की मुख्य शक्ति मजदूर न होकर कृषक होंगे।
- **सोशलिस्ट रिवोल्यूशनरी पार्टी** (Socialist Revolutionary Party) का गठन वर्ष 1900 में किया गया। इस पार्टी ने कृषकों के अधिकारों के लिए संघर्ष किया तथा माँग की कि सामंतों द्वारा अधिकृत भूमि कृषकों को वापस कर दी जाए।
- समाजवादी लोकतंत्रवादी समाजवादी क्रांतिकारियों से सहमत नहीं थे। **लेनिन** (Lenin) ने यह महसूस किया कि वित्तीय मतभेदों के कारण कृषक एक संयुक्त समूह नहीं थे। इस विभेद के कारण ये समाजवादी आंदोलन का हिस्सा नहीं बन सकते थे।
- कालांतर में सोशल डेमोक्रेटिक पार्टी दो भागों **बोल्शेविक** (Bolshevik) एवं **मेंशेविक** (Menshevik) में विभाजित हो गई।
- बोल्शेविक का नेतृत्व लेनिन द्वारा किया गया। लेनिन के अनुसार जार (राजा) शासित रूस जैसे दमनकारी समाज में पार्टी को अधिक अनुशासन में रहना चाहिए तथा अपने सदस्यों की संख्या पर पूरा नियंत्रण होना चाहिए, जबकि मेंशेविकों का मानना था कि पार्टी में सभी को सदस्यता मिलनी चाहिए, जिस प्रकार जर्मनी में सभी को मिल रही है।

## 1905 की क्रांति

20वीं सदी के आरंभ में भी रूस **निरंकुश राजशाही** (Autocracy) था और जार (Tsar) राष्ट्रीय संसद के अधीन नहीं था।

वर्ष 1905 की क्रांति के समय सोशल डेमोक्रेट्स और समाजवादी क्रांतिकारियों ने कृषकों के साथ मिलकर कार्य किया तथा एक **संविधान** की माँग की।

रूसी साम्राज्य के तहत उन्हें राष्ट्रवादियों (जैसे—पोलैंड में) और इस्लाम के आधुनिकीकरण के समर्थक **जदीदियों** (Jadidists) का मुस्लिम बहुल क्षेत्रों में भी समर्थन मिला।

1905 की क्रांति के कुछ उत्तरदायी कारण निम्नलिखित थे

- वर्ष 1904 में आवश्यक वस्तुओं के दामों में तीव्रता से बढ़ोतरी हो गई थी। इससे इनके **वास्तविक वेतन** (Real Wages) में 20% तक की गिरावट आ गई।
- चार सदस्यों को प्युतिलोव आयरन वर्क्स से हटा दिए जाने के कारण मजदूरों ने आंदोलन करने की घोषणा कर दी।
- इसके कुछ ही दिनों बाद सेंट पीटर्सबर्ग के लाखों मजदूर वेतन में वृद्धि, कार्यस्थितियों में सुधार और काम के घंटे को घटाकर आठ घंटे किए जाने की माँग को लेकर हड़ताल पर चले गए।

### खूनी रविवार की घटना

- वर्ष 1905 को रविवार के दिन **पादरी गैपॉन** (Father Gapon) के नेतृत्व में मजदूरों का जुलूस जार के महल (विंटर पैलेस) के समक्ष पहुँचा, तब **कोसैक्स** (Cossacks) एवं पुलिस द्वारा मज़दूरों पर आक्रमण कर दिया गया। इस घटना में 100 से अधिक मजदूर मारे गए और करीब 300 मजदूर घायल हो गए।
- इतिहास में इसी घटना को **खूनी रविवार** (Bloody Sunday) की घटना के नाम से जाना गया। इसके उपरांत इस प्रकार की कई घटनाएँ घटने लगीं, जिसे वर्ष 1905 की क्रांति की संज्ञा दी गई है। कुछ घटनाएँ इस प्रकार हैं
  - देश में जगह-जगह पर हड़तालें हुईं।
  - नागरिक स्वतंत्रता के अभाव में विद्यार्थियों द्वारा कक्षाओं का बहिष्कार किया गया तथा विश्वविद्यालय बंद कर दिए गए।
  - इंजीनियर, डॉक्टर, वकील तथा मध्यम वर्गों के कामगारों ने संविधान सभा के गठन की माँग करते हुए यूनियन ऑफ यूनियन की स्थापना कर दी।
  - कुछ समय तक फैक्ट्री मजदूरों की अत्यधिक ट्रेड यूनियनें और फैक्ट्री कमेटियाँ भी अस्तित्व में रहीं।
  - राजनीतिक गतिविधियों पर अधिक पाबंदियाँ लगा दी गईं।

### जार की प्रतिक्रिया

- वर्ष 1905 की क्रांति के समय जार द्वारा एक निर्वाचित परामर्शदाता **संसद** या **ड्यूमा** (Duma) के गठन को मंजूरी दे दी गई। जार ने पहली ड्यूमा को 75 दिन और दूसरी ड्यूमा को 3 महीने के अंदर बर्खास्त कर दिया। जार नहीं चाहता था कि उसकी संप्रभुता पर किसी के द्वारा सवाल किए जाएँ।
- जार द्वारा मत देने के अधिकार से संबंधित कानून को बदल दिया गया और **तीसरी ड्यूमा** में जार द्वारा रूढ़िवादी नेताओं को नियुक्त किया गया और उल्लेखनीय है कि इसमें क्रांतिकारी एवं उदारवादी नेताओं को इससे बाहर रखा गया।

## प्रथम विश्व युद्ध और रूसी साम्राज्य

- वर्ष 1914 में दो यूरोपीय गठबंधनों के मध्य युद्ध शुरू हुआ। एक ओर जर्मनी, ऑस्ट्रिया और तुर्की (केंद्रीय शक्तियाँ) तथा दूसरी ओर फ्रांस, ब्रिटेन व रूस (कालांतर में इटली और रूमानिया भी इसमें सम्मिलित हो गए) थे। इन सभी देशों के पास विशाल वैश्विक साम्राज्य थे इसलिए यूरोप के साथ-साथ यह युद्ध यूरोप के बाहर भी फैल गया था।
- आरंभ में इस युद्ध को रूस का समर्थन प्राप्त था तथा यहाँ के लोगों ने जार निकोलस द्वितीय को समर्थन भी दिया, परंतु जैसे-जैसे युद्ध लंबा चलता गया लोगों का जनसमर्थन कम होने लगा। जार ने भी ड्यूमा में उपस्थित महत्त्वपूर्ण पार्टियों से सलाह लेना छोड़ दिया।
- जर्मन विरोधी भावनाएँ प्रबल होने लगी थीं, जिसके कारण लोगों ने सेंट पीटर्सबर्ग का नाम बदलकर पेत्रोग्राद (Petrograd) रख दिया, क्योंकि सेंट पीटर्सबर्ग जर्मन नाम था। जार की पत्नी जारीना अलेक्सांद्रा (Tsarina Alexandra's) का जर्मन मूल का होने के कारण तथा रासपुतिन नामक संन्यासी, जो महारानी का सलाहकार था, ने लोगों के बीच राजशाही को अलोकप्रिय बना दिया।

- प्रथम विश्वयुद्ध में सेनाएँ दो दिशाओं अर्थात पूर्व और पश्चिम से लड़ी थीं। प्रथम विश्वयुद्ध की **पूर्वी सेना** और **पश्चिमी सेना** के मध्य अंतर था। पश्चिमी सेना पूर्वी फ्रांस के साथ फैली खाइयों (Trenches) से लड़ी, जबकि पूर्वी सेना ने बड़े पैमाने पर हानि होने के पश्चात् भी लड़ाई लड़ी।
- वर्ष 1914-16 के बीच रूसी सेनाओं को ऑस्ट्रिया और जर्मनी में हार का सामना करना पड़ा।
- वर्ष 1917 में लगभग 70 लाख लोग मारे जा चुके थे। पीछे हटती रूसी सेनाओं ने मार्ग में पड़ने वाली फसलों और इमारतों को भी नष्ट कर डाला ताकि दुश्मन की सेना वहाँ टिक ही न सके। फसलों और इमारतों के विनाश से लगभग 30 लाख से अधिक लोग शरणार्थी हो गए।
- युद्ध से उद्योगों पर बुरा प्रभाव पड़ा। देश के उद्योगों को मिलने वाली बाहरी आपूर्ति भी बंद हो गई, जिसे जर्मनी द्वारा रोक लिया गया था।
- वर्ष 1916 में रेलवे लाइनों को तोड़ दिया गया। स्वस्थ पुरुषों को युद्ध में भेजा गया, जिसके कारण मजदूरों की कमी हो गई तथा छोटे-छोटे कारखाने बंद होने लगे।
- युद्ध में सेना को अनाज भारी मात्रा में पहुँचाया गया था, जिससे शहरों में अनाज की कमी हो गई।
- शहरों में रहने वालों के लिए रोटी और आटे की समस्या पैदा हो गई। वर्ष 1916 की सर्दियों में रोटी की दुकानों पर अकसर दंगे होने लगे थे।

## पेत्रोग्राद में फरवरी क्रांति

- वर्ष 1917 में रूस में खाद्य पदार्थों की भारी कमी हो गई, जिससे मजदूरों का जीवन बहुत कठिन हो गया। संसदीय प्रतिनिधि यह नहीं चाहते थे कि जार द्वारा ड्यूमा को भंग किया जाए।
- वर्ष 1917 में रूस में वर्ग विभाजन स्पष्ट रूप से दिखने लगा। पेत्रोग्राद शहर में मजदूरों के क्वार्टर और कारखाने नेवा नदी के दाएँ तट पर थे। बाएँ किनारे पर प्रचलित क्षेत्र, विंटर पैलेस और सरकारी इमारतें थीं।
- 22 फरवरी को नदी के दाएँ तट पर स्थित एक फैक्ट्री में **तालाबंदी** कर दी गई। इसके अगले दिन इस समर्थन में कई फैक्ट्रियों में मजदूरों द्वारा हड़ताल का ऐलान कर दिया गया। बहुत से कारखानों में औरतों द्वारा हड़ताल का नेतृत्व किया गया। इसी दिन को बाद में **अंतर्राष्ट्रीय महिला दिवस** (International Women's Day) का नाम दिया गया
- आंदोलनकारी मजदूर फैक्ट्री क्वार्टर पार करके राजधानी के मध्य नेव्सकी प्रोस्पेक्ट (Nevski Prospect) तक आ गए थे। इस समय तक कोई राजनीतिक पार्टी आंदोलन को सक्रिय रूप से संचालित नहीं कर रही थी। सरकारी इमारतों एवं क्वाटर्स को मज़दूरों द्वारा पूरी तरह से घेर लिया गया तो सरकार ने कर्फ्यू (Curfew) लगा दिया।
- 25 फरवरी को सरकार द्वारा ड्यूमा को बर्खास्त कर दिया गया। राजनेताओं ने ड्यूमा के निलंबन के विरुद्ध बोलना प्रारंभ कर दिया।
- 26 फरवरी को नेवा नदी के बाएँ किनारे की सड़कों पर प्रदर्शनकारियों ने पुन: वापसी की। 27 फरवरी को इनके द्वारा पुलिस मुख्यालय पर आक्रमण करके इसे नष्ट कर दिया गया।
- रोटी, वेतन, काम के घंटों में कमी और लोकतांत्रिक अधिकारों के पक्ष में नारे लगाते असंख्य लोग सड़कों पर एकत्र हो गए। सरकार द्वारा स्थिति नियंत्रण के लिए सैनिक टुकड़ी बुलाई गई तथा इन्हें प्रदर्शनकारियों पर गोली चलाने के आदेश दिए गए, परंतु सैनिकों ने इन पर गोली चलाने से मना कर दिया।
- सिपाहियों ने एक रेजीमेंट की बैरक में अपने ही एक अफ़सर पर गोली चला दी तथा तीन अन्य रेजीमेंट भी हड़ताली मजदूरों के साथ मिल गईं।
- उसी भवन में जहाँ ड्यूमा की बैठक हुआ करती थी, सैनिकों और मज़दूरों द्वारा मिलकर **सोवियत** या **परिषद्** का गठन किया गया, यहीं से **पेत्रोग्राद सोवियत** का जन्म हुआ।
- 28 फरवरी को एक प्रतिनिधिमंडल (Delegation) जार से मिलने गया। सैनिकों के कहने के कारण जार ने 2 मार्च, 1917 को त्याग-पत्र दे दिया।
- ड्यूमा और सोवियत नेताओं ने मिलकर एक **अंतरिम सरकार** (Provisional Government) का गठन किया। रूस के भविष्य से संबंधित फैसले लेने का अधिकार संविधान सभा को सौंप दिया गया, जिसका चुनाव **सार्वभौमिक वयस्क मताधिकार** के आधार पर तय किया जाना था। फरवरी, 1917 में राजशाही को सत्ता से हटाने वाली क्रांति का झंडा पेत्रोग्राद की जनता के हाथों में था।

### फरवरी के बाद

फरवरी क्रांति के बाद निम्न परिवर्तन हुए

- अंतरिम सरकार में उद्योगपतियों, सैनिक अधिकारियों और भूस्वामियों ने महत्त्वपूर्ण भूमिका निभाई।
- इन समूहों में उदारवादी और समाजवादी एक निर्वाचित सरकार के लिए कार्य करते थे तथा **सार्वजनिक बैठकों** और संगठनों पर से प्रतिबंध हटा दिए गए थे।
- **अप्रैल, 1917** में बोल्शेविक निर्वासित नेता व्लादिमीर लेनिन, रूस लौट आए। वर्ष 1914 से हो रहे युद्ध का इन्होंने विरोध किया। लेनिन की माँगों को **अप्रैल थीसिस** के नाम से जाना जाता है, ये हैं
  (i) युद्ध को समाप्ति की ओर ले जाया जाए।
  (ii) किसानों को जमीन हस्तांतरित की जाए।
  (iii) बैंकों का राष्ट्रीयकरण हो।
- लेनिन चाहते थे कि रैडिकल उद्देश्यों को स्पष्ट करने के लिए बोल्शेविक पार्टी का नाम **कम्युनिस्ट पार्टी** रखा जाए।
- बोल्शेविक पार्टी के ज्यादातर लोगों को अप्रैल थीसिस के बारे में सुनकर काफी हैरानी हुई, उन्हें लगता था कि अभी समाजवादी क्रांति के लिए सही समय नहीं आया।

### मजदूर आंदोलन

- गर्मियों में मजदूर आंदोलन और अधिक फैल गया। औद्योगिक क्षेत्रों में फैक्ट्री कमेटी का गठन होने लगा। इन कमेटियों के माध्यम से मजदूर फैक्ट्री स्वामी की कार्यविधि पर सवाल उठाने लगे।
- सेना में सिपाही समिति बनने लगी। अंतरिम सरकार की ताकत कमजोर होने लगी तथा बोल्शेविकों का प्रभाव बढ़ने लगा।
- जून में लगभग 500 सोवियतों ने अखिल रूसी सोवियत कांग्रेस में अपने प्रतिनिधि भेजे।

- अंतरिम सरकार ने कारखानों को चलाने के लिए श्रमिकों द्वारा किए गए प्रयासों का विरोध किया और नेताओं को गिरफ्तार करना प्रारंभ कर दिया।
- जुलाई, 1917 में बोल्शेविकों द्वारा किए गए विशाल प्रदर्शन का दमन किया गया।
- गाँव में किसान और उनके समाजवादी क्रांतिकारी नेता **भूमि पुनर्वितरण** (Redistribution of Land) के लिए दबाव डालने लगे थे।
- इस सामाजिक क्रांति से प्रेरणा लेकर जुलाई और सितंबर, 1917 के मध्य किसानों ने जमीनों पर अपना अधिकार कर लिया।

### चेक प्वॉइंट 02

1. *जार निकोलस द्वितीय कौन था?*
2. *किस वर्ष धातु उद्योगों में हड़ताल रही?*
3. *सोशल डेमोक्रेटिक पार्टी को कितने भागों में बाँटा गया?*
4. *ड्यूमा के गठन को किस वर्ष मंजूरी दी गई?*
5. *लेनिन के विचार किस नाम से जाने गए?*

## अक्टूबर, 1917 की क्रांति

- बोल्शेविकों तथा अंतरिम सरकार के बीच बढ़ते हुए मतभेदों के कारण लेनिन को अंतरिम सरकार द्वारा तानाशाही किए जाने का भय था। सितंबर में उन्होंने सरकार के विरुद्ध विद्रोह के बारे में चर्चा करनी शुरू कर दी।
- लेनिन ने सेना और फैक्ट्री सोवियतों से बोल्शेविकों को इकट्ठा किया। इस प्रकार बोल्शेविक पार्टी और पेत्रोग्राद सोवियत को लेनिन ने 16 अक्टूबर, 1917 को सत्ता पर अपना अधिकार जमाने के लिए सहमत कर लिया था।
- सोवियत द्वारा सैनिक क्रांतिकारी समिति का गठन लियॉन ट्रॉट्स्की के नेतृत्व में किया गया। विद्रोह की शुरुआत 24 अक्टूबर से शुरू हो गई थी। प्रधानमंत्री **करेंस्की** सैन्य टुकड़ियों को इकट्ठा करने के लिए शहर से बाहर चले गए। अगले दिन सुबह, सरकार के सैनिकों ने दो बोल्शेविक अखबारों के दफ्तरों को घेर लिया। टेलीफोन और टेलीग्राम दफ्तरों पर नियंत्रण प्राप्त करने और विंटर पैलेस की रक्षा करने के लिए सरकार ने सैनिकों को भेज दिया।
- क्रांतिकारी समितियों ने भी अपने समर्थकों को आदेश दिया कि सरकारी दफ्तरों पर कब्जा कर लें एवं मंत्रियों को गिरफ्तार कर लें। इसी बीच ऑरोरा (Aurora) नामक युद्धपोत द्वारा विंटर पैलेस पर बमबारी शुरू कर दी गई एवं अन्य युद्धपोतों ने नेवा के रास्ते से आगे बढ़ते हुए विभिन्न सैनिक स्थलों को अपने नियंत्रण में ले लिया।
- शाम तक पूरा शहर क्रांतिकारी समिति के नियंत्रण में आ चुका था और मंत्रियों ने आत्मसमर्पण कर दिया था।
- बोल्शेविकों के इस निर्णय को अखिल रूसी सोवियत कांग्रेस का समर्थन मिला। दूसरे स्थानों पर भी विद्रोह होने लगे। दिसंबर, 1917 में बोल्शेविकों द्वारा मॉस्को-पेत्रोग्राद पर नियंत्रण स्थापित हो चुका था।

### अक्टूबर के बाद के बदलाव

अक्टूबर क्रांति के बाद निम्नलिखित महत्त्वपूर्ण परिवर्तन हुए

- नवंबर, 1917 में बोल्शेविकों द्वारा बैंकों का राष्ट्रीयकरण कर दिया गया।
- चर्च एवं जार की संपत्ति को जब्त कर लिया गया। भूमि को सामाजिक संपत्ति घोषित किया गया तथा किसानों को सामंतों की खेती जब्त करने के लिए कहा गया।
- शहरों में बोल्शेविकों ने मकान-मालिकों के लिए पर्याप्त हिस्सा छोड़कर उनके बड़े मकानों के छोटे-छोटे हिस्से कर दिए, जिससे जरूरतमंद लोगों को भी रहने की जगह दी जा सके।
- बोल्शेविकों ने अभिजात्य वर्ग द्वारा पुरानी पदवियों के उपयोग पर रोक लगा दी। सैनिकों एवं सरकारी अफसरों की वर्दियाँ (Uniforms) बदल दी गईं। इसके लिए वर्ष 1918 में एक परिधान प्रतियोगिता आयोजित की गई, जिसमें सोवियत टोपी का चुनाव किया गया।
- बोल्शेविक पार्टी का नाम पुन: **कम्युनिस्ट पार्टी** (बोल्शेविक) रखा गया।
- नवंबर, 1917 में बोल्शेविकों द्वारा संविधान सभा के लिए चुनाव कराए गए, परंतु इस बार ये बहुमत प्राप्त करने में असफल हुए।
- जनवरी, 1918 में असेंबली ने बोल्शेविकों के प्रस्ताव को निरस्त कर दिया तथा लेनिन ने असेंबली को समाप्त कर दिया। लेनिन का यह मानना था कि अखिल रूसी सोवियत कांग्रेस, असेंबली की अपेक्षा कहीं अधिक लोकतांत्रिक संस्था है।
- मार्च, 1918 में बोल्शेविकों ने अन्य राजनीतिक सहयोगियों के विरोध के उपरांत भी ब्रेस्ट लिटोव्स्क में जर्मनी से संधि कर ली। अखिल रूसी सोवियत कांग्रेस के लिए होने वाले चुनाव में भाग लेने वाली एकमात्र पार्टी बोल्शेविक पार्टी रह गई। रूस एक दलीय राजनीतिक व्यवस्था वाला देश बन गया था।
- अखिल रूसी कांग्रेस सोवियत को अब देश की संसद का स्थान दिया गया। गुप्तचर पुलिस (जिसे पहले चेका और बाद में OGPU तथा NKVD का नाम दिया गया) उन्हें दंडित करती थी, जो बोल्शेविकों की आलोचना करते थे।
- इस समय इसकी तरफ बहुत सारे कलाकार एवं युवा लेखक आकर्षित होने लगे, क्योंकि ये समाजवाद और परिवर्तन के प्रति समर्पित थे। अक्टूबर, 1917 के बाद ऐसे कलाकारों और लेखकों ने कला और वास्तुशिल्प के क्षेत्र में नए प्रयोग शुरू कर दिए।
- पार्टी द्वारा थोपी गई सेंसरशिप के कारण बहुत सारे लोगों का पार्टी से मोहभंग भी होने लगा।

## गृहयुद्ध

- भूमि पुनर्वितरण के बोल्शेविकों के आदेश के कारण रूसी सेना टूटने लगी, क्योंकि इनमें अधिकांश सिपाही किसान वर्ग से थे। उदारवादियों, राजशाही के समर्थकों एवं गैर-बोल्शेविकों समाजवादियों द्वारा बोल्शेविक विद्रोह की निंदा की गई।
- इनके नेता दक्षिणी रूस में एकत्रित होकर बोल्शेविकों (रेड्स) से लड़ने के लिए टुकड़ियाँ एकत्रित करने लगे। वर्ष 1918-19 में रूसी साम्राज्य के ज्यादातर जार समर्थक (व्हाइट्स) एवं सामाजिक क्रांतिकारियों (ग्रीन्स) का नियंत्रण स्थापित हो चुका था।

- इन्हें ब्रिटिश, फ्रांसीसी, अमेरिकी और जापानी टुकड़ियों का समर्थन मिल रहा था। व्हाइट्स निजी संपत्ति के पक्षधर थे, उन्होंने जमीन पर कब्जा रखने वाले किसानों के खिलाफ सख्त नीति अपनाई।
- जनवरी, 1920 में रूसी साम्राज्य पर नियंत्रण स्थापित करने के लिए बोल्शेविकों को गैर-रूसी राष्ट्रवादियों एवं मुस्लिम जदीदियों की मदद से सफलता मिली थी।
- मध्य एशिया स्थित खीवा में बोल्शेविक उपनिवेशों द्वारा समाजवाद की रक्षा के नाम पर स्थानीय राष्ट्रवादियों को मारा गया। इस स्थिति के कारण लोगों को यह समझ नहीं आ रहा था कि बोल्शेविक सरकार क्या चाहती है।
- वर्ष 1922 में गैर-रूसी राष्ट्रवादियों को **राजनीतिक स्वायत्तता** (Political Autonomy) बोल्शेविकों द्वारा बनाए गए USSR के अंतर्गत प्रदान कर दी गई।
- USSR एक राज्य के रूप में दिसंबर, 1922 में बोल्शेविकों द्वारा रूसी साम्राज्य से बनाया गया था। बोल्शेविक सरकार ने घुमंतूवाद को हतोत्साहित किया और इसके कारण आंशिक रूप से इस भाग की विभिन्न राष्ट्रीयताओं पर सफलता प्राप्त की।

## समाजवादी समाज का निर्माण

- गृहयुद्ध के दौरान बोल्शेविकों द्वारा उद्योगों एवं बैंकों का राष्ट्रीयकरण किया गया। इनके द्वारा कृषकों को ऐसी भूमि पर खेती का आदेश दिया गया, जिनका समाजीकरण हो चुका था।
- केंद्रीकृत योजना (Centralised Planning) के नए कार्यक्रम को प्रस्तुत किया गया। अर्थव्यवस्था में सुधार के लिए पंचवर्षीय योजना लागू की गई। सरकार ने पहली दो योजनाओं (1927-32 और 1933-38) के समय औद्योगिक विकास को बढ़ावा देने के लिए सभी कीमतों को स्थिर कर दिया।
- केंद्रीकृत योजना से आर्थिक विकास को काफी गति मिली। इसके साथ ही नए औद्योगिक शहर भी स्थापित हुए। केंद्रीकृत योजना के कारण औद्योगिक उत्पाद बढ़ने लगा। वर्ष 1929 से 1932 के मध्य तेल, कोयला और स्टील के उत्पादन में 100% वृद्धि हुई।

### मजदूरों की स्थिति

तेजी से होने वाले निर्माण कार्यों (Rapid Construction) के कारण मज़दूरों की कार्यस्थितियाँ दयनीय होने लगीं। उदाहरणस्वरूप मैग्नीटोगोर्स्क शहर में स्टील संयंत्र का निर्माण मात्र तीन साल में कर लिया गया। मजदूरों की स्थिति में सुधार के लिए श्रमिकों को शौचालय, स्वास्थ्य देखभाल आदि की भी बुनियादी सुविधा नहीं थी।

श्रमिकों की स्थिति में सुधार के लिए किए गए उपाय निम्न थे

- फैक्ट्री कामगारों एवं किसानों की शिक्षा के लिए विस्तृत शिक्षा व्यवस्था की शुरुआत की गई तथा इन्हें विश्वविद्यालय में प्रवेश दिलाने के लिए उचित व्यवस्था की गई।
- महिला मजदूरों के बच्चों के लिए फैक्ट्रियों में बालवाड़ियाँ (Creches) खोली गईं।
- सस्ती स्वास्थ्य सुविधा का आरंभ किया गया एवं मज़दूरों के लिए आदर्श आवासीय क्षेत्र स्थापित किए गए।
- सरकार द्वारा किए गए ये सभी प्रयास सब जगह एक जैसे नहीं थे, क्योंकि सरकारी संसाधन सीमित थे।

## स्तालिनवाद एवं सामूहिकीकरण

- नियोजित अर्थव्यवस्था का शुरुआती समय कृषि के सामूहिकीकरण से उत्पन्न हुई बर्बादी से जुड़ा हुआ था।
- जनवरी, 1924 में लेनिन की मृत्यु के पश्चात् जोसेफ स्तालिन (Joseph Stalin) सोवियत कम्युनिस्ट पार्टी का नेता बना।
- वर्ष 1927-28 में रूस के शहरों में अनाज का संकट उत्पन्न हो गया।
- सरकार द्वारा अनाजों के दाम निश्चित कर दिए गए, परंतु कृषकों ने अपने अनाजों को इस दाम में बेचने से इनकार कर दिया।
- स्तालिन का यह मानना था कि बड़े किसान और व्यापारी कीमत बढ़ने की आशा से अनाज नहीं बेच रहे हैं।
- इसके कारण स्तालिन ने खेती के **सामूहिकीकरण** (Collectivisation) को दोबारा शुरू किया।
- वर्ष 1928 में पार्टी के सदस्यों ने अनाज उत्पादकों के क्षेत्रों में जाकर निरीक्षण किया। इन्होंने किसानों से बलपूर्वक अनाज खरीदा और **कुलकों** (Kulaks) अर्थात् रूस के संपन्न किसानों के यहाँ छापे मारे।
- वर्ष 1917 के बाद कृषि भूमि को किसानों को हस्तांतरित कर दिया गया। आधुनिक खेत विकसित करने और उन पर मशीनों की सहायता से औद्योगिक खेती करने के लिए कुलकों को निष्कासित करना, किसानों से जमीन छीनना तथ सरकारी नियंत्रण वाले विशाल खेत बनाना आवश्यक था।

### स्तालिन की नीतियाँ

- वर्ष 1929 से कम्युनिस्ट पार्टी ने सभी किसानों को सामूहिक खेतों (कोलखोज) में कार्य करने का आदेश जारी कर दिया। कृषकों द्वारा भूमि पर सामूहिक तौर पर कार्य किया जाने लगा तथा कोलखोज से हुए लाभ को सभी कृषकों में बाँट दिया जाता था।
- इस फैसले के विरुद्ध किसानों ने सरकार का विरोध किया और वे अपने जानवरों को मारने लगे। इस प्रकार वर्ष 1929 से 1931 के मध्य मवेशियों की संख्या में एक-तिहाई की कमी हुई।
- सामूहिकीकरण का विरोध करने वालों को सख्त सजा दी जाती थी और कई लोगों को निर्वासन (Deported) या देश निकाला कर दिया गया। हालाँकि सामूहिकीकरण के बाद भी उत्पादन में वृद्धि नहीं हुई। स्तालिन सरकार ने सीमित स्तर पर स्वतंत्र किसानी की व्यवस्था भी जारी रहने दी।
- पार्टी में भी बहुत सारे लोग नियोजित अर्थव्यवस्था के अंतर्गत औद्योगिक उत्पादन में पैदा हो रहे भ्रम और सामूहिकीकरण के परिणाम की आलोचना करने लगे थे।
- वर्ष 1930-33 में सोवियत इतिहास में पहली बार सबसे बड़ा अकाल पड़ा, जिसके कारण 40 लाख से अधिक लोगों की मृत्यु हो गई।
- स्तालिन की नीतियों की उपेक्षा करने वाले लोगों पर समाजवाद के विरुद्ध षड्यंत्र रचने का आरोप लगाया जाता था। वर्ष 1939 तक 20 लाख से अधिक लोग या तो श्रम शिविरों या जेल भेज दिए गए।

# रूसी क्रांति और सोवियत संघ का वैश्विक प्रभाव

यूरोप की समाजवादी पार्टियाँ रूस की बोल्शेविक पार्टियों के कार्य करने के तरीके से सहमत नहीं थीं। हालाँकि श्रमिकों की मेहनत वाले राज्य की स्थापना ने दुनिया के लोगों में एक नई उम्मीद जाग्रत कर दी थी। इसी का अनुसरण कर बहुत से देशों में कम्युनिस्ट पार्टी की स्थापना की गई, उदाहरण के लिए; कम्युनिस्ट पार्टी ऑफ ग्रेट ब्रिटेन।

बोल्शेविकों ने उपनिवेशों की जनता को भी उनके मार्ग का अनुसरण करने के लिए प्रोत्साहित किया। अनेक देशों के प्रतिनिधियों ने कॉन्फ्रेंस ऑफ द पीपुल ऑफ द ईस्ट (1920) और बोल्शेविकों द्वारा बनाए गए कॉमिन्टर्न (बोल्शेविक समर्थक समाजवादी पार्टियों का अंतर्राष्ट्रीय महासंघ) में हिस्सा लिया था। कम्युनिस्ट यूनिवर्सिटी ऑफ द वर्कर्स ऑफ दि ईस्ट में कुछ विदेशियों को शिक्षा दी गई।

द्वितीय विश्व युद्ध के समय तक सोवियत संघ के कारण समाजवाद को एक वैश्विक पहचान मिल चुकी थी और सोवियत संघ अब एक महान् शक्ति बन चुका था।

सोवियत संघ की प्रतिष्ठा 20वीं सदी के अंत में काफी कम हो चुकी थी। इसके उपरांत भी यहाँ के लोग समाजवाद के आदर्शों का सम्मान करते थे, परंतु समाजवाद पर पुन: अलग-अलग देशों में पुनर्विचार किया जाने लगा।

### रूसी क्रांति के विषय में भारत के विचार

रूसी क्रांति ने अनेक भारतीयों को प्रेरणा दी, जिनमें से अधिकतर भारतीयों ने कम्युनिस्ट विश्वविद्यालय से शिक्षा प्राप्त की थी। वर्ष 1920 के मध्य में भारत में कम्युनिस्ट पार्टी का गठन किया गया। इसके प्रतिनिधि कम्युनिस्ट पार्टी के प्रतिनिधियों से संपर्क में रहते थे। महत्त्वपूर्ण भारतीय राजनीतिक एवं सांस्कृतिक व्यक्तियों ने सोवियत प्रयोग में शामिल हुए तथा इन्होंने सोवियत संघ का दौरा भी किया। इनमें से जवाहरलाल नेहरू तथा रवींद्रनाथ टैगोर महत्त्वपूर्ण थे, इन्होंने सोवियत समाजवाद के विषय पर भी लिखा था। भारतीयों ने सोवियत रूस की छवि को अलग-अलग तरीकों से देखा। हिंदी में आर. एस. अवस्थी ने वर्ष 1920-21 में 'एशियन रेवल्यूशन', 'लेनिन', 'हिज लाइफ एंड हिज थॉट्स' और 'द रेड रेवल्यूशन' नामक किताबें लिखीं।

इनके अतिरिक्त एस. डी. विद्यालंकार ने 'द रीबर्थ ऑफ रशिया' तथा 'द सोवियत स्टेट ऑफ रशिया' नामक पुस्तकें लिखीं। यहाँ उल्लेखनीय है कि इन विषयों पर भारत में बंगाली, मराठी, मलयालम, तमिल और तेलुगु में भी बहुत कुछ लिखा गया।

### चेक प्वॉइंट 03

1. *सोवियत द्वारा सैनिक क्रांतिकारी समिति का गठन किसके द्वारा किया गया?*
2. *लेनिन की मृत्यु के पश्चात् सोवियत कम्युनिस्ट पार्टी का नेता कौन बना?*
3. *सोवियत इतिहास में पहली बार सबसे बड़ा अकाल कब पड़ा?*
4. *भारत में कम्युनिस्ट पार्टी का गठन कब किया गया?*

## टाइमलाइन

| वर्ष | महत्त्वपूर्ण घटनाएँ |
|---|---|
| 1850-1880 | रूस में समाजवाद की नई बहस |
| 1898 | रूसी साम्राज्यवादी डेमोक्रेटिक वर्कस पार्टी की स्थापना |
| फरवरी, 1904-सितंबर, 1905 | रूस-जापान युद्ध : रूस की जापान के विरुद्ध पराजय |
| 22 जनवरी, 1905 | 1905 की खूनी रविवार की घटना |
| 22-27 फरवरी, 1917 | फरवरी क्रांति |
| 2 मार्च, 1917 | जार पदच्युत |
| 3 अप्रैल, 1917 | ऐक्साइल से लेनिन की वापसी |
| 4 अप्रैल, 1917 | लेनिन द्वारा अप्रैल थीसिस की घोषणा |
| 24 अक्टूबर, 1917 | पेत्रोग्राद में बोल्शेविकों का उत्थान |
| 3 मार्च, 1918 | रूस द्वारा प्रथम विश्व युद्ध से हटना, ब्रेस्ट लिटोव्स्क संधि जर्मनी के साथ। |
| 1918-20 | रूस में गृह युद्ध |
| 1919 | कॉमिन्टर्न का गठन |
| 1929 | कृषि में सामूहिकीकरण की शुरुआत |

**नोट** *वर्ष 1917 तक की तारीखें जूलियन कैलेंडर के अनुसार हैं। इस प्रकार वर्ष 1917 तक समयावधि की तिथियाँ वास्तविक तिथियों से 13 दिन कम हैं।*

## इन्हें भी जानें

- ***मताधिकार आंदोलन** (Suffragette Movement)* यह वोट डालने का अधिकार पाने के लिए चलाया गया आंदोलन था।
- ***वास्तविक वेतन** (Real Wages)* इस बात का पैमाना है कि किसी व्यक्ति के वेतन से वास्तव में कितनी चीजें खरीदी जा सकती हैं।
- ***तालाबंदी** (Lockout)* फैक्ट्री को स्थायी रूप से बंद करने के लिए मालिकों द्वारा मुख्य फाटक पर ताला डाल देना।
- ***कॉमिन्टर्न** (Comintern)* यह कम्युनिस्ट पार्टियों की अंतर्राष्ट्रीय संस्था थी। यह शब्द 'कम्युनिस्ट इंटरनेशनल' का संक्षिप्त रूप है।
- ***स्वायत्तता** (Autonomy)* अपना शासन स्वयं चलाने का अधिकार।
- ***घुमंतू** (Nomadic)* ऐसे लोग जो किसी एक जगह ठहर कर नहीं रहते, बल्कि अपनी आजीविका की खोज में एक जगह से दूसरी जगह आते-जाते रहते हैं।
- ***रैडिकल** (Radicals)* यूरोप में उन लोगों का समूह, जो देश में ऐसी सरकार के पक्ष में थे, जो देश की आबादी के बहुमत के समर्थन पर आधारित हो।
- ***राष्ट्रवादी** (Nationalist)* उन्नीसवीं सदी के प्रारंभ में यूरोप में उन्होंने उदारवादियों एवं रैडिकल का समर्थन किया। वे ऐसा देश चाहते थे, जहाँ सभी नागरिकों को समान अधिकार मिलें।
- ***केंद्रीय शक्तियाँ** (Central Powers)* जर्मनी, ऑस्ट्रिया एवं तुर्की को केंद्रीय शक्तियों के नाम से जाना जाता था।
- ***मेंशेविक** (Mensheviks)* रूसी सामाजिक लोकतांत्रिक मजदूर दल के विभाजन के बाद जो भाग अल्पमत में था, मेंशेविक कहलाया।
- ***लेनिन** (Lenin)* यह रूस का एक क्रांतिकारी नेता था। इसने रूस की बोल्शेविक क्रांति का नेतृत्व किया था।

# NCERT फोल्डर

**1.** रूस के सामाजिक, आर्थिक और राजनीतिक हालात 1905 से पहले कैसे थे?

**उत्तर** **वर्ष 1905 से पूर्व रूस की सामाजिक स्थिति**

- **कृषकों की दयनीय दशा** रूस में कृषि दासता 1861 ई. में समाप्त कर दी गई थी, परंतु इससे किसानों की दशा में सुधार नहीं हुआ था। इनके पास कृषि भूमि बहुत छोटी थी, परंतु इन खेतों का विमोचन शुल्क ये कई वर्षों तक देते रहे। इसके कारण इनमें सुधार के लिए इनके पास पूँजी नहीं थी। इससे किसानों में भारी असंतोष व्याप्त था।
- **श्रमिकों की हीन दशा** औद्योगिक क्रांति के कारण रूस में बड़े-बड़े पूँजीपतियों ने लाभ कमाने के लिए मजदूरों का शोषण करना आरंभ कर दिया। ये मज़दूरों को कम वेतन देते तथा कारखानों में इनके साथ बुरा व्यवहार करते थे। ये महिलाओं एवं बच्चों से ऐसा ही व्यवहार करते थे। इसी कारण मजदूर एक होने लगे, परंतु वर्ष 1900 में इन पर हड़ताल करने एवं संघ बनाने पर रोक लगा दी गई। इन्हें किसी भी प्रकार के राजनीतिक अधिकार प्राप्त नहीं थे। अतः इनमें कोई सुधार होने की आशा नहीं थी।

**वर्ष 1905 से पूर्व रूस की आर्थिक स्थिति**

- **औद्योगिक पिछड़ापन** रूस में औद्योगीकरण यूरोप की तुलना में बहुत देर से हुआ, जिसके कारण यहाँ औद्योगिक पिछड़ापन व्याप्त था।
- **देशी पूँजी का अभाव** रूस में उद्योग-धंधे लगाने के लिए पूँजी के अभाव के कारण विदेशी पूँजीपति रूस के धन को लूटकर स्वदेश पहुँचाते रहे।

**राजनीतिक स्थिति**

रूस में जार का निरंकुश शासन था। वर्ष 1905 से पूर्व रूस की राजनीतिक स्थिति चिंताजनक थी। यहाँ की जनता अभी भी 'पुरानी दुनिया' की तरह रह रही थी, क्योंकि वहाँ पर अभी तक यूरोप के अन्य देशों की भाँति आर्थिक, सामाजिक व राजनीतिक परिवर्तन नहीं हो रहे थे। रूस के किसान, श्रमिक और जनसाधारण की हालत बड़ी खराब थी। रूस में औद्योगीकरण देरी से शुरू हुआ। समाज में विषमता व्याप्त थी। राज्य जनता को कोई अधिकार देने को तैयार नहीं थी, क्योंकि उनका दैवी सिद्धांत में विश्वास प्रबल था।

**2.** वर्ष 1917 से पहले रूस की कामकाजी आबादी यूरोप के बाकी देशों के मुकाबले किन–किन स्तरों पर भिन्न थी?

**उत्तर** वर्ष 1917 से पहले रूस की कामकाजी आबादी यूरोप के बाकी देशों के मुकाबले निम्न कारणों से भिन्न थी

- 20वीं सदी के प्रारंभ में रूस की 85% जनता अजीविका के लिए कृषि पर निर्भर थी। फ्रांस में 40% और जर्मनी के 50% लोग कृषि कार्यों में संलग्न थे।
- रूसी साम्राज्य के किसान अपनी आवश्यकताओं के साथ-साथ बाजार के लिए भी पैदावार करते थे। रूस अनाज का एक बड़ा निर्यातक था। रूस के महत्त्वपूर्ण औद्योगिक क्षेत्र अधिकांशतः सेंट पीटर्सबर्ग और मॉस्को में स्थित थे। हालाँकि अधिकांश उत्पादन कारीगर द्वारा ही किया जाता था, लेकिन कारीगरों की वर्कशॉपों के साथ-साथ बड़े-बड़े कल-कारखाने भी मौजूद थे।
- अधिकांश कारखाने उद्योगपतियों की निजी संपत्ति थी। हालाँकि सरकारी विभाग द्वारा इन फैक्ट्रियों पर नजर रखी जाती थी कि मजदूरों को न्यूनतम वेतन मिले तथा कार्य करने का समय निश्चित रहे। जहाँ मजदूर कारखानों में सामान्यतः 10-12 घंटे तक काम करते थे, वहीं कारीगरों की इकाइयों और वर्कशॉपों में काम प्रायः 15 घंटे तक होता था।
- 1890 ई. में रेलवे के विस्तार के कारण कई फैक्ट्रियों की शुरुआत हुई तथा इसके साथ ही विदेशी निवेशक भी बड़ी मात्रा में यहाँ पहुँचे, जिसके परिणामस्वरूप कोयले का उत्पादन दो गुना तथा स्टील का उत्पादन चार गुना बढ़ गया। वर्ष 1900 तक कुछ क्षेत्रों में फैक्ट्री मजदूर और कारीगरों की संख्या लगभग एक समान हो गई थी।

**3.** वर्ष 1917 में जार का शासन क्यों खत्म हो गया?

**उत्तर** वर्ष 1917 में जार का शासन खत्म होने के निम्नलिखित कारण थे

- रूस में वर्ष 1917 से पूर्व राजनीतिक, आर्थिक और सामाजिक परिस्थितियाँ अत्यंत शोचनीय थी। रूसी गृहयुद्ध में लगभग 70 लाख लोग मारे गए थे। फसलों व इमारतों के नष्ट हो जाने के कारण 30 लाख लोग शरणार्थी बन गए थे। सैनिकों ने युद्ध को जारी रखने के सरकार के फैसले से इंकार कर दिया, क्योंकि सैनिक युद्ध लड़ने के पक्ष में नहीं थे।
- 22 फरवरी को एक सरकारी फैक्ट्री में सरकारी अधिकारियों द्वारा तालाबंदी कर दी गई, जिसके कारण मजदूरों द्वारा (50 फैक्ट्रियों के) हड़ताल की घोषणा कर दी गई।
- सरकार ने घुड़सवार फौज़ को प्रदर्शनकारियों पर गोली चलाने के आदेश दिए, जिसे फौज़ ने मानने से इंकार कर दिया और मजदूरों से हाथ मिला लिया।

**4.** दो सूचियाँ बनाइए—एक सूची में फरवरी क्रांति की मुख्य घटनाओं और प्रभावों को लिखिए और दूसरी सूची में अक्टूबर क्रांति की प्रमुख घटनाओं और प्रभावों को दर्ज कीजिए।

उत्तर

| **फरवरी क्रांति** (मुख्य घटनाएँ) | **प्रभाव** |
|---|---|
| • 22 फरवरी, 1917 को रूस में दाएँ तट पर स्थित फैक्ट्री में तालाबंदी घोषित कर दी गई। इसके अंतर्गत बहुत सारे कारखानों में हड़ताल का नेतृत्व औरतें कर रही थीं, इसलिए इस दिन (22 फरवरी) को अंतर्राष्ट्रीय महिला दिवस का नाम दिया गया।<br>• 25 फरवरी को सरकार ने ड्यूमा को बर्खास्त कर दिया। सरकार के इस फैसले से प्रदर्शनकारी बहुत बड़ी संख्या में तटीय इलाके में इकट्ठे हुए।<br>• 27 फरवरी को क्रांतिकारियों ने पुलिस मुख्यालय पर हमला किया। काम के घंटों में कमी, रोटी, तनख्वाह और लोकतांत्रिक अधिकारों के पक्ष में नारे लगाते असंख्य लोग सड़कों पर जमा हो गए। | • फरवरी क्रांति के प्रभाव के कारण जार ने 2 मार्च को गद्दी छोड़ दी।<br>• फरवरी क्रांति के कारण सोवियत और ड्यूमा के नेताओं ने देश का शासन चलाने के लिए एक अंतरिम सरकार बना ली, इसके अंतर्गत निर्णय लिया कि रूस के भविष्य के बारे में फैसला लेने की जिम्मेदारी संविधान सभा को सौंप दी जाए और उनका चुनाव सार्वभौमिक वयस्क मताधिकार के आधार पर किया जाए। जन सभा करने और संगठन बनाने पर लगी पाबंदी हटा ली गई। |
| • 27 फरवरी, 1917 को मजदूरों का आक्रमण हुआ। इस स्थिति पर नियंत्रण कायम करने के लिए एक बार फिर घुड़सवार सैनिकों को तैनात कर दिया गया, परंतु इन्होंने प्रदर्शनकारियों पर गोली चलाने से मना कर दिया। | • फरवरी क्रांति के बाद सैनिकों और मजदूरों द्वारा मिलकर सोवियत या परिषद् का गठन किया गया। इसके पश्चात् पेत्रोग्राद सोवियत का जन्म हुआ। |

| **अक्टूबर क्रांति** (मुख्य घटनाएँ) | **प्रभाव** |
|---|---|
| • 16 अक्टूबर, 1917 को लेनिन ने पेत्रोग्राद सोवियत और बोल्शेविक पार्टी को सत्ता पर कब्जा करने के लिए सहमत कर लिया। 'लियान ट्रॉट्स्की' के नेतृत्व में सत्ता पर कब्जा करने के लिए सैनिक क्रांतिकारी समिति का गठन किया गया।<br>• 24 अक्टूबर को विद्रोह शुरू हुआ। दो बोल्शेविक अखबारों की इमारतों पर सरकार के वफादार सैनिकों ने डेरा डाल दिया। टेलीफोन और टेलीफोन दफ्तरों पर नियंत्रण करने और विंटर पैलेस की रक्षा करने के लिए सरकार समर्थक सैनिकों को रवाना कर दिया गया। | • अक्टूबर क्रांति के अंतर्गत सरकार की कार्रवाई का जवाब देते हुए सैन्य क्रांतिकारी समिति ने सरकारी कार्यालयों को जब्त कर लिया और मंत्रियों को गिरफ्तार कर लिया।<br>• अक्टूबर क्रांति में विंटर पैलेस पर हमले में नौसेना ने महत्त्वपूर्ण भूमिका निभाई। क्रांतिकारियों ने विभिन्न सैन्य बिंदुओं पर अधिकार कर लिया। |

**5.** बोल्शेविकों ने अक्टूबर क्रांति के तुरंत बाद कौन-कौन से प्रमुख परिवर्तन किए?

उत्तर बोल्शेविकों ने अक्टूबर क्रांति के तुरंत बाद निम्नलिखित परिवर्तन किए

(i) **उद्योगों का राष्ट्रीयकरण** बोल्शेविकों के आने से उद्योगों पर श्रमिकों का नियंत्रण स्थापित हो गया। सभी बैंकों, बीमा कंपनियों, बड़े उद्योगों, खानों, जल परिवहन तथा रेलवे का राष्ट्रीयकरण कर दिया गया।

(ii) **निजी संपत्ति का निषेध** भूमि तथा उत्पादन के साधनों पर पूरे राष्ट्र की संपत्ति घोषित कर दी गई। उत्पादन के साधनों में निजी संपत्ति को समाप्त कर दिया गया। सब के लिए श्रम आवश्यक कर दिया गया। जमींदारों और पूँजीवादियों द्वारा आर्थिक शोषण का अंत किया गया।

(iii) **लोगों के अधिकारों की घोषणा** लोगों के अधिकारों का एक घोषणा-पत्र जारी किया गया, जिसमें सभी जनगणों के लिए आत्म-निर्णय के अधिकार की घोषणा की गई।

(iv) **शांति** लेनिन ने सत्ता में आने के तत्काल बाद प्रथम विश्वयुद्ध से पीछे हटने के अपने निर्णय की घोषणा की। जर्मनी के साथ ब्रेस्ट लिटोव्स्क में संधि की।

**6.** निम्नलिखित के बारे में संक्षेप में लिखिए।
- कुलक
- ड्यूमा
- वर्ष 1900 से 1930 के बीच महिला कामगार
- उदारवादी
- स्तालिन का सामूहिकीकरण कार्यक्रम

उत्तर
- **कुलक** सोवियत रूस के धनी किसानों को कुलक कहते थे। कृषि के सामूहिकीकरण कार्यक्रम के अंतर्गत स्तालिन ने इनका अंत कर दिया था।
- **ड्यूमा** यह रूस की निर्वाचित परामर्शदाता और संसद थी। इसका गठन वर्ष 1905 की क्रांति के बाद जार द्वारा हुआ, परंतु इसे शीघ्र ही बर्खास्त कर दिया गया।
- **वर्ष 1900 से 1930 के बीच महिला कामगार** महिला कामगारों की संख्या रूस के कारखानों में पर्याप्त थी। इन्हें पुरुष श्रमिकों की अपेक्षा कम मजदूरी दी जाती थी। यह पुरुषों की मजदूरी का आधा अथवा तीन-चौथाई भाग होती थी।
- **उदारवादी** उदारवादी मुख्यत: वे लोग थे, जो समाज में बदलाव चाहते थे। ये एक ऐसे राष्ट्र की स्थापना करना चाहते थे, जो धार्मिक दृष्टि से सहनशील हों। ये वंशानुगत शासकों की निरंकुश शक्तियों के विरुद्ध थे। ये कहते थे कि सरकार द्वारा व्यक्ति के अधिकारों का हनन नहीं होना चाहिए। ये संसदीय सरकार एवं स्वतंत्र न्यायपालिका के पक्षधर थे, परंतु इन्हें सार्वभौमिक वयस्क मताधिकार में विश्वास नहीं था। इसके साथ ही ये महिलाओं के मताधिकार के पक्षधर थे।
- **स्तालिन का सामूहिकीकरण कार्यक्रम** सोवियत संघ में अनाज की कमी के कारण स्तालिन ने छोटे-छोटे खेतों का सामूहिकीकरण कर दिया, क्योंकि इसका मानना था कि छोटे-छोटे भूमि के टुकड़े आधुनिकीकरण में बाधा डालते हैं। इसलिए छोटे-छोटे किसानों से इनकी जमीन छीनकर राज्य के नियंत्रण में एक विशाल जमीन का टुकड़ा बनाया जाना था। सभी किसानों को राज्य द्वारा निर्धारित सामूहिक कृषि करने हेतु आदेश जारी किया गया।

# परीक्षा अभ्यास

## वस्तुनिष्ठ प्रश्न

### बहुविकल्पीय प्रश्न

**1.** उदारवादी विचारधारा के समर्थक किस प्रकार का राष्ट्र निर्माण करना चाहते थे?
(a) एकसमान नस्ल (b) एकसमान जाति
(c) एकसमान धर्म (d) एकसमान विचार
**उत्तर** (c) एकसमान धर्म

**2.** किस विचारधारा के समर्थकों ने महिला अधिकारों का समर्थन अभिव्यक्त किया था?
(a) उदारवादी (b) रैडिकल
(c) रूढ़िवादी (d) पूँजीवादी
**उत्तर** (b) रैडिकल

**3.** 'नया समन्वय' नाम से एक नए समुदाय की रचना का प्रयास किसने किया?
(a) रॉबर्ट ओवेन (b) लुई ब्लांक
(c) कार्ल मार्क्स (d) फ्रेडरिक एंगेल्स
**उत्तर** (a) रॉबर्ट ओवेन

**4.** "पूँजीवादी शोषण से मुक्त कराने हेतु एक साम्यवादी समाज की स्थापना करनी होगी।" यह कथन किस विचारक से संबंधित है?
(a) लुई ब्लांक (b) कार्ल मार्क्स
(c) फ्रेडरिक एंगेल्स (d) रॉबर्ट ओवेन
**उत्तर** (b) कार्ल मार्क्स

**5.** रूस में सबसे अधिक किस धर्म को मानने वाले लोग निवास करते थे?
(a) कैथोलिक
(b) प्रोटेस्टेंट
(c) ऑर्थोडॉक्स क्रिश्चियैनिटी
(d) मुस्लिम
**उत्तर** (c) ऑर्थोडॉक्स क्रिश्चियैनिटी

**6.** 20वीं सदी की शुरुआत में रूस के कारखाने किसके स्वामित्व में थे?
(a) जार के (b) सरकार के
(c) निजी व्यक्तियों के (d) इनमें से कोई नहीं
**उत्तर** (c) निजी व्यक्तियों के

**7.** रूस के इतिहास में खूनी परिवार की घटना किस वर्ष घटित हुई थी?
(a) 1905 (b) 1907
(c) 1911 (d) 1917
**उत्तर** (a) 1905

**8.** प्रथम विश्वयुद्ध के समय रूस के किस शहर का नाम बदलकर पेत्रोग्राद रख दिया गया था?
(a) मॉस्को (b) चिलियाबिंस्कु
(c) सेंट पीटर्सबर्ग (d) लेनिनग्राद
**उत्तर** (c) सेंट पीटर्सबर्ग

**9.** रूस में किस क्रांति के समय अंतराष्ट्रीय महिला दिवस मनाने की घोषणा की गई थी?
(a) फरवरी की क्रांति (b) मार्च की क्रांति
(c) अक्टूबर की क्रांति (d) नवंबर की क्रांति
**उत्तर** (a) फरवरी की क्रांति

**10.** रूस के नवनिर्माण हेतु तैयार की गई लेनिन की विचारधारा को किस नाम से जाना जाता है?
(a) मार्च थीसिस (b) अप्रैल थीसिस
(c) मई थीसिस (d) अक्टूबर थीसिस
**उत्तर** (b) अप्रैल थीसिस

**11.** अप्रैल थीसिस की तीन माँगों में से कौन शामिल नहीं है?
(a) रूस को युद्ध से पृथक् करना
(b) किसानों को जमीन हस्तांतरण करना
(c) बैंकों का राष्ट्रीयकरण करना
(d) संविधान का निर्माण करना
**उत्तर** (d) संविधान का निर्माण करना

**12.** सोवियत संघ द्वारा सैनिक क्रांतिकारी समिति का गठन किसके नेतृत्व में किया गया था?
(a) लेनिन (b) लियॉन ट्रॉटस्की
(c) जार निकोलस द्वितीय (d) स्तालिन
**उत्तर** (b) लियॉन ट्रॉटस्की

**13.** सोवियत संघ ने ब्रेस्ट लिटोव्स्क की संधि किस देश के साथ की थी?
(a) पोलैंड (b) फ्रांस
(c) जर्मनी (d) चीन
**उत्तर** (c) जर्मनी

**14.** सोवियत संघ में खेती के सामूहिकीकरण की शुरुआत किसने की थी?
(a) लेनिन (b) स्तालिन
(c) निकितिन (d) ख्रुच्येव
**उत्तर** (b) स्तालिन

**15.** भारत में कम्युनिस्ट पार्टी का गठन किस वर्ष हुआ था?
(a) 1912 (b) 1916
(c) 1920 (d) 1925
**उत्तर** (c) 1920

**16.** निम्नलिखित में से कौन-सा कथन यूरोप के उदारवादियों से संबंधित नहीं था?

(a) उदारवादी एक ऐसा राष्ट्र चाहते थे, जहाँ सभी धर्मों को एकसमान सम्मान मिले
(b) उदारवादी, शासकों की नियंत्रित सत्ता के विरोधी थे
(c) उदारवादी अधिकारों को छीनने के विरुद्ध थे
(d) उदारवादी समूह प्रतिनिधित्व पर आधारित निर्वाचित सरकार के पक्ष में थे

**उत्तर** (b) उदारवादी, शासकों की नियंत्रित सत्ता के विरोधी थे

**17.** निम्नलिखित में से कौन-सा कथन कम्युनिस्ट समाज के विचार से संबंधित नहीं है?

(a) कम्युनिस्ट समाज सामूहिक उद्योगों को बढ़ावा देने से संबंधित था
(b) कम्यूनिस्ट समाज धन के सामूहिक बँटवारे से संबंधित है
(c) कम्युनिस्ट समाज शोषण मुक्त समाज का निर्माण करना चाहता है
(d) कम्युनिस्ट समाज निजी संपत्ति का समर्थक था

**उत्तर** (d) कम्युनिस्ट समाज निजी संपत्ति का समर्थक था

**18.** निम्नलिखित में से कौन-सा कथन यूरोप में समाजवाद की शुरुआत से संबंधित नहीं है?

1. उन्नीसवीं सदी के मध्य तक यूरोप में समाजवाद एक जाना-पहचाना विचार था।
2. कार्ल मार्क्स और फ्रेडरिक एंगेल्स यूरोप में समाजवाद को पोषित करने वाले विचारकों में सबसे महत्त्वपूर्ण थे।
3. यूरोप में सभी समाजवादी को-ऑपरेटिव यानि सामूहिक उद्यम के विरोधी थे।

**कूट**

(a) 1 और 2 (b) 2 और 3
(c) 1 और 3 (d) ये सभी

**उत्तर** (a) 1 और 2

**19.** निम्नलिखित में से कौन-सा कथन अक्टूबर, 1917 की क्रांति से संबंधित नहीं है?

1. 16 अक्टूबर, 1917 को लेनिन ने पेत्रोग्राद सोवियत और बोल्शेविक पार्टी को सत्ता पर कब्जा करने के लिए सहमत किया।
2. रूस में 20 अक्टूबर, 1917 को विद्रोह शुरू किया था।
3. नवंबर, 1917 तक मॉस्को-पेत्रोग्राद क्षेत्र पर बोल्शेविकों का नियंत्रण स्थापित हो चुका था।

**कूट**

(a) 1 और 2
(b) 2 और 3
(c) 1 और 3
(d) उपरोक्त सभी

**उत्तर** (b) 2 और 3

**20.** सही क्रम में लगाएँ

1. कॉमिण्टर्न का गठन
2. रशियन सोशल डेमोक्रेटिक वर्कर्स पार्टी का गठन
3. सामूहिकीकरण की शुरुआत

**कूट**

(a) 2, 1, 3 (b) 1, 2, 3
(c) 3, 2, 1 (d) 2, 3, 1

**उत्तर** (a) 2, 1, 3

**21.** निम्नलिखित विचार किस विचारधारा से संबंधित हैं?

- 19वीं सदी तक इस विचारधारा के विचारों में परिवर्तन आया था।
- उनके अनुसार परिवर्तन धीरे-धीरे होने चाहिए।
- फ्रांसीसी क्रांति के बाद इन विचारधाराओं के विचार के मध्य अनेक टकराव हुए थे।

(a) रैडिकल विचारधारा (b) रूढ़िवादी विचारधारा
(c) उदारवादी विचारधारा (d) राष्ट्रवादी विचारधारा

**उत्तर** (b) रूढ़िवादी विचारधारा

**22.** निम्नलिखित कथनों के आधार पर पार्टी की पहचान करें

- इस पार्टी ने किसानों के अधिकार के लिए संघर्ष किया और माँग की कि सामंतों के कब्जे वाली जमीनें किसानों को सौंपी जाएँ।
- सांगठनिक रणनीति के सवाल पर इस पार्टी में गहरे मतभेद थे।
- इस पार्टी का निर्माण उन्नीसवीं सदी के अंत में रूस के ग्रामीण क्षेत्रों में सक्रिय समाजवादियों द्वारा किया गया था।

(a) समाजवादी लोकतंत्रवादी पार्टी
(b) समाजवादी क्रांतिकारी पार्टी
(c) उदारवादी लोकतंत्रवादी पार्टी
(d) उदारवादी क्रांतिकारी पार्टी

**उत्तर** (b) समाजवादी क्रांतिकारी पार्टी

**23.** निम्नलिखित युग्मों में से कौन-सा युग्म सुमेलित नहीं है?

| | राष्ट्र | | सरकार के प्रकार |
|---|---|---|---|
| (a) | फ्रांस | – | राजशाही शासन |
| (b) | इटली | – | फासीवादी शासन |
| (c) | जर्मनी | – | नाजीवादी सरकार का शासन |
| (d) | रूस | – | लोकतंत्रवादी सरकार |

**उत्तर** (d) रूस–लोकतंत्रवादी सरकार

**24.** निम्नलिखित युग्मों में से कौन-सा युग्म सही सुमेलित है?

(a) कॉमिण्टर्न – कम्युनिस्ट पार्टियों की अंतर्राष्ट्रीय संस्था
(b) रैडिकल – अल्पसंख्यक के आधार पर सरकार निर्माण के समर्थक
(c) लेनिन – फ्रांस का क्रांतिकारी नेता
(d) स्वायत्तता – अपना शासन स्वयं न चलाने का अधिकार

**उत्तर** (a) कॉमिण्टर्न–कम्युनिस्ट पार्टियों की अंतर्राष्ट्रीय संस्था

## चित्र आधारित प्रश्न

**25.** निम्नलिखित चित्र रूसी क्रांति के द्वारा खेती की प्रणाली को अभिव्यक्त करता है

(a) खेती का विकेंद्रीकरण (b) खेती का केंद्रीकरण
(c) खेती का सामूहिकीकरण (d) आधुनिक खेती

**उत्तर** (c) खेती का सामूहिकीकरण

## सुमेलित करें

**26.** सुमेलित कीजिए

| सूची I | सूची II |
|---|---|
| A. रॉबर्ट ओवेन | 1. साम्यवादी समाज |
| B. लुई ब्लांक | 2. पूँजीवादी व निजी संपत्ति का अंत |
| C. कार्ल मार्क्स | 3. नया समन्वय |
| D. फ्रेडरिक एंगेल्स | 4. सामूहिक उद्यमों को बढ़ावा |

**कूट**

| | A | B | C | D | | A | B | C | D |
|---|---|---|---|---|---|---|---|---|---|
| (a) | 2 | 4 | 3 | 1 | (b) | 1 | 3 | 2 | 4 |
| (c) | 3 | 4 | 1 | 2 | (d) | 3 | 4 | 2 | 1 |

**उत्तर** (c) 3 4 1 2

**27.** सुमेलित कीजिए

| सूची I | सूची II |
|---|---|
| A. उदारवादी | 1. महिला अधिकारों का समर्थन |
| B. रूढ़िवादी | 2. अतीत के सम्मान के साथ परिवर्तन |
| C. रैडिकल | 3. एकसमान धर्म |
| D. समाजवादी | 4. समान अधिकार |

**कूट**

| | A | B | C | D | | A | B | C | D |
|---|---|---|---|---|---|---|---|---|---|
| (a) | 2 | 4 | 3 | 1 | (b) | 3 | 2 | 1 | 4 |
| (c) | 2 | 3 | 4 | 1 | (d) | 1 | 2 | 3 | 4 |

**उत्तर** (b) 3 2 1 4

## रिक्त स्थान भरें

**28.** रूढ़िवादी वर्ग उदारवादी तथा ·········· दोनों का विरोधी था, फ्रांसीसी क्रांति के पश्चात् इनकी भी सोच में परिवर्तन आया।

**उत्तर** रैडिकल

**29.** वर्ष 1914 में ·········· का रूस एवं उसके पूरे साम्राज्य पर शासन था।

**उत्तर** जार निकोलस द्वितीय

**30.** वर्ष 1914 में लगभग ·········· महिलाएँ फैक्ट्री में मजदूर के रूप में कार्य करती थी, परंतु इन्हें पुरुषों की अपेक्षा कम मजदूरी मिलती थी।

**उत्तर** 31%

**31.** ·········· ने कृषकों के अधिकारों के लिए संघर्ष किया तथा माँग की कि सामंतों द्वारा अधिकृत भूमि कृषकों को वापस कर दी जाए।

**उत्तर** सोशलिस्ट रिवोल्यूशनरी पार्टी

## सही और पुनः लिखें

**32.** बोल्शेविक नेता लेनिन चाहते थे कि रैडिकल उद्देश्यों को स्पष्ट करने के लिए पार्टी का नाम उदारवादी पार्टी रखा जाए।

**उत्तर** बोल्शेविक नेता लेनिन चाहते थे कि रैडिकल उद्देश्यों को स्पष्ट करने हेतु पार्टी का नाम कम्युनिस्ट पार्टी रखा जाए।

**33.** वर्ष 1924 में कम्युनिस्ट पार्टी ने सभी किसानों को सामूहिक खेतों (कोलखोज) में कार्य करने का आदेश जारी कर दिया।

**उत्तर** वर्ष 1929 में कम्युनिस्ट पार्टी ने सभी किसानों को सामूहिक खेतों (कोलखोज) में कार्य करने का आदेश जारी कर दिया।

**34.** रूसी सेना की हार ने सभी के मनोबल को तोड़ दिया। वर्ष 1914-16 के बीच रूसी सेनाओं को फ्रांस और जर्मनी से हार का सामना करना पड़ा।

**उत्तर** रूसी सेना की हार ने सभी के मनोबल को तोड़ दिया। वर्ष 1914-16 के बीच रूसी सेनाओं को ऑस्ट्रिया और जर्मनी से हार का सामना करना पड़ा।

## कथन/कारण

**35.** **कथन** (A) रैडिकल समूह निजी संपत्ति का विरोधी नहीं था, लेकिन कुछ लोगों के पास संपत्ति का संकेंद्रण होने का विरोध अवश्य करता था।

**कारण** (R) रैडिकल समूह के लोग ऐसी सरकार के पक्ष में थे, जो देश की आबादी के बहुमत के समर्थन पर आधारित हो।

**कूट**

(a) A और R दोनों सत्य हैं तथा R, A की सही व्याख्या है
(b) A और R दोनों सत्य हैं, परंतु R, A की सही व्याख्या नहीं है
(c) A सत्य है, किंतु R असत्य है
(d) A असत्य है, किंतु R सत्य है

**उत्तर** (b) A और R दोनों सत्य हैं, परंतु R, A की सही व्याख्या नहीं है

**36.** **कथन** (A) जर्मन विरोधी भावनाएँ प्रबल होने के कारण लोगों ने सेंट पीटर्सबर्ग का नाम बदलकर पेत्रोग्राद रख दिया।

**कारण** (R) सेंट पीटर्सबर्ग जर्मन नाम था एवं जार की पत्नी जारीना अलेक्सांद्रा जर्मन मूल की थीं।

कूट
(a) A और R दोनों सत्य हैं तथा R, A की सही व्याख्या है
(b) A और R दोनों सत्य हैं, परंतु R, A की सही व्याख्या नहीं है
(c) A सत्य है, किंतु R असत्य है
(d) A असत्य है, किंतु R सत्य है

उत्तर (a) A और R दोनों सत्य हैं तथा R, A की सही व्याख्या है

## अतिलघु उत्तरीय प्रश्न

**1. 19वीं सदी में यूरोप में उदारवादियों के सार्वभौमिक वयस्क मताधिकार से संबंधित क्या विचार थे?**

उत्तर उदारवादियों के सार्वभौमिक वयस्क मताधिकार से संबंधित विचार थे–वोट देने का अधिकार ऐसे पुरुषों को मिले जिनके पास संपत्ति हो। यह महिलाओं के वोट देने के पक्ष में नहीं थे।

**2. महिला आंदोलन के पीछे मुख्य कारण क्या था?**

उत्तर महिला आंदोलन का मुख्य कारण महिलाओं को मत देने के अधिकार से संबंधित था।

**3. उदारवादी एवं रैडिकल्स के विचारों का विरोध किसने किया?**

उत्तर रूढ़िवादियों द्वारा उदारवादी एवं रैडिकल्स के विचारों का विरोध किया गया।

**4. 19वीं सदी में समाज में परिवर्तन रूढ़िवादी किस प्रकार लाना चाहते थे?**

उत्तर 19वीं सदी में रूढ़िवादी समाज में धीरे-धीरे परिवर्तन लाने के पक्षधर थे। इनका यह मानना था कि पुरातन समय से सीख लेते हुए परिवर्तन लाना चाहिए।

**5. कुलक कौन थे?**

उत्तर कुलक रूस के संपन्न कृषक थे।

**6. रूस में समाजवादी किसे कहा जाता था?**

उत्तर समाजवादी मुख्यत: ऐसे लोगों का संगठन था, जो निजी संपत्ति के विरुद्ध थे।

**7. 'द्वितीय इंटरनेशनल' से क्या अभिप्राय है?**

उत्तर द्वितीय इंटरनेशनल समाजवादियों के विचारों से ताल-मेल स्थापित करने के लिए बनाई गई अंतर्राष्ट्रीय संस्था थी।

**8. 'रूसी क्रांति' से क्या तात्पर्य है?**

उत्तर फरवरी, 1917 में राजतंत्र का पतन एवं अक्टूबर में घटने वाली घटनाएँ रूसी क्रांति थी।

**9. ज़ार द्वितीय के काल में रूस में कौन-कौन से धार्मिक समूह थे?**

उत्तर ज़ार निकोलस द्वितीय के काल में अधिकतर रूसी ऑर्थोडॉक्स क्रिश्चियन थे। वहीं कैथोलिक प्रोटेस्टेंट, मुस्लिम तथा बुद्धिस्ट भी इस समय यहाँ रह रहे थे।

**10. कामगारों के समूह में कौन-सा समूह कुलीन श्रमिक के रूप में चिह्नित था?**

उत्तर धातु श्रमिकों को कुलीन श्रमिकों के रूप में जाना जाता था।

**11. सेंट पीटर्सबर्ग का नया नाम क्या रखा गया?**

उत्तर सेंट पीटर्सबर्ग का नया नाम 'पेत्रोग्राद' रखा गया।

**12. फरवरी क्रांति के महत्त्वपूर्ण परिणाम क्या थे?**

उत्तर फरवरी क्रांति का महत्त्वपूर्ण परिणाम जार निकोलस द्वितीय को अपदस्थ करना था।

**13. वर्ष 1905 के पश्चात् कौन-सी प्रतिनिधि संस्था का गठन किया गया?**

उत्तर 'ड्यूमा' का गठन निर्वाचक प्रतिनिधि के तौर पर रूस में वर्ष 1905 के बाद किया गया।

**14. रूस में 'चीका' से क्या अभिप्राय था?**

उत्तर रूसी गुप्तचर पुलिस, जो बोल्शेविकों के अधीन कार्यरत थी, को 'चीका' की संज्ञा दी गई।

**15. रूस में होने वाले गृहयुद्ध का क्या समय था?**

उत्तर वर्ष 1918-1920 के बीच का समय रूसी गृहयुद्ध का काल था।

## लघु उत्तरीय प्रश्न

**1. यूरोप में फ्रांसीसी क्रांति के पश्चात् तीन तरह के विचारों का अभ्युदय हुआ, जो राजनीतिक परिवर्तन की वकालत करते थे। संक्षेप में इनके विचारों की चर्चा कीजिए।**

उत्तर यूरोप में तीन विभिन्न प्रकार के विचारों वाले समूह थे– रूढ़िवादी, उदारवादी एवं रैडिकल।

(i) **रूढ़िवादी** रूढ़िवादी वर्ग उदारवादी तथा रैडिकल दोनों का विरोधी था। फ्रांसीसी क्रांति के पश्चात् इनकी भी सोच में परिवर्तन आया।

(ii) **उदारवादी** समाज परिवर्तन के समर्थकों में एक समूह उदारवादियों का था। ये ऐसा राष्ट्र चहाते थे, जहाँ सभी धर्मों को एकसमान सम्मान मिले।

(iii) **रैडिकल** रैडिकल समूह के लोग ऐसी सरकार के पक्ष में थे, जो देश की आबादी के बहुमत के समर्थन पर आधारित हो, इनमें से अधिकांश लोग महिला मताधिकार आंदोलन के समर्थन में थे।

**2. राष्ट्रवादी, उदारवादी तथा रैडिकल्स के दृष्टिकोण पर प्रकाश डालिए।**

उत्तर अधिकांश उदारवादियों व रैडिकल्स का यह विश्वास था कि यदि मजदूर स्वस्थ हों तथा नागरिक पढ़े-लिखे हों तो औद्योगिक व्यवस्था का लाभ उठाया जा सकता है। इन्हें व्यक्ति के व्यक्तिगत प्रयास, श्रम और उद्यमशीलता में विश्वास था। कुछ राष्ट्रवादी, उदारवादी और रैडिकल्स चाहते थे कि क्रांति को समाप्ति की ओर ले जाया जाए तथा 1815 ई. की यूरोपियन सरकार को समाप्त किया जाए। फ्रांस, इटली, जर्मनी और रूस के राष्ट्रवादी क्रांतिकारी बन गए और राजा को हटाने का प्रयास करने लगे। राष्ट्रवादी कार्यकर्ता, क्रांति के द्वारा ऐसे राष्ट्रों की स्थापना करना चाहते थे, जिनमें सभी नागरिकों को समान अधिकार प्राप्त हो। इटली के राष्ट्रवादी गिसेप्पे मेजिनी ने 1815 ई. के बाद, राष्ट्रवादियों के साथ मिलकर ऐसे इटली के गठन की प्रक्रिया प्रारंभ की, जहाँ सभी को समान अधिकार प्राप्त हैं।

**3.** **समाजवाद की मुख्य चार विशेषताओं को बताइए।**

**उत्तर** समाजवाद की मुख्य चार विशेषताएँ निम्नलिखित हैं

(i) समाजवाद के अंतर्गत उत्पादन के साधनों पर सरकार का नियंत्रण होता है।

(ii) समाजवादी निजी संपत्ति के विरुद्ध थे।

(iii) समाजवादी मानते थे कि निजी संपत्ति सभी सामाजिक बुराइयों का एक मूल कारण है। अतः इसका एकत्रण नहीं होना चाहिए।

(iv) समाजवादी सामूहिक उद्यमों का समर्थन करते हैं।

**4.** **यूरोप के किसानों की तुलना में रूसी किसान किस प्रकार भिन्न थे?**

**उत्तर** यूरोप के किसानों की तुलना में रूसी किसान निम्न प्रकार से भिन्न थे

- 20वीं सदी के प्रारंभ में रूस की 85% जनता आजीविका के लिए कृषि पर निर्भर थी। फ्रांस में 40% और जर्मनी के 50% लोग कृषि कार्यों में संलग्न थे।
- रूस में किसान सामंतों का सम्मान नहीं करते थे तथा ये चाहते थे कि सामंत इन्हें भूमि वापस कर दें।
- रूसी कृषक समय-समय पर अपनी भूमि संयुक्त लाभ के लिए इकट्ठा कर लेते थे तथा उनका समुदाय निजी परिवारों की आवश्यकता के अनुसार इसे विभाजित करते थे। उल्लेखनीय है कि ऐसा प्रचलन यूरोप के किसी भाग में नहीं हुआ।
- रूसी किसान अपनी आवश्यकताओं के साथ-साथ बाजार के लिए भी पैदावार करते थे। रूस अनाज का एक बड़ा निर्यातक था।

**5.** **वर्ष 1914 के रूसी साम्राज्य को स्पष्ट कीजिए।**

**उत्तर** वर्ष 1914 में जार निकोलस द्वितीय का रूस एवं उसके पूरे साम्राज्य पर शासन था। मॉस्को के आस-पास के क्षेत्र के अतिरिक्त रूसी साम्राज्य में फिनलैंड, लाटविया, लिथुआनिया, एस्तोनिया, पोलैंड, यूक्रेन व बेलारूस के कुछ क्षेत्र भी समाहित थे। यह साम्राज्य मध्य एशिया तथा प्रशांत महासागर तक फैला था। मध्य एशियाई राज्यों में जॉर्जिया, आर्मेनिया व अजरबैजान भी रूसी साम्राज्य के अंतर्गत आते थे। रूस में सबसे अधिक ऑर्थोडॉक्स क्रिश्चियैनिटी धर्म को मानने वाले लोग थे। इस धर्म का उद्‌भव रूसी ऑर्थोडॉक्स चर्च से हुआ था। रूसी साम्राज्य के अंतर्गत रहने वालों में कैथोलिक, प्रोटेस्टेंट, मुस्लिम और बौद्ध भी शामिल थे।

**6.** **रूसी क्रांति से पूर्व श्रमिकों की आर्थिक दशा का वर्णन कीजिए।**

**उत्तर** रूसी क्रांति से पूर्व श्रमिकों की आर्थिक दशा अच्छी नहीं थी। अधिकांश कारखाने उद्योगपतियों की निजी संपत्ति थी। हालाँकि सरकारी विभाग द्वारा इन फैक्ट्रियों पर नजर रखी जाती थी कि मजदूरों को न्यूनतम वेतन मिले तथा कार्य करने का समय निश्चित रहे। मजदूर कारखानों में सामान्यतः 10-12 घंटे तक काम करते थे, वहीं कारीगरों की इकाइयों और वर्कशॉपों में काम प्रायः 15 घंटे तक होता था। वर्ष 1914 में लगभग 31% महिलाएँ फैक्ट्री में मजदूरी करती थीं, परंतु इन्हें मजदूरी पुरुषों की अपेक्षा कम मिलती थी। सामाजिक स्तर पर मजदूर बँटे हुए थे। कुछ मजदूर अपने मूल गाँवों के साथ गहरे संबंध बनाए हुए थे। बहुत सारे मजदूर स्थायी रूप से ही बस चुके थे, उनके बीच योग्यता और दक्षता के स्तर पर भी काफी अंतर था।

**7.** **रूस के किन्हीं दो समाजवादी दल के नाम तथा इनकी विशेषता बताइए।**

**उत्तर** रूस के दो समाजवादी दल के नाम तथा इनकी विशेषताएँ निम्नलिखित हैं

(i) **रूसी सामाजिक लोकतांत्रिक श्रमिक पार्टी** मार्क्स के विचारों को मानने वाले समाजवादियों ने 1898 ई. में रशियन सोशल डेमोक्रेटिक वर्कर्स पार्टी (रूसी सामाजिक लोकतांत्रिक श्रमिक पार्टी) का गठन किया था। इस पार्टी को सरकारी आतंक के कारण गैर-कानूनी संगठन के रूप में कार्य करना पड़ता था। इस पार्टी ने अपना अखबार निकाला तथा मजदूरों को संगठित कर हड़ताल आदि कार्यक्रम आयोजित किए।

(ii) **सोशलिस्ट रेवल्यूशनरी पार्टी** इसका गठन वर्ष 1900 में किया गया। इस पार्टी ने कृषकों के अधिकारों के लिए संघर्ष किया तथा माँग की कि सामंतों द्वारा अधिकृत भूमि कृषकों को वापस कर दी जाए।

**8.** **वर्ष 1904 में रूसी मजदूरों की स्थिति को स्पष्ट कीजिए।**

**उत्तर** वर्ष 1904 रूसी मजदूरों की स्थिति दयनीय हो गई, क्योंकि इस समय आवश्यक वस्तुओं के दामों में बढ़ोतरी हो गई थी। इससे इनके वास्तविक वेतन में 20% की गिरावट आ गई। मजदूर संगठनों की सदस्यता में भी तेजी से वृद्धि हुई। असेंबली ऑफ रशियन वर्कर्स (गठन वर्ष 1904) श्रमिक सभा के चार सदस्यों को प्युतिलोव आयरन वर्क्स से हटा दिए जाने के कारण मजदूरों द्वारा आंदोलन करने की घोषणा कर दी।

इसके कुछ ही दिनों बाद सेंट पीटर्सबर्ग के 1,10,000 मजदूर वेतन में वृद्धि, कार्यस्थितियों में सुधार और काम के घंटे को घटाकर आठ घंटे किए जाने की माँग को लेकर हड़ताल पर चले गए।

**9.** **खूनी रविवार क्या है? इस घटना के उपरांत कौन-सी घटनाएँ घटीं?**

**उत्तर** वर्ष 1905 को रविवार के दिन पादरी गैपॉन के नेतृत्व में मजदूरों का जुलूस जार के महल (विंटर पैलेस) के समक्ष पहुँचा, तब कोसैक्स एवं पुलिस द्वारा मज़दूरों पर आक्रमण कर दिया गया। इस घटना में बहुत से मजदूर मारे गए तथा कुछ घायल हो गए। इतिहास में इसी घटना को खूनी रविवार की घटना के नाम से जाना गया। इसके उपरांत इस प्रकार की कई घटनाएँ घटने लगीं, जिसे वर्ष 1905 की क्रांति की संज्ञा दी गई है। कुछ घटनाएँ इस प्रकार हैं

- देश में जगह-जगह पर हड़तालें हुईं। नागरिक स्वतंत्रता के अभाव में विद्यार्थियों द्वारा कक्षाओं का बहिष्कार किया गया तथा विश्वविद्यालय बंद कर दिए गए।
- इंजीनियर, डॉक्टर, वकील तथा मध्यम वर्गों द्वारा 'यूनियन ऑफ यूनियंस' नामक संविधान सभा का गठन किया गया।

परीक्षा अभ्यास

**10. रूसी उद्योग पर प्रथम विश्वयुद्ध का क्या प्रभाव पड़ा था? इससे संबंधित महत्त्वपूर्ण बिंदुओं को लिखिए।**

**उत्तर** रूसी उद्योग पर प्रथम विश्वयुद्ध का निम्न प्रभाव पड़ा

- युद्ध का उद्योगों पर बुरा प्रभाव पड़ा। देश में उद्योगों से मिलने वाली बाहरी आपूर्ति भी बंद हो गई, जिसे जर्मनी द्वारा रोक लिया गया था।
- वर्ष 1916 में रेलवे लाइनों को तोड़ दिया गया।
- स्वस्थ पुरुषों को युद्ध में भेजा दिया गया जिसके कारण मजूदरों की कमी हो गई तथा छोटे-छोटे कारखाने बंद होने लगे। युद्ध में सेना को अनाज की अत्यधिक आवश्यकता से शहरों में अनाज की कमी हो गई।
- शहरों में रहने वालों के लिए रोटी और आटे की समस्या हो गई। वर्ष 1916 की सर्दियों में रोटी की दुकानों पर अकसर दंगे होने लगे।

**11. ड्यूमा की बर्खास्तगी से संबंधित घटनाओं को बताइए।**

**उत्तर** ड्यूमा की बर्खास्तगी से संबंधित घटनाएँ निम्न प्रकार हैं

- राजनेता ड्यूमा के निलंबन के विरुद्ध बोलने लगे।
- 26 फरवरी को नेवा नदी के बाएँ किनारे की सड़कों पर प्रदर्शनकारियों ने पुनः वापसी की।
- 27 फरवरी को इनके द्वारा पुलिस मुख्यालय पर आक्रमण करके इसे नष्ट कर दिया गया।
- रोटी, वेतन, काम के घंटों में कमी और लोकतांत्रिक अधिकारों के पक्ष में नारे लगाते असंख्य लोग सड़कों पर एकत्र हो गए।
- सरकार द्वारा स्थिति नियंत्रण के लिए सैनिक टुकड़ी बुलाई गई तथा इन्हें प्रदर्शनकारियों पर गोली चलाने के आदेश दिए गए, परंतु सैनिकों ने इन पर गोली चलाने से मना कर दिया।

**12. रूस में मजदूर आंदोलन के प्रभाव बताएँ।**

**उत्तर** रूस में मजदूर आंदोलन के निम्न प्रभाव हैं

- रूस में गर्मियों में मजदूर आंदोलन और अधिक फैल गया।
- औद्योगिक क्षेत्रों में फैक्ट्री कमेटी का गठन होने लगा।
- ट्रेड यूनियनों की संख्या बढ़ गई तथा सेना में सिपाही समिति बनने लगी।
- जून में लगभग 500 सोवियतों ने अपने प्रतिनिधि अखिल रूसी सोवियत कांग्रेस में भेजे।
- अंतरिम सरकार की ताकत कमजोर होने लगी तथा बोल्शेविकों का प्रभाव बढ़ने लगा, सरकार द्वारा इस असंतोष को दबाने के लिए कठोर प्रयास किए गए।

**13. श्रमिकों की स्थिति में सुधार के लिए कौन-से उपाय किए गए?**

**उत्तर** श्रमिकों की स्थिति में सुधार के लिए किए गए उपाय निम्न थे

- फैक्ट्री कामगारों एवं किसानों की शिक्षा के लिए विस्तृत शिक्षा व्यवस्था की शुरुआत की गई तथा इन्हें विश्वविद्यालय में प्रवेश दिलाने के लिए उचित व्यवस्था की गई। महिला मजदूरों के बच्चों के लिए फैक्ट्रियों में बालवाड़ियाँ खोली गईं।
- सस्ती स्वास्थ्य सुविधा का आरंभ किया गया एवं मज़दूरों के लिए आदर्श आवासीय क्षेत्र स्थापित किए गए।
- सरकार द्वारा किए गए ये सभी प्रयास सब जगह एक जैसे नहीं थे, क्योंकि सरकारी संसाधन सीमित थे।

**14. स्तालिन ने किस प्रकार खेती में सामूहिकीकरण को दोबारा शुरू किया?**

**उत्तर** वर्ष 1927-28 में रूस के शहरों में अनाज का भारी संकट पैदा हो गया। सरकार ने अनाज की कीमत तय कर दी थी, लेकिन किसान उस कीमत पर सरकार को अनाज बेचने के लिए तैयार नहीं थे। स्तालिन ने स्थिति पर नियंत्रण पाने के लिए सट्टेबाजी पर अंकुश लगाना और व्यापारियों के पास जमा अनाज को जब्त कराना शुरू किया। जब इसके बाद भी अनाज की कमी बनी रही तो खेतों के सामूहिकीकरण का फैसला लिया गया।

स्तालिन ने सामूहिकीकरण के लिए तर्क दिया कि अनाज की कमी इसलिए है, क्योंकि खेत बहुत छोटे-छोटे हैं। आधुनिक खेत विकसित करने और उन पर मशीनों की सहायता से औद्योगिक खेती करने के लिए किसानों से जमीन छीनना और राज्य नियंत्रित यानी सरकारी नियंत्रण वाले विशालकाय खेत बनाना जरूरी माना गया।

**15. स्तालिन ने रूस के औद्योगिक क्षेत्र में क्या परिवर्तन किए?**

**उत्तर** स्तालिन ने रूस के औद्योगिक क्षेत्र में निम्न परिवर्तन किए

(i) **पंचवर्षीय योजना** स्तालिन ने वर्ष 1924 में सत्ता सँभाली तथा इसने नियोजित आर्थिक विकास की प्रणाली के अंतर्गत 'पंचवर्षीय योजना' को लागू किया।

(ii) **राष्ट्रीयकरण** स्तालिन के समय में कई बैंकों तथा उद्योगों का राष्ट्रीयकरण किया गया। हालाँकि यह लेनिन द्वारा लाई गई नीति थी, परंतु स्तालिन ने इसे जारी रखा।

(iii) **मूल्य निर्धारण** सरकार द्वारा सभी औद्योगिक उत्पादों का मूल्य निर्धारित किया गया, जिससे औद्योगिक विकास को बढ़ावा मिले।

(iv) **लोहा तथा इस्पात उद्योग** उद्योग की आधारभूत इकाई होने के कारण इन दोनों के विकास के लिए विशेष प्रयास किए गए।

**16. रूस में गठित अंतरिम सरकार की असफलता के क्या कारण थे? किन्हीं चार कारणों का वर्णन कीजिए।**

**उत्तर** रूस में गठित अंतरिम सरकार की असफलता के कारण निम्न थे

(i) **लेनिन** अप्रैल, 1917 में लेनिन अपने निर्वासन से रूस वापस आ गया। इसने अपने विचार अप्रैल थीसिस के नाम से रखे। बोल्शेविक समर्थक सेना, फैक्ट्रियों तथा किसान वर्ग सभी ने इसके नेतृत्व को समर्थन दिया।

(ii) **व्यापारिक संघ तथा अन्य संस्थाएँ** फरवरी क्रांति के पश्चात् श्रमिक, संस्थाएँ तथा संघ बनाने के लिए स्वतंत्र थे। इसलिए व्यापारिक संघों की संख्या बढ़ गई।

(iii) **सरकार एवं बोल्शेविकों के बीच संघर्ष** बोल्शेविकों एवं सरकार के बीच संघर्ष से सरकार कमजोर हो गई।

(iv) **माँग की पूर्ति न होना** अंतरिम सरकार श्रमिकों तथा आम लोगों की माँगों को पूर्ण करने में असफल रही।

**17.** ड्यूमा पर संक्षिप्त टिप्पणी लिखिए।

**उत्तर** रूसी संसद को ड्यूमा कहा जाता था, इसे राष्ट्रीय सभा भी कहते थे। रूस के जार निकोलस द्वितीय ने इसे मात्र एक सलाहकार समिति में बदल दिया था। इसमें केवल अनुदारवादी राजनीतिकों को ही स्थान दिया गया।

पहली ड्यूमा को मात्र 75 दिन के अंतर्गत तथा दूसरी ड्यूमा को 3 महीने के अंतर्गत जार द्वारा बर्खास्त कर दिया गया। वस्तुतः जार अपनी सत्ता पर किसी तरह का अंकुश नहीं चाहता था। इसके परिणामस्वरूप मतदान कानूनों में परिवर्तन किया गया और तीसरी ड्यूमा में रूढ़िवादी राजनेताओं को भर दिया गया। उदारवादियों एवं क्रांतिकारियों को इस ड्यूमा से बाहर रखा गया था।

**18.** **किन कारणों से रूस में गृहयुद्ध हुआ? इससे संबंधित महत्त्वपूर्ण तथ्यों को बताइए।**

**उत्तर** निम्न कारणों से रूस में गृहयुद्ध हुआ। इससे संबंधित तथ्य इस प्रकार हैं

(i) **भूमि पुनर्वितरण का सैनिकों पर प्रभाव** रूस में अधिकतर सैनिक कृषक थे तथा भूमि पुनर्वितरण के आदेश से रूसी सेना छूटने लगी थी।

(ii) **ग्रीन तथा श्वेतों द्वारा विरोध** गैर-बोल्शेविक सैनिकों, उदारवादियों तथा निरंकुशता के समर्थकों ने बोल्शेविकों के उदय की निंदा की।

उनके नेता दक्षिणी रूस की ओर चले गए और वर्ष 1918 तथा वर्ष 1919 के बीच बोल्शेविकों (लाल रूसी) से संघर्ष करने के लिए सेना का गठन करने लगे। ग्रीन वर्ग (समाजवादी क्रांतिकारी) तथा श्वेतों (जार समर्थक) का लगभग पूरे रूसी साम्राज्य पर नियंत्रण था।

(iii) **बाहरी शक्तियाँ** ग्रीन तथा श्वेतों को अमेरिकियों, फ्रांसीसी, ब्रिटिशों तथा जापानी सेनाओं का समर्थन प्राप्त था।

(iv) **बल-प्रयोग** कई भागों में बोल्शेविक उपनिवेशवादियों ने समाजवाद की सुरक्षा के नाम पर स्थानीय राष्ट्रवादियों का निर्ममतापूर्वक कत्ल कर दिया।

## दीर्घ उत्तरीय प्रश्न

**1.** **रूसी क्रांति से आप क्या समझते हैं? इसकी अर्थव्यवस्था पर प्रकाश डालिए।**

**उत्तर** वर्ष 1917 की अक्टूबर क्रांति के माध्यम से समाजवादियों ने रूस में सरकार का अधिग्रहण किया। फरवरी, 1917 में राजतंत्र का अंत हुआ और अक्टूबर में रूस में घटी इन घटनाओं को ही रूसी क्रांति के नाम से जाना गया।

**अर्थव्यवस्था एवं समाज**

- 20वीं सदी के प्रारंभ में रूस की 85% जनता आजीविका के लिए कृषि पर निर्भर थी। फ्रांस में 40% और जर्मनी के 50% लोग कृषि कार्यों में संलग्न थे। रूसी साम्राज्य के किसान अपनी आवश्यकताओं के साथ-साथ बाजार के लिए भी पैदावार करते थे। रूस अनाज का एक बड़ा निर्यातक था।
- रूस के महत्त्वपूर्ण औद्योगिक क्षेत्र अधिकांशतः सेंट पीटर्सबर्ग और मॉस्को में स्थित थे। हालाँकि अधिकांश उत्पादन कारीगर द्वारा ही किया जाता था, लेकिन इनकी कारीगर वर्कशॉपों के साथ-साथ बड़े-बड़े कल-कारखाने भी मौजूद थे।
- 1890 ई. में रेलवे के विस्तार के कारण कई फैक्ट्रियों की शुरुआत हुई तथा इसके साथ ही विदेशी निवेशक भी बड़ी मात्रा में यहाँ पहुँचे। इसके परिणामस्वरूप कोयले का उत्पादन दो गुना तथा स्टील का उत्पादन चार गुना बढ़ गया। वर्ष 1900 तक कुछ क्षेत्रों में फैक्ट्री मजदूर और कारीगरों की संख्या लगभग एकसमान हो गई थी।

**2.** **ग्रामीण क्षेत्रों में कृषकों की स्थिति को संक्षेप रूप से समझाइए।**

**उत्तर** ग्रामीण क्षेत्रों में अधिकांश जमीन पर कृषकों द्वारा फसलों की बुआई एवं कटाई की जाती थी, किंतु विशाल संपत्तियों पर कुलीन वर्ग, राजशाही तथा ऑर्थोडॉक्स चर्चों ने अपना प्रभुत्व स्थापित कर रखा था। किसान भी कई वर्गों में बँटे थे तथा ये धार्मिक प्रवृत्ति के थे। इनके मध्य सामंतों एवं नवाबों के लिए सम्मान नहीं था। कुलीनों को शक्ति जार को उनके द्वारा दी जाने वाली सेवा एवं निष्ठा से मिली थी, न कि इनकी लोकप्रियता से।

फ्रांसीसी क्रांति के दौरान ब्रिटनी के कृषक कुलीनों का सम्मान करते थे तथा इनके लिए इन्होंने लड़ाइयाँ भी लड़ीं, जबकि रूस के किसान शेष यूरोपीय कृषकों की अपेक्षा भिन्न थे। रूसी कृषक चाहते थे कि कुलीनों से जमीनें लेकर इनको दे दी जाएँ। ये कभी लगान नहीं चुकाते थे और इनके द्वारा कई जगहों पर जमींदारों की हत्याएँ भी की जाने लगीं। वर्ष 1902 में दक्षिणी रूस तथा वर्ष 1905 में संपूर्ण रूस में ऐसी घटनाएँ घटने लगीं। रूसी कृषक समय-समय पर अपनी सारी जमीन कम्यून *(मीर)* को दे देते थे और कम्यून प्रत्येक कृषक परिवार की आवश्यकता के अनुसार भूमि वितरित करता था।

**3.** **अक्टूबर, 1917 की क्रांति की महत्त्वपूर्ण घटनाओं का वर्णन कीजिए।**

**उत्तर** अक्टूबर, 1917 की क्रांति की प्रमुख घटनाएँ निम्न थीं

- बोल्शेविक पार्टी और पेत्रोग्राद सोवियत को लेनिन ने 16 अक्टूबर, 1917 को सत्ता पर अपना अधिकार जमाने के लिए सहमत कर लिया था।
- सोवियत द्वारा सैनिक क्रांतिकारी समिति का गठन लियॉन ट्रॉट्स्की के नेतृत्व में किया गया।
- विद्रोह की शुरुआत 24 अक्टूबर, 1917 से शुरू हो गई थी। प्रधानमंत्री करेंस्की सैन्य टुकड़ियों को इकट्ठा करने के लिए शहर से बाहर चले गए।
- २४ अक्टूबर शाम को सरकार के सैनिकों ने दो बोल्शेविक अखबारों के दफ्तरों को घेर लिया। टेलीफोन और टेलीग्राम दफ्तरों पर नियंत्रण प्राप्त करने और विंटर पैलेस की रक्षा करने के लिए सरकार ने सैनिकों

को भेज दिया तथा क्रांतिकारी समितियों ने भी अपने समर्थकों को आदेश दिया कि सरकारी दफ्तरों पर कब्जा कर लें एवं मंत्रियों को गिरफ्तार कर लें।

- ऑरोरा नामक युद्धपोत द्वारा विंटर पैलेस पर बमबारी शुरू कर दी गई एवं अन्य युद्धपोतों ने नेवा के रास्ते से आगे बढ़ते हुए विभिन्न सैनिक स्थलों को अपने नियंत्रण में ले लिया। धीरे-धीरे शाम तक पूरा शहर क्रांतिकारी समिति के नियंत्रण में आ चुका था और मंत्रियों ने आत्मसमर्पण कर दिया था।
- बोल्शेविकों के इस निर्णय को अखिल रूसी सोवियत कांग्रेस का समर्थन मिला। दूसरे स्थानों पर भी विद्रोह होने लगे। दिसंबर, 1917 में बोल्शेविकों द्वारा मास्को-पेत्रोग्राद पर नियंत्रण स्थापित हो चुका था।

**4. बोल्शेविकों के क्या उद्देश्य थे? वर्णन कीजिए।**

*उत्तर* बोल्शेविकों का उद्देश्य मुख्य तौर पर समाज के श्रमिक वर्ग तथा कामगार वर्गों की स्थिति में सुधार लाना था। ये राष्ट्रवादी थे तथा अपने देश को शक्तिशाली राष्ट्र के रूप में देखना चाहते थे। बोल्शेविकों के प्रमुख उद्देश्य निम्न थे

- **समाजवाद की स्थापना** ये समाज में समाजवादी व्यवस्था स्थापित करना चाहते थे, जिसके लिए इन्होंने अनेक प्रयास किए।
- **जार के कुलीनतंत्र का अंत करना** बोल्शेविकों को इस बात का पूरा आभास था कि ज़ार के रहते हुए रूस के लोगों की दशा नहीं सुधारी जा सकती। अत: जार के शासन का अंत करके रूस में गणतंत्र की स्थापना करना चाहते थे।
- **गैर-रूसी जातियों के दमन की समाप्ति** बोल्शेविक रूसी साम्राज्य के गैर-रूसी जातियों के दमन को समाप्त करके उन्हें आत्म-निर्णय का अधिकार देना चाहते थे।
- **किसानों के दमन का अंत** यह भू-स्वामित्व की असमानता का उन्मूलन और सामंतों द्वारा किसानों के दमन का अंत करना चाहते थे।
- **उद्योगों एवं बैंकों का राष्ट्रीयकरण** बोल्शेविकों द्वारा उद्योगों एवं बैंकों के राष्ट्रीयकरण का प्रयास किया गया। इनके द्वारा कृषकों को ऐसी जमीन पर कार्य करने का आदेश किया गया, जिसका समाजीकरण हो चुका था।

**5. पेत्रोग्राद में फरवरी की क्रांति के लिए उत्तरदायी प्रमुख घटनाओं का उल्लेख कीजिए।**

*उत्तर* पेत्रोग्राद में फरवरी की क्रांति के लिए उत्तरदायी प्रमुख घटनाएँ निम्न प्रकार हैं

(i) **पीटर्सबर्ग में भयंकर स्थिति** वर्ष 1917 की सर्दियों में राजधानी पीटर्सबर्ग की स्थिति अत्यंत भयंकर थी।

(ii) **महिलाओं द्वारा हड़ताल का नेतृत्व** 22 फरवरी को फैक्ट्रियों में तालाबंदी हो गई। अगले ही दिन 50 फैक्ट्रियों में कामगारों के समर्थन में हड़ताल हो गई। बहुत-सी फैक्ट्रियों में महिलाओं द्वारा हड़ताल का नेतृत्व किया गया।

(iii) **ड्यूमा की बर्खास्तगी** २५ फरवरी को सरकार द्वारा ड्यूमा को बर्खास्त कर दिया गया। राजनेताओं ने ड्यूमा के खिलाफ बोलना आरंभ कर दिया।

(iv) **हिंसक घटनाएँ** अगले कुछ दिनों में कर्मियों ने अपनी माँगें मनवाने के लिए सरकार पर दबाव डाला, परंतु सरकार ने अश्वारोही सेना बुला ली। गलियों में लोगों के समूह रोटी, मज़दूरी, काम के घंटे और लोकतंत्र की स्थापना के पक्ष में नारे लगा रहे थे।

(v) **सोवियत की संरचना** उसी शाम सैनिक तथा हड़ताली मजदूर सोवियत या कौंसिल की स्थापना के लिए एकत्र हो गए।

(vi) **जार का इस्तीफा** 28 फरवरी को एक प्रतिनिधिमंडल जार से मिला। सैनिकों के कहने पर जार ने 2 मार्च, 1917 को त्यागपत्र दे दिया।

(vii) **अंतरिम (अस्थायी) सरकार का गठन** अगले ही दिन सोवियत नेता और संसद नेताओं ने देश चलाने के लिए अंतरिम सरकार का गठन कर लिया।

**6. प्रथम विश्वयुद्ध से आप क्या समझते हो, प्रथम विश्वयुद्ध के दौरान रूस में कौन-सी घटनाएँ घटीं? सविस्तार वर्णन करें।**

*उत्तर* वर्ष 1914 में यूरोपीय गठबंधनों के बीच युद्ध की शुरुआत हो गई, एक तरफ जर्मनी, ऑस्ट्रिया और तुर्की थे, दूसरी तरफ फ्रांस, ब्रिटेन व रूस थे।

इन सभी देशों के पास विशाल वैश्विक साम्राज्य थे, इसलिए यूरोप के साथ-साथ यह युद्ध यूरोप के बाहर भी फैल गया था। इसे ही प्रथम विश्वयुद्ध कहा गया।

प्रथम विश्वयुद्ध की शुरुआत में जार को रूसियों का समर्थन मिला, लेकिन जैसे-जैसे युद्ध लंबा खिंचता गया, जार ने ड्यूमा में मौजूद मुख्य पार्टियों से सलाह लेनी छोड़ दी, इससे जनता का जार के प्रति जनसमर्थन कम होने लगा, रूस में जर्मन विरोधी भावनाएँ दिनोंदिन बलवती होने लगीं। लोगों ने पीटर्सबर्ग (जर्मनी नाम) का नाम बदलकर पेत्रोग्राद रख दिया।

रूस के सैनिकों को पूर्वी मोर्चे पर चल रही लड़ाई पश्चिम मोर्चे से ज्यादा कठिन लगी, क्योंकि पश्चिम में सैनिक पूर्वी फ्रांस की सीमा पर बनी खाइयों से लड़ाई लड़ रहे थे जबकि पूर्वी मोर्चे पर सेना ने काफी दूरी तय कर ली थी। पूर्वी मोर्चे पर बहुत सारे सैनिकों की मृत्यु हो रही थी। सेना की पराजय ने रूसियों का मनोबल तोड़ दिया। युद्ध से उद्योगों पर बुरा असर पड़ा।

रूस के अपने उद्योग तो वैसे भी बहुत कम थे अब तो बाहर से मिलने वाली आपूर्ति भी बंद हो गई, क्योंकि बाल्टिक समुद्र पर जर्मनी का कब्जा हो गया था। इस काल में यूरोप के बाकी देशों के मुकाबले रूस के औद्योगिक उपकरण ज्यादा तेजी से बेकार होने लगे।

वर्ष 1916 तक रेलवे लाइनें टूटने लगीं, अच्छी सेहत वाले मर्दों को युद्ध में झोंक दिया गया, देशभर में मजदूरों की कमी होने लगी। ज्यादातर अनाज सैनिक का पेट भरने के लिए मोर्चे पर भेजा जाने लगा, शहरों में रहने वालों के लिए रोटी और आटे की समस्या पैदा होने लगी।

**7.** 'अक्टूबर क्रांति' के पश्चात् रूस में हुए मुख्य परिवर्तन क्या थे?

**उत्तर** अक्टूबर क्रांति के पश्चात् रूस में हुए परिवर्तन निम्न थे

- नवंबर, 1917 में बोल्शेविकों द्वारा बैंकों का राष्ट्रीयकरण कर दिया गया।
- चर्च एवं ज़ार की संपत्ति को जब्त कर लिया गया।
- भूमि को सामाजिक संपत्ति घोषित किया गया तथा किसानों को सामंतों की खेती जब्त करने के लिए कहा गया।
- शहरों में बोल्शेविकों ने मकान-मालिकों के लिए पर्याप्त हिस्सा छोड़कर उनके बड़े मकानों के छोटे-छोटे हिस्से कर दिए, जिससे जरूरतमंद लोगों को भी रहने की जगह दी जा सके। उन्होंने अभिजात्य वर्ग द्वारा पुरानी पदवियों के उपयोग पर रोक लगा दी।
- सैनिकों एवं सरकारी अफसरों की वर्दियाँ बदल दी गईं।
- बोल्शेविक पार्टी का नाम पुनः कम्युनिस्ट पार्टी (बोल्शेविक) रखा गया। इनके द्वारा सोवियत टोपी, जिसे बुदियोनोवका कहा जाता था, का चुनाव किया गया।
- नवंबर, 1917 में बोल्शेविकों द्वारा संविधान सभा के लिए चुनाव कराए गए, परंतु इस बार ये बहुमत प्राप्त करने में असफल रहे।
- जनवरी, 1918 में बोल्शेविकों ने प्रस्ताव को निरस्त कर दिया तथा लेनिन ने असेंबली को समाप्त कर दिया।
- मार्च, 1918 में बोल्शेविकों ने अन्य राजनीतिक सहयोगियों के विरोध के उपरांत भी ब्रेस्ट लिटोव्स्क में जर्मनी से संधि कर ली।

## स्रोत आधारित प्रश्न

निम्नलिखित स्रोतों को ध्यानपूर्वक पढ़कर उन पर आधारित प्रश्नों के उत्तर दीजिए

**1.** अधिकांश उदारवादियों व रैडिकल्स का यह विश्वास था कि यदि मजदूर स्वस्थ हों तथा नागरिक पढ़े-लिखे हों तो औद्योगिक व्यवस्था का लाभ उठाया जा सकता है। इन्हें व्यक्ति के व्यक्तिगत प्रयास, श्रम और उद्यमशीलता में विश्वास था। यूरोप में 1815 ई. में जिस तरह सरकारें बनीं, उनसे छुटकारा पाने के लिए कुछ राष्ट्रवादी, उदारवादी और रैडिकल आंदोलनकारी क्रांति के पक्ष में थे। फ्रांस, इटली, जर्मनी और रूस में ऐसे लोग क्रांतिकारी हो गए और राजाओं के तख्तापलट का प्रयास करने लगे। राष्ट्रवादी कार्यकर्ता क्रांति के जरिए ऐसे 'राष्ट्रों' की स्थापना करना चाहते थे, जिनमें सभी नागरिकों को समान अधिकार प्राप्त हों। 1815 ई. के बाद इटली के राष्ट्रवादी गिसेप्पे मेजिनी ने यही लक्ष्य प्राप्त करने के लिए अपने समर्थकों के साथ मिलकर राजा के खिलाफ साजिश रची थी। भारत सहित दुनिया भर के राष्ट्रवादी उसकी रचनाओं को पढ़ते थे।

(i) यूरोप में 1815 ई. में किस तरह की सरकारें बनी थीं, जिनसे छुटकारा पाने के लिए विभिन्न विचारधाराओं के मानने वालों ने क्रांतियाँ की थीं?
(a) राजशाही प्रवृत्ति की सरकारें
(b) जारशाही प्रवृत्ति की सरकारें
(c) लोकतांत्रिक प्रवृत्ति की सरकारें
(d) साम्यवादी प्रवृत्ति की सरकारें

**उत्तर** (a) राजशाही प्रवृत्ति की सरकारें

(ii) राष्ट्रवादी कार्यकर्ता क्रांति के जरिए ऐसे राज्यों की स्थापना करना चाहते थे, जिसमें सभी नागरिकों को ......... ।
(a) समान अधिकार की प्राप्ति हो
(b) राजशाही में समान भागीदारी हो
(c) संपत्ति रखने का समान अधिकार हो
(d) न्याय से वंचित रखा जाए

**उत्तर** (a) समान अधिकार की प्राप्ति हो

(iii) निम्नलिखित में से किसने 1815 ई. के बाद अपने समर्थकों के साथ मिलकर राजा के खिलाफ साजिश रची थी?
(a) इटली के राष्ट्रवादी मुसोलिनी ने
(b) इटली के राष्ट्रवादी गिसेप्पे मेजिनी ने
(c) इटली के राष्ट्रवादी काबूर ने
(d) जर्मनी के नाजीवादी गोयवल्स ने

**उत्तर** (b) इटली के राष्ट्रवादी गिसेप्पे मेजिनी ने

(iv) किस देश की क्रांति के पश्चात् यूरोप में राजनीतिक परिवर्तन की शुरुआत हुई थी?
(a) फ्रांस की क्रांति
(b) इंग्लैंड की क्रांति
(c) इटली की क्रांति
(d) जर्मनी की क्रांति

**उत्तर** (a) फ्रांस की क्रांति

(v) 19वीं सदी में यूरोप का ............ वर्ग बेरोजगारी तथा आवास और साफ-सफाई संबंधी समस्याओं का हल खोजने की कोशिश कर रहा था।
(a) उदारवादी, राष्ट्रवादी
(b) उदारवादी, रैडिकलवादी
(c) समाजवादी, रैडिकलवादी
(d) राष्ट्रवादी, रैडिकलवादी

**उत्तर** (b) उदारवादी, रैडिकलवादी

(vi) **कथन** (A) यूरोप में उदारवादी वयस्क मताधिकार के पक्ष में नहीं थे।
**कारण** (R) क्योंकि उनका मानना था कि वोट का अधिकार केवल संपत्तिधारियों को ही मिलना चाहिए।
**कूट**
(a) A और R दोनों सही हैं तथा R, A का सही स्पष्टीकरण है
(b) A और R दोनों सही हैं, परंतु R, A का सही स्पष्टीकरण नहीं है
(c) A सही, किंतु R गलत है
(d) A गलत, किंतु R सही है

**उत्तर** (a) A और R दोनों सही हैं तथा R, A का सही स्पष्टीकरण है

**2.** बीसवीं सदी की शुरुआत में रूस की आबादी का एक बहुत बड़ा हिस्सा खेती-बाड़ी से जुड़ा हुआ था। रूसी साम्राज्य की लगभग 85% जनता आजीविका के लिए खेती पर ही निर्भर थी। यूरोप के किसी भी देश में खेती पर आश्रित जनता का प्रतिशत इतना नहीं था। उदाहरण के तौर पर, फ्रांस और जर्मनी में खेती पर निर्भर आबादी 40-50 प्रतिशत से ज्यादा नहीं थी। रूसी साम्राज्य के किसान अपनी जरूरतों के साथ-साथ बाजार के लिए भी पैदावार करते थे। रूस अनाज का एक बड़ा निर्यातक था।

उद्योग बहुत कम थे। सेंट पीटर्सबर्ग और मास्को प्रमुख औद्योगिक इलाके थे। हालाँकि ज्यादातर उत्पादन कारीगर ही करते थे, लेकिन कारीगरों की वर्कशॉपों के साथ-साथ बड़े-बड़े कल-कारखाने भी मौजूद थे। बहुत सारे कारखाने 1890 के दशक में चालू हुए थे, जब रूस के रेल नेटवर्क को फैलाया जा रहा था। उसी समय रूसी उद्योगों में विदेशी निवेश भी तेजी से बढ़ा था। इन कारकों के चलते कुछ ही सालों में रूस के कोयला उत्पादन में दोगुना और स्टील उत्पादन में चार गुना वृद्धि हुई थी।

वर्ष 1900 तक कुछ इलाकों में तो कारीगरों और कारखाना मजदूरों की संख्या लगभग बराबर हो चुकी थी। ज्यादातर कारखाने उद्योगपतियों की निजी संपत्ति थे। मजदूरों को न्यूनतम वेतन मिलता रहे और काम की पाली के घंटे निश्चित हों—इस बात का ध्यान रखने के लिए सरकारी विभाग बड़ी फैक्ट्रियों पर नजर रखते थे।

(i) बीसवीं सदी की शुरुआत में रूस की आबादी के एक बड़े हिस्से का मुख्य व्यवसाय ............ था।

(a) खेती-बाड़ी से संबंधित
(b) कल-कारखानों से संबंधित
(c) वाणिज्य-व्यापार से संबंधित
(d) शिकार से संबंधित

**उत्तर** (a) खेती-बाड़ी से संबंधित

(ii) रूस में 1890 के दशक में बहुत सारे कल-कारखानों के चालू होने के पीछे मुख्य कारण क्या था?

(a) रूस में बड़े पैमाने पर हरित क्रांति का प्रसार
(b) रूस में बड़े पैमाने पर लौह उपयोग का प्रसार
(c) रूस में बड़े पैमाने पर रेल नेटवर्क की स्थापना
(d) रूस में जारशाही शासन का अन्त होना

**उत्तर** (c) रूस में बड़े पैमाने पर रेल नेटवर्क की स्थापना

(iii) मजदूरों को न्यूनतम वेतन मिलता रहे और काम की पाली के घंटे निश्चित हों—इस बात को ध्यान रखने के लिए निम्न में से कौन नजर रखता था?

(a) सरकारी विभाग के अधिकारी
(b) निजी कम्पनियों के श्रम मालिक
(c) राजशाही के अधिकारी
(d) स्वयं सेवा संघ के अधिकारी

**उत्तर** (a) सरकारी विभाग के अधिकारी

(iv) निम्न में से कौन-सा कथन रूसी क्रांति के समय अर्थव्यवस्था से संबंधित नहीं है?

(a) रूसी क्रांति के समय सेंट पीटर्सबर्ग तथा मास्को प्रमुख औद्योगिक नगर थे।
(b) रूसी क्रांति के समय रूस अनाज का बहुत बड़ा आयातक था।
(c) रूसी क्रांति के समय लगभग 30% रूसी महिलाएँ कारखानों में काम करती थीं।
(d) रूसी क्रांति के दौरान कपड़ा तथा लौह उद्योगों में व्यापक हड़तालें हुई थीं।

**उत्तर** (b) रूसी क्रांति के समय रूस अनाज का बहुत बड़ा आयातक था।

(v) निम्नलिखित कथनों का अध्ययन कर सही कथनों का चयन करें

1. 20वीं सदी में रूसी कारखानों में नियमों का उल्लंघन व्यापक स्तर पर होता था।
2. 20वीं सदी में रूसी मजदूर सामाजिक स्तर पर बँटे हुए नहीं थे।
3. 20वीं सदी में रूसी धातुकर्मी मजदूर को अधिक वरीयता दी जाती थी।

**कूट**

(a) 1 और 2 (b) 2 और 3
(c) 1 और 3 (d) ये सभी

**उत्तर** (c) 1 और 3

(vi) किस वर्ष रूस में फैक्ट्री मजदूरों में महिलाओं की संख्या बढ़कर लगभग 30 प्रतिशत हो गई थी?

(a) वर्ष 1910 में
(b) वर्ष 1914 में
(c) वर्ष 1918 में
(d) वर्ष 1924 में

**उत्तर** (b) वर्ष 1914 में

**3. स्रोत 'अ' रूस में उदारवादियों की सक्रियता**

रूस एक निरंकुश राजशाही था। अन्य यूरोपीय शासकों के विपरीत बीसवीं सदी की शुरुआत में भी जार राष्ट्रीय संसद के अधीन नहीं था। उदारवादियों ने इस स्थिति को खत्म करने के लिए बड़े पैमाने पर मुहिम चलाई। वर्ष 1905 की क्रांति के दौरान उन्होंने संविधान की रचना के लिए सोशल डेमोक्रेट और समाजवादी क्रांतिकारियों को साथ लेकर किसानों और मजदूरों के बीच काफी काम किया।

**स्रोत 'ब' रूस में मजदूरों की बिगड़ी आर्थिक स्थिति**

रूसी मजदूरों के लिए वर्ष 1904 का साल बहुत बुरा रहा। जरूरी चीजों की कीमतें इतनी तेजी से बढ़ीं कि वास्तविक वेतन में 20 प्रतिशत तक की गिरावट आ गई। उसी समय मजदूर संगठनों की सदस्यता में भी तेजी से वृद्धि हुई।

**स्रोत 'स' वर्ष 1905 में रूस की ट्रेड यूनियनों की स्थिति**

वर्ष 1905 की क्रांति के दौरान जार ने एक निर्वाचित परामर्शदाता संसद या ड्यूमा के गठन पर अपनी सहमति दे दी। क्रांति के समय कुछ दिन तक फैक्ट्री मजदूरों की बहुत सारी ट्रेड यूनियनें और फैक्ट्री कमेटियाँ भी अस्तित्व में रहीं। वर्ष 1905 के बाद ऐसी ज्यादातर कमेटियाँ और यूनियनें अनधिकृत रूप से काम करने लगीं, क्योंकि उन्हें गैर-कानूनी घोषित कर दिया गया था।

**स्रोत 'अ' रूस में उदारवादियों की सक्रियता**

(i) वर्ष 1905 की क्रांति में रूसी उदारवादियों को किसका सहयोग प्राप्त था?

उत्तर वर्ष 1905 की क्रांति में रूसी उदारवादियों को कृषकों के साथ-साथ राष्ट्रवादियों और इस्लाम के आधुनिकीकरण के समर्थक जदीदियों (मुस्लिम बहुल इलाकों में) का भी सहयोग मिला।

**स्रोत 'ब' रूस में मजदूरों की बिगड़ी आर्थिक स्थिति**

(ii) वर्ष 1905 में किन परिस्थितियों में रूसी मजदूरों ने आंदोलन का ऐलान किया?

उत्तर वर्ष 1905 में जब असेंबली ऑफ रशियन वर्कर्स के चार सदस्यों को प्युतिलोव आयरन वर्क्स में उनकी नौकरी से हटा दिया गया, तो मजदूरों ने आंदोलन छेड़ने का ऐलान कर दिया। इसके कुछ घंटों के पश्चात् सेंट पीटर्सबर्ग के अत्यधिक मजदूर काम के घंटे घटाकर आठ घंटे किए जाने, वेतन में वृद्धि और कार्यस्थितियों में सुधार की माँग करते हुए हड़ताल पर चले गए।

**स्रोत 'स' वर्ष 1905 में रूस की ट्रेड यूनियनों की स्थिति**

(iii) जार ने वर्ष 1905 की क्रांति को किस प्रकार नियंत्रित करने का प्रयास किया था?

उत्तर जार ने वर्ष 1905 की क्रांति को नियंत्रित करने के लिए सर्वप्रथम राजनीतिक गतिविधियों पर पाबंदियाँ लगा दीं, जिसके बाद पहली ड्यूमा को मात्र 75 दिन के भीतर पुनः निर्वाचित और दूसरी ड्यूमा को 3 महीने के भीतर बर्खास्त कर दिया। इसके पश्चात् उसने मतदान कानूनों में परिवर्तन करके तीसरी ड्यूमा में रूढ़िवादी राजनेताओं की संख्या में वृद्धि की, जिससे उदारवादी और क्रांतिकारी को बाहर रखा गया।

4. वर्ष 1914 में दो यूरोपीय गठबंधनों के बीच युद्ध छिड़ गया। एक खेमे में जर्मनी, ऑस्ट्रिया और तुर्की (केंद्रीय शक्तियाँ) थे, तो दूसरे खेमे में फ्रांस, ब्रिटेन व रूस (बाद में इटली और रूमानिया भी इस खेमे में शामिल हो गए) थे। इन सभी देशों के पास विशाल वैश्विक साम्राज्य थे, इसलिए यूरोप के साथ-साथ यह युद्ध यूरोप के बाहर भी फैल गया था। इसी युद्ध को पहला विश्वयुद्ध कहा जाता है।

इस युद्ध को प्रारंभ में रूसियों का काफी समर्थन मिला। जनता ने जार का साथ दिया, लेकिन जैसे-जैसे युद्ध लंबा खिंचता गया, जार ने ड्यूमा में मौजूद मुख्य पार्टियों से सलाह लेना छोड़ दिया। उसके प्रति जनसमर्थन कम होने लगा। जर्मनी-विरोधी भावनाएँ दिनोदिन बलवती होने लगीं। जर्मनी-विरोधी भावनाओं के कारण ही लोगों ने सेंट पीटर्सबर्ग का नाम बदलकर पेत्रोग्राद रख दिया, क्योंकि सेंट पीटर्सबर्ग जर्मन नाम था। जारीना (जार की पत्नी महारानी) अलेक्सांद्रा के जर्मन मूल का होने और उसके घटिया सलाहकारों, खासतौर से रासपुतिन नामक एक संन्यासी ने राजशाही को और अलोकप्रिय बना दिया।

(i) प्रथम विश्वयुद्ध में रूस की पूर्वी मोर्चे पर चल रही लड़ाई पश्चिमी मोर्चे से किस प्रकार भिन्न थी?

उत्तर प्रथम विश्वयुद्ध में रूस की पूर्वी मोर्चे पर चल रही लड़ाई पश्चिमी मोर्चे से भिन्न थी, क्योंकि पश्चिम में सैनिक पूर्वी फ्रांस की सीमा पर बनी खाइयों से लड़ाई लड़ रहे थे, जबकि पूर्वी मोर्चे पर रूसी सेना ने अत्यधिक हानि होने के बाद भी लड़ाई लड़ी।

(ii) प्रथम विश्वयुद्ध के प्रारंभ में रूस की स्थिति किस प्रकार की थी?

उत्तर प्रथम विश्वयुद्ध के प्रारंभ में रूसी सेना को जर्मनी तथा ऑस्ट्रिया के सैनिकों से पराजय का सामना करना पड़ा। इसके पश्चात् लौटते सैनिकों ने रास्ते में पड़ने वाली फसलों और इमारतों को भी नष्ट किया, ताकि दुश्मन की सेना वहाँ अधिक समय तक टिक न सके, जिससे रूस में 30 लाख से अधिक लोग शरणार्थी हो गए। इस हालात ने सरकार और जार दोनों को अलोकप्रिय बना दिया तथा सिपाही भी युद्ध से परेशान हो चुके थे।

(iii) प्रथम विश्वयुद्ध का रूस के उद्योगों पर किस प्रकार प्रभाव पड़ा?

उत्तर प्रथम विश्वयुद्ध का रूसी उद्योगों पर नकारात्मक प्रभाव पड़ा, क्योंकि रूस के अपने उद्योग बहुत कम थे और विश्वयुद्ध में रूसी उद्योगों को बाहर से मिलने वाली आपूर्ति भी बंद हो गई, क्योंकि बाल्टिक समुद्र में जिस रास्ते से विदेशी औद्योगिक सामान आते थे, उस पर जर्मनी का कब्जा हो चुका था।

## मानचित्र आधारित प्रश्न

1. (क) विश्व के रूपरेखीय मानचित्र में अंकित प्रथम विश्वयुद्ध की प्रमुख केंद्रीय शक्तियाँ (A), (B) तथा (C) को पहचानकर उनका नाम लिखिए।

(ख) इसी मानचित्र पर प्रथम विश्वयुद्ध की प्रमुख मित्र शक्तियों को चिह्नित कर उनका नाम लिखिए

(i) फ्रांस (ii) इंग्लैंड (iii) रूस (iv) अमेरिका

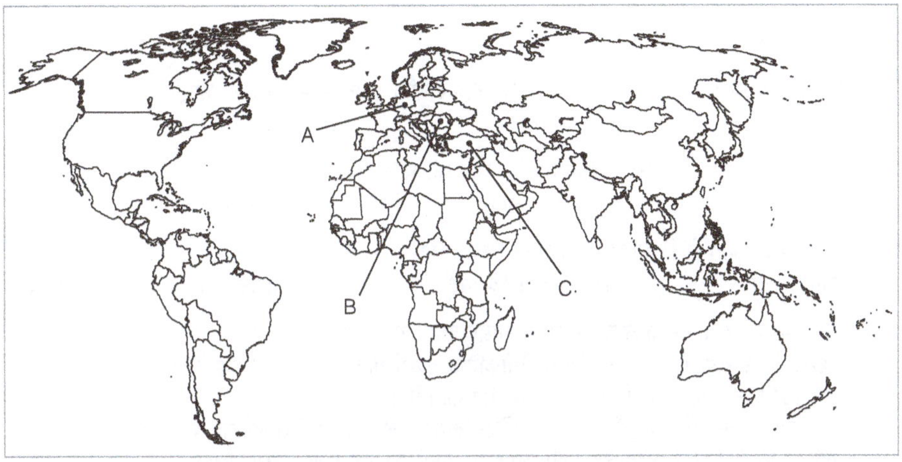


*उत्तर* निम्न मानचित्र देखें

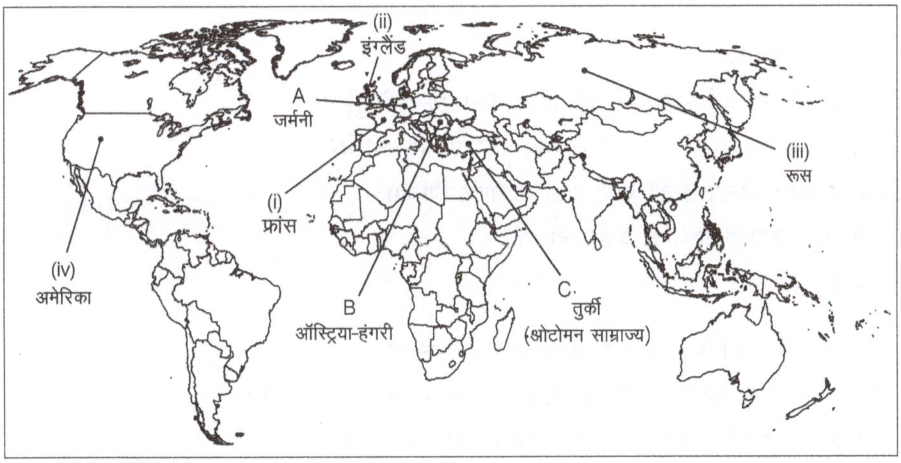

# स्वयं को जाँचें

## वस्तुनिष्ठ प्रश्न

**1.** फ्रांस में क्रांति के बाद सामाजिक परिवर्तन को लेकर कौन-कौन से मत सामने आए?
(a) उदारवादी (b) रूढ़िवादी (c) रैडिकल (d) ये सभी

**2.** 'नया समन्वय' नाम की किस समाजवादी ने रचना की थी?
(a) लुई ब्लां (b) रॉबर्ट ओवन (c) कार्ल मार्क्स (d) बनार्ड शॉ

**3.** ब्रिटेन में वर्ष 1905 में किस पार्टी का गठन किया गया?
(a) लेनर पार्टी (b) कंजरवेटिव पार्टी (c) सोशलिस्ट पार्टी (d) ये सभी

**4.** निम्नलिखित में से कौन-सा कथन रूस के साम्राज्यवाद से संबंधित नहीं था?
(a) 1880 ई. में रूस में रशियन सोशल डेमोक्रेटिक वर्कर्स पार्टी का गठन किया गया
(b) वर्ष 1914 से पहले रूस में सभी पार्टियाँ गैर-कानूनी थीं
(c) समाजवादी रूस में मजदूरों को नहीं, बल्कि किसान को मुख्य शक्ति बनाना चाहते थे
(d) वर्ष 1900 में रूस में सोशलिस्ट रिवोल्यूशनरी पार्टी का गठन कर लिया गया।

## अतिलघु उत्तरीय प्रश्न

**5.** रूसी क्रांति कब हुई?

**6.** वर्ष 1905 में शुरू हुई रूसी क्रांति की शुरुआत किस घटना से हुई थी?

**7.** रूसी समाज में रूढ़िवादी अपने किस विचार के लिए जाने जाते थे?

**8.** रूस में जार निकोलस II की कार्यप्रणाली का वर्णन कीजिए।

**9.** रूसी क्रांति में राष्ट्रवादियों का क्या विचार था?

## लघु उत्तरीय प्रश्न

**10.** यूरोप के कृषकों की स्थिति रूस के कृषकों से कैसे भिन्न थी?

**11.** 'खूनी रविवार' की घटना का रूस के इतिहास में क्या महत्त्व था? वर्णन कीजिए।

**12.** स्तालिन के नेतृत्व में रूस में क्या परिवर्तन किए गए? चर्चा कीजिए।

**13.** केरेंस्की सरकार के रूस में अलोकप्रिय होने के क्या कारण थे? स्पष्ट कीजिए।

## दीर्घ उत्तरीय प्रश्न

**14.** रूसी क्रांति के मुख्य उद्देश्यों की विवेचना कीजिए।

**15.** सामूहिकीकरण से आप क्या समझते हैं? स्तालिन ने इस कार्यक्रम का उपयोग कैसे किया?

**16.** सोवियत यूनियन तथा इसके लोगों पर बोल्शेविक सरकार के क्या सकारात्मक और नकारात्मक प्रभाव पड़े?

**17.** रूसी क्रांति के संपूर्ण विश्व पर पड़े प्रभाव का वर्णन कीजिए।

अध्याय
03

# नात्सीवाद और हिटलर का उदय

अध्याय एक नजर में

- *वाइमर गणराज्य का जन्म*
- *हिटलर का उदय*
- *नात्सियों का विश्व दृष्टिकोण*
- *नात्सी जर्मनी में युवाओं की स्थिति*
- *आम जनता एवं मानवता के विरुद्ध अपराध*

नाजीवाद (Nazism) एक राजनैतिक विचारधारा थी, जिसने विश्व राजनीति को प्रभावित किया। नाजीवाद का विकास जर्मनी में हुआ था। दूसरे विश्व युद्ध के समय जर्मनी में **नरसंहार युद्ध** (Genocidal War) प्रारंभ हुआ, जिसके अंतर्गत यूरोप में रहने वाले लोगों की विभिन्न अमानवीय तरीकों से हत्या हुई।

द्वितीय विश्वयुद्ध के बाद न्यूरेम्बर्ग में एक अंतर्राष्ट्रीय सैन्य न्यायाधिकरण (International Military Tribunal) नाजी युद्ध अपराधियों के विरुद्ध मुकदमा चलाने के लिए तैयार था। इस अदालत को शांति के विरुद्ध किए गए अपराधों, मानवता के विरुद्ध किए गए अपराधों और युद्ध अपराधों के लिए नात्सी युद्ध बंदियों पर मुकदमा चलाने का उत्तरदायित्व सौंपा गया था।

इस न्यायाधिकरण ने केवल 11 मुख्य नात्सियों को ही मृत्यु की सजा दी तथा अनेक आरोपियों को उम्रकैद की सजा दी गई। मित्र राष्ट्र (The Allies) उतना सख्त नहीं होना चाहते थे, जितना वे प्रथम विश्वयुद्ध के बाद हो गए थे। द्वितीय विश्वयुद्ध में मारे गए लोगों में 60 लाख यहूदी, 2 लाख जिप्सी और 10 लाख पोलैंड के नागरिक थे। साथ ही 70,000 मानसिक व शारीरिक रूप से पीड़ित जर्मन नागरिकों को भी मरवा दिया था।

## वाइमर गणराज्य का जन्म

20वीं शताब्दी के आरंभिक वर्षों में जर्मनी एक ताकतवर साम्राज्य था। जर्मनी ने ऑस्ट्रियाई साम्राज्य के साथ मिलकर मित्र राष्ट्रों (इंग्लैंड, फ्रांस और रूस) के विरुद्ध प्रथम विश्वयुद्ध (1914-18) लड़ा था।

इस युद्ध में जर्मनी आरंभ में विजयी हुआ, जिसके परिणामस्वरूप उसे फ्रांस और बेल्जियम पर अपना प्रभुत्व स्थापित करने में सफलता प्राप्त हुई। अमेरिका वर्ष 1917 में मित्र राष्ट्रों के साथ शामिल हो गया, जिसके परिणामस्वरूप मित्र राष्ट्रों की शक्ति तीव्र हो गई। अंततः इन्होंने नवंबर, 1918 में केंद्रीय शक्तियों (Central Powers) और जर्मनी को पराजित कर दिया।

साम्राज्यवादी जर्मनी (Imperial Germany) की हार तथा सम्राट के पदत्याग ने वहाँ की संसदीय पार्टियों को जर्मनी में एक उचित राजनीतिक व्यवस्था तैयार करने का अवसर दिया।

इस संबंध में वाइमर में राष्ट्रीय सभा की बैठक बुलाई गई तथा संघीय आधार (Federal Structure) पर एक लोकतांत्रिक संविधान पारित किया गया। **जर्मन संसद** अर्थात् **राइखस्टाग** (Reichstag) के लिए इस नई प्रणाली के अंतर्गत जन-प्रतिनिधियों का चुनाव किया जाने लगा। प्रतिनिधियों को चुनने के लिए महिलाओं सहित सभी वयस्क नागरिकों को समान और सार्वभौमिक वयस्क मताधिकार (Universal Adult Franchise) प्रदान किया गया।

### वर्साय की शांति संधि

वर्साय की शांति संधि पर हस्ताक्षर करके, जर्मनी ने जो खोया, वह निम्न है

- मित्र राष्ट्रों के साथ व वर्साय में हुई शांति संधि जर्मनी की जनता के लिए बहुत कठोर और अपमानजनक थी।
- इस संधि के कारण जर्मनी को अपने सभी उपनिवेश, लगभग 10% आबादी व 13% भू-भाग को खोना पड़ा।
- 75% लौह भंडार और 26% कोयला भंडार को फ्रांस, पोलैंड, डेनमार्क और लिथुआनिया को सौंपना पड़ा।
- जर्मनी पर छः अरब पौंड का जुर्माना आरोपित किया गया।
- जर्मनी की बची हुई शक्ति को समाप्त करने के लिए मित्र राष्टों ने उसकी सेना को भंग कर दिया था।
- अधिकतर जर्मनों ने वर्साय में हुए अपमान तथा युद्ध में हुई हार के लिए वाइमर गणराज्य को दोषी ठहराया।

## युद्ध का प्रभाव

प्रथम विश्व युद्ध के कारण संपूर्ण यूरोप आर्थिक और मनोवैज्ञानिक दोनों ही स्तरों पर कमजोर हो गया था। इसका प्रभाव निम्न प्रकार है

- यूरोप पहले कर्ज देने वालों का महाद्वीप (Continent) कहलाता था, जो युद्ध खत्म होते-होते कर्जदारों का महाद्वीप बन गया।
- वाइमर गणराज्य को युद्ध में पराजय और राष्ट्रीय अपमान को सहना पड़ा। साथ ही यह गणराज्य अब आर्थिक स्तर पर भी कमजोर हो चुका था।
- वाइमर गणराज्य के समर्थक समाजवादी, कैथोलिक और डेमोक्रेटिक थे, जिसके परिणामस्वरूप रूढ़िवादी/पुरातनपंथी राष्ट्रवादियों के द्वारा इन्हें तरह-तरह के हमलों का निशाना बनाया जाने लगा तथा इन्हें **नवंबर के अपराधी** (Criminals of November) कहकर इनका उपहास भी किया जाता था।
- पहले महायुद्ध ने यूरोपीय समाज और राजनीतिक व्यवस्था पर अपनी गहरी छाप छोड़ दी थी।
- प्रथम विश्वयुद्ध के पश्चात् सिपाहियों को आम नागरिक की अपेक्षा अधिक सम्मान दिया जाने लगा। हालाँकि वास्तविकता इसके विपरीत थी, क्योंकि ये सिपाही अपना जीवन **खंदकों** (Trenches) अर्थात् युद्ध के समय सैनिकों के छिपने के लिए खोदे गए गड्ढों में व्यतीत करते थे।
- इस समय राष्ट्रीय सम्मान, प्रतिष्ठा तथा आक्रामक **सैन्य प्रचार** (Propaganda) अधिक प्रचलन में था।
- रूढ़िवादी तानाशाहों को व्यापक जनसमर्थन मिलने लगा।

## राजनीतिक रैडिकलवाद और आर्थिक संकट

- राजनीतिक रैडिकलवादी (Radicalisation) विचारों को वर्ष 1923 के आर्थिक संकट से बल मिला।
- यह वह समय था, जब स्पार्टकिस्ट लीग (Spartacist League) का उदय हुआ।
- स्पार्टकिस्ट लीग रूस में बोल्शेविक क्रांति पर आधारित थी।
- बर्लिन के लोगों ने सोवियत की तरह शासन व्यवस्था की माँग की।
- समाजवादी डेमोक्रेट्स और कैथोलिक गुटों ने वाइमर में इकट्ठा होकर इस प्रकार की शासन व्यवस्था के विरोध में एक लोकतांत्रिक गणराज्य की स्थापना का फैसला लिया।
- वाइमर गणराज्य ने पुराने सैनिकों के **फ्री कोर** (Free Corps) नामक संगठन की मदद से इस विद्रोह को खत्म कर दिया।
- इस घटना के बाद स्पार्टकिस्टों ने जर्मनी में **कम्युनिस्ट पार्टी** की नींव डाली। इसके पश्चात् समाजवादी और साम्यवादी (Communist) ने एक-दूसरे के साथ कार्य नहीं किया, जिसके परिणामस्वरूप वे हिटलर के उदय को नियंत्रित नहीं कर सके।
- जर्मनी ने प्रथम विश्वयुद्ध कर्ज लेकर लड़ा था। इस ऋण की क्षतिपूर्ति जर्मनी को स्वर्ण मुद्रा देकर करनी पड़ी। इन सबके परिणामस्वरूप जर्मनी के स्वर्ण भंडार समाप्त होने की स्थिति में पहुँच गए।
- जब वर्ष 1923 में जर्मनी ने कर्ज देने से इनकार कर दिया, तो फ्रांसीसियों ने जर्मनी के सबसे बड़े औद्योगिक क्षेत्र **रूर** (Ruhr) पर कब्जा कर लिया। यह जर्मनी का विशाल कोयला भंडार क्षेत्र था।
- कुछ समय बाद जर्मनी ने बड़े पैमाने पर कागजी मुद्रा (Paper Currency) छापना शुरू कर दिया, जिसके परिणामस्वरूप जर्मनी की मुद्रा **मार्क** (Mark) का मूल्य तेजी से गिरने लगा। इस संकट को जर्मनी में **अति मुद्रास्फीति** (Hyper Inflation) के नाम से जाना गया है।
- अंततः जर्मनी को इस स्थिति से बाहर लाने के लिए अमेरिकी सरकार ने **डॉव्स योजना** (Dawes Plan) बनाई। इस योजना में जर्मनी के आर्थिक संकट को दूर करने के लिए हर्जाने की शर्तों को पुनः निर्धारित किया गया।

## मंदी के साल

वर्ष 1924-28 के मध्य जर्मनी में कुछ आर्थिक स्थिरता रही। जर्मन निवेश और औद्योगिक गतिविधियों में सुधार मुख्यतः अमेरिका से लिए गए अल्पकालिक ऋण पर आधारित था।

वर्ष 1929 में **वॉल स्ट्रीट एक्सचेंज** भी बुरी तरह नीचे आया, जिससे जर्मनी को मिलने वाली मदद पर काफी प्रभाव पड़ा।

वर्ष 1929-32 तक अमेरिका की राष्ट्रीय आय आधी रह गई। अमेरिकी अर्थव्यवस्था में मंदी के इस प्रभाव को संपूर्ण दुनिया में महसूस किया गया। जर्मन अर्थव्यवस्था गंभीर आर्थिक संकट से प्रभावित थी। जर्मन पर मंदी के प्रभाव निम्नलिखित थे

- वर्ष 1932 में औद्योगिक उत्पादन वर्ष 1929 के मुकाबले 40% तक कम हो गया।

- मजदूर या तो बेरोजगार हो रहे थे या उनका वेतन बहुत गिर चुका था।
- बेरोजगारों की संख्या 60 लाख तक पहुँच गई थी।
- जर्मनी की सड़कों पर ऐसे लोग बड़ी संख्या में दिखाई देने लगे, जो "मैं कोई भी काम करने को तैयार हूँ" लिखी **तख्ती** (Placards) गले में लटकाए खड़े रहते थे या फिर रोजगार दफ्तरों के बाहर लंबी-लंबी लाइनों में खड़े पाए जाते थे।
- रोजगार की समाप्ति के साथ ही युवा आपराधिक गतिविधियों में संलिप्त होने लगे तथा आपराधिक गतिविधियों में वृद्धि होने लगी।
- आर्थिक संकट ने लोगों में चिंता और भय उत्पन्न कर दिया।
- मुद्रा का अवमूल्यन होने के कारण मध्य वर्ग विशेषकर वेतनभोगी और पेंशनधारियों की बचत कम हो रही थी।
- समाज का प्रत्येक सदस्य इस आर्थिक संकट से प्रभावित था और उसे **सर्वहाराकरण** (Proletarianisation) का भय रहता था।
- बेरोजगारी ने संगठित श्रमिकों सौदेबाजी (Bargaining) की शक्ति को कमजोर कर दिया।
- बड़े उद्योग संकट में थे।
- कृषि उत्पादों की कीमतों में कमी से किसान परेशान थे।
- अपने बच्चों का पेट न भर पाने के कारण महिलाएँ निराश रहने लगीं।

## वाइमर गणराज्य की अस्थिरता

- वाइमर संविधान में कुछ ऐसी कमियाँ थीं, जिनके कारण गणराज्य में अस्थिरता और तानाशाही की स्थिति उत्पन्न हो सकती थी।
- इनमें से एक कमी आनुपातिक प्रतिनिधित्व (Proportional Representation) से संबंधित थी। इस प्रावधान की वजह से किसी एक पार्टी को बहुमत मिलना लगभग नामुमकिन बन गया है।
- दूसरी कमी अनुच्छेद-48 थी, जिसमें राष्ट्रपति को आपातकाल लागू करने, नागरिक अधिकार रद्द करने एवं **अध्यादेशों** (Decree) के माध्यम से शासन संचालन का अधिकार दिया गया था।
- वाइमर गणराज्य का शासन 20 मंत्रिमंडलों के हाथों में रहा और इनकी औसत अवधि 239 दिन से अधिक नहीं रही।
- अंतत: लोकतांत्रिक संसदीय व्यवस्था में लोगों का विश्वास कम होने लगा, क्योंकि वह कोई समाधान नहीं निकाल पा रही थी।

### चेक प्वॉइंट 01

1. *अमेरिका किस वर्ष मित्र राष्ट्रों के साथ शामिल हुआ?*
2. *जर्मनी पर कितने अरब पौंड का जुर्माना आरोपित किया गया?*
3. *वॉल स्ट्रीट एक्सचेंज किस वर्ष धराशायी हुआ?*
4. *वाइमर गणराज्य का शासन कितने मंत्रिमंडलों के हाथों में रहा?*

# हिटलर का उदय

हिटलर का जन्म 1889 ई. में ऑस्ट्रिया में हुआ था। हिटलर के उदय के कारणों में वहाँ की सामाजिक, आर्थिक एवं राजनीतिक त्रासदी ने महत्त्वपूर्ण भूमिका निभाई।

वर्साय संधि (Versailles Treaty) के पश्चात् हिटलर वर्ष 1919 में **जर्मन कामगार दल** में शामिल हो गया, जिसे बाद में **राष्ट्रवादी समाजवादी जर्मन कार्यकर्ता पार्टी** का नाम दिया गया। कुछ समय पश्चात् इसी पार्टी को **नात्सी पार्टी** के रूप में जाना गया।

वर्ष 1923 में हिटलर ने बर्लिन की ओर कूच करने, बवेरिया पर कब्जा करने तथा सत्ता पर नियंत्रण स्थापित करने की योजना बनाई। इसके परिणामस्वरूप हिटलर को गिरफ्तार करके उस पर देशद्रोह का मुकदमा चला, परंतु जल्द ही उसे मुक्त (रिहा) कर दिया गया।

महामंदी के दौरान नात्सीवादी ने एक जन-आंदोलन का रूप ग्रहण कर लिया। वर्ष 1929 में जर्मनी में आर्थिक संकट के परिणामस्वरूप नाजी प्रचार में जर्मन लोगों को बेहतर भविष्य की उम्मीद दिखाई देती थी।

वर्ष 1929 में नात्सी पार्टी को जर्मन संसद राइख़स्टाग के लिए चुनावों में केवल 2.6% वोट मिले थे, परंतु वर्ष 1932 तक आते-आते यह सबसे बड़ी पार्टी बनकर उभरी, जिसे आगामी चुनाव में 37% वोट मिले।

### हिटलर द्वारा किए गए वादे

हिटलर एक अच्छा वक्ता था। उसके जोश एवं शब्दों से लोग बहुत आकर्षित होते थे। हिटलर द्वारा किए गए कुछ वादे इस प्रकार थे

- हिटलर ने वादा किया कि वह एक शक्तिशाली राष्ट्र की स्थापना करेगा तथा वर्साय की संधि में हुए अपमान का बदला लेगा। साथ ही जर्मन समाज की खोई हुई प्रतिष्ठा को वापस दिलाएगा।
- बेरोजगारों को रोजगार एवं नौजवानों को सुरक्षित भविष्य देने का भी वादा हिटलर ने किया।
- हिटलर ने यह भी आश्वासन दिया कि वह देश को विदेशी प्रभाव से मुक्त कराएगा और सभी विदेशी साजिशों (Foreign Conspiracies) का जवाब देगा।

### हिटलर की नई शैली की राजनीति

- हिटलर ने राजनीति की एक नई शैली का विकास किया। जन-समर्थन दर्शाने के लिए और लोगों में परस्पर एकता का भाव पैदा करने के लिए इन्होंने बड़ी-बड़ी रैलियाँ और जन-सभाएँ आयोजित कीं।
- स्वास्तिक छपे लाल झंडे, नात्सी सैल्यूट और भाषणों के बाद विशिष्ट प्रकार की तालियों की आवाज ये सभी इनके शक्ति प्रदर्शन का माध्यम थीं।
- नात्सियों द्वारा हिटलर को एक ऐसा **मसीहा** (Messiah) एवं **रक्षक** बताया गया, जो लोगों के दु:खों को खत्म कर देगा।

## लोकतंत्र का ध्वंस

- 30 जनवरी, 1933 को राष्ट्रपति **हिंडनबर्ग** (Hindenberg) ने हिटलर को चांसलर का पद सँभालने का प्रस्ताव दिया। जर्मनी में चांसलर का पद मंत्रिमंडल का सबसे महत्त्वपूर्ण पद होता था।
- सत्ता मिलते ही नात्सियों ने लोकतांत्रिक शासन एवं संरचना को भंग करना शुरू कर दिया।
- जर्मन संसद में हुए रहस्यमयी अग्निकांड ने हिटलर की मुश्किलों को और आसान कर दिया।
- उल्लेखनीय है कि **फायर डिक्री** (अग्नि अध्यादेश), जो 28 फरवरी, 1933 को जारी हुआ था, के माध्यम से बोलने की स्वतंत्रता, प्रेस एवं सभा करने की आजादी जैसे नागरिक अधिकारों को निलंबित कर दिया गया था।

## कम्युनिस्टों का निष्कासन

- नागरिक अधिकारों को निलंबित किए जाने के उपरांत हिटलर ने कम्युनिस्टों को निशाना बनाया। इनमें से अधिकतर को **कंसंट्रेशन कैंपों** में बंद कर दिया गया। ये कैंप ऐसे स्थान होते थे जहाँ बिना किसी कानूनी प्रक्रिया के लोगों को कैद रखा जाता था।

### विशेषाधिकार अधिनियम

- 3 मार्च, 1933 के विशेषाधिकार अधिनियम (Enabling Act) के पारित हो जाने से जर्मनी में हिटलर की तानाशाही स्थापित हो गई। इस कानून ने हिटलर को संसद की उपेक्षा कर केवल अध्यादेशों के माध्यम से निरंकुश शासन चलाने का अधिकार प्रदान किया।
- नात्सी पार्टी ने ट्रेड यूनियनों एवं सभी राजनीतिक पार्टियों पर प्रतिबंध लगा दिया।
- मीडिया, अर्थव्यवस्था, सेना एवं न्यायपालिका पर पूर्ण रूप से सरकार ने नियंत्रण स्थापित कर लिया था।
- नात्सियों के अनुसार, समाज को नियंत्रित करने के लिए विशेष निगरानी और सुरक्षा दस्तों का गठन किया गया। हरी वर्दीधारी पुलिस, जो पहले से थी और स्टॉर्म ट्रूपर्स (Storm Troopers) के अतिरिक्त गेस्तापो (गुप्तचर राज्य पुलिस), अपराध नियंत्रण पुलिस और सुरक्षा सेवा (Protection Squads) का भी गठन किया गया। इन नवगठित सेवाओं को असंवैधानिक अधिकार प्रदान किए गए, जिसके कारण नात्सी राज्य को एक **आपराधिक राज्य** (Criminal State) की छवि मिली।
- गेस्तापो (Gestapo) के यंत्रणा गृहों (Torture Chambers) में किसी को भी बंद किया जा सकता था, किसी को भी यातना गृह भेज सकते थे तथा किसी को भी बिना कानूनी कार्यवाही के गिरफ्तार किया जा सकता था। दंड की आशंका से युक्त पुलिस बलों ने निरंकुश और निरपेक्ष शासन का अधिकार प्राप्त कर लिया था।

## आर्थिक पुनर्निर्माण

- हिटलर ने अर्थव्यवस्था को सुधारने के लिए अर्थशास्त्री ह्यालमार शाख्त को जिम्मेदारी सौंपी। शाख्त ने सर्वप्रथम सरकारी पैसे से चलाए जाने वाले रोजगार संवर्द्धन कार्यक्रम (Work Creation Programme) के द्वारा सौ फीसदी उत्पादन और सौ फीसदी रोजगार उपलब्ध कराने का लक्ष्य निर्धारित किया।
- प्रसिद्ध जर्मन सुपर हाई-वे और जनता की कार फॉक्सवैगन इस परियोजना का ही परिणाम है।

### विदेश नीति में सफलता

विदेश नीति में हिटलर को शीघ्र सफलता प्राप्त हुई जो थी

- वर्ष 1933 में इसने लीग ऑफ नेशंस से अपना समर्थन वापस लिया और वर्ष 1936 में राइनलैंड पर पुनः कब्जा कर लिया।
- वर्ष 1938 में *एक जन, एक साम्राज्य, एक नेता* (*One people, one empire and one leader*) के नारे के अंतर्गत ही ऑस्ट्रिया पर कब्जा कर लिया गया।
- इसके पश्चात् चेकोस्लोवाकिया के अधीन जर्मनभाषी सुडेंटनलैंड प्रांत पर कब्जा किया एवं फिर पूरे चेकोस्लोवाकिया को अपने कब्जे में लिया।
- इन सभी कार्यों में हिटलर को इंग्लैंड का भी मूक समर्थन मिल रहा था, क्योंकि इंग्लैंड को भी ऐसा प्रतीत होता था कि वर्साय की संधि जर्मनी के साथ नाइंसाफ़ी का प्रतीक है।
- शाख्त ने हिटलर को यह सलाह दी कि सेना एवं शस्त्रीकरण पर अत्यधिक खर्च करना उचित नहीं है, क्योंकि सरकारी बजट अभी भी घाटे में चल रहा था। इसलिए शाख्त को उसके पद से हटा दिया गया।

### द्वितीय विश्वयुद्ध

- हिटलर ने आर्थिक संकट से उभरने के लिए युद्ध को एक माध्यम माना। वह राष्ट्रीय सीमाओं का विस्तार करते हुए ज्यादा-से-ज्यादा संसाधन एकत्र करना चाहता था।
- सितंबर, 1939 में जर्मनी ने पोलैंड पर आक्रमण कर दिया, इसकी वजह से फ्रांस और इटली के साथ भी उसका युद्ध शुरू हो गया था।
- सितंबर, 1940 में जर्मनी ने इटली और जापान के साथ एक **त्रिपक्षीय संधि** (Tripartite Pact) पर हस्ताक्षर किए।
- हिटलर ने सोवियत संघ पर जून, 1941 में आक्रमण किया, यह हिटलर की ऐतिहासिक भूल थी। सोवियत की लाल सेना ने स्तालिनग्राद में जर्मनी को पराजित किया और वह बर्लिन पहुँची। इस घटनाक्रम ने अगली आधी सदी के लिए समूचे पूर्वी यूरोप पर सोवियत वर्चस्व स्थापित कर दिया।
- शुरुआत में अमेरिका ने स्वयं को द्वितीय विश्वयुद्ध से दूर रखा, क्योंकि अमेरिका प्रथम विश्व युद्ध के कारण उत्पन्न हुई आर्थिक समस्याओं का दोबारा सामना नहीं करना चाहता था। जब जापान ने फ्रेंच-इंडो-चाइना पर कब्जा कर लिया था और प्रशांत महासागर में अमेरिकी नौसैनिक ठिकानों पर हमले की पूरी योजना बना ली थी, तो अमेरिका द्वितीय विश्वयुद्ध में शामिल हो गया। जापान ने अपना समर्थन हिटलर को दिया। इन्होंने मिलकर अमेरिका के पर्ल हार्बर (Pearl Harbor) पर आक्रमण किया।
- द्वितीय विश्वयुद्ध मई, 1945 में समाप्त हुआ, जिसमें हिटलर की पराजय हुई। अमेरिका द्वारा हिरोशिमा एवं नागासाकी पर परमाणु बम गिरने के बाद जापान ने वर्ष 1945 में आत्मसमर्पण कर दिया।

## नात्सियों का विश्व दृष्टिकोण

नात्सी विचारधारा के अनुसार, समाज में सभी को बराबरी का अधिकार नहीं है, यहाँ ये **नस्ली आधार** (Racial Hierarchy) को उत्तम मानते थे। इसके तहत **ब्लॉण्ड** (नीली आँखों और सुनहरे बालों वाले), **नॉर्डिक जर्मन आर्य** सबसे ऊपर तथा सबसे निचले स्तर पर **यहूदी** थे। इसके अतिरिक्त शेष लोग आर्यों एवं यहूदी के बीच आते थे।

हिटलर की नस्लवादी विचारधारा चार्ल्स डार्विन और हर्बर्ट स्पेंसर के सिद्धांतों पर आधारित थी। डार्विन ने विकास और प्राकृतिक चयन की अवधारणा के द्वारा पौधों और पशुओं की उत्पत्ति की व्याख्या का प्रयास किया था।

हर्बर्ट स्पेंसर ने 'अति जीविता के सिद्धांत' (Survival of the Fittest) अर्थात् 'जो सबसे योग्य है वही जिंदा रहेगा' का प्रतिपादन किया। इस विचारधारा के अनुसार, जो प्रजातियाँ बदलती हुई वातावरणीय परिस्थितियों के अनुसार स्वयं को ढाल सकती हैं, वही पृथ्वी पर जिंदा रह सकती हैं। इन विचारों का प्रयोग नस्लवादी विचारकों और राजनेताओं द्वारा लोगों पर साम्राज्यवादी शासन करने के लिए किया जाता था।

इनके तर्क सरल थे, जो नस्लीय आधार पर शक्तिशाली होगा, वही जीवित रहेगा और जो नस्लीय आधार पर कमजोर होगा, वह समाप्त हो जाएगा। आर्य नस्ल सर्वश्रेष्ठ है। उसे अपनी शुद्धता, ताकत और दुनिया पर अपना वर्चस्व बनाए रखना है।

हिटलर की विचारधारा का दूसरा पहलू **लेबेन्स्राउम** (Lebensraum) या जीवन परिधि की भू-राजनीतिक अवधारणा से संबंधित था। हिटलर का विश्वास था कि भूमि पर अधिक से अधिक कब्जा करने पर मातृ देश का क्षेत्रफल बढ़ेगा तथा नई जगह पर एक-दूसरे से संबंध स्थापित करने में कोई मुश्किल भी नहीं आएगी।

हिटलर पूर्व की ओर जर्मन सीमाओं को फैलाना चाहता था, जिससे सभी जर्मनों को भौगोलिक दृष्टि से एक ही जगह एकत्रित किया जा सके।

### नस्लवादी राज्य की स्थापना

नात्सी शुद्ध और स्वस्थ **नॉर्डिक जर्मन आर्यों** का केवल एक समाज चाहते थे। इनकी दृष्टि से यही वर्ग समाज में 'वांछित' था अन्यथा सभी वर्ग 'अवांछित' थे।

नाजी जर्मनी में रहने वाले यहूदियों, जिप्सियों और अश्वेतों को अवांछित माना जाता था, जो 'श्रेष्ठ आर्यन' जाति के लिए खतरा थे। उन्हें व्यापक रूप से प्रताड़ित किया गया था।

रूसी और पोलिश मूल के लोगों को भी नाजी सरकार द्वारा प्रताड़ित किया गया था। पकड़े गए नागरिकों को दास श्रम के रूप में काम करने के लिए मजबूर किया जा रहा था।

नाजी जर्मनी में यहूदी सबसे ज्यादा प्रताड़ित थे। यहूदियों को ईसा मसीह के हत्यारों के रूप में देखा जाता था। यहूदी अलग चिह्नित क्षेत्रों में रहते थे, जिन्हें **यहूदी बस्ती** (Ghettoes) कहा जाता था।

हिटलर की यहूदियों के प्रति घृणा नस्लीय सिद्धांतों पर आधारित थी, जिसे उनके कुल उन्मूलन के माध्यम से ही संतुष्ट किया जा सकता था। वर्ष 1933 से 1938 तक नात्सियों ने यहूदियों को तरह-तरह से आतंकित किया, जिसके परिणामस्वरूप यहूदी देश छोड़कर जाने लगे। वर्ष 1939-45 के दूसरे दौर में यहूदियों को कुछ विशेष क्षेत्रों में एकत्र करने और अंततः पोलैंड में बनाए गए गैस चैंबरों में ले जाकर मार देने की रणनीति अपनाई गई।

### नस्लीय यूटोपिया

- नात्सियों ने अपनी नस्लवादी विचारधारा को मूर्त रूप जनसंहार से दिया। पराजित पोलैंड को हानि पहुँचाई गई और इसके उत्तर-पश्चिमी हिस्से को जर्मनी में मिला लिया गया।
- पोलैंड के लोगों को अपना घर और जायदाद छोड़कर भागने के लिए मजबूर किया गया, जिससे जर्मनों को वहाँ बसाया जा सके।
- इसके उपरांत पोलैंडवासियों को मवेशियों की भाँति इस साम्राज्य से निष्कासित कर **जनरल गवर्नमेंट** नामक दूसरे हिस्से में पहुँचाया गया। पोलिश बुद्धिजीवियों के सदस्यों की बड़ी संख्या में हत्या कर दी गई, जिससे पूरे वर्ग के लोगों को अपने नियंत्रण में रखा जा सके। पोलिश बच्चे, जो दिखने में आर्य जैसे लगते थे, उनकी नस्लीय जाँच के लिए उन्हें नस्ल विशेषज्ञों के पास भेजा जाता था। यदि नस्लीय जाँच में वे पास हो जाते, तो उन्हें जर्मन परिवारों में पाला जाता था।
- जनरल गवर्नमेंट में कुछ विशालतम घेटो और गैस चैंबर भी थे, इसलिए यहाँ यहूदियों को बड़े पैमाने पर मारा जाता था।

## नात्सी जर्मनी में युवाओं की स्थिति

हिटलर का यह मानना था कि शक्तिशाली नात्सी समाज की स्थापना के लिए बच्चों को नात्सी विचारधारा विषय में ज्ञान देना अति आवश्यक है। इसके लिए स्कूल के अंदर और बाहर बच्चों पर नियंत्रण आवश्यक था। इसके लिए निम्नलिखित उपाय अपनाए गए

- सभी स्कूलों को साफ और शुद्ध किया गया।
- राजनीतिक रूप से अविश्वसनीय दिखाई देने वाले शिक्षकों को पहले नौकरी से हटाया गया और बाद में मौत के घाट उतार दिया गया।
- अवांछित बच्चे और शिक्षकों को अर्थात् यहूदियों, जिप्सियों और विकलांग बच्चों को स्कूल से निकाल दिया गया।
- स्कूली पाठ्यपुस्तकों को पुनः लिखा गया। जर्मन और यहूदी बच्चे न तो एक साथ बैठ सकते थे और न ही एक साथ खेल सकते थे।
- नात्सी विचारों को सही ठहराने के लिए नस्ल विज्ञान (Racial Science) के नाम से एक नया विषय पाठ्यक्रम में सम्मिलित किया गया।
- गणित की कक्षाओं में भी यहूदियों की एक विशेष छवि बनाने की कोशिश की जाती थी।
- बच्चों को सिखाया गया कि वे वफादार (Faithful) व आज्ञाकारी बनें और यहूदियों से नफरत व हिटलर की पूजा करें।
- बच्चों को दिए जाने वाले खेलकूद प्रशिक्षण में हिंसा एवं आक्रामकता की भावना पर बल दिया जाने लगा। हिटलर का विचार था कि बच्चों को विशेषतः मुक्केबाजी का प्रशिक्षण दिया जाना चाहिए, जिससे बच्चे ताकतवर बन सकें।

- युवा संगठनों को जर्मन बच्चों एवं युवाओं में 'राष्ट्रीय समाजवाद की भावना' (Spirit of National Socialism) उत्पन्न करने की जिम्मेदारी सौंपी गई।
- 10 वर्ष के बच्चों को **युंगफोक** में प्रवेश एवं 14 वर्ष के लड़के को नात्सियों के युवा संगठन **हिटलर यूथ** (Hitler Youth) की सदस्यता लेनी पड़ती थी। इस संगठन में वे युद्ध की उपासना, आक्रामकता व हिंसा, लोकतंत्र की निंदा और यहूदियों, कम्युनिस्टों, जिप्सियों व अन्य अवांछित से घृणा का सबक सीखना होता था।
- कठिन विचारधारात्मक एवं शारीरिक प्रशिक्षण के बाद 18 वर्ष की आयु में **लेबर सर्विस** (श्रम सेवा) में शामिल होना पड़ता था। इसके उपरांत इन्हें सेना में कार्य करना पड़ता था तथा नात्सी संगठन की सदस्यता अनिवार्य थी।
- नात्सी यूथ लीग का गठन वर्ष 1922 में हुआ था। चार वर्ष पश्चात् ही इस लीग को हिटलर यूथ के नाम से जाना गया।
- युवा आंदोलन को नात्सीवाद के तहत एकजुट करने के लिए बाकी सभी युवा संगठनों को पहले भंग कर दिया गया और बाद में उन पर प्रतिबंध लगा दिया गया।

## मातृत्व की नात्सी सोच

जर्मनी में नात्सियों द्वारा प्रत्येक बच्चे को यह शिक्षा दी जाती थी कि महिलाएँ, पुरुषों से भिन्न होती हैं। नात्सियों का विचार था कि पुरुष-महिला के लिए समान अधिकारों का संघर्ष अनुचित है, क्योंकि यह समाज को नष्ट कर देगा।

लड़कों को मर्दाना, पत्थर दिल और आक्रामक होना सिखाया जाता था तथा लड़कियों को यह कहा जाता था कि वे एक शुद्ध आर्य रक्त वाले बच्चे को जन्म दें और उसका अच्छा पालन-पोषण करें।

महिलाओं का नस्ल की पवित्रता बनाए रखना, यहूदियों से दूर रहना, घर सँभालना तथा बच्चों को नाजी विचारधारा सिखाने का कार्य था। वर्ष 1933 में हिटलर ने घोषणा की कि माँ सबसे महत्त्वपूर्ण नागरिक है, लेकिन सभी माताओं के साथ समान व्यवहार नहीं किया गया। जो महिलाएँ नस्ली स्तर पर अवांछित बच्चों को जन्म देती थीं, उन्हें दंडित किया जाता था, जबकि नस्ली स्तर पर वांछित दिखने वाले बच्चों को विशेष सुविधाएँ भी प्रदान की जाती थीं; जैसे—अस्पताल में विशेष सुविधाएँ, दुकानों में विशेष छूट एवं रेलगाड़ी तथा थियेटर के टिकट इन्हें सस्ते मिलते थे।

यहाँ ऐसी माताओं को सम्मान एवं मेडल देने की व्यवस्था की गई थी, जो अधिक-से-अधिक बच्चों को जन्म देती थीं। इनमें आठ बच्चों को जन्म देने वाली माताओं को सोने का, छः बच्चों पर चाँदी का तथा चार बच्चों पर काँसे का मेडल देने की व्यवस्था थी।

निर्धारित आचार संहिता का उल्लंघन करने वाली आर्य महिला की सार्वजनिक रूप से निंदा की जाती है और उसे कठोर दंड दिया जाता था।

## प्रचार की कला

- नात्सी शासन ने मीडिया एवं भाषण का बहुत ही उचित रूप से उपयोग किया। इन्होंने कभी भी अधिकृत दस्तावेजों में 'हत्या' और 'मौत' जैसे शब्दों का उपयोग नहीं किया।
- सामूहिक हत्याओं को *विशेष व्यवहार*, *अंतिम समाधान* (यहूदियों के संदर्भ में), *यूथनेज़िया* (विकलांगों के लिए), *चयन* और *संक्रमण मुक्ति* आदि शब्दों के रूप में व्यक्त किया जाता था।
- इवैक्युएशन (खाली कराना) का प्रयोग गैस चैंबरों में मरने वाले लोगों के लिए किया जाता था। इन्हें 'संक्रमण मुक्ति क्षेत्र' भी कहा जाता था।

### प्रचार में मीडिया की भूमिका

नाजी प्रचार को बढ़ावा देने में मीडिया की भूमिका निम्न प्रकार थी

- नात्सियों ने शासन के लिए समर्थन प्राप्त करने के लिए तथा नात्सी विश्व दृष्टिकोण को फैलाने के लिए मीडिया का बहुत ही सोच-समझ के प्रयोग किया। अपने विचारों को फैलाने के लिए इन्होंने रेडियो, पोस्टरों, फिल्मों, तस्वीरों, नारों एवं इश्तहारों को माध्यम बनाया।
- समाजवादियों और उदारवादियों को कमजोर और पथभ्रष्ट तत्त्वों के रूप में प्रस्तुत किया गया। समाजवादियों को विदेशी एजेंट कहकर बदनाम किया जाता था।
- प्रचार फिल्मों के माध्यम से यहूदियों के प्रति घृणा को दिखाया जाता था। 'द एटर्नल ज्यू' (अक्षय यहूदी) इससे संबंधित सर्वाधिक कुख्यात फिल्म थी।
- यहूदियों एवं जर्मनों के बीच कोई विशेष अंतर नहीं था। लगभग दोनों एक जैसे ही दिखते थे, परंतु परंपरा प्रिय यहूदियों को लंबी दाढ़ी एवं काफ़्तान (चोगा) पहने दिखाया जाता था।
- यहूदियों को केंचुआ, चूहा और कीड़ा जैसे शब्दों से संबोधित किया जाता था। नात्सियों ने लोगों के सामने स्वयं को सबकी समस्याओं का निदान करने वाले के तौर पर पेश किया।

## आम जनता एवं मानवता के विरुद्ध अपराध

नात्सीवाद लोगों को विश्वास था कि देश को तरक्की नात्सीवाद से ही मिलेगी और नात्सीवाद ही सबका कल्याण करेगा, परंतु जर्मनी का प्रत्येक व्यक्ति नात्सी नहीं था। अनेक लोगों ने पुलिस दमन और मौत की आशंका के पश्चात् भी नात्सीवाद का जमकर विरोध किया, परंतु जर्मन आबादी का एक बहुत बड़ा हिस्सा इस पूरे घटनाक्रम में मूक दर्शक बना हुआ था। ये लोग विरोधी कदम उठाने, मतभेद व्यक्त करने एवं नात्सीवाद का विरोध करने से डरते थे।

पादरी नीम्योलर ने नात्सियों का लगातार विरोध किया। उन्होंने पाया कि नात्सी साम्राज्य में लोगों पर जिस तरह के निर्मम और संगठित जुल्म किए जा रहे हैं उनका जर्मनी की आम जनता विरोध नहीं कर पाती थी।

'शार्लट बेराट' ने अपनी पुस्तक **थर्ड राइख ऑफ ड्रीम्स** में वर्णन किया है कि यहूदी क्या सोचते हैं तथा इनके सपनों को उन्होंने इसमें चोरी से लिखा था। नात्सियों द्वारा बनाई गई इनकी छवि इनके सपने में भी इनका पीछा करती थी।

## महाध्वंस के बारे में जानकारियाँ

- नात्सियों की कार्यप्रणाली एवं नियमों को दुनिया युद्ध समाप्ति के बाद ही जान पाई। जर्मनी में हुए रक्तपात और दमन का अनुमान दुनिया को जर्मनी की हार के बाद ही हुआ। युद्ध में हुए भीषण रक्तपात को इतिहास में **महाध्वंस** (Holocaust) के नाम से जाना जाता है।
- नात्सी जर्मन में हो रही घटनाओं को दुनिया को बताने के लिए घेटो और कैंपों में नारकीय जीवन जीने वाले लोगों ने अपनी डायरियों, नोटबुक एवं दस्तावेजों में लिखा था।
- जब नात्सियों को यह आभास होने लगा कि अब इनकी पराजय निश्चित है, तो इन्होंने अपने कर्मचारियों को पेट्रोल बाँटना प्रारंभ कर दिया, जिससे इन सभी साक्ष्यों को मिटाया जा सके। दुनिया के विभिन्न भागों से प्राप्त सभी साक्ष्य, स्मृति लेख, साहित्य, वृत्तचित्र, दस्तावेज आदि उन सभी काली रातों का प्रतिरोध करने का साहस दिखाते हैं।

### चेक प्वॉइंट 02

1. *हिटलर का जन्म कब हुआ?*
2. *नागरिक अधिकारों को निलंबित किए जाने के उपरांत हिटलर ने किसे निशाना बनाया?*
3. *त्रिपक्षीय संधि पर कब हस्ताक्षर किए गए?*
4. *नात्सी यूथ लीग का गठन किस वर्ष हुआ था?*
5. *थर्ड राइख ऑफ ड्रीम्स किसकी पुस्तक है?*

## टाइमलाइन

| वर्ष | महत्त्वपूर्ण घटनाएँ |
|---|---|
| 1 अगस्त, 1914 | पहला विश्व युद्ध शुरू हुआ। |
| 9 नवंबर, 1918 | जर्मनी ने घुटने टेक दिए, युद्ध समाप्त हुआ। |
| 9 नवंबर, 1918 | वाइमर गणराज्य की स्थापना का एलान किया। |
| 28 जून, 1919 | वर्साय की संधि हुई। |
| 30 जनवरी, 1933 | हिटलर जर्मनी का चांसलर बना। |
| 1 सितंबर, 1939 | जर्मनी का पोलैंड पर आक्रमण, दूसरे विश्व युद्ध की शुरुआत हुई। |
| 22 जून, 1941 | जर्मन सेनाएँ सोवियत संघ में घुसीं। |
| 23 जून, 1941 | यहूदियों का कत्लेआम शुरू हुआ। |
| 8 दिसंबर, 1941 | अमेरिका भी दूसरे विश्व युद्ध में कूद पड़ा। |
| 27 जनवरी, 1945 | सोवियत फौज औषवित्स को मुक्त कराती है। |
| 8 मई, 1945 | यूरोप में मित्र राष्ट्रों की विजय हुई। |

## इन्हें भी जानें

- ***वॉल स्ट्रीट एक्सचेंज*** *(Wall Street Exchange)* अमेरिका में स्थित दुनिया का सबसे बड़ा शेयर बाजार।
- ***सर्वहाराकरण*** *(Proletarianisation)* गरीब होते-होते मज़दूर वर्ग की आर्थिक स्थिति में पहुँच जाना।
- ***मित्र राष्ट्र*** *(Allies)* मित्र राष्ट्रों का नेतृत्व प्रारंभ में ब्रिटेन और फ्रांस के नेतृत्व में था। वर्ष 1941 में सोवियत संघ और अमेरिका भी इस गठबंधन में शामिल हो गए। उन्होंने धुरी शक्तियों अर्थात् जर्मनी, इटली और जापान का मिलकर सामना किया।
- ***प्रोपेगैंडा*** *(Propaganda)* जनमत को प्रभावित करने के लिए किया जाने वाला एक खास तरह का प्रचार (पोस्टरों, फिल्मों और भाषणों आदि के माध्यम से)।
- ***कंसंट्रेशन कैंप*** *(Concentration Camp)* ऐसे स्थान, जहाँ बिना किसी कानूनी प्रक्रिया के लोगों को कैद रखा जाता था। कंसंट्रेशन कैंप बिजली के करंट दौड़ते कँटीले तारों से घिरे रहते थे।
- ***ब्लॉण्ड*** *(Blond)* नीली आँखों और सुनहरे बालों वाले लोगों को ब्लॉण्ड कहा जाता था।
- ***नॉर्डिक जर्मन आर्य*** *(Nordic German Aryans)* यह आर्य बताए जाने वालों की एक शाखा है। ये लोग उत्तरी यूरोपीय देशों में रहते थे और जर्मन या मिलते-जुलते मूल के लोग थे।
- ***जिप्सी*** *(Gypsy)* 'जिप्सी' के नाम से श्रेणीबद्ध किए गए समूहों की अपनी सामुदायिक पहचान थी। सिन्ती और रोमा ऐसे ही दो समुदाय थे। उनमें से कुछ का उदय भारत में हुआ था।
- ***सूदखोर*** *(Usurers)* बहुत ज्यादा ब्याज वसूल करने वाले महाजन। इस शब्द का प्रायः गाली के रूप में प्रयोग किया जाता है।
- ***घेटो*** *(Ghetto)* किसी समुदाय को दूसरे समुदायों से अलग करके रखना।
- ***युंगफोक*** *(Jungvolk)* 14 साल से कम उम्र वाले बच्चों के लिए नात्सी युवा संगठन।
- ***हर्जाना*** *(Reparation)* किसी गलती के बदले दंड के रूप में नुकसान की भरपाई करना।

# NCERT फोल्डर

**1.** वाइमर गणराज्य के सामने क्या समस्याएँ थीं?

**उत्तर** वाइमर गणराज्य के सामने निम्नलिखित समस्याएँ थीं

- वाइमर संविधान में कुछ ऐसी त्रुटियाँ थीं, जिनके कारण गणराज्य अस्थिर और तानाशाही का शिकार हो सकता था। इसके मुख्य कारणों में निहित था– आनुपातिक प्रतिनिधित्व। इसके अंतर्गत किसी एक पार्टी को बहुमत मिलना लगभग असंभव था। इसके कारण सदैव गठबंधन की सरकार ही सत्ता में आती थी।
- अनुच्छेद-48 वाइमर गणराज्य की मुख्य समस्या थी। इसमें राष्ट्रपति को आपातकाल लागू करने, नागरिक अधिकार रद्द करने एवं अध्यादेशों को रद्द करने का अधिकार दे दिया गया था।
- वाइमर गणराज्य का शासन 20 मंत्रिमंडलों के हाथों में रहा और इनकी औसत अवधि 239 दिन से अधिक नहीं रही। इस समय अनुच्छेद-48 का भी बहुत दुरुपयोग हुआ। अंततः लोकतांत्रिक संसदीय व्यवस्था से लोगों का विश्वास कम होने लगा।

**2.** इस बारे में चर्चा कीजिए कि 1930 तक आते-आते जर्मनी में नात्सीवाद को लोकप्रियता क्यों मिलने लगी?

**उत्तर** वर्ष 1930 तक जर्मनी में नात्सीवाद की लोकप्रियता के मुख्य कारण इस प्रकार थे

- **वर्साय की संधि** प्रथम विश्वयुद्ध में हार के बाद जर्मनी को वर्साय में शांति संधि पर हस्ताक्षर करने पड़े। यह संधि जर्मन नागरिकों के लिए इतनी कठोर तथा अपमानजनक थी, जिसे वे अपने दिल से स्वीकार नहीं कर सकते थे और अंततः इसने जर्मनी में हिटलर के नात्सीवाद को जन्म दिया। जर्मनी के लोग हिटलर को जर्मनी की खोई हुई प्रतिष्ठा पुनः दिलाने वाले प्रतीक के रूप में देखते थे।
- **आर्थिक संकट** वर्ष 1929-33 के बीच के वैश्विक आर्थिक संकट से जर्मन अर्थव्यवस्था पर सबसे गहरी मार पड़ी। देश अति मुद्रास्फीति के दौर से गुजर रहा था। इस समय के दौरान नाजीवाद जन आंदोलन बन गया। नाजी प्रोपेगैंडा ने बेहतर भविष्य की आशा जगाई।
- **राजनैतिक उथल-पुथल** जर्मनी में बहुत से राजनैतिक दल थे; जैसे–राष्ट्रवादी, राजभक्त कम्युनिस्ट, सामाजिक लोकतंत्रवादी आदि। यद्यपि लोकतंत्रात्मक सरकार में इनमें से कोई भी बहुमत में नहीं था, दलों में मतभेद अपने चरम पर थे। इसने सरकार को कमजोर कर दिया और अंततः नाजियों को सत्ता हथियाने का अवसर दे दिया।
- **लोकतंत्र के प्रति अविश्वास** जर्मनों को लोकतंत्र में बिल्कुल विश्वास नहीं था। प्रथम विश्वयुद्ध के अंत में जर्मनी की हार के बाद जर्मनों का संसदीय संस्थाओं में कोई विश्वास नहीं था। उस समय जर्मनी में लोकतंत्र एक नया व भंगुर विचार था। लोग स्वाधीनता व आजादी की अपेक्षा प्रतिष्ठा और यश को प्राथमिकता देते थे। उन्होंने खुले दिल से हिटलर का साथ दिया, क्योंकि उसमें उनको दिए वादे पूरे करने की योग्यता थी।
- **जर्मनी की हार** प्रथम विश्वयुद्ध में जर्मनी की हार तथा वर्साय की संधि के बाद पूरी जर्मनी में भ्रम व्याप्त था। वाइमर गणराज्य देश के आर्थिक संकट का हल निकालने में असमर्थ रहा। इसने नाजियों को अपने पक्ष में अभियान चलाने को एक सुनहरा मौका प्रदान किया।
- **हिटलर का व्यक्तित्व** हिटलर एक अच्छा वक्ता था। वह अपने जोश भरे शब्दों से जनता को अपने पक्ष में कर लेता था। उसने एक शक्तिशाली राष्ट्र का गठन करने, वर्साय की संधि के अन्याय का बदला लेने और जर्मनों की खोई प्रतिष्ठा वापस दिलाने का वादा किया। वास्तव में, उसके व्यक्तित्व तथा कार्यों ने जर्मनी में नाजीवाद की लोकप्रियता में बहुत योगदान दिया।

**3.** नात्सी सोच के खास पहलू कौन-से थे?

**उत्तर** नात्सी सोच के खास पहलू इस प्रकार थे

- नाजियों की दृष्टि में देश सर्वोपरि है। सभी शक्तियाँ देश में निहित होनी चाहिए। लोग देश के लिए हैं न कि देश लोगों के लिए। नाजी सोच सभी प्रकार की संसदीय संस्थाओं को समाप्त करने के पक्ष में थी और एक महान् नेता के शासन में विश्वास रखती थी।
- यह सभी प्रकार के दल निर्माण व विपक्ष के दमन और उदारवाद, समाजवाद एवं कम्युनिस्ट विचारधाराओं के उन्मूलन की पक्षधर थी।
- इसने यहूदियों के प्रति घृणा का प्रचार किया, क्योंकि इनका मानना था कि जर्मनों की आर्थिक विपदा के लिए यही लोग जिम्मेदार हैं।
- नाजी दल जर्मनी को अन्य सभी देशों से श्रेष्ठ मानता था और पूरे विश्व पर जर्मनी का प्रभाव जमाना चाहता था।
- इसने युद्ध की सराहना की तथा बल प्रयोग का यशोगान किया।
- इसने जर्मनी के साम्राज्य विस्तार और उन सभी उपनिवेशों को जीतने पर ध्यान केंद्रित किया, जो उससे छीन लिए गए थे।
- ये लोग 'शुद्ध जर्मनों एवं स्वस्थ नॉर्डिक आर्यों' के नस्लवादी राष्ट्र का सपना देखते थे और उन सभी का खात्मा चाहते थे, जिन्हें वे अवांछित मानते थे।

**4. नात्सियों का प्रोपेगैंडा यहूदियों के खिलाफ नफरत पैदा करने में इतना असरदार कैसे रहा?**

*उत्तर* नात्सियों का प्रोपेगैंडा यहूदियों के खिलाफ नफरत पैदा करने में असरदार रहा इसके कारण इस प्रकार थे

- हिटलर ने उन जर्मन लोगों के दिमाग में पहले ही स्थान बना लिया था, जो उसे अपना मसीहा मानने लगे थे। वे हिटलर द्वारा कही गई बातों पर विश्वास करते थे। इस प्रकार हिटलर के चमत्कारी व्यक्तित्व के कारण यहूदियों के विरुद्ध नाजी प्रोपेगैंडा सफल साबित हुआ।
- ईसा की हत्या के अभियुक्त होने के कारण ईसाइयों की यहूदियों के प्रति पारंपरिक घृणा का नाजियों ने पूरा लाभ उठाया, जिससे जर्मन यहूदियों के प्रति पूर्वाग्रह से ग्रस्त हो गए। नाजियों ने भाषा और मीडिया का बहुत सावधानी से प्रयोग किया। नाजियों ने एक नस्लवादी विचारधारा को जन्म दिया कि यहूदी निचले स्तर की नस्ल से संबंधित थे और इस प्रकार वे अवांछित थे।
- नाजियों ने प्रारंभ से उनके स्कूल के दिनों में ही बच्चों के दिमागों में भी यहूदियों के प्रति नफरत भर दी। जो अध्यापक यहूदी थे, उन्हें बर्खास्त कर दिया गया और यहूदी बच्चों को स्कूलों से निकाल दिया गया। इस प्रकार के तरीकों एवं नई विचारधारा के प्रशिक्षण ने नई पीढ़ी के बच्चों में यहूदियों के प्रति नफरत फैलाने और निजी प्रोपेगैंडा को सफल बनाने के पूर्णतः सफलता प्राप्त की।
- यहूदियों के प्रति नफरत फैलाने के लिए प्रोपेगैंडा का सहारा लिया जिसमें बेहतर भविष्य को दर्शाया जाता था। रूढ़िवादी यहूदियों की पहचान की गई एवं उन्हें चिह्नित किया गया। उन्हें उड़ती हुई दाढ़ी और काफ़्तान पहने दिखाया जाता था।

**5. नात्सी समाज में औरतों की क्या भूमिका थी? फ्रांसीसी क्रांति के बारे में जानने के लिए अध्याय 1 देखें। फ्रांसीसी क्रांति और नात्सी शासन में औरतों की भूमिका के बीच क्या फर्क था? एक पैराग्राफ़ में बताइए।**

*उत्तर* नात्सी समाज में महिलाओं की भूमिका एक बड़े पैमाने पर पितृसत्तात्मक या पुरुष प्रधान समाज के नियमों का पालन करने की थी। हिटलर ने महिलाओं को उसके जर्मन की 'सबसे महत्त्वपूर्ण' नागरिक कहा था, किंतु यह केवल उन आर्य महिलाओं तक ही सच था, जो शुद्ध एवं वांछित आर्य बच्चे पैदा करती थीं। उन्हें पारंपरिक रूप से घर को सँभालने व अच्छी पत्नी बनने के अतिरिक्त एकमात्र मातृत्व लक्ष्य की प्राप्ति की ही शिक्षा दी जाती थी।

नाजी जर्मनी में महिलाएँ पुरुषों से मूलतः भिन्न थीं। उन्हें अपने घर की देखभाल करनी पड़ती थी और अपने बच्चों को नाजी मूल्य पढ़ाने होते थे। जो माताएँ नस्ली तौर पर वांछित दिखने वाले बच्चों को जन्म देतीं उन्हें इनाम दिए जाते और वे कई प्रकार की सुविधाएँ पातीं।

दूसरी ओर वे औरतें, जो यहूदी पोलिश और रूसी पुरुषों से शादी करके नस्ली तौर पर अवांछित दिखने वाले बच्चों को जन्म देतीं, उन्हें बुरी तरह दंडित किया जाता और ऐसा माना जाता जैसे कि उन्होंने कोई दंडनीय अपराध किया हो।

इस प्रकार, नाजी समाज में महिलाओं के साथ बराबरी का व्यवहार नहीं किया जाता था।

यह फ्रांसीसी क्रांति में महिलाओं की भूमिका के मुकाबले सर्वथा उलटा था, जहाँ महिलाओं ने आंदोलनों का नेतृत्व किया और शिक्षा एवं समान मजदूरी के अधिकार के लिए लड़ाई की। उन्हें राजनैतिक क्लब बनाने की अनुमति थी और फ्रांसीसी क्रांति के बाद उनका स्कूल जाना अनिवार्य कर दिया गया था।

**6. नात्सियों ने जनता पर पूरा नियंत्रण हासिल करने के लिए कौन-कौन से तरीके अपनाए?**

*उत्तर* नात्सियों द्वारा जर्मनी के सभी वर्ग पर नियंत्रण स्थापित करने के लिए कई कदम उठाए गए

- महिलाओं पर नियंत्रण स्थापित किया गया। यह कहा गया कि ये सिर्फ आर्य नस्ल के बच्चों को जन्म देंगी तथा इन्हें परिवार तक सीमित कर दिया गया।
- युवा संगठनों को जर्मन बच्चों एवं युवाओं में 'राष्ट्रीय समाजवाद की भावना' भरने की जिम्मेदारी सौंपी गई थी। 10 वर्ष के बच्चों को युंगफ़ोक में दाखिला लेना एवं 14 वर्ष के लड़के को नात्सियों के युवा संगठन 'हिटलर यूथ' की सदस्यता लेनी पड़ती थी। कठिन विचाराधारात्मक एवं शारीरिक प्रशिक्षण के बाद 18 वर्ष की आयु में लेबर सर्विस (श्रम सेवा) में शामिल होना पड़ता था तथा संगठन की सदस्यता लेना अनिवार्य था।
- प्रेस पर भी इनका पूर्ण नियंत्रण स्थापित हो चुका था।

# परीक्षा अभ्यास

## वस्तुनिष्ठ प्रश्न

### बहुविकल्पीय प्रश्न

**1.** मित्र राष्ट्र में कौन-सा देश सम्मिलित है?

(a) इंग्लैंड (b) फ्रांस
(c) रूस (d) ये सभी

**उत्तर** (d) ये सभी

**2.** वाइमर गणतंत्र का गठन किस देश में किया गया था?

(a) जर्मनी में (b) फ्रांस में
(c) इंग्लैंड में (d) पोलैंड में

**उत्तर** (a) जर्मनी में

**3.** वर्साय की संधि के तहत कितने प्रतिशत भू-भाग को जर्मनी को खोना पड़ा?

(a) 15 % (b) 20 %
(c) 25 % (d) 13 %

**उत्तर** (d) 13 %

**4.** किस वर्ष जर्मनी ने मित्र राष्ट्रों को कर्ज और हर्जाना देने से इनकार कर दिया?

(a) वर्ष 1925 में (b) वर्ष 1923 में
(c) वर्ष 1927 में (d) वर्ष 1930 में

**उत्तर** (b) वर्ष 1923 में

**5.** हिटलर का जन्म 1889 ई. में किस देश में हुआ था?

(a) ऑस्ट्रिया में (b) पोलैंड में
(c) जर्मनी में (d) फ्रांस में

**उत्तर** (a) ऑस्ट्रिया में

**6.** राष्ट्रपति हिंडनबर्ग ने हिटलर को किस वर्ष चांसलर पद के लिए प्रस्ताव दिया था?

(a) वर्ष 1940 में (b) वर्ष 1924 में
(c) वर्ष 1933 में (d) वर्ष 1921 में

**उत्तर** (c) वर्ष 1933 में

**7.** जर्मनी में विशेषाधिकार अधिनियम किस वर्ष पारित किया गया?

(a) वर्ष 1933 में (b) वर्ष 1935 में
(c) वर्ष 1938 में (d) वर्ष 1925 में

**उत्तर** (a) 1933 में

**8.** हिटलर ने अर्थव्यवस्था को सुधारने के लिए किस अर्थशास्त्री को जिम्मेदारी सौंपी थी?

(a) क्लिमेसू को (b) प्रो. ब्लॉण्ड
(c) ह्यालमार शाख्त को (d) डार्विन को

**उत्तर** (c) ह्यालमार शाख्त को

**9.** हिटलर का किस देश के विरुद्ध आक्रमण को ऐतिहासिक भूल कहा जाता है?

(a) सोवियत यूनियन पर (b) इंग्लैंड पर
(c) फ्रांस पर (d) पोलैंड पर

**उत्तर** सोवियत यूनियन पर

**10.** 'विकास और प्रकृति' चयन का सिद्धान्त किसने प्रस्तुत किया था?

(a) हर्बर्ट स्पेंसर ने (b) डार्विन ने
(c) हिटलर ने (d) ह्यालमार शाख्त ने

**उत्तर** (b) डार्विन ने

**11.** जर्मनी में कितने वर्ष तक के लड़कों को हिटलर यूथ की सदस्यता लेनी होती थी?

(a) 14 वर्ष तक (b) 14 वर्ष तक
(c) 14 वर्ष तक (d) 14 वर्ष तक

**उत्तर** (a) 14 वर्ष तक

**12.** निम्नलिखित में से कौन-सा कथन मंदी के काल से संबंधित है?

(a) मंदी के कारण वर्ष 1929 में वॉल स्ट्रीट एक्सचेंज धराशायी हो गया
(b) इस मंदी का प्रभाव जर्मन अर्थव्यवस्था पर पड़ा
(c) मुद्रा का अवमूल्यन हो गया
(d) उपरोक्त सभी

**उत्तर** (d) उपरोक्त सभी

**13.** निम्नलिखित में से कौन-सा कथन वाइमर गणराज्य से संबंधित नहीं है?

(a) प्रथम विश्वयुद्ध में जर्मनी की पराजय के पश्चात् वाइमर गणराज्य का जन्म हुआ था
(b) वाइमर गणराज्य का निर्माण जर्मन लोगों को पसंद नहीं था
(c) वाइमर गणराज्य के निर्माण के पश्चात् जर्मनी को अपने खनिज संसाधन केवल फ्रांस को हस्तांतरित करने पड़े थे
(d) वाइमर गणराज्य पर मित्र राष्ट्रों द्वारा छः अरब पौंड का जुर्माना लगाया गया था

**उत्तर** (c) वाइमर गणराज्य के निर्माण के पश्चात् जर्मनी को अपने खनिज संसाधन केवल फ्रांस को हस्तांरित करने पड़े थे

**14.** निम्नलिखित में से कौन-सा कथन द्वितीय विश्वयुद्ध से संबंधित है?

1. द्वितीय विश्वयुद्ध की शुरुआत वर्ष 1939 में जर्मनी द्वारा पोलैंड पर आक्रमण से हुई है।

2. द्वितीय विश्वयुद्ध के अंतर्गत वर्ष 1940 में जर्मनी इटली तथा जापान के मध्य त्रिपक्षीय संधि हुई थी।
3. द्वितीय विश्वयुद्ध वर्ष 1946 में समाप्त हुआ था।

**कूट**

(a) 1 और 2 (b) 1 और 3
(c) 2 और 3 (d) ये सभी

**उत्तर** (a) 1 और 2

**15.** निम्नलिखित कथनों के अध्ययन कर सही कथनों का चुनाव करें

1. नाजीवाद एक आर्थिक विचारधारा थी।
2. नाजीवाद का विकास यूरोप के विभिन्न देशों में एक साथ हुआ था।
3. नाजीवादी विचारधारा के अनुसार समाज में सभी को बराबरी का अधिकार नहीं है।

**कूट**

(a) 1 और 2 (b) 2 और 3
(c) 1 और 3 (d) ये सभी

**उत्तर** (b) 2 और 3

**16.** क्रम में लगाएँ

1. वाइमर गणराज्य की घोषणा
2. जर्मनी का USSR पर आक्रमण
3. वर्साय की संधि

**कूट**

(a) 1, 2, 3 (b) 2, 1, 3
(c) 3, 2, 1 (d) 2, 3, 1

**उत्तर** (a) 1, 2, 3

**17.** निम्नलिखित कथनों के आधार पर घटना का चयन करें

- जर्मनी की सड़कों पर बेरोजगारों की संख्या में वृद्धि हुई थी।
- इस काल में व्यक्तियों को सर्वहाराकरण स्थिति का भय रहता था।
- औद्योगिक उत्पादन में लगभग 40% तक की गिरावट आई थी।

(a) प्रथम विश्वयुद्ध का काल
(b) द्वितीय विश्वयुद्ध का काल
(c) आर्थिक महामंदी का काल
(d) नात्सियों के विकास का काल

**उत्तर** (c) आर्थिक महामंदी का काल

**18.** निम्नलिखित कथनों के आधार पर संस्था की पहचान करें

- इसका गठन वर्ष 1922 में हुआ था।
- समय अंतराल के पश्चात् इसका नाम हिटलर यूथ किया था।
- वर्ष 1933 तक इस संगठन में 12.5 लाख लोग शामिल हो गए थे।

(a) नात्सी युवा लीग (b) नात्सी यूथ लीग
(c) नात्सी यूथा दल (d) युवा नात्सी लीग

**उत्तर** (b) नात्सी यूथ लीग

**19.** निम्नलिखित में से कौन-सा युग्म सही सुमेलित नहीं है?

| घटनाक्रम | वर्ष |
|---|---|
| (a) हिटलर की बवेरिया पर कब्जा करने की योजना | – वर्ष 1923 |
| (b) विश्व आर्थिक मंदी | – वर्ष 1929 |
| (c) राइखस्टाग का चुनाव | – वर्ष 1932 |
| (d) नाजियों का जनआंदोलन | – वर्ष 1933 |

**उत्तर** (d) नाजियों का जनआंदोलन–वर्ष 1933

**20.** निम्नलिखित में से कौन-सा युग्म सही सुमेलित है?

(b) मित्र राष्ट्र – ब्रिटेन, फ्रांस
(b) धुरी राष्ट्र – सोवियत संघ, अमेरिका, जर्मनी इटली, जापान
(c) सर्वहाराकरण – आर्थिक स्थिति में कमी के कारण मजदूर वर्ग में पहुँचना
(d) घेटो – समुदायों को एकसाथ रखना

**उत्तर** (d) घेटो–समुदायों को एकसाथ रखना

## चित्र आधारित प्रश्न

**21.** नात्सीवाद के दौरान निम्नलिखित चित्र किस अवस्था को प्रदर्शित करता है?

(a) उत्तरी समुद्र स्नान क्षेत्र यहूदियों से मुक्त
(b) पोलैंड का क्षेत्र यहूदियों से मुक्त
(c) नात्सीवाद की साम्राज्यवादी नीति
(d) नात्सीवाद की मातृत्व नीति

**उत्तर** (a) उत्तरी समुद्र स्नान क्षेत्र यहूदियों से मुक्त

## सुमेलित करें

**22.** सुमेलित कीजिए

| सूची I | सूची II |
|---|---|
| A. होलोकॉस्ट | 1. जर्मन में भीषण रक्तपात |
| B. लेबर सर्विस | 2. 18 वर्ष की आयु तक |
| C. नारसी यूथ लीग | 3. वर्ष 1922 में |
| D. युंगफोक | 4. 10 वर्ष के बच्चों को |

**कूट**

| | A | B | C | D |
|---|---|---|---|---|
| (a) | 1 | 2 | 3 | 4 |
| (b) | 2 | 1 | 3 | 4 |
| (c) | 4 | 3 | 2 | 1 |
| (d) | 3 | 2 | 1 | 4 |

**उत्तर** (a) 1 2 3 4

**23.** सुमेलित कीजिए

| सूची I | सूची II |
|---|---|
| A. प्रथम विश्वयुद्ध | 1. वर्ष 1914 |
| B. वाइमर गणतंत्र | 2. वर्ष 1918 |
| C. वर्साय की संधि | 3. वर्ष 1919 |
| D. मित्र राष्ट्रों की विजय | 4. वर्ष 1945 |

कूट

| | A | B | C | D | | A | B | C | D |
|---|---|---|---|---|---|---|---|---|---|
| (a) | 2 | 3 | 1 | 4 | (b) | 4 | 3 | 2 | 1 |
| (c) | 1 | 2 | 3 | 4 | (d) | 1 | 4 | 3 | 2 |

**उत्तर** (c) 1 2 3 4

## रिक्त स्थान भरें

**24.** हिटलर की विचारधारा का दूसरा पहलू ........... जीवन परिधि की राजनीतिक अवधारणा से संबंधित था।

**उत्तर** लेब्रेंस्राउम

**25.** वाइमर गणतंत्र का शासन ........... मंत्रिमंडल के हाथों में था।

**उत्तर** 20

**26.** वर्ष 1933 में राष्ट्रपति ........... ने हिटलर को चांसलर का पद सँभालने का प्रस्ताव दिया।

**उत्तर** हिंडनबर्ग

**27.** वर्ष 1940 में जर्मनी ने इटली और जापान के साथ एक ........... संधि पर हस्ताक्षर किया।

**उत्तर** त्रिपक्षीय

**28.** जर्मनी में हुए भीषण रक्तपात को इतिहास में ........... के नाम से जाना जाता है।

**उत्तर** महाध्वंस

## सही और पुन: लिखें

**29.** हिटलर ने अर्थव्यवस्था को सुधारने के क्लीमेशू को जिम्मेदारी सौंपी तथा सरकारी पैसे से सौ फीसदी रोजगार उपलब्ध कराने का लक्ष्य निर्धारित किया।

**उत्तर** हिटलर ने अर्थव्यवस्था को सुधारने के लिए अर्थशास्त्री ह्यालमार शाख्त को जिम्मेदारी सौंपी। शाख्त ने सरकारी पैसे से सौ फीसदी रोजगार उपलब्ध कराने का लक्ष्य निर्धारित किया।

**30.** जर्मनी में नात्सियों द्वारा प्रत्येक बच्चे को यह शिक्षा दी जाती थी कि महिलाएँ पुरुषों का पूरक होती थीं।

**उत्तर** जर्मनी में नात्सियों द्वारा प्रत्येक बच्चों में यह शिक्षा दी जाती थी कि महिलाएँ, पुरुषों से भिन्न होती हैं।

## कथन/कारण

**31.** **कथन** (A) हिटलर की नस्लवादी विचारधारा के पीछे का आधार था।

**कारण** (R) अतिजीविता के सिद्धांत के अनुसार जो सबसे योग्य है वही जिंदा रहेगा।

**कूट**

(a) A और R दोनों सही हैं तथा R, A की सही व्याख्या करता है

(b) A और R दोनों सही हैं, परंतु R, A की सही व्याख्या नहीं करता है

(c) A सही है, किंतु R गलत है

(d) A गलत है, किंतु R सही है

**उत्तर** (b) A और R दोनों सही हैं, परंतु R, A की सही व्याख्या नहीं करता है।

**32.** **कथन** (A) हिटलर का जन्म 1889 ई. में ऑस्ट्रिया में हुआ था।

**कारण** (R) वर्ष 1919 में वह जर्मन कारागार दल में शामिल हो गया।

**कूट**

(a) A और R दोनों सही हैं तथा R, A की सही व्याख्या करता है

(b) A और R दोनों सही हैं, परंतु R, A की सही व्याख्या नहीं करता है

(c) A सही है, किंतु R गलत है

(d) A गलत है, किंतु R सही है

**उत्तर** (b) A और R दोनों सही हैं, परंतु R, A की सही व्याख्या नहीं करता है

## C अतिलघु उत्तरीय प्रश्न

**1.** रेडिकल से क्या अभिप्राय है?

**उत्तर** रेडिकल यूरोप में रह रहे उन लोगों का समूह था, जो यूरोप में बहुमत से बनी सरकार का समर्थन करते थे।

**2.** डॉव्स योजना किससे संबंधित है?

**उत्तर** प्रथम विश्वयुद्ध के बाद आर्थिक महामंदी से गुजर रहे जर्मनी को इससे निकालने के लिए अमेरिका ने 'डॉव्स योजना' बनाई थी।

**3.** हिटलर द्वारा पोलैंड पर आक्रमण कब किया गया?

**उत्तर** हिटलर ने पोलैंड पर वर्ष 1939 में आक्रमण किया।

**4.** नात्सी यूथ लीग का गठन किस वर्ष हुआ था?

**उत्तर** नात्सी यूथ लीग का गठन वर्ष 1922 में हुआ था।

**5.** युंगफ़ोक से क्या अभिप्राय था?

**उत्तर** यह 14 वर्ष से कम आयु के बच्चों का नात्सी युवा संगठन था। इसमें 10 वर्ष की आयु से बच्चों का प्रवेश करा दिया जाता था।

**6.** 'नवंबर के अपराधी' शब्द सामान्यत: किसके लिए उपयोग किया जाता था?

**उत्तर** ये शब्द सामान्यत: 'वाइमर गणराज्य' के लिए प्रयोग किया जाता था।

**7.** जर्मनी में संगठित स्पॉर्टकिस्ट लीग किसकी तर्ज पर स्थापित की गई?

**उत्तर** बोल्शेविक क्रांति की तर्ज पर जर्मनी में स्पार्टकिस्ट लीग की स्थापना हुई।

**8.** घेटो बस्तियों से क्या अभिप्राय था?

**उत्तर** जर्मनी में यहूदियों के रहने की जगह, जो आम बस्तियों से अलग-थलग थी, घेटो (दड़बा) कहलाती थी।

**9.** नार्डिक जर्मन आर्य से क्या अभिप्राय है?

**उत्तर** यह आर्यों की एक शाखा थी। ये मुख्यत: उत्तरी यूरोप में रहते थे। ये जर्मन या उससे मिलते-जुलते मूल के लोग थे।

**10.** द एटर्नल ज्यू से क्या अभिप्राय था?

**उत्तर** 'द एटर्नल ज्यू' यहूदियों के लिए नफरत फैलाने वाली कुख्यात फिल्म थी।

**11.** वर्ष 1923 में हिटलर ने बर्लिन के पश्चात् किस पर आक्रमण किया?

**उत्तर** वर्ष 1923 में हिटलर ने बर्लिन के पश्चात् बवेरिया पर आक्रमण किया।

**12.** त्रिपक्षीय संधि पर कब हस्ताक्षर किए गए? इसका क्या महत्त्व था?

**उत्तर** त्रिपक्षीय संधि पर 1940 में जर्मनी, इटली और जापान के बीच हस्ताक्षर हुए। इसने हिटलर के अंतर्राष्ट्रीय सत्ता के दावे को मजबूती प्रदान की।

**13.** "प्रथम विश्वयुद्ध के बाद जर्मनी द्वारा स्थापित नए गणतंत्र का इसके अपने लोगों ने भी स्वागत नहीं किया।" कारण बताइए।

**उत्तर** इसका कारण यह था कि वर्साय की संधि पर हस्ताक्षर करने के बाद नए गणतंत्र में सभी मित्र राष्ट्रों की माँगें मान ली गई थीं।

**14.** प्रथम विश्वयुद्ध में जर्मनी ने किसके विरुद्ध लड़ा था? इस युद्ध के सबसे महत्त्वपूर्ण परिणाम क्या निकले?

**उत्तर** जर्मनी ने ऑस्ट्रियाई साम्राज्य के साथ मिलकर मित्र राष्ट्रों (इंग्लैंड, फ्रांस और रूस) के खिलाफ पहला विश्वयुद्ध लड़ा था। इस युद्ध में जर्मनी की हार हुई थी।

**15.** वर्ष 1923 में जर्मनी ने मित्र राष्ट्रों को कर्ज और हर्जाना चुकाने से क्यों इनकार कर दिया?

**उत्तर** जर्मनी ने पहला विश्वयुद्ध कर्ज लेकर लड़ा था और युद्ध के बाद तो उसे स्वर्ण मुद्रा में हर्जाने के रूप में भरना पड़ा। इस दोहरे बोझ से जर्मनी के स्वर्ण भंडार लगभग समाप्त होने की स्थिति में पहुँच गए थे।

## लघु उत्तरीय प्रश्न

**1.** वाइमर गणराज्य के उदय पर संक्षिप्त टिप्पणी लिखिए।

**उत्तर** 20वीं शताब्दी के आरंभिक वर्षों में जर्मनी एक ताकतवर साम्राज्य था। जर्मनी ने ऑस्ट्रियाई साम्राज्य के साथ मिलकर मित्र राष्ट्रों (इंग्लैंड, फ्रांस और रूस) के विरुद्ध प्रथम विश्वयुद्ध लड़ा था। इस युद्ध में जर्मनी आरंभ में विजयी हुआ, जिसके अंतर्गत उसे फ्रांस और बेल्जियम पर अपना प्रभुत्व स्थापित करने में सफलता प्राप्त हुई। अमेरिका वर्ष 1917 में मित्र राष्ट्रों के साथ शामिल हो गया, जिसके परिणामस्वरूप मित्र राष्ट्रों की शक्ति तीव्र हो गई और अंततः इन्होंने वर्ष 1918 में केंद्रीय शक्तियों और जर्मनी को पराजित कर दिया। साम्राज्यवादी जर्मनी की हार तथा सम्राट के पदत्याग ने वहाँ की राजनीतिक पार्टियों को जर्मनी में एक उचित राजनीतिक व्यवस्था तैयार करने का अवसर दिया। इस संबंध में वाइमर में राष्ट्रीय सभा की बैठक बुलाई गई तथा संघीय आधार पर एक लोकतांत्रिक संविधान पारित किया गया।

**2.** वर्साय की शांति संधि पर हस्ताक्षर करके जर्मनी ने क्या खोया? इसके कोई तीन महत्त्वपूर्ण बिंदु बताइए।

**उत्तर** मित्र-राष्ट्रों के साथ वर्साय में हुई शांति संधि जर्मनी के लोगों के लिए कठोर एवं अपमानजनक थी। वर्साय की शांति संधि पर हस्ताक्षर करके जर्मनी ने जो खोया, उसका विवरण निम्न है

(i) इस संधि के कारण जर्मनी को अपने सारे उपनिवेश, लगभग 10% आबादी, 13% भू-भाग खोना पड़ा।

(ii) 75% लौह भंडार और 26% कोयला भंडार को फ्रांस, पोलैंड, डेनमार्क और लिथुआनिया को सौंपना पड़ा।

(iii) अपराधबोध अनुच्छेद के कारण सभी क्षतिपूर्ति के लिए जर्मनी को दोषी माना गया। इसके बदले हर्जाने के रूप में जर्मनी पर छः अरब पौंड का जुर्माना आरोपित किया गया। खनिज संसाधन युक्त जर्मनी के राइनलैंड पर भी बीस के दशक में मित्र राष्ट्रों का आधिपत्य रहा।

(iv) जर्मनी की बची हुई शक्ति को समाप्त करने के लिए मित्र राष्ट्रों ने उसकी सेना को भंग कर दिया था। अधिकतर जर्मनों ने वर्साय में हुए अपमान तथा युद्ध में हुई हार के लिए वाइमर गणराज्य को दोषी ठहराया।

**3.** जर्मनी की मुद्रा मार्क का मूल्य तेजी से क्यों गिरने लगा?

**उत्तर** जर्मनी ने फ्रांस के विरुद्ध निष्क्रिय प्रतिरोध के रूप में बड़े पैमाने पर कागजी मुद्रा शुरू कर दिया। इसके परिणामस्वरूप जर्मनी की मुद्रा मार्क का मूल्य तेजी से गिरने लगा। अप्रैल में एक अमेरिकी डॉलर की कीमत 24000 मार्क के बराबर हो गई, इस तरह आगे चलकर एक डॉलर में खरबों मार्क मिलने लगे। जैसे-जैसे मार्क की कीमत गिरती गई, जरूरी चीजों की कीमतें आसमान छूने लगीं, इस संकट को जर्मनी में अति मुद्रास्फीति के नाम से जाना जाता है। अंततः जर्मनी को इस स्थिति से बाहर लाने के लिए अमेरिकी सरकार ने 'डॉव्स योजना' बनाई। इस योजना में जर्मनी को आर्थिक संकट से दूर करने के लिए हर्जाने की शर्तों को पुनः तय किया गया।

**4. विशेषाधिकार अधिनियम में क्या प्रावधान थे तथा इसे कब पारित किया गया?**

**उत्तर** 3 मार्च, 1933 को प्रसिद्ध विशेषाधिकार अधिनियम पारित किया गया। इस अधिनियम के मुख्य प्रावधान निम्नलिखित थे

- इस कानून ने हिटलर को, संसद को अलग कर केवल अध्यादेशों के माध्यम से निरंकुश शासन चलाने का अधिकार दिया।
- नात्सी पार्टी ने ट्रेड यूनियनों एवं सभी राजनीतिक पार्टियों पर प्रतिबंध लगा दिया। मीडिया, अर्थव्यवस्था, सेना एवं न्यायपालिका पर पूर्ण रूप से सरकार ने नियंत्रण स्थापित कर लिया था।
- नात्सियों के अनुसार, समाज को नियंत्रित करने के लिए विशेष निगरानी और सुरक्षा दस्तों का गठन किया गया। हरी वर्दीधारी पुलिस, जो पहले से थी और स्टॉर्म ट्रूपर्स के अतिरिक्त गेस्तापो (गुप्तचर राज्य पुलिस), अपराध नियंत्रण पुलिस और सुरक्षा सेवा का भी गठन किया गया।

**5. नस्लवादी विचार के पीछे हिटलर की अवधारणों को स्पष्ट कीजिए।**

**उत्तर** हिटलर की नस्लवादी विचारधारा चार्ल्स डार्विन और हर्बर्ट स्पेंसर के सिद्धांतों पर आधारित थी। डार्विन ने विकास और प्राकृतिक चयन की अवधारणा के द्वारा पौधों और पशुओं की उत्पत्ति की व्याख्या का प्रयास किया था। हर्बर्ट स्पेंसर ने, अतिजीविता का सिद्धांत/सरवाइवल ऑफ द फिटेस्ट अर्थात् 'जो सबसे उत्तम है, वही बचेगा' का सिद्धांत प्रतिपादित किया। इस विचारधारा के अनुसार, जो प्रजातियाँ बदलती हुई वातावरणीय परिस्थितियों के अनुसार स्वयं को ढाल सकती हैं, वही पृथ्वी पर जिंदा रह सकती हैं।

इन विचारों का प्रयोग नस्लवादी विचारकों और राजनेताओं द्वारा लोगों पर विजय प्राप्त करने के लिए किया जाता था। इनके तर्क सरल थे, जो नस्लीय आधार पर शक्तिशाली होगा वही जीवित रहेगा, जो नस्लीय आधार पर कमजोर होगा। वह समाप्त हो जाएगा। उनकी ऐसी मान्यता थी कि आर्य नस्ल सर्वश्रेष्ठ है। उसे अपनी शुद्धता, ताकत और दुनिया पर अपना वर्चस्व बनाए रखना है।

**6. अमेरिकी अर्थव्यवस्था पर महामंदी का क्या प्रभाव पड़ा?**

**उत्तर** जर्मन निवेश एवं औद्योगिक वसूली पूरी तरह अल्पावधि ऋण पर निर्भर थी, जो अधिकतर अमेरिका से लेता था, परंतु 1929 में अमेरिका के सबसे बड़े शेयर बाजार के अचानक गिरने के कारण स्थिति तनावपूर्ण हो गई।

महामंदी के अमेरिकी अर्थव्यवस्था पर निम्नलिखित प्रभाव पड़े

- महामंदी के कारण अमेरिका की ज्यादातर फैक्ट्रियाँ बंद हो गई थीं।
- महामंदी में किसानों के हालात खराब होते गए, क्योंकि कृषि उत्पादों की कीमतें घट गईं।
- महामंदी के कारण सट्टेबाज बाजार से पैसा निकालते जा रहे थे।
- अमेरिकी अर्थव्यवस्था में आई इस मंदी का असर दुनिया भर में महसूस किया गया।
- बेरोजगारी के कारण संगठित श्रमिकों की सौदेबाजी की शक्ति कमजोर हो गई।
- मध्यवर्ग मुख्यतः वेतनभोगी एवं पेंशनधारियों की बचत कम हो गई जिससे उनकी समस्याएँ भी बढ़ गईं।

**7. जर्मनी में राजनीतिक रैडिकलवादियों की भूमिका पर संक्षेप में चर्चा कीजिए।**

**उत्तर** जर्मनी में राजनीतिक रैडिकलवाद परिवर्तनवाद के प्रमुख समर्थक थे, इसके लिए इन्होंने रूस की क्रांति के आधार पर स्पार्टकिस्ट लीग की स्थापना की थी, जो जर्मनी में क्रांतिकारी विद्रोह की योजना को अंजाम देते थे, इन्होंने जर्मनी के शहरों में मजदूरों और नाविकों की सोवियतें बनाईं। इस प्रकार बर्लिन के राजनीतिक माहौल में सोवियत किस्म की शासन व्यवस्था के समर्थन में नारे गूँज रहे थे।

जर्मनी में भी सोवियत की तरह शासन व्यवस्था की माँग होने लगी। इसलिए डेमोक्रेटिक, समाजवादियों और कैथोलिक गुटों ने वाइमर में एकत्रित होकर लोकतांत्रिक गणराज्य की स्थापना का निर्णय लिया, परंतु वाइमर गणराज्य ने पुराने सैनिकों के फ्री कोर नामक संगठन की मदद से इस विद्रोह को खत्म कर दिया। इस घटना के बाद स्पार्टकिस्टो ने जर्मनी में कम्युनिस्ट पार्टी की नींव डाली। इसके पश्चात् समाजवादी और साम्यवादी ने एक-दूसरे के साथ कार्य नहीं किया, जिसके परिणामस्वरूप वे हिटलर के उदय को नियंत्रित नहीं कर सके।

**8. जर्मनी की अर्थव्यवस्था को पुनः सुचारु रूप से चलाने में अर्थशास्त्री ह्यालमार शाख़्त की क्या भूमिका रही?**

**उत्तर** जर्मनी की अर्थव्यवस्था को पुनः सुचारु रूप से चलाने में अर्थशास्त्री ह्यालमार शाख़्त ने महत्त्वपूर्ण भूमिका निभाई। हिटलर ने जर्मनी की अर्थव्यवस्था को सही दिशा देने की जिम्मेदारी अर्थशास्त्री ह्यालमार शाख्त को सौंपी। शाख्त द्वारा सबसे पहले सरकारी पैसे से चलाए जाने वाले रोजगार संवर्द्धन कार्यक्रम के जरिए सौ फीसदी उत्पादन और सौ फीसदी रोजगार उपलब्ध करने का लक्ष्य तय किया गया। इसके परिणामस्वरूप जर्मनी का मशहूर सुपर हाइवे और फॉक्सवैगन कार का निर्माण हुआ। शाख्त ने हिटलर को सलाह दी कि सेना और हथियार पर ज्यादा पैसा न खर्च करें, क्योंकि सरकारी बजट अभी घाटे में चल रहा है, लेकिन हिटलर ने शाख्त को उसके पद से हटा दिया। हिटलर ने आर्थिक संकट से निकलने के लिए युद्ध का विकल्प चुना। वह राष्ट्रीय सीमाओं का विस्तार करते हुए ज्यादा से ज्यादा संसाधन इकट्ठा करना चाहता था।

**9. लोकतांत्रिक संविधान के निर्माण के लिए जर्मनी द्वारा किए गए प्रयासों की चर्चा कीजिए।**

**उत्तर** लोकतांत्रिक संविधान के निर्माण के लिए जर्मनी ने निम्नलिखित प्रयास किए

(i) साम्राज्यवादी जर्मनी की हार तथा सम्राट के पदत्याग ने वहाँ की राजनीतिक पार्टियों को जर्मनी में एक बेहतर राजनीतिक व्यवस्था तैयार करने का मौका दिया। इस संबंध में वाइमर में राष्ट्रीय सभा की बैठक बुलाई गई तथा संघीय आधार पर एक लोकतांत्रिक संविधान पारित किया गया।

(ii) जर्मन संसद अर्थात् राइखस्टाग के लिए इस नई प्रणाली के तहत जनप्रतिनिधियों का चुनाव किया जाने लगा।

(iii) सार्वभौमिक वयस्क मताधिकार के तहत महिलाओं एवं सभी वयस्क नागरिक प्रतिनिधियों को निर्वाचन का अधिकार दिया गया।

## दीर्घ उत्तरीय प्रश्न

**1. हिटलर के उदय होने के प्रमुख कारणों की व्याख्या कीजिए।**

उत्तर हिटलर के उदय होने के प्रमुख कारण निम्नलिखित हैं

- हिटलर के उदय के कारणों में वहाँ की सामाजिक, आर्थिक एवं राजनीतिक त्रासदी ने महत्त्वपूर्ण भूमिका निभाई।
- वर्साय संधि के पश्चात् हिटलर वर्ष 1919 में जर्मन कामगार दल में शामिल हो गया, जिसे बाद में राष्ट्रवादी समाजवादी जर्मन कार्यकर्ता पार्टी के रूप में जाना गया। कुछ समय पश्चात् यही पार्टी नात्सी पार्टी के रूप में प्रचलित हुआ।
- वर्ष 1923 में, हिटलर ने बर्लिन की ओर कूच करने, बवेरिया पर कब्जा करने तथा सत्ता पर नियंत्रण स्थापित करने की योजना बनाई, जिसके परिणामस्वरूप हिटलर को गिरफ्तार करके उस पर देशद्रोह का मुकदमा चला, परंतु जल्दी ही उसे रिहा कर दिया गया।
- वर्ष 1929 के बाद आर्थिक मंदी के कारण बैंक दिवालिया हो गए। सभी व्यवसाय बंद होने के साथ-साथ मजदूर बेरोजगार होने लगे। इस समय नात्सीवाद एक जन-आंदोलन के रूप में उभरकर सामने आया।
- नात्सी 'प्रोपेगैंडा' में लोगों को एक बेहतर भविष्य की झलक दिखाई देती थी। वर्ष 1929 में नात्सी पार्टी को जर्मन संसद राइखस्टाग के लिए चुनावों में केवल 2.6% वोट मिले थे, परंतु वर्ष 1932 तक आते-आते यह सबसे बड़ी पार्टी बनकर उभरी, जिसे आगामी चुनाव में 37% वोट मिले।

**2. जर्मनी में आर्थिक संकट एवं जर्मनी महामंदी पर टिप्पणी लिखिए।**

उत्तर **जर्मनी में आर्थिक संकट** वर्ष 1923 के आर्थिक संकट से राजनीतिक रैडिकलवादी विचारों को बल मिला। जर्मनी ने प्रथम विश्वयुद्ध कर्ज लेकर लड़ा था। इस ऋण की क्षतिपूर्ति जर्मनी को स्वर्ण मुद्रा देकर करनी पड़ी।

इन सबके परिणामस्वरूप जर्मनी के स्वर्ण भंडार समाप्त होने की स्थिति में पहुँच गए। जब वर्ष 1923 में जर्मनी ने कर्ज और हर्जाना देने से इनकार कर दिया, फ्रांसीसियों ने जर्मनी के सबसे बड़े औद्योगिक क्षेत्र रूर पर कब्जा कर लिया।

यह जर्मनी के विशाल कोयला भंडारों वाला इलाका था। जर्मनी ने फ्रांस के विरुद्ध निष्क्रिय प्रतिरोध के अंतर्गत बड़े पैमाने पर कागजी मुद्रा को छापना शुरू किया।

**जर्मनी में महामंदी** कागजी मुद्रा के अत्यधिक मात्रा में छपने के परिणामस्वरूप जर्मनी की मुद्रा मार्क का मूल्य तेजी से गिरने लगा। जैसे-जैसे मार्क की कीमतें गिरती गईं जरूरी चीजों की कीमतें आसमान छूने लगीं, जर्मन नागरिकों को पावरोटी खरीदने के लिए बैलगाड़ियों में पैसा ले जाना पड़ता था। इस प्रकार जर्मनी में महामंदी का दौर शुरू हुआ। इस संकट को जर्मनी में अति मुद्रास्फीति के नाम से जाना गया है।

अंततः जर्मनी को इस स्थिति से बाहर लाने के लिए अमेरिकी सरकार ने डॉव्स योजना बनाई। इस योजना में जर्मनी को आर्थिक संकट से दूर करने के लिए हर्जाने की शर्तों को पुनः निर्धारित किया गया।

**3. नात्सी जर्मनी में बच्चों की स्थिति कैसी थी? विस्तार से बताइए।**

उत्तर जर्मनी में नात्सीवाद के दौरान हिटलर ने बच्चों को नात्सी विचारधारा समझना जरूरी समझ, इसके लिए स्कूल के अंदर और बाहर दोनों जगह बच्चों पर पूरा नियंत्रित स्थापित किया गया। नात्सीवाद के दौरान स्कूलों में सफाए और शुद्धिकरण की मुहिम चलाई गई, स्कूलों में राजनीतिक रूप से अविश्वसनीय दिखने वाले शिक्षकों को पहले नौकरी से हटाया गया। स्कूली पाठ्यक्रम को पुनः लिखा गया था। जर्मन और यहूदी बच्चे न तो एक साथ बैठ सकते थे और न ही एक साथ खेल सकते थे।

नात्सी विचारों को सही ठहराने के लिए नस्ल विज्ञान के नाम से एक नया विषय पाठ्यक्रम में सम्मिलित किया गया तथा गणित की कक्षाओं में भी यहूदियों की एक विशेष छवि बनाने की कोशिश की जाती थी।

बच्चों को सिखाया गया कि वे वफादार व आज्ञाकारी बनें और यहूदियों से नफरत व हिटलर की पूजा करें। बच्चों को दिए जाने वाले खेलकूद प्रशिक्षण में हिंसा एवं आक्रामकता की भावना पर बल दिया जाने लगा। हिटलर का विचार था कि बच्चों को विशेषतः मुक्केबाजी का प्रशिक्षण दिया जाना चाहिए, जिससे बच्चे ताकतवर बन सकें। युवा संगठनों को जर्मन बच्चों एवं युवाओं में 'राष्ट्रीय समाजवाद की भावना' उत्पन्न करने की जिम्मेदारी सौंपी गई।

10 वर्ष के बच्चों को युंगफोक में दाखिला एवं 14 वर्ष के लड़कों को नात्सियों के युवा संगठन 'हिटलर यूथ' की सदस्या लेनी पड़ती थी। इस संगठन में वे युद्ध की उपासना, आक्रामकता, हिंसा, लोकतंत्र की निंदा और यहूदियों, कम्युनिस्टों, जिप्सियों व अन्य अवांछित से घृणा का सबक सीखना होता था।

**4. जर्मनी में नात्सियों ने यहूदियों के विरुद्ध अपने विचारों के प्रचार के लिए मीडिया का किस प्रकार प्रयोग किया?**

उत्तर नात्सियों ने शासन के लिए, समर्थन प्राप्त करने के लिए तथा नात्सी विश्व दृष्टिकोण को फैलाने के लिए मीडिया का बहुत ही सोचकर प्रयोग किया। अपने विचारों को फैलाने के लिए इन्होंने रेडियो, पोस्टरों, फिल्मों, तस्वीरों, नारों एवं इश्तहारों को माध्यम बनाया। पोस्टरों में इनके दुश्मनों को उपहास के पात्र के रूप में दिखाया जाता था।

समाजवादियों और उदारवादियों को कमजोर और पथभ्रष्ट तत्त्वों के रूप में प्रस्तुत किया गया। समाजवादियों को विदेशी एजेंट कहकर बदनाम किया जाता था।

यह प्रचार फिल्मों के माध्यम से यहूदियों के प्रति घृणा को दिखाता था। 'द एटर्नल ज्यू' (अक्षय यहूदी) इससे संबंधित सर्वाधिक कुख्यात फिल्म थी। यहूदियों एवं जर्मनों के बीच कोई विशेष अंतर नहीं था। लगभग दोनों एक जैसे ही दिखते थे, परंतु परंपरा प्रिय यहूदियों को लंबी दाढ़ी एवं काफ्तान (चोगा) पहने दिखाया जाता था। यहूदियों को केंचुआ, चूहा और कीड़ा जैसे शब्दों से संबोधित किया जाता था।

नात्सीवाद ने लोगों के दिलोदिमाग पर गहरा असर डाला, उनकी भावनाओं को भड़का कर उनके गुस्से और नफरत को अवांछितों पर केंद्रित कर दिया। नात्सियों ने आबादी के प्रत्येक हिस्से को अपनी तरफ आकर्षित करने के लिए विभिन्न प्रयास किए। समाज को अपनी तरफ आकर्षित करने के लिए उन्होंने लोगों को यह अहसास कराया कि उनकी सभी समस्याओं का हल केवल नात्सी ही हल करते हैं।

**5.** **हिटलर की महिलाओं के प्रति नीति की व्याख्या कीजिए।**

**उत्तर** हिटलर के अनुसार महिलाएँ बुनियादी तौर पर पुरुषों से भिन्न होती हैं तथा पुरुष-महिला के लिए समान अधिकार का संघर्ष गलत है। यह समाज को नष्ट कर देगा। नात्सीवाद के अंतर्गत महिलाओं को यह समझाया जाता था कि उनका फर्ज एक अच्छी माँ तथा शुद्ध आर्य रक्त वाले बच्चे को जन्म देना है। लड़कियों को प्रायः शिक्षा दी जाती थी कि वे अपनी संतानों को अच्छी शिक्षा दें और उनका पालन-पोषण करें। महिलाओं का कार्य नस्ल की पवित्रता बनाए रखना, यहूदियों से दूर रहना, घर सँभालना तथा बच्चों को नाजी विचारधारा सिखाना था। वर्ष 1933 में हिटलर ने घोषणा की कि माँ सबसे महत्त्वपूर्ण नागरिक है, लेकिन सभी माताओं के साथ समान व्यवहार नहीं किया गया।

जो महिलाएँ नस्ली रूप से अवांछित बच्चे पैदा करती थीं, उन्हें दंडित किया जाता था और जो नस्ली रूप से वांछित बच्चे पैदा करती थीं, उन्हें पुरस्कृत किया जाता था। उनका अस्पतालों में उत्तम ढंग से इलाज किया जाता था और उन्हें दुकानें, थियेटर की टिकटों तथा रेल किराए में रियायतें दी जाती थीं। यहाँ ऐसी महिलाओं को सम्मान व मेडल देने की व्यवस्था की गई थी, जो अधिक-से-अधिक बच्चों को जन्म देती थीं। इनमें से आठ बच्चों को जन्म देने वाली माताओं को सोने का, छः बच्चों पर चाँदी का तथा चार बच्चों पर काँसे का मेडल देने की व्यवस्था की गई थी।

सभी आर्य महिलाओं के लिए एक आचार संहिता थी, जो आर्य महिलाएँ निर्दिष्ट आचार संहिता से भटकती थीं उन्हें कठोर दंड दिया जाता था। जो महिलाएँ यहूदियों, रूस तथा पोलैंड के निवासियों से संबंध बनाती थीं, उनका सर मुंडवा दिया जाता था तथा इनके गले में तख्ती लटका दी जाती जिस पर लिखा होता था– ''मैंने राष्ट्र के सम्मान को मलिन किया है।''

**6.** **वर्साय की संधि की मुख्य धाराएँ क्या थीं?**

**उत्तर** वर्साय की संधि की मुख्य धाराएँ निम्नलिखित हैं

(i) **युद्ध के आरोप** प्रथम विश्वयुद्ध का दोषी पाए जाने के कारण जर्मनी और उसके मित्र देशों पर युद्ध का आरोप और उसका जिम्मेदार ठहराया गया।

(ii) **फ्रांस के प्रांत वापिस** 1870 ई. में जर्मनी ने फ्रांस के अल्सेस और लॉरेंस नामक प्रांत छीन लिए गए थे। इस संधि के बाद फ्रांस के प्रांत उसे पुनः वापस मिल गए थे।

(iii) **सार की कोयला-खाने** जर्मनी स्थित 'सार' नामक कोयला खाने 15 वर्षों के लिए फ्रांस को दे दी गईं। इसके कारण जर्मनी के उद्योगों को भारी क्षति हुई।

(iv) **जर्मनी पर सैनिक अंकुश** जर्मनी को मात्र एक लाख सैनिक रखने की छूट दी गई।

(v) **जर्मनी के उपनिवेशों का बँटवारा** जर्मनी द्वारा स्थापित सभी उपनिवेशों को छीन लिया गया एवं जीते हुए देशों में उन्हें आपस में बाँट दिया गया।

**7.** **नात्सियों का नस्ली कल्पना लोक क्या था? सविस्तार वर्णन करें।**

**उत्तर** नात्सी नस्ली कल्पना लोक के अंतर्गत आदर्श विश्व के निर्माण में लग गए। इसके अंतर्गत जनसंहार और युद्ध, एक ही सिक्के के दो पहलू बन गए। नात्सियों के द्वारा पौलेंड को पूरी तरह तहस-नहस कर दिया गया, पोलैंड का उत्तर-पश्चिमी वाला हिस्सा जर्मनी में मिल गया था। नात्सियों द्वारा पौलेंड के लोगों को घर से भागने के लिए मजबूर किया गया ताकि जर्मन के कब्जे वाले स्थान पर केवल जर्मनी ही रह सकें। पोलैंड के व्यक्तियों को जनरल गवर्नमेंट नामक दूसरे हिस्से में पहुँचा दिया गया। नात्सी जर्मनी में मौजूद अवांछित तत्त्वों को यहीं लाकर रखते थे। पोलैंड के बुद्धिजीवियों को मरवाया गया ताकि पोलैंड के समाज को बौद्धिक और आध्यात्मिक स्तर पर गुलाम बनाया जा सके। नस्ली आधार पर आर्य जैसे लगने वाले पोलैंड के बच्चों को उनके माता-पिता से छीन लिया जाता था उसके बाद उन बच्चों को नस्ल विशेषज्ञों के पास पहुँचा दिया जाता था। यदि वे नस्ली जाँच में सफल हो जाते तो उन्हें जर्मन परिवारों में पाला जाता था और यदि वे नस्ली जाँच में सफल नहीं हो पाते थे, तो उन्हें अनाथ आश्रमों में डाल दिया जाता था, जहाँ अधिकतर बच्चों की मृत्यु हो जाती थी, जनरल गवर्नमेंट में कुछ विशालतम घेटो और गैस चैंबर भी थे, इसलिए यहाँ यहूदियों को बड़े पैमाने में मारा जाता था।

## C स्रोत आधारित प्रश्न

निम्नलिखित स्रोतों को ध्यानपूर्वक पढ़कर उन पर आधारित प्रश्नों के उत्तर दीजिए

**1.** दूसरे विश्वयुद्ध के साए में जर्मनी ने जनसंहार शुरू कर दिया, जिसके तहत यूरोप में रहने वाले कुछ खास नस्ल के लोगों को सामूहिक रूप से मारा जाने लगा। इस युद्ध में मारे गए लोगों में 60 लाख यहूदी, 2 लाख जिप्सी और 10 लाख पोलैंड के नागरिक थे। साथ ही मानसिक व शारीरिक रूप से अपंग घोषित किए गए 70,000 जर्मन नागरिक भी मार डाले गए। इनके अलावा न जाने कितने ही राजनीतिक विरोधियों को भी मौत की नींद सुला दिया गया।

इतनी बड़ी तादाद में लोगों को मारने के लिए औषवित्स जैसे कत्लखाने बनाए गए, जहाँ जहरीली गैस से हजारों लोगों को

एक साथ मौत के घाट उतार दिया जाता था। न्यूरेम्बर्ग अदालत ने केवल 11 मुख्य नात्सियों को ही मौत की सजा दी। बाकी आरोपियों में से बहुतों को उम्रकैद की सजा सुनाई गई। सजा तो मिली लेकिन नात्सियों को जो सजा दी गई वह उनकी बर्बरता और उनके जुल्मों के मुकाबले बहुत छोटी थी।

असल में, मित्र राष्ट्र पराजित जर्मनी पर इस बार वैसा कठोर दंड नहीं थोपना चाहते थे, जिस तरह का दंड पहले विश्वयुद्ध के बाद जर्मनी पर थोपा गया था। बहुत सारे लोगों का मानना था कि पहले विश्वयुद्ध के आखिर में जर्मनी के लोग जिस तरह के अनुभव से गुजरे उसने भी नात्सी जर्मनी के उदय में योगदान दिया था।

(i) दूसरे विश्वयुद्ध के बाद जर्मनी में जो जनसंहार शुरू हुआ था, उसमें निम्नलिखित में से किस समूह को मारा गया था?
(a) यहूदी, रेड इंडियन, जिम्मी
(b) यहूदी, जिप्सी, पौलेंड के नागरिक
(c) बद्दु, यहूदी, जिप्सी
(d) जिम्मी, जिप्सी, रेड इंडियन

उत्तर (b) यहूदी, जिप्सी, पौलेंड के नागरिक

(ii) जर्मनी में द्वितीय विश्वयुद्ध के पश्चात् लोगों के संहार के लिए नाजी सरकार द्वारा कौन-सी तकनीक प्रयोग में लाई गई थी?
(a) जहरीली गैस चैंबर तथा औषवित्स
(b) सामूहिक रूप से गोली से उड़ाना
(c) दावानल के द्वारा लोगों को जलाना
(d) फाँसी एवं जहरीले इंजेक्शन का प्रयोग

उत्तर (a) जहरीली गैस चैंबर तथा औषवित्स

(iii) अत्यधिक लोगों का मानना था कि ········ जर्मनी के लोग जिस तरह के अनुभव से गुजरे, उसने भी नात्सी जर्मनी के उदय में योगदान दिया था।
(a) प्रथम विश्वयुद्ध के अंत में
(b) द्वितीय विश्वयुद्ध के अंत में
(c) शीतयुद्ध की शुरुआत में
(d) संयुक्त राष्ट्र संघ की स्थापना के बाद

उत्तर (a) प्रथम विश्वयुद्ध के अंत में

(iv) द्वितीय विश्वयुद्ध समाप्त होने पश्चात् ············ में एक अंतर्राष्ट्रीय सैनिक अदालत स्थापित की गई।
(a) बर्लिन (b) न्यूरेंबर्ग
(c) हेलिंस्की (d) गुटेनबर्ग

उत्तर (b) न्यूरेंबर्ग

(v) किस वर्ष सोवियत संघ और अमेरिका मित्र राष्ट्रों के संगठन में शामिल हुए हैं?
(a) वर्ष 1940 में (b) वर्ष 1941 में
(c) वर्ष 1942 में (d) वर्ष 1943 में

उत्तर (b) वर्ष 1941 में

(vi) **कथन** (A) हिटलर ने वर्ष 1939 में पोलैंड पर हमला किया था।
**कारण** (R) हिटलर युद्ध के द्वारा आर्थिक संकट को समाप्त करना चाहता था।

**कूट**
(a) A और R दोनों सही हैं तथा R, A की सही व्याख्या करता है
(b) A और R दोनों सही हैं, परंतु R, A की सही व्याख्या नहीं करता है
(c) A सही है, किंतु R गलत है
(d) A गलत है, किंतु R सही है

उत्तर (b) A और R दोनों सही हैं, परंतु R, A की सही व्याख्या नहीं करता है

**2.** वर्ष 1923 में ही हिटलर ने बवेरिया पर कब्जा करने, बर्लिन पर चढ़ाई करने और सत्ता पर कब्जा करने की योजना बना ली थी। इन दुस्साहसिक योजनाओं में वह असफल रहा। उसे गिरफ्तार कर लिया गया। उस पर देशद्रोह का मुकदमा भी चला, लेकिन कुछ समय बाद उसे रिहा कर दिया गया। नात्सी राजनीतिक खेमा 1930 के दशक के शुरुआती सालों तक जनता को बड़े पैमाने पर अपनी तरफ आकर्षित नहीं कर पाया। लेकिन महामंदी के दौरान नात्सीवाद ने एक जनआंदोलन का रूप ग्रहण कर लिया। जैसा कि हम पहले देख चुके हैं। वर्ष 1929 के बाद बैंक दिवालिया हो चुके थे, काम-धंधे बंद होते जा रहे थे, मजदूर बेरोजगार हो रहे थे और मध्यमवर्ग को लाचारी और भुखमरी का डर सता रहा था। नात्सी प्रोपेगैंडा में लोगों को एक बेहतर भविष्य की उम्मीद दिखाई देती थी।

वर्ष 1929 में नात्सी पार्टी को जर्मन संसद राइखस्टाग में हुए चुनावों में महज 2.6 फीसदी वोट मिले थे। वर्ष 1932 तक आते-आते इस देश की सबसे बड़ी पार्टी बन चुकी थी और उसे 37 फीसदी वोट मिले।

(i) जर्मनी के तानाशाह हिटलर ने प्रथम विश्वयुद्ध की समाप्ति के पश्चात् वर्ष 1923 में कौन-सी योजना बना ली थी?
(a) बवेरिया पर कब्जा करने की
(b) बर्लिन पर चढ़ाई करने की
(c) बर्लिन की सत्ता पर कब्जा करने की
(d) उपरोक्त सभी

उत्तर (d) उपरोक्त सभी

(ii) नात्सी राजनीतिक खेमा 1930 के दशक में शुरुआती सालों तक जनता को बड़े पैमाने पर अपनी तरफ आकर्षित नहीं कर पाया, लेकिन ········ यह जनआंदोलन बन गया।
(a) वर्साय की संधि के पश्चात्
(b) ऑस्ट्रिया में सत्ता के परिवर्तन के पश्चात्
(c) वर्ष 1929 की विश्व महामंदी के दौरान
(d) हिटलर के जेल जाने के बाद

उत्तर (c) वर्ष 1929 की विश्व महामंदी के दौरान

(iii) वर्ष 1929 में नात्सी पार्टी को कहाँ पर हुए चुनावों में महज 2.6 फीसदी वोट हासिल हुए थे?
(a) जर्मन संसद-राइखस्टाग में
(b) ऑस्ट्रियाई संसद-कांग्रेस में
(c) पोलैंड की संसद में
(d) फ्रांस की संसद में

उत्तर (a) जर्मन संसद-राइखस्टाग में

(iv) निम्नलिखित कथनों का अध्ययन कर सही कथन की पहचान कीजिए

1. हिटलर जबरदस्त वक्ता था। उसका जोश और उसके शब्द लोगों को प्रभावित करते थे।
2. हिटलर जर्मनी को विदेशी प्रभाव से मुक्त करना चाहता था।
3. हिटलर की जनसभाओं में स्वास्तिक छपे लाल झंडे का उपयोग होता था।

कूट

(a) 1 और 2 (b) 1 और 3
(c) 2 और 3 (d) ये सभी

उत्तर (d) ये सभी

(v) किस वर्ष हिटलर ने जर्मन वर्कर्स पार्टी नामक समूह की सदस्यता ली थी?

(a) वर्ष 1916 में (b) वर्ष 1917 में
(c) वर्ष 1919 में (d) वर्ष 1921 में

उत्तर (c) वर्ष 1919 में

(vi) निम्नलिखित में से कौन-सा कथन गलत है?

(a) महामंदी ने लोगों को नात्सी पार्टी में जुड़ने के लिए प्रेरित किया था
(b) 1932 में नात्सी पार्टी को 37% वोट मिले थे
(c) हिटलर ने जनमत को प्रभावित करने के लिए प्रोपेगैंडा के अंतर्गत अपनी पार्टी का प्रचार किया
(d) हिटलर प्रथम विश्वयुद्ध में अपनी जर्मन सेना को सर्वशक्तिमान बनाना चाहता था

उत्तर (d) हिटलर प्रथम विश्वयुद्ध में अपनी जर्मन सेना को सर्वशक्तिमान बनाना चाहता था

**3. स्रोत 'अ' प्रथम विश्वयुद्ध की शुरुआत**

बीसवीं शताब्दी के शुरुआती सालों में जर्मनी एक ताकतवर साम्राज्य था। उसने ऑस्ट्रियाई साम्राज्य के साथ मिलकर मित्र राष्ट्रों (इंग्लैंड, फ्रांस और रूस) के खिलाफ पहला विश्वयुद्ध (1914-1918) लड़ा था। दुनिया की सभी बड़ी शक्तियाँ यह सोच कर इस युद्ध में कूद पड़ी थीं कि उन्हें जल्दी ही विजय मिल जाएगी। सभी को किसी-न-किसी फायदे की उम्मीद थी। उन्हें अंदाजा नहीं था कि यह युद्ध इतना लंबा खिंच जाएगा और पूरे यूरोप को आर्थिक दृष्टि से निचोड़ कर रख देगा।

**स्रोत 'ब' प्रथम विश्वयुद्ध के बाद जर्मनी की स्थिति**

साम्राज्यवादी जर्मनी की पराजय और सम्राट के पदत्याग ने वहाँ की संसदीय पार्टियों को जर्मन राजनीतिक व्यवस्था को एक नए साँचे में ढालने का अच्छा अवसर उपलब्ध कराया। इसी सिलसिले में वाइमर में एक राष्ट्रीय सभा की बैठक बुलाई गई और संघीय आधार पर एक लोकतांत्रिक संविधान पारित किया गया।

**स्रोत 'स' प्रथम विश्वयुद्ध के पश्चात् वर्साय की संधि**

मित्र राष्ट्रों के साथ वर्साय में हुई शांति संधि जर्मनी की जनता के लिए बहुत कठोर और अपमानजनक थी। इस संधि की वजह से जर्मनी को अपने सारे उपनिवेश, तकरीबन 10% आबादी, 13% भूभाग, 75% लौह भंडार और 26% कोयला भंडार फ्रांस, पोलैंड, डेनमार्क और लिथुआनिया के हवाले करने पड़े। जर्मनी की रही-सही ताकत खत्म करने के लिए मित्र राष्ट्रों ने उसकी सेना भी भंग कर दी।

**स्रोत 'अ' प्रथम विश्वयुद्ध की शुरुआत**

(i) प्रथम विश्वयुद्ध में जर्मनी को किन कारणों से पराजय झेलनी पड़ी थी?

उत्तर प्रथम विश्वयुद्ध में जब वर्ष 1917 में अमेरिका मित्र राष्ट्रों में शामिल हो गया, तो मित्र राष्ट्रों की शक्ति में वृद्धि हुई, जिसके बाद मित्र राष्ट्रों ने नवंबर, 1918 में केंद्रीय शक्तियों को हराने के बाद जर्मनी को भी घुटने टेकने पर मजबूर कर दिया।

**स्रोत 'ब' प्रथम विश्वयुद्ध के बाद जर्मनी की स्थिति**

(ii) प्रथम विश्वयुद्ध के पश्चात् जर्मनी राजनीतिक पद्धति में किस प्रकार का परिवर्तन देखा गया?

उत्तर प्रथम विश्वयुद्ध में जर्मनी की हार के पश्चात् वाइमर में एक राष्ट्रीय सभा की बैठक बुलाई गई और संघीय आधार पर एक लोकतांत्रिक संविधान पारित किया गया। नई व्यवस्था में जर्मन संसद यानी राइखस्टाग के लिए जनप्रतिनिधियों का चुनाव किया जाने लगा। जनप्रतिनिधि के निर्वाचन के लिए महिलाओं सहित सभी वयस्क नागरिकों को समान और सार्वभौमिक मताधिकार प्रदान किए गए हैं।

**स्रोत 'स' प्रथम विश्वयुद्ध के पश्चात् वर्साय की संधि**

(iii) प्रथम विश्वयुद्ध के बाद जर्मनी पर किस प्रकार की शर्तें सौंपी गईं?

उत्तर प्रथम विश्वयुद्ध के पश्चात् मित्र राष्ट्रों ने जर्मनी की सेना को सीमित कर दिया तथा युद्ध अपराधबोध अनुच्छेद के तहत युद्ध के कारण हुई हानि के लिए जर्मनी को जिम्मेदार ठहराया गया। इसके बदले में उस पर छः लाख पौंड का जुर्माना लगाया गया। राइनलैंड क्षेत्र पर भी मित्र राष्ट्रों द्वारा कब्जा कर खनिज का दोहन किया गया, जिससे जर्मन अर्थव्यवस्था प्रभावित हुई।

**4.** वर्ष 1924 से 1928 तक जर्मनी में कुछ स्थिरता रही, लेकिन यह स्थिरता मानो रेत के ढेर पर खड़ी थी। जर्मन निवेश और औद्योगिक गतिविधियों में सुधार मुख्यत: अमेरिका से लिए गए अल्पकालिक कर्जों पर आश्रित था। जब वर्ष 1929 में वॉल स्ट्रीट एक्सचेंज (शेयर बाजार) धराशायी हो गया, तो जर्मनी को मिल रही यह मदद भी रातों-रात बंद हो गई। कीमतों में गिरावट की आशंका को देखते हुए लोग धड़ाधड़ अपने शेयर बेचने लगे।

24 अक्टूबर को केवल एक दिन में 1.3 करोड़ शेयर बेच दिए गए। यह आर्थिक महामंदी की शुरुआत थी। वर्ष 1929 से 1932 तक के अगले तीन सालों में अमेरिका की राष्ट्रीय आय केवल आधी रह गई। फैक्ट्रियाँ बंद हो गई थीं, निर्यात गिरता जा रहा था, किसानों की हालत खराब थी और सट्टेबाज बाजार से पैसा खींचते जा रहे थे। अमेरिकी अर्थव्यवस्था में आई इस मंदी का असर दुनिया भर में महसूस किया गया।

(i) आर्थिक मंदी का सबसे नकारात्मक प्रभाव किस देश पर पड़ा?

**उत्तर** आर्थिक मंदी का सबसे नकारात्मक प्रभाव जर्मन अर्थव्यवस्था पर पड़ा है। वर्ष 1932 में जर्मनी का औद्योगिक उत्पाद वर्ष 1929 की अपेक्षा केवल 40% रह गया था। इस समय जर्मनी में मजदूर या तो बेरोजगार होते जा रहे थे या उनका वेतन काफी गिर गया था।

(ii) आर्थिक मंदी का समाज पर किस प्रकार का प्रभाव पड़ा?

**उत्तर** आर्थिक मंदी ने वैश्विक लोगों में अत्यधिक बेचैनी और डर की भावना को जन्म दिया। इस समय जैसे-जैसे मुद्रा का अवमूल्यन होता जा रहा था, मध्यवर्ग खासतौर से वेतनभोगी कर्मचारी और पेंशनधारियों की बचत भी सिकुड़ती जा रही थी। कारोबार ठप्प हो जाने से छोटे व्यवसायी, स्वरोजगार में लगे लोग और खुदरा व्यापारियों की स्थिति भी खराब होती जा रही थी।

(iii) आर्थिक मंदी के काल में वाइमर गणराज्य की स्थिति किस प्रकार थी?

**उत्तर** आर्थिक मंदी के अंतर्गत वाइमर गणराज्य एक नाजुक दौर से गुजर रहा था। इस समय वाइमर गणराज्य में कुछ ऐसी कमियाँ थीं, जिनके कारण गणराज्य कभी भी अस्थिरता और तानाशाही का शिकार बन सकता था। इसकी एक प्रमुख समस्या आनुपातिक प्रतिनिधित्व से संबंधित थी। इस प्रावधान की वजह से किसी एक पार्टी का बहुमत मिलना नामुमकिन था।

दूसरी समस्या अनुच्छेद 48 थी, जिसमें राष्ट्रपति को आपातकाल लागू करने, नागरिक अधिकार रद्द करने और अध्यादेशों के माध्यम से शासन चलाने का अधिकार दिया गया था।

# स्वयं को जाँचें

## वस्तुनिष्ठ प्रश्न

**1.** वर्साय की संधि किस देश पर थोपी गई थी?
(a) जापान पर (b) जर्मनी पर (c) रूस पर (d) फ्रांस पर

**2.** किस देश ने जर्मनी की स्थिति को सुधारने के लिए 'डॉव्स योजना' बनाई?
(a) अमेरिका ने (b) जापान ने (c) फ्रांस ने (d) इंग्लैंड ने

**3.** जर्मनी में फॉयर डिग्री के तहत किस पर रोक लगा दी गई?
(a) बोलने की स्वतंत्रता (b) प्रेस एवं सभा की आजादी
(c) नागरिक अधिकारों का निलंबन (d) ये सभी

**4.** निम्नलिखित में से कौन-सा कथन नात्सियों के वैश्विक दृष्टिकोण से संबंधित नहीं है?
(a) नात्सी विचारधारा हिटलर के विश्व दृष्टिकोण का पर्यायवाची थी
(b) नात्सी विचारधारा में सभी समाजों को बराबरी का हक था
(c) नात्सी, यहूदियों को नस्ल विरोधी यानी आर्यों का कट्टर शत्रु मानते थे
(d) हिटलर की नस्ली सोच चार्ल्स डार्विन और हर्बर्ट स्पेंसर जैसे विचारकों के सिद्धांत पर आधारित थी

## अतिलघु उत्तरीय प्रश्न

**5.** हिटलर को जर्मनी का चांसलर कब नियुक्त किया गया?

**6.** यहूदियों के विरुद्ध घृणा फैलाने वाली कौन-सी फिल्म नात्सियों ने बनवाई थी?

**7.** 'महाध्वंस' से कौन-सी घटना को संबोधित किया गया था?

## लघु उत्तरीय प्रश्न

**8.** वर्साय की संधि पर संक्षिप्त टिप्पणी कीजिए।

**9.** हिटलर ने जर्मनी का पुनर्निर्माण किस प्रकार किया?

**10.** नाजी समाज में महिलाओं की भूमिका का वर्णन कीजिए।

**11.** वाइमर संविधान की कोई पाँच कमियाँ बताइए।

**12.** नाजियों ने जर्मनी में यहूदियों के खिलाफ अपने विचारों को फैलाने के लिए मीडिया का प्रयोग कैसे किया?

## दीर्घ उत्तरीय प्रश्न

**13.** जर्मनी में हिटलर के उत्कर्ष के कारणों की विस्तारपूर्वक चर्चा कीजिए।

**14.** जर्मनी पर वर्ष 1929 से 1932 तक आई महान आर्थिक मंदी के क्या प्रभाव पड़े? नात्सियों ने इसका किस प्रकार लाभ उठाया?

अध्याय

04

# वन्य-समाज और उपनिवेशवाद

वन, पर्यावरण की गुणवत्ता को बढ़ाने में प्रमुख भूमिका निभाते हैं। वन हमारी आर्थिक गतिविधियों को बढ़ाने के साथ-साथ हमें औषधियों से संबंधित अनेक प्राकृतिक संसाधन प्रदान करते हैं। वनों से हमें लकड़ी, तेंदू पत्ता, गोंद, शहद, कॉफी, चाय और रबड़ आदि की प्राप्ति होती है। अमेजन या पश्चिमी घाट के जंगलों के एक ही टुकड़े में पौधों की 500 अलग-अलग प्रजातियाँ मिल जाती हैं। यह विविधता तेजी से लुप्त होती जा रही है। जनसंख्या और औद्योगीकरण के तेजी से बढ़ने के कारण विश्व के जंगल भी तेजी से समाप्त हो रहे हैं।

1700 से 1995 के मध्य औद्योगीकरण के दौर में 139 लाख वर्ग किमी जंगल को औद्योगिक उपयोग, खेतीबाड़ी, चरागाहों व ईंधन की लकड़ी के लिए नष्ट किया गया, जो विश्व के कुल क्षेत्रफल का 9.3% भाग था।

**अध्याय एक नजर में**

- *वन उन्मूलन*
- *व्यावसायिक वानिकी की शुरुआत*
- *वन विद्रोह*
- *जावा के वनों में हुए बदलाव*

## वन उन्मूलन

वनों के लुप्त होने की प्रक्रिया को वन उन्मूलन या वन विनाश (Deforestation) कहते हैं। भारत में वन विनाश की प्रक्रिया वर्षों पहले प्रारंभ हुई थी। औपनिवेशिक शासन (Colonial Rule) के अधीन यह अधिक व्यवस्थित एवं व्यापक हो गई।

### कृषि के लिए भूमि

- 1600 ई. में भारत के भू-भाग का छठा भाग खेती के अधीन था। समय के साथ जिस प्रकार जनसंख्या बढ़ती गई, उसी प्रकार भोजन की माँगें भी बढ़ने लगीं। परिणामस्वरूप कृषक अधिक उत्पादन के लिए जंगलों को साफ करके खेती करने लगे।
- औपनिवेशिक काल के दौरान कृषि के व्यवसायीकरण (Commercialisation of Agriculture) की प्रक्रिया में किसानों को व्यावसायिक फसलों (Commercial Crops); जैसे—पटसन (Jute), गन्ना, गेहूँ व कपास को विकसित करने और खेती क्षेत्र का विस्तार करने के लिए मजबूर किया गया। अंग्रेजों ने जंगलों को अनुत्पादक समझा। उनके अनुसार इस पर खेती करके राजस्व और कृषि उत्पादों को उत्पन्न किया जा सकता था और इस तरह राज्य की आय में बढ़ोतरी की जा सकती थी। इसके परिणामस्वरूप जंगल कम हो गए और कृषि क्षेत्र वर्ष 1880 से 1920 के बीच 6.7 मिलियन हेक्टेयर तक बढ़ गया।
- खेती के विस्तार को हम विकास का सूचक मानते हैं, लेकिन हमें यह नहीं भूलना चाहिए कि जमीन को जोतने से पहले जंगलों की कटाई करनी पड़ती है।

## शाही नौसेना के लिए लकड़ी आपूर्ति

- 19वीं शताब्दी में इंग्लैंड की शाही नौसेनाओं (Royal Navy) के जहाजों के लिए मजबूत और टिकाऊ लकड़ी की आपूर्ति की आवश्यकता थी।
- शाही नौसेना के लिए लकड़ी की आपूर्ति को बनाए रखने के लिए खोजकर्ताओं को भारत के वन संसाधनों का पता लगाने के लिए भेजा गया था।
- भारत में एक दशक के अंदर बड़ी मात्रा में पेड़ काटे गए, जिसके परिणामस्वरूप अत्यधिक मात्रा में वनों का निर्यात (Exported) इंग्लैंड में किया गया।

## रेलवे लाइनों का प्रसार

- 1860 के दशक में रेलवे लाइनों का प्रसार तेजी से हो रहा था। रेलवे इंजनों को चलाने के लिए ईंधन के रूप में एवं रेल की पटरियों को जोड़े रखने के लिए 'स्लीपरों' के रूप में लकड़ी की आवश्यकता थी।
- एक मील लंबी रेल पटरी के लिए 1760-2000 स्लीपरों की आवश्यकता पड़ती थी। रेलवे की इन आवश्यकताओं को पूरा करने के लिए अधिक मात्रा में पेड़ काटे गए।
- 1860 के बाद भारत में रेलवे का अप्रत्याशित विस्तार हुआ, रेल लाइनों के साथ-साथ बड़ी मात्रा में पेड़ भी काटे गए। सरकार ने लकड़ी की आपूर्ति के लिए निजी ठेके दिए इन ठेकेदारों ने बिना सोचे-समझे पेड़ काटना शुरू कर दिया, इस कारण रेल लाइनों के इर्द-गिर्द जंगल तेजी से गायब होने लगे।

## बागान

- यूरोप में चाय, कॉफी और रबड़ की बढ़ती माँग को पूरा करने के लिए इन वस्तुओं के बागान (Plantation) बने और इनके लिए प्राकृतिक वनों को भी साफ किया गया।
- औपनिवेशिक सरकार ने वनों को अपने नियंत्रण में लेकर इन्हें बहुत ही कम मूल्य पर यूरोपीय बागान मालिकों को सौंप दिया।
- इन क्षेत्रों में बाड़ाबंदी (Enclosure) करके जंगलों को साफ कर दिया गया एवं चाय-कॉफी की खेती की जाने लगी।

# व्यावसायिक वानिकी की शुरुआत

अंग्रेजों के अनुसार स्थानीय लोगों द्वारा जंगलों को तेजी से नष्ट किया जा रहा था, तब ब्रिटिश सरकार ने **डायट्रिच ब्रैंडिस** नामक एक जर्मन विशेषज्ञ को देश का पहला वन महानिदेशक नियुक्त (The First Inspector-General of Forests) किया।

ब्रैंडिस को आभास हुआ कि व्यवस्थित ढंग से जंगलों के प्रबंधन एवं संरक्षण के लिए यहाँ के लोगों को प्रशिक्षित करना आवश्यक है। वनों की कटाई एवं पशुओं को चराने जैसी गतिविधियों पर पाबंदी लगाकर ही जंगलों को लकड़ी उत्पादन के लिए आरक्षित किया जा सकेगा।

### वैज्ञानिक वानिकी

प्रथम इंपीरियल फॉरेस्ट रिसर्च इंस्टीट्यूट की स्थापना वर्ष 1906 में देहरादून में हुई। इस संस्थान ने वैज्ञानिक वानिकी (Scientific Forestry) पद्धति की शिक्षा देनी प्रारंभ की। वैज्ञानिक वानिकी के नाम पर विविध प्रजाति वाले प्राकृतिक वनों को काट दिया गया तथा इनके स्थानों पर एक ही प्रकार के पेड़ों को एक सीधी लाइन में लगाया गया, जिसे बागान (Plantation) कहा गया।

उदाहरण के लिए, पोपलर के पेड़ों की खेती की गई, जो लकड़ी का एक अच्छा साधन था।

## भारतीय वन अधिनियम, 1865

- डायट्रिच ब्रैंडिस ने **भारतीय वन सेवा** (Indian Forest Service, IFS) की स्थापना 1864 ई. में की थी।
- इसके अंतर्गत वन विभाग के अधिकारियों ने जंगलों का निरीक्षण किया तथा वन प्रबंधन के लिए कई योजनाएँ बनाईं।
- 1865 के भारतीय वन अधिनियम के अंतर्गत वर्ष 1965 में इम्पीरियल फॉरेस्ट रिसर्च इंस्टीट्यूट की स्थापना देहरादून में की गई। यहाँ जिस पद्धति की शिक्षा दी जाती थी, उसे वैज्ञानिक वानिकी कहा गया।
- वैज्ञानिक वानिकी के नाम पर विविध प्रजाति वाले प्राकृतिक वनों को काट दिया गया। इनकी जगह सीधी पंक्ति में एक ही किस्म के पेड़ लगा दिए गए, इसे बागान कहा जाता है।
- 1865 ई. के वन अधिनियम (Forest Act) बनने के बाद इसमें दो बार संशोधन हुआ। पहला संशोधन 1878 ई. में और दूसरा संशोधन वर्ष 1927 में हुआ।
- 1878 ई. वाले अधिनियम में जंगलों को आरक्षित, सुरक्षित एवं ग्रामीण तीन श्रेणियों में बाँटा गया। सबसे अच्छे जंगलों को **आरक्षित वन** (Reserverd Forest) कहा गया।

## वन अधिनियम का लोगों के जीवन पर प्रभाव

वन अधिनियम के लागू होने के पश्चात् वन में रहने वाले लोगों ने और गाँव वालों ने अनेक कठिनाइयों का अनुभव किया। लोगों के जीवन को निम्न प्रकार प्रभावित किया गया था

- वन में रहने वाले समुदायों की अधिकांश पारंपरिक गतिविधियों को इस अधिनियम द्वारा अवैध घोषित कर दिया गया; जैसे—घरों के लिए लकड़ी काटना, ईंधन लकड़ी का संग्रह, फलों और जड़ों को एकत्र करना, शिकार करना, मछली पकड़ना आदि।
- जंगल में रहने वाले गार्डों ने उन स्थानीय लोगों से रिश्वत लेना प्रारंभ कर दिया, जो जंगल से लकड़ी की चोरी करते हुए पकड़े जाते थे। वे मुफ्त भोजन की माँग करके भी लोगों को परेशान करते थे।

### लोगों के लिए वन का उपयोग

- ग्रामीण चाहते थे कि जंगल उनकी विभिन्न आवश्यकताओं; जैसे—ईंधन, चारा, पत्तों को संतुष्ट करें।
- वनविभाग ऐसे पेड़ चाहते थे जो जहाज या रेलवे के निर्माण के लिए उपयुक्त हों। इस प्रकार, सागौन और साल जैसी विशेष प्रजातियाँ लगाई गईं और अन्य काट दी गईं।

- लोग खाद्य पदार्थों के लिए जड़ों, पत्तियों, फलों, कंद, विभिन्न पेड़ों और पौधों के फूलों का उपयोग करते हैं।
- लकड़ी का प्रयोग हल जैसे खेती के औजार बनाने में किया जाता है। बाँस से बेहतरीन बाड़ें बनाई जा सकती हैं।
- लकड़ी और पत्तियों का उपयोग मुख्य रूप से ईंधन के लिए किया जाता है। लकड़ी का उपयोग कृषि उपकरणों के लिए भी किया जाता है; जैसे—हल, बाड़, टोकरी और छतरियाँ बनाने के लिए बांस का उपयोग।
- सूखी हुई लौकी (Dried scooped out gourd) का उपयोग संगीत वाद्ययंत्र और पानी की बोतल के रूप में किया जाता है।
- पत्तों को एक साथ जोड़कर डिस्पोजेबल प्लेट (एक बार उपयोग करके फेंकने योग्य) और कप बनाए जा सकते हैं।
- सियादी की लताओं से रस्सी बनाई जा सकती है।
- सेमूर (सूती रेशम) की काँटेदार छाल से सब्जी छीली जा सकती है।
- महुए के पेड़ से खाना पकाने और रोशनी के लिए तेल निकाला जा सकता है।

### सूखी तेंदू पत्तियाँ

जंगलों में रहने वाले लोगों के लिए तेंदू पत्ते की बिक्री आय का प्रमुख साधन है। प्रत्येक बंडल में लगभग 50 पत्ते होते हैं। यदि कोई व्यक्ति अधिक मेहनत करता है, तो वह एक दिन में 100 बंडल एकत्र कर सकता है। इस संग्रह में मुख्य रूप से महिलाएँ, बच्चे और बूढ़े शामिल हैं।

## वन नियम के कृषि पर प्रभाव

- यूरोपीय उपनिवेशवाद का सबसे अधिक प्रभाव झूम कृषि या घुमंतू कृषि या स्थानांतरित कृषि (Shifting Cultivation) पर पड़ा। झूम खेती के कई स्थानीय नाम हैं; जैसे—
  - दक्षिण-पूर्व एशिया में लादिंग (Ladding)
  - मध्य अमेरिका में मिलपा (Milpa)
  - अफ्रीका में चितमेन या तावी (Chitemene or Tavy)
  - श्रीलंका में चेना (Chena)
- भारत में झूम खेती के स्थानीय नाम धया, पेंदा, बेवर, नेवड़, पोड़ू, खंदाद और कुमारी हैं।
- झूम कृषि के लिए जंगल के कुछ भागों को समय-समय पर काटा और जला दिया जाता है, जिसके फलस्वरूप इस भाग पर मानसून की पहली बारिश के पश्चात् बीज बो दिए जाते हैं और अक्टूबर-नवंबर में फसल काटी जाती है।
- इन भूखंडों पर एक-दो साल खेती करने के पश्चात् इन्हें 12 से 18 वर्षों तक के लिए परती अर्थात् खाली छोड़ दिया जाता है, जिससे वहाँ पुनः जंगल उग सके। इन भूखंडों पर मिश्रित फसलें उगाई जाती हैं; जैसे—मध्य भारत और अफ्रीका में ज्वार, बाजरा, ब्राजील में कसावा और लैटिन अमेरिका के अन्य भागों में मक्का व फलियाँ।
- यूरोपीय वन रक्षकों के अनुसार, झूम कृषि जंगलों के लिए हानिकारक होती है, क्योंकि जंगल को जलाते समय मूल्यवान पेड़ों के जलने का भय सदैव बना रहता है।
- झूम कृषि पर सरकार के लिए लगान (Tax) का हिसाब रखना भी मुश्किल था, इसलिए सरकार ने झूम कृषि पर रोक लगाने का फैसला किया।
- इसके परिणामस्वरूप अनेक समुदायों को जंगलों में उनके घरों से बलपूर्वक विस्थापित कर दिया गया। इसके कारण कुछ लोगों को अपना व्यवसाय बदलना पड़ा तथा कुछ ने विद्रोह द्वारा इसका प्रतिरोध किया।

**टौंग्या कृषि**

इस प्रणाली को बर्मा के किसानों ने अपनाया। इस विधि में पुरुषों ने लोहे की युक्तियों के साथ लंबे बाँस के खंभे का उपयोग करके मिट्टी में छेद किए। महिलाओं ने प्रत्येक छेद में धान बोया।

## वन अधिनियम के पश्चात् शिकार पर पड़ने वाले प्रभाव

- वन अधिनियम से पूर्व जंगलों में या उसके आस-पास खेती करने वाले लोग छोटे जानवरों का शिकार कर अपना जीवन-यापन करते थे। यह पारंपरिक प्रथा नए अधिनियम के अनुसार गैर-कानूनी हो गई थी।
- वन कानूनों ने लोगों को शिकार के परंपरागत अधिकार से वंचित कर दिया, जिसके परिणामस्वरूप शिकार करते हुए पकड़े जाने वालों को अवैध शिकार के लिए दंडित किया जाने लगा। शिकार करने के इस अवैध माध्यम को उपनिवेशवादियों द्वारा **पोचिंग** (Poaching) कहा गया।
- अंग्रेजों के अनुसार, बड़े जंगली जानवर बर्बर एवं आदिम समाज के प्रतीक चिह्न थे। इनका यह मानना था कि वे खतरनाक जानवरों को मारकर भारत को सभ्य बना रहे हैं। औपनिवेशिक शासन के दौरान शिकार का चलन बड़े पैमाने पर हुआ, जिसके परिणामस्वरूप कई प्रजातियाँ लगभग संपूर्ण रूप से समाप्त हो गईं।
- किसानों को कोई खतरा न रहे, इसलिए बाघ, भेड़िये एवं दूसरे बड़े जानवरों के शिकार पर इनाम दिया जाता था। 1875 से 1925 के बीच इनाम के लालच में 80,000 से ज्यादा बाघ, 1,50,000 तेंदुए व 2,00,000 भेड़िये मार दिए गए।
- प्रारंभ में शिकार के लिए जंगल के कुछ क्षेत्रों को संरक्षित किया गया था। बाद में पर्यावरणविदों और संरक्षणवादियों ने इन जानवरों के खिलाफ हो रही हिंसा के कारण इनकी सुरक्षा तथा इनको न मारने के लिए आंदोलन किए।

### चेक प्वॉइंट 01

1. *वनों के लुप्त होने की प्रक्रिया को क्या कहते हैं?*
2. *रेलवे लाइनों का प्रसार कब आरंभ हुआ?*
3. *भारतीय वन सेवा की स्थापना किसने की?*
4. *भारतीय वन अधिनियम किस वर्ष सूत्रबद्ध किया गया?*
5. *वन अधिनियम में कितनी बार संशोधन किया गया?*

## नए व्यापार, नए रोजगार और नई सेवाएँ

वनों पर वन विभाग का नियंत्रण स्थापित हो जाने से लोगों को अनेक कठिनाइयों का सामना करना पड़ा, परंतु कुछ लोगों को इससे बहुत लाभ भी हुआ, क्योंकि व्यापार के लिए नए अवसर उत्पन्न हो चुके थे। यह न सिर्फ भारत में हो रहा था, बल्कि संपूर्ण विश्व में भी हो रहा था।

उदाहरणस्वरूप; 19वीं सदी के मध्य ब्राजीली ऐमेजॉन के मुनदुरुकु (Mundurucu) समुदाय के लोगों ने व्यापारियों को रबड़ की आपूर्ति के लिए जंगली रबड़ के वृक्षों से 'लेटेक्स' (Latex) एकत्रित करना प्रारंभ कर दिया। भारत में वन उत्पादों का व्यापार वृहत स्तर पर मध्य काल से हो रहा था। मध्यकाल में आदिवासी समुदाय हाथी, खाल, सींग, हाथीदाँत (Ivory), बाँस, मसाले, घास, गोंद, फाइबर आदि का व्यापार करते थे।

अंग्रेजों के आगमन से वन उत्पादों का व्यापार नियमित रूप से क्रियान्वित हुआ। ब्रिटिश सरकार ने निश्चित क्षेत्रों में यूरोपीय व्यापारियों को वन से संबंधित उत्पादों के व्यापार का एकाधिकार दे दिया।

इस प्रक्रिया के कारण मद्रास प्रेसीडेंसी के कोरावा, कराचा व येरूकुला जैसे अनेक चरवाहे और घुमंतू समुदायों को अपनी जीविका को खोना पड़ा। इनमें से कुछ जातियों को **अपराधी कबीले** (Criminal Communities) कहा जाने लगा तथा इन्हें फैक्ट्रियों, खदानों व बागानों में सरकार की निगरानी में कार्य करने के लिए मजबूर किया जाने लगा। वन उत्पादों के व्यापार के नए अवसरों से भी लोगों की जीवन-शैली में कोई सुधार नहीं हुआ। ये प्रभाव निम्न थे

- संथाल, उराँव (झारखंड) और गोंड (छत्तीसगढ़) जैसे आदिवासी पुरुषों एवं महिलाओं को असम के चाय बागानों में भर्ती किया गया।
- इनकी मजदूरी बहुत कम थी और काम करने की परिस्थितियाँ गंभीर थीं।
- यहाँ भर्ती किए जाने के बाद इनका वापस अपने गाँव जाना दुर्लभ था।

# वन विद्रोह

भारत एवं विश्व के अन्य वन समुदायों ने आरोपित कानूनों के विरोध में विद्रोह प्रारंभ कर दिया। भारत में संथाल परगना में सीधू व कानू, छोटानागपुर में बिरसा मुंडा और आंध्र प्रदेश में अल्लूरी सीताराम राजू ने नई वन नीति के खिलाफ विद्रोह किया।

## बस्तर के लोग

- बस्तर छत्तीसगढ़ के सबसे दक्षिणी छोर पर स्थित है और यह आंध्र प्रदेश, उड़ीसा व महाराष्ट्र की सीमाओं से लगा हुआ क्षेत्र है।
- बस्तर का केंद्रीय भाग पठारी है। बस्तर के पठार के उत्तर में छत्तीसगढ़ का मैदान और दक्षिण में गोदावरी का मैदान है। इंद्रावती नदी बस्तर में पूर्व से पश्चिम की ओर बहती है।
- यहाँ अनेक आदिवासी समुदाय; जैसे—***मरिया और मुरिया, गोंड, धुरवा, भतरा, हलबा*** आदि रहते हैं। विभिन्न भाषाएँ बोले जाने के बाद भी इनके रीति-रिवाज़ एवं विश्वास सामान्य ही हैं।
- बस्तर के लोगों की मान्यता थी कि प्रत्येक गाँव को उसकी भूमि 'धरती माँ' से मिली है और बदले में वे प्रत्येक खेतिहर त्योहार पर धरती को चढ़ावा चढ़ाते हैं। धरती के अतिरिक्त ये नदी, जंगल व पहाड़ों को भी मानते हैं।
- स्थानीय लोग अपनी प्राकृतिक सीमा के अंतर्गत ही कार्य करते हैं। यदि एक गाँव के लोग दूसरे गाँव के जंगल से थोड़ी लकड़ी लेना चाहते हैं, तो इसके बदले में इन्हें एक छोटा-सा शुल्क देना होता है, जिसे *देवसारी, दांड या मान* कहा जाता है।
- कुछ गाँव के लोग अपने जंगलों की हिफाजत रखने के लिए चौकीदार रखते थे।
- प्रत्येक वर्ष गाँव में बड़ी सभा का आयोजन होता है जहाँ एक परगने के गाँवों के मुखिया जुड़ते थे जो जंगल के मुद्दों पर चर्चा करते थे।

## लोगों का भय

- वर्ष 1905 में औपनिवेशक सरकार ने दो-तिहाई वनों को आरक्षित करने और घुमंतू खेती, शिकार एवं वन्य उत्पादों के संग्रह पर रोक लगाने का प्रस्ताव रखा तो बस्तर के लोग परेशान हो गए।
- कुछ गाँवों को आरक्षित वनों में रहने की अनुमति इस शर्त पर दी गई कि वे वन विभाग के लिए कटाई, ढुलाई एवं वनों की आग से रक्षा का काम नि:शुल्क करेंगे। कालांतर में इन्हें **वन ग्राम** (Forest Villages) नाम से जाना जाने लगा।
- इसके पश्चात् दो भयानक अकाल पड़े, पहला वर्ष 1899-1900 एवं दूसरा वर्ष 1907-08 में पड़ा था।
- काँगेर वन के धुरवा समुदाय के लोग वन से संबंधित मुद्दों पर चर्चाएँ करने में अग्रणी थे, क्योंकि आरक्षण सबसे पहले यहीं लागू हुआ था।
- **गुंडाधूर** ने नेथानार गाँव से संपूर्ण आंदोलन का नेतृत्व किया। वर्ष 1910 में आम की टहनियाँ, मिट्टी के ढेले, मिर्च और तीर लेकर लोग गाँव-गाँव चक्कर काटने लगे, यह अंग्रेजों के विरुद्ध गाँव में विद्रोह का एक संदेश था।

### बस्तर के लोगों द्वारा विद्रोह

बस्तर के लोगों ने स्वयं को सुसंगठित किया एवं अंग्रेजों के विरुद्ध विद्रोह किया। विद्रोह के दौरान और बाद में निम्नलिखित घटनाएँ हुईं

- इस विद्रोह में बाजार लूटे गए, अफसरों व व्यापारियों के घर, स्कूल और पुलिस थानों को लूटा व जलाया गया तथा अनाज का पुनर्वितरण किया गया।
- अंग्रेजों ने विद्रोह को दबाने के लिए सैनिक भेजे।
- आदिवासी नेता बातचीत करना चाहते थे, लेकिन अंग्रेजी सेना ने गाँवों में घुसकर विद्रोह में भाग लेने वाले ग्रामीणों को दंडित किया। इसके परिणामस्वरूप लोग जंगलों में चले गए।
- अंग्रेजों को पुन: नियंत्रण स्थापित करने में तीन महीने (फरवरी-मई) लग गए, परंतु फिर भी ये गुंडाधूर को नहीं पकड़ पाए।

- इन विद्रोहियों की सबसे बड़ी सफलता यह थी कि जंगलों को आरक्षित करने का कार्य कुछ समय के लिए स्थगित कर दिया गया। वहीं आरक्षित क्षेत्रों को भी वर्ष 1910 से पहले की योजना से लगभग आधा कर दिया गया।
- स्वतंत्रता पश्चात् भी इन लोगों को वनों से बाहर रखने की नीति कायम रही, क्योंकि वनों को औद्योगिक उपयोग के लिए आरक्षित रखना था।
- वर्ष 1970 में विश्व बैंक ने प्रस्ताव रखा कि कागज उद्योग को लुगदी उपलब्ध कराने के लिए 4,600 हेक्टेयर प्राकृतिक साल वनों की जगह देवदार के पेड़ लगाए जाएँ, परंतु स्थानीय पर्यावरणविदों के विरोध के फलस्वरूप इस परियोजना पर रोक लगा दी गई।

## जावा के वनों में हुए बदलाव

भारतीय वन कानून एवं इंडोनेशिया के वन कानूनों में अनेक समानताएँ थीं। जावा को **इंडोनेशिया के चावल उत्पादक द्वीप** के रूप में जाना जाता है, परंतु बीते कुछ वर्ष से यह क्षेत्र वनाच्छादित था। इंडोनेशिया एक डच उपनिवेश था तथा डचों ने यहाँ वन प्रबंधन की शुरुआत की थी। अंग्रेजों की भाँति डच भी जावा से जहाज बनाने के लिए लकड़ी प्राप्त करना चाहते थे। 1600 ई. में जावा की अनुमानित आबादी 34 लाख थी। हालाँकि उपजाऊ मैदान में अनेक गाँव थे, पहाड़ों में घुमंतू खेती करने वाले अनेक समुदाय रहते थे।

### जावा के लकड़हारे

- जावा में **कलांग** (Kalang) नामक समुदाय के लोग कुशल लकड़हारे और घुमंतू किसान थे। 1755 ई. में जब जावा की माताराम रियासत बँटी तो यहाँ के 6000 कलांग परिवारों को भी दोनों राज्यों में बराबर-बराबर बाँट दिया, क्योंकि इनके कौशल के बगैर सागौन की कटाई कर राजाओं के महल बनाना मुश्किल था।
- 18वीं सदी में डच वनों पर नियंत्रण स्थापित करने के साथ ही कलांग पर भी नियंत्रण स्थापित करना चाहते थे।
- 1770 ई. में कलांगों ने डचों के किले पर हमला किया, परंतु इस विद्रोह का दमन कर दिया गया।

### डच वैज्ञानिक वानिकी

- 19वीं सदी में डचों ने वन कानून लागू कर ग्रामीणों के जंगल तक पहुँच को कई तरह के नियंत्रण स्थापित कर दिए। इन कानूनों के बाद केवल विशेष कार्य; जैसे—नाव या घर बनाने आदि के लिए सिर्फ चुने हुए जंगलों से कड़ी निगरानी में लकड़ी काटी जा सकती थी।
- ग्रामीणों को पशुओं को चराने, बिना परमिट लकड़ी ढोने, जंगल से गुजरने वाली सड़क पर घोड़ा गाड़ी चलाने अथवा जानवरों पर चढ़कर आने-जाने के लिए दंडित किया जाने लगा।
- भारत की ही तरह जहाज और रेल-लाइनों के निर्माण ने वन प्रबंधन और वन सेवाओं को लागू करने की आवश्यकता पैदा कर दी।
- 1882 ई. में अकेले जावा से ही 2,80,000 स्लीपरों का निर्यात किया गया। इसके लिए श्रम की उपलब्धता की भी आवश्यकता थी, जिसमें पेड़ काटने, लट्ठे को ढोने और स्लीपर तैयार करने जैसे कार्य निहित थे।
- डचों ने सर्वप्रथम जंगलों में खेती की भूमि पर लगान लगा दिया, परंतु कालांतर में कुछ गाँवों को इस शर्त पर मुक्त किया कि वे सामूहिक रूप से पेड़ काटने एवं लकड़ी ढोने के लिए मुफ्त में भैंसें उपलब्ध कराएँगे।
- इस व्यवस्था को **ब्लैंडाँगडिएन्स्टेन प्रणाली** (Blandongdiensten System) के नाम से जाना गया।
- कालांतर में ग्राम वनवासियों को लगान माफी की जगह थोड़ी मजदूरी दी जाने लगी, परंतु वन भूमि पर खेती करने के स्थान पर इनके अधिकार सीमित कर दिए गए।

### सामिन की चुनौती

- 1890 ई. के आसपास सागौन के जंगलों में स्थित रांदुब्लातुंग गाँव के निवासी **सुरोंतिको सामिन** ने जंगलों पर राजकीय स्वामित्व के विरुद्ध आदोलन प्रारंभ किया।
- उसका तर्क था कि हवा, पानी, भूमि और लकड़ी राज्य की बनाई हुई नहीं है, इसलिए इन पर उसका अधिकार नहीं हो सकता।
- वर्ष 1907 तक लगभग 3,000 परिवार इसके विचारों को मानने लगे थे।
- डच जब भूमि के सर्वेक्षण के लिए आए, तो कुछ सामिनवादियों ने अपनी भूमि पर लेटकर इसका विरोध जताया, वहीं दूसरों ने लगान या जुर्माना भरने या बेगार करने से इनकार कर दिया।

### युद्ध एवं वन विनाश

- प्रथम एवं द्वितीय विश्वयुद्ध का वनों एवं अन्य उपनिवेशकों पर गहरा प्रभाव पड़ा।
- भारत में, अंग्रेजों की आवश्यकताओं की पूर्ति के लिए वन विभाग द्वारा अत्यधिक मात्रा में वृक्ष काटे गए।
- जापानियों के प्रभुत्व से पहले जावा में डचों ने **भस्म कर भागो नीति** (Scorched Earth Policy) अपनाई थी। इस नीति के अंतर्गत सागौन के विशाल लट्ठे और आरा मशीनों के ढेर जला दिए गए, जिससे ये जापानियों को न मिल पाएँ।
- इसके बाद जापानियों ने वनवासियों को जंगल काटने के लिए बाध्य करके अपने युद्ध उद्योग के लिए जंगलों का निर्मम दोहन किया।
- बहुत-से गाँव वालों ने इस अवसर का लाभ उठाकर जंगल में अपनी खेती का विस्तार किया।

- युद्ध के पश्चात् इंडोनेशियाई वन सेवा (Indonesian Forest Service) के लिए इन जमीनों को वापस हासिल कर पाना कठिन हो गया था। भारत की तरह यहाँ भी खेती योग्य भूमि के प्रति इच्छा और भूमि को नियंत्रित करने तथा लोगों को उससे बाहर रखने की वन विभाग की नीति के मध्य मतभेद उत्पन्न हुआ।

## वानिकी में नए बदलाव

1980 के दशक में एशिया एवं अफ्रीका की सरकारों को यह लगने लगा था कि वैज्ञानिक वानिकी और वन समुदायों को जंगल से बाहर रखने की नीतियों के कारण बार-बार टकराव की स्थिति उत्पन्न होती है। वानिकी में नए बदलाव निम्नलिखित थे

- वनों का संरक्षण अधिक महत्त्वपूर्ण लक्ष्य हो गया था।
- सरकार ने यह भी मान लिया कि इस लक्ष्य को हासिल करने में इन प्रदेशों में रहने वाले लोगों की सहायता लेनी पड़ेगी।
- मिजोरम से लेकर केरल तक के वन केवल इस कारण बच पाए, क्योंकि यहाँ के ग्रामीणों ने *सरना, देवराकुडु, कान, राई* इत्यादि नामों से **पवित्र बगीचा** (Sacred Grove) समझकर इनकी रक्षा की है।
- कुछ गाँवों के लोग वन रक्षकों पर निर्भर होने की अपेक्षा इनकी स्वयं पहरेदारी करते हैं।
- अब स्थानीय वन समुदाय एवं पर्यावरणविद् वन प्रबंधन के वैकल्पिक उपायों के विषय में सोचने लगे हैं।

## चेक प्वॉइंट 02

1. *बस्तर के पठार के उत्तर में छत्तीसगढ़ का कौन-सा मैदान अवस्थित है?*
2. *मान किसे कहा जाता है?*
3. *कलांगों ने डचों के किले पर किस वर्ष हमला किया?*
4. *'भस्म कर भागो' की नीति किन लोगों ने अपनाई?*

## टाइमलाइन

| वर्ष | महत्त्वपूर्ण घटनाएँ |
|---|---|
| 1850 | रेलवे का तेजी से विस्तार हुआ। |
| 1856 | डायट्रिच ब्रैंडिस ने भारत में वैज्ञानिक वानिकी लागू की। |
| 1864 | भारतीय वन सेवा प्रारंभ हुई। |
| 1865 | भारतीय वन अधिनियम लागू किया गया। |
| 1890 | रांदुब्लातुंग गाँव के सुरोंतिको सामिन ने जंगलों के राजकीय मालिकाना अधिकार पर सवाल खडा करना प्रारंभ किया। |
| 1906 | देहरादून में इंपीरियल वन अनुसंधान केंद्र की स्थापना की गई। |
| 1910 | बस्तर राज्य में विद्रोह हुआ। |
| 1899-1900 एवं पुनः 1907-08 | दोनों कलांशों के मध्य भारत में भयंकर अकाल पड़ा। |

## इन्हें भी जानें

- ***स्लीपर** (Sleepers)* रेल की पटरी के आर-पार लगे लकड़ी के तख्ते, जो पटरियों को उनकी जगह पर रोके रखते हैं।
- ***वैज्ञानिक वानिकी** (Scientific Forestry)* यह एक प्रकार का वन प्रबंधन है, जिसमें पुराने वृक्षों को काटकर उनके स्थान पर एक ही प्रकार के वृक्ष लगाए जाते हैं।
- ***परती भूमि** (Fallow Land)* ऐसी भूमि, जिसमें कुछ समय के लिए पौधे नहीं लगाए जाते, ताकि वह पुनः उर्वरता प्राप्त कर सके।
- ***आरक्षित वन** (Reserved Forests)* ऐसे वन, जो व्यावसायिक दृष्टि से कीमती लकड़ी उत्पन्न करते हैं। इन वनों में से किसी को भी वृक्ष काटने की अनुमति नहीं होती।
- ***भाबर** (Bhabar)* गढ़वाल तथा कुमाऊँ के गिरिपद में स्थित शुष्क वन क्षेत्र को भाबर कहते हैं।
- ***ब्लैंडागडिएन्स्टेन प्रणाली** (Blandongdiensten System)* इसकी व्यवस्था डच लोगों ने की थी, जिसमें कटान तथा परिवहन के मुफ्त श्रम के बदले कर से मुक्त किया जाता था।
- ***सामिन आंदोलन** (Samin Movement)* यह जावा के वन्य लोगों के द्वारा डच लोगों के विरुद्ध आंदोलन था। इसका नेतृत्व सुरोंतिको सामिन ने किया था।
- ***वन ग्राम** (Forest Villages)* ये वन क्षेत्रों में बसाए गए लोगों के ऐसे गाँव थे, जिन्हें वन विभाग द्वारा कटान, परिवहन तथा वनों को आग से सुरक्षित रखने की जिम्मेदारी सौंपी जाती थी

# NCERT फोल्डर

**1.** औपनिवेशिक काल के वन प्रबंधन में आए परिवर्तनों ने इन समूहों को कैसे प्रभावित किया?

(i) झूम खेती करने वालों को

(ii) घुमंतू और चरवाहा समुदायों को

(iii) लकड़ी और वन उत्पादों का व्यापार करने वाली कंपनियों को

(iv) बागान मालिकों को

(v) शिकार खेलने वाले राजाओं और अंग्रेज अफसरों को

**उत्तर** (i) **झूम खेती करने वालों को** झूम खेती पर औपनिवेशिक शासकों ने रोक लगा दी तथा इस प्रकार की खेती करने वाले जन-समुदायों को बलपूर्वक विस्थापित कर दिया गया। फलतः कुछ कृषकों ने अपना व्यवसाय बदल दिया तथा कुछ ने इसके विरोध में विद्रोह कर दिया।

(ii) **घुमंतू और चरवाहा समुदायों को** वन प्रबंधन के नए कानून से यहाँ रह रहे स्थानीय लोगों द्वारा वनों में पशु चराने एवं शिकार पर प्रतिबंध लगा दिया। ऐसे वनों को आरक्षित घोषित किया गया तथा 'सुरक्षित' की श्रेणी में ऐसे वन थे, जहाँ चराई के कुछ अधिकार तो थे, परंतु कार्यविधियों पर बहुत प्रतिबंध थे। इसके परिणामस्वरूप चरवाहा समुदायों की जीविका छिन गई।

मद्रास प्रेसीडेंसी के कोरावा, कराचा तथा येरूकुला समुदायों के लोगों को विवश होकर कारखानों, खानों तथा बागानों में काम करना पड़ा। कुछ समुदायों को 'अपराधी कबीले' कहा जाने लगा।

(iii) **लकड़ी और वन उत्पादों का व्यापार करने वाली कंपनियों को** अंग्रेजों द्वारा विभिन्न प्रतिबंध लगा दिए गए। स्थानीय लोगों, जो वनों के वास्तविक मालिक थे, को बड़े यूरोपीय व्यापारियों तथा फर्मों का काम करने के लिए मजबूर होना पड़ा। इनके आने के पश्चात् व्यापार पर सरकार का नियंत्रण हो गया। व्यापार के सभी अधिकार अनेक बड़ी यूरोपीय फर्मों को दे दिए गए।

(iv) **बागान मालिकों को** भारत के चाय बागानों के मालिक मुख्यतः अंग्रेज थे। ब्रिटेन में चाय, कहवा, रबड़ आदि की बड़ी माँग थी। अतः भारत में इन उत्पादों के बड़े-बड़े बागान लगाए गए। ये मजदूरों का अत्यधिक शोषण करते थे और इन उत्पादों के निर्यात से धन कमाते थे।

(v) **शिकार खेलने वाले राजाओं और अंग्रेज अफसरों को** जंगलों में शिकार करना प्रतिबंधित था, परंतु फिर भी राजा और अंग्रेज अफसर नियमों की अनदेखी करके भारत को सभ्य बनाने की लालसा में बड़े जंगली जानवरों का शिकार करते रहे।

**2.** बस्तर और जावा के औपनिवेशिक वन प्रबंधन में क्या समानताएँ हैं?

**उत्तर** बस्तर और जावा के औपनिवेशिक वन प्रबंधन में निम्नलिखित समानताएँ हैं

| बस्तर में वन प्रबंधन | जावा में वन प्रबंधन |
|---|---|
| अंग्रेजों ने विभिन्न वन कानूनों के माध्यम से स्थानीय लोगों पर अनेक प्रतिबंध लगाए। इनके आने-जाने, पशुओं की चराई, लकड़ी लेने आदि पर प्रतिबंध था। | डचों ने भी विभिन्न कानूनों के माध्यम से ग्रामवासियों की वनों तक पहुँच पर अनेक प्रतिबंध लगाए। अब केवल कुछ विशेष उद्देश्यों के लिए लकड़ी काटी जा सकती थी। |
| अंग्रेजों का मुख्य उद्देश्य अपनी शाही नौसेना के लिए इमारती लकड़ी की नियमित आपूर्ति के लिए बस्तर के वनों का दोहन करना था। | डच लोगों का उद्देश्य भी यही था। अंग्रेजों के समान वे भी शाही नौसेना के लिए इमारती लकड़ी चाहते थे। |
| स्थानीय लोगों का समर्थन पाने के लिए अंग्रेजों ने 'वन ग्राम नीति' अपनाई। इसके अंतर्गत कुछ गाँवों को इस शर्त पर आरक्षित वनों में रहने की आज्ञा दे दी थी कि वे पेड़ों को काटने, ढोने तथा वनों को आग से बचाने में वन विभाग के लिए मुफ्त काम करेंगे। | इसके अंतर्गत गाँवों को इस शर्त पर कर देने से छूट दी गई थी, यदि वे इमारती लकड़ी को काटने तथा ढोने के लिए मुफ्त श्रमिक तथा जानवर प्रदान करने के लिए सामूहिक रूप से कार्य करें। |
| अंग्रेजों ने वैज्ञानिक वानिकी आरंभ की, जिसके अंतर्गत वनों को काट दिया गया तथा ब्रिटिश उद्योग की आवश्यकताओं को ध्यान में रखते हुए नई प्रजातियाँ लगाई गईं। | डच लोगों ने भी वैज्ञानिक वानिकी आरंभ करके अपनी आवश्यकताओं के अनुरूप पेड़ लगाए। |

**3.** वर्ष 1880 से 1920 के बीच भारतीय उपमहाद्वीप के वनाच्छादित क्षेत्र में 97 लाख हेक्टेयर की गिरावट आई। पहले के 10.86 करोड़ हेक्टेयर से घटकर यह क्षेत्र 9.89 करोड़ हेक्टेयर रह गया था। इस गिरावट में निम्नलिखित कारकों की भूमिका बताइए

(i) रेलवे (ii) जहाज निर्माण

(iii) कृषि विस्तार (iv) व्यावसायिक खेती

(v) चाय-कॉफी के बागान (vi) आदिवासी और किसान

**उत्तर** (i) **रेलवे** रेलवे के विस्तार के कारण वन क्षेत्रों में कमी आई। वहीं रेलवे स्लीपरों एवं पटरियों के बिछाने के लिए अत्यधिक संख्या में पेड़ काटे गए। इसका अनुमान इसी बात से लगाया जा सकता है कि एक लंबी पटरी बिछाने के लिए लगभग 500 पेड़ों की आवश्यकता होती थी। इस कार्य को बहुत तेजी से किया गया, क्योंकि रेलवे सैनिकों तथा वाणिज्यिक वस्तुओं को एक स्थान से दूसरे स्थान तक ले जाने में सहायक था। फलतः वनों का तेजी से ह्रास हुआ।

(ii) **जहाज निर्माण** इंग्लैंड की शाही सत्ता, शाही नौसेना की मजबूती पर टिकी थी। उन्नीसवीं सदी की शुरुआत तक इंग्लैंड में बलूत (ओक) के जंगल लुप्त होने लगे थे। इसकी वजह से शाही नौसेना के लिए लकड़ी की आपूर्ति में मुश्किल आने लगी। अतः 1820 के दशक में खोजी दस्ते हिंदुस्तान की वन संपदा का अन्वेषण करने के लिए भेजे गए। एक दशक के भीतर ही हिंदुस्तान से बड़े पैमाने पर पेड़ों को काटकर भारी मात्रा में लकड़ी का इंग्लैंड को निर्यात किया जाने लगा।

(iii) **कृषि विस्तार** वनों के अधीन भूमि के भाग में कमी के लिए कृषि का विस्तार उत्तरदायी था। जैसे-जैसे जनसंख्या बढ़ी, खाद्यान्नों की माँग भी बढ़ती गई। किसानों ने कृषि के लिए खेती की सीमाएँ बढ़ा दी। इसके लिए वन साफ किए गए तथा कृषि के लिए भूमि तैयार की गई। चरवाहों में कमी तथा खानाबदोशों और चरवाहों की कार्यविधियों पर प्रतिबंधों ने भी इन लोगों को कृषि अपनाने के लिए मजबूर किया, इससे वनों पर अधिक दबाव पड़ा।

(iv) **व्यावसायिक खेती** 19वीं सदी में यूरोपीय आबादी में भी तेजी से वृद्धि हुई इसलिए यूरोपीय आवश्यकताओं की पूर्ति करने के लिए औपनिवेशिक सरकार ने भारतीय किसानों को व्यावसायिक खेती फसलों; जैसे–पटसन, गन्ना, गेहूँ तथा कपास आदि को प्रोत्साहन देना आरंभ किया। इसके लिए कृषि क्षेत्रों को बढ़ाने के लिए वनों को बड़े पैमाने पर साफ किया गया।

(v) **चाय-कॉफी के बागान** यूरोप में चाय तथा कॉफी की माँग बढ़ती जा रही थी। अतः औपनिवेशिक शासकों ने वनों पर नियंत्रण स्थापित कर लिया और वनों को काटकर विशाल भू-भाग बागान मालिकों को सस्ते दामों पर बेच दिया। इन भू-भागों पर चाय तथा कॉफी के बागान लगाए गए।

(vi) **आदिवासी और किसान** आदिवासी तथा अन्य स्थानीय लोग भी वन क्षेत्रों में कमी के लिए उत्तरदायी हैं। कृषि के व्यवसायीकरण तथा घुमंतू कृषि पर प्रतिबंधों के कारण, इन्होंने नए व्यवसाय अपनाने शुरू किए। इन्होंने व्यवसायी कृषि के लिए वनों को साफ किया। इसके अतिरिक्त विदेशियों के आने के कारण इनकी जनसंख्या भी बढ़ी, जिससे वनों पर अधिक दबाव पड़ा।

**4. युद्धों से जंगल क्यों प्रभावित होते हैं?**

**उत्तर** युद्धों का निम्नलिखित कारणों से वनों पर बुरा प्रभाव पड़ता है

(i) युद्ध में उपयोगी जंगी जहाज की पूर्ति के लिए पेड़ों को अधिक संख्या में काटा जाता है।

(ii) युद्ध के समय सरकारें लकड़ी के विशाल भंडारों तथा आरा मिलों को स्वयं भी जला डालती हैं, ताकि ये संसाधन शत्रु के हाथ न लग जाएँ। इसे 'भस्म कर भागो' नीति कहते हैं। इंडोनेशिया के डच शासकों ने यही नीति अपनाई थी। वे अपने वन संसाधनों को जापान के हाथों में जाने से रोकना चाहते थे।

(iii) युद्ध के दौरान वन में हुए नुकसान को बहुत समय के बाद पुनर्निर्मित किया जाता है।

# परीक्षा अभ्यास

## वस्तुनिष्ठ प्रश्न

### बहुविकल्पीय प्रश्न

**1.** वन उन्मूलन से आशय है
(a) वनों के लुप्त होने की प्रक्रिया
(b) अनियोजित ढंग से वनों की कटाई
(c) कृषि के लिए वृक्षों की कटाई
(d) उपरोक्त सभी

**उत्तर** (a) वनों के लुप्त होने की प्रक्रिया

**2.** निम्नलिखित में से कौन वन उन्मूलन के कारण थे?
(a) कृषि के लिए भूमि
(b) शाही सेना के लिए लकड़ी की आपूर्ति
(c) रेलवे लाइनों का प्रसार
(d) उपरोक्त सभी

**उत्तर** (d) उपरोक्त सभी

**3.** खेती के विकास को किसका सूचक माना जाता है?
(a) पर्यावरण हितैषी का सूचक
(b) प्रसार का सूचक
(c) विकास का सूचक
(d) भुखमरी को खत्म करने का सूचक

**उत्तर** (c) विकास का सूचक

**4.** ब्रिटिश सरकार ने डायट्रिच ब्रैंडिस नामक किस देश के विशेषज्ञ को वन महानिदेशक नियुक्त किया?
(a) जापान के (b) इंग्लैंड के
(c) जर्मन के (d) फ्रांस के

**उत्तर** (c) जर्मन के

**5.** भारतीय वन सेवा की स्थापना किस वर्ष की गई थी?
(a) 1870 ई. में (b) 1864 ई. में
(c) 1861 ई. में (d) 1859 ई. में

**उत्तर** (b) 1864 ई. में

**6.** किन वन अधिनियम में जंगलों को आरक्षित, सुरक्षित एवं ग्रामीण श्रेणियों में बाँटा गया?
(a) 1865 में (b) 1878 में
(c) 1927 में (d) 1864 में

**उत्तर** (b) 1878 में

**7.** झूम खेती के पश्चात् भूमि को कितने वर्षों के लिए छोड़ दिया जाता था?
(a) 12 से 18 वर्ष (b) 18 से 22 वर्ष
(c) 10 से 15 वर्ष (d) 8 से 10 वर्ष

**उत्तर** (a) 12 से 18 वर्ष

**8.** निम्न में से कौन झूम का स्थानीय नाम है?
(a) धया (b) पेंदा
(c) बेवर (d) ये सभी

**उत्तर** (d) ये सभी

**9.** वन नीति के विरोध को लेकर बिरसा मुंडा ने किस क्षेत्र में विद्रोह किया था?
(a) संथाल क्षेत्र में (b) छोटानागपुर क्षेत्र में
(c) राँची क्षेत्र में (d) बस्तर क्षेत्र में

**उत्तर** (b) छोटानागपुर क्षेत्र में

**10.** विश्व बैंक ने 1970 में कागज उद्योग के लिए वनों में किस पेड़ को लगाने पर बल दिया था?
(a) देवदार (b) साल
(c) सागौन (d) शीशम

**उत्तर** (a) देवदार

**11.** भारतीय वन्य कानून और किस देश के वन कानून में समानताएँ थीं?
(a) जावा (b) इंडोनेशिया
(c) श्रीलंका (d) सुमात्रा

**उत्तर** (b) इंडोनेशिया

**12.** भारत के किस क्षेत्र के वनों का संरक्षण पवित्र बगीचा के रूप हुआ?
(a) मिजोरम एवं केरल
(b) नागालैंड एवं मणिपुर
(c) असम एवं मेघालय
(d) सिक्किम एवं पश्चिम बंगाल

**उत्तर** (a) मिजोरम एवं केरल

**13.** निम्नलिखित में से कौन-सा कथन व्यावसायिक वानिकी से संबंधित नहीं है?
(a) ब्रिटिश सरकार ने डायट्रिच ब्रैंडिस को भारत का पहला वन महानिदेशक नियुक्त किया था
(b) डायट्रिच ब्रैंडिस ने भारतीयों को वन प्रबंधन के लिए प्रशिक्षित किया
(c) भारत में वर्ष 1968 में भारतीय सेवा की स्थापना की गई थी
(d) वन प्रबंधन से संबंधित इम्पीरियल फॉरेस्ट रिसर्च इंस्टीट्यूट देहरादून में स्थित है

**उत्तर** (c) भारत में वर्ष 1968 में भारतीय सेवा की स्थापना की गई थी

**14.** निम्नलिखित में से कौन-सा कथन रेलवे लाइनों के प्रसार से संबंधित है?

(a) 1860 के दशक में रेलवे लाइनों का प्रसार तेजी से हो रहा था

(b) रेलवे में लकड़ी का प्रयोग केवल ईंधनों के उपयोग के लिए किया जाता है

(c) भारत में 1890 तक लगभग 30000 किमी लंबी रेललाइन बिछाई जा चुकी थी

(d) रेल लाइनों के प्रसार ने वन प्रबंधन को प्रोत्साहित किया था

**उत्तर** (a) 1860 के दशक में रेलवे लाइनों का प्रसार तेजी से हो रहा था

**15.** निम्नलिखित में से कौन-सा कथन जावा लकड़हारा समुदाय से संबंधित है?

1. जावा में कलांग समुदाय के लोग कुशल लकड़हारे थे।
2. जब वर्ष 1755 में जावा की माताराम रियासत बँटी तो 6000 कलांग परिवार को दोनों राज्यों में बराबर बाँट दिया गया।
3. कलांग समुदाय सागौन की कटाई में निपुण थे।

**कूट**

(a) 1 और 2 (b) 2 और 3
(c) 1 और 3 (d) ये सभी

**उत्तर** (a) 1 और 2

**16.** निम्नलिखित में से कौन-सा कथन वन के उपयोग से संबंधित नहीं है?

1. वन खाद्य आपूर्ति में महत्त्वपूर्ण भूमिका निभाता है।
2. वन से प्राप्त लकड़ी का प्रयोग विभिन्न प्रकार के उपकरणों को बनाने के लिए किया जाता है।
3. वनों के संसाधनों से डिस्पोजेबल सामान नहीं बनाए जा सकते हैं।

**कूट**

(a) 1 और 2 (b) 1 और 3
(c) 1 और 3 (d) ये सभी

**उत्तर** (d) ये सभी

**17.** क्रम में व्यवस्थित करें

1. डायट्रिच ब्रैंडिस प्रथम वन महानिदेशक नियुक्त
2. भारतीय अधिनियम
3. जंगलों को आरक्षित, सुरक्षित एवं ग्रामीण श्रेणियों में विभाजन

**कूट**

(a) 1, 2, 3 (b) 3, 2, 1
(c) 2, 3, 1 (d) 1, 3, 2

**उत्तर** (a) 1, 2, 3

**18.** क्रम में व्यवस्थित करें

1. कलांगों का डचों के विरुद्ध विद्रोह
2. डचों द्वारा वन कानून के द्वारा जंगलों पर नियंत्रण
3. ब्लैंडाँगडिएन्स्टेन प्रणाली

**कूट**

(a) 3, 2, 1 (b) 1, 2, 3
(c) 2, 3, 1 (d) 1, 3, 2

**उत्तर** (b) 1, 2, 3

**19.** निम्नलिखित कथनों की सहायता से स्थान की पहचान करें

- यह क्षेत्र छत्तीसगढ़ के सबसे दक्षिणी छोर पर स्थित है।
- इस क्षेत्र का केंद्रीय भाग पठारी है।
- इस क्षेत्र में विभिन्न आदिवासी समुदाय; जैसे—यरिया युरिया, गोंड आदि रहते हैं।

(a) छोटानागपुर (b) बस्तर
(c) अरावली क्षेत्र (d) पश्चिमी घाट

**उत्तर** (b) बस्तर

**20.** निम्नलिखित कथनों की सहायता से कृषि पद्धति की पहचान करें

- एशिया, अफ्रीका व दक्षिण अमेरिका के अनेक भागों में यह खेती का एक परंपरागत तरीका है।
- दक्षिण-पूर्व एशिया से इसे लांदिग के नाम से जाता जाता है।
- इस पद्धति के अंतर्गत जंगल के कुछ भागों को बारी-बारी से काटा जाता है।

(a) झूम खेती (b) सहकारी खेती
(c) मिश्रित खेती (d) जैविक खेती

**उत्तर** (a) झूम खेती

**21.** निम्नलिखित युग्मों में से सही युग्म की पहचान करें

| | घटनाक्रम | | दशक |
|---|---|---|---|
| (a) | रेल लाइनों के लिए लकड़ी की माँग | – | 1860 के दशक में |
| (b) | भारत में रेल लाइनों का विस्तार | – | 1870 के दशक में |
| (c) | भारत में खेती योग्य भूमि का विस्तार | – | 1880 के दशक में |
| (d) | खोजी दस्तों द्वारा भारत में वन संपदा का अन्वेषण | – | 1890 के दशक में |

**उत्तर** (c) भारत में खेती योग्य भूमि का विस्तार – 1880 के दशक में

**22.** निम्नलिखित युग्मों में से गलत युग्म की पहचान करें

(a) स्लीपर – रेल में आराम के लिए बनाई गई सीट
(b) परती भूमि – समय अंतराल के बाद भूमि विशेष पर कृषि
(c) भाबर – हिमालय का गिरिपद क्षेत्र
(d) सामिन आन्दोलन – जावा लोगों द्वारा डच लोगों के विरुद्ध

**उत्तर** (a) स्लीपर – रेल में आराम के लिए बनाई गई सीट

## चित्र आधारित प्रश्न

**23.** चित्र में दिखाई गई उस प्रणाली और उस देश का नाम बताइए, जिसने इसे अपनाया

(a) बर्मा, टौंग्या खेती (b) थाइलैंड, टौंग्या खेती
(c) जावा, स्थानांतरित खेती (d) भारत, स्थानांतरित खेती

*उत्तर* (a) बर्मा, टौंग्या खेती

**24.** छोटा मछुआरा क्या ले जा रहा है?

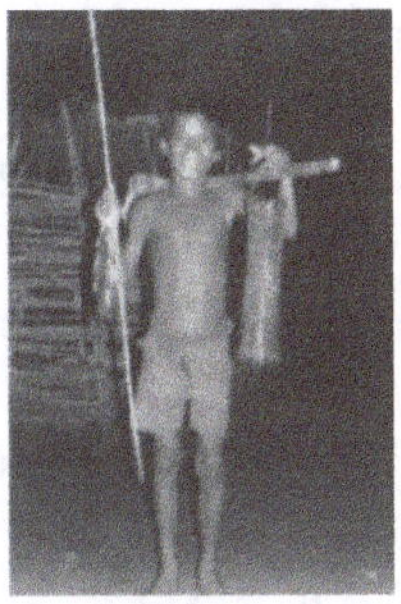

(a) मछली पकड़ने का जाल (b) बाँस का फंदा
(c) मछली पकड़ने की छड़ (d) ये सभी

*उत्तर* (b) बाँस का फंदा

## सुमेलित करें

**25.** सुमेलित कीजिए

| सूची I | सूची II |
|---|---|
| A. डायट्रिच ब्रैंडिस | 1. पहले वन महानिदेशक |
| B. बिरसा मुंडा | 2. वन समुदाय के विद्रोही नेता |
| C. सुरोंतिको सामिन | 3. जावा के क्रांतिकारी |

कूट

| | A | B | C |
|---|---|---|---|
| (a) | 3 | 2 | 1 |
| (b) | 1 | 2 | 3 |
| (c) | 1 | 3 | 2 |
| (d) | 2 | 1 | 3 |

*उत्तर* (b) 1 2 3

**26.** सुमेलित कीजिए

| सूची I | सूची II |
|---|---|
| A. रेलवे का तेजी से विस्तार | 1. 1850 ई. |
| B. भारतीय वन सेवा का प्रारंभ | 2. 1864 ई. |
| C. भारतीय वन अधिनियम | 3. 1865 ई. |

कूट

| | A | B | C |
|---|---|---|---|
| (a) | 1 | 2 | 3 |
| (b) | 3 | 2 | 1 |
| (c) | 2 | 1 | 3 |
| (d) | 2 | 3 | 1 |

*उत्तर* (b) 1 2 3

## रिक्त स्थान भरें

**27.** प्रथम इंपीरियल फॉरेस्ट रिसर्च इंस्टीट्यूट की स्थापना 1906 ……… में हुई थी।

*उत्तर* देहरादून

**28.** शिकार करने के अवैध माध्यम को उपनिवेशवादियों द्वारा ………… कहा गया।

*उत्तर* पोचिंग

**29.** संथाल, उराँव और गोंड जैसे आदिवासी पुरुषों एवं महिलाओं को ………… के चाय बागानों में भर्ती किया गया।

*उत्तर* असम

**30.** आंध्र प्रदेश में ………… नई वन नीति के खिलाफ विद्रोह किया था।

*उत्तर* अल्लूरी सीताराम राजू

## सही और पुनः लिखें

**31.** जावा के कलांग नामक समुदाय के लोग कुशल मछुहारे तथा कृषक थे।

*उत्तर* जावा के कलांग नामक समुदाय के लोग कुशल लकड़हारे तथा कृषक थे।

**32.** इंग्लैंड के प्रभुत्व से पहले जावा में डचों ने भस्म कर भागो नीति अपनाई थी।

*उत्तर* जापान के प्रभुत्व से पहले जावा में डचों ने भस्म कर भागो की नीति अपनाई थी।

**33.** मिजोरम से लेकर केरल तक के वन केवल इस कारण बच गए कि इसे पवित्र वन समझकर रक्षा की गई।

*उत्तर* मिजोरम से लेकर केरल तक के वन केवल इस कारण से बच गए कि इसे पवित्र बगीचा समझकर इसकी रक्षा की गई।

**34.** यूरोपीय उपनिवेशवाद का सर्वाधिक प्रभाव कृषि पर पड़ा था।

*उत्तर* यूरोपीय उपनिवेशवाद का सर्वाधिक प्रभाव झूम कृषि पर पड़ा।

## कथन/कारण

**35.** **कथन** (A) 1850 ई. में रेल लाइनों के प्रसार ने लकड़ी की माँग को बढ़ा दिया था।

**कारण** (R) क्योंकि रेलवे के प्रसार ने औपनिवेशिक शक्ति के व्यापार को बढ़ा दिया था।

कूट

(a) A और R दोनों सत्य हैं तथा R, A की सही व्याख्या है
(b) A और R दोनों सत्य हैं, परंतु R, A की सही व्याख्या नहीं है

(c) A सत्य है, किंतु R असत्य है
(d) A असत्य है, किंतु R सत्य है

उत्तर (a) A और R दोनों सत्य हैं तथा R, A की सही व्याख्या है

**36.** **कथन** (A) भारत में 1865 ई. को वन अधिनियम लागू किया गया।
**कारण** (R) क्योंकि इससे पहले वनों में ग्रामीणों के अलग-अलग नियम चलते थे।
**कूट**
(a) A और R दोनों सत्य हैं तथा R, A की सही व्याख्या है
(b) A और R दोनों सत्य हैं, परंतु R, A की सही व्याख्या नहीं है
(c) A सत्य है, किंतु R असत्य है
(d) A असत्य है, किंतु R सत्य है

उत्तर (b) A और R दोनों सत्य हैं, परंतु R, A की सही व्याख्या नहीं है

## अतिलघु उत्तरीय प्रश्न

**1.** वन अधिनियम के अंतर्गत सर्वोत्तम वनों को क्या नाम दिया गया?
उत्तर वन अधिनियम के अंतर्गत सर्वोत्तम वनों को आरक्षित वन कहा गया।

**2.** वनों की सुरक्षा के लिए बनाया गया अधिनियम कौन-सा था?
उत्तर वनों की सुरक्षा के लिए बनाया गया अधिनियम भारतीय वन अधिनियम, 1865 था।

**3.** आरक्षित वन से क्या अभिप्राय है?
उत्तर ये सर्वोत्तम वन थे, जो व्यावसायिक दृष्टि से मूल्यवान लकड़ी प्रदान करते थे। इनमें किसी भी व्यक्ति का प्रवेश वर्जित होता था।

**4.** वैज्ञानिक वानिकी से क्या अभिप्राय है?
उत्तर वैज्ञानिक वानिकी में प्राकृतिक वनों को काट दिया जाता था और उनके स्थान पर व्यावसायिक वृक्ष लगाए जाते थे।

**5.** वन अधिनियम, 1878 के अंतर्गत वन श्रेणियों के नाम बताइए।
उत्तर वन अधिनियम, 1878 के अंतर्गत वन श्रेणियों के नाम निम्नलिखित हैं
(i) आरक्षित वन
(ii) सुरक्षित वन
(iii) ग्रामीण वन

**6.** बाँस का उपयोग वनों में क्यों करते थे?
उत्तर बाँस का उपयोग वनों में बाड़ा बंदी के लिए करते थे।

**7.** डायट्रिच ब्रैंडिस के किन्हीं दो सुझावों को लिखिए।
उत्तर डायट्रिच ब्रैंडिस के दो सुझाव निम्नलिखित थे
(i) लोगों को वन संरक्षण विज्ञान में प्रशिक्षित करना आवश्यक समझा।
(ii) जंगलों के प्रबंधन के लिए एक व्यवस्थित तंत्र को विकसित करना।

**8.** गुंडाधूर कौन था?
उत्तर गुंडाधूर काँगेर वन के धुरव समुदाय का जनजातीय नेता था। उसके कुशल नेतृत्व में जनजातियों ने अंग्रेजों की अन्यायपूर्ण नीतियों से विद्रोह किया था।

**9.** बस्तर कहाँ पर स्थित है?
उत्तर बस्तर छत्तीसगढ़ के सबसे दक्षिणी सिरे पर आंध्र प्रदेश, ओडिशा व महाराष्ट्र की सीमाओं से सटा हुआ क्षेत्र है।

**10.** कलांग कौन थे?
उत्तर कलांग जावा में एक समुदाय था। इस समुदाय के लोग वन कटान का कार्य और कृषि अंतरण की व्यवस्था करते थे।

**11.** गोंड वन्य समुदाय भारत के किस राज्य से संबंधित हैं?
उत्तर गोंड वन्य समुदाय भारत के छत्तीसगढ़ राज्य से संबंधित हैं।

**12.** इंडोनेशिया में औपनिवेशिक सत्ता का नाम बताइए।
उत्तर इंडोनेशिया में औपनिवेशिक सत्ता का नाम डच है।

**13.** देवसारी या दांड क्या है?
उत्तर यदि एक गाँव के लोग दूसरे गाँव में जंगल से थोड़ी लकड़ी लेना चाहते हैं, तो इसके बदले में वे एक छोटा-सा शुल्क अदा करते हैं, इसे देवसारी दांड कहते हैं।

**14.** सेमूर पेड़ों की काँटेदार छाल का प्रयोग किस प्रकार किया जाता था?
उत्तर सेमूर पेड़ों की काँटेदार छाल का प्रयोग सब्जियाँ छीलने के लिए किया जाता था।

**15.** 17वीं सदी में वन विनाश के लिए उत्तरदायी कारण क्या थे? किन्हीं दो की चर्चा कीजिए।
उत्तर 17वीं सदी में वन विनाश के दो उत्तरदायी कारण निम्नलिखित हैं
(i) औद्योगीकरण (ii) बढ़ती जनसंख्या

**16.** उपनिवेशी शासक वनों को उत्पादनहीन क्यों मानते थे?
उत्तर उपनिवेशी शासक वनों को जंगल समझते थे, जिसे कृषि के अंतर्गत लाने पर जोर देते थे, ताकि कृषि उत्पादन और आय बढ़ सके और देश की आय में वृद्धि हो सके।

## लघु उत्तरीय प्रश्न

**1.** वन उन्मूलन किसे कहते हैं? वन उन्मूलन होने के कोई दो कारण बताइए।
उत्तर वनों के लुप्त होने की प्रक्रिया को वन उन्मूलन या वन विनाश कहते हैं। भारत में वन विनाश की प्रक्रिया वर्षों पहले प्रारंभ हुई थी। औपनिवेशिक शासन के अधीन यह अधिक व्यवस्थित एवं व्यापक हो गई। वन उन्मूलन होने के दो कारण निम्नलिखित हैं
(i) **कृषि के लिए भूमि** समय के साथ जिस प्रकार जनसंख्या बढ़ती गई, उसी प्रकार भोजन की माँगें भी बढ़ने लगीं। परिणामस्वरूप कृषक अधिक उत्पादन के लिए जंगलों को साफ करके खेती करने लगे।

(ii) **शाही नौसेना के लिए लकड़ी आपूर्ति** 19वीं शताब्दी में इंग्लैंड की शाही नौसेनाओं के जहाजों के लिए मजबूत और टिकाऊ लकड़ी की आपूर्ति की आवश्यकता थी। शाही नौसेना के लिए लकड़ी की आपूर्ति के लिए वनों का कटान किया गया।

**2.** **भारत में व्यावसायिक वानिकी के उदय पर संक्षिप्त टिप्पणी लिखिए।**

**उत्तर** स्वतंत्रता पूर्व जब भारत में जंगलों को तेजी से काटा जा रहा था, तब ब्रिटिश सरकार ने डायट्रिच ब्रैंडिस नामक एक जर्मन विशेषज्ञ को देश का पहला वन महानिदेशक नियुक्त किया। ब्रैंडिस को आभास हुआ कि व्यवस्थित ढंग से जंगलों के प्रबंधन एवं संरक्षण के लिए यहाँ के लोगों को प्रशिक्षित करना आवश्यक है तथा वनों की कटाई एवं पशुओं को चराने जैसी गतिविधियों पर पाबंदी लगाकर ही जंगलों को लकड़ी उत्पादन के लिए आरक्षित किया जा सकेगा। इन प्रयासों से ब्रैंडिस ने भारतीय वन अधिनियम, 1865 को सूत्रबद्ध किया। इसके अंतर्गत वन विभाग के अधिकारियों ने जंगलों का सर्वेक्षण किया तथा विभिन्न किस्म के पेड़ों वाले क्षेत्र की माप की और वन प्रबंधन की योजनाएँ बनाईं। उन्होंने यह भी तय किया कि बागान का कितना हिस्सा प्रतिवर्ष काटा जाएगा। इस प्रकार भारत में व्यावसायिक वानिकी का उदय हुआ है।

**3.** **भारत में 1878 ई. के वन अधिनियम के किन्हीं तीन सुधार प्रावधानों का उल्लेख कीजिए।**

**उत्तर** भारत में 1878 ई. के वन अधिनियम के तीन प्रमुख सुधार प्रावधान निम्नलिखित हैं

(i) भारतीय वनों को तीन भागों में विभक्त किया गया
(क) आरक्षित (ख) सुरक्षित (ग) ग्रामीण

(ii) सर्वश्रेष्ठ एवं घने जंगलों को आरक्षित वन की श्रेणी में रखा गया है। ग्रामीण क्षेत्र में रहने वाले लोग इन जंगलों से अपने उपयोग के लिए कोई भी सामान नहीं ले सकते थे।

(iii) ग्रामीण क्षेत्रों में निवास करने वाले व्यक्ति घर बनाने के लिए सामुदायिक या ग्रामीण वनों से ही लकड़ियाँ प्राप्त कर सकते थे।

**4.** **वन अधिनियम के पश्चात् शिकार पर पड़े प्रभावों को बताइए।**

**उत्तर** वन अधिनियम के पश्चात् शिकार पर पड़े प्रभाव निम्न हैं

- वन अधिनियम से पूर्व जंगलों में या उसके आस-पास खेती करने वाले लोग छोटे जानवरों को शिकार कर अपना जीवन-यापन करते थे। यह पारंपरिक प्रथा नए अधिनियम के अनुसार गैर-कानूनी हो गई थी।
- वन कानूनों ने लोगों को शिकार के परंपरागत अधिकार से वंचित किया, जिसके परिणामस्वरूप शिकार करते हुए पकड़े जाने वालों को अवैध शिकार के लिए दंडित किया जाने लगा। शिकार करने के इस अवैध माध्यम को उपनिवेशवादियों द्वारा पोचिंग कहा गया।
- अंग्रेजों के अनुसार, बड़े जंगली जानवर बर्बर एवं आदिम समाज के प्रतीक चिह्न थे। औपनिवेशिक शासन के दौरान शिकार का चलन बड़े पैमाने पर हुआ, जिसके परिणामस्वरूप कई प्रजातियाँ लगभग संपूर्ण रूप से समाप्त हो गईं। इनका यह मानना था कि ये खतरनाक जानवरों को मारकर भारत को सभ्य बना रहे हैं।

**5.** **बस्तर के लोग वनों की रक्षा किस प्रकार करते हैं?**

**उत्तर** बस्तर के लोग मानते हैं कि प्रत्येक गाँव को उसकी जमीन धरती माँ से मिली है और बदले में लोग प्रत्येक खेतिहर त्योहार पर धरती को चढ़ावा चढ़ाते हैं। यहाँ के लोग सीमाओं के भीतर समस्त प्राकृतिक संपदाओं की देखभाल करते हैं। यदि एक गाँव के लोग दूसरे गाँव के जंगल से थोड़ी लकड़ी लेना चाहते हैं, तो इसके बदले उन्हें देवसारी या दांड या मान नामक शुल्क देना पड़ता था।
कुछ गाँव के लोग अपने जंगलों की रक्षा के लिए चौकीदार रखते हैं जिन्हें वेतन के रूप में हर घर से थोड़ा- थोड़ा अनाज दिया जाता है। यहाँ प्रत्येक वर्ष एक बड़ी सभा का आयोजन होता है जहाँ परगने के गाँवों के मुखिया एकत्र होते हैं और जंगल सहित दूसरे मुद्दों पर अहम चर्चा होती है।

**6.** **वन अधिनियम का लोगों के जीवन पर क्या प्रभाव पड़ा?**

**उत्तर** वन अधिनियम ने निम्नलिखित प्रकार से वनों में रहने वाले लोगों के लिए परेशानियाँ उत्पन्न की थीं

(i) इस अधिनियम के प्रावधानों ने वनों पर स्थानीय लोगों के पारंपरिक अधिकारों को प्रतिबंधित किया।

(ii) वन में रहने वाले समुदायों की अधिकांश पारंपरिक गतिविधियों को इस अधिनियम द्वारा अवैध घोषित किया गया।

(iii) जंगल में रहने वाले गार्डों ने उन स्थानीय लोगों से रिश्वत लेना प्रारंभ कर दिया, जो जंगल में लकड़ी की चोरी करते हुए पकड़े जाते थे।

(iv) इस अधिनियम के कारण वनों में रहने वाले लोगों को अपना पेशा बदलना पड़ा।

(v) घुमंतू खेती करने वाले वनवासियों के लिए यह अधिनियम उनकी आजीविका छिनने वाला सिद्ध हुआ।

**7.** **वैज्ञानिक वानिकी के दोषों का वर्णन संक्षेप में कीजिए।**

**उत्तर** वैज्ञानिक वानिकी के दोष निम्नलिखित थे

(i) इस पद्धति में विविध प्रजाति के प्राकृतिक वनों का नुकसान हुआ, क्योंकि वनों की व्यापक पैमाने पर कटाई हुई।

(ii) इस पद्धति में ऐसे पेड़ों को जंगलों में लगाया गया, जिनसे सिर्फ इमारती लकड़ियाँ प्राप्त हों। इससे अनेक समुदायों की जीविका खत्म हो गई।

(iii) विविध प्रजाति वाले प्राकृतिक वनों के स्थान पर एक ही किस्म के पेड़ लगाने से पारिस्थितिकी संतुलन पर भी दुष्प्रभाव पड़ा।

(iv) चरागाहों की समाप्ति हो गई, क्योंकि वहाँ पर वाणिज्यिक पेड़-पौधे लगाए जाने लगे।

(v) लोगों को ईंधन के लिए सामान्य पौधे अनुपलब्ध हुए।

**8.** **औपनिवेशिक शासन के समय कई कारणों से खेती का विस्तार हुआ, जिससे वनों का विनाश भी हुआ। चर्चा कीजिए।**

**उत्तर** औपनिवेशिक शासन के समय खेती का विस्तार हुआ, जिसके परिणामस्वरूप वनों का पर्याप्त विनाश भी हुआ।

इसके निम्न कारण थे

(i) यूरोप में कारखानों की संख्या बढ़ रही थी। औद्योगिक उत्पादन के लिए कच्चे माल की जरूरत थी। खाद्यान्न फसलों की भी अत्यधिक माँग थी।

(ii) माँगों को पूरा करने के लिए अंग्रेजों ने खाद्यान्न फसलों के उत्पादन को प्रोत्साहन दिया; जैसे–गेहूँ, चावल, मक्का आदि।

(iii) इसके साथ ही अंग्रेजों ने वाणिज्यिक फसलों; जैसे–गन्ना, कॉफी, चाय, रबड़ आदि के उत्पादन पर भी बल दिया, जिससे खेती योग्य भूमि की आवश्यकता बढ़ी तथा वनों का सफाया किया गया।

(iv) उत्पादन को बढ़ाने के लिए खेती योग्य जमीन की आवश्यकता थी।

**9.** **प्रथम तथा द्वितीय विश्वयुद्ध का वनों पर क्या प्रभाव पड़ा?**

**उत्तर** प्रथम विश्व युद्ध के दौरान भारत में सभी चालू कार्ययोजनाओं को स्थगित करके वन विभाग ने अंग्रेजों की जंगी जरूरतों को पूरा करने के लिए अंधाधुंध पेड़ काटे। विश्व युद्ध में जावा पर जापानियों के कब्जे से पहले डचों ने 'भस्म कर भागो' नीति अपनाई जिसके अंतर्गत बहुत से पेड़ों के लट्ठों को जलाया गया। इसके बाद जापानियों ने वनवासियों को जंगल काटने के लिए बाध्य करके अपने युद्ध उद्योगों के लिए जंगलों का निर्मम दोहन किया।

इंडोनेशिया के बहुत से गाँव वालों ने इस अवसर का लाभ उठाकर जंगल में खेती का विस्तार किया। युद्ध के बाद इंडोनेशियाई वन सेवा के लिए इस जमीन को वापस हासिल कर पाना मुश्किल था। भारत की तरह यहाँ भी जमीन को नियंत्रित करने तथा लोगों को उससे बाहर रखने की वन विभाग की जिद के बीच टकराव पैदा हुआ।

## दीर्घ उत्तरीय प्रश्न

**1.** **भारतीय वन सेवा की स्थापना किसने और किस वर्ष की? प्रबंधन के विषय में उसके क्या विचार थे?**

**उत्तर** डायट्रिच ब्रैंडिस ने भारतीय वन सेवा की स्थापना 1864 ई. में की थी। यह एक जर्मन वानिकी विशेषज्ञ थे, जिन्हें देश का पहला वन महानिदेशक नियुक्त किया गया था।

वन प्रबंधन के संबंध में उनके प्रमुख विचार इस प्रकार थे

- वनों के प्रबंधन के लिए उचित प्रणाली अपनानी होगी और लोगों को वन संरक्षण विज्ञान में प्रशिक्षित करना होगा।
- इस प्रणाली के अंतर्गत कानूनी प्रतिबंध लगाने होंगे।
- वन संसाधनों के संबंध में नियम बनाने होंगे।
- वनों को इमारती लकड़ी के उत्पादन के लिए संरक्षित करना होगा। इस उद्देश्य से वनों में वृक्ष काटने तथा पशुचारण को सीमित करना होगा।
- जो व्यक्ति नई प्रणाली के नियमों की परवाह न करते हुए वृक्ष काटता है, उसे दंडित करना होगा।
- प्रबंधन के अंतर्गत वन विभाग के अधिकारियों ने जंगलों का सर्वेक्षण किया, जिसमें विभिन्न किस्म के पेड़ों वाले क्षेत्रों की माप की और वन प्रबंधन के लिए योजनाएँ बनाईं।
- प्रबंधन के अंतर्गत यह भी तय किया गया कि बागान का कितना क्षेत्र प्रतिवर्ष काटा जाएगा। कटाई के बाद खाली जमीन पर पुनः पेड़ लगाए जाते थे ताकि कुछ ही वर्षों में यह क्षेत्र पुनः कटाई के लिए तैयार हो जाए।

**2.** **बस्तर और जावा के उपनिवेशिक वन प्रबंधन का तुलनात्मक अध्ययन कीजिए।**

**उत्तर** भारत के मध्य में छत्तीसगढ़ राज्य में बस्तर स्थित है, जबकि जावा इंडोनेशिया में स्थित है। औपनिवेशिक काल में भारत अंग्रेजों के अधीन था, जबकि इंडोनेशिया पर डचों का अधिकार था। इन शासकों के अधीन बस्तर और जावा के वन प्रबंधन का निम्न रूप से तुलनात्मक अध्ययन किया जा सकता है

- बस्तर में अंग्रेजों ने वनों पर अपना पूर्ण नियंत्रण रखा था, वहीं जावा में वनों पर पूरा नियंत्रण डचों का था।
- बस्तर और जावा दोनों जगहों पर स्थानीय लोगों द्वारा वनों से लकड़ी काटने पर पूर्ण रूप से रोक लगा दी गई थी।
- बस्तर और जावा में स्थानांतरी कृषि पर पूर्ण प्रतिबंध लगा दिया गया था।
- दोनों क्षेत्रों में रहने वाले लोगों का जीवन-यापन का साधन छिन जाने से जन-आक्रोश फैल गया था।
- बस्तर में विद्रोह का आरंभ काँगेर वनों के धुरवा समुदाय के लोगों ने किया, जबकि जावा में विद्रोह का नेतृत्व रांदुब्लातुंग गाँव के सुरोंतिको सामिन ने किया।
- बस्तर एवं जावा दोनों स्थानों के निवासी वनों से लगाव रखते थे। वन दोनों ही स्थानों की महत्त्वपूर्ण संपत्ति थे अतः दोनों ही स्थानों पर वनों को नुकसान पहुँचाना विद्रोह का कारण बना।

**3.** **वन-विनाश और औपनिवेशिक वन कानूनों के जन-जीवन पर पड़े प्रभावों को स्पष्ट कीजिए।**

**उत्तर** वनों के विनाश और सरकार द्वारा बनाए गए वन कानूनों ने वनों में रहने वाली जनजातियों एवं वनों के सीमांत क्षेत्रों में बसे ग्रामीणों के जीवन को निम्न प्रकार से प्रभावित किया

- **वनों का आरक्षण** नए वन कानूनों ने ग्रामवासियों की समस्याओं को बढ़ा दिया, क्योंकि ग्रामवासी अपनी अधिकांश दैनिक आवश्यकताओं की पूर्ति के लिए वनों पर आश्रित थे, जबकि नए कानून के अनुसार आरक्षित वनों में लकड़ी काटना, कंद-मूल फल इकट्ठा करना तथा पशुचारण आदि गैर-कानूनी घोषित किया गया।
- **स्थानांतरी कृषि पर प्रतिबंध** स्थानांतरी कृषि (घुमंतू कृषि), कृषि की सर्वाधिक प्राचीनतम प्रणालियों में से एक है। इस कृषि प्रणाली में जंगल के कुछ भागों को बारी-बारी से काटा और जलाया जाता है।

- **शिकार पर प्रतिबंध** ब्रिटिश सरकार ने वनों और सीमांत क्षेत्रों में शिकार पर पूर्ण पाबंदी लगा दी थी और विभिन्न वन कानूनों के द्वारा इसे गैर-कानूनी घोषित किया गया। प्राचीन काल से ही वनवासी अपने भोजन के लिए छोटे-छोटे वन्य जीवों पर आश्रित थे, परंतु वन कानूनों ने उनकी पारंपरिक प्रथा को गैर-कानूनी बना दिया।
- **व्यवसाय परिवर्तन** भारत में प्राचीन काल से वन उत्पादों का व्यापार बड़े पैमाने पर होता रहा है। घुमंतू समुदायों द्वारा वन उत्पादों; जैसे- बाँस, मसाले, गोंद, राल, खाल, सींग, हाथीदाँत और रेशम के कोर्म आदि की बिक्री एक सामान्य प्रक्रिया थी, परंतु औपनिवेशिक शासन में यह व्यवसाय पूरी तरह अंग्रेजों के नियंत्रण में चला गया।

**4. औपनिवेशिक काल में वन प्रबंधन में आए परिवर्तन ने किन समूहों को और किस प्रकार प्रभावित किया?**

*उत्तर* औपनिवेशिक काल में वन प्रबंधन में आए परिवर्तनों ने झूम खेती करने वाले, बस्तर आदिवासियों, बागान मालिकों एवं व्यापार करने वाली कंपनियों को प्रभावित किया था। इन परिवर्तनों ने समूहों को निम्न प्रकार से प्रभावित किया

- **झूम खेती करने वालों को** औपनिवेशिक शासकों ने झूम खेती पर प्रतिबंध लगाने का निर्णय लिया। इससे जंगलों में जो स्थानांतरी कृषिकर्ता थे, उन्हें अपने पैतृक घरों को छोड़ने के लिए मजबूर होना पड़ा। कई बड़े काश्तकारों को अपने व्यवसाय मजबूर होकर बदलने पड़े, परिणामस्वरूप कुछ किसानों ने इसके विरोध में विद्रोह कर दिया।
- **बस्तर के आदिवासियों को** बस्तर में रहने वाले मारिया, मुरिया, गोंड एवं धुरवा आदि आदिवासी समुदायों को औपनिवेशिक वन प्रबंधन में आए बदलावों ने अत्यधिक प्रभावित किया। सरकार द्वारा दो-तिहाई जंगली भाग को संरक्षित रखने, स्थानांतरी कृषि पर प्रतिबंध, शिकार एवं जंगली उत्पादों के संग्रहण पर रोक आदि के कारण इन समुदायों को अनेक समस्याओं का सामना करना पड़ा।
- **लकड़ी और वन उत्पादों का व्यापार करने वाली कंपनियों को** इन कंपनियों को अत्यधिक लाभ पहुँचाया गया। उन्हें ब्रिटिश सरकार का पूरा-पूरा समर्थन प्राप्त था। वनों पर वन विभाग का नियंत्रण हो जाने के पश्चात् वन उत्पादों के व्यापार को अत्यधिक बल मिला। ब्रिटिश सरकार ने कुछ विशेष क्षेत्रों में व्यापार के अधिकार यूरोपीय कंपनियों को दे दिए।
- **बागान मालिकों को** अधिकांश बागान मालिक यूरोपीय थे। वे चाय, कॉफी और नील आदि की खेती करके अधिक-से-अधिक लाभ कमाते थे। औपनिवेशिक काल में वन प्रबंधन में आए परिवर्तनों के बाद बागान मालिकों ने स्थानीय लोगों व भूमिहीन श्रमिकों का शोषण करना शुरू कर दिया तथा उत्पादों के निर्यात से बहुत धन कमाया।

**5. वनों पर वन विभाग के नियंत्रण ने लोगों को किस प्रकार प्रभावित किया? सविस्तार वर्णन करें।**

*उत्तर* भारत में जंगल पर वन विभाग के नियंत्रण हो जाने से कई लोगों को नुकसान हुआ, परंतु कुछ लोगों को व्यापार के नए अवसरों का लाभ मिला, जबकि कई समुदाय अपना परंपरागत पेशा छोड़ वन उत्पादों का व्यापार करने लगे। इस प्रकार के कार्य भारत के साथ अन्य देशों में भी देखे गए। 19वीं सदी के मध्य में पहाड़ों पर रहकर मैनियोक उगाने वाले ब्राजीली अमेजन के मुनदुरुकु समुदाय के लोगों ने व्यापारियों को रबड़ की आपूर्ति सुनिश्चित करने के लिए जंगली रबड़ के वृक्षों से लेटेक्स एकत्र करना प्रारंभ कर दिया। कुछ समय पश्चात् ये समुदाय व्यापार के लिए चौकियों की ओर नीचे आ गए और कुछ समय पश्चात् ये व्यापारियों पर निर्भर हो गए।

वनों पर वन विभाग के नियंत्रण के बाद ब्रिटिश सरकार ने यूरोपीय व्यापारिक कंपनियों को विशेष इलाकों में वन उत्पादों के व्यापार की इजारेदारी सौंप दी तथा स्थानीय लोगों पर शिकार करने और पशुओं को चराने पर बंदिशें लगा दी गईं। इसके कारण मद्रास प्रेसीडेंसी के कोरावा, कराचा व येरूकुला जैसे अनेक चरवाहे और घुमंतू समुदाय अपनी आजीविका खो बैठे। वनों पर नियंत्रण ने कुछ लोगों को आजीविका भी प्रदान की, परंतु काम के नए अवसरों से उनकी जीवन स्थिति में कोई महत्त्वपूर्ण बदलाव नहीं हुए। असम के चाय बागानों में काम करने के लिए झारखंड के संथाल और उराँव व छत्तीसगढ़ के गोंड जैसे आदिवासी मर्द व औरतों, दोनों की भर्ती की गई। यहाँ उनकी मजदूरी बहुत कम थी तथा कार्यपरिस्थितियाँ भी उतनी ही खराब थीं। इन आदिवासियों का घर पर वापस आना आसान कार्य नहीं था।

**6. डचों ने किस प्रकार जावा के जंगलों को नियंत्रित किया तथा जावा के जंगलों से अपनी कौन-सी जरूरतों को पूर्ण किया? स्पष्ट करें।**

*उत्तर* 19वीं सदी में डचों ने जावा में वन कानून लागू कर ग्रामीणों की जंगल तक पहुँच को नियंत्रित किया। इसके बाद नाव या घर बनाने जैसे उद्देश्यों के लिए सिर्फ चुने हुए जंगलों से लकड़ी काटी जा सकती थी और वह भी वन विभाग की निगरानी में। ग्रामीण को मवेशी चराने, बिना परमिट लकड़ी ढोने या जंगल से गुजरने वाली सड़क पर घोड़ा-गाड़ी पर चढ़कर आने वाले को दंडित किया जाता था।

भारत की तरह ही यहाँ पर रेल-लाइनों, जहाज के निर्माण ने वन प्रबंधन और वन सेवाओं को लागू करने की आवश्यकता का अनुभव हुआ। 1882 में जावा से 2,80,000 स्लीपरों का निर्यात किया गया। डचों को लकड़ी निर्मित उत्पादों का निर्यात करने के लिए पेड़ काटने, लट्ठों को ढोने और स्लीपर तैयार करने के लिए मजदूरों की आवश्यकता थी। डचों ने पहले तो जंगलों में खेती की जमीनों पर लगान लगा दिया, परंतु कुछ समय के बाद कुछ गाँवों को इस शर्त पर

लगान मुक्त किया गया कि वे सामूहिक रूप से पेड़ काटने और लकड़ी ढोने के लिए भैंसें उपलब्ध कराने का काम मुफ्त में किया करेंगे।

कुछ समय बाद वनवासियों को लगान माफी के बजाय थोड़ा बहुत मेहनताना तो दिया जाने लगा, लेकिन वन-भूमि पर खेती करने के उनके अधिकार काफी हद तक सीमित कर दिए।

## C स्रोत आधारित प्रश्न

निम्नलिखित स्रोतों को ध्यानपूर्वक पढ़कर उन पर आधारित प्रश्नों के उत्तर दीजिए

**1.** 1850 के दशक में रेल लाइनों के प्रसार ने लकड़ी के लिए एक नई तरह की माँग पैदा कर दी। शाही सेना के आवागमन और औपनिवेशिक व्यापार के लिए रेल लाइनें अनिवार्य थीं। इंजनों को चलाने के लिए ईंधन के तौर पर और रेल की पटरियों को जोड़े रखने के लिए 'स्लीपरों' के रूप में लकड़ी की भारी जरूरत थी। एक मील लंबी रेल की पटरी के लिए 1760-2000 स्लीपरों की आवश्यकता पड़ती थी।

भारत में रेल-लाइनों का जाल 1860 के दशक से तेजी से फैला। 1890 ई. तक लगभग 25,500 किमी लंबी लाइनें बिछाई जा चुकी थीं। वर्ष 1946 में इन लाइनों की लम्बाई 7,65,000 किमी तक बढ़ चुकी थी। रेल लाइनों के प्रसार के साथ-साथ बड़ी तादाद में पेड़ भी काटे गए। अकेले मद्रास प्रेसीडेंसी में 1850 के दशक में प्रतिवर्ष 35,000 पेड़ स्लीपरों के लिए काटे गए। सरकार ने आवश्यक मात्रा की आपूर्ति के लिए निजी ठेके दिए। इन ठेकेदारों ने बिना सोचे-समझे पेड़ काटना शुरू कर दिया। रेल लाइनों के इर्द-गिर्द जंगल तेजी से गायब होने लगे।

(i) 1850 के दशक में रेल लाइन के प्रसार को निम्न में से किसके लिए अनिवार्य माना गया था?
(a) शाही सेना के आवागमन के लिए
(b) औपनिवेशिक व्यापार के लिए
(c) उपनिवेशों की स्थापना के लिए
(d) उपरोक्त सभी

**उत्तर** (d) उपरोक्त सभी

(ii) भारत में रेल लाइनों का जाल 1860 के दशक में तेजी से फैला। भारत में पहली रेल .......... तथा .......... के बीच चलाई गई थी।
(a) बंबई, थाणे (b) बंबई, पुणे
(c) कलकत्ता, तालीगंज (d) कलकत्ता, चिटगाँव

**उत्तर** (a) बंबई, थाणे

(iii) भारत में रेल लाइन बिछाने के क्रम में से क्या कार्य किया गया था?
(a) सरकारी मिशनरियों द्वारा पेड़ों को काटा गया
(b) निजी ठेकेदारों द्वारा अत्यधिक संख्या में पेड़ों को काटा गया
(c) ब्रिटिश ईस्ट इण्डिया कम्पनी द्वारा भूमि अधिग्रहण किया गया
(d) मद्रास नगर निगम द्वारा भूमि की घेराबन्दी की गई

**उत्तर** (b) निजी ठेकेदारों द्वारा अत्यधिक संख्या में पेड़ों को काटा गया

(iv) अंग्रेजों ने .......... को पेड़ों को काटने के लिए नियुक्त किया था, लेकिन उनको अपने घर बनाने के लिए पेड़ों को काटने की अनुमति नहीं थी।
(a) वन अधिकारी (b) आदिवासियों
(c) ग्रामीण व्यक्तियों (d) निवेशकों

**उत्तर** (b) आदिवासियों

(v) **कथन** (A) उन्नीसवीं सदी में इंग्लैंड शाही नौसेना के लिए लकड़ी की आपूर्ति में मुश्किल आ खड़ी हुई।
**कारण** (R) इसका प्रमुख कारण इंग्लैंड में बलूत के जंगल का लुप्त होना है।
**कूट**
(a) A और R दोनों सही हैं तथा R, A की सही व्याख्या है
(b) A और R दोनों सही हैं, परंतु R, A की सही व्याख्या नहीं है
(c) A सही है, किंतु R गलत है
(d) A गलत है, किंतु R सही है

**उत्तर** (a) A और R दोनों सही हैं तथा R, A की सही व्याख्या है

(vi) किस दशक में ब्रिटिश सरकार ने हिंदुस्तान की वन संपदा का अन्वेषण करने के लिए एक दल भेजा था?
(a) 1860 में (b) 1870 में
(c) 1820 में (d) 1850 में

**उत्तर** (c) 1820 में

**2.** पहले और दूसरे विश्वयुद्ध का जंगलों पर गहरा असर पड़ा। भारत में तमाम चालू कार्ययोजनाओं को स्थगित करके वन विभाग ने अंग्रेजों की जंगी जरूरतों को पूरा करने के लिए बेतहाशा पेड़ काटे। जावा पर जापानियों के कब्जे से ठीक पहले डचों ने 'भस्म-कर-भागो नीति' (Scorched Earth Policy) अपनाई, जिसके तहत आरा-मशीरों और सागौन के विशाल लट्ठों के ढेर जला दिए गए, जिससे वे जापानियों के हाथ न लग पाएँ।

इसके बाद जापानियों ने वनवासियों को जंगल काटने के लिए बाध्य करके अपने युद्ध उद्योग के लिए जंगलों का निर्मम दोहन किया। बहुत सारे गाँव वालों ने इस अवसर का लाभ उठाकर जंगल में अपनी खेती का विस्तार किया। जंग के बाद इंडोनेशियाई वन सेवा के लिए इन जमीनों को वापस हासिल कर पाना कठिन था।

हिंदुस्तान की ही तरह यहाँ भी खेती योग्य भूमि के प्रति लोगों की चाह और जमीन को नियंत्रित करने तथा लोगों को उससे बाहर रखने की वन विभाग की जिद के बीच टकराव पैदा हुआ।

अस्सी के दशक से एशिया और अफ्रीका की सरकारों को यह समझ में आने लगा कि वैज्ञानिक वानिकी और वन समुदायों को जंगलों से बाहर रखने की नीतियों के चलते बार-बार टकराव पैदा होते हैं। परिणामस्वरूप, वनों से इमारती लकड़ी हासिल करने के बजाय जंगलों का संरक्षण ज्यादा महत्त्वपूर्ण लक्ष्य बन गया है।

(i) जावा पर जापानियों के कब्जे से ठीक पहले डचों ने ········ अपनाई, जिसके तहत आरा मशीनों और सागौन के विशाल लट्ठों के ढेर जला दिए गए, जिससे वे जापानियों के हाथ न लग पाएँ।

(a) पौधा लगाओ-प्रकृति बचाओ नीति
(b) भस्म-कर-भागो नीति
(c) आग लगाओ-राख करो नीति
(d) जंगल दोहन-भस्म नीति

**उत्तर** (b) भस्म-कर-भागो नीति

(ii) भारत में तमाम चालू कार्ययोजनाओं को स्थगित करके वन विभाग ने अंग्रेजों की किन जरूरतों को पूरा करने के लिए बेतहाशा पेड़ काटे?

(a) जंगी (युद्ध संबंधी) जरूरतों के लिए
(b) उपनिवेशिक प्रगति के लिए
(c) वाणिज्य व्यापार के प्रसार के लिए
(d) रेल लाइनों के प्रसार के लिए

**उत्तर** (a) जंगी (युद्ध संबंधी) जरूरतों के लिए

(iii) निम्न में से किसे 1980 के दशक में यह समझ में आने लगा कि वैज्ञानिक वानिकी और वन समुदायों को जंगलों से बाहर रखने की नीतियों के चलते बार-बार टकराव पैदा होते हैं?

(a) एशिया और यूरोप की सरकारों को
(b) एशिया और अफ्रीका की सरकारों को
(c) अमेरिका और रूस की सरकारों को
(d) उपरोक्त सभी

**उत्तर** (b) एशिया और अफ्रीका की सरकारों को

(iv) निम्नलिखित कथनों में से कौन-से कथन विश्वयुद्ध के पश्चात् वानिकी के नए बदलाव से संबंधित नहीं हैं?

1. वन संरक्षण के अंतर्गत ग्रामीणों ने सरना, देवराकुडु कान आदि नामों से पवित्र बगीचों को समझकर उनकी रक्षा की।
2. स्थानीय वन समुदाय और पर्यावरणविद् ने वन प्रबंधन के सुझाव दिए थे।
3. ग्रामीणों के द्वारा स्वयं वनों की रक्षा की गई थी।

**कूट**

(a) 1 और 2 (b) 2 और 3
(c) 1 और 3 (d) ये सभी

**उत्तर** (d) ये सभी

(v) किस देश के ज्यादातर जंगल सुमात्रा कालियांतार व पश्चिम इरियान में स्थित हैं?

(a) इंडोनेशिया (b) फिलिपींस
(c) सिंगापुर (d) ऑस्ट्रेलिया

**उत्तर** (a) इंडोनेशिया

(vi) सुमेलित कीजिए

| **सूची I** (देश) | **सूची II** (तथ्य) |
|---|---|
| A. जावा | 1. चावल उत्पाद द्वीप |
| B. इंडोनेशिया | 2. एक डच उपनिवेश |
| C. भारत | 3. हिमालय से घिरा देश |
| D. जापान | 4. एशिया का विकसित देश |

**कूट**

| | A | B | C | D |
|---|---|---|---|---|
| (a) | 1 | 2 | 3 | 4 |
| (b) | 3 | 2 | 1 | 4 |
| (c) | 2 | 1 | 4 | 3 |
| (d) | 2 | 3 | 1 | 4 |

**उत्तर** (a) 1 2 3 4

**3.** जंगलों पर वन विभाग का नियंत्रण स्थापित हो जाने से लोगों को कई तरह के नुकसान हुए, लेकिन कुछ लोगों को व्यापार के नए अवसरों का लाभ भी मिला। कई समुदाय अपने परंपरागत पेशे छोड़ कर वन-उत्पादों का व्यापार करने लगे। महज हिंदुस्तान ही नहीं, बल्कि दुनियाभर में कुछ ऐसा नजारा दिखता है। उदाहरण के लिए, उन्नीसवीं सदी के मध्य में ऊँची जगहों पर रह कर मैनियोक उगाने वाले ब्राजीली ऐमेजॉन के मुनदुरुकु समुदाय के लोगों ने व्यापारियों को रबड़ की आपूर्ति के लिए जंगली रबड़ के वृक्षों से 'लेटेक्स' एकत्र करना प्रारंभ कर दिया। कालांतर में वे व्यापार चौकियों की ओर नीचे उतर आए और पूरी तरह व्यापारियों पर निर्भर हो गए।

हिंदुस्तान में वन-उत्पादों का व्यापार कोई अनोखी बात नहीं थी। मध्यकाल से ही आदिवासी समुदायों द्वारा बंजारा आदि घुमंतू समुदायों के माध्यम से हाथियों और दूसरे सामान; जैसे—खाल, सींग, रेशम के कोये, हाथी-दाँत, बाँस, मसाले, रेशे घास, गोंद और राल के व्यापार के सबूत मिलते हैं।

(i) मध्यकाल में आदिवासी समुदाय द्वारा किस प्रकार वन उत्पादों का व्यापार किया जाता है?

**उत्तर** भारत के मध्यकाल में आदिवासी समुदाय के माध्यम से हाथियों और दूसरे सामान; जैसे—खाल, सींग, रेशम के कोये, हाथीदाँत, बाँस, मसाले, रेशे, घास, गोंद और राल का व्यापार किया जाता था।

(ii) ब्रिटिश सरकार ने वन संसाधनों को किस प्रकार नियंत्रित किया?

**उत्तर** ब्रिटिश सरकार ने वन संसाधनों को सरकारी नियंत्रण द्वारा प्रबंधित किया। इसके अंतर्गत ब्रिटिश सरकार ने अनेक यूरोपीय व्यापारियों व कंपनियों को विशेष इलाकों में वन-उत्पादों के व्यापार की इजारेदारी सौंप दी तथा स्थानीय लोगों द्वारा शिकार करनेौर प शुओं को चराने पर बंदिशें लगा दी थीं। इस प्रकार, ब्रिटिश सरकार ने अपने लाभ के लिए वनों के संसाधनों को अपने अनुरूप नियंत्रित किया।

(iii) ब्रिटिश काल में असम में चाय बागानों में आदिवासियों की स्थिति किस प्रकार की थी?

**उत्तर** ब्रिटिश काल में असम के चाय बागानों में काम करने के लिए झारखंड के संथाल और उराँव व छत्तीसगढ़ के गोंड जैसे आदिवासी पुरुष व महिलाएँ दोनों की भर्ती की गई। उनकी

मजदूरी बहुत कम थी और कार्य परिस्थितियाँ भी बहुत खराब थीं। उन्हें उनके गाँवों से उठाकर भर्ती तो कर लिया गया था, लेकिन वापस गाँव नहीं आने दिया जाता था।

**4. स्रोत 'अ' भारत में वन महानिदेशक की नियुक्ति**

अंग्रेजों को इस बात की चिंता थी कि स्थानीय लोगों द्वारा जंगलों का उपयोग व व्यापारियों द्वारा पेड़ों की अंधाधुंध कटाई से जंगल नष्ट हो जाएँगे। इसलिए उन्होंने डायट्रिच ब्रैंडिस नामक जर्मन विशेषज्ञ को इस विषय पर मशविरे के लिए बुलाया और उसे देश का पहला महानिदेशक नियुक्त किया गया।

**स्रोत 'ब' ब्रिटिश सरकार द्वारा भारत में वन प्रबंधन**

वैज्ञानिक वानिकी के नाम पर विविध प्रजाति वाले प्राकृतिक वनों को काट डाला गया। इनकी जगह सीधी पंक्ति में एक ही किस्म के पेड़ लगा दिए गए। इसे बागान कहा जाता है। वन विभाग के अधिकारियों ने जंगलों का सर्वेक्षण किया, विभिन्न किस्म के पेड़ों वाले क्षेत्र की नाप-जोख की और वन-प्रबंधन के लिए योजनाएँ बनायी।

**स्रोत 'स' भारत में वन अधिनियम का लागू होना**

1865 में वन अधिनियम के लागू होने के बाद इसमें दो बार संशोधन किए गए— पहले 1878 में और फिर 1927 में। 1878 वाले अधिनियम में जंगलों को तीन श्रेणियों में बाँटा गया—आरक्षित, सुरक्षित व ग्रामीण।

**स्रोत 'अ' भारत में वन महानिदेशक की नियुक्ति**

(i) डायट्रिच ब्रैंडिस ने भारत में आने के बाद किन कार्यों पर सर्वप्रथम विचार किया था?

**उत्तर** डायट्रिच ब्रैंडिस ने भारत आने के पश्चात् यह महसूस किया कि लोगों को संरक्षण विज्ञान में प्रशिक्षित करना और जंगलों के प्रबंधन के लिए व्यवस्थित तंत्र विकसित करना होगा।

**स्रोत 'ब' ब्रिटिश सरकार द्वारा भारत में वन प्रबंधन**

(ii) ब्रिटिश द्वारा भारत में वनों का सर्वेक्षण किस प्रकार किया गया?

**उत्तर** ब्रिटिश काल में वन विभाग के अधिकारियों ने जंगलों का सर्वेक्षण किया तथा विभिन्न किस्म के पेड़ों वाले क्षेत्र की नाप-तौल की और वन-प्रबंधन के लिए योजनाएँ बनाईं। इसके बाद उन्होंने यह भी तय किया कि बागान का कितना क्षेत्र प्रतिवर्ष काटा जाएगा। कटाई के बाद खाली जमीन पर पुनः पेड़ लगाए जाने थे, ताकि कुछ ही वर्षों में यह क्षेत्र पुनः कटाई के लिए तैयार हो जाए।

**स्रोत 'स' भारत में वन अधिनियम का लागू होना**

(iii) आरक्षित वन किसे कहा जाता था?

**उत्तर** ब्रिटिश काल में सबसे अच्छे जंगलों को आरक्षित वन कहा जाता था। गाँव वाले इन जंगलों से अपने उपयोग के लिए कुछ भी नहीं ले सकते थे। वे घर या ईंधन के लिए केवल सुरक्षित या ग्रामीण वनों से ही लकड़ी ले सकते थे।

# स्वयं को जाँचें

## वस्तुनिष्ठ प्रश्न

**1.** 1600 ई. में भारत के कुल कितने भाग पर कृषि की जाती थी?
(a) छठे हिस्से पर (b) पाँचवें हिस्से पर (c) तीसरे हिस्से पर (d) इनमें से कोई नहीं

**2.** भारतीय वन अधिनियम सर्वप्रथम किस वर्ष सूचीबद्ध किया गया?
(a) 1860 ई. में (b) 1865 ई. में (c) 1861 ई. में (d) 1858 ई. में

**3.** उपनिवेशवादियों द्वारा पोचिंग शब्द किसके लिए किया जाता है?
(a) सुरक्षित वनों के लिए (b) शिकार करने के अवैध माध्यम को
(c) झूम खेती की रोक को (d) वन में पारंपरिक गतिविधियों को

## अतिलघु उत्तरीय प्रश्न

**4.** वन कानूनों ने वनों को कितने वर्गों में विभाजित किया?

**5.** जहाज एवं रेल निर्माण के लिए कौन-से वृक्ष को प्रोत्साहन दिया गया?

**6.** वनों की कौन-सी किस्म उपयोगिता के आधार पर सर्वश्रेष्ठ समझी जाती है?

## लघु उत्तरीय प्रश्न

**7.** वनों से प्राप्त होने वाले कुछ महत्त्वपूर्ण उत्पादों को बताइए।

**8.** बस्तर विद्रोह के संदर्भ में एक संक्षिप्त टिप्पणी लिखिए।

**9.** डायट्रिच ब्रैंडिस के द्वारा सुझाए गए वन प्रबंधन के विषय में कुछ महत्त्वपूर्ण बिंदुओं को बताइए।

**10.** भारतीय वन सेवा के स्थापित होने के पीछे अंतर्निहित कारणों को बताइए।

## दीर्घ उत्तरीय प्रश्न

**11.** औपनिवेशिक शासन में बागानों में कार्य करने वाले मजदूरों की स्थिति के विषय में चर्चा कीजिए।

**12.** चरवाहा समुदायों का जीवन किन कारकों पर निहित था? चर्चा कीजिए।

**13.** भारत में वन अधिनियम कब लागू हुआ? 1878 के वन अधिनियम संशोधनों में वनों को किन तीन श्रेणियों में बाँटा गया? इस संशोधन का ग्रामीणों पर क्या प्रभाव पड़ा?

अध्याय

05

# आधुनिक विश्व में चरवाहे

घुमंतू ऐसे लोग होते हैं, जो किसी एक स्थान पर नहीं रहते, बल्कि अपनी जीविका के लिए एक स्थान से दूसरे स्थान पर घूमते रहते हैं। चरवाहों की किसी टोली के पास भेड़-बकरियाँ तथा गाय आदि का झुंड होता है। वर्षों से चरवाहा समूह भारत और अफ्रीका जैसे देशों में महत्त्वपूर्ण रहा है।

**अध्याय एक नजर में**

- घुमंतू चरवाहे और उनकी आवाजाही
- पठारों, मैदानों और रेगिस्तानों में
- औपनिवेशिक शासन और चरवाहों का जीवन
- अफ्रीका में चरवाहा जीवन

## घुमंतू चरवाहे और उनकी आवाजाही

उपनिवेशवाद ने चरवाहों की जिंदगी पर गहरा प्रभाव डाला तथा यह समाज आधुनिक समाज में भी दबावों को महसूस कर रहा है। चरवाहा समुदाय मुख्यत: पर्वतीय क्षेत्रों में पाए जाते हैं।

### पर्वतों में घुमंतू चरवाहों का गमन

गुज्जर बकरवाल, गद्दी चरवाहे, भोटिया, शेरपा और किन्नौरी घुमंतू समुदाय पर्वतीय क्षेत्रों में पाए जाते हैं।

### गुज्जर बकरवाल

- **जम्मू-कश्मीर** का गुज्जर बकरवाल समुदाय 19वीं शताब्दी में अपनी भेड़ एवं बकरियों के लिए चरागाहों की खोज में यहाँ आया तथा कुछ समय बाद वह यहीं बस गया।
- सर्दियों में जब ऊँचे पर्वत बर्फ से ढके होते हैं, तो इस समुदाय के लोग अपने पशुओं के झुंड के साथ **शिवालिक** की निचली पहाड़ियों में रहने के लिए आ जाते हैं। सर्दियों में यहाँ मिलने वाली सूखी झाड़ियाँ (Dry Scrub) ही उनके पशुओं के लिए चारा बनती हैं।
- गर्मियों में (अप्रैल के अंत में) वे पीरपंजाल के दर्रों को पार करते हुए कश्मीर की घाटी में प्रवेश करते हैं। इस समय उगने वाली अंकुरित घास (Sprouted Grass) पशुओं को पौष्टिक चारा प्रदान करती है।
- सितंबर के अंत तक वे दोबारा नीचे की ओर यात्रा करना शुरू कर देते हैं।
- गुज्जर गड़रिये **बुग्याल** (Bugyal) में मिलने वाले रिंगल (एक तरह का पहाड़ी बाँस) और घास से बने **मंडपों** (Mandaps) में रहते हैं।
- इन मंडपों का प्रयोग कार्यस्थल के रूप में भी होता था। यहाँ गुज्जर घी निकालते और उसे बेचते थे। ये मंडप 10,000 से 11,000 फीट की ऊँचाई पर होते हैं। भैंसें इससे अधिक ऊँचाई पर नहीं जा सकती हैं।

## गद्दी चरवाहे

- गद्दी चरवाहे **हिमाचल प्रदेश** के घुमंतू चरवाहे हैं। ये चरवाहे भी गुज्जर बकरवाल की भाँति मौसम के अनुसार अपना स्थान बदलते हैं।
- सर्दियों में गद्दी चरवाहे अपने पशुओं के झुंड को शिवालिक की निचली पहाड़ियों के जंगलों में उगने वाली झाड़ियों में चराते हैं। अप्रैल तक वे उत्तर की ओर चल पड़ते थे और पूरी गर्मी लाहौल-स्पीति में व्यतीत करते थे।
- जब ऊपरी पहाड़ों में बर्फ पिघलती थी, तब कुछ चरवाहे वहाँ स्थित घास के मैदानों की ओर चले जाते थे।
- सितंबर तक वे अपनी वापसी प्रारंभ कर देते थे। वापसी के समय ये लाहौल एवं स्पीति के गाँवों में कुछ समय के लिए रुकते थे। यहाँ पर ये गर्मियों की फसलों को काटकर सर्दियों की फसलों का रोपण करके आगे बढ़ते थे।
- ये रास्ते में कुछ समय रुककर अपनी भेड़ों की ऊन उतरवाते थे। ऊन काटने से पहले भेड़ों को अच्छी तरह से साफ किया जाता है। हिमाचल प्रदेश स्थित पालमपुर के पास उह्ल घाटी में भेड़ों की ऊन कतरने का कार्य किया जाता है। इसके पश्चात् ये अपने सर्दियों वाले चरवाहों (शिवालिक पहाड़ियों) में चले जाते थे। अगले अप्रैल में वे एक बार दोबारा भेड़-बकरियाँ लेकर गर्मियों के चरागाहों की ओर चले जाते।
- गढ़वाल और कुमाऊँ के गुज्जर चरवाहे सर्दियों में **भाबर** के सूखे जंगलों की ओर तथा गर्मियों में ऊपरी घास के मैदान बुग्याल की ओर चले जाते थे।

## भोटिया, शेरपा और किन्नौरी

- हिमालय के बहुत-से चरवाहे; जैसे—भोटिया, शेरपा और किन्नौरी भी चरागाह के लिए गर्मियों और सर्दियों में स्थान परिवर्तित करते रहते थे।
- ये चरवाहे मौसम के अनुसार स्वयं को ढालते थे और उपलब्ध चरागाहों का उचित रूप से प्रयोग करते थे।
- जब एक स्थान के चरागाह की हरियाली खत्म हो जाती थी या वह पशुओं के खाने योग्य नहीं रहती, तब ये अपने पशुओं के साथ किसी दूसरे स्थान की ओर चले जाते थे। इससे चरागाह का अधिक दोहन नहीं हो पाता तथा इसमें पुन: हरियाली लौट आती है।

# पठारों, मैदानों और रेगिस्तानों में

धंगर, गोल्ला, कुरुमा, कुरुबा, बंजारा, राइका और मालधारी चरवाहे समुदाय भारत के पठारों, मैदानों और रेगिस्तानों में पाए जाते हैं।

### धंगर

- धंगर **महाराष्ट्र** का एक महत्त्वपूर्ण चरवाहा समुदाय था। 20वीं सदी में इनकी आबादी लगभग 4,67,000 थी।
- इनमें से अधिकतर चरवाहे गड़रिये होते थे, कुछ कंबल एवं चादरें बनाते थे, जबकि इनमें से कुछ भैंस भी पालते थे।
- धंगर गड़रिये वर्षा के दिनों में महाराष्ट्र के मध्य पठारों में रहते थे। यह एक अर्द्ध-शुष्क (Semi-Arid) क्षेत्र था, जहाँ वर्षा बहुत कम होती थी और मृदा भी अधिक उपजाऊ नहीं थी। यहाँ सिर्फ बाजरा जैसी सूखी फसल ही उगती थी।
- मानसून में यह पठार जानवरों के लिए एक विशाल चरागाह बन जाता था।
- अक्टूबर के आस-पास धंगर बाजरे की कटाई करते थे एवं चरागाहों की खोज में पश्चिम की ओर (कोंकण) निकल जाते थे।
- जिस समय धंगर कोंकण पहुँचते थे उसी समय कोंकण के किसानों को **खरीफ** की फसल कट जाने के बाद पुन: खेतों को **रबी** की फसल के लिए उपजाऊ बनाना होता था।
- फसलों की कटाई के उपरांत खेतों में बची हुई **ठूँठों** (Stubble) को धंगरों के पशु खाते थे।
- कोंकणी किसान धंगरों को चावल भी देते थे जिन्हें वे वापस अपने पठारी इलाकों में ले जाते थे, क्योंकि वहाँ इस तरह के अनाज बहुत कम होते थे।
- मानसून की वर्षा प्रारंभ होते ही धंगर पुन: अपने क्षेत्र में वापस लौट आते थे।

### गोल्ला, कुरुमा और कुरुबा

- गोल्ला, कुरुमा और कुरुबा **कर्नाटक** और **आंध्र प्रदेश** के सूखे मध्य पठार के महत्त्वपूर्ण चरवाहा समुदाय थे।
- गोल्ला समुदाय के लोग मुख्यत: गाय-भैंस पालते थे, जबकि कुरुमा और कुरुबा समुदाय के लोग भेड़-बकरियाँ पालते थे और हाथ से बुने कंबल बेचते थे।
- ये लोग जंगलों और छोटे-छोटे खेतों के आस-पास रहते थे। वे अपने जानवरों की देखभाल के साथ-साथ कई दूसरे कार्य भी करते थे।
- पहाड़ी चरवाहों के विपरीत इनका पलायन सर्दी एवं गर्मी से नहीं, बल्कि सूखे एवं बरसात के मौसम से निर्धारित होता था। ये सूखे मौसम में तटीय क्षेत्रों की ओर तथा वर्षा शुरू होने पर वापस चले जाते थे।
- मानसून के दिनों में तटीय इलाकों में जिस तरह के गीले-दलदली हालात पैदा हो जाते थे वे सिर्फ भैंसों के लिए ही सही हो सकते थे। ऐसे समय में बाकी जानवरों को सूखे पठारी इलाकों में ले जाना जरूरी होता था।

### बंजारा

- बंजारा समुदाय के लोग मुख्यत: **उत्तर प्रदेश, पंजाब, मध्य प्रदेश** और **महाराष्ट्र** के कई क्षेत्रों में निवास करते थे।
- अपने पशुओं के लिए अच्छे चरागाह की खोज में ये लोग बहुत दूर तक की यात्राएँ करते थे।
- गाँव वालों से अनाज एवं चारे के बदले में ये खेत जोतने वाले जानवर और दूसरी वस्तुएँ बेचते थे।

### राइका

- इस समुदाय के लोग राजस्थान के रेगिस्तानी क्षेत्रों में निवास करते थे। यह समुदाय जिस क्षेत्र में रहता था प्राय: वहाँ वर्षा बहुत कम होती थी और वर्षा का समय निश्चित भी नहीं था, जिसके कारण इस समुदाय ने कृषि के साथ-साथ पशुचारण भी प्रारंभ कर दिया।
- वर्षा के दौरान बाड़मेर, जैसलमेर, जोधपुर और बीकानेर के राइका अपने गाँवों में ही रहते थे, क्योंकि इस दौरान उन्हें वहीं चारा मिल जाता था।

- राइकाओं के एक समुदाय को **मारु राइका** (Maru Raikas) कहा जाता था। इस समुदाय के लोग राजस्थान में जैसलमेर के निकट थार रेगिस्तान में निवास करते थे।
- इस इलाके के ऊँट पालकों को **मारु** (रेगिस्तान) **राइका** और उनकी बस्ती को **ढंडी** (Dhandi) कहा जाता था। इनका एक वर्ग ऊँट पालता था और दूसरा वर्ग भेड़-बकरियाँ पालता था।
- मारु राइका ऊँटों को प्रशिक्षण देने की विशेषता को दर्शाते हैं।

### मालधारी

- मालधारी चरवाहे कच्छ का रण में रहते हैं। वे भी चरागाहों की खोज में चले जाते हैं।
- इनका चलना वर्षा और चरागाह की उपलब्धता पर निर्भर करता है।

## चरवाहों की आवाजाही से संबंधित मुख्य तत्त्व

- चरवाहा समुदायों को यह ध्यान रखना पड़ता था कि उनके पशु एक क्षेत्र में कितने दिन तक रह सकते हैं और उन्हें कहाँ पानी और चरागाह मिल सकते हैं।
- उन्हें न केवल एक क्षेत्र से दूसरे क्षेत्र में जाने का सही समय चुनना पड़ता था, बल्कि यह भी देखना पड़ता था कि किन क्षेत्रों से गुजरने की छूट मिल पाएगी और किन क्षेत्रों से नहीं।
- यात्रा के समय उन्हें कृषकों से मित्रता करनी पड़ती थी, जिससे उनके जानवर कृषकों के खेतों में घास चर सकें एवं उनको उपजाऊ बनाते चलें।
- अपनी जीविका के लिए ये भिन्न-भिन्न कार्य करते थे; जैसे—खेती, व्यापार और चरवाही।

### चेक प्वॉइंट 01

1. *चरवाहा समुदाय मुख्यतः कहाँ पाए जाते हैं?*
2. *कौन-से चरवाहे हिमाचल प्रदेश के घुमंतू चरवाहे हैं?*
3. *कुरुबा समुदाय के लोग क्या पालते थे?*
4. *किन चरवाहों का चलना वर्षा और चरागाह की उपलब्धता पर निर्भर करता है?*

# औपनिवेशिक शासन और चरवाहों का जीवन

औपनिवेशिक शासन के अंतर्गत चरवाहों के जीवन में अधिक परिवर्तन हुए। औपनिवेशिक सरकार ने चरवाहों के लिए अलग-अलग तरह के कानून बनाए।

चरवाहों की चरागाह भूमि समाप्त होने लगी, आवागमन पर प्रतिबंध लग गया, इनसे उच्च लगान (Higher Tax) वसूल किया जाने लगा और खेती में इनका हिस्सा घटने लगा, साथ ही इनके व्यापार और शिल्प कला (Crafts) पर बुरा प्रभाव पड़ा।

## बेकार भूमि कानून और वन अधिनियम

- औपनिवेशिक शासन को यह विश्वास था कि वह चरवाहा भूमि, जिस पर खेती नहीं की जा रही हो, वह बेकार भूमि (Wastelands) है। इस तरह की भूमि को खेती के लिए उपयोगी बनाने में इनका विश्वास था।
- भूमि राजस्व उनकी आय का एक मुख्य स्रोत था, इसलिए वे खेती का विस्तार करना चाहते थे, जिससे राजस्व संग्रह बढ़ सके।
- 19वीं सदी के मध्य से देश के विभिन्न भागों में परती अथवा बेकार भूमि विकास के लिए कानून बनाए जाने लगे।
- इनके कानूनों के अनुसार सरकार की ओर से कुछ विशेष लोगों को इस तरह की जमीन सौंप दी गई, जिसमें कई तरह की रियायतें भी दी गईं। इनमें से कुछ लोगों को गाँव का मुखिया बना दिया गया।
- इस प्रकार खेती के फैलाव से चरागाह सिमटने लगे और चरवाहों के लिए समस्याएँ पैदा होने लगीं।
- ब्रिटिश सरकार द्वारा बनाए गए वन अधिनियम (Forest Act) ने चरवाहों के जीवन को बदल दिया।
- सरकार ने ऐसे जंगलों को **आरक्षित वन** (Reserved Forest) घोषित किया, जहाँ *देवदार* एवं *साल* के जैसी बहुमूल्य लकड़ियाँ पैदा होती थीं। आरक्षित वनों में किसी भी प्रकार की चरागाही गतिविधि की अनुमति नहीं थी।
- अन्य वनों को 'संरक्षित' (Protected) माना गया। इनमें चरवाहों को कुछ परंपरागत अधिकार दिए गए हैं, लेकिन उनके आवागमन पर कठोर प्रतिबंध किया गया था।
- औपनिवेशिक अधिकारियों का मानना था कि चराई से छोटे जंगली पौधे और पेड़ों की नई कोपलें नष्ट हो जाती हैं, जो नए पेड़ों को बढ़ने से रोकती हैं।
- वन अधिनियमों ने चरवाहों की जिंदगी बदल दी, अब उन्हें उन जंगलों में जाने से रोक दिया गया, जो पहले मवेशियों के लिए बहुमूल्य चारे का स्रोत थे। अब उन्हें जंगलों में दाखिल होने के लिए प्रवेश-पत्र (Permit) लेना पड़ता था। प्रवेश-पत्र में पहले ही लिख दिया जाता था कि वह कानूनन कब तक जंगल में रहेंगे। यदि वह समय-सीमा का उल्लंघन करते थे, तो उन पर जुर्माना लगा दिया जाता था।

### अपराधी जनजाति अधिनियम

- ब्रिटिश अफसर सामान्यत: घुमंतू समुदाय के लोगों को शक की निगाह से देखते थे। वे निर्धारित आबादी पर शासन करना चाहते थे, जो आसानी से पहचानी जा सके और नियंत्रित हो सके। वे चाहते थे कि ग्रामीण जनता गाँवों में रहे, उनकी रिहाइश और खेतों पर उनके अधिकार तय हों। ऐसे लोगों को शांतिप्रिय और कानून का पालन करने वाला माना जाता था।
- 1871 ई. में औपनिवेशिक सरकार ने भारत में अपराधी जनजाति अधिनियम (Criminal Tribes Act) पारित किया। इस कानून के अंतर्गत व्यापारी, शिल्पकार और चरवाहों के बहुत-से समुदायों को **अपराधी समुदाय** घोषित किया गया।
- इस कानून के पारित होने के पश्चात् ऐसे समुदायों को कुछ विशेष अधिसूचित गाँवों/बस्तियों में रहने का आदेश दिया गया तथा बिना परमिट के आवागमन पर रोक लगा दी गई।

### 'चरवाहा कर' का आरोपण

- 19वीं सदी के मध्य में चराई कर (Grazing Tax) ब्रिटिश सरकार द्वारा भारत की चरवाही भूमि में लागू किया गया।
- आय बढ़ाने के लिए सरकार ने जानवरों पर भी कर (Tax) लागू कर दिया, जिसके परिणामस्वरूप मवेशी करों में निरंतर वृद्धि हुई, जिसके कारण कर वसूली की व्यवस्था प्रतिदिन मजबूत होती गई।
- 1850 से 1880 के दशकों के मध्य कर वसूली का कार्य बोली लगाकर ठेकेदारों (Contractors) को सौंपा जाता था। 1880 के दशक तक आते-आते सरकार ने चरवाहों से प्रत्यक्ष रूप से कर वसूलना शुरू कर दिया। प्रत्येक चरवाहे को एक पास (Pass) दिया गया, जिसका उपयोग वह चरागाह में प्रवेश करने के लिए करता था। इस पास को दिखाकर पहले कर देना पड़ता था उसके पश्चात् चरागाह में जाने की अनुमति दी जाती थी।

## औपनिवेशिक काल में हुए बदलावों का घुमंतू चरवाहों के जीवन पर प्रभाव

बेकार भूमि कानून (Wasteland Rules), वन अधिनियम (Forest Act), अपराधी जनजाति अधिनियम (Criminal Tribes Act), चरवाहा कर का आरोपण (Imposition of Grazing Tax) आदि ने घुमंतू चरवाहों के जीवन को प्रभावित किया। इनके प्रभाव निम्नलिखित थे

- चरागाहों को सरकारी कब्जे में लेकर इन्हें खेतों में परिवर्तित किया जाने लगा, जिससे चरागाहों के लिए उपलब्ध इलाके कम होने लगे।
- गड़रिये और पशुपालक अपने पशुओं को स्वतंत्रतापूर्वक वनों में नहीं ले जा सकते थे और न ही चरा सकते थे।
- पहले घुमंतू चरवाहे अपने मवेशियों को एक जगह से दूसरी जगह आसानी से चराने के लिए ले जाते थे।
- चरवाहों की आवाजाही पर लगी बंदिशों और चरागाहों के बेहिसाब प्रयोग से चरागाहों का स्तर गिरने लगा। चारे की कमी और अकाल पड़ने के कारण जानवर बड़ी संख्या में भूख से मरने लगे।

## चरवाहों ने इन बदलावों का सामना कैसे किया?

चरवाहे इन बदलावों का सामना विभिन्न प्रकार से करते थे

- कुछ चरवाहों ने अपने जानवरों की संख्या ही कम कर दी, क्योंकि इन्हें चराने हेतु पहले की तरह मैदान नहीं थे।
- पुराने चरागाहों का प्रयोग करना मुश्किल हो गया, जिसके परिणामस्वरूप कुछ चरवाहों ने नए-नए चरागाह ढूँढ लिए।
- समय बीतने के साथ-साथ कुछ धनी चरवाहे भूमि खरीदकर एक जगह बसकर रहने लगे। कुछ चरवाहे खेती तथा व्यापार करने लगे, परंतु निर्धन चरवाहे सूदखोरों से ब्याज पर कर्ज लेकर जीवन व्यतीत करने लगे। इसके चलते बहुतों के मवेशी भी हाथ से जाते रहे और वे मजदूर बनकर रह गए।
- ऐसी परेशानियों के बावजूद चरवाहा समुदाय अब भी है और इनका सबसे महत्त्वपूर्ण रूप पारिस्थितिक जीवन जीना माना जाता है।

# अफ्रीका में चरवाहा जीवन

- अफ्रीका ऐसा देश है, जहाँ विश्व के चरवाहों की लगभग आधे से अधिक संख्या निवास करती है। आज भी लगभग सवा दो करोड़ लोग अपने भोजन के लिए किसी-न-किसी प्रकार से चरवाही गतिविधियों पर ही आश्रित हैं।
- अफ्रीका के कुछ प्रमुख समुदाय *बेदुईन्स, मसाई, बरबेर्स, सोमाली, बोरान* और *तुर्काना* हैं। इनमें से अधिकांश चरवाहे अर्द्ध-शुष्क घास के मैदानों या सूखे रेगिस्तानों में रहते हैं, जहाँ वर्षा आधारित खेती करना बहुत मुश्किल है।
- यहाँ के चरवाहे मुख्यतः गाय, बैल, ऊँट, बकरी, भेड़ व गधे पालते हैं और दूध, मांस, पशुओं की खाल व ऊन आदि बेचते हैं। इनमें से कुछ व्यापार और यातायात संबंधी कार्य में भी संलग्न हैं।

## मसाई समुदाय

मसाई चरवाहे पूर्वी अफ्रीका के निवासी हैं। इनमें से लगभग 3,00,000 दक्षिणी कीनिया में और करीब 1,50,000 तंजानिया में रहते हैं। मसाई मुख्यतः घुमंतू चरवाहे हैं, जो दूध एवं मांस पर आश्रित होते हैं। मसाई शब्द की उत्पत्ति 'मा' शब्द से हुई है, जिसमें मा-साई का अर्थ 'मेरे लोग' होता है। मसाई समुदाय का मानना था कि फसल की खेती के लिए भूमि का दोहन प्रकृति के खिलाफ अपराध है।

### औपनिवेशिक शासन का मसाई समुदाय पर प्रभाव

मसाइयों ने निम्न प्रकार अपनी चराई भूमि को खो दिया

- औपनिवेशिक काल से पूर्व मसाइलैंड का क्षेत्र उत्तरी केन्या से लेकर तंजानिया के घास मैदानों (Steppes) तक फैला हुआ था।
- 19वीं शताब्दी के अंत में यूरोप की साम्राज्यवादी शक्तियों ने क्षेत्रों को छोटे-छोटे उपनिवेशों में परिवर्तित करके अपने कब्जे में ले लिया।
- कालांतर में सरकार ने गोरों को बसाने के लिए उत्तम चरागाहों को अपने कब्जे में ले लिया। मसाइयों को दक्षिणी केन्या और उत्तरी तंजानिया के छोटे से क्षेत्र में सीमित कर दिया गया।
- 19वीं सदी के अंत तक ब्रिटिश औपनिवेशिक सरकार पूर्वी अफ्रीका में भी स्थानीय किसानों को अपनी खेती के क्षेत्रफल को अधिक-से-अधिक फैलाने के लिए प्रोत्साहित करने लगी। खेती के विस्तार के साथ-साथ चरागाह खेतों में बदलने लगे।
- मसाई समुदाय का लगभग 60% हिस्सा उनसे छीन लिया गया और उन्हें ऐसे सूखे क्षेत्रों (Arid Zone) में कैद कर लिया गया, जहाँ न तो अच्छी वर्षा होती थी और न ही हरे-भरे चरागाह थे।
- 1885 ई. में ब्रिटिश केन्या और जर्मन तांगान्यिका के मध्य एक अंतर्राष्ट्रीय सीमा निर्धारित कर मसाइलैंड को दो भागों में विभाजित कर दिया गया।
- इस समय बहुत-से चरागाह शिकारगाह (Game Reserve) में परिवर्तित हो चुके थे; जैसे—केन्या में मसाई मारा व सांबूरू नेशनल पार्क और तंजानिया में सेरेन्गेटी पार्क।

चराई भूमि को खेती के मैदान में बदलने और मसाई लोगों की अपनी भूमि खो देने के प्रभाव इस प्रकार थे

- घास के बिना पशु (मवेशी, बकरियाँ और भेड़ें) कुपोषण का शिकार हो जाते थे, जिससे चरवाहों के परिवार और बच्चों के लिए भोजन कम पड़ने लगता है।
- अच्छे चरागाहों और जल संसाधनों की कमी के कारण उस क्षेत्र पर अत्यधिक दबाव पड़ा, जिसके परिणामस्वरूप अनेक समस्याएँ उत्पन्न हो गईं।
- किलिमंजारो जल परियोजना अंबोसेली नेशनल पार्क से होकर गुजरती है, लेकिन यहाँ रहने वाले समुदाय न तो पीने के लिए और न ही सिंचाई के लिए इस पानी का उपयोग कर सकते हैं।

## सीमाएँ बंद हो गईं

- मसाइयों की तरह अन्य चरवाहों को विशेष आरक्षित क्षेत्रों की सीमाओं में रहने के लिए मजबूर किया गया। ये विशेष परमिट के बिना अपने पशुओं को बाहर लेकर नहीं जा सकते थे।
- इन चरवाहों को गोरों के क्षेत्रों (White Areas) वाले बाजारों में प्रवेश करने से भी रोक दिया गया।
- इससे इनकी चरवाही एवं व्यापारिक दोनों तरह की गतिविधियों पर बुरा प्रभाव पड़ा।
- सीमाओं के बंद होने से चरवाहों की जिंदगी रातोंरात बदल गई। नई पाबंदियों के कारण उन्हें प्रताड़ित किया जाने लगा, इस कारण छोटे से इलाके में वे स्वयं को कैद सा महसूस करने लगे।
- औपनिवेशिक शासन के दौरान चरवाहे व्यापार तो कर सकते थे, लेकिन उन्हें विभिन्न प्रतिबंधों का सामना करना पड़ता था।

## जब चरागाह सूख जाते हैं

- सूखा दुनियाभर के चरवाहों की जिंदगी पर बुरा प्रभाव डालता है। जिस वर्ष बारिश नहीं होती और चरागाह सूख जाते हैं, यदि उस वर्ष मवेशियों को किसी हरे-भरे इलाकों में न ले जाया जाए, तो उनके सामने भुखमरी का संकट पैदा हो जाता है।
- मसाइयों को सूखे क्षेत्रों में रहने के लिए मजबूर किया गया, जिसके परिणामस्वरूप बड़ी संख्या में मसाई जानवर भुखमरी और बीमारी से मर गए।
- मसाइयों के पशुओं की संख्या में अधिक कमी हुई थी। वर्ष 1933-34 में पड़े दो साल के सूखे के बाद आधे से अधिक जानवर मर गए थे।

## सब पर एक जैसा प्रभाव नहीं पड़ा

- औपनिवेशिक नियमों के मसाई समुदाय के वरिष्ठ लोगों (Elders) और योद्धाओं (Warriors) पर असमान प्रभाव पड़े।
- उपनिवेश बनने से पहले मसाई समाज दो सामाजिक श्रेणियों में बँटा हुआ था—वरिष्ठ जन और योद्धा।
- वरिष्ठ जन शासन चलाते थे एवं महत्त्वपूर्ण निर्णय लेने के लिए ये समय-समय पर सभा करते थे।
- योद्धाओं में अधिकतर नौजवान होते थे, जिन्हें मुख्य रूप से लड़ाई लड़ने और कबीले की सुरक्षा करने के लिए तैयार किया जाता था। योद्धा समुदाय की रक्षा करते थे और दूसरे कबीलों के मवेशी छीनकर लाते थे।
- इसके माध्यम से विभिन्न चरवाहा समूहों की शक्ति का पता चलता था। युवाओं को योद्धा वर्ग का सदस्य तभी माना जाता था, जब वे दूसरे के मवेशियों को छीनकर लाते थे।
- मसाई जनजाति के मामलों की देखभाल करने के लिए अंग्रेजों ने कई उपाय किए। उन्होंने कई मसाई उप-समूहों के मुखिया नियुक्त किए, जो जनजाति के मामलों के लिए जिम्मेदार थे।
- ब्रिटिशों ने युद्ध और अनेक प्रकार के प्रतिबंध लगाए थे, जिससे वरिष्ठों और योद्धाओं दोनों के पारंपरिक अधिकार नकारात्मक रूप से प्रभावित हुए।
- औपनिवेशिक सरकार द्वारा नियुक्त किए गए मुखियाओं ने समय के साथ-साथ धन अर्जित किया।
- वे कस्बों में रहने लगे और व्यापार में शामिल होने लगे। उनका परिवार भूमि और जानवरों की देखभाल के लिए गाँवों में वापस आ गया।
- वे युद्ध और सूखे के विनाश से बचने में सफल रहे, क्योंकि उनके पास चरवाही और गैर-चरवाही दोनों आय थी।
- निर्धन चरवाहों के पास बुरे समय में जीवित रहने के लिए संसाधन नहीं थे और वे विचित्र काम (Odd Jobs) करने के लिए मजबूर थे; जैसे—कच्चा कोयला जलाना, सड़क और भवन निर्माण में श्रमिक आदि।
- मसाई समुदाय में सामाजिक परिवर्तन दो स्तर पर हुआ
  - पहला, वरिष्ठ जनों और योद्धाओं के मध्य उम्र पर आधारित परंपरागत अंतर खत्म हो गया।
  - दूसरा, अमीर और गरीब चरवाहों के मध्य नया अंतर उत्पन्न हुआ।

### मसाइयों को योद्धा बनाने से संबंधित रिवाज़

नौजवान मसाइयों को योद्धा बनाने हेतु अनेक प्रयास करने पड़ते हैं। हालाँकि अब यह प्रथा पहले की तरह प्रचलन में नहीं है। इसके लिए युवकों को लगभग चार माह तक अपने कबीले के क्षेत्रों का दौरा करना पड़ता है। इस यात्रा के अंत में वे छापामारों की भाँति दौड़कर अपने कबीलों में घुसते हैं।

इस समारोह के अवसर पर युवक ढीले कपड़े पहनते हैं एवं पूरे दिन नाचते हैं। इस अनुष्ठान के साथ ही वे जीवन के एक नए चरण में पहुँचने का संकेत देते हैं। लड़कियों को इस तरह के अनुष्ठानों से नहीं गुजरना पड़ता था।

## निष्कर्ष

आधुनिक विश्व में आए बदलावों से विश्व के अलग-अलग चरवाहा समुदायों पर अलग-अलग प्रभाव पड़े। जैसे-जैसे चरागाह खत्म होते गए, जानवरों को चराना एक कठिन काम होता चला गया और जो चरागाह बचे थे वे भी अत्यधिक प्रयोग के कारण हो गए। नए प्रकार के कानूनों एवं सीमाओं ने आवागमन के तरीकों को प्रभावित किया।

चरवाहे नए बदलावों को निम्न प्रकार अपनाते थे

- इन्होंने अपने वार्षिक आवागमन का मार्ग परिवर्तित कर लिया।
- पशुओं की संख्या भी कम कर दी।
- नए क्षेत्रों में प्रवेश करने के लिए अनेक प्रयत्न किए।
- ये अपने अधिकारों के क्षेत्रों को बचाए रखने के लिए अपना संघर्ष जारी रखते हैं और सरकार पर सब्सिडी व समर्थन के लिए राजनीतिक दबाव भी डालते हैं।

- ये जंगलों में वन और जल प्रबंधन के अधिकारों की माँग भी करते हैं।
- पर्यावरणवादी और अर्थशास्त्री भी इस बात को गंभीरतापूर्वक मानने लगे हैं कि विश्व के बहुत से पहाड़ी और सूखे क्षेत्र इन घुमंतू चरवाहों के जीवन-यापन हेतु सबसे उपयुक्त स्थान हैं।

### चेक प्वॉइंट 02

1. *बेकार भूमि से क्या तात्पर्य है?*
2. *कुछ चरवाहों ने अपने जानवरों की संख्या कम क्यों कर दी?*
3. *मसाई समुदाय का कितने प्रतिशत हिस्सा उनसे छीन लिया गया?*
4. *चरवाहों द्वारा अपनाया गया कोई एक नया बदलाव लिखिए।*

## टाइमलाइन

| महत्त्वपूर्ण तिथि | घटनाक्रम |
|---|---|
| 19वीं सदी में | गुज्जर बकरवाल का जम्मू-कश्मीर से चरागाहों की खोज में पलायन। |
| 19वीं सदी के मध्य में | चरवाहा कर लाया गया। |
| 1871 ई. | आपराधिक कबीला अधिनियम पारित किया गया। |
| 1850-80 ई. | कर एकत्र करने के अधिकार ठेकेदारों को बोली के आधार पर दिए गए। |
| 1933 एवं 1934 ई. | मसाई क्षेत्र में आधे से अधिक पशु घोर अकाल के कारण मारे गए। |

## इन्हें भी जानें

- ***खरीफ*** *(Kharif)* शीतकालीन फसल, जो अक्टूबर में काटी जाती है, खरीफ फसल कहलाती है।
- ***चरवाही*** *(Pastoralist)* वह प्रक्रिया, जो जानवरों की देखभाल करती है।
- ***भाबर*** *(Bhabar)* यह गढ़वाल और कुमाऊँ के इलाके में पहाड़ियों के निचले हिस्से के आस-पास पाया जाने वाला शुष्क या सूखे जंगल का क्षेत्र होता है।
- ***बुग्याल*** *(Bugyal)* यह ऊँचे पहाड़ों में स्थित घास का मैदान होता है।
- ***गुज्जर बकरवाल*** *(Gujjar Bakarwal)* यह जम्मू-कश्मीर का एक चरवाहा समुदाय है।
- ***ठूँठ*** *(Stubble)* पौधों की कटाई के बाद जमीन में रह जाने वाली उनकी जड़ ठूँठ कहलाती है।
- ***काफिला*** *(Kafila)* जब बहुत-से परिवार एक साथ यात्रा करते हैं, तो उनके समूह को काफिला कहते हैं।
- ***परंपरागत अधिकार*** *(Ritual Rights)* परंपरा और रीति-रिवाज के आधार पर मिलने वाले अधिकार।
- ***रेवड़*** चरवाहों की टोली के पास भेड़-बकरियों का समूह।
- ***अर्द्ध-शुष्क क्षेत्र*** जिस क्षेत्र में वर्षा की मात्रा बहुत कम होती है।
- ***स्टेपीज*** *(Steppes)* अफ्रीका में अर्द्ध-शुष्क क्षेत्र वाले घास के मैदान।
- ***पर्यावरणवादी*** *(Environmentalist)* जो पर्यावरण से संबंधित मुद्दों पर गहन विश्लेषण करता हो।

# NCERT फोल्डर

**1.** **स्पष्ट कीजिए कि घुमंतू समुदायों को बार-बार एक जगह से दूसरी जगह क्यों जाना पड़ता है? इस निरंतर आवागमन से पर्यावरण को क्या लाभ है?**

*उत्तर* घुमंतू लोगों का समुदाय एक निश्चित स्थान पर नहीं रहता। ये अपनी जीविका के लिए एक स्थान से दूसरे स्थान पर गमन करते रहते हैं। इस निरंतरता के साथ वे पर्यावरण को भी निम्नलिखित लाभ पहुँचाते हैं

(i) चरवाहों का स्थानांतरण वनस्पति के अत्यधिक दोहन को बचाता है।

(ii) स्थानांतरण के समय पशुओं के मल-मूत्र खेतों की जमीन को उपजाऊ बनाते हैं।

(iii) पशुओं के स्थानांतरण से पौधों का परागकण एक स्थान से दूसरे स्थान पहुँचता है।

(iv) पशुओं का स्थानांतरण पारिस्थितिकी तंत्र में संतुलन को भी उत्पन्न करता है।

**2.** **इस बारे में चर्चा कीजिए कि औपनिवेशिक सरकार ने निम्नलिखित कानून क्यों बनाए? यह भी बताइए कि इन कानूनों से चरवाहों के जीवन पर क्या असर पड़ा?**

(i) परती भूमि नियमावली (ii) वन अधिनियम

(iii) अपराधी जनजाति अधिनियम (iv) चराई कर

*उत्तर* (i) **परती भूमि नियमावली** अंग्रेज सरकार चरागाहों को खेती की जमीन में बदल देना चाहती थी। जमीन से मिलने वाला लगान उसकी आमदनी का एक बड़ा स्रोत था। खेती का क्षेत्रफल बढ़ने से सरकार की आय में और बढ़ोतरी हो सकती थी। इससे जूट (पटसन), कपास, गेहूँ और अन्य खेतिहर उत्पादों के उत्पादन में भी लाभ हो जाता, जिनकी इंग्लैंड में अत्यधिक आवश्यकता रहती थी।

**प्रभाव** इस तरह खेती के फैलाव से चरागाह सिमटने लगे और चरवाहों के लिए समस्याएँ पैदा होने लगीं।

(ii) **वन अधिनियम** वन अधिनियम के अंतर्गत सरकार ने ऐसे कई जंगलों को आरक्षित वन घोषित कर दिया, जहाँ देवदार या साल जैसी लकड़ी पैदा होती है। इन जंगलों में चरवाहों के घुसने पर पाबंदी लगा दी।

**प्रभाव** वन अधिनियमों ने चरवाहों की जिंदगी बदल दी। अब उन्हें उन जंगलों में जाने से रोक दिया गया, जो पहले मवेशियों के लिए बहुमूल्य चारे का स्रोत थे। जिन क्षेत्रों में उन्हें प्रवेश की छूट दी गई, वहाँ भी उन पर नजर रखी जाती थी। जंगलों में प्रवेश करने के लिए उन्हें परमिट लेना पड़ता था। जंगल में उनके प्रवेश और वापसी की तारीख पहले से निर्धारित होती थी और वे जंगल में बहुत कम ही दिन बिता सकते थे।

(iii) **अपराधी जनजाति अधिनियम** अंग्रेज़ अफसर घुमंतू समुदाय के लोगों को शक की नजर से देखते थे। वे गाँव-गाँव जाकर अपनी वस्तुओं को बेचने वाले कारीगरों व व्यापारियों और अपने रेवड़ के लिए प्रत्येक वर्ष नए-नए चरागाहों की तलाश में रहने वाले और प्रत्येक मौसम में अपना स्थान बदल लेने वाले चरवाहों पर विश्वास नहीं करते थे। इस तरह की आबादी की पहचान करना और उसको नियंत्रित करना ज्यादा आसान था, जो एक जगह पर रहती हो।

**प्रभाव** इस कानून के लागू होते ही चरवाहा समुदाय को कुछ खास अधिसूचित क्षेत्रों में जाने का हुक्म दिया। अंग्रेजों के बिना परमिट आवाजाही पर रोक लगा दी गई। ग्राम्य पुलिस उन पर हमेशा नजर रखने लगी।

(iv) **चराई कर** 19वीं सदी के मध्य में चराई कर ब्रिटिश सरकार द्वारा भारत की देहाती भूमि में पेश किया गया। आय बढ़ाने के लिए सरकार ने जानवरों पर भी कर लागू कर दिया।

**प्रभाव** इसके परिणामस्वरूप मवेशी करों में निरंतर वृद्धि हुई, जिसके कारण कर वसूली की व्यवस्था प्रतिदिन मजबूत होती गई।

**3.** **मसाई समुदाय के चरागाह उससे क्यों छिन गए? कारण बताइए।**

*उत्तर* मसाई समुदाय के चरागाह छिनने के निम्न कारण थे

- 19वीं सदी के अंत तक ब्रिटिश औपनिवेशिक सरकार पूर्वी अफ्रीका में भी स्थानीय किसानों को अपनी खेती के क्षेत्रफल को अधिक-से-अधिक फैलाने के लिए प्रोत्साहित करने लगी। खेती के विस्तार के साथ-साथ चरागाह खेतों में बदलने लगे।
- मसाई समुदाय का लगभग 60% हिस्सा उनसे छीन लिया गया और उन्हें ऐसे सूखे क्षेत्रों में कैद कर लिया गया, जहाँ न तो अच्छी वर्षा होती थी और न ही हरे-भरे चरागाह थे।
- 1885 ई. में ब्रिटिश केन्या और जर्मन तांगान्यिका के मध्य एक अंतर्राष्ट्रीय सीमा निर्धारित कर मसाइलैंड को दो भागों में विभाजित कर दिया गया।
- इस समय बहुत-से चरागाह शिकारगाह में परिवर्तित हो चुके थे; जैसे—केन्या में मसाई मारा व सांबूरू नेशनल पार्क और तंजानिया में सेरेन्गेटी पार्क।

**4.** **आधुनिक विश्व ने भारत और पूर्वी अफ्रीकी चरवाहा समुदायों के जीवन में जिन परिवर्तनों को जन्म दिया उनमें कई समानताएँ थीं। ऐसे दो परिवर्तनों के बारे में लिखिए, जो भारतीय चरवाहों और मसाई गड़रियों दोनों के बीच समान रूप से मौजूद थे।**

*उत्तर* वे परिवर्तन, जो भारतीय चरवाहा समुदायों तथा मसाई पशुपालकों के लिए समान थे, निम्न हैं

- भारतीय चरवाहा समुदायों तथा मसाई पशुपालकों दोनों को अपने-अपने चरागाहों से बेदखल कर दिया गया, जिसका मतलब दोनों के लिए चारे की कमी तथा जीवन-यापन की समस्या का उत्पन्न होना था।
- भारतीय चरवाहा समुदाय तथा मसाई पशुपालक दोनों को ही समस्याओं का समान रूप से सामना करना पड़ा, जब वनों को 'आरक्षित' घोषित कर दिया गया तथा उन्हें इनमें प्रवेश करने से प्रतिबंधित कर दिया गया।

# परीक्षा अभ्यास

## वस्तुनिष्ठ प्रश्न

### बहुविकल्पीय प्रश्न

**1.** गुज्जर-बकरवाल किस राज्य का चरवाहा समूह है?
(a) जम्मू और कश्मीर (b) उत्तराखंड
(c) झारखंड (d) सिक्किम

**उत्तर** (a) जम्मू और कश्मीर

**2.** गुज्जर-बकरवाल शिवालिक श्रेणियों में किस मौसम में आ जाते हैं?
(a) सर्दियों के मौसम में (b) गर्मियों के मौसम में
(c) बरसात के मौसम में (d) ये सभी

**उत्तर** (a) सर्दियों के मौसम में

**3.** गद्दी चरवाहे किस राज्य के चरवाहा समूह है?
(a) उत्तराखंड के (b) हिमाचल प्रदेश के
(c) जम्मू और कश्मीर के (d) झारखंड के

**उत्तर** (b) हिमाचल प्रदेश के

**4.** महाराष्ट्र का कौन महत्त्वपूर्ण चरवाहा समुदाय है?
(a) धंगर (b) बंजारा
(c) राइका (d) किन्नौरी

**उत्तर** (a) धंगर

**5.** गोल्ला समुदाय के लोग मुख्यत: चराते हैं
(a) बकरी (b) गाय
(c) भैंस (d) भेड़

**उत्तर** (c) भैंस

**6.** कौन-सा चरवाहा समुदाय ऊँटों का पालन करता था?
(a) मारु समुदाय (b) बंजारा समुदाय
(c) धंगर समुदाय (d) कुरुबा समुदाय

**उत्तर** (a) मारु समुदाय

**7.** अपराधी जनजाति अधिनियम किस वर्ष पारित किया गया?
(a) 1880 में (b) 1871 में
(c) 1880 में (d) 1880 में

**उत्तर** (b) 1871 में

**8.** 18वीं सदी के किस दशक तक आते-आते सरकार ने चरवाहों से प्रत्यक्ष रूप से कर वसूलना शुरू कर दिया?
(a) 60 के दशक में (b) 70 के दशक में
(c) 80 के दशक में (d) 90 के दशक में

**उत्तर** (c) 80 के दशक में

**9.** किस एक्ट ने चरवाहों के जीवन को प्रभावित किया?
(a) बेकार भूमि कानून
(b) वन अधिनियम
(c) अपराधी जनजाति अधिनियम
(d) उपरोक्त सभी

**उत्तर** (d) उपरोक्त सभी

**10.** मसाई अफ्रीका के किस हिस्से के चरवाहे हैं?
(a) पूर्वी अफ्रीका
(b) पश्चिमी अफ्रीका
(c) उत्तरी अफ्रीका
(d) दक्षिणी अफ्रीका

**उत्तर** (a) पूर्वी अफ्रीका

**11.** निम्न में से कौन-सा कथन गुज्जर बकरवाल से संबंधित है?
(a) 19वीं शताब्दी में गुज्जर बकरवाल समुदाय जम्मू-कश्मीर आया था
(b) गुज्जर बकरवाल समुदाय सर्दियों में पीरपंजाल दर्रों को पार करके कश्मीर घाटी में प्रवेश करता है
(c) गुजर बकरवाल समुदाय गर्मियों में शिवालिक की निचली पहाड़ी में रहने आ जाते हैं
(d) गुजर बकरवाल समुदाय मंडपों का प्रयोग शादी-विवाह में करते हैं

**उत्तर** (a) 19वीं शताब्दी में गुज्जर बकरवाल समुदाय जम्मू-कश्मीर आया था

**12.** निम्नलिखित में से कौन-सा कथन चरवाहा कर आरोपण से संबंधित नहीं है?
(a) चराई कर ब्रिटिश सरकार द्वारा भारत की चरवाही भूमि में लागू किया गया
(b) ब्रिटिश काल में भारत में जानवरों पर भी कर लागू किया गया था
(c) ब्रिटिश काल में 10 चरवाहों पर एक पास दिया जाता था
(d) ब्रिटिश काल में चरवाहों से वसूली ठेकेदारों के माध्यम से भी की जाती थी

**उत्तर** (c) ब्रिटिश काल में 10 चरवाहों पर एक पास दिया जाता था

**13.** निम्नलिखित कथनों पर विचार कीजिए तथा सही कूट का चुनाव करें
1. अंग्रेज सरकार चरागाहों को खेती की जमीन में तब्दील नहीं करना चाहती थी।
2. अंग्रेज अफसर घुमंतू चरवाहों के लोगों को शक की नजर से देखते थे।
3. 1850 से 1880 ई. के मध्य चरागाहों की टैक्स वसूली का काम ठेकेदार के द्वारा किया जाता था।

कूट
(a) 1 और 2 (b) 2 और 3
(c) 1 और 3 (d) 1, 2 और 3

**उत्तर** (b) 2 और 3

**14.** निम्नलिखित कथनों पर विचार कीजिए तथा सही कूट का चुनाव करें
1. कश्मीर के गुज्जर बकरवाल अप्रैल के महीने में दक्षिण दिशा की ओर चलने लगते हैं।
2. हिमालय में रहने वाले प्रमुख चरवाहा समुदाय भोटिया, शेरपा और किन्नौरी हैं।
3. धंगर महाराष्ट्र का प्रमुख चरवाहा समुदाय है।

कूट
(a) 1 और 2 (b) 2 और 3
(c) 1 और 3 (d) 1, 2 और 3

उत्तर (b) 2 और 3

**15.** निम्नलिखित में से कौन-सा कथन औपनिवेशिक काल के बदलावों में घुमंतू चरवाहों से संबंधित है?
1. इस काल में सरकारी नियंत्रण के कारण चरागाहों के क्षेत्र में कमी हुई।
2. इस काल में पशुपालक की स्वतंत्रता में कमी आई थी।
3. इस काल में भारत में जानवरों की संख्या बढ़ी थी।

कूट
(a) 1 और 2 (b) 2 और 3
(c) 1 और 3 (d) ये सभी

उत्तर (d) ये सभी

**16.** निम्नलिखित कथनों पर विचार कर सही विकल्प की पहचान करें
- ये चरवाहे हिमाचल प्रदेश के घुमंतू चरवाहे हैं।
- गर्मी में ये अपना समय लाहौल स्पीति में व्यतीत करते हैं।
- यह हिमाचल प्रदेश स्थित पालमपुर के पास उहल घाटी में भेड़ों की ऊन उतारने का कार्य करते हैं।

(a) भोटिया चरवाहे
(b) गद्दी चरवाहे
(c) शेरपा चरवाहे
(d) किन्नौरी चरवाहे

उत्तर (b) गद्दी चरवाहे

**17.** निम्नलिखित कथनों पर विचार कर सही विकल्प की पहचान करें
- यह महाराष्ट्र का एक महत्त्वपूर्ण चरवाहा समुदाय था।
- ये वर्षा के दिनों में महाराष्ट्र के मध्य पठारों में रहते थे।
- 20वीं सदी में इनकी आबादी लगभग 4,67,000 थी।

(a) गोल्ला (b) कुरुमा
(c) बंजारा (d) धंगर

उत्तर (d) धंगर

**18.** निम्नलिखित में से कौन-सा युग्म गलत सुमेलित है?
(a) चरवाही – जानवरों की देखभाल की प्रक्रिया
(b) ठूँठ – जड़
(c) खरीफ – ग्रीष्मकालीन फसल
(d) काफिला – एकल रूप से यात्रा करना

उत्तर (a) चरवाही – जानवरों की देखभाल की प्रक्रिया

**19.** निम्नलिखित में से कौन-सा युग्म सही सुमेलित है?
(a) बुग्याल – नीचे पहाड़ों पर घास के मैदान
(b) रेवड़ – गाय, भैंसों का समूह
(c) स्टेपीज – दक्षिण अफ्रीका के अर्द्ध-शुष्क क्षेत्र
(d) भाबर – गढ़वाल और कुमाऊँ के निचले हिस्से में शुष्क जंगल

उत्तर (d) भाबर – गढ़वाल और कुमाऊँ के निचले हिस्से में शुष्क जंगल

## चित्र आधारित प्रश्न

**20.** निम्नलिखित क्षेत्र में दर्शाए गए आवास स्थल का संबंध किस समुदाय से है?

(a) बंजारा समुदाय (b) गुज्जर समुदाय
(c) कुरुबा समुदाय (d) धंगर समुदाय

उत्तर (b) गुज्जर समुदाय

## सुमेलित करें

**21.** सुमेलित कीजिए

| सूची I | सूची II |
|---|---|
| A. गुज्जर बकरवाल | १. जम्मू-कश्मीर |
| B. गद्दी | २. हिमाचल प्रदेश |
| C. धंगर | ३. महाराष्ट्र |

कूट

| | A | B | C | | A | B | C |
|---|---|---|---|---|---|---|---|
| (a) | 1 | 2 | 3 | (b) | 3 | 2 | 1 |
| (c) | 2 | 3 | 1 | (d) | 1 | 3 | 2 |

उत्तर (a) 1 2 3

**22.** सुमेलित कीजिए

| सूची I | सूची II |
|---|---|
| A. गोल्ला | 1. कर्नाटक |
| B. बंजारा | 2. उत्तर प्रदेश |
| C. राइका | 3. राजस्थान |

कूट

| | A | B | C | | A | B | C |
|---|---|---|---|---|---|---|---|
| (a) | 3 | 2 | 1 | (b) | 1 | 2 | 3 |
| (c) | 3 | 1 | 2 | (d) | 2 | 1 | 3 |

उत्तर (b) 1 2 3

**23.** सुमेलित कीजिए

| सूची I | सूची II |
|---|---|
| A. चरवाहा कर | 1. १९वीं सदी के मध्य |
| B. आपराधिक कबीला अधिनियम | 2. १८७१ ई. |
| C. कर एकत्र करने के लिए ठेकेदारी | 3. १८५०-८० ई. |

कूट

| | A | B | C | | A | B | C |
|---|---|---|---|---|---|---|---|
| (a) | 3 | 2 | 1 | (b) | 2 | 1 | 3 |
| (c) | 1 | 2 | 3 | (d) | 2 | 3 | 1 |

उत्तर (c) 1 2 3

## रिक्त स्थान भरें

**24.** जम्मू-कश्मीर में ········· समुदाय 19वीं सदी में अपनी भेड़ एवं बकरियों के लिए चरागाहों की खोज में यहाँ आया और यहीं बस गया।

उत्तर गुज्जर-बकरवाल

**25.** राइका समुदाय 1947 से पूर्व ········· की ओर पलायन करते थे और पशुओं को सिंधु नदी के किनारे चराते थे।

उत्तर सिंध

**26.** 1871 ई. में औपनिवेशिक सरकार ने ········ अधिनियम पारित किया।

उत्तर अपराधी जनजाति

**27.** 19वीं सदी के मध्य में ········· ब्रिटिश सरकार द्वारा भारत की देहाती भूमि में पेश किया गया।

उत्तर चराई कर

**28.** मसाई चरवाहे ········· के निवासी हैं।

उत्तर पूर्वी अफ्रीका

**29.** सरकार ने ऐसे जंगलों को ········· घोषित कर दिया, जहाँ देवदार एवं साल जैसी बहुमूल्य लकड़ियाँ पैदा होती थीं।

उत्तर आरक्षित वन

## सही और पुनः लिखें

**30.** राइका समुदाय के लोग मुख्यत: गुजरात के रेगिस्तानी क्षेत्र में निवास करते हैं।

उत्तर राइका समुदाय के लोग मुख्यतः राजस्थान के रेगिस्तानी क्षेत्र में निवास करते हैं।

**31.** धंगर गुजरात का महत्त्वपूर्ण चरवाहा समुदाय है, जो कंबल एवं चादर बनाते हैं।

उत्तर धंगर महाराष्ट्र का महत्त्वपूर्ण चरवाहा समुदाय है, जो कंबल और चादर बनाते हैं।

**32.** ब्रिटिश अफसर सामान्यत: घुमंतू समुदाय को लोभ की निगाह से देखते थे।

उत्तर ब्रिटिश अफसर सामान्यतः घुमंतू समुदाय को शक की निगाह से देखते थे।

**33.** सरकार ने ऐसे जंगलों को आरक्षित घोषित कर दिया, जहाँ साल एवं शीशम जैसी बहुमूल्य लकड़ियाँ पैदा होती थीं।

उत्तर सरकार ने ऐसे जंगलों को आरक्षित घोषित कर दिया जहाँ देवदार एवं साल के जैसी बहुमूल्य लकड़ियाँ पैदा होती थीं।

## कथन/कारण

**34.** **कथन** (A) गुज्जर बकरवाल समुदाय के लोग सर्दियों में शिवालिक की निचली पहाड़ियों में आ जाते हैं।

**कारण** (R) सर्दियों में मिलने वाली झाड़ियाँ ही उनके पशुओं के लिए चारा बनती हैं।

कूट

(a) A और R दोनों सही हैं तथा R, A की सही व्याख्या करता है

(b) A और R दोनों सही हैं परंतु R, A की सही व्याख्या नहीं करता है

(c) A सही है, किंतु R गलत है

(c) A गलत है, किंतु R सही है

उत्तर (b) A और R दोनों सही हैं, परंतु R, A की सही व्याख्या नहीं करता है

**35.** **कथन** (A) बंजारा समुदाय के लोग उत्तर प्रदेश, मध्य प्रदेश और महाराष्ट्र के कई क्षेत्रों में निवास करते हैं।

**कारण** (R) अपने पशुओं के लिए अच्छे चरागाह की खोज में ये लोग बहुत दूर तक की यात्रा करते हैं।

कूट

(a) A और R दोनों सही हैं तथा R, A की सही व्याख्या करता है

(b) A और R दोनों सही हैं परंतु R, A की सही व्याख्या नहीं करता है

(c) A सही है, किंतु R गलत है

(c) A गलत है, किंतु R सही है

उत्तर (b) A और R दोनों सही हैं, परंतु R, A की सही व्याख्या नहीं करता है

**36.** **कथन** (A) अफ्रीका ऐसा देश है, जहाँ विश्व के चरवाहों की लगभग आधे से अधिक संख्या निवास करती है।

**कारण** (R) मसाई चरवाहे पूर्वी अफ्रीका के निवासी हैं।

कूट

(a) A और R दोनों सही हैं तथा R, A की सही व्याख्या करता है

(b) A और R दोनों सही हैं परंतु R, A की सही व्याख्या नहीं करता है

(c) A सही है, किंतु R गलत है

(c) A गलत है, किंतु R सही है

उत्तर (b) A और R दोनों सही हैं, परंतु R, A की सही व्याख्या नहीं करता है

## C अतिलघु उत्तरीय प्रश्न

**1.** गद्दी कौन हैं?

उत्तर गद्दी हिमाचल प्रदेश के पशुचारण समुदाय को कहते हैं।

**2.** धंगर कौन थे?

उत्तर धंगर महाराष्ट्र के पशुचारण समुदाय में से महत्त्वपूर्ण लोग थे।

**3.** **राइका समुदाय किस राज्य में पाए जाते हैं?**
**उत्तर** राइका समुदाय राजस्थान में पाए जाते हैं।

**4.** **बंजारे किन क्षेत्रों के निवासी थे?**
**उत्तर** बंजारे उत्तर प्रदेश, पंजाब, मध्य प्रदेश और महाराष्ट्र के अनेक क्षेत्रों के निवासी थे।

**5.** **किस महाद्वीप में चरवाहों की सर्वाधिक संख्या है?**
**उत्तर** अफ्रीका महाद्वीप में चरवाहों की संख्या सर्वाधिक है।

**6.** **अफ्रीका के किन्हीं दो खानाबदोश समुदायों के नाम लिखिए।**
**उत्तर** (i) बेदुईन्स (ii) मसाई

**7.** **केंद्रीय पठार के पशुचारण समुदाय का नाम लिखिए।**
**उत्तर** महाराष्ट्र का धंगर समुदाय केंद्रीय पठार का पशुचारण समुदाय है।

**8.** **आरक्षित वन क्या थे?**
**उत्तर** आरक्षित वन ऐसे वन थे, जहाँ देवदार या साल जैसी कीमती लकड़ी पैदा होती थी। इन जंगलों में चरवाहों के घुसने पर पाबंदी लगा दी गई थी।

**9.** **संरक्षित वन क्या थे?**
**उत्तर** संरक्षित वन ऐसे वन थे, जिनमें चरवाहों को चरवाही के कुछ परंपरागत अधिकार प्राप्त थे।

**10.** **औपनिवेशिक सरकार ने अपराधी जनजाति अधिनियम कब पारित किया?**
**उत्तर** औपनिवेशिक सरकार ने 1871 ई. में अपराधी जनजाति अधिनियम पारित किया।

**11.** **वन अधिनियम बनाने के किन्हीं दो कारणों का उल्लेख कीजिए।**
**उत्तर** वन अधिनियम बनाने के दो कारण निम्नलिखित हैं
(i) वन में पशुओं को चराने से वन को नुकसान होता था।
(ii) पशुओं के चरने से छोटे जंगली पौधों और वृक्षों की वृद्धि रुक जाती थी।

**12.** **अफ्रीका में खानाबदोश समुदायों की मुख्य गतिविधियाँ क्या हैं?**
**उत्तर** खानाबदोश समुदाय ऊँट, बकरी, भेड़ तथा गधों के रेवड़ पालते हैं। वे दूध, मांस, पशुओं की खाल तथा ऊन बेचते हैं।

**13.** **सांबूरू नेशनल पार्क किस देश में अवस्थित है?**
**उत्तर** सांबूरू नेशनल पार्क केन्या में स्थित है।

## लघु उत्तरीय प्रश्न

**1.** **जम्मू-कश्मीर के गुज्जर बकरवाल समुदाय पर संक्षिप्त टिप्पणी लिखिए।**
**उत्तर** जम्मू-कश्मीर का गुज्जर बकरवाल समुदाय १९वीं शताब्दी में अपनी भेड़ एवं बकरियों के लिए चरागाहों की खोज में यहाँ आए तथा कुछ समय बाद वह यहीं बस गए। सर्दियों में जब ऊँचे पर्वत बर्फ से ढके होते हैं, तो इस समुदाय के लोग अपने पशुओं के झुंड के साथ शिवालिक की निचली पहाड़ियों में रहने के लिए आ जाते हैं। सर्दियों में यहाँ मिलने वाली सूखी झाड़ियाँ ही उनके पशुओं के लिए चारा बनती हैं। वे पीरपंजाल के दर्रों को पार करते हुए कश्मीर की घाटी में प्रवेश करते हैं। जब गर्मियों में जमी हुई बर्फ पिघल जाती है और चारों तरफ हरियाली छा जाती है, तब ये लोग पुनः ऊँची पहाड़ियों की ओर जाने की तैयारी शुरू कर देते हैं। इस समय उगने वाली अंकुरित घास पशुओं को पौष्टिक चारा प्रदान करती है। गुज्जर गड़रिये बुग्याल में मिलने वाले रिंगल (एक तरह का पहाड़ी बाँस) और घास से बने मंडपों में रहते हैं।

**2.** **हिमाचल प्रदेश के घुमंतू चरवाहे कौन थे? इनकी प्रमुख विशेषताओं को बताइए।**
**उत्तर** गद्दी चरवाहे हिमाचल प्रदेश के घुमंतू चरवाहे थे। इनकी प्रमुख विशेषताएँ निम्न प्रकार हैं
- ये चरवाहे भी गुज्जर बकरवाल की भाँति मौसम के अनुसार अपना स्थान बदलते थे। सर्दियों में गद्दी चरवाहे अपने पशुओं के झुंड को शिवालिक की निचली पहाड़ियों के जंगलों में उगने वाली झाड़ियों में चराते थे।
- 19वीं सदी में बहुत-से गुज्जर चरवाहे जम्मू और कश्मीर से हरे-भरे चरागाहों की खोज में उत्तर की पहाड़ियों में आकर बस गए। सितंबर तक वे अपनी वापसी प्रारंभ कर देते थे। वापसी के समय ये लाहौल एवं स्पीति में कुछ समय के लिए रुकते थे।
- यहाँ पर ये गर्मियों की फसलों को काटकर सर्दियों की फसलों का रोपण करके आगे बढ़ते थे। ये रास्ते में रुककर अपनी भेड़ों के ऊन उतरवाते थे। इसके पश्चात् ये अपने सर्दियों वाले चरवाहों (शिवालिक पहाड़ियों) में चले जाते थे।

**3.** **महाराष्ट्र का महत्त्वपूर्ण चरवाहा समुदाय कौन-सा था? इसकी महत्त्वपूर्ण विशेषताओं को बताइए।**
**उत्तर** धंगर महाराष्ट्र का महत्त्वपूर्ण चरवाहा समुदाय था। इसकी प्रमुख विशेषताएँ निम्न प्रकार हैं
- 20वीं सदी में इनकी आबादी लगभग 4,67,000 थी। इनमें से अधिकतर चरवाहे गड़रिये होते थे, जो कंबल एवं चादरें बनाते थे, जबकि इनमें से कुछ भैंस भी पालते थे।
- मानसून के समय मध्य पठार धंगरों के पशुओं के लिए विशाल चरागाह बन जाते थे।
- अक्टूबर के आस-पास धंगर बाजरे की कटाई करते थे एवं चरागाहों की खोज में पश्चिम की ओर (कोंकण) निकल जाते थे।
- खरीफ की फसल कट जाने के बाद इन्हें पुनः खेतों को रबी की फसल के लिए उपजाऊ बनाना होता था।

**4.** **राइका समुदाय कहाँ निवास करते थे? उनकी जीवन-शैली की कोई पाँच विशेषताएँ बताइए।**
**उत्तर** राइका समुदाय के लोग राजस्थान के रेगिस्तानी क्षेत्रों में निवास करते थे। इनकी जीवन-शैली की पाँच विशेषताएँ निम्न प्रकार हैं
(i) वर्ष 1947 से पहले ये सिंध की ओर पलायन करते थे और अपने पशुओं को सिंधु नदी के किनारे चराते थे।

(ii) यह समुदाय जिस क्षेत्र में रहता था प्रायः वहाँ वर्षा बहुत कम होती थी और वर्षा का समय निश्चित भी नहीं था। जिसके कारण इस समुदाय ने कृषि के साथ-साथ पशुचारण भी प्रारंभ कर दिया।

(iii) वर्षा के दौरान बाड़मेर, जैसलमेर, जोधपुर और बीकानेर के राइका अपने गाँवों में ही रहते थे, क्योंकि इस दौरान उन्हें वहीं चारा मिल जाता था।

(iv) राइकाओं के एक समुदाय को मारू राइका कहा जाता था।

(v) इस समुदाय के लोग राजस्थान में जैसलमेर के निकट थार रेगिस्तान में निवास करते थे।

(vi) मारू राइका ऊँटों को प्रशिक्षण देने की विशेषता को दर्शाते हैं।

**5. बेकार भूमि से संबंधित वन कानून को स्पष्ट कीजिए।**

उत्तर औपनिवेशिक शासन को यह विश्वास था कि वह चरवाहा भूमि, जिस पर खेती नहीं की जा रही हो, वह बेकार भूमि है। इस तरह की भूमि को खेती के लिए उपयोगी बनाने में इनका विश्वास था। भू-राजस्व उनकी आय का मुख्य स्रोत था, इसलिए वे खेती का विस्तार करना चाहते थे, जिससे राजस्व बढ़ सके। इन्हीं सब बातों को ध्यान में रखते हुए 19वीं सदी के मध्य से देश के विभिन्न भागों में परती अथवा बेकार भूमि विकास के लिए कानून बनाए जाने लगे। सरकार की ओर से कुछ विशेष लोगों को इस तरह की जमीन सौंप दी गई, जिसमें कई तरह की रियायतें भी दी गईं। इनमें से कुछ लोगों को गाँव का मुखिया बना दिया गया। ब्रिटिश सरकार द्वारा बनाए गए वन अधिनियम ने चरवाहों के जीवन को बदल दिया। सरकार ने ऐसे जंगलों को आरक्षित वन घोषित किया जहाँ देवदार एवं साल के जैसी बहुमूल्य लकड़ियाँ पैदा होती थीं आरक्षित क्षेत्रों में किसी भी प्रकार की चारागाही गतिविधि की अनुमति नहीं थी।

वन अधिनियमों ने चरवाहों के जीवन पर बहुत प्रभाव डाला। उन्हें जंगलों में जाने से रोक दिया गया, जो मवेशियों के लिए बहुमूल्य चारे का स्रोत थे।

**6. चराई कर का चरवाहों के जीवन पर क्या प्रभाव पड़ा?**

उत्तर चराई कर का चरवाहों के जीवन पर निम्न प्रभाव पड़ा

- 19वीं सदी के मध्य में चराई कर ब्रिटिश सरकार द्वारा भारत की चरवाही भूमि में लागू किया गया।
- आय बढ़ाने के लिए सरकार ने जानवरों पर भी कर लागू कर दिया, जिसके परिणामस्वरूप मवेशी करों में निरंतर वृद्धि हुई, जिसके कारण कर वसूली की व्यवस्था प्रतिदिन मजबूत होती गई।
- 1850 से 1880 के दशकों के मध्य कर वसूली का कार्य बोली लगाकर ठेकेदारों को सौंपा जाता था।
- 1880 के दशक तक आते-आते सरकार ने चरवाहों से प्रत्यक्ष रूप से कर वसूलना शुरू कर दिया।
- प्रत्येक चरवाहे को एक परमिट दिया गया, जिसका उपयोग वह चरागाह में प्रवेश करने के लिए करता था। इस पास को दिखाकर पहले कर देना पड़ता था उसके पश्चात् चरागाह में जाने की अनुमति दी जाती थी।

**7. मसाई का शाब्दिक अर्थ क्या है? यह समुदाय कहाँ निवास करता है? इस समुदाय के बारे में संक्षेप में बताइए।**

उत्तर मसाई शब्द की उत्पत्ति 'मा' शब्द से हुई है, जिसमें मा-साई का अर्थ 'मेरे लोग' होता है। औपनिवेशिक काल से पूर्व मसाइलैंड का क्षेत्र उत्तरी केन्या से लेकर तंजानिया के घास मैदानों तक फैला हुआ था। 19वीं शताब्दी के अंत में यूरोप की साम्राज्यवादी शक्तियों ने अफ्रीका में अपना प्रभुत्व स्थापित करने के लिए विद्रोह शुरू कर दिया और बहुत सारे क्षेत्रों को छोटे-छोटे उपनिवेशों में परिवर्तित करके अपने कब्जे में ले लिया। कालांतर में सरकार ने गोरों को बसाने के लिए बेहतरीन चरागाहों को अपने कब्जे में ले लिया। मसाइयों को दक्षिणी केन्या और उत्तरी तंजानिया के छोटे से क्षेत्र में सीमित कर दिया गया।

**8. औपनिवेशिक काल से पूर्व मसाई समुदाय को कितनी सामाजिक श्रेणियों में विभाजित किया गया था? स्पष्ट कीजिए।**

उत्तर उपनिवेश बनने से पूर्व मसाई समाज दो सामाजिक श्रेणियों में बँटा हुआ था—वरिष्ठ जन और योद्धा। इसमें वरिष्ठ जन शासन चलाते थे एवं महत्त्वपूर्ण निर्णय लेने के लिए ये समय-समय पर सभा करते थे, जबकि योद्धाओं में अधिकतर नौजवान होते थे, जिन्हें मुख्य रूप से लड़ाई लड़ने और कबीले की सुरक्षा करने के लिए तैयार किया जाता था। ब्रिटिशों ने युद्ध और छापे मारने पर अनेक प्रकार के प्रतिबंध लगाए थे, जिससे वरिष्ठों और योद्धाओं दोनों के पारंपरिक अधिकार नकारात्मक रूप से प्रभावित हुए।

औपनिवेशिक सरकार द्वारा नियुक्त किए गए मुखियाओं ने समय के साथ-साथ धन अर्जित किया।

वे कस्बों में रहने लगे तथा व्यापार में भी शामिल हो गए। इनके परिवार गाँव में ही भूमि और पशुओं की देखभाल के लिए रुक जाते थे।

**9. वर्णन करें कि कुरुमा तथा कुरुबा चरवाहा समुदाय की गतिविधियाँ कैसे उनके पशुधन की आवश्यकताओं के अनुरूप होती थीं?**

उत्तर कुरुमा तथा कुरुबा चरवाहा समुदाय कर्नाटक तथा आंध्र प्रदेश से संबंध रखते हैं। वे भेड़-बकरियाँ पालते और कंबल बुनकर बेचते थे। वे जंगलों के पास रहकर छोटे खेतों पर कृषि करते, छोटा-मोटा व्यापार करते तथा अपने रेवड़ों की देखभाल करते थे। मानसून और शुष्क मौसम के परिवर्तन के साथ ही उनकी गतिविधियाँ संलग्न होती थीं। पहाड़ी चरवाहों के विपरीत यहाँ के चरवाहों का एक स्थान से दूसरे स्थान पर जाना सर्दी-गर्मी से तय नहीं होता है। वे शुष्क मौसम में तटीय क्षेत्रों में चले जाते और जब वर्षाकाल आता, तो वे भैंसों जैसे पशुओं को छोड़कर वहाँ चले जाते थे। इस काल में अन्य रेवड़ों को शुष्क पठार की ओर ले जाया करते थे।

**10. उस अधिनियम का नाम बताइए, जिसे घुमंतू चरवाहों की गतिविधियों को सीमित करने के लिए ब्रिटिश सरकार द्वारा पारित किया गया। इस अधिनियम के कोई दो लक्षण भी बताइए।**

उत्तर घुमंतू चरवाहों की गतिविधियों को सीमित करने के लिए अपराधी जनजाति अधिनियम पारित किया गया।

**लक्षण**

(i) इस अधिनियम के द्वारा दस्तकारों, व्यापारियों तथा चरवाहों के अनेक समुदायों को अपराधी जनजाति के रूप में वर्गीकृत किया गया।

(ii) इस अधिनियम के अंतर्गत उनकी गतिविधियों पर अनेक प्रकार के प्रतिबंध लगा दिए गए।

(iii) उन्हें कुदरती और जन्मजात अपराधी घोषित किया गया।

(iv) ग्राम्य पुलिस उन पर सदैव नजर रखने लगी।

(v) अब घुमंतू चरवाहों को एक स्थान से दूसरे स्थान पर जाने के लिए परमिट की आवश्यकता होती है।

## दीर्घ उत्तरीय प्रश्न

**1. दक्षिणी भारत के दो प्रमुख क्षेत्रों अर्थात् कर्नाटक तथा आंध्र प्रदेश के चलवासी चरवाहों की प्रमुख विशेषताओं की चर्चा कीजिए।**

**उत्तर** गोल्ला, कुरुमा और करुबा दक्षिणी भारत के महत्त्वपूर्ण चरवाहा समुदाय थे। सूखे मध्य पठार कर्नाटक और आंध्र प्रदेश के गोल्ला समुदाय के लोग मुख्यतः गाय-भैंस पालते थे, जबकि कुरुमा और कुरुबा समुदाय के लोग भेड़-बकरियाँ पालने का कार्य करते थे और हाथ के बुने कंबल बेचते थे। ये लोग केवल चरवाही के कार्य में संलग्न नहीं थे, अपितु जीविकोपार्जन के लिए अन्य कई कार्यों में संलग्न थे।

पहाड़ी चरवाहों के विपरीत इनका पलायन सर्दी एवं गर्मी से नहीं, बल्कि सूखे एवं बरसात के मौसम से निर्धारित होता था।

सूखे मौसम में ये तटीय क्षेत्रों की ओर चले जाते थे एवं बरसात के मौसम में ये वापस चले आते थे, क्योंकि मानसून के समय गीला–दलदली क्षेत्र केवल भैंसों के अतिरिक्त अन्य जानवरों के लिए अनुकूल नहीं होता। अतः इन बचे हुए जानवरों के लिए इन्हें सूखे पठारी इलाकों में ले जाना आवश्यक था।

इन चलवासी चरवाहों के परिवार जंगलों के किनारे छोटे-छोटे गाँवों में रहते थे, जहाँ ये थोड़े बहुत जानवर रखते थे तथा आस-पास के कस्बों में जाकर दुग्ध उत्पाद बेचते थे। इनके परिवार बहुत बड़े होते थे, जिनमें आठ-नौ नौजवान शामिल थे, इनमें से कुछ जंगल में जानवर चराते थे तथा कुछ अपने खेत सँभालते हैं और कस्बों में जलावन की लकड़ी, छप्पर के लिए पुआल आदि पहुँचाते थे।

**2. उपनिवेशी शासन में चरवाहों के जीवन में बदलाव के प्रमुख कारणों को बताइए।**

**उत्तर** उपनिवेशी शासन के अंतर्गत चरवाहों के जीवन में अधिक परिवर्तन हुए। औपनिवेशिक सरकार ने चरवाहों के लिए अलग-अलग तरह के कानून बनाए। चरवाहों के जीवन में परिवर्तन होने के निम्नलिखित कारण थे

(i) उपनिवेशी सरकार सभी चरागाहों को कृषि फार्म में बदलना चाहती थी, इसलिए उनका लगान बढ़ा दिया गया था।

(ii) ब्रिटिश अधिकारी चरागाह संबंधी भूमि के बारे में गलत विचार रखते थे। वे मानते थे कि सभी अकृषीय भूमि अनुत्पादक भूमि है, क्योंकि न तो इससे लगान आता है और न ही कृषि उत्पाद होता है। यह बंजर भूमि है, जिसे कृषि के अंतर्गत नहीं लाया जा सकता है।

(iii) इसके अंतर्गत 19वीं शताब्दी के मध्य तक वन कानून लागू कर दिए गए। कुछ वन आरक्षित घोषित कर दिए गए, इनमें चराई निषिद्ध थी। दूसरे वनों को संरक्षित घोषित कर दिया गया। इनमें कुछ पारंपरिक अधिकार दिए गए। उपनिवेशी अधिकारी विश्वास करते थे कि चराई करने से पौधे नष्ट हो जाते हैं।

(iv) कुछ भागों में चरवाहों को चरागाह में जाने की आज्ञा (परमिट) लेनी होती थी तथा अधिक देर तक रुकने पर उन्हें जुर्माना देना पड़ता था।

(v) 19वीं शताब्दी के मध्य से देश के भिन्न-भिन्न भागों में बंजर भूमि नियम लागू कर दिए गए। इस कानून के अनुसार, अकृषीय भूमि ले ली गई और कुछ चुनिंदा लोगों को सौंप दी गई। इन लोगों को बहुत-सी छूट भी दी गईं। कुछ भूमि वास्तव में चरागाह भूमि थी। इस प्रकार चरागाह कम होते गए।

**3. मसाइयों की चरवाही भूमि के नष्ट होने पर टिप्पणी लिखिए।**

**उत्तर** औपनिवेशिक काल से पूर्व मसाईलैंड का क्षेत्र उत्तरी केन्या से लेकर तंजानिया के घास मैदानों तक फैला हुआ था। 19वीं सदी के अंत में यूरोप की साम्राज्यवादी शक्तियों ने इन क्षेत्रों को छोटे-छोटे उपनिवेशों में परिवर्तित करके अपने कब्जे में कर लिया। कालांतर में सरकार ने गोरों को बसाने के लिए उत्तम चरागाहों को अपने अधिकार में कर लिया। मसाइयों को दक्षिणी केन्या और उत्तरी तंजानिया के छोटे क्षेत्रों में सीमित कर दिया गया। 19वीं सदी के अंत तक ब्रिटिश औपनिवेशिक सरकार पूर्वी अफ्रीका में भी स्थानीय किसानों को अपनी खेती के क्षेत्रफल को अधिक-से-अधिक फैलाने के लिए प्रोत्साहित करने लगी। खेती के विस्तार के साथ-साथ चरागाह खेतों में बदलने लगे।

1885 ई. में ब्रिटिश केन्या और जर्मन तांगान्यिका के मध्य एक अंतर्राष्ट्रीय सीमा निर्धारित कर मसाईलैंड को दो भागों में विभाजित कर दिया गया। औपनिवेशिक शासन के अंत तक आते-आते निम्न परिवर्तन हो चुके थे।

इस समय बहुत-से चरागाह शिकारगाह में परिवर्तित हो चुके थे; जैसे–केन्या में मसाई मारा व सांबूरू नेशनल पार्क और तंजानिया में सेरेन्गोटी पार्क। घास के बिना पशु (मवेशी, बकरियाँ और भेड़ें) कुपोषण का शिकार हो जाते थे, जिससे चरवाहों के परिवार और बच्चों के लिए भोजन कम पड़ने लगता है। अच्छे चरागाहों और जल संसाधनों की कमी के कारण अत्यधिक दबाव पड़ा, जिसके परिणामस्वरूप अनेक समस्याएँ उत्पन्न हो गईं। किलिमंजारो जल परियोजना अंबोसेली नेशनल पार्क से होकर गुजरती है, लेकिन यहाँ रहने वाले समुदाय न तो पीने के लिए और न ही सिंचाई के लिए इस परियोजना के पानी का उपयोग कर सकते हैं।

**4. अपने जीवन को चलायमान रखने के लिए चरवाहा समुदायों को अनेक बिंदुओं का ध्यान रखना होता था। उनमें से कुछ महत्त्वपूर्ण बिंदुओं की व्याख्या कीजिए।**

**उत्तर** जीवन को चलायमान रखने हेतु चरवाहा समुदायों से संबंधित उल्लेखनीय बातें निम्न थीं

(i) इन समुदायों को इस बात का ध्यान रखना पड़ता था कि वे कब और किस दिशा में प्रस्थान करें, अन्यथा उनके पशुओं और स्वयं उनके भूखे मरने की स्थिति उत्पन्न हो सकती है।

(ii) चरवाहों को इस बात का सही अनुमान लगाना होता था कि किस जगह उन्हें अपने पशुओं के लिए चारा और पीने के लिए पानी मिल सकता है।

(iii) चरवाहों को इस बात का भी ध्यान रखना होता था कि कब, कहाँ और कैसे उनके पशुओं को हरी घास उपलब्ध हो सकती है।

(iv) उन्हें अपने प्रवास के प्रत्येक क्षेत्र के स्थानीय लोगों से घनिष्ठ संपर्क बनाए रखने की आवश्यकता होती थी, अन्यथा वे अपने खेतों में उनके पशुओं को चरने से रोक सकते थे। आपसी मेल-मिलाप उनके जीवन का एक महत्त्वपूर्ण अंग था।

(v) उनको इस बात का निश्चय करना होता था कि वे अपने रेवड़ (पशुओं का झुंड) के साथ एक स्थान पर कब तक ठहर सकते हैं।

(vi) उन्हें अपने निर्वाह के लिए पशु चराने के साथ-साथ खेती करना और अपनी चीजों का आदान-प्रदान करना भी आना चाहिए।

**5. भारत के पहाड़ी क्षेत्रों में कौन-से घुमंतू चरवाहे मिलते हैं? वर्ष के महीनों में वे कहाँ-कहाँ अपने चरवाहों को ले जाते हैं? उदाहरणों की सहायता से स्पष्ट करें।**

**उत्तर** भारत के जम्मू और कश्मीर में गुज्जर बकरवाल समुदाय के घुमंतू चरवाहे मिलते हैं। 19वीं सदी में चरागाहों की तलाश में यह समुदाय कश्मीर में आया था, परंतु समय बीतने के साथ ही यह समुदाय यहीं बस गया। ये समुदाय गर्मी तथा सर्दी के हिसाब से अपने चरागाहों का चुनाव करते हैं। शरद ऋतु में हिमालय के ऊपरी भाग में बर्फ जमने के कारण यह समुदाय हिमालय के निचले हिस्से (शिवालिक) में अपना डेरा डालते हैं। ठंड के समय निचले इलाकों में मिलने वाली सूखी झाड़ियाँ उनके पशुओं का प्रमुख चारा होती हैं। अप्रैल के महीने में यह हिमालय के ऊपरी भाग की ओर चलने लगते हैं, क्योंकि गर्मी के शुरू होते ही हिमालय के ऊपरी भाग की बर्फ पिघलने लगती है, जिससे चारों ओर हरियाली छाने लगती है।

इन दिनों में यहाँ उगने वाली घास मवेशियों के लिए सेहतमंद खुराक होती है। इस प्रकार ये समुदाय वर्ष में मौसमों में परिवर्तन के कारण अपने स्थानों को बदलते रहते हैं। भारत के हिमाचल प्रदेश में एक प्रमुख घुमंतू चरवाहे को गद्दी कहते हैं। यह समुदाय भी मौसमी उतार-चढ़ाव का सामना करने के लिए इसी तरह सर्दी-गर्मी के हिसाब से अपनी जगह बदलता रहता है।

भारत के हिमालयी क्षेत्र के प्रमुख घुमंतू चरवाहे भोटिया, शेरपा और किन्नौरी समुदाय भी हैं। ये समुदाय मौसमी बदलावों के हिसाब से खुद को ढालते हैं और क्षेत्र विशेष के चरागाहों का बेहतरीन प्रयोग करते हैं। जब एक चरागाह की हरियाली खत्म हो जाती है, तो ये किसी और चरागाह की तरह चले जाते हैं। इस आवाजाही से चरागाह जरूरत से ज्यादा प्रयोग से भी बच जाते हैं और उनमें दोबारा हरियाली लौट आती है।

**6. विभिन्न प्रकार के बदलावों का चरवाहों ने किस प्रकार सामना किया? वर्तमान परिस्थिति में इनके बदलावों को स्पष्ट करें।**

**उत्तर** विभिन्न परिवर्तनों का चरवाहों द्वारा विभिन्न रूपों में सामना किया गया।

चरवाहों ने अपने मवेशियों की संख्या को सीमित कर दिया, क्योंकि अब अधिक जानवरों को चराने के लिए पहले की तरह बड़े-बड़े मैदान नहीं बचे थे। जब पुराने चरागाहों का प्रयोग करना कठिन हो गया तो कुछ चरवाहों ने नए-नए चरागाह ढूँढ लिए।

समय के साथ कुछ धनी चरवाहे जमीन खरीदकर एक जगह बस गए, इनमें से कुछ नियमित रूप से खेती करने लगे जबकि कुछ व्यापार करने लगे। जो चरवाहे निर्धन थे, वे सूदखोरों से ब्याज पर कर्ज लेकर दिन काटने लगे, इसके कारण बहुत से चरवाहों के मवेशी हाथ से चले गए और वे मजदूर बनकर रह गए।

इन सभी परिस्थितियों का सामना करने के बावजूद वर्तमान में चरवाहों की संख्या में वृद्धि हुई है। जब भी किसी इलाके के चरागाहों में उनके दाखिलों पर रोक लगा दी जाती वे अपनी दिशा बदल लेते, रेवड़ छोटा कर लेते और वर्तमान स्थिति के हिसाब से तालमेल बैठाने के लिए दूसरे काम-धंधे भी करने लगते हैं। विभिन्न पारिस्थितिकी वैज्ञानिकों का मानना है कि सूखे इलाकों और पहाड़ों में जिंदा रहने के लिए चरवाही ही सबसे व्यावहारिक रास्ता है।

दुनिया के नए कानून और बसावट के नए तौर-तरीकों ने उन्हें आधुनिक दुनिया में आ रहे बदलावों के अनुसार अपनी जिंदगी का तरीका बदलने पर मजबूर किया है।

**7. अफ्रीका में सीमाओं के निर्धारण ने चरवाहों की स्थिति में किस प्रकार परिवर्तन किया? सविस्तार वर्णन करें।**

**उत्तर** उन्नीसवीं सदी के आखिरी दशकों में अफ्रीकी देशों के सीमा निर्धारण के कारण चरवाहों की आवाजाही पर तरह-तरह की पाबंदियाँ लगा दी गईं। अब चरवाहों को विशेष आरक्षित क्षेत्रों की सीमाओं में कैद कर दिया गया। अब ये समुदाय आरक्षित क्षेत्रों की सीमाओं को बिना परमिट के पार नहीं कर सकते थे।

औपनिवेशिक शक्ति से परमिट प्राप्त करना कोई आसान कार्य नहीं था, इसके लिए इन्हें विभिन्न परेशानियों का सामना करना पड़ता था, यदि कोई चरवाहा नियमों का पालन नहीं करता था तो उसे कठिन सजा दी जाती थी।

अफ्रीका के बहुत-से क्षेत्रों में तो चरवाहों को विभिन्न प्रकार के व्यापार से भी रोका जाता था, औपनिवेशिक अकसर इन समुदाय को खतरनाक और बर्बर स्वभाव वाला मानते थे, उनकी नजर में ये ऐसे लोग थे, जिनके साथ कम से कम संबंध रखना चाहिए।

अफ्रीका में सीमा के निर्धारण ने चरवाहों की जिंदगी पर बहुत नकारात्मक प्रभाव डाला। नई पाबंदियों और बाधाओं की आड़ से उन्हें प्रताड़ित किया जाने लगा, इसके कारण वे छोटे से छोटे इलाके में स्वयं को बंदी महसूस करने लगे। इससे उनकी चरवाही और व्यापारिक दोनों प्रकार की गतिविधियों पर बहुत बुरा असर पड़ा। औपनिवेशिक शासन के अंतर्गत लगाई गई बंदिशों से उनका व्यापार बंद तो नहीं हुआ, लेकिन अब उन पर तरह-तरह के अंकुश जरूर लगने लगे थे।

## स्रोत आधारित प्रश्न

निम्नलिखित स्रोतों को ध्यानपूर्वक पढ़कर पूछे गए प्रश्नों के उत्तर दें

**1.** जम्मू और कश्मीर के गुज्जर-बकरवाल समुदाय के लोग भेड़-बकरियों के बड़े-बड़े रेवड़ रखते हैं। इस समुदाय के अधिकतर लोग अपने मवेशियों के लिए चरागाहों की तलाश में भटकते-भटकते उन्नीसवीं सदी में वहाँ आए थे। जैसे-जैसे समय बीतता गया वे यहीं के होकर रह गए; यहीं बस गए। इसके बाद वे सर्दी-गर्मी के हिसाब से अलग-अलग चरागाहों में जाने लगे। जाड़ों में जब ऊँची पहाड़ियाँ बर्फ से ढक जातीं तो वे शिवालिक की निचली पहाड़ियों में आकर डेरा डाल लेते। जाड़ों में निचले इलाके में मिलने वाली सूखी झाड़ियाँ ही उनके जानवरों के लिए चारा बन जातीं।

अप्रैल के अंत तक वे उत्तर दिशा में जाने लगते-गर्मियों के चरागाहों के लिए। इस सफर में कई परिवार काफिला बनाकर साथ-साथ चलते थे। वे पीर पंजाल के दर्रों को पार करते हुए कश्मीर की घाटी में पहुँच जाते। जैसे ही गर्मियाँ शुरू होतीं, जमी हुई बर्फ की मोटी चादर पिघलने लगती और चारों तरफ हरियाली छा जाती।

इन दिनों में यहाँ उगने वाली तरह-तरह की घास से मवेशियों का पेट भी भर जाता था और उन्हें सेहतमंद खुराक भी मिल जाती थी। सितंबर के अंत में बकरवाल एक बार फिर अथवा बोरिया-बिस्तर समेटने लगते। इस बार वे वापस अपने जाड़ों वाले ठिकाने की तरफ नीचे की ओर चले जाते। जब पहाड़ों की चोटियों पर बर्फ जमने लगती तो वे निचली पहाड़ियों की शरण में चले जाते।

(i) निम्न में से कौन-सा समुदाय भेड़-बकरियों के बड़े-बड़े रेवड़ रखता है?

(a) जम्मू-कश्मीर जाट-बकरवाल समुदाय
(b) जम्मू-कश्मीर गुज्जर-बकरवाल समुदाय
(c) जम्मू-कश्मीर शेख-बकरवाल समुदाय
(d) जम्मू-कश्मीर पठान-बकरवाल समुदाय

**उत्तर** (b) जम्मू-कश्मीर गुज्जर-बकरवाल समुदाय

(ii) जम्मू और कश्मीर का जनजातीय समुदाय सर्दी के मौसम में जब ऊँची पहाड़ियाँ बर्फ से ढक जाती हैं, तो ...... आकर डेरा डालता है।

(a) नेपाल के तराई क्षेत्र में
(b) गंगा-यमुना दोआब में
(c) शिवालिक की निचली पहाड़ियों में
(d) पश्चिमी घाट में

**उत्तर** (c) शिवालिक की निचली पहाड़ियों में

(iii) गुज्जर-बकरवाल समुदाय कौन-से दर्रे को पार करते हुए कश्मीर की घाटी में पहुँचते हैं?

(a) लिपुलेख के दर्रों को पार करके
(b) पीर-पंजाल के दर्रों को पार करके
(c) बनिहाल के दर्रों को पार करके
(d) नाथुला के दर्रों को पार करके

**उत्तर** (b) पीर-पंजाल के दर्रों को पार करके

(iv) सुमेलित कीजिए

| सूची I (भौतिक संरचना) | सूची II (अवस्थिति) |
|---|---|
| A. पीर-पंजाल दर्रा | 1. जम्मू-कश्मीर |
| B. शिवालिक रेंज | 2. वृहत हिमालय |
| C. शिपकिला दर्रा | 3. हिमाचल प्रदेश |
| D. लीपुलेख | 4. उत्तराखण्ड |

**कूट**

| | A | B | C | D | | A | B | C | D |
|---|---|---|---|---|---|---|---|---|---|
| (a) | 1 | 2 | 3 | 4 | (b) | 4 | 3 | 2 | 1 |
| (c) | 1 | 4 | 3 | 2 | (d) | 3 | 2 | 1 | 4 |

**उत्तर** (a) 1 2 3 4

(v) विशाल प्राकृतिक चरागाह बुग्याल ............ महीने में हरे-भरे हो जाते हैं।

(a) मार्च (b) अप्रैल
(c) अक्टूबर (d) नवंबर

**उत्तर** (b) अप्रैल

(vi) **कथन** (A) गुज्जर-बकरवाल समुदाय सर्दी गर्मी के हिसाब से अपने रहने के स्थान में परिवर्तन करते हैं।
**कारण** (R) इसका प्रमुख कारण खाद्य आवश्यकता को पूर्ण करना है।

**कूट**

(a) A और R दोनों सही हैं तथा R, A की सही व्याख्या है
(b) A और R दोनों सही हैं, परंतु R, A की सही व्याख्या नहीं है
(c) A सही है, किंतु R गलत है
(c) A गलत है, किंतु R सही है

**उत्तर** (a) A और R दोनों सही हैं तथा R, A की सही व्याख्या है

**2.** उन्नीसवीं सदी के अंतिम सालों से ब्रिटिश औपनिवेशिक सरकार पूर्वी अफ्रीका में भी स्थानीय किसानों को अपनी खेती के क्षेत्रफल को ज्यादा-से-ज्यादा फैलाने के लिए प्रोत्साहित करने लगी। जैसे-जैसे खेती का प्रसार हुआ वैसे-वैसे चरागाह खेतों में तब्दील होने लगे। अंग्रेजों के आने से पहले मसाई आर्थिक और राजनीतिक, दोनों स्तर पर अपने किसान पड़ोसियों पर भारी पड़ते थे। औपनिवेशिक शासन के अंत तक आते-आते यह समीकरण बिल्कुल उलट चुका था। बहुत सारे चरागाहों को शिकारगाह बना दिया गया।

कीनिया में मसाई मारा व सांबूरू नेशनल पार्क और तंजानिया में सेरेन्गेटी पार्क जैसे शिकारगाह इसी तरह अस्तित्व में आए थे। इन आरक्षित जंगलों में चरवाहों का आना मना था। इन इलाकों में न तो वे शिकार कर सकते थे और न अपने जानवरों को चरा सकते थे। ऐसे बहुत सारे आरक्षित जंगलों में अब तक मसाई अपने ढोर-डंगर चराया करते थे। मिसाल के तौर पर सेरेन्गेटी नेशनल पार्क का 14,760 वर्ग किलोमीटर से भी ज्यादा क्षेत्रफल मसाइयों के चरागाहों पर कब्जा करके बनाया गया था।

(i) भारत की तरह अफ्रीकी चरवाहों की जिंदगी में भी औपनिवेशिक एवं उत्तर औपनिवेशिक काल में कई बदलाव हुए, 19वीं सदी के अन्त में औपनिवेशिक सरकार अफ्रीका में ········ करने लगी।

(a) कृषि को प्रोत्साहित (b) जंगलों का दोहन
(c) उद्योगों का विकास (d) कृषि संरक्षण विनाश

उत्तर (b) जंगलों का दोहन

(ii) कृषि प्रोत्साहन के बाद चरागाहों में सामाजिक बदलाव आए, इन चरागाहों को किसमें बदलने की कोशिश की गई?

(a) शिकारगाह बनाने में (b) किसान को बसाने में
(c) शिकारियों को बसाने में (d) मजदूरों को बसाने में

उत्तर (a) शिकारगाह बनाने में

(iii) 19वीं शताब्दी में सेरेन्गेटो नेशनल पार्क का कितना क्षेत्रफल मासाइयों के चरागाहों पर कब्जा करके बनाया गया था?

(a) लगभग 14,760 वर्ग किमी क्षेत्र
(b) लगभग 15,760 वर्ग किमी क्षेत्र
(c) लगभग 16,760 वर्ग किमी क्षेत्र
(d) लगभग 17,760 वर्ग किमी क्षेत्र

उत्तर (a) लगभग 14,760 वर्ग किमी क्षेत्र

(iv) निम्नलिखित में से कौन अफ्रीकी औपनिवेशिक काल से संबंधित नहीं है?

(a) औपनिवेशीकरण के कारण मसाई जनजाति का कृषि क्षेत्र सीमित हुआ
(b) औपनिवेशीकरण के कारण चरागाहों का परिवर्तन शिकारगाह के रूप में हुआ था
(c) 18वीं शताब्दी में यूरोपीय साम्राज्यवाद शक्तियों ने अफ्रीका का शोषण किया
(d) औपनिवेशीकरण के द्वारा अफ्रीकी जनजातियों के वन अधिकारों का हनन हुआ था

उत्तर (c) 18वीं शताब्दी में यूरोपीय साम्राज्यवाद शक्तियों ने अफ्रीका का शोषण किया

(v) निम्न में से कौन-सा कथन मसाई समुदाय से संबंधित था?

1. मसाई नाम या शब्द से निकला है, जिसका अर्थ मेरे लोगों से है।
2. मसाई लोग आजीविका के लिए दूध और मांस पर आश्रित रहते हैं।
3. परंपरागत रूप से मसाई घुमंतू और चरवाहा समुदाय के लोग होते हैं।

कूट

(a) 1 और 2 (b) 2 और 3
(c) 1 और 3 (d) ये सभी

उत्तर (d) ये सभी

(vi) निम्न में से कौन-सा कथन मसाई से संबंधित नहीं है?

(a) मसाई पशुपालक मुख्यतः पूर्वी अफ्रीका के निवासी थे
(b) इनकी जनसंख्या दक्षिणी कीनिया में सबसे कम है
(c) मसाई आदिवासियों के लिए औपनिवेशिक काल नकारात्मक साबित हुआ
(d) औपनिवेशिक काल से पहले मसाईलैंड का क्षेत्र उत्तरी कीनिया से लेकर तंजानिया के घास मैदानों तक फैला हुआ था

उत्तर (b) इनकी जनसंख्या दक्षिणी कीनिया में सबसे कम है

**3. स्रोत 'अ' अंग्रेजों द्वारा जमीनों पर नियंत्रण**

खेती का क्षेत्रफल बढ़ने से सरकार की आय में और बढ़ोतरी हो सकती थी। इतना ही नहीं, इससे जूट (पटसन), कपास, गेहूँ और अन्य खेतिहर चीजों के उत्पादन में भी इजाफा हो जाता, जिनकी इंग्लैंड में बहुत ज्यादा जरूरत रहती थी। अंग्रेज अफसरों को बिना खेती की जमीन का कोई मतलब समझ में नहीं आता था। उससे न तो लगान मिलता था और न ही उपज। अंग्रेज ऐसी जमीन को 'बेकार' मानते थे। उसे खेती के लायक बनाना जरूरी था।

**स्रोत 'ब' अंग्रेजों द्वारा वन अधिनियम का नियमन**

उन्नीसवीं सदी के मध्य तक आते-आते देश के विभिन्न प्रांतों में वन अधिनियम भी पारित किए जाने लगे थे। इन कानूनों की आड़ में सरकार ने ऐसे कई जंगलों को 'आरक्षित' वन घोषित कर दिया, जहाँ देवदार या साल जैसी कीमती लकड़ी पैदा होती थी। इन जंगलों में चरवाहों के प्रवेश पर पाबंदी लगा दी गई। जंगलों को 'संरक्षित' घोषित कर दिया गया। इन जंगलों में चरवाहों को चरवाही के कुछ परंपरागत अधिकार तो दे दिए गए, लेकिन उनकी आवाजाही पर फिर भी बहुत सारी बंदिशें लगी रहीं।

**स्रोत 'स' अंग्रेजों द्वारा चरवाहा पर नियंत्रण**

अंग्रेज अफसर घुमंतू किस्म के लोगों को शक की नजर से देखते थे। वे गाँव-गाँव जाकर अपनी चीजें बेचने वाले कारीगरों व व्यापारियों और अपने रेवड़ के लिए हर साल नए-नए चरागाहों की तलाश में रहने वाले, हर मौसम में अपनी रिहाइश बदल लेने वाले चरवाहों पर यकीन नहीं कर पाते थे।

**स्रोत 'अ' अंग्रेजों द्वारा जमीनों पर नियंत्रण**

(i) अंग्रेजों द्वारा बेकार भूमि का नियमन किस प्रकार किया गया था?

उत्तर अंग्रेजों द्वारा बेकार भूमि के नियमन के अंतर्गत विभिन्न भागों में परती भूमि विकास के लिए नियम बनाए। इन नियमों के जरिए सरकार गैर-खेतिहर जमीन को अपने कब्जे में लेकर कुछ विशेष लोगों को सौंपना चाहती थी।

**स्रोत 'ब' अंग्रेजों द्वारा वन अधिनियम का नियमन**

(ii) औपनिवेशिक सरकार वनों में चरवाहों पर नियंत्रण क्यों लगाना चाहती थी?

**उत्तर** औपनिवेशिक सरकार वनों में चरवाहों पर नियंत्रण इसलिए लगाना चाहती थी, क्योंकि उन्हें लगता था कि पशुओं के चरने से छोटे जंगली पौधे और पेड़ों की नई कोंपले नष्ट हो जाती हैं। इसके साथ चरवाहे के रेवड़ छोटे पौधों को कुचल देते हैं।

**स्रोत 'स' अंग्रेजों द्वारा चरवाहा पर नियंत्रण**

(iii) अंग्रेजों ने अपराधी जनजाति अधिनियम को पारित कर कौन-से उपाय किए?

**उत्तर** अंग्रेजों ने अपराधी जनजाति अधिनियम (1871) के द्वारा दस्तकारों, व्यापारियों और चरवाहों के बहुत सारे समुदायों को अपराधी समुदायों की सूची में रखा। उन्हें कुदरती और जन्मजात अपराधी घोषित कर दिया गया। इन कानून के लागू होते ही ऐसे सभी समुदायों को कुछ खास अधिसूचित गाँव व बस्तियों में बस जाने का आदेश दिया। उनकी बिना परमिट आवाजाही पर रोक लगा दी गई।

**4.** औपनिवेशिक काल में अफ्रीका के बाकी स्थानों की तरह मसाईलैंड में भी आए बदलावों से सारे चरवाहों पर एक जैसा असर नहीं पड़ा। उपनिवेश बनने से पहले मसाई समाज दो सामाजिक श्रेणियों में बँटा हुआ था—वरिष्ठ जन (ऐल्डर्स) और योद्धा (वॉरियर्स)। वरिष्ठ जन शासन चलाते थे। समुदाय से जुड़े मामलों पर विचार-विमर्श करने और अहम फैसले लेने के लिए वे समय-समय पर सभा करते थे। योद्धाओं में ज्यादातर नौजवान होते थे, जिन्हें मुख्य रूप से लड़ाई लड़ने और कबीले की हिफाजत करने के लिए तैयार किया जाता था। वे समुदाय की रक्षा करते थे और दूसरे कबीलों के मवेशी छीन कर लाते थे। जहाँ जानवर ही संपत्ति हो वहाँ हमला करके दूसरों के जानवर छीन लेना एक महत्त्वपूर्ण काम होता था। अलग-अलग चरवाहा समुदायों की ताकत इन्हीं हमलों से तय होती थी। युवाओं को योद्धा वर्ग का हिस्सा तभी माना जाता था, जब वे दूसरे समूह के मवेशियों को छीन कर और युद्ध में बहादुरी का प्रदर्शन करके अपनी मर्दानगी साबित कर देते थे। फिर भी वे वरिष्ठ जनों के नीचे रह कर ही काम करते थे।

(i) अंग्रेजी सरकार ने किस प्रकार मसाई के सामाजिक क्षेत्र में परिवर्तन किया था?

**उत्तर** अंग्रेजी सरकार ने सर्वप्रथम मसाई संख्या में अधिक मसाई उपसमूहों के मुखिया स्वयं नियुक्त किए तथा उन्हें अपने-अपने कबीले के सभी मामलों की जिम्मेदारी सौंप दी। इसके बाद उन्होंने हमलों और लड़ाइयों पर पाबंदी लगा दी।

(ii) अंग्रेजी शासनकाल में मसाई मुखिया की स्थिति में किस प्रकार का परिवर्तन हुआ?

**उत्तर** अंग्रेजी शासनकाल में मसाई मुखिया राजस्व इकट्ठा कर अपनी प्रतिष्ठा बढ़ाने लगे, जिससे वे जानवर, साजो-सामान और जमीन खरीदने लगे। वे अपने गरीब पड़ोसियों को लगान चुकाने के लिए कर्ज देते थे। उनमें से ज्यादातर बाद में शहरों में जाकर बस गए और व्यापार करने लगे।

(iii) अंग्रेजी शासनकाल में जानवर चराने वाले चरवाहों के जीवन में किस प्रकार परिवर्तन हुआ?

**उत्तर** अंग्रेजी शासनकाल में जानवर चराने वाले चरवाहों की स्थिति निम्न थी। उनके पास बुरे वक्त का सामना करने के लिए अकसर साधन नहीं होते थे। युद्ध और अकाल के दौरान उनका सब कुछ समाप्त हो जाता था। इसके पश्चात् उन्हें काम की तलाश में शहर जाना पड़ता था, जहाँ उन्हें विभिन्न प्रकार के कार्य करने पड़ते थे।

# स्वयं को जाँचें

## वस्तुनिष्ठ प्रश्न

**1.** भोटिया, शेरपा तथा किन्नौरी चरवाहे किस राज्य से संबंधित हैं?
(a) हिमाचल प्रदेश से (b) उत्तराखंड से
(c) जम्मू और कश्मीर से (d) सिक्किम से

**2.** धंगर चरवाहा समुदाय के लोग बाजरे की कटाई के बाद किस क्षेत्र में चले जाते थे?
(a) मालाबार क्षेत्र में (b) कोंकण क्षेत्र में (c) मालवा के क्षेत्र में (d) धंग के क्षेत्र में

**3.** राइका समुदाय के लोग 1947 से पूर्व किस क्षेत्र में पलायन करते थे?
(a) सिंधु (b) ब्लूचिस्तान (c) पंजाब (d) मुल्तान

**4.** चराई कर अंग्रेजों द्वारा कब पेश किया गया?
(a) 18वीं सदी में (b) 19वीं सदी में (c) 20वीं सदी में (d) इनमें से कोई नहीं

**5.** निम्नलिखित में से कौन-सा कथन भारतीय आदिवासी समुदाय से संबंधित है?
(a) भारत में बंजारा समुदाय उत्तर प्रदेश, पंजाब, मध्य प्रदेश, महाराष्ट्र के कई क्षेत्रों में निवास करती हैं
(b) भारत में गोल्ला समुदाय मुख्यत: भेड़-बकरियाँ पालते हैं
(c) भारत में राइका समुदाय के लोग आंध्र प्रदेश तथा तेलंगाना में रहते हैं
(d) भारत में राइका समुदाय के अधिकतर चरवाहे गड़रिये होते हैं

## अतिलघु उत्तरीय प्रश्न

**6.** गद्दी चरवाहे भारत के किस भाग में रहते हैं?

**7.** राइका समुदाय के लोग कहाँ निवास करते हैं?

**8.** ऊँचे पर्वतों पर स्थित विशाल चरागाहों को क्या कहते हैं?

## लघु उत्तरीय प्रश्न

**9.** गद्दी चरवाहों के विषय में संक्षेप में बताइए।

**10.** मसाई समुदाय के चरागाह क्यों छीन लिए गए? दो कारण बताइए।

**11.** जम्मू-कश्मीर में रहने वाले गुज्जर बकरवाल के विषय में संक्षेप में लिखिए।

**12.** काफिला से क्या अभिप्राय है?

## दीर्घ उत्तरीय प्रश्न

**13.** भारत और अफ्रीका के घुमंतू समुदाय के बीच तुलनात्मक विश्लेषण कीजिए।

**14.** अपराधी जनजाति अधिनियम क्या था और इसके क्या उद्देश्य थे?

**15.** घुमंतू समुदाय को एक जगह से दूसरी जगह बार-बार क्यों जाना पड़ता था? इस निरंतर आवागमन से पर्यावरण को क्या लाभ है?

अध्याय

01



# भारत : आकार और स्थिति

## स्थिति

भारत एक विशाल देश है, जो **उत्तरी गोलार्द्ध** (Northern Hemisphere) में अवस्थित है। इसका **अक्षांशीय** (Latitudes) विस्तार 8°4' उत्तर से 37°6' उत्तर तक तथा **देशांतरीय** (Longitudes) विस्तार 68°7' पूर्व से 97°25' पूर्व तक है।

**कर्क रेखा** (23°30' उत्तर) भारत को भौगोलिक रूप से लगभग दो भागों में विभाजित करती है। यह भारत के 8 राज्यों—गुजरात, राजस्थान, मध्य प्रदेश, छत्तीसगढ़, झारखंड, पश्चिम बंगाल, त्रिपुरा और मिजोरम से गुजरती है।

मुख्य भू-भाग के दक्षिण-पूर्व में बंगाल की खाड़ी में **अंडमान** और **निकोबार** द्वीप समूह तथा दक्षिण-पश्चिम दिशा में अरब सागर में **लक्षद्वीप** द्वीप समूह स्थित है।

**नोट** *भारतीय संघ राज्य का सबसे दक्षिणी बिंदु इंदिरा प्वॉइंट वर्ष 2004 की सुनामी (Tsunami) लहरों के कारण समुद्र में जलमग्न हो गया था।*

**अध्याय एक नजर में**

- *स्थिति*
- *आकार*
- *विस्तार*
- *भारतीय मानक समय*
- *भारत एवं विश्व*
- *भारत के पड़ोसी देश*

## आकार

- भारतीय भू-भाग का कुल क्षेत्रफल **32.8 लाख वर्ग किमी** है, जो विश्व के कुल क्षेत्रफल के **2.4%** के बराबर है।
- क्षेत्रफल की दृष्टि से रूस, कनाडा, संयुक्त राज्य अमेरिका, चीन, ब्राजील और ऑस्ट्रेलिया के बाद भारत विश्व का **सातवाँ बड़ा देश** (Seventh Largest Country) है।
- भारत की स्थलीय सीमा रेखा (Land Boundary) की लंबाई लगभग 15,200 किमी है।
- **समुद्री तट रेखा** (Coast Line), जिसमें अंडमान व निकोबार तथा लक्षद्वीप द्वीप समूह शामिल हैं, की लंबाई लगभग **7,516.6 किमी** है। वही मुख्य भूमि की तटीय सीमा की कुल लम्बाई 6100 किमी है।

## विस्तार

- भारत उत्तर-पश्चिम, उत्तर एवं उत्तर-पूर्वी सीमा पर **नवीनतम वलित पर्वतों** (Young Fold Mountains) से घिरा हुआ है।
- इसके दक्षिण का भू-भाग उत्तर में चौड़ा तथा 22° उत्तरी अक्षांश से हिंद महासागर (Indian Oceans) की ओर सँकरा (Narrow) है।
- इसके पश्चिम में अरब सागर (Arabian Sea) तथा पूर्व में बंगाल की खाड़ी (Bay of Bengal) स्थित है।
- भारत का अक्षांशीय और देशांतरीय विस्तार लगभग 30° है, परंतु फिर भी पूर्व-पश्चिम का विस्तार उत्तर-दक्षिण के विस्तार की अपेक्षा कम प्रतीत होता है।
- इसके उत्तर-दक्षिण के विस्तार की लंबाई 3,214 किमी तथा पूर्व-पश्चिम की लंबाई 2,933 किमी है।

## भारतीय मानक समय

- गुजरात से अरुणाचल प्रदेश के समय में 2 घंटे का अंतर है, जिसके परिणामस्वरूप स्थानीय समय में इसी अंतर से बचने के लिए एक मानक समय (Standard Meridian) निर्धारित किया गया है। 82°30′ पूर्व देशांतर रेखा को **भारत का मानक समय** (Indian Standard Time, IST) माना जाता है। यह रेखा उत्तर प्रदेश के मिर्जापुर से होकर गुजरती है, जो संपूर्ण देश के मानक समय के रूप में अंकित है।
- अक्षांश का प्रभाव दक्षिण से उत्तर की ओर दिन और रात की अवधि पर पड़ता है।

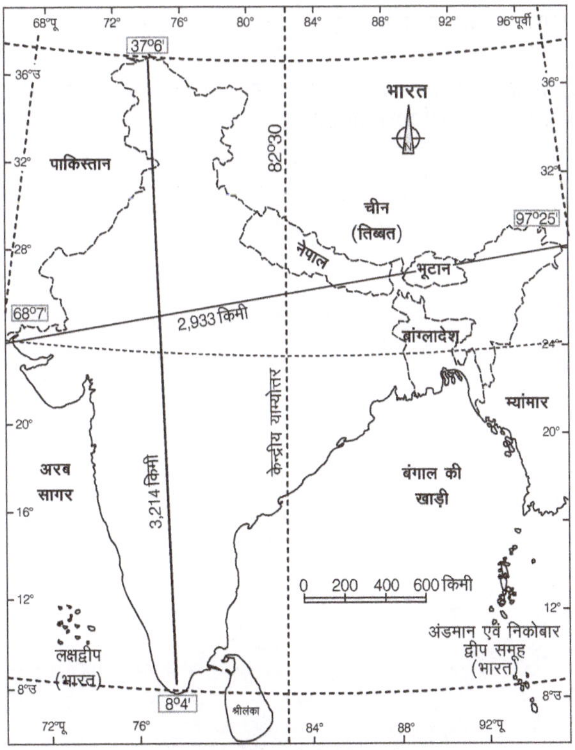

भारत : विस्तार एवं मानक रेखा

### चेक प्वॉइंट 01

1. *भारत की स्थिति किस गोलार्द्ध में है?*
2. *भारत का अक्षांशीय और देशांतरीय विस्तार लगभग कितना है?*
3. *कर्क रेखा भारत को भौगोलिक रूप से लगभग कितने भागों में विभाजित करती है?*
4. *गुजरात से अरुणाचल प्रदेश के समय में कितने घंटे का अंतर है?*
5. *IST का पूरा नाम क्या है?*

## भारत एवं विश्व

- भारतीय भूखंड एशिया महाद्वीप के पूर्व और पश्चिम के मध्य में स्थित है। भारतीय भू-भाग एशिया महाद्वीप का दक्षिणी विस्तार है।
- हिंद महासागर भारत को सामरिक (Strategic) दृष्टि से महत्त्वपूर्ण स्थिति प्रदान करता है। यह महासागर पश्चिम में यूरोपीय देशों और पूर्व के एशियायी देशों को आपस में जोड़ता है।
- दक्षिण का पठार हिंद महासागर में शीर्षवत् फैला हुआ है और पश्चिमी एशिया, अफ्रीका व यूरोप के देशों के साथ-साथ पूर्वी एशिया के देशों से भी पूर्वी तट के माध्यम से जुड़ा हुआ है।
- हिंद महासागर में भारत की सबसे लंबी तटीय सीमा है। भारत की इस महत्त्वपूर्ण अवस्थिति के कारण ही महासागर (हिंद महासागर) का नाम इसके नाम पर रखा गया है।

**नोट** *1869 ई. में स्वेज नहर (भूमध्य सागर और लाल सागर को जोड़ने वाली) के खुलने से भारत और यूरोप के बीच की दूरी 7,000 किमी कम हो गई।*

### भारत का विश्व के साथ संबंध

भारत का विश्व के अन्य देशों के साथ संपर्क प्राचीन समय से है, परंतु यह संबंध समुद्री जलमार्गों की अपेक्षा स्थल मार्गों से अधिक था। उत्तरी पर्वतों के दर्रों से अनेक यात्री प्राचीन काल में भारत आए, जबकि समुद्री मार्ग बहुत समय तक ज्ञात नहीं थे। इसके कुछ उदाहरण निम्नलिखित हैं

- उपनिषद् के विचार, रामायण और पंचतंत्र की कहानियाँ, भारतीय अंक (Digit) और दशमलव प्रणाली (Decimal System) आदि विश्व के विविध भागों तक पहुँचे हैं।
- व्यापार के माध्यम से मसाले, मलमल (Muslin) व कपड़े सहित अन्य वस्तुओं को भी भारत से विभिन्न देशों तक पहुँचाया जाता था।
- यूनानी स्थापत्य कला (Greek Sculpture) तथा पश्चिमी एशिया की वास्तुकला के प्रतीक मीनारों व गुंबदों का प्रभाव हमारे देश के विभिन्न भागों में देखा जा सकता है।

# भारत के पड़ोसी देश

भारत दक्षिणी एशिया का एक महत्त्वपूर्ण देश है। वर्ष 1947 से पूर्व भारत में दो प्रकार के राज्य थे—प्रांत और रियासत। प्रांतों पर वायसराय द्वारा नियुक्त अंग्रेज अधिकारी शासन करता था, जबकि रियासतों का शासन स्थानीय शासक अंग्रेज शासकों की प्रभुसत्ता में स्वायत्तता से किया करते थे। वर्तमान में यहाँ 28 राज्य एवं 8 केंद्रशासित प्रदेश (Union Territories, UTs) हैं। क्षेत्रफल की दृष्टि से भारत का सबसे बड़ा राज्य राजस्थान तथा सबसे छोटा राज्य गोवा है।

भारत की सीमाएँ उत्तर-पश्चिम में पाकिस्तान और अफगानिस्तान, उत्तर में चीन (तिब्बत), नेपाल और भूटान तथा पूर्व में म्यांमार और बांग्लादेश के साथ मिलती हैं। दक्षिण में दो द्वीपीय राष्ट्र श्रीलंका और मालदीव भारत के पड़ोसी देश हैं।

भारत और श्रीलंका के मध्य छोटा समुद्री रास्ता **पाक जलसंधि** (Palk Strait) और **मन्नार की खाड़ी** (Gulf of Mannar) है।

मालदीव, लक्षद्वीप समूह के दक्षिण में स्थित है। भारत के अपने पड़ोसी देशों के साथ भौगोलिक और ऐतिहासिक संबंध मजबूत रहे हैं।

## चेक प्वॉइंट 02

1. *किस वर्ष स्वेज नहर के खुलने से भारत और यूरोप के बीच की दूरी कम हो गई थी?*
2. *वर्ष 1947 से पूर्व भारत में कितने प्रकार के राज्य थे?*
3. *मालदीव, लक्षद्वीप के किस दिशा में स्थित है?*
4. *तेलंगाना भारत का कौन-सा राज्य है?*

## इन्हें भी जानें

- ***कर्क रेखा (Tropic of Cancer)*** 23°30' उत्तरी अक्षांश से गुजरने वाली वह काल्पनिक रेखा, जो भारत को लगभग दो बराबर भागों में विभाजित करती है, उसे कर्क रेखा कहा जाता है।
- ***उपमहाद्वीप (Subcontinent)*** यह एक महाद्वीप के अंदर पृथक् भौतिक और सांस्कृतिक पहचान रखने वाला भू-भाग होता है।
- ***अक्षांश (Latitude)*** भूमध्य रेखा के समांतर चलने वाली रेखाएँ अक्षांश होती हैं।
- ***देशांतर (Longitude)*** ग्रीनविच याम्योत्तर वृत्त के पूर्व या पश्चिम स्थित स्थान की कोणीय दूरी देशांतर कहलाती है।
- ***भूमध्य रेखा (Equator)*** विश्व को उत्तर और दक्षिण में विभाजित करने वाली रेखा भूमध्य रेखा कहलाती है।
- ***प्रधान मध्याह्न रेखा (Prime Meridian)*** प्रधान मध्याह्न रेखा 0° देशांतर रेखा को कहा जाता है। ग्रीनविच (इंग्लैंड) से गुजरने वाली इस प्रधान देशांतर रेखा को उत्तरी और दक्षिणी ध्रुव को मिलाने वाली रेखा माना गया है।
- ***महाद्वीप (Continent)*** पृथ्वी का विशाल भू-भाग महाद्वीप कहलाता है।
- ***प्रायद्वीप (Peninsula)*** भू-भाग का वह क्षेत्र, जो तीनों तरफ जल से घिरा होता है, प्रायद्वीप कहलाता है।
- ***द्वीप (Island)*** वह छोटा भूखंड, जो पूर्णत: जल से घिरा होता है, द्वीप कहलाता है।
- ***खाड़ी (Gulf)*** समुद्र का वह भाग, जो तीन ओर से स्थल से घिरा हो, खाड़ी कहलाता है।
- ***दर्रा (Pass)*** पर्वत श्रेणी का वह निचला हिस्सा अथवा घाटी, जो पर्वत श्रेणी को पार करने के लिए प्राकृतिक मार्ग प्रदान करता है, दर्रा कहलाता है।
- ***जलसंधि (Water Treaty)*** दो जलराशियों को जोड़ने वाली सँकरी जलराशि जलसंधि कहलाती है।

# NCERT फोल्डर

**1.** *निम्नलिखित चार उत्तरों में से उपयुक्त उत्तर चुनिए*

(i) कर्क रेखा किस राज्य से नहीं गुजरती है?

(a) राजस्थान (b) ओडिशा (c) छत्तीसगढ़ (d) त्रिपुरा

**उत्तर** (b) ओडिशा

(ii) भारत का सबसे पूर्वी देशांतर कौन-सा है?

(a) 97° 25′ पू. (b) 77° 6′ पू.
(c) 78° 7′ पू. (d) 82° 32′ पू.

**उत्तर** (a) 97° 25′ पू.

(iii) उत्तराखंड, उत्तर प्रदेश, बिहार, पश्चिम बंगाल और सिक्किम की सीमाएँ किस देश को छूती हैं?

(a) चीन (b) भूटान
(c) नेपाल (d) म्यांमार

**उत्तर** (c) नेपाल

(iv) ग्रीष्मावकाश में आप यदि कवारत्ती जाना चाहते हैं, तो किस केंद्रशासित क्षेत्र में जाएँगे?

(a) पुदुचेरी (b) लक्षद्वीप
(c) अंडमान और निकोबार (d) दमन और दीव

**उत्तर** (b) लक्षद्वीप

(v) मेरे मित्र एक ऐसे देश के निवासी हैं, जिस देश की सीमा भारत के साथ नहीं लगती है। आप बताइए, वह कौन-सा देश है?

(a) भूटान (b) ताज़िकिस्तान
(c) बांग्लादेश (d) नेपाल

**उत्तर** (b) ताज़िकिस्तान

**2.** *निम्नलिखित प्रश्नों के उत्तर संक्षेप में दीजिए*

(i) अरब सागर तथा बंगाल की खाड़ी में स्थित द्वीप समूह के नाम बताइए। दक्षिण में कौन-कौन-से द्वीपीय देश हमारे पड़ोसी हैं?

**उत्तर** अरब सागर में लक्षद्वीप तथा बंगाल की खाड़ी में अंडमान और निकोबार द्वीप समूह स्थित है। दक्षिण में श्रीलंका तथा मालदीव जैसे द्वीपीय देश हमारे पड़ोसी देश हैं।

(ii) उन देशों के नाम बताइए, जो क्षेत्रफल में भारत से बड़े हैं?

**उत्तर** क्षेत्रफल की दृष्टि से रूस, कनाडा, यू एस ए, चीन, ब्राजील और ऑस्ट्रेलिया भारत से बड़े हैं।

(iii) हमारे उत्तर-पश्चिमी, उत्तरी तथा उत्तर-पूर्वी पड़ोसी देशों के नाम बताइए।

**उत्तर** हमारे उत्तर-पश्चिमी, उत्तरी तथा उत्तर-पूर्वी पड़ोसी देश अग्रलिखित हैं

- **उत्तर-पश्चिम के पड़ोसी देश** पाकिस्तान और अफगानिस्तान।
- **उत्तर के पड़ोसी देश** चीन (तिब्बत), नेपाल और भूटान।
- **उत्तर-पूर्व के पड़ोसी देश** म्यांमार और बांग्लादेश।

(iv) भारत के किन-किन राज्यों से कर्क रेखा गुजरती है? उनके नाम बताइए।

**उत्तर** 23°30′ उत्तरी अक्षांश से गुजरने वाली कर्क रेखा भारत को लगभग दो बराबर भागों में बाँटती है, जो भारत के 8 राज्यों से होकर गुजरती है। इन राज्यों के नाम पश्चिम से पूर्व दिशा में हैं

(i) गुजरात (ii) राजस्थान (iii) मध्य प्रदेश
(iv) छत्तीसगढ़ (v) झारखंड (vi) पश्चिम बंगाल
(vii) त्रिपुरा (viii) मिजोरम

**3. सूर्योदय अरुणाचल प्रदेश के पूर्वी भाग में गुजरात के पश्चिमी भाग की अपेक्षा 2 घंटे पहले क्यों होता है, जबकि दोनों राज्यों में घड़ी एक ही समय दर्शाती हैं? स्पष्ट कीजिए।**

**उत्तर** सूर्योदय अरुणाचल प्रदेश के पूर्वी भाग में गुजरात के पश्चिमी भाग की अपेक्षा 2 घंटे पहले होने के कारण निम्नलिखित हैं

(i) अरुणाचल प्रदेश के पूर्वी भाग की अंतिम मध्याह्न रेखा 97°25′ पूर्व है, जबकि गुजरात के पश्चिमी भाग की अंतिम मध्याह्न रेखा 68°7′ पूर्व है। इनमें लगभग 30 मध्याह्न रेखाओं का अंतर है।

(ii) पृथ्वी अपने अक्ष पर घूर्णन में 24 घंटे का समय लेती है अर्थात् एक घंटे में 15° की गति से घूर्णन करती है। भारत का देशांतर विस्तार लगभग 30° है, जिसके कारण पूर्व (अरुणाचल प्रदेश) और पश्चिम (गुजरात) के बीच 2 घंटे का अंतर होता है।

(iii) देश की घड़ियाँ 82° 30′ पूर्व के समय को मानक मानती हैं और हर मध्याह्न रेखा पर घड़ी के अनुसार समय एक जैसा होता है।

यह भारत की मानक याम्योत्तर है। यह भारत के इलाहाबाद से होकर गुजरती है।

**4. हिंद महासागर में भारत की केंद्रीय स्थिति से इसे किस प्रकार लाभ प्राप्त हुआ है?**

**उत्तर** भारत पूर्वी और मध्य एशिया के केंद्र में स्थित है। इसकी समुद्री तट रेखा अंडमान और निकोबार द्वीप समूह एवं लक्षद्वीप समूह को मिलाकर 7,516 किमी है।

हिंद महासागर के मध्य भारत की अवस्थिति से निम्नलिखित लाभ हैं

(i) भारत पूर्व और पश्चिम दोनों तरफ से अंतर्राष्ट्रीय राजमार्ग पर व्यापार और वाणिज्य के अनुकूल है।

(ii) पूर्वी व दक्षिण-पूर्वी एशिया और ऑस्ट्रेलिया के लिए समुद्री रास्ता हिंद महासागर से होकर ही जाता है।

## मानचित्र आधारित प्रश्न

**1.** निम्नलिखित की मानचित्र की सहायता से पहचान कीजिए

(i) अरब सागर और बंगाल की खाड़ी में स्थित द्वीप समूह।

(ii) भारतीय उपमहाद्वीप किन देशों से मिलकर बनता है?

(iii) कर्क रेखा कौन-कौन से राज्यों से गुजरती है?

(iv) भारतीय मुख्य भू-भाग का दक्षिणी शीर्ष बिंदु।

(v) भारत का सबसे उत्तरी अक्षांश।

(vi) अंशों में भारत के मुख्य भू-भाग का दक्षिणी अक्षांश।

(vii) भारत का सबसे पूर्वी और पश्चिमी देशांतर।

(viii) सबसे लंबी तट रेखा वाला राज्य।

(ix) भारत और श्रीलंका को अलग करने वाली जलसंधि।

(x) भारत के केंद्रशासित क्षेत्र।

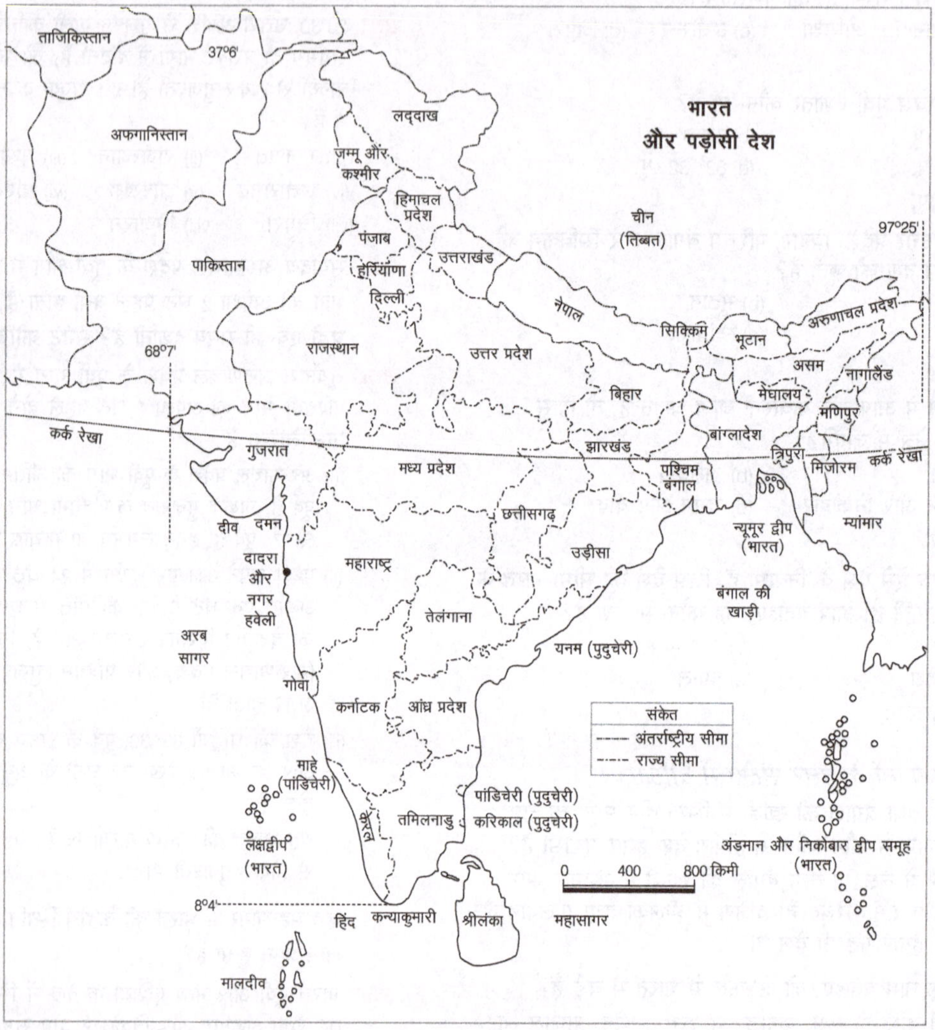


**उत्तर** (i) लक्षद्वीप (अरब सागर) और अंडमान एवं निकोबार द्वीप समूह (बंगाल की खाड़ी)।

(ii) पाकिस्तान, नेपाल, भूटान और बांग्लादेश।

(iii) गुजरात, राजस्थान, मध्य प्रदेश, छत्तीसगढ़, झारखंड, पश्चिम बंगाल, त्रिपुरा एवं मिजोरम।

(iv) कन्याकुमारी

(v) 37°6' (vi) 8°4'

(vii) 68°7' एवं 97°25'

(viii) गुजरात (ix) पाक जलडमरू

(x) चंडीगढ़, दिल्ली, दादरा एवं नगर हवेली, दमन और दीव, पुदुचेरी, जम्मू और कश्मीर, लद्दाख, लक्षद्वीप और अंडमान एवं निकोबार द्वीप समूह।

# परीक्षा अभ्यास

## वस्तुनिष्ठ प्रश्न

### बहुविकल्पीय प्रश्न

**1.** भारत किस गोलार्द्ध में स्थित है?

(a) उत्तरी (b) दक्षिणी
(c) 'a' और 'b' दोनों (d) इनमें से कोई नहीं

**उत्तर** (a) उत्तरी

**2.** भारत का सबसे उत्तरी देशांतर है

(a) 97°25′ पूर्व (b) 8°4′ पूर्व
(c) 82°32′ उत्तर (d) 37°6′ उत्तर

**उत्तर** (d) 37°6′ उत्तर

**3.** वह अक्षांश जो भारत को दो भागों में विभाजित करता है

(a) मकर रेखा (b) आर्कटिक सर्कल
(c) कर्क रेखा (d) भूमध्य रेखा

**उत्तर** (c) कर्क रेखा

**4.** भारतीय संघ का कौन-सा दक्षिणी बिंदु वर्ष 2004 में सुनामी के दौरान समुद्र के पानी के नीचे डूब गया था?

(a) कवारत्ती (b) इंदिरा प्वॉइंट
(c) पोर्ट ब्लेयर (d) कन्याकुमारी

**उत्तर** (b) इंदिरा प्वॉइंट

**5.** भारत एशियाई महाद्वीप का एक विस्तार है

(a) उत्तर की ओर (b) दक्षिण की ओर
(c) पूर्व की ओर (d) पश्चिम की ओर

**उत्तर** (b) दक्षिण की ओर

**6.** वह मार्ग जहाँ भारत का एक रणनीतिक केंद्रीय स्थान है और जो यूरोपीय देशों को पूर्वी एशियाई देशों से जोड़ता है

(a) ट्रांस अरेबियन समुद्री मार्ग
(b) ट्रांस हिंद महासागर मार्ग
(c) बंगाल की खाड़ी का मार्ग
(d) उपरोक्त में से कोई नहीं

**उत्तर** (b) ट्रांस हिंद महासागर मार्ग

**7.** निम्न में से किस देश में हिंद महासागर के किनारे सबसे लंबी तट रेखा है?

(a) म्यांमार (b) पाकिस्तान
(c) बांग्लादेश (d) भारत

**उत्तर** (d) भारत

**8.** भारत का दुनिया के साथ संपर्क युगों से है। भारत का दुनिया के साथ संबंध का सबसे पुराना तरीका है

(a) वायु मार्ग (b) समुद्री मार्ग
(c) भूमि मार्ग (d) ये सभी

**उत्तर** (c) भूमि मार्ग

**9.** भारत किसके साथ सीमाएँ साझा नहीं करता है?

(a) बांग्लादेश (b) मालदीव
(c) नेपाल (d) म्यांमार

**उत्तर** (b) मालदीव

**10.** निम्नलिखित में से कौन-सा भारत में भूमि और समुद्री व्यापार के कारण विचारों का आदान-प्रदान करता है?

(a) अन्य देशों से मलमल और मसालों का व्यापार
(b) गुंबदों और मीनारों की स्थापत्य शैली
(c) दक्कन प्रायद्वीपीय भारतीय महासागर में फैला हुआ है
(d) ट्रांस हिंद महासागर मार्गों की खोज

**उत्तर** (b) गुंबदों और मीनारों की स्थापत्य शैली

**11.** निम्नलिखित में से कौन-सा कथन भारत के संबंध में सत्य है?

(a) अरब सागर भारत के दक्षिण-पूर्व में स्थित है
(b) बंगाल की खाड़ी भारत के उत्तर-पश्चिम में स्थित है
(c) नेपाल भारत के उत्तर-पूर्व में स्थित है
(d) अफगानिस्तान भारत के पूर्व में स्थित है

**उत्तर** (c) नेपाल भारत के उत्तर-पूर्व में स्थित है

**12.** निम्नलिखित में से कौन-सा कथन भारत के आकार से संबंधित है?

1. भारत का विश्व में कुल क्षेत्रफल 2.4% है।
2. भारत की स्थलीय सीमा रेखा की लंबाई लगभग 15,200 किमी है।
3. क्षेत्रफल की दृष्टि से भारत विश्व का पाँचवाँ सबसे बड़ा देश है।

**कूट**

(a) 1 और 2 (b) 2 और 3
(c) 1 और 3 (d) ये सभी

**उत्तर** (a) 1 और 2

**13.** निम्नलिखित में से कौन-सा कथन भारत की आंतरिक संरचना से संबंधित है?

1. भारत की पूर्व से पश्चिम की दूरी 2933 किमी है।
2. भारत की उत्तर से दक्षिण की दूरी 3214 किमी है।
3. भारत का सबसे पूर्वोत्तर राज्य अरुणाचल प्रदेश है।
4. भारत का सबसे पश्चिमी राज्य गुजरात है।

**कूट**

(a) 1 और 3
(b) 1, 2 और 3
(c) 2 और 4
(d) उपरोक्त सभी

**उत्तर** (d) उपरोक्त सभी

**14.** निम्नलिखित में से कौन-सा युग्म सही सुमेलित नहीं है?

(a) कर्क रेखा – एशिया को दो बराबर भागों में बाँटती है
(b) अक्षांश – भूमध्य के समांतर रेखा
(c) देशांतर – समय निर्धारण रेखा
(d) भूमध्य रेखा – विश्व को दो भागों में विभाजित करती है

**उत्तर** (d) भूमध्य रेखा–विश्व को दो भागों में विभाजित करती है

**15.** निम्नलिखित में से कौन-सा युग्म सही सुमेलित है?

(a) महाद्वीप – भारत का विशाल भू-भाग
(b) प्रायद्वीप – दो तरफ पानी से घिरा क्षेत्र
(c) द्वीप – तीन ओर पानी से घिरा क्षेत्र
(d) खाड़ी – समुद्र का तीन ओर से घिरा स्थल भाग

**उत्तर** (d) खाड़ी–समुद्र का तीन ओर से घिरा स्थल भाग

**16.** निम्नलिखित की सहायता से देश की पहचान करें

- इस देश का दक्षिण एशिया में एक महत्त्वपूर्ण स्थान है।
- इस देश में 28 राज्य तथा 8 केंद्र शासित प्रदेश हैं।
- इसके दक्षिण में समुद्र पार दो द्वीप समूह राष्ट्र श्रीलंका और मालदीव हैं।
- उत्तरी गोलार्द्ध में अवस्थित प्रमुख देश।

(a) पाकिस्तान (b) नेपाल
(c) बांग्लादेश (d) भारत

**उत्तर** (d) भारत

**17.** निम्नलिखित की सहायता से महाद्वीप की पहचान करें

- इस महाद्वीप के उत्तर-पश्चिम में यूरोप स्थित है।
- इसके दक्षिण-पश्चिम में अफ्रीका स्थित है।
- इस महाद्वीप में विश्व का सबसे बड़ा (क्षेत्रफल) देश है।

(a) एशिया (b) ऑस्ट्रेलिया
(c) उत्तर अमेरिका (d) दक्षिण अमेरिका

**उत्तर** (a) एशिया

## चित्र आधारित प्रश्न

**18.** निम्नलिखित चित्र क्या दर्शाता है?

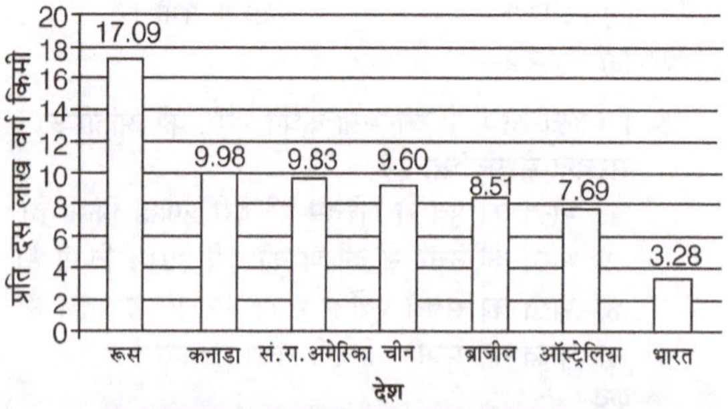


(a) क्षेत्रफल की दृष्टि से भारत सातवाँ सबसे बड़ा देश है
(b) भारत 3.28 मिलियन वर्ग किमी क्षेत्र में फैला हुआ है
(c) भारत की तुलना में रूस आकार में बहुत बड़ा है
(d) उपरोक्त सभी

**उत्तर** (d) उपरोक्त सभी

## सुमेलित करें

**19.** सुमेलित कीजिए

| सूची I | सूची II |
|---|---|
| A. राजस्थान | 1. कर्क रेखा इससे गुजरती है |
| B. आंध्र प्रदेश | 2. पश्चिमी तट पर स्थित है |
| C. केरल | 3. पूर्वी तट पर स्थित |
| D. मिजोरम | 4. कर्क रेखा के उत्तर में |

**कूट**

| | A | B | C | D |
|---|---|---|---|---|
| (a) | 4 | 3 | 2 | 1 |
| (b) | 1 | 2 | 3 | 4 |
| (c) | 4 | 1 | 2 | 3 |
| (d) | 3 | 4 | 1 | 2 |

**उत्तर** (a) 4 3 2 1

## रिक्त स्थान भरें

**20.** भारत और यूरोप के बीच की दूरी .......... के कारण 7000 किमी से कम हो गई है।

**उत्तर** 1869 ई. में स्वेज नहर के उद्घाटन

**21.** तट का एक हिस्सा जहाँ पर भूमि घटती है, ताकि समुद्र तीन ओर से भूमि से घिरा हो .......... के रूप में जाना जाता है।

**उत्तर** खाड़ी

**22.** .......... एक स्वाभाविक रूप से गठित संकीर्ण मार्ग है, जल बड़े जल निकायों को जोड़ता है।

**उत्तर** जल संधि

**23.** निम्न रिक्त स्थान को पूरा करें

| भारत के पड़ोसी देश | प्रमुख देश |
|---|---|
| उत्तरी सीमा | नेपाल, भूटान, चीन |
| उत्तर-पश्चिमी सीमा | ? |

**कूट**

(a) पाकिस्तान, चीन, तुर्कमेनिस्तान
(b) अफगानिस्तान तथा पाकिस्तान
(c) म्यांमार, बांग्लादेश, भूटान
(d) चीन, पाकिस्तान, म्यांमार

**उत्तर** (b) अफगानिस्तान तथा पाकिस्तान

## सही और पुनः लिखें

**24.** अंडमान और निकोबार द्वीप समूह अरब सागर में तथा लक्षद्वीप बंगाल की खाड़ी में स्थित है।

**उत्तर** अंडमान और निकोबार द्वीप समूह बंगाल की खाड़ी में तथा लक्षद्वीप अरब सागर में स्थित है।

**25.** भारत का मानक समय 82° 30′ पश्चिमी देशांतर माना जाता है। यह रेखा मध्य प्रदेश के मिर्जापुर से होकर गुजरती है।

**उत्तर** भारत का मानक समय 82° 30′ पूर्वी देशांतर माना जाता है। यह रेखा उत्तर प्रदेश के मिर्जापुर से होकर गुजरती है।

## कथन/कारण

**26.** **कथन** (A) कर्क रेखा भारत को दो समान हिस्सों में बाँटती है।
**कारण** (R) कर्क रेखा लगभग भारत की मुख्य भूमि के केंद्र के माध्यम से गुजर जाती है।

**कूट**
(a) A और R दोनों सही हैं तथा R, A की सही व्याख्या है
(b) A और R दोनों सही हैं, परंतु R, A की सही व्याख्या नहीं है
(c) A सही है, किंतु R गलत है
(d) A गलत है, किंतु R सही है

**उत्तर** (a) A और R दोनों सही हैं तथा R, A की सही व्याख्या है

**27.** **कथन** (A) भारत की अनुदैर्ध्य सीमा भारत की अक्षांशीय सीमा से छोटी प्रतीत होती है।
**कारण** (R) जब हम भूमध्य रेखा से ध्रुवों की ओर बढ़ते हैं तो दो अनुदैर्ध्य के बीच की सीमा घट जाती है, लेकिन यह अक्षांशों के साथ नहीं होता है।

**कूट**
(a) A और R दोनों सही हैं तथा R, A की सही व्याख्या है
(b) A और R दोनों सही हैं, परंतु R, A की सही व्याख्या नहीं है
(c) A सही है, किंतु R गलत है
(d) A गलत है, किंतु R सही है

**उत्तर** (a) A और R दोनों सही हैं तथा R, A की सही व्याख्या है

## C अतिलघु उत्तरीय प्रश्न

**1.** भारतीय संघ राज्य का सर्वाधिक दक्षिणी बिंदु क्या है? इसकी वर्तमान स्थिति बताइए।

**उत्तर** भारतीय संघ राज्य का सर्वाधिक दक्षिणी बिंदु इंदिरा प्वॉइंट है, जो वर्ष 2004 की सुनामी लहरों के कारण जलमग्न हो गया था।

**2.** भारत के भू-भाग का कुल क्षेत्रफल क्या है? यह विश्व के क्षेत्रफल का कितना प्रतिशत है?

**उत्तर** भारत के भू-भाग का कुल क्षेत्रफल 32.8 लाख वर्ग किमी है, जो विश्व के कुल क्षेत्रफल के 2.4% के बराबर है।

**3.** भारत की मुख्य भूमि का सबसे दक्षिणी छोर कौन-सा है?

**उत्तर** भारत की मुख्य भूमि का सबसे दक्षिणी छोर कन्याकुमारी है।

**4.** उपमहाद्वीप से क्या तात्पर्य है? भारतीय उपमहाद्वीप में स्थित देशों के नाम बताइए।

**उत्तर** एक महाद्वीप के अंदर पृथक् भौतिक और सांस्कृतिक पहचान रखने वाले भू-भाग को उपमहाद्वीप कहा जाता है। भारतीय उपमहाद्वीप में पाँच देश हैं। इनके नाम हैं–पाकिस्तान, नेपाल, भूटान, बांग्लादेश और भारत।

**5.** भारत के सबसे पश्चिमी और सबसे उत्तरी सिरों में समय का कितना अंतर है?

**उत्तर** भारत के सबसे पश्चिमी और सबसे उत्तरी सिरों में दो घंटे के समय का अंतर है।

**6.** क्षेत्रफल की दृष्टि से विश्व के सबसे बड़े देश का नाम और भारत की स्थिति भी बताइए।

**उत्तर** रूस क्षेत्रफल की दृष्टि से विश्व में सबसे बड़ा देश है। भारत का विश्व में सातवाँ स्थान है।

**7.** भारत की उत्तर-दक्षिणी तथा पूर्व-पश्चिमी दूरी कितनी है?

**उत्तर** भारत की उत्तर-दक्षिणी की दूरी लगभग 3,214 किमी और पूर्व-पश्चिमी की दूरी लगभग 2,933 किमी है।

**8.** जलसंधि किसे कहते हैं? किसी एक जलसंधि का उदाहरण भी दीजिए।

**उत्तर** जलसंधि या जलसंयोजी दो समुद्रों या जल के विकास क्षेत्र को आपस में जोड़ने वाला संकीर्ण जलमार्ग होता है। भारत और श्रीलंका के मध्य स्थित समुद्री जलमार्ग को पाक जलसंधि कहा जाता है।

**9.** पाक स्ट्रीट और मन्नार की खाड़ी किन दो देशों को अलग करती है?

**उत्तर** पाक स्ट्रीट और मन्नार की खाड़ी श्रीलंका और भारत को अलग करती है।

**10.** उन भारतीय राज्यों के नाम बताइए, जो पाकिस्तान की सीमा से लगते हैं।

**उत्तर** जम्मू एवं कश्मीर, पंजाब, राजस्थान तथा गुजरात पाकिस्तान की सीमा से लगते हैं।

**11.** भारत की स्थल सीमा से जुड़ने वाले देशों के नाम बताइए।

**उत्तर** भारत की स्थल सीमा से जुड़ने वाले देश अफगानिस्तान, पाकिस्तान, चीन, नेपाल, भूटान, म्यांमार और बांग्लादेश हैं।

**12.** उत्तरी सीमा पर भारत के पड़ोसी देशों के नाम लिखें।

**उत्तर** उत्तरी सीमा पर भारत के पड़ोसी देश चीन (तिब्बत), नेपाल और भूटान हैं।

**13.** किन्हीं दो राज्यों के नाम बताइए, जिनमें से कर्क रेखा गुजरती है।

**उत्तर** गुजरात और मध्य प्रदेश ऐसे दो राज्य हैं, जिनमें से कर्क रेखा गुजरती है।

**14.** उत्तर-पश्चिम में भारत के पड़ोसी देशों के नाम बताइए।

**उत्तर** भारत के उत्तर-पश्चिम में दो पड़ोसी देश पाकिस्तान और अफगानिस्तान अवस्थित हैं।

**15.** भारत के ऐसे पड़ोसी देशों के नाम बताइए, जिनकी भारतीय उपमहाद्वीप में गिनती नहीं की जाती है।

**उत्तर** अफगानिस्तान, चीन और म्यांमार हमारे ऐसे पड़ोसी देश हैं, जिनके साथ हमारी सीमा साझी होती है, लेकिन इन्हें भारतीय उपमहाद्वीप में शामिल नहीं किया जाता है।

## लघु उत्तरीय प्रश्न

**1. भारत का देशांतरीय तथा अक्षांशीय विस्तार क्या है? इसका क्या महत्त्व है? दो कारक बताइए।**

*अथवा* **भारत की अवस्थिति का महत्त्व क्या है?**

*उत्तर* भारत के मुख्य भू-भाग का देशांतरीय विस्तार 68°7' पूर्व से 97°25' पूर्व तक तथा अक्षांशीय विस्तार 8°4' उत्तर से 37°6' उत्तर तक है।

इसके महत्त्व निम्नलिखित हैं

(i) भारत की भौगोलिक स्थिति अंतर्राष्ट्रीय व्यापार के लिए महत्त्वपूर्ण है।

(ii) पूर्वी गोलार्द्ध में केंद्रीय स्थिति के कारण, प्रमुख व्यापारिक महामार्गों पर स्थित है।

**2. भारत के देशांतरीय विस्तार के लाभों को स्पष्ट कीजिए।**

*उत्तर* भारत का देशांतरीय विस्तार 68°7′ पूर्व (गुजरात) से 97°25′ पूर्व (अरुणाचल प्रदेश) तक है। भारत के देशांतरीय विस्तार के लाभ निम्न हैं

- भारत का विस्तार पूर्वी एशिया के देशों; जैसे–म्यांमार, मलेशिया, सिंगापुर एवं थाइलैंड के निकट पूर्व की ओर से है, जबकि पश्चिमी एशिया के देशों; जैसे–पाकिस्तान, अफगानिस्तान एवं अरब के निकट पश्चिम की ओर से है। यही कारण है कि इन सभी सीमावर्ती देशों से द्विपक्षीय व्यापार निरंतर चलता रहता है।
- देशांतरीय विस्तार के कारण ही भारत अपने पूर्व में स्थित जापान, ऑस्ट्रेलिया और अन्य देशों तथा पश्चिम में अफ्रीका और यूरोप महाद्वीप के अनेक देशों से नज़दीकी बनाए हुए है।
- साथ ही देशांतरीय विस्तार के कारण ही इन सभी देशों से भारत ने व्यापारिक संबंध भी स्थापित किए हुए हैं।
- भौगोलिक दृष्टि से अमेरिका, भारत के पूर्व और पश्चिम दोनों ओर से सामान्य दूरी पर स्थित है।

**3. 82° 30' को भारत की मानक याम्योत्तर क्यों चुना गया? कारण स्पष्ट कीजिए।**

*उत्तर* भारत का अक्षांशीय और देशांतरीय विस्तार लगभग 30° है। अतः मानक समय के लिए ऐसे देशांतर बिंदु का चयन आवश्यक था जो दोनों छोरों (पूर्व और पश्चिम) को बराबर रख सके। गुजरात से अरुणाचल प्रदेश के स्थानीय समय में दो घंटे का अंतर है। अतः 82° 30' पूर्व देशांतर रेखा को भारत की मानक याम्योत्तर माना गया है, जो उत्तर प्रदेश में मिर्जापुर से गुजरती है। अक्षांश का प्रभाव दक्षिण से उत्तर की ओर, दिन और रात की अवधि पर पड़ता है। यही कारण है कि 82° 30' को भारत की मानक याम्योत्तर चुना गया।

**4. भारत का भौगोलिक क्षेत्रफल विश्व के क्षेत्रफल का 2.4% है, लेकिन यह दूसरा सर्वाधिक जनसंख्या वाला देश है। भारत के संदर्भ में इसके प्रभाव को स्पष्ट कीजिए।**

*उत्तर* भारत का क्षेत्रफल 32.8 लाख वर्ग किमी है। यह विश्व के कुल क्षेत्रफल के 2.4% के बराबर है, परंतु जनसंख्या के दृष्टिकोण से यह चीन के बाद विश्व का दूसरा सबसे बड़ा देश है। देश में बहुल जनसंख्या के कारण इसके कई प्रभाव दृष्टिगोचर होते हैं

- अधिक जनसंख्या के कारण संसाधनों के अतिदोहन की समस्या उत्पन्न हो गई है।
- जनसंख्या घनत्व की अधिकता से संसाधन उपलब्धता और उसकी आपूर्ति भी बाधित हुई है।
- इससे आर्थिक विकास की गति भी धीमी हो गई है।

**5. 'भारत एक उपमहाद्वीप है।' कथन को स्पष्ट करते हुए भारतीय उपमहाद्वीप में शामिल देशों के नाम बताइए।**

*उत्तर* एक महाद्वीप के अंदर पृथक् भौतिक और सांस्कृतिक पहचान रखने वाले भू-भाग को उपमहाद्वीप कहा जाता है। भारत एशिया महाद्वीप के दक्षिण में स्थित है। यह एशिया महाद्वीप का एक भाग होते हुए भी विशिष्ट भौगोलिक इकाई है। भारत की एशिया महाद्वीप में अवस्थिति के पश्चात् भी इसकी भौतिक और सांस्कृतिक पहचान अपने आप में विशिष्ट और अन्य एशियाई देशों से अलग है। यहाँ की जलवायु और प्राकृतिक वनस्पति की पहचान भी विशिष्ट है।

इसे हिमालय पर्वत श्रेणी शेष अन्य एशियाई भू-भागों से पृथक् करती है। अतः भारत को इन विशेषताओं के कारण उपमहाद्वीप कहा जाता है। इस उपमहाद्वीप में भारत के अतिरिक्त पाकिस्तान, नेपाल, भूटान और बांग्लादेश शामिल हैं।

**6. भारत की दक्षिणी एशिया में महत्त्वपूर्ण सामरिक स्थिति है। समझाइए।**

*उत्तर* भारतीय भूखंड पश्चिमी और पूर्वी एशिया के मध्य में स्थित है। यह एशिया का दक्षिणी विस्तार है। हिंद महासागर भारत को एक केंद्रीय अवस्थिति प्रदान करता है।

भारत का दक्षिणी पठार हिंद महासागर में शीर्षवत् फैला हुआ है। यह पश्चिम में एशियाई देशों सहित यूरोपीय और अफ्रीकी देशों को मिलाता है। भारत का पूर्वी तट पूर्वी एशियाई देशों से निकट संबंध स्थापना में मददगार है। इसी प्रकार भारत का उत्तरी भाग, जो अन्य देशों से जुड़ा है, भू-मार्ग और दर्रों से उत्तर, पश्चिम और पूर्व स्थित देशों को आपस में जोड़ता है। भारत की दक्षिणी एशिया में केंद्रीय स्थिति इसे अंतर्राष्ट्रीय राजनीति और व्यापार में महत्त्वपूर्ण स्थान प्रदान करती है।

**7. "भारत का अक्षांशीय और देशांतरीय विस्तार लगभग 30° है, फिर भी भारत का उत्तर-दक्षिणी विस्तार पूर्व-पश्चिम के विस्तार से अधिक है।" कारण बताइए।**

*उत्तर* भारत का अक्षांशीय और देशांतरीय विस्तार लगभग 30° है, फिर भी भारत का उत्तर-दक्षिणी विस्तार पूर्व-पश्चिम विस्तार से अधिक प्रतीत होता है, क्योंकि जब इस विस्तार को किलोमीटर में मापते हैं, तो यह दूरी बराबर नहीं आती।

देश का पूर्व-पश्चिमी विस्तार लगभग 2,933 किमी और उत्तर-दक्षिणी विस्तार लगभग 3,214 किमी है।

इसका कारण यह है कि देशांतर रेखाएँ अक्षांश रेखाओं की भाँति एक-दूसरे के समानांतर नहीं हैं। सभी देशांतर रेखाएँ ध्रुवों पर आकर आपस में मिल जाती हैं और जैसे-जैसे

विषुवत् रेखा से दूर होती हैं, देशांतर रेखाओं के बीच की दूरी घटती जाती है, परिणामस्वरूप भारत का पूर्व-पश्चिमी विस्तार (किलोमीटर में) कम है।

**8. भारत का अक्षांशीय विस्तार क्या है? यह हमारे जीवन को किस प्रकार प्रभावित करता है?**

उत्तर भारत का अक्षांशीय विस्तार 8°4' उत्तर से 37°6' उत्तर तक है। यह हमारे जीवन को निम्न प्रकार से प्रभावित करता है

- भारत की अक्षांशीय स्थिति जलवायु को प्रभावित करती है। उदाहरणस्वरूप; उत्तरी भारत में जहाँ वार्षिक तापमान का स्तर उच्च होता है, वहीं दक्षिणी भारत में यह निम्न अवस्था में होता है।
- भारत उत्तरी गोलार्द्ध में स्थित है। इसकी अक्षांशीय अवस्थिति के कारण यह एक उष्णकटिबंधीय जलवायविक प्रदेश है।
- देश का अक्षांशीय विस्तार लगभग 30° के बराबर है। अक्षांशीय विस्तार के कारण देश के अंदर ही दिन और रात की अवधि में विविधता है।

**9. "स्वेज नहर भारत के लिए अत्यंत लाभकारी सिद्ध हुई।" इस कथन का मूल्यांकन कीजिए।**

उत्तर स्वेज नहर 1869 ई. में खोली गई। भूमध्य सागर और लाल सागर को जोड़ने वाले इस मार्ग के खुलने से भारत और यूरोप के बीच की दूरी 7,000 किमी तक कम हो गई।

स्वेज नहर के पूर्व, भारत और यूरोप का संपर्क केप ऑफ गुड होप (अफ्रीका का दक्षिणतम बिंदु) के माध्यम से होता था। यह मार्ग बहुत ही लंबा और अधिक खर्चीला था।

अतः हम कह सकते हैं कि स्वेज नहर से भारत और यूरोप के मध्य दूरी में कमी आने से हमारे संपर्क सुलभ और लाभकारी सिद्ध हुए हैं।

## C दीर्घ उत्तरीय प्रश्न

**1. भारत की स्थिति, आकार एवं विस्तार को बताइए।**

उत्तर **स्थिति** भारत एक विशाल देश है, जो उत्तरी गोलार्द्ध में अवस्थित है। इसका अक्षांशीय विस्तार 8°4' उत्तर से 37°6' उत्तर तक तथा देशांतरीय विस्तार 68°7' पूर्व से 97°25' पूर्व तक है। कर्क रेखा (23°30' उत्तर) भारत को भौगोलिक रूप से लगभग दो भागों में विभाजित किया जाता है। यह भारत के 8 राज्यों–गुजरात, राजस्थान, मध्य प्रदेश, छत्तीसगढ़, झारखंड, पश्चिम बंगाल, त्रिपुरा और मिजोरम से गुजरती है।

**आकार** भारतीय भू-भाग का कुल क्षेत्रफल 32.8 लाख वर्ग किमी है, जो विश्व के कुल क्षेत्रफल के 2.4% के बराबर है। क्षेत्रफल के दृष्टिकोण से रूस, कनाडा, संयुक्त राज्य अमेरिका, चीन, ब्राजील और ऑस्ट्रेलिया के बाद भारत विश्व का सातवाँ बड़ा देश है।

**विस्तार** भारत उत्तर-पश्चिम, उत्तर एवं उत्तर-पूर्वी सीमा पर नवीनतम वलित पर्वतों से घिरा हुआ है। इसके दक्षिण का भू-भाग उत्तर में चौड़ा तथा 22° उत्तरी अक्षांश से हिंद महासागर की ओर सँकरा है। इसके पश्चिम में अरब सागर तथा पूर्व में बंगाल की खाड़ी स्थित है।

**2. भारत की तट रेखा कितनी लंबी है? इसके पाँच लाभों का वर्णन कीजिए।**

उत्तर भारतीय तट रेखा की लंबाई 7,516.6 किमी है। इसमें अंडमान और निकोबार द्वीप समूह और लक्षद्वीप भी शामिल हैं। हिंद महासागर में भारत जितनी लंबी तट रेखा किसी अन्य देश की नहीं है।

**तट रेखा की विशेषता/लाभ**

(i) भारतीय तट रेखा का विस्तार दक्षिण में हिंद महासागर की ओर पूर्वी और पश्चिमी तट के सहारे है।
(ii) पश्चिमी तट रेखा से भारत के पश्चिमी एशिया सहित, यूरोप और अफ्रीका से निकटतम संबंध हैं।
(iii) भारत का तटीय विस्तार संबद्ध देशों से व्यापारिक गतिविधियों सहित द्विपक्षीय और बहुपक्षीय संबंधों को बढ़ाने में मदद करता है।
(iv) तट रेखा के सहारे बंदरगाह स्थापना में मदद मिलती है। बंदरगाह भारत के विदेशी व्यापार के लिए महत्त्वपूर्ण हैं।
(v) यह भारत में मत्स्य उद्योग को विकसित करने में सहायक है। इस व्यवसाय में भारत के परिवार संलिप्त हैं, जो रोजगार का एक प्रमुख साधन है।

**3. "भारत की सामरिक स्थिति ने प्राचीनकाल से देश को जलीय एवं स्थलीय मार्ग द्वारा विचारों एवं वस्तुओं के आवागमन को प्रोत्साहित किया है।" इस कथन की व्याख्या कीजिए।**

उत्तर हिंद महासागर के शीर्ष पर भारत की भौगोलिक स्थिति महत्त्वपूर्ण है। देश की सामरिक स्थिति ने प्राचीनकाल से ही जलीय एवं स्थलीय मार्ग द्वारा विचारों तथा वस्तुओं के आदान-प्रदान को प्रोत्साहित किया है। भारत के उत्तरी भाग से जुड़े देशों और पर्वतों व पहाड़ों के बीच स्थित दर्रों से अनेक यात्री प्राचीन काल में भारत आए। उस समय समुद्री मार्ग का ज्ञान नहीं था। स्थलीय संपर्क में रेशम मार्ग का भी महत्त्वपूर्ण स्थान है।

यह चीन से होकर पश्चिमी, दक्षिणी और पूर्वी एशिया सहित यूरोप और उत्तरी अफ्रीका तक विस्तारित था। इससे भारत को भी अन्य देशों के साथ संपर्क स्थापना में मदद मिली। यात्रियों के आवागमन से उपनिषदों, रामायण व पंचतंत्र की कहानियाँ, दशमलव प्रणाली, भारतीय अंक आदि संबंधित विचार अन्य देशों तक पहुँचे। मसाले, मलमल के कपड़े और अन्य व्यापारिक सामान भी इन मार्गों से अन्य देशों तक ले जाया जाता था।

दूसरी ओर यूनानी स्थापत्य कला तथा पश्चिमी एशिया की वास्तुकला के प्रतीक, मीनारों एवं गुंबदों का प्रभाव भारतीय स्थापत्य कला पर देखने को मिलता है। मध्य काल और आधुनिक काल में जलमार्ग के विकास ने हमारे वैश्विक संबंधों को और अधिक बढ़ावा दिया है। देश के पश्चिमी तट से जहाँ हमने पश्चिमी एशिया, यूरोप और अफ्रीका तक आसान पहुँच प्राप्त की, वहीं पूर्वी तट से पूर्वी एशियायी देशों से हमारे संबंध और प्रगाढ़ हुए हैं। 1869 ई. में स्वेज नहर का खुलना हमारे लिए अत्यंत महत्त्वपूर्ण है। इससे भारत और यूरोप की दूरी 7,000 किमी तक कम हो गई है।

**4.** प्राचीन तथा मध्य काल में भारत के विश्व के अन्य देशों के साथ संबंधों का वर्णन कीजिए।

*अथवा* भारत की अवस्थिति ने वस्तुओं और विचारों के आदान-प्रदान में किस प्रकार योगदान दिया है?

**उत्तर** भारत का विश्व के अन्य देशों के साथ संपर्क सदियों पुराना है, जिसमें भारत के पश्चिम मध्य, पूर्वी और दक्षिणी एशियाई देशों से महत्त्वपूर्ण संबंध रहे हैं। प्राचीन समय में यह संबंध समुद्री जलमार्गों की अपेक्षा स्थल मार्गों से था। इन्हीं संपर्कों के कारण ही प्राचीन काल से विचारों और वस्तुओं का आदान-प्रदान होता रहा है, जिसके परिणामस्वरूप भारतीय उपनिषद् के विचार, रामायण और महाभारत के संदेश, पंचतंत्र की कहानियाँ, भारतीय अंक और दशमलव प्रणाली संसार के विविध भागों तक पहुँचे हैं।

व्यापार के माध्यम से मसाले, मलमल व कपड़े सहित अन्य वस्तुओं को भी विभिन्न देशों तक पहुँचाया जाता था।

इन देशों के साथ वस्तुओं व विचारों के आदान-प्रदान से न केवल आवश्यकताओं की पूर्ति हुई, बल्कि संबंध स्थापना को भी मजबूती मिली है। ऐसे ही यूनानी स्थापत्य कला तथा पश्चिमी एशिया की वास्तुकला के प्रतीक चिह्नों, मीनारों, गुंबदों व अन्य कलाकृतियों का प्रभाव हमारे देश के विभिन्न भागों में देखा जा सकता है।

वर्ष 1947 से पूर्व भारत में दो प्रकार के राज्य थे–प्रांत और रियासत। वायसराय द्वारा नियुक्त अंग्रेज अधिकारी प्रांतों पर शासन करते तथा रियासतों का शासन स्थानीय शासकों द्वारा पैतृकता के आधार पर अंग्रेजी शासकों की प्रभुसत्ता मानकर स्वायत्तता से किया जाता था।

## अनुच्छेद आधारित प्रश्न

निम्नलिखित स्रोतों को ध्यानपूर्वक पढ़कर उन पर आधारित प्रश्नों के उत्तर दीजिए

**1.** भारत के भू-भाग का कुल क्षेत्रफल लगभग 32.8 लाख वर्ग किमी है। भारत का कुल क्षेत्रफल विश्व के कुल भौगोलिक क्षेत्रफल का 2.4% है तथा भौगोलिक क्षेत्रफल की दृष्टि से भारत विश्व का सातवाँ बड़ा देश है। भारत की स्थल सीमा रेखा लगभग 15,200 किमी और समुद्री तट रेखा अंडमान और निकोबार द्वीप समूह तथा लक्षद्वीप समूह के साथ 7,516.6 किमी है। भारत के उत्तर-पश्चिम, उत्तर तथा उत्तर-पूर्वी सीमा पर नवीनतम वलित पर्वत है। इसके दक्षिण का भू-भाग उत्तर में चौड़ा है और 22° उत्तरी अक्षांश से हिंद महासागर की ओर सँकरा होता गया है। इसके पश्चिम में अरब सागर तथा पूर्व में बंगाल की खाड़ी स्थित है। भारत का अक्षांश और देशांतर का विस्तार लगभग 30° है, परंतु फिर भी पूर्व-पश्चिम का विस्तार उत्तर-दक्षिण के विस्तार की अपेक्षा कम प्रतीत होता है। गुजरात से अरुणाचल प्रदेश के स्थानीय समय में दो घंटे का अंतर है। अत: 82°30′ पूर्वी देशांतर रेखा को भारत की मानक याम्योत्तर माना गया है, जोकि उत्तर प्रदेश में मिर्जापुर से गुजरती है। अक्षांश का प्रभाव दक्षिण से उत्तर की ओर, दिन और रात की अवधि पर पड़ता है।

(i) भारत एक विशाल देश है, जो क्षेत्रफल की दृष्टि से विश्व का 7वाँ सबसे बड़ा देश है। इसकी उत्तर तथा दक्षिण सीमा की लंबाई कितनी है?

(a) 2,933 किमी (b) 3,214 किमी
(c) 15,200 किमी (d) 2,525 किमी

**उत्तर** (b) 3,214 किमी

(ii) भारत की स्थल सीमा रेखा की कुल लंबाई 15,200 किमी तथा द्वीपों सहित देश की कुल तटीय सीमा की लंबाई 7,516 किमी है, तो मुख्य भूमि की तटीय सीमा की लंबाई कुल कितनी है?

(a) 5,200 किमी (b) 5,600 किमी
(c) 5,900 किमी (d) 6,100 किमी

**उत्तर** (d) 6,100 किमी

(iii) भारत की भौगोलिक स्थिति व विस्तार के संबंध में सूची I का सूची II से सही सुमेल कीजिए

| सूची I | सूची II |
|---|---|
| A. भारत का कुल क्षेत्रफल | 1. लगभग 30° |
| B. भारत का अक्षांशीय विस्तार | 2. 32.8 लाख वर्ग किमी |
| C. भारत की मानक देशांतर रेखा | 3. 2.4% |
| D. भारत का क्षेत्रफल, विश्व के क्षेत्रफल का | 4. 82°30′ पूर्वी देशांतर |

**कूट**

| | A | B | C | D |
|---|---|---|---|---|
| (a) | 1 | 2 | 3 | 4 |
| (b) | 2 | 1 | 4 | 3 |
| (c) | 3 | 4 | 2 | 1 |
| (d) | 4 | 1 | 2 | 3 |

**उत्तर** (b) 2 1 4 3

(iv) गुजरात से अरुणाचल प्रदेश के समय में 2 घंटे अंतर का मुख्य रूप से इनमें से किसे माना जाता है?

(a) अधिक अक्षांशीय विस्तार के कारण
(b) अधिक देशांतरीय विस्तार के कारण
(c) सूर्यातप के वितरण में अंतर के कारण
(d) उपरोक्त सभी

**उत्तर** (b) अधिक देशांतरीय विस्तार के कारण

(v) भारतीय संघ का सबसे दक्षिणतम बिंदु को ………… कहा जाता है।

(a) इंदिरा कॉल (b) इंदिरा प्वॉइंट
(c) कीबिथू (d) गौरमाता

**उत्तर** (a) इंदिरा कॉल

(vi) **कथन** (A) भारत की देशांतर रेखा को मानक याम्योत्तर रेखा माना जाता है।

**कारण** (R) देशांतर रेखाओं के कारण दिन रात की अवधि निर्धारित होती है।

**कूट**

(a) A और R दोनों सही हैं तथा R, A की सही व्याख्या है
(b) A और R दोनों सही हैं, परंतु R, A की सही व्याख्या नहीं है
(c) A सही है, किंतु R गलत है
(d) A गलत है, किंतु R सही है

**उत्तर** (c) A सही है, किंतु R गलत है

**2.** भारत का विश्व के देशों के साथ संपर्क युगों पुराना है, परंतु यह संबंध समुद्री जलमार्गों की अपेक्षा भू-भागों से होकर था। उत्तरी पर्वतों के दर्रों से अनेक यात्री प्राचीनकाल में भारत आए, जबकि समुद्री मार्ग बहुत समय तक ज्ञात नहीं थे।

इन मार्गों से प्राचीन समय से विचारों और वस्तुओं का आदान-प्रदान होता रहा है। भारत का पश्चिम-मध्य और पूर्वी एशिया तथा दक्षिणी एशिया के पड़ोसी देशों के साथ एक अद्‌भुत संपर्क रहा है। इसी प्रकार उपनिषदों के विचार, रामायण तथा पंचतंत्र की कहानियाँ, भारतीय अंक एवं दशमलव प्रणाली आदि संसार के विभिन्न भागों तक पहुँच सके। मसाले, मलमल आदि कपड़े तथा व्यापार के अन्य सामान भारत से विभिन्न देशों को ले जाए जाते थे।

इसके विपरीत यूनानी स्थापत्य कला तथा पश्चिमी एशिया की वास्तुकला के प्रतीक मीनारों तथा गुंबदों का प्रभाव हमारे देश के विभिन्न भागों में देखा गया।

(i) निम्न में से किस स्थलीय भाग से होकर विदेशी यात्री भारत आए?

(a) उत्तरी पर्वतों के दर्रों से (b) पूर्वी पठार से
(c) पश्चिमी घाट पर्वत से (d) दक्कन के पठार से

**उत्तर** (a) उत्तरी पर्वतों के दर्रों से

(ii) प्राचीनकाल में भारत का किन क्षेत्रों से निकट संपर्क था, जहाँ से विचारों एवं वस्तुओं का आदान-प्रदान होता था?

(a) पश्चिम एशिया से (b) पूर्वी एशिया से
(c) यूरोप से (d) ये सभी

**उत्तर** (d) ये सभी

(iii) व्यापारिक एवं सांस्कृतिक संबंधों के फलस्वरूप भारत से अन्य देशों को ………… तथा ………… आदि पहुँचे।

(a) उपनिषदों के विचार, अंक एवं दशमलव प्रणाली
(b) भारतीय चिकित्सा पद्धति, स्थापत्य कला
(c) भारतीय कला एवं विज्ञान
(d) भारतीय सैन्य कला तथा व्यापार प्रणाली

**उत्तर** (a) उपनिषदों के विचार, अंक एवं दशमलव प्रणाली

(iv) विदेशी व्यापार के क्रम में भारत से विदेशों को निर्यात की जाने वाली वस्तुओं में प्रमुख थी

(a) सोना (b) चाँदी
(c) मसाले (d) पेट्रोलियम

**उत्तर** (c) मसाले

(v) निम्नलिखित कथनों में से सही कथन की पहचान करें

1. भारत के मुंबई से अरब सागर में व्यापार होता है।
2. भारत के कोलकाता से बंगाल की खाड़ी में व्यापार होता है।
3. हिंद महासागर व्यापार मार्ग में भारत एक विराम स्थल के रूप में भूमिका निभाता है।

**कूट**

(a) 1 और 2 (b) 2 और 3
(c) 1 और 3 (d) ये सभी

**उत्तर** (a) 1 और 2

(vi) भारत के ………… भाग में सबसे अधिक बंदरगाह अवस्थित हैं।

(a) पूर्वी (b) पश्चिमी
(c) उत्तरी (d) दक्षिणी

**उत्तर** (b) पश्चिमी

**3.** भारतीय भूखंड एशिया महाद्वीप के पूर्व और पश्चिम के मध्य में स्थित है। भारतीय भू-भाग एशिया महाद्वीप का दक्षिणी विस्तार है। हिंद महासागर जो कि पश्चिम में यूरोपीय देशों और पूर्वी एशियाई देशों को मिलाता है। भारत को केंद्रीय स्थिति प्रदान करता है।

दक्षिण का पठार हिंद महासागर में शीर्षवत् फैला हुआ है और पश्चिम एशिया, अफ्रीका और यूरोप के देशों के साथ-साथ पूर्वी एशिया के देशों से भी पूर्वी तट के माध्यम से निकटतम संबंध बनाए हुए है। हिंद महासागर में किसी भी देश की तटीय सीमा भारत जैसी नहीं है। भारत की इसी महत्त्वपूर्ण स्थिति के कारण एक महासागर का नाम इसके नाम पर रखा गया है।

(i) विश्व में भारत की स्थिति के बारे में बताइए।

**उत्तर** भारत एशिया महाद्वीप में स्थित एक देश है। भारतीय भूखंड एशिया महाद्वीप के पूर्व और पश्चिम में स्थित है। भारतीय भू-भाग एशिया महाद्वीप का दक्षिण विस्तार भी है।

(ii) भारत के कौन-से राज्य हिंद महासागर तथा बंगाल की खाड़ी से लगते हैं?

**उत्तर** भारत के हिंद महासागर से लगे राज्य—गुजरात, महाराष्ट्र गोवा, कर्नाटक, केरल, तमिलनाडु तथा पुदुचेरी (माहे) और बंगाल की खाड़ी से लगे राज्य—प. बंगाल, ओडिशा, आंध्र प्रदेश, तमिलनाडु व पुदुचेरी (पानाम, करिकाल) हैं।

(iii) ग्लोब में भारत की स्थिति को स्पष्ट कीजिए।

**उत्तर** ग्लोब में भारत उत्तरी गोलार्द्ध में स्थित है। इसका मुख्य भाग 8°4′ उत्तर से 37°6′ उत्तर अक्षांश तथा 68°7′ पूर्व से 97°25′ पूर्व देशांतर तक है। कर्क रेखा 23°30′ उत्तर में देश को लगभग दो बराबर भागों में बाँटती है।

## मानचित्र आधारित प्रश्न

**1.** भारत के मानचित्र पर निम्न को दर्शाइए

(i) कर्क रेखा (ii) मानक मध्याह्न रेखा

उत्तर

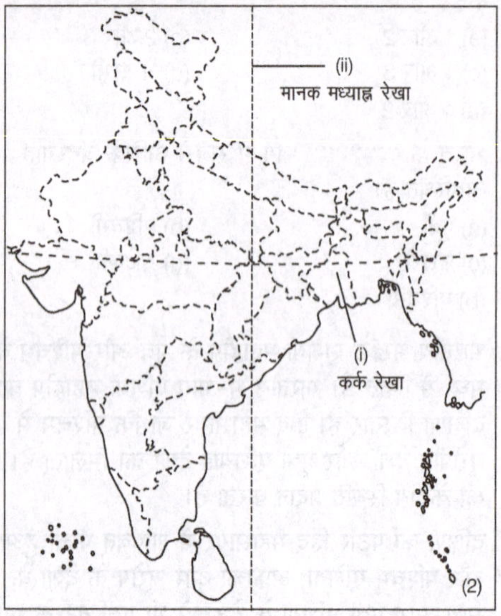


**2.** भारत के मानचित्र पर निम्न को पहचानकर चिह्नित कीजिए

(i) राज्य जिसकी राजधानी जयपुर है।

(ii) बिहार की राजधानी

(iii) ओडिशा की राजधानी

(iv) गुजरात की राजधानी

(v) राज्य जिसकी राजधानी बंगलुरु है।

(vi) राज्य जिसकी राजधानी लखनऊ है।

(vii) हरियाणा की राजधानी

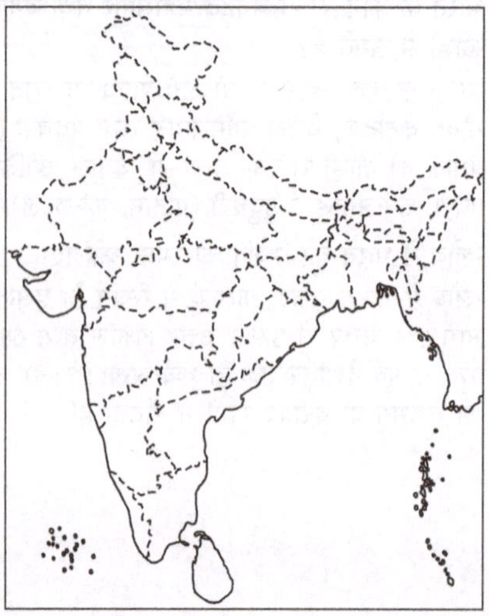

उत्तर

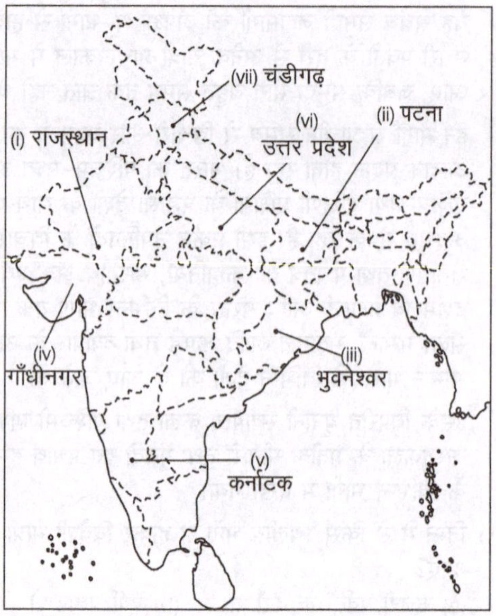


**3.** भारत के पड़ोसी देशों को मानचित्र पर चिह्नित कीजिए।

(i) चीन

(ii) पाकिस्तान

(iii) नेपाल

(iv) श्रीलंका

(v) अफगानिस्तान

उत्तर

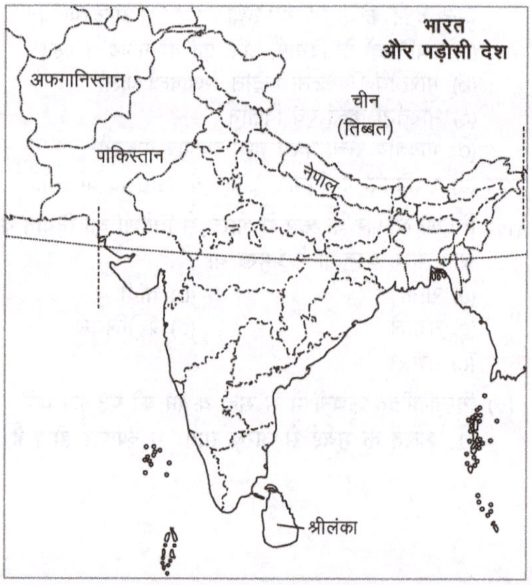

# स्वयं को जाँचें

## वस्तुनिष्ठ प्रश्न

**1.** क्षेत्रफल की दृष्टि से भारत का विश्व में कौन-सा स्थान है?

(a) पाँचवाँ (b) छठा (c) सातवाँ (d) आठवाँ

**2.** भारत का मानक समय क्या है?

(a) 81°30′ पूर्वी देशांतर (b) 82°30′ पूर्वी देशांतर

(c) 80°30′ पूर्वी देशांतर (d) 84°30′ पूर्वी देशांतर

**3.** स्वेज नहर के खुलने से भारत और यूरोप के बीच कितने किमी की दूरी कम हुई?

(a) 6000 किमी (b) 7000 किमी (c) 8000 किमी (d) 9000 किमी

**4.** निम्नलिखित में से कौन-सा कथन सत्य है?

(a) भारत के भू-भाग का कुल क्षेत्रफल लगभग 32.8 लाख वर्ग किमी है

(b) महाराष्ट्र से अरुणाचल प्रदेश के स्थानीय समय में दो घंटे का अंतर है

(c) विश्व में क्षेत्रफल के हिसाब से कनाडा सबसे बड़ा देश है

(d) भारत विश्व की नवीनतम संस्कृतियों में से एक है

## अतिलघु उत्तरीय प्रश्न

**5.** विश्व के तीन सर्वाधिक बड़े देशों के नाम लिखिए।

**6.** भारत के अक्षांशीय व देशांतरीय विस्तार का उल्लेख कीजिए।

**7.** 'इंदिरा प्वॉइंट' क्या है? इसकी भौगोलिक अवस्थिति बताइए।

## लघु उत्तरीय प्रश्न

**8.** भारत के पड़ोसी देशों की अवस्थिति का विवरण दीजिए।

**9.** भारत के दो द्वीपीय पड़ोसी राष्ट्र कौन हैं? भारत और इसकी भौगोलिक सीमा रेखा को स्पष्ट कीजिए।

**10.** प्रायद्वीप पर एक संक्षिप्त टिप्पणी कीजिए।

**11.** प्रधान मध्याह्न रेखा क्या है? इसका दूसरा नाम क्या है और क्यों?

## दीर्घ उत्तरीय प्रश्न

**12.** भारत की भौगोलिक विशेषताओं का वर्णन विस्तारपूर्वक कीजिए।

**13.** "भारत की सामरिक स्थिति दक्षिणी एशिया सहित विश्व में विशिष्ट है।" इस कथन की पुष्टि कीजिए।

**14.** किस प्रकार प्राचीन संपर्क मार्ग ने भारत की विश्व के अन्य देशों के साथ संबंध स्थापना में महत्त्वपूर्ण योगदान दिया है?

अध्याय

02

# भारत का भौतिक स्वरूप

भारत विविध स्थलाकृतियों (Landforms) वाला एक विशाल देश है। यहाँ प्रत्येक प्रकार की भू-आकृतियाँ विद्यमान हैं; जैसे—पर्वत, मैदान, मरुस्थल, पठार और द्वीप समूह। भारत में विभिन्न प्रकार की शैलें (Rocks) पाई जाती हैं। भूगर्भीय तौर पर **प्रायद्वीपीय पठार** (Peninsular Plateau) पृथ्वी की सतह का प्राचीनतम भाग है। इसे भूमि का एक बहुत ही स्थिर भाग माना जाता था। इसी प्रकार हिमालय एवं उत्तरी मैदान हाल में बनी स्थलाकृतियाँ हैं। हिमालय की पूरी पर्वत शृंखला एक युवा स्थलाकृति (Youthful Topography) है, जिसमें ऊँचे शिखर, गहरी घाटियाँ और तीव्रगामी नदियाँ हैं। प्रायद्वीपीय पठार आग्नेय तथा रूपांतरित शैलों वाली कम ऊँची पहाड़ियों एवं चौड़ी घाटियों से बना है।

**अध्याय एक नजर में**

- *मुख्य भौगोलिक वितरण*
- *– हिमालय पर्वत शृंखला*
- *– उत्तरी मैदान*
- *– प्रायद्वीपीय पठार*
- *– भारतीय मरुस्थल*
- *– तटीय मैदान*
- *– द्वीप समूह*

## मुख्य भौगोलिक वितरण

भारत की भौगोलिक आकृतियों को निम्नलिखित वर्गों में विभाजित किया गया है

1. हिमालय पर्वत शृंखला (The Himalayan Mountain)
2. उत्तरी मैदान (The Northern Plains)
3. प्रायद्वीपीय पठार (The Peninsular Plateau)
4. भारतीय मरुस्थल (The Indian Desert)
5. तटीय मैदान (The Coastal Plains)
6. द्वीप समूह (The Islands)

### 1. हिमालय पर्वत शृंखला

भारत की उत्तरी सीमा पर विस्तृत हिमालय अपनी प्रकृति और संरचना के दृष्टिकोण से **वलित पर्वत शृंखला** (Fold Mountain Range) है। हिमालय विश्व की सबसे ऊँची पर्वत श्रेणी है। इसके उच्चावच (Relief) भी अत्यधिक ऊबड़-खाबड़ हैं। 2,400 किमी की लंबाई में फैली हिमालय पर्वत शृंखला एक अर्द्ध-वृत्त (Arc) का निर्माण करती है। इसकी चौड़ाई कश्मीर में 400 किमी और अरुणाचल प्रदेश में 150 किमी है।

ये पर्वत श्रेणियाँ पश्चिम-पूर्व दिशा में सिंधु से लेकर ब्रह्मपुत्र नदी तक फैली हैं। पश्चिमी भाग की अपेक्षा पूर्वी भाग की ऊँचाई में अधिक विविधता पाई जाती है। संपूर्ण देशांतरीय विस्तार के साथ हिमालय पर्वत शृंखला को तीन वर्गों में विभाजित किया जा सकता है—**हिमाद्रि, हिमाचल** और **शिवालिक** श्रेणी। इन शृंखलाओं के बीच कई घाटियाँ पाई जाती हैं।

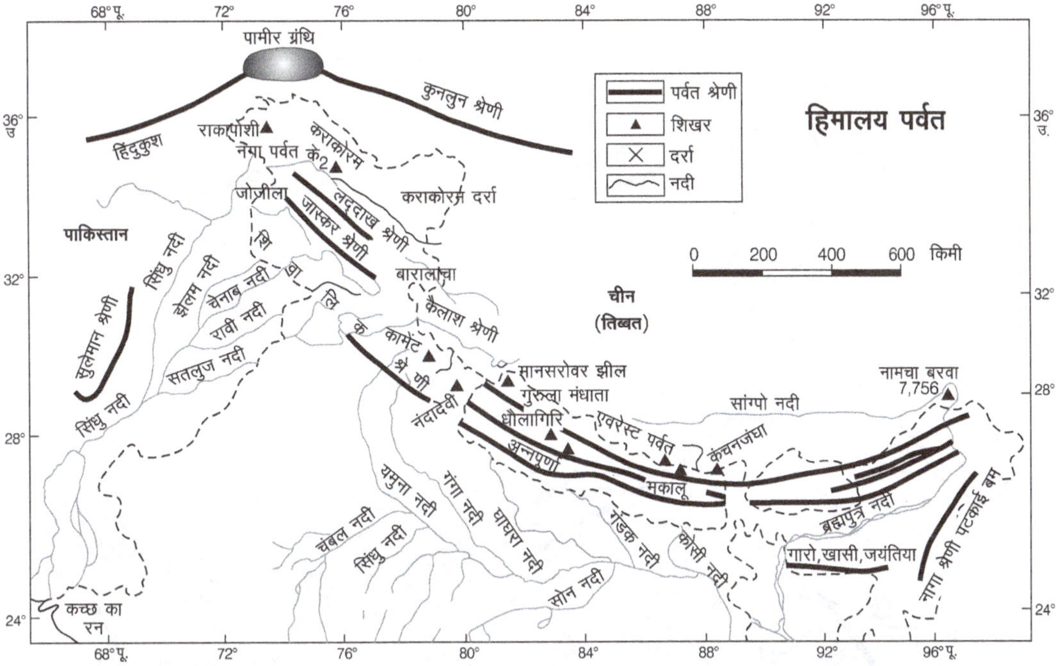


हिमालय

## हिमाद्रि/महान् हिमालय या आंतरिक हिमालय

- हिमालय पर्वत श्रृंखला के सबसे उत्तरी भाग को हिमाद्रि/महान् या आंतरिक हिमालय (Himadri or Inner Himalayas or Great Himalayas) के नाम से जाना जाता है।
- यह हिमालय की सर्वाधिक सतत (Continuous) श्रृंखला है, जिसमें 6,000 मी की औसत ऊँचाई वाले सर्वाधिक ऊँचे शिखर (Loftiest Peak) हैं।
- इस श्रृंखला में **माउंट एवरेस्ट, कंचनजंघा, मकालू** जैसे प्रमुख शिखर शामिल हैं।
- हिमालय के सभी मुख्य शिखर इसी श्रृंखला में हैं। हिमालय के इस भाग का क्रोड (Core) ग्रेनाइट (Granite) से निर्मित है। वर्षभर बर्फ आवरण वाले इस भाग से कई हिमानियों (Glaciers) का प्रवाह होता है।

### हिमालय के कुछ ऊँचे शिखर

| शिखर | देश | ऊँचाई (मीटर) |
|---|---|---|
| माउंट एवरेस्ट | नेपाल | 8,848 |
| कंचनजंघा | भारत | 8,598 |
| मकालू | नेपाल | 8,481 |
| धौलागिरि | नेपाल | 8,172 |
| नंगा पर्वत | भारत | 8,126 |
| अन्नपूर्णा | नेपाल | 8,078 |
| नंदादेवी | भारत | 7,817 |
| कामेट | भारत | 7,756 |
| नामचा बरुआ | भारत | 7,756 |
| गुरुला मंधाता | नेपाल | 7,728 |

## हिमाचल या निम्न हिमालय

- हिमाद्रि के दक्षिण स्थित श्रृंखला को **हिमाचल** या **निम्न हिमालय** (Himachal or Lesser Himalayas) कहा जाता है। इन श्रृंखलाओं का निर्माण मुख्यत: अत्यधिक संपीडित (Highly Compressed) तथा परिवर्तित शैलों (Altered Rocks) से हुआ है।
- इनकी औसत ऊँचाई 3,700 से 4,500 मी के मध्य और औसत चौड़ाई 50 किमी है।
- यहाँ की प्रमुख श्रृंखलाएँ **पीरपंजाल** (सबसे लंबी), धौलाधर तथा महाभारत हैं।
- पीरपंजाल श्रृंखला में कश्मीर घाटी, काँगड़ा एवं कुल्लू की घाटियाँ (हिमाचल प्रदेश) स्थित हैं। यह क्षेत्र पहाड़ी नगरों (Hill Stations); जैसे—मसूरी, नैनीताल, रानीखेत आदि के लिए विख्यात है।

## शिवालिक श्रेणी

- हिमालय की सबसे बाहरी श्रृंखला को शिवालिक कहा जाता है। इसकी ऊँचाई 900 से 1,100 मी और चौड़ाई 10 से 50 किमी के बीच है।
- ये श्रृंखलाएँ उत्तर में स्थित मुख्य हिमालय की श्रृंखलाओं से नदियों द्वारा लाए गए असंपीडित अवसादों (Unconsolidated Sediments) से निर्मित हुई हैं।
- ये घाटियाँ बजरी (Thick Gravel) तथा जलोढ़ (Alluvial) की मोटी परत से ढकी हुई हैं।
- निम्न हिमालय और शिवालिक के मध्य स्थित लंबवत् घाटी को **दून** (Duns) कहा जाता है। **देहरादून, कोटलीदून** और **पाटलीदून** प्रसिद्ध दून हैं।

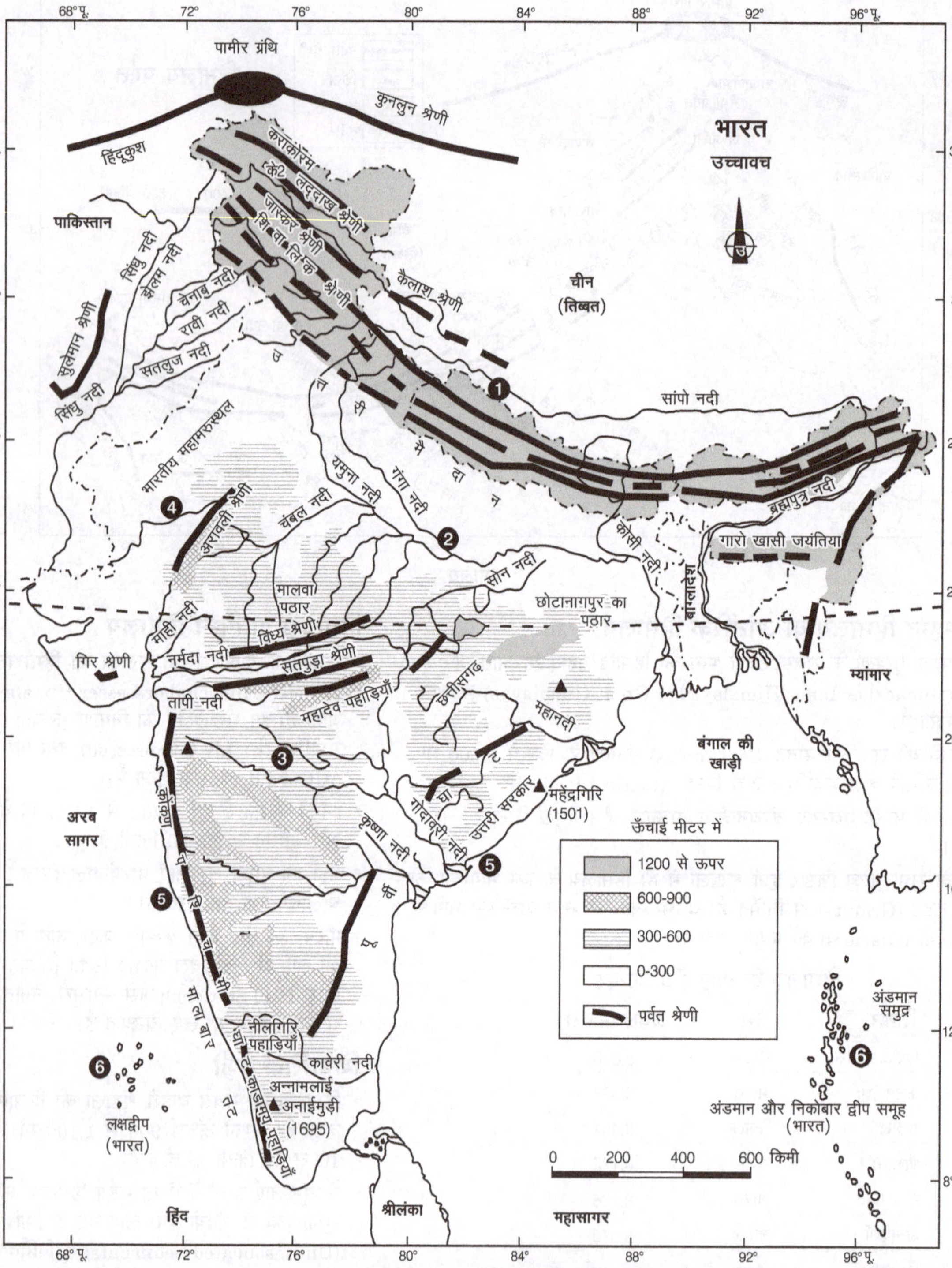


मुख्य भौगोलिक वितरण

## हिमालय का क्षेत्रीय विभाजन

उत्तर-दक्षिण के अतिरिक्त हिमालय को पश्चिम से पूर्व तक स्थित क्षेत्रों के आधार पर भी विभाजित किया गया है। यह वर्गीकरण नदियों द्वारा किया जाता है; जैसे—सिंधु, सतलुज, काली, तिस्ता और दिहांग नदियाँ।

### पंजाब, कुमाऊँ एवं असम हिमालय

- **सतलुज** एवं **सिंधु** नदी के बीच स्थित हिमालय को पंजाब हिमालय कहा जाता है, किंतु इसे क्षेत्रीय आधार (पश्चिम से पूर्व) पर कश्मीर एवं हिमाचल हिमालय भी कहा जाता है।
- **सतलुज** तथा **काली** नदियों के बीच स्थित हिमालय को कुमाऊँ हिमालय कहा जाता है।
- **काली** और **तिस्ता** नदी के बीच का क्षेत्र नेपाल हिमालय का सीमांकन करता है।
- **तिस्ता** एवं **दिहांग** नदी के बीच का क्षेत्र असम हिमालय कहलाता है।

### पूर्वांचल/पूर्वी पहाड़ी

- भारत के पूर्वी भाग में स्थित हिमालय को पूर्वांचल या पूर्वी हिमालय के नाम से जाना जाता है।
- ब्रह्मपुत्र नदी हिमालय की सर्वाधिक पूर्वी सीमा का निर्माण करती है। दिहांग **महाखड्ड** (Gorge) के बाद हिमालय श्रृंखला दक्षिण दिशा की ओर एक मोड़ बनाती है, जिसके परिणामस्वरूप यह भारत की पूर्वी सीमा के साथ फैल जाती है।
- प्रायः ये पहाड़ियाँ उत्तरी-पूर्वी राज्यों से होकर गुजरती हैं तथा बलुआ पत्थर (Sandstone) (जो अवसादी चट्टानों से बनता है) से बनी और घने जंगलों से ढकी होती हैं। ये पहाड़ियाँ भारत के उत्तर-पूर्वी राज्यों से होकर गुजरती हैं। ये अधिकतर समानांतर श्रृंखलाओं एवं घाटियों के रूप में विस्तृत हैं। *पटकाई, नागा, मिजो एवं मणिपुर* यहाँ की महत्त्वपूर्ण पहाड़ियाँ हैं।

### चेक प्वॉइंट 01

1. *भू-आकृतियों में किसे सम्मिलित किया जाता है?*
2. *हिमालय पर्वत श्रृंखला को कितने वर्गों में विभाजित किया जा सकता है?*
3. *हिमाचल या निम्न हिमालय पर्वत श्रृंखला की औसत ऊँचाई व चौड़ाई कितनी है?*
4. *कुमाऊँ हिमालय किसे कहा जाता है?*

## 2. उत्तरी मैदान

- उत्तरी मैदान तीन प्रमुख नदी प्रणालियों (River Systems) **सिंधु**, **गंगा** एवं **ब्रह्मपुत्र** तथा इनकी सहायक नदियों से निर्मित है।
- इसका निर्माण जलोढ़ मिट्टी के निक्षेपण से हुआ है, जो बहुत उपजाऊ है। यह 7 लाख वर्ग किमी क्षेत्र पर विस्तृत है। इस मैदान की लंबाई 2,400 किमी और चौड़ाई 240 से 320 किमी है। यहाँ सघन जनसंख्या निवास करती है।
- समृद्ध मृदा, पर्याप्त जल की उपलब्धता एवं अनुकूल जलवायु की दशा के कारण कृषि कार्य के लिए यह देश का अत्यधिक उत्पादक क्षेत्र है।
- उत्तरी पर्वत से आने वाली नदियाँ ढाल की अधिकता के कारण निक्षेपण (Deposition) करती हैं, किंतु नदी के निम्न भागों में ढाल की कमी के कारण नदी की गति कम हो जाती है, जिसके परिणामस्वरूप **नदीय द्वीप** (Riverine Island) का निर्माण होता है। ब्रह्मपुत्र नदी स्थित **माजोली** विश्व का सबसे बड़ा नदीय द्वीप है।
- ये नदियाँ अपने निचले भागों में गाद (Silt) के एकत्रीकरण से कई धाराओं में विभाजित हो जाती हैं। इन धाराओं को **वितरिकाएँ** (Distributaries) कहा जाता है।

### उत्तरी मैदान के भाग

उत्तरी मैदान को मूलतः तीन वर्गों में वर्गीकृत किया गया है।

(i) **पंजाब का मैदान** (Punjab Plains) उत्तरी मैदान के पश्चिमी भाग में विस्तृत क्षेत्र को पंजाब का मैदान कहा जाता है। इसका निर्माण सिंधु एवं इसकी सहायक नदियों द्वारा किया गया है। इस मैदान का बड़ा हिस्सा पाकिस्तान में फैला हुआ है।
सिंधु की सहायक नदियों में **झेलम**, **चेनाब**, **रावी**, **व्यास** एवं **सतलुज** शामिल हैं, जो हिमालय से निकलती हैं। पंजाब के मैदान में **दोआबों** (Doabs) की संख्या बहुत अधिक है।

(ii) **गंगा का मैदान** (Ganga Plain) यह उत्तरी मैदान का मध्य भाग है। गंगा के मैदान का विस्तार घग्घर (हरियाणा में) तथा तिस्ता (पश्चिम बंगाल में) नदियों के बीच में है। यह हरियाणा, दिल्ली, उत्तर प्रदेश, बिहार, झारखंड के कुछ भाग और पश्चिम बंगाल में फैला हुआ है।

(iii) **ब्रह्मपुत्र का मैदान** (Brahmaputra Plains) ब्रह्मपुत्र का मैदान विशेष रूप से असम में स्थित है।

### उत्तरी मैदान के क्षेत्र

भौगोलिक आकृतियों में भिन्नता के आधार पर उत्तरी मैदानों को निम्नलिखित चार भागों में विभाजित किया जा सकता है

(i) **भाबर** (Bhabar) नदियाँ पर्वतों से नीचे उतरते समय शिवालिक की ढाल पर 8 से 16 किमी की चौड़ी पट्टी में गुटिका अर्थात् कंकड़ों (Pebbles) का निक्षेपण करती हैं, जिसे *भाबर पट्टी* के नाम से जाना जाता है। सभी सरिताएँ (Streams) भाबर पट्टी में आकर विलुप्त हो जाती हैं।

(ii) **तराई** (Terai) भाबर पट्टी के दक्षिण क्षेत्र में विलुप्त सरिताएँ पुनः प्रकट हो जाती हैं और नम (Wet) व दलदली (Swampy) क्षेत्र का निर्माण करती हैं, जिसे तराई कहा जाता है। यह वन्य प्राणियों की बहुलता वाला सघन जंगल का क्षेत्र है। बँटवारे के बाद पाकिस्तान से आए शरणार्थियों को कृषि भूमि उपलब्ध कराने के लिए इस क्षेत्र के जंगल को काटा गया। **दुधवा राष्ट्रीय पार्क** (Dudhwa National Park) इसी क्षेत्र में स्थित है।

(iii) **बाँगर** (Bhangar) यह उत्तरी मैदान का विशालतम भाग है, जो पुरानी जलोढ़ मृदा से निर्मित है। यह क्षेत्र नदियों की बाढ़ वाले मैदानों के ऊपर स्थित वेदिका (Terrace) जैसी आकृति प्रदर्शित करता है। यहाँ की मृदा में **चूने** (Calcareous) का निक्षेप होता है, जिसे स्थानीय भाषा में *कंकड़* (Kankar) कहा जाता है।

(iv) **खादर** (Khadar) बाढ़ वाले क्षेत्रों के नए निक्षेपों को खादर कहा जाता है। इन क्षेत्रों का लगभग प्रत्येक वर्ष पुनर्निर्माण होता है। परिणामतः यह भाग उर्वरा शक्ति से भरपूर और कृषि कार्य के लिए आदर्श होता है।

## 3. प्रायद्वीपीय पठार

यह **पठार** (Plateau) एक मेज के आकार (Tableland) वाला स्थल है, जिसका निर्माण पुरानी क्रिस्टलीय (Crystalline), आग्नेय (Igneous) और रूपांतरित (Metamorphic) चट्टानों से हुआ है। यह क्षेत्र **गोंडवाना भूमि** (Gondwana Land) के विभाजन एवं अपवाह के कारण निर्मित हुआ था। अतः यह प्राचीनतम भू-भाग का एक हिस्सा है। प्रायद्वीपीय पठार में चौड़ी तथा छिछली घाटियाँ (Broad and Shallow Valleys) एवं गोलाकार पहाड़ियाँ पाई जाती हैं।

अरावली की पहाड़ियाँ प्रायद्वीपीय पठार के पश्चिम एवं उत्तर-पश्चिमी किनारे पर स्थित हैं। ये अत्यधिक अपरदित (Highly Eroded) एवं खंडित (Broken) पहाड़ियाँ हैं। ये गुजरात से लेकर दिल्ली तक दक्षिण-पश्चिम एवं उत्तर-पूर्व दिशा में विस्तृत हैं।

प्रायद्वीपीय पठार को दो मुख्य भागों में विभाजित किया जा सकता है

### मध्य उच्च भूमि

- नर्मदा नदी के उत्तर में प्रायद्वीपीय पठार का वह भाग, जो मालवा पठार के अधिकांश भागों पर विस्तृत है, मध्य उच्च भूमि (Central Highlands) कहलाता है।
- विंध्य श्रृंखला दक्षिण में सतपुड़ा तथा उत्तर-पश्चिम में अरावली से घिरी हुई है। पश्चिम में यह धीरे-धीरे राजस्थान के बलुई तथा पथरीले मरुस्थल से मिल जाती है।
- मध्य उच्च भूमि का ढाल दक्षिण-पश्चिम से उत्तर-पूर्व की ओर है। यह चंबल, सिंधु, बेतवा तथा केन नदियों के बहाव क्षेत्र को दर्शाता है। यह उच्च भूमि पश्चिमी भाग की ओर चौड़ी, जबकि पूर्व में संकीर्ण है।
- इस पठार के पूर्वी विस्तार को स्थानीय रूप में **बुंदेलखंड** तथा **बघेलखंड** कहा जाता है।
- दामोदर नदी द्वारा अपवाहित छोटानागपुर पठार, उच्च भूमि और पूर्वी विस्तार के भाग को दर्शाता है।

### दक्कन (दक्षिण) का पठार

- नर्मदा नदी के दक्षिण में स्थित दक्कन का पठार एक त्रिभुजाकार (Triangular) भू-भाग है। उत्तर में इसके चौड़े आधार पर सतपुड़ा की श्रृंखला है जबकि **महादेव पहाड़ी, कैमूर पहाड़ी** तथा **मैकाल श्रृंखला** इसके पूर्व में विस्तारित हैं।
- यह पठारी भू-भाग अपने पश्चिमी भाग में ऊँचा और पूर्व की ओर कम ढाल वाला क्षेत्र है।
- इसका एक हिस्सा देश के उत्तर-पूर्व में भी विस्तारित है। इसे स्थानीय स्तर पर **मेघालय, कार्बी एंगलौंग पठार** तथा **उत्तर कचार पहाड़ी** के नाम से जाना जाता है।
- यह एक भ्रंश के कारण छोटानागपुर पठार से अलग हो गया है। पश्चिम से पूर्व की ओर इसकी तीन महत्त्वपूर्ण श्रृंखलाएँ **गारो, खासी** और **जयंतिया** अवस्थित हैं।
- दक्कन पठार का यह भाग एक भ्रंश (Fault) के द्वारा छोटानागपुर पठार से पृथक् हो गया था। दक्कन पठार के पश्चिमी एवं पूर्वी सिरे (Edges) को क्रमशः **पश्चिमी घाट** (Western Ghats) और **पूर्वी घाट** (Eastern Ghats) कहा जाता है।

### पश्चिमी और पूर्वी घाट

- दक्कन के पठार के पूर्वी एवं पश्चिमी सिरे पर क्रमशः पूर्वी एवं पश्चिमी घाट स्थित हैं।
- पश्चिमी घाट, पश्चिमी तट (Western Coast) के समानांतर है।
- पश्चिमी घाट, पूर्वी घाट की तुलना में अधिक ऊँचे हैं। पूर्वी घाट की 600 मी की औसत ऊँचाई की तुलना में पश्चिमी घाट की ऊँचाई 900 से 1,600 मी के मध्य है। यह भाग सतत (Continuous) है और इसे केवल दर्रों (Passes) के द्वारा ही पार किया जा सकता है। यहाँ थाल घाट, भोर घाट (महाराष्ट्र) और पाल घाट (केरल) जैसे महत्त्वपूर्ण दर्रे विद्यमान हैं।
- पश्चिमी घाट में **पर्वतीय वर्षा** (Orographic Rain) होती है। यह वर्षा घाट के पश्चिमी ढाल पर आर्द्र हवा के टकराकर ऊपर उठने के कारण होती है। इनकी ऊँचाई उत्तर से दक्षिण की ओर बढ़ती चली जाती है।
- पश्चिमी घाट के ऊँचे शिखरों में **अनाईमुडी** (2,695 मी) और **डोडाबेट्टा** (2,633 मी) शामिल हैं।
- ऊटी के नाम से प्रसिद्ध उड्गमंडलम और कोडईकनाल यहाँ के प्रमुख पहाड़ी नगरों (Hill Stations) में शामिल हैं।
- पूर्वी घाट का विस्तार महानदी घाटी से दक्षिण में नीलगिरि तक है। इसका विस्तार पश्चिमी घाट की तरह सतत न होकर अनियमित (Irregular) है। इसे बंगाल की खाड़ी में गिरने वाली नदियों ने विच्छेदित या काट (Dissected) दिया है।
- इसका सबसे ऊँचा शिखर **महेंद्रगिरि** (1,500 मी) है।
- इसके दक्षिण-पश्चिम में शेवराय तथा जावेडी की पहाड़ियाँ स्थित हैं।
- तमिलनाडु में नीलगिरि पहाड़ियाँ पूर्वी और पश्चिमी घाट के जंक्शन पर स्थित हैं।

### दक्कन ट्रैप

प्रायद्वीपीय पठार की एक महत्त्वपूर्ण विशेषता काली मिट्टी है, जिसे दक्कन ट्रैप (Deccan Trap) कहा जाता है। दक्कन ट्रैप की उत्पत्ति ज्वालामुखी क्रिया से हुई है, जिसके परिणामस्वरूप इसके शैल आग्नेय हैं। इन शैलों का समय के साथ अपरदन होता रहा, जिसके परिणामस्वरूप काली मृदा का निर्माण हुआ। अरावली की पहाड़ियाँ प्रायद्वीपीय पठार के पश्चिमी एवं उत्तर-पश्चिमी किनारे पर स्थित हैं। ये गुजरात से लेकर दिल्ली तक दक्षिण-पश्चिम एवं उत्तर-पूर्व दिशा में विस्तृत हैं।

## 4. भारतीय मरुस्थल

- यह अरावली पहाड़ी के पश्चिमी किनारे पर स्थित है, जिसे 'थार का मरुस्थल' कहा जाता है। यह भाग बालू के टिब्बों (Sand Dunes) से ढका हुआ एक तरंगित मैदान है।
- यहाँ प्रतिवर्ष 150 मिमी से भी कम वर्षा होती है। शुष्क जलवायु (Arid Climate) के कारण यहाँ वनस्पति भी बहुत कम है। वर्षा ऋतु में ही यहाँ कुछ सरिताएँ (Streams) दिखाई देती हैं।
- **लूनी नदी** इस क्षेत्र की सबसे बड़ी नदी है।
- बरकान का विस्तार मरुस्थल के बहुत अधिक क्षेत्रों पर है, लेकिन बालू के **लंबवत् टीले** (Longitudinal Dunes) भारत-पाकिस्तान सीमा के नजदीक पाए जाते हैं।

## 5. तटीय मैदान

भारत के प्रायद्वीपीय पठार के किनारों पर संकीर्ण तटीय पट्टियों का विस्तार है। यह पश्चिम में अरब सागर से पूर्व में बंगाल की खाड़ी तक फैला हुआ है। इन तटीय भूमि को तटीय मैदान कहा जाता है। पश्चिमी तट पश्चिमी घाट और अरब सागर के बीच स्थित एक संकीर्ण मैदान (Narrow Plain) है। इस मैदान के तीन भाग हैं

(i) **उत्तरी भाग** इसे 'कोंकण' (मुंबई एवं गोवा) कहा जाता है।

(ii) **मध्य भाग** इसे 'कन्नड़ मैदान' कहा जाता है।

(iii) **दक्षिणी विस्तार** इसे 'मालाबार तट' कहा जाता है।

- बंगाल की खाड़ी के साथ विस्तृत मैदान चौड़ा और समतल है।
- इसे उत्तरी भाग में **उत्तरी सरकार** और दक्षिणी भाग में **कोरोमंडल तट** के नाम से जाना जाता है।
- इस क्षेत्र से अप्रवाहित होने वाली बड़ी नदियाँ; जैसे—महानदी, गोदावरी, कृष्णा तथा कावेरी तटीय भाग पर डेल्टा (Delta) का निर्माण करती हैं। ओडिशा में स्थित **चिल्का झील** पूर्वी तट का एक महत्त्वपूर्ण भू-लक्षण है। यह खारे पानी की भारत की सबसे बड़ी झील है। यह महानदी डेल्टा के दक्षिण में स्थित है।

## 6. द्वीप समूह

भारत में मुख्य भू-भाग के अतिरिक्त दो द्वीपीय समूह हैं

### लक्षद्वीप द्वीप समूह

केरल के मालाबार तट के पास अरब सागर में लक्षद्वीप स्थित है। द्वीपों का यह समूह छोटे **प्रवाल** (Coral) द्वीपों से बना है। इस द्वीप समूह को पहले लकादीव, मीनीकाय तथा एमीनदीव के नाम से पुकारा जाता था। वर्ष 1973 में इनका नाम बदलकर लक्षद्वीप किया गया।

यह 32 वर्ग किमी के छोटे से क्षेत्र में विस्तृत है। इसका प्रशासनिक मुख्यालय **कावारत्ती द्वीप** है। यहाँ के पिटली द्वीप में एक पक्षी अभयारण्य (Bird Sanctuary) भी है, किंतु इस द्वीप पर मानव का निवास नहीं है।

### अंडमान एवं निकोबार द्वीप समूह

इसका विस्तार उत्तर से दक्षिण की तरफ द्वीपीय श्रृंखला के रूप में है। अंडमान एवं निकोबार द्वीप समूह आकार में बड़ा, बहुल तथा बिखरा हुआ है। यह मुख्यत: दो भागों में विभाजित है—उत्तर में अंडमान और दक्षिण में निकोबार।

ऐसा माना जाता है कि ये द्वीपीय समूह **निमज्जित पर्वत श्रेणियों** (Submarine Mountain) के उच्च शिखर हैं तथा देश की सुरक्षा के लिए अत्यंत महत्त्वपूर्ण है।

भारत का एकमात्र सक्रिय ज्वालामुखी इस द्वीप समूह के 'बैरन द्वीप' पर स्थित है।

विषुवत् वृत्त के समीप और घने जंगलों से आच्छादित इन द्वीपों में जैवीय व वानस्पतिक विविधता भी है।

**प्रवाल**

प्रवाल (पॉलिप्स) कम समय तक जीवित रहने वाले सूक्ष्म प्राणी है, जो समूह में रहते हैं। इनका विकास छिछले एवं गर्म जल में होता है। इनमें कैल्शियम कार्बोनेट का स्राव होता है, प्रवाल स्राव एवं प्रवाल अस्थियाँ टीले के रूप में निक्षेपित होती हैं। ये मुख्यतः तीन प्रकार के होते हैं–(1) प्रवाल रोधिका (2) तटीय प्रवाल भित्ति (3) प्रवाल वलय द्वीप। ऑस्ट्रेलिया का 'ग्रेट बैरियर रीफ' प्रवाल रोधिका का मुख्य उदाहरण है।

## उपसंहार

भारत की भौतिक विशेषताओं का अध्ययन करने के बाद निम्नलिखित निष्कर्ष निकाले जा सकते हैं

- उत्तरी पर्वत जल एवं वनों का प्रमुख स्रोत हैं।
- उत्तरी मैदान देश के लिए अन्न आपूर्ति कराता है अर्थात् यह अन्न भंडार का क्षेत्र है। इस मैदानी विस्तार ने प्राचीन सभ्यताओं के विकास को बल दिया।
- पठारी भाग खनिज संपन्न हैं, जो देश के औद्योगीकरण में महत्त्वपूर्ण भूमिका निभाते हैं।
- तटीय भाग मत्स्यन एवं पोत संबंधी क्रियाकलाप के लिए महत्त्वपूर्ण हैं।

इस प्रकार देश की विविध भौतिक आकृतियाँ, भविष्य में विकास की अनेक संभावनाओं को बल प्रदान करती हैं।

### चेक प्वॉइंट 02

1. *उत्तरी मैदान को कितने वर्गों में वर्गीकृत किया गया है?*
2. *खादर किसे कहा जाता है?*
3. *दक्कन ट्रैप किसे कहा जाता है?*
4. *कावारत्ती द्वीप किसका प्रशासनिक मुख्यालय है?*

## इन्हें भी जानें

- ***प्लेट विवर्तनिकी विज्ञान (Plate Tectonics Science)*** विज्ञान की इस शाखा में विशाल शैल खंडों की गतियों का अध्ययन किया जाता है।
- ***भू-गर्भीय प्लेट (Tectonic Plates)*** पृथ्वी की ठोस पर्पटी के नीचे मौजूद पारंपरिक धाराएँ, स्थलमंडल (पर्पटी) को कई बड़े और छोटे भागों में विभाजित करती हैं, स्थलमंडल के इन हिस्सों को भू-गर्भीय प्लेट कहा जाता है।
- ***अपक्षय (Weathering)*** अपक्षय प्रक्रिया के अंतर्गत पृथ्वी की सतह पर मौजूद चट्टानों में टूट-फूट होती है।
- ***अपरदन (Erosion)*** प्राकृतिक कारणों से पृथ्वी के पृष्ठ के कुछ अंशों का स्थानांतरण अपरदन है। इसके कारणों में तापीय परिवर्तन, वायु, जल व हिम शामिल हैं।
- ***निक्षेपण (Deposition)*** पदार्थों के किसी स्थान पर संचित होने का प्रक्रम निक्षेपण है।
- ***अपसारी विवर्तनिक प्लेट (Divergent Tectonic Plate)*** ऐसी विवर्तनिक प्लेटें जो एक-दूसरे से दूर जाती हैं और अपसारी परिसीमा का निर्माण करती हैं।
- ***अभिसारी विवर्तनिक प्लेट (Convergent Tectonic Plate)*** जब प्लेटें एक-दूसरे के पास आती हैं, तो ये सतह पर वलन एवं पर्वतों का निर्माण कर अभिसारी परिसीमा बनाती हैं।
- ***रूपांतर विवर्तनिक प्लेट (Transform Tectonic Plate)*** जब प्लेट एक-दूसरे के साथ क्षैतिज दिशा या समानांतर गति करती हैं, तो रूपांतर परिसीमा का निर्माण होता है।
- ***गोंडवाना भूमि (Gondwana Land)*** यह प्राचीन विशाल महाद्वीप पैंजिया *(Pangea)* का दक्षिणतम भाग है। इसके उत्तर में अंगारा भूमि है।
- ***टेथिस सागर (Tethys Sea)*** यह उथला सागर अति प्राचीन काल में अंगारालैंड और गोंडवाना लैंड के मध्य स्थित था।
- ***हिमानी/हिमनद (Glacier)*** बर्फ के खिसकते हुए विशाल खंड को हिमानी या हिम नदियाँ (हिमनद) कहते हैं।
- ***सहायक नदियाँ (Tributaries)*** छोटी नदियाँ, जो एक बड़ी नदी में मिल जाती हैं, सहायक नदियाँ हैं।
- ***वितरिकाएँ (Distributaries)*** नदी द्वारा अपने मुहाने पर बनाया गया प्रवाह मार्ग, वितरिकाएँ हैं।
- ***दोआब (Doab)*** दो नदियों के बीच की भूमि का भाग दोआब कहलाता है।
- ***महाखड्ड (Canyon)*** नदी की अपरदन प्रक्रिया द्वारा बनी अंग्रेजी के 'आई' (I) अक्षर के आकार की गहरी व सँकरी घाटी को गॉर्ज या महाखड्ड कहते हैं।
- ***हिमाद्रि (Himadri)*** हिमालय पर्वत की उत्तरतम तथा सर्वोच्च पर्वत श्रेणी हिमाद्रि कहलाती है।
- ***प्रवाल पॉलिप्स (Coral Polyps)*** ये कम समय तक जीवित रहने वाले सूक्ष्म जीव हैं, जो समूहों में रहते हैं।
- ***जलोढ़ मैदान (Alluvial Plains)*** जलोढ़ मिट्टी से निर्मित समतल निम्न भूमि जलोढ़ मैदान कहलाती है।
- ***पठार (Plateau)*** समतल भूमि का वह क्षेत्र, जो अपने आस-पास की भूमि से उच्चतर हो पठार कहलाता है।
- ***भाबर (Bhabar)*** यह शिवालिक की निचली पहाड़ियों के किनारे वाले उत्तरी मैदानों का एक हिस्सा है।
- ***तराई (Terai)*** यह भाबर के दक्षिण में स्थित पहाड़ियों के किनारे की दलदल भूमि का क्षेत्र है।
- ***बाँगर (Bhangar)*** यह बाढ़ मैदानों के स्तर से ऊपर, पुरानी जलोढ़ मिट्टी की भूमि है।
- ***द्वीपपुंज (Archipelago)*** छोटे-छोटे द्वीपों के समूह को द्वीपपुंज कहा जाता है।

# NCERT फोल्डर

## 1. निम्नलिखित विकल्पों में से सही उत्तर चुनिए

(i) एक स्थलीय भाग जो तीन ओर से समुद्र से घिरा हो

(a) तट
(b) प्रायद्वीप
(c) द्वीप
(d) इनमें से कोई नहीं

**उत्तर** (b) प्रायद्वीप

(ii) भारत के पूर्वी भाग में म्यांमार की सीमा का निर्धारण करने वाले पर्वतों का संयुक्त नाम

(a) हिमाचल
(b) पूर्वांचल
(c) उत्तराखंड
(d) इनमें से कोई नहीं

**उत्तर** (b) पूर्वांचल

(iii) गोवा के दक्षिण में स्थित पश्चिमी तटीय पट्टी

(a) कोरोमंडल
(b) कन्नड़
(c) कोंकण
(d) उत्तरी सरकार

**उत्तर** (c) कोंकण

(iv) पूर्वी घाट का सर्वोच्च शिखर

(a) अनाईमुडी
(b) महेंद्रगिरि
(c) कंचनजंघा
(d) खासी

**उत्तर** (b) महेंद्रगिरि

## 2. निम्नलिखित प्रश्नों के संक्षेप में उत्तर दीजिए

(i) 'भाबर' क्या है?

**उत्तर** नदियाँ पर्वतों से नीचे उतरते समय शिवालिक की ढाल पर 8 से 16 किमी की चौड़ी पट्टी में गुटिका अर्थात् कंकड़ों का निक्षेपण करती हैं, जिसे भाबर के नाम से जाना जाता है। सभी सरिताएँ भाबर क्षेत्र में आकर विलुप्त हो जाती हैं।

(ii) हिमालय के तीन प्रमुख विभागों का नाम उत्तर से दक्षिण के क्रम में बताइए।

**उत्तर** हिमालय के देशांतरीय विस्तार अर्थात् उत्तर से दक्षिण के क्रम में विस्तृत तीन विभागों के नाम निम्नलिखित हैं

(i) हिमाद्रि या महान्/आंतरिक हिमालय
(ii) हिमाचल या निम्न हिमालय
(iii) बाह्य या शिवालिक श्रेणी

(iii) अरावली और विंध्याचल की पहाड़ियों में कौन-सा पठार स्थित है?

**उत्तर** अरावली और विंध्याचल की पहाड़ियों में 'मालवा पठार' अवस्थित है। यह विंध्याचल की पहाड़ियों के आधार पर विस्तृत त्रिभुजाकार पठार है।

(iv) भारत के उन द्वीपों के नाम बताइए, जो प्रवाल भित्ति के हैं।

**उत्तर** लक्षद्वीप समूह प्रवाल भित्ति निर्मित द्वीपीय समूह हैं। यह अरब सागर में केरल तट के सहारे स्थित 36 प्रवाल द्वीपों और प्रवाल रोधिका का उदाहरण हैं।

## 3. निम्नलिखित में अंतर स्पष्ट कीजिए

(i) बाँगर और खादर

**उत्तर** बाँगर और खादर के मध्य अंतर निम्न हैं

| बाँगर | खादर |
|---|---|
| बाँगर पुरानी जलोढ़ मिट्टी के मैदानी भाग है। | बाढ़ग्रस्त मैदानों के नए तथा युवा निक्षेप जलोढ़ खादर हैं। |
| इसका स्तर बाढ़ के मैदानों से उच्चतर होता है। | यह बाढ़ मैदान के तल अथवा स्तर पर निर्मित होता है। |
| बाँगर मैदानी भू-भाग का कम उपजाऊ क्षेत्र है। | खादर अत्यधिक उपजाऊ भूमि है। |
| निरंतर जलोढ़ मिट्टी के जमाव से यह भाग चबूतरे की भाँति ऊँचा हो जाता है। इससे यहाँ बाढ़ का पानी नहीं पहुँच पाता है। | बाढ़ की स्थिति में प्रभावित क्षेत्र में नदी के पानी का फैलाव होता है। इससे नवीन जलोढ़ परत का निर्माण होता है। |

(ii) पूर्वी घाट तथा पश्चिमी घाट

**उत्तर** पूर्वी और पश्चिमी घाट के मध्य अंतर निम्नलिखित हैं

| पूर्वी घाट | पश्चिमी घाट |
|---|---|
| दक्षिणी पठार की पूर्वी सीमा को पूर्वी घाट कहा जाता है। | दक्षिणी (दक्कन) पठार की पश्चिमी सीमा पर स्थित पर्वत, पश्चिमी घाट है। |
| पूर्वी तट के समानांतर फैला यह पठारी हिस्सा सतत और नियमित नहीं है। | पश्चिमी तट के सहारे विस्तृत यह पठारी भाग सतत है। |
| पूर्वी घाट के हिस्से को महानदी, गोदावरी, कृष्णा और कावेरी जैसी नदियों ने बीच-बीच में विच्छेदित कर आवागमन का मार्ग सरल कर दिया है। | पश्चिमी घाट खड़े ढाल वाले पर्वत हैं। इनके आर-पार जाने के लिए दर्रों के अतिरिक्त अन्य कोई सरल मार्ग नहीं हैं। |
| इनमें उत्तरी सरकार (महानदी और कृष्णा के बीच) तथा कोरोमंडल (कृष्णा और कावेरी के बीच) तटीय मैदान हैं। | इनमें कोंकण (मुंबई से गोवा), कन्नड़ (गोवा से केरल) और मालाबार (केरल से कन्याकुमारी) नामक तटीय मैदान हैं। |
| इसकी औसत ऊँचाई 600 मी है। | इसकी ऊँचाई 900 से 1,600 मी के मध्य है। |
| पूर्वी घाट की सर्वाधिक ऊँची पर्वत श्रेणी महेंद्रगिरि (1,500 मी) है। | इसकी सर्वाधिक ऊँची पर्वत श्रेणी अनाईमुडी (2,695 मी) है। |

**4.** भारत के प्रमुख भू-आकृतिक विभाग कौन-से हैं? हिमालय क्षेत्र तथा प्रायद्वीप पठार के उच्चावच लक्षणों में क्या अंतर है?

*उत्तर* भारत विभिन्न भौतिक स्थलाकृतियों वाला एक विशाल देश है। इसके अध्ययन को सुगम बनाने के लिए भारत को 6 प्रमुख भू-आकृतिक विभागों में विभाजित किया गया है।

इनके नाम निम्न हैं

(i) हिमालय पर्वत श्रृंखला (ii) उत्तरी मैदान
(iii) प्रायद्वीपीय पठार (iv) भारतीय मरुस्थल
(v) तटीय मैदान (vi) द्वीप समूह

हिमालय क्षेत्र और प्रायद्वीप पठार के उच्चावच लक्षणों में निम्नलिखित अंतर हैं

| हिमालय क्षेत्र | प्रायद्वीपीय पठार |
|---|---|
| भारत की उत्तरी सीमा पर विस्तृत हिमालय अपनी प्रकृति में नवीन और संरचना के दृष्टिकोण से वलित पर्वत श्रृंखला है। | यह भारतीय उपमहाद्वीप का सर्वाधिक प्राचीन भूखंड है। यह प्राचीन महाद्वीप पैंजिया के दक्षिणतम भाग (गोंडवाना लैंड) का हिस्सा है। |
| इसका निर्माण विश्व के सर्वाधिक ऊँचे पर्वतों एवं गहरी घाटियों से हुआ है। | यह चौड़ी-छिछली घाटियों और गोलाकार पहाड़ियों का मिश्रण है। |
| हिमालयी क्षेत्र के निर्माण की वजह इंडो-ऑस्ट्रेलियन प्लेट एवं यूरेशियन प्लेट की टक्कर है। | प्रायद्वीपीय पठार, गोंडवाना भूमि के टूटने और खिसकने का परिणाम है। |
| यह कायांतरित-एकांतरित शैलों, ग्रेनाइट आवरण व अवसाद युक्त है। | यह प्राचीन और सुदृढ़ आग्नेय एवं कायांतरित चट्टानों से युक्त है। |
| भू-वैज्ञानिक दृष्टि से अस्थिर क्षेत्र है। | भू-वैज्ञानिक दृष्टिकोण से स्थिर क्षेत्र है। |
| इसकी औसत ऊँचाई 6,000 मी है। | इसकी ऊँचाई 600-900 मी के मध्य है। |
| हिमालय क्षेत्र तीन वलित श्रेणियों हिमाद्रि, निम्न हिमालय और शिवालिक का योग है। | इसके दो विभाग मध्य उच्च भूमि और दक्कन का पठार है। |
| कराकोरम, लद्दाख, जास्कर, महाभारत, पीरपंजाल, मिजो पहाड़ियाँ, पटकाई बूम, गारो, खासी एवं जयंतिया जैसे विविध उच्चावच इसकी महत्त्वपूर्ण पहचान हैं। | यहाँ विंध्य, मैकाल, सतपुड़ा, महादेव व अरावली, नीलगिरि व अन्नामलाई पहाड़ियाँ एवं उच्चावच मौजूद हैं। |
| हिमालय क्षेत्र में अनेक हिमनद व दर्रे हैं। | प्रायद्वीपीय पठार में हिमनद की अनुपस्थिति और कमतर दर्रे मौजूद हैं। |
| यह गंगा, सिंधु, ब्रह्मपुत्र एवं इसकी कई सहायक नदियों का अपवाह व उद्गम क्षेत्र है। | यह चंबल, सिंधु, बेतवा, नर्मदा, ताप्ती, गोदावरी, कृष्णा और कावेरी नदियों का अपवाह क्षेत्र है। |
| यहाँ बारहमासी नदियाँ हैं। हिमालय इनका उद्गम स्थल है। | प्रायद्वीपीय पठार की नदियाँ बरसाती व न्यून जलीय आयतन वाली हैं। |

**5.** भारत के उत्तरी मैदान का वर्णन कीजिए।

*उत्तर* **भारत का उत्तरी मैदान** यह मैदान पश्चिम में पंजाब से लेकर पूर्व में ब्रह्मपुत्र तक विस्तृत है। यह तीन प्रमुख नदी प्रणालियों सिंधु, गंगा, ब्रह्मपुत्र एवं इनकी सहायक नदियों से निर्मित है। यह मैदान जलोढ़ मृदा के निक्षेपण का परिणाम है।

7 लाख वर्ग किमी क्षेत्र में विस्तृत उत्तरी मैदान की लंबाई 2,400 किमी और चौड़ाई 240-320 किमी के मध्य है। समृद्ध मृदा आवरण के इस क्षेत्र में पर्याप्त मात्रा में पानी और अनुकूल जलवायविक दशा विद्यमान है। यह कृषि के दृष्टिकोण से महत्त्वपूर्ण और देश का उपजाऊ हिस्सा है। अतः यहाँ का जनघनत्व देश के अन्य भौगोलिक क्षेत्रों की अपेक्षा अधिक है।

उत्तरी मैदान को तीन वर्गों में वर्गीकृत किया गया है, जो इस प्रकार हैं

- पहला वर्ग पश्चिमी भाग पंजाब का मैदान है।
- दूसरा वर्ग गंगा का मैदान घग्घर और तिस्ता नदियों के बीच विस्तृत है। यह उत्तरी भारत के हरियाणा, दिल्ली, उत्तर प्रदेश, बिहार, झारखंड के कुछ हिस्से और पश्चिम बंगाल के रूप में है।
- तीसरा वर्ग ब्रह्मपुत्र का मैदान है, जो विशेष रूप से असम में फैला है।

**6.** निम्नलिखित पर संक्षिप्त टिप्पणियाँ लिखिए

(i) मध्य हिमालय (ii) मध्य उच्च भूमि
(iii) भारत के द्वीप समूह

*उत्तर* (i) **मध्य हिमालय**

सर्वोच्च हिमालय या हिमाद्रि के दक्षिण में स्थित श्रृंखला को मध्य या लघु या निम्न हिमालय कहा जाता है। यह हिमालय पर्वतमाला की मध्यवर्ती श्रेणी है, जिसका सर्वाधिक विस्तार असम में है। इसकी ऊँचाई 3,700 से 4,500 मी के मध्य और चौड़ाई 50 किमी है। पीरपंजाल, धौलाधर व महाभारत इसकी प्रमुख श्रृंखलाएँ हैं। इसी भाग में कश्मीर घाटी और हिमाचल के काँगड़ा एवं कुल्लू स्थित हैं। धर्मशाला, डलहौजी, शिमला, नैनीताल, मसूरी व दार्जिलिंग जैसे पर्वतीय नगर इसके निम्न भागों में अवस्थित हैं।

(ii) **मध्य उच्च भूमि**

'मध्य उच्च भूमि' प्रायद्वीपीय पठार का हिस्सा है। यह क्षेत्र नर्मदा नदी के उत्तरी भाग में है। इसका विस्तार मालवा पठार के अधिकांश भागों पर है। यह भाग दक्षिण में विंध्य श्रृंखला और उत्तर-पश्चिम में अरावली श्रेणी से घिरा हुआ है। इसका पश्चिमी विस्तार थार मरुस्थल और पूर्व में छोटानागपुर पठार द्वारा प्रदर्शित होता है। इसके पूर्वी विस्तार को स्थानीय रूप से बुंदेलखंड और बघेलखंड कहा जाता है। यह क्षेत्र चंबल, सिंधु, बेतवा और केन नदियों का अपवाह क्षेत्र है। इसका बहाव दक्षिण-पश्चिम से उत्तर-पूर्व की ओर है, जो इसके ढाल प्रवणता और प्रकृति को प्रतिबिंबित करता है।

(iii) **भारत के द्वीप समूह**

भारतीय क्षेत्र में मुख्य भू-भाग के अतिरिक्त दो द्वीपीय समूहों का विस्तार भी है। 'लक्षद्वीप' और 'अंडमान एवं निकोबार द्वीप समूह' ऐसे ही द्वीपीय समूह हैं।

- **लक्षद्वीप** लक्षद्वीप मुख्य भूमि के दक्षिण-पश्चिम में अरब सागर में फैला है। यह केरल के मालाबार तट के समीप है। द्वीपों का यह समूह छोटे प्रवाल द्वीपों से निर्मित है।

  32 वर्ग किमी के क्षेत्र में विस्तृत इस द्वीपीय भाग में विभिन्न प्रकार के पादपों व जंतुओं का समावेश है। पिटली द्वीप (अनिवासित क्षेत्र) में एक पक्षी अभयारण्य है। लक्षद्वीप भारत का एक केंद्रशासित प्रदेश है, जिसका मुख्यालय कावारत्ती है।
- **अंडमान एवं निकोबार द्वीप समूह** भारत का यह द्वीपीय विस्तार बंगाल की खाड़ी में है। यह उत्तर से दक्षिण की तरफ द्वीपीय शृंखला के रूप में विस्तृत है। ये द्वीप संख्या में अधिक और बड़े हैं। ऐसा माना जाता है कि भारत का यह भाग निमज्जित पर्वत श्रेणियों के उच्च शिखर हैं। विषुवत् वृत्त के समीप अवस्थित यह प्रदेश घने जंगलों एवं वानस्पतिक विविधता का क्षेत्र है। भारत का एकमात्र सक्रिय ज्वालामुखी 'बैरन द्वीप' इसी पर स्थित है। लक्षद्वीप की तरह यह भी भारत का एक केंद्रशासित प्रदेश है। इसका प्रशासनिक मुख्यालय पोर्ट ब्लेयर है।

## मानचित्र आधारित प्रश्न

भारत के रेखा मानचित्र पर निम्नलिखित को दिखाइए

(i) पर्वत शिखर—K-2, कंचनजंघा, नंगा पर्वत, अनाईमुडी।

(ii) पठार—शिलांग, छोटानागपुर, मालवा तथा बुंदेलखंड।

(iii) थार मरुस्थल, पश्चिमी घाट, लक्षद्वीप समूह, गंगा-यमुना दोआब तथा कोरोमंडल तट।

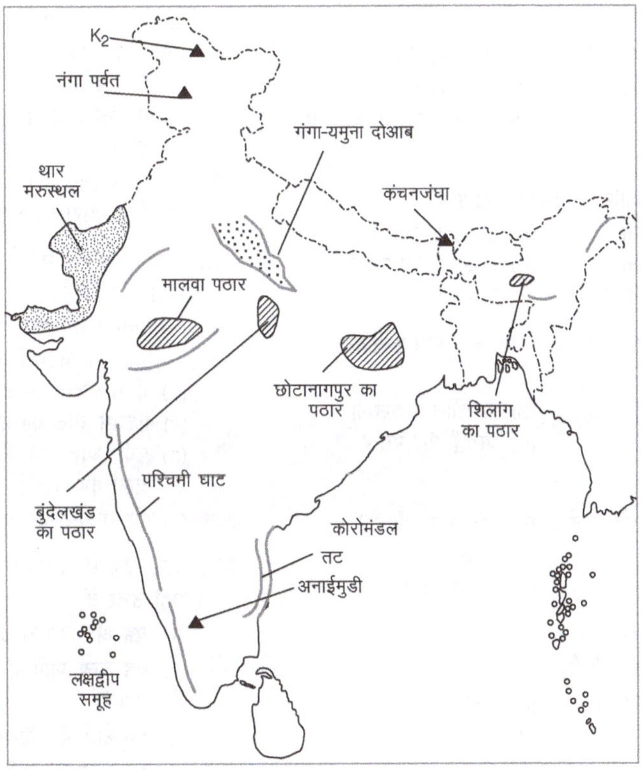

# परीक्षा अभ्यास

## वस्तुनिष्ठ प्रश्न

### बहुविकल्पीय प्रश्न

**1.** भारत का सर्वोच्च पर्वत शिखर कौन-सा है?
(a) मकालू शिखर (b) कंचनजंघा शिखर
(c) माउंट एवरेस्ट (d) नंगा पर्वत

**उत्तर** (b) कंचनजंघा शिखर

**2.** हिमालय पर्वत शृंखला कितने किलोमीटर में विस्तृत है?
(a) 2400 किमी (b) 2200 किमी
(c) 2300 किमी (d) 2100 किमी

**उत्तर** (a) 2400 किमी

**3.** अरावली क्षेत्र में किस प्रकार की जलवायु पाई जाती है?
(a) विषुवतीय जलवायु (b) शुष्क जलवायु
(c) सवाना जलवायु (d) भू-मध्य रेखीय जलवायु

**उत्तर** (b) शुष्क जलवायु

**4.** उत्तरी मैदान का विस्तारित क्षेत्रफल कितना है?
(a) 3 लाख वर्ग किमी (b) 5 लाख वर्ग किमी
(c) 7 लाख वर्ग किमी (d) 9 लाख वर्ग किमी

**उत्तर** (c) 7 लाख वर्ग किमी

**5.** निम्नलिखित में से भारत के किस भाग को कृषि उत्पादक क्षेत्र कहा जाता है?
(a) उत्तरी मैदान (b) भारतीय मरुस्थल
(c) तटीय मैदान (d) प्रायद्वीपीय पठार

**उत्तर** (a) उत्तरी मैदान

**6.** भारत मरुस्थल में बहने वाली प्रमुख नदी कौन-सी है?
(a) नर्मदा नदी (b) ताप्ती नदी
(c) लूनी नदी (d) कावेरी नदी

**उत्तर** (c) लूनी नदी

**7.** कवारत्ती किसकी राजधानी है?
(a) अंडमान और निकोबार (b) लक्षद्वीप
(c) यमन (d) माहे

**उत्तर** (b) लक्षद्वीप

**8.** तिस्ता एवं दिहांग नदियों के मध्य स्थित हिमालय को किस नाम से जाना जाता है?
(a) पंजाब हिमालय (b) कुमाऊँ हिमालय
(c) नेपाल हिमालय (d) असम हिमालय

**उत्तर** (d) असम हिमालय

**9.** सिंधु की सहायक नदी है
(a) झेलम नदी (b) रावी नदी
(c) व्यास नदी (d) ये सभी

**उत्तर** (d) ये सभी

**10.** घग्घर एवं तिस्ता नदियों के बीच के भाग को किस नाम से जाना जाता है?
(a) पंजाब का मैदान (b) गंगा का मैदान
(c) ब्रह्मपुत्र का मैदान (d) असम का मैदान

**उत्तर** (b) गंगा का मैदान

**11.** निम्नलिखित में से कौन-सा कथन शिवालिक श्रेणी से संबंधित है?
(a) हिमालय की सबसे बाहरी शृंखला को शिवालिक कहा जाता है
(b) इनकी ऊँचाई 200 से 800 मी है
(c) ये घाटियाँ बर्फ की मोटी परत से ढकी हुई होती हैं
(d) ये शृंखलाएँ उत्तर में स्थित मुख्य हिमालय की शृंखलाओं से नदियों द्वारा लाए गए असंपीडित अवसादों से निर्मित हुई हैं

**उत्तर** (d) ये शृंखलाएँ उत्तर में स्थित मुख्य हिमालय की शृंखलाओं से नदियों द्वारा लाए गए असंपीडित अवसादों से निर्मित हुई हैं

**12.** निम्नलिखित में से कौन-सा कथन पश्चिमी और पूर्वी घाट से संबंधित नहीं है?
(a) दक्कन के पठार के पूर्वी एवं पश्चिमी सिरे पर क्रमशः पूर्वी एवं पश्चिमी घाट स्थित हैं
(b) पश्चिम घाट, पश्चिमी तट के समानांतर है
(c) पश्चिम घाट का सबसे ऊँचा शिखर महेंद्रगिरि है
(d) पूर्वी घाट का विस्तार महानदी घाटी से दक्षिण में नीलगिरि तक है

**उत्तर** (c) पश्चिम घाट का सबसे ऊँचा शिखर महेंद्रगिरि है

**13.** तराई क्षेत्र से संबंधित निम्नलिखित कथनों पर विचार कर सही उत्तर दें
1. यह क्षेत्र नम व दलदली भूमि का है।
2. यह वन्य प्राणियों की बहुलता वाला सघन जंगल का क्षेत्र है।
3. इस क्षेत्र में नदियाँ विलुप्त हो जाती हैं।
4. यह भाबर के दक्षिण में पाए जाते हैं।

**कूट**
(a) 1 और 3 (b) 1, 2 और 4
(c) 1 और 2 (d) 1, 3 और 4

**उत्तर** (c) 1 और 2

**14.** निम्नलिखित में से कौन-सा कथन हिमालय पर्वत शृंखला से संबंधित है?
1. हिमालय विश्व की सबसे ऊँची पर्वत श्रेणी है।
2. हिमालय पर्वत श्रेणियाँ पश्चिम-पूर्व दिशा में सिंधु से लेकर ब्रह्मपुत्र नदी तक फैली हैं।

3. हिमालय पर्वत शृंखला पश्चिम भाग की अपेक्षा पूर्वी भाग की ऊँचाई में अधिक विविधता पाई जाती है।

**कूट**

(a) 1 और 2 (b) 2 और 3
(c) 1 और 3 (d) ये सभी

**उत्तर** (d) ये सभी

**15.** निम्नलिखित में से कौन-से कथन उत्तरी मैदान से संबंधित हैं?

1. उत्तरी मैदान केवल सिंधु तथा गंगा नदियाँ से निर्मित होता है।
2. इस मैदान का निर्माण जलोढ़ मिट्टी के निक्षेपण से हुआ है।
3. उत्तरी मैदान में विरल जनसंख्या निवास करती है।

**कूट**

(a) 1 और 2 (b) 2 और 3
(c) 1 और 3 (d) ये सभी

**उत्तर** (a) 1 और 2

**16.** हिमालय को पश्चिम से पूर्व तक क्षेत्रीय आधार पर समायोजित करें

1. कुमाऊँ हिमालय 2. नेपाल हिमालय
3. पंजाब हिमालय 4. आसाम हिमालय

**कूट**

(a) 1, 2, 3, 4 (b) 4, 3, 2, 1
(c) 3, 1, 2, 4 (d) 2, 3, 1, 4

**उत्तर** (c) 3, 1, 2, 4

**17.** उत्तरी मैदान में स्थित क्षेत्रों को उत्तर से दक्षिण के क्रम में व्यवस्थित करें

1. बाँगर 2. तराई
3. भाबर 4. खादर

**कूट**

(a) 3, 2, 1, 4 (b) 1, 2, 3, 4
(c) 4, 3, 2, 1 (d) 3, 4, 1, 2

**उत्तर** (a) 3, 2, 1, 4

**18.** निम्नलिखित युग्मों में से गलत युग्म का चयन करें

(a) प्लेट विवर्तनिकी विज्ञान – विशाल शैल खंडों का गतिकीय अध्ययन
(b) टेथिस सागर – अंगारालैंड और गोंडवाना लैंड के मध्य स्थित
(c) गोंडवाना भूमि – पैंजिया का दक्षिणतम भाग
(d) निक्षेपण – चट्टानों की टूट-फूट

**उत्तर** (d) निक्षेपण–चट्टानों की टूट-फूट

**19.** निम्नलिखित युग्मों में से सही युग्म का चयन करें

(a) प्रवाल (पॉलिप्स) – कम समय तक जीवित रहने वाले सूक्ष्म
(b) भाबर – पुरानी जलोढ़ मिट्टी
(c) तराई – नई जलोढ़ मिट्टी
(d) बाँगर – शिवालिक की निचली पहाड़ियाँ

**उत्तर** (a) प्रवाल (पॉलिप्स)–कम समय तक जीवित रहने वाले सूक्ष्म

**20.** निम्नलिखित की सहायता से सही विकल्प का चयन करें

- इसका निर्माण सिंधु एवं इसकी सहायक नदियों द्वारा किया गया था।
- इस मैदान का बड़ा हिस्सा पाकिस्तान में फैला हुआ है।
- इस मैदान में दोआबों की संख्या बहुत अधिक है।

(a) पंजाब का मैदान (b) गंगा का मैदान
(c) सिंधु का मैदान (d) ब्रह्मपुत्र का मैदान

**उत्तर** (a) पंजाब का मैदान

**21.** निम्नलिखित की सहायता से सही विकल्प का चयन करें

- यह उत्तरी मैदान का विशालतम भाग है।
- इसका निर्माण पुरानी जलोढ़ मृदा से हुआ है।
- इस क्षेत्र की मृदा में चूने का विक्षेप होता है।
- फसलों के उत्पादन के लिए महत्त्वपूर्ण होता है।

(a) भाबर (b) तराई (c) बाँगर (d) खादर

**उत्तर** (a) भाबर

## सुमेलित करें

**22.** सुमेलित कीजिए

| सूची I | सूची II |
|---|---|
| A. पंजाब हिमालय | 1. तिस्ता-दिहांग नदियाँ |
| B. नेपाल हिमालय | 2. सतलुज-काली नदियाँ |
| C. आसाम हिमालय | 3. काली-तिस्ता नदियाँ |
| D. कुमाऊँ हिमालय | 4. सिंधु-सतलुज नदियाँ |

**कूट**

| | A | B | C | D | | A | B | C | D |
|---|---|---|---|---|---|---|---|---|---|
| (a) | 4 | 3 | 1 | 2 | (b) | 4 | 1 | 2 | 3 |
| (c) | 4 | 3 | 2 | 1 | (d) | 3 | 4 | 2 | 1 |

**उत्तर** (a) 4 3 1 2

**23.** सुमेलित कीजिए

| सूची I | सूची II |
|---|---|
| A. मकालू पर्वत | 1. 8078 मी |
| B. अन्नपूर्णा पर्वत | 2. 8481 मी |
| C. कंचनजंघा पर्वत | 3. 8598 मी |
| D. नंदादेवी पर्वत | 4. 7817 मी |

**कूट**

| | A | B | C | D | | A | B | C | D |
|---|---|---|---|---|---|---|---|---|---|
| (a) | 2 | 1 | 3 | 4 | (b) | 3 | 2 | 1 | 4 |
| (c) | 1 | 2 | 3 | 4 | (d) | 1 | 4 | 3 | 2 |

**उत्तर** (a) 2 1 3 4

## रिक्त स्थान भरें

**24.** भूगर्भीय रूप से भारत के प्राचीनतम भाग .......... है।

**उत्तर** प्रायद्वीपीय भारत

**25.** उत्तरी मैदानों की पुरानी जलोढ़ भूमि को .......... कहा जाता है।

**उत्तर** बाँगर

**26.** पश्चिमी तटीय मैदान के उत्तरी भाग को .......... कहा जाता है।

उत्तर कोंकण तट

**27.** कोरोमंडल तट का विस्तार सबसे अधिक .......... राज्य के अंतर्गत आता है।

उत्तर तमिलनाडु

**28.** विश्व का सबसे बड़ा नदीय द्वीप माजुली किस नदी में स्थित है?

उत्तर ब्रह्मपुत्र

**29.** निम्न रिक्त स्थान को पूरा करें

| प्रायद्वीपीय पठार के भाग | विशेषता |
|---|---|
| मध्य उच्च भूमि | नर्मदा नदी के उत्तर में अवस्थित। |
| पश्चिमी घाट | ? |

**कूट**

(a) नर्मदा नदी के पश्चिम में अवस्थित।
(b) दक्कन पठार के पश्चिमी सिरे पर अवस्थित।
(c) दक्कन पठार के पूर्वी भाग में अवस्थित।
(d) गारो खासी जयंतियाँ पहाड़ अवस्थित।

उत्तर (b) दक्कन पठार के पश्चिमी सिरे पर अवस्थित।

## सही और पुनः लिखें

**30.** लक्षद्वीप समूह का निर्माण ज्वालामुखी क्रिया के फलस्वरूप हुआ है जबकि अंडमान निकोबार द्वीप समूह का निर्माण प्रवाल में हुआ है।

उत्तर लक्षद्वीप समूह का निर्माण प्रवाल से हुआ है जबकि अंडमान निकोबार द्वीप समूह का निर्माण ज्वालामुखी क्रिया से हुआ है।

**31.** पश्चिमी घाट के दक्षिणी हिस्से को मालाबार तट व इसके मध्यवर्ती व उत्तरी भाग को कोंकण और कन्नड़ तट कहा जाता है।

उत्तर पश्चिमी घाट के दक्षिणी हिस्से को मालाबार तट व इसके मध्यवर्ती व उत्तरी भाग को कन्नड़ तट व कोंकण तट कहा जाता है।

## कथन/कारण

**32.** **कथन** (A) चंबल, सिंधु, बेतवा और केन नदियों का प्रवाह दक्षिण-पश्चिम में उत्तर-पूर्व की तरफ है।

**कारण** (R) केंद्रीय मध्य उच्च भूमि का ढाल दक्षिण-पश्चिम से उत्तर-पूर्व दिशा में है।

**कूट**

(a) A और R दोनों सही हैं तथा R, A की सही व्याख्या है
(b) A और R दोनों सही हैं, परंतु R, A की सही व्याख्या नहीं है
(c) A सही है, किंतु R गलत है
(d) A गलत है, किंतु R सही है

उत्तर (a) A और R दोनों सही हैं तथा R, A की सही व्याख्या है

**33.** **कथन** (A) विश्व की सबसे नवीन वलित पर्वत और ऊँची पर्वत हिमालय श्रेणी है।

**कारण** (R) माउंट एवरेस्ट हिमालय की सबसे ऊँची पर्वत चोटी है।

**कूट**

(a) A और R दोनों सही हैं तथा R, A की सही व्याख्या है
(b) A और R दोनों सही हैं, परंतु R, A की सही व्याख्या नहीं है
(c) A सही है, किंतु R गलत है
(d) A गलत है, किंतु R सही है

उत्तर (a) A और R दोनों सही हैं तथा R, A की सही व्याख्या है

**34.** **कथन** (A) पूर्वी घाट असममित तथा कटे-टूटे हैं।

**कारण** (R) पूर्वी घाट में नदियाँ अपने प्रवाह के समय कटाव करती है तथा बंगाल की खाड़ी में गिरती है।

**कूट**

(a) A और R दोनों सही हैं तथा R, A की सही व्याख्या है
(b) A और R दोनों सही हैं, परंतु R, A की सही व्याख्या नहीं है
(c) A सही है, किंतु R गलत है
(d) A गलत है, किंतु R सही है

उत्तर (a) A और R दोनों सही हैं तथा R, A की सही व्याख्या है

## अतिलघु उत्तरीय प्रश्न

**1.** हिमालय के चार प्रमुख विभागों के नाम पश्चिम से पूर्व के क्रम में तथा क्षेत्रीय आधार पर बताइए।

उत्तर हिमालय के चार प्रमुख विभागों के नाम पश्चिम से पूर्व के क्रम में इस प्रकार हैं–पंजाब हिमालय, कुमायूँ हिमालय, नेपाल हिमालय तथा असम हिमालय।

**2.** हिमाचल प्रदेश में स्थित दो प्रसिद्ध घाटियों के नाम बताएँ।

उत्तर हिमाचल प्रदेश की दो प्रसिद्ध घाटी निम्नलिखित हैं

(i) चंबा घाटी (ii) काँगड़ा घाटी

**3.** प्राकृतिक विविधता के आधार पर भारत के उत्तरी मैदान को कितने वर्गों में विभाजित किया गया है?

उत्तर प्राकृतिक विविधता के आधार पर भारत के उत्तरी मैदान को निम्न चार वर्गों में विभाजित किया गया है

(i) भाबर क्षेत्र (ii) तराई क्षेत्र
(iii) बाँगर क्षेत्र (iv) खादर क्षेत्र

**4.** 'तराई क्षेत्र' से आप क्या समझते हैं?

उत्तर यह भारत के उत्तरी मैदान की एक विशेषता है। यह भाबर के दक्षिण में नवीन जलोढ़ निर्मित मैदान है। इस भाग में विलुप्त सरिताएँ पुन: प्रकट होती है और नम व दलदली क्षेत्र का निर्माण करती है।

**5.** 'दोआब' से क्या आशय है?

उत्तर दो नदियों के बीच की भूमि को 'दोआब' कहा जाता है। यह दो शब्दों 'दो' और 'आब' (पानी) से मिलकर बना है।

**6.** भारत के उत्तरी मैदान का निर्माण किन नदी प्रणालियों द्वारा हुआ है?

उत्तर भारत के उत्तरी मैदान का निर्माण तीन प्रमुख नदी प्रणालियों सिंधु, गंगा एवं ब्रह्मपुत्र और इनकी सहायक नदियों द्वारा हुआ है।

**7.** **वितरिका किसे कहा जाता है?**

**उत्तर** 'वितरिका' की उत्पत्ति मुख्य नदी से होती है, जो नदियाँ अपने निम्नतर बहाव क्षेत्र में विभक्त होकर कई मुहानों में बदल जाती हैं, उन्हें वितरिका कहा जाता है।

**8.** **'गोंडवाना भूमि' से आप क्या समझते हैं?**

**उत्तर** गोंडवाना भूमि प्राचीन विशाल महाद्वीप पैंजिया का दक्षिणतम भाग है, जिसके उत्तर में अंगारा भूमि है।

**9.** **उस पर्वतीय श्रेणी का नाम बताइए, जो मध्य उच्च भूमि को उत्तर-पश्चिम में जोड़ती है।**

**उत्तर** 'अरावली पर्वत श्रेणी' मध्य उच्च भूमि को उत्तर-पश्चिम में जोड़ती है।

**10.** **'बरकान' क्या है?**

**उत्तर** 'बरकान' अर्द्धचंद्राकार बालू का टीला है एवं थार मरुस्थल की महत्त्वपूर्ण विशेषता है।

**11.** **चिल्का झील कहाँ पर स्थित है?**

**उत्तर** चिल्का झील ओडिशा राज्य में महानदी डेल्टा के दक्षिण में स्थित है। यह भारत में खारे पानी की सबसे बड़ी झील है।

**12.** **लक्षद्वीप समूह कहाँ स्थित है?**

**उत्तर** लक्षद्वीप अरब सागर में केरल के मालाबार तट पर स्थित है।

**13.** **'बैरन द्वीप' क्या है?**

**उत्तर** बैरन द्वीप एक ज्वालामुखी है, जो बंगाल की खाड़ी में स्थित है। यह भारत सहित दक्षिणी एशिया का एकमात्र सक्रिय ज्वालामुखी है। यह अंडमान व निकोबार द्वीप समूह का एक भाग है।

**14.** **काली और सतलुज नदियों के बीच हिमालय का कौन-सा भाग स्थित है?**

**उत्तर** काली और सतलुज नदियों के बीच कुमाऊँ हिमालय का भाग स्थित है।

**15.** **हिमाद्रि तथा शिवालिक के मध्य स्थित हिमालय शृंखला का नाम लिखें।**

**उत्तर** हिमाद्रि तथा शिवालिक के मध्य स्थित हिमालय शृंखला हिमाचल या लघुतर हिमालय है।

**16.** **गारो, खासी तथा जयंतिया पहाड़ियाँ किस राज्य में स्थित हैं?**

**उत्तर** गारो, खासी तथा जयंतिया पहाड़ियाँ मेघालय राज्य में स्थित हैं।

**17.** **दक्षिणी पठार की सर्वोच्च चोटी कौन-सी है?**

**उत्तर** दक्षिणी पठार की सर्वोच्च चोटी केरल की अनाईमुडी चोटी है।

**18.** **कोंकण किसे कहते हैं?**

**उत्तर** पश्चिमी तटीय मैदान के उत्तरी भाग को कोंकण कहा जाता है।

**19.** **हिमालय की सबसे उत्तरी पर्वत शृंखला कौन-सी है?**

**उत्तर** हिमालय की सबसे उत्तरी पर्वत शृंखला हिमाद्रि है।

**20.** **हिमालय की सबसे बाहरी पर्वत शृंखला कौन-सी है?**

**उत्तर** शिवालिक हिमालय की सबसे बाहरी पर्वत शृंखला है।

**21.** **नेपाल स्थित विश्व की सर्वोच्च चोटी का नाम लिखें।**

**उत्तर** नेपाल स्थित विश्व की सर्वोच्च चोटी माउंट एवरेस्ट है।

**22.** **कौन-सी नदी हिमालय के सबसे पूर्व में सीमा रेखांकित करती है?**

**उत्तर** ब्रह्मपुत्र नदी हिमालय के सबसे पूर्व में सीमा रेखांकित करती है।

**23.** **दून का निर्माण किस प्रकार से होता है? इनका उदाहरण दें।**

**उत्तर** दून अपरदित पदार्थों के जमा होने से बनती है। देहरादून घाटी इसका मुख्य उदाहरण है।

**24.** **पूर्वांचल में निर्मित दो पर्वत शिखरों के नाम लिखें।**

**उत्तर** पूर्वांचल में निर्मित दो पर्वत शिखरों के नाम पटकाई तथा मिजो हैं।

## © लघु उत्तरीय प्रश्न

**1.** **हिमालय को पश्चिम-पूर्व दिशा में किस प्रकार विभाजित किया गया है?**

*अथवा* **पश्चिम से लेकर उत्तरी क्षेत्रों के आधार पर हिमालय के खंडों (भागों) के नाम लिखें।**

**उत्तर** हिमालय को पश्चिम से पूर्व तक क्षेत्रीय आधार पर चार भागों में विभाजित किया गया है। हिमालय पश्चिम से पूर्व निम्नलिखित चार भागों में विभाजित है

(i) **पंजाब हिमालय** यह सिंधु एवं सतलुज नदियों के मध्य स्थित है।

(ii) **कुमाऊँ हिमालय** यह सतलुज एवं काली नदियों के मध्य स्थित है।

(iii) **नेपाल हिमालय** यह काली एवं तिस्ता नदियों के मध्य स्थित है।

(iv) **असम हिमालय** यह तिस्ता और दिहांग नदियों के मध्य स्थित है।

**2.** **पूर्वांचल पर संक्षिप्त टिप्पणी लिखिए।**

**उत्तर** दिहांग महाखड्ड (गॉर्ज) के बाद हिमालय दक्षिण की ओर तीव्र मोड़ बनाते हुए भारत की पूर्वी सीमा के साथ फैल जाता है। इन्हें पूर्वांचल या पूर्वी पहाड़ियों तथा पर्वत शृंखलाओं के नाम से जाना जाता है।

पूर्वांचल पहाड़ियाँ उत्तर-पूर्वी राज्यों से होकर गुजरती हैं। ये मजबूत बलुआ पत्थरों (अवसादी शैल) से बनी हैं। यह क्षेत्र घने जंगलों से ढका हुआ है। ये समानांतर शृंखलाओं एवं घाटियों के रूप में फैली हुई हैं। पटकाई, नागा, मिजो और मणिपुर क्षेत्र की महत्त्वपूर्ण पहाड़ियाँ हैं।

**3.** **उत्तरी मैदान में बहुत सघन जनसंख्या है। इसके कोई तीन कारण बताइए।**

**उत्तर** उत्तरी मैदान में बहुत सघन जनसंख्या है इसके तीन प्रमुख कारण निम्नलिखित हैं

(i) इन क्षेत्रों में घनी आबादी का प्रमुख कारण समतल, विस्तृत एवं उपजाऊ मैदान का होना है। देश की जनसंख्या के भरण-पोषण की इन मैदानों में क्षमता है।

(ii) इन क्षेत्रों में अच्छी वर्षा होती है। उत्तरी मैदान में नदियाँ सदानीरा रहती हैं। कृषि को पर्याप्त जल प्राप्त होता है। वर्षा की कमी सिंचाई के साधनों से पूरी कर ली जाती है। फलतः वर्षा में दो से तीन फसलें उगाना आसान होता है।

(iii) कृषि उत्पादों की सहायता से यहाँ अनेक उद्योग-धंधे विकसित हुए हैं, जिन्होंने जनसंख्या को प्रभावित किया है। फलस्वरूप इन क्षेत्रों में संख्या बढ़ी है।

**4. उन तीन अनुभागों के नाम बताइए, जिनमें उत्तरी मैदान विभाजित है। प्रत्येक का एक गुण लिखिए।**

**उत्तर** उत्तरी मैदान तीन अनुभागों में विभाजित है।

उत्तरी मैदान के तीन अनुभागों के गुण निम्नलिखित हैं

(i) **पंजाब का मैदान** यह उत्तरी मैदान के पश्चिमी भाग को आच्छादित करता है।

(ii) **गंगा का मैदान** यह गंगा और तिस्ता नदियों के बीच उत्तर प्रदेश, बिहार, पश्चिम बंगाल आदि राज्यों में फैला हुआ है।

(iii) **ब्रह्मपुत्र का मैदान** यह असम राज्य में फैला हुआ है।

**5. प्रायद्वीपीय पठार को देश का प्राचीनतम भू-भाग क्यों माना जाता है? स्पष्ट कीजिए।**

**उत्तर** भारत का प्रायद्वीपीय पठार गोंडवाना लैंड का एक हिस्सा था। गोंडवाना भूमि प्राचीन विशाल महाद्वीप पैंजिया का दक्षिणतम भाग है, जिसके उत्तर में अंगारा भूमि है। प्रायद्वीपीय पठार गोंडवाना लैंड के टूटने और इसके खिसकने से ही अस्तित्व में आया है। इसी कारण इसे भारत का प्राचीनतम भू-भाग माना जाता है।

भारत के अन्य भू-भाग इसके बाद अस्तित्व में आए हैं। मेज की आकृति वाला यह भाग पुराने क्रिस्टलीय, आग्नेय तथा रूपांतरित शैलों से निर्मित है। इसमें चौड़ी तथा छिछली घाटियाँ एवं गोलाकार पहाड़ियाँ हैं।

**6. पूर्वी तटीय मैदान की प्रमुख विशेषताओं को स्पष्ट करें।**

**उत्तर** पूर्वी तटीय विस्तार को पूर्वी समुद्री मैदान कहा जाता है। इसकी प्रमुख विशेषताएँ निम्नलिखित हैं

- यह पूर्व में बंगाल की खाड़ी और पश्चिम में पूर्वी घाटों के मध्य फैला है। इसका विस्तार पश्चिम बंगाल से लेकर तमिलनाडु के कन्याकुमारी तक है।
- इस भाग की चौड़ाई एक समान नहीं है। यह 60 से 100 किमी तक के क्षेत्र में विस्तृत है।
- पूर्वी तटीय मैदान के दो उप-विभाग हैं। इसे उत्तर में उत्तरी सरकार, जबकि दक्षिण में कोरोमंडल तट के नाम से जाना जाता है। प्रायद्वीपीय पठार की प्रमुख नदियाँ; जैसे–महानदी, गोदावरी, कृष्णा और कावेरी इस तट पर विशाल डेल्टा का निर्माण करती हैं।

**7. डेल्टा की निर्माण प्रक्रिया को समझाइए।**

**उत्तर** समुद्र में मिलने से पूर्व नदियाँ अपने मुहाने पर अपने साथ लाए गए अवसादों का निक्षेपण करती हैं, जिसे डेल्टा कहा जाता है। इस तरह डेल्टा के निर्माण के क्रम में नदी अपने जल के साथ भारी मात्रा में कंकड़, पत्थर, बजरी, बालू, मिट्टी, गाद आदि बहाकर लाती हैं। नदी के बहाव की गति मंद होने से अवसादों का जमाव होने लगता है। मुहाने के निकट जिन नदियों की गति मंद होती है, वे नदियाँ अपने मुहानों पर बारीक-से-बारीक तलछट जमा करने को बाध्य हो जाती हैं। यही जमाव नदी के मार्ग में अवरोध बनकर उसे विभिन्न शाखाओं में विभाजित कर देता है।

इस प्रकार विभिन्न शाखाओं के द्वारा अवसाद का जमाव विस्तृत भू-भाग पर त्रिभुजाकार रूप ले लेता है। मुहाने पर बने त्रिभुजाकार मैदान को डेल्टा कहते हैं। डेल्टा बहुत समतल और उपजाऊ मैदान हैं। गंगा-ब्रह्मपुत्र का डेल्टा विश्व में सबसे बड़ा डेल्टा है।

**8. भारत के उत्तरी मैदानों और तटीय मैदानों में क्या अंतर है?**

**उत्तर** भारत के उत्तरी मैदानों और तटीय मैदानों में निम्न अंतर हैं

| उत्तरी मैदान | तटीय मैदान |
|---|---|
| यह मैदान बहुत बड़ा है। इन मैदानों में बहने वाली नदियाँ डेल्टा बनाती हैं। | यह मैदान तंग पट्टियों जैसा है। इसमें पूर्वी तटीय पट्टी में बहने वाली नदियाँ ही डेल्टा बनाती हैं। |
| उत्तरी मैदानों में कोई लैगून नहीं होता। | तटीय मैदानों में कई लैगून, बालू रोधिकाएँ आदि होते हैं। |
| उत्तरी मैदानों का विकास हिमालयी नदियों द्वारा लाए गए मलबे से हुआ है। | तटीय मैदानों का विकास पूर्वी घाट एवं पश्चिमी घाट से होकर गुजरने वाली प्रायद्वीपीय नदियों द्वारा हुआ है। |

**9. हिमाद्रि हिमालय और हिमाचल हिमालय में अंतर स्पष्ट करें।**

**उत्तर** हिमाद्रि हिमालय और हिमाचल हिमालय में अंतर निम्न प्रकार हैं

| हिमाद्रि हिमालय | हिमाचल हिमालय |
|---|---|
| हिमाद्रि हिमालय श्रेणी समतल है। यह हिमालय की उत्तरी श्रेणी है। | हिमाचल हिमालय श्रेणी ऊबड़-खाबड़ है। यह हिमाद्रि की दक्षिणी श्रेणी में स्थित है। |
| यह श्रेणी अत्यधिक दुर्बोध है और हमेशा बर्फ से ढकी हुई रहती है। | इस श्रेणी में अनेक पर्वतीय स्थल आते हैं, जहाँ मौसम अत्यधिक सुहावना रहता है। |
| हिमाद्रि हिमालय सबसे ऊँची श्रेणी है। | यह श्रेणी हिमाद्रि हिमालय से नीची है। |

**10. उत्तरी मैदान और दक्षिणी पठार की भौतिक रचना की तुलना कीजिए और इसका आर्थिक महत्त्व भी बताइए।**

**उत्तर** उत्तरी मैदान और दक्षिणी पठार की भौतिक रचना की तुलना निम्न प्रकार से है

| उत्तरी मैदान | दक्षिणी पठार |
|---|---|
| यह मैदान समतल है। इसकी समुद्र तल से औसत ऊँचाई लगभग 275 मी है। | इस पठार की भूमि ऊबड़-खाबड़ है। यह प्रदेश समुद्र तल से 500 से 900 मी ऊँचा है। |
| यह मैदान नदियों द्वारा लाई गई मिट्टी से बना है। यह मिट्टी काफ़ी उपजाऊ है। | यह कठोर आग्नेय चट्टानों से बना है। यह भूमि कम उपजाऊ होती है। |
| यहाँ पर्याप्त मात्रा में वर्षा होती है। यहाँ की खेती के लिए यह वर्षा लाभदायक है। | इस पठार के मध्यवर्ती हिस्से में वर्षा बहुत कम होती है। यहाँ हमेशा सूखा पड़ता है। |

| उत्तरी मैदान | दक्षिणी पठार |
|---|---|
| यहाँ चावल, गेहूँ, गन्ना, कपास इत्यादि की खेती की जाती है। | यहाँ कपास, मूँगफली, ज्वार, बाजरा इत्यादि की खेती की जाती है। |
| यहाँ की नदियाँ पहाड़ी होने के कारण वर्षभर बहती रहती हैं। | दक्षिणी पठार की नदियाँ बरसाती होती हैं। ये शीतकाल में शुष्क हो जाती हैं। |

**11.** उत्तरी भारत के पर्वत दक्षिणी भारत के पर्वतों से किस प्रकार भिन्न हैं?

*उत्तर* उत्तरी भारत के पर्वत दक्षिणी भारत के पर्वतों से निम्न प्रकार भिन्न हैं

| उत्तरी भारत के पर्वत | दक्षिणी भारत के पर्वत |
|---|---|
| उत्तरी भारत के पर्वत नवीन वलित पर्वत हैं। इनमें हिमालय पर्वत श्रेणी प्रमुख है। | दक्षिणी भारत के पर्वत बहुत प्राचीन हैं। इनमें नीलगिरि, पश्चिमी घाट और पूर्वी घाट प्रमुख हैं। |
| ये पर्वत बहुत ऊँचे हैं। हिमालय का एवरेस्ट शिखर संसार में सबसे ऊँचा है, जिसकी ऊँचाई 8,848 मी है। | ये पर्वत बहुत कम ऊँचाई वाले हैं। इन पर्वतों में सबसे ऊँची चोटी अनाईमुडी है, जिसकी ऊँचाई मात्र 2,695 मी है। |
| इन पर्वतों के शिखर वर्षभर हिम से ढके रहते हैं। | इन पर्वत श्रेणियों पर हिम के दर्शन नहीं होते। |

## दीर्घ उत्तरीय प्रश्न

**1.** भारत की भौगोलिक विविधता को कितने वर्गों में विभाजित किया गया? वर्णन कीजिए।

*उत्तर* भारत की भौगोलिक विविधता को ध्यान में रखते हुए इसे 6 वर्गों में विभाजित किया गया है। इनका वर्णन निम्न प्रकार है

(i) **हिमालय पर्वत शृंखला** हिमालयी शृंखला नवीन और वलित शृंखला है। इसका उच्चावच अत्यधिक विषम और अनियमित है। यहाँ विश्व की सबसे ऊँची पर्वत श्रेणी है।

(ii) **उत्तरी मैदान** भारत के उत्तरी मैदान अत्यधिक समतल और विस्तृत है। जलोढ़ मृदा से निर्मित यह भाग भारत का अत्यधिक उपजाऊ प्रदेश है।

(iii) **प्रायद्वीपीय पठार** प्रायद्वीपीय पठार पुराने क्रिस्टलीय, आग्नेय और रूपांतरित शैलों से निर्मित है। यह गोंडवाना भूमि के विभाजन और अपवाह के कारण बना था।

(iv) **भारतीय मरुस्थल** यह भारत के पश्चिमी भाग में स्थित अरावली पहाड़ी के पश्चिमी किनारे पर अवस्थित है। भारतीय मरुस्थल बालू के टिब्बों से ढका एक तरंगित मैदान है।

(v) **तटीय मैदान** भारत के प्रायद्वीपीय पठार के किनारों पर संकीर्ण तटीय पट्टियों का विस्तार है। यह पश्चिम में अरब सागर से पूर्व में बंगाल की खाड़ी तक फैला हुआ है। इसे पश्चिमी तटीय मैदान और पूर्वी तटीय मैदान कहा जाता है। पश्चिमी तट पश्चिमी घाट और अरब सागर के बीच स्थित एक संकीर्ण मैदान है।

(vi) **द्वीप समूह** भारत में मुख्य भू-भाग के अतिरिक्त दो द्वीपीय समूह हैं

**लक्षद्वीप** केरल के मालाबार तट के पास अरब सागर में लक्षद्वीप स्थित है। द्वीपों का यह समूह छोटे प्रवाल द्वीपों से बना है। इस द्वीप समूह को पहले लकादीव, मीनीकाय तथा एमीनदीव के नाम से पुकारा जाता था।

**अंडमान एवं निकोबार द्वीप समूह** इसका विस्तार उत्तर से दक्षिण की तरफ द्वीपीय शृंखला के रूप में है। अंडमान एवं निकोबार द्वीप समूह आकार में बड़ा, बहुल तथा बिखरा हुआ है।

**2.** विशाल प्रायद्वीपीय पठार का विस्तार से वर्णन करें।

*उत्तर* भू-गर्भीय रूप से भारत का प्रायद्वीपीय पठार पृथ्वी की सतह का प्राचीनतम भाग है। इसे भूमि का बहुत ही स्थिर भाग माना जाता है। मेज की आकृतिनुमा प्रायद्वीपीय पठार पुरानी क्रिस्टलीय, आग्नेय और रूपांतरित चट्टानों से निर्मित है। इसका निर्माण गोंडवाना भूमि के टूटने और अपवाह के कारण हुआ है। इसी कारण इसे प्राचीनतम भू-भाग का हिस्सा माना जाता है।

इस भाग में चौड़ी और छिछली घाटियाँ एवं गोलाकार पहाड़ियाँ हैं। प्रायद्वीपीय पठार के दो मुख्य भाग हैं

(i) **मध्य उच्च भूमि** यह भाग नर्मदा नदी के उत्तर में विस्तृत है। यह मालवा पठार के अधिकतर भागों पर फैला है। यह भाग दक्षिण में विंध्य शृंखला और उत्तर-पश्चिम में अरावली से घिरा है। पश्चिम में यह धीरे-धीरे राजस्थान के बलुई और पथरीले मरुस्थल से मिल जाता है। मध्य उच्च भूमि चंबल, सिंधु, बेतवा व केन नदियों का बहाव क्षेत्र है। ये नदियाँ दक्षिण-पश्चिम से उत्तर-पूर्व दिशा में बहती हैं, जो इस क्षेत्र के ढाल को दर्शाती हैं।

(ii) **दक्कन का पठार** प्रायद्वीपीय पठार का यह भाग त्रिभुजाकार है। यह नर्मदा नदी के दक्षिण में स्थित है। उत्तर में इसके आधार चौड़े हैं, जहाँ सतपुड़ा की शृंखला है। महादेव, कैमूर और मैकाल शृंखला इसके पूर्वी विस्तार हैं। इसे स्थानीय स्तर पर मेघालय, कार्बी, एंगलौंग पठार तथा उत्तर कचारी पहाड़ी के नाम से जाना जाता है। यह एक भ्रंश के कारण छोटानागपुर पठार से अलग हो गया है। पश्चिम से पूर्व की ओर इसकी तीन महत्त्वपूर्ण शृंखलाएँ गारो, खासी और जयंतिया स्थित हैं।

**3.** हिमालय पर्वतमाला का विवरण दीजिए। यह कितने भागों में विभाजित है? बताइए।

*उत्तर* हिमालय पर्वतमाला भारत की उत्तरी सीमा पर विस्तृत एक महत्त्वपूर्ण भौगोलिक लक्षण है। हिमालय पर्वत शृंखला की लंबाई 2,400 किमी है। पश्चिम से पूर्वी भाग तक इसकी चौड़ाई असमान वितरण को प्रदर्शित करती है।

यह कश्मीर में 400 किमी और अरुणाचल में 150 किमी चौड़ा है। देशांतरीय विस्तार के साथ हिमालय पर्वत शृंखला को निम्न तीन वर्गों में विभाजित किया जा सकता है

(i) **हिमाद्रि/महान् या आंतरिक हिमालय** यह हिमालय पर्वत शृंखला का सर्वाधिक उत्तरी भाग है। यह भाग सर्वाधिक सतत है, जिसमें विश्व के सर्वाधिक ऊँचे पर्वत शिखर हैं। इन शिखरों की औसत ऊँचाई 6,000 मी है। हिमालय के इस भाग का क्रोड ग्रेनाइट से निर्मित है। यह क्षेत्र वर्षभर

बर्फ से ढका होता है, जिससे यहाँ कई हिमानियों का प्रवाह होता रहता है।

(ii) **हिमाचल या निम्न/लघु हिमालय** यह शृंखला हिमाद्रि के दक्षिणी भाग में है। इसकी ऊँचाई 3,700-4,500 मी के मध्य और चौड़ाई 50 किमी है। पीरपंजाल, धौलाधर और महाभारत यहाँ की प्रमुख शृंखलाएँ हैं। इसी भाग में कश्मीर घाटी, काँगड़ा व कुल्लू की घाटियाँ हैं। शिमला (हिमाचल प्रदेश), मसूरी, नैनीताल, रानीखेत, कौसानी (सभी उत्तराखंड) इसी क्षेत्र में हैं।

(iii) **शिवालिक हिमालय** यह हिमालय की सबसे बाहरी शृंखला है। इसकी ऊँचाई 900-1,100 मी और चौड़ाई 10-50 किमी के मध्य है। यह नदियों द्वारा लाए गए अवसादों से निर्मित है। शिवालिक हिमालय गहन कृषि व सघन वनीय क्षेत्र है। सीढ़ीनुमा कृषि और भेड़पालन यहाँ के जनजीवन का महत्त्वपूर्ण भाग है।

**4.** पश्चिमी और पूर्वी तटीय मैदान के बीच अंतर स्पष्ट कीजिए।

**उत्तर** भारत के प्रायद्वीपीय पठार के किनारों पर संकीर्ण पट्टियों में विस्तृत, पश्चिमी और पूर्वी तटीय मैदान के मध्य अंतर निम्नलिखित हैं

| पश्चिमी तटीय मैदान | पूर्वी तटीय मैदान |
|---|---|
| पश्चिमी तटीय मैदान, पश्चिमी घाट और अरब सागर के बीच स्थित एक संकीर्ण मैदान है। | पूर्वी तटीय मैदान, पूर्वी घाट और बंगाल की खाड़ी के मध्य विस्तृत है। यह विस्तृत और चौड़ा है। |
| इस मैदान का क्षेत्र संकीर्ण होने के साथ यहाँ का पहाड़ी भाग छिटका हुआ है। | यह मैदान पूर्ण विकसित डेल्टाई प्रदेश है। |
| इसका विस्तार पश्चिमी तट के सहारे गुजरात से कन्याकुमारी तक है। | पूर्वी भाग में यह पश्चिम बंगाल से कन्याकुमारी तक विस्तृत है। |
| इसकी औसत चौड़ाई 40 किमी है। | यह 60-100 किमी तक चौड़ा है। |
| इसके उत्तरी भाग को 'कोंकण', मध्य भाग को 'कन्नड़' और दक्षिणी सिरे को 'मालाबार' कहा जाता है। | इसके उत्तरी और दक्षिणी भाग को क्रमशः 'उत्तरी सरकार' और 'कोरोमंडल' तट कहा जाता है। |
| इस भाग की मुख्य नदियाँ तापी, नर्मदा, पांडवी व जुआरी हैं। | इसकी मुख्य नदियाँ महानदी, गोदावरी, कावेरी और कृष्णा हैं। |

**5.** हिमालय श्रेणी तथा पूर्वांचल पर्वत चोटियों में अंतर स्पष्ट कीजिए।

**उत्तर** हिमालय श्रेणी तथा पूर्वांचल पर्वत चोटियों में निम्न अंतर हैं

| हिमालय श्रेणी | पूर्वांचल पर्वत चोटी |
|---|---|
| भारत की उत्तरी सीमा पर विस्तृत हिमालय अपनी प्रकृति में नवीन और संरचना के दृष्टिकोण से वलित पर्वत शृंखला है। | ब्रह्मपुत्र नदी हिमालय की सर्वाधिक पूर्वी सीमा का निर्माण करती है। |
| यह शृंखला पश्चिम से पूर्व की ओर सिंधु से ब्रह्मपुत्र नदी तक फैली है। | दिहांग महाखड्ड के बाद हिमालय दक्षिण दिशा की ओर एक मोड़ बनाता है, जिसके परिणामस्वरूप यह भारत की पूर्वी सीमा के साथ फैल जाता है। |
| हिमालय विश्व की सबसे ऊँची पर्वत श्रेणी है। इसके उच्चावच भी अत्यधिक ऊबड़-खाबड़ हैं। | इनको पूर्वांचल या पूर्वी पहाड़ियों तथा पर्वत शृंखलाओं के नाम से जाना जाता है। |
| 2400 किमी की लंबाई में फैला हिमालय एक अर्द्ध-वृत्त का निर्माण करता है। यह कश्मीर में 400 किमी और अरुणाचल में 150 किमी है। | ये पहाड़ियाँ भारत के उत्तर-पूर्वी राज्यों से होकर गुजरती हैं। |
| पश्चिमी भाग की अपेक्षा पूर्वी भाग की ऊँचाई में अधिक विविधता पाई जाती है। इसकी चौड़ाई देशांतरीय विस्तार के साथ हिमालय पर्वत शृंखला को तीन वर्गों में विभाजित किया जा सकता है। | ये सघन वन के क्षेत्र हैं, जो समानांतर शृंखलाओं एवं घाटियों के रूप में विस्तृत हैं। पटकाई, नागा, मिजो एवं मणिपुर यहाँ की महत्त्वपूर्ण पहाड़ियाँ हैं। |

**6.** भौगोलिक आकृतियों में भिन्नता के आधार पर आप उत्तरी मैदानों को किस प्रकार विभाजित करेंगे?

**उत्तर** भौगोलिक आकृतियों में भिन्नता के आधार पर उत्तरी मैदानों को निम्नलिखित चार भागों में विभाजित किया जा सकता है

(i) **भाबर क्षेत्र** नदियाँ पर्वतों से नीचे उतरते समय शिवालिक की ढाल पर 8 से 16 किमी की चौड़ी पट्टी में गुटिका का निक्षेपण करती है। इसे भाबर के नाम से जाना जाता है। सभी सरिताएँ इस क्षेत्र में आकर विलुप्त हो जाती हैं।

(ii) **तराई क्षेत्र** भाबर के दक्षिण में नए जलोढ़ से निर्मित तराई क्षेत्र का भाग होता है। इस क्षेत्र में विलुप्त सरिताएँ पुनः प्रकट हो जाती हैं और नम व दलदली क्षेत्र का निर्माण करती हैं। इसे तराई भूमि कहा जाता है। यह वन्य प्राणियों की बहुलता वाला सघन जंगल का क्षेत्र है।

(iii) **बाँगर क्षेत्र** बाँगर का निर्माण पुरानी जलोढ़ मृदा से हुआ है। यह उत्तरी मैदान का विशालतम भाग है। यह नदियों की बाढ़ वाले मैदानों के ऊपर स्थित वेदिका जैसी आकृति प्रदर्शित करता है। यहाँ की मृदा में चूने का निक्षेप होता है। इसे स्थानीय भाषा में 'कंकड़' कहा जाता है।

(iv) **खादर क्षेत्र** बाढ़ वाले क्षेत्रों के नए तथा युवा निक्षेपों को 'खादर' कहा जाता है। इसका लगभग प्रत्येक वर्ष पुनर्निर्माण होता है। परिणामतः यह भाग उर्वरा शक्ति से भरपूर और कृषि कार्य के लिए आदर्श होता है।

**7.** क्या हिमालय पर्वत शृंखला भारत के लिए वरदान सिद्ध हुई है? मूल्यांकन कीजिए।

**उत्तर** भारत की उत्तरी दिशा में स्थित हिमालय पर्वत शृंखला देश के लिए भौगोलिक और सामरिक दृष्टिकोण से अत्यंत महत्त्वपूर्ण है। यह हमारा सुरक्षा कवच है, जो हमें उत्तर दिशा से आने वाली शीतल और शुष्क हवाओं से सुरक्षित रखता है। यह भारत को अविजित सीमा प्रदान करता है। हिमालय हमारे उपजाऊ गंगा के मैदान को आदर्श दिशा प्रदान करने में मदद करता है। यह मानसूनी हवा को अपनी ओर आकृष्ट करता है। इससे देश के लगभग सभी भौगोलिक क्षेत्रों को जीवनदायिनी वर्षा प्रदान होती है। इसके साथ वर्षभर बर्फ से ढके रहने के कारण यह कई महत्त्वपूर्ण नदियों; यथा–सिंधु, गंगा, ब्रह्मपुत्र और इनकी सहायक नदियों का स्रोत है। यह विविध प्रकार की वनस्पतियों व जीव-जंतुओं का निवास क्षेत्र है, जो हमारे लिए उपयोगी कच्चे माल की उपलब्धता को सरल बनाता है।

प्राकृतिक संसाधनों के अक्षय भंडार हिमालय की वादियों में सुंदर घाटियाँ और स्वास्थ्यवर्द्धक आश्रय स्थल भी हैं। कश्मीर, कुल्लू, काँगड़ा, ऋषिकेश, नैनीताल, रानीखेत ऐसे ही उदाहरण हैं।
उपरोक्त सभी तथ्यों के आधार पर यह कहा जा सकता है कि हिमालय पर्वत शृंखला भारत के लिए वरदान सिद्ध हुई है।

## स्रोत आधारित प्रश्न

निम्नलिखित स्रोतों को ध्यानपूर्वक पढ़कर उन पर आधारित प्रश्नों के उत्तर दीजिए

**1.** भारत की उत्तरी सीमा पर विस्तृत हिमालय भू-गर्भीय रूप से युवा एवं बनावट के दृष्टिकोण से वलित पर्वत शृंखला है। ये पर्वत शृंखलाएँ पश्चिम-पूर्व दिशा में सिंधु से लेकर ब्रह्मपुत्र तक फैली हैं। हिमालय विश्व की सबसे ऊँची पर्वत श्रेणी है और एक अत्यधिक असम अवरोधों में से एक है। यह 2,400 किमी की लंबाई में फैले एक अर्द्ध-वृत्त का निर्माण करती है।

इसकी चौड़ाई कश्मीर में 400 किमी एवं अरुणाचल में 150 किमी है। पश्चिमी भाग की अपेक्षा पूर्वी भाग की ऊँचाई में अधिक विविधता पाई जाती है। अपने पूरे देशांतरीय विस्तार के साथ हिमालय को तीन भागों में बाँट सकते हैं। इन शृंखलाओं के बीच बहुत अधिक संख्या में घाटियाँ पाई जाती हैं।

सबसे उत्तरी भाग में स्थित शृंखला को महान या आंतरिक हिमालय या हिमाद्रि कहते हैं। यह सबसे अधिक सतत शृंखला है, जिसमें 6,000 मी की औसत ऊँचाई वाले सर्वाधिक ऊँचे शिखर हैं। महान हिमालय के वलय की प्रकृति असंममित है। हिमालय के इस भाग का क्रोड ग्रेनाइट का बना है। यह शृंखला हमेशा बर्फ से ढकी रहती है तथा इससे बहुत-सी हिमानियों का प्रवाह होता है।

(i) हिमालय पर्वत के संदर्भ में विचार करते हुए सही विकल्प का चयन करें
(a) यह भारत की उत्तरी सीमा पर स्थित है
(b) यह एक नवीन मोड़दार पर्वत है
(c) इसकी सबसे ऊँची चोटी माउंट एवरेस्ट है
(d) उपरोक्त सभी

**उत्तर** (d) उपरोक्त सभी

(ii) पीरपंजाल श्रेणी किस हिमालय का भाग है?
(a) ट्रांस हिमालय का
(b) हिमाद्रि अर्थात् सर्वोच्च या वृहद् हिमालय का
(c) हिमाचल श्रेणी अर्थात् लघु या मध्य हिमालय का
(d) शिवालिक अर्थात् निम्न या बाह्य हिमालय का

**उत्तर** (c) हिमाचल श्रेणी अर्थात् लघु या मध्य हिमालय का

(iii) हिमालय की प्रमुख चोटियों का उनकी ऊँचाई के संबंध में सही सुमेलन कीजिए

| **सूची I** (पर्वत चोटियाँ) | **सूची II** (ऊँचाई) |
|---|---|
| A. माउंट एवरेस्ट | 1. 8,848 मी |
| B. धौलागिरि | 2. 8,172 मी |
| C. नंदा देवी | 3. 7,817 मी |
| D. नंगा पर्वत | 4. 8,126 मी |

**कूट**

| | A | B | C | D | | A | B | C | D |
|---|---|---|---|---|---|---|---|---|---|
| (a) | 1 | 2 | 3 | 4 | (b) | 2 | 3 | 4 | 1 |
| (c) | 3 | 4 | 1 | 2 | (d) | 4 | 1 | 2 | 3 |

**उत्तर** (a) 1 2 3 4

(iv) भारत की उत्तरी और उत्तरी-पूर्वी सीमा पर विस्तृत हिमालय पर्वत विश्व की ........ सबसे लंबी पर्वत शृंखला है।
(a) दूसरी (b) पहली
(c) तीसरी (d) चौथी

**उत्तर** (a) दूसरी

(v) हिमालय की सबसे बाहरी शृंखला को ......... कहा जाता है।
(a) पीरपंजाल शृंखला (b) शिवालिक शृंखला
(c) महाभारत शृंखला (d) काराकोरम शृंखला

**उत्तर** (b) शिवालिक शृंखला

(vi) **कथन** (A) हिमालय पर्वत शृंखला का निर्माण मुख्यत: अत्यधिक संपीडित तथा परिवर्तित शैलों से हुआ है।
**कारण** (R) इसके कारण इनकी औसत ऊँचाई 3700 से 4500 मी के मध्य है।
**कूट**
(a) A और R दोनों सही हैं तथा R, A की सही व्याख्या है
(b) A और R दोनों सही हैं, परंतु R, A की सही व्याख्या नहीं है
(c) A सही है, किंतु R गलत है
(d) A गलत है, किंतु R सही है

**उत्तर** (a) A और R दोनों सही हैं तथा R, A की सही व्याख्या है

**2.** प्रायद्वीपीय पठार के किनारे संकीर्ण तथा पट्टियों का विस्तार है। यह पश्चिम में अरब सागर से लेकर पूर्व में बंगाल की खाड़ी तक विस्तृत है। पश्चिमी तट, पश्चिमी घाट तथा अरब सागर के बीच स्थित एक संकीर्ण मैदान है। इस मैदान के तीन भाग हैं। तट के ऊपरी भाग को कोंकण (मुंबई तथा गोवा), मध्य भाग को कन्नड़ मैदान एवं दक्षिणी भाग को मालाबार तट कहा जाता है।

बंगाल की खाड़ी के साथ विस्तृत मैदान चौड़ा एवं समतल है। उत्तरी भाग में इसे 'उत्तरी सरकार' कहा जाता है, जबकि दक्षिणी भाग 'कोरोमंडल' तट के नाम से जाना जाता है। बड़ी

नदियाँ; जैसे—महानदी, गोदावरी, कृष्णा तथा कावेरी इस तट पर विशाल डेल्टा का निर्माण करती हैं। चिल्का झील पूर्वी तट पर स्थित एक महत्त्वपूर्ण भू-लक्षण है।

(i) प्रायद्वीपीय पठारी भाग के पश्चिमी तटीय मैदान का विस्तार मिलता है
(a) महाराष्ट्र से केरल तक
(b) गुजरात से कन्याकुमारी तक
(c) गोवा से कोंकण तक
(d) गोवा से मंगलौर तक

उत्तर (b) गुजरात से कन्याकुमारी तक

(ii) गुजरात से गोवा तक का तटीय मैदान ...... कहलाता है, जबकि गोवा से कर्नाटक के मंगलौर तक का तट ...... कहलाता है।
(a) कोंकण तट तथा कन्नड़ तट
(b) कोंकण तट तथा मालाबार तट
(c) मालाबार तट तथा कन्नड़ तट
(d) मालाबार तट तथा उत्तरी सरकार तट

उत्तर (a) कोंकण तट तथा कन्नड़ तट

(iii) पूर्वी तटीय मैदान के संबंध में कौन-सा कथन सत्य है?
(a) यह पश्चिम तटीय मैदानों की तुलना में अधिक चौड़ा है
(b) इस तट के उत्तरी भाग को उत्तरी सरकार कहा जाता है
(c) कोरोमंडल तट पूर्वी तटीय मैदान का ही भाग है
(d) उपरोक्त सभी

उत्तर (d) उपरोक्त सभी

(iv) पश्चिमी तट पर स्थित मालाबार तट के विस्तार का अधिकांश हिस्सा किस राज्य के अंतर्गत आता है?
(a) कर्नाटक (b) तमिलनाडु
(c) केरल (d) गोवा

उत्तर (c) केरल

(v) निम्नलिखित में से कौन-से कथन चिल्का झील से संबंधित हैं?
1. चिल्का झील पूर्वी तट पर स्थित एक महत्त्वपूर्ण भू-लक्षण है।
2. चिल्का झील भारत में खारे पानी की सबसे बड़ी झील है।
3. चिल्का झील ओड़िशा में महानदी डेल्टा के दक्षिण में स्थित है।

कूट
(a) 1 और 2 (b) 2 और 3
(c) 1 और 3 (d) ये सभी

उत्तर (d) ये सभी

(vi) निम्नलिखित में से कौन-सा राज्य कोरोमंडल तट से संबंधित है?
(a) पुदुचेरी (b) उड़ीसा
(c) आंध्र प्रदेश (d) तमिलनाडु

उत्तर (b) उड़ीसा

**3.** प्रायद्वीपीय पठार एक मेज की आकृति वाला स्थल है, जो पुराने क्रिस्टलीय, आग्नेय तथा रूपांतरित शैलों से बना है। यह गोंडवाना भूमि के टूटने एवं अपवाह के कारण बना था तथा यही कारण है कि यह प्राचीनतम भू-भाग का एक हिस्सा है। इस पठारी भाग में चौड़ी तथा छिछली घाटियाँ एवं गोलाकार पहाड़ियाँ हैं। इस पठार के दो मुख्य भाग हैं—'मध्य उच्चभूमि' तथा 'दक्कन का पठार'। नर्मदा नदी के उत्तर में प्रायद्वीपीय पठार का वह भाग, जो कि मालवा पठार के अधिकतर भागों पर फैला है।

उसे मध्य उच्चभूमि के नाम से जाना जाता है। विंध्य शृंखला दक्षिण में सतपुड़ा शृंखला तथा उत्तर-पश्चिम में अरावली से घिरी है। पश्चिम में यह धीरे-धीरे राजस्थान के बलुई तथा पथरीले मरुस्थल से मिल जाता है। इस क्षेत्र में बहने वाली नदियाँ चंबल, सिंधु, बेतवा तथा केन दक्षिण-पश्चिम से उत्तर-पूर्व की तरफ बहती हैं, इस प्रकार ये इस क्षेत्र के ढाल को दर्शाती हैं।

(i) मध्य उच्चभूमि की अवस्थिति और विस्तार से आप क्या समझते हैं?

उत्तर मध्य उच्चभूमि पश्चिम में चौड़ी, लेकिन पूर्व में संकीर्ण है। इस पठार के पूर्वी विस्तार को स्थानीय रूप से बुंदेलखंड तथा बघेलखंड के नाम से जाना जाता है। इसके विस्तार को दामोदर नदी द्वारा अपवाहित छोटानागपुर पठार दर्शाता है।

(ii) भारत में दक्षिण के पठार की अवस्थिति को समझाइए।

उत्तर भारत में दक्षिण का पठार एक त्रिभुजाकार भू-भाग है, जो नर्मदा नदी के दक्षिण में स्थित है। उत्तर में इसके चौड़े आधार पर सतपुड़ा की शृंखला है, जबकि महादेव की पहाड़ी, कैमूर की पहाड़ी तथा मैकाल शृंखला इसके पूर्वी विस्तार हैं।

(iii) दक्कन पठार के पूर्वी तथा पश्चिमी सिरे पर क्या स्थित है?

उत्तर दक्कन के पठार के पूर्वी एवं पश्चिमी सिरे पर क्रमशः पूर्वी तथा पश्चिमी घाट स्थित हैं। पश्चिमी घाट, पश्चिमी तट के समानांतर है। पश्चिमी घाट सतत है तथा इसे केवल दर्रों द्वारा ही पार किया जा सकता है। पूर्वी घाट का विस्तार महानदी घाटी से दक्षिण में नीलगिरि तक है।

**4. स्रोत 'अ' उत्तरी मैदान का निर्माण**

उत्तरी मैदान तीन प्रमुख नदी प्रणालियों—सिंधु, गंगा एवं ब्रह्मपुत्र तथा इनकी सहायक नदियों से बना है। यह मैदान जलोढ़ मृदा से बना है।

लाखों वर्षों में हिमालय के गिरिपाद में स्थित बहुत बड़े बेसिन (द्रोणी) में जलोढ़ों का निक्षेप हुआ, जिससे इस उपजाऊ मैदान का निर्माण हुआ है।

**स्रोत 'ब' उत्तरी मैदान का विभाजन**

उत्तरी मैदान को मोटे तौर पर तीन उपवर्गों में विभाजित किया गया है। उत्तरी मैदान के पश्चिमी भाग को पंजाब का मैदान कहा जाता है। सिंधु तथा इसकी सहायक नदियों के द्वारा बनाए गए इस मैदान का बहुत बड़ा भाग पाकिस्तान में स्थित है। सिंधु तथा इसकी सहायक नदियाँ झेलम, चेनाब, रावी, व्यास तथा सतलुज हिमालय से निकलती हैं। मैदान के इस भाग में दोआबों की संख्या बहुत अधिक है।

**स्रोत 'स' उत्तरी मैदान की ऊँचाई में विभिन्नता**

उत्तरी मैदानों की व्याख्या सामान्यत: इसके उच्चावचों में बिना किसी विविधता वाले समतल स्थल के रूप में की जाती हैं। यह सही नहीं है। इन विस्तृत मैदानों की भौगोलिक आकृतियों में भी विविधता है। आकृतिक भिन्नता के आधार पर उत्तरी मैदानों को चार भागों में विभाजित किया जा सकता है।

**स्रोत 'अ' उत्तरी मैदान का निर्माण**

(i) भारत के कितने क्षेत्रफल पर उत्तरी मैदान विस्तृत है?

*उत्तर* भारत में उत्तरी मैदान का विस्तार 7 लाख वर्ग किमी के क्षेत्र पर है। यह मैदान लगभग 2400 किमी लंबा एवं 240 से 320 किमी चौड़ा है। समृद्ध मृदा आवरण, पर्याप्त पानी की उपलब्धता एवं अनुकूल जलवायु के कारण कृषि की दृष्टि से यह भारत का अत्यधिक उपजाऊ क्षेत्र है।

**स्रोत 'ब' उत्तरी मैदान का विभाजन**

(ii) गंगा के मैदान का विस्तार किन नदियों के मध्य स्थित है?

*उत्तर* भारत में गंगा के मैदान का विस्तार घग्घर तथा तिस्ता नदियों के बीच है। यह उत्तरी भारत के राज्यों–हरियाणा, दिल्ली, उत्तर प्रदेश, बिहार, झारखंड के कुछ भाग तथा पश्चिम बंगाल में फैला है। ब्रह्मपुत्र का मैदान इसके पश्चिम में स्थित है।

**स्रोत 'स' उत्तरी मैदान की ऊँचाई में विभिन्नता**

(iii) उत्तर भारत के मैदान में किस प्रकार भाबर व तराई का निर्माण होता है?

*उत्तर* उत्तर भारत की नदियाँ पर्वतों से नीचे उतरते समय शिवालिक की ढाल पर 8 से 16 किमी की चौड़ी पट्टी में गुटिका का निक्षेपण करती हैं। इसे 'भाबर' के नाम से जाना जाता है। नदियों की सभी सरिताएँ इस भाबर पट्टी में विलुप्त हो जाती हैं। इस पट्टी के दक्षिण में ये सरिताएँ एवं नदियाँ पुन: निकल आती हैं एवं नम तथा दलदली क्षेत्र का निर्माण करती हैं, जिसे तराई कहते हैं।

## मानचित्र आधारित प्रश्न

**1.** (क) भारत के रेखा मानचित्र पर अंकित किए गए प्रमुख पर्वत श्रेणियों की पहचान कीजिए और उनका नाम लिखिए।

(ख) इसी मानचित्र पर निम्न को भी दर्शाइए

(i) K-2 (ii) कंचनजंघा

(iii) अनाइमुडी

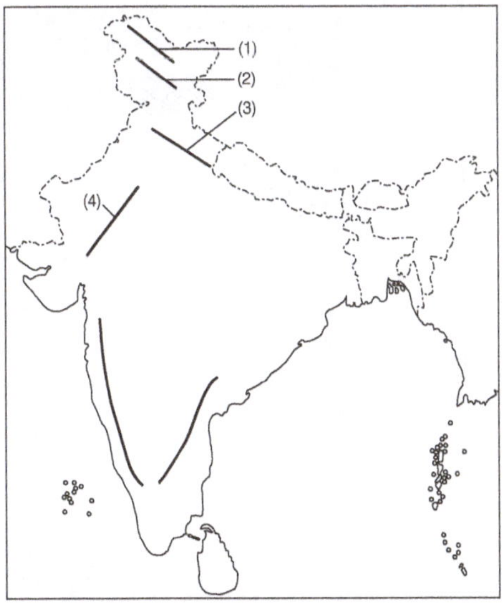


*उत्तर*

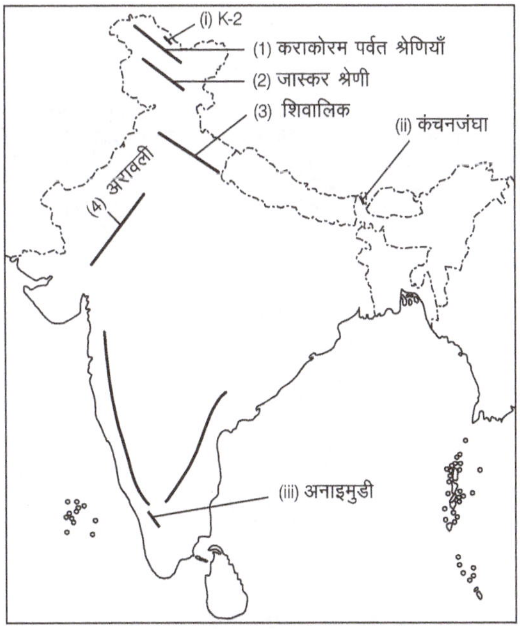

**2.** भारत के रेखा मानचित्र पर अंकित किए गए प्रमुख पर्वत श्रेणियों की पहचान कीजिए और उनका नाम लिखिए।

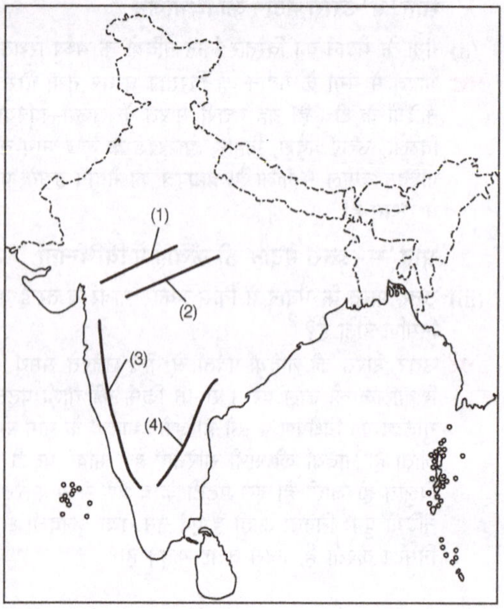


उत्तर

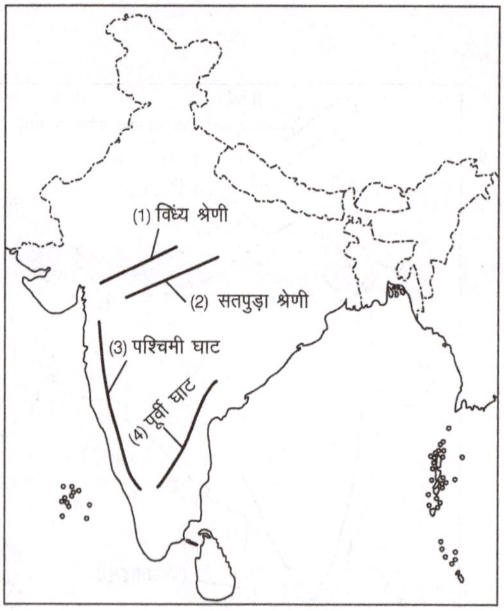


**3.** भारत के रेखा मानचित्र पर निम्नलिखित को चिह्नित करें तथा उनका नाम लिखिए

(i) दक्कन का पठार (ii) छोटानागपुर का पठार
(iii) कोंकण तटीय मैदान (iv) मालाबार तटीय मैदान
(v) मालवा का पठार (vi) उत्तरी सरकार
(vi) कोरोमंडल तट

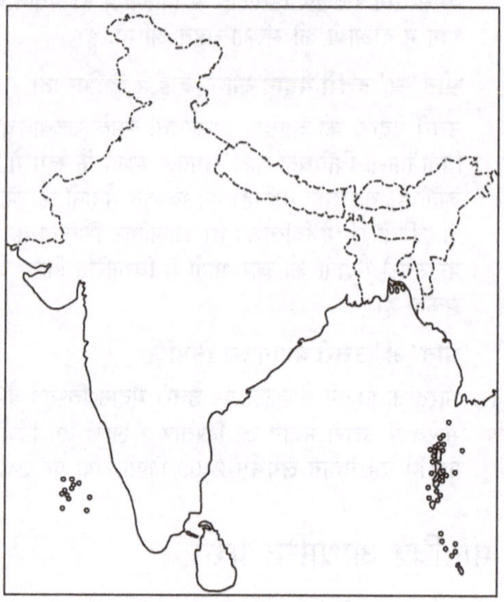

उत्तर

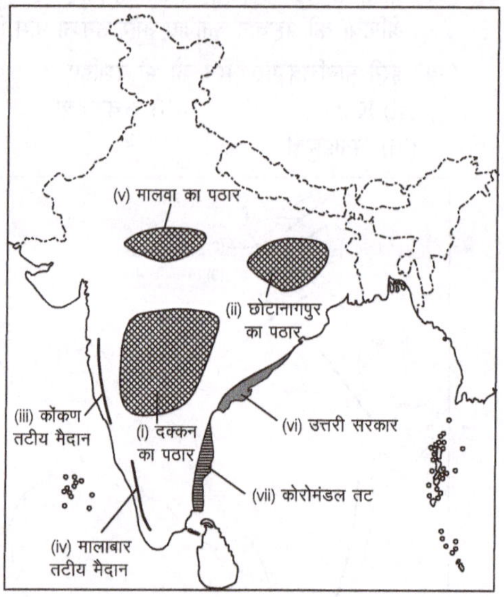

# स्वयं को जाँचें

## वस्तुनिष्ठ प्रश्न

**1.** काली एवं तिस्ता नदियों के मध्य स्थित क्षेत्र को कहा जाता है?
(a) असम हिमालय (b) नेपाल हिमालय (c) कुमाऊँ हिमालय (d) पंजाब हिमालय

**2.** गोरो, खासी और जयंतिया पहाड़ियाँ किस राज्य में अवस्थित हैं?
(a) असम (b) मणिपुर (c) मेघालय (d) नागालैंड

**3.** निम्न में से कौन-सी नदी विंध्य और सतपुड़ा पर्वत शृंखला के बीच से बहती है?
(a) ताप्ती नदी (b) माही नदी (c) कोयना नदी (d) नर्मदा नदी

**4.** किस द्वीप पर पक्षी अभयारण्य है, लेकिन मानव अधिवास नहीं है?
(a) कवारत्ती द्वीप (b) पिटली द्वीप (c) अंडमान द्वीप (d) मीनीकाय द्वीप

## अतिलघु उत्तरीय प्रश्न

**5.** 'भ्रंशन' से आप क्या समझते हैं?

**6.** शिवालिक श्रेणी का परिचय दीजिए।

**7.** उत्तरी मैदान से अपवाहित महत्त्वपूर्ण नदियों का उल्लेख कीजिए।

**8.** 'खादर' क्या है?

## लघु उत्तरीय प्रश्न

**9.** 'दक्कन पठार' का विवरण दीजिए।

**10.** पश्चिमी घाट की चार महत्त्वपूर्ण विशेषताएँ क्या हैं?

**11.** उत्तरी मैदान के उप-विभाग की चर्चा कीजिए।

**12.** भारतीय मरुस्थल पर संक्षिप्त टिप्पणी कीजिए।

## दीर्घ उत्तरीय प्रश्न

**13.** भारत की भौगोलिक विविधता पर एक लेख लिखिए।

**14.** भारत के द्वीपीय विस्तार की अवस्थिति और महत्त्वपूर्ण लक्षणों/विशेषताओं की विवेचना कीजिए।

**15.** प्रायद्वीपीय पठार का विवरण तथा उसके उपभागों की चर्चा कीजिए।

अध्याय

03

# अपवाह

किसी क्षेत्र विशेष के नदी तंत्र (River System) की व्याख्या अपवाह (Drainage) है। भारत की विभिन्न दिशाओं में छोटी-छोटी धाराएँ मिलकर मुख्य नदी का निर्माण करती हैं और अंततः किसी बड़े जलाशय; जैसे—झील (Lake), समुद्र व महासागर में गिरती हैं।

नदी तंत्र द्वारा जिस क्षेत्र का जल प्रवाहित होता है, उसे **अपवाह द्रोणी** (Drainage Basin) कहते हैं। **विश्व की सबसे बड़ी अपवाह द्रोणी अमेजन नदी** (दक्षिणी अमेरिका) की है, जबकि **भारत की सबसे बड़ी अपवाह द्रोणी गंगा नदी** की है।

दो पड़ोसी अपवाह द्रोणियों को जब कोई ऊँचा क्षेत्र; जैसे—पर्वत या उच्च भूमि अलग करता है, तो उस क्षेत्र को **जल विभाजक** (Water Divide) कहते हैं।

**अध्याय एक नजर में**

- *भारत में अपवाह तंत्र*
- *भारत में झीलें*
- *नदियों का अर्थव्यवस्था में महत्त्व*
- *नदी प्रदूषण*

## भारत में अपवाह तंत्र

भारत के अपवाह तंत्र का नियंत्रण भौगोलिक आकृतियों द्वारा होता है। भौगोलिक आकृतियों के आधार पर भारतीय नदियों को मुख्य दो वर्गों में विभाजित किया गया है

1. हिमालय की नदियाँ 2. प्रायद्वीपीय नदियाँ

भारत के दो मुख्य भौगोलिक क्षेत्रों से उत्पन्न होने के कारण ये दोनों एक-दूसरे से भिन्न हैं। इनके विषय में चर्चा निम्न प्रकार है

### 1. हिमालय की नदियाँ

- हिमालय क्षेत्र की नदियाँ बारहमासी (Perennial) होती हैं। इन नदियों में वर्षभर पानी की उपलब्धता बनी रहती है। इन्हें वर्षा जल के अतिरिक्त, ऊँचे पर्वतों से पिघलने वाली हिम द्वारा भी जल प्राप्त होता है।
- हिमालय की नदियों में **सिंधु** और **ब्रह्मपुत्र** का महत्त्वपूर्ण स्थान है, जो हिमालय पर्वत शृंखला के उत्तरी भाग से निकलती हैं। इन नदियों ने पर्वतों को काटकर **गॉर्ज** (Gorges) का निर्माण किया है।
- ये अपने उत्पत्ति स्थान (Source) से समुद्र तक की लंबी दूरी को तय करने में सक्षम होती हैं। ये नदियाँ अपने मार्ग के शीर्ष भागों में तीव्र **अपरदन क्रिया** (Erosion Activity) करती हैं। इस क्रिया में सिल्ट (Silt) और बालू (Sand) का भारी मात्रा में संवहन होता है।

- मध्य और निचले भागों में ये नदियाँ **विसर्प** (Meander) व **गोखुर झील** (Oxbow Lakes) तथा अपने बाढ़ वाले मैदानों में अन्य निक्षेपण आकृतियों का निर्माण करती हैं। हिमालयी नदियाँ पूर्ण विकसित **डेल्टाओं** (Deltas) का भी निर्माण करती हैं।

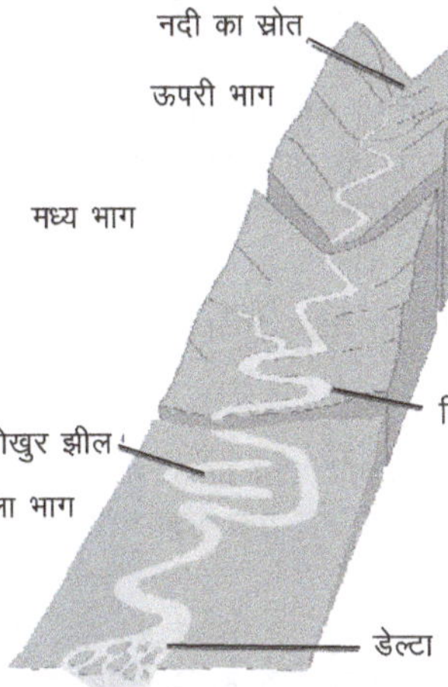

**नदी की विभिन्न अवस्थाएँ**

मुख्य नदी और उसकी सहायक नदियों (Tributary) के मिलने से **नदी तंत्र** (River System) का निर्माण होता है। हिमालय की नदियों के मुख्य नदी तंत्र सिंधु नदी तंत्र, गंगा नदी तंत्र तथा ब्रह्मपुत्र नदी तंत्र हैं।

## सिंधु नदी तंत्र

- सिंधु नदी का उद्गम तिब्बत में मानसरोवर झील के समीप है। यह नदी पश्चिम दिशा में बहती है। भारत में इसका प्रवेश लद्दाख से है।
- इस क्षेत्र में जास्कर, नूबरा, श्योक तथा हुंजा जैसी सहायक नदियाँ सिंधु नदी से मिलती हैं।
- सिंधु नदी बलूचिस्तान और गिलगित से बहते हुए अटक में पर्वतीय क्षेत्र से बाहर निकलती है।
- सतलुज, व्यास, रावी, चेनाब तथा झेलम आपस में मिठानकोट (पाकिस्तान) के पास मिलकर सिंधु नदी में मिलती हैं।
- इसके पश्चात् सिंधु नदी तंत्र के बहाव की दिशा में परिवर्तन आता है, जिसके परिणामस्वरूप यह दक्षिण की ओर बहने लगती है। अंततः कराची से पूर्व की ओर अरब सागर में मिल जाती है।
- सिंधु नदी के मैदान का ढाल बहुत धीमा है। 2,900 किमी लंबी सिंधु नदी विश्व की सबसे लंबी नदियों में से एक है।
- सिंधु द्रोणी का एक-तिहाई से अधिक भाग भारत के जम्मू-कश्मीर, लद्दाख, हिमाचल प्रदेश और पंजाब में एवं शेष भाग पाकिस्तान में स्थित है।
- वर्ष 1960 में भारत और पाकिस्तान ने **सिंधु जल समझौता** (Indus Water Treaty) पर हस्ताक्षर किए। इस समझौते के अनुसार, भारत सिंधु नदी तंत्र का केवल 20% जल ही उपयोग कर सकता है। इस जल का उपयोग पंजाब, हरियाणा एवं राजस्थान के दक्षिण-पश्चिमी भागों में सिंचाई के लिए किया जाता है।

## गंगा नदी तंत्र

- गंगा नदी की मुख्य धारा भागीरथी **गंगोत्री हिमानी** (Gangotri Glacier) से निकलकर देवप्रयाग (उत्तराखंड) में अलकनंदा से मिलती है। गंगा नदी की लंबाई 2,500 किमी से अधिक है।
- हरिद्वार के निकट गंगा नदी पर्वतीय भाग को छोड़कर मैदानी भाग में प्रवेश करती है।
- इसमें यमुना, घाघरा, गंडक व कोसी जैसी प्रमुख नदियाँ आकर मिलती हैं। ये सभी सहायक नदियाँ हिमालय पर्वत श्रृंखला से निकलती हैं।
- यमुना नदी हिमालय के यमुनोत्री हिमानी से निकलती है। यह गंगा के दाहिने किनारे के समानांतर बहती है और इलाहाबाद/प्रयाग (उत्तर प्रदेश) में गंगा से मिल जाती है।
- घाघरा, गंडक एवं कोसी का उद्गम नेपाल हिमालय से होता है। इनके कारण प्रत्येक वर्ष उत्तरी मैदान के कुछ भागों में बाढ़ आ जाती है, जिससे बड़े पैमाने पर जान-माल की हानि होती है, लेकिन ये मिट्टी को उपजाऊ बनाकर कृषि योग्य बनाती हैं।
- प्रायद्वीपीय उच्च भूमि (Peninsular Uplands) से गंगा की मुख्य सहायक नदियों में चंबल, बेतवा और सोन शामिल हैं। ये नदियाँ अर्द्ध-शुष्क (Semi Arid) क्षेत्रों से निकलती हैं। इन नदियों की लंबाई कम होने के साथ-साथ इनमें पानी की मात्रा भी कम होती है।
- गंगा नदी अपनी सहायक नदियों के जल के साथ पूर्व दिशा की ओर फरक्का (Farakka) (पश्चिम बंगाल) तक बहती है। यह गंगा नदी डेल्टा (Ganga Delta) का सर्वाधिक उत्तरी बिंदु है। फरक्का में प्रवेश कर गंगा नदी दो भागों में बँट जाती है। इनमें से इसकी एक वितरिका (Distributary) भागीरथी-हुगली, दक्षिण दिशा में बहती हुई बंगाल की खाड़ी में मिल जाती है तथा मुख्य धारा दक्षिण की ओर बहती हुई बांग्लादेश में प्रवेश करती है, जो ब्रह्मपुत्र नदी से मिलती है।
- गंगा और ब्रह्मपुत्र नदी के इस संगम को समुद्र में विलीन होने से पूर्व 'मेघना' (Meghna) के नाम से जाना जाता है। अंततः इन नदियों का वृहत जल बंगाल की खाड़ी में मिल जाता है।
- इन नदियों के द्वारा बनाए गए डेल्टा को **सुंदरवन डेल्टा** (Sunderban Delta) के नाम से जाना जाता है। यह विश्व का सबसे बड़ा और तीव्र वृद्धि वाला डेल्टा है। यहाँ 'रॉयल बंगाल टाइगर' (Royal Bengal Tiger) भी पाए जाते हैं। इस डेल्टा का नामकरण उस क्षेत्र में बहुतायत में पाए जाने वाले 'सुंदरी पादप' (Sundari Tree) के कारण हुआ है।
- अंबाला नगर सिंधु तथा गंगा नदी तंत्रों के बीच जल विभाजक पर स्थित है। अंबाला से सुंदरवन तक मैदान की लंबाई लगभग 1,800 किमी है, परंतु इसके ढाल में गिरावट सिर्फ 300 मी है। दूसरे शब्दों में, प्रति 6 किमी की दूरी पर ढाल में गिरावट केवल 1 मी है। इसलिए इन नदियों में अनेक बड़े-बड़े विसर्प बन जाते हैं।

**नमामि गंगे प्रोग्राम**

नमामि गंगे कार्यक्रम एक समग्र संरक्षण योजना है, जिसे भारत सरकार द्वारा फ्लैगशिप कार्यक्रम के तहत जून, 2014 में शुरू किया गया था। इस कार्यक्रम का लक्ष्य राष्ट्रीय नदी गंगा में प्रदूषण की मात्रा को कम करना, इसका संरक्षण और इसके कायाकल्प का प्रयास करना है।

### ब्रह्मपुत्र नदी तंत्र

- ब्रह्मपुत्र नदी का उद्‌गम तिब्बत स्थित मानसरोवर झील के पूर्व से होता है। यह स्रोत सिंधु और सतलुज नदी के स्रोतों से अधिक पास है।
- यह हिमालय पर्वत शृंखला के समानांतर पूर्व दिशा में बहती है। तिब्बत स्थित नामचा बरवा शिखर (7,757 मी) के पास पहुँचकर यह अंग्रेजी के 'यू' (U) अक्षर जैसा मोड़ बनाती है। यहाँ यह भारत के अरुणाचल प्रदेश में गॉर्ज के माध्यम से प्रवेश करती है तथा इसे यहाँ **दिहांग नदी** (Dihang River) के नाम से जाना जाता है।
- ब्रह्मपुत्र नदी का अधिकांश भाग भारत की सीमा से बाहर है। दिबांग, लोहित, केनुला इसकी सहायक नदियाँ हैं। यही नदियाँ व अन्य सहायक नदियाँ, असम में इससे मिलकर ब्रह्मपुत्र का निर्माण करती है।
- तिब्बत एक शीत एवं शुष्क (Cold and Dry) क्षेत्र है। इसके कारण इस नदी में जल एवं सिल्ट की मात्रा बहुत कम होती है। भारत में यह उच्च वर्षा वाले क्षेत्र से होकर गुजरती है, जिससे नदी में जल सहित सिल्ट की मात्रा में भी वृद्धि हो जाती है।
- असम में ब्रह्मपुत्र अनेक धाराओं में बहकर एक **गुंफित नदी** (Braided Channel) के रूप में बहती है। माजुली द्वीप ब्रह्मपुत्र नदी द्वारा बना द्वीप है, जो विश्व में सबसे बड़ा नदी द्वीप है। यह नदी प्रत्येक वर्ष वर्षा ऋतु में अपने किनारों से ऊपर बहने लगती है एवं बाढ़ के द्वारा असम तथा बांग्लादेश में बहुत क्षति पहुँचाती है।
- उत्तरी भारत की अन्य नदियों की तुलना में ब्रह्मपुत्र नदी में सिल्ट निक्षेपण (Deposits of Silt) की मात्रा अधिक है। इससे नदी की सतह में वृद्धि हो जाती है और वह अपनी धारा के मार्ग में बार-बार परिवर्तन लाती रहती है।
- ब्रह्मपुत्र को तिब्बत में **सांग्पो** (Tsang Po) एवं बांग्लादेश में **जमुना** (Jamuna) के नाम से जाना जाता है।

### चेक प्वॉइंट 01

1. *भौगोलिक आकृतियों के आधार पर भारतीय नदियों को कितने वर्गों में विभाजित किया जाता है?*
2. *गंगा नदी की मुख्य धारा का क्या नाम है?*
3. *ब्रह्मपुत्र को तिब्बत एवं बांग्लादेश में किस नाम से जाना जाता है?*

## 2. प्रायद्वीपीय नदियाँ

- अधिकांश प्रायद्वीपीय नदियाँ मौसमी (Seasonal) होती हैं, क्योंकि इन नदियों का प्रवाह वर्षा पर निर्भर करता है। वर्षा की जल पर निर्भरता के कारण शुष्क (Dry) मौसम में यहाँ की बड़ी नदियों का जल भी कम होकर छोटी-छोटी धाराओं में बहने लगता है।
- हिमालय क्षेत्र की नदियों की तुलना में ये नदियाँ कम लंबाई वाली और **छिछली** (Shallow) हैं।
- प्रायद्वीपीय भारत की अधिकांश नदियों का स्रोत अथवा मुख्य जल विभाजक पश्चिमी घाट है तथा ये बंगाल की खाड़ी की ओर बहती हैं, जिनमें महानदी, गोदावरी, कृष्णा और कावेरी प्रमुख हैं। ये नदियाँ अपने मुहाने अर्थात् अपने मुख की ओर डेल्टा का निर्माण करती हैं।
- पश्चिमी घाट उत्तर से दक्षिण की तरफ फैला है। यहाँ पर एक तटीय मैदान का विकास हुआ है जो पश्चिमी घाट और अरब सागर के मध्य स्थित है।
- कुछ प्रायद्वीपीय नदियाँ केंद्रीय उच्च भूमि (Central Highlands) से निकलती हैं तथा पश्चिम दिशा में प्रवाहित होती हैं।
- नर्मदा और तापी ही सिर्फ पश्चिम की ओर बहने वाली दो बड़ी नदियाँ हैं। नर्मदा और तापी **ज्वारनदमुख** (Estuary) का निर्माण करती हैं। प्रायद्वीपीय नदियों की अपवाह द्रोणियाँ आकार में अपेक्षाकृत छोटी हैं।

प्रायद्वीपीय नदियों की मुख्य द्रोणियाँ निम्नलिखित हैं

### नर्मदा द्रोणी

- नर्मदा नदी का उद्‌गम मध्य प्रदेश की अमरकंटक पहाड़ी से होता है। यह पश्चिम की ओर एक **भ्रंश घाटी** (Rift Valley) में बहती है।
- मध्य प्रदेश में जबलपुर के निकट यह नदी **संगमरमर के शैलों** में गहरे गॉर्ज से प्रवाहित होती है। यहाँ यह तीव्र ढाल से गिरती है और 'धुआँधार प्रपात' (Dhuadhar Falls) का निर्माण करती है।
- नर्मदा की सभी सहायक नदियाँ छोटी हैं। इनमें से अधिकांश नदियाँ समकोण पर मुख्य धारा से मिलती हैं।
- नर्मदा नदी तंत्र (द्रोणी) का विस्तार मध्य प्रदेश और गुजरात के कुछ भागों तक विस्तृत है। नर्मदा नदी के संरक्षण के लिए मध्य प्रदेश सरकार द्वारा **नमामि देवि नर्मदे** नाम की योजना प्रारंभ की गई है।

### तापी द्रोणी

- यह नदी मध्य प्रदेश के बैतूल जिला स्थित सतपुड़ा शृंखला से निकलती है। यह भी नर्मदा के समानांतर एक भ्रंश घाटी में बहती है। लेकिन इसकी लंबाई बहुत कम है।
- इसकी द्रोणी मध्य प्रदेश सहित गुजरात और महाराष्ट्र में भी है।
- अरब सागर तथा पश्चिमी घाट के बीच का तटीय मैदान के संकीर्ण होने के कारण तटीय नदियों की लंबाई कम होती है। पश्चिम की ओर बहने वाली मुख्य नदियाँ साबरमती, माही, भारत-पूजा तथा पेरियार हैं।

### गोदावरी द्रोणी

- गोदावरी भारत की सबसे बड़ी प्रायद्वीपीय नदी है। यह महाराष्ट्र स्थित नासिक जिले के पश्चिमी घाट के ढालों से निकलती है और बंगाल की खाड़ी में गिरती है।
- 1,500 किमी लंबी नर्मदा नदी का अपवाह तंत्र प्रायद्वीपीय नदियों में सबसे बड़ा है।
- बड़े आकार और विस्तार के कारण इसे **दक्षिण गंगा** के नाम से भी जाना जाता है। इसकी सहायक नदियाँ पूर्णा, वर्धा, प्रांहिता, मांजरा, वेनगंगा और पेनगंगा हैं।
- इसकी द्रोणी चार राज्यों महाराष्ट्र (द्रोणी का 50% भाग), मध्य प्रदेश, ओडिशा (उड़ीसा) और आंध्र प्रदेश में विस्तृत है।

## महानदी द्रोणी

- महानदी छत्तीसगढ़ की उच्च भूमि से निकलती है। ओडिशा से बहते हुए यह बंगाल की खाड़ी में मिल जाती है।
- इस नदी की लंबाई 860 किमी है। इसकी द्रोणी ओडिशा सहित महाराष्ट्र, छत्तीसगढ़ व झारखंड में विस्तृत है।

## कृष्णा द्रोणी

- कृष्णा का उद्‌गम महाराष्ट्र के पश्चिमी घाट में महाबालेश्वर के निकट है। 1,400 किमी लंबी यह नदी बंगाल की खाड़ी में गिरती है।
- इसकी सहायक नदियाँ तुंगभद्रा, कोयना, घाटप्रभा, मुसी और भीमा हैं। कृष्णा नदी द्रोणी महाराष्ट्र, कर्नाटक तथा आंध्र प्रदेश में विस्तृत है।

## कावेरी द्रोणी

- कावेरी पश्चिमी घाट की ब्रह्मगिरि शृंखला से निकलती है और कुडलूर (तमिलनाडु) के दक्षिण में बंगाल की खाड़ी में मिल जाती है। इसकी लंबाई 760 किमी है।
- इस नदी की प्रमुख सहायक नदियाँ अमरावती, भवानी, हेमावती तथा काबिनि हैं। इसकी द्रोणी तमिलनाडु सहित केरल व कर्नाटक राज्य में विस्तृत है।
- भारत का **दूसरा सर्वाधिक बड़ा जलप्रपात** कावेरी नदी बनाती है, जिसका नाम **शिवसमुदरम् जलप्रपात** है। इससे उत्पादित विद्युत का वितरण मैसूर, बंगलुरु तथा कोलार स्वर्ण क्षेत्र को किया जाता है।

प्रायद्वीपीय भारत में उपरोक्त वर्णित बड़ी नदियों के अतिरिक्त कुछ छोटी नदियाँ भी हैं, जिनका बहाव पूर्व दिशा में है। इनमें दामोदर, वैतरणी, ब्रह्मनी तथा सुवर्ण रेखा प्रमुख हैं।

# भारत में झीलें

भारत में कई स्थायी और मौसमी झीलें हैं। मौसमी झीलों में जल सिर्फ वर्षा ऋतु में होता है। उदाहरण के लिए, अंतर्देशीय अपवाह वाले अर्द्धशुष्क क्षेत्रों की द्रोणी वाली झीलें; जैसे—राजस्थान में खारे पानी की झील।

यहाँ कुछ ऐसी झीलें हैं, जिनका निर्माण हिमानियों एवं बर्फ चादर की क्रिया के फलस्वरूप तथा कुछ का वायु, नदियों एवं मानवीय क्रियाकलापों के कारण हुआ है।

विसर्प आकार वाली नदी बाढ़ वाले क्षेत्रों में कटकर **गोखुर झील** (Ox-bow Lakes) का निर्माण करती है।

**लैगून झील स्पिट** तथा **बार** या रोधिका (Bars) द्वारा **लैगून** (Lagoon) का निर्माण होता है; जैसे—चिल्का झील (ओडिशा), पुलिकट झील और कोलेरू झील।

बड़े आकार वाली झीलों को समुद्र कहा जाता है; जैसे—कैस्पियन, मृत तथा अरल सागर।

### मीठे पानी की झील

मीठे पानी (Fresh Water) की अधिकांश झीलें हिमालय क्षेत्र में हैं। इनका निर्माण मुख्यतः हिमानी (Glacier) द्वारा हुआ है। हिमानियों/हिमनदी द्वारा गहरी द्रोणी बनाने पर इस प्रकार की झीलों का निर्माण होता है तथा बाद में हिम पिघलने से ये द्रोणियाँ भर जाती हैं।

इसके विपरीत जम्मू-कश्मीर स्थित **वूलर झील** भू-गर्भीय (Tectonic) क्रियाओं से निर्मित झील है। यह भारत की सबसे बड़ी मीठे पानी की प्राकृतिक झील है। मीठे पानी की अन्य महत्त्वपूर्ण झीलें डल झील, नैनीताल, भीमताल, लोकताक तथा बड़ापानी हैं। प्राकृतिक झीलों के अतिरिक्त जल-विद्युत उत्पादन के लिए नदियों पर बाँध बनाने से भी झील का निर्माण होता है; जैसे–सतलुज नदी पर गुरु गोविंद सागर (भाखड़ा-नाँगल परियोजना) बाँध का निर्माण हुआ। विश्व की सतह का 71% हिस्सा पानी से ढका है, लेकिन 97% हिस्सा खारे पानी का है। मीठे पानी के रूप में उपलब्ध 3% में से तीन-चौथाई बर्फ के रूप में है।

## झीलों का महत्त्व

- मानव जीवन के लिए झीलें अत्यधिक लाभदायक हैं। ये पर्यटन स्थल हैं और इनका उपयोग खेल गतिविधियों में भी किया जा सकता है; जैसे—नौकायन, तैराकी, पानी के खेल आदि।
- ये नदी के बहाव को सुचारु बनाने में सहायक होती हैं। अत्यधिक वर्षा के समय जहाँ ये बाढ़ को रोकती हैं, वहीं सूखे के मौसम में पानी के बहाव को संतुलित करती हैं।
- झीलों का प्रयोग जल-विद्युत (Hydel Power) उत्पन्न करने में भी किया जाता है। ये जलीय पारितंत्र को संतुलित रखने के साथ-साथ आस-पास की क्षेत्रीय जलवायु को भी सामान्य बनाती हैं। झीलों की प्राकृतिक सुंदरता पर्यटन (Tourism) को बढ़ावा देती है।
- झीलों में खारा पानी होता है, जिसका उपयोग नमक बनाने में किया जाता है।

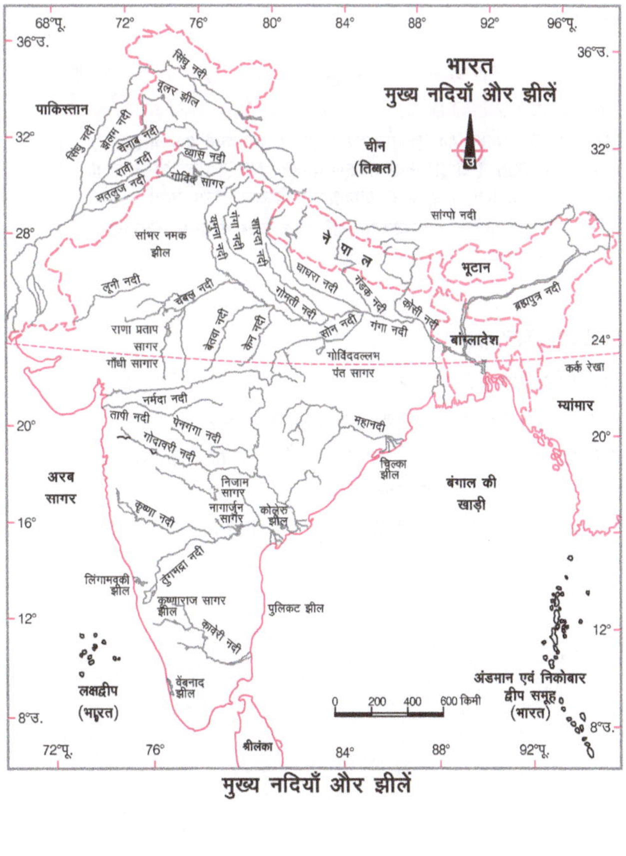


मुख्य नदियाँ और झीलें

## नदियों का अर्थव्यवस्था में महत्त्व

नदियों का जल मूल प्राकृतिक संसाधन है तथा अनेक मानवीय क्रियाकलापों के लिए अत्यंत महत्त्वपूर्ण है। नदियाँ सिंचाई के लिए जल, नौसंचालन, जल-विद्युत उत्पादन आदि सुविधाएँ प्रदान करती हैं।

नदी के जल का उपयोग कृषि में फसलों को उगाने के लिए किया जाता है, जोकि अधिकांश भारतीय लोगों की आजीविका का एक प्रमुख स्रोत है।

## नदी प्रदूषण

नदी जल की घरेलू, नागरिक, औद्योगिक एवं खेती के लिए बढ़ती माँग स्वाभाविक रूप से जल की गुणवत्ता पर प्रभाव डालती है। नदियों से निरंतर जल का दोहन किया जा रहा है, जिससे उनके जल स्तर में गिरावट आ रही है। जब अपरिष्कृत (Unrefined) कचरा और औद्योगिक अपशिष्ट नदियों में प्रवाहित होते हैं, तो इससे न केवल जल की गुणवत्ता प्रभावित होती है, अपितु नदी की स्वत: स्वच्छीकरण क्षमता पर भी प्रभाव पड़ता है।

उदाहरण के लिए; दिए गए समुचित जल प्रवाह में गंगा का जल लगभग 20 किमी क्षेत्र में फैले बड़े शहरों की गंदगी को खत्म करके समाहित कर सकता है, किंतु बढ़ते शहरीकरण एवं औद्योगीकरण के कारण ऐसा हो नहीं पाता और बहुत-सी नदियों में प्रदूषण का स्तर निरंतर ही बढ़ता जा रहा है। नदियों में बढ़ते प्रदूषण को कम करने तथा जल को स्वच्छ बनाने के लिए भारत सरकार द्वारा कई योजनाएँ लागू की गई हैं।

### राष्ट्रीय नदी संरक्षण योजना (NRCP)

देश में नदी सफाई कार्यक्रम की शुरुआत वर्ष 1985 में **गंगा कार्य योजना** (GAP) के साथ हुई। वर्ष 1995 में राष्ट्रीय नदी संरक्षण योजना (NRCP) के अंतर्गत अन्य नदियों को जोड़ने के लिए *गंगा कार्य योजना* का विस्तार किया गया।

राष्ट्रीय नदी संरक्षण योजना का उद्देश्य नदियों के जल में प्रदूषण को कम करके जल की गुणवत्ता में सुधार करना है।

### चेक प्वॉइंट 02

1. *प्रायद्वीपीय नदियाँ कैसी हैं?*
2. *विशाल आकार वाली झीलों को क्या कहा जाता है?*
3. *राजस्थान की सांभर झील किस प्रकार की झील का उदाहरण है?*
4. *झील का कोई एक महत्त्व बताइए।*
5. *गंगा कार्य योजना के क्रियाकलापों का प्रथम चरण किस वर्ष प्रारंभ हुआ था?*

### इन्हें भी जानें

- ***अपवाह (Drainage)*** किसी क्षेत्र विशेष के नदी तंत्र को 'अपवाह' कहते हैं। यह प्रमुख नदी और उसकी सहायक धाराओं से मिलकर बनता है।
- ***अपवाह द्रोणी (Drainage Basin)*** किसी नदी तंत्र द्वारा अपवाहित क्षेत्र अपवाह द्रोणी है।
- ***नदी तंत्र (River System)*** किसी नदी तथा उसकी सहायक नदियों को नदी तंत्र कहा जाता है।
- ***जल विभाजक (Water Divide)*** दो पड़ोसी अपवाह द्रोणियों के बीच स्थित उच्च भूमि, जिससे उनकी प्रवाह दिशा पृथक् हो जाती है, जल विभाजक कहलाता है।
- ***अपवाह प्रतिरूप (Drainage Patterns)*** नदी धाराओं के एक निश्चित प्रतिरूप को अपवाह प्रतिरूप कहा जाता है। यह क्षेत्र विशेष की ढाल, जलवायु संबंधी अवस्था और शैल संरचना पर आधारित होता है।
- ***बारहमासी नदी (Perennial River)*** ऐसी नदी, जिसमें वर्षभर जल की उपलब्धता रहती हो।
- ***गॉर्ज (Gorge)*** तेज खड़े किनारों वाली गहरी घाटियाँ, गॉर्ज या महाखड्ड हैं।
- ***डेल्टा (Delta)*** नदी के मुहाने/मुख पर निर्मित त्रिभुजाकार निक्षेप, डेल्टा कहलाता है।
- ***मुहाना (Mouth)*** झील अथवा सागर में नदी का मिलन स्थल मुहाना है।
- ***गोखुर झील/चापाकर झील (Ox-bow Lake)*** यह नदी द्वारा निर्मित एक निक्षेपणात्मक स्थल रूप है। यह नदी की प्रौढ़ावस्था के बाद उसके विसर्पों के मूलधारा से कट जाने और उसमें जल इकट्ठा होने से बनता है।
- ***विसर्प (Meanders)*** किसी नदी का घुमावदार भाग या वक्र, जो सामान्यत: नदी के निचले मार्ग में बनता है।
- ***ज्वारनदमुख (Estuary)*** नदी का वह मुहाना, जिस पर नदी बिना निक्षेपण किए सीधे किनारों वाला मुख बनाती है, ज्वारनदमुख कहलाता है।
- ***सहायक नदी (Tributary)*** वह नदी, जो अपने अपवाह क्षेत्र में मुख्य नदी से मिलती है, सहायक नदी कहलाती है।
- ***अंतर्देशीय अपवाह (Inland Drainage)*** जब किसी नदी का जल समुद्र में न पहुँचकर किसी अंतर्देशीय सागर या झील में जाता है, तो उसे अंतर्देशीय अपवाह कहते हैं।
- ***गुंफित नदी (Braided Channel)*** वह नदी, जो अनेक धाराओं में विभाजित होती है तथा रेत के टीलों और द्वीपों द्वारा अलग की जाती है।
- ***जलप्रपात (Water Fall)*** जब नदी का पानी किसी ऊँची जगह से निचले स्थान पर गिरता है, तो जलप्रपात का निर्माण होता है।

# NCERT फोल्डर

## 1. *निम्नलिखित विकल्पों में से सही उत्तर चुनिए*

(i) वूलर झील निम्नलिखित में से किस राज्य में स्थित है?

(a) राजस्थान (b) पंजाब (c) उत्तर प्रदेश (d) जम्मू-कश्मीर

*उत्तर* (*d*) जम्मू-कश्मीर

(ii) नर्मदा नदी का उद्‌गम कहाँ से है?

(a) सतपुड़ा (b) अमरकंटक
(c) ब्रह्मगिरि (d) पश्चिमी घाट के ढाल

*उत्तर* (*b*) अमरकंटक

(iii) निम्नलिखित में से कौन-सी लवणीय जल वाली झील है?

(a) सांभर (b) वूलर
(c) डल (d) गोविंद सागर

*उत्तर* (*a*) सांभर

(iv) निम्नलिखित में से कौन-सी नदी प्रायद्वीपीय भारत की सबसे बड़ी नदी है?

(a) नर्मदा (b) गोदावरी
(c) कृष्णा (d) महानदी

*उत्तर* (*b*) गोदावरी

(v) निम्नलिखित नदियों में से कौन-सी नदी भ्रंश घाटी से होकर बहती है?

(a) महानदी (b) कृष्णा (c) तुंगभद्रा (d) तापी

*उत्तर* (*d*) तापी

## 2. *निम्नलिखित प्रश्नों के उत्तर संक्षेप में दीजिए*

(i) जल विभाजक का क्या कार्य है? एक उदाहरण दीजिए।

*उत्तर* जल विभाजक दो पड़ोसी अपवाह द्रोणियों के बीच स्थित 'उच्च भूमि' को कहा जाता है। सिंधु और गंगा नदी तंत्र के बीच स्थित उच्च भूमि जल विभाजक का ही एक उदाहरण है। हरियाणा का अंबाला शहर इस उच्च भूमि पर स्थित है।

(ii) भारत में सबसे विशाल नदी द्रोणी कौन-सी है?

*उत्तर* भारत में सबसे विशाल नदी द्रोणी गंगा नदी है। यह गंगोत्री हिमानी से निकलकर बंगाल की खाड़ी में मिल जाती है। गंगा नदी की लंबाई 2,500 किमी से अधिक है।

(iii) सिंधु एवं गंगा नदियाँ कहाँ से निकलती हैं?

*उत्तर* सिंधु नदी तिब्बत में मानसरोवर झील के पास से तथा गंगा नदी गंगोत्री नामक हिमानी से निकलती है, जो हिमालय के दक्षिणी ढलान पर स्थित है।

(iv) गंगा की दो मुख्य धाराओं के नाम लिखिए। ये कहाँ पर एक-दूसरे से मिलकर गंगा नदी का निर्माण करती हैं?

*उत्तर* 'भागीरथी' और 'अलकनंदा' गंगा नदी की दो मुख्य धाराएँ हैं। ये दोनों धाराएँ उत्तराखंड के देवप्रयाग में आपस में मिलती हैं और गंगा नदी का निर्माण करती हैं।

(v) लंबी धारा होने के बावजूद तिब्बत के क्षेत्रों में ब्रह्मपुत्र में कम गाद क्यों है?

*उत्तर* तिब्बत में ब्रह्मपुत्र नदी को सांग्पो कहा जाता है तथा तिब्बत में इसे बहुत कम पानी प्राप्त होता है, इसलिए इसमें तिब्बत के क्षेत्रों में कम गाद पाई जाती है। इसके विपरीत जब यह नदी भारत में प्रवेश करती है, तो यह ऐसे क्षेत्रों से गुजरती है, जहाँ बहुत अधिक वर्षा होती है। यह नदी बहुत अधिक पानी लेकर जाती है और इसी कारण इसमें गाद की मात्रा भी बढ़ जाती है, क्योंकि तिब्बत का मौसम ठंडा व शुष्क है, इसलिए तिब्बत में इसे बहुत कम पानी प्राप्त होता है और इस क्षेत्र में गाद भी कम पाई जाती है।

(vi) कौन-सी दो प्रायद्वीपीय नदियाँ गर्त से होकर बहती हैं? समुद्र में प्रवेश करने से पहले वे किस प्रकार की आकृतियों का निर्माण करती हैं?

*उत्तर* नर्मदा और तापी प्रायद्वीपीय नदियाँ हैं। ये दोनों नदियाँ पश्चिम दिशा की ओर गर्त/भ्रंश घाटी से होकर बहती हैं। ये नदियाँ समुद्र में प्रवेश से पूर्व ज्वारनदमुख का निर्माण करती हैं।

(vii) नदियों तथा झीलों के कुछ आर्थिक महत्त्व को बताइए।

*उत्तर* **नदियों के आर्थिक महत्त्व**

- घरेलू कार्यों और फसलों के लिए जल की उपलब्धता।
- गाद और तलछट का परिवहन, जो उचित उपज और कृषि भूमि के लिए लाभदायक है।
- औद्योगिक विकास को बढ़ावा।
- अंतर्देशीय जलमार्ग का साधन।

**झीलों के आर्थिक महत्त्व**

- नदी बहाव को सुचारु बनाने में सहायक।
- अति वर्षा के समय बाढ़ नियंत्रण में मददगार।
- सूखे मौसम में पानी के बहाव के संतुलन में मदद।
- जल-विद्युत उत्पादन का स्रोत।

**3.** नीचे भारत की कुछ झीलों के नाम दिए गए हैं। इन्हें प्राकृतिक तथा मानव निर्मित वर्गों में बाँटिए

| | | | |
|---|---|---|---|
| (क) वूलर | (ख) डल | (ग) नैनीताल | (घ) भीमताल |
| (ङ) गोविंद सागर | (च) लोकताक | (छ) बारापानी | (ज) चिल्का |
| (झ) सांभर | (ञ) राणा प्रताप सागर | (ट) निजाम सागर | |
| (ठ) पुलिकट | (ड) नागार्जुन सागर | (ढ) हीराकुंड | |

*उत्तर*
- **प्राकृतिक झील** वूलर, डल, नैनीताल, भीमताल, लोकताक, बारापानी, चिल्का, सांभर एवं पुलिकट
- **मानव निर्मित झील** गोविंद सागर, राणा प्रताप सागर, निजाम सागर, नागार्जुन सागर एवं हीराकुंड

**4.** **हिमालय तथा प्रायद्वीपीय नदियों के मुख्य अंतरों को स्पष्ट कीजिए।**

**उत्तर** हिमालय और प्रायद्वीपीय नदियों के मध्य पाए जाने वाले मुख्य अंतर निम्नलिखित हैं

| हिमालयी नदियाँ | प्रायद्वीपीय नदियाँ |
|---|---|
| हिमालय पर्वत श्रेणी में से निकलने वाली अधिकांश नदियाँ बारहमासी हैं। इन्हें वर्षभर वर्षा जल के अतिरिक्त हिम के पिघलने से जल मिलता है। | प्रायद्वीपीय भारत की अधिकांश नदियाँ मौसमी हैं। इनमें वर्षा ऋतु में जल की उपलब्धता रहती है। ग्रीष्मकाल में ये शुष्क हो जाती हैं। |
| इनसे जल-विद्युत का उत्पादन किया जाता है। कृषि हेतु सिंचाई के लिए जल प्राप्त किया जाता है। | इनसे वर्षभर सिंचाई हेतु जल प्राप्त नहीं किया जा सकता। |
| ये उत्तरी भारत के समतल मैदानों में अपवाह के कारण कृषि सहित जहाजरानी (जल यातायात) के लिए महत्त्वपूर्ण हैं। | ये कठोर व चट्टानी धरातल पर अपवाह के कारण न ही कृषि और न ही जहाजरानी के लिए अधिक उपयुक्त हैं। |
| हिमालयी नदियाँ अपने मार्ग में गॉर्ज का निर्माण करती हैं। ये अपने मुहाने पर विशाल डेल्टा भी बनाती हैं। | प्रायद्वीपीय नदियाँ महत्त्वपूर्ण जलप्रपात का निर्माण करती हैं। ये अपेक्षाकृत छोटे डेल्टा और ज्वारनदमुख का निर्माण करती हैं। |
| इन नदियों के किनारों पर बड़े नगर और कस्बे बसे हैं। ये नगर विशाल जनसंख्या का निवास क्षेत्र हैं। | इनके किनारों पर कम बड़े नगर व कस्बे बसे हैं। स्पष्टतः यहाँ जनसंख्या भी कमतर निवास करती है। |
| इनका उद्गम स्थान पर्वत शृंखलाएँ हैं। | प्रायद्वीप की अधिकांश नदियाँ पश्चिमी घाट से निकलती हैं। |

**5.** **प्रायद्वीपीय पठार के पूर्व एवं पश्चिम की ओर बहने वाली नदियों की तुलना कीजिए।**

**उत्तर** प्रायद्वीपीय पठार के पूर्व एवं पश्चिम की ओर बहने वाली नदियों की तुलना निम्न बिंदुओं में स्पष्ट की गई है

| पूर्व की ओर बहने वाली नदियाँ | पश्चिम की ओर बहने वाली नदियाँ |
|---|---|
| पूर्व दिशा में बहने वाली प्रायद्वीपीय पठारी नदियाँ बंगाल की खाड़ी में गिरती हैं। | पश्चिम की ओर बहने वाली प्रायद्वीपीय पठारी नदियाँ अरब सागर में गिरती हैं। |
| मुहाने के निकट इन नदियों की गति मंद पड़ जाती है, जिसके परिणामस्वरूप डेल्टाई मैदान का निर्माण होता है। | ये नदियाँ अपने मुहाने पर तीव्र गति में होती हैं, जिसके परिणामस्वरूप यहाँ ज्वारनदमुख का निर्माण होता है। |
| इनका अपवाह तंत्र विकसित एवं आकार में बड़ा है। | इनका अपवाह तंत्र कम विकसित है तथा सहायक नदियाँ छोटी हैं। |
| इन नदियों का बहाव अधिक गहरा नहीं है। उदाहरण के लिए; गोदावरी, महानदी, कृष्णा व कावेरी। | ये गहरे गर्त से होकर अप्रवाहित होती हैं; जैसे–नर्मदा एवं तापी। |

**6.** **किसी देश की अर्थव्यवस्था के लिए नदियाँ महत्त्वपूर्ण क्यों हैं?**

**उत्तर** संपूर्ण मानव इतिहास में नदियों का अत्यधिक महत्त्व रहा है। नदियों का जल मूल प्राकृतिक संसाधन है तथा अनेक मानवीय क्रियाकलापों के लिए अनिवार्य है। यही कारण है कि नदियों के तटों ने प्राचीन काल से ही अधिवासियों को अपनी ओर आकर्षित किया है।

भारत जैसे देश के लिए जहाँ की अधिकांश जनसंख्या जीविका के लिए कृषि पर निर्भर है, वहाँ सिंचाई, नौसंचालन, जलवायु निर्माण में नदियों का महत्त्व बहुत अधिक है।

## मानचित्र आधारित प्रश्न

**1.** **भारत के मानचित्र पर निम्नलिखित नदियों को चिह्नित कीजिए तथा उनके नाम लिखिए**

**गंगा, सतलुज, दामोदर, कृष्णा, नर्मदा, तापी, महानदी, दिहांग (ब्रह्मपुत्र)।**

**2.** **भारत के रेखा मानचित्र पर निम्नलिखित झीलों को चिह्नित कीजिए तथा उनके नाम लिखिए**

**चिल्का, सांभर, वूलर, पुलिकट तथा कोलेरू।**

**उत्तर** प्रश्न 1 व 2 दोनों के लिए

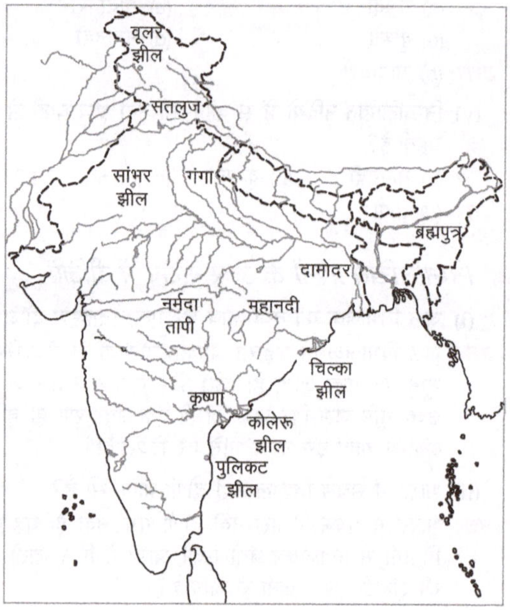

# परीक्षा अभ्यास

## वस्तुनिष्ठ प्रश्न

### बहुविकल्पीय प्रश्न

**1.** किसी क्षेत्र विशेष के नदी तंत्र को क्या कहा जाता है?

(a) अपवाह (b) डेल्टा
(c) द्रोणी (d) अपवाहित जल

**उत्तर** (a) अपवाह

**2.** किसी एक नदी द्वारा जिस क्षेत्र में जल प्रवाहित होता है, उसे क्या कहा जाता है?

(a) नदी तंत्र (b) अपवाह प्रणाली
(c) अपवाह द्रोणी (d) नदी प्रवाह

**उत्तर** (c) अपवाह द्रोणी

**3.** विश्व की सबसे बड़ी नदी द्रोणी कौन-सी है?

(a) गंगा द्रोणी (b) ब्रह्मपुत्र द्रोणी
(c) नील द्रोणी (d) अमेजन द्रोणी

**उत्तर** (d) अमेजन द्रोणी

**4.** भारतीय नदी प्रणाली को कितने भागों में विभाजित किया जाता है?

(a) दो (b) तीन
(c) चार (d) पाँच

**उत्तर** (a) दो

**5.** निम्न में से कौन-सी नदी ब्रह्मपुत्र की सहायक नदी है?

(a) कोसी (b) लोहित
(c) कोयना (d) मुसी

**उत्तर** (b) लोहित

**6.** निम्नलिखित में किस नदी का उद्गम तिब्बत की मानसरोवर झील से होता है?

(a) गंगा (b) ब्रह्मपुत्र
(c) कावेरी (d) व्यास

**उत्तर** (b) ब्रह्मपुत्र

**7.** हिमालय की नदियाँ किस प्रकार की आकृति का निर्माण करती हैं?

(a) विसर्प (b) गोखुर झील
(c) निक्षेपण आकृतियाँ (d) ये सभी

**उत्तर** (d) ये सभी

**8.** निम्नलिखित में से कौन-सी नदी पश्चिम दिशा में प्रवाहित होकर ज्वारनदमुख का निर्माण करती है?

(a) तापी (b) कोयना
(c) भीमा (d) सोन

**उत्तर** (a) तापी

**9.** किस नदी का उद्गम मध्य प्रदेश के अमरकंटक से होता है?

(a) तापी (b) कृष्णा
(c) कावेरी (d) नर्मदा

**उत्तर** (d) नर्मदा

**10.** निम्नलिखित में से कौन-सा कथन हिमालय की नदी से संबंधित नहीं है?

(a) हिमालय क्षेत्र की नदियाँ बारहमासी होती हैं
(b) हिमालय नदियों में ब्रह्मपुत्र का महत्त्वपूर्ण स्थान है
(c) इन नदियों ने पर्वतों को काटकर गॉर्ज का निर्माण किया है
(d) इस नदी के मैदान का ढाल बहुत धीमा है

**उत्तर** (d) इस नदी के मैदान का ढाल बहुत धीमा है

**11.** निम्नलिखित में से कौन-सा कथन नमामि गंगे कार्यक्रम से संबंधित है?

(a) यह एकल संरक्षण योजना है
(b) इसे उत्तराखंड राज्य द्वारा फ्लैगशिप कार्यक्रम के तहत जून, 2014 में शुरू किया गया था
(c) इस कार्यक्रम का लक्ष्य डॉल्फिन की संख्या को कम करना था
(d) इसका लक्ष्य गंगा का संरक्षण और इसके कायाकल्प का प्रयास करना है

**उत्तर** (d) इसका लक्ष्य गंगा का संरक्षण और इसके कायाकल्प का प्रयास करना है

**12.** निम्नलिखित में से कौन-सा कथन नदी प्रदूषण से संबंधित है?

1. भारत में नदी सफाई के लिए वर्ष 1985 में गंगा कार्य योजना प्रारंभ की गई।
2. राष्ट्रीय नदी संरक्षण योजना का उद्देश्य जल प्रदूषण को कम करना है।
3. शहरीकरण एवं औद्योगीकरण के कारण जल प्रदूषण में बढ़ोतरी हुई है।

**कूट**

(a) 1 और 2 (b) 2 और 3 (c) 1 और 3 (d) 1, 2 और 3

**उत्तर** (d) 1, 2 और 3

**13.** निम्नलिखित में से कौन-से कथन भारत में झीलों के संबंध में सही हैं?

1. भारत में केवल मौसमी झीलें हैं।
2. राजस्थान में खारे पानी की झील उपस्थित है।
3. गोखुर झील का निर्माण विसर्प आकार वाली नदी बाढ़ क्षेत्रों में कटकर किया जाता है।
4. झीलों का निर्माण केवल हिमानियों से होता है।

कूट

(a) 1 और 2 (b) 2 और 3
(c) 1 और 3 (d) 3 और 4

उत्तर (b) 2 और 3

**14.** निम्नलिखित झीलों को उत्तर से दक्षिण के क्रम में व्यवस्थित करें

1. चिल्का झील 2. कोलेरू झील
3. सांभर नमक झील 4. पुलिकट झील

कूट

(a) 1, 2, 3, 4 (b) 4, 3, 2, 1
(c) 3, 1, 2, 4 (d) 1, 4, 3, 2

उत्तर (c) 3, 1, 2, 4

**15.** निम्नलिखित नदियों को उनकी लंबाई के अनुसार घटते क्रम में व्यवस्थित करें

1. गंगा नदी 2. महानदी
3. कावेरी नदी

कूट

(a) 1, 3, 2 (b) 2, 3, 1
(c) 1, 2, 3 (d) 3, 2, 1

उत्तर (c) 1, 2, 3

**16.** निम्न में से सही युग्म की पहचान कीजिए

(a) गॉर्ज – मुख पर निर्मित त्रिभुजाकार निक्षेप
(b) डेल्टा – तेज खड़े किनारों वाली घाटी
(c) मुहाना – सागर में नदी का मिलन स्थल
(d) गोखुर झील – नदी द्वारा निर्मित एक निक्षेपणात्मक स्थल

उत्तर (c) मुहाना–सागर में नदी का मिलन स्थल

**17.** निम्न में से गलत युग्म की पहचान कीजिए

(a) विसर्प – नदी के निचले मार्ग में घुमावदार भाग
(b) ज्वारनदमुख – मुहाना जहाँ नदी बिना निक्षेपण किए सीधे किनारों वाले मुख का निर्माण
(c) वितरिका – नदी के मुहाने पर प्रवाह मार्ग
(d) गुंफित नदी – नदी का ऊँची जगह से गिरना

उत्तर (d) गुंफित नदी–नदी का ऊँची जगह से गिरना

**18.** निम्नलिखित की सहायता से द्रोणी की पहचान करें

- यह छत्तीसगढ़ की उच्च भूमि से निकलती है।
- यह ओडिशा सहित महाराष्ट्र, छत्तीसगढ़ व झारखंड में विस्तृत है।
- इसकी कुल लंबाई 860 किमी है।

(a) गोदावरी द्रोणी (b) महानदी द्रोणी
(c) कृष्णा द्रोणी (d) कावेरी द्रोणी

उत्तर (b) महानदी द्रोणी

**19.** निम्नलिखित की सहायता से नदी तंत्र की पहचान करें

- इस नदी की मुख्य धारा भागीरथी गंगोत्री हिमानी से निकलकर देवप्रयाग में अलकनंदा से मिलती है।
- हरिद्वार के निकट यह पर्वतीय भाग को छोड़कर मैदानी भाग में प्रवेश करती है।
- इन नदियों के द्वारा बनाए गए डेल्टा को सुंदरवन डेल्टा कहते हैं।
- यमुना नदी इसके दाहिने किनारे के समानांतर बहती है।

(a) महानदी तंत्र (b) गंगा नदी तंत्र
(c) ब्रह्मपुत्र नदी तंत्र (d) इनमें से कोई नहीं

उत्तर (b) गंगा नदी तंत्र

## सुमेलित करें

**20.** सुमेलित कीजिए

| सूची I (नदी) | सूची II (सहायक नदी) |
|---|---|
| A. कावेरी | 1. यमुना |
| B. गंगा | 2. भवानी |
| C. ब्रह्मपुत्र | 3. दिबांग |
| D. गोदावरी | 4. मांजरा |

कूट

| | A | B | C | D |
|---|---|---|---|---|
| (a) | 2 | 1 | 3 | 4 |
| (b) | 2 | 1 | 4 | 3 |
| (c) | 2 | 3 | 1 | 4 |
| (d) | 1 | 2 | 3 | 4 |

उत्तर (a) 2 1 3 4

**21.** सुमेलित कीजिए

| सूची I (नदी) | सूची II (लंबाई) |
|---|---|
| A. महानदी | 1. 860 किमी |
| B. गंगा | 2. 2500 किमी |
| C. कृष्णा | 3. 1400 किमी |
| D. कावेरी | 4. 760 किमी |

कूट

| | A | B | C | D |
|---|---|---|---|---|
| (a) | 2 | 1 | 4 | 3 |
| (b) | 4 | 3 | 2 | 1 |
| (c) | 1 | 2 | 3 | 4 |
| (d) | 2 | 3 | 4 | 1 |

उत्तर (c) 1 2 3 4

## रिक्त स्थान भरें

**22.** नदी के मुहाने पर निर्मित त्रिभुजाकार निक्षेप ……… कहलाता है।

उत्तर डेल्टा

**23.** ताप्ती नदी ……… से निकलती है।

उत्तर सतपुड़ा श्रेणी

**24.** भारत की प्राकृतिक जल की सबसे विशाल झील ……… है।

उत्तर वूलर झील

**25.** शिवसमुदरम् जलप्रपात ……… नदी पर स्थित है।

उत्तर कावेरी

**26.** गंगा कल्याण योजना वर्ष ········· में प्रारंभ की गई थी।

उत्तर 1985

**27.** निम्न रिक्त स्थान को पूरा करें

| नदी तंत्र | विशेषता |
|---|---|
| गंगा नदी तंत्र | हरिद्वार के निकट मैदानी भाग में प्रवेश। |
| ब्रह्मपुत्र नदी तंत्र | ? |

**कूट**

(a) हिमालय श्रृंखला की पश्चिम दिशा में प्रवाह।
(b) भारत के अधिकांश क्षेत्रों में प्रवाह।
(c) गॉर्ज के माध्यम से अरुणाचल प्रदेश में प्रवेश।
(d) भारत के सिक्किम राज्य में प्रवेश।

उत्तर (c) गॉर्ज के माध्यम से अरुणाचल प्रदेश में प्रवेश।

## सही और पुनः लिखें

**28.** गंगा नदी का उद्गम यमुनोत्री हिमानी से होता है।

उत्तर यमुना नदी का उद्गम यमुनोत्री हिमानी से होता है।

**29.** सतलुज नदी अपने उद्गम स्थान से पूर्व दिशा की ओर प्रवाहित होती है।

उत्तर सतलुज नदी अपने उद्गम स्थल से पश्चिम दिशा की ओर प्रवाहित होती है।

## कथन/कारण

**30. कथन** (A) ब्रह्मपुत्र नदी का उद्गम तिब्बत स्थित मानसरोवर झील से होता है।

**कारण** (R) तिब्बत एक शीत एवं शुष्क क्षेत्र है।

**कूट**

(a) A और R दोनों सही हैं तथा R, A की सही व्याख्या है
(b) A और R दोनों सही हैं, परंतु R, A की सही व्याख्या नहीं है
(c) A सही है, किंतु R गलत है
(d) A गलत है, किंतु R सही है

उत्तर (a) A और R दोनों सही हैं तथा R, A की सही व्याख्या है।

**31. कथन** (A) नर्मदा और तापी नदी पश्चिम दिशा में प्रवाहित होती हैं।

**कारण** (R) नर्मदा और तापी नदी अपने मुहाने पर डेल्टा का निर्माण करती हैं।

**कूट**

(a) A और R दोनों सही हैं तथा R, A की सही व्याख्या है
(b) A और R दोनों सही हैं, परंतु R, A की सही व्याख्या नहीं है
(c) A सही है, किंतु R गलत है
(d) A गलत है, किंतु R सही है

उत्तर (c) A सही है, किंतु R गलत है

**32. कथन** (A) कावेरी नदी पश्चिमी घाट की ब्रह्मगिरि श्रृंखला से निकलती है।

**कारण** (R) इसकी सहायक नदियों में अमरावती, भवानी, हेमावती तथा काबिनी हैं।

**कूट**

(a) A और R दोनों सही हैं तथा R, A की सही व्याख्या है
(b) A और R दोनों सही हैं, परंतु R, A की सही व्याख्या नहीं है
(c) A सही है, किंतु R गलत है
(d) A गलत है, किंतु R सही है

उत्तर (c) A सही है, किंतु R गलत है

## अतिलघु उत्तरीय प्रश्न

**1.** 'अपवाह' से आप क्या समझते हैं?

उत्तर किसी क्षेत्र विशेष के नदी तंत्र को 'अपवाह' कहते हैं। यह प्रमुख नदी और उसकी सहायक धाराओं से मिलकर बनता है।

**2.** जल विभाजक क्या है?

उत्तर दो पड़ोसी अपवाह द्रोणियों के मध्य स्थित उच्च भूमि को 'जल विभाजक' कहा जाता है।

**3.** 'डेल्टा' और 'ज्वारनदमुख' में क्या अंतर है?

उत्तर नदी के मुहाने पर निर्मित त्रिभुजाकार निक्षेप 'डेल्टा' कहलाता है। नदी का वह मुहाना, जिस पर नदी बिना निक्षेपण किए सीधे किनारों वाला मुख बनाती हैं, ज्वारनदमुख कहलाता है।

**4.** 'अंतर्देशीय अपवाह' क्या है?

उत्तर जब किसी नदी का जल समुद्र में न पहुँचकर किसी अंतर्देशीय सागर या झील में जाता है, उसे अंतर्देशीय अपवाह कहा जाता है।

**5.** 'विसर्प' क्या है?

उत्तर किसी नदी के घुमावदार भाग या वक्र को 'विसर्प' कहा जाता है। इसका निर्माण नदी के निचले भाग में होता है, जहाँ नदी की गति मंद पड़ जाती है।

**6.** 'गोखुर झील' से आप क्या समझते हैं?

उत्तर 'गोखुर झील' नदी द्वारा निर्मित एक निक्षेपणात्मक स्थलीय रूप है। यह नदी की प्रौढ़ावस्था के बाद उसके विसर्पों के मूल धारा से कट जाने और उसमें जल इकट्ठा होने से बनता है।

**7.** भागीरथी और अलकनंदा किस स्थान पर एक-दूसरे से मिलती हैं?

उत्तर भागीरथी और अलकनंदा देवप्रयाग में एक-दूसरे से मिलती हैं।

**8.** उन दो बड़ी नदियों के नाम बताएँ, जो अरब सागर में मिलती हैं।

उत्तर नर्मदा तथा ताप्ती नदियाँ अरब सागर में मिलती हैं।

**9.** ताप्ती नदी किन पहाड़ियों से निकलती है?

उत्तर ताप्ती नदी सतपुड़ा श्रेणी से निकलती है।

**10.** ताजे जल की झीलें अधिकतर किस क्षेत्र में पाई जाती हैं?
**उत्तर** ताजे जल की झीलें अधिकतर हिमालय क्षेत्र में पाई जाती हैं।

**11.** उस योजना का नाम बताएँ, जो गंगा के प्रदूषण को कम करने के लिए बनी थी।
**उत्तर** 'गंगा कार्य योजना' गंगा के प्रदूषण को कम करने के लिए बनी थी।

**12.** सबसे बड़ी प्रायद्वीपीय नदी कौन-सी है? यह कहाँ से निकलती है?
**उत्तर** गोदावरी सबसे बड़ी प्रायद्वीपीय नदी है। यह महाराष्ट्र के नासिक जिले से निकलती है।

## लघु उत्तरीय प्रश्न

**1.** हिमालय के दो नदी तंत्र और उसकी सहायक नदियों के नाम बताइए।
**उत्तर** गंगा और ब्रह्मपुत्र हिमालय से निकलने वाली दो प्रमुख नदियाँ हैं। किसी नदी और उसकी सहायक नदियों को नदी तंत्र कहा जाता है।
हिमालय के दो नदी तंत्र और उसकी सहायक नदी निम्न हैं
(i) **गंगा नदी तंत्र** यमुना, घाघरा, गंडक, चंबल, सोन, बेतवा आदि।
(ii) **ब्रह्मपुत्र नदी तंत्र** दिबांग, लोहित, केनुला आदि।

**2.** सहायक नदी और वितरणिका में क्या अंतर है? उदाहरण सहित बताइए।
**उत्तर**

| सहायक नदी | वितरणिका |
|---|---|
| अपने अपवाह क्षेत्र में मुख्य नदी से मिलने वाली नदियों को सहायक नदी कहते हैं। | जब कोई नदी सागर या अन्य किसी विशाल जलीय भाग में पहुँचने से पूर्व कई धाराओं में विभाजित हो जाती है, तो इन धाराओं को वितरणिका कहते हैं। |
| सहायक नदियाँ किसी सागर या झील से जाकर नहीं मिलती हैं। | वितरणिकाएँ प्रायः नदियों की डेल्टा में दिखती हैं। |
| यमुना, गंडक, कोसी, बेतवा, सोन आदि सभी नदियाँ मुख्य नदी गंगा की सहायक नदियाँ हैं। | वितरणिका का निर्माण नदियों के मुहाने पर होता है; जैसे—भागीरथी व हुगली गंगा नदी की वितरणिका हैं। |

**3.** गंगा-ब्रह्मपुत्र डेल्टा की महत्त्वपूर्ण विशेषताओं का उल्लेख कीजिए।
**उत्तर** गंगा-ब्रह्मपुत्र डेल्टा को 'सुंदरवन डेल्टा' कहा जाता है। इसकी महत्त्वपूर्ण विशेषताएँ निम्नलिखित हैं
- गंगा-ब्रह्मपुत्र के मुहाने पर, बंगाल की खाड़ी के समीप स्थित यह विश्व का सबसे बड़ा डेल्टा है।
- सुंदरवन डेल्टा का निर्माण गंगा और ब्रह्मपुत्र नदियों की वितरणिकाओं में विभाजन के पश्चात् हुआ है, जो अपने साथ बहुतायत मात्रा में गाद व मिट्टी लाती हैं।
- यह क्षेत्र सघन जनसंख्या वाला और उपजाऊ प्रदेश है।
- नदी के मीठे जल और समुद्र के लवणीय जल के निरंतर मिलते रहने से इसके निचले भाग में दलदली भूमि का निर्माण हो गया है।

**4.** भारतीय अपवाह तंत्र के मुख्य लक्षण बताइए।
**उत्तर** भारतीय अपवाह तंत्र के मुख्य लक्षण इस प्रकार हैं
- भारतीय अपवाह तंत्र का नियंत्रण व निर्धारण उपमहाद्वीप की भौगोलिक आकृतियों द्वारा होता है।
- भारतीय अपवाह तंत्र को दो मुख्य वर्गों—हिमालय और प्रायद्वीपीय नदियों में विभाजित किया गया है।
- यहाँ बारहमासी और मौसमी दोनों प्रकार की नदियाँ हैं। सामान्यतः इन नदियों का विस्तार हिमालय और प्रायद्वीपीय भाग में है।
- हिमालय से निकलने वाली तीन महत्त्वपूर्ण नदियाँ जो अपवाह की दृष्टि से अत्यधिक महत्त्वपूर्ण हैं तथा नदी तंत्र का निर्माण करती हैं, वे हैं—सिंधु नदी अपवाह तंत्र, गंगा नदी अपवाह तंत्र एवं ब्रह्मपुत्र नदी अपवाह तंत्र।
- प्रायद्वीपीय भारत की अधिकांश नदियाँ पश्चिमी घाट से निकलती हैं तथा बंगाल की खाड़ी की ओर बहती हैं।

**5.** हिमालय की नदियों की तीन विशेषताएँ लिखें।
*अथवा* हिमालय से निकलने वाली नदियों की प्रमुख विशेषताएँ बताएँ।
**उत्तर** हिमालय की नदियों की विशेषताएँ निम्नलिखित हैं
(i) हिमालय से निकलने वाली अधिकांश नदियाँ बारहमासी हैं अर्थात् इनमें पूरे वर्ष जल मौजूद रहता है।
(ii) हिमालय की नदियों की धारा सबसे लंबी अर्थात् उद्गम से लेकर समुद्र तक है।
(iii) ये अपनी ऊपरी धाराओं में गहन कटाव की गतिविधियाँ करती हैं और गाद तथा रेत का भारी प्रक्षेपण लेकर बहती हैं।
(iv) ये पर्वतों में से महाखड्ड बनाती हुई निकलती हैं तथा ये समुचित विकसित डेल्टा बनाती हैं।

**6.** भारत की प्रमुख झीलों का उदाहरण सहित वर्गीकरण कीजिए।
**उत्तर** पृथ्वी की सतह के गर्त वाले भागों में, जहाँ जल का एकत्रीकरण होता है, उसे झील कहते हैं। भारत में कई प्रकार की झीलें हैं, इनके प्रकार और उदाहरण निम्नवत् हैं
(i) **गोखुर झील** विसर्पाकार नदियाँ बाढ़ वाले क्षेत्रों में कटकर गोखुर झील का निर्माण करती हैं; जैसे—वूलर झील।
(ii) **लैगून झील** स्पिट तथा बार/रोधिका के द्वारा पश्चजल/लैगून का निर्माण होता है। उदाहरण—चिल्का, पुलिकट आदि।
(iii) **मीठे पानी की झील** मीठे पानी की झीलों का निर्माण मूलतः हिमानी द्वारा होता है। उदाहरण—डल झील, नैनीताल व भीमताल।

**7.** **कृष्णा द्रोणी की विशेषताएँ बताएँ।**

*उत्तर* कृष्णा द्रोणी की विशेषताएँ निम्न प्रकार हैं

- कृष्णा नदी महाबलेश्वर के पास एक झरने में से निकलती है। यह 1,400 किमी तक बहती हुई बंगाल की खाड़ी में गिरती है।
- तुंगभद्रा, कोयना, घाटप्रभा, मुसी और भीमा इसकी कुछ सहायक नदियाँ हैं।
- इसकी अपवाह द्रोणी महाराष्ट्र, कर्नाटक तथा आंध्र प्रदेश के साथ लगती है।
- इसके मुहाने पर विस्तृत डेल्टा का निर्माण होता है, जो भारत के सबसे उपजाऊ क्षेत्रों में से एक है।

**8.** **ब्रह्मपुत्र नदी की प्रमुख विशेषताओं पर प्रकाश डालिए।**

*उत्तर* ब्रह्मपुत्र नदी की प्रमुख विशेषताएँ निम्नलिखित हैं

- ब्रह्मपुत्र नदी का उद्‌गम तिब्बत स्थित मानसरोवर झील के पास है। यह विश्व की महत्त्वपूर्ण नदियों में से एक है। इसकी लंबाई 3,848 किमी है। यह हिमालय पर्वत श्रृंखला के समानांतर पूर्व दिशा में बहती है।
- यह तिब्बत स्थित नामचा बरवा शिखर के पास अंग्रेजी के 'यू' (U) अक्षर जैसा मोड़ बनाती है। यहीं से (अरुणाचल प्रदेश) ब्रह्मपुत्र भारतीय क्षेत्र में प्रवेश करती है।
- दिहांग, लोहित, केनुला इसकी प्रमुख सहायक नदियाँ हैं।

**9.** **प्रायद्वीपीय नदियाँ स्वभाव से मौसमी क्यों होती हैं? कोई तीन कारण बताएँ।**

*उत्तर* प्रायद्वीपीय नदियों के मौसमी होने के कारण निम्न हैं

(i) प्रायद्वीपीय नदियों का प्रवाह वर्षा पर आधारित होता है।

(ii) प्रायद्वीपीय नदियाँ अपनी सहयोगी हिमालय की नदियों की तुलना में छोटी और उथली धारा में पाई जाती हैं।

(iii) इनकी सहायिकाएँ अत्यंत छोटी तथा संख्या में कम होती हैं और बहुत कम मात्रा में पानी लाती हैं, जो मुख्य नदी की जलमात्रा को बढ़ा पाने में असमर्थ होता है।
अतः शुष्क ऋतु में बड़ी नदियों की धाराओं में भी बहुत कम मात्रा में जल पाया जाता है।

**10.** **हिमालय की नदियों में प्रत्येक वर्ष बाढ़ क्यों आती है? इसके क्या लाभ हैं?**

*उत्तर* हिमालय की नदियों में उच्चतर पर्वत शिखर से बर्फ पिघलने तथा वर्षा से पानी मिलता रहता है। मानसून काल में भारी वर्षा के कारण इन नदियों में प्रत्येक वर्ष बाढ़ आती है।

**लाभ**

- हिमालय की नदियाँ उत्तरी मैदानों के लिए बाढ़ के साथ ऐसे तत्त्व लाती हैं, जो वहाँ की भूमि को उपजाऊ व गहन कृषि भूमि बनाते हैं।
- इन उर्वर भूमियों में विभिन्न खाद्य फसलें तथा व्यावसायिक फसलें उगाई जाती हैं।
- ये नदियाँ सिंचाई के लिए जल, नौसंचालन एवं जल-विद्युत उत्पाद आदि सुविधाएँ प्रदान करती हैं।
- इन नदियों में वर्षभर पानी रहता है, इसलिए इन नदियों के किनारे बड़े नगर एवं कस्बे होते हैं, जोकि विशाल जनसंख्या का निवास क्षेत्र हैं।

**11.** **झीलों का क्या महत्त्व है?**

***अथवा*** **मनुष्यों के लिए झीलों का महत्त्व किस प्रकार है?**

*उत्तर* मनुष्यों के लिए झीलों का महत्त्व निम्न प्रकार है

- झीलें नदी के बहाव को सुचारु बनाने में सहायक होती हैं। अत्यधिक वर्षा के समय ये बाढ़ को रोकती हैं तथा सूखे के मौसम में पानी के बहाव को संतुलित करने में सहायता करती हैं।
- झीलें प्रकृति के सौंदर्य को बढ़ाने में सहायक हैं।
- ये पर्यटकों के लिए आकर्षण का स्रोत भी बनती हैं।
- खारे पानी की झीलें नमक बनाने के प्रयोग में लाई जाती हैं। इनका प्रयोग बिजली उत्पादन के लिए किया जा सकता है।
- झील आस-पास के क्षेत्रों की जलवायु को सामान्य बनाती है तथा जलीय पारितंत्र को संतुलित रखती है।

**12.** **तापी द्रोणी तथा नर्मदा नदी के प्रमुख लक्षण लिखें।**

*उत्तर* तापी द्रोणी के प्रमुख लक्षण इस प्रकार हैं

- यह प्रायद्वीप की दूसरी सबसे बड़ी नदी है, जिसका उद्‌गम मध्य प्रदेश के बैतूल जिले में सतपुड़ा की श्रृंखलाओं से है।
- यह नर्मदा के समानांतर एक भ्रंश घाटी में बहती है, लेकिन इसकी लंबाई बहुत कम है।
- इसकी द्रोणी में मध्य प्रदेश, गुजरात और महाराष्ट्र के कुछ भाग शामिल हैं।

नर्मदा द्रोणी के प्रमुख लक्षण इस प्रकार हैं

- नर्मदा की सभी सहायक नदियाँ बहुत छोटी हैं, इनमें से अधिकतर समकोण पर मुख्य धारा से मिलती हैं।
- खंभात की खाड़ी में गिरने से पहले यह नदी एक नदीमुख का निर्माण करती है।
- नर्मदा का उद्‌गम मध्य प्रदेश में अमरकंटक पहाड़ी के निकट होता है। यह पश्चिम की ओर एक भ्रंश घाटी में बहती है।

**13.** **कावेरी द्रोणी तथा महानदी द्रोणी की कोई तीन विशेषताएँ लिखिए।**

*उत्तर* कावेरी द्रोणी की तीन विशेषताएँ इस प्रकार हैं

(i) कावेरी पश्चिमी घाटों की ब्रह्मगिरि श्रेणी से निकलती है और तमिलनाडु के कुडलूर में बंगाल की खाड़ी से जा मिलती है।

(ii) इसकी मुख्य उप-नदियाँ अमरावती, भवानी, हेमावती तथा कबीनी हैं।

(iii) इसकी द्रोणी का अपवाह कर्नाटक, केरल तथा तमिलनाडु तक जाता है।

महानदी द्रोणी की तीन विशेषताएँ इस प्रकार हैं

(i) महानदी छत्तीसगढ़ की उच्च भूमि से निकलती है।

(ii) यह ओडिशा से होकर बहती हुई बंगाल की खाड़ी में पहुँचती है। इसकी लंबाई 860 किमी है।

(iii) इसकी अपवाह द्रोणी महाराष्ट्र, छत्तीसगढ़, झारखंड तथा ओडिशा से संपर्क बनाती है।

**14. भारत में नदियों के जल को प्रदूषित करने का सबसे अधिक सामान्य स्रोत क्या है? इसे नियंत्रित करने के कोई दो सुझाव दें।**

**उत्तर** नदियों के जल को प्रदूषित करने वाले सामान्य स्रोत निम्न हैं

(i) फैक्ट्रियाँ अपना कूड़ा-कचरा निकटवर्ती नदियों में बहा देती हैं, जिसके कारण जल प्रदूषित होता है।

(ii) शहरी क्षेत्रों का गंदा पानी नदियों में बहाया जाता है, जो जल प्रदूषण के लिए उत्तरदायी है।

जल प्रदूषण को नियंत्रित करने के दो उपाय निम्नलिखित हैं

(i) फैक्ट्रियों से निकले कूड़े-कचरे को नदियों में गिराने से रोकना चाहिए।

(ii) अपशिष्ट पदार्थों का उपचार करके ही नदियों के पानी में मिलाने की अनुमति देनी चाहिए।

**15. बारहमासी तथा मौसमी नदियों में अंतर स्पष्ट करें।**

**उत्तर** बारहमासी तथा मौसमी नदियों में अंतर निम्नलिखित हैं

| बारहमासी नदी | मौसमी नदी |
|---|---|
| इन नदियों में वर्षभर पानी रहता है। | इनमें केवल वर्षा ऋतु में ही पानी होता है। |
| वर्षा तथा बर्फ के पिघलने से प्राप्त जल ही इन नदियों के जल का स्रोत है। | वर्षा से प्राप्त जल ही इन नदियों के जल का स्रोत है। |
| हिमालय की अधिकतर नदियाँ बारहमासी हैं। | प्रायद्वीपीय नदियाँ अधिकतर मौसमी होती हैं। |

## C दीर्घ उत्तरीय प्रश्न

**1. नदी तंत्र किसे कहते हैं? भारत के उत्तरी विशाल मैदान का निर्माण किन नदी तंत्रों से हुआ है? स्पष्ट कीजिए।**

**उत्तर** नदी तंत्र से आशय उस नदी प्रणाली से है, जिसमें एक मुख्य नदी और उसकी सहायक नदियों को शामिल किया जाता है। प्रत्येक नदी तंत्र का अपना एक जल प्रवाह क्षेत्र होता है, जिसका जल मुख्य नदी अपनी सहायक नदियों के जल के साथ बहाकर ले जाती है। भारत के उत्तरी विशाल मैदान का निर्माण तीन नदी तंत्रों द्वारा हुआ है–सिंधु नदी तंत्र, गंगा नदी तंत्र और ब्रह्मपुत्र नदी तंत्र। सिंधु नदी तंत्र में सतलुज, व्यास, रावी, चेनाब, झेलम आदि नदियाँ शामिल हैं। सिंधु नदी तंत्र का जल पाकिस्तान में बहता हुआ अरब सागर में पहुँचता है। गंगा और ब्रह्मपुत्र नदी तंत्र का जल बंगाल की खाड़ी में जाकर मिलता है। गंगा की प्रमुख सहायक नदी यमुना है। यमुना हिमालय के यमुनोत्री स्थान से निकलती है। यमुना की सहायक नदियाँ चंबल, सिंधु, बेतवा और केन हैं, जो दक्षिण के पठार से निकलती हैं। गोमती, घाघरा, गंडक और कोसी हिमालय से निकलने वाली गंगा की अन्य सहायक नदियाँ हैं।

ब्रह्मपुत्र को अलग-अलग स्थानों पर अलग-अलग नामों से जाना जाता है; जैसे–अरुणाचल प्रदेश में इसे दिहांग, असम और मेघालय में ब्रह्मपुत्र, बांग्लादेश के उत्तरी भाग में जमुना तथा मध्य भाग में पद्मा कहा जाता है; आगे चलकर गंगा और ब्रह्मपुत्र की संयुक्त धारा को मेघना कहते हैं।

**2. गंगा नदी तंत्र की प्रमुख विशेषताओं का विवरण दीजिए।**

**उत्तर** गंगा नदी तंत्र की प्रमुख विशेषताएँ निम्नलिखित हैं

- गंगा नदी की मुख्य धारा 'भागीरथी' है। यह गंगोत्री हिमानी से निकलती है।
- भागीरथी देवप्रयाग (उत्तराखंड) में एक अन्य धारा अलकनंदा से मिलती है और गंगा का निर्माण करती है।
- गंगा हरिद्वार के पास पर्वतीय भाग को छोड़कर मैदानी भाग में प्रवेश करती है।
- यमुना, घाघरा, कोसी एवं गंडक हिमालय से निकलने वाली इसकी सहायक नदियाँ हैं। प्रायद्वीपीय भाग से गंगा की मुख्य सहायक नदियाँ चंबल, बेतवा व सोन हैं।
- यह अपने मुहाने पर ब्रह्मपुत्र नदी के साथ मिलकर विशाल 'सुंदरवन डेल्टा' का निर्माण करती है। यह विश्व का सबसे बड़ा और तीव्र वृद्धि वाला डेल्टा है।
- गंगा नदी तंत्र का अपवाह क्षेत्र उत्तराखंड, उत्तर प्रदेश, बिहार और पश्चिम बंगाल में विस्तृत है।
- गंगा नदी को 4 नवंबर, 2008 को राष्ट्रीय नदी का दर्जा प्रदान किया गया।

**3. प्रायद्वीपीय भारत की नदियों का विस्तृत विवरण दें।**

**उत्तर** भारत के प्रायद्वीपीय भाग में प्रवाहित होने वाली नदियाँ प्रायद्वीपीय भारत की नदियाँ कहलाती हैं। पश्चिमी घाट प्रायद्वीपीय भारत में मुख्य जल विभाजक का निर्माण करता है। पश्चिमी घाट भारत के प्रायद्वीपीय भाग में पश्चिमी तट के समानांतर उत्तर से दक्षिण की ओर स्थित है। महानदी, गोदावरी, कृष्णा, कावेरी इत्यादि प्रायद्वीपीय भारत में प्रवाहित होने वाली प्रमुख नदियाँ हैं। ये नदियाँ पश्चिम से पूर्व दिशा की ओर प्रवाहित होते हुए बंगाल की खाड़ी में गिरती हैं तथा अपने मुहाने पर डेल्टा का निर्माण करती हैं। नर्मदा एवं तापी प्रायद्वीपीय भारत में पश्चिमी घाट से पश्चिम की ओर प्रवाहित होने वाली मुख्य नदियाँ हैं।

ये नदियाँ पश्चिम की ओर प्रवाहित होती हुई अरब सागर में गिरती हैं तथा अपने मुहाने पर ज्वारनदमुख का निर्माण करती हैं। गोदावरी प्रायद्वीपीय भारत की सबसे बड़ी नदी है, जो महाराष्ट्र के नासिक जिले से निकलती है। इसे दक्षिण की गंगा उपनाम से जाना जाता है। महानदी छत्तीसगढ़ की उच्च भूमि से निकलती है तथा ओडिशा से बहते हुए बंगाल की खाड़ी में मिल जाती है। कावेरी पश्चिमी घाट की ब्रह्मगिरि शृंखला से निकलती है तथा केरल, कर्नाटक एवं तमिलनाडु में प्रवाहित होती हुई कुडलूर के दक्षिण बंगाल की खाड़ी में मिल जाती है।

नर्मदा मध्य प्रदेश के अमरकंटक की पहाड़ी से निकलती है तथा मध्य प्रदेश एवं गुजरात से प्रवाहित होती हुई अरब सागर में गिरती है। प्रसिद्ध धुआँधार जलप्रपात इसी नदी पर स्थित है। तापी मध्य प्रदेश के बैतूल जिले में सतपुड़ा की शृंखला से निकलती है तथा मध्य प्रदेश, गुजरात एवं महाराष्ट्र राज्यों से प्रवाहित होकर अरब सागर में मिल जाती है।

**4.** "भारतीय इतिहास के आदिकाल से ही नदियाँ मूलभूत महत्त्व रखती आई हैं।" इस कथन की व्याख्या कारण बताकर करें।

*अथवा* भारत जैसी कृषि अर्थव्यवस्था में नदियों की भूमिका रेखांकित करें।

*अथवा* नदियाँ भारतीय इतिहास के प्रारंभ से ही आधारभूत महत्त्व रखती आई हैं। समझाइए।

*अथवा* भारतीय अर्थव्यवस्था को नदियाँ कैसे प्रभावित करती हैं?

**उत्तर** भारतीय इतिहास में नदियों की भूमिका का वर्णन निम्न है

- नदी घाटी सभ्यताएँ विश्व की प्रारंभिक सभ्यताओं का ऐतिहासिक दृष्टि से केंद्र रही हैं; जैसे–नील घाटी की सभ्यता, सिंधु घाटी की सभ्यता आदि।
- नदियों ने आप्लावित मैदान तथा डेल्टाओं का निर्माण किया है, जो कृषि के लिए उपजाऊ भूमि प्रदान करते हैं। ये उर्वर भूमि उपलब्ध कराती हैं।
- नदी घाटियाँ विश्वभर में सर्वाधिक सघन जनसंख्या वाले क्षेत्र हैं, क्योंकि ये कृषि के लिए सर्वोत्तम भूमि तथा जल आपूर्ति सुनिश्चित बनाती हैं। भारत में गंगा द्रोणी इसका सर्वोत्तम उदाहरण मानी जाती है।
- नदियों से नहरें बनाकर खेतों की बारहमासी सिंचाई होती हैं, जो भारत जैसे मानसून-सापेक्ष देश के लिए महत्त्वपूर्ण है।
- बहुउद्देशीय बाँध (जैसे–भाखड़ा-नाँगल बाँध) भारतीय नदियों पर ही बने हैं, जिनसे कृषि सुविधाएँ, जल-विद्युत विकास, सिंचाई जैसी गतिविधियाँ चलती हैं।

## स्रोत आधारित प्रश्न

निम्नलिखित स्रोतों को ध्यानपूर्वक पढ़कर उन पर आधारित प्रश्नों के उत्तर दीजिए

**1.** भारत के दो मुख्य भौगोलिक क्षेत्रों से उत्पन्न होने के कारण हिमालय तथा प्रायद्वीपीय नदियाँ एक-दूसरे से भिन्न हैं। हिमालय की अधिकतर नदियाँ बारहमासी नदियाँ होती हैं। इनमें वर्ष भर पानी रहता है, क्योंकि इन्हें वर्षा के अतिरिक्त ऊँचे पर्वतों से पिघलने वाले हिम द्वारा भी जल प्राप्त होता है। हिमालय की दो मुख्य नदियाँ-सिंधु तथा ब्रह्मपुत्र इस पर्वतीय श्रृंखला के उत्तरी भाग से निकलती हैं। इन नदियों ने पर्वतों को काटकर गॉर्जों का निर्माण किया है। हिमालय की नदियाँ अपनी उत्पत्ति के स्थान से लेकर समुद्र तक के लंबे मार्ग तय करती हैं। ये अपने मार्ग से ऊपरी भागों में तीव्र अपरदन क्रिया करती हैं तथा अपने साथ भारी मात्रा में सिल्ट एवं बालू का संवहन करती हैं। मध्य एवं निचले भागों में ये नदियाँ विसर्प, गोखुर झील तथा अपने बाढ़ वाले मैदानों में बहुत-सी अन्य निक्षेपण आकृतियों का निर्माण करती हैं।

ये पूर्ण विकसित डेल्टाओं का भी निर्माण करती हैं। अधिकतर प्रायद्वीपीय नदियाँ मौसमी होती हैं, क्योंकि इनका प्रवाह वर्षा पर निर्भर करता है। शुष्क मौसम में बड़ी नदियों का जल भी घटकर छोटी-छोटी धाराओं में बहने लगता है। हिमालय की नदियों की तुलना में प्रायद्वीपीय नदियों की लंबाई कम तथा छिछली है। फिर भी इनमें से कुछ केंद्रीय उच्चभूमि से निकलती हैं तथा पश्चिम की ओर बहती हैं। क्या आप इस प्रकार की दो बड़ी नदियों को पहचान सकते हैं? प्रायद्वीपीय भारत की अधिकतर नदियाँ पश्चिमी घाट से निकलती हैं तथा बंगाल की खाड़ी की ओर बहती हैं।

(i) भारत की नदियों को मुख्य रूप से दो वर्गों में विभाजित किया गया है— हिमालय की नदियाँ तथा प्रायद्वीपीय नदियाँ। इनमें से कौन-सी हिमालय की नदियाँ हैं?

(a) सिंधु, गंगा, ब्रह्मपुत्र, सतलुज
(b) नर्मदा, ताप्ती, ब्रह्मपुत्र, भीमा
(c) कावेरी, धौलीगंगा, कोयल, स्वर्णरेखा
(d) सिंधु, महानदी, गोदावरी, तुंगभद्रा

**उत्तर** (a) सिंधु, गंगा, ब्रह्मपुत्र, सतलुज

(ii) हिमालय की नदियों के संबंध में सही कथन का चयन कीजिए

(a) हिमालय की नदियाँ उत्पत्ति स्थान से समुद्र तक लंबे मार्ग तय करती हैं
(b) हिमालयी नदियाँ अपने साथ सिल्ट एवं बालू का संवहन करती हैं
(c) 'a' और 'b' दोनों
(d) हिमालयी नदियाँ अपरदन नहीं करती हैं

**उत्तर** (c) 'a' और 'b' दोनों

(iii) सिंधु एवं ब्रह्मपुत्र हिमालय श्रृंखला के किस भाग से निकलती है। प्रायद्वीपीय नदियों के संबंध में सत्य कथन का चयन कीजिए

(a) पूर्वी भाग
(b) पश्चिमी भाग
(c) उत्तरी भाग
(d) इनमें से कोई नहीं

**उत्तर** (c) उत्तरी भाग

(iv) प्रायद्वीपीय नदियाँ अधिकतर मौसमी होती हैं, जिसमें महानदी, गोदावरी, कृष्णा, कावेरी, नर्मदा व ताप्ती प्रमुख हैं। इनमें से कौन-सी नदियाँ पश्चिम दिशा की ओर प्रवाहित होती हैं?

(a) महानदी तथा गोदावरी
(b) कृष्णा तथा कावेरी
(c) नर्मदा तथा गोदावरी
(d) नर्मदा तथा ताप्ती

**उत्तर** (d) नर्मदा तथा ताप्ती

(v) भारत में अपवाह तंत्र के आधार पर भारतीय नदियों को ………. वर्गों में विभाजित किया गया है।

(a) दो (b) तीन (c) चार (d) पाँच

**उत्तर** (a) दो

(vi) **कथन** (A) हिमालय की अधिकतर नदियाँ बारहमासी नदियाँ होती हैं।

**कारण** (R) क्योंकि इन नदियों को वर्षा से वर्षभर जल प्राप्त होता है।

**कूट**

(a) A और R दोनों सही हैं तथा R, A की सही व्याख्या है
(b) A और R दोनों सही हैं, परंतु R, A की सही व्याख्या नहीं है
(c) A सही है, किंतु R गलत है
(d) A गलत है, किंतु R सही है

**उत्तर** (c) A सही है, किंतु R गलत है

**2.** ब्रह्मपुत्र नदी तिब्बत की मानसरोवर झील के पूर्व तथा सिंधु एवं सतलुज के स्रोतों के काफी नजदीक से निकलती है। इसकी लंबाई सिंधु से कुछ अधिक है, परंतु इसका अधिकतर मार्ग भारत से बाहर स्थित है। यह हिमालय के समानांतर पूर्व की ओर बहती है। नामचा बारवा शिखर (7,757 मी) के पास पहुँचकर यह अंग्रेजी के यू (U) अक्षर जैसा मोड़ बनाकर भारत के अरुणाचल प्रदेश में गॉर्ज के माध्यम से प्रवेश करती है। यहाँ इसे दिहाँग के नाम से जाना जाता है तथा दिबांग, लोहित, केनुला एवं दूसरी सहायक नदियाँ इससे मिलकर असम में ब्रह्मपुत्र का निर्माण करती हैं।

तिब्बत एक शीत एवं शुष्क क्षेत्र है। अत: यहाँ इस नदी में जल एवं सिल्ट की मात्रा बहुत कम होती है। भारत में यह उच्च वर्षा वाले क्षेत्र से होकर गुजरती है। यहाँ नदी में जल एवं सिल्ट की मात्रा बढ़ जाती है। असम में ब्रह्मपुत्र अनेक धाराओं में बहकर एक गुंफित नदी के रूप में बहती है तथा बहुत से नदीय द्वीपों का निर्माण करती है। प्रत्येक वर्ष वर्षा ऋतु में यह नदी अपने किनारों से ऊपर बहने लगती है एवं बाढ़ के द्वारा असम तथा बांग्लादेश में बहुत अधिक क्षति पहुँचाती है। उत्तर भारत की अन्य नदियों के विपरीत ब्रह्मपुत्र नदी में सिल्ट निक्षेपण की मात्रा बहुत अधिक होती है।

(i) हिमालय से निकलने वाली ………… नदी में गाद की मात्रा सबसे कम होती है।
(a) गंगा (b) कोसी
(c) ब्रह्मपुत्र (d) महानंदा

उत्तर (c) ब्रह्मपुत्र

(ii) संसार की सबसे लंबी नदियों में से एक ब्रह्मपुत्र का अपवाह तंत्र किन देशों में विस्तृत है?
(a) बांग्लादेश, नेपाल, चीन (b) भारत, भूटान, नेपाल
(c) भारत, तिब्बत, बांग्लादेश (d) भारत, बांग्लादेश, म्यांमार

उत्तर (c) भारत, तिब्बत, बांग्लादेश

(iii) ब्रह्मपुत्र नदी के संबंध में कौन-सा कथन सत्य है?
(a) यह मानसरोवर झील के पूर्व से निकलती है
(b) अरुणाचल प्रदेश में यह दिहाँग कहलाती है
(c) अरुणाचल प्रदेश में यह गॉर्ज के नाम से प्रवेश करती है।
(d) उपरोक्त सभी

उत्तर (d) उपरोक्त सभी

(iv) ब्रह्मपुत्र नदी बार-बार अपनी धारा परिवर्तित करती है, यह मुख्य रूप से किस कारण से होता है?
(a) अधिक मात्रा में जल के कारण
(b) पर्वतीय मार्ग होने के कारण
(c) सिल्ट निक्षेपण के कारण
(d) उपरोक्त सभी

उत्तर (c) सिल्ट निक्षेपण के कारण

(v) निम्नलिखित कथनों में से कौन-सा कथन ब्रह्मपुत्र नदी तंत्र से संबंधित नहीं है?
(a) ब्रह्मपुत्र नदी को तिब्बत में सांग्पो एवं बांग्लादेश में जमुना कहा जाता है
(b) ब्रह्मपुत्र नदी हिमालय की नदियों में से एक है
(c) ब्रह्मपुत्र नदी ये विश्व का सबसे बड़ा नदीय द्वीप है
(d) ब्रह्मपुत्र नदी गुंफित नदी के रूप में नहीं बहती है

उत्तर (d) ब्रह्मपुत्र नदी गुंफित नदी के रूप में नहीं बहती है

(vi) ……… और ……… नदियाँ हिमालय के उत्तरी भाग से निकलती हैं।
(a) गंगा और ब्रह्मपुत्र (b) सिंधु और ब्रह्मपुत्र
(c) नर्मदा और सिंधु (d) घाघरा और गंगा

उत्तर (b) सिंधु और ब्रह्मपुत्र

**3. स्रोत 'अ' गंगा नदी का उद्‌गम**

गंगा की मुख्य धारा 'भागीरथी' गंगोत्री हिमानी से निकलती है तथा अलकनंदा उत्तराखंड के देवप्रयाग में इससे मिलती है। हरिद्वार के पास गंगा पर्वतीय भाग को छोड़कर मैदानी भाग में प्रवेश करती है।

**स्रोत 'ब' गंगा नदी की सहायक नदियाँ**

बाएँ तथा दाहिने किनारे की सहायक नदियों के जल से परिपूर्ण होकर गंगा पूर्व दिशा में, पश्चिम बंगाल के फरक्का तक बहती है। यह गंगा डेल्टा का सबसे उत्तरी बिंदु है। यहाँ नदी दो भागों में बँट जाती है। भागीरथी हुगली (जो इसकी एक वितरिका हैं), दक्षिण की तरफ बहती है तथा डेल्टा के मैदान से होते हुए बंगाल की खाड़ी में मिल जाती है।

**स्रोत 'स' गंगा नदी का बहाव क्षेत्र**

गंगा की लंबाई 2,500 किमी से अधिक है। अंबाला नगर, सिंधु तथा गंगा नदी तंत्रों के बीच जल-विभाजक पर स्थित है। अंबाला से सुंदरवन तक मैदान की लंबाई लगभग 1,800 किमी है।

**स्रोत 'अ' गंगा नदी का उद्‌गम**

(i) हिमालय की कौन-सी नदियाँ गंगा नदी में आकर मिलती हैं?

उत्तर हिमालय से निकलने वाली यमुना, घाघरा, गंडक तथा कोसी नदियाँ गंगा में आकार मिलती हैं। यमुना नदी हिमालय के यमुनोत्री हिमानी से निकलती है, जबकि घाघरा, गंडक तथा कोसी नेपाल हिमालय से निकलती हैं।

**स्रोत 'ब' गंगा नदी की सहायक नदियाँ**

(ii) गंगा नदी सुंदरवन डेल्टा बनाने से पहले किस नदी से मिलती है?

उत्तर गंगा नदी जब बांग्लादेश में प्रवेश करती है, तो वहाँ ब्रह्मपुत्र नदी इसमें आकार मिलती है। अंतिम चरण में गंगा और ब्रह्मपुत्र समुद्र में विलीन होने से पहले मेघना के नाम से जानी जाती है। इसके बाद गंगा एवं ब्रह्मपुत्र के जल से निर्मित वृहद् नदी बंगाल की खाड़ी में मिल जाती है। यहाँ इस नदी द्वारा बनाए गए डेल्टा को सुंदरवन डेल्टा के नाम से जाना जाता है।

**स्रोत 'स' गंगा नदी का बहाव क्षेत्र**

(iii) अंबाला से सुंदरवन तक गंगा नदी द्वारा बड़े-बड़े विसर्प के बनने का प्रमुख कारण क्या है?

उत्तर गंगा नदी तंत्र की अंबाला से सुंदरवन तक मैदान की लंबाई लगभग 1800 किमी है, परंतु इसके ढाल में गिरावट मुश्किल

से 300 मी है। इस दूरी में प्रति 6 किमी की दूरी पर ढाल में गिरावट केवल 1 मी है, इसलिए इन नदियों में अनेक बड़े-बड़े विसर्प बन जाते हैं।

**4.** **कश्मीर घाटी तथा प्रसिद्ध डल झील, नाववाले घरों तथा शिकारा से तो आप परिचित ही होंगे, जो प्रत्येक वर्ष हजारों पर्यटकों को आकर्षित करते हैं। इसी प्रकार, आप अन्य झील वाले स्थानों पर भी गए होंगे तथा वहाँ नौकायान, तैराकी एवं अन्य जलीय खेलों का आनंद लिया होगा। कल्पना कीजिए की अगर कश्मीर, नैनीताल एवं दूसरे पर्यटन स्थलों पर झीलें नहीं होतीं, तब क्या वे उतना ही आकर्षित करते जितना कि आज करते हैं?**

**क्या आपने कभी यह जानने की कोशिश की है, कि इन पर्यटकों को आकर्षित करने के लिए किसी स्थान पर झीलों का क्या महत्त्व है? पर्यटकों के आकर्षण के अतिरिक्त, मानव के लिए अन्य कारणों से भी झीलों का महत्त्व है। पृथ्वी की सतह के गर्त वाले भागों में जहाँ जल जमा हो जाता है, उसे झील कहते हैं।**

(i) **भारत में झीलों की विभिन्नता से आप क्या समझते हैं?**

**उत्तर** भारत में अनेक स्थायी व मौसमी झीलें हैं। मौसमी झीलों में केवल वर्षा ऋतु में ही पानी होता है; जैसे–अंतर्देशीय अपवाह वाले अर्द्धशुष्क क्षेत्रों की द्रोणी वाली झीलें आदि।

(ii) **वूलर झील का निर्माण किन क्रियाओं से होता है और यह किस प्रकार की झील है?**

**उत्तर** जम्मू तथा कश्मीर की वूलर झील भू-गर्भीय क्रियाओं से बनी है। यह भारत की सबसे बड़ी मीठे पानी वाली प्राकृतिक झील है। डल झील, भीमताल, नैनीताल, लोकताक तथा बड़ापानी कुछ अन्य महत्त्वपूर्ण मीठे पानी की झीलें हैं।

(iii) **झीलें किस प्रकार से मानव के लिए उपयोगी होती हैं?**

**उत्तर** झीलें निम्नलिखित प्रकार से मानव के लिए उपयोगी होती हैं

(i) झीलों का प्रयोग जलविद्युत उत्पन्न करने के लिए किया जाता है।

(ii) झीलें अपने आस-पास के क्षेत्रों की जलवायु को सामान्य बनाती हैं।

(iii) झीलों की प्राकृतिक सुंदरता पर्यटन को बढ़ाती है।

(iv) झीलें जलीय परितंत्र को संतुलित बनाए रखने में सहायक होती हैं।

## मानचित्र आधारित प्रश्न

**1.** दिए गए भारत के मानचित्र में चार लक्षण (i), (ii), (iii) व (iv) अंकित किए गए हैं। इन लक्षणों को निम्नलिखित जानकारी से पहचानकर मानचित्र में उनके नाम लिखिए।

(i) राजस्थान की एक झील जिससे नमक उत्पादित किया जाता है।

(ii) यह नदी छत्तीसगढ़ के उच्च भागों से निकलती है।

(iii) आंध्र प्रदेश व तमिलनाडु की सीमा पर एक खारे पानी की झील।

(iv) ओडिशा की एक झील

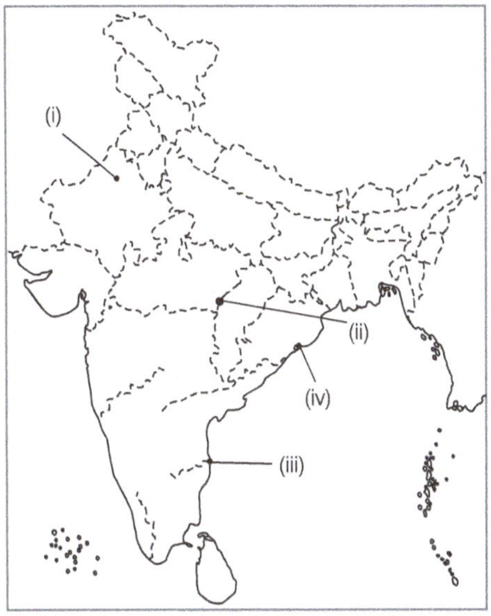


**उत्तर**

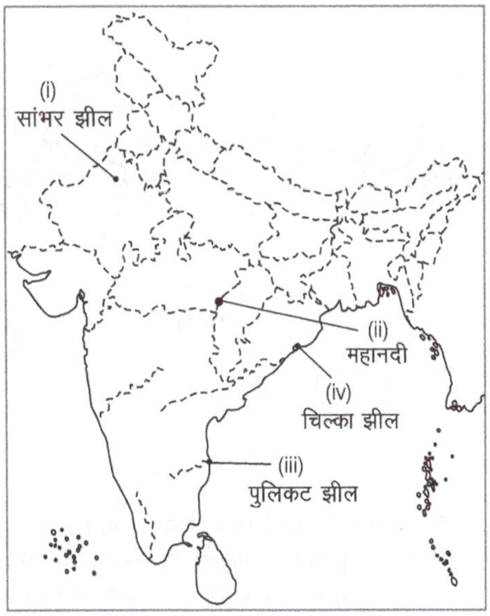


परीक्षा अभ्यास

**2.** दिए गए भारत के मानचित्र में चार लक्षण (i), (ii), (iii) व (iv) अंकित किए गए हैं। इनकी पहचान करके नाम लिखें

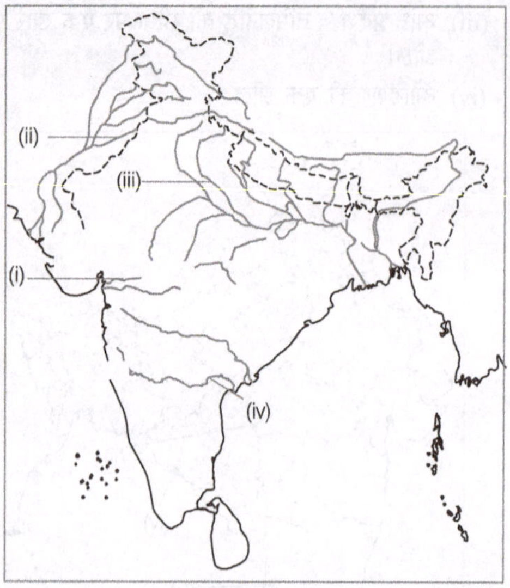


**उत्तर**

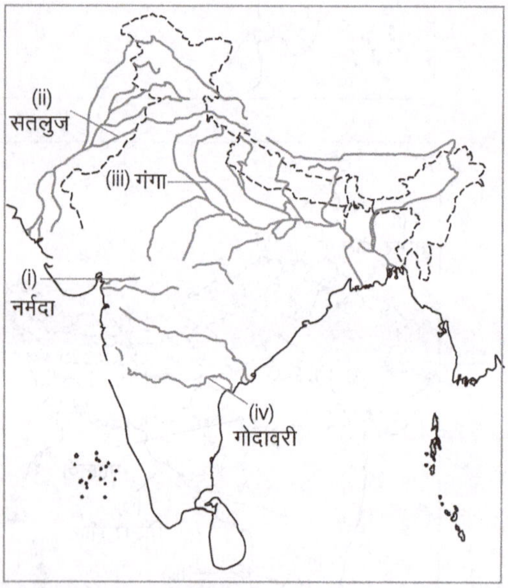


**3.** दिए गए भारत के मानचित्र में पाँच लक्षण (i), (ii), (iii), (iv) व (v) अंकित किए गए हैं। इन लक्षणों को निम्नलिखित जानकारी से पहचानकर मानचित्र में उनके नाम लिखिए।

(i) भारत में सबसे बड़ी ताजे पानी की झील

(ii) मानसरोवर झील के पास, तिब्बत से निकलने वाली एक नदी

(iii) मध्य प्रदेश के बेतूल जिले में सतपुड़ा पर्वतमाला से निकलने वाली नदी

(iv) यह नदी कर्नाटक, केरल व तमिलनाडु के क्षेत्रों को सींचती है।

(v) महाबलेश्वर के पास एक झरने से निकलने वाली नदी

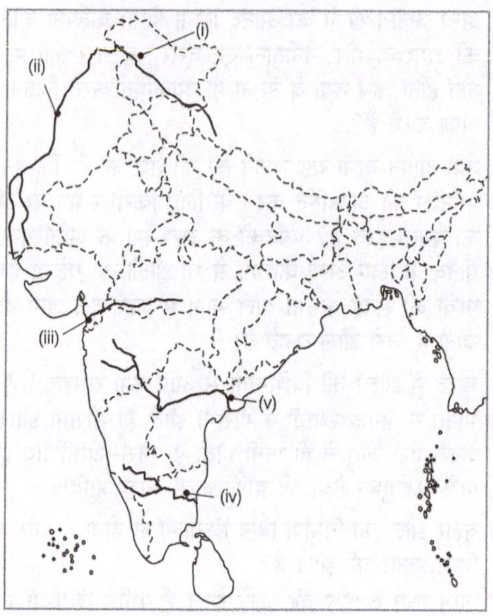


**उत्तर**

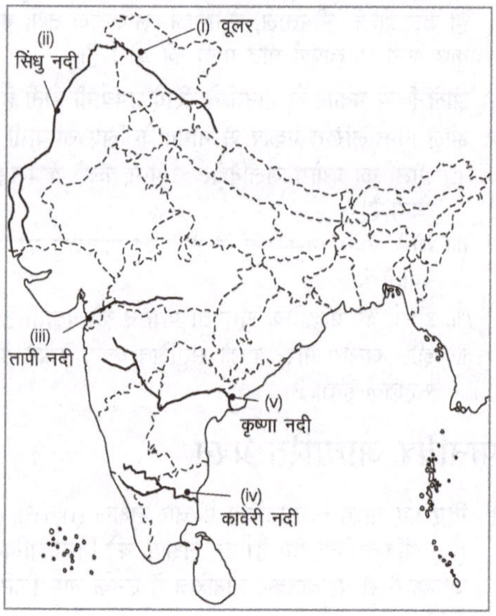

# स्वयं को जाँचें

## वस्तुनिष्ठ प्रश्न

**1.** निम्नलिखित में से कौन-सी नदी ज्वारनदमुख का निर्माण करती है?
(a) तापी (b) महानदी (c) सोन (d) गंगा

**2.** निम्न में से कौन-सी नदी डेल्टा का निर्माण नहीं करती है?
(a) गंगा (b) ब्रह्मपुत्र (c) नर्मदा (d) कावेरी

**3.** निम्नलिखित में से किस नदी का उद्गम ब्रह्मगिरि शृंखला से है?
(a) कावेरी नदी (b) कृष्णा नदी (c) महानदी (d) गोदावरी नदी

**4.** कोयना किसकी सहायक नदी है?
(a) कावेरी नदी (b) कृष्णा नदी (c) महानदी (d) गोदावरी नदी

**5.** निम्नलिखित नदियों को उनकी लंबाई के अनुसार बढ़ते क्रम में व्यवस्थित करें
1. गंगा नदी 2. महानदी
3. कावेरी नदी

**कूट**
(a) 1, 2, 3 (b) 3, 2, 1 (c) 2, 1, 3 (d) 2, 3, 1

## अतिलघु उत्तरीय प्रश्न

**6.** ज्वारनदमुख और डेल्टा को परिभाषित कीजिए।

**7.** गोदावरी नदी की तीन विशेषताएँ बताइए।

**8.** भारत के मीठे और खारे पानी की झीलों का उदाहरण दीजिए।

## लघु उत्तरीय प्रश्न

**9.** 'द्रुमाकृतिक अपवाह' से आप क्या समझते हैं? संक्षेप में बताइए।

**10.** 'अरीय अपवाह' क्या है? संक्षिप्त वर्णन कीजिए।

**11.** सुंदरवन डेल्टा का संक्षिप्त परिचय दीजिए।

**12.** कावेरी द्रोणी की किन्हीं तीन विशेषताओं का विवरण दीजिए।

## दीर्घ उत्तरीय प्रश्न

**13.** जल प्रदूषण क्या है? इसके कारण और निवारण के उपाय बताइए।

**14.** भारतीय नदियों के अपवाह तंत्र का विस्तारपूर्वक विवरण दीजिए।

**15.** अपवाह तंत्र के विविध रूपों का वर्णन कीजिए।

अध्याय
04

# जलवायु

## संकल्पना

एक विशाल क्षेत्र में लंबी समयावधि (30 वर्ष से अधिक) में 'मौसम' (Weather) की अवस्थाओं तथा विविधताओं का कुल योग ही **जलवायु** (Climate) कहलाता है।

मौसम एक विशेष समय में एक क्षेत्र के वायुमंडल की अवस्था को बताता है। मौसम तथा जलवायु के तत्त्व; जैसे–**तापमान**, **वायुमंडलीय दाब**, **पवन**, **आर्द्रता** तथा **वर्षण** एक ही होते हैं।

महीनों के औसत वायुमंडलीय अवस्था के आधार पर वर्ष को **ग्रीष्म**, **शीत** या **वर्षा** ऋतुओं में विभाजित किया गया है।

विश्व को अनेक जलवायु प्रदेशों (Climate Regions) में बाँटा गया है। भारत की जलवायु को **मानसूनी** जलवायु कहा जाता है। एशिया में इस प्रकार की जलवायु मूल रूप से दक्षिण तथा दक्षिण-पूर्वी एशिया में पाई जाती है। मानसून शब्द की उत्पत्ति अरबी शब्द मौसिम (Mausim) से हुई है, जिसका शाब्दिक अर्थ मौसम है। मानसून का अर्थ एक वर्ष के दौरान वायु की दिशा में ऋतु के अनुसार परिवर्तन है।

**अध्याय एक नजर में**

- *संकल्पना*
- *जलवायवी नियंत्रण*
- *भारत की जलवायु को प्रभावित करने वाले कारक*
- *ऋतुएँ*
- *मानसून : एकता का परिचायक*

## भारत में जलवायु की प्रादेशिक भिन्नताएँ

सामान्य प्रतिरूप में समानता होते हुए भी भारत की जलवायु अवस्था में प्रादेशिक भिन्नताएँ (Regional Variations) हैं।

### तापमान

- भारत के कुछ भाग ऐसे हैं, जिनमें समान ऋतु में भी तापमान (Temperature) में अंतर पाया जाता है। उदाहरणस्वरूप; गर्मियों में राजस्थान के कुछ मरुस्थली भागों का तापमान लगभग 50° सेग्रे तक पहुँच जाता है, जबकि उत्तरी राज्य जम्मू-कश्मीर के पहलगाम में तापमान लगभग 20° सेग्रे रहता है।
- इसी प्रकार सर्दियों में जम्मू-कश्मीर के द्रास में रात के समय का तापमान – 45° सेग्रे तक पहुँच सकता है, वहीं सुदूर दक्षिणी राज्य केरल के तिरुअनंतपुरम में यह 22° सेग्रे तक पहुँच सकता है।
- तापमान की प्रादेशिक भिन्नता के अतिरिक्त कुछ क्षेत्रों में रात एवं दिन के तापमान में भी बहुत अधिक अंतर होता है। उदाहरण के लिए, थार मरुस्थल में दिन का तापमान 50° सेग्रे और रात का 15° सेग्रे तक नीचे भी जा सकता है, जबकि केरल या अंडमान एवं निकोबार में दिन तथा रात का तापमान लगभग समान ही रहता है।
- सामान्यत: तटीय क्षेत्रों (Coastal Areas) के तापमान में अंतर कम पाया जाता है। वहीं देश के आंतरिक भागों (Interior) में मौसमी अंतर अधिक होता है।

### वर्षण

- वर्षण (Precipitation) के रूप तथा प्रकार में ही नहीं, अपितु इसकी मात्रा और ऋतु के वितरण में भी प्रादेशिक भिन्नता देखी जाती है। उदाहरण के लिए, हिमालयी क्षेत्र में वर्षण अधिकांशत: हिम (Snowfall) के रूप में तथा देश के शेष भागों में यह वर्षा (Rains) के रूप में होता है।
- वार्षिक वर्षण में भी भिन्नता होती है; जैसे—मेघालय में 400 सेमी, जबकि लद्दाख (वर्तमान में केंद्रशासित प्रदेश) और पश्चिमी राजस्थान में यह 10 सेमी से भी कम होती है।
- देश के अधिकांश भागों में जून से सितंबर माह में वर्षा होती है, लेकिन तमिलनाडु तट पर अधिकांश वर्षा अक्टूबर एवं नवंबर में होती है।
- देश के आंतरिक भागों में मौसमी अंतर अधिक होता है। उत्तरी मैदान में वर्षा की मात्रा सामान्य रूप से पूर्व से पश्चिम की ओर घटती जाती है। ये भिन्नताएँ लोगों के जीवन में विविधता लाती हैं।

## जलवायवी नियंत्रण

किसी भी क्षेत्र की जलवायु को नियंत्रित करने के छ: कारक प्रमुख हैं

1. **अक्षांश** (Latitude) पृथ्वी की गोलाई के कारण इसे प्राप्त होने वाली सौर ऊर्जा की मात्रा अक्षांशों के अनुसार भिन्न-भिन्न होती है। परिणामस्वरूप तापमान विषुवत् वृत्त (Equator) से ध्रुवों की ओर घटता जाता है।
2. **ऊँचाई** (Altitude) पृथ्वी की सतह से ऊँचाई की ओर जाने पर वायुमंडलीय सघनता कम होने के साथ-साथ तापमान भी कम हो जाता है। यही कारण है कि पहाड़ियाँ गर्मी के मौसम में भी ठंडी होती हैं।
3. **वायुदाब एवं पवन तंत्र** (Pressure and Wind System) किसी क्षेत्र का वायुदाब एवं पवन तंत्र स्थान विशेष के अक्षांश तथा ऊँचाई पर निर्भर करता है। यह वहाँ के तापमान एवं वर्षा के वितरण को प्रभावित करता है।
4. **समुद्र से दूरी** (Continentality or Distance from the Sea) समुद्र का जलवायु पर समकारी प्रभाव (Moderating Influence) होता है। समुद्र से दूरी बढ़ने पर यह प्रभाव कम होता जाता है और लोग विषम मौसम को महसूस करते हैं। इसे महाद्वीपीय अवस्था (Continentality) अर्थात् गर्मी में बहुत अधिक गर्म एवं सर्दी में बहुत अधिक ठंडा कहते हैं।
5. **महासागरीय धाराएँ** (Ocean Currents) महासागरीय धाराएँ समुद्र से तट की ओर चलने वाली हवाओं के साथ तटीय क्षेत्रों की जलवायु को प्रभावित करती हैं। उदाहरणत: कोई भी तटीय क्षेत्र, जहाँ गर्म या ठंडी जलधाराएँ बहती हैं और वायु की दिशा समुद्र तट की ओर हो, तब वह तट गर्म या ठंडा हो जाएगा।
6. **उच्चावच** (Relief) यह भी जलवायु का एक महत्त्वपूर्ण निर्धारक तत्त्व है। ऊँचे पर्वत ठंडी अथवा गर्म वायु को अवरोधित करते हैं। उच्चावच वर्षा लाने वाली वायु को रोकने के साथ उस क्षेत्र में वर्षा का कारण भी बन सकता है। पर्वतों के **पवनाविमुख ढाल** (Leeward Side) अपेक्षाकृत सूखे रहते हैं।

### चेक प्वॉइंट 01

1. *मौसम की अवस्थाओं तथा विविधताओं के कुल योग को क्या कहा जाता है?*
2. *मानसून शब्द की उत्पत्ति ......... से हुई है।*
3. *हिमालयी क्षेत्र में वर्षण अधिकांशत: किस रूप में होता है?*
4. *तमिलनाडु तट पर अधिकांश वर्षा किस महीने में होती है?*
5. *क्षेत्र की जलवायु को नियंत्रित करने वाले कारक कितने होते हैं?*

## भारत की जलवायु को प्रभावित करने वाले कारक

### अक्षांश

- भारत को कर्क रेखा (23° 30′ उत्तर) लगभग दो बराबर भागों दक्षिण का भाग **उष्णकटिबंधीय क्षेत्र** (Tropical Area) तथा **उत्तर का भाग उपोष्ण कटिबंधीय क्षेत्र** (Sub-tropics) में विभाजित करती है।
- कर्क रेखा (Tropic of Cancer) पश्चिम में कच्छ के रन से पूर्व में मिजोरम तक विस्तृत है।
- इसलिए भारत की जलवायु में उष्ण कटिबंधीय जलवायु एवं उपोष्ण कटिबंधीय जलवायु दोनों की विशेषताएँ उपस्थित हैं।

### ऊँचाई

- भारत के उत्तर में हिमालय पर्वत स्थित है, जिसकी औसत ऊँचाई 6,000 मी है। भारत का तटीय क्षेत्र भी विशाल है, जिसकी अधिकतम ऊँचाई लगभग 30 मी है।
- हिमालय मध्य एशिया से आने वाली ठंडी हवाओं को भारतीय उपमहाद्वीप में प्रवेश करने से रोकता है। इन्हीं पर्वतों के कारण मध्य एशिया की तुलना में इस क्षेत्र में ठंड कम पड़ती है।

### वायुदाब एवं पवन

- भारत उत्तर-पूर्वी व्यापारिक पवनों (Trade winds) वाले क्षेत्र में स्थित है। व्यापारिक पवनों की उत्पत्ति उत्तरी गोलार्द्ध के उपोष्ण कटिबंधीय उच्च दाब पट्टियों (High-Pressure Belt) से होती है।
- ये पवनें दक्षिण दिशा की ओर बहती हैं। **कोरिआलिस बल** (Coriolis Force) के प्रभाव से ये दाहिनी ओर विक्षेपित (Deflector) होकर विषुवतीय निम्न दाब वाले क्षेत्र (Equatorial-Low-Pressure Belt) की ओर बढ़ जाती हैं।
- पृथ्वी के घूर्णन के कारण उत्पन्न आभासी बल को कोरिओलिस बल कहते हैं। इस बल के कारण ही पवनें उत्तरी गोलार्द्ध में दाहिनी और दक्षिणी गोलार्द्ध में बाईं ओर विक्षेपित हो जाती हैं। इसे **फेरल का नियम** (Ferrel's Law) भी कहते हैं। सामान्यत: इन व्यापारिक पवनों में नमी की मात्रा बहुत कम होती है, क्योंकि इनकी उत्पत्ति एवं बहाव दोनों ही स्थलीय भागों में होते हैं, इसलिए इन पवनों द्वारा वर्षा कम या होती ही नहीं है।

- शीत ऋतु में हिमालय के उत्तर में उच्च दाब होता है। यहाँ की ठंडी शुष्क हवाएँ दक्षिण में निम्न दाब वाले महासागरीय क्षेत्र के ऊपर बहती हैं।
- ग्रीष्म ऋतु में आंतरिक एशिया और उत्तर-पूर्वी भारत के ऊपर निम्न दाब का क्षेत्र उत्पन्न हो जाता है। इसके कारण गर्मी के दिनों में वायु की दिशा पूर्णत: परिवर्तित हो जाती है। इस मौसम में हिंद महासागर में उच्च दाब की स्थिति होती है। वायु इस क्षेत्र से दक्षिण-पूर्व दिशा में बहते हुए विषुवत् वृत्त को पार कर दाहिनी ओर मुड़ जाती है और भारतीय उपमहाद्वीप के निम्न दाब की ओर बहने लगती है। इन्हें **दक्षिण-पश्चिमी मानसून पवन** (South-West Monsoon Wind) कहा जाता है। ये पवनें उष्ण महासागरों (Warm Oceans) के ऊपर बहती हैं एवं नमी ग्रहण कर भारत की मुख्य भूमि पर वर्षा करती हैं।

### चेक प्वॉइंट 02

1. *कर्क रेखा भारत को लगभग कितने भागों में विभाजित करती है?*
2. *व्यापारिक पवनों की उत्पत्ति किससे होती है?*
3. *पृथ्वी के घूर्णन के कारण उत्पन्न आभासी बल को क्या कहा जाता है?*
4. *ग्रीष्म ऋतु में उत्तर-पूर्वी भारत के ऊपर किस प्रकार का दाब क्षेत्र उत्पन्न होता है?*

## ऋतुएँ

भारत में मुख्यत: चार प्रकार की ऋतुएँ पाई जाती हैं

### 1. शीत ऋतु

- उत्तरी भारत में शीत ऋतु (Winter Season) का काल मध्य नवंबर से फरवरी माह के मध्य होता है। भारत के उत्तरी भाग में दिसंबर एवं जनवरी सर्वाधिक सर्दियों वाले महीने होते हैं।
- दक्षिणी भारत से उत्तरी भारत की ओर बढ़ने पर तापमान घटता चला जाता है। पूर्वी तट पर स्थित चेन्नई का औसत तापमान 24°-25° सेग्रे के मध्य होता है, जबकि उत्तरी मैदान का औसत तापमान 10°-15° सेग्रे के मध्य होता है।
- इस मौसम में दिन गर्म और रातें ठंडी होती हैं। शीत ऋतु में उत्तरी भाग में तुषारापात (Frost) अर्थात् पाला सामान्य तथा हिमालय के ऊपरी ढालों पर हिमपात (Snowfall) की स्थिति बनी रहती है।
- शीत ऋतु में देश में उत्तर-पूर्वी व्यापारिक पवनें (Northeast Trade Winds) प्रवाहित होती हैं। ये स्थल से समुद्र की ओर बहती (Blow) हैं, जिसके परिणामस्वरूप देश के अधिकांश भाग में शुष्क मौसम होता है।
- तमिलनाडु के तट पर वर्षा का परिणाम यही व्यापारिक पवनें हैं, जिनकी दिशा समुद्र से स्थल की ओर होती है।
- देश के उत्तरी भाग में कमजोर उच्च दाब का क्षेत्र बन जाता है, जिसमें हल्की पवनें इस क्षेत्र से बाहर की ओर प्रवाहित होती हैं। ये पवनें उच्चावच से प्रभावित होकर पश्चिम तथा उत्तर-पश्चिम से गंगा घाटी में बहती हैं।

#### शीत ऋतु की विशेषताएँ

- सामान्य रूप से शीतकाल में आसमान साफ, तापमान व आर्द्रता कम एवं पवनें शिथिल और परिवर्तित होती हैं।
- शीत ऋतु में उत्तरी मैदानों में पश्चिम एवं उत्तर-पश्चिम से चक्रवाती विक्षोभ (Cyclonic Disturbance) का अंतर्वाह विशेष लक्षण है। यह कम दाब वाली प्रणाली है, जो भूमध्य सागर एवं पश्चिमी एशिया के ऊपर उत्पन्न होती है। यह पश्चिमी पवनों के साथ भारत में प्रवेश करती है, जिसके कारण मैदानी भागों में शीतकालीन वर्षा और पर्वतीय हिमपात होता है। इस वर्षा को स्थानीय तौर पर **महावट** (Mahawat) कहा जाता है। यह 'रबी' फसल के लिए महत्त्वपूर्ण है।
- प्रायद्वीपीय भागों में शीत ऋतु स्पष्ट नहीं होती है। समुद्री पवनों के प्रभाव के कारण शीत ऋतु में भी यहाँ तापमान के प्रारूप में न के बराबर परिवर्तन होता है।

### 2. ग्रीष्म ऋतु

ग्रीष्म ऋतु (Summer Season) में सूर्य की उत्तर दिशा में आभासी (Apparent) गति होती है। इसके कारण भूमंडलीय ताप पट्टी उत्तर की ओर खिसक जाती है। भारत में ग्रीष्म ऋतु का समय मार्च से मई के महीने तक है।

#### ग्रीष्म ऋतु की विशेषताएँ

- इस ऋतु में देश के उत्तरी भाग में तापमान में वृद्धि और वायुदाब में कमी आती है।
- मई के अंत में उत्तर-पश्चिम में थार के रेगिस्तान से लेकर पटना तथा छोटानागपुर पठार तक एक न्यून दाब (Low Pressure) का लम्बवत् क्षेत्र उत्पन्न होता है, जिसके परिणामस्वरूप इस गर्त के चारों ओर पवन का परिसंचरण (Circulation) आरंभ होता है।
- लू (Loo) ग्रीष्मकाल का एक प्रभावी लक्षण है। यह धूल भरी गर्म एवं शुष्क पवन है। भारत के उत्तर एवं उत्तर-पश्चिमी क्षेत्रों में दिन के समय लू पवनें चलती हैं। कभी-कभी ये देर शाम तक चलती हैं। इस हवा का सीधा प्रभाव घातक भी हो सकता है।
- उत्तरी भारत में मई महीने में सामान्यत: **धूल भरी आँधियाँ** (Dust Storms) चलती हैं। ये अस्थायी रूप से आरामदायक होती हैं, क्योंकि इनके माध्यम से तापमान में गिरावट और हल्की वर्षा होती है।
- इस मौसम में कभी-कभी तीव्र हवाओं के साथ गरज वाली मूसलाधार वर्षा भी होती है। इसके साथ प्राय: हिम वृष्टि भी होती है। बैसाख महीने में होने के कारण पश्चिम बंगाल में इसे **काल बैसाखी** कहा जाता है।
- कर्नाटक और केरल राज्य में ग्रीष्म ऋतु के अंत में प्राय: पूर्व मानसूनी वर्षा (Pre-monsoon showers) होती है, जिससे आम जल्दी पक जाते हैं। इस कारण इसे **आम्र वर्षा** (Mango Showers) भी कहा जाता है।

#### ग्रीष्म ऋतु के तापमान में विभिन्नता

- ताप पट्टी (Heat Belt) के स्थानांतरण का प्रभाव विभिन्न अक्षांशों पर रिकॉर्ड किए तापमान (मार्च-मई) के आधार पर ज्ञात किया जा सकता है।

- मार्च में दक्कन के पठार का उच्च तापमान लगभग 38° सेग्रे होता है। अप्रैल में मध्य प्रदेश व गुजरात का तापमान लगभग 42° सेग्रे और मई में उत्तर-पश्चिमी भारत का तापमान लगभग 45° सेग्रे होता है। समुद्री प्रभाव के कारण प्रायद्वीपीय भाग का तापमान अपेक्षाकृत कम होता है।

## 3. वर्षा ऋतु/मानसून का आगमन

- जून के प्रारंभ में उत्तरी भारत में निम्न दाब की अवस्था तीव्र हो जाती है। यह दक्षिणी गोलार्द्ध की व्यापारिक पवनों को अपनी ओर आकर्षित करती है। दक्षिण-पूर्वी व्यापारिक पवनें दक्षिणी समुद्रों के उपोष्ण कटिबंधीय क्षेत्रों में उत्पन्न होती हैं।
- ये पवनें गर्म महासागरों के ऊपर से होकर गुजरती हैं, इसलिए ये अपने साथ इस महाद्वीप में बहुत अधिक मात्रा में नमी लाती हैं। ये पवनें तीव्र होती हैं तथा 30 किमी प्रति घंटे के औसत वेग से चलती हैं।
- उत्तर-पूर्वी भाग को छोड़कर मानसूनी पवनें देश के शेष भाग में लगभग 1 महीने में पहुँच जाती हैं।

### पश्चिमी घाट में वर्षा, दक्कन पठार और उत्तर-पूर्वी क्षेत्र

- मौसम के आरंभ में पश्चिम घाट के **पवनमुखी** (Windward) भागों में लगभग 250 सेमी से अधिक वर्षा होती है। दक्कन पठार एवं मध्य प्रदेश के कुछ भागों में 'वृष्टि छाया क्षेत्र' (Rain Shadow Area) के पश्चात् भी वर्षा होती है। इस मौसम की अधिकांश वर्षा देश के उत्तर-पूर्वी भागों में होती है।
- खासी पहाड़ी की दक्षिणी शृंखलाओं में स्थित मासिनराम **विश्व में सबसे अधिक औसत वर्षा** प्राप्त करता है।
- गंगा की घाटी में पूर्व से पश्चिम की ओर वर्षा की मात्रा घटती जाती है। राजस्थान एवं गुजरात के कुछ भागों में बहुत कम वर्षा होती है।

### वर्षा का वितरण

- पश्चिमी तटीय भागों एवं उत्तर-पूर्वी भारत में लगभग 400 सेमी वार्षिक वर्षा होती है। वहीं पश्चिमी राजस्थान, पंजाब, हरियाणा एवं गुजरात में 60 सेमी से भी कम वर्षा होती है।
- दक्कन पठार के आंतरिक भागों एवं सह्याद्रि (Sahyadris) के पूर्व में भी कम वर्षा होती है।
- जम्मू-कश्मीर के लेह में भी वर्षण की मात्रा काफी कम होती है। हिमपात हिमालयी क्षेत्रों तक सीमित है।
- देश के शेष हिस्सों में मध्यम वर्षा प्राप्त होती है। हिमपात हिमालयी क्षेत्रों में ही होता है।
- मानसून की प्रकृति के कारण एक वर्ष से दूसरे वर्ष की वार्षिक वर्षा में भी भिन्नता होती है। वर्षा विषमता देश के निम्न वर्षा वितरण के क्षेत्रों में अधिक प्रत्यक्ष होती हैं, जैसे—राजस्थान, गुजरात के कुछ भाग तथा पश्चिमी घाटों के वृष्टि छाया प्रदेशों में अधिक पाई जाती है। अत: अधिक वर्षा वाले क्षेत्रों में बाढ़ आती है, जबकि निम्न वर्षा वाले क्षेत्रों में सूखे की आशंका बनी रहती है।
- हिमालय के पास चला जाता है, तब मैदानों में लंबे समय तक शुष्क अवस्था रहती है तथा हिमालय की नदियों के पर्वतीय जलग्रहण क्षेत्रों में विस्तृत वर्षा होती है। इस अधिक वर्षा के कारण मैदानी क्षेत्रों में बाढ़ें आती हैं एवं जान-माल की हानि होती हैं।

### वर्षा ऋतु की विशेषताएँ

वर्षा ऋतु की विशेषताएँ निम्नलिखित हैं

- **आर्द्र एवं शुष्क चक्र** भारतीय मानसून में वर्षा रहित अंतराल भी होते हैं अर्थात् यहाँ निरंतर वर्षा जैसी स्थिति नहीं होती। ये वर्षा रहित अंतराल आर्द्र एवं शुष्क दोनों प्रकार के होते हैं और इस परिघटना को वर्षा में विराम (Breaks in Rainfall) कहा जाता है। मानसून में आने वाले ये विराम मानसून गर्त से संबंधित होते हैं।
- **मानसूनी गर्त** मानसूनी गर्त (अंतर उष्णकटिबंधीय क्षेत्र अर्थात् निम्न दाब के क्षेत्र का सृजन) विविध कारणों से उत्तर और दक्षिण दिशा की ओर खिसकता रहता है, जिसके कारण वर्षा का स्थानिक विवरण सुनिश्चित होता है। जब मानसूनी गर्त का अक्ष मैदान के ऊपर होता है, तब इन भागों में अच्छी वर्षा होती है। दूसरी ओर, जब अक्ष हिमालय के पास चला जाता है, तब मैदानों में लंबे समय तक शुष्क अवस्था रहती है तथा हिमालय की नदियों के पर्वतीय जलग्रहण क्षेत्रों में विस्तृत वर्षा होती है। इस अधिक वर्षा के कारण मैदानी क्षेत्रों में बाढ़ें आती हैं एवं जान-माल की हानि होती है।
- **उष्णकटिबंधीय अवसाद** उष्णकटिबंधीय निम्न दाब की तीव्रता एवं आवृत्ति भी मानसूनी वर्षा की मात्रा एवं समय का निर्धारण करती है। यह न्यून दाब का क्षेत्र **बंगाल की खाड़ी** के ऊपर बनता है तथा देश के मुख्य स्थलीय भाग को पार कर अग्रसारित हो जाता है। उष्णकटिबंधीय अवसाद निम्न दाब के मानसून गर्त के अक्ष के अनुसार होता है।
- मानसून को इसकी अनिश्चितता के लिए जाना जाता है। शुष्क एवं आर्द्र स्थितियों की तीव्रता, आवृत्ति एवं समय काल में विविधता होती है।
- मानसून से एक समय काल में एक जगह बाढ़ आती है तो दूसरी जगह पर सूखे की स्थिति भी उत्पन्न होती है। इसका आगमन एवं वापसी प्राय: अव्यवस्थित होते हैं। इसलिए यह कभी-कभी देश के किसानों के कृषि कार्यों को अव्यवस्थित कर देता है।

## 4. मानसून की वापसी (परिवर्तनीय मौसम)

अक्टूबर-नवंबर के समय दक्षिण की तरफ सूर्य की आभासी गति के कारण मानसून गर्त या निम्न दाब वाला गर्त उत्तरी मैदानों के ऊपर शिथिल अर्थात् अस्पष्ट हो जाता है, जिसके परिणामस्वरूप धीरे-धीरे उच्च दाब प्रणाली इसका स्थान ले लेती है।

- दक्षिण-पश्चिमी मानसून शिथिल हो जाता है, जिसके परिणामस्वरूप यह पीछे की ओर हटने लगता है।
- अक्टूबर के प्रारंभ में मानसूनी पवनें उत्तर के मैदान से हट जाती हैं और नवंबर के अंत तक शुष्क सर्दी की स्थिति बनी रहती है।
- अक्टूबर एवं नवंबर का महीना गर्म वर्षा ऋतु से शीत ऋतु में परिवर्तन का काल होता है।

### मानसून की वापसी की विशेषताएँ

मानसून की वापसी की विशेषताएँ निम्नलिखित हैं

- मानसून वापसी (Retreating Monsoon) से आसमान साफ और तापमान में वृद्धि हो जाती है।
- दिन का ताप उच्च, जबकि रातें ठंडी होती हैं।

- उच्च ताप एवं आर्द्रता के कारण दिन का मौसम असहनीय प्रतीत होता है, इसे **क्वार की उमस** (October Heat) कहा जाता है। अक्टूबर माह के उत्तरार्द्ध में उत्तरी भारत में तापमान तीव्रता से गिरने लगता है।

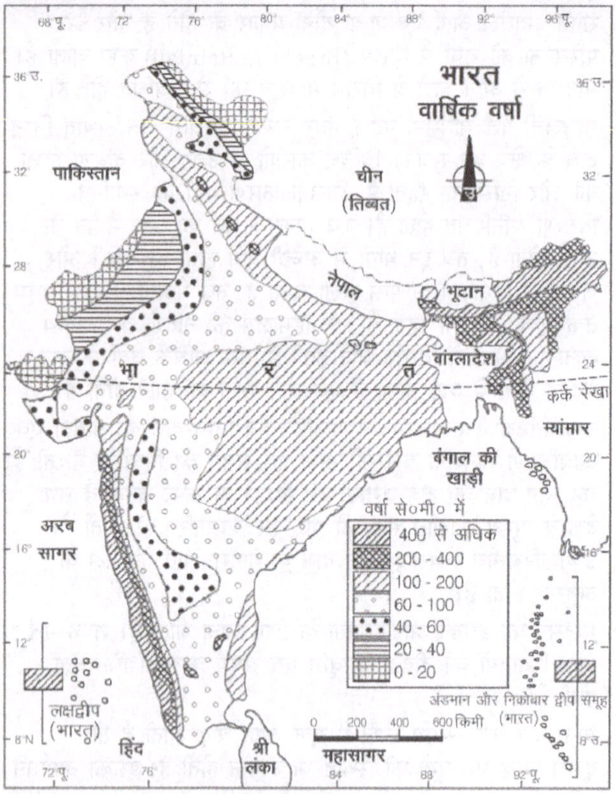


वार्षिक वर्षा

## चक्रवाती निम्न दाब एवं उष्णकटिबंधीय चक्रवात

- नवंबर के आरंभ में उत्तर-पश्चिम का निम्न दाब बंगाल की खाड़ी पर स्थानांतरित (Shifted) हो जाता है। यह स्थानांतरण चक्रवाती निम्न दाब से संबंधित है जो अंडमान सागर (Andaman Sea) के ऊपर उत्पन्न होता है।
- ये चक्रवात सामान्यत: भारत के पूर्वी तट को पार करते हैं और अपने साथ भारी वर्षा और तूफान की स्थिति उत्पन्न करते हैं। ये उष्णकटिबंधीय चक्रवात (Tropical Cyclone) हैं, जो प्राय: विनाशकारी रूप धारण करते हैं।
- कभी-कभी ये ओडिशा, पश्चिम बंगाल और बांग्लादेश के तटीय प्रदेशों में भी पहुँच जाते हैं।
- उष्णकटिबंधीय चक्रवात का प्रभाव मूल रूप से गोदावरी, कृष्णा एवं कावेरी नदियों के सघन आबादी वाले डेल्टा प्रदेशों में देखा जा सकता है।
- इसके कारण बड़े पैमाने पर जान-माल की क्षति होती है। कोरोमंडल तट पर अधिकांश वर्षा इन्हीं चक्रवातों तथा अवदाबों से होती है।

# मानसून : एकता का परिचायक

- हिमालय भारतीय उपमहाद्वीप की अत्यंत ठंडी पवनों से रक्षा करता है। इसके कारण अपेक्षाकृत उच्च अक्षांशीय अवस्थिति के बावजूद उत्तरी भारत में निरंतर उच्च तापमान बना रहता है।
- प्रायद्वीपीय पठार तीनों ओर से समुद्र से घिरा है। इसके प्रभाव से यहाँ संयत (Moderate) अर्थात् मध्यम तापमान बना रहता है, जहाँ न तो अधिक गर्मी और न ही अधिक सर्दी होती है। भारत की प्रायद्वीपीय विविधता मानसूनी जलवायु के निर्धारण और संचालन में महत्त्वपूर्ण भूमिका अदा करती है।
- पवन की दिशाओं का ऋतुओं के अनुसार परिवर्तन तथा उनसे संबंधित ऋतु की दशाएँ ऋतु चक्रों को एक आधार प्रदान करती हैं।
- वर्षा की अनिश्चितता तथा वर्षा के असमान वितरण को मानसून का एक विशिष्ट लक्षण माना जाता है।
- संपूर्ण भारतीय भू-दृश्य, इसके जीव तथा वनस्पति, कृषि चक्र, मानव जीवन एवं त्योहार भी मानसून से संबंधित हैं।
- ये मानसूनी हवाएँ हमें वर्षा जल प्रदान करती हैं और कृषि प्रक्रिया को तीव्रता प्रदान करती हैं तथा संपूर्ण देश को एकता के सूत्र में बाँधती हैं।

## चेक प्वॉइंट 03

1. *भारत में कितने प्रकार की ऋतुएँ पाई जाती हैं?*
2. *पूर्वी तट पर स्थित चेन्नई का औसत तापमान कितने सेंटीग्रेड के मध्य होता है?*
3. *महावट किसे कहा जाता है?*
4. *आम्र वर्षा किसे कहते हैं?*
5. *क्वार की उमस किसे कहा जाता है?*

## इन्हें भी जानें

- ***जलवायु*** *(Climate)* एक विशाल भू-भाग में लंबी समयावधि (30 वर्ष से अधिक) में मौसमी दशाओं और उनके परिवर्तन के संपूर्ण योग को जलवायु कहते हैं।
- ***मौसम*** *(Weather)* एक विशेष समय में एक क्षेत्र के वायुमंडल की अवस्था को मौसम कहते हैं।
- ***तापमान*** *(Temperature)* एक स्थान की ऊष्मा या शीतलता का सेल्सियस अथवा फारेनहाइट या अन्य अंशों में मापन तापमान कहलाता है।
- ***वायुमंडलीय दाब*** *(Atmospheric Pressure)* पृथ्वी के वायुमंडल में किसी सतह की एक इकाई पर उससे ऊपरी हवा के द्वारा लगाया गया बल वायुमंडलीय दाब कहलाता है।
- ***व्यापारिक पवन*** *(Trade Wind)* उपोष्ण उच्च दाब कटिबंध से विषुवतीय निम्न दाब कटिबंध की ओर एक ही दिशा में चलने वाली पवनें व्यापारिक पवनें हैं।
- ***कोरिऑलिस बल*** *(Coriolis Force)* यह पृथ्वी के घूर्णन के कारण उत्पन्न आभासी बल होता है। इसके कारण पवनें उत्तरी गोलार्द्ध में दाहिनी ओर दक्षिणी गोलार्द्ध में बाईं ओर विक्षेपित होती हैं, इसे 'फेरल का नियम' (Ferrel's Law) भी कहते हैं।

# NCERT फोल्डर

## 1. *नीचे दिए गए चार विकल्पों में से सही उत्तर चुनें*

(i) नीचे दिए गए स्थानों में किस स्थान पर विश्व में सबसे अधिक वर्षा होती है?

(a) सिलचर (b) चेरापूँजी
(c) मासिनराम (d) गुवाहाटी

**उत्तर** (c) मासिनराम

(ii) ग्रीष्म ऋतु में उत्तरी मैदानों में बहने वाली पवन को निम्नलिखित में से क्या कहा जाता है?

(a) काल बैसाखी (b) व्यापारिक पवनें
(c) लू (d) इनमें से कोई नहीं

**उत्तर** (c) लू

(iii) भारत में मानसून का आगमन निम्नलिखित में से कब होता है?

(a) मई के प्रारंभ में (b) जून के प्रारंभ में
(c) जुलाई के प्रारंभ में (d) अगस्त के प्रारंभ में

**उत्तर** (b) जून के प्रारंभ में

(iv) निम्नलिखित में से कौन-सी भारत में शीत ऋतु की विशेषता है?

(a) गर्म दिन एवं गर्म रातें
(b) गर्म दिन एवं ठंडी रातें
(c) ठंडा दिन एवं ठंडी रातें
(d) ठंडा दिन एवं गर्म रातें

**उत्तर** (b) गर्म दिन एवं ठंडी रातें

## 2. *निम्नलिखित प्रश्नों के उत्तर संक्षेप में दीजिए*

(i) भारत की जलवायु को प्रभावित करने वाले कौन-कौन से कारक हैं?

**उत्तर** भारतीय जलवायु मानसूनी प्रकार की है। यहाँ की जलवायु को प्रभावित करने वाले कारक निम्नलिखित हैं

(i) अक्षांश (ii) ऊँचाई (iii) वायुदाब एवं पवन

(ii) भारत में मानसूनी प्रकार की जलवायु क्यों है?

**उत्तर** भारत की जलवायु मानसूनी है, क्योंकि यह मानसूनी पवनों से अत्यधिक प्रभावित है। भारत में मानसूनी जलवायु होने के कारण ही यहाँ पवन गर्मी के दिनों में समुद्र (उच्च दाब) से स्थल (निम्न दाब) की ओर तथा शीत ऋतु में इसके विपरीत दिशा में चलती है।

(iii) भारत के किस भाग में दैनिक तापमान अधिक होता है एवं क्यों?

**उत्तर** भारत के उत्तर-पश्चिमी भाग में अवस्थित थार मरुस्थल में दैनिक तापमान अधिक होता है। इसका कारण मरुस्थलीय भाग (थार) में रेत का पाया जाना है, जो दिन के समय सूर्य की रोशनी में जल्दी गर्म हो जाता है।

(iv) किन पवनों के कारण मालाबार तट पर वर्षा होती है?

**उत्तर** मालाबार तट केरल के दक्षिणी तटीय तथा पूर्वी तटीय भाग है। यहाँ दक्षिण-पश्चिम मानूसन की अरब सागर शाखा के कारण भारी वर्षा होती है।

(v) मानसून को परिभाषित कीजिए। मानसून में विराम से आप क्या समझते हैं?

**उत्तर** मानसून शब्द की उत्पत्ति अरबी भाषा के शब्द 'मौसिम' से हुई है। इसका शाब्दिक अर्थ 'मौसम' है।

'मानसून में विराम' एक परिघटना है। इसके अनुसार मानसूनी वर्षा निरंतर न होकर एक समय में कुछ दिनों तक ही होती है। इनमें वर्षा रहित अंतराल भी होता है, जो मानसूनी गर्त की गति से संबंधित होता है।

(vi) मानसून को एक सूत्र में बाँधने वाला क्यों समझा जाता है?

**उत्तर** मानसून भारत और भारतीयों के लिए एकता का प्रतिबिंब है। संपूर्ण भारतीय भू-दृश्य, इसके जीव तथा वनस्पति, कृषि चक्र एवं त्योहार भी मानसून से संबंधित हैं। उत्तर से दक्षिण एवं पूर्व से पश्चिम तक सभी भारतवासी प्रतिवर्ष मानसून की प्रतीक्षा करते हैं। ये हवाएँ हमें कृषि के लिए जल उपलब्ध कराकर पूरे देश को एकता के सूत्र में बाँधने का काम करती हैं।

कृषि चक्र से संबंधित त्योहार देश के विभिन्न हिस्सों में अलग-अलग नामों से जाने जाते हैं, लेकिन इनका समय मानसून द्वारा निर्धारित होता है। यह हमारी अर्थव्यवस्था के साथ मानवीय जीवन को एक अनूठी पहचान प्रदान करता है।

**3.** उत्तरी भारत में पूर्व से पश्चिम की ओर वर्षा की मात्रा क्यों घटती जाती है?

**उत्तर** दक्षिण-पश्चिमी मानसून प्रायद्वीपीय भारत की त्रिभुजाकार आकृति के कारण दो शाखाओं–'अरब सागर शाखा' और 'बंगाल की खाड़ी शाखा' में विभक्त हो जाता है। आर्द्रतायुक्त दूसरी शाखा उत्तर-पूर्व की ओर बढ़ती है और वहाँ स्थित पहाड़ियों से टकराकर वर्षा करती है। ऊँचे पर्वतों के कारण मानसून की दिशा पश्चिम की ओर गंगा मैदान की ओर हो जाती है, परंतु जैसे-जैसे ये पवनें अग्रसर होती जाती हैं, उनमें आर्द्रता कम होती जाती है, परिणामतः उत्तरी भारत में पूर्व से पश्चिम की ओर बढ़ने से वर्षा की मात्रा घटती जाती है।

**4.** कारण बताएँ

(i) भारतीय उपमहाद्वीप में वायु की दिशा में मौसमी परिवर्तन क्यों होता है?

**उत्तर** भारतीय उपमहाद्वीप में वायु की दिशा में मौसमी परिवर्तन होने के निम्नलिखित कारण हैं

- पृथ्वी के घूर्णन के कारण उत्पन्न आभासी बल, जिसे कोरिओलिस बल कहते हैं, के कारण पवनें उत्तरी गोलार्द्ध में दाहिनी एवं दक्षिणी गोलार्द्ध में बाईं ओर विक्षेपित हो जाती हैं। इस कारण विभिन्न ऋतुओं में वायु दाब एवं वायु तंत्र भिन्न होता है।
- ग्रीष्म ऋतु में आंतरिक एशिया एवं उत्तर-पूर्वी भारत के ऊपर निम्न दाब का क्षेत्र उत्पन्न हो जाता है, जिसके कारण गर्मी के दिनों में वायु की दिशा पूर्णतः परिवर्तित हो जाती है।

- शीत ऋतु में हिमालय के उत्तर में उच्च दाब होता है। यहाँ की ठंडी शुष्क हवाएँ दक्षिण में निम्न दाब वाले महासागरीय क्षेत्र के ऊपर बहती हैं।
- वर्षा ऋतु में दक्षिण में हिंद महासागर के उच्च दाब वाले क्षेत्रों से बहती हुई वायु भारतीय उपमहाद्वीप पर स्थित निम्न दाब की ओर बहने लगती है, जिसे दक्षिण-पश्चिमी मानसूनी पवन कहा जाता है।

(ii) **भारत में अधिकतर वर्षा कुछ ही महीनों में होती है।**

उत्तर यह कथन सत्य है कि भारत में अधिकतर वर्षा कुछ ही महीनों में होती है। ऐसा इसलिए है क्योंकि ग्रीष्म ऋतु में आंतरिक एशिया और उत्तर-पूर्वी भारत के ऊपर निम्न दाब का क्षेत्र बनता है, परिणामतः वायु हिंद महासागर के उच्च दाब से, दक्षिण-पूर्व दिशा में, विषुवत् वृत्त को पार करती है और भारतीय उपमहाद्वीप के निम्न दाब की ओर बहने लगती है। यह दक्षिण-पश्चिमी मानसूनी पवन है। आर्द्रतायुक्त ये पवनें भारतीय मुख्य भूमि पर विस्तृत वर्षण लाती हैं। भारत में वर्षा का यह मुख्य कारण है। मानसून की अवधि 100-120 दिनों (जून से मध्य सितंबर तक) की होती है।

(iii) **तमिलनाडु तट पर शीत ऋतु में वर्षा होती है।**

उत्तर शीत ऋतु में वायु की दिशा परिवर्तित हो जाती है। उत्तर-पूर्वी व्यापारिक पवनें स्थल से समुद्र की ओर चलती हैं, परिणामतः देश के अधिकांश हिस्सों में शुष्क मौसम होता है, परंतु तमिलनाडु के तट पर ये पवनें समुद्र से स्थल की ओर चलती हैं, जो नमीयुक्त होती हैं, परिणामतः यहाँ वर्षा होती है।

(iv) **पूर्वी तट के डेल्टा वाले क्षेत्र में प्रायः चक्रवात आते हैं।**

उत्तर नवंबर माह में उत्तर-पश्चिमी भारत के ऊपर निम्न दाब की अवस्था बंगाल की खाड़ी में स्थानांतरित हो जाती है। यह स्थानांतरण चक्रवाती निम्न दाब के कारण होता है, जिसकी उत्पत्ति बंगाल की खाड़ी के ऊपर होती है। यही कारण है कि पूर्वी तट के डेल्टा वाले क्षेत्र में प्रायः चक्रवात आते हैं। ये चक्रवात भारत के पूर्वी तट को पार करते हैं और अपने साथ व्यापक व भारी वर्षा कराते हैं। इसका प्रभाव विनाशकारी होता है। पूर्वी तट के डेल्टाई क्षेत्र गोदावरी, कृष्णा व कावेरी क्षेत्र को प्रायः इस चक्रवाती प्रभाव का सामना करना पड़ता है।

(v) **राजस्थान व गुजरात के कुछ भाग तथा पश्चिमी घाट का वृष्टि छाया क्षेत्र सूखा प्रभावित क्षेत्र है।**

उत्तर राजस्थान व गुजरात के पश्चिमी छोर पर स्थित भाग प्रायः सूखा प्रभावित क्षेत्र को प्रतिबिंबित करते हैं। इसका कारण दक्षिण-पश्चिमी मानसून का यहाँ विलंब से आगमन और उसमें आर्द्रता की कमी होती है। दूसरी ओर, पश्चिमी घाट का वृष्टि छाया क्षेत्र पवनाभिमुख ढाल पर स्थित है। यहाँ भी सूखे की स्थिति होती है, क्योंकि मानसूनी पवनों के यहाँ पहुँचने तक आर्द्रता समाप्त हो चुकी होती है।

**5. भारत की जलवायु अवस्थाओं की क्षेत्रीय विभिन्नताओं को उदाहरण सहित समझाइए।**

उत्तर भारत की भौतिक विविधता और अक्षांशीय विस्तार का देश की जलवायु अवस्थाओं को क्षेत्रीय भिन्नता प्रदान करने में महत्त्वपूर्ण स्थान है। उत्तर में हिमालय पर्वतमाला और दक्षिण में महासागर व प्रायद्वीपीय स्थिति के कारण जलवायु में भिन्नता स्पष्ट दृष्टिगोचर होती है।

इसका विवरण निम्नलिखित है

- ग्रीष्म ऋतु में राजस्थान के मरुस्थली भागों का तापमान लगभग 50° सेग्रे तक पहुँच जाता है। वहीं इसी मौसम में जम्मू-कश्मीर के पहलगाम में 20° सेग्रे तापमान दर्ज किया जाता है।
- सर्दियों में जम्मू-कश्मीर के द्रास का तापमान गिरकर – 45° सेग्रे हो सकता है। वहीं केरल के तिरुअनंतपुरम में यह 22° सेग्रे तक हो सकता है। दक्षिणी राज्य केरल और केंद्रशासित प्रदेश अंडमान एवं निकोबार में दिन व रात का तापमान लगभग समतुल्य होता है।
- सामान्यतः तटीय क्षेत्रों का तापांतर कम होता है, जबकि देश के आंतरिक भागों में ऋतुनिष्ठ अंतर अधिक होता है।
- देश के उत्तरी भागों में वर्षा की मात्रा सामान्यतः पूर्व से पश्चिम की ओर घटती चली जाती है। मेघालय में 400 सेमी, जबकि पश्चिमी राजस्थान व लद्दाख में 10 सेमी से भी कम वार्षिक वर्षण दर्ज किया जाता है।
- देश के अधिकांश भागों में मानसून के आगमन के समय (जून-सितंबर) वर्षा होती है, जबकि तमिलनाडु तट पर अधिकांश वर्षा मानसून वापसी के काल (अक्टूबर-नवंबर) में होती है।

**6. शीत ऋतु की अवस्था एवं उसकी विशेषताएँ बताइए।**

उत्तर शीत ऋतु की अवस्था एवं उसकी विशेषताएँ निम्नलिखित हैं

(i) **अवधि** उत्तरी भारत में शीत ऋतु का काल मध्य नवंबर से फरवरी माह के मध्य होता है। यहाँ दिसंबर एवं जनवरी सर्वाधिक ठंड वाले महीने हैं।

(ii) **तापमान** दक्षिण से उत्तरी भारत की ओर बढ़ने पर तापमान घटता चला जाता है। पूर्वी तट पर स्थित चेन्नई का औसत तापमान 24°-25° सेग्रे, जबकि उत्तरी मैदान का तापमान 10°-15° सेग्रे के मध्य होता है। दिन गर्म एवं रातें ठंडी होती हैं।

(iii) **पवन** शीतकाल में देश में उत्तर-पूर्वी व्यापारिक पवनें चलती हैं। ये स्थल से समुद्र की ओर चलती हैं। अतः देश के अधिकांश भागों में शुष्क मौसम होता है, परंतु तमिलनाडु तट पर इन पवनों की दिशा समुद्र से स्थल की ओर होती है।

(iv) **वर्षण** शीत ऋतु में तुषारापात सामान्य घटना है। हिमालय के ऊपरी ढालों पर हिमपात होता है। तमिलनाडु तट पर पवन की दिशा समुद्र से स्थल की ओर होने के कारण वर्षा होती है।

(v) **वायुमंडलीय दाब** शीत ऋतु में देश के उत्तरी भाग में कमजोर उच्च दाब का क्षेत्र बनता है। इसमें हल्की पवनें पश्चिम तथा उत्तर-पश्चिम से गंगा घाटी में चलती हैं। आसमान साफ, तापमान व आर्द्रता कम एवं पवनें शिथिल होती हैं।

(vi) **चक्रवाती विक्षोभ** शीत ऋतु का यह एक विशेष लक्षण है। यह कम दाब वाली प्रणाली है, जो भूमध्य सागर एवं पश्चिमी एशिया के ऊपर उत्पन्न होती है। यह पश्चिमी पवनों के साथ भारत में प्रवेश कर शीतकालीन वर्षा कराती है। इस वर्षा को स्थानीय तौर पर 'महावट' कहा जाता है।

**7.** **भारत में होने वाली मानसूनी वर्षा एवं उसकी विशेषताएँ बताइए।**

**उत्तर** व्यापारिक पवनों के विपरीत मानसूनी पवनें नियमित नहीं हैं। ये स्पंदमान प्रकृति की होती हैं। भारतीय मानसून की विशेषताएँ निम्नलिखित हैं

- मानसून का आरंभ जून के आरंभ से मध्य सितंबर (100-120 दिन) के बीच होता है।
- मानसून आगमन के समय सामान्य वर्षा में अचानक वृद्धि हो जाती है। यह कई दिनों तक अनवरत जारी रहती है, इसे 'मानसून प्रस्फोट' कहा जाता है।
- ये पवनें भारतीय प्रायद्वीप के दक्षिणी छोर से प्रवेश कर दो भागों–'अरब सागर' और 'बंगाल की खाड़ी' शाखा में विभक्त हो जाती हैं।
- देशभर में वर्षा का असमान वितरण है। मानसून के आरंभ में पश्चिमी घाट के पवनमुखी ढालों पर भारी वर्षा होती है। यह वर्षा 250 सेमी से भी अधिक है।
- वहीं प्रायद्वीपीय पठार के वृष्टि छाया क्षेत्र एवं मध्य प्रदेश, गुजरात और राजस्थान के कुछ हिस्सों सहित लेह में भी बहुत कम वर्षा होती है। सर्वाधिक वर्षा क्षेत्र देश का उत्तर-पूर्वी क्षेत्र है।
- भारत के उत्तर-पश्चिमी राज्यों से मानसून की वापसी सितंबर के आरंभ में शुरू हो जाती है। दिसंबर तक शेष भारत से मानसून की वापसी हो जाती है।
- मानसून भारत को एक विविध जलवायविक दशा प्रदान करता है। यह एकता का भी परिचायक है।
- भारतीय कृषि मुख्यतः मानसून से प्राप्त वर्षा पर निर्भर करती है। वर्षा के असमान वितरण के कारण देश के कुछ भाग सूखाग्रस्त, जबकि कुछ भाग बाढ़ग्रस्त होते हैं।

# परीक्षा अभ्यास

## वस्तुनिष्ठ प्रश्न

### बहुविकल्पीय प्रश्न

**1.** भारत में किस प्रकार की जलवायु पाई जाती है?
(a) मानसूनी (b) महासागरीय
(c) टुंड्रा (d) शुष्क सवाना
**उत्तर** (a) मानसूनी

**2.** मेघालय में वार्षिक वर्षण की औसत दर क्या है?
(a) 300 सेमी (b) 350 सेमी
(c) 400 सेमी (d) 450 सेमी
**उत्तर** (c) 400 सेमी

**3.** विश्व में सर्वाधिक औसत वर्षा कहाँ होती है?
(a) मिजोरम (b) मेघालय (c) असम (d) बिहार
**उत्तर** (b) मेघालय

**4.** भारत के ज्यादातर हिस्सों में वर्षा किस माह में होती है?
(a) जून से सितंबर (b) अप्रैल से जुलाई
(c) मार्च से जून (d) अगस्त से नवंबर
**उत्तर** (a) जून से सितंबर

**5.** मध्य एशिया से आने वाली ठंडी हवाओं का भारत में प्रवेश किसके कारण अवरुद्ध होता है?
(a) कराकोरम (b) नीलगिरि
(c) हिमालय (d) अरावली
**उत्तर** (c) हिमालय

**6.** पृथ्वी के घूर्णन के कारण उत्पन्न आभासी बल को क्या कहते हैं?
(a) घूर्णन बल (b) परिक्रमण बल
(c) गतिक बल (d) कोरिओलिस बल
**उत्तर** (d) कोरिओलिस बल

**7.** भारत में कितने प्रकार की ऋतुएँ होती हैं?
(a) तीन (b) चार (c) दो (d) पाँच
**उत्तर** (a) तीन

**8.** भारत के उत्तर-पश्चिमी क्षेत्रों में दिन के समय चलने वाली पवन कहलाती है
(a) आर्द्र पवनें (b) लू पवनें
(c) मानसूनी पवनें (d) व्यापारिक पवनें
**उत्तर** (b) लू पवनें

**9.** काल बैसाखी पवनों की विशेषता है
(a) मूसलाधार वर्षा (b) तीव्र हवाएँ
(c) हिम वृष्टि (d) ये सभी
**उत्तर** (d) ये सभी

**10.** भारत में सबसे अधिक तापांतर किस राज्य में पाया जाता है?
(a) राजस्थान (b) जम्मू और कश्मीर
(c) ओडिशा (d) मध्य प्रदेश
**उत्तर** (a) राजस्थान

**11.** तमिलनाडु के तट पर अधिकांश वर्षा किस माह में होती है?
(a) जून-जुलाई (b) अगस्त-सितंबर
(c) अक्टूबर-नवंबर (d) दिसंबर-जनवरी
**उत्तर** (c) अक्टूबर-नवंबर

**12.** भारत के तटीय क्षेत्र की अधिकतम ऊँचाई कितनी है?
(a) 60 मी (b) 30 मी
(c) 40 मी (d) 50 मी
**उत्तर** (b) 30 मी

**13.** कोरोमंडल तट पर अधिकांश वर्षा किन चक्रवातों के कारण होती है?
(a) उष्णकटिबंधीय चक्रवात (b) शीतोष्ण कटिबंधीय चक्रवात
(c) उच्च वलय चक्रवात (d) मध्य वलय चक्रवात
**उत्तर** (a) उष्णकटिबंधीय चक्रवात

**14.** 'जलवायु नियंत्रण कारकों' के संबंध में कौन-सा/से कथन सही है/हैं?
1. पृथ्वी पर ऊँचाई पर जाने पर वायु की सघनता कम होती है।
2. समुद्र से दूरी ही एकमात्र महत्त्वपूर्ण कारक है, जो किसी क्षेत्र की जलवायु को प्रभावित करती है।
3. महासागरीय जलधाराएँ तटवर्ती क्षेत्रों की जलवायु को प्रभावित करती हैं।
4. उच्चावच जलवायु का एक महत्त्वपूर्ण निर्धारक तत्त्व होता है।

**कूट**
(a) 1 और 2 (b) 2 और 4
(c) 1, 2 और 3 (d) 1, 3 और 4
**उत्तर** (d) 1, 3 और 4

**15.** निम्नलिखित स्थानों को उनके विषुवत् रेखा दूरी के आधार पर क्रमानुसार व्यवस्थित करें
1. लेह 2. दिल्ली
3. तिरुअनंतपुरम 4. शिलांग

**कूट**
(a) 3, 4, 2, 1 (b) 4, 3, 2, 1
(c) 1, 2, 3, 4 (d) 3, 1, 2, 4
**उत्तर** (a) 3, 4, 2, 1

**16.** निम्नलिखित में से गलत युग्म की पहचान करें

(a) मौसम – विशेष क्षेत्र का वायुमंडल

(b) जलवायु – समयावधि में मौसमी दशाओं का संपूर्ण योग

(c) आम्र वर्षा – मानसूनी वर्षा जिससे आम जल्दी पक जाते हैं

(d) वायुमंडलीय दाब – पृथ्वी वायुमंडल पर एकाकी क्षेत्र पर लगाया गया बल

**उत्तर** (a) मौसम–विशेष क्षेत्र का वायुमंडल

**17.** निम्नलिखित में से सही युग्म की पहचान करें

(a) कोरिऑलिस बल – परिक्रमण के द्वारा उत्पन्न

(b) पश्चिमी विक्षोभ – शीतोष्ण कटिबंधीय विक्षोभ

(c) लू – सर्दभरी हवा

(d) महावट – मैदानी भागों में शीतकालीन वर्षा व पर्वतीय हिमपात

**उत्तर** (d) महावट–मैदानी भागों में शीतकालीन वर्षा व पर्वतीय हिमपात

**18.** निम्नलिखित की सहायता से ऋतु की पहचान करें

- इस ऋतु काल में आसमान साफ, तापमान व आर्द्रता कम एवं पवनें शिथिल और परिवर्तित होती हैं।
- इस ऋतु में उत्तरी मैदानों में पश्चिम एवं उत्तर-पश्चिम से चक्रवाती विक्षोभ का अंतर्वाह होता है।
- यह ऋतु रबी फसल के लिए महत्त्वपूर्ण है।
- उत्तरी भारत में इसकी काल अवधि मध्य नवंबर से फरवरी तक होती है।

(a) ग्रीष्म ऋतु (b) शीत ऋतु

(c) हेमंत ऋतु (d) वर्षा ऋतु

**उत्तर** (b) शीत ऋतु

**19.** निम्नलिखित की सहायता से सही बल की पहचान करें

- यह बल पृथ्वी के घूर्णन के कारण उत्पन्न होता है।
- इस बल के कारण पवनें उत्तरी गोलार्द्ध में दाहिनी ओर तथा दक्षिणी गोलार्द्ध में बाईं ओर विक्षेपित हो जाती हैं।
- इसे फेरल का नियम भी कहा जाता है।

(a) घूर्णन बल (b) कोरिऑलिस बल

(c) अपकेंद्रीय बल (d) गुरुत्वाकर्षण बल

**उत्तर** (b) कोरिऑलिस बल

## सुमेलित करें

**20.** सुमेलित कीजिए

| सूची I (ऋतु) | सूची II (समय) |
|---|---|
| A. शीत ऋतु | 1. नवंबर-फरवरी |
| B. ग्रीष्म ऋतु | 2. मार्च-मई |
| C. वर्षा ऋतु | 3. जून के प्रारंभ में |
| D. परिवर्तनीय मौसम | 4. अक्टूबर-नवंबर |

**कूट**

| | A | B | C | D | | A | B | C | D |
|---|---|---|---|---|---|---|---|---|---|
| (a) | 1 | 2 | 3 | 4 | (b) | 1 | 3 | 2 | 4 |
| (c) | 4 | 3 | 1 | 2 | (d) | 4 | 3 | 2 | 1 |

**उत्तर** (a) 1 2 3 4

## रिक्त स्थान भरें

**21.** भारत को .......... लगभग मध्य भाग से दो बराबर भागों में विभाजित करती है।

**उत्तर** कर्क रेखा

**22.** व्यापारिक पवनों की उत्पत्ति उत्तरी गोलार्द्ध के ..... से होती है।

**उत्तर** उपोष्ण कटिबंधीय उच्च दाब पट्टियों

**23.** विश्व में सबसे अधिक वर्षा करने वाला स्थान ............... है, जो पूर्वोत्तर राज्य में मेघालय में स्थित है।

**उत्तर** मासिनराम

**24.** निम्न रिक्त स्थान को पूरा करें

| ऋतुएँ | विशेषता |
|---|---|
| शीत ऋतु | उत्तर-पूर्वी व्यापारिक पवनों का प्रवाह। |
| ग्रीष्म ऋतु | ? |

**कूट**

(a) दक्षिण-पश्चिमी मानसूनी पवनों का प्रवाह।

(b) वर्षा का अभाव

(c) भारत के दक्षिणी भाग में लू का प्रवाह।

(d) बिहार तथा उत्तर प्रदेश में आम्र वर्षा का होना

**उत्तर** (a) दक्षिण-पश्चिमी मानसूनी पवनों का प्रवाह।

## सही और पुनः लिखें

**25.** महावट खरीफ की फसल के लिए सर्वाधिक उपयुक्त माना जाता है।

**उत्तर** महावट रबी की फसल के लिए सर्वाधिक उपयुक्त माना जाता है।

**26.** कोरिऑलिस बल के कारण पवनें उत्तरी गोलार्द्ध में बाईं ओर और दक्षिणी गोलार्द्ध में दाहिनी ओर विक्षेपित हो जाती हैं।

**उत्तर** कोरिऑलिस बल के कारण पवनें उत्तरी गोलार्द्ध में दाहिनी ओर और दक्षिणी गोलार्द्ध में बाईं ओर विक्षेपित हो जाती हैं।

## कथन/कारण

**27.** **कथन** (A) गंगा की घाटी में पश्चिम से पूर्व की ओर वर्षा की मात्रा घटती जाती है।

**कारण** (R) मासिनराम विश्व में सबसे अधिक औसत वर्षा वाला स्थान है।

कूट

(a) A और R दोनों सही हैं तथा R, A की सही व्याख्या है

(b) A और R दोनों सही हैं, परंतु R, A की सही व्याख्या नहीं है

(c) A सही है, किंतु R गलत है

(d) A गलत है, किंतु R सही है

**उत्तर** (d) A गलत है, किंतु R सही है

## अतिलघु उत्तरीय प्रश्न

**1.** जलवायु से क्या आशय है?

**उत्तर** एक विशाल क्षेत्र में लंबी समयावधि में मौसम की दशाओं और विविधताओं के औसत को जलवायु कहा जाता है।

**2.** मौसम और जलवायु में विद्यमान महत्त्वपूर्ण तत्त्वों का उल्लेख कीजिए।

**उत्तर** मौसम और जलवायु में विद्यमान तत्त्व समान ही होते हैं

- तापमान
- वायुमंडलीय दाब
- पवन
- आर्द्रता
- वर्षण

**3.** मौसम से क्या तात्पर्य है?

**उत्तर** मौसम एक विशेष समय में एक क्षेत्र के वायुमंडल की अवस्था का द्योतक होता है।

**4.** सम जलवायु से क्या तात्पर्य है?

**उत्तर** सम जलवायु से तात्पर्य ऐसे क्षेत्र से है, जहाँ जलवायु विविधता का स्तर कम हो।

**5.** 'आम्र वृष्टि' को परिभाषित कीजिए।

**उत्तर** दक्षिणी राज्य कर्नाटक और केरल में प्रायः ग्रीष्मकाल के अंत में पूर्व-मानसूनी वर्षा होती है। इस वर्षा के कारण आम जल्दी पक जाते हैं। अतः इसे स्थानीय तौर पर 'आम्र वृष्टि' कहा जाता है।

**6.** विश्व के किस स्थान पर सर्वाधिक वर्षा होती है?

**उत्तर** मासिनराम (मेघालय) विश्व में सर्वाधिक औसत वर्षा प्राप्त करने वाला स्थल है।

**7.** 'क्वार की उमस' से क्या आशय है?

**उत्तर** उच्च तापमान और आर्द्रता वाली अवस्था के कारण दिन का मौसम असहनीय हो जाता है, इसे ही 'क्वार की उमस' कहा जाता है।

**8.** राजस्थान के मरुस्थल में किस प्रकार की जलवायु होती है?

**उत्तर** राजस्थान के मरुस्थल में महाद्वीपीय प्रकार की जलवायु होती है।

**9.** भारत में सर्दी की ऋतु की समय सीमा क्या है?

**उत्तर** भारत में सर्दी की ऋतु मध्य नवंबर से उत्तरी भारत में शुरू होती है और फरवरी तक रहती है।

**10.** उत्तरी भारत के दो सर्वाधिक ठंडे महीने कौन-से हैं?

**उत्तर** उत्तरी भारत में दिसंबर व जनवरी के महीने सर्वाधिक ठंडे होते हैं।

**11.** 'लू' का क्या अर्थ है?

**उत्तर** ये सशक्त, धूल भरी, गर्म, शुष्क पवनें होती हैं, जो उत्तर तथा पश्चिम भारत में दिन के समय चलती हैं। ये स्थानीय पवनें हैं, जो गर्म तथा शुष्क होती हैं।

**12.** उष्णकटिबंधीय चक्रवात का क्या अर्थ है?

**उत्तर** वे चक्रवात, जो उष्णकटिबंधीय क्षेत्र में उठकर उसी में घूमते हैं उष्णकटिबंधीय चक्रवात कहलाते हैं। ये प्रायः अत्यंत विनाशक होते हैं।

**13.** कोरोमंडल तट पर भारी वर्षा का क्या कारण है?

**उत्तर** कोरोमंडल तट पर भारी वर्षा होने का कारण गहराई तथा उष्णकटिबंधीय चक्रवात हैं।

**14.** भारत में उष्णकटिबंधीय चक्रवात से प्रभावित क्षेत्रों के नाम बताइए।

**उत्तर** भारत में उष्णकटिबंधीय चक्रवात से प्रभावित क्षेत्र तटीय क्षेत्र हैं।

**15.** पहाड़ियाँ गर्मी के मौसम में ठंडी क्यों होती हैं?

**उत्तर** पहाड़ियाँ पृथ्वी तल से ऊँची होती हैं। जैसे-जैसे हम वायुमंडल के निम्न भाग से उच्च भाग की ओर प्रवेश करते जाते हैं, वायुमंडल की सघनता कम होती है। तापमान भी न्यून होता चला जाता है। परिणामतः पहाड़ियों पर गर्मी के मौसम में भी वहाँ की जलवायु ठंडी होती है।

**16.** "सर्दियों में भारत के अधिकतर भाग शुष्क रहते हैं।" कारण बताइए।

**उत्तर** सर्दियों में देश में उत्तर-पूर्वी व्यापारिक पवनें चलती हैं। वे पृथ्वी से सागर की ओर चलती हैं इसलिए देश में अधिकतर भागों की सर्दियाँ शुष्क रहती हैं।

**17.** "प्रायद्वीपीय क्षेत्र में सही तरह सर्दियों की ऋतु नहीं आती।" कारण बताइए।

**उत्तर** महासागर के सामान्य प्रभाव के कारण प्रायद्वीपीय क्षेत्र में सही तरह सर्दियों की ऋतु नहीं आती।

**18.** "भारतीय उत्तरी मैदानों में महाद्वीपीय प्रकार की जलवायु रहती है।" कारण बताइए।

**उत्तर** भारतीय उत्तरी मैदानों में महाद्वीपीय प्रकार की जलवायु इसलिए रहती है, क्योंकि वे महासागर के प्रभाव से दूर स्थित हैं।

## लघु उत्तरीय प्रश्न

**1.** भारत उत्तर-पूर्वी व्यापारिक पवनों के क्षेत्र में अवस्थित है। इन पवनों की मुख्य विशेषताओं का विवरण दीजिए।

**उत्तर** उत्तर-पूर्वी व्यापारिक पवनों की विशेषताएँ निम्नलिखित हैं

(i) उत्तर-पूर्वी पवन की उत्पत्ति उत्तरी गोलार्द्ध के उपोष्ण कटिबंधीय उच्च दाब पट्टियों से होती है।

(ii) ये पवनें दक्षिण दिशा की ओर चलती हैं। कोरिआलिस बल के प्रभाव के कारण ये पवनें दाहिनी ओर विषुवतीय निम्न दाब वाले क्षेत्रों की ओर बढ़ती हैं।

(iii) सामान्यतः इनमें नमी की मात्रा कम होती है, क्योंकि इनकी उत्पत्ति और बहाव दोनों स्थलीय भागों पर होते हैं।

**2.** भारत उत्तर-पूर्वी पवनों के क्षेत्र में पड़ता है। इन पवनों की कोई तीन विशेषताएँ बताएँ।

**उत्तर** उत्तर-पूर्वी पवनों की तीन विशेषताएँ निम्न हैं

(i) ये पवनें अर्द्ध-उष्णकटिबंधीय क्षेत्र से उठती हैं जिनका उच्च दबाव उत्तरी गोलार्द्ध की पट्टी पर पड़ता है।

(ii) वे दक्षिण की ओर बहती हैं, दाईं ओर विपथित हो जाती हैं, क्योंकि उन पर गहन बल होता है और फिर भूमध्यवर्ती निम्न दबाव के क्षेत्र की ओर मुड़ जाती हैं।

(iii) प्रायः ये पवनें बहुत कम आर्द्रता लिए होती हैं, क्योंकि वे धरती से ही उठती हैं और उसी के साथ-साथ बहती हैं।

**3. मौसम एवं जलवायु में अंतर स्पष्ट कीजिए।**

**उत्तर** मौसम और जलवायु में अंतर निम्नलिखित हैं

| मौसम | जलवायु |
|---|---|
| मौसम एक विशेष समय में एक क्षेत्र के वायुमंडल की अवस्था है। | जलवायु एक क्षेत्र में लंबी समयावधि में मौसमी अवस्थाओं एवं विविधताओं का कुल योग है। |
| मौसमी अवस्था अस्थिर प्रकृति की होती है। यह एक दिन में कई बार बदल सकती है। | इसकी प्रकृति स्थिर और दीर्घ अवधि (30 वर्ष से अधिक) की होती है। |
| यह किसी पूर्व-निर्धारित घटकों द्वारा प्रभावित होता है; जैसे–तापमान, आर्द्रता आदि। | यह अपने सभी घटकों का सामूहिक प्रभाव है। |

**4. ''मानसून को उसकी अनिश्चितताओं के लिए जाना जाता है।'' इस कथन को स्पष्ट कीजिए।**

**उत्तर** मानसून अनिश्चितताओं का प्रतीक है। इसमें निरंतरता का अभाव पाया जाता है। भारतीय जलवायु मानसूनी प्रकार की है। मानसून जब एक क्षेत्र में अपने आगमन से बाढ़ की स्थिति उत्पन्न कर सकता है, उसी समय में यह अन्य क्षेत्र में सूखे का भी कारण हो सकता है। इसका कारण वर्षा का असमान वितरण है। मानसून आगमन के समय पश्चिमी घाटों के पवनमुखी ढालों पर भारी वर्षा होती है। यह वर्षा 250 सेमी से भी अधिक होती है। वहीं दक्षिण पठार के वृष्टि छाया क्षेत्रों तथा मध्य प्रदेश, राजस्थान व गुजरात के कुछ हिस्सों और लेह (जम्मू-कश्मीर) में कम वर्षा होती है। देश के उत्तर-पूर्वी हिस्सों में सर्वाधिक वर्षा होती है।

**5. लू तथा पश्चिमी विक्षोभ में अंतर बताइए।**

**उत्तर** लू तथा पश्चिमी विक्षोभ में निम्न अंतर हैं

| लू | पश्चिमी विक्षोभ |
|---|---|
| लू ग्रीष्म ऋतु में पाई जाती है। | पश्चिमी विक्षोभ की पवनें सर्दियों की ऋतु में चलती हैं। |
| ये शक्तिशाली, धूल भरी, गर्म शुष्क पवनें होती हैं, जो उत्तरी भारत से उत्तर-पश्चिम की ओर दिन में चलती हैं। | कम दबाव की यह व्यवस्था भूमध्य सागर के ऊपर से और पश्चिमी एशिया से उठती हैं और भारत में चलती हैं। |
| उत्तरी भारत में धूल भरी आँधियाँ मई के महीने में प्रायः चलती रहती हैं। | ये पवनें भारत में जनवरी के मास में उत्तर-पूर्वी क्षेत्र में चलती हैं। |
| ये आँधियाँ अस्थायी राहत देती हैं, क्योंकि ये तापमान कम कर देती हैं और हल्की वर्षा तथा ठंडी हवा भी ले आती हैं। | ये सर्दियों में मैदानों में वर्षा लाती हैं। इसकी जरूरत भी होती है और पर्वतों पर बर्फबारी करती हैं। |
| इन हवाओं से सीधा संपर्क घातक भी हो सकता है। | रबी की फसलों की उपज के लिए सर्दियों की वर्षा का अत्यंत लाभ है। |

**6. ''जैसे-जैसे हम पश्चिम बंगाल से पंजाब तक पश्चिम की ओर जाते हैं, वर्षा की मात्रा कम होती जाती है।'' दो कारण बताओ।**

**उत्तर** पश्चिमी बंगाल से पंजाब तक पश्चिम की ओर जाने पर वर्षा की मात्रा कम होने के दो कारण निम्न हैं

(i) ग्रीष्म ऋतु में ये दोनों क्षेत्र अधिकतर वर्षा बंगाल की खाड़ी की शाखा वाले मानसून से प्राप्त करते हैं, जो कि गंगा घाटी की ओर मुड़ जाती है। यह हिमालय पर्वत को पार नहीं कर पाती और हिमालय के साथ-साथ पश्चिम की ओर मुड़ जाती है। गंगा का निचला भाग ऊपरी भाग से अधिक और पहले वर्षा प्राप्त करता है। यही कारण है कि कोलकाता में अधिक वर्षा होती है।

(ii) इसके बाद मानसून शाखा पश्चिम की ओर मुड़ जाती है तथा शुष्क होती चली जाती है, क्योंकि समुद्र से दूरी बढ़ती जाती है, इसलिए पंजाब में कम वर्षा होती है।

**7. ''किसी भी स्थान की जलवायु को निर्धारित करने में उच्चावच की बहुत महत्त्वपूर्ण भूमिका होती है।'' पुष्टि कीजिए।**

**उत्तर** किसी स्थान की जलवायु को निर्धारित करने में उच्चावच की भूमिका में निम्न कारक महत्त्वपूर्ण हैं

(i) ऊँचे पर्वत ठंडी अथवा गर्म वायु को अवरोधित करते हैं।

(ii) यदि उनकी ऊँचाई इतनी हो कि वे वर्षा लाने वाली वायु के रास्तों को रोकने में सक्षम होते हैं, तो ये उस क्षेत्र में वर्षा का कारण भी बन सकते हैं।

(iii) पर्वतों के पवनविमुख ढाल अपेक्षाकृत सूखे रहते हैं।

**8. दक्षिण-पश्चिमी मानसून की अरब सागर शाखा भारत के उत्तरी मैदानों में अच्छी वर्षा के लिए कैसे उत्तरदायी है? इससे मध्यवर्ती प्रायद्वीपीय में वर्षा क्यों नहीं होती?**

**उत्तर** दक्षिणी-पश्चिमी मानसून के जो अंश सागर के ऊपर से होकर बहते हैं, उनसे भारत के पश्चिमी तटों पर भारी वर्षा होती है। ये पवनें सौराष्ट्र से होकर उत्तरी मैदानों में प्रवेश पाती हैं। ये हिमालय से टकराती हैं और भारी आर्द्रता पाने के कारण अच्छी वर्षा करती हैं।

दक्षिण-पश्चिमी मानसून पवनें पश्चिमी घाटों की दिशा में लंबवत् दिशा में चलती हैं। अतः पश्चिमी घाटों की पवनों वाली दिशा में अधिक वर्षा करती हैं। मध्यवर्ती प्रायद्वीपीय पश्चिमी घाटों की अनुवर्ती पार्श्व में पड़ता है। अतः अरब सागर से उठने वाली दक्षिण-पश्चिमी मानसून की शाखा वहाँ नहीं पहुँच पाती।

## दीर्घ उत्तरीय प्रश्न

**1. भारत में वर्षा की क्षेत्रीय विविधता की चर्चा कीजिए।**

**उत्तर** भारत में वर्षा का असमान वितरण है। यहाँ न केवल वर्षा के रूप और प्रकार में, बल्कि उसकी मात्रा और ऋतु अनुसार वितरण में भी स्पष्ट विविधता प्रदर्शित होती है। पश्चिमी तट के भागों एवं उत्तर-पूर्वी भारत में लगभग 400 सेमी वार्षिक वर्षा होती है। वहीं पश्चिमी राजस्थान एवं इससे लगे पंजाब, हरियाणा एवं गुजरात के भागों में 60 सेमी से भी कम वर्षा होती है। दक्षिणी पठार के आंतरिक भागों सहित सह्याद्रि के पूर्व में भी कम वर्षा होती है। जम्मू-कश्मीर का लेह भी कम वर्षण क्षेत्र का हिस्सा है।

देश के शेष हिस्सों में मध्यम वर्षा होती है। मानसूनी प्रकृति के कारण एक वर्ष से दूसरे वर्ष में भी वार्षिक वर्षा की मात्रा भिन्न होती है। वर्षा की विषमता निम्न वर्षा क्षेत्रों में ज्यादा

स्पष्टता से दर्ज की जाती है। हिमालय के ऊपरी हिस्सों में जहाँ हिमपात की घटना आम बात है, वहीं शेष भारत में वर्षा के रूप में जल प्राप्त होता है।

देश के अधिकांश भागों में जून से सितंबर माह में वर्षा होती है, लेकिन तमिलनाडु तट पर अधिकांश वर्षा अक्टूबर-नवंबर में होती है। देश के आंतरिक भाग में मौसमी अंतर अधिक होता है। उत्तरी मैदान में वर्षा की मात्रा सामान्य रूप से पूर्व से पश्चिम की ओर घटती जाती है।

भारत के तटीय क्षेत्र आंतरिक और पश्चिमी क्षेत्रों की अपेक्षा अधिक वर्षा प्राप्त करते हैं। ऐसा इसलिए होता है, क्योंकि इन क्षेत्रों में मानसून के पहुँचने तक पवनों की आर्द्रता न्यून या समाप्त हो जाती है।

**2.** भारत में ग्रीष्म ऋतु की विशेषताओं का वर्णन कीजिए।

**उत्तर** गर्मी का मौसम मार्च से आरंभ होकर जून तक चलता है। भारत में ग्रीष्म ऋतु की विशेषताएँ निम्न हैं

(i) मार्च के मध्य से तापमान बढ़ना आरंभ होता है और मध्य-मई तक पारा 41° से 42° को छू जाता है।

(ii) यहाँ तापमान में विविधता है। उत्तर-पश्चिम में यह लगभग 45° से. होता है, परंतु दक्षिण में यह 26° से. से 30° से. तक होता है।

(iii) दक्षिणी भागों में अत्यधिक गर्मी नहीं होती, क्योंकि ये समुद्र के नजदीक हैं।

(iv) उत्तर तथा उत्तर-पश्चिमी भारत में 'लू' नामक गर्म स्थानीय हवा बहती है।

(v) मई के अंत में यहाँ एक लंबा निम्न दबाव का क्षेत्र बन जाता है, जिसे मानसून निम्न दबाव कहते हैं।

(vi) स्थानीय बनी हुई धूल से भरी आँधियों तथा तूफानों के कारण देश के विभिन्न भागों में विशेष रूप से पंजाब और हरियाणा आदि में भिन्न मात्रा में वर्षा होती है।

(vii) केरल तथा पश्चिमी घाटों में भी मानसून से पूर्व की वर्षा होती है, जिसे स्थानीय भाषा में 'आम्र वृष्टि' कहा जाता है।

**3.** दक्षिण-पश्चिमी मानसून और उत्तर-पूर्वी मानसून के बीच अंतर स्पष्ट कीजिए।

**उत्तर** दक्षिण-पश्चिमी मानसून और उत्तर-पूर्वी मानसून दो अलग-अलग ऋतुओं और वर्षा प्रतिरूप के परिचायक हैं। इनके मध्य अंतर निम्नलिखित हैं

| दक्षिण-पश्चिमी मानसून | उत्तर-पूर्वी मानसून |
|---|---|
| यह मानसून दो शाखाओं में विभक्त होकर उत्तर दिशा में अग्रसर होता है। ये दो शाखाएँ हैं–अरब सागर और बंगाल की खाड़ी। | यह उत्तर-पूर्व दिशा से समुद्र की ओर गमन करता है। |
| ये पवनें जून से सितंबर माह के बीच 100-120 दिनों के बीच चलती हैं। | ये पवनें अक्टूबर-नवंबर माह के मध्य चलती हैं। |
| दक्षिण-पश्चिमी मानसून का प्रभाव क्षेत्र व्यापक है। इससे संपूर्ण देश को वर्षा प्राप्त होती है। | इसका प्रभाव क्षेत्र न्यून है। यह केवल कोरोमंडल तट (तमिलनाडु) में वर्षा कराता है। |
| ये पवनें महासागरीय उच्च दाब क्षेत्र से आर्द्रता से परिपूर्ण होकर भूमि के निम्न दाब क्षेत्र की ओर चलती हैं। | इसका बहाव दिशा भूमि से समुद्र की ओर है। पवन की यह दिशा सूर्य की दक्षिण की ओर आभासी गति के कारण होती है। |
| इसका बहाव मानसून आगमन ऋतु (वर्षा ऋतु) के दौरान होता है। | ये पवनें मानसून की पश्चगमन ऋतु (शीत ऋतु) में चलती हैं। |

**4.** मानसून भारत में वर्षा का एकमात्र स्रोत नहीं है। मानसून के अतिरिक्त भारत में वर्षा के अन्य विभिन्न स्रोतों का वर्णन करें।

**उत्तर** मानसून के अतिरिक्त भारत में वर्षा के विभिन्न स्रोत निम्न हैं

(i) सर्दियों में उत्तर-पूर्वी व्यापारिक पवनें भारत में चलने लगती हैं। ये भूमि से समुद्र की ओर चलती हैं और इसीलिए देश के अधिकांश भागों में मौसम शुष्क होता है। जब ये पवनें समुद्र से भूमि की ओर बहने लगती हैं, तो ये तमिलनाडु के तटीय क्षेत्र में थोड़ी बहुत वर्षा करती हैं।

(ii) पश्चिमी चक्रवाती विक्षोभ ऐसी कम दबाव की व्यवस्था है, जो भूमध्य सागर तथा पश्चिमी एशिया के ऊपर से उठती है और भारत की ओर चलती हैं और उनका रूझान पश्चिम की ओर होता है। ये सर्दियों में आवश्यकता के अनुरूप मैदानों में वर्षा और पर्वतों में बर्फबारी का कारण बनती हैं।

(iii) उत्तरी भारत में मई के महीने में धूल भरी आँधियाँ चलना आम बात है। इनसे हल्की वर्षा होती है। इस ऋतु में स्थानीय गरज वाली आँधियाँ चलती हैं जिनके साथ-साथ घातक पवनें तेज वर्षा और उसके साथ ओला वृष्टि भी होती है।

(iv) ग्रीष्म ऋतु के अंत में केरल तथा कर्नाटक में मानसून से पहले वाली वर्षा होती है।

(v) उत्तर-पश्चिमी भारत के ऊपर कम दबाव की दशाओं का स्थानांतरण नवंबर के प्रारंभ में बंगाल की खाड़ी की ओर हो जाता है इससे चक्रवाती गहराइयाँ बनती हैं। ये चक्रवात प्रायः भारत के पूर्वी तट को पार कर जाते हैं और दूर-दूर तक भारी वर्षा का कारण बनते हैं।

**5.** "भारत की जलवायु दशा में हिमालय का योगदान अतुलनीय है।" इसकी स्पष्टता अपनी समझ के आधार पर व्यक्त कीजिए।

**उत्तर** किसी भी स्थान की जलवायु दशा को निर्धारित करने में उच्चावच का योगदान महत्त्वपूर्ण है। ऊँचे पर्वत ठंडी अथवा गर्म वायु को अवरोधित करते हैं। वे वर्षायुक्त वायु को लाने में सक्षम हैं, तो वे वायु के रास्ते को भी रोक सकते हैं। अतः भारतीय जलवायविक दशाओं के निर्धारण में हिमालय पर्वत शृंखला का योगदान अहम है। इसका विवरण निम्नलिखित है

(i) यह पर्वत भारतीय उपमहाद्वीप को शीतल तथा बर्फीली पवनों से सुरक्षित करता है।

(ii) इस पर्वतमाला के कारण भारत उष्णकटिबंधीय जलवायु का आनंद ले सकता है।

(iii) ये पर्वत मानसूनी पवनों को भारत में आर्द्रता बहाने के लिए विवश करते हैं, जिनके कारण भारत में भारी वर्षा होती है।

(iv) इन पर्वतों के कारण उष्णकटिबंधीय तथा अर्द्ध-उष्णकटिबंधीय भारत के बीच तापमान का अंतर न्यूनतम करने में सहायता मिलती है।

## स्रोत आधारित प्रश्न

निम्नलिखित स्रोतों को ध्यानपूर्वक पढ़कर उन पर आधारित प्रश्नों के उत्तर दीजिए

**1.** भारत की जलवायु को मानसूनी जलवायु कहा जाता है। एशिया में इस प्रकार की जलवायु मुख्यत: दक्षिण तथा दक्षिण-पूर्व में पाई जाती है। सामान्य प्रतिरूप में लगभग एकरूपता होते हुए भी देश की जलवायु-अवस्था में स्पष्ट प्रादेशिक भिन्नताएँ हैं। दो महत्त्वपूर्ण तत्त्व तापमान एवं वर्षण को लेकर देखें कि एक स्थान से दूसरे स्थान पर तथा एक मौसम से दूसरे मौसम में इनमें किस प्रकार की भिन्नता है। गर्मियों में, राजस्थान के मरुस्थल में कुछ स्थानों का तापमान लगभग 50° से. तक पहुँच जाता है, जबकि जम्मू-कश्मीर के पहलगाम में तापमान लगभग 20° से. रहता है। सर्दी की रात में, जम्मू-कश्मीर में द्रास का तापमान –45° से. तक हो सकता है, जबकि तिरुवनंतपुरम में यह 22° से. हो सकता है।

(i) भौगोलिक विभिन्नता एवं विशाल भू-क्षेत्र के कारण भारत की जलवायविक प्रवृत्ति कैसी है?

(a) भूमध्य या सम सागरीय जलवायु
(b) शीतोष्ण मानसून या चीन तुल्य जलवायु
(c) सूडानी या सवाना प्रकार की जलवायु
(d) उष्ण मानसूनी जलवायु

**उत्तर** (d) उष्ण मानसूनी जलवायु

(ii) मानसून शब्द की व्युत्पत्ति ………. शब्द ………. से हुई है।

(a) फारसी, मौसोम
(b) अरबी, मौसिम
(c) तुर्की, मैसन
(d) फ्रेंच, मेन्सन

**उत्तर** (b) अरबी, मौसिम

(iii) जलवायु की दृष्टि से भारत में अत्यंत विविधता पाई जाने के कारण गर्मियों के मौसम में कहाँ की जलवायु अत्यधिक गर्म हो जाती है?

(a) जम्मू-कश्मीर के उत्तर में
(b) हिमाचल प्रदेश के उच्च प्रदेशों में
(c) राजस्थान के पश्चिमी भाग में
(d) गोवा के तटीय क्षेत्र में

**उत्तर** (c) राजस्थान के पश्चिमी भाग में

(iv) प्रादेशिक भिन्नता के कारण मानसूनी युक्त जलवायु प्रदेश में किसके बीच भिन्नता देखने को मिलती है?

(a) तापमान (b) वर्षण
(c) आर्द्रता (d) ये सभी

**उत्तर** (d) ये सभी

(v) एक वर्ष के दौरान वायु की दिशा में ऋतु के अनुसार परिवर्तन ………… कहलाता है।

(a) मानसून (b) मौसम
(c) जलवायु (d) जैवमंडल

**उत्तर** (a) मानसून

(vi) **कथन** (A) भारत की जलवायु को मानसूनी जलवायु कहा जाता है।

**कारण** (R) क्योंकि भारत में जलवायु का परिवर्तन निरंतर होता रहता है।

**कूट**

(a) A और R दोनों सही हैं तथा R, A की सही व्याख्या है
(b) A और R दोनों सही हैं, परंतु R, A की सही व्याख्या नहीं है
(c) A सही है, किंतु R गलत है
(d) A गलत है, किंतु R सही है

**उत्तर** (a) A और R दोनों सही हैं तथा R, A की सही व्याख्या है

**2.** भारत उत्तर-पूर्वी व्यापारिक पवनों वाले क्षेत्र में स्थित है। ये पवनें उत्तरी गोलार्द्ध के उपोष्ण कटिबंधीय उच्च दाब पट्टियों से उत्पन्न होती हैं। ये दक्षिण की ओर बहती, कोरिऑलिस बल के कारण दाहिनीं ओर विक्षेपित होकर विषुवतीय निम्न दाब वाले क्षेत्रों की ओर बढ़ती हैं। सामान्यत: इन पवनों में नमी की मात्रा बहुत कम होती है, क्योंकि ये स्थलीय भागों पर उत्पन्न होती हैं एवं बहती हैं। भारत की वायुदाब एवं पवन तंत्र अद्वितीय हैं। शीत ऋतु में, हिमालय के उत्तर में उच्च दाब होता है। इस क्षेत्र की ठंडी शुष्क हवाएँ दक्षिण में निम्न दाब वाले महासागरीय क्षेत्र के ऊपर बहती हैं। ग्रीष्म ऋतु में, आंतरिक एशिया एवं उत्तर-पूर्वी भारत के ऊपर निम्न दाब का क्षेत्र उत्पन्न हो जाता है। इसके कारण गर्मी के दिनों में वायु की दिशा पूरी तरह से परिवर्तित हो जाती है। वायु दक्षिण में स्थित हिंद महासागर के उच्च दाब वाले क्षेत्र से दक्षिणी-पूर्वी दिशा में बहते हुए विषुवत् वृत्त को पार कर दाहिनीं ओर मुड़ते हुए भारतीय उपमहाद्वीप पर स्थित निम्न दाब की ओर बहने लगती हैं। इन्हें दक्षिण-पश्चिम मानसून पवनों के नाम से जाना जाता है। ये पवनें कोष्ण महासागरों के ऊपर से बहती हैं, नमी ग्रहण करती हैं तथा भारत की मुख्य भूमि पर वर्षा करती हैं।

(i) विषुवतीय वृत्त के समीपवर्ती क्षेत्रों में उच्च अक्षांश पाए जाने के मुख्य कारण हैं

(a) हवाओं का नीचे उतरना
(b) कम तापमान पाया जाना
(c) ध्रुवीय हवाओं का यहाँ तक पहुँचना
(d) अमनवर्ती क्षेत्र होने के कारण

**उत्तर** (a) हवाओं का नीचे उतरना

(ii) सूर्य के उत्तरायण होने की स्थिति में हिमालय के उत्तरी क्षेत्र में निम्न वायुदाब स्थापित होने से क्या प्रभाव पड़ता है?

(a) जलीय भाग से स्थल की ओर तीव्र हवाएँ प्रवाहित होने लगती हैं

(b) स्थल से जलीय भाग की ओर तीव्र हवाएँ प्रवाहित होने लगती हैं
(c) पश्चिमी विक्षोभ का प्रभाव छा जाता है
(d) उपरोक्त सभी

**उत्तर** (b) स्थल से जलीय भाग की ओर तीव्र हवाएँ प्रवाहित होने लगती हैं

(iii) कोरिऑलिस बल के प्रभाव के कारण कौन-सी जलवायविक घटनाएँ परिघटित होती हैं?
(a) चक्रवात की उत्पत्ति
(b) वाणिज्य पवन की दिशा बदलना
(c) मानसून की उत्पत्ति
(d) उपरोक्त सभी

**उत्तर** (d) उपरोक्त सभी

(iv) ग्रीष्म ऋतु में आंतरिक एशिया और ········ भारत के ऊपर निम्न दाब का क्षेत्र उत्पन्न हो जाता है।
(a) उत्तर-पूर्वी (b) पूर्व-पश्चिमी
(c) उत्तर-पश्चिमी (d) दक्षिण-पूर्वी

**उत्तर** (a) उत्तर-पूर्वी

(v) निम्नलिखित कथनों पर विचार कर सही का चुनाव करें
1. शीत ऋतु में उत्तर-पूर्वी भारत के ऊपर उच्च वायुदाब का क्षेत्र उत्पन्न हो जाता है।
2. भारत का तटीय क्षेत्र विशाल है, जिसकी ऊँचाई 30 मीटर है।
3. शीत ऋतु में हिमालय के उत्तर में निम्न दाब होता है।

कूट
(a) 1 और 2 (b) 2 और 3
(c) 1 और 3 (d) केवल 2

**उत्तर** (a) 1 और 2

(vi) उत्तरी गोलार्द्ध में कोरिऑलिस बल के कारण पवनों की स्थिति में किस प्रकार का परिवर्तन होता है?
(a) बाईं ओर विक्षेपित हो जाती हैं
(b) दाईं ओर विक्षेपित हो जाती हैं
(c) वायु में कोई विक्षेपण नहीं होता है
(d) उपरोक्त में से कोई नहीं

**उत्तर** (b) दाईं ओर विक्षेपित हो जाती हैं

**3. स्रोत 'अ' भारतीय मानसूनी जलवायु की विशेषता**

मानसूनी जलवायु की विशेषता एक विशिष्ट मौसमी प्रतिरूप होता है। एक ऋतु से दूसरी ऋतु में मौसम की अवस्थाओं में बहुत अधिक परिवर्तन होता है। विशेषकर देश के आंतरिक भागों में। ये परिवर्तन अधिक मात्रा में परिलक्षित होते हैं। तटीय क्षेत्रों के तापमान में बहुत अधिक भिन्नता नहीं होती है, यद्यपि यहाँ वर्षा के प्रारूपों में भिन्नताएँ होती हैं। आप अपने क्षेत्र में कितने प्रकार की ऋतुओं का अनुभव करते हैं।

**स्रोत 'ब' भारत में शीत ऋतु**

उत्तरी भारत में शीत ऋतु मध्य नवंबर से आरंभ होकर फरवरी तक रहती है। भारत के उत्तरी भाग में दिसंबर एवं जनवरी सबसे ठंडे महीने होते हैं। तापमान दक्षिण से उत्तर की ओर बढ़ने पर घटता जाता है। पूर्वी तट पर चेन्नई का औसत तापमान 24° सेल्सियस से 25° सेल्सियस के बीच होता है, जबकि उत्तरी मैदान में यह 10° सेल्सियस से 15° सेल्सियस के बीच होता है। दिन गर्म तथा रातें ठंडी होती हैं।

**स्रोत 'स' भारत में ग्रीष्म ऋतु**

देश के उत्तरी भाग में, ग्रीष्मकाल में तापमान में वृद्धि होती है तथा वायुदाब में कमी आती है। मई के अंत में उत्तर-पश्चिम में थार के रेगिस्तान से लेकर पूर्व एवं दक्षिण-पूर्व में पटना तथा छोटानागपुर पठार तक एक कम दाब का लंबवत क्षेत्र उत्पन्न होता है। पवन का परिसंचरण इस गर्त के चारों ओर प्रारंभ होता है।

**स्रोत 'अ' भारतीय मानसूनी जलवायु की विशेषता**

(i) भारत में कितनी ऋतुओं को देखा जा सकता है?

**उत्तर** भारत में मुख्यतः चार ऋतुओं को देखा जा सकता है
(i) शीत ऋतु (ii) ग्रीष्म ऋतु
(iii) वर्षा ऋतु (iv) शरद ऋतु

**स्रोत 'ब' भारत में शीत ऋतु**

(ii) शीत ऋतु में भारत में कौन-सी पवनें प्रवाहित होती हैं?

**उत्तर** शीत ऋतु में भारत में व्यापारिक पवनें प्रवाहित होती हैं। ये स्थल से समुद्र की ओर बहती हैं, इसलिए देश के अधिकतर भाग में शुष्क मौसम होता है। इन पवनों के कारण कुछ मात्रा में वर्षा तमिलनाडु के तट पर होती है, क्योंकि वहाँ ये पवनें समुद्र से स्थल की ओर बहती हैं।

**स्रोत 'स' भारत में ग्रीष्म ऋतु**

(iii) भारत के उत्तर में ग्रीष्मकाल में कौन-सी पवन मुख्यतः चलती है?

**उत्तर** भारत के उत्तर में ग्रीष्मकाल में गर्म एवं शुष्क पवनें चलती हैं, जिसे सामान्य भाषा में 'लू' कहते हैं। यह दिन के समय अधिक प्रचंड रूप से प्रवाहित होती है। इन हवाओं के कारण उत्तर भारत में अधिक गर्मी होती है। इस हवा का सीधा प्रभाव घातक भी हो सकता है।

## मानचित्र आधारित प्रश्न

1. भारत के मानचित्र पर दो वर्षा क्षेत्र चिह्नित किए गए हैं उनकी पहचान करके नाम लिखिए।

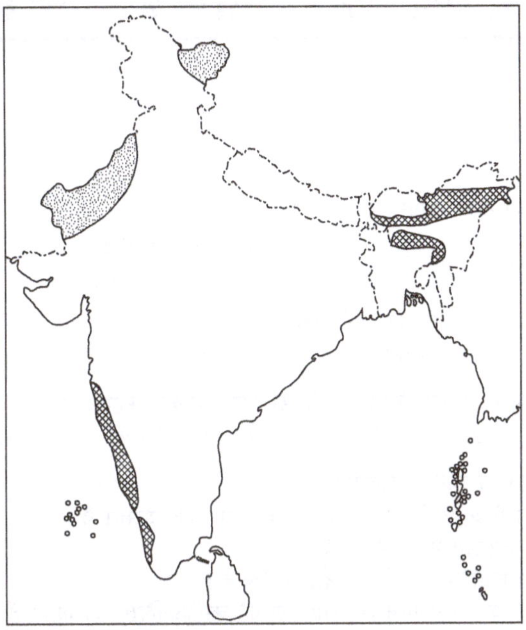

उत्तर

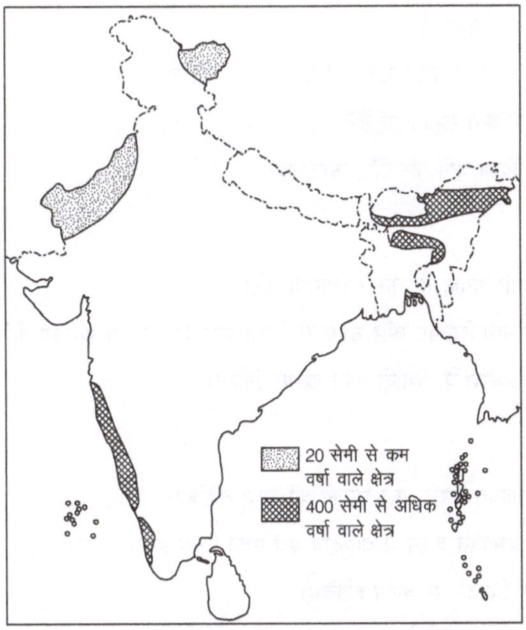

# स्वयं को जाँचें

## वस्तुनिष्ठ प्रश्न

**1.** उत्तरी मैदान में वर्षा की मात्रा सामान्य रूप से पूर्व से पश्चिम की ओर
(a) घटती जाती है (b) बढ़ती जाती है
(c) अपरिवर्तित रहती है (d) इनमें से कोई नहीं

**2.** भारत के किस राज्य में 400 सेमी तक वर्षा होती है?
(a) राजस्थान (b) गुजरात (c) मेघालय (d) मध्य प्रदेश

**3.** पश्चिम बंगाल राज्य में ग्रीष्म ऋतु में होने वाली हिम वर्षा को क्या कहा जाता है?
(a) लू (b) आम्र वर्षा (c) काल बैसाखी (d) मानसूनी वर्षा

**4.** निम्नलिखित में से कौन-सा कथन गलत है?
(a) कर्क रेखा पश्चिम में कच्छ के रन से पूर्व में मिजोरम तक विस्तृत है
(b) भारत के पूर्व में हिमालय पर्वत स्थित है
(c) भारत उत्तर-पूर्व व्यापारिक पवनों वाले क्षेत्र में स्थित है
(d) पृथ्वी के घूर्णन के कारण उत्पन्न आभासी बल को कोरिऑलिस बल कहते हैं

## अतिलघु उत्तरीय प्रश्न

**5.** 'जलवायु' से आप क्या समझते हैं?

**6.** भारतीय जलवायु को प्रभावित करने वाले कारकों का नाम लिखिए।

**7.** मौसम और जलवायु में क्या समानताएँ हैं?

**8.** मानसूनी पवनें अपनी दिशा क्यों परिवर्तित करती हैं?

## लघु उत्तरीय प्रश्न

**9.** मानसून : एकता का परिचायक है, कैसे? व्याख्या करें।

**10.** भारत की ऋतुओं का नाम लिखिए और उनमें से किसी एक का संक्षिप्त परिचय दीजिए।

**11.** भारतीय जलवायु पर अक्षांश के प्रभावों का विवरण दीजिए।

## दीर्घ उत्तरीय प्रश्न

**12.** मानसूनी पवनों को प्रभावित करने वाले घटकों की चर्चा कीजिए।

**13.** भारतीय जलवायु को प्रभावित करने में वायुदाब एवं पवन किस प्रकार सहायक है? उल्लेख कीजिए।

**14.** भारत में वर्षा ऋतु का विस्तार से वर्णन कीजिए।

अध्याय

05

# प्राकृतिक वनस्पति तथा वन्य प्राणी

भारत में विभिन्न प्रकार की वनस्पतियाँ (Flora) और जीव (Fauna) हैं। भारत विश्व के 12 **प्रमुख जैव-विविधता वाले देशों** (Mega Biodiversity Countries) में से एक विशाल देश है।

**अध्याय एक नजर में**

- प्राकृतिक वनस्पति
- वनस्पति के प्रकार
- वन्य प्राणी

## प्राकृतिक वनस्पति

वनस्पति का वह भाग जो बिना मानवीय सहायता के स्वयं उत्पन्न हो तथा लंबे समय तक उस पर मानवीय प्रभाव नहीं पड़ता हो, प्राकृतिक वनस्पति अथवा **अक्षत वनस्पति** (Virgin Vegetation) कहलाता है। इस प्रकार, कृषिकृत फसलें, फल और बागान वनस्पति का भाग तो हैं, लेकिन प्राकृतिक वनस्पति नहीं हैं। वनस्पति को उत्पत्ति के आधार पर दो वर्गों में विभाजित किया जाता है

(i) **देशज** (Endemic or Indigenous) वह वनस्पति या पौधे, जो मूलरूप से भारतीय हैं, उन्हें देशज कहा जाता है।

(ii) **विदेशज** (Exotic) जिन पौधों को भारत के बाहर से लाया गया है, उन्हें विदेशज कहा जाता है।

भारत में लगभग 47,000 विभिन्न जातियों (Species) के पौधे पाए जाते हैं, जिसके कारण यह विश्व में दसवें स्थान पर और एशिया में चौथे स्थान पर है। भारत में लगभग 15,000 फूलों के पौधे हैं, जो विश्व में फूलों के पौधों का 6% है। भारत में कई बिना फूलों के पौधे हैं; जैसे—फर्न (Fern), शैवाल (Algae) तथा कवक (Fungi)। भारत में लगभग 90,000 जातियों के जानवर तथा विभिन्न प्रकार की मछलियाँ ताजे व समुद्री पानी में पाई जाती हैं।

## वनस्पति के प्रकार

भारत में निम्न प्रकार की प्राकृतिक वनस्पतियाँ पाई जाती हैं

1. उष्णकटिबंधीय सदाबहार/वर्षा वन (Tropical Evergreen Forests)
2. उष्णकटिबंधीय पर्णपाती वन (Tropical Deciduous Forests)
3. उष्णकटिबंधीय कँटीले वन तथा झाड़ियाँ (Tropical Thorn Forests and Scrubs)
4. पर्वतीय वन (Montane Forests)
5. मैंग्रोव वन (Mangrove Forests)

## 1. उष्णकटिबंधीय सदाबहार/वर्षा वन

इनका विस्तार ऐसे क्षेत्रों में है, जहाँ 200 सेमी से अधिक वर्षा होती है, साथ ही यहाँ अल्पकाल के लिए शुष्क ऋतु भी पाई जाती है। इन वनों को **उष्णकटिबंधीय वर्षा वन** (Tropical Rain Forests) भी कहा जाता है। ये वन पश्चिमी घाट, लक्षद्वीप, अंडमान एवं निकोबार द्वीप समूहों, असम के ऊपरी भागों और तमिलनाडु के तटीय क्षेत्रों तक सीमित हैं।

### उष्णकटिबंधीय सदाबहार वनों की विशेषताएँ

- उष्णकटिबंधीय सदाबहार वनों में वृक्ष की ऊँचाई 60 मी या इससे अधिक होती है।
- ऐसे क्षेत्र वर्षभर गर्म और आर्द्र होते हैं। यहाँ हर प्रकार की वनस्पति-वृक्ष, झाड़ियाँ और लताएँ उगती हैं, जिनकी विभिन्न ऊँचाइयों के अनुसार कई स्तर देखने को मिलते हैं।
- इन वनों के वृक्षों में पतझड़ का कोई निश्चित समय नहीं होता है। अत: ये वर्षभर हरे-भरे बने रहते हैं।
- इन वनों में व्यापारिक महत्त्व से पाए जाने वाले कुछ वृक्ष आबनूस (Ebony), महोगनी (Mahogany), रोजवुड (Rosewood), रबड़ और सिनकोना हैं।

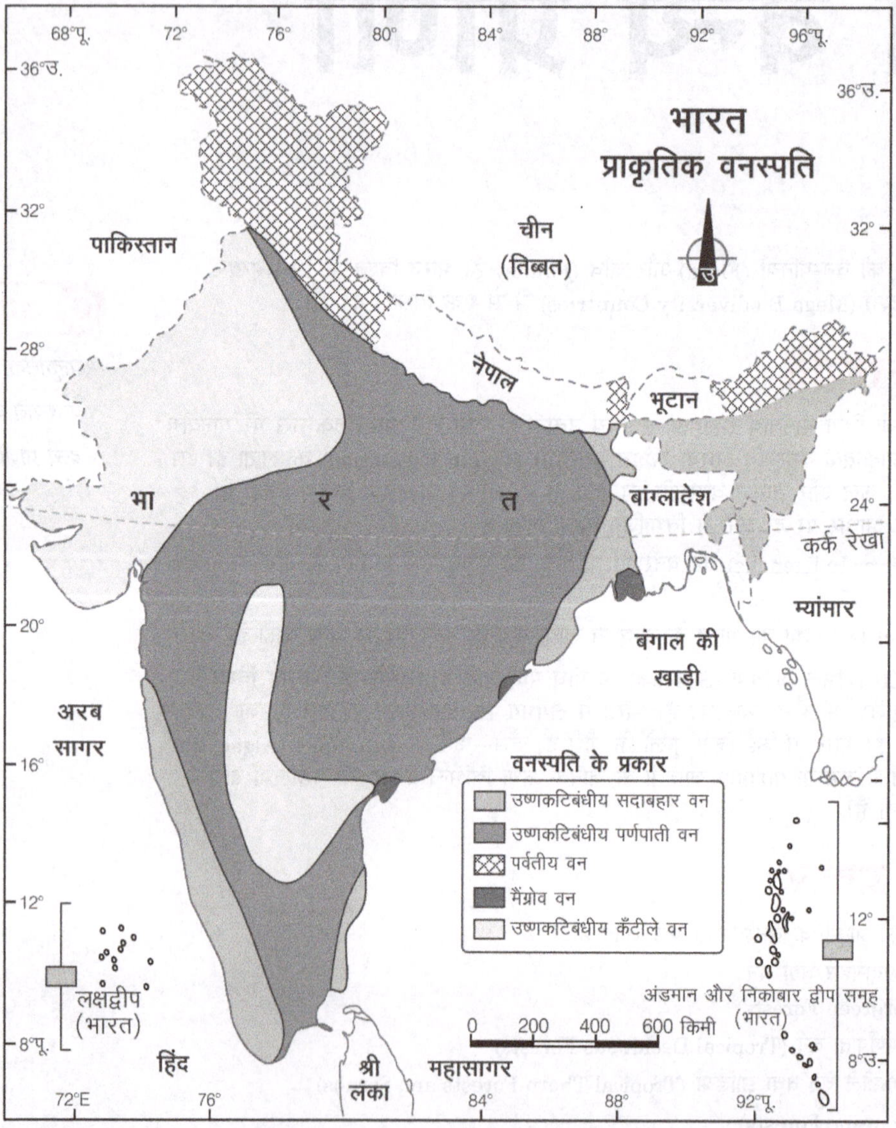

- इन वनों में सामान्य रूप से पाए जाने वाले जानवर हाथी, बंदर, लैमूर व हिरण हैं। एक सींग वाले गैंडे मुख्य रूप से असम और पश्चिम बंगाल के दलदली क्षेत्र में मिलते हैं।
- इन जंगलों में अनेक प्रकार के पक्षी, चमगादड़ एवं रेंगने वाले जीव भी पाए जाते हैं।

## 2. उष्णकटिबंधीय पर्णपाती वन

इनका विस्तार 70 से 200 सेमी वर्षा वाले क्षेत्रों में है। ये वन भारत के सर्वाधिक विस्तृत क्षेत्रों में फैले हुए हैं। इन वनों को **मानसूनी वन** (Monsoon Forests) भी कहा जाता है।

ऐसे वनों के वृक्ष शुष्क ग्रीष्म ऋतु के समय 6-8 सप्ताह के लिए अपनी पत्तियाँ गिरा देते हैं, इन वनों में शेर, चीता, हाथी, सुअर और हिरण पाए जाते हैं। इनके अतिरिक्त विविध प्रकार के पक्षी, छिपकली, साँप और कछुए भी यहाँ पाए जाते हैं।

### उष्णकटिबंधीय पर्णपाती वन के प्रकार

इन वनों को जल की उपलब्धता के आधार पर दो वर्गों—**आर्द्र** (Moist) और **शुष्क** (Dry) पर्णपाती वनों में विभाजित किया गया है।

### आर्द्र पर्णपाती वन

- आर्द्र पर्णपाती वन 100 से 200 सेमी तक के वर्षा वाले क्षेत्रों में पाए जाते हैं।
- ऐसे वनीय प्रदेश का विस्तार देश के पूर्वी भाग, उत्तर-पूर्वी राज्यों, हिमालय के गिरिपद प्रदेशों, झारखंड, पश्चिमी ओडिशा, छत्तीसगढ़ तथा पश्चिमी घाटों के पूर्वी ढालों पर है।
- सागोन (Teak) इन वनों की सबसे प्रमुख प्रजाति है। बाँस, साल, शीशम, चंदन, खैर, कुसुम, अर्जुन तथा शहतूत के वृक्ष व्यापारिक महत्त्व वाली प्रजातियाँ हैं।

### शुष्क पर्णपाती वन

- शुष्क पर्णपाती वनों का विस्तार ऐसे क्षेत्रों में है, जहाँ वर्षा 70 से 100 सेमी के बीच होती है। इनका विस्तार प्रायद्वीपीय पठार, उत्तर प्रदेश तथा बिहार के मैदानों में है।
- यहाँ के प्रमुख वृक्ष सागोन, साल, पीपल तथा नीम हैं। इन क्षेत्रों के बहुत बड़े भाग कृषि कार्य में प्रयोग हेतु साफ कर लिए गए हैं और कुछ भागों में पशुचारण भी होता है।

## 3. उष्णकटिबंधीय कँटीले वन तथा झाड़ियाँ

कँटीले वन तथा झाड़ियाँ 70 सेमी से कम वर्षा वाले क्षेत्रों में पाई जाती हैं। इनका विस्तार देश के उत्तर-पश्चिमी भागों—गुजरात, राजस्थान, छत्तीसगढ़, मध्य प्रदेश, उत्तर प्रदेश तथा हरियाणा के अर्द्ध-शुष्क क्षेत्रों में है।

### उष्णकटिबंधीय कँटीले वन तथा झाड़ियों की विशेषताएँ

- इन वनों की मुख्य पादप प्रजातियाँ अकासिया, खजूर (Palms), यूफोरबिया तथा नागफनी (Cacti) हैं।
- इन वनों के वृक्ष बिखरे हुए होते हैं और इनकी जड़ें लंबी तथा जल की तलाश के लिए चारों ओर फैली हुई होती हैं।
- पत्तियों के आकार छोटे होते हैं, जिससे **वाष्पीकरण** (Evaporation) कम हो सके।
- झाड़ियाँ और कँटीले पादप शुष्क क्षेत्रों में पाए जाते हैं।
- इन वनस्पति क्षेत्रों में पाए जाने वाले पशु चूहे, खरगोश, लोमड़ी, भेड़िया, शेर, जंगली गधा, घोड़े और ऊँट आदि हैं।

## 4. पर्वतीय वन

पर्वतीय क्षेत्रों में तापमान की न्यूनता और उच्च अवस्थिति के कारण प्राकृतिक वनस्पति में भी स्पष्ट अंतर दिखाई देता है। वनस्पति में जिस प्रकार का अंतर हम उष्णकटिबंधीय प्रदेशों से टुंड्रा की ओर देखते हैं उसी प्रकार का अंतर पर्वतीय भागों में ऊँचाई के साथ-साथ देखने को मिलता है। इन वनों में प्राय: कश्मीरी मृग, चितरा हिरण, जंगली भेड़, खरगोश, तिब्बतीय बारहसिंघा, याक, हिम तेंदुआ, गिलहरी, रीछ, आइबेक्स, लाल पांडा, अधिक बालों वाली भेड़ तथा बकरियाँ पाई जाती हैं।

### पर्वतीय वनों का ऊँचाई के आधार पर वर्गीकरण

पर्वतीय वनों को ऊँचाई के आधार पर निम्न प्रकार से वर्गीकृत कर सकते हैं

- **आर्द्र शीतोष्ण कटिबंधीय वन** (Wet Temperate Forest) 1,000 से 2,000 मी तक की ऊँचाई वाले क्षेत्रों में आर्द्र शीतोष्ण कटिबंधीय वन पाए जाते हैं। इनमें चौड़ी पत्ती वाले ओक और चेस्टनट वृक्ष मुख्य होते हैं।
- **समशीतोष्ण वन** (Temperate Forest) 1,500 से 3,000 मी की ऊँचाई के मध्य शंकुधारी वन पाए जाते हैं। शंकुधारी वृक्षों में चीड़ (पाइन), देवदार, सिल्वर फर, स्प्रूस, सीडर आदि मुख्य हैं। इन वनों को हिमालय के दक्षिणी ढलानों, दक्षिण और उत्तर-पूर्वी भारत के अधिक ऊँचाई वाले भागों में देखा जा सकता है।
- **शीतोष्ण कटिबंधीय घास के मैदान** (Temperate Grassland) ये घास के मैदान अधिक ऊँचाई पर पाए जाते हैं।
- **अल्पाइन वनस्पति** (Alpine Vegetation) 3,600 मी से अधिक ऊँचाई पर शीतोष्ण कटिबंधीय वनों तथा घास के मैदानों का स्थान अल्पाइन वनस्पति ले लेती है। हिमरेखा के निकट तक आते-आते इन वृक्षों का आकार छोटा हो जाता है। अंतत: ये वृक्ष झाड़ियों के रूप में और अल्पाइन घास के मैदानों में विलीन हो जाते हैं। यहाँ के मुख्य वृक्ष सिल्वर फर, जूनिफर, चीड़, (पाइन) व बर्च हैं।
- **अल्पाइन घास के मैदान** (Alpine Grassland) इन मैदानों का प्रयोग गुज्जर और बकरवाल जैसी घुमक्कड़ जातियों द्वारा पशुओं को चराने के लिए किया जाता है।
- **टुंड्रा वनस्पति** (Tundra Vegetation) अत्यधिक ऊँचाई पर मॉस, लिचन घास टुंड्रा वनस्पति के भाग हैं।

### 5. मैंग्रोव वन

- मैंग्रोव वन का विस्तार ज्वार से प्रभावित तटवर्ती क्षेत्रों में है। इन्हें **ज्वारीय वन** (Tidal Forest) भी कहा जाता है। मैंग्रोव वनस्पति के पौधों की जड़ें पानी में डूबी रहती हैं।
- मैंग्रोव वनस्पति गंगा, ब्रह्मपुत्र, महानदी, गोदावरी, कृष्णा तथा कावेरी नदियों के डेल्टाई भागों में विकसित है।
- इनमें **गंगा-ब्रह्मपुत्र डेल्टा में सुंदरी** के वृक्ष महत्वपूर्ण हैं, जिनसे मजबूत लकड़ी प्राप्त होती है। इसके साथ ही मैंग्रोव वनस्पति की मुख्य प्रजातियाँ नारियल, ताड़, क्योड़ा व ऐंगार हैं।
- इस क्षेत्र का **रॉयल बंगाल टाइगर** प्रसिद्ध जानवर है। इसके अतिरिक्त कछुए, मगरमच्छ, घड़ियाल एवं कई प्रकार के साँप भी इन जंगलों में मिलते हैं।

## औषधीय पादप

भारत प्राचीन समय से अपने मसालों तथा जड़ी-बूटियों के लिए विख्यात रहा है। आयुर्वेद में लगभग 2,000 पादपों का वर्णन है और कम से कम 500 तो निरंतर प्रयोग में आते रहे हैं।

विश्व संरक्षण संघ ने लाल सूची (World Conservation Union's Red List) के अंतर्गत 352 पादपों की गणना की है जिसमें से 52 पादप अति संकटग्रस्त (Critically Threatened) हैं और 49 पादपों को विनष्ट होने का खतरा है। भारत में प्राय: औषधि के लिए प्रयोग होने वाले कुछ निम्नलिखित पादप हैं

| औषधि | उपयोग |
|---|---|
| सर्पगंधा | यह रक्तचाप के निदान के लिए प्रयोग होता है और केवल भारत में ही पाया जाता है। |
| जामुन | पके हुए फल से सिरका बनाया जाता है जो कि वायुसारी और मूत्रवर्धक है और इसमें पाचन शक्ति के भी गुण हैं बीज का बनाया हुआ पाउडर मधुमेह (Diabetes) रोग में सहायता करता है। |
| अर्जुन | ताजे पत्तों का निकाला हुआ रस कान के दर्द के इलाज में सहायता करता है। यह रक्तचाप की नियमितता के लिए भी लाभदायक है। |
| बबूल | इसके पत्ते आँख की फुंसी के लिए लाभदायक हैं। इससे प्राप्त गोंद का प्रयोग शारीरिक शक्ति की वृद्धि के लिए होता है। |
| नीम | जैव और जीवाणु प्रतिरोधक है। |
| तुलसी पादप | जुकाम और खाँसी की दवा में इसका प्रयोग होता है। |
| कचनार | फोड़ा (अल्सर) व दमा रोगों के लिए प्रयोग होता है। इस पौधे की जड़ और कली पाचन शक्ति में सहायता करती है। |

### चेक प्वॉइंट 02

1. *भारत में कितने प्रकार की वनस्पति पाई जाती है?*
2. *उष्णकटिबंधीय सदाबहार वनों में वृक्षों की ऊँचाई कितनी होती है?*
3. *100 से 200 सेमी तक के वर्षा वाले क्षेत्रों में पाए जाने वाले वन कौन-से हैं?*
4. *कश्मीरी मृग और लाल पांडा किस वन में पाए जाते हैं?*
5. *'रॉयल बंगाल टाइगर' किस क्षेत्र का प्रसिद्ध जानवर है?*

## वन्य प्राणी

वनस्पति की भाँति भारत वन्य प्राणी (Wildlife) संपत्ति में भी धनी है। देश में जीवों की 90,000 तथा लगभग 2,000 पक्षियों की प्रजातियाँ पाई जाती हैं, जो विश्व का कुल 13% है। भारत में मछलियों की प्रजातियाँ लगभग 2,546 हैं, जो विश्व की लगभग 12% है। भारत में विश्व के 5% से 8% तक उभयचरी, सरीसृप तथा स्तनधारी जानवर भी पाए जाते हैं।

## भारत में वन्यप्राणियों का वितरण

हमारे देश में जानवरों का अस्तित्व एक स्थान से दूसरे स्थान पर अलग-अलग है। भारत में वन्यजीवों के वितरण को निम्नलिखित बिंदु दर्शाते हैं

- भारत में पाए जाने वाले स्तनधारी जानवरों में हाथी सर्वाधिक महत्त्वपूर्ण है। इसका प्रवास देश के उष्ण-आर्द्र वनों में है, जिनमें असम, कर्नाटक और केरल के वन शामिल हैं।
- **एक सींगवाला गैंडा** (One-Horned Rhinoceros) देश का एक अन्य महत्त्वपूर्ण पशु है। इनका निवास स्थल पश्चिम बंगाल तथा असम के **दलदली व कीचड़दार** (Swampy and Marshy) क्षेत्र हैं।
- कच्छ के रन (कच्छ, गुजरात) तथा थार मरुस्थल में क्रमश: जंगली गधे तथा ऊँट पाए जाते हैं।
- भारत विश्व का एकमात्र ऐसा देश है, जहाँ बाघ और शेर दोनों पाए जाते हैं। एशिया सहित **भारतीय शेरों** (Indian Lion) का प्राकृतिक आश्रयगृह केवल गुजरात स्थित गिर जंगल है।
- बाघ मध्य प्रदेश व झारखंड के जंगलों, पश्चिम बंगाल के सुंदरवन तथा हिमालयी क्षेत्रों में पाए जाते हैं।
- हिमालयी क्षेत्रों के जानवर अन्य क्षेत्रों की तुलना में कठोर जलवायु सहन करने में सक्षम होते हैं। ये अत्यधिक ठंड में भी जीवित रह सकते हैं।
- लद्दाख के बर्फीले क्षेत्रों में याक (Yak) महत्त्वपूर्ण है। यह एक गुच्छेदार सींगों वाला बैल के समान दिखाई देने वाला जानवर है, जिसका भार लगभग एक टन होता है।
- इसके अतिरिक्त हिमालयी क्षेत्र तिब्बतीय बारहसिंघा, भारल (नीली भेड़), जंगली भेड़ तथा कियांग (तिब्बती जंगली गधे) का भी आश्रय स्थल है। कुछ क्षेत्रों में लाल पांडा (Red Panda) भी पाए जाते हैं।
- देश की नदियों, झीलों व समुद्री भागों में कछुए (Turtle), मगरमच्छ (Crocodile) और घड़ियाल (Gharials) पाए जाते हैं। मगरमच्छ प्रजाति का घड़ियाल केवल भारत में पाया जाता है।
- भारत रंग-बिरंगे पक्षियों का भी एक आदर्श शरणस्थल है। यहाँ मोर, बत्तख, तोता, मैना, सारस और कबूतर जैसे पक्षियों की प्रजातियाँ पाई जाती हैं। इनका निवास देश के जंगल तथा आर्द्र क्षेत्र में है।
- भारत में भारतीय भैंसा (Indian Bison), नीलगाय (Blue bull), विविध प्रजातियों के हिरण, चौसिंघा (Four Horned Antelope), छोटा मृग आदि भी पाए जाते हैं।

- भारत के कुछ दलदली भाग (Wetlands) प्रवासी पक्षियों (Migratory Birds) के लिए प्रसिद्ध हैं; जैसे—साइबेरियन क्रेन, फ्लैमिंगों आदि। ये स्थान कच्छ का रण और ऐसी जगह हैं, जहाँ रेगिस्तान समुद्र में विलीन हो जाता है।

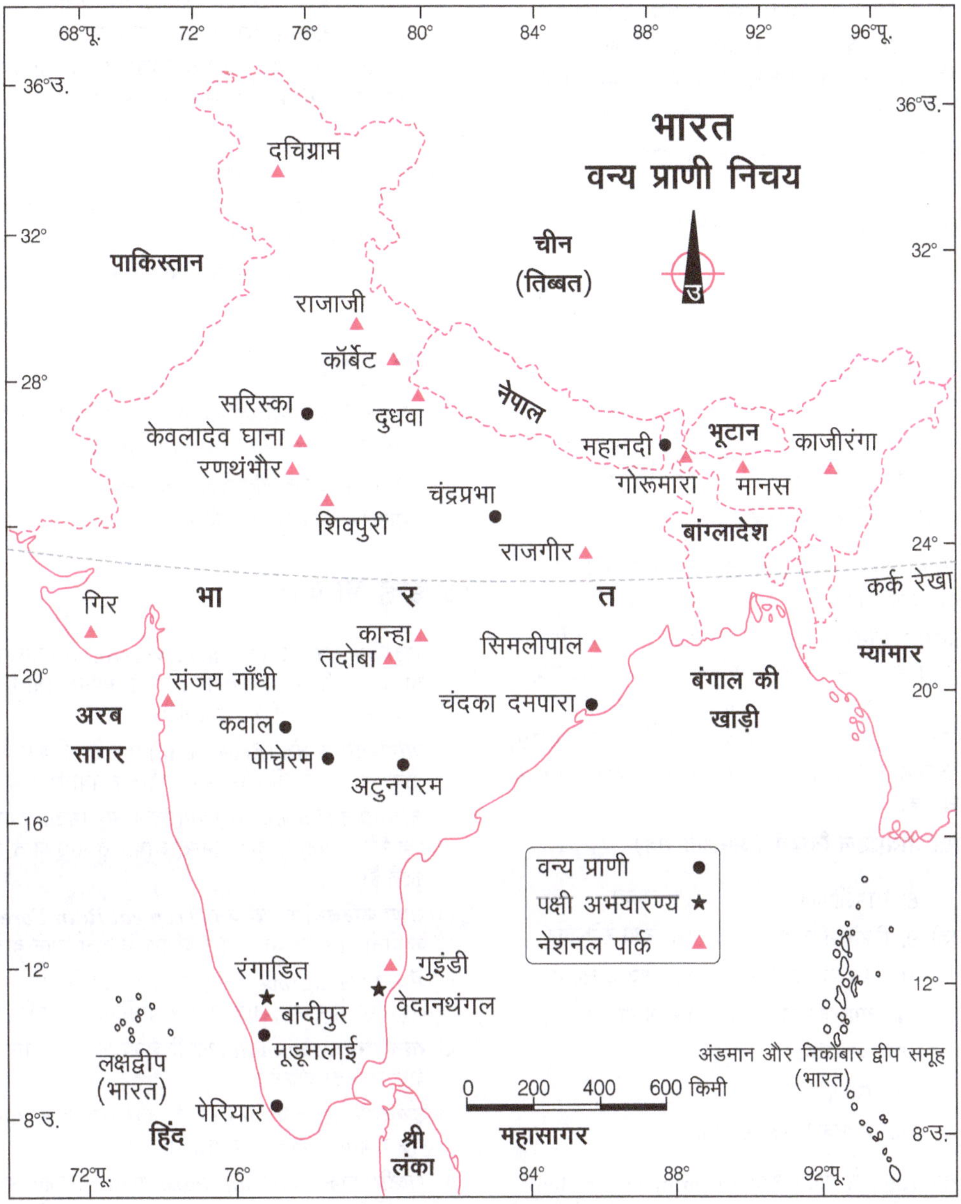

वन्य प्राणी निचय

## पारिस्थितिक तंत्र की हानि

पृथ्वी पर उपस्थित प्रत्येक प्रजाति का पारिस्थितिक तंत्र में योगदान है। अतः पारिस्थितिक तंत्र के बचाव के लिए इनका संरक्षण अनिवार्य है। मनुष्यों द्वारा पादपों और जीवों के अत्यधिक दोहन के कारण पारिस्थितिक तंत्र असंतुलित हो गया है। देश में लगभग 1,300 पादप प्रजातियाँ संकट में हैं तथा लगभग 20 प्रजातियाँ नष्ट हो चुकी हैं।

पादप और जीव प्रजातियों की संकटापन्न स्थिति के कारण निम्नलिखित हैं

- व्यापारियों द्वारा अत्यधिक लाभ और लालच के कारण अत्यधिक शिकार।
- रासायनिक और औद्योगिक अपशिष्ट तथा तेजाबी जमाव के कारण प्रदूषण।
- विदेशी प्रजातियों का प्रवेश।
- कृषि व निवास के लिए वनों की अंधाधुंध कटाई।

## वनस्पति एवं वन्य जीव संरक्षण के लिए सरकार द्वारा किए गए प्रयास

भारत में पादप और वन्य प्राणियों की सुरक्षा के लिए सरकार द्वारा समय-समय पर अनेक प्रयास किए गए हैं, जो निम्नलिखित हैं

(i) देश में 18 **जीवमंडल निचय** (Biosphere Reserve) स्थापित किए गए हैं। इनमें से दस—सुंदरवन (पश्चिम बंगाल), नंदादेवी (उत्तराखंड), मन्नार की खाड़ी (तमिलनाडु) और नीलगिरि (केरल, कर्नाटक तथा तमिलनाडु), नाकरेक, ग्रेट निकोबार, मानस, सिमलीपाल, पंचमढ़ी और अचनकमर-अमरकंटक वैश्विक स्तर के जीवमंडल निचय हैं।

**अट्ठारह जीवमंडल निचय** (आरक्षित क्षेत्र)

| | | |
|---|---|---|
| 1. सुंदरवन | 8. सिमलीपाल | 15. कच्छ |
| 2. मन्नार की खाड़ी | 9. दिहांग-दिबांग | 16. ठंडा रेगिस्तान |
| 3. नीलगिरि | 10. डिब्रु साइकवोवा | 17. शेष अचलम |
| 4. नंदादेवी | 11. अगस्त्यमलाई | 18. पन्ना |
| 5. नाकरेक | 12. कंचनजंघा | |
| 6. ग्रेट निकोबार | 13. पंचमढ़ी | |
| 7. मानस | 14. अचनकमर-अमरकंटक | |

(ii) सरकार द्वारा वर्ष 1992 से पादप उद्यानों (Botanical Garden) को वित्तीय एवं तकनीकी सहायता देने की योजना बनाई गई है।

(iii) पारिस्थितिक तंत्र के संतुलन के लिए कई योजनाएँ बनाई गई हैं, जिनमें **शेर संरक्षण** (Project Tiger), **गैंडा संरक्षण** (Project Rhino) एवं **भारतीय भैंसा संरक्षण** (Project Great Indian Bustard) आदि सम्मिलित हैं।

(iv) वर्ष 1972 में भारत में जीव सुरक्षा अधिनियम लागू किया गया।

(v) इनके अतिरिक्त देश में 103 **राष्ट्रीय उद्यान**, 535 **वन्य प्राणी अभयारण्य** और कई चिड़ियाघर हैं, जो राष्ट्रीय पादप और जीव संपत्ति के संरक्षण के लिए कटिबद्ध हैं।

प्राकृतिक पारिस्थितिक तंत्र मानवीय जीवन के अस्तित्व के लिए अत्यंत आवश्यक है, इसलिए उपरोक्त योजनाओं के अतिरिक्त भी प्राकृतिक संतुलन को बनाए रखने में हम सभी को महत्त्वपूर्ण भूमिका निभानी होगी। अतः प्राकृतिक पर्यावरण के संरक्षण और संवर्द्धन के लिए अत्यधिक प्रयास किए जाने की आवश्यकता है।

### चेक प्वॉइंट 03

*1. भारत में मछलियों की लगभग ……… प्रजातियाँ पाई जाती हैं।*

*2. देश में लगभग ……… पादप प्रजातियाँ संकट में हैं।*

*3. भारत में कितने जीवमंडल निचय स्थापित किए गए हैं?*

*4. भारत में जीव सुरक्षा अधिनियम कब लागू किया गया?*

### इन्हें भी जानें

- ***प्राकृतिक वनस्पति** (Natural Vegetation)* वनस्पति का वह भाग, जो मनुष्य की सहायता के बिना स्वयं उत्पन्न होता है और लंबे समय तक उस पर मानवीय प्रभाव नहीं पड़ता।
- ***पारिस्थितिक तंत्र*** (Ecosystem) एक क्षेत्र विशेष के सभी पौधों और जीवों का आपस में और अपने भौतिक पर्यावरण से उनका अंतर्संबंध।
- ***जीवमंडल** (Biosphere)* वायुमंडल, स्थलमंडल तथा जलमंडल के मध्य एक सँकरी पट्टी, जहाँ समस्त जीव-जंतु पाए जाते हैं। उसे जीवमंडल कहते हैं।
- ***उष्ण कटिबंधीय वर्षा वन** (Tropical Rain Forest)* ये भूमध्य रेखा के दोनों ओर 5° उत्तर और दक्षिण के बीच उगने वाले वन होते हैं।
- ***मैंग्रोव** (Mangrove)* यह पृथ्वी की सतह से बाहर निकली हुई जड़ों पर खड़े रहने में सक्षम, ताजे व खारे पानी की वनस्पति है।
- ***स्तनधारी** (Mammals)* यह शिशुओं को जन्म और स्तनपान कराने वाले जंतु का प्रकार है।
- **उभयचर** *(Amphibian)* स्थल और जल, दोनों भागों में रहने वाले सक्षम जीव उभयचर कहलाते हैं।
- ***राष्ट्रीय पार्क** (National Park)* ऐसा आरक्षित क्षेत्र, जिसमें प्राकृतिक वनस्पति, उसकी सुंदरता और वन्यजीवों के प्राकृतिक पर्यावरण में संरक्षण-संवर्द्धन किया जाता हो।
- ***संकटापन्न प्रजातियाँ** (Endangered Species)* ऐसे पौधे अथवा जीव, जिनकी प्रजातियाँ प्रायः लुप्त हो रही हों।

# NCERT फोल्डर

## 1. वैकल्पिक प्रश्न

(i) रबड़ का संबंध किस प्रकार की वनस्पति से है?

(a) टुंड्रा (b) हिमालय
(c) मैंग्रोव (d) उष्णकटिबंधीय वर्षा वन

**उत्तर** (d) उष्णकटिबंधीय वर्षा वन

(ii) सिनकोना के वृक्ष कितनी वर्षा वाले क्षेत्र में पाए जाते हैं?

(a) 100 सेमी (b) 70 सेमी
(c) 50 सेमी (d) 50 सेमी से कम वर्षा

**उत्तर** (a) 100 सेमी

(iii) सिमलीपाल जीवमंडल निचय कौन-से राज्य में स्थित है?

(a) पंजाब (b) दिल्ली
(c) ओडिशा (d) पश्चिम बंगाल

**उत्तर** (c) ओडिशा

(iv) भारत का कौन-सा जीवमंडल निचय विश्व के जीवमंडल निचयों में लिया गया है?

(a) मानस
(b) मन्नार की खाड़ी
(c) नीलगिरि
(d) नंदादेवी

**उत्तर** (d) नंदादेवी

## 2. संक्षिप्त उत्तर वाले प्रश्न

(i) भारत में पादपों तथा जीवों का वितरण किन तत्त्वों द्वारा निर्धारित होता है?

**उत्तर** भारत में पादपों तथा जीवों का वितरण मुख्यतः दो तत्त्वों धरातल और जलवायु द्वारा निर्धारित होता है। इन निर्धारक तत्त्वों का विवरण इस प्रकार है

(i) **धरातल** भू-भाग एवं मृदा
(ii) **जलवायु** तापमान, सूर्य प्रकाश एवं वर्षण

(ii) जीवमंडल निचय से क्या अभिप्राय है? कोई दो उदाहरण दीजिए।

**उत्तर** जीवमंडल निचय एक संरक्षित जीवमंडल है, जिसका संरक्षण इस प्रकार किया जाता है कि न केवल इसकी जैविक भिन्नता संरक्षित की जाती है, अपितु इसके संसाधनों का प्रयोग भी स्थानीय समुदायों के लाभ हेतु टिकाऊ तरीके से किया जाता है। उदाहरण के लिए, नीलगिरि, सुंदरवन।

(iii) कोई दो वन्य प्राणियों के नाम बताइए, जोकि उष्णकटिबंधीय वर्षा और पर्वतीय वनस्पति में मिलते हैं।

**उत्तर** **उष्णकटिबंधीय वर्षा वन** हाथी, बंदर आदि
**पर्वतीय वनस्पति** कश्मीरी मृग, खरगोश आदि

## 3. निम्नलिखित में अंतर कीजिए

(i) वनस्पति जगत तथा प्राणी जगत

**उत्तर** वनस्पति जगत और प्राणी जगत में अंतर इस प्रकार है

| वनस्पति जगत | प्राणी जगत |
|---|---|
| वनस्पति जगत का अर्थ किसी विशेष क्षेत्र अथवा समय में पौधों की उत्पत्ति से है। | प्राणी जगत का अर्थ किसी विशेष क्षेत्र अथवा समय में प्राणियों की उत्पत्ति से है। |
| ये अपना भोजन स्वयं बनाने में सक्षम हैं। | ये अपना भोजन स्वयं न बनाकर वनस्पतियों की मदद से प्राप्त करते हैं। |
| भारत में लगभग 47,000 विभिन्न जातियों के पौधे पाए जाते हैं। | भारत में लगभग 90,000 जानवरों की प्रजातियाँ पाई जाती हैं। |

(ii) सदाबहार और पर्णपाती वन

**उत्तर** इनके मध्य अंतर निम्नलिखित प्रकार से हैं

| सदाबहार वन | पर्णपाती वन |
|---|---|
| सदाबहार वन भारी वर्षा वाले प्रदेशों में पाए जाते हैं, जहाँ अल्पकालिक शुष्क मौसम के साथ 200 सेमी से अधिक वर्षा होती है। | ये वन 70 से 200 सेमी के बीच होने वाली वर्षा वाले स्थानों पर पाए जाते हैं। इन्हें मानसून वन भी कहते हैं। |
| ये पश्चिमी घाट, असम और तमिलनाडु के कुछ भागों, लक्षद्वीप और अंडमान-निकोबार द्वीप समूहों में पाए जाते हैं। | ये उत्तर-पूर्वी राज्यों, हिमालय के गिरिपदों, झारखंड, पश्चिमी ओडिशा, बिहार, उत्तर प्रदेश के मैदानों, छत्तीसगढ़ और पश्चिमी घाट के पूर्वी ढालों पर पाए जाते हैं। |
| यहाँ अनेक प्रकार की वनस्पतियाँ उत्पन्न होती हैं; जैसे–वृक्ष, झाड़, लताएँ आदि, क्योंकि यहाँ जलवायु गर्म और आर्द्र होती है। | ये वन दो भागों में बँटे होते हैं<br>**आर्द्र पर्णपाती** ये वन 100 से 200 सेमी के बीच वर्षा वाले क्षेत्रों में पाए जाते हैं।<br>**शुष्क पर्णपाती** ये वन 70 से 100 सेमी के बीच वर्षा वाले क्षेत्रों में मिलते हैं। |
| यहाँ पतझड़ का समय मौसम निर्धारित नहीं होता है। अतः वन पूरे साल हरे-भरे दिखाई पड़ते हैं। | यहाँ शुष्क मौसम में लगभग 6 से 8 सप्ताह के लिए पतझड़ का दौर होता है। प्रत्येक प्रजाति के वृक्षों का पतझड़ काल एक निश्चित समय तक होता है। अतः वन उजड़े हुए लगते हैं। |

**4.** भारत में विभिन्न प्रकार की पाई जाने वाली वनस्पति के नाम बताइए और अधिक ऊँचाई पर पाई जाने वाली वनस्पति का ब्यौरा दीजिए।

**उत्तर** भारत में विभिन्न प्रकार की पाई जाने वाली वनस्पति के नाम इस प्रकार हैं

(i) उष्णकटिबंधीय सदाबहार वन
(ii) उष्णकटिबंधीय पर्णपाती वन
(iii) उष्णकटिबंधीय कँटीले वन तथा झाड़ियाँ
(iv) पर्वतीय वन
(v) मैंग्रोव वन

**उच्च क्षेत्रों में पाई जाने वाली वनस्पति** उच्च पर्वतीय क्षेत्रों में तापमान की गिरावट और ऊँचाई में वृद्धि के साथ प्राकृतिक वनस्पति में विविधता स्पष्ट प्रतीत होती है। इनका विवरण इस प्रकार है

- **समशीतोष्ण वन** 1,500 से 3,000 मी की ऊँचाई के मध्य शंकुधारी वन पाए जाते हैं। शंकुधारी वृक्षों में चीड़ (पाइन), देवदार, सिल्वर फर, स्प्रूस, सीडर आदि मुख्य हैं। इन वनों को हिमालय के दक्षिणी ढलानों, दक्षिण और उत्तर-पूर्वी भारत के अधिक ऊँचाई वाले भागों में देखा जा सकता है।
- **समशीतोष्ण घास के मैदान** ये घास के मैदान अधिक ऊँचाई पर पाए जाते हैं।
- **अल्पाइन वनस्पति** 3,600 मी से अधिक ऊँचाई पर शीतोष्ण कटिबंधीय वनों तथा घास के मैदानों का स्थान अल्पाइन वनस्पति ले लेती है। हिमरेखा के निकट तक आते-आते इन वृक्षों का आकार छोटा हो जाता है।
  अंततः ये वृक्ष झाड़ियों के रूप में और अल्पाइन घास के मैदानों में विलीन हो जाते हैं। यहाँ के मुख्य वृक्ष सिल्वर फर, जूनिफर, चीड़, (पाइन) व बर्च हैं।
- **अल्पाइन घास के मैदान** इन मैदानों का प्रयोग गुज्जर और बकरवाल जैसी घुमक्कड़ जातियों द्वारा पशुओं को चराने के लिए किया जाता है।
- **टुंड्रा वनस्पति** अत्यधिक ऊँचाई पर मॉस, लिचन घास टुंड्रा वनस्पति के भाग हैं।

**5. भारत में बहुत संख्या में जीव और पादप प्रजातियाँ संकटग्रस्त हैं, उदाहरण सहित कारण दीजिए।**

**उत्तर** पृथ्वी पर उपस्थित प्रत्येक जीव और पादप प्रजाति का पारिस्थितिक तंत्र में योगदान है। अतः पारिस्थितिक तंत्र के बचाव के लिए इनका संरक्षण अनिवार्य है, परंतु मनुष्यों द्वारा पादपों और जीवों के अत्यधिक दोहन के कारण पारिस्थितिक तंत्र असंतुलित हो गया है। देश में लगभग 1,300 पादप प्रजातियाँ संकट में हैं तथा लगभग 20 प्रजातियाँ नष्ट हो चुकी हैं। वन्य जीव प्रजातियाँ भी संकट में हैं और कुछ विनष्ट हो गई हैं। पादप और जीव प्रजातियों की संकटापन्न स्थिति के कारण निम्नलिखित हैं

- व्यापारियों द्वारा अत्यधिक लाभ और लालच के कारण अत्यधिक शिकार।
- रासायनिक और औद्योगिक अपशिष्ट तथा तेजाबी जमाव के कारण प्रदूषण।
- विदेशी प्रजातियों का प्रवेश।
- कृषि व निवास के लिए वनों की अंधाधुंध कटाई।

**6. भारत वनस्पति जगत तथा प्राणी जगत की धरोहर में धनी क्यों है?**

**उत्तर** भारत वनस्पति जगत तथा प्राणी जगत की धरोहर में धनी है, क्योंकि किसी भी क्षेत्र विशेष की वनस्पति जगत और प्राणी जगत की विविधता एवं बहुलता वहाँ की भौतिक आकृतियों और जलवायु पर निर्भर करती है। भारत में भी पृथ्वी की लगभग सभी भौतिक विशेषताएँ उपलब्ध हैं। यहाँ पर्वत, पठार, मरुस्थल, मैदान एवं द्वीपीय अवस्थिति विद्यमान हैं। ये वनस्पति और प्राणी जगत के उद्‌भव एवं विकास के लिए आदर्श हैं। वनस्पति की विविधता ने प्राणियों के लिए आश्रय का काम किया है।

भारत विश्व के 12 जैव-विविधता वाले देशों में से एक है। यहाँ 47,000 विभिन्न जातियों के पौधे और 15,000 फूलों के पौधे हैं। भारत जैव-विविधता वाले देशों में 10वें स्थान पर है। भारत में 90,000 जातियों के जानवर, ताजे और समुद्री पानी की मछलियाँ तथा 12,000 से अधिक पक्षियों की प्रजातियाँ पाई जाती हैं।

# परीक्षा अभ्यास

## वस्तुनिष्ठ प्रश्न

### बहुविकल्पीय प्रश्न

**1.** वह वनस्पति पौधे जो मूलरूप से भारतीय हैं, उन्हें निम्न में से क्या कहते हैं?
(a) मूल प्रजाति
(b) देशज
(c) विदेशज
(d) भारतीय मूल प्रजाति

उत्तर (b) देशज

**2.** उष्णकटिबंधीय सदाबहार वन में किस प्रकार के वृक्ष पाए जाते हैं?
(a) रोजवुड (b) खजूर
(c) अकासिया (d) नागफनी

उत्तर (a) रोजवुड

**3.** उष्णकटिबंधीय सदाबहार वन पाए जाते हैं
(a) लक्षद्वीप में
(b) कर्नाटक में
(c) जम्मू-कश्मीर में
(d) उत्तर प्रदेश में

उत्तर (a) लक्षद्वीप में

**4.** किन वनों को मानसूनी वन कहा जाता है?
(a) उष्णकटिबंधीय सदाबहार वन
(b) मैंग्रोव वन
(c) उष्णकटिबंधीय कँटीले वन
(d) उष्णकटिबंधीय पर्णपाती वन

उत्तर (d) उष्णकटिबंधीय पर्णपाती वन

**5.** उष्णकटिबंधीय पर्णपाती वन में वर्षा की मात्रा होती है
(a) 70 से 40 सेमी (b) 20 से 120 सेमी
(c) 70 से 200 सेमी (d) 85 से 120 सेमी

उत्तर (c) 70 से 200 सेमी

**6.** शुष्क पर्णपाती वन में किस प्रकार के वृक्ष पाए जाते हैं?
(a) सागोन (b) पीपल
(c) नीम (d) ये सभी

उत्तर (d) ये सभी

**7.** यूफोरबिया तथा नागफनी किस प्रकार के वनों के पादप हैं?
(a) उष्णकटिबंधीय सदाबहार वन
(b) उष्णकटिबंधीय पर्णपाती वन
(c) उष्णकटिबंधीय कँटीले वन
(d) मैंग्रोव वन

उत्तर (c) उष्णकटिबंधीय कँटीले वन

**8.** चीड़ वृक्ष किस प्रकार के वनों में मिलते हैं?
(a) कँटीले वन (b) पर्वतीय वन
(c) मैंग्रोव वन (d) पर्णपाती वन

उत्तर (b) पर्वतीय वन

**9.** मैंग्रोव वनस्पति की मुख्य प्रजाति निम्नलिखित में से कौन-सी है?
(a) नागफनी (b) खजूर
(c) देवदार (d) नारियल

उत्तर (d) नारियल

**10.** रक्तचाप के निदान के लिए किस औषधि का प्रयोग किया जाता है?
(a) कचनार (b) सर्पगंधा
(c) बबूल (d) तुलसी

उत्तर (b) सर्पगंधा

**11.** भारतीय शेरों का प्राकृतिक आश्रयगृह स्थित है
(a) कर्नाटक में
(b) गुजरात में
(c) असम में
(d) छत्तीसगढ़ में

उत्तर (b) गुजरात में

**12.** भारत में लगभग कितनी पादप प्रजातियाँ संकट में हैं?
(a) 1000 (b) 1300
(c) 1500 (d) 1900

उत्तर (b) 1300

**13.** भारत में कितने जीवमंडल निचय हैं?
(a) 12 (b) 14
(c) 16 (d) 18

उत्तर (d) 18

**14.** भारत में जीव सुरक्षा अधिनियम कब पारित हुआ?
(a) वर्ष 1974 (b) वर्ष 1972
(c) वर्ष 1960 (d) वर्ष 1993

उत्तर (b) वर्ष 1972

**15.** निम्न में से कौन-सा दुर्लभ जानवर पर्वतीय वन में पाया जाता है?
(a) हिरण
(b) खरगोश
(c) लाल पांडा
(d) भेड़

उत्तर (c) लाल पांडा

**16.** एक सींगवाला गैंडा निम्न में से किस क्षेत्र में पाया जाता है?
(a) झारखंड एवं ओडिशा
(b) राजस्थान एवं पंजाब
(c) उत्तर प्रदेश एवं बंगाल
(d) असम एवं पश्चिम बंगाल

**उत्तर** (d) असम एवं पश्चिम बंगाल

**17.** निम्नलिखित कथनों में से कौन-सा कथन औषधीय पादप से सही संबंधित है?
(a) सर्पगंधा औषधीय पौधा मधुमेह के निदान के लिए प्रयोग किया जाता है
(b) अर्जुन की छाल जैव और जीवाणु प्रतिरोधक है
(c) तुलसी पादप का प्रयोग दमा के रोगों में किया जाता है
(d) बबूल के पौधे से प्राप्त गोंद का प्रयोग शारीरिक शक्ति की वृद्धि के लिए किया जाता है

**उत्तर** (d) बबूल के पौधे से प्राप्त गोंद का प्रयोग शारीरिक शक्ति की वृद्धि के लिए किया जाता है

**18.** निम्नलिखित कथनों में से कौन-सा कथन प्रवासी पक्षी के संबंध में सही है?
(a) भारत का शुष्क भाग प्रवासी पक्षियों के लिए प्रसिद्ध है
(b) भारत की ग्रीष्म ऋतु में साइबेरियन सारस बहुत संख्या में आते हैं
(c) भारत में जहाँ मरुभूमि समुद्र से मिलती है, वहाँ लाल सुंदर कलंगी वाली फ्लैमिंगोरा हजारों की संख्या में आती हैं
(d) उपरोक्त सभी

**उत्तर** (c) भारत में जहाँ मरुभूमि समुद्र से मिलती है, वहाँ लाल सुंदर कलंगी वाली फ्लैमिंगोरा हजारों की संख्या में आती हैं

**19.** निम्न में से किस प्रकार के हिरण भारत में पाए जाते हैं?
1. याक हिरण
2. चौसिंघा
3. छोटा मृग
4. हिमालय रिंग

**कूट**
(a) 1 और 2
(b) 2 और 3
(c) 3 और 4
(d) केवल 4

**उत्तर** (b) 2 और 3

**20.** निम्नलिखित में से कौन-सा कथन कँटीले वन तथा झाड़ियों से संबंधित हैं?
1. 70 सेमी से कम वर्षा वाले क्षेत्रों में कँटीले वन तथा झाड़ियाँ पाई जाती हैं।
2. भारत के उत्तर-पूर्व भागों में कँटीले वन तथा झाड़ियाँ पाई जाती हैं।
3. कँटीले वन व झाड़ियों में जंगली गधा, घोड़े तथा ऊँट आदि पशु पाए जाते हैं।
4. इन वनों के वृक्ष बिखरे होते हैं तथा जड़ें लंबी होती हैं।

**कूट**
(a) 1 और 2
(b) 2 और 3
(c) 1, 3 और 4
(d) ये सभी

**उत्तर** (c) 1, 3 और 4

**21.** निम्नलिखित में से कौन-सा कथन भारतीय वन्य प्राणी से संबंधित है?
1. भारत में जीवों की लगभग 90,000 प्रजातियाँ मिलती हैं।
2. भारत में कुल पक्षी प्रजाति का 13% है।
3. भारत विश्व का अकेला देश है, जहाँ शेर तथा बाघ दोनों पाए जाते हैं।

**कूट**
(a) 1 और 2
(b) 2 और 3
(c) 1 और 3
(d) ये सभी

**उत्तर** (d) ये सभी

**22.** निम्नलिखित पर्वतीय वनों को अक्षांशों के आधार पर व्यवस्थित करें
1. शीतोष्ण कटिबंधीय वन
2. अल्पाइन वनस्पति
3. आर्द्र शीतोष्ण कटिबंधीय वन
4. शीतोष्ण घास वन

**कूट**
(a) 3, 1, 4, 2
(b) 4, 1, 2, 3
(c) 1, 2, 3, 4
(d) 4, 1, 3, 2

**उत्तर** (a) 3, 1, 4, 2

**23.** दिए गए युग्मों में से कौन-सा गलत है?

| वन | | प्रमुख वृक्ष |
|---|---|---|
| (a) उष्णकटिबंधीय सदाबहार वन | – | सिंकोना |
| (b) उष्णकटिबंधीय पर्णपाती वन | – | शहतूत |
| (c) पर्वतीय वन | – | ताड़ |
| (d) मैंग्रोव वन | – | ऐंगार |

**उत्तर** (c) पर्वतीय वन–ताड़

**24.** दिए गए युग्मों में से कौन-सा सही है?

| वन्य प्राणी अभयारण्य | | राज्य |
|---|---|---|
| (a) सरिस्का वन्य प्राणी अभयारण्य | – | हरियाणा |
| (b) चंद्रप्रभा वन्य प्राणी अभयारण्य | – | बिहार |
| (c) पेरियार वन्य प्राणी अभयारण्य | – | कर्नाटक |
| (d) अटुनगरम वन्य प्राणी अभयारण्य | – | तेलंगाना |

**उत्तर** (d) अटुनगरम वन्य प्राणी अभयारण्य–तेलंगाना

**25.** निम्नलिखित की सहायता से वन की पहचान करें
- ये वन पश्चिमी घाटों पर अधिक पाए जाते हैं।
- इन वनों के वृक्षों की ऊँचाई औसतन 60 मी या उससे अधिक होती है।
- ये वन वर्षभर हरे-भरे होते हैं।
- ये वर्षभर गर्म और आर्द्र होते हैं।

(a) उष्णकटिबंधीय पर्णपाती वन
(b) उष्णकटिबंधीय सदाबहार वन
(c) पर्वतीय वन
(d) मैंग्रोव वन

**उत्तर** (b) उष्णकटिबंधीय सदाबहार वन

**26.** निम्नलिखित की सहायता से औषधीय पादप की पहचान करें

- इस फल के पक जाने के बाद इसका सिरका बनाया जाता है।
- इस फल में पाचन शक्ति के गुण भी पाए जाते हैं।
- इसके बीज का बना हुआ पाउडर मधुमेह रोग के लिए लाभदायक होता है।

(a) लीची (b) चीकू
(c) बेर (d) जामुन

उत्तर (d) जामुन

## चित्र आधारित प्रश्न

**27.** चित्र में किस प्रवासी पक्षी को दर्शाया गया है?

(a) फ्लेमिंगोए
(b) हंस
(c) साइबेरियन सारस
(d) बत्तख

उत्तर (c) साइबेरियन सारस

**28.** चित्र में किस प्रकार के वनों को दर्शाया गया है?

(a) उष्णकटिबंधीय सदाबहार वन
(b) उष्णकटिबंधीय पर्णपाती वन
(c) उष्णकटिबंधीय कँटीले वन तथा झाड़ियाँ
(d) मैंग्रोव वन

उत्तर (c) उष्णकटिबंधीय कँटीले वन तथा झाड़ियाँ

## सुमेलित करें

**29.** सुमेलित कीजिए

| सूची I (वन प्रकार) | सूची II (वर्षा मात्रा) |
|---|---|
| A. उष्णकटिबंधीय पर्णपाती वन | 1. 70 से 100 सेमी |
| B. उष्णकटिबंधीय सदाबहार वन | 2. 100 से 200 सेमी |
| C. आर्द्र पर्णपाती वन | 3. 200 सेमी से अधिक |
| D. शुष्क पर्णपाती वन | 4. 70 से 200 सेमी |

कूट

| | A | B | C | D |
|---|---|---|---|---|
| (a) | 1 | 2 | 3 | 4 |
| (b) | 4 | 3 | 2 | 1 |
| (c) | 2 | 3 | 4 | 1 |
| (d) | 3 | 2 | 4 | 1 |

उत्तर (b) 4 3 2 1

**30.** सुमेलित कीजिए

| सूची I (वन प्रकार) | सूची II (वन प्रजाति) |
|---|---|
| A. उष्णकटिबंधीय सदाबहार वन | 1. सागौन |
| B. शुष्क पर्णपाती वन | 2. रोजवुड |
| C. आर्द्र पर्णपाती वन | 3. नीम |
| D. पर्वतीय वन | 4. देवदार |

कूट

| | A | B | C | D |
|---|---|---|---|---|
| (a) | 2 | 3 | 1 | 4 |
| (b) | 1 | 2 | 3 | 4 |
| (c) | 2 | 3 | 4 | 1 |
| (d) | 4 | 3 | 2 | 1 |

उत्तर (a) 2 3 1 4

## रिक्त स्थान भरें

**31.** शुष्क पर्णपाती वन उन क्षेत्रों में पाए जाते हैं, जहाँ वर्षा .......... से .......... के बीच होती है।

उत्तर 70 सेमी से 100 सेमी

**32.** तटवर्ती क्षेत्रों में .......... के क्षेत्र इस वनस्पति की वृद्धि के लिए अनुकूल दशा प्रदान करते हैं।

उत्तर ज्वार भाटा

**33.** निम्न रिक्त स्थान को पूरा करें

| वनस्पति के प्रकार | प्रमुख राज्य/क्षेत्र |
|---|---|
| आर्द्र पर्णपाती वन | झारखंड, उड़ीसा, छत्तीसगढ़ |
| उष्णकटिबंधीय कँटीले वन | ? |

कूट

(a) लद्दाख, जम्मू-कश्मीर, उत्तराखंड
(b) मणिपुर, मिजोरम, जम्मू-कश्मीर
(c) गुजरात, राजस्थान, मध्य प्रदेश
(d) हिमाचल प्रदेश, पश्चिम बंगाल, सिक्किम

उत्तर (c) गुजरात, राजस्थान, मध्य प्रदेश

## सही और पुनः लिखें

**34.** भारत विश्व के मुख्य 13 जैव-विविधता वाले देशों में से एक है।

**उत्तर** भारत विश्व के मुख्य 12 जैव-विविधता वाले देशों में से एक है।

**35.** आर्द्र पर्णपाती वन 80-150 सेमी तक के वर्षा वाले क्षेत्रों में पाए जाते हैं।

**उत्तर** आर्द्र पर्णपाती वन 100-200 सेमी तक के वर्षा वाले क्षेत्रों में पाए जाते हैं।

## कथन/कारण

**36.** **कथन** (A) हिमरेखा के निकट तक आते-आते अल्पाइन वनस्पति का आकार छोटा हो जाता है।

**कारण** (R) भारत में पाए जाने वाले स्तनधारी जानवरों में हाथी सर्वाधिक महत्त्वपूर्ण है।

**कूट**

(a) A और R दोनों सही हैं तथा R, A की सही व्याख्या है
(b) A और R दोनों सही हैं, परंतु R, A की सही व्याख्या नहीं है
(c) A सही है, किंतु R गलत है
(d) A गलत है, किंतु R सही है

**उत्तर** (b) A और R दोनों सही हैं, परंतु R, A की सही व्याख्या नहीं है

**37.** **कथन** (A) 1,500 से 3,000 मी की ऊँचाई में शंकुधारी वन पाए जाते हैं।

**कारण** (R) आर्द्र पर्णपाती वन में 200 सेमी से अधिक वर्षा होती है।

**कूट**

(a) A और R दोनों सही हैं तथा R, A की सही व्याख्या है
(b) A और R दोनों सही हैं, परंतु R, A की सही व्याख्या नहीं है
(c) A सही है, किंतु R गलत है
(d) A गलत है, किंतु R सही है

**उत्तर** (c) A सही है, किंतु R गलत है

## अतिलघु उत्तरीय प्रश्न

**1.** प्राकृतिक अथवा अक्षत वनस्पति की परिभाषा दीजिए।

**उत्तर** वनस्पति का वह भाग, जो मानवीय सहायता के बिना स्वयं उत्पन्न होता हो और लंबे समय तक उस पर मानवीय प्रभाव न पड़ता हो, प्राकृतिक वनस्पति अथवा अक्षत वनस्पति कहलाता है।

**2.** भारत में पाई जाने वाली प्राकृतिक वनस्पति के नाम लिखिए।

**उत्तर** भारत में निम्न प्रकार की प्राकृतिक वनस्पतियाँ पाई जाती हैं

(i) उष्णकटिबंधीय सदाबहार/वर्षा वन
(ii) उष्णकटिबंधीय पर्णपाती वन
(iii) उष्णकटिबंधीय कँटीले वन तथा झाड़ियाँ
(iv) पर्वतीय वन
(v) मैंग्रोव वन

**3.** उष्णकटिबंधीय पर्णपाती वन को जल की उपलब्धता के आधार पर कितने वर्गों में विभाजित किया गया है?

**उत्तर** उष्णकटिबंधीय पर्णपाती वन को जल की उपलब्धता के आधार पर दो वर्गों—आर्द्र और शुष्क पर्णपाती वनों में विभाजित किया गया है।

**4.** देशज और विदेशज वनस्पति में क्या अंतर है?

**उत्तर** **देशज** वह वनस्पति या पौधे, जो मूलरूप से भारतीय हैं, उन्हें देशज कहा जाता है।

**विदेशज** जिन पौधों को भारत के बाहर से लाया गया है, उन्हें विदेशज कहा जाता है।

**5.** उष्णकटिबंधीय पर्णपाती वन की प्रमुख वनस्पति प्रजातियों के नाम लिखिए।

**उत्तर** उष्णकटिबंधीय पर्णपाती वन की प्रमुख वनस्पति प्रजातियाँ बाँस, साल, शीशम, चंदन, खैर, कुसुम, अर्जुन, शहतूत, सागोन, पीपल तथा नीम इत्यादि हैं।

**6.** शंकुधारी वन से आप क्या समझते हैं?

**उत्तर** शंकुधारी वन पर्वतीय वन का भाग हैं। 1,500 से 3,000 मी की ऊँचाई पर शंकुधारी वन पाए जाते हैं। इन वनों को हिमालय के दक्षिणी ढलानों, दक्षिण और उत्तर-पूर्व भारत के अधिक ऊँचाई वाले भागों में देखा जा सकता है।

**7.** उष्णकटिबंधीय बरसाती वनों के दो व्यावसायिक दृष्टि से उपयोगी वृक्ष कौन-से हैं?

**उत्तर** महोगनी तथा रोजवुड उष्णकटिबंधीय बरसाती वनों के दो व्यावसायिक दृष्टि से उपयोगी वृक्ष हैं।

**8.** सुंदरी वृक्ष कहाँ पाए जाते हैं?

**उत्तर** गंगा-ब्रह्मपुत्र के डेल्टा में सुंदरी वृक्ष पाए जाते हैं। इस वृक्ष की अधिकता के कारण विश्व के सबसे बड़े डेल्टा का नाम सुंदरवन पड़ा।

**9.** केरल, कर्नाटक और तमिलनाडु के त्रि-सम्मिलन पर कौन-सा जीव सुरक्षित केंद्र स्थित है?

**उत्तर** केरल, कर्नाटक और तमिलनाडु के त्रि-सम्मिलन पर नीलगिरि जीव सुरक्षा केंद्र स्थित है।

**10.** सुंदरवन जीव आरक्षण केंद्र किस राज्य में स्थित है?

**उत्तर** सुंदरवन जीव आरक्षण केंद्र पश्चिम बंगाल में स्थित है।

**11.** संकटापन्न प्रजातियाँ किन्हें कहते हैं?

**उत्तर** जिन पौधों तथा प्राणियों की प्रजातियाँ लुप्त होने के स्तर पर आ जाती हैं, उन्हें संकटापन्न प्रजातियाँ कहते हैं।

**12.** "उष्णकटिबंधीय बरसाती वन वर्षभर हरे-भरे रहते हैं।" कारण बताइए।

**उत्तर** इन वृक्षों के पत्ते झड़ने का कोई निश्चित समय नहीं होता है, इसलिए उष्णकटिबंधीय बरसाती वन वर्षभर हरे-भरे रहते हैं।

**13.** झीलों और समुद्री जल में पाई जाने वाली मगरमच्छ प्रजाति का नाम बताइए, जो केवल भारत में पाई जाती है?

**उत्तर** घड़ियाल झीलों और समुद्री जल में पाई जाने वाली मगरमच्छ प्रजाति है, जो केवल भारत में पाई जाती है।

## लघु उत्तरीय प्रश्न

**1.** भारत एक जैव-विविधता वाला देश है। टिप्पणी कीजिए।

**उत्तर** भारत 12 प्रमुख जैव-विविधता वाले देशों में से एक विशाल देश है, जिसके कारण यहाँ अनेक प्रकार की जैवीय विविधता का स्पष्ट सामंजस्य देखने को मिलता है। भारत में लगभग 47,000 विभिन्न जातियों के पौधे पाए जाते हैं, जिनमें 15,000 फूलों के पौधे हैं, जो विश्व में कुल फूलों के पौधों का 6% है। भारत में बिना फूलों वाले पौधे भी हैं; जैसे—फर्न, शैवाल और कवक इत्यादि, साथ ही 90,000 जातियों के जानवर और विभिन्न प्रकार की मछलियाँ भी हैं। यहाँ ताजे और समुद्री पानी, दोनों प्रकार की मछलियाँ पाई जाती हैं।

**2.** उष्णकटिबंधीय सदाबहार वनों की विशेषताएँ बताइए।

**उत्तर** उष्णकटिबंधीय सदाबहार वन की विशेषताएँ निम्नलिखित हैं
- उष्णकटिबंधीय सदाबहार वनों में वृक्ष की ऊँचाई 60 मी या इससे अधिक होती है। ऐसे क्षेत्र वर्षभर गर्म और आर्द्र होते हैं। इसके कारण यहाँ प्रत्येक प्रकार की वनस्पति को बढ़ने का अवसर मिलता है। इनमें वृक्ष, झाड़ियाँ और लताएँ शामिल हैं।
- इन वनों के वृक्षों में पतझड़ का कोई निश्चित समय नहीं होता है। अतः ये वर्षभर हरे-भरे बने रहते हैं।
- इन वनों में व्यापारिक महत्त्व के पाए जाने वाले कुछ वृक्ष आबनूस, महोगनी, रोजवुड, रबड़ और सिनकोना हैं। इन वनों में सामान्य रूप से पाए जाने वाले जानवर हाथी, बंदर, लैमूर और हिरण हैं।

**3.** उष्णकटिबंधीय पर्वतीय वन के तीन प्रमुख लक्षण बताइए।

**उत्तर** उष्णकटिबंधीय पर्वतीय वन के प्रमुख लक्षण निम्नलिखित हैं

(i) पर्वतीय क्षेत्रों में न्यून तापमान और अधिक ऊँचाई होती है। इससे प्राकृतिक वनस्पति में विविधात्मक चरित्र प्रतीत होते हैं।

(ii) 1,000 से 2,000 मी तक की ऊँचाई में आर्द्र शीतोष्ण कटिबंधीय वन पाए जाते हैं।

(iii) 1,500 से 3,000 मी तक की ऊँचाई में शंकुधारी वृक्ष; जैसे—चीड़, देवदार, सिल्वर फर, स्प्रूस, सीडर आदि पाए जाते हैं।

**4.** शुष्क पर्णपाती वनों की विशेषताएँ बताइए।

**उत्तर** शुष्क पर्णपाती वनों की विशेषताएँ निम्नलिखित हैं

(i) ये वन सामान्यतः उन प्रदेशों में पाए जाते हैं, जहाँ वर्षा 70 से 100 सेमी के बीच होती है।

(ii) वर्षा की मात्रा कम होने के कारण इन वनों के वृक्षों की ऊँचाई अपेक्षाकृत कम होती है। ये वन शुष्क ऋतु के प्रारंभ में अपनी पत्तियाँ गिरा देते हैं।

(iii) इनके प्रमुख क्षेत्र दक्षिण-पश्चिमी बिहार, दक्षिणी उत्तर प्रदेश, पश्चिमी मध्य प्रदेश, पूर्वी महाराष्ट्र, गुजरात, कर्नाटक आदि हैं।

(iv) इन वनों के प्रमुख वृक्ष साल, शीशम, सिरस, महुआ आदि हैं।

**5.** मैंग्रोव वन पर संक्षिप्त टिप्पणी कीजिए।

**उत्तर** प्राकृतिक वनस्पतियों में मैंग्रोव वन का महत्त्वपूर्ण स्थान है। इनका विस्तार भारत के तटवर्ती क्षेत्रों में है। तटवर्ती क्षेत्रों में ज्वार-भाटा के क्षेत्र इस वनस्पति की वृद्धि के लिए अनुकूल दशा प्रदान करते हैं। मैंग्रोव वनस्पति के पौधों की जड़ें पानी में डूबी रहती हैं। मैंग्रोव वनस्पति गंगा, ब्रह्मपुत्र, महानदी, गोदावरी, कृष्णा तथा कावेरी नदियों के डेल्टाई भागों में विकसित है। इनमें गंगा-ब्रह्मपुत्र डेल्टा में सुंदरी वृक्ष महत्त्वपूर्ण हैं, जिनसे मजबूत लकड़ी प्राप्त होती है।
इसके साथ मैंग्रोव वनस्पति की मुख्य प्रजातियाँ नारियल, ताड़, क्योड़ा व ऐंगार हैं। मैंग्रोव वन का प्रसिद्ध जानवर रॉयल बंगाल टाइगर है। इसके अतिरिक्त कछुए, मगरमच्छ, घड़ियाल एवं अनेक प्रकार के साँप भी इन जंगलों में पाए जाते हैं।

**6.** आर्द्र और शुष्क उष्णकटिबंधीय पर्णपाती वनों में क्या अंतर है?

**उत्तर** आर्द्र और शुष्क उष्णकटिबंधीय पर्णपाती वनों में अंतर निम्नलिखित हैं

| आर्द्र पर्णपाती वन | शुष्क पर्णपाती वन |
|---|---|
| आर्द्र पर्णपाती वन 100-200 सेमी वार्षिक वर्षा वाले क्षेत्रों में पाए जाते हैं। | शुष्क पर्णपाती वनों का विस्तार 70-100 सेमी वार्षिक वर्षा वाले क्षेत्रों में है। |
| इनका विस्तार देश के पूर्वी भागों, उत्तर-पूर्वी राज्यों, हिमालय के गिरिपद प्रदेशों, झारखंड, पश्चिमी ओडिशा (उड़ीसा), छत्तीसगढ़ तथा पश्चिमी घाटों के पूर्वी ढालों में है। | इस प्रकार के वन प्रायद्वीपीय पठार, उत्तर प्रदेश तथा बिहार में पाए जाते हैं। |
| यहाँ की प्रमुख वनस्पति हैं—बाँस, साल, शीशम, चंदन, खैर, कुसुम, अर्जुन आदि। | यहाँ की प्रमुख वनस्पति प्रजाति हैं—सागोन, साल, पीपल, नीम आदि। |

**7.** कँटीले और मैंग्रोव वन में अंतर बताइए।

**उत्तर** कँटीले और मैंग्रोव वन में निम्नलिखित अंतर हैं

| कँटीले वन | मैंग्रोव वन |
|---|---|
| कँटीले वन वाले क्षेत्रों में वर्षा की मात्रा न्यून होती है। यहाँ 70 सेमी से कम वर्षा होती है। | मैंग्रोव वन का विकास वर्षा पर आधारित नहीं है। ये प्रायः डेल्टाई क्षेत्रों में पाए जाते हैं। |
| इनका विस्तार देश के उत्तर-पश्चिमी भागों में है। इनमें गुजरात, राजस्थान, छत्तीसगढ़, मध्य प्रदेश, उत्तर प्रदेश तथा हरियाणा के अर्द्ध-शुष्क क्षेत्र शामिल हैं। | इन वनों का विस्तार गंगा, ब्रह्मपुत्र, महानदी, गोदावरी, कृष्णा तथा कावेरी नदियों के डेल्टाई क्षेत्रों में है। |
| यहाँ की प्रमुख वनस्पति हैं—अकासिया, खजूर, यूफोरबिया, नागफनी आदि। | इस क्षेत्र की प्रमुख वनस्पति प्रजातियों में सुंदरी वृक्ष हैं। नारियल, ताड़, क्योड़ा, ऐंगार अन्य पादप हैं। |

**8.** **विलुप्त और संकटापन्न प्रजातियों में अंतर को स्पष्ट कीजिए।**

**उत्तर** विलुप्त और संकटापन्न प्रजातियों में निम्नलिखित अंतर हैं

| विलुप्त प्रजाति | संकटापन्न प्रजाति |
|---|---|
| वनस्पति और जीव-जंतु की पृथ्वी से लुप्त हो चुकी प्रजातियों को विलुप्त प्रजाति कहा जाता है। | वनस्पति और जीव-जंतु की ऐसी प्रजातियाँ, जो विलुप्त होने या संकट की अवस्था में हैं। |
| विलुप्त हो चुकी प्रजातियों को अब संसार में कभी नहीं देखा जा सकता। इन्हें पिछले 6 दशकों से नहीं देखा गया है। | वर्तमान में यह अस्तित्व में हैं, लेकिन समुचित संरक्षण के अभाव में भविष्य में हम इसे खो देंगे। |
| पेड़-पौधों की अब तक लगभग 20 प्रजातियाँ विलुप्त हो चुकी हैं। | लगभग 1,300 पादप प्रजातियाँ संकटापन्न स्थिति में हैं। |
| इनके संरक्षण, संवर्द्धन या पुनः प्राप्ति की संभावनाएँ समाप्त हो चुकी हैं। | संकटापन्न प्रजातियों का संरक्षण व संवर्द्धन संभव है। |

## दीर्घ उत्तरीय प्रश्न

**1.** **भारत में पाई जाने वाली किन्हीं तीन वनस्पतियों की चर्चा कीजिए।**

**उत्तर** भारत में पाई जाने वाली तीन वनस्पतियों का विवरण इस प्रकार है

**उष्णकटिबंधीय सदाबहार वन** इन वनों को उष्णकटिबंधीय वर्षा वन भी कहा जाता है। भारत में इन वनों का विस्तार अधिक वर्षा वाले क्षेत्रों में है। ये वन पश्चिमी घाट, लक्षद्वीप, अंडमान और निकोबार द्वीप समूहों, असम के ऊपरी भागों और तमिलनाडु के तटीय क्षेत्रों तक सीमित हैं। इनका विस्तार ऐसे क्षेत्रों में है, जहाँ 200 सेमी से अधिक वर्षा होती है। साथ ही यहाँ अल्पकाल के लिए शुष्क ऋतु भी पाई जाती है।

**उष्णकटिबंधीय पर्णपाती वन** ये वन भारत के सर्वाधिक विस्तृत क्षेत्रों में फैले हुए हैं, इन वनों को मानसूनी वन भी कहा जाता है। इनका विस्तार 70 सेमी से 200 सेमी वर्षा वाले क्षेत्रों में है। ऐसे वनों के वृक्ष शुष्क ग्रीष्म ऋतु के समय 6-8 सप्ताह के लिए अपनी पत्तियाँ गिरा देते हैं, इसलिए इन्हें पर्णपाती/पतझड़ी वन कहा जाता है। इन वनों को जल की उपलब्धता के आधार पर दो वर्गों—आर्द्र और शुष्क पर्णपाती वनों में विभाजित किया गया है।

**कँटीले वन तथा झाड़ियाँ** 70 सेमी से कम वर्षा वाले क्षेत्रों में कँटीले वन तथा झाड़ियाँ पाई जाती हैं। इनका विस्तार देश के उत्तरी-पश्चिमी भागों—गुजरात व राजस्थान के साथ छत्तीसगढ़, मध्य प्रदेश, उत्तर प्रदेश तथा हरियाणा के अर्द्ध-शुष्क क्षेत्रों में है।

इन वनों की मुख्य पादप प्रजातियाँ अकासिया, खजूर, यूफोरबिया तथा नागफनी हैं। इन वनों के वृक्ष बिखरे हुए होते हैं और इनकी जड़ें लंबी दूरी तक फैली हुई होती हैं। पत्तियों के आकार छोटे होते हैं, जिससे वाष्पीकरण कम हो सके। झाड़ियाँ और कँटीले पादप शुष्क क्षेत्रों में पाए जाते हैं। इन वनस्पति क्षेत्र में पाए जाने वाले पशु चूहे, खरगोश, लोमड़ी, भेड़िए, शेर, जंगली गधा, घोड़े और ऊँट आदि हैं।

**2.** **उष्णकटिबंधीय पर्णपाती वन और घास के मैदान वाले शीतोष्ण वन में अंतर बताइए।**

**उत्तर** उष्णकटिबंधीय पर्णपाती वन और घास के मैदान वाले शीतोष्ण वन में निम्नलिखित अंतर हैं

| उष्णकटिबंधीय पर्णपाती वन | घास के मैदान वाले शीतोष्ण वन |
|---|---|
| इन वनों का भारत के सर्वाधिक बड़े क्षेत्रों में विस्तार है। | ये वन केवल पर्वतीय क्षेत्रों में पाए जाते हैं। |
| इनका विस्तार 100-200 सेमी वर्षा वाले क्षेत्रों में है। | इनका क्षेत्र अत्यंत ऊँचाई और बर्फपात वाले क्षेत्रों में है। |
| ये भारत के उत्तर-पूर्वी हिमालय की तलहटी में, झारखंड, ओडिशा, छत्तीसगढ़ और पश्चिमी घाट के क्षेत्रों में विस्तृत हैं। | घास वाले मैदान का विस्तार हिमालय के दक्षिणी ढलानों तथा दक्षिण और उत्तर-पूर्वी भारत के अत्यधिक उच्च भागों में है। |
| ये पतझड़ प्रकृति के वन हैं, जो 6-8 सप्ताह की अवधि में पत्ते गिराते हैं। | इस क्षेत्र के वन सदा हरी-भरी प्रकृति अर्थात् सदाबहार वन का उदाहरण हैं। |
| यहाँ के प्रमुख पादप हैं—साल, सागोन, पलाश, अर्जुन, पीपल, चंदन इत्यादि। | यहाँ के प्रमुख वनस्पति/पादप हैं—सैब, आड़ू, बाँस, बलूत, चीड़, तुन आदि। |
| यहाँ के प्रमुख वन्य प्राणी हैं—शेर, बाघ, सूअर, हिरण, हाथी आदि। | यहाँ के प्रमुख वन्य प्राणी हैं—कश्मीरी मृग, चीतल, खरगोश, हिरण, याक, जंगली भेड़ आदि। |

**3.** **वनों का संरक्षण क्यों आवश्यक है? विवरण दीजिए।**

**उत्तर** वन हमारे पारिस्थितिक तंत्र का एक जीवंत उदाहरण हैं। ये हमारी उत्तरजीविता और समेकित विकास के लिए अत्यंत आवश्यक हैं। इनकी प्रत्यक्ष व अप्रत्यक्ष महत्ता को और इनके संरक्षण को निम्न बिंदुओं से समझ सकते हैं

- वन एक राष्ट्रीय संपत्ति है। यह औद्योगिक विकास सहित दैनिक आवश्यकता की पूर्ति का एक साधन है।
- यह दैनिक जीवन में ईंधन व फर्नीचर की लकड़ियों की आपूर्ति का सर्वप्रमुख स्रोत है।
- भारत का वन्य क्षेत्र सीमित है। इसमें न्यून सुधार और अधिकतम दोहन की समस्या विद्यमान है।
- पर्यावरणीय संतुलन के लिए 33% भू-भागों पर, क्षेत्र विशेष के वनों का विस्तार आवश्यक है। वर्तमान में भारत के कुल क्षेत्रफल के 21.23% भाग पर ही वन का विस्तार है।
- निरंतर जनसंख्या वृद्धि और उसकी आवश्यकता पूर्ति के लिए वनों पर दबाव बढ़ता जा रहा है। अतः वनों का संरक्षण व विकास अत्यंत आवश्यक है।

## स्रोत आधारित प्रश्न

निम्नलिखित स्रोतों को ध्यानपूर्वक पढ़कर उन पर आधारित प्रश्नों के उत्तर दीजिए

**1.** उष्णकटिबंधीय वर्षा वन पश्चिमी घाटों के अधिक वर्षा वाले क्षेत्रों-लक्षद्वीप, अंडमान और निकोबार द्वीप समूहों, असम के ऊपरी भागों तथा तमिलनाडु के तट तक सीमित हैं। वे उन क्षेत्रों में भली-भाँति विकसित हैं, जहाँ 200 सेमी से अधिक वर्षा के साथ एक थोड़े समय के लिए शुष्क ऋतु पाई जाती है।

इन वनों में वृक्ष 60 मी या इससे अधिक ऊँचाई तक पहुँचते हैं। चूँकि ये क्षेत्र वर्षभर गर्म तथा आर्द्र रहते हैं। अत: यहाँ हर प्रकार की वनस्पति—वृक्ष, झाड़ियाँ व लताएँ उगती हैं और वनों में इनकी विभिन्न ऊँचाइयों से कई स्तर देखने को मिलते हैं।

वृक्षों में पतझड़ होने का कोई निश्चित समय नहीं होता। अत: यह वन वर्षभर हरे-भरे लगते हैं। इन वनों में पाए जाने वाले व्यापारिक महत्त्व के कुछ वृक्ष आबनूस (एबोनी), महोगनी, रोजवुड, रबड़ और सिंकोना हैं। इन वनों में सामान्य रूप से पाए जाने वाले जानवर—हाथी, बंदर, लैमूर और हिरण हैं। एक सींग वाले गैंडे असम और पश्चिम बंगाल के दलदली क्षेत्र में मिलते हैं।

(i) प्राकृतिक वनस्पतियों की दृष्टि से भारत एक समृद्ध राज्य है, निम्न में से कौन-सी वनस्पति यहाँ पाई जाती है?
(a) उष्णकटिबंधीय सदाबहार वन
(b) उष्णकटिबंधीय पर्णपाती वन
(c) उष्णकटिबंधीय कँटीले वन एवं झाड़ियाँ
(d) उपरोक्त सभी

**उत्तर** (d) उपरोक्त सभी

(ii) उष्णकटिबंधीय वर्षा वन मुख्यत: उन क्षेत्रों में भली-भाँति विकसित होते हैं, जहाँ 200 सेमी से अधिक वर्षा के साथ थोड़े समय के लिए शुष्क ऋतु पाई जाती है। भारत में इस प्रकार के वन पाए जाते हैं
(a) लक्षद्वीप, अंडमान-निकोबार द्वीप समूह तथा असम में
(b) गुजरात, महाराष्ट्र तथा गोवा में
(c) मध्य प्रदेश, उत्तर प्रदेश तथा झारखंड में
(d) ओडिशा, केरल तथा आंध्र प्रदेश में

**उत्तर** (a) लक्षद्वीप, अंडमान-निकोबार द्वीप समूह तथा असम में

(iii) ……… में चमगादड़ तथा रेंगने वाले जीव-जंतु पाए जाते हैं।
(a) उष्णकटिबंधीय पर्णपाती वन
(b) उष्णकटिबंधीय वर्षा वन
(c) पर्वतीय वन
(d) मैंग्रोव वन

**उत्तर** (b) उष्णकटिबंधीय वर्षा वन

(iv) **कथन** (A) उष्णकटिबंधीय सदाबहार वन वर्षभर गर्म और आर्द्र रहते हैं।

**कारण** (R) इस कारण इन वनों में जैव-विविधता कम देखने को मिलती हैं।

**कूट**
(a) A और R दोनों सही हैं तथा R, A की सही व्याख्या है
(b) A और R दोनों सही हैं, परंतु R, A की सही व्याख्या नहीं है
(c) A सही है, किंतु R गलत है
(d) A गलत है, किंतु R सही है

**उत्तर** (c) A सही है, किंतु R गलत है

(v) निम्न में से वन का कौन-सा प्रकार मानसूनी वन कहलाता है?
(a) पर्वतीय वन
(b) उष्णकटिबंधीय वर्षा वन
(c) उष्णकटिबंधीय पर्णपाती वन
(d) कँटीले वन एवं झाड़ियाँ

**उत्तर** (c) उष्णकटिबंधीय पर्णपाती वन

(vi) सुमेलित कीजिए

| **सूची I** (वनस्पति) | **सूची II** (संबंधित राज्य) |
|---|---|
| A. उष्णकटिबंधीय वर्षा वन | 1. झारखंड |
| B. उष्णकटिबंधीय पर्णपाती वन | 2. तमिलनाडु के तटीय क्षेत्र |
| C. पर्वतीय वन | 3. हिमालय का दक्षिण ढलान |
| D. कँटीले वन एवं झाड़ियाँ | 4. राजस्थान |

**कूट**

| | A | B | C | D |
|---|---|---|---|---|
| (a) | 1 | 2 | 3 | 4 |
| (b) | 2 | 1 | 3 | 4 |
| (c) | 3 | 4 | 1 | 2 |
| (d) | 4 | 1 | 2 | 3 |

**उत्तर** (b) 2 1 3 4

**2.** मैंग्रोव वन तटवर्तीय क्षेत्रों, जहाँ ज्वार-भाटा आते हैं, की सबसे महत्त्वपूर्ण वनस्पति है। मिट्टी और बालू इन तटों पर एकत्रित हो जाती है। घने मैंग्रोव एक प्रकार की वनस्पति है, जिसमें पौधों की जड़ें पानी में डूबी रहती हैं।

गंगा, ब्रह्मपुत्र, महानदी, गोदावरी, कृष्णा तथा कावेरी नदियों के डेल्टा भाग में यह वनस्पति मिलती है। गंगा-ब्रह्मपुत्र डेल्टा में सुंदरी वृक्ष पाए जाते हैं, जिनसे मजबूत लकड़ी प्राप्त होती है। नारियल, ताड़, क्योड़ा व ऐंगार के वृक्ष भी इन भागों में पाए जाते हैं।

इस क्षेत्र का रॉयल बंगाल टाइगर प्रसिद्ध जानवर है। इसके अतिरिक्त कछुए, मगरमच्छ, घड़ियाल एवं कई प्रकार के साँप भी इन जंगलों में मिलते हैं।

(i) ऐसी वनस्पति, जो तटवर्ती क्षेत्रों में बहुतायत मात्रा में पाई जाती है तथा जो समुद्री लहरों (ज्वार-भाटा) से जमीन के कटाव को रोकने का काम करती है, कहलाती है

(a) मैंग्रोव वनस्पति
(b) पर्वतीय वनस्पति
(c) कँटीले वन तथा झाड़ियाँ
(d) इनमें से कोई नहीं

**उत्तर** (a) मैंग्रोव वनस्पति

(ii) जीवों को बचाने की दृष्टि से वन्य सुरक्षा अधिनियम भारत में कब लागू किया गया था?

(a) वर्ष 1972 (b) वर्ष 1974
(c) वर्ष 1976 (d) वर्ष 1978

**उत्तर** (a) वर्ष 1972

(iii) जैवमंडल आरक्षित क्षेत्र संपूर्ण पारिस्थितिकी तंत्र को संरक्षित करने की दृष्टि से स्थापित किए जाते हैं। इन आरक्षित क्षेत्रों में जंतु, सूक्ष्म जीव, वनस्पतियाँ तथा पारिस्थितिकी तंत्र के अन्य घटक सुरक्षा पाते हैं। इस दृष्टि से भारत में कुल कितने जैवमंडल निचय (आरक्षित क्षेत्र) स्थापित किए गए हैं?

(a) 12 (b) 15
(c) 18 (d) 20

**उत्तर** (c) 18

(iv) ऐसी वनस्पति, जो गंगा, ब्रह्मपुत्र, महानदी, गोदावरी, कृष्णा तथा कावेरी नदियों के डेल्टा भाग में पाई जाती है तथा जिसमें पौधों की जड़ें सदैव जलमग्न रहती हैं, वह ............ कहलाती है।

(a) मैंग्रोव वनस्पति
(b) अल्पाइन वनस्पति
(c) उष्णकटिबंधीय वनस्पति
(d) कँटीले वन तथा झाड़ियाँ

**उत्तर** (a) मैंग्रोव वनस्पति

(v) निम्नलिखित में से कौन-सा कथन मैंग्रोव वन से संबंधित है?

1. मैंग्रोव वन सर्वाधिक पश्चिम बंगाल में अवस्थित है।
2. भारतीय नदियों के डेल्टा भाग में मैंग्रोव वन पाए जाते हैं।
3. मैंग्रोव वनों में वर्षा की प्रतिशतता अधिक है।

**कूट**

(a) 1 और 2 (b) 2 और 3
(c) 1 और 3 (d) ये सभी

**उत्तर** (a) 1 और 2

(vi) निम्न में से कौन उष्णकटिबंधीय और उपोष्णकटिबंधीय क्षेत्रों में मिलते हैं?

(a) पर्वतीय वन
(b) मैंग्रोव वन
(c) पर्णपाती वन
(d) सदाबहार वन

**उत्तर** (b) मैंग्रोव वन

**3.** वनस्पति की भाँति ही, भारत विभिन्न प्रकार की प्राणी संपत्ति में भी धनी है। यहाँ जीवों की लगभग 90,000 प्रजातियाँ मिलती हैं। देश में लगभग 2,000 से अधिक पक्षियों की प्रजातियाँ पाई जाती हैं। यह कुल विश्व का 13 प्रतिशत है। यहाँ मछलियों की 2,546 प्रजातियाँ हैं, जो विश्व की लगभग 12 प्रतिशत है। भारत में विश्व के 5 से 8 प्रतिशत तक उभयचरी, सरीसृप तथा स्तनधारी जानवर भी पाए जाते हैं।

स्तनधारी जानवरों में हाथी सबसे अधिक महत्त्वपूर्ण है। ये असम, कर्नाटक और केरल के उष्ण तथा आर्द्र वनों में पाए जाते हैं। एक सींग वाले गैंडे अन्य जानवर हैं, जो पश्चिमी बंगाल तथा असम के दलदली क्षेत्रों में रहते हैं। कच्छ के रन तथा थार मरुस्थल में क्रमश: जंगली गधे तथा ऊँट रहते हैं। भारतीय भैंसा, नीलगाय, चौसिंघा, छोटा मृग (गैजल) तथा विभिन्न प्रजातियों वाले हिरण आदि कुछ अन्य जानवर हैं, जो भारत में पाए जाते हैं। यहाँ बंदरों की भी अनेक प्रजातियाँ पाई जाती हैं।

(i) भारतीय शेरों तथा बाघों का अधिवास कहाँ है?

**उत्तर** भारतीय शेरों का प्राकृतिक वासस्थल गुजरात में गिर जंगल है। बाघ मध्य प्रदेश तथा झारखंड के वनों, पश्चिम बंगाल के सुंदरवन तथा हिमालय क्षेत्रों में पाए जाते हैं।

(ii) हिमालय क्षेत्रों में किस प्रकार के जीव-जंतु पाए जाते हैं?

**उत्तर** हिमालय क्षेत्रों में ऐसे जीव-जंतु पाए जाते हैं, जो कठोर जलवायु को सहन कर लेते हैं तथा अत्यधिक ठंड में जीवित रह सकते हैं। हिमालय की बर्फीली ऊँचाइयों में याक पाए जाते हैं, जो गुच्छेदार सींगों वाला बैल जैसा जीव है।

(iii) भारत में किस प्रकार के पक्षी पाए जाते हैं?

**उत्तर** भारत में विभिन्न प्रकार के रंग-बिरंगे पक्षी जाते हैं। भारत के वन तथा आर्द्र क्षेत्रों में मोर, बत्तख, तोता, मैना, सारस तथा कबूतर आदि पक्षी पाए जाते हैं।

**4. स्रोत 'अ' जैव-विविधीकरण**

हमने अपनी फसलें जैव-विविध पर्यावरण से चुनी हैं यानी खाने योग्य पौधों के निचय से। हमने बहुत-से औषधि पादपों का प्रयोग कर उनका चुनाव किया है। दूध देने वाले पशु भी प्रकृति द्वारा दिए बहुत सारे जानवरों में से चुने गए हैं। जानवर हमें बोझा ढोने, कृषि कार्य तथा यातायात के साधन के रूप में मदद करते हैं। इनसे मांस एवं अंडे भी प्राप्त होते हैं। मछली से पौष्टिक आहार मिलता है।

**स्रोत 'ब' पादप प्रजाति**

प्रत्येक प्रजाति का पारिस्थितिक तंत्र में योगदान है। अत: उनका संरक्षण अनिवार्य है। जैसा पहले बताया गया है कि मनुष्यों द्वारा पादपों और जीवों के अत्यधिक उपयोग के कारण पारिस्थितिक तंत्र असंतुलित हो गया है। लगभग 1,300 पादप प्रजातियाँ संकट में हैं तथा 20 प्रजातियाँ विनष्ट हो चुकी हैं। काफी वन्य जीव प्रजातियाँ भी संकट में हैं और कुछ विनष्ट हो चुकी हैं।

**स्रोत 'स' आरक्षित क्षेत्र**

देश में अट्ठारह जीवमंडल निचय (आरक्षित क्षेत्र) स्थापित किए गए हैं। इनमें से दस सुंदरवन, नंदादेवी, मन्नार की खाड़ी, नीलगिरी, नाकरेक, ग्रेट निकोबार, मानस, सिमलीपाल, पंचमढ़ी और अचनकमर-अमरकंटक की गणना विश्व के जीवमंडल निचय में की गई है।

**स्रोत 'अ' जैव-विविधीकरण**

(i) कीड़े-मकोड़े जैव-विविधीकरण में किस प्रकार सहायक हैं?

उत्तर कीड़े-मकोड़े, फलों और वृक्षों के परागण में मदद करते हैं, जो जैव-विविधता को प्रसारित करने में सहायक होते हैं।

**स्रोत 'ब' पादप प्रजाति**

(ii) पारिस्थितिक असंतुलन का प्रमुख कारण क्या था?

उत्तर भौतिकतावाद का अधिक प्रचलन पारिस्थितिक असंतुलन का प्रमुख कारण है। इसके अलावा रासायनिक और औद्योगिक अवशिष्ट तथा तेजाबी जमाव के कारण प्रदूषण, विदेशी जातियों का प्रवेश, कृषि तथा निवास के लिए वनों की अंधाधुंध कटाई पारिस्थितिक तंत्र के असंतुलन का कारण है।

**स्रोत 'स' आरक्षित क्षेत्र**

(iii) भारत के कौन-से जीवमंडल निचय विश्व के जीवमंडल निचय में शामिल नहीं हैं?

उत्तर भारत में निम्नलिखित जीवमंडल निचय विश्व के जीवमंडल निचय में शामिल नहीं हैं

(i) दिहांग-दिबांग–असम
(ii) डिब्रु साइखोवा–असम
(iii) अगस्त्यमलाई–केरल
(iv) कंचनजंगा–सिक्किम
(v) कच्छ–गुजरात
(vi) ठंडा रेगिस्तान–लद्दाख
(vii) शेषाचलम–आंध्र प्रदेश
(viii) पन्ना–मध्य प्रदेश

# स्वयं को जाँचें

## वस्तुनिष्ठ प्रश्न

**1.** निम्न में से कौन-सा जीवमंडल निचय क्षेत्र है?
(a) सुंदरवन (b) ग्रेट निकोबार (c) मानस (d) ये सभी

**2.** निम्नलिखित में से कौन पर्यावरण की गुणवत्ता बढ़ाने में प्रमुख भूमिका निभाता है?
(a) वर्षा (b) जंगल (c) जीव-जंतु (d) इनमें से कोई नहीं

**3.** निम्न में से कौन-सा औषधीय पादप है?
(a) जामुन (b) सर्पगंधा (c) बबूल (d) ये सभी

**4.** शंकुधारी वन का उदाहरण है
(a) स्प्रूस (b) नागफनी (c) रोजवुड (d) पीपल

**5.** निम्नलिखित कथनों में से कौन-सा कथन पर्वतीय वन से संबंधित है?
(a) पर्वतीय क्षेत्रों में ऊँचाई के साथ-साथ वनस्पति में अंतर नहीं दिखाई देता है
(b) 500-1000 मी तक की ऊँचाई वाले क्षेत्रों में आर्द्र शीतोष्ण कटिबंधीय वन पाए जाते हैं
(c) कम ऊँचाई पर शीतोष्ण कटिबंधीय घास के मैदान पाए जाते हैं
(d) पर्वतीय वनों में कश्मीरी महामृग, याक, हिम तेंदुआ आदि पशु पाए जाते हैं

## अतिलघु उत्तरीय प्रश्न

**6.** देश के तीन महत्त्वपूर्ण पादप निर्धारक तत्त्वों का उल्लेख कीजिए।

**7.** पर्णपाती वनों में पाए जाने वाले पशुओं के नाम लिखिए।

**8.** वन की परिभाषा दीजिए और इसकी महत्ता को संक्षेप में बताइए।

**9.** पारिस्थितिकी तंत्र असंतुलन के तीन प्रमुख कारण क्या हैं?

## लघु उत्तरीय प्रश्न

**10.** उष्णकटिबंधीय वर्षा की किन्हीं चार विशेषताओं को बताइए।

**11.** संकटापन्न प्रजातियाँ से आप क्या समझते हैं?

**12.** मैंग्रोव वन की महत्ता को स्पष्ट कीजिए।

## दीर्घ उत्तरीय प्रश्न

**13.** मनुष्य द्वारा पर्यावरण को किस प्रकार प्रभावित किया गया है? व्याख्या कीजिए।

**14.** प्राकृतिक वनस्पति और जीव संरक्षण के लिए सरकार द्वारा उठाए गए कदमों की चर्चा कीजिए।

**15.** भारत में पाए जाने वाले जैव-विविधता संबंधी पहलुओं का वर्णन अपने शब्दों में कीजिए।

अध्याय 06

# जनसंख्या

किसी देश का सबसे मूल्यवान संसाधन उस देश के लोग होते हैं। शिक्षित एवं स्वस्थ जनसंख्या राष्ट्र को संभावित शक्ति प्रदान करती है। समाज एवं अर्थव्यवस्था के विकास में भी मानव का महत्त्वपूर्ण योगदान है। मानव ही संसाधनों का निर्माण एवं उपयोग करता है।

जनगणना देश की जनसंख्या से संबंधित जानकारी उपलब्ध कराती है। जनगणना एक निश्चित समयांतराल में की गई जनसंख्या की आधिकारिक गणना है। भारत में सर्वप्रथम जनगणना 1872 ई. में लॉर्ड मेयो के कार्यकाल में हुई थी, जबकि भारत की प्रथम संपूर्ण एवं नियमित जनगणना 1881 ई. में लॉर्ड रिपन के समय में हुई। उसी समय से प्रत्येक 10 वर्ष के अंतराल पर जनगणना की जाती है। भारतीय जनगणना जनसांख्यिकी (Demographic), सामाजिक एवं आर्थिक आँकड़ों का सर्वाधिक वृहत स्रोत है।

**अध्याय एक नजर में**

- *जनसंख्या का आकार एवं वितरण*
- *जनसंख्या वृद्धि एवं जनसंख्या परिवर्तन की प्रक्रिया*

## जनसंख्या का आकार एवं वितरण

किसी देश में अलग-अलग स्थानों पर जनसंख्या के विस्तार को जनसंख्या वितरण (Population Distribution) कहते हैं। भारत में जनसंख्या वितरण बहुत ही असमान है। जनसंख्या वितरण का अध्ययन, जनसंख्या के आकार एवं जनसंख्या घनत्व के आधार पर किया जा सकता है।

### भारत की जनसंख्या का आकार एवं संख्या के आधार पर वितरण

**मार्च, 2011** तक भारत की जनसंख्या **1,210** मिलियन थी, जो विश्व की कुल जनसंख्या का **17.5%** थी। यह भारत के 3.28 मिलियन वर्ग किमी के विशाल क्षेत्र में असमान रूप से वितरित हुई है, जोकि विश्व के स्थलीय भू-भाग का **2.4%** है।

2011 की जनगणना के अनुसार देश की **सबसे अधिक जनसंख्या** (Highest Population) वाला राज्य **उत्तर प्रदेश** है, जहाँ की कुल आबादी 199 मिलियन है। उत्तर प्रदेश में देश की कुल जनसंख्या का 16% हिस्सा निवास करता है। दूसरी ओर हिमालय क्षेत्र के राज्य **सिक्किम** की जनसंख्या **सबसे कम** (Lowest Population) है, जहाँ की कुल आबादी केवल 0.6 मिलियन ही है।

केंद्रशासित प्रदेशों में **दिल्ली** में **सबसे अधिक** जनसंख्या (16.75 मिलियन) और **लक्षद्वीप** में **सबसे कम** जनसंख्या (64,429) है।

भारत की 50% जनसंख्या देश के केवल पाँच राज्यों उत्तर प्रदेश, महाराष्ट्र, बिहार, पश्चिम बंगाल और आंध्र प्रदेश में निवास करती है।

क्षेत्रफल के दृष्टिकोण से राजस्थान देश का सबसे बड़ा राज्य है, किंतु यहाँ देश की कुल जनसंख्या की मात्र 5.5% जनसंख्या ही निवास करती है।

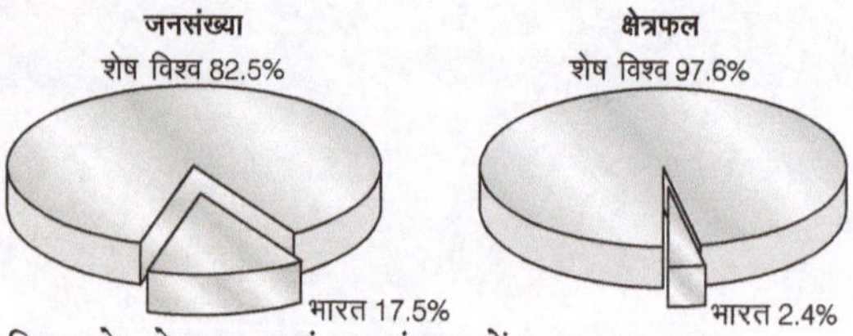


विश्व के क्षेत्रफल एवं जनसंख्या में भारत का भाग

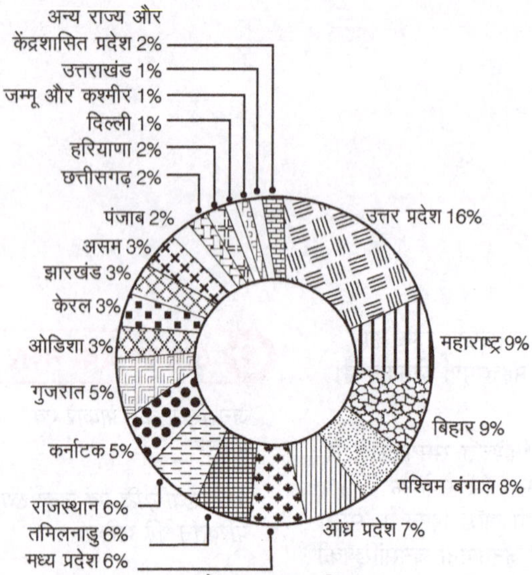


भारत में जनसंख्या वितरण

## घनत्व के आधार पर भारत में जनसंख्या वितरण

**प्रति इकाई क्षेत्रफल** (Living Per Unit Area) **में रहने वाले लोगों की संख्या को जनसंख्या घनत्व** (Population Density) **कहा जाता है।** बांग्लादेश एवं जापान के बाद भारत सबसे अधिक जनसंख्या घनत्व वाला देश है।

जनगणना 2011 के अनुसार, भारत का जनसंख्या घनत्व 382 व्यक्ति प्रतिवर्ग किमी था। जहाँ **बिहार का जनसंख्या घनत्व 1,102 व्यक्ति प्रति किमी है, वहीं अरुणाचल प्रदेश में यह 17 व्यक्ति प्रति किमी है।**

जनसंख्या घनत्व के आधार पर देश को तीन क्षेत्रों में वर्गीकृत किया गया है

(i) **सर्वाधिक जनसंख्या घनत्व वाले राज्य** (High Population Density States) देश का उत्तरी मैदान एवं केरल का जनसंख्या घनत्व बहुत अधिक है, क्योंकि यहाँ समतल मैदान और उपजाऊ मिट्टी पाई जाती है तथा पर्याप्त वर्षा होती है। उत्तर प्रदेश, बिहार, पश्चिम बंगाल एवं दक्षिण में केरल समतल मैदानी क्षेत्र के उदाहरण हैं।

(ii) **मध्यम जनसंख्या घनत्व वाले राज्य** (Moderate Population Density States) असम सहित अधिकांश प्रायद्वीपीय राज्यों में जनसंख्या घनत्व मध्यम है। पहाड़ी एवं पथरीले भू-भाग, मध्यम से कम वर्षा तथा कम उपजाऊ मिट्टी यहाँ के जनसंख्या घनत्व को प्रभावित करती है।

(iii) **विरल जनसंख्या घनत्व वाले राज्य** (Low Population Density States) 250 व्यक्ति प्रति वर्ग किमी से कम जनसंख्या वाले राज्य विरल जनसंख्या वाले राज्य हैं। जम्मू-कश्मीर, अरुणाचल प्रदेश एवं मिजोरम जैसे राज्यों में विरल जनसंख्या निवास करती है। इसके लिए यहाँ प्रतिकूल जलवायवीय दशाएँ एवं पर्वतीय क्षेत्र उत्तरदायी हैं।

### चेक प्वॉइंट 01

1. *भारत में सर्वप्रथम जनगणना कब हुई थी?*
2. *क्षेत्रफल के दृष्टिकोण से देश का सबसे बड़ा राज्य कौन-सा है?*
3. *जनसंख्या घनत्व के आधार पर देश को कितने क्षेत्रों में वर्गीकृत किया गया है?*
4. *विरल जनसंख्या किन राज्यों में निवास करती है?*

# जनसंख्या वृद्धि एवं जनसंख्या परिवर्तन की प्रक्रिया

जनसंख्या एक परिवर्तनशील प्रक्रिया है। इसकी संख्या, वितरण एवं संघटन में निरंतर परिवर्तन होता रहता है।

## जनसंख्या वृद्धि

किसी विशिष्ट अवधि के दौरान किसी देश या राज्य के लोगों की संख्या में परिवर्तन को जनसंख्या वृद्धि कहा जाता है।

साधारणत: इसकी गणना प्रत्येक दस वर्ष के अंतराल पर की जाती है। जनसंख्या वृद्धि में परिवर्तन या तो पूर्ण संख्या के संदर्भ में या वार्षिक वृद्धि दर के संदर्भ में व्यक्त किया जा सकता है। इनका वर्णन निम्न प्रकार है

(i) **जनसंख्या की पूर्ण वृद्धि** (Absolute Increase of Population) यह प्रत्येक वर्ष या एक दशक में बढ़ी जनसंख्या, कुल संख्या में वृद्धि का परिणाम है। पहले की जनसंख्या (जैसे-वर्ष 2001 की जनसंख्या) को बाद की जनसंख्या (जैसे-वर्ष 2011 की जनसंख्या) से घटाकर इसे प्राप्त किया जाता है।

(ii) **जनसंख्या की वार्षिक वृद्धि दर** (Annual Growth Rate of Population) यह जनसंख्या वृद्धि दर का दूसरा महत्त्वपूर्ण पहलू है। इसका अध्ययन प्रतिवर्ष प्रतिशत में किया जाता है। उदाहरण के लिए, प्रतिवर्ष 2% वृद्धि की दर का अर्थ है कि दिए हुए किसी वर्ष की मूल जनसंख्या में प्रत्येक 100 व्यक्तियों पर 2 व्यक्तियों की वृद्धि।

## स्वतंत्रता के बाद भारत में जनसंख्या वृद्धि

- भारत की जनसंख्या वर्ष 1951 में 361 मिलियन थी, वहीं वर्ष 2011 में बढ़कर 1210 मिलियन हो गई है।
- वर्ष 1951 से 1981 तक जनसंख्या की वार्षिक वृद्धि दर नियमित रूप से बढ़ी, परंतु वर्ष 1981 के बाद से वृद्धि दर में कमी आने लगी (1981 में 2.22%, 1991 में 2.16, 2001 में 1.97% तथा 2011 में 1.64%) जिसके परिणामस्वरूप जन्म दर में तेजी से कमी आई।

- जनसंख्या की घटती विकास दर के बावजूद 1990 में 182 मिलियन जनसंख्या में वृद्धि हुई है। यह वार्षिक वृद्धि भारतीय आबादी में सर्वाधिक वृद्धि दर को प्रदर्शित करती है।
- भारत की जनसंख्या बहुत अधिक है। जब विशाल जनसंख्या में कम वार्षिक दर लागू होती है, तब भी लोगों की संख्या में अधिक वृद्धि होती है।
- एक अनुमान के अनुसार भारत, वर्ष 2045 तक चीन को पीछे छोड़ विश्व का सर्वाधिक आबादी वाला देश बन जाएगा।

## जनसंख्या वृद्धि/परिवर्तन की प्रक्रिया

जनसंख्या में होने वाले परिवर्तन की तीन मुख्य प्रक्रियाएँ हैं— जन्म दर, मृत्यु दर एवं प्रवास। जन्म दर एवं मृत्यु दर के बीच का अंतर जनसंख्या की प्राकृतिक वृद्धि है। इसे जनसंख्या की वृद्धि दर के रूप में भी जाना जाता है। इन तीनों का वर्णन निम्न प्रकार है

### जन्म दर

- एक वर्ष में प्रति हजार में जीवित जन्मे बच्चों की संख्या को जन्म दर (Birth Rate) कहते हैं।
- भारत में जन्म दर, हमेशा मृत्यु दर की तुलना में अधिक रही है।

### मृत्यु दर

- एक वर्ष में प्रति हजार व्यक्तियों में मरने वालों की संख्या को मृत्यु दर (Death Rate) कहा जाता है।
- मृत्यु दर में तेजी से कमी भी भारत में जनसंख्या वृद्धि की दर का एक प्रमुख कारण है।

#### जन्म दर के कारण जनसंख्या वृद्धि की प्रवृत्ति और मृत्यु दर

- वर्ष 1980 तक भारत में उच्च जन्म दर एवं मृत्यु दर में लगातार गिरावट के कारण जनसंख्या वृद्धि दर अधिक हो गई।
- वर्ष 1981 से सरकार द्वारा किए गए प्रयास और जागरूकता कार्यक्रमों से जन्म दर में कमी के परिणामस्वरूप जनसंख्या वृद्धि दर में भी कमी आई।

### प्रवास

- लोगों का एक क्षेत्र से दूसरे क्षेत्र में जाना ही प्रवास (Migration) कहलाता है।
- प्रवास को मूलत: दो भागों—**आंतरिक प्रवास** (Internal Migration) और **अंतर्राष्ट्रीय प्रवास** (International Migration) में वर्गीकृत किया जा सकता है।
- आंतरिक प्रवास देश की सीमाओं के अंतर्गत ही होता है। इसके द्वारा किसी देश की जनसंख्या के आकार में कोई परिवर्तन नहीं आता है, किंतु यह एक देश के भीतर जनसंख्या वितरण को प्रभावित करता है।
- अंतर्राष्ट्रीय प्रवास दो देशों के मध्य होता है और यह जनसंख्या एवं जनसंख्या वितरण दोनों को प्रभावित करता है।

#### भारत में प्रवास की प्रवृत्ति

- भारत में प्रवास की प्रवृत्ति ग्रामीण से शहरी क्षेत्र की ओर होती है। यह निम्नलिखित कारकों के कारण है
  - **अपकर्षण** (Push) इनमें ग्रामीण क्षेत्रों में गरीबी और बेरोजगारी शामिल हैं।
  - **अभिकर्षण** (Pull) इनमें रोजगार के अवसर में वृद्धि और शहरी स्थानों में अच्छा जीवन स्तर शामिल हैं।
- प्रवास भी जनसंख्या परिवर्तन में योगदान देने वाला एक महत्त्वपूर्ण कारक है। यह जनसंख्या का आकार बदलता है।
- यह शहरी और ग्रामीण क्षेत्रों में आयु और लिंग संरचना के संदर्भ में जनसंख्या की संरचना को भी बदलता है।
- भारत में वर्तमान प्रवास प्रवृत्ति के कारण देश के शहरों एवं नगरों की जनसंख्या में नियमित वृद्धि दर्ज की गई है।
- वर्ष 1951 की कुल जनसंख्या की 17.29% नगरीय जनसंख्या थी। यह वर्ष 2011 में बढ़कर 31.80% हो गई है।
- एक दशक (2001 से 2011) के अंदर **दस लाख से अधिक** जनसंख्या वाले नगरों की संख्या 35 से बढ़कर 53 हो गई है।

## किशोर जनसंख्या

- किशोर आमतौर पर वे लोग होते हैं, जो 10 से 19 वर्ष की आयु के होते हैं। वे भविष्य के लिए सबसे महत्त्वपूर्ण संसाधन हैं।
- भारत में किशोरों की आबादी का एक बड़ा प्रतिशत है। किशोर भारत की कुल आबादी का लगभग 20% है।
- किशोरों की पोषण संबंधी आवश्यकताएँ सामान्य बच्चे या वयस्क की तुलना में बहुत अधिक होती हैं।
- भारत में किशोरों को उपलब्ध आहार अधिकांश पोषक तत्त्वों में अपर्याप्त है। खराब पोषण से किशोरों में कमी और हीनता (हीन गुणवत्ता) बढ़ सकती है।
- भारत में बहुत-सी किशोर बालिकाएँ रक्तहीनता (Anaemia) से पीड़ित हैं। शिक्षा व जागरूकता के द्वारा किशोरी को स्वास्थ्य के प्रति संवेदनशील बनाया जाना आवश्यक है।

## राष्ट्रीय जनसंख्या नीति

परिवार के आकार को सीमित कर एक व्यक्ति के स्वास्थ्य एवं कल्याण में सुधार किया जा सकता है। इसे ध्यान में रखकर भारत सरकार द्वारा वर्ष 1952 में एक व्यापक परिवार नियोजन कार्यक्रम शुरू किया गया।

यह कार्यक्रम जिम्मेदार एवं सुनियोजित पितृत्व को बढ़ावा देने के लिए कार्यरत है। राष्ट्रीय जनसंख्या नीति (National Population Policy, NPP), 2000 के नियोजित प्रयास निम्न हैं

- 14 वर्ष से कम उम्र के बच्चों को नि:शुल्क शिक्षा प्रदान करना।
- शिशु मृत्यु दर को प्रति हजार में 30 से कम करना।
- व्यापक स्तर पर टीकारोधी (Universal Immunisation) बीमारियों से बच्चों को छुटकारा दिलाना।
- लड़कियों की शादी की उम्र बढ़ाने के लिए प्रोत्साहित करना।
- परिवार नियोजन (Family Planning) को एक जन-केंद्रित कार्यक्रम बनाने के लिए नीतिगत ढाँचा प्रदान करना।

## चेक प्वॉइंट 02

1. जनसंख्या वृद्धि किसे कहा जाता है?
2. वर्ष 1951 में भारत की जनसंख्या कितनी थी?
3. मृत्यु दर किसे कहा जाता है?
4. वर्ष 2001 से 2011 के बीच दस लाख से अधिक जनसंख्या वाले नगरों की संख्या .......... हो गई है।

## इन्हें भी जानें

- ***जनसंख्या*** *(Population)* किसी प्रदेश/राज्य या देश में रहने वाले लोगों की कुल संख्या जनसंख्या कहलाती है।
- ***जनगणना*** *(Census)* एक निश्चित समय अंतराल में जनसंख्या की आधिकारिक गणना, जनगणना है।
- ***जनसंख्या वृद्धि*** *(Population Growth)* यह किसी क्षेत्र में एक निश्चित अवधि के दौरान लोगों की संख्या में परिवर्तन से संबंधित होती है।
- ***जनसंख्या घनत्व*** *(Population Density)* प्रति इकाई क्षेत्रफल/प्रतिवर्ग किलोमीटर में औसत रूप से पाई जाने वाली संख्या जनसंख्या घनत्व कहलाती है।
- ***जनसांख्यिकी*** *(Demography)* एक निश्चित समयावधि में जनसंख्या के आँकड़ों, प्रवृत्तियों तथा जन्म दर व मृत्यु दर और उर्वरता दर से संबंधित अध्ययन को जनसांख्यिकी कहते हैं।
- ***जन्म दर*** *(Birth Rate)* एक वर्ष के दौरान एक हजार बच्चों पर जीवित पैदा हुए बच्चों की संख्या जन्म दर कहलाती है।
- ***मृत्यु दर*** *(Death Rate)* प्रति हजार लोगों के पीछे, एक वर्ष के दौरान मृत लोगों की संख्या मृत्यु दर कहलाती है।
- ***प्रवास*** *(Migration)* एक क्षेत्र के लोगों का दूसरे क्षेत्र में चले जाने की प्रक्रिया प्रवास कहलाती है।

# NCERT फोल्डर

## 1. *नीचे दिए गए चार विकल्पों में से सही विकल्प चुनिए*

(i) निम्नलिखित में से किस क्षेत्र में प्रवास, आबादी की संख्या, वितरण एवं संरचना में परिवर्तन लाता है?

(a) प्रस्थान करने वाले क्षेत्र में
(b) आगमन वाले क्षेत्र में
(c) प्रस्थान एवं आगमन दोनों क्षेत्रों में
(d) उपरोक्त में से कोई नहीं

**उत्तर** *(c)* प्रस्थान एवं आगमन दोनों क्षेत्रों में

(ii) जनसंख्या के बच्चों का एक बहुत बड़ा अनुपात निम्नलिखित में से किसका परिणाम है?

(a) उच्च जन्म दर
(b) उच्च मृत्यु दर
(c) उच्च जीवन दर
(d) अधिक विवाहित जोड़े

**उत्तर** *(a)* उच्च जन्म दर

(iii) निम्नलिखित में से कौन-सा एक जनसंख्या वृद्धि का परिमाण दर्शाता है?

(a) एक क्षेत्र की कुल जनसंख्या
(b) प्रत्येक वर्ष लोगों की संख्या में होने वाली वृद्धि
(c) जनसंख्या वृद्धि की दर
(d) प्रति हजार पुरुषों पर महिलाओं की संख्या

**उत्तर** *(b)* प्रत्येक वर्ष लोगों की संख्या में होने वाली वृद्धि

(iv) वर्ष 2011 की जनगणना के अनुसार एक 'साक्षर' व्यक्ति वह है

(a) जो अपने नाम को पढ़ एवं लिख सकता है
(b) जो किसी भी भाषा में पढ़ एवं लिख सकता है
(c) जिसकी उम्र 7 वर्ष है तथा वह किसी भी भाषा को समझ के साथ पढ़ एवं लिख सकता है
(d) जो पढ़ना, लिखना एवं अंकगणित, तीनों जानता है

**उत्तर** *(c)* जिसकी उम्र 7 वर्ष है तथा वह किसी भी भाषा को समझ के साथ पढ़ एवं लिख सकता है

## 2. *निम्नलिखित के उत्तर संक्षेप में दीजिए*

(i) जनसंख्या वृद्धि के महत्त्वपूर्ण घटकों की व्याख्या कीजिए।

**उत्तर** जनसंख्या वृद्धि के महत्त्वपूर्ण घटक इस प्रकार हैं

**जन्म दर** एक वर्ष में प्रति 1000 में जीवित जन्मे बच्चों की संख्या को जन्म दर कहते हैं। यह जनसंख्या वृद्धि का एक प्रमुख कारण है। भारत में जन्म दर, हमेशा मृत्यु दर की तुलना में अधिक रही है।

**मृत्यु दर** एक वर्ष में प्रति हजार व्यक्तियों में मरने वालों की संख्या को मृत्यु दर कहा जाता है। मृत्यु दर में गिरावट भी भारत में जनसंख्या वृद्धि की दर का एक प्रमुख कारण है।

**प्रवास** एक क्षेत्र के लोगों का दूसरे क्षेत्र में (अंतर्देशीय व अंतर्राष्ट्रीय) स्थानांतरित हो जाने की प्रक्रिया प्रवास कहलाती है।

(ii) वर्ष 1981 से भारत में जनसंख्या की वृद्धि दर क्यों घट रही है?

**उत्तर** वर्ष 1981 से भारत में जनसंख्या की वृद्धि दर में निरंतर ह्रासमान प्रवृत्ति देखी गई है। इसका मुख्य कारण सरकारी प्रयास का महत्त्वपूर्ण योगदान, महिलाओं में शिक्षा का तेजी से विकास, स्वास्थ्य के प्रति जागरूकता और परिवार कल्याण विधियों का अपनाया जाना।

(iii) आयु संरचना, जन्म दर एवं मृत्यु दर को परिभाषित कीजिए।

**उत्तर** **आयु संरचना** इसका अर्थ जनसंख्या का विभिन्न आयु वर्गों में विभाजन है। भारत में जनसंख्या को तीन वर्गों—बच्चे (0-14 वर्ष), वयस्क (15-59 वर्ष) और वृद्ध (59 वर्ष से अधिक) में विभाजित किया गया है।

**जन्म दर** एक वर्ष में प्रति 1000 जीवित जन्मे बच्चों की संख्या को जन्म दर कहते हैं। यह जनसंख्या वृद्धि का एक प्रमुख कारण है। भारत में जन्म दर, हमेशा मृत्यु दर की तुलना में अधिक रही है।

**मृत्यु दर** एक वर्ष में प्रति हजार व्यक्तियों में मरने वालों की संख्या को मृत्यु दर कहा जाता है। मृत्यु दर में गिरावट भी भारत में जनसंख्या वृद्धि की दर का एक प्रमुख कारण है।

(iv) प्रवास, जनसंख्या परिवर्तन का एक कारक।

**उत्तर** 'प्रवास' से आशय एक क्षेत्र के लोगों का दूसरे क्षेत्र में जाना है। यह जनसंख्या परिवर्तन का एक महत्त्वपूर्ण कारक है। प्रवास के कारण जिस क्षेत्र से लोग जाते हैं, वहाँ की जनसंख्या में कमी आ जाती है। इसके विपरीत जिस प्रदेश में लोग पहुँचते हैं, वहाँ की जनसंख्या में वृद्धि हो जाती है। उदाहरण के लिए, भारत में ग्राम से नगरों की ओर प्रवास।

## 3. जनसंख्या वृद्धि और जनसंख्या परिवर्तन के बीच अंतर स्पष्ट कीजिए।

**उत्तर** जनसंख्या वृद्धि और जनसंख्या परिवर्तन के बीच निम्नलिखित अंतर है

| जनसंख्या वृद्धि | जनसंख्या परिवर्तन |
|---|---|
| किसी क्षेत्र में एक निश्चित अवधि के दौरान लोगों की संख्या में परिवर्तन, जनसंख्या वृद्धि है। | एक निश्चित समय अंतराल में जनसंख्या वितरण और संघटन में आया परिवर्तन, जनसंख्या परिवर्तन कहलाता है। |
| जनसंख्या वृद्धि को, पूर्व की जनसंख्या को बाद की जनसंख्या से घटाकर प्राप्त किया जाता है। | यह तीन कारकों—जन्म दर, मृत्यु दर और प्रवास का आपसी संयोजन है। |
| इसे संख्या के रूप में व्यक्त किया जाता है। | इसे सापेक्ष वृद्धि और प्रतिवर्ष होने वाले प्रतिशत परिवर्तन के रूप में देखा जाता है। |

**4. व्यावसायिक संरचना और विकास के बीच क्या संबंध है?**

**उत्तर** व्यावसायिक संरचना और विकास के बीच निश्चित संबंध होता है। व्यवसाय को मूलतः तीन वर्गों–प्राथमिक, द्वितीयक और तृतीयक में विभाजित किया गया है। प्राथमिक क्रियाकलाप पर जनसंख्या की अधिक निर्भरता का अर्थ आय स्तर में निम्नता है। इसमें कृषि व इससे संबंधित क्रियाकलाप शामिल होते हैं। ऐसे देश को आर्थिक स्तर पर विकासशील देशों की श्रेणी में रखा जाता है। उदाहरणतः भारत, कंबोडिया, मिस्र आदि। वहीं द्वितीयक और तृतीयक क्रियाकलाप में संबद्ध देश की जनसंख्या का अनुपात यदि उच्च है, तो आय स्तर में भी उच्च होती है। ऐसे देश विकसित देशों की श्रेणी में शामिल होते हैं, जहाँ विनिर्माण, उद्योग-धंधों एवं सेवा गतिविधियों का महत्त्वपूर्ण स्थान होता है। इसमें शामिल देश यू एस ए, जापान एवं ब्रिटेन इत्यादि हैं।

**5. स्वस्थ जनसंख्या कैसे लाभकारी है?**

**उत्तर** स्वस्थ समाज समृद्ध समाज का परिचायक है। स्वस्थ जनसंख्या किसी भी क्षेत्र/देश के लिए एक महत्त्वपूर्ण संसाधन है। इसके लाभ को निम्न बिंदुओं के द्वारा समझा जा सकता है

(i) एक स्वस्थ व्यक्ति अस्वस्थ व्यक्ति की तुलना में अत्यधिक उत्पादनशील और दक्ष होता है।

(ii) स्वस्थ व्यक्ति अधिक घंटों तक कार्य करने में सक्षम है, जो उसकी उत्पादकता को बढ़ाने के लिए महत्त्वपूर्ण है।

(iii) उत्पादकता में वृद्धि राष्ट्रीय आय को स्वतः स्फूर्ति प्रदान करती है।

(iv) स्वस्थ जनसंख्या सकारात्मक विचारों से आबद्ध होती है। वह अत्यधिक गुणात्मक पहलुओं पर संकेंद्रित होती है।

(v) स्वस्थ जनसंख्या अपने प्रतिनिधि/नेता के चुनाव में भी सतर्क और सजग होती है, जो देश को अधिक सुचारु रूप से संचालन में मदद करती है।

निश्चित रूप से स्वस्थ जनसंख्या उच्च आय, उच्च जीवन स्तर और उच्चतर जीवन प्रत्याशा को प्रोत्साहित करती है। वह देश के निरंतर विकास में मुख्य भूमिका का निर्वहन करती है।

**6. राष्ट्रीय जनसंख्या नीति की मुख्य विशेषताएँ क्या हैं?**

**उत्तर** भारत सरकार ने देश की जनसंख्या को एक निश्चित और सुनियोजित दिशा प्रदान करने के लिए जनसंख्या नीति को अपनाया है। वर्ष 1952 में विस्तृत परिवार नियोजन कार्यक्रम आरंभ किया गया। वर्ष 2000 में नई जनसंख्या नीति को अपनाया गया। इसकी विशेषताएँ निम्नलिखित हैं

(i) 14 वर्ष से कम उम्र के बच्चों को निःशुल्क शिक्षा प्रदान करना।

(ii) शिशु मृत्यु दर को प्रति हजार में 30 से कम करना।

(iii) व्यापक स्तर पर टीकारोधी बीमारियों से बच्चों को छुटकारा दिलाना।

(iv) लड़कियों की शादी की उम्र बढ़ाने के लिए प्रोत्साहित करना।

(v) परिवार नियोजन को एक जन-केंद्रित कार्यक्रम बनाने के लिए नीतिगत ढाँचा प्रदान करना।

# परीक्षा अभ्यास

## वस्तुनिष्ठ प्रश्न

### बहुविकल्पीय प्रश्न

**1.** वर्ष 2011 की जनगणना के अनुसार भारत की जनसंख्या है

(a) 20 करोड़ (b) 121 करोड़

(c) 200 करोड़ (d) 140 करोड़

उत्तर (b) 121 करोड़

**2.** वर्ष 2011 के जनसंख्या के अनुसार भारत के किस राज्य में सर्वाधिक जनसंख्या है?

(a) मध्य प्रदेश (b) बिहार

(c) उत्तर प्रदेश (d) झारखंड

उत्तर (c) उत्तर प्रदेश

**3.** भारत का जनसंख्या घनत्व है

(a) 824 व्यक्ति प्रति वर्ग किमी

(b) 382 व्यक्ति प्रति वर्ग किमी

(c) 440 व्यक्ति प्रति वर्ग किमी

(d) 330 व्यक्ति प्रति वर्ग किमी

उत्तर (b) 382 व्यक्ति प्रति वर्ग किमी

**4.** जनसंख्या परिवर्तन की प्रक्रिया में निम्न में से कौन सम्मिलित है?

(a) जन्म (b) मृत्यु

(c) प्रवास (d) ये सभी

उत्तर (d) ये सभी

**5.** भारत में सर्वप्रथम जनगणना किस वर्ष हुई थी?

(a) 1872 ई. (b) 1800 ई.

(c) 1840 ई. (d) 1850 ई.

उत्तर (a) 1872 ई.

**6.** वर्ष 2011 की जनगणना के अनुसार नगरीय जनसंख्या है

(a) 17.29% (b) 31.80%

(c) 40.02% (d) 20.04%

उत्तर (b) 31.80%

**7.** किस आयु वर्ग की जनसंख्या किशोर वर्ग में आती है?

(a) 15-17 वर्ष (b) 10-14 वर्ष

(c) 10-19 वर्ष (d) 20-30 वर्ष

उत्तर (c) 10-19 वर्ष

**8.** परिवार नियोजन कार्यक्रम कब प्रारंभ हुआ?

(a) 2004 (b) 2006

(c) 2008 (d) 1952

उत्तर (d) 1952

**9.** निम्नलिखित में कौन-सा कथन जनघनत्व से संबंधित है?

(a) भारत जनसंख्या घनत्व के मामले में विश्व में द्वितीय स्थान पर है

(b) भारत का जनसंख्या घनत्व 392 है

(c) भारत में बिहार राज्य का जनघनत्व सर्वाधिक है

(d) भारत के सिक्किम राज्य में जनघनत्व सबसे कम है

उत्तर (c) भारत में बिहार राज्य का जनघनत्व सर्वाधिक है

**10.** निम्नलिखित में से कौन-सा कथन भारत की जनसंख्या से संबंधित है?

1. वर्ष 2011 में भारत की जनसंख्या विश्व की कुल जनसंख्या का 17.5% थी।
2. जनगणना 2011 के अनुसार भारत की सबसे अधिक जनसंख्या वाला राज्य उत्तर प्रदेश है।
3. जनगणना 2011 के अनुसार देश की कुल जनसंख्या का 16% हिस्सा उत्तर प्रदेश में निवास करता है।
4. केंद्रशासित प्रदेश दिल्ली में सबसे अधिक जनसंख्या है।

कूट

(a) 1 और 2 (b) 2 और 4

(c) 1, 2 और 3 (d) ये सभी

उत्तर (d) ये सभी

**11.** निम्नलिखित में से किस राज्य में मध्यम जनसंख्या घनत्व है?

1. केरल 2. असम

3. महाराष्ट्र 4. आंध्र प्रदेश

कूट

(a) 1 और 2 (b) 2, 3 और 4

(c) 3 और 4 (d) 2 और 3

उत्तर (b) 2, 3 और 4

**12.** निम्नलिखित को जनसंख्या घनत्व के आधार पर बढ़ते क्रम में व्यवस्थित करें

(a) असम, केरल, अरुणाचल प्रदेश

(b) केरल, असम, अरुणाचल प्रदेश

(c) असम, अरुणाचल प्रदेश, केरल

(d) केरल, अरुणाचल प्रदेश, असम

उत्तर (b) केरल, असम, अरुणाचल प्रदेश

**13.** निम्नलिखित में से कौन-सा युग्म सही सुमेलित है?

| | राज्य | | प्रतिशत जनसंख्या |
|---|---|---|---|
| (a) | उत्तर प्रदेश | – | 18% |
| (b) | महाराष्ट्र | – | 8 % |
| (c) | मध्य प्रदेश | – | 6 % |
| (d) | पश्चिम बंगाल | – | 5 % |

उत्तर (c) पश्चिम बंगाल – 5%

**14.** निम्नलिखित की सहायता से सही विकल्प की पहचान करें
- इसका प्रमुख उद्देश्य 14 वर्ष से कम उम्र के बच्चों को नि:शुल्क शिक्षा प्रदान करना है।
- इसके अंतर्गत शिशु मृत्यु दर को प्रति हजार 30 से कम करना है।
- इसके अंतर्गत बालिका की विवाह आयु में बढ़ोतरी के लिए प्रयास किया गया।

(a) स्वास्थ्य नीति-2017
(b) राष्ट्रीय जनसंख्या नीति-2000
(c) जनसंख्या नीति-2015
(d) सामाजिक आर्थिक नीति-2000

**उत्तर** (b) राष्ट्रीय जनसंख्या नीति-2000

## सुमेलित करें

**15.** सुमेलित कीजिए

| सूची I | | सूची II |
|---|---|---|
| A. सर्वाधिक जनसंख्या घनत्व | 1. | पश्चिम बंगाल |
| B. मध्यम जनसंख्या घनत्व | 2. | कर्नाटक |
| C. विरल जनसंख्या घनत्व | 3. | मिजोरम |

कूट

| | A | B | C |
|---|---|---|---|
| (a) | 1 | 2 | 3 |
| (b) | 2 | 3 | 1 |
| (c) | 1 | 3 | 2 |
| (d) | 3 | 2 | 1 |

**उत्तर** (a) 1 2 3

## रिक्त स्थान भरें

**16.** भारत सरकार द्वारा वर्ष ………… में परिवार नियोजन कार्यक्रम शुरू किया गया।

**उत्तर** 1952

**17.** राष्ट्रीय जनसंख्या नीति 2000 के अन्तर्गत शिशु मृत्यु दर को प्रति हजार में ………… से कम करना है।

**उत्तर** 30

**18.** निम्न रिक्त स्थान को पूरा करें

| भारत में प्रवास की प्रवृत्ति | स्थिति/प्रभाव/कारण |
|---|---|
| अपकर्षण | ग्रामीण क्षेत्रों में गरीबी |
| अभिकर्षण | ? |

कूट
(a) ग्रामीण क्षेत्रों में बेरोजगारी
(b) ग्रामीण क्षेत्रों में संपन्नता
(c) शहरी क्षेत्रों में अच्छा जीवन स्तर
(d) शहरों में रोजगार की कमी

**उत्तर** (c) शहरी क्षेत्रों में अच्छा जीवन स्तर



## डेटा आधारित प्रश्न

**19.** नीचे दिए गए ग्राफ का अध्ययन कीजिए तथा पूछे गए प्रश्नों का उत्तर दीजिए

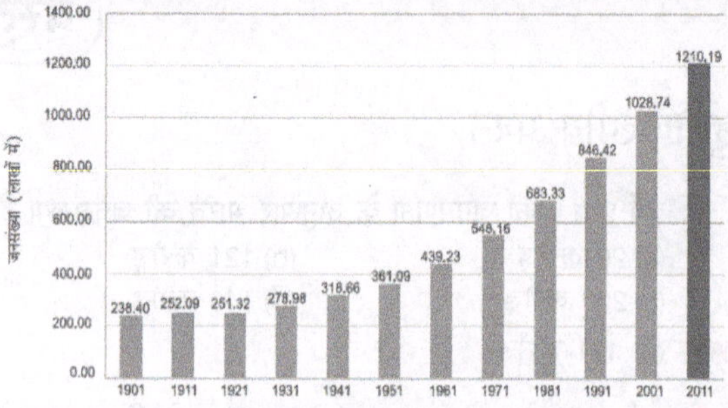

*भारत की कुल जनसंख्या 1901-2011 जनसंख्या (दस लाख में)*

निम्नलिखित में से किस वर्ष में भारत की जनसंख्या कम दर्ज की गई?

(a) वर्ष 1921
(b) वर्ष 1951
(c) वर्ष 1971
(d) वर्ष 1991

**उत्तर** (a) वर्ष 1921

**20.** नीचे दी गई सारणी का अध्ययन कीजिए तथा बताइए कि किस वर्ष में भारत की जनसंख्या की वार्षिक वृद्धि दर सर्वाधिक दर्ज की गई थी?

**सारणी भारत की जनसंख्या वृद्धि का परिमाण एवं दर**

| वर्ष | कुल जनसंख्या (दस लाख में) | एक दशक में सापेक्ष वृद्धि (लाख में) | वार्षिक वृद्धि दर (प्रतिशत) |
|---|---|---|---|
| 1951 | 361.0 | 42.43 | 1.25 |
| 1961 | 439.2 | 78.15 | 1.96 |
| 1971 | 548.2 | 108.92 | 2.20 |
| 1981 | 683.3 | 135.17 | 2.22 |
| 1991 | 846.4 | 163.09 | 2.16 |
| 2001 | 1028.7 | 182.32 | 1.97 |
| 2011 | 1210.6 | 181.4 | 1.64 |

(a) वर्ष 1961
(b) वर्ष 1981
(c) वर्ष 1991
(d) वर्ष 2001

**उत्तर** (b) वर्ष 1981

## सही और पुन: लिखें

**21.** भारत में अधिकतर प्रवास ग्रामीण से शहरी क्षेत्रों की ओर होता है, क्योंकि ग्रामीण क्षेत्रों में अभिकर्षण कारक प्रभावी होते हैं।

**उत्तर** भारत में अधिकतर प्रवास ग्रामीण से शहरी क्षेत्रों की ओर होता है, क्योंकि ग्रामीण क्षेत्रों में अपकर्षण कारक प्रभावी होते हैं।

## कथन/कारण

**22.** **कथन** (A) किसी देश का सबसे मूल्यवान संसाधन उस देश की जनसंख्या होती है।
**कारण** (R) समाज एवं विकास में मानव का महत्त्वपूर्ण योगदान पाया जाता है।
**कूट**
(a) A और R दोनों सही हैं तथा R, A की सही व्याख्या है
(b) A और R दोनों सही हैं, परंतु R, A की सही व्याख्या नहीं है
(c) A सही है, किंतु R गलत है
(d) A गलत है, किंतु R सही है

**उत्तर** (b) A और R दोनों सही हैं, परंतु R, A की सही व्याख्या नहीं है

**23.** **कथन** (A) बांग्लादेश एवं जापान के बाद भारत तीसरा सर्वाधिक जनसंख्या घनत्व वाला देश है।
**कारण** (R) भारत में प्रवास की प्रवृत्ति प्रायः शहर से गाँवों की ओर पाई जाती है।
**कूट**
(a) A और R दोनों सही हैं तथा R, A की सही व्याख्या है
(b) A और R दोनों सही हैं, परंतु R, A की सही व्याख्या नहीं है
(c) A सही है, किंतु R गलत है
(d) A गलत है, किंतु R सही है

**उत्तर** (c) A सही है, किंतु R गलत है

## अतिलघु उत्तरीय प्रश्न

**1.** 'जनसंख्या' से आप क्या समझते हैं? भारत में पहली जनगणना कब की गई थी?

**उत्तर** किसी प्रदेश/देश में निवास करने वाले लोगों की कुल संख्या 'जनसंख्या' कहलाती है। भारत में सर्वप्रथम जनगणना 1872 ई. में की गई थी। 1881 ई. में पहली बार एक संपूर्ण जनगणना की गई।

**2.** 'जनसांख्यिकी' क्या है?

**उत्तर** जनसांख्यिकी विज्ञान की एक शाखा है, जो जनसंख्या के विविध तत्त्वों का विश्लेषण करती है। यह जनसंख्या के आँकड़ों, प्रवृत्तियों, जन्म दर, मृत्यु दर और उर्वरता दर का विशिष्ट समय अंतराल में अध्ययन करती है।

**3.** जनसंख्या घनत्व क्या है?

**उत्तर** प्रति इकाई क्षेत्रफल में निवास करने वाले लोगों की संख्या जनसंख्या घनत्व कहलाती है। भारत विश्व के सर्वाधिक जनसंख्या घनत्व वाले देशों में शामिल है। भारत में सर्वाधिक जनघनत्व बिहार (1106 व्यक्ति प्रति वर्ग किमी) में पाया जाता है।

**4.** वर्ष 2011 की जनगणना के अनुसार भारत का जनसंख्या घनत्व क्या है?

**उत्तर** वर्ष 2011 की जनगणना के अनुसार, भारत का जनसंख्या घनत्व 382 व्यक्ति प्रतिवर्ग किमी है।

**5.** भारत की लगभग आधी जनसंख्या केवल पाँच राज्यों में निवास करती है। इन राज्यों के नाम बताइए।

**उत्तर** देश की लगभग आधी आबादी उत्तर प्रदेश, महाराष्ट्र, बिहार, पश्चिम बंगाल और आंध्र प्रदेश में रहती है।

**6.** प्रवास से क्या तात्पर्य है? इसके प्रकार भी बताइए।

**उत्तर** प्रवास से तात्पर्य लोगों का एक क्षेत्र से दूसरे क्षेत्र में जाना है। प्रवास के मूलतः दो प्रकार हैं
(i) आंतरिक प्रवास
(ii) अंतर्राष्ट्रीय प्रवास

**7.** जनसंख्या वृद्धि को दो रूपों में व्यक्त कर सकते हैं। वे कौन-से हैं?

**उत्तर** जनसंख्या वृद्धि को दो रूपों में व्यक्त कर सकते हैं, जो निम्न प्रकार हैं
(i) कुल संख्या
(ii) प्रतिशत वृद्धि

**8.** सिक्किम भारत का सबसे कम जनसंख्या वाला प्रदेश क्यों बना है?

**उत्तर** सिक्किम में विरल जनसंख्या के कारणों में ऊबड़-खाबड़ धरातल, निम्न उर्वर मिट्टी तथा प्रतिकूल जलवायु की दशा को शामिल किया जाता है।

**9.** "जनसंख्या एक गत्यात्मक प्रवृत्ति है।" कारण दीजिए।

**उत्तर** जनसंख्या का आकार विभाजन तथा संरचना निरंतर बदलती रहती है, इसलिए यह एक गत्यात्मक प्रवृत्ति है।

**10.** भारत में प्रवास ग्रामीण क्षेत्रों से नगरों की ओर होने का मुख्य कारण गाँवों का प्रेरक दबाव है। ऐसे दो दबावों के घटक लिखें।

**उत्तर** निर्धनता तथा बेरोजगारी ग्रामीण क्षेत्रों में मुख्यतः प्रेरक घटक है, जिनसे लोग शहरों में प्रवास के लिए उत्प्रेरित होते हैं।

## लघु उत्तरीय प्रश्न

**1.** जनगणना क्या है? भारत में प्रथम जनगणना कब हुई थी? इसके द्वारा हम कौन-कौन सी सूचनाएँ ग्रहण करते हैं?

**उत्तर** जनगणना किसी देश की जनसंख्या से संबंधित जानकारी प्रदान करती है। सामान्यतः एक निश्चित समय अंतराल में जनसंख्या की आधिकारिक गणना 'जनगणना' कहलाती है।

भारत में प्रथम जनगणना का आयोजन 1872 ई. में किया गया था, लेकिन प्रथम नियमित जनगणना 1881 ई. में संपन्न हुई थी। इसके बाद लगातार 10 वर्ष के पश्चात् जनगणना का आयोजन किया जाता है।

भारतीय जनगणना का स्वरूप व्यापक है। यह जनसांख्यिकी, सामाजिक और आर्थिक आँकड़ों का महत्त्वपूर्ण स्रोत है।

**2.** भारत में घनत्व के आधार पर जनसंख्या वितरण को स्पष्ट कीजिए।

**उत्तर** जनसंख्या घनत्व के आधार पर देश को तीन क्षेत्रों में वर्गीकृत किया गया है

(i) **सर्वाधिक जनसंख्या घनत्व वाले राज्य** देश का उत्तरी मैदान एवं केरल का जनसंख्या घनत्व बहुत अधिक है, क्योंकि यहाँ समतल मैदान और उपजाऊ मिट्टी पाई जाती है तथा पर्याप्त वर्षा होती है। उत्तर प्रदेश, बिहार, पश्चिम बंगाल एवं दक्षिण में केरल समतल मैदानी क्षेत्र के उदाहरण हैं।

(ii) **मध्यम जनसंख्या घनत्व वाले राज्य** असम सहित अधिकांश प्रायद्वीपीय राज्यों में जनसंख्या घनत्व मध्यम है। पहाड़ी एवं पथरीले भू-भाग, मध्यम से कम वर्षा तथा कम उपजाऊ मिट्टी यहाँ के जनसंख्या घनत्व को प्रभावित करती है।

(iii) **विरल जनसंख्या घनत्व वाले राज्य** 250 व्यक्ति प्रति वर्ग किमी से कम जनसंख्या वाले राज्य विरल जनसंख्या वाले राज्य हैं। जम्मू-कश्मीर, अरुणाचल प्रदेश एवं मिजोरम जैसे राज्यों में विरल जनसंख्या निवास करती है। इसके लिए यहाँ प्रतिकूल जलवायवीय दशाएँ एवं पर्वतीय क्षेत्र उत्तरदायी हैं।

**3.** स्वतंत्रता के बाद भारत में जनसंख्या वृद्धि को स्पष्ट कीजिए।

**उत्तर** स्वतंत्रता के बाद भारत में जनसंख्या वृद्धि का विवरण निम्न प्रकार है

- भारत की जनसंख्या वर्ष 1951 में 361 मिलियन थी, वहीं वर्ष 2011 में बढ़कर 1210 मिलियन हो गई है।
- वर्ष 1951 से 1981 तक जनसंख्या की वार्षिक वृद्धि दर नियमित रूप से बढ़ी, परंतु वर्ष 1981 के बाद से वृद्धि दर में कमी आने लगी (1981 में 2.22%, 1991 में 2.16, 2001 में 1.97% तथा 2011 में 1.64%) जिसके परिणामस्वरूप जन्म दर में तेजी से कमी आई।
- जनसंख्या की घटती विकास दर के बावजूद 1990 में 182 मिलियन जनसंख्या में वृद्धि हुई है। यह वार्षिक वृद्धि भारतीय आबादी में सर्वाधिक वृद्धि दर को प्रदर्शित करती है।
- भारत की जनसंख्या बहुत अधिक है। जब विशाल जनसंख्या में कम वार्षिक दर लागू होती है, तब भी लोगों की संख्या में अधिक वृद्धि होती है।
- एक अनुमान के अनुसार भारत, वर्ष 2045 तक चीन को पीछे छोड़ विश्व का सर्वाधिक आबादी वाला देश बन जाएगा।

**4.** भारत में प्रवास की प्रवृत्ति को बताइए।

**उत्तर** भारत में प्रवास की प्रवृत्ति ग्रामीण से शहरी क्षेत्र की ओर होती है। ग्रामीण क्षेत्र में अपकर्षण कारक प्रभावी होता है। इसका मूल कारण गरीबी और बेरोजगारी की समस्या है। वहीं नगरीय क्षेत्रों में रोजगार के अवसर और अच्छे जीवन स्तर के कारण अभिकर्षण कारक प्रभावी रहता है।

भारत में वर्तमान प्रवास प्रवृत्ति के कारण देश के शहरों एवं नगरों की जनसंख्या में नियमित वृद्धि दर्ज की गई है। वर्ष 1951 की कुल जनसंख्या की 17.29% नगरीय जनसंख्या थी। यह वर्ष 2011 में बढ़कर 31.80% हो गई है। साथ ही एक दशक (2001-2011) के अंदर दस लाख से अधिक जनसंख्या वाले नगरों की संख्या 35 से बढ़कर 53 हो गई।

**5.** भारत में किशोर जनसंख्या की मुख्य प्रवृत्तियों/विशेषताओं को बताइए।

**उत्तर** भारत की किशोर जनसंख्या की मुख्य प्रवृत्तियाँ निम्नलिखित हैं

(i) भारत में किशोर वर्ग की आयु 10-19 वर्ष के बीच मानी गई है।
(ii) यह हमारे भविष्य का सर्वाधिक महत्त्वपूर्ण मानव संसाधन है।
(iii) भारत में किशोर वर्ग की अधिकांश लड़कियाँ अल्पपोषण की शिकार हैं।
(iv) सामान्य बच्चों व वयस्क की अपेक्षा किशोर वर्ग की जनसंख्या को पोषण की सर्वाधिक आवश्यकता महत्वपूर्ण है।
(v) भारत की कुल जनसंख्या का 5वाँ भाग किशोर जनसंख्या है।

**6.** किशोर जनसंख्या किसी भी देश व समाज का एक महत्त्वपूर्ण संसाधन है। जनसंख्या के इस वर्ग पर अधिक ध्यान देने की आवश्यकता क्यों है?

**उत्तर** 10-19 वर्ष के आयु वर्ग वाले व्यक्ति को किशोर कहा जाता है। यह भारत की जनसंख्या के सर्वाधिक महत्त्वपूर्ण लक्षणों में से एक है। यह भारत की कुल जनसंख्या का 5वाँ भाग है। इसकी महत्ता को ध्यान में रखते हुए निम्न कारणों से अधिक प्रधानता देने की आवश्यकता है

(i) किशोर जनसंख्या भविष्य का सर्वाधिक महत्त्वपूर्ण संसाधन है।
(ii) इस वर्ग के लिए पोषक तत्त्वों की आवश्यकता अन्य जनसंख्या वर्ग से अधिक है।
(iii) किशोर वर्ग का शारीरिक, शैक्षिक व सामाजिक स्तर में सुधार एक गुणवत्तापूर्ण समाज निर्माण में महत्त्वपूर्ण भूमिका प्रदान करता है।

**7.** परिवार नियोजन कार्यक्रम कब शुरू किया गया? राष्ट्रीय जनसंख्या नीति 2000 को स्पष्ट कीजिए।

**उत्तर** वर्ष 1952 में विस्तृत परिवार नियोजन कार्यक्रम आरंभ किया गया। भारत सरकार ने देश की जनसंख्या को एक निश्चित और सुनियोजित दिशा प्रदान करने के लिए जनसंख्या नीति को अपनाया है। वर्ष 2000 में नई जनसंख्या नीति को अपनाया गया।

इसकी विशेषताएँ निम्नलिखित हैं
(i) 14 वर्ष से कम उम्र के बच्चों को निःशुल्क शिक्षा प्रदान करना।
(ii) शिशु मृत्यु दर को प्रति हजार में 30 से कम करना।
(iii) व्यापक स्तर पर टीकारोधी बीमारियों से बच्चों को छुटकारा दिलाना।
(iv) लड़कियों की शादी की उम्र बढ़ाने के लिए प्रोत्साहित करना।
(v) परिवार नियोजन को एक जन-केंद्रित कार्यक्रम बनाने के लिए नीतिगत ढाँचा प्रदान करना।

## दीर्घ उत्तरीय प्रश्न

**1.** जनसंख्या घनत्व क्या है? भारत में जनसंख्या वितरण पर प्रकाश डालिए।

*अथवा* "भारत में जनसंख्या का असमान वितरण है।" इस कथन को स्पष्ट कीजिए।

*उत्तर* प्रति इकाई क्षेत्रफल में रहने वाले लोगों की संख्या को जनसंख्या घनत्व कहा जाता है। बांग्लादेश एवं जापान के बाद भारत सबसे अधिक जनसंख्या घनत्व वाला देश है।

जनगणना 2011 के अनुसार, भारत का जनसंख्या घनत्व 382 व्यक्ति प्रतिवर्ग किमी था। जहाँ बिहार का जनसंख्या घनत्व 1,102 व्यक्ति प्रति किमी है, वहीं अरुणाचल प्रदेश में यह 17 व्यक्ति प्रति किमी है।

जनसंख्या घनत्व के आधार पर देश को तीन क्षेत्रों में वर्गीकृत किया गया है
(i) **सर्वाधिक जनसंख्या घनत्व वाले राज्य** देश का उत्तरी मैदान एवं केरल का जनसंख्या घनत्व बहुत अधिक है। इन क्षेत्रों की अनुकूल जलवायवी दशा, समतल मैदान और उपजाऊ मिट्‌टी तथा पर्याप्त वर्षा विपुल जनसंख्या को अपनी ओर आकर्षित करती है।
(ii) **मध्यम जनसंख्या घनत्व वाले राज्य** असम सहित अधिकांश प्रायद्वीपीय राज्यों में जनसंख्या घनत्व मध्यम है। पहाड़ी एवं पथरीले भू-भाग, मध्यम से कम वर्षा तथा कम उपजाऊ मिट्‌टी यहाँ के जनसंख्या घनत्व को प्रभावित करती है।
(iii) **विरल जनसंख्या घनत्व वाले राज्य** जम्मू-कश्मीर, अरुणाचल प्रदेश एवं मिजोरम जैसे राज्यों में विरल जनसंख्या निवास करती है। इसके लिए यहाँ प्रतिकूल जलवायवी दशाएँ एवं पर्वतीय क्षेत्र उत्तरदायी हैं।

**2.** जनसंख्या वृद्धि क्या है? इसके निर्धारक तत्त्वों की व्याख्या कीजिए।

*उत्तर* किसी क्षेत्र/देश में एक निश्चित समय में लोगों की संख्या में परिवर्तन जनसंख्या वृद्धि है। जनसंख्या वृद्धि के निर्धारक तत्त्वों की व्याख्या निम्नवत् है

**जन्म दर** किसी देश या क्षेत्र में वर्ष में जीवित जन्मे बच्चों की संख्या को जन्म दर कहते हैं। यह जनसंख्या वृद्धि का एक प्रमुख कारण है। भारत में जन्म दर, हमेशा मृत्यु दर की तुलना में अधिक रही है।

**मृत्यु दर** एक वर्ष में प्रति हजार व्यक्तियों में मरने वालों की संख्या को मृत्यु दर कहा जाता है। मृत्यु दर में गिरावट भी भारत में जनसंख्या वृद्धि की दर का एक प्रमुख कारण है।

वर्ष 1980 तक भारत में उच्च जन्म दर एवं मृत्यु दर में लगातार गिरावट के कारण जनसंख्या वृद्धि दर अधिक हो गई। वर्ष 1981 से जन्म दर में गिरावट के परिणामस्वरूप जनसंख्या वृद्धि दर में भी गिरावट आई।

**प्रवास** लोगों का एक क्षेत्र से दूसरे क्षेत्र में जाना ही प्रवास कहलाता है। प्रवास को मूलतः दो भागों–आंतरिक प्रवास और अंतर्राष्ट्रीय प्रवास में वर्गीकृत किया जा सकता है। आंतरिक प्रवास राज्य की सीमाओं के अंतर्गत ही होता है। इसके द्वारा किसी देश की जनसंख्या के आकार में कोई परिवर्तन नहीं आता है, किंतु यह एक देश के भीतर जनसंख्या वितरण को प्रभावित करता है। अंतर्राष्ट्रीय प्रवास दो देशों के मध्य होता है और यह जनसंख्या एवं जनसंख्या वितरण दोनों को प्रभावित करता है।

**3.** जनसंख्या की प्राकृतिक वृद्धि दर किसे कहते हैं? जन्म दर को किस प्रकार कम किया जा सकता है? स्पष्ट कीजिए।

*उत्तर* किसी क्षेत्र या देश के मध्य वर्ष की जनसंख्या में पाई जाने वाली जन्म दर और मृत्यु दर के अंतर को जनसंख्या की प्राकृतिक वृद्धि दर कहते हैं। इस संख्या में अप्रवासी जनसंख्या को शामिल नहीं किया जाता। वृद्धि दर को हमेशा प्रतिशत में व्यक्त किया जाता है।

जन्म दर को कम करने के उपाय निम्नलिखित हैं
(i) शिक्षा के अधिक-से-अधिक प्रचार-प्रसार पर बल देना विशेषकर स्त्री शिक्षा पर।
(ii) परिवार नियोजन पर बल देना तथा इसके लाभों से लोगों को अवगत कराना।
(iii) छोटे परिवार को प्रोत्साहित तथा बड़े परिवार के लिए कानूनी बाधाएँ एवं रोक।
(iv) निर्धारित विवाह उम्र का दृढ़ता से पालन।
(v) स्त्रियों के लिए रोजगार के साधनों का सृजन एवं रोजगार के लिए प्रोत्साहन।
(vi) गर्भनिरोधक सेवाओं तक लोगों की पहुँच एवं खरीद योग्य बनाना।
(vii) देर से विवाह एवं संतानोत्पत्ति को प्रोत्साहित करना।
(viii) विवाह की अनिवार्यता समाप्त करना।

**4.** क्या स्त्रियों को अच्छी शिक्षा देकर जनसंख्या की वृद्धि दर को कम किया जा सकता है? यह कैसे संभव है?

*अथवा* "महिलाओं को बेहतर शैक्षिक अवसर देकर हम जनसंख्या वृद्धि को कम कर सकते हैं।" तथ्यों द्वारा इस कथन को सिद्ध कीजिए।

*उत्तर* स्त्रियों को अच्छी शिक्षा प्रदान कर जनसंख्या की वृद्धि को इस प्रकार रोका जा सकता है
(i) अच्छी शिक्षा पाने के लिए एक लंबी अवधि की आवश्यकता पड़ती है। अतः शिक्षित लड़कियों की अधिक उम्र में शादी होती है। तब तक परिवार-दायित्व का ज्ञान आसानी से हो जाता है।

(ii) शिक्षित स्त्रियों को रोजगार मिल जाता है। रोजगार प्राप्त महिलाएँ बच्चे की अच्छी देख-रेख करने में अपने को असमर्थ पाती हैं।

(iii) गर्भधारण से लेकर प्रजनन प्रक्रिया से जुड़ी अनेक समस्याओं का ज्ञान होने के कारण शिक्षित महिलाओं की जीवन प्रत्याशा अधिक होती है। वे अपने और अपने बच्चे के स्वास्थ्य के प्रति अधिक सजग होती हैं।

(iv) शिक्षित महिलाओं की दृष्टि व्यापक होती है। उनकी सोच राष्ट्रीय स्तर की होने के कारण वे बड़े परिवार को राष्ट्रीय संसाधनों पर बोझ मानती हैं।

(v) शिक्षित होने के कारण स्त्रियाँ छोटे परिवार के महत्त्व को समझती हैं, इसलिए छोटे परिवार के आकार को प्राथमिकता देती हैं।

## स्रोत आधारित प्रश्न

निम्नलिखित स्रोतों को ध्यानपूर्वक पढ़कर उन पर आधारित प्रश्नों के उत्तर दीजिए

**1.** मार्च, 2011 तक भारत की जनसंख्या 12,106 लाख थी, जोकि विश्व की कुल जनसंख्या का 17.5% थी। यह 121 करोड़ लोग भारत के 32.8 लाख वर्ग किमी (विश्व के स्थलीय भू-भाग का 2.4%) के विशाल क्षेत्र में असमान रूप से वितरित हुए हैं। 2011 की जनगणना के अनुसार, देश की सबसे अधिक जनसंख्या वाला राज्य उत्तर प्रदेश है, जहाँ कुल आबादी 1,990 लाख है।

उत्तर प्रदेश में देश की कुल जनसंख्या का 16% हिस्सा निवास करता है। दूसरी ओर हिमालय क्षेत्र के राज्य सिक्किम की आबादी केवल 6 लाख ही है तथा लक्षद्वीप में केवल 64,429 हजार लोग निवास करते हैं।

भारत की लगभग आधी आबादी केवल पाँच राज्यों में निवास करती है। ये राज्य हैं—उत्तर प्रदेश, महाराष्ट्र, बिहार, पश्चिम बंगाल एवं आंध्र प्रदेश। क्षेत्रफल की दृष्टि से राजस्थान सबसे बड़ा राज्य है जिसकी आबादी भारत की कुल जनसंख्या की केवल 5.5% है।

(i) भारत में नियमित जनगणना की शुरुआत वर्ष ............ से मानी जाती है। यद्यपि भारत में सबसे पहली जनगणना ......... ई. में हुई थी।

(a) 1881, 1872 (b) 1872, 1874
(c) 19821, 1872 (d) 1951, 1932

**उत्तर** (a) 1881, 1872

(ii) वर्ष 2011 की जनगणना के अनुसार, सर्वाधिक जनसंख्या वाला राज्य उत्तर प्रदेश है, तो इस जनगणना में भारत का सबसे कम जनसंख्या (6 लाख) वाला राज्य कौन-सा है?

(a) गोवा (b) अरुणाचल प्रदेश
(c) सिक्किम (d) मिजोरम

**उत्तर** (c) सिक्किम

(iii) उत्तर के मैदानी भाग तथा दक्षिण में केरल का जनसंख्या घनत्व अत्यंत उच्च पाया जाता है। इसका प्रमुख कारण क्या है?

(a) समतल मैदान की उपस्थिति
(b) उपजाऊ मृदा की बहुलता
(c) पर्याप्त मात्रा में वर्षण
(d) उपरोक्त सभी

**उत्तर** (d) उपरोक्त सभी

(iv) जनगणना 2011 की दृष्टि से निम्न कथनों में से कौन-सा कथन सत्य है?

(a) भारत का जनसंख्या घनत्व 382 व्यक्ति/वर्ग किमी है
(b) भारत में सर्वाधिक लिंगानुपात वाला राज्य केरल (1084/1000) है
(c) 2011 की जनगणना के अनुसार देश की साक्षरता 73% है
(d) उपरोक्त सभी

**उत्तर** (d) उपरोक्त सभी

(v) जनगणना 2011 के अनुसार, बिहार का जनसंख्या घनत्व ..................... तथा अरुणाचल प्रदेश का .............. प्रति किमी है।

(a) 1017, 17
(b) 1102, 17
(c) 1502, 18
(d) 958, 17

**उत्तर** (b) 1102, 17

(vi) **कथन** (A) भारतीय जनगणना जनसांख्यिकी, सामाजिक तथा आर्थिक आँकड़ों का सबसे वृहत स्रोत है।

**कारण** (R) इसके कारण ही राष्ट्रीय नीतियों का निर्माण आसान हुआ है।

(a) A और R दोनों सही हैं तथा R, A का सही स्पष्टीकरण है
(b) A और R दोनों सही हैं, परंतु R, A का सही स्पष्टीकरण नहीं है
(c) A सही है, किंतु R गलत है
(d) A गलत है, किंतु R सही है

**उत्तर** (a) A और R दोनों सही हैं तथा R, A का सही स्पष्टीकरण है

**2. स्रोत 'अ' जन्म और मृत्यु दर**

जनसंख्या में होने वाले परिवर्तन की तीन मुख्य प्रक्रियाएँ हैं—जन्म दर, मृत्यु दर एवं प्रवास। जन्म दर एवं मृत्यु दर के बीच का अंतर जनसंख्या की प्राकृतिक वृद्धि है। एक वर्ष में प्रति हजार व्यक्तियों में जितने जीवित बच्चों का जन्म होता है, उसे 'जन्म दर' कहते हैं। यह वृद्धि का एक प्रमुख घटक है, क्योंकि भारत में हमेशा जन्म दर, मृत्यु दर से अधिक रहा है।

**स्रोत 'ब' आंतरिक प्रवास**

जनसंख्या वृद्धि का तीसरा घटक है प्रवास। लोगों का एक क्षेत्र से दूसरे क्षेत्र में चले जाने को प्रवास कहते हैं। प्रवास आंतरिक (देश के भीतर) या अंतर्राष्ट्रीय (देशों के बीच) हो सकता है। आंतरिक प्रवास जनसंख्या के आकार में कोई परिवर्तन नहीं लाता है, लेकिन यह एक देश के भीतर जनसंख्या के वितरण को प्रभावित करता है।

**स्रोत 'स' प्रवास के कारण जनसंख्या परिवर्तन**

प्रवास जनसंख्या परिवर्तन का एक महत्त्वपूर्ण घटक है। यह केवल जनसंख्या के आकार को ही प्रभावित नहीं करता, बल्कि उम्र एवं लिंग के दृष्टिकोण से नगरीय एवं ग्रामीण जनसंख्या की संरचना को भी परिवर्तित करता है।

**स्रोत 'अ' जन्म और मृत्यु दर**

(i) वर्ष 1980 में भारत की जनसंख्या वृद्धि का क्या कारण था?

**उत्तर** वर्ष 1980 तक भारत में उच्च जन्म दर एवं मृत्यु दर में लगातार गिरावट के कारण जन्म दर तथा मृत्यु दर में काफी बड़ा अंतर आ गया, इसके कारण जनसंख्या वृद्धि दर अधिक हो गई थी।

**स्रोत 'ब' आंतरिक प्रवास**

(ii) भारत में अधिकतर प्रवास ग्रामीण क्षेत्रों से शहरी क्षेत्रों की ओर क्यों होता है?

**उत्तर** भारत में अधिकतर प्रवास ग्रामीण से शहरी क्षेत्रों की ओर इसलिए होता है, क्योंकि ग्रामीण क्षेत्रों में अपकर्षण कारक प्रभावी होते हैं। ये ग्रामीण क्षेत्रों में गरीबी एवं बेरोजगारी की प्रतिकूल अवस्थाएँ हैं तथा नगर का अभिकर्षण प्रभाव रोजगार में वृद्धि एवं अच्छे जीवन को दर्शाता है।

**स्रोत 'स' प्रवास के कारण जनसंख्या परिवर्तन**

(iii) जनसंख्या वितरण एवं उसके घटक को परिवर्तित करने में किसकी भूमिका होती है?

**उत्तर** जनसंख्या वितरण एवं उसके घटक को परिवर्तित करने में प्रवास की महत्त्वपूर्ण भूमिका होती है।

**3.** जनसंख्या वृद्धि का अर्थ होता है, किसी विशेष समय अंतराल में, जैसे 10 वर्षों के भीतर, किसी देश/राज्य के निवासियों की संख्या में परिवर्तन। इस प्रकार के परिवर्तन को दो प्रकार से व्यक्त किया जा सकता है। पहला, सापेक्ष वृद्धि तथा दूसरा, प्रतिवर्ष होने वाले प्रतिशत परिवर्तन के द्वारा। प्रत्येक वर्ष या एक दशक में बढ़ी जनसंख्या, कुल संख्या में वृद्धि का परिमाण है। पहले की जनसंख्या (जैसे 2001 की जनसंख्या) को बाद की जनसंख्या (जैसे 2011 की जनसंख्या) से घटा कर इसे प्राप्त किया जाता है, इसे 'निरपेक्ष वृद्धि' कहा जाता है।

जनसंख्या वृद्धि दर दूसरा महत्त्वपूर्ण पहलू है। इसका अध्ययन प्रतिवर्ष प्रतिशत में किया जाता है, जैसे प्रतिवर्ष 2 प्रतिशत वृद्धि की दर का अर्थ है कि दिए हुए किसी वर्ष की मूल जनसंख्या में प्रत्येक 100 व्यक्तियों पर 2 व्यक्तियों की वृद्धि, इसे 'वार्षिक वृद्धि दर' कहा जाता है। भारत की वर्ष 1951 से 1981 तक जनसंख्या की वार्षिक वृद्धि दर नियमित रूप से बढ़ रही थी। ये जनसंख्या में तीव्र वृद्धि की व्याख्या करता है, जो 1951 में 3.610 लाख से 1981 में 6.830 लाख हो गई।

(i) किस वर्ष से भारत में वृद्धि दर कम होने लगी?

**उत्तर** वर्ष 1981 से भारत में वृद्धि दर कम होने लगी, इसका प्रमुख कारण जन्म दर में तेजी से कमी आना था।

(ii) "भारत की वर्तमान जनसंख्या में वार्षिक वृद्धि संसाधनों एवं पर्यावरण के संरक्षण को निष्क्रिय करने के लिए पर्याप्त है।" कथन की पुष्टि करें।

**उत्तर** भारत की वर्तमान जनसंख्या में वार्षिक वृद्धि संसाधनों एवं पर्यावरण के संरक्षण को निष्क्रिय करने के लिए पर्याप्त है, क्योंकि यदि भारत जैसे विशाल जनसंख्या वाले देश में वार्षिक दर कम भी होगी, तो भी सापेक्ष वृद्धि बहुत अधिक होगी; जैसे–यदि 10 करोड़ जनसंख्या में न्यूनतम दर से भी वृद्धि होती है।

तब भी जुड़ने वाले लोगों की कुल संख्या बहुत अधिक होती है, जो संसाधनों से अधिक उपयोग को प्रोत्साहित करता है।

(iii) भारत की वृद्धि दर में कमी किसे प्रदर्शित करता है?

**उत्तर** भारत की वृद्धि दर में कमी जन्म दर नियंत्रण के लिए किए जा रहे प्रयासों की सफलता को प्रदर्शित करता है। इसके पश्चात् भी वर्तमान में भारत की जनसंख्या वृद्धि जारी है।

## मानचित्र आधारित प्रश्न

**1.** दिए गए भारत के मानचित्र पर सभी राज्यों के जनसंख्या घनत्व को दर्शाइए।

*उत्तर*

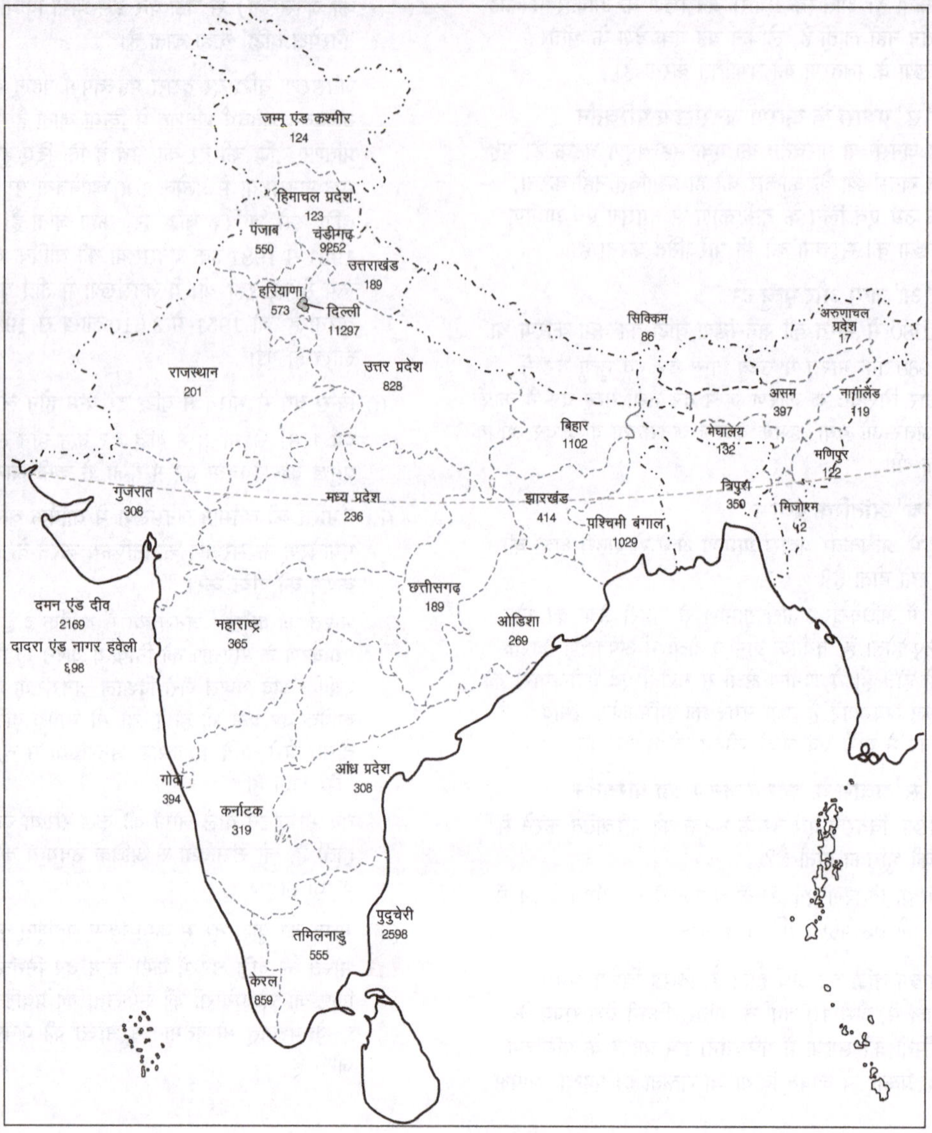

**2.** भारत के मानचित्र पर निम्न को दर्शाइए और उनका नाम लिखिए

(i) सबसे अधिक जनसंख्या घनत्व वाला राज्य

(ii) सबसे कम जनसंख्या घनत्व वाला राज्य

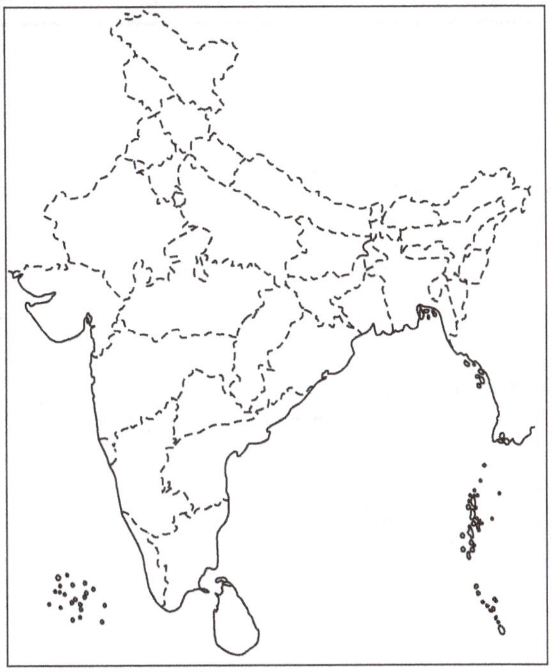

*उत्तर*

# स्वयं को जाँचें

## वस्तुनिष्ठ प्रश्न

**1.** सामाजिक आर्थिक आँकड़ों का सर्वाधिक वृहत् स्रोत हैं

(a) जनसंख्या वितरण (b) जनगणना (c) जनगणना घनत्व (d) जनसंख्या वृद्धि

**2.** निम्नलिखित में से कौन-सा कथन जनसंख्या वितरण को स्पष्ट करता है?

(a) जनसंख्या आकार एवं जनसंख्या घनत्व (b) जनसंख्या वृद्धि एवं परिवर्तन
(c) जनसंख्या प्रक्रिया (d) प्रवास की प्रवृत्ति

**3.** निम्न में से कौन-सा प्रवास का भाग है?

(a) अभिकर्षण (b) आंतरिक प्रवास (c) प्रवसन (d) अपकर्षण

**4.** सुमेलित कीजिए

| **सूची I** (राज्य) | **सूची II** (जनसंख्या घनत्व) |
|---|---|
| A. बिहार | 1. विरल |
| B. कर्नाटक | 2. मध्यम |
| C. सिक्किम | 3. सर्वाधिक |

**कूट**

| | A | B | C | | A | B | C |
|---|---|---|---|---|---|---|---|
| (a) | 1 | 3 | 2 | (b) | 3 | 1 | 2 |
| (c) | 3 | 2 | 1 | (d) | 1 | 2 | 3 |

## अतिलघु उत्तरीय प्रश्न

**5.** भारत की जनसंख्या वृद्धि को बताइए।

**6.** जनसंख्या घनत्व से आप क्या समझते हैं?

**7.** प्रवसन को परिभाषित कीजिए।

## लघु उत्तरीय प्रश्न

**8.** 'प्रवास' जनसंख्या परिवर्तन का एक महत्त्वपूर्ण घटक है। स्पष्ट कीजिए।

**9.** जन्म दर और वृद्धि दर में अंतर स्पष्ट कीजिए।

## दीर्घ उत्तरीय प्रश्न

**10.** घनत्व के आधार पर भारत में जनसंख्या वितरण का विस्तारपूर्वक वर्णन कीजिए।

**11.** स्वतंत्रता के पश्चात् भारत में होने वाली जनसंख्या वृद्धि की प्रक्रिया का विस्तार से उल्लेख कीजिए।

अध्याय

01

राजनीति विज्ञान

# लोकतंत्र क्या? लोकतंत्र क्यों?

## अध्याय एक नजर में



## लोकतंत्र क्या है?

लोकतंत्र शासन का एक ऐसा रूप है, जिसमें शासकों को जनता द्वारा चुना जाता है। सरकार का चुनाव जनता निर्वाचन द्वारा करती है। इस प्रकार यह सरकार के अन्य रूपों से अलग है। अब्राहम लिंकन ने लोकतंत्र के संदर्भ में कहा है कि "लोकतंत्र जनता का जनता द्वारा जनता के लिए शासन है।"

लोकतंत्र, सरकार के अन्य रूपों से अलग है, इसे निम्न उदाहरणों की सहायता से समझा जा सकता है

म्यांमार में सैन्य शासन है। यहाँ शासकों का चुनाव लोगों द्वारा नहीं किया जाता है। लोगों की सरकार के चयन में कोई भागीदारी नहीं है।

चिली के ऑगस्तो पिनोशे जैसे तानाशाहों का चयन लोगों द्वारा नहीं किया जाता।

सऊदी अरब में भी शासक का चयन लोगों द्वारा नहीं किया जाता बल्कि राजपरिवार में जन्म लेने वाला व्यक्ति ही शासक बनता है।

## लोकतंत्र की विशेषताएँ

लोकतंत्र की विशेषताएँ निम्न हैं

- **शासक** जनता द्वारा प्रत्यक्ष या अप्रत्यक्ष रूप से चुने जाते हैं और लोगों द्वारा चुने गए ये शासक सभी महत्त्वपूर्ण निर्णय लेते हैं।
- लोकतंत्र में **चुनाव** (निर्वाचन) जनता को एक ऐसा अवसर उपलब्ध कराता है, जहाँ वह निष्पक्ष मतदान द्वारा सरकार को चुन सकती है।
- चुनाव का यह विकल्प लोकतंत्र में सभी लोगों को समान रूप से उपलब्ध होता है।
- चुनाव द्वारा बनी सरकार संविधान द्वारा निर्धारित किए गए कानूनों और नागरिक अधिकारों के दायित्वों को मानते हुए कार्य करती है।

## निर्वाचित नेताओं द्वारा मुख्य निर्णय

पाकिस्तान में **जनरल परवेज मुशर्रफ** के वर्ष 1999 के शासन द्वारा लोकतंत्र की एक मुख्य विशेषता को समझा जा सकता है।

### पाकिस्तान के संदर्भ में

- पाकिस्तान में जनरल परवेज मुशर्रफ ने अक्टूबर, 1999 में सैनिक शासन स्थापित किया और उसका नेतृत्व किया। उन्होंने लोकतांत्रिक रूप से चुनी हुई सरकार को निष्काषित कर दिया और स्वयं को देश का मुख्य कार्यकारी (Chief Executive) घोषित किया। कुछ समय के पश्चात् उन्होंने स्वयं को राष्ट्रपति घोषित किया।
- वर्ष 2002 में एक **जनमत संग्रह** (Referendum) कराकर अपना कार्यकाल पाँच वर्ष के लिए बढ़ा लिया। पाकिस्तानी मीडिया, मानवाधिकार संगठनों ने आरोप लगाया कि जनमत संग्रह एक धोखा है।
- 22 अगस्त, 2002 में उन्होंने **लीगल फ्रेमवर्क ऑर्डर** (Legal Framework Order) के द्वारा पाकिस्तान के संविधान को बदल दिया। इस ऑर्डर के अनुसार, राष्ट्रपति, राष्ट्रीय और प्रांतीय असेंबलियों (Provincial Assemblies) को भंग कर सकता है।
- मंत्रिपरिषद् की कार्यप्रणाली पर राष्ट्रीय सुरक्षा परिषद् (National Security Council) का अधिकार है तथा इस परिषद् के अधिकतर सदस्य मिलिट्री ऑफिसर हैं। जनरल मुशर्रफ के कार्यकाल में लोगों को राष्ट्रीय एवं प्रांतीय असेंबलियों में प्रतिनिधियों को चुनने का अधिकार था, परंतु सत्ता की आधिकारिक शक्ति परवेज मुशर्रफ के पास ही थी।

इससे लोकतांत्रिक शासन व्यवस्था की पहली विशेषता प्राप्त होती है कि **लोकतंत्र में अंतिम निर्णय लेने की शक्ति लोगों द्वारा चुने गए प्रतिनिधियों के पास ही होनी चाहिए।**

## स्वतंत्र एवं निष्पक्ष चुनावी मुकाबला

**चीन** एवं **मैक्सिको** का उदाहरण लोकतंत्र के स्वरूप को समझने की एक नई दिशा प्रदान करता है।

### चीन के संदर्भ में

- चीन की संसद को **क्वांगुओ रेममिन दाइवियाओ दाहुई ( राष्ट्रीय जन संसद )** कहते हैं। चीन की संसद के लिए प्रति पाँच वर्ष बाद नियमित रूप से चुनाव होते हैं। राष्ट्रीय जन संसद को राष्ट्रपति नियुक्त करने का अधिकार प्राप्त होता है।
- राष्ट्रीय जन संसद में लगभग 3,000 सदस्यों का पूरे चीन से चयन किया जाता है। कुछ सदस्यों का चुनाव सेना भी करती है।
- चुनाव लड़ने से पहले प्रत्याशी को **चीनी कम्युनिस्ट पार्टी** (Chinese Communist Party) से सहमति की आवश्यकता होती है। चीन में कम्युनिस्ट पार्टी और उससे संबद्ध कुछ छोटी पार्टियों के सदस्यों को ही चुनाव लड़ने की अनुमति है।

### मैक्सिको के संदर्भ में

- वर्ष 1930 में आजाद होने के बाद से मैक्सिको में प्रत्येक 6 वर्ष बाद राष्ट्रपति चुनने के लिए चुनाव कराए जाते हैं। मैक्सिको में कभी भी मिलिट्री शासन या तानाशाही नहीं रही।
- वर्ष 2000 तक वहाँ सभी चुनाव **इंस्टीट्यूशनल रिवोल्यूशनरी पार्टी** (Institutional Revolutionary Party, PRI) ही जीतती रही। विपक्षी दल चुनाव में हिस्सा लेते थे, पर कभी भी उन्हें जीत प्राप्त नहीं होती थी। PRI चुनाव में अनेक प्रकार के अनैतिक माध्यमों द्वारा जीत प्राप्त कर लेती थी; जैसे—लोगों पर PRI के लिए वोट देने का अधिक दबाव, अंतिम समय में मतदान केंद्रों को बदलना आदि।

इन दोनों देशों के उदाहरणों से स्पष्ट है कि चीन एवं मैक्सिको में उचित ढंग से चुनाव नहीं कराए गए। केवल चुनाव कराना ही पर्याप्त नहीं है, बल्कि यह भी ध्यान देना होगा कि चुनाव कितना पारदर्शी एवं निष्पक्ष संपन्न हुआ है।

इस प्रकार, लोकतंत्र की दूसरी विशेषता यह है कि **लोकतंत्र निष्पक्ष और स्वतंत्र चुनावों पर आधारित होना चाहिए, जिससे सत्ता में बैठे लोगों के लिए हार-जीत के समान अवसर प्राप्त हों।**

## एक व्यक्ति, एक वोट, एक मूल्य

लोकतंत्र में प्रत्येक व्यक्ति को वोट देने का अधिकार प्राप्त है। लोकतंत्र के लिए होने वाला संघर्ष **सार्वभौम वयस्क मताधिकार** (Universal Adult Franchise) के साथ जुड़ा था। इस अधिकार को लगभग सभी देशों ने अपना लिया था। यद्यपि मतदान के समान अधिकार से वंचित करने के भी उदाहरण हैं, जो निम्न हैं

- **सऊदी अरब** में वर्ष 2015 तक महिलाओं को वोट देने का अधिकार नहीं था।
- **एस्टोनिया** ने नागरिकता के नियम कुछ इस प्रकार बनाए हैं कि रूसी अल्पसंख्यक समाज के लोगों को मतदान का अधिकार प्राप्त करने में मुश्किल होती है।
- **फिजी** की चुनाव प्रणाली में वहाँ के मूलवासियों की वोट का महत्त्व भारतीय मूल के फिजी नागरिक की वोट से अधिक है।

लोकतंत्र राजनैतिक समानता के बुनियादी सिद्धांत पर आधारित है। लोकतंत्र की तीसरी मुख्य विशेषता है कि **लोकतंत्र में प्रत्येक वयस्क नागरिक की एक वोट होनी चाहिए और प्रत्येक वोट का एकसमान मूल्य होना चाहिए।**

## कानून का राज और अधिकारों का आदर

### जिंबाब्वे के संदर्भ में

- जिंबाब्वे को वर्ष 1980 में अल्पसंख्यक गोरों के शासन से मुक्ति मिली। उसके पश्चात् देश पर **जानु-पी एफ** (ZANU-PF) दल का शासन हो गया, जिसने देश के स्वतंत्रता संघर्ष का नेतृत्व किया था।
- इसके नेता **रॉबर्ट मुगाबे** आजादी के बाद से ही राष्ट्रपति के पद पर बने हुए हैं।
- यहाँ चुनाव नियमित रूप से होते थे और हमेशा जानु-पी एफ दल को ही विजय प्राप्त होती थी, क्योंकि यह चुनाव में जीत के लिए अनुचित माध्यम अपनाता था।

- राष्ट्रपति के विरुद्ध विरोध प्रदर्शन अवैध थे और सरकार अपने विरुद्ध फैसलों पर विचार नहीं करती थी। इस प्रकार कोई नियम नहीं था और नागरिकों के अधिकारों का सम्मान नहीं किया जाता था। वर्ष 2017 में मुगाबे को राष्ट्रपति पद से हटा दिया गया।
- राज्य को नागरिकों के अधिकारों का सम्मान करना चाहिए; जैसे—अभिव्यक्ति की स्वतंत्रता, विरोध करने की स्वतंत्रता और राजनीतिक कार्यवाही करने की स्वतंत्रता।
- इसके अतिरिक्त इन अधिकारों को न्यायपालिका द्वारा संरक्षित किया जाना चाहिए, जिनके आदेशों का पालन सभी को करना चाहिए।

चुनाव के बाद कुछ शर्तें हैं, जो सरकार के तरीकों पर लागू होती हैं

- एक लोकतांत्रिक सरकार जो चाहे उसे नहीं कर सकती, सिर्फ इस आधार पर कि उसने चुनाव जीता है।
- इसमें कुछ बुनियादी नियमों का सम्मान करना होगा या हम कह सकते हैं कि अल्पसंख्यकों को कुछ दी गई गारंटी का सम्मान करना होगा।
- प्रत्येक पदाधिकारी के पास संविधान और कानून द्वारा निर्दिष्ट कुछ अधिकार और जिम्मेदारियाँ होती हैं।
- ये सभी न सिर्फ जनता के प्रति जवाबदेह हैं, बल्कि अन्य स्वतंत्र अधिकारियों के प्रति भी जवाबदेह हैं।

इस प्रकार लोकतंत्र की चौथी विशेषता यह है कि **लोकतांत्रिक सरकार संवैधानिक कानूनों और नागरिक अधिकारों के अंदर ही कार्य करती है।**

### चेक प्वॉइंट 01

1. *लोकतंत्र शासन का कैसा रूप है?*
2. *पाकिस्तान में सैनिक शासन कब स्थापित हुआ?*
3. *चीन की संसद को क्या कहते हैं?*
4. *मैक्सिको कब स्वतंत्र हुआ?*
5. *जिंबाब्वे को अल्पसंख्यक गोरों के शासन से कब मुक्ति मिली?*

# लोकतंत्र ही क्यों?

## लोकतंत्र के विपक्ष में तर्क

- लोकतंत्र में नेता बदलते रहते हैं। इससे अस्थिरता उत्पन्न होती है।
- लोकतंत्र का अर्थ केवल राजनैतिक लड़ाई और सत्ता पर अधिकार स्थापित करना है। यहाँ नैतिकता के लिए जगह नहीं होती।
- लोकतांत्रिक व्यवस्था में सभी लोगों से बहस और चर्चा करनी पड़ती है, जिससे प्रत्येक फैसले में देरी होती है।
- चुने हुए नेताओं को लोगों के हितों का पता नहीं होता, जिस कारण गलत फैसले होते हैं।
- लोकतंत्र में चुनावी लड़ाई महत्त्वपूर्ण और खर्चीली होती है, इसलिए इसमें भ्रष्टाचार होता है।
- सामान्य लोगों को पता नहीं होता कि उनके लिए क्या अच्छा है और क्या बुरा, इसलिए उन्हें किसी भी प्रकार का फैसला नहीं करना चाहिए।
- लोकतंत्र में कभी भी सरकारें बदल जाती हैं, जिससे सरकार की कार्यप्रणाली पर प्रभाव पड़ता है।
- लोकतंत्र में लोग स्वयं फैसले लेते हैं। इससे इस बात की गारंटी नहीं होती कि उनके सभी फैसले अच्छे ही होंगे। लोग गलतियाँ भी कर सकते हैं।

उपरोक्त सभी तर्क यह दर्शाते हैं कि लोकतंत्र, शासन प्रणाली का एक आदर्श स्वरूप नहीं हो सकता।

## लोकतंत्र के पक्ष में तर्क

- लोगों की आवश्यकता के अनुरूप आचरण करने के मामले में लोकतांत्रिक शासन प्रणाली किसी भी अन्य प्रणाली से बेहतर है, क्योंकि यह शासन का अधिक जवाबदेही वाला स्वरूप है। एक लोकतांत्रिक सरकार शासन का संचालन बेहतर ढंग से कर सकती है।
- लोकतंत्र विचार-विमर्श पर आधारित होता है। इसमें कोई भी निर्णय विचार-विमर्श के बाद ही लिया जाता है, इसमें कुछ अधिक समय अवश्य लगता है, लेकिन महत्त्वपूर्ण मसलों पर थोड़ा समय लेकर फैसले करने के अपने लाभ भी हैं। इसलिए लोकतंत्र बेहतर निर्णय लेने की संभावना बढ़ाता है।
- लोकतंत्र मतभेदों और टकरावों से निपटने का तरीका उपलब्ध कराता है, इसलिए लोकतंत्र में अलग-अलग विचार समूहों के लोग भी शांतिपूर्वक रह सकते हैं। भारत जैसे विविधता वाले देश में, जहाँ लोग विभिन्न धर्म और भाषा से हैं, लोकतंत्र के कारण एक साथ हैं।
- लोकतंत्र नागरिकों का सम्मान बढ़ाता है। यह राजनीतिक समानता के सिद्धांत पर आधारित है, क्योंकि यहाँ गरीब और अशिक्षित लोगों को वही दर्जा प्राप्त है, जो धनी और शिक्षित लोगों को प्राप्त है।
- लोकतंत्र अन्य शासन प्रणाली की तुलना में बेहतर है, क्योंकि यह अपनी गलती सुधारने का अवसर देता है।
- लोकतंत्र में या तो शासक समूह अपना फैसला बदले या शासक समूह को ही बदला जा सकता है।

उपरोक्त लोकतंत्र के पक्ष में तर्क से स्पष्ट है कि यह हमें सब कुछ नहीं दे सकता, लेकिन सरकार के अन्य रूपों से बेहतर है।

### भारत और चीन के लोकतंत्र की तुलना

वर्ष 1958-61 के दौरान चीन में विश्व के इतिहास का सबसे भयावह अकाल आया था। इस अकाल के दौरान लगभग 3 करोड़ लोगों की मृत्यु हुई थी। उस समय भारत की आर्थिक स्थिति चीन से बेहतर नहीं थी, फिर भी भारत में अकाल और भुखमरी की स्थिति नहीं आई। अर्थशास्त्रियों के अनुसार ऐसी स्थिति का कारण दोनों देशों की अपनी-अपनी सरकारी नीतियाँ थीं।

भारत ने लोकतांत्रिक देश होने के कारण खाद्य सुरक्षा के मामले में जिस तरह से कार्य किया उस तरह से चीनी सरकार ने अपने देश में कार्य नहीं किया। अर्थशास्त्रियों का यह भी मानना है कि स्वतंत्र भारत में कभी भी इतना बड़ा अकाल और बड़ी संख्या में भुखमरी नहीं फैली है। यदि चीन में लोकतांत्रिक व्यवस्था होती, विपक्षी दल होता और स्वतंत्र मीडिया होती, जो सरकार की आलोचना कर सकती, तो चीन में इतने लोग भुखमरी से नहीं मरते। यह उदाहरण लोकतंत्र को सर्वश्रेष्ठ शासन पद्धति बताने वाली विशेषता को स्पष्ट करता है।

## लोकतंत्र का व्यापक अर्थ

लोकतंत्र का सर्वाधिक सामान्य रूप **प्रतिनिधित्व वाला लोकतंत्र** (Representative Democracy) है। प्रतिनिधित्व लोकतंत्र वह है, जिसमें जनता प्रत्यक्ष शासन न कर अपने प्रतिनिधि को चुनकर उसे शासन सत्ता की जिम्मेदारी सौंपती है। यह इसलिए आवश्यक है, क्योंकि

- आधुनिक लोकतांत्रिक शासन व्यवस्था में इतने लोग होते हैं कि प्रत्येक मुद्दे के लिए सभी को एक साथ बैठाकर सामूहिक फैसला कर पाना संभव नहीं है।
- यदि यह संभव होता तब भी प्रत्येक नागरिक के पास प्रत्येक फैसले में भाग लेने का समय, इच्छा या योग्यता और कौशल नहीं होता।

## लोकतांत्रिक निर्णय निर्माण

- लोकतांत्रिक फैसले का अर्थ उस फैसले से प्रभावित होने वाले सभी लोगों के साथ विचार-विमर्श के बाद और उनकी स्वीकृति से फैसले लेना है।
- किसी भी फैसले या निर्णय लेने में शक्तिशाली एवं कम शक्तिशाली दोनों ही लोगों का अधिकार होना चाहिए। यह बात सरकार, परिवार और किसी अन्य संगठन पर भी लागू होती है।
- इस प्रकार लोकतंत्र एक ऐसा सिद्धांत है, जिसका प्रयोग जीवन के किसी भी क्षेत्र में हो सकता है।
- लोकतंत्र में प्रत्येक नागरिक की निर्णय लेने में अहम भूमिका होती है। इसके लिए वोट का समान अधिकार पर्याप्त नहीं है। प्रत्येक नागरिक को समान सूचना, मूल शिक्षा, समान संसाधन और वचनबद्धता की आवश्यकता है।
- प्रत्येक लोकतंत्र को इस आदर्श को पाने का प्रयास करना चाहिए। इसके लिए लोकतांत्रिक फैसले लेने की प्रक्रिया को बचाए रखने और मजबूत करते जाने की जरूरत होती है।

### चेक प्वॉइंट 02

1. *लोकतंत्र के नेता ............ रहते हैं।*
2. *चीन में विश्व इतिहास का सबसे भयावह अकाल कब आया?*
3. *लोकतंत्र किस पर आधारित होता है?*
4. *प्रतिनिधित्व लोकतंत्र क्या है?*

### इन्हें भी जानें

- ***तानाशाही** (Dictatorship)* इसमें सभी शक्तियाँ निजी व्यक्ति अथवा व्यक्तियों के एक छोटे-से समूह के हाथों में होती हैं; जैसे—जर्मनी में 'हिटलर' का शासनकाल।
- ***लोकतंत्र** (Democracy)* यह एक ऐसी शासन व्यवस्था है, जिसमें लोगों के पास सभी शक्तियाँ होती हैं तथा सरकार लोगों के प्रति उत्तरदायी होती है।
- ***नैतिकता** (Morality)* सही एवं गलत के मध्य निर्णय करने की शक्ति।
- ***प्रतिनिधित्व लोकतंत्र** (Representative Democracy)* यह लोकतंत्र का ऐसा स्वरूप है, जिसमें शासन जनता द्वारा चुने हुए प्रतिनिधि के माध्यम से किया जाता है।
- ***सार्वभौमिक वयस्क मताधिकार** (Universal Adult Franchise)* प्रत्येक वयस्क नागरिक का एक वोट एवं प्रत्येक वोट का समान मूल्य से संबंधित अधिकार।
- ***गैर-लोकतांत्रिक सरकार** (Non-democratic Government)* जिस सरकार के गठन में जनता की भागीदारी नहीं होती, उसे गैर-लोकतांत्रिक सरकार कहते हैं।
- ***जनमत संग्रह** (Referendum)* एक ऐसा प्रत्यक्ष मतदान, जिसमें किसी क्षेत्र विशेष के सभी मतदाताओं को मतदान के द्वारा किसी विशेष प्रस्ताव को स्वीकार अथवा अस्वीकार करने के लिए कहा जाता है।
- ***राजशाही** (Monarchy)* किसी राज्य की ऐसी शासन प्रणाली, जिसमें शासक पर किसी संविधान या कानून का अंकुश नहीं होता; जैसे—सऊदी अरब।

# NCERT फोल्डर

**निम्नलिखित प्रश्नों के उत्तर लिखिए।**

**1.** यहाँ चार देशों के बारे में कुछ सूचनाएँ हैं। इन सूचनाओं के आधार पर आप इन देशों का वर्गीकरण कैसे करेंगे? इनके सामने 'लोकतांत्रिक', 'अलोकतांत्रिक' और 'पक्का नहीं' लिखें।

(a) **देश क** जो लोग देश के आधिकारिक धर्म को नहीं मानते, उन्हें वोट डालने का अधिकार नहीं है।

(b) **देश ख** एक ही पार्टी पिछले 20 वर्ष से चुनाव जीत रही है।

(c) **देश ग** पिछले तीन चुनावों में शासक दल को पराजय का मुँह देखना पड़ा।

(d) **देश घ** यहाँ स्वतंत्र चुनाव आयोग नहीं है।

**उत्तर** (a) अलोकतांत्रिक (b) पक्का नहीं
(c) लोकतांत्रिक (d) अलोकतांत्रिक

**2.** यहाँ चार अन्य देशों के बारे में कुछ सूचनाएँ दी गई हैं। इन सूचनाओं के आधार पर इन देशों का वर्गीकरण आप किस तरह करेंगे? इनके आगे 'लोकतांत्रिक', 'अलोकतांत्रिक' और 'पक्का नहीं' लिखें।

(a) **देश च** संसद सेना प्रमुख की मंजूरी के बिना सेना के बारे में कोई कानून नहीं बना सकती।

(b) **देश छ** संसद न्यायपालिका के अधिकारों में कटौती का कानून नहीं बना सकती।

(c) **देश ज** देश के नेता बिना पड़ोसी देश की अनुमति के किसी और देश से संधि नहीं कर सकते।

(d) **देश झ** देश के सारे आर्थिक फैसले केंद्रीय बैंक के अधिकारी करते हैं, जिसे मंत्री भी नहीं बदल सकते।

**उत्तर** (a) अलोकतांत्रिक (b) लोकतांत्रिक
(c) पक्का नहीं (d) अलोकतांत्रिक

**3.** निम्न में से कौन-सा तर्क लोकतंत्र के पक्ष में अच्छा नहीं है और क्यों?

(a) लोकतंत्र में लोग स्वयं को स्वतंत्र एवं समान मानते हैं।

(b) लोकतांत्रिक व्यवस्थाएँ दूसरों की तुलना में विवादों को ज्यादा अच्छी तरह सुलझाती हैं।

(c) लोकतांत्रिक सरकारें लोगों के प्रति ज्यादा उत्तरदायी होती हैं।

(d) लोकतांत्रिक देश दूसरों की तुलना में ज्यादा समृद्ध होते हैं।

**उत्तर** (d) यह तर्क लोकतंत्र के पक्ष का समर्थन नहीं करता, क्योंकि चीन तथा मैक्सिको जैसे गैर-लोकतांत्रिक देश, भारत जैसे लोकतांत्रिक देशों से अधिक संपन्न हैं।

**4.** इन सभी कथनों में कुछ चीजें लोकतांत्रिक हैं तो कुछ अलोकतांत्रिक। प्रत्येक कथन में इन चीजों को अलग-अलग करके लिखिए

(a) एक मंत्री ने कहा कि संसद को कुछ कानून पास करने होंगे, जिससे विश्व व्यापार संगठन (WTO) द्वारा तय नियमों की पुष्टि हो सके।

(b) चुनाव आयोग ने एक चुनाव क्षेत्र के सभी मतदान केंद्रों पर दोबारा मतदान का आदेश दिया, जहाँ बड़े पैमाने पर मतदान में गड़बड़ की गई थी।

(c) संसद में औरतों का प्रतिनिधित्व लगभग 10% तक ही पहुँचा है। इसी कारण महिला संगठनों ने संसद में एक-तिहाई आरक्षण की माँग की है।

**उत्तर** (a) **लोकतांत्रिक** कुछ कानून संसद द्वारा निर्मित होते हैं और संसद में ही पारित कराए जाते हैं।
**अलोकतांत्रिक** कानून का निर्माण विश्व व्यापार संगठन के तय नियमों के अनुसार हो।

(b) **लोकतांत्रिक** चुनाव आयोग ने मतदान की गड़बड़ियों पर संज्ञान लेते हुए पुनः चुनाव कराने के आदेश दिए।
**अलोकतांत्रिक** चुनाव क्षेत्र में बड़े पैमाने पर गड़बड़ी हुई।

(c) **लोकतांत्रिक** महिला संगठनों ने महिलाओं को समुचित प्रतिनिधित्व देने के लिए एक-तिहाई सीटों की माँग की।
**अलोकतांत्रिक** संसद में महिलाओं का प्रतिनिधित्व कभी भी 10% से अधिक नहीं पहुँच पाया।

**5.** लोकतंत्र में अकाल और भुखमरी की संभावना कम होती है। यह तर्क देने का इनमें से कौन-सा कारण सही नहीं है?

(a) विपक्षी दल भूख और भुखमरी की ओर सरकार का ध्यान दिला सकते हैं।

(b) स्वतंत्र अखबार देश के विभिन्न हिस्सों में अकाल एवं सूखे के बारे में खबरें दे सकते हैं।

(c) सरकार को अगले चुनाव में अपनी पराजय का डर होता है।

(d) लोगों को कोई भी तर्क मानने एवं उस पर आचरण करने की स्वतंत्रता है।

**उत्तर** (d) लोगों को कोई भी तर्क मानने एवं उस पर आचरण करने की स्वतंत्रता है।

**6.** एक जिले में 40 ऐसे गाँव हैं, जहाँ सरकार ने पेयजल उपलब्ध कराने का कोई इंतजाम नहीं किया है। इन गाँवों के लोगों ने एक बैठक की और सरकार का ध्यान अपनी आवश्यकताओं की ओर आकर्षित करने के लिए अनेक तरीकों पर विचार किया। निम्न में कौन-सा तरीका लोकतांत्रिक नहीं है?

(a) अदालत में पानी को अपने जीवन के अधिकार का हिस्सा बताते हुए मुकदमा दायर करना।

(b) अगले चुनाव का बहिष्कार करके सभी पार्टियों को संदेश देना।

(c) सरकारी नीतियों के खिलाफ जन-सभाएँ करना।

(d) सरकारी अधिकारियों को पानी के लिए रिश्वत देना।

**उत्तर** (d) सरकारी अधिकारियों को पानी के लिए रिश्वत देना।

**7.** लोकतंत्र के विरुद्ध दिए जाने वाले इन तर्कों का जवाब दीजिए
(a) सेना देश का सबसे अनुशासित और भ्रष्टाचार मुक्त संगठन है, इसलिए सेना को देश पर शासन करना चाहिए।
(b) बहुमत के शासन का मतलब है, मूर्खों और अशिक्षितों का शासन। हमें तो बुद्धिमान व्यक्तियों का शासन चाहिए, भले ही उनकी संख्या कम क्यों न हो।
(c) यदि आध्यात्मिक मामलों में मार्गदर्शन के लिए हमें धर्म गुरुओं की जरूरत होती है, तो उन्हीं को राजनैतिक मामलों में मार्गदर्शन का कार्य क्यों नहीं सौंपा जाए। देश पर धर्म गुरुओं का शासन होना चाहिए।

**उत्तर** (a) नहीं, सेना को देश पर शासन करने का अधिकार नहीं होना चाहिए, क्योंकि सेना के अधिकारियों को जनता द्वारा नहीं चुना जाता, जबकि लोकतंत्र में शासकों को जनता द्वारा चुना जाता है।
(b) नहीं, बहुमत ही लोकतंत्र का महत्त्वपूर्ण गुण है, इसलिए बहुमत का शासन ही लोकतंत्र का आधार स्तंभ है।
(c) नहीं, धार्मिक नेताओं एवं धर्म गुरुओं को देश का शासन नहीं चलाना चाहिए, क्योंकि धार्मिक नेताओं को लोगों द्वारा नहीं चुना जाता।

**8.** इनमें से किन कथनों को आप लोकतांत्रिक समझते हैं? क्यों?
(a) **बेटी से बाप** मैं शादी के बारे में तुम्हारी राय सुनना नहीं चाहता। हमारे परिवार में बच्चे वहीं शादी करते हैं, जहाँ माँ-बाप तय कर देते हैं।
(b) **छात्र से शिक्षक** कक्षा में सवाल पूछकर मेरा ध्यान मत बँटाओ।
(c) **अधिकारियों से कर्मचारी** हमारे काम करने के घंटे कानून के अनुसार कम किए जाने चाहिए।

**उत्तर** (a) पहला कथन अलोकतांत्रिक है, क्योंकि लोकतंत्र में सभी की इच्छाओं का सम्मान किया जाता है, इसलिए बेटी की राय जानना भी जरूरी है।
(b) दूसरा कथन अलोकतांत्रिक है, क्योंकि कक्षा में सवाल पूछने को मना किया जा रहा है।
(c) तीसरा कथन लोकतांत्रिक है, क्योंकि हमारे काम के घंटे कानून के अनुसार ही कम किए जाने चाहिए।

**9.** एक देश के संबंध में निम्नलिखित तथ्यों पर गौर करें एवं निर्णय करें कि क्या आप उसे लोकतंत्र कहेंगे या नहीं। अपने निर्णय के पीछे के तर्क दीजिए।
(a) देश के सभी नागरिकों को वोट देने का अधिकार है और चुनाव नियमित रूप से होते हैं।
(b) देश ने अंतर्राष्ट्रीय एजेंसियों से ऋण लिया। ऋण के साथ यह एक शर्त जुड़ी थी कि सरकार शिक्षा और स्वास्थ्य पर अपने खर्चों में कमी करेगी।
(c) लोग सात से ज्यादा भाषाएँ बोलते हैं, पर शिक्षा का माध्यम सिर्फ एक भाषा है, जिसे देश के 52% लोग बोलते हैं।
(d) सरकारी नीतियों का विरोध करने के लिए अनेक संगठनों ने संयुक्त रूप से प्रदर्शन करने और देशभर में हड़ताल करने का आह्वान किया है। सरकार ने उनके नेताओं को गिरफ्तार कर लिया है।
(e) देश के रेडियो और टेलीविजन चैनल सरकारी हैं। सभी सरकारी नीतियों तथा विरोध के बारे में खबर छापने के लिए अखबारों को सरकार से स्वीकृति लेनी होती है।

**उत्तर** (a) देश लोकतांत्रिक है, क्योंकि लोकतंत्र में देश के सभी नागरिकों को मत देने का अधिकार है।
(b) देश गैर-लोकतांत्रिक है, क्योंकि सरकार का यह कर्त्तव्य है कि वह सभी नागरिकों को मूलभूत सुविधाएँ उपलब्ध कराए।
(c) देश गैर-लोकतांत्रिक है, क्योंकि लोकतांत्रिक देश में सभी नागरिकों को अपनी भाषा तथा संस्कृति को सुरक्षित तथा संरक्षित रखने का अधिकार होता है।
(d) देश गैर-लोकतांत्रिक है, क्योंकि एक लोकतांत्रिक देश में लोगों के पास सरकार की गैर-लोकतांत्रिक नीतियों के विरुद्ध शांतिपूर्वक प्रदर्शन करने का अधिकार होता है।
(e) देश गैर-लोकतांत्रिक है, क्योंकि एक लोकतांत्रिक देश में प्रेस तथा जनसंचार के पास स्वतंत्रतापूर्वक कार्य करने का अधिकार होता है, इसलिए सरकार को इनके कार्यों में हस्तक्षेप नहीं करना चाहिए।

**10.** वर्ष 2004 में संयुक्त राज्य अमेरिका में एक रिपोर्ट छपी, जिसमें देश में बढ़ रही असमानता का वर्णन किया गया। आय की असमानता का प्रभाव लोगों की लोकतंत्र की भागीदारी पर भी पड़ा। इन समूहों की सरकार के फैसलों पर असर डालने की क्षमता भी इससे प्रभावित हुई। इस रिपोर्ट की मुख्य बातें थीं
(a) वर्ष 2004 में एक औसत अश्वेत परिवार की आमदनी 100 डॉलर थी, जबकि गोरे परिवार की आमदनी 162 डॉलर। औसत गोरे परिवार के पास अश्वेत परिवार से 12 गुना अधिक संपत्ति थी।
(b) राष्ट्रपति चुनाव में 75,000 डॉलर से कम आमदनी वाले परिवारों के प्रत्येक 10 में से 9 लोगों ने वोट डाले थे। दूसरी ओर 15,000 डॉलर से कम आमदनी वाले परिवारों के प्रत्येक 10 में से केवल 5 लोगों ने ही वोट डाले।
(c) राजनैतिक दलों को लगभग 95% धन अमीर परिवारों से आता है। इससे अमीरों को अपने विचार तथा समस्याएँ कहने का अवसर मिलता है, परंतु ऐसा अवसर देश के अधिकांश नागरिकों को उपलब्ध नहीं है।
(d) जब गरीब लोग राजनीति में कम भाग लेते हैं, तो सरकार भी उनकी चिंताओं पर कम ध्यान देती है—गरीबी दूर करना, रोजगार देना, उनके लिए शिक्षा, स्वास्थ्य और आवास की व्यवस्था करने पर उतना ध्यान नहीं दिया जाता, जितना दिया जाना चाहिए। राजनेता ज्यादातर अमीरों और व्यापारियों की चिंताओं पर ही नियमित रूप से गौर करते हैं।

इस संदर्भ को ध्यान में रखकर 'लोकतंत्र और गरीबी' पर एक लेख लिखिए।

**उत्तर** लोकतंत्र से आशय उस व्यवस्था से है जहाँ लोगों को राजनीतिक स्वतंत्रता के साथ-साथ समानता एवं न्याय का अधिकार आदि प्राप्त हों। लोकतंत्र में लोगों के विचारों का सम्मान किया जाता है। परस्पर विरोधी विचारधाराओं को भी जगह दी जाती है, लेकिन लोकतंत्र इस बात की गारंटी नहीं देता है कि लोकतंत्र के आ जाने से गरीबी व भुखमरी जैसी समस्याएँ खत्म हो जाएँगी। लोकतंत्र जीवन जीने की सामान्य गारंटी देता है, लेकिन लोकतंत्र में आंदोलन, विचारों के टकराव आदि चीजें विकास को बाधित करती हैं, जिससे गरीबी पैदा होती है।
भारत एक लोकतांत्रिक देश है, इसके पश्चात् भी यहाँ गरीबी की समस्या व्याप्त है। यद्यपि कई गैर-लोकतांत्रिक देश; जैसे–चीन, मैक्सिको आदि भारत जैसे लोकतांत्रिक देश की तुलना में अधिक संपन्न हैं। लोकतंत्र में कई बार बहुमत के विरोध के कारण कई विकास परियोजनाओं पर प्रभाव पड़ता है। अतः लोकतंत्र एवं गरीबी साथ-साथ चलते हैं, लेकिन गरीबी को लोकतंत्र के कुछ उपायों का प्रयोग करके कम किया जा सकता है।

# परीक्षा अभ्यास

## वस्तुनिष्ठ प्रश्न

### बहुविकल्पीय प्रश्न

**1.** लोकतंत्र किन तत्त्वों पर आधारित है?
(a) स्वतंत्रता (b) समानता
(c) बंधुत्व (d) ये सभी
**उत्तर** (d) ये सभी

**2.** लोकतांत्रिक देश में व्यक्तियों को किस प्रकार के अधिकार प्राप्त होते हैं?
(a) अभिव्यक्ति का अधिकार
(b) संगठन बनाने का अधिकार
(c) शांतिपूर्वक विरोध करने का अधिकार
(d) उपरोक्त सभी
**उत्तर** (d) उपरोक्त सभी

**3.** किसने कहा कि "लोकतंत्र जनता का जनता द्वारा जनता के लिए शासन है"?
(a) कार्ल मार्क्स (b) रूसो
(c) अब्राहम लिंकन (d) कौटिल्य
**उत्तर** (c) अब्राहम लिंकन

**4.** लोकतंत्र को गैर-लोकतंत्र से किस आधार पर अलग किया जा सकता है?
(a) जिसमें शासन को विशेष लोग चुनते हैं
(b) जिसमें शासन को जनता द्वारा चुना जाता है
(c) जिसमें जनता को शासन चुनता है
(d) जिसमें जनता अधिकारों को चुनती है
**उत्तर** (b) जिसमें शासन को जनता द्वारा चुना जाता है

**5.** परवेज मुशर्रफ ने किस वर्ष पाकिस्तान में सैनिक शासन स्थापित किया था?
(a) वर्ष 1996 (b) वर्ष 1997
(c) वर्ष 1998 (d) वर्ष 1999
**उत्तर** (d) वर्ष 1999

**6.** परवेज मुशर्रफ ने किस वर्ष पाकिस्तान में जनमत संग्रह कराया था?
(a) वर्ष 2001 (b) वर्ष 2002
(c) वर्ष 2003 (d) वर्ष 2004
**उत्तर** (b) वर्ष 2002

**7.** लोकतंत्र में अंतिम शक्ति किसके पास होनी चाहिए?
(a) जनता के पास
(b) जनता द्वारा चुने गए प्रतिनिधियों के पास
(c) विशिष्ट लोगों के पास
(d) उपरोक्त में से कोई नहीं
**उत्तर** (b) जनता द्वारा चुने गए प्रतिनिधियों के पास

**8.** किसकी संसद को कवांगुओ रेममिन दाइवियाओ दाहुई कहा जाता है?
(a) चीन (b) स्पेन
(c) पुर्तगाल (d) बांग्लादेश
**उत्तर** (a) चीन

**9.** मैक्सिको को किस वर्ष आजादी मिली थी?
(a) वर्ष 1925 (b) वर्ष 1928
(c) वर्ष 1930 (d) वर्ष 1932
**उत्तर** (c) वर्ष 1930

**10.** किस देश में कभी भी मिलिट्री शासन या तानाशाही नहीं रही है?
(a) बांग्लादेश (b) जिंबाब्वे
(c) कोरिया (d) मैक्सिको
**उत्तर** (d) मैक्सिको

**11.** किस देश में महिलाओं के पास मत देने का अधिकार नहीं था?
(a) कुवैत (b) ईरान
(c) सऊदी अरब (d) इराक
**उत्तर** (c) सऊदी अरब

**12.** जिंबाब्वे को किस वर्ष अल्पसंख्यक गोरों से आजादी मिली थी?
(a) वर्ष 1978 (b) वर्ष 1979
(c) वर्ष 1980 (d) वर्ष 1981
**उत्तर** (c) वर्ष 1980

**13.** रॉबर्ट मुगाबे का संबंध किस देश से है?
(a) दक्षिण अफ्रीका (b) कीनिया
(c) जिंबाब्वे (d) नाइजीरिया
**उत्तर** (c) जिंबाब्वे

**14.** किस शासन व्यवस्था में गलती सुधारने का अवसर प्राप्त होता है?
(a) लोकतांत्रिक शासन पद्धति
(b) गैर-लोकतांत्रिक शासन पद्धति
(c) एकात्मक शासन पद्धति
(d) राजतंत्रात्मक शासन पद्धति
**उत्तर** (a) लोकतांत्रिक शासन पद्धति

**15.** निम्नलिखित में से कौन-सा कथन लोकतंत्र से संबंधित नहीं है?
(a) लोकतंत्र के अंतर्गत सभी निर्णय विचार-विमर्श से लिए जाते हैं
(b) लोकतंत्र में सभी समुदायों को एक से अधिकार प्रदान किए जाते हैं

(c) लोकतंत्र का प्रयोग जीवन के किसी भी क्षेत्र में हो सकता है

(d) लोकतंत्र में नागरिकों को समान सूचना, मूल शिक्षा, समान संसाधन और वचनबद्धता की आवश्यकता होती है

उत्तर (d) लोकतंत्र में नागरिकों को समान सूचना, मूल शिक्षा, समान संसाधन और वचनबद्धता की आवश्यकता होती है

**16.** निम्नलिखित में से कौन-सा कथन पाकिस्तान के संदर्भ में सत्य है?

(a) वर्ष 1995 में जनरल परवेज मुशर्रफ ने पाकिस्तान में सैनिक शासन स्थापित किया

(b) वर्ष 2000 में जनरल परवेज मुशर्रफ ने अपने आपको पाकिस्तान का राष्ट्रपति चुना था

(c) वर्ष 2002 में लीगल फ्रेमवर्क ऑर्डर के द्वारा पाकिस्तान के संविधान को बदला गया

(d) जनरल परवेज मुशर्रफ पाकिस्तान को लोकतांत्रिक बनाना चाहते थे

उत्तर (c) वर्ष 2002 में लीगल फ्रेमवर्क ऑर्डर के द्वारा पाकिस्तान के संविधान को बदला गया

**17.** निम्नलिखित में से कौन-से तर्क लोकतंत्र के विपक्ष में हैं?

1. लोकतंत्र में नेता बदलने से अस्थिरता उत्पन्न होती है।
2. लोकतंत्र में नैतिकता के लिए जगह नहीं होती है।
3. लोकतंत्र में चुनावी लड़ाई महत्त्वपूर्ण और खर्चीली होती है।

**कूट**

(a) 1 और 2 (b) 2 और 3
(c) 1 और 3 (d) ये सभी

उत्तर (d) ये सभी

**18.** निम्नलिखित में से कौन-सा तर्क चीन के संदर्भ में सत्य है?

1. चीनी संसद को कवांगुओ रेमिनि दाइवियाओ दाहुई कहा जाता है।
2. चीन की संसद का चुनाव चार वर्ष के पश्चात् होता है।
3. चीन की राष्ट्रीय जन संसद के कुछ सदस्यों का चुनाव सेना द्वारा कराया जाता है।

**कूट**

(a) 1 और 2 (b) 2 और 3
(c) 1 और 3 (d) ये सभी

उत्तर (c) 1 और 3

**19.** सही क्रम में लगाएँ

1. पाकिस्तान में सैन्य तख्तापलट
2. पाकिस्तान में लीगल फ्रेमवर्क ऑर्डर
3. मैक्सिको को स्वतंत्रता प्राप्ति
4. जिंबाब्वे को स्वतंत्रता प्राप्ति

**कूट**

(a) 4, 2, 3, 1 (b) 3, 4, 1, 2
(c) 1, 2, 3, 4 (d) 2, 1, 4, 3

उत्तर (b) 3, 4, 1, 2

**20.** निम्नलिखित में से कौन-सा युग्म सही सुमेलित नहीं है?

(a) तानाशाही – जर्मनी में हिटलर का काल
(b) लोकतंत्र – संयुक्त राज्य अमेरिका
(c) गैर-लोकतांत्रिक सरकार – चीन
(d) राजशाही – जापान

उत्तर (c) गैर-लोकतांत्रिक सरकार – चीन

**21.** निम्नलिखित में से कौन-सा युग्म सही सुमेलित नहीं है?

(a) मैक्सिको की आजादी – वर्ष 1938
(b) सऊदी अरब में महिलाओं को वोट का अधिकार – वर्ष 1915
(c) मुगाबे को राष्ट्रपति पद से हटाना – वर्ष 2017
(d) चीन में भयावह अकाल – वर्ष 1969

उत्तर (c) मुगाबे को राष्ट्रपति पद से हटाना–वर्ष 2017

**22.** निम्नलिखित की सहायता से सही विकल्प की पहचान करें

- इस देश को वर्ष 1980 में अल्पसंख्यक गोरों से मुक्ति मिली।
- रॉबर्ट मुगाबे आजादी के पश्चात् इस देश के राष्ट्रपति बने हुए हैं।
- इस देश के चुनाव में प्रायः जानु-पी एफ दल को ही विजय प्राप्त होती है।

(a) इंडोनेशिया
(b) जिंबाब्वे
(c) वियतनाम
(d) रिपब्लिक ऑफ कांगो

उत्तर (b) जिंबाब्वे

**23.** निम्नलिखित की सहायता से सही पद्धति की पहचान करें

- यह शासन पद्धति दूसरों से बेहतर है, क्योंकि यह शासन का अधिकार जवाबदेही वाला स्वरूप है।
- यह शासन पद्धति बेहतर निर्णय लेने की संभावना को बढ़ाती है।
- यह शासन पद्धति मतभेदों और टकरावों को सँभालने का तरीका उपलब्ध कराता है।

(a) अलोकतांत्रिक शासन पद्धति
(b) लोकतांत्रिक शासन पद्धति
(c) तानाशाही शासन पद्धति
(d) निरंकुश शासन पद्धति

उत्तर (b) लोकतांत्रिक शासन पद्धति

## चित्र आधारित प्रश्न

**24.** नीचे दिए गए चित्र को किस देश की लोकतांत्रिक कामकाज व्यवस्था से संबंधित किया गया है?

(a) भारत
(b) लातिनी अमेरिका
(c) न्यूजीलैंड
(d) ब्रिटेन

उत्तर (b) लातिनी अमेरिका

## सुमेलित करें

**25.** सुमेलित कीजिए

| सूची I | सूची II |
|---|---|
| A. राष्ट्रीय जन संसद | 1. मैक्सिको |
| B. इंस्टीट्यूशनल रिवोल्यूशनरी पार्टी | 2. जिंबाब्वे |
| C. जानु-पी एफ दल | 3. चीन |

कुट

| | A | B | C | | A | B | C |
|---|---|---|---|---|---|---|---|
| (a) | 3 | 1 | 2 | (b) | 2 | 1 | 3 |
| (c) | 3 | 2 | 1 | (d) | 1 | 3 | 2 |

उत्तर (a) 312

## रिक्त स्थान भरें

**26.** ………… राजतंत्रात्मक व तानाशाही से बेहतर है।

उत्तर लोकतांत्रिक व्यवस्था

**27.** लोकतंत्र में शासक जनता द्वारा………… या ………… रूप से चुने जाते हैं।

उत्तर प्रत्यक्ष, अप्रत्यक्ष

**28.** लोकतंत्र ………… और………… चुनावों पर आधारित है।

उत्तर निष्पक्ष, स्वतंत्र

**29.** लोकतंत्र ………… के बुनियादी सिद्धांतों पर आधारित है।

उत्तर राजनैतिक समानता

**30.** सऊदी अरब ने वर्ष ………… में महिलाओं को वोट का अधिकार दिया था।

उत्तर 2015

**31.** वर्ष ………… मुगाबे को राष्ट्रपति पद से हटा दिया गया था।

उत्तर 2017

## सही और पुन: लिखें

**32.** लोकतंत्र में चुनाव जनता को एक ऐसा अवसर उपलब्ध कराता है जहाँ वह प्रत्यक्ष मतदान द्वारा सरकार को चुन सकती है।

उत्तर लोकतंत्र में चुनाव जनता को एक ऐसा अवसर उपलब्ध कराता है जहाँ वह निष्पक्ष मतदान द्वारा सरकार को चुन सकती है।

**33.** लोकतंत्र में होने वाले संघर्ष सार्वभौम अवयस्क मताधिकार के साथ जुड़ा था।

उत्तर लोकतंत्र में होने वाले संघर्ष सार्वभौम वयस्क मताधिकार से साथ जुड़ा था।

## कथन/कारण

**34.** **कथन** (A) लोकतंत्र में अंतिम निर्णय लेने की शक्ति लोगों द्वारा चुने गए प्रतिनिधियों के पास ही होनी चाहिए।

**कारण** (R) इससे लोगों की आवश्यकताओं की पूर्ति त्वरित होती है।

(a) A और R दोनों सही हैं तथा R, A की सही पुष्टि करता है
(b) A और R दोनों सही हैं, परंतु R, A की सही पुष्टि नहीं करता है
(c) A सही है, किंतु R गलत है
(d) A गलत है, किंतु R सही है

उत्तर (b) A और R दोनों सही हैं, परंतु R, A की सही पुष्टि नहीं करता है

**35.** **कथन** (A) लोकतंत्र में लोगों को शांति से विरोध प्रदर्शन का अधिकार होता है।

**कारण** (R) इससे सरकार की कार्यक्षमता पर भी प्रभाव पड़ता है।

(a) A और R दोनों सही हैं तथा R, A की सही पुष्टि करता है
(b) A और R दोनों सही हैं, परंतु R, A की सही पुष्टि नहीं करता है
(c) A सही है, किंतु R गलत है
(d) A गलत है, किंतु R सही है

उत्तर (a) A और R दोनों सही हैं तथा R, A की सही पुष्टि करता है

## अतिलघु उत्तरीय प्रश्न

**1. सरकार का कौन-सा रूप लोकतांत्रिक नहीं माना जाता?**

उत्तर सैनिक शासन एवं राजतंत्र सरकार का लोकतांत्रिक रूप नहीं माना जाता।

**2. लोकतांत्रिक सरकारों के बेहतर फैसले करने के क्या कारण हैं?**

उत्तर लोकतांत्रिक सरकारों के बेहतर फैसले करने के निम्न कारण हैं

(i) लोकतंत्र का आधार व्यापक चर्चा और बहसें हैं।

(ii) लोकतांत्रिक फैसले में हमेशा अधिक लोग शामिल होते हैं, चर्चा करके फैसले होते हैं तथा बैठकें होती हैं।

**3. लोकतंत्र की एक महत्त्वपूर्ण विशेषता लिखिए।**

उत्तर लोकतंत्र की एक महत्त्वपूर्ण विशेषता यह है कि इसमें निर्णय लेने की शक्ति जनता द्वारा चुने गए प्रतिनिधियों के हाथों में होती है।

**4. चीन में किस पार्टी की सरकार हमेशा रहती है?**

उत्तर कम्युनिस्ट पार्टी ऑफ चीन की सरकार हमेशा चीन में शासन करती है।

**5. मैक्सिको की प्रसिद्ध पार्टी का नाम बताइए।**

उत्तर मैक्सिको की प्रसिद्ध पार्टी का नाम इंस्टीट्यूशनल रिवोल्यूशनरी पार्टी है।

**6. ऐसे दो देशों के नाम लिखिए, जहाँ एक व्यक्ति, एक मत और एक मूल्य का सिद्धांत लागू है।**

उत्तर भारत और अमेरिका जैसे देशों में एक व्यक्ति, एक मत और एक मूल्य का सिद्धांत लागू है।

**7. राजनीतिक समानता से आप क्या समझते हैं?**

उत्तर राजनीतिक समानता का अर्थ है–प्रत्येक जनता को वोट देने का समान अधिकार प्राप्त हो।

**8. कौन-से देश अल्पसंख्यकों को मताधिकार नहीं देते?**

उत्तर गैर-लोकतांत्रिक देश अल्पसंख्यकों को मताधिकार नहीं देते।

**9. एक नागरिक निर्णय लेने में समान भूमिका कब निभाता है?**

उत्तर जब कई व्यक्तियों द्वारा मंत्रणा और बैठकों के बाद निर्णय लिया जाता है, तब एक नागरिक निर्णय लेने में समान भूमिका निभाता है।

**10. लोकतंत्र में गुणवत्ता वाले निर्णयों की संभावना क्यों होती है?**

उत्तर लोकतांत्रिक निर्णयों में सदैव कई व्यक्तियों द्वारा बातचीत और बैठकों में भाग लेकर निर्णय लिए जाते हैं।

**11. व्यापक सामाजिक विभिन्नता होते हुए भी भारत के लोगों को क्या संगठित करके रखता है?**

उत्तर व्यापक सामाजिक विभिन्नता होते हुए भी भारत के लोगों को लोकतांत्रिक व्यवस्था संगठित करके रखती है।

**12. लोकतंत्र में अंतिम निर्णय लेने की शक्ति किसके हाथ में होती है?**

उत्तर लोकतंत्र में अंतिम निर्णय लेने की शक्ति लोगों द्वारा निर्वाचित प्रतिनिधि के हाथ में होती है।

**13. क्या लोकतंत्र में नैतिकता का कोई स्थान है?**

उत्तर नहीं, लोकतंत्र केवल राजनीतिक प्रतिस्पर्द्धा और सत्ता का खेल है। यहाँ नैतिकता का कोई स्थान नहीं है।

**14. लोकतंत्र का सबसे प्रचलित रूप कौन-सा है? और क्यों?**

उत्तर लोकतंत्र का सबसे प्रचलित रूप प्रतिनिधित्व है, क्योंकि आधुनिक लोकतंत्र में इतनी बड़ी संख्या में लोगों की भागीदारी होती है कि उनके लिए एक साथ बैठकर सामूहिक निर्णय लेना संभव नहीं होता है। यदि वे ऐसा कर पाएँ, तो भी नागरिकों के पास इतना समय, इच्छा एवं कौशल नहीं होता कि सभी निर्णयों में भाग ले पाएँ।

## लघु उत्तरीय प्रश्न

**1. लोकतंत्र की महत्त्वपूर्ण तीन विशेषताएँ बताइए।**

उत्तर लोकतंत्र की महत्त्वपूर्ण तीन विशेषताएँ निम्नलिखित हैं

(i) लोकतंत्र, शासन प्रणाली का एक ऐसा स्वरूप है, जिसमें जनता द्वारा चुने गए प्रतिनिधियों के माध्यम से शासन होता है।

(ii) लोकतंत्र में स्वतंत्र एवं निष्पक्ष चुनाव होते हैं।

(iii) लोकतंत्र में प्रत्येक व्यक्ति को चाहे वह अमीर हो या गरीब, एक वोट देने का अधिकार प्राप्त है और इसका मूल्य भी समान होता है।

**2. किस देश का उदाहरण लोकतंत्र के स्वरूप को समझने की एक नई दिशा प्रदान करता है? स्पष्ट कीजिए।**

उत्तर चीन एवं मैक्सिको का उदाहरण लोकतंत्र के स्वरूप को समझने की एक नई दिशा प्रदान करता है।

**चीन के संदर्भ में** चीन की संसद को कवांगुओ रेममिन दाइवियाओ दाहुई (राष्ट्रीय जन संसद) कहते हैं। चीन की संसद के लिए प्रति पाँच वर्ष बाद नियमित रूप से चुनाव होते हैं। चुनाव लड़ने से पहले प्रत्याशी को चीनी कम्युनिस्ट पार्टी से सहमति की आवश्यकता होती है। चीन में एकदलीय शासन पद्धति है और वहाँ हमेशा साम्यवादी दल अर्थात् कम्युनिस्ट पार्टी का ही शासन रहता है।

**मैक्सिको के संदर्भ में** वर्ष 1930 में आजाद होने के बाद से मैक्सिको में प्रत्येक 6 वर्ष बाद राष्ट्रपति चुनने के लिए चुनाव कराए जाते हैं। मैक्सिको में कभी भी सैन्य शासन या तानाशाही नहीं रही। वर्ष 2000 तक वहाँ सभी चुनाव इंस्टीट्यूशनल रिवोल्यूशनरी पार्टी ही जीतती रही। विपक्षी दल चुनाव में हिस्सा लेते थे, पर कभी भी उन्हें जीत हासिल नहीं होती थी।

**3. मतदान के समान अधिकार से वंचित करने के कुछ उदाहरणों को बताइए।**

उत्तर लोकतंत्र में प्रत्येक व्यक्ति को मतदान का अधिकार प्राप्त है। लोकतंत्र के लिए होने वाला संघर्ष सार्वभौम वयस्क मताधिकार के साथ जुड़ा था। इस अधिकार को लगभग सभी देशों ने अपना लिया था।

यद्यपि मतदान के समान अधिकार से वंचित करने के भी उदाहरण हैं, जो निम्न हैं

- वर्ष 2015 तक सऊदी अरब में महिलाओं को वोट देने का अधिकार नहीं था।

- एस्टोनिया ने नागरिकता के नियम कुछ इस प्रकार बनाए हैं कि रूसी अल्पसंख्यक समाज के लोगों को मतदान का अधिकार प्राप्त करने में मुश्किल होती है।
- फिजी की चुनाव प्रणाली में वहाँ के मूलवासियों की वोट का महत्त्व भारतीय मूल के फिजी नागरिक की वोट से अधिक है।

**4. "लोकतंत्र शासन प्रणाली का आदर्श स्वरूप नहीं हो सकता है।" इस कथन को स्पष्ट कीजिए।**

**उत्तर** "लोकतंत्र शासन प्रणाली का आदर्श स्वरूप नहीं हो सकता है।" इसे निम्न प्रकार समझ सकते हैं

- लोकतंत्र में नेता बदलते रहते हैं। इससे अस्थिरता उत्पन्न होती है।
- लोकतंत्र का अर्थ सिर्फ राजनैतिक लड़ाई और सत्ता पर अधिकार स्थापित करना है यहाँ नैतिकता के लिए जगह नहीं होती।
- लोकतांत्रिक व्यवस्था में सभी लोगों से बहस और चर्चा करनी पड़ती है, जिससे प्रत्येक फैसले में देरी होती है।
- चुने हुए नेताओं को लोगों के हितों का पता नहीं होता, जिस कारण गलत फैसले होते हैं।
- लोकतंत्र में चुनावी लड़ाई महत्त्वपूर्ण और खर्चीली होती है, इसलिए इसमें भ्रष्टाचार होता है।
- लोकतंत्र के पास इन सभी समस्याओं का समाधान नहीं है। यह राज्य के सभी हिस्सों से और न ही पूरे विश्व से गरीबी खत्म कर सकता है।

उपरोक्त सभी तर्क यह दर्शाते हैं कि लोकतंत्र, शासन प्रणाली का एक आदर्श स्वरूप नहीं हो सकता।

**5. चीन की संसद को क्या कहते हैं? यहाँ सरकार हमेशा किस पार्टी की बनती है?**

**उत्तर** चीन की संसद को कवांगुओ रेममिन दाइवियाओ दाहुई (राष्ट्रीय जन संसद) कहते हैं।

चीन की संसद के लिए प्रति पाँच वर्ष बाद नियमित रूप से चुनाव होते हैं। इस संसद को देश के राष्ट्रपति को नियुक्त करने का अधिकार है। इसमें पूरे चीन से लगभग 3,000 सदस्य चुनकर आते हैं। कुछ सदस्यों का चुनाव सेना भी करती है। चुनाव लड़ने से पूर्व सभी उम्मीदवारों को चीनी कम्युनिस्ट पार्टी से अनुमति लेनी होती है। वर्ष 2002-03 में हुए चुनावों में सिर्फ कम्युनिस्ट पार्टी और उससे संबद्ध कुछ छोटी पार्टियों के सदस्यों को ही चुनाव लड़ने की अनुमति मिली। इस प्रकार यहाँ हमेशा कम्युनिस्ट पार्टी की ही सरकार बनती है।

**6. चीन, एस्टोनिया एवं सऊदी अरब को सच्चा एवं वास्तविक लोकतंत्र क्यों नहीं माना जाता? कारण बताइए।**

**उत्तर** लोकतंत्र में सबसे महत्त्वपूर्ण तत्त्व–स्वतंत्रता एवं समानता का अधिकार है, जबकि चीन, एस्टोनिया एवं सऊदी अरब में यह विशेषता नहीं है। अतः कहा जा सकता है कि इन देशों में वास्तविक लोकतंत्र नहीं है। इसके कारण निम्न हैं

- वर्ष 2015 तक सऊदी अरब में महिलाओं को वोट देने का अधिकार नहीं था।
- एस्टोनिया ने अपने नागरिकों के लिए इस तरह से कानून बना दिया थे कि रूसी मूल के नागरिकों को वोट देने का अधिकार नहीं था।
- चीन में किसी भी व्यक्ति को चुनाव लड़ने से पहले वहाँ की एकमात्र पार्टी 'कम्युनिस्ट पार्टी' से अनुमति लेना आवश्यक होता है अन्यथा वह चुनाव नहीं लड़ सकता।

उपरोक्त सभी कारण यह दर्शाते हैं कि इन देशों में सच्चा एवं वास्तविक लोकतंत्र नहीं है।

**7. कौन-से तीन अधिकार लोकतंत्र में प्रत्येक नागरिक को प्राप्त होते हैं?**

**उत्तर** लोकतंत्र में निम्न तीन अधिकार प्रत्येक नागरिक को प्राप्त होते हैं

(i) प्रत्येक नागरिक को अपने विचार एवं अभिव्यक्ति की स्वतंत्रता प्रदर्शित करने का अधिकार है।

(ii) प्रत्येक नागरिक को संघ बनाने एवं शांतिपूर्ण विरोध प्रदर्शन करने का भी अधिकार है।

(iii) प्रत्येक व्यक्ति, कानून के समक्ष समान होता है।

**8. लोकतंत्र को शासन प्रणाली का सबसे बेहतर रूप माना जाता है? इसके पक्ष में तीन बिंदुओं को लिखिए।**

**उत्तर** लोकतंत्र को शासन प्रणाली का सर्वश्रेष्ठ रूप मानने के निम्न कारण हैं

- लोकतंत्र विचार-विमर्श पर आधारित होता है। इसमें कोई भी निर्णय विचार-विमर्श के बाद ही लिया जाता है, इसमें कुछ अधिक समय अवश्य लगता है, लेकिन महत्त्वपूर्ण मसलों पर थोड़ा समय लेकर फैसले करने के अपने लाभ भी हैं। इसलिए लोकतंत्र बेहतर निर्णय लेने की संभावना बढ़ाता है।
- लोकतंत्र मतभेदों और टकरावों से निपटने का तरीका उपलब्ध कराता है, इसलिए लोकतंत्र में अलग-अलग विचार समूहों के लोग भी शांतिपूर्वक रह सकते हैं। भारत जैसे विविधता वाले देश में, जहाँ लोग विभिन्न धर्म और भाषा से हैं, लोकतंत्र के कारण एकसाथ हैं।
- लोकतंत्र नागरिकों का सम्मान बढ़ाता है। यह राजनीतिक समानता के सिद्धांत पर आधारित है, क्योंकि यहाँ गरीब और अशिक्षित लोगों को भी वही दर्जा प्राप्त है, जो धनी और शिक्षित लोगों को प्राप्त है।

**9. भारत और मैक्सिको के चुनाव में किस प्रकार की भिन्नता है?**

**उत्तर** भारत और मैक्सिको के चुनाव में निम्न प्रकार की भिन्नता है

(i) दोनों देशों में बहुदलीय प्रणाली है। भारत के संपर्क में प्रायः सत्तारूढ़ दल चुनाव हार भी जाते हैं, जबकि मैक्सिको की इंस्टीट्यूशनल रिवोल्यूशनरी पार्टी 70 से अधिक वर्षों से चुनाव नहीं हारी।

(ii) भारत में चुनाव प्रत्येक पाँच वर्ष के बाद होते हैं, जबकि मैक्सिको में छह वर्ष के बाद होते हैं।

(iii) भारत में सत्तारूढ़ सरकार किसी भी सरकारी दफ्तर में कार्यरत कर्मचारियों को सरकार के प्रचार अथवा पार्टी की बैठक में हिस्सा लेने को अनिवार्य नहीं कर सकती, जबकि मैक्सिको में यह किया जाता है।

(iv) भारत में मीडिया सत्तारूढ़ सरकार की आलोचना कर सकती है, जबकि मैक्सिको में मीडिया सत्तारूढ़ इंस्टीट्यूशनल रिवोल्यूशनरी पार्टी की गतिविधियों को नजरअंदाज करती है तथा विपक्षी पार्टियों की आलोचना करती है, जिससे चुनाव प्रभावित होते हैं।

**10.** चीन में चुनाव लोगों के जनमत का प्रतिनिधित्व नहीं करता है। बताइए।

**उत्तर** यह कथन सही है कि चीन में चुनाव लोगों के जनमत का प्रतिनिधित्व नहीं करता। चीन में प्रत्येक पाँच वर्ष पर चुनाव होते हैं, जिसके सदस्य पीपुल्स कांग्रेस (चीन की संसद) के लिए चुने जाते हैं। यद्यपि चीन में कहने को लोकतंत्र है, लेकिन वास्तव में चीन लोकतंत्र के चरित्र को साकार नहीं कर पाता है। चीन में जो भी सदस्य चुनाव लड़ना चाहते हैं, उन्हें चीन की कम्युनिस्ट पार्टी से बिना सहमति लिए चुनाव लड़ने नहीं दिया जाता है, इसलिए चीन में सिर्फ एक ही पार्टी को वोट दी जाती है और जनता के सामने विकल्प काफी सीमित होते हैं। एक दलीय शासन प्रणाली होने के कारण चीन में हमेशा एक ही पार्टी की सरकार रहती है।

**11.** लोकतांत्रिक तथा गैर-लोकतांत्रिक चुनावों में कोई तीन अंतर स्पष्ट कीजिए।

**उत्तर** लोकतांत्रिक तथा गैर-लोकतांत्रिक चुनावों में निम्न अंतर हैं

| लोकतांत्रिक | गैर-लोकतांत्रिक |
|---|---|
| लोकतांत्रिक चुनावों के अंतर्गत सभी नागरिकों के पास समान महत्त्व का एक मत होता है। | इसके अंतर्गत सभी नागरिकों को मत देने का अधिकार नहीं होता। |
| इस प्रणाली में नियमित अंतराल में चुनाव होते हैं। | इसमें नियमित अंतराल में चुनाव नहीं होते। |
| स्वतंत्र तथा निष्पक्ष चुनावों की व्यवस्था होती है। | स्वतंत्र तथा निष्पक्ष चुनावों की व्यवस्था नहीं होती है। |

## दीर्घ उत्तरीय प्रश्न

**1.** पाकिस्तान में जनरल परवेज मुशर्रफ के शासनकाल को लोकतांत्रिक क्यों नहीं कहा जा सकता? इसके पक्ष में पाँच तर्क प्रस्तुत कीजिए।

**उत्तर** पाकिस्तान में जनरल परवेज मुशर्रफ के शासनकाल को लोकतांत्रिक नहीं मानने के पक्ष में तर्क निम्नलिखित हैं

(i) पाकिस्तान में जनरल परवेज मुशर्रफ ने अक्टूबर, 1999 में सैनिक शासन स्थापित किया और उसका नेतृत्व किया।

(ii) परवेज मुशर्रफ ने लोकतांत्रिक रूप से चुनी हुई सरकार को निष्कासित कर दिया और स्वयं को देश का मुख्य कार्यकारी घोषित किया।

(iii) परवेज मुशर्रफ ने स्वयं को राष्ट्रपति घोषित किया और वर्ष 2002 में एक जनमत संग्रह कराकर अपना कार्यकाल पाँच वर्ष के लिए बढ़ा लिया।

(iv) 22 अगस्त, 2002 में परवेज मुशर्रफ ने 'लीगल फ्रेमवर्क ऑर्डर' के द्वारा पाकिस्तान के संविधान को बदल दिया। इस ऑर्डर के अनुसार, राष्ट्रपति, राष्ट्रीय और प्रांतीय असेंबलियों को भंग कर सकता है।

(v) जनरल मुशर्रफ के कार्यकाल में लोगों को राष्ट्रीय एवं प्रांतीय असेंबलियों में प्रतिनिधियों को चुनने का अधिकार था, परंतु सत्ता की आधिकारिक शक्ति परवेज मुशर्रफ के पास ही थी। चुने हुए प्रतिनिधि वास्तविक शासक नहीं थे।

**2.** लोकतांत्रिक सरकार के प्रमुख लक्षणों का उल्लेख कीजिए।

**उत्तर** लोकतांत्रिक सरकार के प्रमुख लक्षण निम्नलिखित हैं

(i) **उत्तरदायी सरकार** लोकतांत्रिक सरकार उत्तरदायी होती है। सार्वभौम वयस्क मताधिकार के आधार पर निर्वाचित प्रतिनिधि लोगों के प्रति उत्तरदायी होते हैं।

(ii) **राजनीतिक सजगता** लोकतंत्र का सबसे बड़ा गुण, इसका शैक्षिक मूल्य है। मूल्यों से लोगों में राजनीतिक चेतना का विकास होता है।

(iii) **समानता का सिद्धांत** लोकतंत्र में कानून की दृष्टि से सभी समान हैं तथा जन्म, जाति, वर्ग, रंग, लिंग, धर्म आदि के आधार पर किसी से कोई भेदभाव नहीं किया जाता।

(iv) **जनता की इच्छा पर आधारित** लोकतंत्र जनता की इच्छा पर आधारित होता है। जनता अपनी इच्छानुसार सरकार चुनती है।

(v) **कानून एवं नागरिक अधिकारों का पालन** लोकतांत्रिक सरकार संविधान द्वारा निर्धारित किए गए कानूनों एवं नागरिक अधिकारों के दायित्वों को मानते हुए कार्य करती है।

(vi) **स्वतंत्रता एवं समाजवाद पर आधारित** लोकतंत्र में लोगों को अपने विचार एवं अभिव्यक्ति की स्वतंत्रता है।

**3.** गैर-लोकतांत्रिक देशों के नागरिकों को किन समस्याओं का सामना करना पड़ता है?

**उत्तर** गैर-लोकतांत्रिक देशों के नागरिकों को निम्न समस्याओं का सामना करना पड़ता है

- **सुरक्षा की गारंटी** नागरिक के जीवन एवं सुरक्षा की कोई गारंटी नहीं होती। उदाहरण के लिए; चिली में सेना के द्वारा हजारों लोगों को मार दिया गया।
- **मताधिकार** नागरिकों को सरकार या प्रधान को चुनने की आजादी नहीं होती। वे अपनी इच्छा से वोट नहीं डाल सकते।
- **विपक्ष की बात न मानना** गैर-लोकतांत्रिक सरकार में किसी भी विपक्षी पार्टी की बात नहीं सुनी जाती।
- **प्रदर्शन** लोग सरकार की नीतियों का विरोध नहीं कर सकते। उदाहरण के लिए, चिली में सैनिक तानाशाह पिनोशे ने अपने विरोधियों को जेल में डलवा दिया था।

- **दलों का गठन** गैर-लोकतांत्रिक सरकार में लोग बिना अनुमति के राजनैतिक दलों का गठन नहीं कर सकते।
- **बोलने का अधिकार** लोगों को सरकार के विरुद्ध बोलने का अधिकार तथा स्वतंत्रता नहीं होती। कोई भी व्यक्ति शासक की आलोचना नहीं कर सकता।
- **स्वतंत्रता** गैर-लोकतांत्रिक देश में लोगों को सामाजिक, राजनीतिक एवं आर्थिक स्वतंत्रता नहीं होती। उदाहरण के लिए; उत्तर कोरिया, चीन आदि।

**4.** "गैर-लोकतांत्रिक सरकारों की तुलना में लोकतांत्रिक सरकारें बेहतर न्याय करती हैं।" वर्णन कीजिए।

उत्तर लोकतंत्र में गैर-लोकतांत्रिक सरकारों की तुलना में लोकतांत्रिक सरकारें बेहतर न्याय करती हैं। इसे निम्न आधार पर समझा जा सकता है

- **व्यापक चर्चा एवं बहस** लोकतंत्र का आधार व्यापक चर्चा एवं बहसें हैं। लोकतांत्रिक फैसले में हमेशा अधिक लोग शामिल होते हैं, चर्चा करके फैसले होते हैं तथा बैठकें होती हैं।
- **गलतियों की संभावना कम** लोकतांत्रिक सरकार में किसी एक मुद्दे पर अनेक लोगों की सोच लगी रहती है। अतः इसमें गलती की संभावना कम-से-कम होती है। इसमें समय अधिक अवश्य लगता है, लेकिन फैसले करने के अपने लाभ भी हैं।
- **भेदभाव एवं टकराव से निपटने का तरीका** लोकतंत्र भेदभावों और टकरावों से निपटने का तरीका उपलब्ध कराता है। किसी भी समाज में लोगों के हितों और विचारों में अंतर होता है। ऐसे में लोकतंत्र शांतिपूर्ण ढंग से समस्या का निदान करता है।
- **नागरिकों का सम्मान** लोकतंत्र नागरिकों का सम्मान बढ़ाता है। यह राजनीतिक समानता के सिद्धांत पर आधारित है। यहाँ सबसे गरीब एवं अनपढ़ व्यक्तियों को अमीर एवं पढ़े-लिखे व्यक्तियों जैसा दर्ज़ा प्राप्त होता है।
- **अधिक जवाबदेही स्वरूप** लोकतांत्रिक शासक पद्धति दूसरों से इस आधार पर भी बेहतर है कि यह शासन का अधिक जवाबदेही स्वरूप है।

उपरोक्त कारणों से गैर-लोकतांत्रिक सरकारों की तुलना में लोकतांत्रिक सरकारें बेहतर न्याय करती हैं।

**5.** लोकतंत्र सरकार का एक ऐसा रूप है, जिसमें शासकों का चुनाव व्यक्ति करते हैं। शासन की यह पद्धति सबसे लोकप्रिय है, किंतु सरकार का यह प्रचलित रूप दोषरहित नहीं है। इसके दोषों का विवरण दें।

उत्तर लोकतांत्रिक सरकार में पाए जाने वाले दोषों को निम्न बिंदुओं से स्पष्ट किया जा सकता है

- लोकतंत्र में नेता और दल दोनों बदलते रहते हैं, जिससे इसमें अस्थिरता की स्थिति बराबर बनी रहती है।
- लोकतंत्र में आम चुनाव पर अत्यधिक व्यय किया जाता है।
- लोकतंत्र में भ्रष्टाचार को अत्यधिक बढ़ावा मिलता है।
- लोकतंत्र में अनेक बार जनहित के फैसले लागू नहीं हो पाते हैं।
- चुनाव में जीत के लिए सभी तरह के नैतिक एवं अनैतिक साधनों का प्रयोग किया जाता है।
- चुने गए नेता जनहित को अच्छी तरह नहीं समझते, जिससे सही निर्णय लेने में कठिनाई आती है।
- लोकतंत्र में गुणों की अपेक्षा संख्या को अधिक महत्त्व दिया जाता है।
- लोकतंत्र अनुत्तरदायी शासन है। इसमें नागरिक सिर्फ चुनाव के दौर में ही संप्रभुत्व होते हैं।

## Ⓒ स्रोत आधारित प्रश्न

निम्नलिखित स्रोतों को ध्यानपूर्वक पढ़कर उन पर आधारित प्रश्नों के उत्तर दीजिए

**1.** जिंबाब्वे को वर्ष 1980 में अल्पसंख्यक गोरों के शासन से मुक्ति मिली। उसके बाद देश पर जानु-पी एफ दल का राज रहा, जिसने देश के स्वतंत्रता-संघर्ष की अगुवाई की थी। इसके नेता रॉबर्ट मुगाबे आजादी के बाद से ही शासन कर रहे थे। चुनाव नियमित रूप से होते थे और सदा जानु-पी एफ दल ही जीतता था। राष्ट्रपति मुगाबे कम लोकप्रिय नहीं थे, पर वे चुनाव में गलत तरीके भी अपनाते थे। आजादी के बाद से उनकी सरकार ने कई बार संविधान में बदलाव करके राष्ट्रपति के अधिकारों में वृद्धि की थी और उसकी जवाबदेही को कम किया था। विपक्षी दलों के कार्यकर्ताओं को परेशान किया जाता था और उनकी सभाओं में हेराफेरी कराई जाती थी। सरकार विरोधी प्रदर्शनों और आंदोलनों को गैर-कानूनी घोषित कर दिया गया था। एक ऐसा कानून भी था, जो राष्ट्रपति की आलोचना के अधिकार को सीमित करता था। टेलीविजन और रेडियो पर सरकारी नियंत्रण था और उन पर केवल शासक दल के विचार ही प्रसारित होते थे। अखबार स्वतंत्र थे पर सरकार की आलोचना करने वाले पत्रकारों को परेशान किया जाता था। सरकार ने कुछ ऐसे अदालती फैसलों की परवाह नहीं की, जो उसके खिलाफ जाते थे और उसने जजों पर दबाव भी डाला। वर्ष 2017 में मुगाबे को राष्ट्रपति पद से हटा दिया गया।

(i) अफ्रीकी देश जिंबाब्वे, जिसे पहले दक्षिणी रोडेशिया कहा जाता था, पर किस देश के अल्पसंख्यक गोरों का शासन था?
(a) जर्मनी के अल्पसंख्यक गोरों का
(b) फ्रांस के अल्पसंख्यक गोरों का
(c) यूनाइटेड किंगडम के अल्पसंख्यक गोरों का
(d) इटली के अल्पसंख्यक गोरों का

उत्तर (c) यूनाइटेड किंगडम के अल्पसंख्यक गोरों का

(ii) राज्य को नागरिकों के किन अधिकारों का सम्मान करना चाहिए?
(a) अभिव्यक्ति की स्वतंत्रता
(b) राजनीतिक कार्यवाही करने की स्वतंत्रता
(c) विरोध करने की स्वतंत्रता
(d) उपरोक्त सभी

उत्तर (d) उपरोक्त सभी

(iii) लोकतांत्रिक सरकार ............ और ............ के अंदर ही कार्य कर सकती है।
(a) नागरिक अधिकार, सामाजिक अधिकार
(b) संवैधानिक अधिकार, राजतंत्रात्मक अधिकार
(c) नागरिक अधिकार, संवैधानिक अधिकार
(d) गैर-संवैधानिक अधिकार, नागरिक अधिकार

उत्तर (c) नागरिक अधिकार, संवैधानिक अधिकार

(iv) जिंबाब्वे के पूर्व राष्ट्रपति रॉबर्ट मुगाबे की लोकप्रियता में कमी का निम्न में से कौन-सा एक कारण नहीं है?
(a) राष्ट्रपति की जवाबदेही को कम करना
(b) छापामार युद्ध नीति को अपनाना
(c) विपक्षी दलों को परेशान करना
(d) मीडिया पर नियंत्रण स्थापित करना

उत्तर (b) छापामार युद्ध नीति को अपनाना

(v) ............ संवैधानिक कानूनों और नागरिक अधिकारों द्वारा खींची लक्ष्मण रेखा के भीतर ही काम करती है।
(a) तानाशाही सरकार (b) राजशाही सरकार
(c) उदारवादी सरकार (d) लोकतांत्रिक सरकार

उत्तर (d) लोकतांत्रिक सरकार

(vi) **कथन** (A) शासकों के लिए बार-बार जनादेश पाना लोकतंत्र की एक जरूरत है।
**कारण** (R) जो लोकतंत्र को बनाए रखने में सहायक होता है।
**कूट**
(a) A और R दोनों सही हैं तथा R, A की सही व्याख्या है
(b) A और R दोनों सही हैं, परंतु R, A की सही व्याख्या नहीं है
(c) A सही है, किंतु R गलत है
(d) A गलत है, किंतु R सही है

उत्तर (a) A और R दोनों सही हैं तथा R, A की सही व्याख्या है

**2.** चीन में वर्ष 1958-61 के दौरान पड़ा अकाल विश्व इतिहास का अब तक ज्ञात सबसे भयावह अकाल था। इसमें करीब तीन करोड़ लोग भूख से मरे। उन दिनों भारत की आर्थिक स्थिति चीन से कोई बहुत अच्छी नहीं थी। फिर भी भारत में चीन के समान अकाल और भुखमरी की स्थिति नहीं आई। अर्थशास्त्रियों का मानना है कि ऐसा दोनों देशों की सरकारी नीतियों के अंतर के कारण हुआ। भारत में लोकतांत्रिक व्यवस्था होने से भारत सरकार ने खाद्य सुरक्षा के मामले में जिस तरह से काम किया है वैसा करने की जरूरत चीनी सरकार ने महसूस नहीं की। अर्थशास्त्रियों का यह भी कहना है कि किसी भी स्वतंत्र और लोकतांत्रिक देश में कभी भी बड़ा अकाल और बड़ी संख्या में भुखमरी नहीं हुई है। यदि चीन में भी बहुदलीय चुनावी व्यवस्था होती, विपक्षी दल होता और सरकार की आलोचना कर सकने वाली स्वतंत्र मीडिया होती तो इतने सारे लोग भूख से नहीं मर सकते थे। यह उदाहरण लोकतंत्र को सर्वश्रेष्ठ शासन पद्धति बताने वाली विशेषताओं में से एक को बहुत स्पष्ट ढंग से सामने लाता है। लोगों की जरूरत के अनुरूप आचरण करने के मामले में लोकतांत्रिक शासन प्रणाली किसी भी अन्य प्रणाली से बेहतर है।

(i) निम्नलिखित में क्या लोकतंत्र की विशेषता है?
(a) लोकतंत्र में शासन बेहतर ढंग से कार्य करता है
(b) लोकतंत्र टकराव से निपटने का तरीका सिखाता है
(c) लोकतंत्र के अंतर्गत गलतियों को सुधारा जा सकता है
(d) उपरोक्त सभी

उत्तर (d) उपरोक्त सभी

(ii) वर्ष 1958-61 के समय भारत की आर्थिक स्थिति अच्छी नहीं रहने के बावजूद भी यहाँ चीन के जैसी अकाल और भुखमरी की स्थिति नहीं आने का क्या कारण था?
(a) यहाँ द्वितीय पंचवर्षीय योजना सफल हो गई थी
(b) यहाँ गुटनिरपेक्षता की नीति अपनाई गई थी
(c) भारत का एक लोकतांत्रिक देश होना
(d) यहाँ भूमि सुधार की नीति अपनाना

उत्तर (c) भारत का एक लोकतांत्रिक देश होना

(iii) लोगों की जरूरत के अनुरूप आचरण करने वाली कौन-सी प्रणाली किसी भी अन्य प्रणाली से बेहतर है?
(a) लोकतांत्रिक (b) राजतांत्रिक
(c) तानाशाही (d) गैर-लोकतांत्रिक

उत्तर (a) लोकतांत्रिक

(iv) लोगों की आवश्यकता के अनुरूप आचरण करने के मामले में तथा अकाल जैसी आपदा से निपटने के लिए कौन-सी शासन प्रणाली सबसे उत्तम मानी जाती है?
(a) राजतांत्रिक शासन प्रणाली
(b) लोकतांत्रिक शासन प्रणाली
(c) अधिनायकवादी शासन प्रणाली
(d) कम्युनिस्ट शासन प्रणाली

उत्तर (b) लोकतांत्रिक शासन प्रणाली

(v) निम्नलिखित कथनों से सही कथन की पहचान करें
1. गैर-लोकतांत्रिक सरकारें लोगों की जरूरतों पर ध्यान नहीं देती हैं।
2. गैर-लोकतांत्रिक सरकारें लोकतांत्रिक सरकारों की अपेक्षा बेहतर फैसले लेने में असक्षम होती हैं।
3. गैर-लोकतांत्रिक सरकारें मतभेदों और टकरावों को सँभालने में उत्तम हैं।

**कूट**
(a) 1 और 2 (b) 2 और 3
(c) 1 और 3 (d) ये सभी

उत्तर (a) 1 और 2

(vi) ............ में अनेक लोगों की सोच लगी हो तो उसमें गलतियों की गुंजाइश कम-से-कम हो जाती है।
(a) गैर-लोकतांत्रिक सरकारों
(b) लोकतांत्रिक सरकारों
(c) धर्मनिरपेक्षवादी सरकारों
(d) उदारवादी सरकारों

उत्तर (b) लोकतांत्रिक सरकारों

**3.** चीन की संसद को कवांगुओ रेममिन दाईवियाओ दाहुई (राष्ट्रीय जन संसद) कहते हैं। चीन की संसद के लिए प्रति पाँच वर्ष बाद नियमित रूप से चुनाव होते हैं। इस संसद को देश का राष्ट्रपति नियुक्त करने का अधिकार है। इसमें पूरे चीन से करीब 3000 सदस्य आते हैं। कुछ सदस्यों का चुनाव सेना भी करती है।

चुनाव लड़ने से पहले सभी उम्मीदवारों को चीनी कम्युनिस्ट पार्टी से मंजूरी लेनी होती है। वर्ष 2002-03 में हुए चुनावों में सिर्फ कम्युनिस्ट पार्टी और उससे संबद्ध कुछ छोटी पार्टियों के सदस्यों को ही चुनाव लड़ने की अनुमति मिली। सरकार सदा कम्युनिस्ट पार्टी की ही बनती है।

वर्ष 1930 में आजाद होने के बाद से मैक्सिको में हर छ: वर्ष बाद राष्ट्रपति चुनने के लिए चुनाव कराए जाते हैं। देश में कभी भी फौजी शासन या तानाशाही नहीं आई, लेकिन वर्ष 2000 तक हर चुनाव में पीआरआई (इंस्टीट्यूशनल रिवोल्यूशनरी पार्टी) नाम की एक पार्टी को ही जीत मिलती थी। विपक्षी दल चुनाव में हिस्सा लेते थे, पर कभी भी उन्हें जीत हासिल नहीं होती थी।

चुनाव में तरह-तरह के हथकंडे अपनाकर हर हाल में जीत हासिल करने के लिए पीआरआई कुख्यात थी। सरकारी दफ्तरों में काम करने वाले सभी लोगों के लिए पार्टी की बैठकों में जाना अनिवार्य था।

(i) **चीनी सरकार राष्ट्रीय चुनाव में सरकारी स्कूल का किस प्रकार प्रयोग करती है?**

**उत्तर** चीनी सरकार राष्ट्रीय चुनाव में सरकारी स्कूल का उपयोग अपने फायदे के लिए करती है। चीन में सरकारी स्कूलों के अध्यापक अपने छात्र-छात्राओं के माता-पिता से सरकार (पीआरआई) के लिए वोट देने को कहते हैं।

(ii) **चीन में चुनाव के समय लोगों के सामने कौन-सी समस्या होती है?**

**उत्तर** चीन में चुनाव के समय लोगों के सामने कोई वास्तविक और गंभीर विकल्प ही नहीं होता। लोगों को शासक दल या उसके द्वारा स्वीकृत उम्मीदवारों को ही वोट देना होता है। इस प्रकार चीन के लोगों को चुनाव के समय विभिन्न समस्याओं का सामना करना होता है।

(iii) **लोकतंत्र, अन्य शासन पद्धति से किस प्रकार भिन्न है?**

**उत्तर** लोकतंत्र के लिए केवल चुनाव कराना ही पर्याप्त नहीं होता बल्कि चुनाव में एक से अधिक वास्तविक राजनैतिक विकल्पों के बीच चुनने की स्थिति भी होनी चाहिए। लोगों के पास यह विकल्प रहना चाहिए कि वे चाहे तो शासक दल को सत्ता से पदच्युत कर दें। इस प्रकार, लोकतंत्र अन्य शासन पद्धति से भिन्न है।

**4.** **स्रोत 'अ' लोकतंत्र में व्यापक चर्चा का स्थान**

गैर-लोकतांत्रिक सरकारों की तुलना में लोकतांत्रिक सरकारों के बेहतर फैसले करने का एक अन्य कारण भी है। लोकतंत्र का आधार व्यापक चर्चा और बहसें हैं। लोकतांत्रिक फैसले में हरदम ज्यादा लोग शामिल होते हैं, चर्चा करके फैसले होते हैं, बैठकें होती हैं। 'अगर किसी एक मसले पर अनेक लोगों की सोच लगी हो तो उसमें गलतियों की गुंजाइश कम- से-कम हो जाती है।

**स्रोत 'ब' लोकतंत्र में विभिन्न विचारों का समन्वय**

भारत की तरह भारी सामाजिक विविधता वाले देश में इस तरह का अंतर और भी ज्यादा होता है। अलग-अलग इलाकों में अलग-अलग समूहों के लोग रहते हैं, विभिन्न भाषाएँ बोलते हैं, उनकी धार्मिक मान्यताएँ अलग-अलग हैं और जातियाँ भी जुदा-जुदा। दुनिया को ये सभी अलग-अलग दृष्टिकोण से देखते हैं और उनकी पसंद में भी अंतर हैं।

**स्रोत 'स' लोकतंत्र में गलती सुधार की गुंजाइश**

लोकतंत्र के पक्ष में आखिरी तर्क यह है कि लोकतांत्रिक व्यवस्था दूसरों से बेहतर है, क्योंकि इसमें हमें अपनी गलती ठीक करने का अवसर भी मिलता है। इस बात की कोई गारंटी नहीं है कि लोकतंत्र में कोई गलती नहीं हो सकती। किसी भी किस्म की सरकार इस बात की गारंटी नहीं दे सकती।

**स्रोत 'अ' लोकतंत्र में व्यापक चर्चा का स्थान**

(i) लोकतंत्र में किस प्रकार बेहतर निर्णय लिए जा सकते हैं?

**उत्तर** लोकतंत्र में निर्णय लेने के समय विभिन्न लोगों की राय लेकर बेहतर निर्णय लिए जा सकते हैं।

**स्रोत 'ब' लोकतंत्र में विभिन्न विचारों का समन्वय**

(ii) लोकतंत्र मतभेदों और टकरावों को सँभालने में क्यों विशिष्ट है?

**उत्तर** लोकतंत्र मतभेदों और टकरावों को सँभालने में विशिष्ट है, क्योंकि लोकतंत्र समस्या का एकमात्र शांतिपूर्ण समाधान उपलब्ध कराता है। लोकतंत्र में कोई भी स्थायी विजेता नहीं होता और कोई स्थायी रूप से पराजित नहीं होता, इसलिए विभिन्न समूह एक-दूसरे के साथ शांतिपूर्ण ढंग से रह सकते हैं।

**स्रोत 'स' लोकतंत्र में गलती सुधार की गुंजाइश**

(iii) लोकतांत्रिक व्यवस्था किस प्रकार अपनी गलतियों में सुधार करती है?

**उत्तर** लोकतांत्रिक व्यवस्था में किसी गलती को ज्यादा देर तक छुपाएँ नहीं रखा जा सकता। गलतियों पर सार्वजनिक चर्चा की गुजांइश लोकतंत्र में है और फिर इनमें सुधार करने की गुंजाइश भी है। इसका अर्थ यह है कि या तो शासक समूह अपना फैसला बदल दे या शासक समूह को ही बदला जा सकता है।

# स्वयं को जाँचें

## वस्तुनिष्ठ प्रश्न

**1.** लोकतंत्र शब्द किस भाषा से लिया गया है?
(a) ग्रीक (b) लातिनी (c) अरबी (d) तुर्की

**2.** किस वर्ष तक मैक्सिको में सभी चुनाव इंस्टीट्यूशनल रिवोल्यूशनरी पार्टी जीतती रही थी?
(a) वर्ष 2000 (b) वर्ष 2004 (c) वर्ष 2006 (d) वर्ष 2008

**3.** चीन की संसद में कितने समय के बाद नियमित चुनाव होते हैं?
(a) चार साल (b) पाँच साल (c) छः साल (d) इनमें से कोई नहीं

**4.** निम्नलिखित में से कौन-सा कथन सत्य है?
(a) लोकतंत्र जीवन के केवल एक पहलू में ही प्रासंगिक है
(b) आदर्श लोकतंत्र में निर्णय लेने की प्रक्रिया लोकतांत्रिक होनी चाहिए
(c) लोकतांत्रिक व्यवस्था सभी नागरिकों की निष्क्रिय भागीदारी पर ही निर्भर करती है
(d) लोकतांत्रिक निर्णयों में समय की बचत होती है

## अतिलघु उत्तरीय प्रश्न

**5.** लोकतंत्र का सामान्य अर्थ क्या है?

**6.** चीन का राष्ट्रपति कैसे निर्वाचित होता है?

**7.** चीन में किसी प्रत्याशी को चुनाव लड़ने से पहले किसकी अनुमति आवश्यक है?

**8.** मैक्सिको में किस तरह की सरकार है?

**9.** एक ऐसी लोकप्रिय, लेकिन गैर-लोकतांत्रिक सरकार का उदाहरण दीजिए, जो निरंकुश भी है।

## लघु उत्तरीय प्रश्न

**10.** सरकार के कितने रूप होते हैं? संक्षेप में बताइए।

**11.** चीन की लोकतांत्रिक प्रणाली की मैक्सिको की लोकतांत्रिक व्यवस्था से तुलना कीजिए।

**12.** लोकतंत्र नागरिकों की प्रतिष्ठा में किस प्रकार वृद्धि करता है? स्पष्ट कीजिए।

**13.** एक लोकतांत्रिक सरकार निर्वाचन के बाद किस तरीके से कार्य करती है? व्याख्या कीजिए।

## दीर्घ उत्तरीय प्रश्न

**14.** ऐसा कहा जाता है कि लोकतंत्र सरकार की आदर्श प्रणाली नहीं है। लोकतंत्र को और अधिक उन्नत एवं आदर्श बनाने के लिए अपने सुझाव बताइए।

**15.** क्या भारत एक लोकतांत्रिक देश है? अपने उत्तर के पक्ष में तीन तर्क प्रस्तुत कीजिए।

**16.** लोकतंत्र के पक्ष में मजबूत तर्क प्रस्तुत कीजिए। यह लोगों को शासक कैसे बनाता है?

**17.** ''लोकतंत्र विचार-विमर्श एवं बहस पर आधारित शासन है।'' इस कथन की व्याख्या कीजिए।

अध्याय
02

# संविधान निर्माण

लोकतंत्र (Democracy) में कुछ नियम एवं मानक ऐसे होते हैं, जिनका पालन नागरिक एवं सरकार दोनों को करना होता है। इन नियमों के सम्मिलित रूप को ही **संविधान** (Constitution) कहते हैं। यह देश का सर्वोच्च (Supreme) कानून होता है।

संविधान नागरिकों के अधिकार, सरकार की शक्ति और सरकार कैसे काम करेगी, निर्धारित करता है। संविधान नागरिकों के जीवन और सरकार के अच्छे कामकाज के लिए उचित ढाँचा उपलब्ध कराता है।

**अध्याय एक नजर में**

- *दक्षिण अफ्रीका में लोकतांत्रिक संविधान*
- *हमें संविधान की जरूरत क्यों है?*
- *भारतीय संविधान का निर्माण*
- *भारतीय संविधान के बुनियादी मूल्य*

## दक्षिण अफ्रीका में लोकतांत्रिक संविधान

स्वतंत्रता के लिए एक लंबे संघर्ष के बाद दक्षिण अफ्रीका को आजादी और लोकतांत्रिक संविधान की प्राप्ति हुई। इस आजादी में **नेल्सन मंडेला** ने मुख्य भूमिका निभाई थी, क्योंकि वे न केवल स्वतंत्रता प्राप्ति के लिए लड़े, बल्कि उन्होंने अश्वेतों (Black) के अधिकार एवं समानता के लिए भी बहुत लंबा संघर्ष किया।

नेल्सन मंडेला को सात अन्य नेताओं के साथ वर्ष 1964 में देश में **रंगभेद** (Apartheid) से चलने वाली शासन व्यवस्था का विरोध करने के लिए आजीवन कारावास की सजा दी गई थी, जिसके कारण उन्हें 28 वर्षों तक दक्षिण अफ्रीका की सबसे भयावह (Fearful) जेल रोब्बेन द्वीप (Robben Island) में कैद करके रखा गया था।

### रंगभेद के खिलाफ संघर्ष

रंगभेद, नस्लीय भेदभाव (Racial Discrimination) पर आधारित उस व्यवस्था का नाम है, जो दक्षिण अफ्रीका में विशिष्ट तौर पर चलाई गई थी। दक्षिण अफ्रीका पर यह व्यवस्था यूरोप के गोरे लोगों द्वारा थोपी गई थी। 17वीं एवं 18वीं सदी में बड़ी संख्या में गोरे लोग (Whites) दक्षिण अफ्रीका में बस गए और उन्होंने स्थानीय शासन को चलाया। गोरे शासकों ने दक्षिण अफ्रीका में रंगभेद की नीति आरंभ की तथा जनता को चमड़ी अर्थात् त्वचा के रंग के आधार पर बाँट दिया।

दक्षिण अफ्रीका के स्थानीय लोगों की चमड़ी का रंग काला होता है। इनकी आबादी कुल जनसंख्या की तीन-चौथाई थी और इन्हें अश्वेत (Black) कहा जाता था। श्वेत और अश्वेतों के अतिरिक्त वहाँ दो वर्ग थे—मिश्रित लोग, जिन्हें **रंगीन त्वचा वाले लोग** (Coloured People) कहा जाता था और **भारत से गए लोग** (Migrated Indians)।

#### अश्वेतों के खिलाफ भेदभाव

गोरे शासकों ने सभी अश्वेतों को हीन माना। रंगभेद प्रणाली ने निम्न तरीकों से अश्वेतों पर अत्याचार करना शुरू कर दिया

- रंगभेद की नीति में अश्वेतों को वोट देने का भी अधिकार नहीं था। उन्हें गोरों की बस्तियों में रहने की अनुमति नहीं थी। परमिट होने पर ही वे वहाँ जाकर कार्य कर सकते थे।

- ट्रेन, बस, होटल, अस्पताल, स्कूल, कॉलेज, लाइब्रेरी, सिनेमा हॉल, समुद्र के किनारों, स्विमिंग पूल, सार्वजनिक शौचालय आदि स्थान श्वेत एवं अश्वेतों के लिए अलग-अलग थे। इसे **पृथक्करण** (Segregation) या अलग-अलग करने का प्रबंध कहा जाता था।
- अश्वेतों को श्वेतों के चर्च जाने पर पूर्णत: प्रतिबंध था और यहाँ तक कि उन्हें संघ बनाने एवं श्वेतों के खिलाफ विरोध प्रदर्शन का भी अधिकार नहीं था।
- वर्ष 1950 से ही अश्वेत, रंगीन चमड़े वाले एवं भारतीयों ने रंगभेद नीति के विरुद्ध संघर्ष किया। उन्होंने विरोध प्रदर्शन और हड़तालें कीं। **अफ्रीकन नेशनल कांग्रेस** (African National Congress, ANC) ने इस आंदोलन का नेतृत्व किया। इस आंदोलन में रंगभेद की नीतियों के विरोध में मजदूर संगठन, कम्युनिस्ट पार्टी एवं संवेदनशील लोगों ने अफ्रीकन नेशनल कांग्रेस को समर्थन दिया।
- अनेक देशों ने रंगभेद की आलोचना की और इस व्यवस्था के विरुद्ध आवाज उठाई, लेकिन दक्षिण अफ्रीका की सरकार ने रंगभेद नीति को जारी रखा।

## एक नए संविधान की ओर

- रंगभेद के विरुद्ध जब विरोध और संघर्ष बढ़ता गया, तो सरकार ने अपनी नीतियों में बदलाव शुरू किया तथा भेदभाव वाले कानून को वापस लिया।
- 28 वर्ष तक जेल में रहने के बाद नेल्सन मंडेला को आजाद कर दिया गया। अंतत: 26 अप्रैल, 1994 की मध्य रात्रि को दक्षिण अफ्रीका **गणराज्य** (Republic) का नया झंडा लहराया और यह दुनिया का एक नया लोकतांत्रिक देश बन गया। यहाँ रंगभेद वाली शासन व्यवस्था भी समाप्त हो गई और सभी नस्ल के लोगों की मिली-जुली सरकार (Multi Racial Government) के गठन का मार्ग मिला।

### दक्षिण अफ्रीका में नस्लीय आधार पर समानता

- लोकतांत्रिक दक्षिण अफ्रीका के उदय के साथ ही अश्वेत नेताओं ने अश्वेत समाज से आग्रह किया कि सत्ता में रहते हुए गोरे लोगों ने जो अत्याचार किए थे उन्हें वे भूल जाएँ और गोरों को माफ कर दें।
- वे सभी नस्लों को समानता के आधार पर नए दक्षिण अफ्रीका का निर्माण करना चाहते थे। एक पार्टी ने दमन और नृशंस हत्याओं के बल पर शासन किया था और दूसरी पार्टी ने आजादी की लड़ाई की थी, लेकिन नए संविधान के निर्माण के लिए दोनों ही साथ-साथ थीं।
- वे समाज में सभी को शामिल करते थे, चाहे उन्होंने अतीत में किसी भी समुदाय का प्रतिनिधित्व किया हो।
- दो वर्षों की चर्चा और बहस के बाद उन्होंने जैसा संविधान बनाया ऐसा संविधान तब तक नहीं बना था। इस संविधान में नागरिकों को जितने व्यापक अधिकार दिए गए हैं उतने दुनिया में किसी संविधान में नहीं दिए गए हैं।
- दक्षिण अफ्रीकी संविधान की प्रस्तावना (Preamble of the Constitution) पूरे विश्व में लोकतंत्रों को प्रेरित करती है, इसलिए दक्षिण अफ्रीका लोकतंत्र के मॉडल के रूप में स्थापित है।
- संविधान निर्माण का यह कार्य दक्षिण अफ्रीकी लोगों द्वारा साथ रहने, साथ काम करने के दृढ़ निश्चय और पुराने कड़वे अनुभवों को आगे के इंद्रधनुषी समाज बनाने में एक सबक के रूप में प्रयोग करने की समझदारी दिखाने के कारण संभव हुआ है।
- दक्षिण अफ्रीका का संविधान इतिहास और भविष्य दोनों की बातें करता है। यह अपने देश को इसके सभी लोगों द्वारा वास्तविक अर्थों में साझा करने की घोषणा भी है—श्वेत और अश्वेत, स्त्री और पुरुष यह देश पूर्णरूप से हम सभी का है।

## हमें संविधान की जरूरत क्यों है?

संविधान की आवश्यकता जनता के अधिकारों को रक्षा प्रदान करने के लिए होती है; चाहे वे बहुसंख्यक वर्ग से हों या अल्पसंख्यक वर्ग से हों।

### सभी के लिए कुछ मूलभूत नियम

- गोरे लोगों ने बहुमत के शासन के सिद्धांत (Principle of Majority Rule) और एक व्यक्ति एक वोट (One Person One Vote) को स्वीकार कर लिया था। साथ ही ये गरीब लोगों और मजदूरों के कुछ अधिकारों के लिए भी सहमत हो गए थे। अश्वेत लोग इस बात पर सहमत हुए कि केवल बहुमत के आधार पर सभी फैसले नहीं होंगे।
- इसलिए इन्होंने कुछ लिखित नियम बनाए, जिनका पालन सभी को तथा भविष्य में चुने जाने वाली सरकार को भी करना होगा। इन्हीं नियमों ने नए देश का संविधान बनाया।
- संविधान की आवश्यकता लोगों के हितों की रक्षा के लिए होती है, चाहे वे लोग बड़े समुदाय से संबंधित हो या छोटे समुदाय से।

हमें निम्न कार्यों के लिए संविधान की आवश्यकता है

- यह विभिन्न तरह के लोगों के बीच जरूरी भरोसा और सहयोग विकसित करता है।
- यह स्पष्ट करता है कि सरकार का गठन कैसे होगा और किसे फैसले लेने का अधिकार होगा।
- यह सरकार के अधिकारों की सीमा निर्धारित करता है और हमें बताता है कि नागरिकों के क्या अधिकार हैं।
- यह अच्छे समाज के गठन के लिए लोगों की आकांक्षाओं को व्यक्त करता है।
- जिन देशों में संविधान है, वे सभी लोकतांत्रिक शासन वाले हों यह जरूरी नहीं है, लेकिन जिन देशों में लोकतांत्रिक शासन है, वहाँ संविधान का होना जरूरी है।

### चेक प्वॉइंट 01

1. *संविधान किसे कहते हैं?*
2. *दक्षिण अफ्रीका की जेल का नाम क्या है?*
3. *पृथक्करण किसे कहा जाता है?*
4. *रंगीन त्वचा वाले लोग किसे कहा जाता है?*
5. *किस वर्ष अश्वेतों एवं भारतीयों ने रंगभेद नीति के विरुद्ध संघर्ष किया?*

# भारतीय संविधान का निर्माण

दक्षिण अफ्रीका की तरह भारत का संविधान भी बहुत कठिन परिस्थितियों के मध्य बना है। भारत जैसे विशाल और विविधता वाले देश में संविधान बनाना आसान नहीं था। देश ने धर्म के आधार पर हुए विभाजन का सामना किया। अंग्रेजों ने देसी रियासतों (Princely States) के शासकों को यह आजादी दी कि वे भारत या पाकिस्तान, जिसमें इच्छा हो अपनी रियासत का विलय कर दें या स्वतंत्र रहें। संविधान निर्माताओं को देश के वर्तमान और भविष्य की चिंता थी।

## संविधान निर्माण का रास्ता

भारतीय संविधान बनाने की **सहमति** (Consensus) स्वतंत्रता संग्राम के समय विकसित हुई थी। आजादी के बाद भारत को किस मार्ग पर चलना चाहिए, इसे लेकर आजादी के संघर्ष के दौरान भी अलग-अलग विचार थे, लेकिन कुछ बुनियादी विचारों को लगभग सभी लोगों ने स्वीकार कर लिया था। इन सभी विचारों ने भारतीय संविधान के गठन में महत्त्वपूर्ण भूमिका निभाई थी।

### महत्त्वपूर्ण विषयों पर चर्चा

- वर्ष 1928 में **मोतीलाल नेहरू** और कांग्रेस के आठ अन्य नेताओं ने भारत का एक संविधान लिखा था। वर्ष 1931 में **कराची** में हुए **भारतीय राष्ट्रीय कांग्रेस** के अधिवेशन में एक प्रस्ताव में यह रूपरेखा रखी गई कि आजाद भारत का संविधान कैसा होगा।
- इन दोनों ही दस्तावेजों में स्वतंत्र भारत के संविधान में **सार्वभौम वयस्क मताधिकार** (Universal Adult Franchise), **स्वतंत्रता एवं समानता का अधिकार** (Right to Freedom and Equality) और **अल्पसंख्यकों के अधिकारों** (Right of Minorities) की रक्षा का वर्णन किया गया था। इस प्रकार संविधान की रचना करने के लिए बैठने से पहले ही कुछ बुनियादी मूल्यों पर सभी नेताओं की सहमति बन चुकी थी।

### संस्थानों का उदय

- वर्ष 1937 के पश्चात् पूरे ब्रिटिश शासन वाले भारत में **प्रादेशिक असेंबलियों** (Provincial Legislatures) के लिए चुनाव कराए गए, परंतु इन चुनावों के द्वारा बनी सरकारें पूरी तरह लोकतांत्रिक नहीं थीं। भारतीय संविधान में कई संस्थाओं एवं व्यवस्थाओं को पुरानी व्यवस्था की तरह अपना लिया गया; जैसे—**वर्ष 1935 का भारत सरकार कानून।**
- आजादी के पश्चात् भारत के स्वरूप को लेकर वर्षों पहले हुए चिंतन और बहस से हमारे नेताओं में इतना आत्मविश्वास आ गया था कि उन्हें अन्य देशों के विचार और अनुभवों को अपनी आवश्यकतानुसार स्वीकार करने में संकोच नहीं हुआ।
- अनेक भारतीय नेता फ्रांसीसी क्रांति के आदर्शों, ब्रिटेन के संसदीय लोकतंत्र के कामकाज और अमेरिका के अधिकारों की सूची (Bill of Rights in the US) से प्रभावित हुए।
- रूस में हुई समाजवादी क्रांति ने भी अनेक भारतीय लोगों को प्रभावित किया, लेकिन वे दूसरों की सिर्फ नकल नहीं कर रहे थे, बल्कि हर कदम पर वे यह सवाल जरूर पूछते थे कि क्या ये चीजें भारत के लिए उपयोगी होंगी।

## संविधान सभा

- भारतीय संविधान सभा के लिए जुलाई, 1946 में चुनाव हुए थे। संविधान सभा की पहली बैठक दिसंबर, 1946 को हुई थी। इसके बाद देश दो हिस्सों—भारत और पाकिस्तान में बँट गया तथा संविधान लिखने वाली सभा भी दो हिस्सों में बँट गई—भारत की संविधान सभा और पाकिस्तान की संविधान सभा। भारतीय संविधान लिखने वाली सभा में 299 सदस्य थे।
- इसने 26 नवंबर, 1949 को अपना कार्य पूरा कर लिया। संविधान 26 जनवरी, 1950 को लागू हुआ। इसी दिन की याद में प्रत्येक वर्ष 26 जनवरी को गणतंत्र दिवस (Republic Day) मनाया जाता है।

### भारतीय संविधान की आज की विरासत

- संविधान केवल संविधान सभा के सदस्यों के विचारों को ही व्यक्त नहीं करता, बल्कि यह अपने समय की व्यापक सहमतियों को भी व्यक्त करता है।
- पिछले कुछ वर्षों में अनेक सामाजिक समूहों ने संविधान के कुछ प्रावधानों पर सवाल उठाए, पर किसी भी बड़े सामाजिक समूह या राजनैतिक दल ने स्वयं संविधान की वैधता पर सवाल नहीं उठाया।
- संविधान को स्वीकार करने का एक अन्य कारण यह भी था कि संविधान सभा भारत के लोगों का ही प्रतिनिधित्व कर रही थी, परंतु उस समय सार्वभौम वयस्क मताधिकार नहीं था, क्योंकि उस समय संविधान सभा का चुनाव देश के लोग प्रत्यक्ष ढंग से नहीं कर सकते थे। इसका चुनाव मुख्य रूप से प्रांतीय असेंबलियों (Provincial Legislatures) के सदस्यों ने किया था, जिसके परिणामस्वरूप भौगोलिक क्षेत्रों का उचित प्रतिनिधित्व हो गया था।

### संविधान सभा का कार्य

- संविधान सभा में भारतीय राष्ट्रीय कांग्रेस के सदस्यों का प्रभुत्व था, जिसने राष्ट्रीय आंदोलन की अगुवाई की थी। सामाजिक रूप से इस सभा में सभी समूह, जाति, वर्ग, धर्म और पेशों के लोग थे।
- अंततः संविधान सभा का कार्य व्यवस्थित, खुला और सहमति (आपसी सहमति) बनाने के प्रयास पर आधारित था, जो संविधान को पवित्रता देता है।

### प्रारूप समिति एवं संविधान सभा

- **प्रारूप समिति** (Drafting Committee) के प्रमुख डॉ. भीमराव अंबेडकर ने चर्चा के लिए एक **प्रारूप** (Draft) संविधान बनाया।
- संविधान का प्रारूप निर्धारित करते समय प्रत्येक धारा पर चर्चा हुई थी। तीन वर्षों में कुल 114 दिनों की गंभीर चर्चा हुई। लगभग दो हजार से भी अधिक **संविधान संशोधन** (Constitutional Amendments) किए गए थे। सभा में रखे गए प्रत्येक प्रस्ताव, प्रत्येक शब्द और वहाँ कही गई प्रत्येक बात को रिकॉर्ड किया गया और भविष्य के लिए सुरक्षित रखा गया। इन्हें **कॉन्स्टीट्यूएंट असेंबली डिबेट्स** (Constituent Assembly Debates) नाम से 12 खंडों में प्रकाशित किया गया।
- ये वाद-विवाद संविधान के प्रत्येक प्रावधान (Provision) के पीछे तर्क प्रदान करते हैं तथा संविधान के अर्थ को समझने में भी सहायक हैं। संविधान की व्याख्या के लिए भी इस बहस के दस्तावेजों का उपयोग होता है।

### भारतीय संविधान के निर्माण में शामिल महत्त्वपूर्ण सदस्य

- **डॉ. राजेंद्र प्रसाद** (1884-1963) ये संविधान सभा के अध्यक्ष थे और चंपारण सत्याग्रह के प्रमुख व्यक्ति थे। ये तीन बार **कांग्रेस के अध्यक्ष** रहे। ये भारत के **प्रथम राष्ट्रपति** निर्वाचित हुए।
- **एच सी मुखर्जी** (1887-1956) ये **संविधान सभा के उपाध्यक्ष** तथा प्रसिद्ध लेखक, शिक्षाविद् और कांग्रेसी नेता थे। ये बंगाल विधानसभा और ऑल इंडिया क्रिश्चियन कौंसिल के भी सदस्य थे।
- **डॉ. भीमराव अंबेडकर** (1891-1956) ये प्रारूप समिति (Drafting Committee) के **अध्यक्ष** थे। ये सामाजिक क्रांतिकारी चिंतक एवं जातिगत भेदभाव के खिलाफ हमेशा लड़ते रहे। ये स्वतंत्र भारत की पहली सरकार में कानून मंत्री बने तथा रिपब्लिकन पार्टी ऑफ इंडिया के संस्थापक थे।
- **टी टी कृष्णामाचारी** (1899-1979) ये प्रारूप समिति के **सदस्य**, उद्यमी और कांग्रेसी नेता थे तथा बाद में केंद्रीय मंत्रिमंडल में **वित्तमंत्री** बने।
- **जवाहरलाल नेहरू** (1889-1964) ये अंतरिम सरकार के प्रथम प्रधानमंत्री थे। ये वकील और कांग्रेसी नेता तथा समाजवाद, लोकतंत्र और साम्राज्यवाद-विरोध के पक्षधर थे। **ट्राइस्ट विद डेस्टिनी** (Tryst with Destiny) 14 अगस्त, 1947 को भारत की स्वतंत्रता की पूर्व संध्या पर जवाहरलाल नेहरू द्वारा संसद में भारतीय संविधान सभा को दिया गया भाषण (Speech) था।
- **सरदार वल्लभ भाई पटेल** (1875-1950) इनका जन्म गुजरात में हुआ था। ये अंतरिम सरकार में गृह, सूचना एवं प्रसारण मंत्री थे। ये एक वकील और बारदोली किसान सत्याग्रह के नेता थे। इन्होंने भारतीय रियासतों के विलय में निर्णायक भूमिका निभाई।
- **अबुल कलाम आजाद** (1888-1958) ये शिक्षाविद्, लेखक, धर्मशास्त्रों के ज्ञाता, अरबी के विद्वान् और कांग्रेसी नेता थे। इनकी राष्ट्रीय आंदोलन में अग्रणी भूमिका थी। ये पहले केंद्रीय मंत्रिमंडल में शिक्षा मंत्री थे।
- **सरोजिनी नायडू** (1879-1949) ये कवयित्री, लेखिका और राजनैतिक कार्यकर्ता थीं तथा उत्तर प्रदेश की **प्रथम महिला राज्यपाल** बनीं।
- **कन्हैयालाल माणिक लाल मुंशी** (1887-1971) ये वकील, इतिहासकार और भाषाविद् थे। ये कांग्रेसी नेता और गाँधीवादी थे। ये केंद्रीय मंत्रिमंडल में मंत्री और स्वतंत्र पार्टी के संस्थापक थे।
- **बलदेव सिंह** (1901-1961) ये सफल उद्यमी और पंजाब विधानसभा में पंथक अकाली पार्टी के नेता थे। ये संविधान सभा में कांग्रेस द्वारा मनोनीत हुए तथा बाद में केंद्रीय मंत्रिमंडल में रक्षामंत्री रहे।
- **श्यामा प्रसाद मुखर्जी** (1901-1953) ये अंतरिम सरकार में **उद्योग एवं आपूर्ति मंत्री** थे, बाद में इन्होंने भारतीय जनसंघ की स्थापना की।
- **सोमनाथ लाहिड़ी** (1901-1984) ये लेखक, संपादक और भारतीय कम्युनिस्ट पार्टी के नेता थे। बाद में ये पश्चिम बंगाल विधानसभा में सदस्य बने।
- **जयपाल सिंह** (1903-1970) ये खिलाड़ी और शिक्षाविद् थे तथा आदिवासी महासभा के संस्थापक अध्यक्ष भी थे। ये भारतीय हॉकी टीम के पहले कप्तान भी थे।
- **जी. दुर्गाबाई देशमुख** (1909-1981) ये वकील थीं और इन्होंने महिलाओं की स्वाधीनता हेतु अनेक आंदोलन किए। ये आंध्र महिला सभा की संस्थापक थीं। इसके पश्चात् ये केंद्रीय समाज कल्याण बोर्ड की संस्थापक अध्यक्ष बनीं।

# भारतीय संविधान के बुनियादी मूल्य

भारतीय संविधान को समझने से पहले यह आवश्यक है कि पहले इसके संपूर्ण **दर्शन** को समझा जाए। इसे समझने के लिए हमारे संविधान और संविधान की प्रस्तावना के विषय में प्रमुख नेताओं के विचारों का अध्ययन करना आवश्यक है।

## सपने और वायदे

संविधान के विषय में महात्मा गाँधीजी, बी आर अंबेडकर और जवाहरलाल नेहरू के विचार निम्नलिखित थे

### महात्मा गाँधी

महात्मा गाँधी संविधान सभा के सदस्य नहीं थे, परंतु संविधान सभा के अनेक सदस्य उनके विचारों के अनुयायी थे। वर्ष 1931 में अपनी पत्रिका **यंग इंडिया** (Young India) में उन्होंने संविधान से अपनी अपेक्षा के विषय में लिखा था। गाँधीजी भारत के लिए एक ऐसा संविधान चहाते थे, जो गरीब एवं अधिकारों से वंचित लोगों के लिए लाभकारी हो एवं जिसमें लोगों का उच्च वर्ग एवं निम्न वर्ग न हो। साथ ही इसमें छुआछूत (Untouchability), शराब या अन्य नशीली वस्तुओं के लिए कोई स्थान न हो और महिलाओं तथा पुरुषों को समान अधिकार मिलें।

### डॉ. भीमराव अंबेडकर

डॉ. भीमराव अंबेडकर सभी के लिए राजनीतिक, सामाजिक और आर्थिक समानता चाहते थे। इन्हें **भारतीय संविधान के पिता** (Father of Indian Constitution) के रूप में जाना जाता है। इन्हें इस बात का भय था कि यदि हम लंबे समय के लिए सामाजिक और आर्थिक जीवन में समानता से इंकार करते रहे तो ये लोकतंत्र के लिए बड़ा खतरा पैदा कर सकता है।

### जवाहरलाल नेहरू

जवाहरलाल नेहरू चाहते थे कि सभी के लिए अवसर की समानता, गरीबी और अज्ञान और बीमारियों के नियंत्रण की समाप्ति होनी चाहिए। वे चाहते थे कि सभी जिम्मेदार व्यक्ति स्वयं को समाज की सेवा में समर्पित करें।

## संविधान का दर्शन

स्वतंत्रता संग्राम की प्रेरणा तथा उसे दिशा-निर्देश देने वाले मूल्य ही भारतीय लोकतंत्र का आधार बने। इन्हें **भारतीय संविधान की प्रस्तावना** में शामिल किया गया है। इन्हीं के अनुरूप भारतीय संविधान की सभी धाराएँ बनी हैं। संविधान का आरंभ आधारभूत मूल्यों की एक उद्देशिका के साथ होता है। इसे प्रस्तावना या उद्देशिका कहते हैं। समकालीन विश्व के अधिकांश देश, अमेरिकी संविधान की प्रस्तावना से प्रेरणा लेकर अपने संविधान की शुरुआत एक प्रस्तावना के साथ करते हैं। यह प्रस्तावना सरकार के किसी भी कानून और फैसले के मूल्यांकन और परीक्षण का मानक निर्धारित करती है। इसके द्वारा यह जाँच की जा सकती है कि कौन कानून, कौन फैसला अच्छा या बुरा है। इसमें **भारतीय संविधान की आत्मा** (Soul of the Indian Constitution) बसती है।

## प्रस्तावना

संविधान की प्रस्तावना लोकतंत्र पर एक कविता की तरह है। इसमें वह दर्शन शामिल है, जिस पर पूरा संविधान बनाया गया है।

भारतीय संविधान की प्रस्तावना निम्न प्रकार है

**हम, भारत के लोग,** भारत को एक संपूर्ण
**प्रभुत्व संपन्न, समाजवादी,**
**पंथनिरपेक्ष, लोकतंत्रात्मक**
**गणराज्य** बनाने के लिए तथा उसके समस्त नागरिकों को
सामाजिक, आर्थिक और राजनीतिक **न्याय,**
विचार, अभिव्यक्ति, विश्वास, धर्म व उपासना की
**स्वतंत्रता**
प्रतिष्ठा और अवसर की **समता**
प्राप्त कराने के लिए
तथा उन **सब में** व्यक्ति की गरिमा और
**राष्ट्र की एकता एवं अखंडता**
**सुनिश्चित** करने वाली
**बंधुता** बढ़ाने के लिए
दृढ़ संकल्प होकर **अपनी इस संविधान सभा में**
आज तारीख 26 नवंबर, 1949
(मिति मार्गशीर्ष शुक्ल सप्तमी, संवत् दो हजार
छः विक्रमी) को एतद् द्वारा इस **संविधान को अंगीकृत,**
**अधिनियमित और आत्मार्पित करते हैं।**

### प्रस्तावना में प्रयुक्त महत्त्वपूर्ण शब्द

- **हम भारत के लोग** (We, the people of India) भारत के संविधान का निर्माण और अधिनियमन भारत के लोगों ने अपने प्रतिनिधियों के माध्यम से किया है।
- **प्रभुत्व संपन्न** (Sovereign) भारत एक स्वतंत्र देश है और कोई भी बाहरी शक्ति इसे आदेश या निर्देश नहीं दे सकती।
- **पंथनिरपेक्ष** (Secular) नागरिकों को किसी भी धर्म को मानने की पूरी स्वतंत्रता है। राज्य का अपना कोई धर्म नहीं होगा।
- **गणराज्य** (Republic) शासन का प्रमुख लोगों द्वारा चुना हुआ व्यक्ति होगा न कि वंश या राजवंश का।
- **समाजवादी** (Socialist) समाज में धन संपदा सामूहिक रूप से उत्पन्न होती है और समाज में इसका बँटवारा समानता के साथ होना चाहिए।
- **न्याय** (Justice) नागरिकों के साथ उनकी जाति, धर्म और लिंग के आधार पर भेदभाव नहीं किया जा सकता।
- **स्वतंत्रता** (Liberty) नागरिकों को अपने विचारों को रखने की पूरी स्वतंत्रता है।
- **समता** (Equality) कानून के समक्ष सभी लोग समान हैं। सरकार प्रत्येक नागरिक को समान अवसर उपलब्ध कराने की व्यवस्था करे।
- **बंधुता** (Fraternity) सभी ऐसा आचरण करें, जैसे कि हम एक परिवार के सदस्य हों। लोगों में बंधुत्व एवं भ्रातृत्व की भावना पैदा हो।
- **लोकतंत्रात्मक** (Democratic) सरकार का एक ऐसा स्वरूप, जिसमें लोगों को समान राजनैतिक अधिकार प्राप्त हों।

## संस्थाओं का स्वरूप

एक संविधान संस्थागत व्यवस्था में मूल्य एवं दर्शन का प्रतीक है। भारतीय संविधान के अधिकांश भाग में इन व्यवस्थाओं की चर्चा की गई है। इन चर्चाओं को कानूनी भाषा में संविधान में लिखा गया है। संविधान निर्माताओं ने समय-समय पर संविधान में परिवर्तन का प्रावधान रखा। इन परिवर्तनों को **संविधान संशोधन** के नाम से जाना जाता है।

इसके कार्य करने के तीन प्रमुख पहलू हैं

(i) यह देश को संचालित करने के लिए व्यक्तियों के चुनने की प्रक्रिया को समाप्त करता है; जैसे—चुनाव के विषय में।

(ii) यह परिभाषित करता है कि निर्णय लेने की शक्ति किसके पास होगी।

(iii) यह नागरिकों को कुछ स्पष्ट अधिकार देकर सरकार के लिए सीमा रेखा निर्धारित कर देता है कि सरकार इसका उल्लंघन नहीं करेगी।

### चेक प्वॉइंट 02

*1. मोतीलाल नेहरू और कांग्रेस के आठ अन्य नेताओं द्वारा भारत का एक संविधान किस वर्ष लिखा गया?*

*2. संविधान सभा की पहली बैठक कब हुई थी?*

*3. संविधान सभा में प्रारूप समिति के अध्यक्ष कौन थे?*

*4. सरदार वल्लभ भाई पटेल का जन्म कहाँ हुआ था?*

*5. महात्मा गाँधी ने अपनी पत्रिका किस वर्ष लिखी थी?*

### इन्हें भी जानें

- ***रंगभेद** (Apartheid)* दक्षिण अफ्रीका की सरकार की वर्ष 1948 से 1989 के बीच काले लोगों के साथ नस्लीय अलगाव और दुर्व्यवहार करने वाली शासन व्यवस्था।
- ***संविधान** (Constitution)* देश का सर्वोच्च कानून। इसमें किसी देश की राजनीति और समाज को चलाने वाले मौलिक कानून होते हैं।
- ***संविधान संशोधन** (Constitutional Amendments) देश की सर्वोच्च विधायी संस्था द्वारा उस देश के संविधान में किया जाने वाला परिवर्तन।*
- ***संविधान सभा** (Constituent Assembly)* जन-प्रतिनिधियों की वह सभा, जो संविधान लिखने का काम करती है।
- ***दर्शन** (Philosophy)* किसी सोच और काम को दिशा देने वाले सबसे बुनियादी विचार।
- ***प्रस्तावना** (Preamble)* संविधान का वह पहला कथन, जिसमें कोई देश अपने संविधान के बुनियादी मूल्यों और अवधारणाओं को स्पष्ट ढंग से कहता है।
- ***प्रारूप** (Draft) किसी* कानूनी दस्तावेज का प्रारंभिक रूप।
- ***प्रांतीय विधानमंडल** (Provincial Legislature) यह एक शासी निकाय है, जो कानून बनाता है और उन्हें संशोधित व निरस्त भी कर सकता है।*

# NCERT फोल्डर

**1.** नीचे कुछ गलत वाक्य दिए गए हैं। प्रत्येक कथन में गलतियों को पहचानें और इस अध्याय के आधार पर उन्हें सही करें

(a) स्वतंत्रता के बाद देश लोकतांत्रिक है या नहीं, इस विषय पर स्वतंत्रता आंदोलन के नेताओं ने अपना दिमाग खुला रखा था।

(b) भारतीय संविधान सभा के सभी सदस्य संविधान में कही गई प्रत्येक बात से सहमत थे।

(c) जिन देशों में संविधान है, वहाँ लोकतांत्रिक शासन व्यवस्था ही होगी।

(d) संविधान देश का सर्वोच्च कानून होता है, इसलिए इसमें बदलाव नहीं किया जा सकता।

**उत्तर** (a) **गलत** यह बात स्वतंत्रता संघर्ष के दौरान ही तय थी कि देश स्वतंत्रता के पश्चात् एक लोकतांत्रिक शासन प्रणाली से संचालित होगा। कांग्रेस के कराची अधिवेशन में सार्वभौम वयस्क मताधिकार, स्वतंत्रता तथा समानता का अधिकार और अल्पसंख्यकों के अधिकारों को संरक्षित करने को शामिल करने का निर्णय लिया गया। इस प्रकार लोकतंत्र जैसे कुछ आधारभूत मूल्यों को स्वतंत्रता से बहुत पहले सभी नेताओं ने स्वीकार कर लिया था।

(b) **गलत** संविधान के अधिकार प्रावधानों पर विभिन्न मत थे, इसलिए कई बार संविधान सभा में इस पर चर्चा हुई।

(c) **सही** संविधान लोकतंत्र का आधार स्तंभ है।

(d) **गलत** संविधान में संशोधन हो सकता है, क्योंकि यह लोगों की इच्छाओं के अनुकूल तथा समाज के परिवर्तन के अनुसार होना चाहिए।

**2.** दक्षिण अफ्रीका का लोकतांत्रिक संविधान बनाने में इनमें से कौन-सा टकराव सबसे महत्त्वपूर्ण था?

(a) दक्षिण अफ्रीका और उसके पड़ोसी देशों का

(b) स्त्रियों और पुरुषों का

(c) गोरे अल्पसंख्यक तथा अश्वेत बहुसंख्यकों का

(d) रंगीन चमड़ी वाले बहुसंख्यकों तथा अश्वेत अल्पसंख्यकों का

**उत्तर** (d) रंगीन चमड़ी वाले बहुसंख्यकों तथा अश्वेत अल्पसंख्यकों का

**3.** लोकतांत्रिक संविधान में इनमें से कौन-सा प्रावधान नहीं रहता?

(a) शासन प्रमुख के अधिकार

(b) शासन प्रमुख का नाम

(c) विधायिका के अधिकार

(d) देश का नाम

**उत्तर** (b) शासन प्रमुख का नाम

**4.** निम्नलिखित नेताओं का संविधान निर्माण में भूमिका के साथ मिलान करें

| | |
|---|---|
| (a) मोतीलाल नेहरू | (i) संविधान सभा के अध्यक्ष |
| (b) बी आर अंबेडकर | (ii) संविधान सभा के सदस्य |
| (c) राजेंद्र प्रसाद | (iii) प्रारूप कमेटी के अध्यक्ष |
| (d) सरोजिनी नायडू | (iv) वर्ष 1928 में भारत का संविधान बनाया |

**उत्तर** (a) (iv), (b) (iii), (c) (i), (d) (ii)

**5.** जवाहरलाल नेहरू के नियति के साथ साक्षात्कार वाले भाषण के आधार पर निम्नलिखित प्रश्नों का उत्तर दीजिए

(a) नेहरू ने क्यों कहा कि भारत का भविष्य सुस्ताने और आराम का नहीं है?

(b) नए भारत के सपने किस तरह विश्व से जुड़े हैं?

(c) वे संविधान निर्माताओं से क्या शपथ चाहते थे?

(d) "हमारी पीढ़ी के सबसे महान् व्यक्ति की कामना प्रत्येक की आँख से आँसू पोंछने की है।" वे इस कथन में किसका वर्णन कर रहे थे?

**उत्तर** (a) इन शब्दों का प्रयोग इसलिए किया गया, क्योंकि आजादी के बाद नए एवं आधुनिक भारत के निर्माण के लिए सुस्ताने एवं आराम का समय नहीं था।

(b) भारत, उसके लोगों तथा मानवता की सेवा के समर्पण की प्रतिज्ञा।

(c) वे संविधान निर्माताओं से यह शपथ चाहते थे कि "ऐसे पवित्र क्षण में वे अपने आपको भारत और उनके लोगों तथा उससे भी अधिक मानवता की सेवा में समर्पित करें।"

(d) शायद वह महात्मा गाँधी की ओर संकेत कर रहे थे।

**6.** हमारे संविधान को दिशा देने वाले ये कुछ मूल्य और उनके अर्थ हैं। उनका सही मिलान कीजिए

| | |
|---|---|
| (a) संप्रभु | (i) सरकार किसी धर्म के निर्देशों के अनुसार काम नहीं करेगी। |
| (b) गणतंत्र | (ii) फैसले लेने का सर्वोच्च अधिकार लोगों के पास है। |
| (c) बंधुत्व | (iii) शासन प्रमुख एक निर्वाचित व्यक्ति है। |
| (d) धर्मनिरपेक्ष | (iv) लोगों को आपस में परिवार की तरह रहना चाहिए। |

**उत्तर** (a) (ii), (b) (iii), (c) (iv), (d) (i)

**7.** कुछ दिन पहले नेपाल से आपके एक मित्र ने वहाँ की राजनैतिक स्थिति के बारे में आपको पत्र लिखा। वहाँ अनेक राजनीतिक दल राजा के शासन का विरोध कर रहे थे। उनमें से कुछ का कहना था कि राजा द्वारा दिए गए मौजूदा संविधान में ही संशोधन करके चुने हुए प्रतिनिधियों को अधिक अधिकार दिए जा सकते हैं। अन्य दल नया गणतांत्रिक संविधान बनाने के लिए नई संविधान सभा गठित करने की माँग कर रहे थे। इस विषय में अपनी राय बताते हुए अपने मित्र को पत्र लिखिए।

*उत्तर* छात्र स्वयं करें।

**8.** भारत के लोकतंत्र के स्वरूप में विकास के प्रमुख कारणों के बारे में कुछ अलग-अलग विचार इस प्रकार हैं। आप इनमें से हर कथन को भारत में लोकतांत्रिक व्यवस्था के लिए कितना महत्त्वपूर्ण मानते हैं?

(a) अंग्रेज शासकों ने भारत को उपहार के रूप में लोकतांत्रिक व्यवस्था दी। हमने ब्रिटिश हुकूमत के समय बनी प्रांतीय असेंबलियों के द्वारा लोकतांत्रिक व्यवस्था में कार्य करने का प्रशिक्षण पाया।

(b) स्वतंत्रता संघर्ष ने औपनिवेशिक शोषण तथा भारतीय लोगों को विभिन्न प्रकार की स्वतंत्रताएँ न देने का विरोध किया। ऐसे में स्वतंत्र भारत को लोकतांत्रिक होना ही था।

(c) हमारे राष्ट्रवादी नेताओं की आस्था लोकतंत्र में थी। अनेक नव स्वतंत्र राष्ट्रों में लोकतंत्र का न आना हमारे नेताओं की महत्त्वपूर्ण भूमिका को रेखांकित करता है।

*उत्तर* (a) भारतीय द्वारा प्रांतीय असेंबलियों के द्वारा लोकतांत्रिक व्यवस्थाओं में कार्य करना लाभदायक सिद्ध हुआ, क्योंकि इन्हीं भारतीय लोगों को अपनी संस्थाएँ और व्यवस्थाएँ बनानी थीं।

(b) स्वतंत्रता संघर्ष के दौरान क्रांतिकारियों ने भारतीय नागरिकों को स्वतंत्रता प्रदान करने पर बल दिया, नागरिकों को स्वतंत्रता प्राप्त होने पर वे अपने प्रतिनिधि का चुनाव स्वयं कर सकते हैं। इसलिए कहा गया है कि भारत को लोकतांत्रिक होना ही था।

(c) भारत में स्वतंत्रता की लड़ाई के दौरान ही लोकतंत्र सहित अधिकांश बातों पर राष्ट्रीय सहमति बनाने का काम हो चुका था, क्योंकि भारत जैसे देश में विभिन्न धर्म, सम्प्रदाय आदि के लोग रहते हैं। इसलिए भारत में शासन करने के लिए लोकतंत्र सबसे उचित तंत्र है। इसलिए नव स्वतंत्र राष्ट्रों में लोकतंत्र का न आना हमारे नेताओं की महत्त्वपूर्ण भूमिका को रेखांकित नहीं करता है।

**9.** वर्ष 1912 में प्रकाशित 'विवाहित महिलाओं के लिए आचरण' पुस्तक के निम्नलिखित अंश को पढ़ें

''ईश्वर ने औरत जाति को शारीरिक और भावनात्मक दोनों ही तरह से अधिक नाजुक बनाया है। उन्हें आत्मरक्षा के भी योग्य नहीं बनाया है, इसलिए ईश्वर ने ही उन्हें जीवनभर पुरुषों के संरक्षण में रहने का भाग्य दिया है—कभी पिता के, कभी पति के और कभी पुत्र के, इसलिए महिलाओं को निराश होने की जगह इस बात से अनुगृहीत होना चाहिए कि वे अपने आपको पुरुषों की सेवा में समर्पित कर सकती हैं।'' क्या इस अनुच्छेद में व्यक्त मूल्य संविधान के दर्शन से मेल खाते हैं या वे संवैधानिक मूल्यों के खिलाफ हैं?

*उत्तर* यह अनुच्छेद हमारे संविधान में निहित दर्शन, आदर्शों एवं मूल्यों से मेल नहीं खाता, क्योंकि हमारा संविधान पुरुषों तथा महिलाओं को समान अधिकार देता है।

**10.** निम्नलिखित कथनों को पढ़ें। क्या आप उनसे सहमत हैं? कारण भी बताइए।

(a) संविधान के नियमों की हैसियत किसी भी अन्य कानून के बराबर है।

(b) संविधान बताता है कि शासन व्यवस्था के विविध अंगों का गठन किस प्रकार होगा।

(c) नागरिकों के अधिकार और सरकार की सत्ता की सीमाओं का उल्लेख भी संविधान में स्पष्ट रूप में है।

(d) संविधान संस्थाओं की चर्चा करता है। उसका मूल्यों से कोई लेना-देना नहीं है।

*उत्तर* (a) **गलत** संविधान के नियमों की हैसियत किसी अन्य कानून से कहीं अधिक है। कानून का मुख्य स्रोत संविधान ही है।

(b) **सही** संविधान में यह स्पष्ट किया गया है कि सरकार के विभिन्न अंगों की रचना किस प्रकार से होती है।

(c) **सही** नागरिकों के अधिकार एवं कर्त्तव्य तथा सरकार की सत्ता की सीमाओं का स्पष्ट उल्लेख संविधान में मिलता है।

(d) **गलत** संविधान मूल्यों को समान महत्त्व देता है। उदाहरण के लिए, मानव मूल्य।

# परीक्षा अभ्यास

## वस्तुनिष्ठ प्रश्न

### बहुविकल्पीय प्रश्न

**1.** लोकतंत्र में नियम और मानकों का पालन किनके द्वारा किया जाता है?
(a) नागरिकों के द्वारा
(b) सरकार के द्वारा
(c) संवैधानिक संस्थाओं के द्वारा
(d) उपरोक्त सभी
**उत्तर** *(d)* उपरोक्त सभी

**2.** संविधान किसका निर्धारण करता है?
(a) नागरिकों के अधिकारों का
(b) सरकार की शक्तियों का
(c) सरकार की कार्य पद्धति का
(d) उपरोक्त सभी
**उत्तर** *(d)* उपरोक्त सभी

**3.** नेल्सन मंडेला को किस वर्ष रंगभेद की नीतियों का विरोध करने के लिए 28 वर्ष की जेल की सजा हुई थी?
(a) वर्ष 1956 में (b) वर्ष 1960 में
(c) वर्ष 1964 में (d) वर्ष 1967 में
**उत्तर** *(c)* वर्ष 1964 में

**4.** रोब्बेन द्वीप में क्रांतिकारी ............ को सजा मिली थी।
(a) अब्राहम लिंकन (b) नेल्सन मंडेला
(c) रॉबर्ट मुगाबे (d) जोन निम्सन
**उत्तर** *(b)* नेल्सन मंडेला

**5.** दक्षिण अफ्रीका में अश्वेत लोगों की जनसंख्या कितनी है?
(a) एक-तिहाई (b) एक-चौथाई
(c) दो-तिहाई (d) दो-चौथाई
**उत्तर** *(c)* दो-तिहाई

**6.** निम्न में से कौन-सा अधिकार दक्षिण अफ्रीका में अश्वेतों को प्राप्त नहीं था?
(a) वोट करने का अधिकार
(b) संघ बनाने का अधिकार
(c) श्वेतों के विरुद्ध विरोध प्रदर्शन करने का अधिकार
(d) उपरोक्त सभी
**उत्तर** *(d)* उपरोक्त सभी

**7.** किस वर्ष दक्षिण अफ्रीका में अश्वेतों एवं भारतीयों ने रंगभेद नीति के विरुद्ध संघर्ष शुरू किया?
(a) वर्ष 1930 में (b) वर्ष 1940 में
(c) वर्ष 1950 में (d) वर्ष 1960 में
**उत्तर** *(c)* वर्ष 1950 में

**8.** किस वर्ष दक्षिण अफ्रीका को आजादी प्राप्त हुई थी?
(a) वर्ष 1990 में (b) वर्ष 1992 में
(c) वर्ष 1994 में (d) वर्ष 1996 में
**उत्तर** *(c)* वर्ष 1994 में

**9.** दक्षिण अफ्रीका में कितने वर्षों तथा चर्चा और बहस के बाद संविधान का निर्माण किया गया था?
(a) दो वर्ष (b) तीन वर्ष (c) चार वर्ष (d) पाँच वर्ष
**उत्तर** *(a)* दो वर्ष

**10.** किस वर्ष मोतीलाल नेहरू और कांग्रेस के अन्य नेताओं ने सर्वप्रथम संविधान का मसौदा तैयार किया था?
(a) वर्ष 1926 में (b) वर्ष 1927 में
(c) वर्ष 1928 में (d) वर्ष 1929 में
**उत्तर** *(c)* वर्ष 1928 में

**11.** भारतीय संविधान में किन तत्त्वों का उल्लेख किया गया है?
(a) सार्वभौम वयस्क मताधिकार
(b) स्वतंत्रता एवं समानता का अधिकार
(c) अल्पसंख्यकों के अधिकार
(d) उपरोक्त सभी
**उत्तर** *(d)* उपरोक्त सभी

**12.** भारत में किस वर्ष ब्रिटिश शासन वाले भारत में प्रादेशिक असेंबलियों के लिए चुनाव कराए गए थे?
(a) वर्ष 1932 में (b) वर्ष 1934 में
(c) वर्ष 1935 में (d) वर्ष 1937 में
**उत्तर** *(d)* वर्ष 1937 में

**13.** भारत के संविधान निर्माता किससे सर्वाधिक प्रभावित थे?
(a) फ्रांसीसी क्रांति के आदर्शों से
(b) ब्रिटेन के संसदीय लोकतंत्र के कामकाज से
(c) अमेरिका के अधिकारियों की सूची से
(d) उपरोक्त सभी
**उत्तर** *(d)* उपरोक्त सभी

**14.** भारतीय संविधान सभा में ............ सदस्य थे।
(a) 199 (b) 299
(c) 399 (d) 499
**उत्तर** *(b)* 299

**15.** भारतीय संविधान निर्माण का कार्य कब पूरा हुआ था?
(a) 26 अक्टूबर, 1949 (b) 26 नवंबर, 1949
(c) 26 जनवरी, 1950 (d) 29 जनवरी, 1950
**उत्तर** *(c)* 26 जनवरी, 1950

**16.** भारतीय कॉन्स्टीटूएंट असेंबली डिबेट्स को कितने खंडों में विभाजित किया गया है?

(a) 8 (b) 10
(c) 12 (d) 14

*उत्तर* (c) 12

**17.** 'यंग इंडिया पत्रिका' का संबंध किस स्वतंत्रता सेनानी से है?

(a) महात्मा गाँधी (b) डॉ. भीमराव अंबेडकर
(c) जवाहरलाल नेहरू (d) श्यामा प्रसाद मुखर्जी

*उत्तर* (a) महात्मा गाँधी

**18.** निम्नलिखित में से कौन-सा कथन दक्षिण अफ्रीका की रंगभेद नीति से संबंधित नहीं है?

(a) रंगभेद नस्ली भेदभाव दक्षिण अफ्रीका में विशिष्ट तौर पर चलाई गई
(b) दक्षिण अफ्रीका पर यह नीति यूरोप के लोगों द्वारा आरोपित की गई
(c) दक्षिण अफ्रीका में रंगभेद की नीति में अश्वेतों को वोट देने का अधिकार प्राप्त था
(d) दक्षिण अफ्रीका में रंगभेद की नीति में अश्वेतों को श्वेतों के चर्च जाने पर पूर्णत: प्रतिबंध था

*उत्तर* (c) दक्षिण अफ्रीका में रंगभेद की नीति में अश्वेतों को वोट देने का अधिकार प्राप्त था

**19.** निम्नलिखित में से कौन-सा कथन सत्य है?

(a) भारतीय संविधान 28 जनवरी, 1950 को लागू हुआ
(b) भारत का गणतंत्र दिवस 26 जनवरी को मनाया जाता है
(c) भारतीय संविधान सभा में 300 सदस्य थे
(d) भारतीय संविधान सभा के सदस्यों को नियुक्त किया गया था

*उत्तर* (b) भारत का गणतंत्र दिवस 26 जनवरी को मनाया जाता है

**20.** निम्न कथनों पर विचार करके सही कूट का चयन करें

1. अफ्रीका में श्वेत लोगों का जनसंख्या में तीन-चौथाई हिस्सा है।
2. 1960 से ही अश्वेत, रंगीन चमड़ी वाले और भारतीय मूल के लोगों ने रंगभेद प्रणाली के खिलाफ संघर्ष किया।

**कूट**

(a) केवल 1 (b) केवल 2
(c) 1 और 2 (d) न तो 1 और न ही 2

*उत्तर* (d) न तो 1 और न ही 2

**21.** निम्न कथनों पर विचार करके सही कूट का चयन करें

1. 26 अप्रैल, 1994 की मध्य रात्रि को दक्षिण अफ्रीका लोकतांत्रिक देश बन गया।
2. दक्षिण अफ्रीका की ही तरह भारत का संविधान कठिन परिस्थितियों के बीच बना।
3. भारतीय संविधान सभा के लिए जुलाई, 1946 में चुनाव हुए थे।

**कूट**

(a) 1 और 2 (b) 2 और 3
(c) 1 और 3 (d) 1, 2 और 3

*उत्तर* (d) 1, 2 और 3

**22.** निम्नलिखित में से कौन-सा युग्म सही सुमेलित नहीं है?

(a) पंथनिरपेक्ष – राज्य का अपना कोई धर्म न होना
(b) गणराज्य – शासक का लोगों द्वारा चुनना
(c) समाजवादी – धन-संपत्ति का उचित बँटवारा
(d) समता – सरकार के सम्मुख सभी का बराबर होना

*उत्तर* (d) समता–सरकार के सम्मुख सभी का बराबर होना

**23.** निम्नलिखित में से कौन-सा युग्म सही सुमेलित है?

| **स्वतंत्रता सेनानी** | | **जन्मस्थल** |
|---|---|---|
| (a) बलदेव सिंह | – | पंजाब |
| (b) श्यामा प्रसाद मुखर्जी | – | उड़ीसा |
| (c) भीमराव रामजी अंबेडकर | – | मध्य प्रदेश |
| (d) जवाहर लाल नेहरू | – | गुजरात |

*उत्तर* (c) भीमराव रामजी अंबेडकर–मध्य प्रदेश

**24.** निम्नलिखित कथनों की सहायता से सही व्यक्तित्व की पहचान करें

- ये सभी के लिए राजनीतिक, सामाजिक और आर्थिक समानता चाहते थे।
- इन्हें भारतीय संविधान के पिता के रूप में जाना जाता है।
- इन्हें भारत का पहला कानून मंत्री बनाया गया था।

(a) कन्हैयालाल माणिकलाल (b) भीमराव अंबेडकर
(c) बलदेव सिंह (d) सोमनाथ लाहिड़ी

*उत्तर* (b) भीमराव रामजी अंबेडकर

**25.** निम्नलिखित कथनों की सहायता से सही की पहचान करें

- इसके लिए जुलाई, 1946 में चुनाव कराए गए थे।
- इसकी पहली बैठक दिसंबर, 1946 को हुई थी।
- इसने 26 नवंबर, 1949 को अपना कार्य पूरा कर लिया।

(a) कानून निर्माण सभा
(b) संविधान निर्माण सभा
(c) राष्ट्र निर्माण सभा
(d) देशी रियासत निर्माण सभा

*उत्तर* (b) संविधान निर्माण सभा

## चित्र आधारित प्रश्न

**26.** निम्नलिखित चित्र दक्षिण अफ्रीका के किस स्वरूप को प्रदर्शित करता है?

(a) अफ्रीका की स्वतंत्रता से पूर्व की स्थिति
(b) अफ्रीका की स्वतंत्रता के दौरान की स्थिति
(c) अफ्रीका की वर्तमान स्थिति
(d) उपरोक्त में से कोई नहीं

उत्तर (c) अफ्रीका की वर्तमान स्थिति

## सुमेलित करें

**27.** सुमेलित कीजिए

| सूची I | सूची II |
|---|---|
| A. एच सी मुखर्जी | 1. भारतीय जनसंघ की स्थापना |
| B. सरोजिनी नायडू | 2. बंगाल विधानसभा के सदस्य |
| C. श्यामा प्रसाद मुखर्जी | 3. उत्तर प्रदेश की प्रथम राज्यपाल |

कूट

| | A | B | C | | A | B | C |
|---|---|---|---|---|---|---|---|
| (a) | 3 | 2 | 1 | (b) | 2 | 3 | 1 |
| (c) | 1 | 3 | 2 | (d) | 3 | 1 | 2 |

उत्तर (b) 2 3 1

**28.** सुमेलित कीजिए

| सूची I | सूची II |
|---|---|
| A. पंथनिरपेक्ष | 1. कानून के समक्ष सभी लोग समान हैं। |
| B. समता | 2. परिवार के सदस्यों की भावना |
| C. बंधुता | 3. राज्य का कोई धर्म नहीं है। |

कूट

| | A | B | C | | A | B | C |
|---|---|---|---|---|---|---|---|
| (a) | 3 | 2 | 1 | (b) | 2 | 1 | 3 |
| (c) | 3 | 1 | 2 | (d) | 1 | 2 | 3 |

उत्तर (c) 3 1 2

## रिक्त स्थान भरें

**29.** दक्षिण अफ्रीका की आजादी में ………… ने मुख्य भूमिका निभाई थी।

उत्तर नेल्सन मंडेला

**30.** ………… ने दक्षिण अफ्रीका में रंगभेद की नीति आरंभ की थी।

उत्तर गोरे शासकों

**31.** संविधान की आवश्यकता ………… को रक्षा प्रदान करने के लिए होती है।

उत्तर जनता के अधिकार

**32.** भारत जैसे ………… और ………… वाले देश में संविधान बनाना आसान नहीं था।

उत्तर विशाल, विविधता

**33.** भारतीय संविधान सभा के लिए जुलाई ………… में चुनाव हुए थे।

उत्तर 1946

## सही और पुनः लिखें

**34.** भारतीय संविधान ने नागरिकों को जितने अधिकार दिए हैं, उतने दुनिया के किसी भी संविधान ने नहीं दिए हैं।

उत्तर दक्षिण अफ्रीका संविधान ने नागरिकों को जितने अधिकार दिए हैं, उतने दुनिया के किसी भी संविधान ने नहीं दिए हैं।

**35.** भारतीय संविधान बनाने की सहमति स्वतंत्रता संग्राम के समय विकसित नहीं हुई थी।

उत्तर भारतीय संविधान बनाने की सहमति स्वतंत्रता संग्राम के समय ही काफी हद तक तय हो चुकी थी।

## कथन/कारण

**36.** **कथन** (A) भारत में संविधान बनाना सरल कार्य था।
**कारण** (R) भारत में विशालता और विविधता अधिक है।

कूट

(a) A और R दोनों सत्य हैं तथा R, A की सही व्याख्या है
(b) A और R दोनों सत्य हैं, परंतु R, A की सही व्याख्या नहीं है
(c) A सत्य है, किंतु R असत्य है
(d) A असत्य है, किंतु R सत्य है

उत्तर (d) A असत्य है, किंतु R सत्य है

**37.** **कथन** (A) एक संवैधानिक संस्थागत व्यवस्था मूल्य एवं दर्शन का प्रतीक है।
**कारण** (R) क्योंकि संविधान के अधिकांश भाग में इसकी व्यापक चर्चा की जाती है।

कूट

(a) A और R दोनों सत्य हैं तथा R, A की सही व्याख्या है
(b) A और R दोनों सत्य हैं, परंतु R, A की सही व्याख्या नहीं है
(c) A सत्य है, किंतु R असत्य है
(d) A असत्य है, किंतु R सत्य है

उत्तर (a) A और R दोनों सत्य हैं तथा R, A की सही व्याख्या है

## अतिलघु उत्तरीय प्रश्न

**1.** संविधान सभा के अध्यक्ष का नाम क्या था?

उत्तर संविधान सभा के अध्यक्ष का नाम डॉ. राजेंद्र प्रसाद था।

**2.** किस देश में श्वेत आकर बस गए एवं स्थानीय शासक बन गए?

उत्तर दक्षिण अफ्रीका में श्वेत आकर बस गए एवं स्थानीय शासक बन गए।

**3.** नेल्सन मंडेला की आत्मकथा का क्या नाम है?

उत्तर नेल्सन मंडेला की आत्मकथा का नाम 'लॉन्ग वाक टू फ्रीडम' है।

**4.** किस देश के संविधान से दुनियाभर के लोकतांत्रिक लोग प्रभावित हुए?

उत्तर दक्षिण अफ्रीकी के संविधान ने दुनियाभर के लोकतांत्रिक लोगों को प्रभावित किया।

**5.** भारतीय संविधान सभा की प्रथम बैठक कब हुई?

**उत्तर** भारतीय संविधान सभा की प्रथम बैठक दिसंबर, 1946 में हुई।

**6.** भारत के विभाजन के बाद संविधान सभा कितने भागों में विभाजित हो गई?

**उत्तर** संविधान सभा दो भागों में विभाजित हो गई–प्रथम, भारत की संविधान सभा एवं दूसरी पाकिस्तान की संविधान सभा।

**7.** भारतीय संविधान कब लागू हुआ?

**उत्तर** भारतीय संविधान 26 जनवरी, 1950 को लागू हुआ।

**8.** संविधान सभा के महत्त्वपूर्ण सदस्यों के नाम बताइए।

**उत्तर** डॉ. राजेंद्र प्रसाद, डॉ. भीमराव अंबेडकर, पंडित जवाहरलाल नेहरू, डॉ. एस राधाकृष्णन, के एम मुंशी आदि।

**9.** सरदार पटेल का आजादी के बाद देश के लिए सबसे महत्त्वपूर्ण योगदान क्या था?

**उत्तर** सरदार पटेल ने आजादी के बाद देशी रियासतों के एकीकरण में महत्त्वपूर्ण भूमिका निभाई।

**10.** आंध्र महिला सभा की संस्थापिका का नाम क्या है?

**उत्तर** आंध्र महिला सभा की संस्थापिका का नाम जी दुर्गाबाई देशमुख है।

**11.** किस देश का सबसे बड़ा लिखित संविधान है?

**उत्तर** भारत का संविधान विश्व का सबसे बड़ा लिखित संविधान है।

**12.** गणतंत्र में शासनाध्यक्ष को निर्वाचित किया जाता है या मनोनीत।

**उत्तर** गणतंत्र में शासनाध्यक्ष को जनता के द्वारा निर्वाचित किया जाता है।

**13.** भारतीय जनसंघ के संस्थापक कौन थे?

**उत्तर** भारतीय जनसंघ के संस्थापक श्यामा प्रसाद मुखर्जी थे।

**14.** भारतीय संविधान की ड्राफ्टिंग समिति के अध्यक्ष कौन थे?

**उत्तर** भारतीय संविधान की ड्राफ्टिंग समिति के अध्यक्ष डॉ. भीमराव अंबेडकर थे।

**15.** भारतीय संविधान का दर्शन किसे कहा जाता है?

**उत्तर** प्रस्तावना भारतीय संविधान का दर्शन है।

**16.** संविधान की आत्मा किसे कहते हैं?

**उत्तर** प्रस्तावना को संविधान की आत्मा कहा जाता है।

**17.** भारत को संप्रभु राष्ट्र क्यों कहा जाता है?

**उत्तर** भारत को संप्रभु राष्ट्र इसलिए कहा जाता है, क्योंकि भारत के आंतरिक मामलों में हस्तक्षेप करने का अधिकार किसी देश को नहीं है।

**18.** देश के प्रथम शिक्षा मंत्री कौन थे?

**उत्तर** देश के प्रथम शिक्षा मंत्री अबुल कलाम आजाद थे।

**19.** "मैं श्वेतों के वर्चस्व के खिलाफ एवं अश्वेतों के अधिकारों के लिए लड़ता रहूँगा" यह कथन किसका है?

**उत्तर** यह कथन नेल्सन मंडेला ने कहा है।

## C लघु उत्तरीय प्रश्न

**1.** दक्षिण अफ्रीका में अश्वेतों के साथ किस प्रकार के भेदभाव होते थे? बताइए।

**उत्तर** दक्षिण अफ्रीका में रंगभेद के खिलाफ नेल्सन मंडेला ने संघर्ष किया। नेल्सन मंडेला के अश्वेतों के समर्थन में संघर्ष करने के कारण उन्हें 28 वर्षों के लंबे कारावास की सजा मिली। रंगभेद एक ऐसी व्यवस्था थी जहाँ त्वचा के रंग के आधार पर अश्वेतों से श्वेतों द्वारा भेदभाव किया जाता था। अफ्रीकन नेशनल कांग्रेस ने इस संघर्ष को नेतृत्व प्रदान किया।

अश्वेतों के साथ निम्न प्रकार के भेदभाव किए जाते थे

(i) अश्वेतों को श्वेतों की जगह पर जाने की अनुमति नहीं थी। अश्वेत, श्वेतों की जगह पर तभी जा सकते थे, जब उनके पास परमिट होता था।

(ii) अश्वेत एवं श्वेतों के लिए अलग-अलग स्कूल, कॉलेज, होटल, अस्पताल, ट्रेन, बसों एवं सार्वजनिक शौचालयों की व्यवस्था थी।

(iii) यहाँ तक कि अश्वेतों को उस समय तक चर्च जाने की अनुमति नहीं थी, जब तक श्वेत वहाँ पूजा करते थे।

**2.** अफ्रीका में किस प्रकार लोकतांत्रिक गणराज्य की स्थापना हुई?

**उत्तर** वर्ष 1950 के आरंभ में अश्वेतों एवं भारतीयों ने रंगभेद नीति के विरुद्ध संघर्ष किया। उन्होंने धरना प्रदर्शन के माध्यम से आंदोलन करना शुरू किया। अफ्रीकन नेशनल कांग्रेस (ANC) ने इस आंदोलन का नेतृत्व किया। इस आंदोलन में रंगभेद की नीतियों के विरोध में मजदूर संगठन, कम्युनिस्ट पार्टी एवं संवेदनशील लोगों ने ANC को समर्थन दिया।

जब रंगभेद के खिलाफ संघर्ष बढ़ता गया, तो सरकार ने अपनी नीतियों में बदलाव शुरू किया तथा भेदभाव वाले कानून को वापस लिया। 28 वर्ष तक जेल में रहने के बाद नेल्सन मंडेला को आजाद कर दिया गया।

अंततः 26 अप्रैल, 1994 की रात्रि को दक्षिण अफ्रीका गणराज्य का नया झंडा लहराया, जिससे यह दुनिया का एक नया लोकतांत्रिक देश बन गया तथा यहाँ रंगभेद वाली शासन व्यवस्था भी समाप्त हो गई।

**3.** हमारे संविधान में दिए गए मुख्य शब्दों के रूप में संप्रभुता, समाजवाद और धर्मनिरपेक्ष शब्दों का क्या अर्थ है?

**उत्तर** हमारे संविधान में दिए गए मुख्य शब्दों के रूप में संप्रभुता, समाजवाद और धर्मनिरपेक्ष शब्दों का निम्न अर्थ है

(i) **संप्रभुता** इससे आशय है कि राज्य आंतरिक और बाहरी रूप से स्वतंत्र है तथा वह किसी बाहरी सत्ता का गुलाम नहीं है। वह आंतरिक और बाहरी विषयों पर स्वयं फैसला ले सकता है।

(ii) **समाजवाद** इसका अर्थ ऐसे राज्य से है, जिसमें नागरिकों को सामाजिक-आर्थिक क्षेत्र में पूर्ण समानता हो। अमीर-गरीब का कोई भेदभाव न हो।

(iii) **धर्मनिरपेक्ष** इसके अंतर्गत किसी एक धर्म की प्रधानता नहीं होती। सभी धर्मों को एकसमान माना जाता है। धर्म के आधार पर नागरिकों से भेदभाव नहीं किया जाता।

**4. संविधान सभा किसे कहते हैं? भारतीय संविधान सभा की प्रथम बैठक कब हुई थी?**

**उत्तर** चुने गए जनप्रतिनिधियों की जो सभा, संविधान नामक विशाल दस्तावेज को लिखने का काम करती है, संविधान सभा कहलाती है। भारतीय संविधान सभा के लिए जुलाई, 1946 में चुनाव हुए थे।

भारतीय संविधान सभा की पहली बैठक दिसंबर, 1946 में हुई थी। इसके बाद देश दो हिस्सों में बँट गया था– एक भारत और दूसरा पाकिस्तान। संविधान सभा भी दो हिस्सों में बँट गई–भारत की संविधान सभा और पाकिस्तान की संविधान सभा।

**5. भारतीय संविधान की विशेषताएँ बताइए।**

**उत्तर** भारतीय संविधान की विशेषताएँ निम्नलिखित हैं

(i) भारतीय संविधान विश्वास एवं सहयोग की बुनियाद को बढ़ावा देता है।

(ii) भारतीय संविधान में दलितों, पिछड़ों, अल्पसंख्यकों एवं महिलाओं के लिए विशेष प्रावधान किए गए हैं।

(iii) भारतीय संविधान विश्व का सबसे बड़ा लिखित संविधान है।

(iv) संविधान संशोधन की विशेषता भारतीय संविधान की प्रमुख विशेषताओं में से एक है। संविधान संशोधन के द्वारा भारत अपने आपको वर्तमान स्वरूप में ढालता रहता है।

(v) भारतीय संविधान में समाजवाद के तत्त्व भी सन्निहित हैं जो भारत में आय के वितरण की बात करते हैं।

**6. भारतीय संविधान की मूलभूत विशेषताओं को लिखिए।**

**उत्तर** भारतीय संविधान की मूलभूत विशेषताएँ निम्नलिखित हैं

(i) भारतीय संविधान विश्व का सबसे बड़ा लिखित संविधान है।

(ii) भारतीय संविधान संघात्मक विशेषता वाला है।

(iii) यद्यपि हमारे संविधान में कई चीजें दूसरे देशों के संविधान से ली गई हैं।

(iv) भारतीय संविधान सभी नागरिकों को मूल अधिकार प्रदान करता है और उच्च न्यायालय इस अधिकार की गारंटी लेता है।

**7. संविधान एक लाभदायक दस्तावेज कैसे है?**

**उत्तर** संविधान एक लाभदायक दस्तावेज इसलिए है, क्योंकि यह

(i) आपसी विश्वास व सहयोग के माध्यम से लोगों में एकता बढ़ाता है तथा सरकार की शक्तियों व कार्यों की व्याख्या करता है।

(ii) जन भावनाओं का ध्यान रखते हुए आदर्शमूलक समाज की स्थापना करता है।

(iii) सरकार के अधिकारों की सीमा तय करता है और बताता है कि नागरिकों के क्या अधिकार हैं।

उपरोक्त सभी कारणों से संविधान एक लाभदायक दस्तावेज है।

**8. विश्व में लोकतंत्र को प्रोत्साहित करने में नेल्सन मंडेला की भूमिका का उल्लेख कीजिए।**

**उत्तर** नेल्सन मंडेला अफ्रीकन नेशनल कांग्रेस के सबसे अधिक योग्य, कुशल तथा दूरदर्शी नेता थे। मंडेला के नेतृत्व में रंगभेद के विरुद्ध संघर्ष अपनी चरम सीमा पर पहुँचा। रंगभेद आंदोलन में सक्रिय भूमिका निभाने के कारण वर्ष 1964 में उन्हें उम्रकैद की सजा हो गई। उन्होंने 28 वर्ष जेल में बिताए। वर्ष 1994 में पहले लोकतांत्रिक चुनाव हुए तथा नेल्सन मंडेला दक्षिण अफ्रीका के राष्ट्रपति निर्वाचित हुए। इस प्रकार नेल्सन मंडेला ने विश्व के अन्य देशों में लोकतंत्र को प्रोत्साहित करने में अग्रणी भूमिका निभाई।

**9. भारतीय संविधान के निर्माताओं ने उसमें संशोधन का प्रावधान क्यों रखा था?**

**उत्तर** एक संवैधानिक संस्थागत व्यवस्था मूल्य एवं दर्शन का प्रतीक है। भारतीय संविधान के अधिकांश भाग में इन व्यवस्थाओं की चर्चा की गई है। इन चर्चाओं को कानूनी भाषा में संविधान में लिखा गया है। संविधान निर्माताओं ने सोचा कि संविधान को लोगों की भावनाओं के अनुरूप चलना चाहिए तथा समाज में हो रहे परिवर्तनों से दूर नहीं रहना चाहिए। संविधान निर्माताओं ने इसे पवित्र, स्थायी तथा न बदले जा सकने वाले कानून के रूप में नहीं देखा था। इसलिए उन्होंने संविधान में परिवर्तन का प्रावधान रखा है। इन परिवर्तनों को संविधान संशोधन के नाम से जाना है।

**10. भारतीय संविधान कठोर एवं लचीला दोनों है, कैसे? व्याख्या करें।**

**उत्तर** भारतीय संविधान कठोर एवं लचीलेपन दोनों का मिश्रण है। भारतीय संविधान के मूलभूत ढाँचे में कोई परिवर्तन नहीं हो सकता। मूलभूत ढाँचे की व्याख्या एवं मूलभूत ढाँचा किसे माना जाए, यह सर्वोच्च न्यायालय तय करेगा। यद्यपि परिस्थितियों एवं काल के हिसाब से यदि संविधान में कुछ संशोधन की आवश्यकता हुई, तो संविधान में संशोधन किया जा सकता है। भारतीय संविधान के अनुच्छेद-368 के अनुसार, संविधान में संशोधन किया जा सकता है। संविधान की यह प्रणाली ही इसे लचीला बनाती है, इसलिए भारतीय संविधान कठोर एवं लचीलेपन दोनों का मिश्रण है।

## दीर्घ उत्तरीय प्रश्न

**1. दक्षिण अफ्रीका में रंगभेद के खिलाफ चलाए गए आंदोलन की व्याख्या कीजिए।**

**उत्तर** रंगभेद नस्ली भेदभाव पर आधारित व्यवस्था का नाम है। विशेष रूप से यह व्यवस्था दक्षिण अफ्रीका में यूरोपियों द्वारा चलाई गई। 17वीं-18वीं शताब्दी में व्यापार करने आई यूरोपीय कंपनियों ने दक्षिण अफ्रीका को गुलाम बना लिया। काफ़ी संख्या में यूरोपीय गोरे लोग वहाँ आकर बस गए तथा अपना शासन स्थापित कर लिया। दक्षिण अफ्रीका के लोगों की चमड़ी काले रंग की होती है, इस कारण उन्हें अश्वेत कहा जाता है। इनकी आबादी कुल आबादी के लगभग तीन-चौथाई थी। रंगभेद की नीति अश्वेतों के लिए दमनकारी थी। इस नीति के अंतर्गत अश्वेतों को गोरों की बस्तियों में रहने-बसने की अनुमति नहीं थी। सार्वजनिक संपत्ति भी गोरों-कालों के लिए अलग-अलग थी; जैसे–रेलगाड़ी, बस, होटल, स्कूल, सिनेमाघर, नाट्यगृह इत्यादि। सार्वजनिक शौचालय एवं तरणताल में भी गोरों-कालों के लिए

अलग-अलग व्यवस्था थी। अश्वेतों को संगठन बनाने एवं विरोध करने का भी अधिकार नहीं था। 1950 के दशक में इस रंगभेद शासन का विरोध करने के लिए अफ्रीकी नेशनल कांग्रेस के झंडे तले एकजुट होकर आंदोलन प्रारंभ किया। इस आंदोलन में गोरों ने हजारों अश्वेतों की हत्या कर दी तथा दमन की नीति जारी रखी। अंत में 26 अप्रैल, 1994 को दक्षिण अफ्रीका को इस रंगभेद की नीति से मुक्ति मिली तथा वहाँ लोकतंत्र की स्थापना हुई।

**2. भारतीय संविधान में दिए गए मौलिक अधिकारों की मुख्य विशेषताएँ (लक्षण) बताइए।**

उत्तर मौलिक अधिकारों की मुख्य विशेषताएँ निम्नलिखित हैं

(i) **व्यापक तथा विस्तृत** भारतीय संविधान में दिए गए मौलिक अधिकार बहुत ही व्यापक तथा विस्तृत हैं।

(ii) **मौलिक अधिकार सभी नागरिकों के लिए हैं** ये अधिकार सभी नागरिकों को जाति, धर्म, रंग, लिंग, भाषा आदि के भेदभाव के बिना दिए गए हैं।

(iii) **मौलिक अधिकार न्याय योग्य** इसका अर्थ यह है कि यदि कोई व्यक्ति अथवा सरकार नागरिकों के इन अधिकारों का उल्लंघन करने अथवा इन्हें छीनने का प्रयत्न करता है, तो नागरिक न्यायालय में जाकर उसके विरुद्ध न्याय की माँग कर सकता है।

(iv) **अधिकार** मौलिक अधिकारों का प्रयोग नागरिकों द्वारा मनमाने ढंग से नहीं किया जा सकता। यदि कोई नागरिक इनका प्रयोग इस ढंग से करता है कि उससे शांति तथा व्यवस्था भंग होती हो अथवा दूसरों की स्वतंत्रता के प्रयोग के मार्ग में बाधा उत्पन्न होती हो, तो ऐसे व्यक्ति के विरुद्ध कानूनी कार्रवाई की जा सकती है, उसे ऐसा करने से रोका जा सकता है।

(v) **मौलिक अधिकारों को स्थगित किया जा सकता है** संकटकालीन स्थिति में मौलिक अधिकारों को निलंबित किया जा सकता है।

**3. हमें संविधान की आवश्यकता क्यों है? संविधान के तीन मुख्य कार्यों का वर्णन करें।**

उत्तर संविधान उन लिखित सिद्धांतों और नियमों का समूह होता है, जिनके अनुसार शासन चलाया जाता है इसलिए हमें संविधान की आवश्यकता है। संविधान एक महत्त्वपूर्ण दस्तावेज है, क्योंकि संविधान ही शक्ति और सत्ता का मुख्य स्रोत है। संविधान ने ही देश में शक्तियों और अधिकारों का वितरण किया है। इसके कारण अलग-अलग सरकारें अपना-अपना कार्य सही तरीके से कर पाती हैं। यदि संविधान न हो, तो सभी एक-दूसरे के कार्यों में बाधा उत्पन्न करेंगे और देश सही ढंग से कार्यों को नहीं कर पाएगा तथा देश में अराजकता की स्थिति उत्पन्न हो जाएगी।

संविधान के तीन कार्य निम्नलिखित हैं

(i) हमारे संविधान में देश चलाने के सभी नियम दिए गए हैं, जो सरकार को सही ढंग से चलाने में सहायता करते हैं।

(ii) हमारा संविधान भिन्न-भिन्न प्रकार की सरकारों पर प्रतिबंध लगाकर रखता है और उन्हें निश्चित दायरे में कार्य करने के लिए प्रोत्साहित करता है।

(iii) हमारे संविधान ने देश के सभी नागरिकों को कुछ-न-कुछ अधिकार और कर्त्तव्य दिए हैं। यह हमें सुनिश्चित करना है कि किसी भी नागरिक से उसके अधिकार न छीने जाएँ।

**4. किस प्रकार श्वेत अल्पसंख्यक और अश्वेत बहुसंख्यक दक्षिण अफ्रीका के लिए समान संविधान को लिखने के लिए सहमत हो गए थे? इस संविधान में किन अधिकारों का उल्लेख किया गया?**

उत्तर दक्षिण अफ्रीका में रंगभेद की नीति के कारण अश्वेतों के साथ दमनकारी व्यवहार लंबे समय तक होता रहा। नेल्सन मंडेला एवं उनके सहयोगियों ने इसके विरुद्ध आवाज़ उठाई।

26 अप्रैल, 1994 की मध्य रात्रि को दक्षिण अफ्रीका गणराज्य नया लोकतांत्रिक देश बना तथा यहाँ के अश्वेत एवं श्वेत दोनों नागरिकों की सहमति से दक्षिण अफ्रीका के समान संविधान को लिखने के लिए सहमत हुए।

इस संविधान में निम्न अधिकारों का उल्लेख किया गया है

(i) दक्षिण अफ्रीका के श्वेत तथा अश्वेत प्रतिनिधियों ने विश्व के अभूतपूर्व संविधान को तैयार किया। इस संविधान ने अपने नागरिकों को किसी देश में उपलब्ध व्यापक अधिकारों से अधिक अधिकार प्रदान किए।

(ii) इसके साथ ही समस्याओं का समाधान खोजने में सभी की भागीदारी रहेगी और किसी के साथ भी अमानवीय व्यवहार नहीं किया जाएगा।

(iii) किसी ने अतीत में जो भी किया हो अथवा किसी भी चीज का प्रस्तुतीकरण किया हो, उसको संविधान का एक हिस्सा बनाए जाने पर सहमति हुई। दक्षिण अफ्रीका के संविधान की उद्देशिका में ऐसा उल्लेख किया गया है।

## स्रोत आधारित प्रश्न

निम्नलिखित स्रोतों को ध्यानपूर्वक पढ़कर उन पर आधारित प्रश्नों के उत्तर दीजिए

**1.** चुने गए जनप्रतिनिधियों की जो सभा संविधान नामक विशाल दस्तावेज को लिखने का काम करती है, उसे संविधान सभा कहते हैं। भारतीय संविधान सभा के लिए जुलाई, 1946 में चुनाव हुए थे। संविधान सभा की पहली बैठक दिसंबर, 1946 को हुई थी।

इसके तत्काल बाद देश दो हिस्सों—भारत और पाकिस्तान में बँट गया। संविधान सभा भी दो हिस्सों में बँट गई—भारत की संविधान सभा और पाकिस्तान की संविधान सभा। भारतीय संविधान लिखने वाली सभा में 299 सदस्य थे। इसने 26 नवंबर, 1949 को अपना काम पूरा कर लिया। संविधान 26 जनवरी, 1950 को लागू हुआ। इसी दिन की याद में हम प्रत्येक वर्ष 26 जनवरी को गणतंत्र दिवस मनाते हैं।

(i) भारतीय संविधान सभा की पहली बैठक .......... हुई थी।

(a) जुलाई, 1946 को (b) अगस्त, 1946 को
(c) नवंबर, 1946 को (d) दिसंबर, 1946 को

उत्तर (d) दिसंबर, 1946 को

(ii) भारतीय संविधान की प्रमुख विशेषता क्या है?
(a) भारतीय संविधान व्यापक सहमतियों को व्यक्त करता है
(b) भारतीय संविधान में क्षेत्रों के अनुसार उचित प्रतिनिधित्व था
(c) भारतीय संविधान ने भारत के लोगों का प्रतिनिधित्व किया था।
(d) उपरोक्त सभी

**उत्तर** (d) उपरोक्त सभी

(iii) वर्ष ………… में भारतीय संविधान का निर्माण कार्य पूर्ण हुआ तथा भारतीय संविधान को ………… वर्ष में लागू किया गया।
(a) 1946, 1949 (b) 1946, 1950
(c) 1948, 1950 (d) 1949, 1950

**उत्तर** (d) 1949, 1950

(iv) सुमेलित कीजिए

| सूची I | सूची II |
|---|---|
| A. भारतीय संविधान के अध्यक्ष | 1. डॉ. भीमराव अंबेडकर |
| B. भारतीय संविधान के उपाध्यक्ष | 2. डॉ. राजेंद्र प्रसाद |
| C. प्रारूप समिति के अध्यक्ष | 3. एच. सी. मुखर्जी |
| D. प्रारूप समिति के सदस्य | 4. टी टी कृष्णाचारी |

**कूट**

| | A | B | C | D | | A | B | C | D |
|---|---|---|---|---|---|---|---|---|---|
| (a) | 2 | 3 | 4 | 1 | (b) | 2 | 3 | 1 | 4 |
| (c) | 3 | 2 | 4 | 1 | (d) | 1 | 4 | 3 | 2 |

**उत्तर** (b) 2 3 1 4

(v) संविधान निर्माण के समय कॉन्स्टीट्यूएंट असेंबली डिबेट्स को कितने भागों में प्रकाशित किया गया था?
(a) 10 भागों में (b) 11 भागों में
(c) 12 भागों में (d) 14 भागों में

**उत्तर** (c) 12 भागों में

(vi) **कथन** (A) भारतीय संविधान अपने समय की व्यापक सहमतियों को व्यक्त करता है।
**कारण** (R) इसके कारण यह समाज के प्रत्येक व्यक्ति को संरक्षण प्रदान करता है।
**कूट**
(a) A और R दोनों सही हैं तथा R, A का सही व्याख्या है
(b) A और R दोनों सही हैं, परंतु R, A का सही व्याख्या नहीं है
(c) A कथन सही है, किंतु R गलत है
(d) A गलत गलत है, किंतु R सही है

**उत्तर** (a) A और R दोनों सही हैं तथा R, A का सही व्याख्या है

**2.** "दक्षिण अफ्रीका का संविधान इतिहास और भविष्य दोनों की बातें करता है। एक ओर तो यह एक पवित्र समझौता है कि दक्षिण अफ्रीकी के रूप में हम, एक-दूसरे से यह वायदा करते हैं कि हम अपने रंगभेदी, क्रूर और दमनकारी इतिहास को फिर से दोहराने की अनुमति नहीं देंगे, पर बात इतनी ही नहीं है। यह अपने देश को इसके सभी लोगों द्वारा वास्तविक अर्थों में साझा करने का घोषणा-पत्र भी है श्वेत और अश्वेत, स्त्री और पुरुष, यह देश पूर्ण रूप से हम सभी का है।"

(i) निम्न में से क्या दक्षिण अफ्रीका संविधान की विशेषता है?
(a) यह दक्षिण अफ्रीका के इतिहास और भविष्य की बात करता है
(b) यह दक्षिण अफ्रीका में रंगभेद की नीति को समाप्त करता है
(c) यह दक्षिण अफ्रीका के स्त्री-पुरुष को समान अधिकार प्रदान करता है
(d) उपरोक्त सभी

**उत्तर** (d) उपरोक्त सभी

(ii) दक्षिण अफ्रीका ………… को लोकतांत्रिक देश के रूप में उदित हुआ।
(a) 26 मार्च, 1994 (b) 26 अप्रैल, 1994
(c) 26 सितंबर, 1994 (d) 26 अक्टूबर, 1994

**उत्तर** (b) 26 अप्रैल, 1994

(iii) निम्न में क्या संविधान की विशेषता नहीं है?
(a) संविधान विभिन्न मतों वाले लोगों के बीच भरोसा विकसित करता है
(b) संविधान सरकार के गठन की स्थिति को स्पष्ट नहीं करता है
(c) संविधान मौलिक अधिकारों की रक्षा करता है
(d) संविधान सरकार के अधिकारों की सीमा निर्धारित करता है

**उत्तर** (b) संविधान सरकार के गठन की स्थिति को स्पष्ट नहीं करता है

(iv) विश्व के किस देश के संविधान ने नागरिकों को सबसे अधिक व्यापक अधिकार दिए हैं?
(a) जिंबाब्वे के संविधान ने
(b) दक्षिण अफ्रीका के संविधान ने
(c) भारत के संविधान ने
(d) ऑस्ट्रेलिया के संविधान ने

**उत्तर** (b) दक्षिण अफ्रीका के संविधान ने

(v) निम्नलिखित में से कौन-से कथन सही हैं?
1. दक्षिण अफ्रीकी संविधान से दुनियाभर में लोकतांत्रिक लोग प्रेरणा लेते हैं।
2. दक्षिण अफ्रीकी संविधान का निर्माण दो वर्षों की चर्चा के बाद निर्मित हुआ।
3. दक्षिण अफ्रीका के संविधान में नागरिकों को जितने व्यापक अधिकार दिए गए हैं। उतने दुनिया में किसी संविधान में नहीं दिए गए हैं।

**कूट**
(a) 1 और 2 (b) 2 और 3
(c) 1 और 3 (d) ये सभी

**उत्तर** (d) ये सभी

(vi) निम्नलिखित में से कौन-सा कथन सत्य है?
(a) दक्षिण अफ्रीका वर्ष 1999 के पश्चात् लोकतांत्रिक बना था
(b) नए संविधान ने अश्वेत लोगों को श्वेत लोगों के बराबर अधिकार दिए हैं

(c) दक्षिण अफ्रीकी संविधान ने श्वेत लोगों के अधिकार में परिवर्तन किया था

(d) दक्षिण अफ्रीकी संविधान एक इंद्रधनुषी समाज का निर्माण नहीं करता है

उत्तर (b) नए संविधान ने अश्वेत लोगों को श्वेत लोगों के बराबर अधिकार दिए हैं

**3.** रंगभेद नस्ली भेदभाव पर आधारित उस व्यवस्था का नाम है, जो दक्षिण अफ्रीका में विशिष्ट तौर पर चलाई गई। दक्षिण अफ्रीका पर यह व्यवस्था यूरोप के गोरे लोगों ने लादी थी। 17वीं और 18वीं सदी में व्यापार करने आई यूरोप की कंपनियों ने दक्षिण अफ्रीका को भी उसी तरह हथियारों और जोर-जबर्दस्ती से गुलाम बनाया जैसे भारत को। पर भारत से उलट काफी बड़ी संख्या में गोरे लोग दक्षिण अफ्रीका में बस गए और उन्होंने स्थानीय शासन को अपने हाथों में ले लिया। रंगभेद की राजनीति ने लोगों को उनकी चमड़ी के रंग के आधार पर बाँट दिया। दक्षिण अफ्रीका के स्थानीय लोगों की चमड़ी का रंग काला होता है। आबादी में उनका हिस्सा तीन-चौथाई है और उन्हें 'अश्वेत' कहा जाता था। श्वेत और अश्वेतों के अलावा वहाँ मिश्रित नस्लों जिन्हें 'रंगीन' चमड़ी वाला कहा जाता था और भारत से गए लोग भी थे।

(i) रंगभेद की शासकीय नीति अश्वेतों के लिए किस प्रकार की थी?

उत्तर रंगभेद की शासकीय नीति अश्वेतों के लिए सामान्यत: दमनकारी थी। इस नीति के अंतर्गत उन्हें गोरों की बस्तियों में रहने-बसने की इजाजत नहीं थी।

(ii) रंगभेद की शासकीय नीति के अंतर्गत अश्वेतों को कहाँ-कहाँ भेदभाव का शिकार होना पड़ता था?

उत्तर रंगभेद की शासकीय नीति के अंतर्गत अश्वेतों को रेलगाड़ी, बस, टैक्सी, होटल, अस्पताल, स्कूल और कॉलेज, पुस्तकालय, सिनेमाघर, नाट्यगृह, समुद्रतट, तरणताल और सार्वजनिक शौचालयों में भेदभाव का शिकार होना पड़ता था। इस नीति के अंतर्गत काले लोग गोरों के लिए आरक्षित जगह तो क्या उनके गिरिजाघर तक में नहीं जा सकते थे। अश्वेतों को संगठन बनाने और रंगभेद नीति का विरोध करने का अधिकार भी नहीं था।

(iii) वर्ष 1950 में अश्वेत लोगों ने रंगभेद नीति के खिलाफ कौन-से कार्य किए?

उत्तर वर्ष 1950 में अश्वेत लोगों ने सर्वप्रथम रंगभेद प्रणाली के खिलाफ संघर्ष किया। उन्होंने विरोध प्रदर्शन किए और हड़तालें आयोजित की थीं। इसके पश्चात् अश्वेत लोग शासन प्रणाली का विरोध करने वाले संगठन 'अफ्रीकी नेशनल कांग्रेस' के झंडे तले एकजुट हुए, जिसके पश्चात् विरोध को एक दिशा प्राप्त हुई।

**4. स्रोत 'अ' भारतीय संविधान निर्माण में सामंजस्य**

सारी मुश्किलों के बावजूद भारतीय संविधान निर्माताओं को एक बड़ा लाभ था। दक्षिण अफ्रीका में जिस तरह संविधान निर्माण के दौर में ही सारी बातों पर सहमति बनानी पड़ी वैसी स्थिति उस समय के भारत में नहीं थी। भारत में आजादी की लड़ाई के दौरान लोकतंत्र समेत अधिकांश बुनियादी बातों पर राष्ट्रीय सहमति बनाने का काम हो चुका था।

**स्रोत 'ब' संविधान निर्माण प्रक्रिया में विभिन्न प्रस्तावों की सहायता**

1928 में ही मोतीलाल नेहरू और कांग्रेस के आठ अन्य नेताओं ने भारत का एक संविधान लिखा था। 1931 में कराची में हुए भारतीय राष्ट्रीय कांग्रेस के अधिवेशन में एक प्रस्ताव में यह रूपरेखा रखी गई थी कि आजाद भारत का संविधान कैसा होगा।

**स्रोत 'स' औपनिवेशिक संस्था में कार्य करने का भारतीयों को लाभ**

औपनिवेशिक शासन की राजनैतिक संस्थाओं और व्यवस्थाओं को जानने-समझने से भी नई राजनैतिक संस्थाओं का स्वरूप तय करने में मदद मिली। अंग्रेजी हुकूमत ने बहुत कम लोगों को वोट का अधिकार दिया था। इसके आधार पर अंग्रेजों ने जिस विधायिका का गठन किया था वह बहुत कमजोर थी। 1937 के बाद पूरे ब्रिटिश शासन वाले भारत में प्रादेशिक असेंबलियों के लिए चुनाव कराए गए थे।

**स्रोत 'अ' भारतीय संविधान निर्माण में सामंजस्य**

(i) भारतीय राष्ट्रीय आंदोलन की विशेषता क्या थी?

उत्तर भारतीय राष्ट्रीय आंदोलन सिर्फ एक विदेशी सत्ता के खिलाफ संघर्ष नहीं था। यह न केवल अपने समाज को फिर से जगाने का बल्कि अपने समाज और राजनीति को बदलने और नए आधार से निर्माण करने का आंदोलन भी था।

**स्रोत 'ब' संविधान निर्माण प्रक्रिया में विभिन्न प्रस्तावों की सहायता**

(ii) वर्ष 1928 में मोतीलाल नेहरू द्वारा लिखित संविधान तथा वर्ष 1931 के कराची अधिवेशन के प्रस्ताव में क्या समानता थी?

उत्तर वर्ष 1928 में मोतीलाल नेहरू द्वारा लिखित संविधान तथा वर्ष 1931 के कराची अधिवेशन के प्रस्ताव में यह समानता थी कि दोनों ही दस्तावेजों में स्वतंत्र भारत के संविधान में सार्वभौम वयस्क मताधिकार, स्वतंत्रता और समानता का अधिकार तथा अल्पसंख्यकों के अधिकारों की रक्षा की बात कही गई थी।

**स्रोत 'स' औपनिवेशिक संस्था में कार्य करने का भारतीयों को लाभ**

(iii) वर्ष 1937 के प्रादेशिक असेंबलियों के चुनाव से भारतीयों को किस प्रकार का लाभ प्राप्त हुआ?

उत्तर वर्ष 1937 के प्रादेशिक असेंबलियों के चुनाव में विजयी भारतीय सदस्य को विधानसभाओं में जाने और काम करने का अनुभव प्राप्त हुआ, इसी अनुभव की सहायता से स्वतंत्रता पश्चात् भारतीयों ने अपनी संस्थाओं और व्यवस्थापिकाओं का निर्माण किया था।

# स्वयं को जाँचें

## वस्तुनिष्ठ प्रश्न

**1.** दक्षिण अफ्रीका में अफ्रीकन नेशनल कांग्रेस का समर्थन किसने किया था?
(a) मजदूर संगठन (b) कम्युनिस्ट पार्टी (c) संवेदनशील गोरे लोगों ने (d) ये सभी

**2.** संविधान क्यों आवश्यक है?
(a) यह लोगों के मध्य विश्वास बनाए रखता है
(b) यह सरकार का गठन करने में सहायता प्रदान करता है
(c) यह नागरिकों के अधिकारों की सीमा निर्धारित करता है
(d) उपरोक्त सभी

**3.** भारतीय राष्ट्रीय कांग्रेस का कराची अधिवेशन किस वर्ष हुआ था?
(a) वर्ष 1928 में (b) वर्ष 1930 में (c) वर्ष 1931 में (d) वर्ष 1932 में

**4.** निम्नलिखित कथनों में से कौन-सा सत्य है?
(a) अबुल कलाम आजाद भारत की पहली केंद्रीय मंत्रिमंडल में शिक्षा मंत्री थे
(b) राजेंद्र प्रसाद भारत के पहले उपराष्ट्रपति थे
(c) जयपाल सिंह भारतीय क्रिकेट टीम के पहले कप्तान थे
(d) बलदेव सिंह के द्वारा भारतीय जनसंघ की स्थापना की गई थी

## अतिलघु उत्तरीय प्रश्न

**5.** संविधान संशोधन क्या है?

**6.** पंथनिरपेक्षता शब्द को संविधान के किस संशोधन में जोड़ा गया था?

**7.** भारत का संविधान कब बनकर तैयार हुआ?

**8.** भारत का संविधान कब लागू हुआ?

## लघु उत्तरीय प्रश्न

**9.** लोकतंत्र के तीन महत्त्वपूर्ण दोषों को बताइए।

**10.** संविधान सभा का गठन किस आधार पर हुआ?

**11.** कौन-सी विशेषताएँ भारत को एक गणराज्य बनाती हैं?

**12.** संविधान में मूल अधिकार लोगों के सामान्य अधिकार से कैसे भिन्न हैं?

## दीर्घ उत्तरीय प्रश्न

**13.** भारतीय संविधान भारत को कैसे एक लोकतंत्रात्मक गणराज्य बनाता है? समझाइए।

**14.** दक्षिण अफ्रीका की आजादी के बाद नए संविधान निर्माण के लिए कौन-से प्रयास किए गए? विस्तार से बताइए।

**15.** भारतीय संविधान के निर्माण के ऐतिहासिक क्रम को लिखिए।

**16.** संविधान सभा की संरचना एवं इसके उद्देश्य को विस्तार से बताइए।

अध्याय
03

# चुनावी राजनीति

किसी भी लोकतंत्र (Democracy) में जनता प्रत्यक्ष रूप से शासन नहीं करती, बल्कि उनके द्वारा चुने हुए प्रतिनिधि (Representative) शासन करते हैं। चुने गए प्रतिनिधियों द्वारा शासन लोकतंत्र का सबसे सामान्य स्वरूप है।

**अध्याय एक नजर में**

- *चुनाव*
- *भारत में चुनाव की प्रक्रिया*
- *भारत में लोकतांत्रिक चुनाव*

## चुनाव

जनता द्वारा एक निश्चित समयांतराल पर अपने प्रतिनिधियों को चुनने की प्रक्रिया ही चुनाव (Election) कहलाती है। सभी लोकतांत्रिक देशों में एक नियमित अंतराल पर चुनाव होते हैं, जिसके द्वारा जनता अपना प्रतिनिधि चुनती है। ये प्रतिनिधि ही शासन चलाते हैं।

### हरियाणा के विधानसभा चुनाव

चुनाव की प्रक्रिया को हरियाणा विधानसभा चुनाव के माध्यम से निम्न प्रकार समझा जा सकता है

- **नए दल का गठन** (Formation of New Party) वर्ष 1982 से ही हरियाणा में कांग्रेस दल का शासन रहा। उस समय चौधरी देवी लाल विपक्ष के नेता थे। उन्होंने एक आंदोलन चलाया, जिसे **न्याय युद्ध** (Nyaya Yudh) आंदोलन के नाम से जाना गया, जिसके परिणामस्वरूप एक नए दल **लोक दल** (Lok Dal) का गठन हुआ।
- **चुनावी अभियान** (Election Campaign) वर्ष 1987 के विधानसभा चुनावों के अभियान में देवी लाल ने मतदाताओं से वादा किया कि यदि उनके दल की जीत होती है, तो उनकी सरकार किसानों और लघु उद्योगपतियों का ऋण माफ करेगी।
- **मतदान** (Voting) मतदाता देवी लाल के वादों की ओर आकर्षित हुए, क्योंकि मतदाता पिछली सरकार से खुश नहीं थे, इसलिए अधिकांश मतदाताओं ने अपना मतदान लोक दल के पक्ष में किया और लोक दल तथा उसके सहयोगियों ने 90 में से 76 स्थानों पर विजय प्राप्त की।
- **परिणाम की घोषणा** (Announcement of Results) लोक दल ने 60 स्थानों पर जीत प्राप्त की, इसलिए इस दल के पास प्रत्यक्ष बहुमत था। राज्यपाल ने प्रत्यक्ष बहुमत वाले दल को सरकार बनाने का प्रस्ताव दिया। कांग्रेस ने केवल 5 स्थानों पर जीत प्राप्त की, इसलिए कांग्रेस के तत्कालीन मुख्यमंत्री को इस्तीफा देना पड़ा।
- **मुख्यमंत्री की नियुक्ति** (Appointment of Chief Minister) लोक दल के नवनिर्वाचित विधानसभा सदस्यों ने देवी लाल को नेता चुना। राज्यपाल ने देवी लाल को नए मुख्यमंत्री बनने के लिए आमंत्रित किया। चुनावी परिणाम के तीन दिन पश्चात् उन्होंने मुख्यमंत्री पद के लिए शपथ ली।

- **नए चुनाव** (New Election) लोक दल ने राज्य में चार वर्षों तक शासन किया। वर्ष 1991 के चुनाव में लोक दल जनता का सहयोग प्राप्त नहीं कर सका। इस समय कांग्रेस ने चुनाव जीता तथा नई सरकार का गठन किया।

उपरोक्त तथ्यों से स्पष्ट है कि कैसे चुनाव में खड़े उम्मीदवार प्रतिनिधि बन जाते हैं तथा कैसे उनके हाथों से सत्ता चली जाती है।

## चुनावों की आवश्यकता

- प्रतिनिधियों को चुनने के लिए चुनावों का होना आवश्यक है। अधिकांश लोकतांत्रिक शासन व्यवस्थाओं में लोग अपने प्रतिनिधियों के माध्यम से शासन करते हैं।
- ये उन समस्याओं को हल करते हैं, जिसमें प्रतिनिधियों को शिक्षा, ज्ञान या अनुभव के आधार पर चुना जाता है।
- ये प्रतिनिधियों का विश्लेषण करने में मदद करते हैं कि जनता अपने प्रतिनिधि को पसंद करती है या नहीं।
- चुनाव यह निश्चित करते हैं कि प्रतिनिधि लोगों की इच्छा के अनुरूप शासन करे तथा जो जनता के लिए कार्य न करे, वह उनका प्रतिनिधि न रहे।
- किसी चुनाव में मतदाता कई तरह से चुनाव करते हैं; जैसे—
  (i) वे अपने लिए कानून बनाने वाले का चुनाव कर सकते हैं।
  (ii) वे सरकार बनाने और बड़े फैसले करने वालों का चुनाव कर सकते हैं।
  (iii) वे सरकार और उसके द्वारा बनने वाले कानूनों का दिशा-निर्देश करने वाली पार्टी का चुनाव कर सकते हैं।

## चुनाव को लोकतांत्रिक मानने के आधार क्या हैं?

- सभी को चुनाव करने की सुविधा हो, इसका अर्थ है कि **प्रत्येक व्यक्ति को मताधिकार होना चाहिए तथा प्रत्येक मत का समान मूल्य होना चाहिए।**
- चुनाव में विकल्प उपलब्ध होने चाहिए, विकल्प तभी उपलब्ध होंगे, जब उम्मीदवारों को चुनाव में उतरने की पूरी आजादी हो।
- चुनाव का अवसर नियमित अंतराल पर मिलना चाहिए। कुछ वर्षों के बाद नियमित रूप से चुनाव होने चाहिए।
- लोगों द्वारा वरीयता प्राप्त प्रत्याशी ही चुना जाना चाहिए।
- **चुनाव स्वतंत्र तथा निष्पक्ष होने चाहिए,** जिससे लोग अपनी इच्छानुसार उम्मीदवार का चयन कर सकें।

## राजनैतिक प्रतिद्वंद्विता

- चुनावों में विभिन्न राजनैतिक दल, जनता का विश्वास और मत प्राप्त करना चाहते हैं, यहीं से राजनैतिक प्रतिद्वंद्विता का आरंभ होता है। मतदाताओं को अपनी ओर उत्साहित करने के लिए राजनैतिक दल उनसे वादे करते हैं तथा उन्हें लाभान्वित करने का वचन देते हैं।
- राजनैतिक प्रतिद्वंद्विता चुनाव प्रक्रिया के लिए आवश्यक भी है, किंतु राजनैतिक प्रतिद्वंद्विता में बहुत-से अवगुण हैं, जैसे कि
  (i) यह समाज में **अनेकता** (Disunity) तथा **गुटवाद** (Factionalism) को बढ़ावा देती है।
  (ii) विभिन्न राजनीतिक दल तथा उम्मीदवार चुनाव जीतने के लिए गलत तरीकों का प्रयोग करते हैं जैसे कि चुनाव जीतने के लिए **मतदान केंद्रों पर कब्जा** (Booth Capturing)।
  (iii) चुनाव जीतने की प्रतिस्पर्द्धा दीर्घकालीन योजनाओं के लिए नुकसानदेह सिद्ध होती है।
  (iv) अनेक बार चुनावी प्रतिस्पर्द्धा एक ऐसे वातावरण का निर्माण करती है, जिसमें कई अच्छे लोग इसमें हिस्सा नहीं लेते हैं।

राजनैतिक प्रतिद्वंद्विता के गुण इस प्रकार हैं

(i) निश्चित अंतराल पर होने वाली राजनैतिक प्रतिद्वंद्विता, उम्मीदवार तथा लोगों को लाभान्वित करती है। यदि उम्मीदवार जनता की उम्मीदों को पूरा करने में सक्षम होते हैं, तो वे अगले चुनाव को जीतने में सक्षम होते हैं।
(ii) यदि एक राजनीतिक दल सत्ता में रहना चाहता है, तब भी उसे जनता की सेवा करनी पड़ती है।
(iii) इसमें राजनैतिक दल और इसके नेता लोगों की सेवा के लिए बाध्य होते हैं।

उपरोक्त गुणों और अवगुणों के आधार पर हम कह सकते हैं कि राजनीतिक प्रतिद्वंद्विता से विभाजन और कुछ कुरूपता (Ugliness) हो सकती है, लेकिन यह अंततः राजनीतिक दलों और नेताओं को लोगों की सेवा करने के लिए विवश करता है।

# भारत में चुनाव की प्रक्रिया

भारत में **लोकसभा** तथा **विधानसभा** के चुनाव प्रत्येक **पाँच वर्ष** (Five Years) के बाद होते हैं। पाँच वर्षों के बाद सभी निर्वाचित उम्मीदवारों का कार्यकाल समाप्त हो जाता है। सभी निर्वाचन क्षेत्रों में चुनाव की प्रक्रिया समान दिवस पर या कुछ ही दिनों के अंदर संपन्न करा दी जाती है। इसे **आम चुनाव** (General Election) के नाम से जाना जाता है। कभी-कभी किसी एक ही **निर्वाचन क्षेत्र** (Constituency) में किसी सदस्य की मृत्यु या त्यागपत्र दिए जाने के कारण उत्पन्न रिक्त स्थानों को भरने के लिए भी चुनाव की प्रक्रिया संपन्न कराई जाती है, जिसे **उप-चुनाव** (By-election) के नाम से जाना जाता है।

## चुनाव क्षेत्र

- भारत में क्षेत्र विशेष पर आधारित प्रतिनिधित्व की प्रणाली से चुनाव किया जाता है। चुनाव के लिए संपूर्ण देश को विभिन्न चुनावी क्षेत्रों में विभाजित किया जाता है, जिसे **चुनाव क्षेत्र** (Electoral Constituencies) कहा जाता है। किसी एक क्षेत्र में रहने वाले मतदाता अपने क्षेत्र के प्रतिनिधि का चुनाव करते हैं।
- लोकसभा चुनाव के लिए भारत को 543 चुनाव क्षेत्रों में बाँटा गया है तथा प्रत्येक क्षेत्र से चुने गए प्रतिनिधि को **संसद सदस्य** (Member of Parliament, MP) कहते हैं।
- लोकतंत्र चुनाव में प्रत्येक वोट का बराबर मूल्य होता है, इसलिए संविधान में यह व्यवस्था की गई है कि प्रत्येक चुनाव क्षेत्र में मतदाताओं की संख्या काफी हद तक एकसमान हो।

- विधानसभा चुनाव के लिए प्रत्येक राज्य को उसकी विधानसभा सीटों के अनुसार बाँटा जाता है। इन सीटों से निर्वाचित प्रतिनिधियों को **विधायक** (Member of Legislative Assembly, MLA) कहते हैं।
- प्रत्येक संसदीय क्षेत्र के अंतर्गत बहुत-से विधानसभा क्षेत्र होते हैं तथा यही तरीका **पंचायत और नगरपालिका चुनावों** के लिए भी अपनाया जाता है। प्रत्येक गाँव या शहर को विभिन्न वार्डों में बाँटा गया है।
- प्रत्येक वार्ड से पंचायत या नगरपालिका के लिए एक सदस्य को चुना जाता है। कई बार निर्वाचन क्षेत्रों को **सीट** भी कहा जाता है, क्योंकि प्रत्येक क्षेत्र संसद या विधानसभा की एक सीट का प्रतिनिधित्व करता है। उदाहरण के लिए, हम जब कहते हैं कि लोक दल ने हरियाणा की 60 सीटें जीतीं, तो इसका अर्थ है कि विधानसभा के 60 निर्वाचन क्षेत्रों से लोक दल के 60 लोग जीतकर राज्य विधानसभा (State Assembly) में पहुँचे।

## आरक्षित निर्वाचन क्षेत्र

- हमारे संविधान निर्माताओं ने समाज के प्रत्येक वर्ग से प्रतिनिधियों के नामांकन के लिए भारतीय संविधान में आरक्षित चुनाव क्षेत्र (Reserved Constituencies) का प्रावधान किया है।
- कुछ चुनाव क्षेत्रों को **अनुसूचित जाति** (Scheduled Caste, SC) एवं **अनुसूचित जनजाति** (Scheduled Tribes, ST) हेतु आरक्षित किया गया।
- एक अनुसूचित जाति हेतु आरक्षित चुनाव क्षेत्र से केवल वही व्यक्ति चुनाव लड़ सकता है, जो अनुसूचित जाति से संबंध रखता हो।
- इसी प्रकार एक अनुसूचित जनजाति हेतु आरक्षित क्षेत्र से वही व्यक्ति निर्वाचन में भाग ले सकता है, जो अनुसूचित जनजाति से संबंधित हो।
- लोकसभा में कुछ सीटें अनुसूचित जाति (84 सीट) तथा अनुसूचित जनजाति (47 सीट) हेतु आरक्षित की जाती हैं। यह संख्या उनकी जनसंख्या के आधार पर आनुपातिक रूप से आरक्षित की जाती है।
- इस प्रकार, अनुसूचित जाति एवं जनजाति हेतु आरक्षित सीटें किसी दूसरे सामाजिक वर्ग का स्थान नहीं लेती हैं।

## जिला और स्थानीय स्तर पर आरक्षण

- अनेक राज्यों में ग्रामीण (पंचायत) तथा शहरी (नगर निगम/नगरपालिका) स्थानीय निकायों में **अन्य पिछड़ा वर्ग** (Other Backward Caste) के लिए सीटें आरक्षित हैं।
- आरक्षित सीटों का अनुपात राज्यों में उनकी जनसंख्या के आधार पर अलग-अलग होता है। ग्रामीण और शहरी स्थानीय निकायों में महिलाओं के लिए **एक-तिहाई सीटें आरक्षित** की गई हैं।

### चेक प्वॉइंट 01

1. *प्रतिनिधियों को चुनने की प्रक्रिया क्या कहलाती है?*
2. *चुनाव की किन्हीं दो आवश्यकताओं को बताइए।*
3. *आम चुनाव किसे कहते हैं?*
4. *नगर निगम चुनाव में महिलाओं के लिए ..... सीटें आरक्षित होती हैं।*

## मतदाता सूची

लोकतांत्रिक चुनाव में मतदान करने में सक्षम व्यक्तियों की सूची निर्वाचन से पूर्व तैयार कर ली जाती है। इस सूची को आधिकारिक रूप से **मतदाता सूची** (Electoral Roll) तथा सामान्य बोलचाल की भाषा में **वोटर लिस्ट** (Voter's List) कहा जाता है।

**सार्वभौमिक वयस्क मताधिकार** (Universal Adult Franchise) के अंतर्गत मतदान का अधिकार (Right to Vote) आता है। सभी नागरिक, जो 18 वर्ष या उससे ऊपर के हैं, मतदान कर सकते हैं चाहे वे किसी भी जाति, धर्म या लिंग के हों। लोगों को मतदान के प्रति जागरूक करने के उद्देश्य से प्रत्येक वर्ष 25 जनवरी को राष्ट्रीय मतदान दिवस मनाया जाता है। सभी सक्षम मतदाताओं के नाम मतदाता सूची में हों, इसकी व्यवस्था करना सरकार का उत्तरदायित्व है। जब नए लोग मतदान करने की उम्र में आ जाते हैं, तो उनका नाम मतदाता सूची में जोड़ा जाता है तथा जो लोग उस क्षेत्र से बाहर चले जाते हैं या जिनकी मृत्यु हो जाती है, उनका नाम मतदाता सूची से हटा दिया जाता है। प्रत्येक पाँच वर्ष में मतदाता सूची का पूर्ण नवीनीकरण किया जाता है। ऐसा मतदाता सूची को नया करने के लिए किया जाता है।

पिछले कुछ वर्षों में चुनावों में **फोटो पहचान-पत्र** (Election Photo Identity Card-EPIC) की नई व्यवस्था लागू की गई है। यह कार्ड मतदान के लिए अभी तक अनिवार्य नहीं हुआ है। वोट देने के समय मतदाता को यह पहचान-पत्र साथ रखना होता है, जिससे कि कोई दूसरा व्यक्ति उसके स्थान पर मतदान न कर पाए। मतदाता मतदान के समय अन्य पहचान-पत्र भी दिखा सकते हैं; जैसे—राशन कार्ड, ड्राइविंग लाइसेंस या आधार कार्ड।

## उम्मीदवारों का नामांकन

प्रत्येक मतदाता चुनाव हेतु उम्मीदवार बन सकता है। उम्मीदवार बनने हेतु 25 वर्ष की न्यूनतम आयु निर्धारित की गई है। राजनीतिक दल अपने उम्मीदवार मनोनीत करते हैं, जिन्हें पार्टी का चुनाव चिह्न एवं समर्थन मिलता है। दल के मनोनयन को सामान्य बोलचाल की भाषा में **टिकट** (Ticket) कहते हैं। चुनाव लड़ने हेतु इच्छुक उम्मीदवार को **नामांकन पत्र** (Nomination Form) भरना पड़ता है और कुछ धनराशि **जमानत** (Security Money) के रूप में जमा करनी पड़ती है। प्रत्येक उम्मीदवार को कुछ वैधानिक घोषणाएँ (Legal Declarations) भी करनी पड़ती हैं; जैसे—

(i) उम्मीदवार की शैक्षिक योग्यता।
(ii) उम्मीदवार और उसके परिवार के सदस्यों की संपत्ति का विवरण।
(iii) उम्मीदवार के खिलाफ चल रहे गंभीर आपराधिक मामले।

इन सूचनाओं को सार्वजनिक किया जाता है, जिससे कि मतदाता उम्मीदवारों द्वारा दी गई सूचना के आधार पर अपना फैसला कर सकें।

### उम्मीदवारों की शैक्षिक योग्यता

विधायक या सांसद बनने हेतु कोई शैक्षिक योग्यता निर्धारित नहीं की गई है। विधायक या सांसद की सबसे बड़ी योग्यता यह है कि वह अपने क्षेत्र के लोगों की समस्याओं को समझे और उनके हितों का प्रतिनिधित्व करे। शैक्षिक योग्यता को अनिवार्य करना लोकतंत्र की मूल भावना के विरुद्ध होगा, क्योंकि इससे बहुत-से नागरिक चुनाव लड़ने के मौलिक अधिकार से वंचित रह जाएँगे।

## चुनाव अभियान

चुनाव अभियान के समय उम्मीदवार उन वादों या योजनाओं की घोषणा करते हैं, जिन्हें वे चुनाव जीतने के बाद पूरा करना चाहते हैं। इससे मतदाता भी तय कर पाते हैं कि वे किसे मत दें। मतदाता जिनकी योजनाओं को पसंद करते है, उन्हें मतदान करते हैं। भारत में उम्मीदवारों की अंतिम सूची की घोषणा होने और मतदान की तारीख के बीच दो सप्ताह का समय चुनाव प्रचार के लिए दिया जाता है।

इस अवधि में उम्मीदवार **मतदाताओं** (Electorate) से संपर्क करते हैं, राजनीतिक दल अपने समर्थकों को सक्रिय करते हैं और राजनेता चुनावी सभाओं में भाषण देते हैं। इस अवधि में अखबार तथा टेलीविजन चैनल पर चुनावी खबरें और बहसें भी होती हैं।

चुनाव अभियान वास्तव में केवल दो सप्ताह नहीं चलता है। राजनीतिक दल चुनाव होने से कई महीनों पहले इसकी तैयारियाँ शुरू कर देते हैं। चुनावी दल अपना घोषणा-पत्र तैयार करते हैं तथा लोगों का ध्यान बड़े मुद्दों पर आकर्षित करना चाहते हैं। वे लोगों को इन मुद्दों पर आकर्षित करते हैं तथा अपनी पार्टी के पक्ष में मत देने का आग्रह करते हैं।

### विभिन्न राजनीतिक दलों द्वारा दिए गए नारे

विभिन्न राजनीतिक दलों द्वारा विभिन्न चुनावों में दिए गए सफल नारे निम्नलिखित हैं

- वर्ष 1971 के लोकसभा चुनाव में इंदिरा गाँधी के नेतृत्व वाली कांग्रेस पार्टी ने ***गरीबी हटाओ*** (Remove Poverty) का नारा दिया। पार्टी ने वादा किया कि वह सरकार की नीतियों में बदलाव करके सबसे पहले देश से गरीबी हटाएगी।
- वर्ष 1977 के लोकसभा चुनाव में जनता पार्टी ने ***लोकतंत्र बचाओ*** (Save Democracy) का नारा दिया था।
- वर्ष 1977 में पश्चिम बंगाल के विधानसभा चुनाव में वामपंथी दलों ने ***जमीन जोतने वाले को*** (Land to the Tiller) का नारा दिया था।
- वर्ष 1983 में आंध्र प्रदेश के विधानसभा चुनाव में तेलुगू देशम पार्टी के नेता एन. टी. रामाराव ने ***तेलुगू स्वाभिमान*** (Protect the Self-Respect of the Telugus) का नारा दिया था।

### आचार संहिता एवं कानून

चुनाव अभियान को नियंत्रित करने के लिए कुछ चुनाव संबंधित कानून भी हैं, जिनके अनुसार कोई दल या उम्मीदवार निम्न कार्य नहीं कर सकता

(i) मतदाता को प्रलोभन, रिश्वत या धमकी देना।
(ii) मतदाताओं से जाति या धर्म के नाम पर मत की अपील करना।
(iii) चुनाव अभियान में सरकारी संसाधनों का प्रयोग करना।
(iv) लोकसभा चुनाव में एक निर्वाचन क्षेत्र में ₹ 25 लाख तथा विधानसभा चुनाव में ₹ 10 लाख से अधिक खर्च करना।

यदि कोई भी दल या उम्मीदवार उपरोक्त कानून में से किसी का भी उल्लंघन करता है, तो चुनाव जीत जाने के पश्चात् भी न्यायपालिका द्वारा चुनाव को अयोग्य घोषित कर दिया जाता है।

इन कानून के अतिरिक्त सभी राजनीतिक दल चुनाव अभियान के लिए **आचार संहिता** (Code of Conduct) को भी स्वीकार करते हैं। आचार संहिता के अनुसार कोई उम्मीदवार या दल

(i) चुनाव प्रचार के लिए किसी धर्मस्थल का प्रयोग नहीं कर सकता।
(ii) सरकारी वाहन, विमान या अधिकारियों का उपयोग चुनाव में नहीं कर सकता।
(iii) चुनाव की उद्घोषणा हो जाने के बाद मंत्री किसी बड़ी योजना का शिलान्यास, बड़े नीतिगत फैसले या लोगों को सुविधाएँ देने वाले वायदे नहीं कर सकते।

## मतदान और मतगणना

- चुनाव का अंतिम चरण है जिस दिन मतदाता अपना मत देते हैं। वह **चुनाव का दिन** (Election day) कहलाता है।
- प्रत्येक व्यक्ति, जो मतदान देने में सक्षम है, नजदीकी **मतदान केंद्र** (Polling Booth) पर जाता है तथा गुप्त मतपत्र के माध्यम से अपना मतदान करता है।
- जब मतदाता मतदान केंद्र पर जाता है, तब चुनाव अधिकारी उसकी पहचान कर अँगुली पर एक काला निशान लगा देते हैं तथा उसे मत देने की आज्ञा देते हैं।
- सभी उम्मीदवारों के एजेंटों को मतदान केंद्र के अंदर बैठने की इजाजत होती है, जिससे वे यह ध्यान रख सकें कि चुनाव सही प्रकार से हो रहा है।
- पहले मतदान एक **मतपत्र** (Ballot Paper) पर मुहर लगाकर किया जाता था। यह एक कागज होता था, जिस पर उम्मीदवार का नाम, दल तथा चुनाव चिह्न छपा रहता था।
- वर्तमान में **इलेक्ट्रॉनिक वोटिंग मशीन** (Electronic Voting Machine, EVM) का प्रयोग चुनाव के लिए किया जाता है। मशीन उम्मीदवार का नाम तथा दलीय चुनाव चिह्न दर्शाती है, जिसमें मतदाता अपनी पसंद के उम्मीदवार के नाम के सामने वाला बटन दबाकर अपना मत प्रदान करता है।
- मतदान पूरा हो जाने के बाद सभी मशीनों को सील बंद कर एक सुरक्षित स्थान पर पहुँचा दिया जाता है। कुछ दिनों के बाद एक निश्चित तारीख पर एक चुनाव क्षेत्र की सभी मशीनों को खोला जाता है और मतदान की गणना (Counting of Votes) की जाती है। वहाँ सभी दलों के एजेंट रहते हैं जिससे मतगणना का कार्य निष्पक्ष ढंग से हो सके।
- किसी भी निर्वाचन क्षेत्र से सबसे अधिक मत प्राप्त करने वाले उम्मीदवार को विजयी घोषित किया जाता है।

# भारत में लोकतांत्रिक चुनाव

भारत में चुनाव को लोकतांत्रिक मानने के निम्नलिखित कारण हैं

## स्वतंत्र चुनाव आयोग

- हमारे देश में चुनाव स्वतंत्र तथा शक्तिशाली संस्था **चुनाव आयोग** (Election Commission) द्वारा कराए जाते हैं। इस संस्था को न्यायपालिका के समान ही स्वतंत्रता प्राप्त है।
- **मुख्य निर्वाचन आयुक्त** (Chief Election Commissioner, CEC) की नियुक्ति राष्ट्रपति द्वारा की जाती है, परंतु एक बार नियुक्ति हो जाने के बाद चुनाव आयुक्त राष्ट्रपति या सरकार के प्रति जवाबदेह नहीं होता है।

चुनाव आयोग की शक्तियाँ निम्न प्रकार हैं

(i) चुनाव आयोग चुनाव की अधिसूचना जारी करने से लेकर चुनाव नतीजों की घोषणा तक पूरी प्रक्रिया के संचालन के प्रत्येक पहलू पर निर्णय लेता है।

(ii) यह आदर्श चुनाव संहिता लागू कराता है और इसका उल्लंघन करने वाले उम्मीदवारों और दलों को दंड देता है।

(iii) चुनाव के समय चुनाव आयोग सरकार को यह निर्देश देता है कि वह चुनाव में जीतने के लिए अपनी शक्तियों का दुरुपयोग न करे।

(iv) चुनाव ड्यूटी में लगे अधिकारी सरकार के नियंत्रण में न होकर चुनाव आयोग के अधीन कार्य करते हैं।

(v) यदि चुनाव आयोग को यह पता चलता है कि चुनाव निष्पक्ष नहीं हुआ है, तो यह पुन: मतदान का आदेश दे सकता है।

## चुनाव में लोगों की भागीदारी

- चुनाव में लोगों की उत्साहपूर्वक भागीदारी चुनाव प्रक्रिया की गुणवत्ता को जाँचने का एक तरीका है। यदि चुनाव निष्पक्ष और स्वतंत्र रूप से न हो, तो लोग इसमें भागीदारी करना जारी नहीं रखेंगे।
- चुनाव में लोगों की भागीदारी **मतदाताओं के आँकड़ों** (Voter Turnout) द्वारा मापी जाती है, जो यह दर्शाते हैं कि सक्षम मतदाताओं में से कितने प्रतिशत ने मतदान किया है।
- पिछले 50 वर्षों में भारत में मतदान का प्रतिशत या तो स्थिर रहा है या ऊपर गया है।
- भारत में अमीर और बड़े लोगों की तुलना में गरीब, निरक्षर और कमजोर लोग अधिक संख्या में मतदान करते हैं। पश्चिम के लोकतंत्र में स्थिति इसके विपरीत है।

## चुनावी परिणामों को स्वीकार करना

यदि चुनाव निष्पक्ष नहीं हुआ है, तो उसके नतीजे हमेशा शक्तिशाली लोगों के पक्ष में होते हैं। ऐसी स्थिति में शासक पार्टी (Ruling Party) चुनाव हारती ही नहीं है। सामान्यत: हारने वाला दल **धाँधली से हुए चुनाव** (Rigged Election) के नतीजों को स्वीकार नहीं करता। भारत में चुनावी नतीजे निम्न प्रकार हैं

(i) भारत में शासक दल राष्ट्रीय और प्रांतीय स्तर पर अकसर चुनाव हारते रहे हैं।

(ii) अमेरिका में जनता द्वारा चुना गया प्रतिनिधि शायद ही कभी चुनाव हारता हो, परंतु भारत में सांसदों या विधायकों में से आधे चुनाव हार जाते हैं।

(iii) वोट खरीदने वाले तथा आपराधिक पृष्ठभूमि वाले उम्मीदवारों का चुनाव हारना सामान्य बात है।

(iv) कुछ अपवादों को छोड़कर हारी हुई पार्टी भी चुनाव के नतीजों को जनादेश मानकर स्वीकार कर लेती है।

## स्वतंत्र और निष्पक्ष चुनाव की चुनौतियाँ

स्वतंत्र और निष्पक्ष चुनाव की कुछ चुनौतियाँ निम्न प्रकार हैं

(i) आर्थिक रूप से संपन्न उम्मीदवार एवं दल चाहे चुनाव में अपनी विजय के प्रति आश्वस्त न भी हों, लेकिन छोटे दलों एवं निर्दलीय उम्मीदवारों की अपेक्षा उनकी स्थिति मजबूत होती है।

(ii) देश में आपराधिक पृष्ठभूमि वाले उम्मीदवार दूसरों को चुनाव मैदान से बाहर करने और बड़ी पार्टियों के टिकट पाने में सफल होने लगे हैं।

(iii) अलग-अलग दलों के कुछ राजनीतिक परिवारों से घनिष्ठ संबंध होते हैं, जिससे उनके रिश्तेदार आसानी से टिकट प्राप्त कर लेते हैं।

(iv) आम आदमी के लिए चुनाव में कोई उचित विकल्प नहीं होता, क्योंकि दोनों प्रमुख पार्टियों की नीतियाँ एवं व्यवहार लगभग एक जैसे ही होते हैं।

(v) बड़ी पार्टियों की तुलना में छोटे दलों और निर्दलीय उम्मीदवारों को कई तरह की परेशानियाँ उठानी पड़ती हैं।

अत: ऐसी चुनौतियाँ भारत के साथ-साथ बहुत से लोकतंत्र में विश्वास करने वालों के लिए एक चिंतनीय विषय है।

### चेक प्वॉइंट 02

1. *मतदाता सूची को क्या कहा जाता है?*
2. *चुनाव के लिए उम्मीदवार की न्यूनतम आयु कितनी होनी चाहिए?*
3. *गरीबी हटाओ का नारा कब दिया गया था?*
4. *चुनाव आयोग की कोई एक शक्ति बताइए।*
5. *भारत में चुनाव बुनियादी रूप में .......... और .......... है।*

### इन्हें भी जानें

- ***निर्वाचन क्षेत्र** (Electoral Constituencies)* एक विशेष भौगोलिक क्षेत्र के मतदाता, जो एक प्रतिनिधि का चुनाव करते हैं।
- ***आचार संहिता** (Code of Conduct)* चुनाव के समय पार्टियों और उम्मीदवारों द्वारा माने जाने वाले नियम-कानून और दिशा-निर्देश।
- ***आम-चुनाव** (General Election)* लोकसभा तथा राज्यों में विधानसभा के लिए प्राय: प्रत्येक पाँच वर्ष बाद कराए जाने वाले चुनाव।
- ***उप-चुनाव** (By-election)* यदि किसी निर्वाचन क्षेत्र से किसी चुने हुए प्रतिनिधि का निधन हो जाता है या किसी अन्य कारण से वह त्यागपत्र दे देता है, तो जो चुनाव होते हैं, उसे उप-चुनाव कहा जाता है।
- ***मध्यावधि चुनाव** (Mid-term Pole)* यदि लोकसभा या राज्य विधानसभा किसी कारण समय-सीमा पूरी करने से पूर्व ही भंग हो जाती है, तो नए सिरे से चुनाव कराए जाते हैं, ऐसे चुनावों को मध्यावधि चुनाव कहते हैं।
- ***सार्वभौमिक वयस्क मताधिकार** (Universal Adult Franchise)* प्रत्येक नागरिक, जिसकी उम्र 18 वर्ष पूरी हो चुकी हो का मताधिकार, सार्वभौमिक वयस्क मताधिकार कहलाता है।
- ***चुनाव धाँधली** (Rigged Election)* चुनाव में अपने वोट बढ़ाने के लिए उम्मीदवारों और पार्टियों द्वारा की जाने वाली गड़बड़ चुनाव धाँधली कहलाती है।
- ***मतदान केंद्रों पर कब्जा** (Booth Capturing)* किसी उम्मीदवार या पार्टी के समर्थकों या किराये के अपराधियों द्वारा मतदान केंद्र पर कब्जा करना, असली मतदाताओं को मतदान केंद्रों पर आने से रोकना और स्वयं सारे वोट डालना, मतदान केंद्र पर कब्जा करना कहलाता है।

# NCERT फोल्डर

**1.** चुनाव क्यों होते हैं, इस बारे में इनमें से कौन-सा वाक्य ठीक नहीं है?

(a) चुनाव लोगों को सरकार के कामकाज का फैसला करने का अवसर देते हैं।

(b) क्षेत्र की जनता अपनी पसंद के उम्मीदवार का चुनाव करती है।

(c) चुनाव लोगों को न्यायपालिका के कामकाज का मूल्यांकन करने का अवसर देते हैं।

(d) लोग चुनाव से अपनी पसंद की नीतियाँ बना सकते हैं।

**उत्तर** (c) चुनाव लोगों को न्यायपालिका के कामकाज का मूल्यांकन करने का अवसर देते हैं।

**2.** भारत के चुनाव लोकतांत्रिक हैं, यह बताने के लिए इनमें कौन-सा वाक्य सही कारण नहीं देता?

(a) भारत में दुनिया के सबसे ज्यादा मतदाता हैं।

(b) भारत में चुनाव आयोग काफी शक्तिशाली है।

(c) भारत में 18 वर्ष से अधिक उम्र का प्रत्येक व्यक्ति मतदाता है।

(d) भारत में चुनाव हारने वाली पार्टियाँ जनादेश स्वीकार कर लेती हैं।

**उत्तर** (a) भारत में दुनिया के सबसे ज्यादा मतदाता हैं।

**3.** निम्नलिखित को सुमेलित कीजिए

| | |
|---|---|
| (a) समय-समय पर मतदाता सूची का नवीनीकरण आवश्यक है ताकि | 1. समाज के हर वर्ग का समुचित प्रतिनिधित्व हो सके। |
| (b) कुछ निर्वाचन-क्षेत्र अनुसूचित जाति और अनुसूचित-जनजाति के लिए आरक्षित हैं ताकि | 2. हर एक को अपना प्रतिनिधि चुनने का समान अवसर मिले। |
| (c) प्रत्येक को सिर्फ एक वोट डालने का अधिकार है ताकि | 3. हर उम्मीदवार को चुनाव लड़ने का समान अवसर मिले। |
| (d) सत्ताधारी दल को सरकारी वाहन के प्रयोग की अनुमति नहीं है, क्योंकि | 4. संभव है कुछ लोग उस जगह से अलग चले गए हों, जहाँ उन्होंने पिछले चुनाव में मतदान किया था। |

**उत्तर** (a) 4 (b) 1 (c) 2 (d) 3

**4.** इस अध्याय में वर्णित चुनाव संबंधी सभी गतिविधियों की सूची बनाएँ और इन्हें चुनाव में सबसे पहले किए जाने वाले काम से लेकर आखिर तक के क्रम में सजाएँ। इनमें से कुछ मामले हैं—चुनाव घोषणा पत्र जारी करना, वोटों की गिनती, मतदाता सूची बनाना, चुनाव अभियान, चुनाव नतीजों की घोषणा, मतदान, पुनर्मतदान के आदेश, चुनाव प्रक्रिया की घोषणा, नामांकन दाखिल करना।

**उत्तर** चुनाव संबंधी कार्यों की क्रमिक सूची

(i) मतदाता सूची बनाना
(ii) चुनाव प्रक्रिया की घोषणा
(iii) चुनाव घोषणा पत्र जारी करना
(iv) नामांकन दाखिल करना
(v) चुनाव अभियान
(vi) मतदान
(vii) वोटों की गिनती
(viii) चुनाव नतीजों की घोषणा
(ix) पुनर्मतदान के आदेश

**5.** सुरेखा एक राज्य विधानसभा क्षेत्र में स्वतंत्र और निष्पक्ष चुनाव कराने वाली अधिकारी हैं। चुनाव के इन चरणों में उन्हें किन-किन बातों पर ध्यान देना चाहिए?

(a) चुनाव प्रचार (b) मतदान के दिन (c) मतगणना के दिन

**उत्तर** (a) **चुनाव प्रचार** चुनाव प्रचार के दौरान सुरेखा को इस बात का ध्यान देना चाहिए कि कोई भी राजनीतिक दल चुनाव आचार संहिता का उल्लंघन नहीं कर सके। साथ ही सरकारी तंत्र का सत्ताधारी दल के द्वारा दुरुपयोग न हो इसकी निगरानी करना भी चुनाव अधिकारी के रूप में सुरेखा की जिम्मेदारी बनती है।

(b) **मतदान के दिन** चुनाव अधिकारी के रूप में सुरेखा की मतदान के दिन यह जिम्मेदारी बनती है कि मतदान नियत समय पर हो तथा मतदान निष्पक्ष एवं शांतिपूर्ण तरीके से संपन्न हो। विकलांगों तथा वृद्धों को मतदान केंद्र तक पहुँचाने के लिए विशेष व्यवस्था की जाए।

(c) **मतगणना के दिन** मतगणना के दिन इलेक्ट्रॉनिक वोटिंग मशीन की सील की जाँच हो, सभी इलेक्ट्रॉनिक वोटिंग मशीन को खोल लेना चाहिए एवं सभी दलों का एक एजेंट वहाँ उपस्थित हो, जहाँ मतगणना हो रही हो।

**6.** निम्न तालिका में अमेरिकी कांग्रेस ने जिन्होंने चुनाव जीते उन विभिन्न समुदायों का अनुपात दिया गया है। उनकी सीटों की तुलना जनसंख्या के अनुपात में करें। इसके आधार पर क्या आप अमेरिकी संसद के चुनाव में भी आरक्षण का सुझाव देंगे? यदि हाँ तो क्यों और किस समुदाय के लिए? अगर नहीं तो क्यों?

समुदाय का प्रतिनिधित्व (प्रतिशत में)

| | अमेरिकी प्रतिनिधि सभा में | अमेरिकी समाज में |
|---|---|---|
| अश्वेत | 8 | 13 |
| हिस्पैनिक | 5 | 13 |
| श्वेत | 86 | 7 |

**उत्तर** तालिका में दिए गए आँकड़ों के आधार पर अश्वेतों और हिस्पैनिकों के लिए कुछ सीटें आरक्षित रखी जा सकती हैं, क्योंकि उनकी जनसंख्या के अनुसार, उनके पास पर्याप्त प्रतिनिधि नहीं हैं।

**7.** इस अध्याय में दी गई सूचनाओं के आधार पर क्या हम निम्न निष्कर्ष निकाल सकते हैं? इनमें से सभी पर अपनी राय के पक्ष में दो तथ्य लिखिए।

(a) भारत के चुनाव आयोग को देश में स्वतंत्र और निष्पक्ष चुनाव करा सकने लायक पर्याप्त अधिकार नहीं हैं।

(b) हमारे देश में चुनाव में लोगों की जबर्दस्त भागीदारी होती है।

(c) सत्ताधारी पार्टी के लिए चुनाव जीतना बहुत आसान होता है।

(d) अपने चुनावों को पूरी तरह से निष्पक्ष और स्वतंत्र बनाने के लिए कई कदम उठाने चाहिए।

**उत्तर** (a) नहीं, यह निष्कर्ष गलत है। भारत के चुनाव आयोग के पास स्वतंत्र एवं निष्पक्ष चुनाव कराने की शक्ति है। यह एक स्वतंत्र एवं निष्पक्ष संस्था है और इसे संविधान के द्वारा पर्याप्त अधिकार दिया गया है।

(b) यह निष्कर्ष सही है, वर्ष 1991 से मतदाताओं की उपस्थिति लगभग 57% रही है। भारत में अमीरों तथा सुविधा संपन्न लोगों की तुलना में गरीब अधिक मतदान करते हैं।

(c) नहीं यह निष्कर्ष गलत है। सत्ताधारी दल के लिए भी चुनाव जीतना उतना आसान नहीं होता। उन्हें भी सरकारी तंत्र के उपयोग पर पूर्व प्रतिबंध होता है। चुनाव की घोषणा के बाद सभी मंत्रियों को आदर्श आचार संहिता को अपनाना होता है।

(d) यह निष्कर्ष सही है। चुनाव आयोग स्वतंत्र एवं निष्पक्ष चुनाव के लिए आदर्श आचार संहिता लागू करता है, ताकि मतदाताओं को दिग्भ्रमित न किया जा सके। पर्याप्त संख्या में अर्द्ध-सैनिक बलों को तैनात किया जाता है।

**8. चिनप्पा को दहेज के लिए अपनी पत्नी को परेशान करने के जुर्म में सजा मिली थी। सतवीर को छुआछूत मानने का दोषी माना गया था। दोनों को अदालत ने चुनाव लड़ने की इजाजत नहीं दी है। क्या यह फैसला लोकतांत्रिक चुनावों के बुनियादी सिद्धांतों के खिलाफ जाता है? अपने उत्तर के पक्ष में तर्क दीजिए।**

**उत्तर** चूँकि चिनप्पा तथा सतवीर को अदालत द्वारा चुनाव लड़ने की इजाजत नहीं दी गई है। इसका अर्थ है उनके खिलाफ पर्याप्त सबूत होंगे और ऐसे संगीन अपराधों में सजा प्राप्त लोगों को चुनाव लड़ने से रोकना विधि सम्मत है।

**9. विश्व के विभिन्न भागों से चुनावों में गलत तरीके अपनाने की कुछ रिपोर्ट सामने आई हैं। क्या ये देश अपने यहाँ के चुनावों में सुधार के लिए भारत से कुछ बातें सीख सकते हैं? आप क्या सुझाव देंगे?**

**(i) नाइजीरिया के एक चुनाव में मतगणना अधिकारी ने जान-बूझकर एक उम्मीदवार को मिले वोटों की संख्या बढ़ा दी और उसे जीता हुआ घोषित कर दिया। बाद में अदालत ने पाया कि दूसरे उम्मीदवार को मिले पाँच लाख वोटों को उस उम्मीदवार के पक्ष में दर्ज कर लिया गया था।**

**(ii) फिजी में चुनाव से ठीक पहले एक परचा बाँटा गया, जिसमें धमकी दी गई थी कि अगर पूर्व प्रधानमंत्री महेंद्र चौधरी के पक्ष में वोट दिया गया तो खून-खराबा हो जाएगा। यह धमकी भारतीय मूल के मतदाताओं को दी गई थी।**

**(iii) अमेरिका के प्रत्येक प्रांत में मतदान, मतगणना और चुनाव संचालन की अपनी-अपनी प्रणालियाँ हैं। वर्ष 2000 के चुनाव में फ्लोरिडा प्रांत के अधिकारियों ने जॉर्ज बुश के पक्ष में अनेक विवादास्पद फैसले लिए पर उनके फैसले को कोई भी नहीं बदल सका।**

**उत्तर** (i) मतगणना के समय प्रत्येक दल या प्रत्याशी का एक प्रतिनिधि वहाँ होना चाहिए।

(ii) एक आदर्श आचार संहिता होनी चाहिए, जिसे सभी राजनीतिक दलों तथा प्रत्याशियों को अपनाना चाहिए।

(iii) चुनाव प्रणाली में समरूपता होनी चाहिए। यह भारत के चुनाव आयोग के समान एक स्वतंत्र संस्था के अधीन होनी चाहिए।

**10. भारत में चुनावी गड़बड़ियों से संबंधित कुछ रिपोर्ट यहाँ दी गई हैं। प्रत्येक मामले में समस्या की पहचान कीजिए। इन्हें दूर करने के लिए क्या किया जा सकता है?**

**(a) चुनाव की घोषणा होते ही मंत्री महोदय ने बंद पड़ी चीनी मिल को दोबारा खोलने के लिए वित्तीय सहायता देने की घोषणा की।**

**(b) विपक्षी दलों का आरोप था कि दूरदर्शन और आकाशवाणी पर उनके बयानों और चुनाव अभियान को उचित जगह नहीं मिली।**

**(c) चुनाव आयोग की जाँच से एक राज्य की मतदाता सूची में 20 लाख फर्जी मतदाताओं के नाम मिले।**

**(d) एक राजनैतिक दल के गुंडे बंदूकों के साथ घूम रहे थे, दूसरी पार्टियों के लोगों को मतदान में भाग लेने से रोक रहे थे और दूसरी पार्टी की चुनावी सभाओं में हमले कर रहे थे।**

**उत्तर** (a) **समस्या** मंत्री ने आदर्श आचार संहिता का उल्लंघन किया।
**समाधान** आचार संहिता के उल्लंघन के लिए मंत्री को चुनाव आयोग द्वारा सजा दी जानी चाहिए।

(b) **समस्या** सत्तारूढ़ दल द्वारा सरकारी संसाधनों का गलत प्रयोग।
**समाधान** दल चुनाव आयोग के पास जा सकता था। सभी दलों के लिए चुनाव आयोग द्वारा दूरदर्शन तथा रेडियो पर समय निर्धारित किया जाता है।

(c) **समस्या** मतदाता सूची को सुधारा नहीं गया है।
**समाधान** मतदाता सूची में सुधार आवश्यक है।

(d) **समस्या** चुनाव स्वतंत्र एवं शांतिपूर्ण नहीं है।
**समाधान** चुनाव आयोग को सुनिश्चित करना चाहिए कि चुनाव स्वतंत्र एवं निष्पक्ष हो।

**11. जब यह अध्याय पढ़ाया जा रहा था, तो रमेश कक्षा में नहीं आ पाया था। अगले दिन कक्षा में आने के बाद उसने अपने पिताजी से सुनी बातों को दोहराया। क्या आप रमेश को बता सकते हैं कि उसके इन बयानों में क्या गड़बड़ी है?**

**(a) औरतें उसी तरह वोट देती हैं जैसा पुरुष उनसे कहते हैं, इसलिए उनको मताधिकार देने का कोई मतलब नहीं है।**

**(b) पार्टी-पॉलिटिक्स से समाज में तनाव पैदा होता है। चुनाव में सबकी सहमति वाला फैसला होना चाहिए, प्रतिद्वंद्विता नहीं होनी चाहिए।**

**(c) सिर्फ स्नातकों को ही चुनाव लड़ने की इजाजत होनी चाहिए।**

**उत्तर** (a) नहीं, यह सत्य नहीं है कि महिलाएँ हमेशा पुरुषों के कहे अनुसार ही मतदान करती हैं, क्योंकि प्रत्येक मतदाता अपनी इच्छानुसार प्रत्याशी चुनने को स्वतंत्र है।

(b) पार्टी-पॉलिटिक्स अथवा दलगत राजनीति समाज में तनाव की स्थिति बना सकती है, परंतु अंत में सभी राजनीतिक दलों को लोगों की भलाई के लिए कार्य करना चाहिए, क्योंकि सत्ता पाने का एक तरीका यही है।

(c) हमारे देश में शैक्षिक योग्यता निश्चित करना लोकतंत्र के सिद्धांतों के विरुद्ध होगा। इसका अर्थ यह होगा कि देश के अधिकतर नागरिक चुनाव से वंचित रह जाएँगे।

# परीक्षा अभ्यास

## वस्तुनिष्ठ प्रश्न

### बहुविकल्पीय प्रश्न

**1.** वर्ष 1982 से 1987 के मध्य हरियाणा में किस पार्टी की सरकार थी?

(a) हरियाणा जनसंघ पार्टी (b) भारतीय जनता पार्टी
(c) कांग्रेस पार्टी (d) कम्युनिस्ट पार्टी

**उत्तर** (c) कांग्रेस पार्टी

**2.** वर्ष 1982 में देवीलाल ने हरियाणा में किस पार्टी का सर्जन किया था?

(a) राष्ट्रीय लोक दल (b) लोक दल
(c) समाजवादी पार्टी (d) अकाली दल

**उत्तर** (b) लोक दल

**3.** जब किसी प्रतिनिधि की मृत्यु हो जाती है तो उस क्षेत्र में कराए गए चुनाव को क्या कहा जाता है?

(a) संसदीय चुनाव (b) विधायिकी चुनाव
(c) उपचुनाव (d) आम चुनाव

**उत्तर** (c) उपचुनाव

**4.** भारत में अधिकतर चुनाव कितने समय अंतराल के बाद किए जाते हैं?

(a) चार वर्ष (b) पाँच वर्ष
(c) छः वर्ष (d) सात वर्ष

**उत्तर** (b) पाँच वर्ष

**5.** अनुसूचित जाति आरक्षित निर्वाचन क्षेत्र से क्या अभिप्राय है?

(a) कोई भी उम्मीदवार चुनाव लड़ सकता है, परंतु जीत हमेशा अनुसूचित जाति के सदस्य की ही होगी
(b) कोई भी उम्मीदवार चुनाव लड़ सकता है, परंतु जीत हमेशा अनुसूचित जाति की महिला सदस्य की होगी
(c) केवल अनुसूचित वर्ग का सदस्य ही चुनाव लड़ सकता है
(d) उपरोक्त में से कोई नहीं

**उत्तर** (c) केवल अनुसूचित वर्ग का सदस्य ही चुनाव लड़ सकता है

**6.** शहरी और ग्रामीण क्षेत्र के चुनावों में महिलाओं के लिए कितने प्रतिशत सीटें आरक्षित की गई हैं?

(a) कुल सीटों का एक-तिहाई भाग
(b) कुल सीटों का दो-तिहाई भाग
(c) कुल सीटों का आधा भाग
(d) कुल सीटों का एक-चौथाई भाग

**उत्तर** (a) कुल सीटों का एक-तिहाई भाग

**7.** लोकसभा में कितनी सीटें अनुसूचित जनजाति के लिए आरक्षित हैं?

(a) 40 (b) 43 (c) 45 (d) 47

**उत्तर** (d) 47

**8.** मतदाता सूची को सामान्य बोलचाल की भाषा में क्या कहा जाता है?

(a) वोटर लिस्ट (b) नागरिक लिस्ट
(c) व्यक्ति लिस्ट (d) ये सभी

**उत्तर** (a) वोटर लिस्ट

**9.** किस राज्य में लोकसभा की सबसे ज्यादा सीटें हैं?

(a) महाराष्ट्र (b) आन्ध्र प्रदेश
(c) बिहार (d) उत्तर प्रदेश

**उत्तर** (d) उत्तर प्रदेश

**10.** किस संघ राज्य क्षेत्र में लोकसभा की सबसे अधिक सीटें हैं?

(a) चंडीगढ़ (b) दिल्ली
(c) लक्षद्वीप (d) दमनदीव

**उत्तर** (b) दिल्ली

**11.** भारत में निर्वाचन आयोग की शक्ति किसके समतुल्य होती है?

(a) राज्यपाल (b) सचिव
(c) न्यायपालिका (d) कार्यपालिका

**उत्तर** (c) न्यायपालिका

**12.** मुख्य निर्वाचन आयोग की नियुक्ति किसके द्वारा की जाती है?

(a) लोकसभा के अध्यक्ष
(b) भारत का मुख्य न्यायाधीश
(c) भारत का राष्ट्रपति
(d) भारत का उपराष्ट्रपति

**उत्तर** (c) भारत का राष्ट्रपति

**13.** इलेक्ट्रॉनिक वोटिंग मशीन में क्या प्रदर्शित किया जाता है?

(a) उम्मीदवार का नाम (b) चुनाव चिह्न
(c) 'a' और 'b' दोनों (d) इनमें से कोई नहीं

**उत्तर** (c) 'a' और 'b' दोनों

**14.** उम्मीदवार लोकसभा चुनाव में कितनी धनराशि से ज्यादा खर्च नहीं कर सकता है?

(a) ₹ 15 लाख (b) ₹ 20 लाख
(c) ₹ 25 लाख (d) ₹ 30 लाख

**उत्तर** (c) ₹ 25 लाख

**15.** भारत में राजनैतिक प्रतिद्वंद्विता के कौन-से अवगुण हैं?

(a) यह समाज में अनेकता को बढ़ावा देती है
(b) इसके अंतर्गत चुनाव में गलत तरीके अपनाए जाते हैं
(c) यह देश की दीर्घकालीन योजनाओं के लिए नुकसानदेह है
(d) उपरोक्त सभी

**उत्तर** (d) उपरोक्त सभी

**16.** निम्नलिखित में से कौन-सा कथन भारत में आरक्षित निर्वाचन क्षेत्र से संबंधित नहीं है?

(a) भारत में केवल अनुसूचित जाति के लिए चुनाव आरक्षित क्षेत्र है

(b) भारत में चुनाव आरक्षित क्षेत्र से किसी भी जाति का सदस्य चुनाव लड़ सकता है

(c) भारत में अनुसूचित जाति/अनुसूचित जनजाति की जनसंख्या के आधार पर आरक्षित क्षेत्र का निर्माण किया जाता है

(d) भारत में जातिगत आरक्षित क्षेत्रों की अवधारणा वर्ष 2000 के पश्चात् आई थी

*उत्तर* (c) भारत में अनुसूचित जाति/अनुसूचित जनजाति की जनसंख्या के आधार पर आरक्षित क्षेत्र का निर्माण किया जाता है

**17.** निम्नलिखित में से कौन-सा कथन चुनाव आयोग से संबंधित है?

1. मुख्य निर्वाचन आयुक्त की नियुक्ति प्रधानमंत्री द्वारा की जाती है।
2. निर्वाचन आयोग के द्वारा आदर्श आधार संहिता को लागू करवाया जाता है।
3. चुनाव आयोग चुनाव की अधिसूचना भी जारी करता है।

**कूट**

(a) 1 और 2 (b) 2 और 3

(c) 1 और 3 (d) ये सभी

*उत्तर* (b) 2 और 3

**18.** निम्नलिखित में कौन-सा कथन भारत के चुनाव क्षेत्र से संबंधित है?

1. लोकसभा चुनाव के लिए भारत को 540 चुनाव क्षेत्रों में बाँटा गया है।
2. लोकसभा क्षेत्र से चुने गए प्रतिनिधि को संसद सदस्य कहते हैं।
3. लोकसभा संसदीय क्षेत्र के अंतर्गत बहुत-सी विधानसभाएँ आती हैं।

**कूट**

(a) 1 और 2 (b) 2 और 3

(c) 1 और 3 (d) ये सभी

*उत्तर* (b) 2 और 3

**19.** विधानसभा चुनाव प्रक्रिया को सही क्रम में लगाइए।

1. मतदान 2. चुनावी अभियान
3. मुख्यमंत्री की नियुक्ति 4. परिणाम की घोषणा

**कूट**

(a) 1, 2, 3, 4 (b) 2, 3, 1, 4

(c) 2, 1, 4, 3 (d) 4, 2, 1, 3

*उत्तर* (c) 2, 1, 4, 3

**20.** निम्नलिखित में से कौन-सा युग्म सही नहीं है?

| राज्य | | निर्वाचित क्षेत्र |
|---|---|---|
| (a) आंध्र प्रदेश | – | 25 |
| (b) अरुणाचल प्रदेश | – | 2 |
| (c) उत्तर प्रदेश | – | 80 |
| (d) पश्चिम बंगाल | – | 40 |

*उत्तर* (d) पश्चिम बंगाल – 40

**21.** निम्नलिखित में से कौन-सा युग्म सही है?

| वर्ष | | चुनाव में भाग लेने वालों का प्रतिशत |
|---|---|---|
| (a) 1996 | – | 8% |
| (b) 1998 | – | 15% |
| (c) 1999 | – | 25% |
| (d) 2004 | – | 33% |

*उत्तर* (a) 1996– 8%

**22.** निम्नलिखित कथनों की सहायता से देश की पहचान करें

- इस देश में केंद्रीय तथा प्रांतीय स्तर पर प्रत्येक पाँच वर्ष में चुनाव होता है।
- इस देश में चुनाव एक निश्चित अवधि में समाप्त किया जाता है।
- इस देश में पद रिक्त होने पर उपचुनाव की भी व्यवस्था की गई है।

(a) चीन (b) भारत

(c) अमेरिका (d) इजरायल

*उत्तर* (b) भारत

**23.** निम्नलिखित कथनों की सहायता से सही उत्तर की पहचान करें

- इस मशीन का प्रयोग चुनाव के लिए किया जाता है।
- इस मशीन में उम्मीदवार तथा चुनाव चिह्न प्रदर्शित होता है।
- इस मशीन ने चुनाव की प्रक्रिया को आसान बनाया है।

(a) इलेक्ट्रॉनिक मशीन कार वोटिंग

(b) इलेक्ट्रॉनिक वोटिंग मशीन

(c) इलेक्ट्रॉनिक वोट मशीन

(d) इलेक्ट्रॉनिक इलेक्शन मशीन

*उत्तर* (b) इलेक्ट्रॉनिक वोटिंग मशीन

## चित्र आधारित प्रश्न

**24.** नीचे दिए गए चित्र में क्या दर्शाया गया है?

(a) ग्रामीण समुदाय (b) निर्वाचन साक्षरता क्लब

(c) मतदान प्रक्रिया (d) निर्वाचन समूह

*उत्तर* (b) निर्वाचन साक्षरता क्लब

## सुमेलित करें

**25.** सुमेलित कीजिए

| सूची I | सूची II |
|---|---|
| A. जमीन जोतने वाले को | 1. कांग्रेस पार्टी |
| B. गरीबी हटाओ | 2. तेलुगू देशम पार्टी |
| C. लोकतंत्र बचाओ | 3. वामपंथी दल |
| D. तेलुगू स्वाभिमान | 4. जनता दल |

कूट

| | A | B | C | D | | A | B | C | D |
|---|---|---|---|---|---|---|---|---|---|
| (a) | 2 | 4 | 1 | 3 | (b) | 1 | 2 | 3 | 4 |
| (c) | 4 | 1 | 2 | 3 | (d) | 3 | 1 | 4 | 2 |

उत्तर (d) 3 1 4 2

## रिक्त स्थान भरें

**26.** ......... तक हरियाणा में कांग्रेस पार्टी की सरकार थी।

उत्तर वर्ष 1982

**27.** भारत में लोकसभा निर्वाचन क्षेत्र ......... हैं।

उत्तर 543

**28.** लोकसभा के चुने हुए सदस्य को ......... कहते हैं।

उत्तर सांसद

**29.** निर्वाचन क्षेत्र के आधार पर प्रत्येक ग्राम व शहर ......... में विभाजित है।

उत्तर वार्डों

**30.** 1977 के लोकसभा चुनाव में जनता पार्टी ने ......... का नारा दिया था।

उत्तर लोकतंत्र बचाओ

**31.** वर्तमान में ........... का प्रयोग चुनाव के लिए किया जाता है।

उत्तर इलेक्ट्रॉनिक वोटिंग मशीन

**32.** सभी राजनीतिक दल चुनाव अभियान के लिए ........... को स्वीकार करते हैं।

उत्तर आचार संहिता

## सही और पुनः लिखें

**33.** 1971 के लोकसभा चुनाव में राजीव गाँधी के नेतृत्व वाली कांग्रेस पार्टी ने गरीबी हटाओ का नारा दिया।

उत्तर 1971 के लोकसभा चुनाव में इंदिरा गाँधी के नेतृत्व वाली कांग्रेस पार्टी ने 'गरीबी हटाओ' का नारा दिया।

**34.** ग्रामीण और शहरी स्थानीय निकायों में महिलाओं के लिए दो-तिहाई सीटें आरक्षित की गई हैं।

उत्तर ग्रामीण और शहरी स्थानीय निकायों में महिलाओं के लिए एक-तिहाई सीटें आरक्षित की गई हैं।



## कथन/कारण

**35.** **कथन** (A) भारत में विधायक और सांसद के लिए किसी भी शैक्षिक योग्यता की आवश्यकता नहीं होती है।

**कारण** (R) विधायक और सांसद की सबसे बड़ी योग्यता यह है कि वह अपने क्षेत्र के लोगों की समस्याओं को समझने और उनके हितों का प्रतिनिधित्व करे।

**कूट**

(a) A और R दोनों सत्य हैं तथा R, A की सही व्याख्या है
(b) A और R दोनों सत्य हैं, परंतु R, A की सही व्याख्या नहीं है
(c) A सत्य है, किंतु R असत्य है
(d) A असत्य है, किंतु R सत्य है

उत्तर (a) A और R दोनों सत्य हैं तथा R, A की सही व्याख्या है

**36.** **कथन** (A) चुनाव में प्रत्येक दल अपना घोषणा-पत्र तैयार करता है।

**कारण** (R) घोषणा-पत्र के द्वारा राजनीतिक पार्टी लोगों का ध्यान अपनी ओर आकर्षित करती है।

**कूट**

(a) A और R दोनों सत्य हैं तथा R, A की सही व्याख्या है
(b) A और R दोनों सत्य हैं, परंतु R, A की सही व्याख्या नहीं है
(c) A सत्य है, किंतु R असत्य है
(d) A असत्य है, किंतु R सत्य है

उत्तर (a) A और R दोनों सत्य हैं तथा R, A की सही व्याख्या है

**37.** **कथन** (A) भारत में चुनाव बुनियादी रूप से स्वतंत्र और निष्पक्ष है।

**कारण** (R) क्योंकि जो पार्टी चुनाव जीतकर सरकार बनाती है, उसे अधिकतम लोगों का समर्थन प्राप्त होता है।

**कूट**

(a) A और R दोनों सत्य हैं तथा R, A की सही व्याख्या है
(b) A और R दोनों सत्य हैं, परंतु R, A की सही व्याख्या नहीं है
(c) A सत्य है, किंतु R असत्य है
(d) A असत्य है, किंतु R सत्य है

उत्तर (a) A और R दोनों सत्य हैं तथा R, A की सही व्याख्या है

## C अतिलघु उत्तरीय प्रश्न

**1.** चुनाव चिह्न क्या है?

उत्तर चुनाव के समय चुनाव आयोग द्वारा राजनीतिक दलों को निश्चित संकेतक दिए जाते हैं, जिसे चुनाव चिह्न कहते हैं।

**2.** निर्वाचन क्षेत्र क्या होता है?

उत्तर भारत में चुनाव के लिए संपूर्ण देश को विभिन्न चुनावी क्षेत्रों में विभाजित किया जाता है, जिसे निर्वाचन क्षेत्र कहते हैं।

**3.** मुख्य चुनाव आयुक्त की नियुक्ति कौन करता है?

उत्तर मुख्य चुनाव आयुक्त की नियुक्ति राष्ट्रपति करता है।

**4.** सांसद कौन होता है?

**उत्तर** प्रत्येक निर्वाचन क्षेत्र से लोकसभा के लिए चुना गया प्रतिनिधि सांसद होता है।

**5.** चुनाव आचार संहिता क्या होती है?

**उत्तर** चुनाव के समय में राजनीतिक दलों तथा चुनावी उम्मीदवारों के लिए बनाई गई नियमों की निर्देशिका को चुनाव आचार संहिता कहते हैं।

**6.** मतदान केंद्र क्या होता है?

**उत्तर** ऐसा स्थान, जहाँ लोग चुनाव के दिन अपना मत डालते हैं।

**7.** संसद किससे मिलकर बनता है?

**उत्तर** संसद का निर्माण राष्ट्रपति, लोकसभा और राज्यसभा से मिलकर होता है।

**8.** संसद का उच्च सदन एवं निम्न सदन किसे कहते हैं?

**उत्तर** संसद का उच्च सदन राज्यसभा को एवं निम्न सदन लोकसभा को कहते हैं।

**9.** प्रतिनिधि लोकतंत्र क्या होता है?

**उत्तर** यह ऐसी सरकार होती है, जिसमें लोग अपनी ओर से निर्णय लेने के लिए अपना नेता स्वयं चुनते हैं।

**10.** भारत सरकार ने किन दो समूहों या समुदायों को सुरक्षित घोषित किया हुआ है?

**उत्तर** भारत सरकार ने अनुसूचित जाति तथा अनुसूचित जनजाति समुदायों को सुरक्षित घोषित किया हुआ है।

**11.** 'उपचुनाव' का क्या अर्थ होता है?

**उत्तर** किसी की मृत्यु या त्याग-पत्र के कारण खाली पड़े पद को भरने के लिए किए गए एकमात्र निर्वाचन क्षेत्र में चुनाव को 'उपचुनाव' कहा जाता है।

**12.** किस राजनीतिक दल ने 'लोकतंत्र बचाओ' का नारा दिया था?

**उत्तर** 'लोकतंत्र बचाओ' का नारा वर्ष 1977 में जनता पार्टी ने दिया था।

**13.** लोकसभा में अनुसूचित जाति तथा अनुसूचित जनजातियों के लिए कितनी सीटें सुरक्षित हैं?

**उत्तर** लोकसभा में अनुसूचित जाति के लिए 84 तथा अनुसूचित जनजातियों के लिए 47 सीटें सुरक्षित हैं
(26 जनवरी, 2019 तक की सूचना पर आधारित)।

**14.** चुनाव अभियान क्या है?

**उत्तर** चुनाव अभियान राजनीतिक दल या उम्मीदवार द्वारा अपने क्षेत्र में अपने हित में मतदाताओं को आकर्षित करने के लिए चलाया जाने वाला चुनावी प्रक्रिया का प्रचार होता है।

**15.** चुनाव आयोग किसे कहते हैं?

**उत्तर** भारत में सभी चुनावी प्रक्रिया एक स्वायत्त संस्था द्वारा संचालित, नियंत्रित तथा पर्यवेक्षित होती है, जिसे चुनाव आयोग कहा जाता है।

## लघु उत्तरीय प्रश्न

**1.** भारत में चुनावी प्रतिद्वंद्विता के कुछ दोष बताइए।

**उत्तर** भारत में चुनावी प्रतिद्वंद्विता के कुछ दोष निम्न प्रकार हैं
- यह समाज में अनेकता तथा गुटवाद को बढ़ावा देती है।
- विभिन्न राजनीतिक दल तथा उम्मीदवार चुनाव जीतने के लिए गलत तरीकों का प्रयोग करते हैं, जैसे कि मतदान केंद्रों पर कब्जा, रिश्वत देना इत्यादि।
- चुनाव जीतने की प्रतिस्पर्द्धा दीर्घकालीन योजनाओं के लिए नुकसानदेह सिद्ध होती है।
- अनेक बार चुनावी प्रतिस्पर्द्धा एक ऐसे वातावरण का निर्माण करती है, जिसमें कई अच्छे लोग इसमें हिस्सा नहीं लेते हैं।

**2.** चुनाव प्रचार के लिए आदर्श चुनाव आचार संहिता क्या है?

**उत्तर** यह नियमों एवं संहिताओं का एक परिपत्र है, जिसका राजनीतिक दलों के प्रत्याशियों को चुनाव के समय पालन करना होता है। आदर्श चुनाव आचार संहिता की निम्न शर्तें हैं
- चुनाव प्रचार के लिए किसी धर्मस्थल का प्रयोग नहीं कर सकता है।
- सरकारी वाहन, विमान या अधिकारियों का उपयोग चुनाव में नहीं कर सकता है।
- चुनाव की उद्घोषणा हो जाने के बाद मंत्री किसी बड़ी योजना का शिलान्यास, बड़े नीतिगत फैसले या लोगों को सुविधाएँ देने वाले वायदे नहीं कर सकते हैं।

**3.** चुनाव प्रक्रिया को और अधिक प्रजातांत्रिक बनाने के लिए किन्हीं तीन आवश्यक शर्तों की व्याख्या कीजिए।

**उत्तर** चुनाव प्रक्रिया को और अधिक प्रजातांत्रिक बनाने के लिए तीन शर्तें निम्नलिखित हैं

(i) **चुनाव आयोग की स्वतंत्रता** चुनाव प्रक्रिया को और अधिक प्रजातांत्रिक बनाने के लिए सबसे अधिक आवश्यक है कि चुनाव आयोग को पूर्ण रूप से स्वतंत्र एवं निष्पक्ष होना चाहिए।

(ii) **चुनाव व्यय** चुनाव प्रक्रिया को अधिक प्रजातांत्रिक बनाने में दूसरी महत्त्वपूर्ण शर्त चुनाव व्यय पर कड़ी नजर रखना है। चुनाव आयोग चुनाव क्षेत्रों के प्रत्येक उम्मीदवार पर कड़ी नजर रखता है कि वह चुनाव में कितना धन खर्च कर रहा है तथा उसके लिए खर्च का धन कहाँ से आ रहा है।

(iii) **निष्पक्षता** चुनाव प्रक्रिया की तीसरी महत्त्वपूर्ण शर्त है कि चुनाव पूर्णतः निष्पक्ष ढंग से होना चाहिए, जो भी सत्ता में बैठे दल हैं, उन्हें चुनाव में हस्तक्षेप नहीं करना चाहिए और न ही अपने दल के हित में सरकारी मशीनरी का प्रयोग करना चाहिए।

**4.** चुनाव घोषणा-पत्र के प्रमुख लाभ बताइए।

**उत्तर** चुनाव घोषणा-पत्र के निम्नलिखित लाभ हैं
- इससे विभिन्न राजनैतिक दलों की आंतरिक तथा बाहरी नीति के बारे में लोगों को जानकारी मिलती है।

- विभिन्न राजनैतिक दलों के चुनाव घोषणा-पत्रों को देखने के पश्चात् मतदाताओं के लिए मत का निर्णय लेना आसान होता है। चुनाव जीतने वाले दल के लिए घोषणा-पत्र पथ-प्रदर्शन का कार्य करता है, क्योंकि उन्हें अपना कार्य उसी के अनुसार करना होता है।
- चुनाव के पश्चात् घोषणा-पत्र के अनुसार कार्य करने के लिए जनता सरकार पर दबाव डाल सकती है। यदि सरकार उन वायदों को पूरा नहीं करती, जो घोषणा-पत्र में दिए गए थे, तो जनता सरकार की आलोचना कर सकती है।

**5. भारतीय चुनाव प्रणाली की दो प्रमुख विशेषताएँ लिखिए।**

**उत्तर** भारतीय चुनाव प्रणाली की दो मुख्य विशेषताएँ निम्नलिखित हैं

(i) **वयस्क मताधिकार** भारत में चुनाव वयस्क मताधिकार के आधार पर होते हैं। इसका अर्थ यह है कि यहाँ पर जाति, धर्म, वर्ग अथवा लिंग का भेद किए बिना उन सभी नागरिकों को, जिनकी आयु 18 वर्ष या उससे अधिक है, मतदान का अधिकार दिया गया है।

(ii) **संयुक्त निर्वाचन** भारत में चुनाव पृथक् निर्वाचन के आधार पर नहीं होते, बल्कि संयुक्त निर्वाचन के आधार पर होते हैं। इसका अर्थ यह है कि एक चुनाव क्षेत्र में रहने वाले सभी मतदाता, चाहे वे किसी भी जाति, धर्म व संप्रदाय से संबंध रखते हों, अपना एक प्रतिनिधि चुनते हैं।

**6. चुनाव आयोग के कार्यों को संक्षेप में बताइए।**

**उत्तर** चुनाव आयोग के निम्न कार्य हैं

(i) राजनीतिक दलों को चुनाव चिह्न आवंटित करना।

(ii) चुनाव आचार संहिता का उल्लंघन करने वाले राजनीतिक दलों पर प्रतिबंध लगाना।

(iii) शांतिपूर्ण एवं निष्पक्ष चुनाव संपन्न कराना।

(iv) चुनाव आयोग चुनाव की अधिसूचना जारी करने से लेकर चुनाव नतीजों की घोषणा तक पूरी प्रक्रिया का संचालन एवं पर्यवेक्षण करता है।

(v) यदि चुनाव आयोग को यह ज्ञात हो कि चुनाव निष्पक्ष नहीं हुआ है तो वह पुनः मतदान के आदेश दे सकता है।

**7. मतदाता को चुनाव में किस प्रकार के विकल्प प्राप्त होते हैं?**

**उत्तर** चुनाव में मतदाता को निम्न प्रकार के विकल्प प्राप्त होते हैं

(i) वे उसे चुनते हैं, जो विकास का कार्य करें।

(ii) वे उसे चुनते हैं, जो सरकार बनाएगा और मुख्य निर्णय लेगा।

(iii) वे उस दल को चुनते हैं, जिसकी नीतियाँ सरकार और कानून बनाने का निर्देश देंगी।

(iv) वे ऐसे दल को चुनते हैं, जो उनसे किए अपने वायदों को पूरा कर सके तथा देश के विकास से संबंधित कार्य करे।

**8. चुनावों की आवश्यकता के कारणों को स्पष्ट कीजिए।**

**उत्तर** चुनाव की आवश्यकता के प्रमुख कारण निम्नलिखित हैं

- किसी भी लोकतांत्रिक देश में जनता प्रत्यक्ष रूप से शासन नहीं करती है, बल्कि उनके द्वारा चुने हुए प्रतिनिधि शासन करते हैं। इन प्रतिनिधियों को चुनने के लिए चुनाव का होना आवश्यक है।
- यह उन समस्याओं को हल करता है, जिसमें प्रतिनिधियों को शिक्षा, ज्ञान या अनुभव के आधार पर चुना जाता है।
- यह विश्लेषण करने में मदद करता है कि जनता अपने प्रतिनिधि को पसंद करती है या नहीं।
- प्रतिनिधि लोगों की इच्छा के अनुरूप शासन करे तथा जो जनता के लिए कार्य न करे, वह उनका प्रतिनिधि न रहे।

**9. भारतीय चुनावों के क्या दोष हैं तथा इसके सामने क्या चुनौतियाँ हैं?**

**उत्तर** भारत चुनावों के दोष एवं चुनौतियाँ निम्न हैं

- आर्थिक रूप से संपन्न उम्मीदवार एवं दल चाहे चुनाव में अपनी विजय के प्रति आश्वस्त न हों, लेकिन छोटे दलों एवं निर्दलीय उम्मीदवारों पर बड़ा तथा अनुचित लाभ पाते हैं।
- देश के कुछ भागों में आपराधिक छवि वाले लोग अन्य लोगों को चुनावी प्रतियोगिता में हराकर राजनीतिक मुख्य दलों से चुनाव का टिकट पाने में सफल हो जाते हैं।
- अलग-अलग दलों के कुछ राजनीतिक परिवारों से घनिष्ठ संबंध हैं, जिससे उनके संबंधी आसानी से टिकट प्राप्त कर लेते हैं।

**10. किसी चुनाव में प्रतिभागिता (भाग लेने) के लिए नामांकन की प्रविधि समझाइए।**

**उत्तर** चुनाव में प्रतिभागिता के लिए नामांकन की निम्न प्रक्रियाएँ हैं

(i) सभी इच्छुक उम्मीदवारों को अपना नामांकन पत्र भरना पड़ता है।

(ii) वह भारतीय चुनाव आयोग द्वारा निर्धारित जमानत राशि जमा कराता है।

(iii) उसे अपनी संपत्ति, साधनों तथा उत्तरदायित्वों के संबंध में शपथ पत्र देना पड़ता है।

(iv) उसे अपने विरुद्ध लगे आपराधिक मामलों का उल्लेख करना पड़ता है।

**11. भारत में मतगणना की प्रक्रिया समझाइए।**

**उत्तर** भारत में मतगणना की प्रक्रिया निम्न प्रकार है

(i) जब चुनाव संपन्न हो जाता है, तो सभी इलेक्ट्रॉनिक वोटिंग मशीन किसी निर्धारित सुरक्षित क्षेत्र पर जमा करा दी जाती हैं।

(ii) निश्चित तिथि को उस निर्वाचित क्षेत्र की इलेक्ट्रॉनिक वोटिंग मशीन खोली जाती हैं और प्रत्येक उम्मीदवार के मत गिने जाते हैं।

(iii) प्रत्येक राजनीतिक दल के प्रतिनिधि मतगणना के समय उपस्थित रहते हैं।

(iv) सर्वाधिक मत प्राप्त करने वाला उम्मीदवार विजयी घोषित किया जाता है।

**12.** आम चुनाव तथा उप-चुनाव में अंतर स्पष्ट कीजिए।

*उत्तर* आम चुनाव एवं उप-चुनाव में निम्नलिखित अंतर हैं

| आम चुनाव | उप-चुनाव |
|---|---|
| वे चुनाव जो सभी निर्वाचन क्षेत्रों में एक ही समय, एक ही दिन या थोड़े दिनों के अंतराल पर अपने प्रतिनिधि चुनने के लिए होते हैं, आम चुनाव कहलाते हैं। | यदि किसी निर्वाचन क्षेत्र से चुने गए प्रतिनिधि का निधन हो जाता है या वह त्यागपत्र दे देता है, तो उस विशेष निर्वाचन क्षेत्र में जो चुनाव कराए जाते हैं, उसे उप-चुनाव कहते हैं। |
| यह चुनाव प्रत्येक पाँच वर्ष बाद होता है। | यह चुनाव किसी भी समय हो सकता है। |
| ये नई सरकार बनाने के लिए आयोजित होते हैं। | ये रिक्त स्थान भरने के लिए किए जाते हैं। |

**13.** चुनाव अभियान को नियंत्रित करना क्यों आवश्यक है तथा इस संबंध में क्या कानून बनाए गए हैं?

*उत्तर* प्रत्येक राजनैतिक दल तथा प्रत्याशी के लिए प्रतिस्पर्द्धा में समान अवसर सुनिश्चित करने के लिए कई बार चुनाव अभियान को नियंत्रित करना आवश्यक हो जाता है। चुनाव अभियान को नियंत्रित करने के लिए कुछ चुनाव संबंधित कानून भी हैं, जिनके अनुसार कोई दल या उम्मीदवार ये कार्य नहीं कर सकता

- मतदाता को प्रलोभन, रिश्वत या धमकी देना।
- मतदाताओं से जाति या धर्म के नाम पर मत की अपील करना।
- लोकसभा चुनाव में 25 लाख तथा विधानसभा चुनाव में 10 लाख से अधिक खर्च करना।

**14.** चुनावों में लोगों की भागीदारी किस प्रकार मापी जाती है? यह कैसे कहा जा सकता है कि भारत में चुनाव लोकप्रिय होते जा रहे हैं तथा लोगों का ध्यान आकर्षित कर रहे हैं?

*उत्तर* चुनावों में लोगों की भागीदारी प्रायः मतदान करने वाले लोगों के आँकड़ों से मापी जाती है। मतदान प्रतिशत योग्य मतदाताओं में से वास्तव में मतदान करने वाले लोगों के प्रतिशत को दर्शाता है। पिछले 50 वर्षों के दौरान भारत में मतदान का प्रतिशत या तो स्थिर रहा है या वास्तव में बढ़ा है।

भारत में गरीब, अनपढ़ तथा कमजोर लोग अमीर तथा सुविधा संपन्न वर्गों की अपेक्षा अधिक अनुपात में मतदान करते हैं। यह पाश्चात्य लोकतंत्र के विपरीत है।

भारत में आम लोग चुनावों को अत्यधिक महत्त्व प्रदान करते हैं। उनका मानना है कि चुनावों द्वारा वे राजनैतिक दलों पर अपने अनुकूल नीति और कार्यक्रमों के लिए दबाव डाल सकते हैं। उन्हें लगता है कि देश के शासन-संचालन के तरीके में उनके वोट का महत्त्व है।

मतदाता की चुनाव संबंधी क्रियाकलापों में रुचि पिछले वर्षों के दौरान बढ़ती रही है। वर्ष 2004 में चुनावों के दौरान एक-तिहाई से अधिक मतदाताओं ने चुनाव संबंधी क्रियाकलापों में भाग लिया है।

## दीर्घ उत्तरीय प्रश्न

**1.** चुनाव प्रक्रिया का विस्तृत वर्णन कीजिए।

*उत्तर* भारत एक लोकतांत्रिक देश है। किसी भी लोकतंत्र में जनता प्रत्यक्ष रूप से शासन नहीं करती, बल्कि उसके द्वारा चुने हुए प्रतिनिधि शासन करते हैं। जनता द्वारा एक निश्चित समयांतराल पर अपने प्रतिनिधियों को चुनने की प्रक्रिया ही चुनाव प्रक्रिया कहलाती है। भारत में चुनाव स्वायत्त संस्था चुनाव आयोग द्वारा कराए जाते हैं। चुनाव प्रक्रिया निम्न प्रकार संपन्न होती है

(i) **चुनाव तिथि की घोषणा करना** चुनाव प्रक्रिया चुनाव की तिथियों की घोषणा के साथ आरंभ हो जाती है।

(ii) **प्रत्याशियों द्वारा नामांकन पत्र भरना** चुनाव की तिथियों की घोषणा के बाद प्रत्याशी अपने नामांकन पत्र भरते हैं।

(iii) **नामांकन पत्रों की जाँच व नाम वापस लेना** नामांकन पत्रों की जाँच होती है, अधूरे पत्रों को आयोग द्वारा रद्द कर दिया जाता है। प्रत्याशियों को एक निश्चित तिथि तक अपना नाम वापस लेने का भी समय दिया जाता है।

(iv) **चुनाव अभियान** विभिन्न राजनीतिक दल अपने प्रत्याशी के लिए चुनाव अभियान आरंभ कर देते हैं।

(v) **मतदान** चुनाव वाले दिन सार्वजनिक अवकाश की घोषणा कर दी जाती है, ताकि सभी मतदाता अपने मतों का प्रयोग कर सकें।

(vi) **मतों की गणना एवं परिणामों की घोषणा** मतों की गणना की जाती है। इसके बाद विजयी प्रत्याशी की घोषणा की जाती है।

**2.** भारतीय चुनाव आयोग शक्तिशाली संस्था है, व्याख्या कीजिए।

*उत्तर* भारतीय चुनाव आयोग एक संवैधानिक एवं स्वतंत्र संस्था है। यह भारत में स्वतंत्र तथा निष्पक्ष चुनाव करवाने के लिए उत्तरदायी होता है। चुनाव आयोग के मुख्य निर्वाचन आयुक्त की नियुक्ति राष्ट्रपति के द्वारा की जाती है, किंतु नियुक्ति के पश्चात् चुनाव आयुक्त राष्ट्रपति या सरकार के प्रति जवाबदेह नहीं होता। यह भारत में चुनावी प्रक्रिया के संचालन और नियंत्रण संबंधी सभी पहलुओं पर अपने निर्णय लेता है।

यह आदर्श चुनाव संहिता लागू करता है, जिसका चुनाव काल में सभी राजनीतिक दलों और उम्मीदवारों को पालन करना अनिवार्य होता है। चुनाव आयोग चुनाव की अधिसूचना जारी करने से लेकर चुनाव नतीजों की घोषणा तक पूरी प्रक्रिया का संचालन, नियंत्रण एवं पर्यवेक्षण करता है।

चुनाव काल में चुनाव आयोग सरकार को कुछ विशिष्ट दिशा-निर्देशों का पालन करने के लिए कह सकता है ताकि सरकारी शक्ति तथा संसाधनों के दुरुपयोग को रोका जा सके। जब चुनावी ड्यूटी पर होते हैं, तो सभी सरकारी कर्मचारी चुनाव आयोग के अधीन कार्य करते हैं।

अतः यह कहा जा सकता है कि भारतीय चुनाव आयोग एक शक्तिशाली संस्था है।

**3.** भारत सरकार द्वारा चुनाव प्रणाली में किए गए सुधारों का वर्णन कीजिए।

**उत्तर** भारत सरकार द्वारा चुनाव प्रणाली में निम्नलिखित सुधार किए गए हैं

- **मताधिकार की उम्र सीमा 18 वर्ष करना** पहले हमारे देश में मताधिकार की उम्र सीमा 21 वर्ष थी, जिसे 18 वर्ष तक करने की अनेक राजनीतिक दल और वर्ग बहुत दिनों से माँग कर रहे थे।
- सरकार ने संविधान में 61वाँ संशोधन करके मताधिकार की उम्र सीमा को 18 वर्ष कर दिया है।
- **चुनाव मशीनरी चुनाव आयोग के अधीन** वर्ष 1951 में जनप्रतिनिधित्व कानून में संशोधन करके चुनाव मशीनरी पर चुनाव आयोग को पूरा अधिकार दे दिया गया।
- **इलेक्ट्रॉनिक मशीन का प्रयोग** जनप्रतिनिधित्व कानून में संशोधन कर चुनाव में इलेक्ट्रॉनिक मतदान मशीनों के प्रयोग की व्यवस्था की गई।
- **बहु-सदस्यीय चुनाव आयोग का गठन** चुनाव आयोग को बहु-सदस्यीय बनाने के लिए संसद में दिसंबर, 1993 में एक विधेयक पारित किया गया, जिसके अंतर्गत यह प्रावधान किया गया कि चुनाव आयोग में मुख्य चुनाव आयुक्त के साथ दो अन्य सदस्य और होंगे।
- **मतदाता पहचान-पत्र आवश्यक** चुनाव आयोग ने 15 दिसंबर, 1993 को आदेश जारी किया कि दिसंबर, 1994 तक जम्मू-कश्मीर को छोड़कर देश के सभी संसदीय क्षेत्रों में निर्वाचित पहचान-पत्र जारी कर दिए जाएँ। तत्पश्चात् हरियाणा में फरवरी, 2000 में हुए विधानसभा चुनाव में मतदान पहचान-पत्रों के द्वारा ही कराया गया।

**4.** भारत में स्वतंत्र तथा निष्पक्ष चुनाव कराने के लिए क्या कदम उठाए गए हैं?

**उत्तर** भारत में स्वतंत्र तथा निष्पक्ष चुनाव कराने के लिए निम्नलिखित कदम उठाए गए हैं

- **चुनाव आयोग की स्थापना** इस बात को निश्चित करने के लिए कि चुनाव स्वतंत्र तथा निष्पक्ष हों। संविधान द्वारा चुनाव आयोग की स्थापना की गई है।
- **चुनाव से पूर्व मतदाता सूचियों को ठीक करना** चुनावों के कुछ समय पहले राज्य विधानसभा तथा संसद के प्रत्येक निर्वाचन क्षेत्र की मतदाता सूचियों को दोहराया जाता है और इसमें आवश्यक सुधार किए जाते हैं।
- **सरकारी मशीनरी के दुरुपयोग पर नियंत्रण** चुनाव आयोग इस बात का ध्यान रखता है कि सत्तारूढ़ दल सरकारी मशीनरी का दुरुपयोग न करे।
- **मतदाताओं के लिए पहचान-पत्र** फर्जी मतदान को रोकने के लिए मतदाताओं को फोटो युक्त पहचान-पत्र जारी किए जाते हैं।
- **चुनावों में धन के प्रयोग पर प्रतिबंध** चुनावों में तय सीमा से अधिक धन खर्च करने पर प्रतिबंध रहता है।

**5.** एक लोकतांत्रिक चुनाव की कम-से-कम पाँच जरूरी न्यूनतम शर्तों का वर्णन कीजिए।

**उत्तर** एक लोकतांत्रिक चुनाव की कम-से-कम पाँच जरूरी न्यूनतम शर्तें निम्न प्रकार हैं

(i) सबको चुनने का अधिकार होना चाहिए। इसका अर्थ है कि प्रत्येक व्यक्ति का एक मत होना चाहिए तथा प्रत्येक मत का समान मूल्य होना चाहिए।

(ii) चुनने के लिए विकल्प होने चाहिए। दलों तथा प्रत्याशियों को चुनाव लड़ने की स्वतंत्रता होनी चाहिए और मतदाता के लिए विकल्प होना चाहिए।

(iii) चुनाव का अवसर नियमित अंतराल पर मिलना चाहिए।

(iv) लोगों द्वारा वरीयता प्राप्त प्रत्याशी ही चुना जाना चाहिए।

(v) चुनाव स्वतंत्र एवं न्यायपूर्ण होने चाहिए, जहाँ लोग अपनी इच्छानुसार उम्मीदवार चुन सके।

**6.** चुनाव अभियान के किन्हीं पाँच माध्यमों का वर्णन कीजिए।

**उत्तर** चुनाव अभियान के विभिन्न साधन निम्नलिखित हैं

(i) **पोस्टर लगाना** पोस्टर के माध्यम से राजनीतिक दल तथा उम्मीदवार पढ़े-लिखे मतदाताओं को लुभाने का प्रयत्न करते हैं। पोस्टरों द्वारा आकर्षक नारे, प्रभावशाली आक्षेप, कार्टून तथा चुनाव संबंधी विभिन्न सूचनाएँ दी जाती हैं।

(ii) **सभाएँ करना व भाषण देना** विभिन्न राजनैतिक दल तथा उम्मीदवार आम सभाएँ करके अपने विचार जन-साधारण तक पहुँचाते हैं, वे अपनी अथवा अपने दल की अच्छाइयों तथा विरोधी दल की बुराइयों से जनता को अवगत कराते रहते हैं।

(iii) **जुलूस निकालना** मतदाताओं को प्रभावित करने तथा उन्हें अपने पक्ष में करने के लिए विभिन्न दल जुलूस निकालते हैं, जिनमें लाउडस्पीकरों के द्वारा जोर-जोर से नारे लगाए जाते हैं। मतदाताओं से यह अपील की जाती है कि वे उस दल अथवा उम्मीदवार के पक्ष में मतदान करें।

(iv) **प्रेस व समाचार-पत्र** पढ़े-लिखे मतदाताओं को प्रभावित करने के लिए समाचार-पत्रों तथा पत्रिकाओं का भी प्रयोग किया जाता है। विभिन्न नेता उनमें अपने विचार व्यक्त करते हैं तथा जनता को अपने पक्ष में मतदान करने की अपील करते हैं।

(v) **घर-घर जाकर मतदाताओं से मिलना** चुनाव के दिनों में प्रत्येक उम्मीदवार अपने कार्यकर्ताओं को साथ लेकर घर-घर जाकर मतदाताओं से वोट माँगता है। मतदाताओं को उम्मीदवार तथा उसके दल के बारे में जानकारी दी जाती है और उनकी शंकाएँ दूर की जाती हैं।

## स्रोत आधारित प्रश्न

निम्नलिखित स्रोतों को ध्यानपूर्वक पढ़कर उन पर आधारित प्रश्नों के उत्तर दीजिए

**1.** चुनाव निष्पक्ष हुए हैं या नहीं इसे जाँचने का एक सरल तरीका है यह देखना कि उनका संचालन कौन करता है। क्या चुनाव कराने वाले लोग सरकार से स्वतंत्र हैं? या फिर सरकार या शासक पार्टी उन पर दबाव और प्रभाव बनाती है? क्या उनके पास स्वतंत्र और निष्पक्ष चुनाव कराने की शक्ति है? क्या वे इन शक्तियों का वास्तव में प्रयोग करते हैं? हमारे देश के लिए इन सवालों का जवाब काफी हद तक सकारात्मक है। हमारे देश में चुनाव एक स्वतंत्र और बहुत-ताकतवर चुनाव आयोग द्वारा करवाए जाते हैं। इसे न्यायपालिका के समान ही आजादी प्राप्त है। मुख्य निर्वाचन आयुक्त की नियुक्ति भारत के राष्ट्रपति करते हैं। एक बार नियुक्ति हो जाने के बाद निर्वाचन आयुक्त राष्ट्रपति या सरकार के प्रति जवाबदेह नहीं रहता। यदि शासक पार्टी या सरकार को चुनाव आयोग पसंद न हो तब भी मुख्य निर्वाचन आयुक्त को हटा पाना लगभग असंभव है।

दुनिया के शायद ही किसी चुनाव आयोग को भारत के निर्वाचन आयोग जितने अधिकार प्राप्त होंगे।

(i) भारतीय चुनाव आयोग को किसके समान स्वतंत्रता प्राप्त है?
(a) कार्यपालिका के समान ही
(b) न्यायपालिका के समान ही
(c) कार्यपालिका के समान ही
(d) उपरोक्त में से कोई नहीं

**उत्तर** (b) न्यायपालिका के समान ही

(ii) भारतीय चुनाव आयुक्त की नियुक्ति ..... के द्वारा की जाती है।
(a) भारत के राष्ट्रपति के द्वारा
(b) भारत के उपराष्ट्रपति के द्वारा
(c) भारत के प्रधानमंत्री के द्वारा
(d) उच्चतम न्यायालय के न्यायाधीश के द्वारा

**उत्तर** (a) भारत के राष्ट्रपति के द्वारा

(iii) निम्नलिखित में से कौन-सी चुनाव आयोग की शक्ति नहीं है?
(a) चुनाव आयोग द्वारा चुनाव की अधिसूचना जारी की जाती है
(b) चुनाव आयोग आदर्श चुनाव संहिता का निर्माण करता है
(c) चुनाव आयोग चुनाव के दौरान राजनीतिक पार्टी की शक्ति को रोकता है
(d) चुनाव ड्यूटी में लगे अधिकारी चुनाव आयोग के अधीन होते हैं

**उत्तर** (b) चुनाव आयोग आदर्श चुनाव संहिता का निर्माण करता है।

(iv) चुनाव की निष्पक्षता को जानने का क्या तरीका हो सकता है?
(a) चुनाव संचालित करने वाले की भूमिका जानकर
(b) चुनाव कराने के तरीके को जानकर
(c) चुनाव में शक्तिशाली राजनीतिक पार्टी के प्रभाव को जानकर
(d) उपरोक्त सभी

**उत्तर** (d) उपरोक्त सभी

(v) चुनाव के दौरान ........... सरकार को दिशा-निर्देश मानने का आदेश दे सकता है।
(a) भारत का राष्ट्रपति
(b) उच्च न्यायालय का न्यायाधीश
(c) उच्चतम न्यायालय का न्यायाधीश
(d) भारत का चुनाव आयोग

**उत्तर** (d) भारत का चुनाव आयोग

(vi) **कथन** (A) सामान्यत: शासक दलों को निर्वाचन आयोग के कामकाज से परेशानी होती है।

**कारण** (R) चुनाव आयोग चुनाव के दौरान गैर-कानूनी कार्यों पर रोक लगाता है।
(a) A और R दोनों सही हैं तथा R, A की सही व्याख्या है
(b) A और R दोनों सही हैं, परंतु R, A की सही व्याख्या नहीं है
(c) A सही है, किंतु R गलत है
(d) A गलत है, किंतु R सही है

**उत्तर** (a) A और R दोनों सही हैं तथा R, A की सही व्याख्या है

**2.** हमारा संविधान प्रत्येक नागरिक को अपना प्रतिनिधि चुनने और जनप्रतिनिधि के तौर पर चुने जाने का अधिकार देता है। लेकिन हमारे संविधान निर्माताओं को चिंता थी कि संभव है खुले चुनावी मुकाबले में कुछ कमजोर समूहों के लोग लोकसभा और विधानसभाओं में पहुँच नहीं पाएँ। संभव है कि चुनाव लड़ने और जीतने लायक जरूरी संसाधन, शिक्षा और संपर्क उनके पास हों ही नहीं।

संसाधनों वाले प्रभावशाली लोग उनको चुनाव जीतने से रोक भी सकते हैं। यदि ऐसा होता है तो संसद और विधानसभाओं में हमारी आबादी के एक बड़े हिस्से की आवाज ही नहीं पहुँच पाएगी। इससे हमारे लोकतांत्रिक प्रतिनिधित्व का चरित्र कमजोर होगा और यह व्यवस्था कम लोकतांत्रिक होगी।

इसलिए हमारे संविधान निर्माताओं ने कमजोर वर्गों के लिए आरक्षित निर्वाचन क्षेत्र की विशेष व्यवस्था सोची। इसी कारण कुछ चुनाव क्षेत्र अनुसूचित जातियों के लोगों के लिए आरक्षित हैं, तो कुछ क्षेत्र अनुसूचित जनजाति के लोगों के लिए।

(i) लोकसभा में .......... सीटें अनुसूचित जाति के लिए आरक्षित हैं तथा ........... सीटें अनुसूचित जनजाति के लिए आरक्षित हैं।
(a) 80, 85 (b) 84, 40
(c) 84, 44 (d) 86, 48

**उत्तर** (c) 84, 44

(ii) भारत में स्थानीय चुनावों में महिलाओं के लिए कितने प्रतिशत सीट आरक्षित हैं?
(a) उपलब्ध सीटों में से एक-चौथाई सीटें
(b) उपलब्ध सीटों में से एक-तिहाई सीटें
(c) उपलब्ध सीटों में से आधी सीटें
(d) उपलब्ध सीटों में 116 सीटें

**उत्तर** (b) उपलब्ध सीटों में से एक-तिहाई सीटें

(iii) भारत में किन चुनावों में अन्य पिछड़ा वर्ग के लिए सीटें आरक्षित नहीं होती हैं?
(a) विधानसभा के चुनावों में
(b) ग्रामीण स्थानीय निकाय चुनावों में
(c) शहरी स्थानीय निकाय चुनावों में
(d) उपरोक्त में से कोई नहीं

**उत्तर** (a) विधानसभा के चुनावों में

(iv) सुमेलित कीजिए

| सूची I (चुनावों में दिए गए नारे) | सूची II (चुनाव) |
|---|---|
| A. गरीबी हटाओ | 1. वर्ष 1983 के आंध्र प्रदेश विधानसभा चुनाव में |
| B. लोकतंत्र बचाओ | 2. वर्ष 1977 पश्चिम बंगाल के विधानसभा चुनाव में |
| C. जमीन जोतने वाले को | 3. वर्ष 1977 के लोकसभा चुनाव में |
| D. तेलुगू स्वाभिमान | 4. वर्ष 1971 के लोकसभा चुनाव में |

**कूट**

| | A | B | C | D |
|---|---|---|---|---|
| (a) | 4 | 2 | 1 | 3 |
| (b) | 4 | 3 | 2 | 1 |
| (c) | 3 | 2 | 4 | 1 |
| (d) | 2 | 3 | 4 | 1 |

**उत्तर** (b) 4 3 2 1

(v) निम्नलिखित कथनों में से कौन-सा कथन सही है?
1. वर्तमान में अनेक राज्यों में ग्रामीण और शहरी स्थानीय निकायों में अन्य पिछड़े वर्ग के लिए आरक्षण लागू है।
2. भारत में प्रत्येक राज्य में आरक्षित सीटों का अनुपात अलग-अलग है।
3. भारत में स्थानीय निकायों में महिलाओं के लिए दो-तिहाई सीटें आरक्षित हैं।

**कूट**
(a) 1 और 2 (b) 2 और 3
(c) 1 और 3 (d) ये सभी

**उत्तर** (a) 1 और 2

(vi) भारत में किसके द्वारा आरक्षित सीटों में संशोधन किया जा सकता है?
(a) भारत के राष्ट्रपति द्वारा
(b) भारत के प्रधानमंत्री द्वारा
(c) भारत की संसद द्वारा
(d) भारत के चुनाव आयोग द्वारा

**उत्तर** (c) भारत की संसद द्वारा

### 3. स्रोत 'अ' मत देने वालों का निर्धारण

एक बार जब निर्वाचन क्षेत्र का फैसला हो जाता है, तब यह तय किया जाता है कि कौन वोट दे सकता है, कौन नहीं? इस फैसले को अंतिम दिन तक के लिए किसी के भरोसे नहीं छोड़ा जा सकता। लोकतांत्रिक चुनाव में मतदान की योग्यता रखने वालों की सूची चुनाव से काफी पहले तैयार कर ली जाती है और हर किसी को दे दी जाती है।

**स्रोत 'ब' मतदान में सभी वर्गों का योगदान**

पहले हमने सार्वभौम वयस्क मताधिकार के बारे में पढ़ा था। व्यवहार में इसका मतलब है कि हर किसी को मत देने का अधिकार होना चाहिए और हर एक का मत समान मोल का होना चाहिए। जब तक ठोस कारण न हो किसी को मताधिकार से वंचित नहीं किया जाना चाहिए।

**स्रोत 'स' मतदाता वाली सूची में संशोधन**

हमारे देश में 18 वर्ष और उससे ऊपर की आयु के सभी नागरिक चुनाव में वोट डाल सकते हैं। नागरिक की जाति, धर्म, लिंग चाहे जो हो उसे मत देने का अधिकार है। अपराधियों और दिमागी असंतुलन वाले कुछ लोगों को वोट देने के अधिकार से वंचित किया जा सकता है, लेकिन ऐसा केवल बेहद खास स्थितियों में ही होता है। सभी सक्षम मतदाताओं का नाम मतदाता सूची में हो यह व्यवस्था करना सरकार की जिम्मेदारी है।

**स्रोत 'अ' मत देने वालों का निर्धारण**

(i) जिस सूची में वोट देने वालों के नाम व आयु होती है, उसे क्या कहते हैं?

**उत्तर** जिस सूची में वोट देने वालों के नाम व आयु होती है, उसे आधिकारिक रूप से मतदाता सूची कहते हैं। सामान्य बोलचाल की भाषा में इसे वोटर लिस्ट भी कहा जाता है।

**स्रोत 'ब' मतदान में सभी वर्गों का योगदान**

(ii) चुनाव में सभी वयस्क लोगों की भागीदारी क्यों आवश्यक है?

**उत्तर** समाज में अलग-अलग नागरिक विभिन्न मामलों में भिन्न-भिन्न मत रखते हैं, क्योंकि कोई अमीर है, तो कोई गरीब, कोई बहुत पढ़ा-लिखा है, तो कोई कम, कोई बहुत दयालु है, तो कोई नहीं, परंतु हर कोई इंसान तो है, जिस कारण वह अपनी जरूरतों और विचारों के अनुरूप समाज में योगदान करता है, इसलिए सभी को प्रभावित करने वाले निर्णयों में सबकी भागीदारी होनी चाहिए।

**स्रोत 'स' मतदाता वाली सूची में संशोधन**

(iii) मतदाता सूची को प्रत्येक चुनाव से पहले नवीनीकृत क्यों किया जाता है?

**उत्तर** मतदाता सूची को प्रत्येक चुनाव से पहले नवीनीकृत इसलिए किया जाता है, क्योंकि प्रत्येक चुनाव में नए लोग मतदाता बनने की सूची में आ जाते हैं। इसके अतिरिक्त जो लोग निर्वाचन क्षेत्र से बाहर चले जाते हैं या जिनकी मृत्यु हो जाती है, उनके नाम इस सूची से काट दिए जाते हैं।

**4.** चुनावों का मुख्य उद्देश्य लोगों को अपनी पसंद के प्रतिनिधियों, सरकार और नीतियों का चुनाव करने का अवसर देना है, इसलिए कौन प्रतिनिधि बेहतर है, कौन पार्टी अच्छी सरकार देगी या अच्छी नीति कौन-सी है? इस बारे में स्वतंत्र और खुली चर्चा भी बहुत जरूरी है। चुनाव अभियान के दौरान यही होता है। हमारे देश में उम्मीदवारों की अंतिम सूची की घोषणा होने और मतदान की तारीख के बीच आमतौर पर दो सप्ताह का समय चुनाव प्रचार के लिए दिया जाता है। इस अवधि में उम्मीदवार मतदाताओं से संपर्क करते हैं, राजनेता चुनावी सभाओं में भाषण देते हैं और राजनैतिक पार्टियाँ अपने समर्थकों को सक्रिय करती हैं। इसी अवधि में अखबार और टीवी चैनलों पर चुनाव से जुड़ी खबरें और बहसें भी होती हैं। पर असल में चुनाव अभियान सिर्फ दो हफ्ते नहीं चलता। राजनैतिक दल चुनाव होने के महीनों पहले से इसकी तैयारियाँ शुरू कर देते हैं।

(i) चुनाव अभियान के दौरान राजनीतिक पार्टी किस प्रकार का कार्य करती है?

*उत्तर* चुनाव अभियान के दौरान राजनीतिक पार्टियाँ लोगों का ध्यान कुछ बड़े मुद्दों पर केंद्रित कराना चाहती हैं। वे लोगों को विभिन्न मुद्दों पर आकर्षित करती हैं और अपनी पार्टी के पक्ष में वोट देने को कहती हैं।

(ii) भारतीय राजनीति में किन्हीं दो प्रसिद्ध चुनावी नारों के बारे में बताइए।

*उत्तर* भारतीय राजनीति में दिए गए दो प्रसिद्ध नारे निम्नलिखित हैं

- वर्ष 1971 के चुनाव में कांग्रेस पार्टी ने 'गरीबी हटाओ' का नारा दिया था। इसके अंतर्गत पार्टी ने वायदा किया कि वह सरकार की समस्त नीतियों में बदलाव करके सबसे पहले गरीबी हटाएगी।
- वर्ष 1977 के चुनाव में जनता दल की पार्टी ने 'लोकतंत्र बचाओ' का नारा दिया। इसके अंतर्गत पार्टी ने आपातकाल के दौरान हुई ज्यादतियों को समाप्त करने और नागरिक आजादी को बहाल करने का वायदा किया।

(iii) लोकतंत्र में राजनैतिक दल के लिए चुनाव प्रचार का उत्तम माध्यम कौन-सा है?

*उत्तर* लोकतंत्र में राजनैतिक दलों और उम्मीदवारों को अपनी इच्छा के अनुसार चुनाव प्रचार करने के लिए आजाद छोड़ देना ही सबसे उत्तम होता है, परंतु सभी दलों को उचित और समान अवसर मिले, इसके लिए कई बार कुछ हस्तक्षेप करना जरूरी होता है।

# स्वयं को जाँचें

## वस्तुनिष्ठ प्रश्न

**1.** मत देने के लिए कितने आयु वर्ग का होना अनिवार्य है?
(a) 16 वर्ष (b) 18 वर्ष (c) 21 वर्ष (d) 25 वर्ष

**2.** भारत में उम्मीदवार बनने की न्यूनतम आयु कितनी है?
(a) 21 वर्ष (b) 25 वर्ष (c) 28 वर्ष (d) 30 वर्ष

**3.** मुख्य चुनाव आयोग किसके प्रति उत्तरदायी होता है?
(a) सर्वोच्च न्यायालय (b) उच्च न्यायालय (c) राष्ट्रपति (d) इनमें से कोई नहीं

**4.** **कथन** (A) लोकतंत्र में लोग प्रतिनिधियों के माध्यम से शासन करते थे।
**कारण** (R) इसके द्वारा लोगों की माँगों को सामूहिक रूप से उठाया जा सकता है।
**कूट**
(a) A और R दोनों सत्य हैं तथा R, A की सही व्याख्या है
(b) A और R दोनों सत्य हैं, परंतु R, A की सही व्याख्या नहीं है
(c) A सत्य है, किंतु R असत्य है
(d) A असत्य है, किंतु R सत्य है

**5.** चुनाव में उम्मीदवारों और पार्टियों को कौन-से कार्य को करने से रोका जाता है?
(a) चुनाव प्रचार के लिए किसी धर्मस्थल का उपयोग
(b) सरकारी वाहन, विमान या अधिकारियों का चुनाव में उपयोग
(c) चुनाव अधिघोषणा के पश्चात् किसी योजना का शुभारंभ करना
(d) उपरोक्त सभी

## अतिलघु उत्तरीय प्रश्न

**6.** चुनाव धाँधली से आप क्या समझते हैं?

**7.** पदधारी का क्या अर्थ है?

**8.** चुनाव में उम्मीदवार कौन बन सकता है?

## लघु उत्तरीय प्रश्न

**9.** भारत में चुनाव लोकतांत्रिक कैसे बनता है?

**10.** वोटर लिस्ट या मतदाता सूची से आप क्या समझते हैं? इसका महत्त्व बताइए।

**11.** विभिन्न राजनैतिक दलों द्वारा अलग-अलग चुनावों में दिए गए कुछ प्रमुख नारे बताइए।

**12.** भारत में कौन-सी चुनाव प्रणाली अपनाई जाती है? संक्षेप में बताइए।

## दीर्घ उत्तरीय प्रश्न

**13.** भारतीय चुनाव आयोग तथा इसके महत्त्व पर टिप्पणी लिखिए।

**14.** भारत में चुनाव के विभिन्न सोपानों का वर्णन कीजिए।

अध्याय
04

# संस्थाओं का कामकाज

लोकतांत्रिक व्यवस्था में शासकों को संस्थाओं के साथ तथा संस्थाओं के अंदर रहकर ही कार्य करना पड़ता है। इस प्रक्रिया में तीन महत्त्वपूर्ण संस्थाओं का महत्त्वपूर्ण योगदान होता है। ये तीन संस्थाएँ **विधायिका** (Legislature), **कार्यपालिका** (Executive) तथा **न्यायपालिका** (Judiciary) हैं।

**अध्याय एक नजर में**

- *प्रमुख नीतिगत फैसले लेने की प्रक्रिया*
- *निर्णय करने वाले*
- *संसद*
- *राजनैतिक कार्यपालिका*
- *न्यायपालिका*

## प्रमुख नीतिगत फैसले लेने की प्रक्रिया

प्रमुख नीतिगत फैसले **सरकारी आदेश** (Government Order) के माध्यम से लिए जाते हैं। इस प्रक्रिया को जानने के लिए सरकारी आदेश तथा इसके जारी करने के विषय में जानना महत्त्वपूर्ण है।

### सरकारी आदेश

- **सरकारी आदेश का जारी होना** (Issue of Government Order) सरकारी आदेश किसी मुद्दे पर लिखित निर्देश होता है तथा यह सरकारी कार्यालय द्वारा हस्ताक्षरित होता है। इसे **कार्यालय ज्ञापन** (Office Memorandum) कहा जाता है। उदाहरण के लिए, ऐसा ही एक सरकारी आदेश 13 अगस्त, 1990 को जारी किया गया, जो सरकारी पदों पर सामाजिक और शैक्षिक दृष्टि से पिछड़े वर्गों (Socially and Educationally Backward Classes, SEBC) के लिए 27% **आरक्षण** (Reservation) से संबंधित था।
- **आदेश पर विवाद** (Controversy Over the Order) कभी-कभी सरकार द्वारा जारी किए गए आदेश द्वारा पूरे देश में विरोध प्रदर्शन होता है। ऐसा ही इस आदेश पर हुआ, मीडिया में भिन्न-भिन्न मतों को रखने वालों की लंबी बहसें हुईं।
- **आदेश के कार्यान्वयन को रोकने के लिए अपील** (Appeal to Stop Implementation of Order) कुछ संस्थाओं और लोगों ने इस आदेश के विरुद्ध अदालतों में मुकदमे दर्ज किए। इनके द्वारा अदालत से यह अपील की गई कि इस आदेश को अवैध घोषित किया जाए और साथ ही इसे लागू होने से रोका जाए।
- **न्यायालय का हस्तक्षेप और आदेश में संशोधन** (Court's Intervention and Modification in Order) सर्वोच्च न्यायालय या उच्च न्यायालय संवैधानिक प्रावधानों का उल्लंघन होने पर आदेश की संवैधानिक वैधता की जाँच करते हैं और इसे संशोधित करते हैं।

## निर्णय करने वाले

किसी भी निर्णय में हमारे देश में प्रमुख कार्यपालकों का महत्त्वपूर्ण योगदान रहता है, जिनका वर्णन इस प्रकार है

- **राष्ट्रपति** (President) राष्ट्रपति राष्ट्र का अध्यक्ष होता है तथा औपचारिक रूप से देश का सबसे बड़ा अधिकारी होता है।
- **प्रधानमंत्री** (Prime Minister) यह सरकार का प्रमुख होता है और सरकार की तरफ से अधिकांश अधिकारों का प्रयोग वही करता है। अधिकांश निर्णय मंत्रिमंडल की बैठकों में प्रधानमंत्री द्वारा लिए जाते हैं। प्रधानमंत्री की सिफारिश पर राष्ट्रपति मंत्रियों को नियुक्त करता है।
- **संसद** (Parliament) संसद में राष्ट्रपति और दो सदन लोकसभा तथा राज्यसभा होते हैं। संसद में प्रधानमंत्री को लोकसभा के सदस्यों के बहुमत का समर्थन प्राप्त होना जरूरी है।

### मंडल आयोग रिपोर्ट

- वर्ष 1979 में सरकार द्वारा द्वितीय पिछड़ा वर्ग आयोग (Second Backward Classes Commission) का गठन किया गया। यह आयोग **मंडल आयोग** (Mandal Commission) के नाम से जाना गया। इसकी अध्यक्षता बी पी मंडल ने की थी। इसे भारत में सामाजिक और शैक्षिक दृष्टि से पिछड़े वर्गों की पहचान के लिए मापदंड तय करने और उनका पिछड़ापन दूर करने के उपाय बताने की जिम्मेदारी सौंपी गई।
- आयोग ने वर्ष 1980 में अपनी रिपोर्ट प्रस्तुत की, जिसमें अनेक सुझाव दिए। इसमें एक सिफारिश थी—सरकारी नौकरियों में सामाजिक तथा शैक्षिक रूप से पिछड़े लोगों को 27% आरक्षण देना चाहिए।
- वर्ष 1990 में गठित जनता दल की सरकार ने मंडल आयोग की रिपोर्ट को लागू किया।
- इस आदेश की प्रतिक्रिया में लोगों के विभिन्न मत थे।
- इस आदेश के विरोध में कुछ लोग सर्वोच्च न्यायालय पहुँचे। वर्ष 1992 में सर्वोच्च न्यायालय ने दोनों पक्षों की दलील को सुनने के बाद यह फैसला दिया कि भारत सरकार का यह आदेश अवैध नहीं है, परंतु इसके कुछ प्रावधानों में संशोधन करने की आवश्यकता है।

## राजनैतिक संस्थाओं की आवश्यकता

सभी लोकतांत्रिक देशों में निर्णय लेने, निर्णयों को सुचारु रूप से लागू करने तथा विभिन्न निर्णयों से उपजे विवादों के निपटारे के लिए राजनैतिक संस्थाओं की आवश्यकता होती है। हमारे लोकतंत्र में ऐसी कई संस्थाएँ कार्य कर रही हैं। ये हैं

(i) प्रधानमंत्री और कैबिनेट ऐसी संस्थाएँ हैं, जो सभी महत्त्वपूर्ण नीतिगत फैसले करती हैं।

(ii) मंत्रियों द्वारा किए गए फैसलों को लागू करने के उपायों के लिए एक निकाय के रूप में नौकरशाह जिम्मेदार होते हैं।

(iii) सर्वोच्च न्यायालय में नागरिकों और सरकार के बीच के विवादों को सुलझाया जाता है।

संस्थानों में नियम और कानून शामिल होते हैं, जो नेताओं के अधिकार को सीमित करते हैं। राजनीतिक संस्थान को सौंपे गए कार्यों के बिना लोकतंत्र काम नहीं कर सकता है। संस्थानों के कारण एक अच्छा निर्णय शीघ्र लेना सरल नहीं होता है, लेकिन वे एक बुरे निर्णय को शीघ्र लेना कठिन बनाते हैं। इस प्रकार, लोकतांत्रिक सरकारें संस्थानों का पक्ष लेती हैं। इसी कारण लोकतांत्रिक सरकारें संस्थाओं पर जोर देती हैं।

## संसद

सभी लोकतंत्र में निर्वाचित प्रतिनिधियों की एक सभा लोगों की ओर से **सर्वोच्च राजनीतिक प्राधिकरण** (Supreme Political Authority) का उपयोग करती है। भारत में निर्वाचित प्रतिनिधियों की ऐसी राष्ट्रीय सभा को संसद कहा जाता है। राज्य स्तर पर इसे **विधानमंडल** (Legislature) या **विधानसभा** (Legislative Assembly) कहा जाता है।

संसद ऐसे लोगों का समूह होता है, जो नियमित अंतराल पर लोगों द्वारा चुने गए होते हैं। इनमें कुछ प्रत्यक्ष रूप से चुने होते हैं तथा कुछ अप्रत्यक्ष रीति से चुने होते हैं।

सरकार द्वारा लिए जाने वाले प्रत्येक निर्णय लागू होने से पहले संसद में चर्चा के लिए प्रस्तुत किए जाते हैं।

## संसद की आवश्यकता

संसद की आवश्यकता निम्नलिखित कारणों से होती है

- भारत में किसी भी नए कानून के निर्माण तथा पुराने कानूनों में परिवर्तन की सर्वोच्च संस्था संसद है।
- संसद सरकार चलाने वाले को नियंत्रित करने के लिए कुछ अधिकारों का प्रयोग करती है। भारत में सरकार पर, संसद का प्रत्यक्ष रूप से नियंत्रण होता है। संसद की पूर्ण सहमति से ही सरकार फैसले कर सकती है।
- सरकार के सभी खर्चों पर संसद का पूर्ण नियंत्रण होता है। अधिकतर देशों में संसद की अनुमति के बाद ही सरकार कोई धन खर्च कर सकती है।
- सार्वजनिक मामलों और किसी देश की राष्ट्रीय नीति पर चर्चा तथा वाद विवाद की सर्वोच्च संस्था संसद ही होती है। संसद किसी भी मुद्दे पर सूचना प्राप्त कर सकती है।

## संसद के दो सदन

आधुनिक लोकतंत्र में संसद केंद्रीय भूमिका निभाती है। अधिकांश बड़े देशों ने संसद की भूमिका और अधिकारों को दो भागों में बाँट दिया है। इसे **चेंबर या सदन** (Chambers or House) कहते हैं। भारतीय संसद के दो सदन निम्नलिखित हैं

(i) **लोकसभा** या **निम्न सभा** इस सदन के सदस्य सामान्यत: प्रत्यक्ष रूप से जनता द्वारा चुने जाते हैं और जनता की तरफ से ही अधिकारों का प्रयोग करते हैं। लोकसभा का निर्माण जनता द्वारा निर्वाचित प्रतिनिधियों से होता है। प्रधानमंत्री के पास लोकसभा सदस्यों के बहुमत का समर्थन होना अनिवार्य है।

(ii) **राज्यसभा** या **उच्च सभा** इस सदन के सदस्य अप्रत्यक्ष रूप से चुने जाते हैं और कुछ विशेष कार्य करते हैं। इस सदन के कुछ सामान्य कार्य राज्य, क्षेत्र और संघीय इकाइयों के हितों की निगरानी करना होता है।

**भारत का राष्ट्रपति** संसद का अंग होता है। वह किसी सदन का सदस्य नहीं होता, लेकिन उसके हस्ताक्षर तथा सहमति के बाद ही कोई कानून पारित तथा लागू होता है।

### राज्यसभा पर लोकसभा की विशेष शक्तियाँ

हमारे संविधान में राज्यसभा को राज्यों से संबंधित कुछ विशेष अधिकार दिए गए हैं, लेकिन अधिकतर मामलों पर सर्वोच्च अधिकार लोकसभा के पास ही हैं। ये अधिकार निम्न प्रकार हैं

- किसी भी सामान्य कानून को पास करने के लिए दोनों सदनों की आवश्यकता होती है, लेकिन दोनों सदनों में मतभेद होने पर अंतिम फैसला दोनों के **संयुक्त अधिवेशन** (Joint Session) में लिया जाता है। सदस्यों की संख्या अधिक होने पर लोकसभा के विचार को प्राथमिकता मिलती है।
- लोकसभा वित्त के मामलों में अधिक अधिकारों का प्रयोग करती है। लोकसभा से पारित बजट, **वित्त विधेयक** (Money Bill) या रुपये से संबंधित किसी कानून को राज्यसभा निरस्त नहीं कर सकती।
- धन से संबंधित मामलों को राज्यसभा अधिकतम **14 दिनों** तक रोक सकती है या उसमें सुझाव दे सकती है, लेकिन यह लोकसभा की इच्छा पर निर्भर है कि वह उसे माने या न माने।
- लोकसभा **मंत्रिपरिषद्** (Council of Ministers) पर नियंत्रण रखती है। केवल वही व्यक्ति प्रधानमंत्री बन सकता है, जिसे लोकसभा में बहुमत हासिल हो। यदि आधे से अधिक सदस्य मंत्रिपरिषद् के प्रति **अविश्वास** व्यक्त करें, तो प्रधानमंत्री को मंत्रिपरिषद् सहित अपना पद छोड़ना होगा। राज्यसभा को यह अधिकार प्राप्त नहीं होता।

### चेक प्वॉइंट 01

1. *सरकारी आदेश किसी मुद्दे पर ······· होता है।*
2. *मंडल आयोग के नाम से किसे जाना जाता है?*
3. *संसद किसे कहा जाता है?*
4. *कानून को पास करने के लिए ······· की आवश्यकता होती है।*

# राजनैतिक कार्यपालिका

कार्यपालिका व्यक्तियों का ऐसा निकाय है, जिसके पास देश के संविधान और कानून के आधार पर प्रमुख नीति बनाने, फैसले करने और उन्हें लागू करने का अधिकार होता है। सरकार की नीतियों को कार्यरूप देने के कारण इन्हें **कार्यपालिका** (Executive) कहा जाता है। सरकार का तात्पर्य कार्यपालिका से ही होता है।

## राजनैतिक और स्थायी कार्यपालिका

किसी लोकतांत्रिक देश में दो तरह की कार्यपालिका होती है, जिनका वर्णन इस प्रकार है

### राजनैतिक कार्यपालिका

- राजनैतिक कार्यपालिका (Political Executive) जनता द्वारा विशेष अवधि के लिए निर्वाचित लोगों को राजनैतिक कार्यपालिका कहते हैं। ये राजनैतिक व्यक्ति होते हैं तथा बड़े फैसले लेते हैं।
- उनके पास स्थायी कार्यपालिका की तुलना में अधिक शक्ति होती है। ऐसा इसलिए है, क्योंकि राजनैतिक कार्यपालिका लोगों द्वारा चुनी जाती है और लोकतंत्र में लोगों की इच्छा सर्वोच्च होती है।
- वे अपने निर्णयों के सभी परिणामों के लिए लोगों के प्रति जवाबदेह हैं।
- वे स्थायी कार्यपालिका की सलाह ले सकती हैं और नीति के समग्र ढाँचे और उद्देश्यों को लागू करने का निर्णय ले सकती हैं।
- व्यापक नजरिया रखने वाले व्यक्ति ही उचित फैसला करते हैं। लोकतंत्र में निर्वाचित मंत्री इसी व्यापक नजरिए वाले व्यक्ति की भूमिका निभाते हैं।

### स्थायी कार्यपालिका

- स्थायी कार्यपालिका (Permanent Executive) को लंबी अवधि के लिए नियुक्त किया जाता है। इन्हें स्थायी कार्यपालिका या **प्रशासनिक सेवक** (Civil Servant) कहा जाता है।
- सत्ताधारी पार्टियों के हटने के बाद भी ये अपने पद पर बने रहते हैं।
- ये अधिकारी राजनैतिक कार्यपालिका के अधीन कार्य करते हैं तथा दिन-प्रतिदिन के प्रशासन में उनकी मदद करते हैं।
- स्थायी कार्यपालक अधिक शिक्षित होता है और अपने विभाग तथा मंत्रालय के बारे में अधिक अनुभवी भी होता है।
उदाहरण के लिए, वित्त मंत्रालय में काम करने वाले सलाहकार वित्त मंत्री से अधिक जानकारी रख सकते हैं, लेकिन वित्त मंत्री का निर्णय अंतिम होता है।

## प्रधानमंत्री

- प्रधानमंत्री **सरकार का मुखिया** (Head of Government) होता है तथा सरकार की सभी शक्तियों का वास्तविक प्रयोग करता है। भारत में प्रधानमंत्री सबसे महत्त्वपूर्ण **राजनैतिक संस्था** (Political Institution) है।
- राष्ट्रपति लोकसभा में बहुमत प्राप्त दल के प्रमुख को प्रधानमंत्री नियुक्त करते हैं।
- यदि किसी दल को स्पष्ट बहुमत नहीं मिलता, तो राष्ट्रपति उसे प्रधानमंत्री नियुक्त करता है जिसे सदन में बहुमत प्राप्त होने की संभावना होती है।
- प्रधानमंत्री का कार्यकाल निश्चित नहीं होता। वह तब तक अपने पद पर रह सकता है जब तक वह पार्टी या गठबंधन (Coalition) का नेता होता है।

### प्रधानमंत्री की शक्तियाँ

प्रधानमंत्री विस्तृत और व्यापक शक्तियों का उपयोग करता है, जो निम्न प्रकार हैं

- प्रधानमंत्री की सलाह पर राष्ट्रपति अन्य मंत्रियों को नियुक्त करता है। प्रधानमंत्री, मंत्रियों के चयन के लिए स्वतंत्र होता है बशर्ते वे संसद के सदस्य हों।
- वह कैबिनेट की बैठकों की अध्यक्षता करता है।
- विभिन्न विभागों के कार्यों का समन्वय करता है विवादों के मामले में प्रधानमंत्री का निर्णय अंतिम होता है।
- वह विभिन्न विभागों की सामान्य निगरानी करता है तथा सभी मंत्री प्रधानमंत्री की निगरानी में ही कार्य करते हैं।
- प्रधानमंत्री, मंत्रियों को काम का वितरण तथा पुनर्वितरण करता है तथा किसी भी मंत्री को पद से हटाने का प्रधानमंत्री को अधिकार प्राप्त होता है। जब प्रधानमंत्री पद छोड़ता है, तो पूरे मंत्रिमंडल को त्याग-पत्र देना पड़ता है। भारत में कैबिनेट सबसे प्रभावशाली संस्था है, कैबिनेट के अंदर सबसे प्रभावशाली व्यक्ति प्रधानमंत्री होता है।

## मंत्रिपरिषद्

मंत्रिपरिषद् (Council of Ministers) उस संस्था का सरकारी नाम (Official Name) है जिसमें सभी मंत्री होते हैं। इसके अंतर्गत 60 से 80 मंत्री होते हैं, जो अलग-अलग पदों पर होते हैं। मंत्रिपरिषद् में निम्नलिखित पद शामिल होते हैं

- **कैबिनेट मंत्री** (Cabinet Minister) सामान्यतः ये उच्च स्तर के मंत्री होते हैं तथा प्रमुख मंत्रालयों के प्रमुख होते हैं। कैबिनेट मंत्री, मंत्रिपरिषद् से संबंधित फैसले करने के लिए बैठक करते हैं। इस तरह कैबिनेट मंत्रिपरिषद् का शीर्ष समूह होता है। इसमें लगभग 25 मंत्री होते हैं।
- **स्वतंत्र प्रभार वाले राज्य मंत्री** (Ministers of State with Independent Charge) यह सामान्यतः छोटे मंत्रालयों के प्रभारी होते हैं। ये विशेष रूप से आमंत्रित किए जाने पर ही कैबिनेट की बैठकों में भाग लेते हैं।
- **राज्य मंत्री** (State Minister) यह अपने विभाग के कैबिनेट मंत्रियों से जुड़े हुए होते हैं और उनकी सहायता करते हैं।

### मंत्रिपरिषद् की नियुक्ति

- प्रधानमंत्री की नियुक्ति के पश्चात् **राष्ट्रपति, प्रधानमंत्री की सलाह पर मंत्रिपरिषद् की नियुक्ति करता है।**
- ये मुख्यतः सत्ताधारी दल या गठबंधन के सदस्य होते हैं।
- कभी-कभी संसद सदस्य नहीं होने पर भी उनको मंत्री बनाया जाता है, लेकिन ऐसे लोगों को 6 महीने के अंदर संसद का सदस्य बनना अनिवार्य होता है।

### सरकार का कैबिनेट रूप

- मंत्रियों का नियमित रूप से प्रत्येक विषय पर चर्चा करना संभव नहीं होता इसलिए फैसले कैबिनेट की बैठकों में ही लिए जाते हैं। इसी कारण अधिकांश देशों में संसदीय लोकतंत्र को सरकार का कैबिनेट रूप कहा जाता है। इस रूप में कोई भी मंत्री सरकार के किसी भी निर्णय की अधिक आलोचना नहीं कर सकता है चाहे वह किसी अन्य मंत्रालय या विभाग के विषय में हो।
- प्रत्येक मंत्रालय में सचिव होते हैं, जो सिविल सेवक होते हैं। सचिव निर्णय लेने के लिए मंत्रियों को आवश्यक पृष्ठभूमि की जानकारी प्रदान करते हैं।
- टीम के रूप में कैबिनेट की मदद कैबिनेट सचिवालय करता है। इसमें कई वरिष्ठ लोक सेवक शामिल होते हैं, जो विभिन्न मंत्रालयों के बीच समन्वय स्थापित करने की कोशिश करते हैं।

## राष्ट्रपति

राजनीतिक प्रणाली में राष्ट्रपति (President) **राष्ट्र का प्रमुख** (Head of the State) होता है। वह केवल नाम मात्र के अधिकारों का प्रयोग करता है। राष्ट्रपति देश की सभी राजनैतिक संस्थाओं के काम की निगरानी करता है ताकि वे राज्य के उद्देश्यों को प्राप्त करने के लिए मिल-जुलकर काम करें।

### राष्ट्रपति की नियुक्ति

भारत का राष्ट्रपति अप्रत्यक्ष रूप से चुना जाता है। वह आनुपातिक प्रतिनिधित्व प्रणाली के **एकल हस्तांतरणीय मतदान** प्रक्रिया (System of Proportional Representation by Means of the Single Transferable Vote) द्वारा चुना जाता है।

राष्ट्रपति के निर्वाचक मंडल में निम्नलिखित सदस्य होते हैं

(i) दोनों सदनों के निर्वाचित सदस्य।

(ii) राज्य विधानसभा के निर्वाचित सदस्य।

(iii) दिल्ली और पुदुचेरी के निर्वाचित विधानसभा सदस्य।

राष्ट्रपति पद के उम्मीदवार को जीतने के लिए स्पष्ट बहुमत प्राप्त करना आवश्यक है, जिससे यह निर्धारित होता है कि राष्ट्रपति पूरे देश का प्रतिनिधित्व करता है। राष्ट्रपति प्रधानमंत्री की तरह प्रत्यक्ष जनादेश का दावा नहीं कर सकता। इससे यह स्पष्ट होता है कि वह नाम मात्र के लिए मुख्य कार्यपालक की भूमिका निभाता है।

### राष्ट्रपति की शक्तियाँ

राष्ट्रपति के पास निम्नलिखित शक्तियाँ होती हैं

- सभी सरकारी कार्य राष्ट्रपति के नाम पर किए जाते हैं। सभी कानून तथा प्रमुख नीतिगत निर्णय राष्ट्रपति के नाम से ही जारी होते हैं।
- प्रमुख नियुक्तियाँ राष्ट्रपति द्वारा की जाती हैं जैसे कि **भारत का मुख्य न्यायाधीश, सर्वोच्च न्यायालय** तथा राज्यों में **उच्च न्यायालय** के न्यायाधीश, नियंत्रक एवं महालेखापरीक्षक, महान्यायवादी, राज्यों के राज्यपाल, चुनाव आयुक्त, अन्य देशों में भारत के राजदूत इत्यादि।
- सभी अंतर्राष्ट्रीय संधियाँ तथा समझौते राष्ट्रपति के नाम पर ही किए जाते हैं।
- राष्ट्रपति सभी रक्षा सेवाओं का मुख्य अधिकारी होता है।
- इसके पास आपातकालीन शक्तियाँ होती हैं जैसे कि राष्ट्रपति शासन की घोषणा तथा अध्यादेश का निकाला जाना।
- राष्ट्रपति को प्रधानमंत्री की नियुक्ति स्वविवेक से करनी पड़ती है। उसे लोकसभा में बहुमत वाली पार्टी या गठबंधन के नेता को प्रधानमंत्री नियुक्त करता है।

### राष्ट्रपति की शक्तियों पर सीमाएँ

राष्ट्रपति की शक्तियों पर कुछ सीमाएँ भी लगाई गई हैं, जो हैं

(i) वह अपनी सभी शक्तियों का प्रयोग **मंत्रिपरिषद्** की सलाह पर ही करता है।

(ii) राष्ट्रपति मंत्रिपरिषद् की सलाह पर पुनर्विचार के लिए कह सकता है, लेकिन यदि वही सलाह मंत्रिपरिषद् द्वारा पुन: राष्ट्रपति के पास भेजी जाती है, तो राष्ट्रपति उस सलाह को मानने के लिए बाध्य होता है।

(iii) संसद द्वारा पारित कोई विधेयक राष्ट्रपति की मंजूरी के बाद ही कानून बनता है। यदि राष्ट्रपति चाहे तो उसे कुछ समय के लिए रोक सकता है। वह विधेयक पर पुनर्विचार के लिए उसे संसद में वापस भेज सकता है। यदि संसद दोबारा विधेयक पारित करती है, तो उसे उस पर हस्ताक्षर करने ही पड़ेंगे।

**राष्ट्रपति प्रणाली**

विश्व के कई देशों में राष्ट्रपति राज्य और सरकार दोनों के प्रमुख होते हैं। संयुक्त राज्य अमेरिका (USA) का राष्ट्रपति इस तरह के राष्ट्रपति का प्रसिद्ध उदाहरण है। अमेरिकी राष्ट्रपति सीधे लोगों द्वारा चुना जाता है। वह सभी मंत्रियों को व्यक्तिगत रूप से चुनता है और नियुक्त करता है। कानून बनाने का कार्य अभी भी विधानमंडल (अमेरिका में उसे कांग्रेस कहा जाता है।) द्वारा किया जाता है, लेकिन राष्ट्रपति किसी भी कानून को वीटो के अधिकार से रोक सकता है।

राष्ट्रपति बनने के लिए उसे कांग्रेस के अधिकांश सदस्यों के समर्थन की आवश्यकता नहीं है और न ही वह उनके लिए जवाबदेह है। उनका चार वर्ष का निश्चित कार्यकाल है और यदि कांग्रेस में उनकी पार्टी के पास बहुमत नहीं है तब भी वह इसे पूरा करते हैं। इस मॉडल का पालन **लैटिन अमेरिका** के अनेक देशों और कई अन्य पूर्व सोवियत संघ देशों में किया जाता है। इस प्रणाली को **शासन की संसदीय प्रणाली** (Presidential Form of Government) कहा जाता है।

## न्यायपालिका

न्यायपालिका एक ऐसी संस्था है जो प्रशासनिक कार्य को सशक्त करती है तथा कानूनी समस्याओं के समाधान के लिए ढाँचा प्रदान करती है।

भारतीय न्यायपालिका में पूरे देश के लिए **सर्वोच्च न्यायालय** (Supreme Court), राज्यों में **उच्च न्यायालय** (High Court), **जिला न्यायालय** (District Court) और स्थानीय स्तर के न्यायालय होते हैं।

भारत में एकीकृत न्यायपालिका (Integrated Judiciary) है। इसका अर्थ यह है कि सर्वोच्च न्यायालय देश में न्यायिक प्रशासन को नियंत्रित करता है। देश की सभी अदालतों को उसका फैसला मानना होता है। सर्वोच्च न्यायालय इनमें से किसी भी विवाद की सुनवाई कर सकता है

- देश के नागरिकों के बीच
- नागरिकों और सरकार के बीच
- दो या उससे अधिक राज्य सरकारों के बीच
- केंद्र और राज्य सरकार के बीच
- यह फौजदारी और दीवानी मामले में अपील के लिए सर्वोच्च संस्था है। यह उच्च न्यायालयों के फैसलों के खिलाफ सुनवाई कर सकता है।

### न्यायपालिका की स्वतंत्रता

न्यायपालिका की स्वतंत्रता का अर्थ है कि वह कार्यपालिका तथा विधायिका के नियंत्रण में नहीं है। न्यायाधीश सरकार के निर्देश या सत्ताधारी दल के नेताओं की इच्छानुसार कार्य नहीं करते।

### न्यायाधीशों की नियुक्ति और निष्कासन

सर्वोच्च न्यायालय और उच्च न्यायालय के न्यायाधीशों की नियुक्ति और निष्कासन निम्न प्रकार है

- सर्वोच्च न्यायालय तथा उच्च न्यायालयों के न्यायाधीशों की नियुक्ति **राष्ट्रपति**, **प्रधानमंत्री** और **सर्वोच्च न्यायालय के मुख्य न्यायाधीश** की सलाह पर करता है।
- व्यावहारिक स्तर पर इस व्यवस्था में सर्वोच्च न्यायालय के वरिष्ठ न्यायाधीश, सर्वोच्च न्यायालय और उच्च न्यायालयों के नए न्यायाधीशों को चुनते हैं। सामान्यत: सर्वोच्च न्यायालय के सबसे वरिष्ठ न्यायाधीश को ही मुख्य न्यायाधीश (Chief Justice) चुना जाता है। इसमें राजनैतिक कार्यपालिका की दखल की गुंजाइश बेहद कम है।
- किसी भी न्यायाधीश को संसद के दोनों सदनों में अलग-अलग दो-तिहाई बहुमत से **अविश्वास प्रस्ताव** (Impeachment) पारित करके ही हटाया जा सकता है। भारतीय लोकतंत्र के इतिहास में ऐसा कभी नहीं हुआ है।

### सर्वोच्च न्यायालय तथा उच्च न्यायालय की भूमिका

सर्वोच्च न्यायालय और उच्च न्यायालय की भूमिका निम्न प्रकार है

- सर्वोच्च न्यायालय तथा उच्च न्यायालयों को देश के संविधान की व्याख्या का अधिकार है।
- यदि उन्हें लगता है कि विधायिका का कोई कानून या कार्यपालिका की कोई कार्यवाही संविधान के खिलाफ है, तो वे केंद्र और राज्य स्तर पर ऐसे कानून या कार्यवाही को अमान्य घोषित कर सकते हैं।
- उनके सामने किसी कानून या कार्यपालिका की कार्यवाही को चुनौती मिलती है, तो वे उसकी संवैधानिक वैधता तय करते हैं। इसे **न्यायिक समीक्षा** (Judicial Review) के रूप में जाना जाता है।

भारत के सर्वोच्च न्यायालय ने यह फैसला दिया है कि संसद संविधान की मूल भावना को नहीं बदल सकती और मूल भावना की व्याख्या का अधिकार सर्वोच्च न्यायालय के पास है।

### न्यायपालिका सर्वोच्च प्राधिकारी के रूप में

न्यायपालिका की स्वतंत्रता और उसके अधिकार उसे मौलिक अधिकारों के रक्षक के रूप में कार्य करने की क्षमता प्रदान करते हैं।

कोई भी व्यक्ति जिसे यह लगता है कि सरकार के कार्य से जनहित प्रभावित हुआ है तो वह न्यायालय जा सकता है। इसे **जनहित याचिका** (Public Interest Litigation, PIL) कहते हैं।

अदालतें सरकार को निर्णय करने की शक्ति के दुरुपयोग से रोकने के लिए हस्तक्षेप करती हैं। वे सरकारी अधिकारियों को भ्रष्ट आचरण से रोकती हैं। इसी कारण से लोगों के बीच न्यायपालिका को अधिक विश्वास हासिल है।

## चेक प्वॉइंट 02

1. *सरकार का तात्पर्य किससे होता है?*
2. *प्रधानमंत्री सरकार का ……… होता है।*
3. *केवल नाममात्र के अधिकारों का प्रयोग कौन करता है?*
4. *न्यायपालिका को परिभाषित कीजिए।*
5. *जनहित याचिका किसे कहते हैं?*

## इन्हें भी जानें

- ***गठबंधन सरकार** (Coalition Government)* विधायिका में किसी एक पार्टी को बहुमत हासिल न होने की दशा में दो या उससे अधिक राजनैतिक पार्टियों के गठबंधन से बनी सरकार।
- ***कार्यपालिका** (Executive)* व्यक्तियों का ऐसा निकाय जिसके पास देश के संविधान और कानून के आधार पर प्रमुख नीति बनाने, फैसले करने और उन्हें लागू करने का अधिकार होता है।
- ***सरकार** (Government)* संस्थाओं का ऐसा समूह जिसके पास देश में व्यवस्थित जन-जीवन सुनिश्चित करने के लिए कानून बनाने, लागू करने और उसकी व्याख्या करने का अधिकार होता है।
- ***न्यायपालिका** (Judiciary)* एक संस्था जिसके पास न्याय करने और कानूनी विवादों के निपटारे का अधिकार होता है। देश की सभी अदालतों को एक साथ न्यायपालिका ही कहा जाता है।
- ***विधायिका** (Legislature)* जन प्रतिनिधियों की सभा जिसके पास देश का कानून बनाने का अधिकार होता है। कानून बनाने के अतिरिक्त विधायिका अन्य कार्य भी करती है।
- ***कार्यालय ज्ञापन** (Office Memorandum)* सक्षम अधिकारी द्वारा जारी पत्र जिसमें सरकार के फैसले या नीति के बारे में बताया गया है।
- ***मंत्रिपरिषद्** (Council of Ministers)* विभिन्न मंत्रियों के समूह को सामूहिक रूप से मंत्रिपरिषद् कहा जाता है।
- ***अध्यादेश** (Ordinance)* ऐसे कानून, जिन्हें विशेष परिस्थितियों से निपटने के लिए बिना विधि प्रक्रिया के अपनाए केंद्रीय मंत्रिमंडल की सिफारिश पर भारत के राष्ट्रपति के द्वारा प्रख्यापित किया जाता है।
- ***राजनैतिक संस्था** (Political Institution)* देश के राजनैतिक जीवन को नियमित करने वाली संस्था राजनैतिक संस्था कहलाती है।

# NCERT फोल्डर

**1.** अगर आपको भारत का राष्ट्रपति चुना जाए तो आप निम्नलिखित में से कौन-सा फैसला स्वयं कर सकते हैं?

(a) अपनी पसंद के व्यक्ति को प्रधानमंत्री चुन सकते हैं।

(b) लोकसभा में बहुमत वाले प्रधानमंत्री को उसके पद से हटा सकते हैं।

(c) दोनों सदनों द्वारा पारित विधेयक पर पुनर्विचार के लिए कह सकते हैं।

(d) मंत्रिपरिषद् में अपनी पसंद के नेताओं का चयन कर सकते हैं।

**उत्तर** (c) दोनों सदनों में पारित विधेयक पर पुनर्विचार के लिए कह सकते हैं।

**2.** निम्नलिखित में कौन राजनैतिक कार्यपालिका का हिस्सा होता है?

(a) जिलाधीश (b) गृह मंत्रालय का सचिव

(c) गृह मंत्री (d) पुलिस महानिदेशक

**उत्तर** (c) गृह मंत्री

**3.** न्यायपालिका के बारे में निम्नलिखित में से कौन-सा बयान गलत है?

(a) संसद द्वारा पारित प्रत्येक कानून को सर्वोच्च न्यायालय की मंजूरी की जरूरत होती है।

(b) अगर कोई कानून संविधान की भावना के खिलाफ़ है, तो न्यायपालिका उसे अमान्य घोषित कर सकती है।

(c) न्यायपालिका कार्यपालिका से स्वतंत्र होती है।

(d) अगर किसी नागरिक के अधिकारों का हनन होता है, तो वह अदालत में जा सकता है।

**उत्तर** (a) संसद द्वारा पारित प्रत्येक कानून को सर्वोच्च न्यायालय की मंजूरी की जरूरत होती है।

**4.** निम्नलिखित राजनैतिक संस्थाओं में से कौन-सी संस्था देश के मौजूदा कानून में संशोधन कर सकती है?

(a) सर्वोच्च न्यायालय (b) राष्ट्रपति

(c) प्रधानमंत्री (d) संसद

**उत्तर** (d) **संसद** किसी भी कानून में संशोधन करने की संसद के पास अंतिम शक्ति होती है।

**5.** उस मंत्रालय की पहचान करिए, जिसने निम्नलिखित समाचार जारी किया होगा

| | |
|---|---|
| (a) देश से जूट का निर्यात बढ़ाने के लिए एक नई नीति बनाई जा रही है। | (i) रक्षा मंत्रालय |
| (b) ग्रामीण इलाकों में टेलीफोन सेवाएँ सुलभ कराई जाएँगी। | (ii) कृषि, खाद्यान्न और सार्वजनिक वितरण मंत्रालय |
| (c) सार्वजनिक वितरण प्रणाली के अंतर्गत बिकने वाले चावल और गेहूँ की कीमतें कम की जाएँगी। | (iii) स्वास्थ्य मंत्रालय |
| (d) पल्स पोलियो अभियान शुरू किया जाएगा। | (iv) वाणिज्य और उद्योग मंत्रालय |
| (e) ऊँची पहाड़ियों पर तैनात सैनिकों के भत्ते बढ़ाए जाएँगे। | (v) संचार और सूचना-प्रौद्योगिकी मंत्रालय |

**उत्तर** (a) (iv), (b) (v), (c) (ii), (d) (iii), (e) (i)

**6.** देश की विधायिका, कार्यपालिका और न्यायपालिका में से उस राजनैतिक संस्था का नाम बताइए, जो निम्नलिखित मामलों में अधिकारों का उपयोग करती है।

(a) सड़क, सिंचाई जैसे बुनियादी ढाँचों के विकास और नागरिकों की विभिन्न कल्याणकारी गतिविधियों पर कितना पैसा खर्च किया जाएगा।

(b) स्टॉक एक्सचेंज को नियमित करने संबंधी कानून बनाने की कमेटी के सुझाव पर विचार-विमर्श करती है।

(c) दो राज्य सरकारों के बीच कानूनी विवाद पर निर्णय लेती है।

(d) भूकंप पीड़ितों की राहत के प्रयासों के बारे में सूचना माँगती है।

**उत्तर** (a) राजनैतिक कार्यपालिका (b) राजनैतिक कार्यपालिका

(c) न्यायपालिका (d) स्थायी कार्यपालिका

**7.** भारत का प्रधानमंत्री सीधे जनता द्वारा क्यों नहीं चुना जाता? निम्नलिखित चार जवाबों में सबसे सही को चुनकर अपनी पसंद के पक्ष में कारण दीजिए

(a) संसदीय लोकतंत्र में लोकसभा में बहुमत वाली पार्टी का नेता ही प्रधानमंत्री बन सकता है।

(b) लोकसभा, प्रधानमंत्री और मंत्रिपरिषद् का कार्यकाल पूरा होने से पहले ही उन्हें हटा सकती है।

(c) चूँकि प्रधानमंत्री को राष्ट्रपति नियुक्त करता है इसलिए उसे जनता द्वारा चुने जाने की जरूरत ही नहीं है।

(d) प्रधानमंत्री के सीधे चुनाव में बहुत अधिक खर्च आएगा।

**उत्तर** (b) लोकसभा, प्रधानमंत्री और मंत्रिपरिषद् का कार्यकाल पूरा होने से पहले ही उन्हें पद से हटा सकती है।

**कारण** प्रधानमंत्री तथा मंत्रिपरिषद् लोकसभा के प्रति उत्तरदायी होते हैं। संसद के सभी सदस्य लोगों द्वारा प्रत्यक्ष रूप से निर्वाचित होते हैं।

**8.** तीन दोस्त एक ऐसी फ़िल्म देखने गए जिसमें हीरो एक दिन के लिए मुख्यमंत्री बनता है और राज्य में बहुत से बदलाव लाता है। इमरान ने कहा कि देश को इसी चीज की जरूरत है। रिजवान ने कहा कि इस तरह का, बिना संस्थाओं वाला एक व्यक्ति का राज खतरनाक है। शंकर ने कहा कि यह तो एक कल्पना है। कोई भी मंत्री एक दिन में कुछ भी नहीं कर सकता। ऐसी फ़िल्मों के बारे में आपकी क्या राय है?

**उत्तर** इमरान के विचार इस प्रसंग में सही नहीं है, क्योंकि भारत एक लोकतंत्रात्मक देश है तथा सभी निर्णय यहाँ मंत्रिपरिषद् में सामूहिक रूप से लिए जाते हैं। ऐसे परिवर्तन वास्तविक जीवन में यदि संभव हो भी जाएँ, तो व्यावहारिक रूप से अधिक कठिन हैं, क्योंकि

(i) मुख्यमंत्री तथा मंत्रिपरिषद् विधानमंडल के प्रति उत्तरदायी होता है।

(ii) सभी निर्णयों एवं कानून में परिवर्तन के लिए संसद एवं विधानमंडलों की सहमति की आवश्यकता होती है।

(iii) कोई भी मुख्यमंत्री तानाशाह नहीं बन सकता, यह लोकतंत्र के सिद्धांतों के खिलाफ है।

**9.** एक शिक्षिका छात्रों की संसद के आयोजन की तैयारी कर रही थी। उसने दो छात्राओं से अलग-अलग पार्टियों के नेताओं की भूमिका करने को कहा। उसने उन्हें विकल्प भी दिया। यदि वे चाहें तो राज्यसभा में बहुमत प्राप्त दल की नेता हो सकती थीं और अगर चाहें तो लोकसभा के बहुमत प्राप्त दल की। अगर आपको यह विकल्प दिया गया, तो आप क्या चुनेंगे और क्यों?

**उत्तर** मैं लोकसभा का चुनाव करूँगा/करूँगी, क्योंकि लोकसभा राज्यसभा से अधिक शक्तिशाली होती है और लोकसभा के सदस्य को सीधे जनता द्वारा चुना जाता है

(i) धन विधेयक केवल लोकसभा में ही बन सकता है।

(ii) लोकसभा के पास अविश्वास प्रस्ताव पारित करने की शक्ति है।

**10.** आरक्षण पर आदेश का उदाहरण पढ़कर तीन विद्यार्थियों की न्यायपालिका की भूमिका पर अलग-अलग प्रतिक्रिया थी। इनमें से कौन-सी प्रतिक्रिया, न्यायपालिका की भूमिका को सही तरह से समझती है?

(a) श्रीनिवास का तर्क है कि चूँकि सर्वोच्च न्यायालय सरकार के साथ सहमत हो गई है लिहाजा वह स्वतंत्र नहीं है।

(b) अंजैया का कहना है कि न्यायपालिका स्वतंत्र है, क्योंकि वह सरकार के आदेश के खिलाफ फैसला सुना सकती थी। सर्वोच्च न्यायालय ने सरकार को उसमें संशोधन का निर्देश दिया।

(c) विजया का मानना है कि न्यायपालिका न तो स्वतंत्र है न ही किसी के अनुसार चलने वाली है, बल्कि वह विरोधी समूहों के बीच मध्यस्थ की भूमिका निभाती है। न्यायालय ने इस आदेश के समर्थकों और विरोधियों के बीच अच्छा संतुलन बनाया। आपकी राय में कौन-सा विचार सबसे सही है?

**उत्तर** (b) सही है, अंजैया का कहना है कि न्यायपालिका स्वतंत्र है, क्योंकि वह सरकार के आदेश के खिलाफ फैसला सुना सकती थी। सर्वोच्च न्यायालय में सरकार को उसमें संशोधन का निर्देश दिया।

# परीक्षा अभ्यास

## वस्तुनिष्ठ प्रश्न

### बहुविकल्पीय प्रश्न

**1.** संसद में कितने सदन होते हैं?
(a) दो (b) तीन
(c) चार (d) एक
**उत्तर** (a) दो

**2.** प्रधानमंत्री को संसद के किस सदन में विश्वास हासिल करना आवश्यक होता है?
(a) राज्यसभा (b) लोकसभा
(c) कैबिनेट सभा (d) इनमें से कोई नहीं
**उत्तर** (b) लोकसभा

**3.** संसद का उच्च सदन कौन-सा होता है?
(a) लोकसभा (b) राज्यसभा
(c) 'a' और 'b' दोनों (d) ये सभी
**उत्तर** (b) राज्यसभा

**4.** अविश्वास प्रस्ताव कहाँ पारित किया जा सकता है?
(a) राज्यसभा (b) लोकसभा
(c) कैबिनेट सभा (d) राष्ट्रपति कार्यालय
**उत्तर** (d) राष्ट्रपति कार्यालय

**5.** वित्त विधेयक को राज्यसभा अधिकतम कितने दिन तक रोक सकती है?
(a) 10 दिन (b) 12 दिन
(c) 14 दिन (d) 10 दिन
**उत्तर** (c) 14 दिन

**6.** राज्यसभा तथा लोकसभा के मत में विभिन्नता होने पर अंतिम फैसला कौन लेता है?
(a) राष्ट्रपति
(b) प्रधानमंत्री
(c) लोकसभा का अध्यक्ष
(d) लोकसभा तथा राज्यसभा का संयुक्त अधिवेशन
**उत्तर** (d) लोकसभा तथा राज्यसभा का संयुक्त अधिवेशन

**7.** निम्न में से कौन सरकार का प्रमुख होता है?
(a) राष्ट्रपति (b) उपराष्ट्रपति
(c) लोकसभा अध्यक्ष (d) प्रधानमंत्री
**उत्तर** (d) प्रधानमंत्री

**8.** कैबिनेट मंत्रिपरिषद् में लगभग कितने मंत्री होते हैं?
(a) 18 (b) 20
(c) 25 (d) 30
**उत्तर** (c) 25

**9.** निम्न में से क्या भारतीय न्यायिक प्रणाली का अंग नहीं है?
(a) राज्यों के उच्च न्यायालय (b) सर्वोच्च न्यायालय
(c) ग्राम पंचायत (d) जिला न्यायालय
**उत्तर** (c) ग्राम पंचायत

**10.** किस न्यायालय के निर्णय सभी के लिए बाध्यकारी होते हैं?
(a) सर्वोच्च न्यायालय
(b) राज्यों के उच्च न्यायालय
(c) जिला न्यायालय
(d) उपरोक्त में से कोई नहीं
**उत्तर** (a) सर्वोच्च न्यायालय

**11.** सर्वोच्च न्यायालय किस प्रकार के मामलों को सुनता है?
(a) नागरिकों और सरकार के बीच विवाद
(b) दो राज्यों के बीच विवाद
(c) संघ राज्य क्षेत्र और राज्य क्षेत्र के बीच विवाद
(d) उपरोक्त सभी
**उत्तर** (d) उपरोक्त सभी

**12.** सर्वोच्च न्यायालय के मुख्य न्यायाधीश को हटाने के लिए दोनों सदनों के कितने सदस्यों के अविश्वास प्रस्ताव की आवश्यकता होती है?
(a) एक-तिहाई (b) दो-तिहाई
(c) एक-तिहाई (d) एक-चौथाई
**उत्तर** (b) दो-तिहाई

**13.** मंत्रिपरिषद् में कौन-से मंत्री शामिल होते हैं?
(a) कैबिनेट मंत्री (b) राज्यमंत्री
(c) उपमंत्री (d) ये सभी
**उत्तर** (d) ये सभी

**14.** निम्न में से कौन-सा कथन प्रधानमंत्री की शक्तियों के संबंध में सही है?
(a) प्रधानमंत्री विभिन्न मंत्रालय के बीच समन्वय स्थापित करता है और उसका निर्णय अंतिम होता है
(b) वह कैबिनेट मीटिंग की अध्यक्षता करता है
(c) भारत सरकार के सभी कार्य प्रधानमंत्री के नाम से किए जाते हैं
(d) 'a' और 'b' दोनों
**उत्तर** (d) 'a' और 'b' दोनों

**15.** निम्न में से कौन-से कथन राष्ट्रपति की शक्ति की सीमाओं से संबंधित हैं?
(a) वह अपनी सभी शक्तियों का प्रयोग मंत्रिपरिषद् की सलाह पर करता है

(b) मंत्रिपरिषद् द्वारा पुनर्विचार के बाद दिए सलाह को राष्ट्रपति वापस नहीं कर सकता है
(c) सभी मुख्य नियुक्तियाँ राष्ट्रपति के नाम से की जाती हैं
(d) 'a' और 'b' दोनों

**उत्तर** (d) 'a' और 'b' दोनों

**16.** निम्नलिखित में से कौन-से कथन लोकसभा से संबंधित हैं?
1. लोकसभा के सदस्य प्रत्यक्ष रूप से जनता द्वारा चुने जाते हैं।
2. प्रधानमंत्री के पास लोकसभा के सदस्यों का बहुमत होना आवश्यक है।
3. लोकसभा सदस्य किसी संस्था के सामने उत्तरदायी नहीं होते हैं।

**कूट**
(a) 1 और 2 (b) 2 और 3
(c) 1 और 3 (d) ये सभी

**उत्तर** (a) 1 और 2

**17.** निम्नलिखित में से कौन-सा/से कथन प्रधानमंत्री से संबंधित है/हैं?
1. प्रधानमंत्री सरकार का मुखिया होता है।
2. प्रधानमंत्री सरकार की सभी शक्तियों का औपचारिक प्रयोग करता है।
3. प्रधानमंत्री का कार्यकाल निश्चित नहीं होता है।

**कूट**
(a) 1 और 2 (b) 2 और 3
(c) 1 और 3 (d) ये सभी

**उत्तर** (c) 1 और 3

**18.** कालक्रम के अनुसार व्यवस्थित करें
1. मंडल आयोग की सिफारिशों को लागू करना।
2. सरकार द्वारा द्वितीय पिछड़ा वर्ग आयोग का गठन।
3. मंडल आयोग द्वारा रिपोर्ट प्रस्तुत करना।
4. लोकसभा चुनाव में जनता दल की पार्टी का जीतना।

**कूट**
(a) 2, 3, 4, 1
(b) 1, 4, 2, 3
(c) 3, 4, 1, 2
(d) 4, 1, 3, 2

**उत्तर** (a) 2, 3, 4, 1

**19.** निम्नलिखित में से गलत युग्म की पहचान करें
(a) द्वितीय पिछड़े आयोग का गठन – वर्ष 1979
(b) आयोग द्वारा रिपोर्ट प्रस्तुत – वर्ष 1980
(c) आयोग की रिपोर्ट लागू – वर्ष 1990
(d) आयोग की रिपोर्ट पर सर्वोच्च न्यायालय का फैसला – वर्ष 1995

**उत्तर** (d) आयोग की रिपोर्ट पर सर्वोच्च न्यायालय का फैसला–वर्ष 1995

**20.** निम्नलिखित में से सही युग्म की पहचान करें
(a) कैबिनेट मंत्री – छोटे मंत्रालयों के प्रभारी
(b) स्वतंत्र प्रभार वाले राज्य मंत्री – बड़े मंत्रालयों के प्रभारी
(c) राज्यमंत्री – छोटे मंत्रालयों से संबंधित
(d) उपमंत्री – कैबिनेट और राज्यमंत्री का सहयोग

**उत्तर** (d) उपमंत्री–कैबिनेट और राज्यमंत्री का सहयोग

**21.** निम्नलिखित कथनों की सहायता से सही विकल्प की पहचान करें
1. इसमें सत्ताधारी पार्टी या गठबंधन की पार्टियों के वरिष्ठ नेता होते हैं।
2. इसके मंत्री प्रमुख मंत्रालयों के प्रभारी होते हैं।
3. इसमें लगभग 25 मंत्री होते हैं।

**कूट**
(a) कैबिनेट
(b) स्वतंत्र प्रभार वाले राज्य मंत्री
(c) विधानसभा
(d) महामंत्री

**उत्तर** (a) कैबिनेट

**22.** निम्नलिखित कथनों की सहायता से सही विकल्प की पहचान करें
1. यह किसी मुद्दे पर लिखित निर्देशित होता है।
2. यह सरकारी कार्यालय द्वारा हस्ताक्षरित होता है।
3. इसे कार्यालय ज्ञापन भी कहा जाता है।

**कूट**
(a) अर्द्ध-सरकारी आदेश (b) परिपत्र
(c) सरकारी आदेश (d) सरकारी घोषणा

**उत्तर** (c) सरकारी आदेश

## चित्र आधारित प्रश्न

**23.** निम्नलिखित चित्र क्या प्रदर्शित करता है?

(a) संसद की सर्वोच्चता (b) वोट देने का अधिकार
(c) समानता का अधिकार (d) इनमें से कोई नहीं

**उत्तर** (a) संसद की सर्वोच्चता

## सुमेलित करें

**24.** सुमेलित कीजिए

| सूची I | सूची II |
|---|---|
| A. निम्न सदन | 1. राजनैतिक व्यक्ति |
| B. उच्च सदन | 2. प्रशासनिक सेवक |
| C. स्थायी कार्यपालिका | 3. लोकसभा |
| D. राजनैतिक कार्यपालिका | 4. राज्यसभा |

**कूट**

| | A | B | C | D | | A | B | C | D |
|---|---|---|---|---|---|---|---|---|---|
| (a) | 3 | 4 | 2 | 1 | (b) | 2 | 1 | 4 | 3 |
| (c) | 4 | 1 | 2 | 3 | (d) | 4 | 1 | 2 | 3 |

**उत्तर** (a) 3 4 2 1

**25.** सुमेलित कीजिए

| सूची I | सूची II |
|---|---|
| A. प्रधानमंत्री | 1. राज्य का प्रमुख |
| B. राष्ट्रपति | 2. सरकार का प्रमुख |
| C. सांसद | 3. विधानसभा के सदस्य |
| D. विधायक | 4. राज्य और लोकसभा के सदस्य |

**कूट**

| | A | B | C | D | | A | B | C | D |
|---|---|---|---|---|---|---|---|---|---|
| (a) | 3 | 4 | 2 | 1 | (b) | 2 | 1 | 4 | 3 |
| (c) | 4 | 1 | 2 | 3 | (d) | 4 | 1 | 2 | 3 |

**उत्तर** (b) 2 1 4 3

## रिक्त स्थान भरें

**26.** वर्ष ……… में सरकार द्वारा द्वितीय पिछड़ा वर्ग आयोग का गठन किया गया था।

**उत्तर** 1979

**27.** वर्ष 1969 के लोकसभा चुनाव के बाद …… प्रधानमंत्री चुने गए।

**उत्तर** वी पी सिंह

**28.** सरकार द्वारा लिए जाने वाले प्रत्येक निर्णय लागू होने से पहले ………… में चर्चा के लिए प्रस्तुत किया जाता है।

**उत्तर** संसद

**29.** जनता द्वारा विशेष अवधि के लिए निर्वाचित लोगों को ………… कहते हैं।

**उत्तर** राजनैतिक कार्यपालिका

**30.** स्थायी कार्यपालक को ………… कहते हैं।

**उत्तर** प्रशासनिक सेवक

## सही और पुनः लिखें

**31.** राज्यसभा वित्त के मामलों में अधिक अधिकारों का प्रयोग करती है।

**उत्तर** लोकसभा वित्त के मामलों में अधिक अधिकारों का प्रयोग करती है।

**32.** न्यायपालिका, विधायिका और कार्यपालिका के अधीनस्थ कार्य करती है।

**उत्तर** न्यायपालिका, कार्यपालिका तथा विधायिका से स्वतंत्र है। न्यायाधीश सरकार के सत्ताधारी दल के नेताओं की इच्छानुसार कार्य नहीं करते हैं।

## कथन/कारण

**33.** **कथन** (A) भारत का राष्ट्रपति अप्रत्यक्ष रूप से चुना जाता है। वह आनुपातिक प्रतिनिधित्व प्रणाली के एकल हस्तांतरणीय मतदान प्रक्रिया द्वारा चुना जाता है।

**कारण** (R) राष्ट्रपति कभी भी प्रधानमंत्री की तरह प्रत्यक्ष बहुमत का दावा नहीं कर सकता है।

**कूट**

(a) A और R दोनों सही हैं तथा R, A की सही व्याख्या करता है
(b) A और R दोनों सही हैं, परंतु R, A की सही व्याख्या नहीं करता है
(c) A सही है, किंतु R गलत है
(d) A गलत है, किंतु R सही है

**उत्तर** (b) A और R दोनों सही हैं, परंतु R, A की सही व्याख्या नहीं करता है

**34.** **कथन** (A) राजनैतिक कार्यपालिका के पास स्थायी कार्यपालिका से ज्यादा शक्तियाँ होती हैं।

**कारण** (R) राजनैतिक कार्यपालक लोकतांत्रिक विधि द्वारा जनता के द्वारा निर्वाचित होते हैं और लोकतंत्र में जनता सबसे बड़ी होती है।

**कूट**

(a) A और R दोनों सही हैं तथा R, A की सही व्याख्या करता है
(b) A और R दोनों सही हैं, परंतु R, A की सही व्याख्या नहीं करता है
(c) A सही है, किंतु R गलत है
(d) A गलत है, किंतु R सही है

**उत्तर** (a) A और R दोनों सही हैं तथा R, A की सही व्याख्या करता है

## C अतिलघु उत्तरीय प्रश्न

**1.** एस ई बी सी का पूर्ण रूप क्या है?

**उत्तर** एस ई बी सी का अर्थ 'सामाजिक एवं शैक्षणिक पिछड़ा वर्ग' (Socially and Educationally Backward Classes, SEBC) है।

**2.** सरकार के तीन अंगों के नाम बताइए।

**उत्तर** सरकार के तीन अंग निम्न हैं
(i) कार्यपालिका (ii) विधानपालिका (iii) न्यायपालिका

**3.** धन विधेयक के संदर्भ में लोकसभा एवं राज्यसभा में सबसे अधिक शक्तिशाली कौन है?

**उत्तर** धन विधेयक के संदर्भ में लोकसभा एवं राज्यसभा में लोकसभा अधिक शक्तिशाली है।

**4. निर्णय निर्माण में कौन मुख्य भूमिका निभाते हैं?**

**उत्तर** राष्ट्रपति, प्रधानमंत्री एवं संसद लोकतंत्र में निर्णय निर्माण में भूमिका निभाते हैं।

**5. लोकसभा का कार्यकाल कितना होता है?**

**उत्तर** लोकसभा का सामान्य कार्यकाल 5 वर्ष होता है।

**6. भारत में कानून बनाने की शक्ति किसे प्राप्त है?**

**उत्तर** संसद को कानून बनाने की शक्ति प्राप्त है।

**7. देश के वर्तमान कानून को बदलने की क्षमता किस संस्था के पास है?**

**उत्तर** संसद संवैधानिक संशोधन के माध्यम से देश के किसी वर्तमान कानून को बदल सकती है।

**8. कोई बिल कानून कब बन जाता है?**

**उत्तर** जब कोई बिल संसद के दोनों सदनों द्वारा पारित हो जाता है, तो इसकी सहमति राष्ट्रपति द्वारा मिलने पर वह कानून बन जाता है।

**9. भारतीय संघ में कार्यपालिका का वास्तविक प्रधान कौन होता है?**

**उत्तर** भारतीय संघ में कार्यपालिका का वास्तविक प्रधान प्रधानमंत्री होता है।

**10. कैबिनेट मंत्रियों की क्या भूमिका होती है?**

**उत्तर** कैबिनेट मंत्री विभिन्न मंत्रालयों के प्रमुख होते हैं और मंत्रिपरिषद् की तरफ से उस पर निर्णय करते हैं।

**11. सुप्रीम कोर्ट के जजों की नियुक्ति कौन करता है?**

**उत्तर** सुप्रीम कोर्ट के जजों को राष्ट्रपति नियुक्त करता है।

**12. महाभियोग किसे कहते हैं?**

**उत्तर** यह एक ऐसी प्रक्रिया है जिसके माध्यम से राष्ट्रपति को हटाया जाता है।

**13. सभी अंतर्राष्ट्रीय संधियाँ एवं समझौते किसके नाम से होते हैं?**

**उत्तर** सभी अंतर्राष्ट्रीय संधियाँ एवं समझौते राष्ट्रपति के नाम से होते हैं।

**14. अविश्वास प्रस्ताव क्या होता है?**

**उत्तर** सदन में जब सत्ता पक्ष के प्रति विश्वास में कमी प्रदर्शित करने हेतु मत प्रदर्शित किया जाता है तो उसे 'अविश्वास प्रस्ताव' कहते हैं।

**15. संसद का निर्माण किनसे होता है?**

**उत्तर** संसद का निर्माण राष्ट्रपति, लोकसभा एवं राज्यसभा से मिलकर होता है।

**16. भारत के मुख्य न्यायाधीश तथा अन्य न्यायाधीशों को कौन नियुक्त करता है?**

**उत्तर** भारतीय राष्ट्रपति मुख्य न्यायाधीश को नियुक्त करता है। दूसरे न्यायाधीशों की नियुक्ति करते समय राष्ट्रपति, प्रधानमंत्री तथा सर्वोच्च न्यायालय के मुख्य न्यायाधीश से परामर्श अवश्य करता है।

**17. सर्वोच्च तथा उच्च न्यायालय के न्यायाधीश को किस प्रकार हटाते हैं?**

**उत्तर** सर्वोच्च तथा उच्च न्यायालय के न्यायाधीश को लोकसभा तथा राज्यसभा में दो-तिहाई सदस्यों द्वारा पारित प्रस्ताव के बाद ही हटाया जा सकता है।

## लघु उत्तरीय प्रश्न

**1. आरक्षण का आदेश पारित होने के पहले की मुख्य घटनाओं को स्पष्ट रूप से समझाइए।**

**उत्तर** आरक्षण का आदेश पारित होने के पहले की मुख्य घटनाएँ निम्न हैं

- वर्ष 1979 में सरकार द्वारा द्वितीय पिछड़ा वर्ग आयोग का गठन किया गया। इसकी अध्यक्षता बी. पी. मंडल ने की थी। यह आयोग मंडल आयोग के नाम से जाना गया।
- आयोग ने वर्ष 1980 में अपनी रिपोर्ट प्रस्तुत की तथा जिसमें अनेक सुझाव दिए। इसमें एक सिफारिश थी कि सरकारी नौकरियों में सामाजिक तथा शैक्षिक रूप से पिछड़े लोगों को 27% आरक्षण देना चाहिए।
- अनेक वर्षों तक सांसदों एवं पार्टियों ने आयोग की सिफारिशों को लागू करने की माँग की। वर्ष 1989 के लोकसभा चुनाव में जनता पार्टी ने अपने चुनाव घोषणा पत्र में वादा किया कि सत्ता में आने पर वह मंडल आयोग की सिफारिशों को लागू करेगा।
- चुनाव के बाद जनता दल की सरकार बनी तथा वी. पी. सिंह प्रधानमंत्री बने और उन्होंने इस सिफारिश को लागू किया।

**2. संसद की आवश्यकता किन कारणों से होती है? स्पष्ट रूप से समझाइए।**

**उत्तर** संसद की आवश्यकता निम्न कारणों से होती है

- किसी भी नए कानून के निर्माण तथा पुराने कानूनों में परिवर्तन की सर्वोच्च संस्था संसद है।
- भारत में सरकार पर, संसद का प्रत्यक्ष रूप से नियंत्रण होता है। संसद की पूर्ण सहमति से ही सरकार फैसले कर सकती ही।
- सरकार के सभी खर्चों पर संसद का पूर्ण नियंत्रण होता है। अधिकतर देशों में संसद की अनुमति के बाद ही सरकार कोई धन खर्च कर सकती है।
- लोकहित के मामलों और राष्ट्रीय अंतर्राष्ट्रीय मामलों पर किसी देश में चर्चा तथा वाद विवाद की सर्वोच्च संस्था संसद ही होती है। संसद किसी भी मुद्दे पर सूचना प्राप्त कर सकती है।

**3. संसद के दो सदन कौन-कौन से हैं? बताइए।**

**उत्तर** आधुनिक लोकतंत्र में संसद महत्त्वपूर्ण भूमिका निभाती है अधिकांश बड़े देशों ने संसद की भूमिका और अधिकारों को दो भागों में बाँट दिया है। इसे चेंबर या सदन कहते हैं। भारतीय संसद के दो सदन हैं

(i) **लोकसभा या निम्न सभा** इस सदन के सदस्य सामान्यतः प्रत्यक्ष रूप से जनता द्वारा चुने जाते हैं और जनता की तरफ से ही अधिकारों का प्रयोग करते हैं।

(ii) **राज्यसभा** या **उच्च सभा** इस सदन के सदस्य अप्रत्यक्ष रूप से चुने जाते हैं और कुछ विशेष कार्य करते हैं। इनका कार्य राज्य, क्षेत्र और संघीय इकाइयों के हितों की निगरानी करना होता है।

भारत का राष्ट्रपति संसद का अंग होता है। वह किसी सदन का सदस्य नहीं होता, लेकिन उसके हस्ताक्षर तथा सहमति के बाद ही कोई कानून पारित तथा लागू होता है।

**4.** लोकतांत्रिक देश में कितनी तरह की कार्यपालिका होती है?

**उत्तर** लोकतांत्रिक देश में दो तरह की कार्यपालिका होती है, जिनका वर्णन निम्न प्रकार है

(i) **राजनैतिक कार्यपालिका** जनता द्वारा विशेष अवधि के लिए निर्वाचित लोगों को राजनैतिक कार्यपालिका कहते हैं। ये राजनैतिक व्यक्ति होते हैं तथा बड़े फैसले लेते हैं।

(ii) **स्थायी कार्यपालिका** इन्हें लंबी अवधि के लिए नियुक्त किया जाता है। इन्हें स्थायी कार्यपालिका या प्रशासनिक सेवक कहा जाता है। सत्ताधारी पार्टियों के हटने के बाद भी ये अपने पद पर बने रहते हैं। ये अधिकारी राजनैतिक कार्यपालिका के अधीन कार्य करते हैं तथा दिन-प्रतिदिन के प्रशासन में उनकी मदद करते हैं।

**5.** मंत्रिपरिषद् में कौन-कौन से पद सम्मिलित होते हैं? स्पष्ट कीजिए।

**उत्तर** मंत्रिपरिषद् उस संस्था का सरकारी नाम है जिसमें सारे मंत्री होते हैं। इसके अंतर्गत 60 से 80 मंत्री होते हैं, जो अलग-अलग पदों पर होते हैं।

मंत्रिपरिषद् में निम्नलिखित पद शामिल होते हैं

- **कैबिनेट मंत्री** सामान्यतः ये उच्च स्तर के मंत्री होते हैं तथा प्रमुख मंत्रालयों के प्रमुख होते हैं। कैबिनेट मंत्री, मंत्रिपरिषद् से संबंधित फैसले करने के लिए बैठक करते हैं। इस तरह कैबिनेट मंत्रिपरिषद् का शीर्ष समूह होता है। इसमें लगभग 25 मंत्री होते हैं।
- **स्वतंत्र प्रभार वाले राज्य मंत्री** यह सामान्यतः छोटे मंत्रालयों के प्रभारी होते हैं। ये विशेष रूप से आमंत्रित किए जाने पर ही कैबिनेट की बैठकों में भाग लेते हैं।
- **राज्य मंत्री** यह अपने विभाग के कैबिनेट मंत्रियों से जुड़े हुए होते हैं और उनकी सहायता करते हैं।

**6.** राष्ट्रपति के निर्वाचक मंडल में शामिल सदस्यों का वर्णन कीजिए।

**उत्तर** भारत का राष्ट्रपति अप्रत्यक्ष रूप से चुना जाता है। वह आनुपातिक प्रतिनिधित्व प्रणाली के एकल हस्तांतरणीय मतदान प्रक्रिया द्वारा चुना जाता है।

राष्ट्रपति के निर्वाचक मंडल में निम्नलिखित सदस्य होते हैं

(i) दोनों सदनों के निर्वाचित सदस्य।

(ii) राज्य विधानसभा के निर्वाचित सदस्य।

(iii) दिल्ली और पुदुचेरी के निर्वाचित विधानसभा सदस्य।

राष्ट्रपति पद के उम्मीदवार को जीतने के लिए स्पष्ट बहुमत प्राप्त करना आवश्यक है, जिससे यह निर्धारित होता है कि राष्ट्रपति पूरे देश का प्रतिनिधित्व करता है। लेकिन राष्ट्रपति प्रधानमंत्री की तरह प्रत्यक्ष जनादेश का दावा नहीं कर सकता। इससे यह स्पष्ट होता है कि वह नाम मात्र के लिए मुख्य कार्यपालक की भूमिका निभाता है।

**7.** लोकसभा का सदस्य बनने के लिए निश्चित की गई योग्यताओं पर संक्षिप्त टिप्पणी लिखिए।

**उत्तर** लोकसभा का सदस्य बनने के लिए निम्नलिखित योग्यताओं का होना आवश्यक है

(i) वह भारत का नागरिक हो।

(ii) वह 25 वर्ष की आयु पूरी कर चुका हो।

(iii) वह भारत सरकार अथवा किसी राज्य सरकार के अधीन किसी लाभ के पद पर कार्यरत न हो।

(iv) वह किसी गंभीर अपराध में दंडित नहीं किया गया हो।

(v) वह पागल अथवा दिवालिया न हो।

**8.** उच्चतम न्यायालय को संविधान का संरक्षक क्यों कहा जाता है?

**उत्तर** उच्चतम न्यायालय का एक महत्त्वपूर्ण कार्य संविधान की व्याख्या करना तथा उसकी रक्षा करना है। जब कभी संविधान की व्याख्या के बारे में मतभेद उत्पन्न हो जाएँ, तो उच्चतम न्यायालय द्वारा उसकी व्याख्या की जाती है और उसका निर्णय अंतिम होता है। इसके अतिरिक्त यदि उच्चतम न्यायालय को यह विश्वास हो जाए कि संसद द्वारा बनाया गया कोई कानून या कार्यपालिका का कोई आदेश संविधान का उल्लंघन करता है, तो उच्चतम न्यायालय उस कानून को असंवैधानिक घोषित करके रद्द कर सकता है।

**9.** राष्ट्रपति की शक्तियों को स्पष्ट कीजिए।

**उत्तर** राष्ट्रपति की शक्तियाँ निम्नलिखित हैं

- सभी सरकारी कार्य राष्ट्रपति के नाम पर किए जाते हैं। सभी कानून तथा प्रमुख नीतिगत निर्णय राष्ट्रपति के नाम से ही जारी होते हैं।
- प्रमुख नियुक्तियाँ राष्ट्रपति द्वारा की जाती हैं जैसे कि सर्वोच्च न्यायालय का मुख्य न्यायाधीश तथा अन्य न्यायाधीश, राज्यों में उच्च न्यायालय के न्यायाधीश, नियंत्रक एवं महालेखापरीक्षक, महान्यायवादी, राज्यों के राज्यपाल, चुनाव आयुक्त, अन्य देशों में भारत के राजदूत इत्यादि।
- सभी अंतर्राष्ट्रीय संधियाँ तथा समझौते राष्ट्रपति के नाम पर ही किए जाते हैं। राष्ट्रपति सभी रक्षा सेवाओं का मुख्य अधिकारी होता है तथा इसके पास आपातकालीन शक्तियाँ होती हैं जैसे कि राष्ट्रपति शासन की घोषणा तथा अध्यादेश का निकाला जाना।

**10.** सर्वोच्च न्यायालय की तीन न्यायिक शक्तियों का उल्लेख कीजिए।

**उत्तर** सर्वोच्च न्यायालय की तीन न्यायिक शक्तियाँ निम्न हैं

(i) **अपीलीय न्यायाधिकार** सर्वोच्च न्यायालय के पास निचले कोर्टों की अपील सुनने एवं फैसले करने का अधिकार है।

(ii) **परामर्शी न्यायाधिकार** सर्वोच्च न्यायालय महत्त्वपूर्ण फैसलों पर राष्ट्रपति को भी परामर्श दे सकता है।

(iii) **मूल न्यायाधिकार** सर्वोच्च न्यायालय के पास भारत सरकार एवं राज्यों के मध्य उत्पन्न विवादों एवं एक या एक से अधिक राज्यों के मध्य उत्पन्न विवादों पर फैसले करने का अधिकार है। यह इसका मूल क्षेत्राधिकार है।

**11.** न्यायपालिका किसे कहते हैं? इसकी स्वतंत्रता को स्पष्ट कीजिए।

**उत्तर** न्यायपालिका एक ऐसी संस्था है, जो प्रशासनिक कार्य को सशक्त करती है तथा कानूनी समस्याओं के समाधान के लिए ढाँचा प्रदान करती है। देश के विभिन्न स्तरों पर उपलब्ध अदालतों को सामूहिक रूप से न्यायपालिका कहा जाता है।

**न्यायपालिका की स्वतंत्रता** न्यायपालिका, कार्यपालिका तथा विधायिका से स्वतंत्र है। न्यायाधीश सरकार के निर्देश या सत्ताधारी दल के नेताओं की इच्छानुसार कार्य नहीं करते हैं। इसी वजह से सभी आधुनिक लोकतंत्रों में अदालतें विधायिका और कार्यपालिका के अधीन नहीं होतीं। भारत में भी यही व्यवस्था है।

**12.** गठबंधन सरकार से क्या तात्पर्य है?

**उत्तर** लोकतांत्रिक व्यवस्था में किसी एक राजनीतिक पार्टी को पर्याप्त बहुमत हासिल न होने की स्थिति में दो या उससे अधिक राजनीतिक पार्टियों के गठबंधन से बनी सरकार गठबंधन सरकार कहलाती है। गठबंधन की सरकार में अलग-अलग क्षेत्रीय राजनीतिक पार्टियों की भूमिका महत्त्वपूर्ण होती है। गठबंधन सरकारें अधिक स्थायी नहीं होती हैं, क्योंकि किसी भी विषय पर मतभेद उत्पन्न होने से सहयोगी पार्टियाँ तुरंत ही गठबंधन से अलग हो जाती हैं, इससे सरकार अल्पमत में आ जाती है। भारत में सर्वप्रथम वर्ष 1977 में गठबंधन की सरकार बनी थी, जो सिर्फ 18 महीनों में गिर गई थी।

ऐसी सरकारों में प्रधानमंत्री की भूमिका भी कमजोर हो जाती है। प्रधानमंत्री को सहयोगी पार्टियों से सलाह लेकर निर्णय लेना होता है, जबकि प्रधानमंत्री का पद लोकतांत्रिक सरकार में बहुत महत्त्वपूर्ण माना जाता है।

**13.** भारतीय न्यायपालिका किस प्रकार एकीकृत है? वर्णन कीजिए।

**उत्तर** देश के विभिन्न स्तरों के न्यायालय मिलकर न्यायपालिका कहलाते हैं। भारत में सर्वोच्च न्यायालय देशभर के लिए, उच्च न्यायालय राज्य स्तर पर तथा जिला न्यायालय स्थानीय स्तर के न्यायालय होते हैं।

भारत में यह निम्नलिखित रूप में एकीकृत है

(i) देश में न्यायिक प्रशासन को सर्वोच्च न्यायालय नियंत्रित करता है। इसके निर्णय देश के अन्य सभी न्यायालयों को मानने अनिवार्य होते हैं।

(ii) सामाजिक तथा आपराधिक मामलों में यह सर्वोच्च अपील करने का न्यायालय है। यह उच्च न्यायालयों द्वारा लिए गए फैसलों पर अपील सुनकर फैसले कर सकता है।

(iii) सर्वोच्च तथा उच्च न्यायालयों के न्यायाधीश प्रधानमंत्री की सर्वोच्च न्यायालय के मुख्य न्यायाधीश से की गई मंत्रणा के बाद राष्ट्रपति द्वारा नियुक्त किए जाते हैं।

**14.** "किसी भी निर्णय में हमारे देश में प्रमुख कार्यपालकों का महत्त्वपूर्ण योगदान होता है।" इस कथन को स्पष्ट कीजिए।

**उत्तर** किसी भी निर्णय में हमारे देश में प्रमुख कार्यपालकों का महत्त्वपूर्ण योगदान रहता है, जिनका वर्णन इस प्रकार है

- **राष्ट्रपति** राष्ट्रपति राष्ट्र का अध्यक्ष होता है तथा औपचारिक रूप से देश का सबसे बड़ा अधिकारी होता है।
- **प्रधानमंत्री** यह सरकार का प्रमुख होता है और सरकार की तरफ से अधिकांश अधिकारों का प्रयोग वही करता है। प्रधानमंत्री की सिफारिश पर राष्ट्रपति अन्य मंत्रियों की नियुक्ति करता है तथा मंत्रिमंडल द्वारा महत्त्वपूर्ण नीतियाँ बनाई जाती हैं। राजकाज से जुड़े अधिकांश निर्णय मंत्रिमंडल की बैठकों में प्रधानमंत्री द्वारा लिए जाते हैं।
- **संसद** संसद का निर्माण लोकसभा तथा राज्यसभा के मिलने से होता है। लोकसभा अर्थात् संसद का निचला सदन निर्वाचित संसद सदस्यों द्वारा बना होता है। राज्यसभा अर्थात् ऊपरी सदन राज्यों और केंद्रशासित प्रदेशों के मामलों का प्रतिनिधित्व करती है। प्रधानमंत्री को लोकसभा के सदस्यों के बहुमत का समर्थन प्राप्त होना आवश्यक है।

## दीर्घ उत्तरीय प्रश्न

**1.** राज्यसभा पर लोकसभा की विशेष शक्तियों को विस्तृत रूप से वर्णन कीजिए।

**उत्तर** राज्यसभा को उच्च सदन तथा लोकसभा को निम्न सदन कहा जाता है, लेकिन इसका यह अर्थ नहीं है कि राज्यसभा अधिक शक्तिशाली है। हमारे संविधान में राज्यसभा को कुछ विशेष अधिकार दिए गए हैं, लेकिन अधिकतर मामलों पर सर्वोच्च अधिकार लोकसभा के पास भी हैं। ये अधिकार निम्न प्रकार हैं

- किसी भी सामान्य कानून को पास करने के लिए दोनों सदनों की आवश्यकता होती है, लेकिन दोनों सदनों में मतभेद होने पर अंतिम फैसला दोनों के संयुक्त अधिवेशन में लिया जाता है। सदस्यों की संख्या अधिक होने पर लोकसभा के विचार को प्राथमिकता मिलती है।
- लोकसभा वित्त के मामलों में अधिक अधिकारों का प्रयोग करती है। लोकसभा से पारित बजट, वित्त-विधेयक या रुपये से संबंधित किसी कानून को राज्यसभा निरस्त नहीं कर सकती।
- रुपये से संबंधित मामलों को राज्यसभा अधिकतम 14 दिनों तक रोक सकती है या उसमें सुझाव दे सकती है, लेकिन यह लोकसभा की इच्छा पर निर्भर है कि वह उसे माने या न माने।
- लोकसभा मंत्रिपरिषद् पर नियंत्रण रखती है। केवल वही व्यक्ति प्रधानमंत्री बन सकता है जिसे लोकसभा में बहुमत हासिल हो। यदि आधे से अधिक मंत्रिपरिषद् के प्रति अविश्वास व्यक्त करे, तो प्रधानमंत्री को मंत्रिपरिषद् सहित अपना पद छोड़ना होगा। राज्यसभा को यह अधिकार प्राप्त नहीं होता है।

**2. संसद की शक्तियों एवं कार्य को विस्तार से बताइए।**

**उत्तर** संसद लोकतंत्र का आधार स्तंभ है। जनता के हितों के लिए कानून निर्माण की जिम्मेदारी संसद के पास होती है। संसद की महत्त्वपूर्ण शक्तियाँ एवं कार्य निम्नलिखित हैं

(i) किसी भी देश में कानून बनाने की अंतिम प्राधिकारी संसद होती है। भारत में संसद संघ सूची, समवर्ती सूची एवं विशेष मामलों में राज्य सूची पर भी कानून बनाती है।

(ii) संसद मंत्रियों एवं प्रधानमंत्री के खिलाफ संकल्प पारित कर सकती है, उसके खिलाफ अविश्वास प्रस्ताव पास करने का अधिकार भी है।

(iii) सरकार का बजट संसद में ही पास होता है। बजट पर बहस एवं चर्चा सदन में होती है।

(iv) राष्ट्रीय नीतियों के निर्माण एवं जनहित के मुद्दे पर चर्चा संसद में होती है।

(v) संसद के पास राष्ट्रपति, उप-राष्ट्रपति, लोकसभा अध्यक्ष, सर्वोच्च न्यायालय के न्यायाधीशों आदि को हटाने की शक्ति है।

(vi) संसद भारत में मौजूदा कानूनों में संशोधन कर सकती है या मौजूदा कानून को खत्म कर उनकी जगह नए कानून बना सकती है।

(vii) संसद के पूर्ण समर्थन की स्थिति में ही सरकार देश चलाने वाले फैसले कर सकती है।

**3. राष्ट्रपति कौन होता है? इसकी नियुक्ति कैसे होती है तथा इसकी शक्तियों पर सीमाओं का वर्णन कीजिए।**

**उत्तर** राजनीतिक प्रणाली में राष्ट्रपति राष्ट्र का प्रमुख होता है। वह केवल नाम मात्र के अधिकारों का प्रयोग करता है। राष्ट्रपति देश की सभी राजनैतिक संस्थाओं के काम की निगरानी करता है ताकि वे राज्य के उद्देश्यों को प्राप्त करने के लिए मिल-जुलकर काम करें।

**राष्ट्रपति की नियुक्ति** भारत का राष्ट्रपति अप्रत्यक्ष रूप से चुना जाता है। वह आनुपातिक प्रतिनिधित्व प्रणाली के एकल हस्तांतरणीय मतदान प्रक्रिया द्वारा चुना जाता है।

राष्ट्रपति पद के उम्मीदवार को जीतने के लिए स्पष्ट बहुमत प्राप्त करना आवश्यक है, जिससे यह निर्धारित होता है कि राष्ट्रपति पूरे देश का प्रतिनिधित्व करता है, लेकिन राष्ट्रपति प्रधानमंत्री की तरह प्रत्यक्ष जनादेश का दावा नहीं कर सकता। इससे यह स्पष्ट होता है कि वह नाम मात्र के लिए मुख्य कार्यपालक की भूमिका निभाता है।

**राष्ट्रपति की शक्तियों पर सीमाएँ** राष्ट्रपति की शक्तियों पर कुछ सीमाएँ भी लगाई गई हैं। वह अपनी सभी शक्तियों का प्रयोग मंत्रिपरिषद् की सलाह पर ही करता है। राष्ट्रपति मंत्रिपरिषद् की सलाह पर पुनर्विचार के लिए कह सकता है, लेकिन वही सलाह द्वारा मंत्रिपरिषद् द्वारा राष्ट्रपति के पास भेजा जाता है, तो राष्ट्रपति उस सलाह को मानने के लिए बाध्य होता है।

**4. सर्वोच्च न्यायालय तथा उच्च न्यायालयों के न्यायाधीशों की नियुक्ति तथा न्यायाधीशों को हटाए जाने की प्रक्रिया का वर्णन कीजिए।**

**उत्तर** सर्वोच्च न्यायालय तथा उच्च न्यायालयों के न्यायाधीशों की नियुक्ति राष्ट्रपति, प्रधानमंत्री और सर्वोच्च न्यायालय के मुख्य न्यायाधीश की सलाह पर करता है। व्यावहारिक स्तर पर इस व्यवस्था में सर्वोच्च न्यायालय के वरिष्ठ न्यायाधीश, सर्वोच्च न्यायालय और उच्च न्यायालयों के नए न्यायाधीशों को चुनते हैं। इसमें राजनैतिक कार्यपालिका के हस्तक्षेप करने की संभावना बहुत कम है।

सामान्यत: सर्वोच्च न्यायालय के वरिष्ठ न्यायाधीश को ही मुख्य न्यायाधीश चुना जाता है।

**न्यायाधीशों को हटाए जाने की प्रक्रिया** एक बार यदि कोई व्यक्ति सर्वोच्च न्यायालय या उच्च न्यायालय में न्यायाधीश के पद को प्राप्त कर लेता है, तो उसे पद से हटाना कठिन कार्य है। उसे हटाना भारत के राष्ट्रपति को हटाने जितना ही कठिन कार्य है।

किसी भी न्यायाधीश को संसद के दोनों सदनों में अलग-अलग दो-तिहाई बहुमत से अविश्वास प्रस्ताव पारित करके ही हटाया जा सकता है। भारतीय लोकतंत्र के इतिहास में ऐसा कभी नहीं हुआ है।

**5. लोकसभा एवं राज्यसभा के मध्य अंतर बताइए।**

**उत्तर** लोकसभा एवं राज्यसभा के मध्य अंतर निम्न हैं

| लोकसभा | राज्यसभा |
|---|---|
| लोकसभा का कार्यकाल 5 वर्ष का होता है। इससे पहले लोकसभा भंग करने का अधिकार राष्ट्रपति को है। | राज्यसभा एक स्थायी सदन होता है। प्रत्येक दो वर्ष पश्चात् 1/3 सदस्य सेवानिवृत्त होते हैं। इस तरह प्रत्येक सदस्य को 6 वर्ष काम करने का अवसर मिलता है। |
| लोकसभा की सदस्यता के लिए न्यूनतम आयु 25 वर्ष होनी चाहिए। | राज्यसभा की सदस्यता के लिए न्यूनतम आयु 30 वर्ष होनी चाहिए। |
| लोकसभा के सदस्यों का चुनाव सीधे जनता द्वारा होता है। इसके दो सदस्य राष्ट्रपति द्वारा मनोनीत होते हैं। | राज्यसभा के सदस्यों का चुनाव राज्यों के विधानसभा सदस्य करते हैं। इसमें 12 सदस्य राष्ट्रपति द्वारा मनोनीत होते हैं। |
| लोकसभा के सदस्यों की संख्या अधिक-से-अधिक 550 तक हो सकती है। | राज्यसभा के सदस्यों की संख्या अधिक-से-अधिक 250 तक हो सकती है। |
| लोकसभा में अविश्वास प्रस्ताव पारित होने पर संपूर्ण मंत्रिमंडल को त्याग-पत्र देना पड़ता है। | राज्यसभा द्वारा पारित ऐसे अविश्वास प्रस्ताव पर मंत्रिमंडल त्याग-पत्र नहीं देता है। |

**6. प्रधानमंत्री की नियुक्ति कैसे होती है? इसकी पाँच मुख्य शक्तियाँ कौन-सी हैं?**

**उत्तर** लोकसभा के आम चुनाव के पश्चात् जिस राजनीतिक दल को लोकसभा में बहुमत प्राप्त होता है, उसी दल के नेता को राष्ट्रपति प्रधानमंत्री नियुक्त करता है। यदि किसी राजनीतिक दल को लोकसभा में स्पष्ट बहुमत प्राप्त न हो, तो भी राष्ट्रपति को इस बारे में विवेकाधिकार प्राप्त है। ऐसी दशा में उसी व्यक्ति को प्रधानमंत्री नियुक्त किया जाता है, जो लोकसभा के बहुमत सदस्यों का सहयोग प्राप्त कर सकता है।

प्रधानमंत्री को निम्नलिखित शक्तियाँ प्राप्त हैं

- प्रधानमंत्री की सलाह पर राष्ट्रपति अन्य मंत्रियों को नियुक्त करता है। वह कैबिनेट की बैठकों की अध्यक्षता

करता है। विभिन्न विभागों के कार्यों का समन्वय करता है। विवादों के मामले में प्रधानमंत्री का निर्णय अंतिम होता है।

- वह विभिन्न विभागों की सामान्य निगरानी करता है। सभी मंत्री प्रधानमंत्री की निगरानी में ही कार्य करते हैं।
- प्रधानमंत्री, मंत्रियों को काम का वितरण तथा पुनर्वितरण करता है तथा किसी भी मंत्री को पद से हटाने का प्रधानमंत्री को अधिकार प्राप्त होता है। जब प्रधानमंत्री पद छोड़ता है, तो पूरे मंत्रिमंडल को त्यागपत्र देना पड़ता है।

**7. लोकसभा और राज्यसभा के सदस्यों का चुनाव कैसे होता है? राज्यसभा की शक्तियाँ बताएँ।**

**उत्तर** लोकसभा के सदस्य आम जनता द्वारा प्रत्यक्ष रूप से चुने जाते हैं। भारत के वे सभी नागरिक, जिनकी उम्र 18 वर्ष या उससे अधिक हो, उन्हें वोट देने का अधिकार है। प्रत्येक व्यक्ति को एक मत देने का अधिकार है। वह अपना मत अपनी इच्छानुसार किसी भी दल को दे सकता है। एक निर्वाचन क्षेत्र से एक ही उम्मीदवार को चुना जा सकता है। जिस उम्मीदवार को सबसे अधिक मत प्राप्त होते हैं, उसे विजयी घोषित किया जाता है।

राज्यसभा के सदस्यों का चुनाव राज्यों की विधानसभाओं के निर्वाचित सदस्यों द्वारा होता है अर्थात् राज्यसभा सदस्यों का चुनाव अप्रत्यक्ष तौर पर जनता द्वारा होता है। राज्यसभा के सदस्य का कार्यकाल छः वर्ष का होता है।

राज्यसभा की शक्तियाँ निम्नलिखित हैं

(i) राज्यसभा धन विधेयक को 14 दिन तक पास होने से रोक सकती है। धन विधेयकों को छोड़कर कोई भी साधारण विधेयक पहले राज्यसभा में पेश हो सकता है।

(ii) राज्यसभा के सदस्यों को मंत्रियों से प्रश्न और पूरक प्रश्न पूछने का अधिकार है। राज्यसभा, लोकसभा के साथ मिलकर राष्ट्रपति पर महाभियोग लगाकर उसे अपदस्थ कर सकती है।

(iii) राज्यसभा, लोकसभा के साथ मिलकर विशेष न्यायालयों की स्थापना कर सकती है।

(iv) राज्यसभा, राज्य सूची के किसी विषय को राष्ट्रीय महत्त्व का घोषित करके संसद को इस पर कानून बनाने का अधिकार दे सकती है।

(v) राज्यसभा दो-तिहाई बहुमत से प्रस्ताव पास कर नई अखिल भारतीय सेवाओं के सृजन का अधिकार केंद्रीय सरकार को देती है।

## स्रोत आधारित प्रश्न

निम्नलिखित स्रोतों को ध्यानपूर्वक पढ़कर उन पर आधारित प्रश्नों के उत्तर दीजिए

**1.** चूंकि आधुनिक लोकतंत्र में संसद बड़ी महत्त्वपूर्ण भूमिका निभाती है, लिहाजा अधिकांश बड़े देशों ने संसद की भूमिका और अधिकारों को दो हिस्सों में बाँट दिया है। इन्हें चेंबर या सदन कहते हैं। पहले सदन के सदस्य आमतौर से सीधे जनता द्वारा चुने जाते हैं और जनता की ओर से असली अधिकारों का प्रयोग करते हैं। दूसरे सदन के सदस्य अमूमन परोक्ष रूप से चुने जाते हैं और कुछ विशेष काम करते हैं। दूसरे सदन कार्य सामान्य कार्य विभिन्न राज्य, क्षेत्र और संघीय इकाइयों के हितों की निगरानी करना होता है।

हमारे देश में संसद के दो सदन हैं। दोनों सदनों में एक को राज्यसभा (कॉउंसिल ऑफ स्टेट्स) और दूसरे को लोकसभा (हाउस ऑफ पीपल) के नाम से जाना जाता है। भारत का राष्ट्रपति संसद का हिस्सा होता है, हालाँकि वह दोनों में से किसी भी सदन का सदस्य नहीं होता। इसलिए संसद के फैसले राष्ट्रपति की मंजूरी के बाद ही लागू होते हैं।

**(i) निम्न में से कौन-सा कथन लोकसभा से संबंधित है?**

(a) लोकसभा के सदस्यों का चुनाव प्रत्यक्ष रूप से किया जाता है।
(b) लोकसभा का निर्माण निर्वाचित प्रतिनिधियों द्वारा होता है।
(c) लोकसभा सदस्य जनता की तरफ से अधिकारों का प्रयोग करते हैं।
(d) उपरोक्त सभी

**उत्तर** (d) उपरोक्त सभी

**(ii) संसद के एक सदन को ....... तथा दूसरे सदन को ....... कहा जाता है।**

(a) लोकसभा, विधानसभा
(b) विधानसभा, विधानमंडल
(c) लोकसभा, राज्यसभा
(d) विधानसभा, राज्य सभा

**उत्तर** (c) लोकसभा, राज्यसभा

**(iii) निम्न में से कौन-सा कथन राष्ट्रपति से संबंधित है?**

(a) राष्ट्रपति विधानमंडल के सदस्य होते हैं।
(b) राष्ट्रपति लोकसभा के सदस्य होते हैं।
(c) राष्ट्रपति राज्यसभा के सदस्य होते हैं।
(d) राष्ट्रपति संसद का हिस्सा होते हैं।

**उत्तर** (d) राष्ट्रपति संसद का हिस्सा होते हैं।

**(iv) भारत में कोई कानून कब लागू होता है?**

(a) लोकसभा में पारित होने के पश्चात्
(b) राज्यसभा में पारित होने के पश्चात्
(c) विधानमंडल में पारित होने के पश्चात्
(d) राष्ट्रपति के हस्ताक्षर और सहमति के पश्चात्

**उत्तर** (d) राष्ट्रपति के हस्ताक्षर और सहमति के पश्चात्

**(v) लोकसभा में सरकार का बजट या पैसे से संबंधित किसी कानून को राज्यसभा ......... दिनों तक रोक सकती है।**

(a) 14 (b) 17
(c) 19 (d) 21

**उत्तर** (a) 14

**(vi) कथन (A) किसी भी देश में कानून बनाने का सबसे बड़ा अधिकार संसद को होता है।**

**कारण** (R) संसद सदस्यों का चुनाव नागरिकों द्वारा किया जाता है।

कूट

(a) A और R दोनों सही हैं तथा R, A की सही व्याख्या है

(b) A और R दोनों सही हैं, परंतु R, A की सही व्याख्या नहीं है

(c) A सही है, किंतु R गलत है

(d) A गलत है, किंतु R सही है

**उत्तर** (b) A और R दोनों सही हैं, परंतु R, A की सही व्याख्या नहीं है

**2.** भारत की न्यायपालिका दुनिया की सबसे अधिक प्रभावशाली न्यायपालिकाओं में से एक है। सर्वोच्च न्यायालय और उच्च न्यायालयों को देश के संविधान की व्याख्या का अधिकार है। यदि उन्हें लगता है कि विधायिका का कोई कानून या कार्यपालिका की कोई कार्रवाई संविधान के खिलाफ है तो वे केंद्र और राज्य स्तर पर ऐसे कानून या कार्रवाई को अमान्य घोषित कर सकते हैं।

इस तरह जब उनके सामने किसी कानून या कार्यपालिका की कार्रवाई को चुनौती मिलती है तो वे उसकी संवैधानिक वैधता तय करते हैं। इसे न्यायिक समीक्षा के रूप में जाना जाता है। भारत के सर्वोच्च न्यायालय ने यह भी फैसला दिया है कि संसद, संविधान के मूलभूत सिद्धांतों को बदल नहीं सकती। भारतीय न्यायपालिका के अधिकार और स्वतंत्रता उसे मौलिक अधिकारों के रक्षक के रूप में काम करने की क्षमता प्रदान करते हैं।

(i) विधायिका द्वारा बनाया गया कानून अथवा कार्यपालिका द्वारा लागू की गई नीति आदि विधि व संविधान के अनुसार है या नहीं इसकी जाँच करने का अधिकार ............ तथा ............ को प्राप्त है।

(a) सर्वोच्च न्यायालय, उच्च न्यायालय

(b) सर्वोच्च न्यायालय, प्रीवि कॉउंसिल

(c) उच्च न्यायालय, अधीनस्थ न्यायालय

(d) सर्वोच्च न्यायालय, राष्ट्रपति

**उत्तर** (a) सर्वोच्च न्यायालय, उच्च न्यायालय

(ii) संविधान का मूलभूत ढाँचा क्या है, इसे निर्धारित करने का अधिकार किस लोकतांत्रिक संस्थान को प्राप्त है?

(a) कार्यपालिका

(b) विधायिका

(c) न्यायपालिका

(d) ये सभी

**उत्तर** (d) ये सभी

(iii) संघीय सरकार द्वारा क्रियान्वित विधि की संवैधानिकता की जाँच करने का अधिकार किसे प्राप्त है?

(a) न्यायपालिका को

(b) कार्यपालिका को

(c) कार्यपालिका एवं न्यायपालिका दोनों को

(d) लोकसभा एवं राज्यसभा को

**उत्तर** (a) न्यायपालिका को

(iv) सुमेलित कीजिए

| सूची I | सूची II |
|---|---|
| A. कार्यपालिका | 1. विधि का निर्माण |
| B. न्यायपालिका | 2. विधि का क्रियान्वयन |
| C. विधायिका | 3. विधि का संरक्षक |
| D. मीडिया | 4. मध्यस्थता की भूमिका |

कूट

| | A | B | C | D |
|---|---|---|---|---|
| (a) | 1 | 2 | 3 | 4 |
| (b) | 2 | 4 | 3 | 1 |
| (c) | 2 | 3 | 1 | 4 |
| (d) | 3 | 2 | 4 | 1 |

**उत्तर** (c) 2 3 1 4

(v) निम्नलिखित में से कौन-से कथन भारतीय न्यायपालिका से संबंधित हैं?

1. देश के विभिन्न स्तरों पर मौजूद अदालतों को सामूहिक रूप से न्यायपालिका कहा जाता है।
2. भारत में न्यायपालिका एकीकृत है।
3. भारतीय न्यायपालिका संसद से स्वतंत्र है।

कूट

(a) 1 और 2 (b) 2 और 3

(c) 1 और 3 (d) ये सभी

**उत्तर** (d) ये सभी

(vi) निम्नलिखित में से कौन-सा कथन न्यायपालिका से संबंधित है?

(a) सर्वोच्च न्यायालय के मुख्य न्यायाधीश की नियुक्ति प्रधानमंत्री द्वारा की जाती है

(b) भारत का सर्वोच्च न्यायालय संविधान की व्याख्या करता है

(c) सर्वोच्च न्यायालय के न्यायाधीश को संसद में 1/3 बहुमत से प्रस्ताव लाकर हटाया जा सकता है

(d) सर्वोच्च न्यायालय का न्यायाधीश प्रधानमंत्री को सलाह देता है

**उत्तर** (b) भारत का सर्वोच्च न्यायालय संविधान की व्याख्या करता है

**3. स्रोत 'अ' सरकार में राष्ट्रपति की स्थिति**

एक ओर जहाँ प्रधानमंत्री सरकार का प्रमुख होता है, वहीं राष्ट्रपति राष्ट्राध्यक्ष होता है। हमारी राजनैतिक व्यवस्था में राष्ट्राध्यक्ष केवल नाम के अधिकारों का प्रयोग करता है। भारत का राष्ट्रपति ब्रिटेन की महारानी की तरह होता है, जिसका काम आलंकारिक अधिक होता है।

**स्रोत 'ब' राष्ट्रपति के द्वारा किए गए कार्य**

राष्ट्रपति के अधिकारों के मामले में भी यही बात लागू होती है। अगर आप संविधान को सरसरी तौर पर पढ़ें, तो आप सोचेंगे कि ऐसा कुछ नहीं है, जो राष्ट्रपति न कर सके। सारी सरकारी गतिविधियाँ राष्ट्रपति के नाम पर ही होती हैं। सारे कानून और सरकार के प्रमुख नीतिगत फैसले उसी के नाम से जारी होते हैं। सभी प्रमुख नियुक्तियाँ राष्ट्रपति के नाम पर ही होती हैं।

**स्रोत 'स' कानून निर्माण में राष्ट्रपति की शक्ति**

हमें यह याद रखना चाहिए कि राष्ट्रपति इन अधिकारों का प्रयोग मंत्रिपरिषद् की सलाह पर ही करता है। राष्ट्रपति मंत्रिपरिषद् को अपनी सलाह पर पुनर्विचार करने के लिए कह सकता है, लेकिन अगर वही सलाह दोबारा मिलती है, तो वह उसे मानने के लिए बाध्य होता है।

**स्रोत 'अ' सरकार में राष्ट्रपति की स्थिति**

(i) भारत में राष्ट्रपति का प्रमुख कार्य क्या होता है?

**उत्तर** भारत में राष्ट्रपति का प्रमुख कार्य देश की सभी राजनैतिक संस्थाओं के काम की निगरानी करना है, जिससे वे राज्य के उद्देश्यों को प्राप्त करने के लिए मिलजुल कर कार्य करें।

**स्रोत 'ब' राष्ट्रपति के द्वारा किए गए कार्य**

(ii) भारत के राष्ट्रपति द्वारा किसकी नियुक्ति की जाती है?

**उत्तर** भारत के राष्ट्रपति द्वारा भारत के मुख्य न्यायाधीश, सर्वोच्च न्यायालय और राज्य के उच्च न्यायालयों के न्यायाधीशों, राज्यपालों, चुनाव आयुक्तों और दूसरे देशों में राजदूत आदि की नियुक्तियाँ की जाती हैं।

**स्रोत 'स' कानून निर्माण में राष्ट्रपति की शक्ति**

(iii) संसद द्वारा पारित किसी विधेयक के संबंध में भारत के राष्ट्रपति के पास कौन-सी शक्तियाँ हैं?

**उत्तर** संसद द्वारा पारित कोई विधेयक राष्ट्रपति की मंजूरी के बाद ही कानून बनता है। यदि राष्ट्रपति चाहे तो उसे कुछ समय के लिए रोक सकता है व विधेयक पर पुनर्विचार के लिए उसे संसद में वापस भेज सकता है, लेकिन यदि संसद दोबारा विधेयक पारित करती है, तो उसे उस पर हस्ताक्षर करने ही पड़ेंगे।

**4.** किसी लोकतांत्रिक देश में कार्यपालिका के दो हिस्से होते हैं। जनता द्वारा विशेष अवधि तक के लिए निर्वाचित लोगों को राजनैतिक कार्यपालिका कहते हैं। ये राजनैतिक व्यक्ति होते हैं, जो बड़े फैसले करते हैं। दूसरी ओर जिन्हें लंबे समय के लिए नियुक्त किया जाता है, उन्हें स्थायी कार्यपालिका या प्रशासनिक सेवक कहते हैं। लोक सेवाओं में काम करने वाले लोगों को सिविल सर्वेंट या नौकरशाह कहते हैं। वे सत्ताधारी पार्टी के बदलने के बावजूद अपने पदों पर बने रहते हैं।

नौकरशाह अमूमन अधिक शिक्षित होता है और उसे विषय की अधिक महारथ और जानकारी होती है। वित्त मंत्रालय में काम करने वाले सलाहकारों को अर्थशास्त्र की जानकारी वित्त मंत्री से अधिक हो सकती है। कभी-कभी मंत्रियों को अपने मंत्रालय के अधीनस्थ मामलों की तकनीकी जानकारी बहुत कम हो सकती है। रक्षा, उद्योग, स्वास्थ्य, विज्ञान और प्रौद्योगिकी, खान आदि मंत्रालयों में ऐसा होना आम बात है। फिर इन मामलों में अंतिम निर्णय करने का अधिकार मंत्रियों को क्यों हो?

(i) नौकरशाह किस रूप में कार्य करते हैं?

**उत्तर** नौकरशाह या सिविल सर्वेंट राजनैतिक कार्यपालकों के रूप में काम करते हैं, जो मंत्रिपरिषद् द्वारा बनाए गए कानून को समाज में लागू करवाते हैं।

(ii) राजनैतिक कार्यपालक के पास गैर-राजनैतिक कार्यपालक से अधिक शक्तियाँ क्यों होती हैं?

**उत्तर** राजनैतिक कार्यपालक के पास गैर-राजनैतिक कार्यपालक से अधिक शक्तियाँ होती हैं, क्योंकि लोकतंत्र में लोगों की इच्छा सर्वोपरि होती है। चूँकि मंत्री लोगों के द्वारा चुने जाते हैं, इसलिए उसे जनता की ओर से उनकी इच्छाओं को लागू करने का अधिकार होता है तथा वह अपने फैसले के नतीजे के लिए लोगों के प्रति जिम्मेदार भी होता है।

(iii) प्रतिष्ठित संस्थानों में फैसला किसके द्वारा लिया जाता है?

**उत्तर** प्रतिष्ठित संस्थानों में जो पूरे मामले को भली-भाँति समझते हैं, वे ही सबसे महत्त्वपूर्ण फैसले करते हैं। विशेषज्ञ कभी फैसला नहीं करता है। विशेषज्ञ केवल रास्ता बता सकते हैं, लेकिन व्यापक नजरिया रखने वाला व्यक्ति ही मंजिल के बारे में फैसला करता है।

# स्वयं को जाँचें

## वस्तुनिष्ठ प्रश्न

**1.** दूसरे पिछड़े वर्ग आयोग ने कितने प्रतिशत रिक्तियाँ सामाजिक एवं शैक्षिक दृष्टि से पिछड़े वर्गों के लिए आरक्षित करने की माँग की थी?

(a) 15% (b) 20% (c) 24% (d) 31%

**2.** मंडल आयोग किससे संबंधित है?

(a) सामाजिक एवं शैक्षिक दृष्टि से पिछड़े वर्गों के आरक्षण से
(b) शैक्षिक नीति से
(c) ग्रामीण स्वरोजगार से
(d) शहरी नियोजन से

**3.** निम्नलिखित में से कौन-सा कथन गलत है?

(a) लोकसभा पैसे के मामलों में अधिक अधिकारों का प्रयोग करती है
(b) राज्यसभा मंत्रीपद को नियंत्रित करती है
(c) राज्यसभा धन विधेयक को केवल 14 दिनों तक ही अपने पास रोक सकती है
(d) उपरोक्त में से कोई नहीं

**4.** निम्नलिखित कथनों में से कौन-सा कथन सत्य है?

(a) प्रधानमंत्री और कैबिनेट संस्थाएँ देश से संबंधित महत्त्वपूर्ण नीतिगत फैसले लेते हैं
(b) मंत्रिपरिषद् द्वारा लिए गए फैसलों को नौकरशाही द्वारा लागू कराया जाता है
(c) लोकसभा में प्रधानमंत्री का बहुमत न होने पर प्रधानमंत्री को त्याग-पत्र देना होता है
(d) उपरोक्त सभी

## अतिलघु उत्तरीय प्रश्न

**5.** संयुक्त राज्य अमेरिका के उच्च सदन का क्या नाम है?

**6.** उस संस्था का नाम बताइए जहाँ हमारे देश के महत्त्वपूर्ण मसलों पर विचार-विमर्श एवं बहस होती है?

**7.** भारत की संसद द्विसदनीय है या एकसदनीय?

## लघु उत्तरीय प्रश्न

**8.** मंत्रिपरिषद् के कोई तीन मुख्य कार्य बताइए।

**9.** मंत्रिपरिषद् का गठन कैसे होता है? मंत्रिपरिषद् का मुखिया कौन होता है?

**10.** लोकसभा अध्यक्ष की संसद में क्या भूमिका है? बताइए।

## दीर्घ उत्तरीय प्रश्न

**11.** मनी बिल से आप क्या समझते हैं? मनी बिल के संदर्भ में राज्यसभा एवं लोकसभा की शक्तियों की तुलना कीजिए।

**12.** ''गठबंधन सरकार में प्रधानमंत्री हर एक निर्णय अपनी मर्जी के मुताबिक नहीं ले सकते।'' इस कथन की व्याख्या कीजिए।

अध्याय

05

# लोकतांत्रिक अधिकार

लोकतांत्रिक अधिकार सामाजिक रूप से मान्यता प्राप्त वे अधिकार हैं, जो लोकतंत्र में कानून में लिखे गए हैं।

**अध्याय एक नजर में**

- *अधिकारों के बिना जीवन*
- *लोकतंत्र में अधिकार*
- *भारतीय संविधान में अधिकार*
- *मौलिक अधिकारों को सुरक्षित करना*
- *अधिकारों का बढ़ता दायरा*

## अधिकारों के बिना जीवन

अधिकारों का महत्त्व ऐसे व्यक्ति के संदर्भ में समझा जा सकता है, जिसको कोई भी अधिकार प्राप्त नहीं हो। अधिकारों के बिना जीवन को तीन उदाहरणों गुआंतानामो बे जेल, सऊदी अरब में नागरिक अधिकार और कोसोवो में जातीय नरसंहार द्वारा समझा जा सकता है, जो निम्न हैं

### गुआंतानामो बे की जेल

गुआंतानामो बे अमेरिकी नौसेना के कब्जे में अवस्थित एक टापू है, जो क्यूबा के निकट स्थित है। अमेरिकी फौज ने दुनिया के विभिन्न स्थानों से 600 से अधिक लोगों को गुप्त रूप से पकड़कर इस जेल में बंद कर दिया था। अमेरिकी सरकार के अनुसार वे लोग न्यूयॉर्क में 11 सितंबर, 2001 के हमलों के जिम्मेदार थे।

गिरफ्तार लोगों के देश की सरकार को उनकी गिरफ्तारी और जेल में डालने की सूचना नहीं दी गई। इन लोगों को परिवार वालों, मीडिया वालों और संयुक्त राष्ट्र की संस्थाओं के प्रतिनिधि से भी मिलने नहीं दिया गया और न ही इनका मुकदमा चला और न ही इनके देश को सूचित किया गया।

एक अंतर्राष्ट्रीय मानवाधिकार संगठन **एमनेस्टी इंटरनेशनल** (Amnesty International) ने अपनी सूचनाओं के आधार पर बताया कि इन कैदियों के साथ अमानवीय व्यवहार किया जा रहा है तथा जो लोग दोषी नहीं हैं, उन्हें भी जबरदस्ती कैद करके रखा गया।

किसी भी अंतर्राष्ट्रीय संधि का सम्मान नहीं किया जा रहा है और न ही उनके साथ अमेरिकी कानूनों के अनुसार व्यवहार किया जा रहा है। संयुक्त राष्ट्र संघ के महासचिव के गुआंतानामो बे जेल को बंद करने के आदेश की भी अवमानना की गई।

### सऊदी अरब में नागरिक अधिकार

सऊदी अरब में अपनी सरकार के संबंध में नागरिकों की स्थिति निम्न प्रकार है

- सऊदी अरब में एक वंश का शासन चलता है, जिसके कारण लोगों को राजा या शाह को चुनने या बदलने का अधिकार नहीं है।
- राजा या शाह ही विधायिका, कार्यपालिका और न्यायालय के न्यायाधीशों की नियुक्ति करते हैं तथा अपनी इच्छानुसार उनके निर्णय का उल्लंघन कर सकते हैं।
- नागरिक कोई भी राजनीतिक दल या संगठन अपनी इच्छा से नहीं बना सकते और मीडिया भी शाह के अनुसार ही खबर देती है।

- यहाँ कोई धार्मिक आजादी नहीं है तथा यहाँ पर गैर-मुस्लिमों को सार्वजनिक स्थान पर पूजा की अनुमति नहीं है।
- मुस्लिम समुदाय के लोग ही यहाँ के नागरिक हो सकते हैं।
- महिलाओं पर अनेक सार्वजनिक पाबंदियाँ हैं और उनका स्थान पुरुषों से कम है।

**नोट** *विश्व में ऐसे अनेक देश हैं, जहाँ सऊदी अरब जैसी स्थिति है।*

## कोसोवो में जातीय नरसंहार

कोसोवो पुराने यूगोस्लाविया का एक प्रांत था। इस प्रदेश में अल्बानियाई लोग बहुसंख्यक थे, लेकिन यूगोस्लाविया में सर्ब (Serbs) लोग बहुसंख्यक थे। सर्ब नेता मिलोशेविक ने यहाँ के चुनावों में जीत प्राप्त की।

उनकी सरकार ने अल्बानियाई लोगों के प्रति बहुत ही कठोर व्यवहार किया तथा सर्ब नेताओं ने कहा कि अल्बानियाई लोग या तो देश छोड़ दें या सर्बों का प्रभुत्व स्वीकार कर लें। अप्रैल, 1999 में कोसोवो शहर में फौज द्वारा नरसंहार किया गया। इस घटना के लिए अंतर्राष्ट्रीय न्यायालय में उन पर मुकदमा चलाया गया, जिसके परिणामस्वरूप अल्बानियाई लोगों के बहुसंख्यक आबादी वाले क्षेत्र कोसोवो ने फरवरी, 2008 में अपनी स्वतंत्रता की घोषणा कर दी।

# लोकतंत्र में अधिकार

लोकतंत्र में प्रत्येक व्यक्ति की यह इच्छा रहती है कि उसे ऐसी व्यवस्था मिले, जिसमें सुरक्षा, सम्मान और प्रत्येक नागरिक को समान अवसर प्राप्त हों। किसी को भी उचित कारण और सूचना के बिना गिरफ्तार न किया जाए और यदि किसी को गिरफ्तार किया जाता है, तो उसे अपना पक्ष रखने और अपने आपको निर्दोष साबित करने का पर्याप्त अवसर मिले। यह आश्वासन केवल कागज पर नहीं होना चाहिए। उन्हें लागू करने और उनका उल्लंघन करने वाले को दंडित करने का प्रावधान होना चाहिए। अधिकारों के पीछे यही वास्तविक भावना है।

## अधिकार का अर्थ

किसी व्यक्ति के अधिकारों से तात्पर्य समाज द्वारा मान्यता प्राप्त व कानून द्वारा स्वीकृत दावों (Claims) से है। एक अधिकार तब संभव है जब कोई व्यक्ति ऐसा दावा करता है जो दूसरों के लिए समान रूप से संभव है। सामान्यत: सभी को बराबर के अधिकार उपलब्ध कराए जाने चाहिए। इस प्रकार एक अधिकार अन्य अधिकारों का सम्मान करने के दायित्व के साथ आता है।

जब सरकार या हमारे साथी नागरिक अधिकारों का सम्मान नहीं करते, तब उसे अधिकारों का उल्लंघन (Violation of Rights) कहते हैं। ऐसी स्थिति में नागरिक अपने अधिकारों की सुरक्षा के लिए न्यायालय जा सकते हैं।

## अधिकारों की आवश्यकता

लोकतंत्र की स्थापना के लिए अधिकारों का होना आवश्यक है। लोकतंत्र में प्रत्येक व्यक्ति को **वोट देने** (Right to Vote) और **अपनी पसंद की सरकार चुनने** (Right to be Elected) का अधिकार होना चाहिए।

अधिकार बहुसंख्यकों (Minorities) के उत्पीड़न से अल्पसंख्यकों (Majority) की रक्षा करते हैं। अधिकार यह निश्चित करते हैं कि किसी लोकतांत्रिक व्यवस्था में बहुसंख्यक मनमानी न करें।

अधिकार गारंटियों की तरह हैं, जिनका उपयोग गलत व्यवहार होने पर किया जा सकता है। विशेष रूप से जब कुछ नागरिक दूसरों के अधिकारों को छीनना चाहते हैं।

कुछ अधिकारों को सरकार से भी ज्यादा दर्जा दिए जाने की आवश्यकता है, ताकि सरकार उनका उल्लंघन न कर सके। अधिकांश लोकतांत्रिक देशों में नागरिकों के अधिकार संविधान में लिखित होते हैं, जो अधिकारों का घोषणा-पत्र होता है।

### चेक प्वॉइंट 01

1. *लोकतांत्रिक अधिकार सामाजिक रूप से ............ अधिकार हैं।*
2. *सऊदी अरब में नागरिक का कोई एक अधिकार बताइए।*
3. *किस प्रदेश में अल्बानियाई लोग बहुसंख्यक थे?*
4. *लोकतंत्र की स्थापना के लिए किसका होना आवश्यक है?*

# भारतीय संविधान में अधिकार

ऐसे अधिकार, जो मानव जीवन के लिए अति आवश्यक हैं, उनको भारतीय संविधान (Indian Constitution) में महत्त्वपूर्ण स्थान दिया गया है। इन अधिकारों को **मौलिक अधिकार** (Fundamental Rights) कहा जाता है।

ये आधारभूत मानव अधिकार हैं, जो किसी के व्यक्तित्व के विकास में सहायक होते हैं। ये अधिकार भारत के संविधान की एक महत्त्वपूर्ण विशेषता है।

हमारा संविधान छः मौलिक अधिकार प्रदान करता है, जो निम्न हैं

1. समानता का अधिकार (Right to Equality)
2. स्वतंत्रता का अधिकार (Right to Freedom)
3. शोषण के विरुद्ध अधिकार (Right Against Exploitation)
4. धार्मिक स्वतंत्रता का अधिकार (Right to Freedom of Religion)
5. सांस्कृतिक और शैक्षिक अधिकार (Cultural and Educational Right)
6. संवैधानिक उपचारों का अधिकार (Right to Constitutional Remedies)

## 1. समानता का अधिकार

संविधान के अनुसार, भारत में सरकार किसी व्यक्ति को कानून के सामने समानता या कानून से संरक्षण के मामले में समानता के अधिकार से वंचित नहीं कर सकती है। इसका अर्थ है कि किसी व्यक्ति का पद जो भी हो कानून सभी के लिए समान रूप से होगा।

इसे **कानून का राज** (Rule of Law) भी कहते हैं। समानता का अधिकार किसी भी लोकतंत्र की नींव है अर्थात् कोई भी व्यक्ति कानून से ऊपर नहीं है।

सरकार धर्म, मूलवंश, जाति, लिंग या जन्मस्थान के आधार पर भेदभाव नहीं कर सकती। किसी व्यक्ति को दुकान, होटल और सिनेमाहॉल जैसे सार्वजनिक भवनों में जाने से रोका नहीं जा सकता।

### आरक्षण

भारतीय संविधान **अनुसूचित जाति** (Scheduled Castes, SCs), **अनुसूचित जनजाति** (Scheduled Tribes, STs) और **अन्य पिछड़ा वर्ग** (Other Backward Classes, OBC) को आरक्षण देता है, लेकिन यह समानता के अधिकार का उल्लंघन नहीं है।

समानता का अर्थ है कि प्रत्येक व्यक्ति को उसकी क्षमतानुसार काम करने का समान अवसर उपलब्ध हो। कई बार समान अवसर देने के लिए कुछ लोगों को आरक्षण देना आवश्यक होता है, इसलिए आरक्षण समानता के अधिकार का उल्लंघन नहीं करता है।

### छुआछूत

संविधान सामाजिक भेदभाव को समाप्त करने के लिए सरकार को निर्देश देता है। यह **सामाजिक भेदभाव** (Social Discrimination) का एक प्रबल रूप है। छुआछूत (Untouchability) का अर्थ किसी खास जाति को छूने से नहीं है, बल्कि यह उन सभी सामाजिक मान्यताओं और आचरणों को भी गलत मानता है, जिनमें किसी विशेष जाति में जन्म लेने से निम्न स्तर का माना जाता है। इस तरह की सामाजिक प्रथा लोगों को दूसरों के साथ बातचीत करने या सार्वजनिक स्थानों पर समान नागरिकों के रूप में प्रवेश करने से मना करती है इसलिए संविधान ने छुआछूत को दंडनीय अपराध घोषित किया है।

#### छुआछूत के अनेक रूप

1999 में प्रसिद्ध पत्रकार **पी. साईंनाथ** ने दलितों या अनुसूचित जाति के लोगों के खिलाफ अभी तक बरकरार छुआछूत के व्यवहार पर अंग्रेजी अखबार 'हिंदू' में एक लेखमाला लिखी। वे देश के अनेक स्थानों पर गए और पाया कि अनेक स्थानों पर:

- चाय की दुकानों पर दो तरह के कप रखे जाते हैं–एक दलितों के लिए, दूसरा बाकी लोगों के लिए।
- हजाम दलितों के बाल नहीं काटते, दाढ़ी नहीं बनाते।
- दलित छात्रों को कक्षा में अलग बैठना होता है और अलग रखे घड़े से पानी पीना होता है।
- दलित दूल्हों को बारात में घोड़ी पर नहीं चढ़ने दिया जाता।
- दलितों को सार्वजनिक हैंड पंप से पानी नहीं लेने दिया जाता या उनके पानी भर लेने के बाद हैंड पंप को धो दिया जाता है।

## 2. स्वतंत्रता का अधिकार

स्वतंत्रता से तात्पर्य बाधाओं का न होना है। व्यावहारिक जीवन में तथा निजी मामलों में किसी व्यक्ति या सरकार का हस्तक्षेप न होना स्वतंत्रता है। भारतीय संविधान में सभी नागरिकों को निम्न स्वतंत्रताएँ दी गई हैं

- अभिव्यक्ति की स्वतंत्रता
- शांतिपूर्ण ढंग से एकत्रित होने की स्वतंत्रता
- संगठन और संघ बनाने की स्वतंत्रता
- देश में कहीं भी आने-जाने की स्वतंत्रता
- देश के किसी भी भाग में रहने की स्वतंत्रता
- कोई भी काम या व्यापार करने की स्वतंत्रता

### बोलने और अभिव्यक्ति की स्वतंत्रता

यह लोकतंत्र की बुनियादी विशेषता है। इसमें अपने विचारों को प्रचार पुस्तिका (Pamphlet) में छापकर या अखबारों-पत्रिकाओं में लेख लिखकर, चित्र बनाकर, कविता या गीत लिखकर भी व्यक्त कर सकते हैं। इस स्वतंत्रता का उपयोग किसी व्यक्ति या समुदाय के विरुद्ध उकसाने में नहीं कर सकते और न ही सरकार के विरुद्ध बगावत के लिए कर सकते हैं। किसी के विरुद्ध झूठी बाते कहकर या उसकी प्रतिष्ठा कम करने में भी इस स्वतंत्रता का प्रयोग नहीं कर सकते।

### शांतिपूर्वक एकत्र होने तथा संगठन निर्माण का अधिकार

नागरिकों को सभा करने, जुलूस निकालने, रैली करने तथा प्रदर्शन करने का अधिकार है, लेकिन यह शांतिपूर्वक होना चाहिए। इससे सार्वजनिक अव्यवस्था या समाज में अशांति नहीं फैलनी चाहिए तथा इसमें किसी हथियार का प्रयोग नहीं होना चाहिए। नागरिकों को अपने हितों के समर्थन में संगठन बनाने का अधिकार है।

### यात्रा तथा व्यवसाय चुनने की स्वतंत्रता

प्रत्येक नागरिक को **देश के किसी भी स्थान** पर जाने और किसी भी स्थान पर रहने की स्वतंत्रता है। लोगों को व्यवसाय का चुनाव करने की भी पूर्ण स्वतंत्रता है। किसी भी व्यक्ति को कोई कार्य करने के लिए बाध्य नहीं किया जा सकता।

### जीने का अधिकार और निजी स्वतंत्रता

संविधान के अनुसार, कानून द्वारा स्थापित व्यवस्थाओं को छोड़कर किसी भी व्यक्ति को जीने के अधिकार और निजी स्वतंत्रता से वंचित नहीं किया जा सकता है अर्थात् बिना न्यायालय के उचित कार्यवाही तथा आदेश के बिना किसी भी नागरिक को मारा नहीं जा सकता है। इसका अर्थ यह भी है कि कोई भी सरकारी अधिकारी किसी व्यक्ति को समुचित न्यायिक अधिकार होने के बाद ही गिरफ्तार कर सकता है। जब पुलिस किसी व्यक्ति को गिरफ्तार करती है, तो उसे निम्न प्रक्रियाओं का पालन करना पड़ता है

- गिरफ्तार किए गए व्यक्ति को उसकी गिरफ्तारी और हिरासत में लेने के कारणों की जानकारी देनी आवश्यक है।
- गिरफ्तारी के 24 घंटों के अंदर व्यक्ति को मजिस्ट्रेट के सामने प्रस्तुत करना आवश्यक है।
- गिरफ्तार किए गए व्यक्ति को वकील की सलाह लेने या अपने बचाव में वकील रखने का अधिकार होता है।

## 3. शोषण के विरुद्ध अधिकार

स्वतंत्रता और समानता का अधिकार के बाद व्यक्ति को यह अधिकार भी होना चाहिए कि कोई उसका शोषण न कर सके। संविधान निर्माताओं ने इसे संविधान में लिखित व्यक्त किया, जिससे कमजोर वर्गों का शोषण न हो। संविधान में तीन शर्तों के पालन का प्रावधान किया गया है तथा इनको गैर-कानूनी घोषित किया गया है।

- **पहली** संविधान मनुष्यों के अवैध व्यापार (Traffic) पर रोक लगाता है। यहाँ व्यापार से तात्पर्य महिलाओं तथा बच्चों की अनैतिक कार्यों के लिए खरीद और बिक्री से है।
- **दूसरी** हमारा संविधान किसी किस्म के **बेगार** (Labour) या किसी से जबरन काम कराने का निषेध करता है। बेगार प्रथा में मजदूरों को अपने मालिक के लिए मुफ्त या बहुत थोड़े से अनाज के लिए जबरदस्ती काम करना पड़ता है। यदि यही काम मजदूर को जीवन भर करना पड़ जाता है, तो उसे **बँधुआ मजदूर** (Bonded Labour) कहा जाता है।
- **तीसरी** संविधान बाल मजदूरी (Child Labour) पर प्रतिबंध लगाता है। कोई भी व्यक्ति किसी 14 वर्ष से कम उम्र के बच्चों को कारखाने-खदान या रेलवे और बंदरगाह जैसे खतरनाक काम में नहीं लगा सकता।

## 4. धार्मिक स्वतंत्रता का अधिकार

प्रत्येक व्यक्ति को **अपने धर्म को अपनाने**, उसके अनुसार **आचरण** करने तथा **प्रचार-प्रसार** करने का अधिकार है। प्रत्येक धार्मिक समूह या पंथ को अपने धार्मिक क्रियाकलाप के प्रबंधन का अधिकार है। इसका अर्थ यह नहीं है कि किसी व्यक्ति को बलपूर्वक, धोखा देकर या लालच देकर अपनी धार्मिक भावनाओं को दूसरे पर थोपा जाए। निस्संदेह व्यक्ति को अपनी इच्छा से धर्म परिवर्तन करने की आजादी है।

### धर्मनिरपेक्षता

- एक धर्मनिरपेक्ष (Secularism) राज्य वह है, जो किसी एक धर्म को आधिकारिक धर्म के रूप में स्थापित नहीं करता है। भारत एक धर्मनिरपेक्ष (Secularism) राज्य है। भारत में किसी एक धर्म का पक्ष या उसे विशेषाधिकार नहीं दिया जाता है।
- सरकार किसी धर्म या धार्मिक संस्था को बढ़ावा देने या उसके रख-रखाव के लिए कर (Tax) देने के लिए किसी व्यक्ति को बाध्य नहीं कर सकती। सरकारी शिक्षण संस्थाओं में किसी किस्म का धार्मिक निर्देश नहीं होना चाहिए।

## 5. सांस्कृतिक और शैक्षिक अधिकार

भारतीय संविधान द्वारा निम्नलिखित सांस्कृतिक तथा शैक्षिक अधिकार अल्पसंख्यक वर्ग को दिए गए हैं

- नागरिकों में विशिष्ट भाषा तथा संस्कृति वाले किसी समूह को अपनी भाषा और संस्कृति को बचाने का अधिकार है।
- किसी भी सरकारी या सरकारी अनुदान पाने वाले शैक्षिक संस्थान में किसी नागरिक को धर्म या भाषा के आधार पर प्रवेश लेने से नहीं रोका जा सकता।
- सभी अल्पसंख्यकों को अपनी पसंद का शैक्षिक संस्थान स्थापित करने तथा चलाने का अधिकार है।

## 6. संवैधानिक उपचारों का अधिकार

संविधान में मौलिक अधिकार महत्त्वपूर्ण हैं, क्योंकि वे लागू करने योग्य हैं। इन उल्लिखित अधिकारों को लागू करने का अधिकार है, जिसे **संवैधानिक उपचारों का अधिकार** (Right to Constitutional Remedies) कहा जाता है। यह भी एक मौलिक अधिकार है, जो अन्य अधिकारों को प्रभावी बनाता है।

जब किसी नागरिक के मौलिक अधिकारों का हनन होता है तो वह सर्वोच्च न्यायालय (Supreme Court) तथा उच्च न्यायालय (High Court) में अपील कर इससे निदान पा सकता है। सर्वोच्च न्यायालय या उच्च न्यायालय को मौलिक अधिकारों को लागू कराने के मामले में रिट (Writs) जारी करने का अधिकार है। रिट पाँच प्रकार की होती है, जो निम्न प्रकार हैं—(i) बंदी प्रत्यक्षीकरण, (ii) परमादेश, (iii) उत्प्रेषण, (iv) अधिकार पृच्छा व (v) प्रतिषेध।

**डॉ. अंबेडकर ने** संवैधानिक उपचारों के अधिकार को संविधान की 'आत्मा और हृदय' (Heart and Soul) कहा है।

### संपत्ति का अधिकार

संविधान ने मूल रूप से **अनुच्छेद 19** और **31** के तहत संपत्ति का अधिकार प्रदान किया था, लेकिन **1978 के 44वें संशोधन अधिनियम** ने इस अधिकार को मौलिक अधिकारों की सूची से समाप्त कर दिया। संविधान में अनुच्छेद 300-ए के तहत संशोधन ने इसे कानूनी अधिकार बना दिया। यह अधिकार बताता है कि कोई भी व्यक्ति अपनी संपत्ति से वंचित नहीं रहेगा।

### शिक्षा का अधिकार

अनुच्छेद 21-A के अंतर्गत स्कूली शिक्षा अब भारतीय नागरिकों के लिए अधिकार बन चुका है। इसे 1 अप्रैल, 2010 से लागू किया गया था। इसके तहत 6 से 14 वर्ष तक की आयु के सभी बच्चों को नि:शुल्क एवं अनिवार्य शिक्षा प्रदान करना सभी सरकारों की जिम्मेदारी है। इस प्रकार, यह प्रावधान प्राथमिक शिक्षा को मौलिक अधिकार बनाता है।

# मौलिक अधिकारों को सुरक्षित करना

भारत में मौलिक अधिकारों के हनन के मामले में कोई भी पीड़ित व्यक्ति न्याय पाने के लिए अदालत में जा सकता है। यदि मामला सार्वजनिक या सामाजिक हित का हो तो इसे **जनहित याचिका** (Public Interest Litigation) कहा जाता है। जनहित याचिका के अंतर्गत कोई भी नागरिक या नागरिकों का समूह सरकार के किसी विशेष कानून या कार्यवाही के विरुद्ध जनहित की सुरक्षा के लिए सर्वोच्च न्यायालय या उच्च न्यायालय में अपील कर सकता है।

### राष्ट्रीय मानवाधिकार आयोग

यह एक स्वतंत्र आयोग है। इसकी स्थापना वर्ष 1993 में की गई थी। इस आयोग की नियुक्ति राष्ट्रपति द्वारा की जाती है। यह आयोग पीड़ित व्यक्तियों के मानवाधिकार दिलाने में सहयोग करता है।

राष्ट्रीय मानवाधिकार आयोग स्वयं किसी को सजा नहीं दे सकता। यह मानवाधिकार से संबंधित मामलों की जाँच करता है। यह आयोग इन जाँचों को सरकार को सौंपता है या पीड़ित की तरफ से न्यायालय में दाखिल करता है।

## अधिकारों का बढ़ता दायरा

हमारा संविधान और कानून मौलिक अधिकारों के अलावा व्यापक अधिकारों की पेशकश करता है। पिछले कुछ वर्षों में अधिकारों का दायरा बढ़ा है। कुछ अधिकार; जैसे–प्रेस की स्वतंत्रता का अधिकार, शिक्षा का अधिकार और सूचना का अधिकार मौलिक अधिकारों से प्राप्त होते हैं। शिक्षा के अधिकार के अनुसार, प्रत्येक बच्चे को प्रारंभिक शिक्षा पाने का अधिकार है।

सूचना के अधिकार के अनुसार, कोई भी सरकारी विभाग या अधिकारी के कार्यों के बारे में जानकारी माँग सकता है। कुछ अधिकार, जो संविधान मौलिक अधिकारों से अलग प्रदान करता है, वे हैं संपत्ति का अधिकार और चुनाव में वोट का अधिकार। ये मौलिक अधिकार नहीं हैं, बल्कि ये संवैधानिक अधिकार हैं।

## मानव अधिकार

मानवाधिकार सार्वभौमिक नैतिक दावे हैं, जो कानूनों द्वारा मान्यता प्राप्त हो भी सकते हैं और नहीं भी हो सकते। इस अर्थ में ये दावे अधिकार नहीं हैं, जो पहले परिभाषित किए गए हैं। विश्व में लोकतंत्र के प्रसार के साथ ही इन नैतिक दावों को कानून में बदलने का दबाव सरकारों पर बढ़ता जा रहा है। कई अंतर्राष्ट्रीय संधियों और प्रतिज्ञा-पत्रों ने भी अधिकारों का क्षेत्र बढ़ाने में मदद की है।

### निष्कर्ष

इस प्रकार, अधिकारों का दायरा बढ़ रहा है और समय के साथ नए अधिकार विकसित हो रहे हैं। वे लोगों के संघर्ष का परिणाम हैं। जैसे-जैसे समाज विकसित होते है या नए संविधान बनते हैं, नए अधिकार सामने आते हैं। उदारण के लिए, दक्षिण अफ्रीका का संविधान अपने नागरिकों को कई तरह के नए अधिकारों की गारंटी देता है। ये हैं

- **निजता का अधिकार** जो गारंटी देता है कि नागरिकों या उनके घर की तलाशी नहीं ली जा सकती, उनके फोन टैप नहीं किए जा सकते और उनका संचार नहीं खोला जा सकता।
- **पर्यावरण का अधिकार** जो उनके स्वास्थ्य या कल्याण के लिए हानिकारक न हो।
- **स्वास्थ्य देखभाल सेवाओं, पर्याप्त भोजन और पानी तक पहुँच का अधिकार** के अंतर्गत किसी को भी आपातकालीन चिकित्सा उपचार से इंकार नहीं किया जा सकता है।

### आर्थिक, सामाजिक और सांस्कृतिक अधिकारों पर अंतर्राष्ट्रीय प्रतिज्ञा–पत्र

अंतर्राष्ट्रीय प्रतिज्ञा-पत्र में अनेक अधिकारों को मान्यता दी गई है, जो भारतीय संविधान के मौलिक अधिकार से सीधे नहीं जुड़े हैं। इसने अभी अंतर्राष्ट्रीय संधि का रूप नहीं लिया है, लेकिन विश्व के मानवाधिकार कार्यकर्ता इसे एक मानक मानवाधिकार के रूप में देखते हैं। इनमें शामिल हैं

- काम करने का अधिकार प्रत्येक को काम करने, अपनी जीविका उपार्जन करने का अवसर।
- काम करने के स्वास्थ्यप्रद तथा सुरक्षित माहौल का अधिकार तथा उचित मजदूरी का अधिकार।
- समुचित जीवन स्तर जीने के अधिकार में पर्याप्त भोजन, कपड़ा और मकान का अधिकार सम्मिलित है।
- सामाजिक सुरक्षा तथा बीमा का अधिकार।
- स्वास्थ्य का अधिकार, बीमारी के समय इलाज का अधिकार, प्रजनन काल में महिलाओं की देखभाल का अधिकार, महामारियों से रोकथाम का अधिकार।
- शिक्षा का अधिकार, मुफ्त तथा अनिवार्य प्राथमिक शिक्षा का अधिकार तथा उच्चतर शिक्षा तक समान पहुँच का अधिकार।

### चेक प्वॉइंट 02

1. *मौलिक अधिकार किसे कहते हैं?*
2. *संविधान ········· को समाप्त करने के लिए सरकार को निर्देश देता है।*
3. *संविधान में कितनी शर्तों का पालन किया गया है?*
4. *धर्मनिरपेक्ष राज्य को परिभाषित कीजिए।*
5. *मौलिक अधिकारों में प्राप्त अधिकार कौन–से हैं?*

### इन्हें भी जानें

- ***प्रतिज्ञा-पत्र (Affidavit)*** नियमों और सिद्धांतों को कायम रखने का व्यक्ति, समूह या देशों का वायदा।
- ***दावा (Claim)*** सभी नागरिकों, समाज या सरकार से किसी नागरिक द्वारा कानूनी या नैतिक अधिकारों की माँग।
- ***दलित (Dalit)*** ऐसी जाति में जन्मा व्यक्ति जिसे दूसरी जातियों के व्यक्ति छूने लायक नहीं मानते।
- ***जातीय समूह (Communal Group)*** मानव जाति का ऐसा समूह जिसमें लोग आपस में एक मूल वंश में हों।
- ***सम्मन (Summon)*** अदालत द्वारा जारी एक आदेश जिसमें किसी व्यक्ति को अदालत के सामने पेश होने को कहा गया है।
- ***अवैध व्यापार (Illegal Trade)*** अनैतिक कामों के लिए स्त्री, पुरुष या बच्चों की खरीद बिक्री।
- ***रिट (Writ)*** उच्च न्यायालय या सर्वोच्च न्यायालय द्वारा सरकार को जारी किया गया एक औपचारिक लिखित आदेश।

# NCERT फोल्डर

**1.** इनमें से कौन-सा मौलिक अधिकारों के उपयोग का उदाहरण नहीं है?
(a) बिहार के मजदूरों का पंजाब के खेतों में काम करने जाना।
(b) ईसाई मिशनों द्वारा मिशनरी स्कूलों की शृंखला चलाना।
(c) सरकारी नौकरी में औरत और मर्द को समान वेतन मिलना।
(d) बच्चों द्वारा माँ-बाप की संपत्ति विरासत में पाना।

**उत्तर** (d) बच्चों द्वारा माँ-बाप की संपत्ति विरासत में पाना।

**2.** इनमें से कौन-सी स्वतंत्रता भारतीय नागरिकों को नहीं है?
(a) सरकार की आलोचना की स्वतंत्रता
(b) सशस्त्र विद्रोह में भाग लेने की स्वतंत्रता
(c) सरकार बदलने के लिए आंदोलन शुरू करने की स्वतंत्रता
(d) संविधान के केंद्रीय मूल्यों का विरोध करने की स्वतंत्रता

**उत्तर** (b) सशस्त्र विद्रोह में भाग लेने की स्वतंत्रता

**3.** भारतीय संविधान इनमें से कौन-सा अधिकार देता है?
(a) काम का अधिकार
(b) पर्याप्त जीविका का अधिकार
(c) अपनी संस्कृति की रक्षा का अधिकार
(d) निजता का अधिकार

**उत्तर** (c) अपनी संस्कृति की रक्षा का अधिकार। यह शिक्षा संबंधी अधिकार के अंतर्गत आता है।

**4.** उस मौलिक अधिकार का नाम बताइए जिसके तहत निम्नलिखित स्वतंत्रताएँ आती हैं
(a) अपने धर्म का प्रचार करने की स्वतंत्रता
(b) जीवन का अधिकार
(c) छुआछूत की समाप्ति
(d) बेगार पर प्रतिबंध

**उत्तर** (a) धर्म की स्वतंत्रता का अधिकार
(b) स्वतंत्रता का अधिकार
(c) समानता का अधिकार
(d) शोषण के विरुद्ध अधिकार

**5.** लोकतंत्र और अधिकारों के बीच संबंधों के बारे में इनमें से कौन-सा बयान अधिक उचित है? अपनी पसंद के पक्ष में कारण बताइए।
(a) प्रत्येक लोकतांत्रिक देश अपने नागरिकों को अधिकार देता है।
(b) अपने नागरिकों को अधिकार देने वाला प्रत्येक देश लोकतांत्रिक है।
(c) अधिकार देना अच्छा है, पर यह लोकतंत्र के लिए जरूरी नहीं है।

**उत्तर** (a) प्रत्येक लोकतांत्रिक देश अपने नागरिकों को अधिकार देता है। प्रत्येक बड़ा देश, जो लोकतांत्रिक है, अपने नागरिकों को अधिकार देता है।

**6.** स्वतंत्रता के अधिकार पर ये पाबंदियाँ क्या उचित हैं? अपने जवाब के पक्ष में कारण बताइए।
(a) भारतीय नागरिकों को सुरक्षा कारणों से कुछ सीमावर्ती इलाकों में जाने के लिए अनुमति लेनी पड़ती है।
(b) स्थानीय लोगों के हितों की रक्षा के लिए कुछ इलाकों में बाहरी लोगों को संपत्ति खरीदने की अनुमति नहीं है।
(c) शासक दल को अगले चुनाव में नुकसान पहुँचा सकने वाली किताब पर सरकार प्रतिबंध लगाती है।

**उत्तर** (a) हाँ, देश की आंतरिक एवं बाह्य सुरक्षा के लिए ये प्रतिबंध आवश्यक हो सकते हैं।
(b) हाँ, सामान्य लोगों के हितों में अथवा अनुसूचित जातियों एवं जनजातियों की सुरक्षा के लिए कुछ प्रतिबंध आवश्यक हैं।
(c) नहीं, यह प्रतिबंध लोकतांत्रिक नहीं है, क्योंकि नागरिकों को सरकार की कार्यप्रणाली पर अपने विचारों को अभिव्यक्त करने का अधिकार है।

**7.** मनोज एक सरकारी दफ्तर में मैनेजर के पद के लिए आवेदन देने गया। वहाँ के किरानी ने उसका आवेदन लेने से मना कर दिया और कहा, ''झाड़ू लगाने वाले का बेटा होकर तुम मैनेजर बनना चाहते हो। तुम्हारी जाति का कोई कभी इस पद पर आया है? नगरपालिका के दफ्तर जाओ और सफाई कर्मचारी के लिए अर्जी दो।'' इस मामले में मनोज के किस मौलिक अधिकार का उल्लंघन हो रहा है? मनोज की तरफ से जिला अधिकारी के नाम लिखे एक पत्र में इसका उल्लेख करें।

**उत्तर** इस उदाहरण में 'समानता के अधिकार' का उल्लंघन किया जा रहा है।

सेवा में
जिला अधिकारी महोदय
दिनांक...........

**विषय :** मौलिक अधिकारों के उल्लंघन के संबंध में

महोदय
सविनय निवेदन यह है कि मैं मनोज कुमार, पुत्र श्री ........... निवासी ........... दिनांक ........... को ........... स्थित सरकारी दफ्तर में मैनेजर के पद के लिए आवेदन करने गया। वहाँ संबंधित क्लर्क ने आवेदन लेने से मना कर दिया तथा मुझे निम्न जाति का कहकर मेरा अपमान किया।
महोदय हमारे संविधान में वर्णित मौलिक अधिकारों में समानता का अधिकार भी है, जिसके द्वारा कोई व्यक्ति चाहे वह किसी भी जाति या धर्म से क्यों न हो, उसे अपनी योग्यता अनुसार किसी भी दफ्तर में समान रूप से कार्य करने का अधिकार है। इस घटना से हमारे 'समानता के अधिकार' का उल्लंघन हुआ है। अतः आपसे निवेदन है कि आप इस संबंध में उचित कदम उठाते हुए हमारे अधिकारों की रक्षा करें। इसके लिए मैं आपका सदा आभारी रहूँगा।

प्रार्थी
मनोज

**8.** जब मधुरिमा संपत्ति के पंजीकरण वाले दफ़्तर में गई तो रजिस्ट्रार ने कहा, "आप अपना नाम मधुरिमा बनर्जी, बेटी ए. के. बनर्जी नहीं लिख सकतीं। आप शादीशुदा हैं और आपको अपने पति का ही नाम देना होगा। फिर आपके पति का उपनाम तो राव है। इसलिए आपका नाम भी बदलकर मधुरिमा राव हो जाना चाहिए।" मधुरिमा इस बात से सहमत नहीं हुई। उसने कहा, "अगर शादी के बाद मेरे पति का नाम नहीं बदला तो मेरा नाम क्यों बदलना चाहिए? अगर वह अपने नाम के साथ पिता का नाम लिखते रह सकते हैं तो मैं क्यों नहीं लिख सकती?" आपकी राय में इस विवाद में किसका पक्ष सही है? और क्यों?

**उत्तर** इस संबंध में रजिस्ट्रार गलत है तथा मधुरिमा सही है। कोई भी किसी नागरिक को विवाह के बाद नाम परिवर्तन के लिए बाध्य नहीं कर सकता।

**9.** मध्य प्रदेश के होशंगाबाद जिले के पिपरिया में हजारों आदिवासी और जंगल में रहने वाले लोग सतपुड़ा राष्ट्रीय पार्क, बोरी वन्यजीव अभयारण्य और पंचमढ़ी वन्यजीव अभयारण्य से अपने प्रस्तावित विस्थापन का विरोध करने के लिए जमा हुए। उनका कहना था कि यह विस्थापन उनकी जीविका और उनके विश्वासों पर हमला है। सरकार का दावा है कि इलाके के विकास और वन्य जीवों के संरक्षण के लिए उनका विस्थापन जरूरी है। जंगल पर आधारित जीवन जीने वाले की तरफ से राष्ट्रीय मानवाधिकार आयोग को एक पत्र, इस मसले पर सरकार द्वारा दिया जा सकने वाला संभावित जवाब और इस मामले पर मानवाधिकार आयोग की रिपोर्ट तैयार करो।

**उत्तर** सेवा में

अध्यक्ष महोदय

राष्ट्रीय मानवाधिकार आयोग

श्रीमान,

सविनय निवेदन यह है कि हम आदिवासी और वनवासी लोग सतपुड़ा राष्ट्रीय पार्क, बोरी वन्यजीव अभयारण्य और पंचमढ़ी वन्यजीव अभयारण्य क्षेत्रों में सदियों से रहते आ रहे हैं। हमारे पूर्वज इन्हीं वनों में रहते हुए वन देवताओं एवं प्रकृति की पूजा करते हुए जीविका का निर्वहन करते थे। इन वनों से हमारी आस्था, मान्यताएँ एवं परंपराएँ जुड़ी हुई हैं, साथ ही हमारी आजीविका का मुख्य स्रोत भी ये वन ही हैं।

अतः आपसे अनुरोध है कि कृपया हमारी समस्याओं को ध्यान में रखते हुए इस मामले की उचित जाँच कीजिए तथा हमें न्याय दिलवाइए।

हम सभी वनवासी आपके आभारी रहेंगे।

**इस मामले पर सरकार का जवाब**

वन्यजीव क्षेत्र के संरक्षण अथवा विकास के लिए सतपुड़ा राष्ट्रीय पार्क, बोरी वन्यजीव अभयारण्य और पंचमढ़ी वन्यजीव अभयारण्य से लोगों का विस्थापन आवश्यक है, किंतु सरकार उन सभी आदिवासियों और वनवासियों के लिए किसी अन्य स्थान पर उचित पुनर्वास का प्रबंध करेगी।

**इस मामले पर राष्ट्रीय मानवाधिकार आयोग का जवाब**

राष्ट्रीय मानवाधिकार आयोग ने सतपुड़ा राष्ट्रीय पार्क, बोरी वन्यजीव अभयारण्य और पंचमढ़ी वन्यजीव अभयारण्य के आदिवासी एवं वनवासियों के निर्वासित विस्थापन के विषय में अपनी रिपोर्ट में कहा है कि आदिवासी जंगल में रहते हैं और जंगलों से ही अपनी आजीविका कमाते हैं। अपने जीवन में जगलों के महत्त्व को महसूस करते हुए इनके पास जंगलों को नुकसान पहुँचाने का कोई भी विशेष कारण नहीं है, बल्कि इनकी कई परंपराएँ एवं विश्वास जंगलों एवं जंगली जानवरों से जुड़े हुए हैं, जिससे ये जंगलों एवं जानवरों की रक्षा करते हैं। अतः आदिवासी और वनवासी वनों, वन्यजीवों एवं वनस्पतियों के लिए कोई खतरा नहीं हैं। अतः उन्हें जंगल के एक प्रमुख भाग के रूप में जंगल में ही रहने की अनुमति दी जानी चाहिए।

**10.** इस अध्याय में पढ़े विभिन्न अधिकारों को आपस में जोड़ने वाला एक मकड़जाल बनाएँ। जैसे—आने जाने की स्वतंत्रता का अधिकार तथा पेशा चुनने की स्वतंत्रता का अधिकार आपस में एक-दूसरे से जुड़े हैं। इसका एक कारण है कि आने-जाने की स्वतंत्रता के चलते व्यक्ति अपने गाँव या शहर के अंदर ही नहीं, दूसरे गाँव, दूसरे शहर और दूसरे राज्य तक जाकर काम कर सकता है। इसी प्रकार इस अधिकार को तीर्थाटन से जोड़ा जा सकता है, जो किसी व्यक्ति द्वारा अपने धर्म का अनुसरण करने की आजादी से जुड़ा है। आप इस मकड़जाल को बनाएँ और तीर के निशानों से बताइए कि कौन-से अधिकार आपस में जुड़े हैं। प्रत्येक तीर के साथ संबंध बताने वाला एक उदाहरण भी दें।

**उत्तर** छात्र स्वयं करें।

# परीक्षा अभ्यास

## वस्तुनिष्ठ प्रश्न

### बहुविकल्पीय प्रश्न

**1.** 11 सितंबर, 2001 के हमले से कौन-सा देश संबंधित था?
(a) भारत (b) अमेरिका
(c) रूस (d) फ्रांस

**उत्तर** (b) अमेरिका

**2.** गुआंतानामो बे जेल पर किस देश की नौसेना का कब्जा है?
(a) फ्रांस (b) भारत
(c) अमेरिका (d) रूस

**उत्तर** (c) अमेरिका

**3.** निम्नलिखित में से कौन-सा देश शाह के द्वारा संचालित होता है?
(a) अफगानिस्तान (b) ईरान
(c) बांग्लादेश (d) सऊदी अरब

**उत्तर** (d) सऊदी अरब

**4.** कोसोवो प्रारंभ में किस देश का भाग था?
(a) अल्बानिया (b) अफगानिस्तान
(c) यूगोस्लाविया (d) मिस्र

**उत्तर** (c) यूगोस्लाविया

**5.** निम्न में से कौन-सा अधिकार भारतीय संविधान में मौलिक अधिकार नहीं है?
(a) शोषण के खिलाफ अधिकार
(b) स्वतंत्रता का अधिकार
(c) संपत्ति का अधिकार
(d) धार्मिक स्वतंत्रता का अधिकार

**उत्तर** (c) संपत्ति का अधिकार

**6.** राष्ट्रीय मानव अधिकार आयोग का गठन किस वर्ष हुआ था?
(a) 1990 (b) 1992
(c) 1993 (d) 1995

**उत्तर** (c) 1993

**7.** मौलिक अधिकार के उल्लंघन पर व्यक्ति कहाँ जा सकता है?
(a) उच्चतम न्यायालय (b) उच्च न्यायालय
(c) 'a' और 'b' दोनों (d) इनमें से कोई नहीं

**उत्तर** (c) 'a' और 'b' दोनों

**8.** राष्ट्रीय मानव अधिकार आयोग के अध्यक्ष की नियुक्ति कौन करता है?
(a) भारत का राष्ट्रपति
(b) उच्चतम न्यायालय का न्यायाधीश
(c) भारत का प्रधानमंत्री
(d) भारत का उप-राष्ट्रपति

**उत्तर** (a) भारत का राष्ट्रपति

**9.** भारतीय संविधान में कितने प्रकार के मौलिक अधिकारों का उल्लेख है?
(a) पाँच (b) छह
(c) सात (d) आठ

**उत्तर** (b) छह

**10.** भारतीय संविधान किसको आरक्षण की सुविधा प्रदान करता है?
(a) अनुसूचित जाति (b) अन्य पिछड़ा वर्ग
(c) अनुसूचित जनजाति (d) ये सभी

**उत्तर** (d) ये सभी

**11.** निम्न में से कौन-सा कथन सऊदी अरब के बारे में सही नहीं है?
(a) लोग राजनैतिक दल या संगठन बना सकते हैं
(b) मीडिया शाह की मर्जी के खिलाफ कोई भी खबर नहीं दे सकती
(c) गैर-मुस्लिम नागरिक यहाँ घर के अंदर ही अपने धर्म के अनुसार पूजा-पाठ कर सकते हैं। उनके सार्वजनिक/धार्मिक अनुष्ठान पर रोक है
(d) वहाँ औरतों को वैधानिक रूप से मर्दों से कम का दर्जा मिला हुआ है

**उत्तर** (a) लोग राजनैतिक दल या संगठन बना सकते हैं

**12.** निम्न में से कौन-सा कथन शासन के राज से संबंधित है?
(a) सरकार किसी भी व्यक्ति को समानता के अधिकार से वंचित नहीं कर सकती है
(b) कानून सब के लिए समान होते हैं
(c) कोई भी व्यक्ति शासन से ऊपर नहीं होता है
(d) उपरोक्त सभी

**उत्तर** (d) उपरोक्त सभी

**13.** निम्न में से कौन-सा मौलिक अधिकार धार्मिक स्वतंत्रता के अधिकार के अंतर्गत नहीं आता है?
(a) अपना धर्म मानने, उस पर आचरण करने और उसका प्रचार करने का अधिकार
(b) धार्मिक समूह को धार्मिक कामकाज का प्रबंधन करने का अधिकार
(c) जानवरों की बलि देने का अधिकार
(d) उपरोक्त में से कोई नहीं

**उत्तर** (c) जानवरों की बलि देने का अधिकार

**14.** निम्नलिखित कथनों में से कौन-सा अधिकार स्वतंत्रता के अधिकार से संबंधित है?
1. शांतिपूर्ण ढंग से एकत्रित होने की स्वतंत्रता।
2. संगठन और संघ बनाने की स्वतंत्रता।
3. देश में कहीं भी आने-जाने की स्वतंत्रता।

कूट
(a) 1 और 2 (b) 2 और 3
(c) 1 और 3 (d) ये सभी

उत्तर (d) ये सभी

**15.** निम्नलिखित में से कौन-सा कथन सऊदी अरब के शासन से संबंधित है?
1. सऊदी अरब में विभिन्न वंशों का शासन चलता है।
2. सऊदी अरब में नागरिक कोई भी राजनीतिक दल या संगठन का निर्माण अपनी इच्छा से नहीं कर सकते हैं।
3. सऊदी अरब में शाह ही विधायिका, कार्यपालिका और न्यायालय के न्यायाधीश की नियुक्ति करते हैं।

कूट
(a) 1 और 2 (b) 2 और 3
(c) 1 और 3 (d) ये सभी

उत्तर (b) 2 और 3

**16.** निम्नलिखित में से कौन-सा युग्म गलत है?
(a) प्रतिज्ञा-पत्र – नियमों और सिद्धांतों को बनाए रखना
(b) दावा – नागरिक द्वारा नैतिक अधिकारों की माँग
(c) सम्मन – अदालत द्वारा जारी एक आदेश
(d) रिट – अनौपचारिक लिखित/आदेश

उत्तर (d) रिट–अनौपचारिक लिखित/आदेश

**17.** निम्नलिखित में से कौन-सा युग्म सही है?
(a) संविधान द्वारा प्रदत्त मौलिक अधिकार – 8 मौलिक अधिकार
(b) भारत में निःशुल्क शिक्षा का अधिकार – 8-16 वर्ष के मध्य
(c) भारतीय संविधान में प्रदत्त रिट – 7 प्रदत्त रिट
(d) बाल मजदूरी पर रोक – 14 वर्ष से कम

उत्तर (d) बाल मजदूरी पर रोक –14 वर्ष से कम

**18.** निम्नलिखित कथनों की सहायता से आयोग की पहचान करें
- यह वर्ष 1993 में कानून के द्वारा बनाया गया एक स्वतंत्र आयोग है।
- इस आयोग की नियुक्ति राष्ट्रपति द्वारा की जाती है।
- इस आयोग के लिए अधिकारों की परिभाषा में संयुक्त राष्ट्र द्वारा कराई गई वे संधियाँ और अंतर्राष्ट्रीय घोषणाएँ भी शामिल हैं।

(a) राष्ट्रीय मानवाधिकार आयोग
(b) राष्ट्रीय अनुसूचित जाति आयोग
(c) राष्ट्रीय अनुसूचित जनजाति आयोग
(d) राष्ट्रीय अल्पसंख्यक आयोग

उत्तर (a) राष्ट्रीय मानवाधिकार आयोग

**19.** निम्नलिखित कथनों की सहायता से अधिकारों की पहचान करें
- संविधान के मूल रूप से अनुच्छेद 19 और 31 में यह अधिकार प्रदान किया गया है।
- वर्ष 1978 के 44वें संशोधन अधिनियम ने इस अधिकार को मौलिक अधिकारों की सूची से समाप्त कर दिया।
- संविधान में अनुच्छेद 300 (A) के तहत संशोधन ने इसे कानूनी अधिकार बना दिया।

(a) शिक्षा का अधिकार
(b) संपत्ति का अधिकार
(c) स्वतंत्रता का अधिकार
(d) भाषण की अभिव्यक्ति का अधिकार

उत्तर (b) संपत्ति का अधिकार

## सुमेलित करें

**20.** सुमेलित कीजिए

| सूची I | सूची II |
|---|---|
| A. स्वतंत्रता का अधिकार | 1. अपने धर्म को फैलाने का अधिकार |
| B. धार्मिक स्वतंत्रता का अधिकार | 2. बोलने तथा अभिव्यक्त करने का अधिकार |
| C. शोषण के विरुद्ध अधिकार | 3. अस्पृश्यता का उन्मूलन |
| D. समानता का अधिकार | 4. बँधुआ मजदूरी को खत्म करना |

कूट

| | A | B | C | D | | A | B | C | D |
|---|---|---|---|---|---|---|---|---|---|
| (a) | 1 | 2 | 3 | 4 | (b) | 3 | 4 | 2 | 1 |
| (c) | 4 | 3 | 2 | 1 | (d) | 2 | 1 | 4 | 3 |

उत्तर (d) 2 1 4 3

**21.** सुमेलित कीजिए

| सूची I | सूची II |
|---|---|
| A. काम करने का अधिकार | 1. मुफ्त और अनिवार्य शिक्षा |
| B. निजता का अधिकार | 2. बीमारी पर स्वास्थ्य सेवा प्राप्त करना |
| C. स्वास्थ्य सेवाओं का अधिकार | 3. रोजगार को चुनने का अधिकार |
| D. शिक्षा का अधिकार | 4. निजी जीवन में हस्तक्षेप न करना |

कूट

| | A | B | C | D | | A | B | C | D |
|---|---|---|---|---|---|---|---|---|---|
| (a) | 3 | 4 | 2 | 1 | (b) | 3 | 2 | 4 | 1 |
| (c) | 4 | 3 | 1 | 2 | (d) | 1 | 3 | 2 | 4 |

उत्तर (a) 3 4 2 1

## रिक्त स्थान भरें

**22.** गुआंतानामो बे ………. के निकट है।

उत्तर क्यूबा

**23.** लोकतंत्र की स्थापना के लिए ………. का होना आवश्यक है।

उत्तर अधिकारों

**24.** ………. किसी भी लोकतंत्र की नींव है।

उत्तर समानता का अधिकार

**25.** संविधान ····· को समाप्त करने के लिए सरकार को निर्देश देता है।

*उत्तर* सामाजिक भेदभाव

**26.** भारत एक ·········· राज्य है।

*उत्तर* धर्मनिरपेक्ष

**27.** ·········· या ·········· को मौलिक अधिकारों को लागू कराने के मामले में रिट जारी करने का अधिकार है।

*उत्तर* सर्वोच्च न्यायालय, उच्च न्यायालय

## सही और पुनः लिखें

**28.** सरकार धर्म, मूलवंश, जाति, लिंग या जन्मस्थान के आधार पर भेदभाव कर सकती है।

*उत्तर* संविधान के अनुसार सरकार धर्म, मूलवंश, जाति, लिंग या जन्मस्थान के आधार पर भेदभाव नहीं कर सकती है।

**29.** कोई भी व्यक्ति किसी दूसरे की स्वतंत्रता के अधिकार का हनन कर अपनी स्वतंत्रता का दावा कर सकता है।

*उत्तर* कोई भी व्यक्ति किसी दूसरे की स्वतंत्रता के अधिकार का हनन करके अपनी स्वतंत्रता का दावा नहीं कर सकता है।

**30.** धर्मनिरपेक्ष शासन से तात्पर्य किसी एक धर्म के पक्ष लेने से है।

*उत्तर* धर्मनिरपेक्ष शासन से तात्पर्य किसी एक धर्म के पक्ष लेने या उसे विशेषाधिकार देने से नहीं है।

## कथन/कारण

**31.** **कथन** (A) राष्ट्रीय मानव अधिकार आयोग एक स्वतंत्र आयोग है।

**कारण** (R) आयोग मानवाधिकार के उल्लघंन के मामले में स्वतंत्र और विश्वसनीय जाँच करता है।

**कूट**

(a) A और R दोनों सही हैं तथा R, A की सही व्याख्या करता है
(b) A और R दोनों सही हैं, परंतु R, A की सही व्याख्या नहीं करता है
(c) A सही है, किंतु R गलत है
(d) A गलत है, किंतु R सही है

*उत्तर* (a) A और R दोनों सही हैं तथा R, A की सही व्याख्या करता है

**32.** **कथन** (A) भारत सरकार अनुसूचित जाति, अनुसूचित जनजाति तथा अन्य पिछड़ा वर्गों को आरक्षण प्रदान करती है।

**कारण** (R) आरक्षण समानता के अधिकार का उल्लघंन है।

**कूट**

(a) A और R दोनों सही हैं तथा R, A की सही व्याख्या करता है
(b) A और R दोनों सही हैं, परंतु R, A की सही व्याख्या नहीं करता है
(c) A सही है, किंतु R गलत है
(d) A गलत है, किंतु R सही है

*उत्तर* (c) A सही है, किंतु R गलत है

## Ⓒ अतिलघु उत्तरीय प्रश्न

**1.** अधिकार क्या हैं?

*उत्तर* अधिकार समाज में मान्यता प्राप्त व्यक्तियों और कानून द्वारा स्वीकृत होते हैं।

**2.** कानून के समक्ष समानता से क्या अभिप्राय है?

*उत्तर* कानून के समक्ष समानता से अभिप्राय कानून के समक्ष सभी की बराबरी से है।

**3.** समानता के अधिकार का एक उदाहरण बताइए।

*उत्तर* समानता के अधिकार का उदाहरण धर्म, मूलवंश, जाति में समानता है।

**4.** समता के अधिकार संबंधी दो अपवाद बताइए।

*उत्तर* समता के अधिकार संबंधी दो अपवाद निम्न हैं

(i) सरकार बच्चों और महिलाओं के लिए विशेष प्रावधान कर सकती है।
(ii) सरकार दलितों, पिछड़ों के लिए कुछ विशेष प्रावधान कर सकती है।

**5.** छुआछूत के विरुद्ध कौन-सा अधिकार सुरक्षा देता है?

*उत्तर* छुआछूत के विरुद्ध समानता का अधिकार सुरक्षा देता है।

**6.** दो राजनीतिक अधिकारों को लिखिए।

*उत्तर* दो राजनीतिक अधिकार निम्न हैं

(i) वोट देने का अधिकार
(ii) चुनाव लड़ने का अधिकार

**7.** राष्ट्रीय मानवाधिकार आयोग का अध्यक्ष कौन होता है?

*उत्तर* सर्वोच्च न्यायालय का सेवानिवृत्त मुख्य न्यायाधीश राष्ट्रीय मानवाधिकार आयोग का अध्यक्ष होता है।

**8.** राजनीतिक व्यवस्था को कौन लोकतांत्रिक बनाते हैं?

*उत्तर* अधिकार, स्वतंत्रता, समानता आदि राजनीतिक व्यवस्था को लोकतांत्रिक बनाते हैं।

**9.** रिट जारी करने का अधिकार किसे है?

*उत्तर* सर्वोच्च न्यायालय या उच्च न्यायालयों को मौलिक अधिकार लागू कराने के मामले में निर्देश देने या रिट जारी करने का अधिकार है।

**10.** ऐसी कोई एक स्वतंत्रता बताइए, जो भारत के लोग तो उठा सकते हैं, परंतु सऊदी अरब के लोग नहीं।

*उत्तर* भारत का नागरिक कोई भी राजनीतिक दल या राजनीतिक संगठन बना सकता है, परंतु सऊदी अरब का नागरिक नहीं।

**11.** कौन-सा मौलिक अधिकार अल्पसंख्यक शैक्षिक संस्थाओं में धार्मिक निर्देश देने का अधिकार देता है?

*उत्तर* सांस्कृतिक तथा शैक्षिक अधिकार अल्पसंख्यक शैक्षिक संस्थाओं में धार्मिक निर्देश देने का अधिकार देता है।

**12.** डॉ. अंबेडकर ने किसे संविधान की आत्मा और हृदय कहा था?

*उत्तर* डॉ. अंबेडकर ने संवैधानिक उपचार के अधिकार को संविधान की आत्मा और हृदय कहा था।

## लघु उत्तरीय प्रश्न

**1. अधिकार का अर्थ एवं इसकी आवश्यकताओं को स्पष्ट कीजिए।**

*उत्तर* **अधिकार का अर्थ** अधिकार समाज में मान्यता प्राप्त व्यक्तियों और कानून द्वारा स्वीकृत होते हैं। समाज के सभी प्रतिष्ठित नागरिक सरकार से कानूनी या नैतिक अधिकारों की माँग कर सकते हैं। जब सरकार या हमारे साथी नागरिक अधिकारों का सम्मान नहीं करते, तब उसे अधिकारों का उल्लंघन कहते हैं। ऐसी स्थिति में नागरिक अपने अधिकारों की सुरक्षा के लिए न्यायालय जा सकते हैं।

**अधिकार की आवश्यकता** लोकतंत्र की स्थापना के लिए अधिकारों का होना आवश्यक है, जो निम्न प्रकार हैं

- लोकतंत्र में प्रत्येक व्यक्ति को वोट देने और अपनी पसंद की सरकार चुनने का अधिकार होना चाहिए।
- अधिकार बहुसंख्यकों के उत्पीड़न से अल्पसंख्यकों की रक्षा करते हैं। इससे यह स्पष्ट होता है कि बहुसंख्यक किसी लोकतांत्रिक व्यवस्था में मनमानी न करें।
- अधिकार गारंटियों की तरह हैं, जिनका उपयोग गलत व्यवहार होने पर किया जा सकता है।
- अधिकांश लोकतांत्रिक देशों में नागरिकों के अधिकार संविधान में लिखित होते हैं, जो अधिकारों का घोषणा-पत्र होता है।

**2. भारतीय संविधान में कितने मौलिक अधिकार हैं? किसी एक अधिकार का वर्णन कीजिए।**

*उत्तर* भारतीय संविधान छः मौलिक अधिकार प्रदान करता है, जो निम्न हैं

(i) समानता का अधिकार
(ii) स्वतंत्रता का अधिकार
(iii) शोषण के खिलाफ अधिकार
(iv) धार्मिक स्वतंत्रता का अधिकार
(v) सांस्कृतिक और शैक्षिक अधिकार
(vi) संवैधानिक उपचारों का अधिकार

**समानता का अधिकार** संविधान के अनुसार, भारत में सरकार किसी व्यक्ति को कानून के सामने समानता या कानून से संरक्षण के मामले में समानता के अधिकार से वंचित नहीं कर सकती है अर्थात् किसी व्यक्ति का पद जो भी हो कानून का पालन सभी के लिए समान रूप से होगा। इसे कानून का राज भी कहते हैं। समानता का अधिकार किसी भी लोकतंत्र की नींव है अर्थात् कोई भी व्यक्ति कानून से ऊपर नहीं है। सरकार धर्म, मूलवंश, जाति, लिंग या जन्मस्थान के आधार पर भेदभाव नहीं कर सकती। किसी व्यक्ति को दुकान, होटल और सिनेमाहॉल जैसे सार्वजनिक भवनों में जाने से रोका नहीं जा सकता।

**3. भारतीय संविधान निर्माताओं ने कितनी बुराइयों के विषय में बताया? स्पष्ट कीजिए।**

*उत्तर* संविधान निर्माताओं ने तीन बुराइयों के विषय में बताया है तथा इनको गैर-कानूनी घोषित किया।

- **पहली** संविधान मनुष्यों के अवैध व्यापार पर रोक लगाता है। यहाँ व्यापार से तात्पर्य महिलाओं तथा बच्चों की अनैतिक कार्यों के लिए खरीद और बिक्री से है।
- **दूसरी** हमारा संविधान किसी किस्म के 'बेगार' या किसी से जबरन काम कराने का निषेध करता है। बेगार प्रथा में मजदूरों को अपने मालिक के लिए मुफ्त या बहुत थोड़े से अनाज के लिए जबरन काम करना पड़ता है। यदि यही काम मजदूर को जीवन भर करना पड़ जाता है, तो उसे बँधुआ मजदूर कहा जाता है।
- **तीसरी** संविधान बाल मजदूरी पर प्रतिबंध लगाता है। कोई भी व्यक्ति किसी 14 वर्ष से कम उम्र के बच्चों को खतरनाक काम में नहीं लगा सकता। इसके लिए सरकार ने बीड़ी बनाने, पटाखा बनाने, दियासलाई उद्योग इत्यादि में बाल मजदूरी रोकने के कानून बनाए हैं।

**4. भारतीय संविधान द्वारा कौन-से सांस्कृतिक तथा शैक्षिक अधिकार अल्पसंख्यक वर्ग को दिए गए हैं?**

*उत्तर* भारतीय संविधान द्वारा निम्नलिखित सांस्कृतिक तथा शैक्षिक अधिकार अल्पसंख्यक वर्ग को दिए गए हैं

- नागरिकों में विशिष्ट भाषा तथा संस्कृति वाले किसी समूह को अपनी भाषा और संस्कृति को बचाने का अधिकार है।
- किसी भी सरकारी या सरकारी अनुदान पाने वाले शैक्षिक संस्थान में किसी नागरिक को धर्म या भाषा के आधार पर प्रवेश लेने से नहीं रोका जा सकता।
- सभी अल्पसंख्यकों को अपनी पसंद का शैक्षिक संस्थान स्थापित करने तथा चलाने का अधिकार है।
- अल्पसंख्यक का अर्थ केवल राष्ट्रीय स्तर पर धार्मिक अल्पसंख्यक नहीं है बल्कि कर्नाटक में तेलुगू भाषी तथा राजस्थान, हरियाणा, दिल्ली में सिख अल्पसंख्यक के उदाहरण हैं।

**5. भारतीय संविधान में शामिल अधिकारों को मूल अधिकार क्यों कहा जाता है?**

*उत्तर* भारतीय संविधान के तीसरे भाग में अनुच्छेद-12 से 35 में नागरिकों के मूल अधिकारों का वर्णन है। इन अधिकारों को मूल अधिकार इसलिए कहा जाता है, क्योंकि अधिकार मनुष्य की उन्नति तथा विकास के लिए आवश्यक माने जाते हैं। इन अधिकारों के प्रयोग के बिना कोई भी व्यक्ति अपने जीवन की उन्नति नहीं कर सकता। ये अधिकार देश में सामाजिक, आर्थिक तथा राजनीतिक लोकतंत्र की स्थापना में सहायता करते हैं।

संविधान में इन अधिकारों का स्पष्ट रूप से उल्लेख किया गया है, ताकि कोई सरकार नागरिकों के इन अधिकारों से वंचित न कर सकें और देश के सभी नागरिक इन अधिकारों का प्रयोग कर सकें।

**6. धर्म के मामलों में भारतीय नागरिकों को दिए गए अधिकारों का वर्णन कीजिए।**

उत्तर धर्म के मामलों में भारतीय नागरिकों को निम्न अधिकार दिए गए हैं

(i) सभी नागरिकों को अपने धर्म का प्रचार करने की स्वतंत्रता है।

(ii) कोई भी व्यक्ति अपना धर्म बदल सकता है।

(iii) सरकार द्वारा उसके धार्मिक मामलों में हस्तक्षेप नहीं किया जाएगा।

(iv) सरकार किसी धर्म विशेष को महत्त्व नहीं देगी।

(v) धार्मिक आधार पर कोई भेदभाव नहीं किया जाएगा।

(vi) राज्य सरकार ऐसे व्यक्ति को कर देने के लिए बाध्य नहीं कर सकती है, जिसकी आय किसी विशेष धर्म अथवा धार्मिक संप्रदाय की उन्नति में खर्च होगी।

**7. अंतर्राष्ट्रीय प्रतिज्ञा पत्रों में किन अधिकारों को मान्यता दी है?**

उत्तर अंतर्राष्ट्रीय प्रतिज्ञा-पत्र में अनेक अधिकारों को मान्यता दी गई है, जो भारतीय संविधान के मौलिक अधिकार से सीधे नहीं जुड़े हैं। इसने अभी अंतर्राष्ट्रीय संधि का रूप नहीं लिया है, लेकिन विश्व के मानवाधिकार कार्यकर्ता इसे एक मानक मानवाधिकार के रूप में देखते हैं। इनमें शामिल हैं

- काम करने का अधिकार अर्थात् प्रत्येक को काम करने, अपनी जीविका उपार्जन करने का अवसर।
- काम करने के स्वास्थ्यप्रद तथा सुरक्षित माहौल का अधिकार तथा उचित मजदूरी का अधिकार। पर्याप्त भोजन, कपड़ा तथा मकान के लिए समुचित जीवन जीने का अधिकार।
- शिक्षा का अधिकार, मुफ्त तथा अनिवार्य शिक्षा का अधिकार तथा उच्चतर शिक्षा तक समान पहुँच का अधिकार।

**8. सऊदी अरब में किस प्रकार की सरकार है? इसकी प्रमुख विशेषताएँ क्या हैं?**

उत्तर सऊदी अरब में एक वंश का शासन चलता है, जिसके कारण लोगों को राजा या शाह को चुनने या बदलने का अधिकार नहीं है। राजा या शाह ही विधायिका, कार्यपालिका और न्यायालय के न्यायाधीशों की नियुक्ति करते हैं तथा अपनी इच्छानुसार उनके निर्णय का उल्लंघन कर सकते हैं। राजनीतिक दल या संगठन कोई भी अपनी इच्छा से नहीं बना सकते और मीडिया भी शाह के अनुसार ही खबर देती है। यहाँ कोई धार्मिक आजादी नहीं है तथा यहाँ पर गैर-मुस्लिमों को सार्वजनिक स्थान पर पूजा की अनुमति नहीं है। महिलाओं पर अनेक सार्वजनिक पाबंदियाँ हैं और उनका स्थान पुरुषों से कम है।

**9. शोषण के विरुद्ध अधिकार में निहित प्रावधानों को बताइए।**

उत्तर संविधान के अनुच्छेद-23 व 24 के अंतर्गत शोषण के विरुद्ध मूल अधिकार प्रदान किया गया है। अनुच्छेद-23 मानव-दुर्व्यापार, बाल श्रम आदि का प्रतिषेध करता है तथा अनुच्छेद-24 के अंतर्गत कारखानों आदि में बालकों के नियोजन पर रोक लगाई गई है। मानव-दुर्व्यापार का अर्थ अत्यंत व्यापक है। इसमें शामिल हैं

(i) दास प्रथा

(ii) बेगार

(iii) मनुष्यों का वस्तुओं की भाँति क्रय-विक्रय

(iv) स्त्रियों एवं बच्चों का अनैतिक व्यापार

(v) बँधुआ मजदूरी आदि।

**10. अधिकारों की महत्त्वपूर्ण विशेषताओं का संक्षिप्त विवरण दीजिए।**

उत्तर अधिकारों की महत्त्वपूर्ण विशेषताओं का संक्षिप्त विवरण निम्न है

- अधिकार समाज द्वारा स्वीकृत व्यक्ति के उपयुक्त दावे होते हैं।
- अधिकार अन्य अधिकारों के प्रति सम्मान सापेक्ष होते हैं।
- अधिकार लोकतंत्र की गतिशीलता के लिए अनिवार्य तत्त्व है।
- नागरिकों का जीवन तथा सम्मान मौलिक अधिकारों के बिना अर्थहीन है।

**11. भारत में महिलाओं एवं बच्चों की सुरक्षा के लिए किन्हीं तीन प्रमुख संवैधानिक प्रावधानों का वर्णन कीजिए।**

उत्तर भारत में महिलाओं एवं बच्चों के लिए तीन प्रमुख संवैधानिक प्रावधान निम्न हैं

(i) **समानता का अधिकार** इसके अंतर्गत महिलाओं तथा बच्चों के लिए राज्य विशेष प्रावधान कर सकता है।

(ii) **शोषण के विरुद्ध अधिकार** इसके अंतर्गत मनुष्यों, विशेषकर महिलाओं तथा बच्चों को खरीदना और बेचना कानून के अनुसार दंडनीय अपराध होगा।

(iii) **स्वतंत्रता का अधिकार** महिलाओं को भी पुरुषों की तरह स्वतंत्रता एवं जीवन जीने का अधिकार है, उनके साथ भेदभाव नहीं किया जा सकता।

**12. "बीते वर्षों के दौरान अधिकारों का दायरा बढ़ा है।" इन अधिकारों का संक्षेप में वर्णन करो।**

उत्तर "बीते वर्षों में अधिकारों का दायरा बढ़ा है।"

समय के साथ ही नए-नए अधिकारों की माँग बढ़ती जा रही है और संविधान ने लोगों को नए अधिकार प्रदान भी किए हैं। ये अधिकार निम्न हैं

- अनुच्छेद-21-A के अंतर्गत स्कूली शिक्षा अब भारतीय नागरिकों के लिए अधिकार बन चुका है। इसे 1 अप्रैल, 2010 से लागू किया गया था।
- 14 वर्ष तक की आयु के सभी बच्चों को निःशुल्क एवं अनिवार्य शिक्षा प्रदान करना सभी सरकारों की जिम्मेदारी है।
- संसद ने नागरिकों को सूचना का अधिकार प्रदान करते हुए एक कानून लागू किया है। यह कानून विचार एवं अभिव्यक्ति की स्वतंत्रता के अंतर्गत बनाया गया है। प्रत्येक व्यक्ति को सरकारी कार्यालयों से सूचना प्राप्त करने का अधिकार है।
- सर्वोच्च न्यायालय ने जीवन के अधिकार को नया विस्तार देते हुए निजता के अधिकार को मौलिक अधिकारों में शामिल किया है।

## दीर्घ उत्तरीय प्रश्न

**1.** 'गुआंतनामो बे की जेल' घटना का वर्णन कीजिए।

**उत्तर** **गुआंतनामो बे की जेल** गुआंतानामो बे अमेरिकी नौसेना के कब्जे में अवस्थित एक टापू है, जो क्यूबा के निकट स्थित है। अमेरिकी फौज ने दुनिया के विभिन्न स्थानों से 600 से अधिक लोगों को गुप्त रूप से पकड़कर इस जेल में बंद कर दिया था। अमेरिकी सरकार के अनुसार वे लोग न्यूयॉर्क में 11 सितंबर, 2001 के हमलों के जिम्मेदार थे।

गिरफ्तार लोगों के देश की सरकार को उनकी गिरफ्तारी और जेल में डालने की सूचना नहीं दी गई। इन लोगों को परिवार वालों, मीडिया वालों और संयुक्त राष्ट्र की संस्थाओं के प्रतिनिधि से भी मिलने नहीं दिया गया और न ही इनका मुकदमा चला और न ही इनके देश को सूचित किया गया।

एक अंतर्राष्ट्रीय मानवाधिकार संगठन एमनेस्टी इंटरनेशनल ने अपनी सूचनाओं के आधार पर बताया कि इन कैदियों के साथ अमानवीय व्यवहार किया जा रहा है तथा जो लोग दोषी नहीं हैं, उन्हें भी जबरदस्ती कैद करके रखा गया।

किसी भी अंतर्राष्ट्रीय संधि का सम्मान नहीं किया जा रहा है और न ही उनके साथ अमेरिकी कानूनों के अनुसार व्यवहार किया जा रहा है। संयुक्त राष्ट्र संघ के महासचिव के गुआंतानामो बे जेल को बंद करने के आदेश की भी अवमानना की गई।

**2.** भारतीय संविधान में दिए गए मौलिक अधिकारों की मुख्य विशेषताएँ (लक्षण) बताइए।

**उत्तर** मौलिक अधिकारों की मुख्य विशेषताएँ निम्नलिखित हैं

(i) **व्यापक तथा विस्तृत** भारतीय संविधान में दिए गए मौलिक अधिकार बहुत ही व्यापक तथा विस्तृत हैं। इनका वर्णन संविधान के 24 अनुच्छेदों (अनुच्छेद-12 से 35) में किया गया है।

(ii) **मौलिक अधिकार सभी नागरिकों के लिए** ये अधिकार सभी नागरिकों को जाति, धर्म, रंग, लिंग, भाषा आदि के भेदभाव के बिना दिए गए हैं।

(iii) **मौलिक अधिकार न्याय योग्य** इसका अर्थ यह है कि यदि कोई व्यक्ति अथवा सरकार नागरिकों के इन अधिकारों का उल्लंघन करने अथवा इन्हें छीनने का प्रयत्न करता है, तो नागरिक न्यायालय में जाकर उसके विरुद्ध न्याय की माँग कर सकता है।

(iv) **अधिकार** मौलिक अधिकारों का प्रयोग नागरिकों द्वारा मनमाने ढंग से नहीं किया जा सकता। यदि कोई नागरिक इनका प्रयोग इस ढंग से करता है कि उससे शांति तथा व्यवस्था भंग होती हो अथवा दूसरों की स्वतंत्रता के प्रयोग के मार्ग में बाधा उत्पन्न होती हो, तो ऐसे व्यक्ति के विरुद्ध कानूनी कार्रवाई की जा सकती है; उसे ऐसा करने से रोका जा सकता है।

(v) **मौलिक अधिकारों को स्थगित किया जा सकता है** संकटकालीन स्थिति में मौलिक अधिकारों को निलंबित किया जा सकता है। इसका अर्थ यह है कि संकट काल में सरकार द्वारा इन अधिकारों के प्रयोग पर पाबंदी लगाई जा सकती है।

**3.** भारतीय संविधान द्वारा प्रदत्त तीन मौलिक अधिकारों के विषय में बताइए।

**उत्तर** भारतीय संविधान द्वारा प्रदत्त नागरिकों के लिए तीन मौलिक अधिकार निम्नलिखित हैं

(i) **समानता का अधिकार** इस अधिकार के अनुसार, भारत के सभी नागरिक एकसमान हैं। सबके लिए एकसमान कानून है। इसमें जाति, धर्म, रंग, लिंग और जन्मस्थान के आधार पर किसी के साथ भेदभाव नहीं किया जा सकता है।

(ii) **स्वतंत्रता का अधिकार** इसके अंतर्गत सभी नागरिकों को निम्नलिखित छः स्वतंत्रताएँ प्रदान की गई हैं

- सभी नागरिकों को सभा करने और अपने विचार प्रकट करने की पूर्ण स्वतंत्रता है।
- सभी नागरिकों को शांतिपूर्ण ढंग से बिना हथियारों के जनसभा आयोजित करने का अधिकार है।
- भारत के किसी भी क्षेत्र में स्वतंत्रतापूर्वक आवागमन करने का अधिकार है।
- सभी नागरिकों को भारत के किसी भी क्षेत्र में बसने का अधिकार प्राप्त है। सभी नागरिकों को संघ और समुदाय बनाने का अधिकार है।
- सभी नागरिकों को किसी भी व्यवसाय या रोजगार को अपनाने का अधिकार प्राप्त है।

(iii) **संवैधानिक उपचारों का अधिकार** भारत के नागरिकों को दिए गए मौलिक अधिकारों का हनन होने पर नागरिकों को न्यायालय में जाने का पूर्ण अधिकार है। न्यायालय नागरिकों को उनके अधिकार दिलाता है। इस संबंध में सर्वोच्च न्यायालय पाँच तरह की रिट या आदेश जारी कर सकता है।

**4.** 'अस्पृश्यता' या 'छुआछूत' का क्या अर्थ है? देश के विभिन्न भागों में घूमते हुए पी साईंनाथ ने क्या पाया?

**उत्तर** 'अस्पृश्यता' या 'छुआछूत' का अर्थ किसी विशेष जाति, व्यक्ति या समूह के सभी लोगों के शरीर को छूने से बचना है तथा किसी विशेष जाति में जन्म लेने वाले सभी लोगों को निम्न समझना एवं उनसे उपेक्षित एवं अमानवीय व्यवहार करना है। भारतीय संविधान में अस्पृश्यता को दंडनीय अपराध घोषित किया गया है।

वर्ष 1999 में प्रसिद्ध पत्रकार पी साईंनाथ ने 'द हिंदू अखबार' में अपने लेख के माध्यम से दलितों और अनुसूचित जाति के प्रति होने वाले व्यवहार को दर्शाया था। ये देश के अनेक स्थानों पर गए और प्रत्येक जगह दलितों और अनुसूचित जाति के साथ अलग-अलग व्यवहार पाया, जो निम्न प्रकार है

- चाय की दुकानों पर दो तरह के कप रखे जाते हैं-एक दलितों के लिए तथा दूसरा अन्य लोगों के लिए।

- हजाम दलितों के बाल नहीं काटते, दाढ़ी नहीं बनाते।
- दलित छात्रों को कक्षा में अलग बैठना होता है और अलग रखे घड़े से पानी पीना होता है।
- दलित दूल्हों को बारात में घोड़ी पर नहीं चढ़ने दिया जाता।
- दलितों को सार्वजनिक हैंड पंप से पानी नहीं लेने दिया जाता या उनके पानी भर लेने के बाद हैंड पंप को साफ कर दिया जाता है।

**5.** **''भारत का संविधान कहता है कि कानून द्वारा स्थापित प्रक्रिया के अतिरिक्त किसी भी व्यक्ति से उसकी निजी स्वतंत्रता एवं जीने का अधिकार नहीं छीना जा सकता।'' इसका वास्तविक अर्थ क्या है?**

*उत्तर* ''भारत का संविधान कहता है कि कानून द्वारा स्थापित प्रक्रिया के अतिरिक्त किसी भी व्यक्ति से उसकी निजी स्वतंत्रता एवं जीने का अधिकार नहीं छीना जा सकता।'' इसका वास्तविक अर्थ है कि जब तक न्यायालय किसी व्यक्ति को मौत की सजा नहीं देता है, तब तक उसे मारा नहीं जा सकता तथा सरकार अथवा पुलिस अधिकारी किसी नागरिक को हिरासत में नहीं रख सकते जब तक कि उसके पास इसके लिए कोई कानूनी आधार न हो। यदि वे ऐसा करते हैं तब भी उन्हें कुछ नियमों का पालन करना पड़ता है, जो निम्न प्रकार हैं

(i) गिरफ्तार किए गए अथवा हिरासत में लिए गए व्यक्ति को ऐसी गिरफ्तारी या हिरासत के कारण की सूचना देना आवश्यक है।

(ii) जब किसी व्यक्ति को गिरफ्तार किया जाता है अथवा हिरासत में लिया जाता है तो उसे ऐसी गिरफ्तारी के 24 घंटे के अंदर निकटतम न्यायाधीश के समक्ष प्रस्तुत किया जाना होता है।

(iii) ऐसे व्यक्ति को अपने वकील से विचार-विमर्श करने और अपने बचाव के लिए वकील रखने का अधिकार होता है।

## C स्रोत आधारित प्रश्न

निम्नलिखित स्रोतों को ध्यानपूर्वक पढ़कर उन पर आधारित प्रश्नों के उत्तर दीजिए

**1.** **स्वतंत्रता का मतलब बाधाओं का न होना है। व्यावहारिक जीवन में इसका मतलब होता है हमारे मामलों में किसी किस्म का दखल न होना-न सरकार का, न व्यक्तियों का। हम समाज में रहना चाहते हैं, लेकिन हम स्वतंत्रता भी चाहते हैं। हम मनचाहे ढंग से काम करना चाहते हैं। कोई हमें यह आदेश न दे कि इसे ऐसे करो, वैसे करो। इसीलिए भारतीय संविधान ने प्रत्येक नागरिक को कई तरह की स्वतंत्रताएँ दी हैं। अभिव्यक्ति की आजादी हमारे लोकतंत्र की एक बुनियादी विशेषता है।**

**अभिव्यक्ति की आजादी में बोलने, लिखने और कला के विभिन्न रूपों में स्वयं को व्यक्त करना शामिल है। दूसरों से स्वतंत्र ढंग से विचार-विमर्श और संवाद करके ही हमारे विचारों और व्यक्तित्व का विकास होता है। आपकी राय दूसरों से अलग हो सकती है। संभव है कि कई सौ लोग एक ही तरह से सोचते हों, तब भी आपको अलग राय रखने और व्यक्त करने की आजादी है। आप सरकार की किसी नीति से या किसी संगठन की गतिविधियों से असहमति रख सकते हैं।**

**संविधान कहता है कि किसी भी व्यक्ति को उसके जीने के अधिकार और निजी स्वतंत्रता से वंचित नहीं किया जा सकता—कानून द्वारा स्थापित व्यवस्थाओं को छोड़कर। इसका मतलब यह है कि जब तक अदालत किसी व्यक्ति को मौत की सजा नहीं सुनाती, उसे मारा नहीं जा सकता। इसका यह भी मतलब है कि कानूनी आधार होने पर ही सरकार या पुलिस अधिकारी किसी नागरिक को गिरफ्तार कर सकता है। यदि वे ऐसा करते हैं, तब भी उन्हें कुछ नियमों का पालन करना पड़ता है।**

**(i) निम्न में से कौन-सा कथन स्वतंत्रता को स्पष्ट रूप से परिभाषित करता है?**

(a) जहाँ अधिकारों पर किसी व्यक्ति या सरकार का हस्तक्षेप न हो
(b) जहाँ अधिकारों पर शासक या अफसरशाही का हस्तक्षेप न हो
(c) जहाँ अधिकारों पर समाज के कुछ वर्ग का हस्तक्षेप न हो
(d) जहाँ अधिकारों पर औद्योगिक और व्यावसायिक वर्ग का हस्तक्षेप न हो

*उत्तर* (a) जहाँ अधिकारों पर किसी व्यक्ति या सरकार का हस्तक्षेप न हो

**(ii) भारतीय संविधान के अंतर्गत व्यक्ति अपनी अभिव्यक्ति की स्वतंत्रता को किस प्रकार प्रदर्शित कर सकता है?**

(a) विचारों को प्रचार पुस्तिका में छापकर
(b) अखबारों में लेख लिखकर
(c) कविता तथा गीत लिखकर
(d) उपरोक्त सभी

*उत्तर* (d) उपरोक्त सभी

**(iii) निम्नलिखित में से किन अधिकारों के अंतर्गत व्यक्ति को स्वयं को व्यक्त करने का अधिकार प्राप्त है?**

(a) संविधान में निहित समानता के अधिकार के अंतर्गत
(b) संविधान में निहित स्वतंत्रता के अधिकार के अंतर्गत
(c) संविधान में निहित धार्मिक स्वतंत्रता के अधिकार के अंतर्गत
(d) संविधान में निहित शिक्षा के अधिकार के अंतर्गत

*उत्तर* (b) संविधान में निहित स्वतंत्रता के अधिकार के अंतर्गत

**(iv) संविधान के अंतर्गत व्यक्तियों को उनकी ............ से वंचित नहीं किया जा सकता है।**

(a) निजी स्वतंत्रता और शिक्षा के अधिकारों
(b) निजी स्वतंत्रता और गरिमापूर्ण जीने के अधिकारों
(c) सामूहिक स्वतंत्रता और धर्म को अबाध रूप से मानने के अधिकारों से
(d) प्राकृतिक स्वतंत्रता और शिक्षा के अधिकारों से

*उत्तर* (b) निजी स्वतंत्रता और गरिमापूर्ण जीने के अधिकारों

(v) .......... ने भारत के प्रत्येक नागरिकों को छ: प्रकार की स्वतंत्रता प्रदान की है।
(a) भारतीय दंड संहिता
(b) भारतीय दंड प्रक्रिया संहिता
(c) भारतीय संविधान
(d) भारतीय न्यायापालिका

उत्तर (c) भारतीय संविधान

(vi) **कथन** (A) व्यक्ति की स्वतंत्रता सार्वजनिक अव्यवस्था पैदा नहीं कर सकती है।
**कारण** (R) स्वतंत्रता का मतलब असीमित मनमानी करने का लाइसेंस पा लेना नहीं है।
**कूट**
(a) A और R दोनों सही हैं तथा R, A का सही स्पष्टीकरण है
(b) A और R दोनों सही हैं, परंतु R, A का सही स्पष्टीकरण नहीं है
(c) A सही है, किंतु R गलत है
(d) A गलत है, किंतु R सही है

उत्तर (a) A और R दोनों सही हैं तथा R, A का सही स्पष्टीकरण है

**2.** संविधान में दिए गए मौलिक अधिकार महत्त्वपूर्ण हैं। इसीलिए इन्हें लागू किया जा सकता है। हमें उपर्युक्त अधिकारों को लागू कराने की माँग करने का अधिकार है, हमारे पास उन्हें लागू कराने के उपाय हैं। इसे संवैधानिक उपचार का अधिकार कहा जाता है। यह भी एक मौलिक अधिकार है। यह अधिकार अन्य अधिकारों को प्रभावी बनाता है।

संभव है कि कई बार हमारे अधिकारों का उल्लंघन कोई और नागरिक या कोई संस्था या फिर स्वयं सरकार ही कर रही हो। पर जब इनमें से हमारे किसी अधिकार का उल्लंघन हो रहा हो, तो हम अदालत के द्वारा उसे रोक सकते हैं, इस समस्या का निदान पा सकते हैं। यदि मौलिक अधिकारों का मामला हो तो हम सीधे सर्वोच्च न्यायालय या किसी राज्य के उच्च न्यायालय में जा सकते हैं। इस कारण डॉ. अंबेडकर ने संवैधानिक उपचार के अधिकार को हमारे संविधान की 'आत्मा और हृदय' कहा था।

(i) भारतीय सर्वोच्च न्यायालय तथा उच्च न्यायालय मौलिक अधिकार के हनन के अंतर्गत कितने प्रकार की रिट जारी कर सकता है?
(a) दो प्रकार की
(b) तीन प्रकार की
(c) चार प्रकार की
(d) पाँच प्रकार की

उत्तर (d) पाँच प्रकार की

(ii) निम्नलिखित में से कौन-सा अधिकार मौलिक अधिकार होते हुए भी अन्य अधिकारों को प्रभावी बनाता है?
(a) शोषण के विरुद्ध अधिकार
(b) संवैधानिक उपचारों का अधिकार
(c) समानता के विरुद्ध अधिकार
(d) शिक्षा से संबंधित अधिकार

उत्तर (b) संवैधानिक उपचारों का अधिकार

(iii) समाज के किसी व्यक्ति के मौलिक अधिकारों का हनन होने पर वह .......... और में अपील कर सकता है।
(a) जिला न्यायालय, सत्र न्यायालय
(b) उच्च न्यायालय, सर्वोच्च न्यायालय
(c) राज्य स्तरीय मानवाधिकार, जिला न्यायालय
(d) केंद्र स्तरीय मानवाधिकार आयोग, सत्र न्यायालय

उत्तर (b) उच्च न्यायालय, सर्वोच्च न्यायालय

(iv) भारतीय संविधान के निर्माता डॉ. भीमराव अंबेडकर जी ने संवैधानिक उपचारों को किस रूप में परिभाषित किया था?
(a) भारतीय संविधान की आत्मा और हृदय के रूप में
(b) भारतीय संविधान की निरंतरता के रूप में
(c) भारतीय संविधान की न्यायप्रणता के रूप में
(d) भारतीय संविधान के व्याख्यात्मक रूप में

उत्तर (a) भारतीय संविधान की आत्मा और हृदय के रूप में

(v) निम्नलिखित कथनों में से सही कथन की पहचान करें
1. सर्वोच्च न्यायालय को मौलिक अधिकार लागू कराने के मामले में निर्देश देने का अधिकार नहीं है।
2. भारतीय संसद मौलिक अधिकार का उल्लंघन करने वाला कोई कानून नहीं बना सकता है।
3. मौलिक अधिकारों के सामाजिक या सार्वजनिक हित के उल्लंघन को लेकर कोई भी व्यक्ति अदालत में जा सकता है।

**कूट**
(a) 1 और 2
(b) 2 और 3
(c) 1 और 3
(d) ये सभी

उत्तर (b) 2 और 3

(vi) .......... या .......... के किसी भी फैसले से मौलिक अधिकारों का हनन हो या उनमें कमी हो तो वह फैसला या काम ही अवैध हो जाएगा।
(a) विधायिका, न्यायपालिका
(b) कार्यपालिका, न्यायपालिका
(c) विधायिका, कार्यपालिका
(d) व्यवस्थापिका, न्यायपालिका

उत्तर (c) विधायिका, कार्यपालिका

**3. स्रोत 'अ' नागरिकों का सामूहिक रूप से इकट्ठा होने का अधिकार**

नागरिकों को किसी मुद्दे पर जमा होने, बैठक करने, प्रदर्शन करने तथा जुलूस निकालने का अधिकार है। वे यह सब किसी समस्या पर चर्चा करने, विचारों का आदान-प्रदान करने, किसी उद्देश्य के लिए जनमत तैयार करने या किसी चुनाव में किसी उम्मीदवार या पार्टी के लिए वोट माँगने के लिए कर सकते हैं, पर ऐसी बैठकें शांतिपूर्ण होनी चाहिए।

**स्रोत 'ब' देश में अबाध रूप से घूमने की स्वतंत्रता**

किसी भी नागरिक को देश के किसी भी हिस्से में जाने की स्वतंत्रता है। हम भारत के किसी भी हिस्से में रह और बस सकते हैं; जैसे—असम का कोई व्यक्ति हैदराबाद में

व्यवसाय करना चाहता है। संभव है कि उसने इस शहर को देखा भी न हो या यहाँ उसका कोई संपर्क न हो, फिर भी भारत का नागरिक होने के कारण उसे ऐसा करने का अधिकार है।

**स्रोत 'स' शोषण से मुक्ति का आधार**

स्वतंत्रता और बराबरी का अधिकार मिल जाने के बाद स्वाभाविक है कि नागरिक को यह अधिकार भी हो कि कोई उसका शोषण न कर सके। हमारे संविधान निर्माताओं ने इसे भी संविधान में लिखित रूप से दर्ज करने का फैसला किया, ताकि कमजोर वर्गों का शोषण न हो सके।

संविधान ने खासतौर से कुछ बुराइयों का जिक्र किया है और इन्हें गैर-कानूनी घोषित किया है।

**स्रोत 'अ' नागरिकों का सामूहिक रूप से इकट्ठा होने का अधिकार**

(i) सार्वजनिक बैठकों में किस प्रकार के कार्यों की मनाही है?

**उत्तर** सार्वजनिक बैठकों में सार्वजनिक अव्यवस्था में अशांति फैलाने की मनाही होती है। सार्वजनिक बैठकों में सम्मिलित व्यक्ति के पास हथियार नहीं होने चाहिए।

**स्रोत 'ब' देश में अबाध रूप से घूमने की स्वतंत्रता**

(ii) भारत में रोजगार ढूंढने में कौन-से अधिकार प्राप्त हैं?

**उत्तर** भारत में रोजगार ढूँढने वाले व्यक्ति को कार्यों को चुनने का अधिकार प्राप्त है। व्यक्ति अपनी स्वेच्छा तथा पसंद से कार्यों को करने के लिए स्वतंत्र है। कोई भी व्यक्ति तथा संस्था उसे उसके रोजगार को चुनने का आदेश नहीं दे सकती है।

**स्रोत 'स' शोषण से मुक्ति का आधार**

(iii) भारतीय संविधान ने मुख्यत: किन कार्यों को अवैध घोषित किया है?

**उत्तर** भारतीय संविधान ने मुख्यत: निम्न कार्यों को अवैध घोषित किया है

(i) संविधान मनुष्य जाति के अवैध व्यापार का निषेध करता है।

(ii) संविधान किसी किस्म के बेगार या जबरन काम लेने का निषेध करता है।

(iii) संविधान बाल मजदूरी का भी निषेध करता है।

**4.** अधिकार किसी व्यक्ति का अपने लोगों, अपने समाज और अपनी सरकार से दावा है। हम सभी खुशी से, बिना डर-भय के और अपमानजनक व्यवहार से बचकर जीना चाहते हैं। इसके लिए हम दूसरों से ऐसे व्यवहार की अपेक्षा करते हैं जिससे हमें कोई नुकसान न हो, कोई कष्ट न हो। इसी प्रकार हमारे व्यवहार से भी किसी को नुकसान नहीं होना चाहिए, कोई कष्ट नहीं होना चाहिए। इसलिए अधिकार तभी संभव है जब आपका अपने बारे में किया हुआ दावा दूसरे पर भी समान रूप से लागू हो। आप ऐसे अधिकार नहीं रख सकते जो दूसरों को कष्ट दें या नुकसान पहुँचाए। आप इस तरह क्रिकेट खेलने के अधिकार का दावा नहीं कर सकते कि पड़ोसी की खिड़की के शीशे टूट जाएँ और आपके अधिकार को कुछ न हो। यूगोस्लाविया के सर्ब लोग पूरे देश पर सिर्फ अपना दावा नहीं कर सकते थे। सो, हम जो दावे करते हैं वे तार्किक भी होने चाहिए, वे ऐसे होने चाहिए कि हर किसी को समान मात्रा में उन्हें दे पाना संभव हो। इस प्रकार, हमें कोई भी अधिकार इस बाध्यता के साथ मिलता है कि हम दूसरों के अधिकारों का आदर करें।

(i) भारत में नागरिकों को अधिकार किस बाध्यता के साथ मिलते हैं?

**उत्तर** भारत में नागरिकों को अधिकार इस बाध्यता के साथ मिलता है कि हम दूसरों के अधिकारों का आदर करें।

(ii) समय और स्थान के अनुसार अधिकारों की अवधारणा कैसे बदलती है?

**उत्तर** प्रत्येक समाज अपने आचरण को व्यवस्थित करने के लिए कुछ कायदे-कानून बनाता है। ये कायदे-कानून हमें बताते हैं कि क्या सही और क्या गलत है। इसलिए समाज जिस चीज को सही मानता है, वही हमारे लिए अधिकार होते हैं, इसलिए समय और स्थान के अनुसार अधिकारों की अवधारणा भी बदलती रहती है।

(iii) अधिकारों के उल्लंघन को किस प्रकार रोका जा सकता है?

**उत्तर** यदि नागरिक या सरकार अधिकारों का उल्लंघन करते हैं, तो इसे अधिकारों का हनन कहते हैं। इस स्थिति में शोषित व्यक्ति सीधे उच्च न्यायालय तथा उच्चतम न्यायालय जा सकता है। न्यायालय द्वारा इस स्थिति में व्यक्ति या संस्था को संरक्षण प्रदान किया जाता है।

# स्वयं को जाँचें

## वस्तुनिष्ठ प्रश्न

**1.** सरकार किसके आधार पर भेदभाव नहीं कर सकती है?

(a) धर्म
(b) जन्मस्थल के आधार पर
(c) जाति
(d) ये सभी

**2.** निम्न में से कौन-सा कथन स्वतंत्रता के अधिकार से संबंधित नहीं है?

(a) शांतिपूर्ण ढंग से हथियारबद्ध लोगों के जमा होने की स्वतंत्रता
(b) संगठन और संघ बनाने की स्वतंत्रता
(c) देश में कहीं भी आने-जाने की स्वतंत्रता
(d) देश के किसी भी भाग में रहने-बसने की स्वतंत्रता

**3.** पुलिस द्वारा गिरफ्तार किए व्यक्ति को मजिस्ट्रेट के सामने कितने घंटे में प्रस्तुत करना होता है?

(a) 6 घंटे
(b) 12 घंटे
(c) 18 घंटे
(d) 24 घंटे

**4.** निम्नलिखित में से कौन-सा कथन निजी स्वतंत्रता के अंतर्गत गिफ्तारी से संबंधित नहीं है?

(a) गिरफ्तार किए गए व्यक्ति को गिरफ्तारी का कारण अवश्य बताना होगा
(b) गिरफ्तार किए गए व्यक्ति को 24 घंटों के भीतर मजिस्ट्रेट के सामने प्रस्तुत करना होगा
(c) गिरफ्तार किए गए व्यक्ति को वकील करने का अधिकार प्राप्त है
(d) उपरोक्त सभी

## अतिलघु उत्तरीय प्रश्न

**5.** कौन-सा मौलिक अधिकार अस्पृश्यता के अंत की बात करता है?

**6.** सऊदी अरब में महिलाओं की क्या स्थिति है?

**7.** शिक्षा एवं संस्कृति संबंधी अधिकार किस अनुच्छेद के अंतर्गत आते हैं?

## लघु उत्तरीय प्रश्न

**8.** दक्षिण अफ्रीका के संविधान में उल्लेखित दो नए अधिकारों के बारे में बताइए।

**9.** स्वतंत्रता के अधिकारों का वर्णन कीजिए।

**10.** भारत एक समृद्ध लोकतंत्र है, स्पष्ट कीजिए।

## दीर्घ उत्तरीय प्रश्न

**11.** समानता का अधिकार कैसे रोजगार से जुड़ा हुआ है? सविस्तार बताइए।

**12.** अधिकार लोकतंत्र के लिए कितना जरूरी है? स्पष्ट कीजिए।

**13.** भारत एवं सऊदी अरब के मध्य स्वतंत्रता के अधिकार के संदर्भ में अंतर स्पष्ट कीजिए।

अध्याय 01

अर्थशास्त्र

# पालमपुर गाँव की कहानी

पालमपुर गाँव की कहानी आंशिक रूप से गिल्बर्ट एटीन के शोध अध्ययन पर आधारित पश्चिमी उत्तर प्रदेश के जिला बुलंदशहर के एक गाँव से है। इस कहानी का उद्देश्य उत्पादन से संबंधित कुछ मूल विचारों से परिचय कराना है।

### अध्याय एक नजर में

- *पालमपुर गाँव का अवलोकन*
- *उत्पादन का संगठन*
- *पालमपुर में खेती*
- *पालमपुर में गैर-कृषि क्रियाएँ*

## पालमपुर गाँव का अवलोकन

- पालमपुर गाँव की **मुख्य क्रिया** (Main Production Activity) खेती (Farming) है। यहाँ अन्य क्रियाएँ भी सीमित स्तर पर की जाती हैं; जैसे—लघुस्तरीय विनिर्माण, डेयरी, परिवहन इत्यादि।
- इन उत्पादन क्रियाओं के लिए विभिन्न प्रकार के **संसाधनों** की आवश्यकता होती है; जैसे—प्राकृतिक संसाधन, मानव निर्मित वस्तुएँ, मुद्रा इत्यादि।
- पालमपुर गाँव आस-पास के गाँवों एवं कस्बों से जुड़ा हुआ है। एक बड़ा गाँव रायगंज, पालमपुर से तीन किलोमीटर की दूरी पर है। प्रत्येक मौसम में यह सड़क गाँव को रायगंज और उससे आगे निकटतम छोटे कस्बे शाहपुर से जोड़ती है।
- पालमपुर में विभिन्न जातियों के अनेक परिवार रहते हैं, जिनकी संख्या लगभग 450 है, किंतु गाँव में अधिकांश भूमि के स्वामी उच्च जाति के 80 परिवार हैं।
- इनके घर ईंट और सीमेंट से बने हुए हैं। गाँव में अनुसूचित जाति (Schedule Caste) के लोग भी निवास करते हैं, जो गाँव की जनसंख्या का एक-तिहाई है।
- ये गाँव के एक कोने में छोटे घरों में रहते हैं। इनके घर मिट्टी और फूस के बने हुए हैं। पालमपुर में अधिकांश घरों में बिजली की व्यवस्था है।
- खेतों में नलकूप बिजली से ही चलाए जाते हैं। गाँव में दो प्राथमिक विद्यालय और एक हाई स्कूल है।
- एक राजकीय प्राथमिक स्वास्थ्य केंद्र तथा एक निजी औषधालय भी स्थित है, जहाँ रोगियों का उपचार किया जाता है।

उपरोक्त विवरण से स्पष्ट है कि पालमपुर में सड़कों, परिवहन के साधनों, बिजली, सिंचाई, विद्यालयों और स्वास्थ्य केंद्रों का पर्याप्त विकसित तंत्र है।

# उत्पादन का संगठन

उत्पादन (Production), वस्तुओं एवं सेवाओं को उपलब्ध कराने की प्रक्रिया को कहा जाता है। उत्पादन का उद्देश्य ऐसी वस्तुएँ और सेवाएँ प्रदान करना है, जिनकी मनुष्य को जीवन-यापन के लिए आवश्यकता होती है। भारत के गाँवों में कृषि, उत्पादन की प्रमुख गतिविधि है।

इसके अतिरिक्त कुछ अन्य गतिविधियाँ, जिन्हें गैर-कृषि क्रियाएँ कहते हैं, लघु विनिर्माण, परिवहन एवं दुकानदारी आदि हैं। मुख्यत: उत्पादन भूमि, भौतिक पूँजी, श्रम और मानव पूँजी को संयोजित करके किया जाता है, इसलिए ये चारों **उत्पादन कारक** (Factors of Production) कहलाते हैं।

उत्पादन के कारकों का वर्णन निम्नलिखित है

1. **भूमि** (Land) यह उत्पादन का एक स्थिर साधन है। इसमें प्राकृतिक संसाधन के रूप में जल, वन और खनिज पदार्थ मुख्य रूप से सम्मिलित होते हैं।
2. **श्रम** (Labour) यह उत्पादन का मुख्य साधन है। श्रमिक ही उत्पादन के लिए आवश्यक श्रम प्रदान करता है। कुछ उत्पादन क्रियाओं में आवश्यक कार्यों को करने के लिए बहुत अधिक पढ़े-लिखे कर्मियों की आवश्यकता होती है। प्रत्येक श्रमिक उत्पादन के लिए आवश्यक श्रम प्रदान करता है।
3. **भौतिक पूँजी** (Physical Capital) उत्पादन के प्रत्येक स्तर पर कार्य में लाई जाने वाली विभिन्न प्रकार की आगतों (मदों) को भौतिक पूँजी कहा जाता है। भौतिक पूँजी दो प्रकार की होती है
   (i) **स्थायी पूँजी** (Fixed Capital) उत्पादन कार्य में प्रयोग किए जाने वाले विभिन्न प्रकार के औजारों, मशीनों एवं भवनों इत्यादि को स्थायी पूँजी के अंतर्गत सम्मिलित किया जाता है। इसके अंतर्गत किसान के हल से लेकर परिष्कृत मशीनों; जैसे—जनरेटर, टरबाइन, कंप्यूटर इत्यादि आते हैं। औजारों, मशीनों एवं भवनों को उत्पादन प्रक्रिया में कई वर्षों तक प्रयोग में लाया जाता है, इस कारण इसे स्थायी पूँजी कहा जाता है।
   (ii) **कार्यशील पूँजी** (Working Capital) उत्पादन प्रक्रिया के अंतर्गत प्रयोग में लाए जाने वाले कच्चे माल एवं नकदी के प्रवाह को कार्यशील पूँजी कहते हैं; जैसे—बुनकरों द्वारा प्रयोग में लाया जाने वाला कच्चा सूत, कुम्हार द्वारा बर्तन बनाने के प्रयोग में लाई जाने वाली मिट्टी, उत्पादन के दौरान जरूरी माल खरीदने के पश्चात् भुगतान की जाने वाली नकदी इत्यादि।
4. **मानव पूँजी** (Human Capital) बाजार में ब्रिकी हेतु उत्पादन करने के लिए भूमि, श्रम और भौतिक पूँजी को संयोजित करने के लिए ज्ञान और उद्यम की आवश्यकता होती है, इसे मानव पूँजी कहा जाता है।

### चेक प्वॉइंट 01

1. *पालमपुर गाँव की कहानी आंशिक रूप से किसके शोध अध्ययन पर आधारित है?*
2. *पालमपुर गाँव में कितने प्राथमिक विद्यालय हैं?*
3. *वस्तुओं एवं सेवाओं को उपलब्ध कराने की प्रक्रिया को क्या कहा जाता है?*
4. *भौतिक पूँजी कितने प्रकार की होती है?*

# पालमपुर में खेती

## स्थिर भूमि

- पालमपुर में उत्पादन की मुख्य क्रिया खेती होने के कारण इस गाँव के लगभग 75% लोग जीविका के लिए खेती पर निर्भर हैं। वे किसान अथवा कृषि श्रमिक हो सकते हैं। इन लोगों का हित खेतों में उत्पादन से जुड़ा हुआ है।
- पालमपुर में वर्ष 1960 से कृषि भूमि क्षेत्र में कोई विस्तार नहीं हुआ है। नई भूमि को खेती योग्य बनाकर कृषि उत्पादन को और बढ़ाने का कोई साधन नहीं है।

## स्थिर भूमि से अधिक पैदावार करने के उपाय

स्थिर भूमि से अधिक पैदावार करने के उपाय निम्न हैं

### बहुविध फसल प्रणाली

- एक वर्ष में किसी भूमि पर एक से अधिक फसल पैदा करने को बहुविध फसल प्रणाली (Multiple Cropping System) कहते हैं। यह भूमि के किसी एक टुकड़े में उपज बढ़ाने की सबसे सामान्य प्रणाली है।
- वर्षा ऋतु (**खरीफ**) में ज्वार और बाजरे की खेती करते हैं, जो पशुओं के चारे के रूप में प्रयोग होते हैं। *खरीफ* की खेती आलू की खेती के बाद तीसरी फसल के रूप में अक्टूबर से दिसंबर के महीनों में होती है।
- गेहूँ को सर्दी के मौसम (**रबी**) में उगाया जाता है। उत्पादित गेहूँ में से परिवार के खाने के लिए रखकर शेष गेहूँ किसान रायगंज की मंडी में बेच देते हैं।
- पालमपुर के किसान भूमि के एक भाग पर गन्ने की खेती भी करते हैं, जिसकी वर्ष में एक बार कटाई की जाती है। गन्ना कच्चे रूप में या गुड़ (Jaggery) के रूप में शाहपुर के व्यापारियों को बेचा जाता है।
- पालमपुर गाँव में बिजली की शीघ्र पूर्ति होने के कारण **सिंचाई प्रणाली विकसित** अवस्था में है, जिसके परिणामस्वरूप पालमपुर के किसान एक वर्ष में तीन अलग-अलग फसलें पैदा कर लेते हैं।
- प्रारंभ में पालमपुर के किसानों के द्वारा पारंपरिक माध्यमों (कुओं से रहट द्वारा पानी निकालकर) से सिंचाई की जाती थी, किंतु बिजली की पूर्ति होने के कारण वहाँ के किसानों द्वारा बिजली से चलने वाले नलकूपों द्वारा सिंचाई की जाने लगी। इसके कारण वर्ष 1970 के मध्य तक 200 हेक्टेयर के संपूर्ण जुते क्षेत्र की सिंचाई होनी प्रारंभ हो गई। पालमपुर की सिंचाई व्यवस्था भारत के अन्य भागों की तुलना में उत्तम है।

### अधिक उपज वाले बीजों की आधुनिक कृषि विधि

- अधिक **उपज** (Yield) के लिए खेती में आधुनिक विधियों का प्रयोग करना महत्त्वपूर्ण उपाय है। खेती में पारंपरिक बीजों का उपयोग 1960 के दशक के मध्य तक होता था, जिनकी उपज अपेक्षाकृत कम थी। परंपरागत बीजों (Traditional Seeds) को

कम सिंचाई की आवश्यकता होती थी। किसान उर्वरकों के रूप में गाय के गोबर या अन्य प्राकृतिक खाद का उपयोग करते थे।

- 1960 के दशक के अंत में **हरित क्रांति** (Green Revolution) ने भारतीय किसानों को **अधिक उपज वाले बीजों** (High Yield Variety, HYV) के द्वारा गेहूँ और चावल की खेती करने के उपाय बताए।
- अधिक उपज केवल अति उपज प्रजातियों वाले बीजों, सिंचाई, **रासायनिक उर्वरकों** और कीटनाशकों आदि के संयोजन से ही संभव है।
- भारत में **पंजाब, हरियाणा** और **पश्चिमी उत्तर प्रदेश** के किसानों ने खेती के आधुनिक तरीकों का सबसे पहले प्रयोग किया।
- कुछ किसानों ने ट्रैक्टर और फसल उगाने के लिए मशीनें खरीदी जिसने जुताई और कटाई के काम को तेज कर दिया।
- पालमपुर में परंपरागत बीजों से गेहूँ की उपज 1,300 किग्रा प्रति हेक्टेयर थी, जबकि HYV बीजों से उपज 3,200 किग्रा प्रति हेक्टेयर तक पहुँच गई।

## भूमि की धारणीय क्षमता

- आधुनिक कृषि विधियों में बड़ी मात्रा में पानी की आवश्यकता के कारण भूमि के नीचे का जल स्तर कम हो गया है। यह मिट्टी की उर्वरता को भी प्रभावित करता है।
- खेती की आधुनिक कृषि विधियों ने प्राकृतिक संसाधन आधार का अति उपयोग किया है। अनेक क्षेत्रों में हरित क्रांति के कारण उर्वरकों के अधिक प्रयोग से मिट्टी की उर्वरता कम हो गई है।

### रासायनिक उर्वरकों का प्रभाव

- रासायनिक उर्वरक वे खनिज पदार्थ हैं जो पानी में घुल जाते हैं और शीघ्र ही पौधों को उपलब्ध हो जाते हैं, परंतु खनिजों को मृदा अधिक समय तक धारण नहीं कर सकती। वे मृदा से निकलकर भौम जल, नदियों और तालाबों को प्रदूषित करते हैं।
- रासायनिक खाद के निरंतर प्रयोग ने मृदा की गुणवत्ता को कम कर दिया है।
- पंजाब के किसानों को पहले के उत्पादन स्तर को पाने के लिए अब अधिक से अधिक रासायनिक उर्वरकों और अन्य आगतों का प्रयोग करना पड़ता है।

## पालमपुर में भूमि का वितरण

- पालमपुर में सभी लोग कृषि कार्य में लगे हुए हैं, इसलिए उनके पास खेती के लिए पर्याप्त भूमि नहीं है।
- पालमपुर गाँव में 450 परिवारों में से लगभग एक-तिहाई अर्थात् 150 परिवारों के पास खेती करने के लिए भूमि नहीं है, जिनमें अधिकांश संख्या *दलितों* की है।
- 240 परिवारों में से कुछ परिवार ऐसे हैं, जिनके पास भूमि है, किंतु वे 2 हेक्टेयर से कम क्षेत्रफल वाले भूमि के टुकड़ों पर खेती करते हैं। भूमि के ऐसे टुकड़ों पर खेती करने से किसानों के परिवारों को पर्याप्त आमदनी नहीं होती है।
- पालमपुर गाँव में मझोले और बड़े किसानों के 60 परिवार हैं, जो 2 हेक्टेयर से अधिक भूमि पर खेती करते हैं तथा कुछ बड़े किसानों के पास 10 हेक्टेयर या इससे अधिक भूमि है।

## खेती मजदूर

- खेतों में काम करने के लिए श्रमिक भूमिहीन परिवारों से आते हैं या बहुत छोटे भू-खंडों में खेती करने वाले परिवारों से आते हैं।
- इन मजदूरों को किसानों द्वारा दी गई मजदूरी नकद या वस्तु के रूप में हो सकती है और कभी-कभी श्रमिकों को मजदूरी के रूप में भोजन भी मिलता है। मजदूरों को पूरे वर्ष काम नहीं मिलता है। उन्हें दैनिक आधार पर या बुआई और कटाई जैसी विशेष गतिविधियों के लिए काम पर रखा जाता है।
- पालमपुर में खेतिहर श्रमिकों में बहुत ज्यादा स्पर्द्धा है, इसलिए वे कम वेतन में भी कार्य करने को तैयार हो जाते हैं। कुछ मजदूर गाँव में गैर-कृषि क्षेत्र में भी कार्य करते हैं और कुछ साहूकारों के यहाँ कार्य करते हैं।

## खेतों के लिए आवश्यक पूँजी

- खेती के आधुनिक तरीकों के लिए किसानों को अधिक पूँजी की आवश्यकता होती है। छोटे किसान पूँजी के लिए बड़े किसानों तथा साहूकारों पर निर्भर रहते हैं।
- ये साहूकार इन किसानों को ऊँची ब्याज दरों पर कर्ज देते हैं, जिसके परिणामस्वरूप इन कर्जों को चुकाने के लिए इन किसानों को बहुत कष्ट सहने पड़ते हैं, जबकि बड़े व मझोले किसानों को खेती से बचत होती है, जिसके कारण वे आवश्यक पूँजी की व्यवस्था कर लेते हैं।

## अधिशेष कृषि उत्पादों की बिक्री

- पालमपुर के बड़े और मझोले किसानों द्वारा गेहूँ का उत्पादन करके एक हिस्सा अपने परिवार के उपभोग के लिए रख लिया जाता है तथा अधिशेष गेहूँ की किसानों द्वारा बिक्री कर दी जाती है। बाजार में व्यापारी गेहूँ खरीदकर उसे आगे कस्बों और शहरों के दुकानदारों को बेच देते हैं।
- किसान इस अधिशेष को बेचकर अच्छी कमाई करता है। बाद में वे बचत का उपयोग अगले मौसम की खेती के लिए कार्यशील पूँजी की व्यवस्था करने और छोटे किसानों को ऋण देने के लिए करते हैं। कुछ किसान बचत का उपयोग गैर-कृषि क्षेत्र में गतिविधियों को शुरू करने के लिए भी करते हैं। इस प्रकार यह अधिशेष धन उनकी कार्यशील पूँजी के साथ-साथ निश्चित पूँजी को भी बढ़ाता है।

# पालमपुर में गैर-कृषि क्रियाएँ

वर्तमान में पालमपुर के लगभग 25% लोग कृषि के अतिरिक्त अन्य कार्य करते हैं। यह देश के ग्रामीण क्षेत्रों में गैर-कृषि कार्य बल के प्रतिशत के समान है। हालाँकि गाँव में विभिन्न प्रकार की गैर-कृषि गतिविधियाँ हैं (जैसे—डेयरी फार्मिंग, गुड़ उत्पादन, परिवहन, दुकानदारी, कंप्यूटर शिक्षा आदि)। प्रत्येक गतिविधि में काम करने वाले लोगों की संख्या काफी कम है।

**पालमपुर में डेयरी** पालमपुर के अनेक परिवारों में डेयरी एक प्रचलित क्रिया है। लोग अपनी भैंसों को कई तरह की घास और बरसात के मौसम में उगने वाली *ज्वार* और *बाजरा* खिलाते हैं।

दूध को निकट के बड़े गाँव रायगंज में बेचा जाता है। शाहपुर शहर के दो व्यापारियों ने रायगंज में ही दूध संग्रहण एवं शीतलन केंद्र खोला हुआ है। यहीं से दूध दूर के शहरों और कस्बों में भेजा जाता है।

**पालमपुर में विनिर्माण** पालमपुर गाँव में विनिर्माण कार्यों में लगे लोगों की संख्या 50 से कम है। पालमपुर में विनिर्माण में बहुत सरल उत्पादन विधियों का प्रयोग किया जाता है और उसे छोटे पैमाने पर ही किया जाता है। विनिर्माण कार्य पारिवारिक श्रम की सहायता से अधिकतर घरों या खेतों में किया जाता है। श्रमिकों को कभी-कभी ही विनिर्माण कार्य के लिए काम पर रखा जाता है।

**पालमपुर में व्यापार** पालमपुर में बहुत कम लोग व्यापार में शामिल हैं (वस्तु-विनिमय)। पालमपुर में अधिकांश दुकानदार ऐसे हैं, जो शहरों के थोक बाजारों से कई प्रकार की वस्तुएँ खरीदते हैं तथा उन्हें गाँव में बेचते हैं।

कुछ परिवार ऐसे हैं, जिनके घर बस स्टैंड के पास हैं तथा उन्होंने अपने घर के ही एक भाग में छोटी-छोटी दुकानें खोल ली हैं, जिन पर वे खाने की एवं अन्य आवश्यक वस्तुएँ बेचते हैं।

**परिवहन क्षेत्र** पालमपुर से रायगंज को जोड़ने वाली सड़क पर अनेक प्रकार के वाहन चलते हैं। पालमपुर में रिक्शेवाले, ताँगेवाले, जीप, ट्रैक्टर, ट्रक ड्राइवर तथा अन्य वाहन चलाने वाले ऐसे लोग हैं, जो परिवहन सेवाओं में शामिल हैं। पिछले कई वर्षों में परिवहन से जुड़े लोगों की संख्या बहुत बढ़ गई है।

## चेक प्वॉइंट 02

1. *पालमपुर में किस वर्ष से कृषि भूमि क्षेत्र में कोई विस्तार नहीं हुआ है?*
2. *प्रारंभ में पालमपुर के किसानों द्वारा सिंचाई कैसे की जाती थी?*
3. *भारत के किन राज्यों के किसानों ने खेती के आधुनिक तरीकों का सबसे पहले प्रयोग किया?*
4. *किसानों को अधिक पूँजी की आवश्यकता क्यों होती है?*
5. *पालमपुर गाँव में विनिर्माण कार्यों में लगे लोगों की संख्या कितनी है?*

## इन्हें भी जानें

- ***भूमि*** *(Land)* यह प्राकृतिक रूप से पाया जाने वाला स्थायी नवीकरणीय संसाधन है और इसमें अन्य प्राकृतिक संसाधन; जैसे—पानी, वन एवं खनिज शामिल हैं।
- ***मजदूर*** *(Labour)* काम करने वाले लोगों को मजदूर कहा जाता है। काम की जरूरत के अनुसार प्रशिक्षित एवं अशिक्षित मजदूर होते हैं।
- ***पूँजी*** *(Capital)* किसी विशेष कार्य को करने के लिए आवश्यक धन को पूँजी कहते हैं।
- ***मानव पूँजी*** *(Human Capital)* भूमि, मजदूरों एवं भौतिक पूँजी का प्रयोग करके उत्पादन करने के लिए मानवीय ज्ञान और श्रम की आवश्यकता होती है। इसे मानव पूँजी कहा जाता है।
- ***भौतिक पूँजी*** *(Physical Capital)* इसमें प्रत्येक सोपान पर जरूरी निवेश शामिल हैं, जैसे कि औजार, मशीनें, भवन, कच्चा माल एवं धन।
- ***स्थायी पूँजी*** *(Fixed Capital)* उत्पादन में प्रयोग होने वाले औजार, मशीनें और भवन आदि स्थायी पूँजी हैं।
- ***कार्यरत पूँजी*** *(Working Capital)* कच्चा माल और नकद पूँजी कार्यरत पूँजी होती है।
- ***उत्पादन के कारक*** *(Factors of Production)* प्रत्येक उत्पादन भूमि, श्रम, भौतिक पूँजी एवं मानव पूँजी द्वारा संयोजित होता है, जिन्हें उत्पादन के कारक कहा जाता है।
- ***कृषि मजदूर*** *(Farm Labourers)* गाँव के वे लोग जो या तो भूमिहीन परिवारों से संबंध रखते हैं या छोटे भूखंडों पर खेती करने वाले परिवारों से संबंध रखते हैं, उन्हें कृषि मजदूर कहते हैं। उन्हें नकदी या किसी अन्य रूप में केवल मजदूरी ही मिलती है।
- ***बहुविध फसल प्रणाली*** *(Multiple Cropping System)* भूमि के एक ही टुकड़े पर एक ही वर्ष में कई फसलें उगाना बहुविध फसल प्रणाली कहलाता है।
- ***हरित क्रांति*** *(The Green Revolution)* यह कृषि क्षेत्र में 1960 के दशक के उत्तरार्द्ध में लागू की गई क्रांति थी, जिसने खेती के आधुनिक तरीकों के द्वारा कृषि उत्पादन में वृद्धि की थी।
- ***हेक्टेयर*** *(Hectare)* भूमि को मापने की मानक इकाई हेक्टेयर है। एक हेक्टेयर 100 मी की भुजा वाली वर्गाकार भूमि के टुकड़े के क्षेत्रफल के बराबर होता है।

# NCERT फोल्डर

**1.** भारत में जनगणना के दौरान दस वर्ष में एक बार प्रत्येक गाँव का सर्वेक्षण किया जाता है। पालमपुर से संबंधित सूचनाओं के आधार पर निम्न तालिका को भरिए

(a) अवस्थिति क्षेत्र (b) गाँव का कुल क्षेत्र

(c) भूमि का उपयोग (हेक्टेयर में)

| कृषि भूमि | | भूमि जो कृषि के लिए उपलब्ध नहीं है (निवास स्थानों, सड़कों, तालाबों, चरागाहों आदि के क्षेत्र) |
|---|---|---|
| सिंचित | असिंचित | |
| | | 26 हेक्टेयर |

(d) सुविधाएँ

| | |
|---|---|
| शैक्षिक | — |
| चिकित्सा | — |
| बाजार | — |
| बिजली पूर्ति | — |
| संचार | — |
| निकटतम कस्बा | — |

**उत्तर** (a) **अवस्थिति क्षेत्र** पालमपुर गाँव अपने आस-पास के गाँवों और कस्बों से भली-भाँति जुड़ा है। रायगंज एक बड़ा गाँव है, जो पालमपुर से 3 किमी दूर स्थित है।

(b) **गाँव का कुल क्षेत्रफल** गाँव का कुल क्षेत्रफल 246 हेक्टेयर है।

(c) **भूमि का उपयोग** (हेक्टेयर में)

| कृषि भूमि | | भूमि जो कृषि के लिए उपलब्ध नहीं है (निवास स्थानों, सड़कों, तालाबों, चरागाहों, आदि के क्षेत्र) |
|---|---|---|
| सिंचित | असिंचित | |
| 200 हेक्टेयर | 20 हेक्टेयर | 26 हेक्टेयर |

(d) **सुविधाएँ**

| | |
|---|---|
| शैक्षिक | गाँव में दो प्राथमिक विद्यालय तथा एक हाईस्कूल है। |
| चिकित्सा | गाँव में एक राजकीय प्राथमिक स्वास्थ्य केंद्र तथा एक निजी औषधालय भी स्थित है। |
| बाजार | एक छोटा बाजार भी पालमपुर गाँव में है। |
| बिजली पूर्ति | पालमपुर में बिजली आपूर्ति उपलब्ध है। |
| संचार | पालमपुर में संचार सुविधाएँ भी उपलब्ध हैं। |
| निकटतम कस्बा | शाहपुर एक छोटा कस्बा है, जो पालमपुर के निकट है। |

**2.** **खेती की आधुनिक विधियों के लिए ऐसी अधिक आगतों की आवश्यकता होती है, जिन्हें उद्योगों में विनिर्मित किया जाता है, क्या आप सहमत हैं?**

**उत्तर** हाँ, कृषि की आधुनिक विधियों के लिए आगतों की अधिक आवश्यकता होती है। ये आगतें निम्न प्रकार हैं

(i) **स्थायी पूँजी** आधुनिक विधियों से कृषि करने के लिए आधुनिक औजारों, मशीनों (ट्रैक्टर, ड्रिलिंग मशीन, थ्रैशर) आदि की आवश्यकता होती है, जिनको उद्योगों में निर्मित किया जाता है।

(ii) **कार्यशील पूँजी** आधुनिक विधियों से खेती करने के लिए अधिक पूँजी की आवश्यकता पड़ती है।

इस प्रकार की खेती में रासायनिक उर्वरकों की आवश्यकता अधिक होती है।

**3.** **पालमपुर में बिजली के प्रसार ने किसानों की किस तरह मदद की?**

**उत्तर** पालमपुर में बिजली के प्रसार ने किसानों की निम्न प्रकार मदद की

- बिजली के प्रसार से पालमपुर में सिंचाई की नई प्रणालियों का विकास हुआ अर्थात् कुँओं से होने वाली सिंचाई अब नलकूपों के द्वारा होने लगी है।
- नलकूपों को बिजली से चालित किया जाता था, जिसके कारण एक बड़े क्षेत्र की सिंचाई प्रभावी रूप से हो जाती है।
- नलकूपों द्वारा सिंचाई एक सस्ता एवं प्रदूषण से मुक्त सिंचाई साधन है।

**4.** **क्या सिंचित क्षेत्र को बढ़ाना महत्त्वपूर्ण है? क्यों?**

**उत्तर** हाँ, सिंचित क्षेत्र को बढ़ाना अति महत्त्वपूर्ण है, जिसके अनेक कारण हैं

(i) यदि सिंचाई की अच्छी व्यवस्था उपलब्ध न हो, तो खेती के लिए प्रयुक्त रासायनिक उर्वरक भी अप्रभावी सिद्ध होते हैं।

(ii) सिंचाई की अच्छी व्यवस्था उपलब्ध होने पर खेती के लिए बंजर भूमि पर भी फसलों को उगाया जा सकता है।

(iii) भारत में कृषि मानसून पर आधारित है, जिसके लिए सिंचाई का स्थान महत्त्वपूर्ण हो जाता है।

(iv) आधुनिक कृषि में HYV बीजों का प्रयोग किया जाता है। इन बीजों को अच्छी सिंचाई की आवश्यकता होती है।

**5.** **पालमपुर के 450 परिवारों में भूमि के वितरण की एक सारणी बनाइए।**

**उत्तर** छात्र स्वयं करें।

**6.** **पालमपुर में खेतिहर श्रमिकों की मजदूरी न्यूनतम मजदूरी से कम क्यों है?**

**उत्तर** पालमपुर में खेतिहर श्रमिकों में बहुत अधिक स्पर्द्धा है, इसलिए लोग कम वेतन में भी कार्य करने को तैयार हो जाते हैं।

**7.** **अपने क्षेत्र में दो श्रमिकों से बात कीजिए। खेतों में काम करने वाले या विनिर्माण कार्य में लगे मजदूरों में से किसी एक को चुनें। इन्हें कितनी मजदूरी मिलती है? क्या उन्हें नकद पैसा मिलता है या वस्तु रूप में? क्या उन्हें नियमित रूप से काम मिलता है? क्या वे कर्ज में हैं?**

**उत्तर** हमारे क्षेत्र में रमेश और सीता दो खेतिहर मजदूर हैं, जो एक निर्माण स्थल पर कार्य करते हैं। उन्हें मजदूरी के रूप में ₹ 60-70

मिलते हैं। उन्हें मजदूरी नकद मिलती है, किंतु इनमें से प्रत्येक को नियमित काम नहीं मिलता है। इसका कारण है कि बहुत से लोग कम दरों पर काम करने को तैयार हो जाते हैं और कम मजदूरी मिलने के कारण वे कर्ज में रहते हैं।

**8. एक ही भूमि पर उत्पादन बढ़ाने के अलग-अलग कौन-से तरीके हैं? समझाने के लिए उदाहरणों का प्रयोग कीजिए।**

**उत्तर** एक ही भूमि पर उत्पादन बढ़ाने के अलग-अलग निम्न तरीके हैं

- **बहुविध फसल प्रणाली** एक वर्ष में किसी भूमि पर एक से अधिक फसल पैदा करने को बहुविध फसल प्रणाली कहते हैं। यह भूमि के किसी एक टुकड़े में उपज बढ़ाने की सबसे सामान्य प्रणाली है। पालमपुर के सभी किसान कम-से-कम दो मुख्य फसलें पैदा करते हैं।

  वर्षा ऋतु (खरीफ) में ज्वार और बाजरे की खेती करते हैं, जो पशुओं के चारे के रूप में प्रयोग होते हैं। इसके बाद अक्टूबर और दिसंबर में आलू की खेती करते हैं।

- **आधुनिक कृषि तरीकों के प्रयोग** अति उपज प्रजातियों वाले बीजों से अधिक उपज पाने के लिए अत्यधिक पानी तथा रासायनिक खाद और कीटनाशकों की आवश्यकता होती है।

  इसी के अंतर्गत पंजाब, हरियाणा और पश्चिमी उत्तर प्रदेश के किसानों ने खेती के आधुनिक तरीकों का सबसे पहले प्रयोग किया।

  इन क्षेत्रों में किसानों ने खेती में सिंचाई के लिए नलकूप और बीजों, रासायनिक उर्वरकों तथा कीटनाशकों का उपयोग किया। इससे किसानों को गेहूँ की अधिक पैदावार प्राप्त हुई, जिसके परिणामस्वरूप किसानों को लाभ प्राप्त हुआ, जहाँ परंपरागत बीजों से पालमपुर में गेहूँ की उपज 1,300 किग्रा प्रति हेक्टेयर थी। बीजों से उपज 3,200 किग्रा प्रति हेक्टेयर तक पहुँच गई।

**9. एक हेक्टेयर भूमि के मालिक किसान के कार्य का ब्यौरा दीजिए।**

**उत्तर** भूमि को मापने की मानक इकाई हेक्टेयर है। एक हेक्टेयर 100 मीटर की भुजा वाले वर्गाकार भूमि के टुकड़े के क्षेत्रफल के बराबर होता है। एक हेक्टेयर भूमि की मात्रा एक परिवार की आवश्यकताओं को पूरा करने के लिए बहुत कम है।

एक हेक्टेयर भूमि के किसान मालिकों के निम्नलिखित कार्य होते हैं

(i) इसे बहुविध फसल प्रणाली का उपयोग करना चाहिए, जिससे जमीन की उत्पादकता बनी रहे।

(ii) सीमांत किसान को अधिक उत्पादन प्राप्त करने के लिए, उच्च उत्पादकता वाले बीजों का प्रयोग करना चाहिए।

(iii) इस प्रकार के किसान द्वारा गहन कृषि के अंतर्गत कार्य किया जाना चाहिए, ताकि कम भूमि पर अधिक उपज पैदा की जा सके।

(iv) इस प्रकार के किसान को अतिरिक्त आय के लिए गैर-कृषि कार्यों में अपना ध्यान लगाना चाहिए; जैसे–डेयरी एवं लघुस्तरीय विनिर्माण आदि।

**10. मझोले और बड़े किसान कृषि से कैसे पूँजी प्राप्त करते हैं? वे छोटे किसानों से कैसे भिन्न हैं?**

**उत्तर** मझोले और बड़े किसानों को खेती से बचत होती है। इस तरह वे आवश्यक पूँजी की व्यवस्था कर लेते हैं। इसके विपरीत छोटे किसानों को पूँजी की व्यवस्था करने के लिए पैसा उधार लेना पड़ता है। वे बड़े किसानों या साहूकारों से कर्ज लेते हैं।

**11. सविता को किन शर्तों पर तेजपाल सिंह से ऋण मिला है? क्या ब्याज की कम दर पर बैंक से कर्ज मिलने पर सविता की स्थिति अलग होती?**

**उत्तर** तेजपाल सिंह सविता को 24% की दर पर चार महीने के लिए कर्ज़ देने को तैयार हो जाता है, जो ब्याज़ की एक बहुत ऊँची दर है। इसके बदले में सविता को यह भी वचन देना पड़ता है कि वह कटाई के मौसम में उसके खेतों में एक श्रमिक के रूप में 35 रुपये प्रतिदिन पर काम करेगी। सविता जानती है कि उसे अपने खेत की कटाई पूरी करने में बहुत मेहनत करनी पड़ेगी और उसके बाद तेजपाल के खेतों में श्रमिक की तरह काम करना होगा।

कटाई का समय बहुत व्यस्त होता है। तीन बच्चों की माँ के रूप में उस पर घर के कामों की भी बहुत ज़िम्मेदारी है। ऐसी परिस्थिति में सविता को कठिन चुनौतियों का सामना करना पड़ता है। यदि सविता कम ब्याज दर पर बैंक से कर्ज लेती तो उसकी स्थिति अलग होती है। वह आर्थिक रूप से मजबूत होती और उसे कटाई के मौसम में तेजपाल सिंह के यहाँ काम भी नहीं करना पड़ता, साथ ही अपने परिवार की देखभाल भी आसानी से कर सकती थी।

**12. अपने क्षेत्र के कुछ पुराने निवासियों से बात कीजिए और पिछले 30 वर्षों में सिंचाई और उत्पादन के तरीकों में हुए परिवर्तनों पर एक संक्षिप्त रिपोर्ट लिखिए (वैकल्पिक)।**

**उत्तर** हमें अपने क्षेत्र के कुछ पुराने निवासियों से बात करने पर पता चला है कि प्राचीन समय में सिंचाई की पर्याप्त व्यवस्था नहीं थी। किसान कुओं एवं रहट द्वारा पानी निकालकर छोटे-छोटे खेतों की सिंचाई करते थे, किंतु पिछले 30 वर्षों में गाँवों में बिजली की व्यवस्था एवं आधुनिक सिंचाई सुविधाओं के द्वारा सिंचाई की पद्धति में भी परिवर्तन हुआ। बिजली से चलने वाले नलकूपों का प्रयोग सिंचाई में किया जाने लगा। प्रारंभ में नलकूप सरकार द्वारा लगाए जाते थे, किंतु शीघ्र ही किसानों ने अपने निजी नलकूप लगाने शुरू कर दिए, जिसके फलस्वरूप 1970 के दशक के मध्य तक 200 हेक्टेयर के पूरे जुते हुए क्षेत्रों की सिंचाई भी सरलता से नलकूपों द्वारा की जाने लगी।

इसका खेतों में उत्पादन पर भी अच्छा प्रभाव पड़ा, क्योंकि अब सिंचाई की सुव्यवस्थित व्यवस्था थी। किसान बहुविध फसल प्रणाली का प्रयोग करने लगे, जिसमें एक वर्ष में किसी भूमि पर एक से अधिक फसल उगाई जाती थी। किसान एक वर्ष में तीन अलग-अलग प्रकार की फसलें उगाने लगे, जिससे कृषि उत्पादन का स्तर बढ़ा।

**13. आपके क्षेत्र में कौन-से गैर-कृषि उत्पादन कार्य हो रहे हैं? इनकी एक संक्षिप्त सूची बनाइए।**

**उत्तर** छात्र स्वयं करें।

**14. गाँवों में और अधिक गैर-कृषि कार्य करने के लिए क्या किया जा सकता है?**

**उत्तर** गाँवों में और अधिक गैर-कृषि कार्य करने के लिए विनिर्माण, डेयरी, परिवहन, मुर्गीपालन, दर्जी जैसे गैर-कृषि क्रियाओं का विकास किया जा सकता है, जिससे किसान भी इन क्रियाओं में शामिल हो सकें।

# परीक्षा अभ्यास

## वस्तुनिष्ठ प्रश्न

### बहुविकल्पीय प्रश्न

**1.** पालमपुर गाँव में कितने प्राथमिक विद्यालय हैं?
(a) दो (b) तीन
(c) चार (d) एक

**उत्तर** (a) दो

**2.** निम्न में से कौन-सा उत्पादन का कारक है?
(a) भूमि (b) श्रम
(c) मानव पूँजी (d) ये सभी

**उत्तर** (d) ये सभी

**3.** निम्न में से कौन-सा भौतिक पूँजी का प्रकार है?
(a) श्रम (b) कार्यशील पूँजी
(c) भूमि (d) वन

**उत्तर** (b) कार्यशील पूँजी

**4.** पालमपुर गाँव की मुख्य आर्थिक क्रिया कौन-सी है?
(a) मत्स्यपालन (b) पशुपालन
(c) कृषि (d) विनिर्माण

**उत्तर** (c) कृषि

**5.** प्राथमिक क्षेत्र में कौन सम्मिलित नहीं है?
(a) खनन (b) वन
(c) मत्स्य (d) परिवहन

**उत्तर** (d) परिवहन

**6.** भारत में हरित क्रांति की सफलता किस क्षेत्र में है?
(a) चना (b) गेहूँ
(c) मूँग (d) गन्ना

**उत्तर** (b) गेहूँ

**7.** निम्न में से कौन-सा हरित क्रांति का प्रभाव है?
(a) मृदा उर्वरा शक्ति का ह्रास (b) उत्पादन में कमी
(c) पशुपालन में वृद्धि (d) इनमें से कोई नहीं

**उत्तर** (a) मृदा उर्वरा शक्ति का ह्रास

**8.** निम्न में से कौन-सी गैर-कृषि क्रिया है?
(a) डेयरी (b) विनिर्माण
(c) परिवहन (d) ये सभी

**उत्तर** (d) ये सभी

**9.** निम्नलिखित में कौन-सा कथन पालमपुर गाँव के संदर्भ में सत्य है?
(a) पालमपुर में विभिन्न जाति के 450 परिवार रहते हैं
(b) पालमपुर के लोगों का मुख्य व्यवसाय पशुपालन है
(c) गाँव में तीन प्राथमिक विद्यालय हैं
(d) पालमपुर के किसान भूमि के एक भाग पर कपास की खेती करते हैं

**उत्तर** (a) पालमपुर में विभिन्न जाति के 450 परिवार रहते हैं

**10.** निम्नलिखित में से कौन-सा कथन बहुविध फसल प्रणाली से संबंधित नहीं है?
(a) एक वर्ष के भीतर एक से अधिक फसल उत्पादन को बहुविध फसल प्रणाली कहते हैं
(b) ज्वार और बाजरा वर्षा ऋतु (खरीफ) की फसलें हैं
(c) गेहूँ रबी की फसल है
(d) बहुविध फसल प्रणाली से मिट्टी की उत्पादन क्षमता नहीं बढ़ती है

**उत्तर** (d) बहुविध फसल प्रणाली से मिट्टी की उत्पादन क्षमता नहीं बढ़ती है

**11.** निम्नलिखित में से कौन-से कथन सही हैं?
1. भारतीय गाँवों में उच्च स्तर की सिंचाई व्यवस्था नहीं है।
2. भारत के तटीय क्षेत्रों में उत्तम सिंचाई व्यवस्था उपलब्ध है।
3. भारत के पठारी क्षेत्रों में सिंचाई कम होती है।

**कूट**
(a) 1 और 2 (b) 2 और 3 (c) 1 और 3 (d) ये सभी

**उत्तर** (d) ये सभी

**12.** निम्नलिखित में से कौन-से कथन सही हैं?
1. देश में रासायनिक खाद का सबसे अधिक प्रयोग हरियाणा में है।
2. रासायनिक खाद्य के निरंतर प्रयोग ने मिट्टी की गुणवत्ता को कम कर दिया है।
3. रासायनिक उर्वरक मिट्टी में जीवाणुओं और सूक्ष्म अवयवों को नष्ट नहीं करते हैं।
4. रासायनिक उर्वरक मिट्टी की गुणवत्ता को बढ़ाता है।

**कूट**
(a) 1 और 2 (b) 2 और 3
(c) 3 और 4 (d) ये सभी

**उत्तर** (a) 1 और 2

**13.** निम्नलिखित में से कौन-सा युग्म सही नहीं है?

| | | | |
|---|---|---|---|
| (a) | मानव पूँजी | – | मानवीय ज्ञान |
| (b) | भौतिक पूँजी | – | कच्चा माल एवं धन |
| (c) | स्थायी पूँजी | – | भवन |
| (d) | कार्यरत पूँजी | – | औजार, मशीनें |

**उत्तर** (d) कार्यरत पूँजी – औजार, मशीनें

**14.** निम्नलिखित में से कौन-सा युग्म सही है?

| | वर्ष | | गेहूँ का उत्पादन |
|---|---|---|---|
| (a) | 2014-15 | – | 89 करोड़ टन |
| (b) | 2015-16 | – | 95 करोड़ टन |
| (c) | 2016-17 | – | 99 करोड़ टन |
| (d) | 2017-18 | – | 98 करोड़ टन |

**उत्तर** (c) 2017-18 — 98 करोड़ टन

**15.** निम्नलिखित कथनों की सहायता से क्रांति की पहचान कीजिए

- इसकी शुरुआत 1960 के दशक में हुई थी।
- इसके अंतर्गत कृषि में अधिक रासायनिक कीटनाशकों का प्रयोग होने लगा।
- इसका अधिक प्रयोग पंजाब, हरियाणा तथा पश्चिमी उत्तर प्रदेश में देखा गया है।
- उच्च उपज वाले बीजों का प्रयोग होने लगा।

**कूट**

(a) श्वेत क्रांति (b) गोल्डन क्रांति
(c) हरित क्रांति (d) गोल क्रांति

**उत्तर** (c) हरित क्रांति

**16.** निम्नलिखित वक्तव्य किससे संबंधित हैं?

- यह उत्पादन का एक स्थिर साधन है।
- इसमें प्राकृतिक संसाधन के रूप में जल, वन और खनिज पदार्थ मुख्य रूप से सम्मिलित होते हैं।
- यह एक अचल संपत्ति भी है।

**कूट**

(a) भौतिक पूँजी (b) स्थायी पूँजी
(c) कार्यशील पूँजी (d) भूमि

**उत्तर** (d) भूमि

## चित्र आधारित प्रश्न

**17.** नीचे दिए गए चित्र में किस कृषि कार्य को दर्शाया गया है?

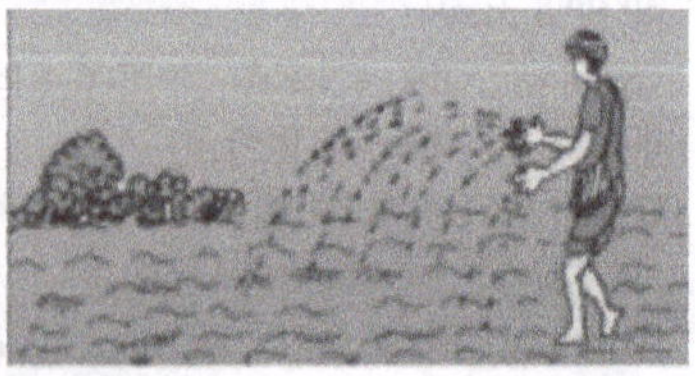

(a) कीटनाशक छिड़काव (b) बीज बोना
(c) फसलों की जुताई (d) फसलों की कटाई

**उत्तर** (b) बीज बोना

**18.** नीचे दिए गए चित्र में किस फसल को दर्शाया गया है?

(a) गेहूँ (b) बाजरा
(c) मक्का (d) इनमें से कोई नहीं

**उत्तर** (b) बाजरा

## सुमेलित करें

**19.** सुमेलित कीजिए

| सूची I | सूची II |
|---|---|
| A. भूमि | 1. प्राकृतिक संसाधन |
| B. स्थायी पूँजी | 2. संपत्ति |
| C. कार्यशील पूँजी | 3. कच्चा माल एवं नकदी |
| D. मानव पूँजी | 4. ज्ञान एवं उद्यम |

**कूट**

| | A | B | C | D | | A | B | C | D |
|---|---|---|---|---|---|---|---|---|---|
| (a) | 1 | 2 | 3 | 4 | (b) | 2 | 3 | 4 | 1 |
| (c) | 3 | 2 | 1 | 4 | (d) | 3 | 2 | 1 | 4 |

**उत्तर** (a) 1 2 3 4

**20.** सुमेलित कीजिए

| सूची I | सूची II |
|---|---|
| A. ट्रैक्टर एवं HYV बीज | 1. गैर-कृषि कार्य |
| B. डेयरी, चावल मिल, दुकान | 2. आधुनिक कृषि विधि |
| C. ऋण लेना | 3. बड़े किसान |
| D. अतिरिक्त फसल का विक्रय | 4. लघु किसान |

**कूट**

| | A | B | C | D | | A | B | C | D |
|---|---|---|---|---|---|---|---|---|---|
| (a) | 1 | 4 | 3 | 2 | (b) | 2 | 3 | 1 | 4 |
| (c) | 4 | 1 | 2 | 3 | (d) | 3 | 1 | 4 | 2 |

**उत्तर** (d) 3 1 4 2

## रिक्त स्थान भरें

**21.** भूमि, श्रम और भौतिक पूँजी को संयोजित करने के लिए ………… और ………… की आवश्यकता होती है।

**उत्तर** ज्ञान और उद्यम

**22.** उत्पादन प्रक्रिया के अंतर्गत प्रयोग में लाए जाने वाले कच्चे माल एवं नकदी प्रवाह ………… कहलाते हैं।

**उत्तर** कार्यशील पूँजी

**23.** भारतीय किसानों को ………… के द्वारा गेहूँ और चावल की खेती करने के उपाय बताए गए।

**उत्तर** अधिक उपज वाले बीजों

**24.** पालमपुर गाँव में बिजली की शीघ्र पूर्ति होने के कारण ………… विकसित अवस्था में है।

**उत्तर** सिंचाई प्रणाली

**25.** निम्न रिक्त स्थान को पूरा करें

| उत्पादन की भौतिक पूँजी | शामिल घटक |
|---|---|
| स्थायी पूँजी | मशीनों, औजारों, भवनों |
| कार्यशील पूँजी | ? |

**कूट**

(a) जनरेटर, टरबाइन, कंप्यूटर
(b) खनिज पदार्थ, जल, वन
(c) बुनकरों का कच्चा सूत, कुम्हारों की मिट्टी तथा नकदी भुगतान।
(d) खेत, मैदान, विद्युत संयंत्र।

*उत्तर* (c) बुनकरों का कच्चा सूत, कुम्हारों की मिट्टी तथा नकदी भुगतान।

## सही और पुनः लिखें

**26.** पालमपुर गाँव में अनुसूचित जाति के लोग भी निवास करते हैं, जो गाँव की जनसंख्या का एक-चौथाई हैं।

*उत्तर* पालमपुर गाँव में अनुसूचित जाति के लोग भी निवास करते हैं, जो गाँव की जनसंख्या का एक-तिहाई हैं।

**27.** भारत में पंजाब, हरियाणा, बिहार के किसानों ने खेती के परंपरागत तरीके का सबसे पहले प्रयोग किया गया।

*उत्तर* भारत में पंजाब, हरियाणा और पश्चिमी उत्तर प्रदेश के किसानों ने खेती के आधुनिक तरीके का सबसे पहले प्रयोग किया।

## डेटा आधारित प्रश्न

**28.** नीचे दिए गए जुताई से संबंधित आँकड़ों का अध्ययन कीजिए तथा ज्ञात कीजिए कि किस वर्ष में जुताई क्षेत्र 200 मिलियन हेक्टेयर क्षेत्र के निकट पहली बार पहुँचा?

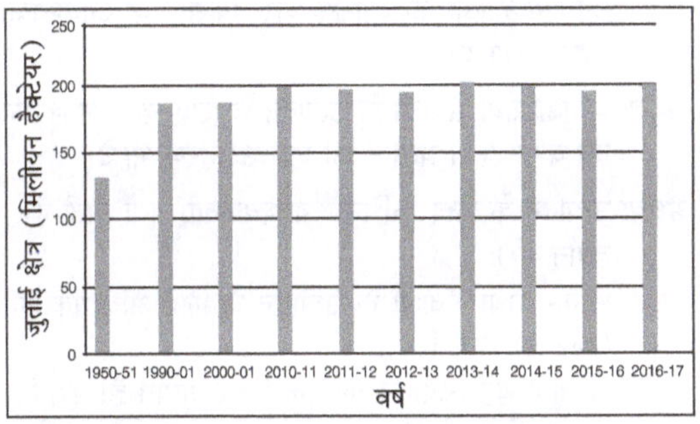


**कूट**

(a) वर्ष 1990-91 (b) वर्ष 2010-11
(c) वर्ष 2015-16 (d) वर्ष 2016-17

*उत्तर* (b) वर्ष 2010-11

**29.** नीचे दी गई सारणी का अध्ययन कीजिए तथा पूछे गए प्रश्न का उत्तर दीजिए।

**सारणी : दालों तथा गेहूँ का उत्पादन** (करोड़ टन)

| वर्ष | दालों का उत्पादन | गेहूँ का उत्पादन |
|---|---|---|
| 1965-66 | 10 | 10 |
| 1970-71 | 12 | 24 |
| 1980-81 | 11 | 36 |
| 1990-91 | 14 | 55 |
| 2000-01 | 11 | 70 |
| 2010-11 | 18 | 87 |
| 2012-13 | 18 | 94 |
| 2013-14 | 19 | 96 |
| 2014-15 | 17 | 87 |
| 2015-16 | 17 | 94 |
| 2016-17 | 23 | 99 |
| 2017-18 | 25 | 100 |
| 2018-19 | 23 | 104 |
| 2019-20 | 23 | 108 |

किस वर्ष में गेहूँ तथा दालों का उत्पादन समान मात्रा में उत्पादित हुआ था?

(a) वर्ष 2000-01 (b) वर्ष 2014-15
(c) वर्ष 1965-66 (d) वर्ष 1970-71

*उत्तर* (c) वर्ष 1965-66

## कथन/कारण

**30.** **कथन** (A) पालमपुर की समस्त भूमि पर कृषि की जाती है।

**कारण** (R) श्रमिक ही उत्पादन के लिए आवश्यक श्रम प्रदान करता है।

**कूट**

(a) A और R दोनों सही हैं तथा R, A की सही व्याख्या है
(b) A और R दोनों सही हैं, परंतु R, A की सही व्याख्या नहीं है
(c) A सही है, किंतु R गलत है
(d) A गलत है, किंतु R सही है

*उत्तर* (a) A और R दोनों सही हैं तथा R, A की सही व्याख्या है

**31.** **कथन** (A) उत्पादन का उद्देश्य पालमपुर गाँव के विकास को लोगों तक पहुँचाना है।

**कारण** (R) उत्पादन वस्तुओं एवं सेवाओं को उपलब्ध कराने की प्रक्रिया है।

**कूट**

(a) A और R दोनों सही हैं तथा R, A की सही व्याख्या है
(b) A और R दोनों सही हैं, परंतु R, A की सही व्याख्या नहीं है
(c) A सही है, किंतु R गलत है
(d) A गलत है, किंतु R सही है

*उत्तर* (b) A और R दोनों सही हैं, परंतु R, A की सही व्याख्या नहीं है

**32.** **कथन** (A) वर्षा ऋतु में ज्वार और बाजरे की खेती करते हैं।

**कारण** (R) लगभग पालमपुर गाँव में एक-चौथाई परिवारों के पास खेती करने के लिए भूमि नहीं है।

**कूट**

(a) A और R दोनों सही हैं तथा R, A की सही व्याख्या है
(b) A और R दोनों सही हैं, परंतु R, A की सही व्याख्या नहीं है
(c) A सही है, किंतु R गलत है
(d) A गलत है, किंतु R सही है

*उत्तर* (b) A और R दोनों सही हैं, परंतु R, A की सही व्याख्या नहीं है

## केस आधारित प्रश्न

**33.** डाला पालमपुर में दैनिक मजदूरी पर काम करने वाला एक भूमिहीन श्रमिक है। सरकार द्वारा खेती में काम करने वाले श्रमिकों के लिए एक दिन का न्यूनतम वेतन ₹ 300 (मार्च, 2017) निर्धारित है, लेकिन डाला को मात्र ₹ 160 ही मिलते हैं।
उपरोक्त के आधार पर निम्न में से कौन-सा कथन सत्य है?
(a) डाला शिक्षित है
(b) डाला अनुसूचित जाति से है
(c) खेतिहर श्रमिकों में स्पर्द्धा है
(d) डाला के पास पर्याप्त भूमि है

*उत्तर* (c) खेतिहर श्रमिकों में स्पर्द्धा है

## अतिलघु उत्तरीय प्रश्न

**1.** पालमपुर गाँव में अनुसूचित जाति (दलित) के लोग कहाँ निवास करते हैं?
*उत्तर* पालमपुर गाँव में अनुसूचित जाति (दलित) के लोग छोटे घरों में निवास करते हैं।

**2.** उत्पादन का क्या उद्देश्य है?
*उत्तर* आवश्यक वस्तुओं को उत्पादित करना उत्पादन का उद्देश्य है।

**3.** कच्चा माल किस प्रकार की पूँजी है?
*उत्तर* कच्चा माल एक कार्यशील पूँजी है। यह उत्पादन की प्रक्रिया में प्रयोग में लाया जाता है।

**4.** कच्चे माल और हाथ में धन को क्या कहा जाता है?
*उत्तर* कच्चे माल एवं हाथ में धन (नकद पूँजी) को कार्यशील पूँजी कहा जाता है। इसे उत्पादन प्रक्रिया के अंतर्गत प्रयोग में लाया जाता है।

**5.** उत्पादन के घटकों की परिभाषा दीजिए।
*उत्तर* वे तत्त्व जिनके सहयोग से उत्पादन क्रिया संभव है, उत्पादन के घटक कहलाते हैं।

**6.** उत्पादन के घटकों के नाम बताइए।
*उत्तर* उत्पादन के घटकों के नाम निम्न हैं
(i) भूमि (ii) भौतिक पूँजी
(iii) श्रम (iv) मानव पूँजी

**7.** कार्यशील पूँजी क्या है?
*उत्तर* वे वस्तुएँ जो उत्पादन क्रिया के दौरान समाप्त हो जाती हैं, कार्यशील पूँजी कहलाती हैं।

**8.** भूमि का क्षेत्र मापने के लिए मानक इकाई क्या है?
*उत्तर* भूमि का क्षेत्र मापने के लिए मानक इकाई हेक्टेयर है।

**9.** पालमपुर के किसानों द्वारा गेहूँ किस मौसम में उगाया जाता है?
*उत्तर* पालमपुर के किसानों द्वारा गेहूँ सर्दी के मौसम में उगाया जाता है।

**10.** बहुविध फसल प्रणाली से क्या तात्पर्य है?
*उत्तर* एक वर्ष में एक से अधिक फसलें पैदा करने की विधि को बहुविध फसल प्रणाली कहते हैं।

**11.** कृषि उत्पादन बढ़ाने की दो विधियाँ कौन-सी हैं?
*उत्तर* कृषि उत्पादन बढ़ाने की दो विधियाँ निम्न हैं
(i) आधुनिक कृषि विधियों का उपयोग
(ii) बहुविध फसल प्रणाली

**12.** किन्हीं दो गैर-कृषि क्रियाओं को बताइए।
*उत्तर* डेयरी व परिवहन गैर-कृषि क्रियाएँ हैं।

**13.** पालमपुर गाँव में विनिर्माण कार्य किसकी सहायता से किया जाता है?
*उत्तर* पालमपुर गाँव में विनिर्माण कार्य पारिवारिक श्रम की सहायता से किया जाता है।

**14.** पालमपुर में तेजी से विकसित होता एक क्षेत्र कौन-सा है?
*उत्तर* पालमपुर में तेजी से विकसित होता एक क्षेत्र परिवहन क्षेत्र है।

**15.** पालमपुर गाँव में लगभग कितने परिवारों के पास खेती करने के लिए भूमि नहीं है?
*उत्तर* पालमपुर गाँव में लगभग एक-तिहाई परिवारों के पास खेती करने के लिए भूमि नहीं है।

## लघु उत्तरीय प्रश्न

**1.** सामान तथा सेवाओं के उत्पादन के लिए मौलिक आवश्यकताएँ क्या होती हैं? इनमें से कौन-सी अति आवश्यक हैं?
*अथवा* वस्तुओं तथा सेवाओं के उत्पादन के लिए चार आवश्यकताओं की व्याख्या करें। किसी एक आवश्यकता का महत्त्व बताइए।
*अथवा* वस्तुओं तथा सेवाओं के उत्पादन के लिए चार आवश्यकताओं का वर्णन करें। प्रत्येक का एक उदाहरण भी दें।
*अथवा* उत्पादन के लिए विभिन्न आवश्यकताएँ क्या होती हैं? वर्णन करें।
*उत्तर* सामान तथा सेवाओं के उत्पादन के लिए आवश्यकताएँ (कारकों) होती हैं
(i) **भूमि** यह उत्पादन का एक स्थिर साधन है। इसमें प्राकृतिक संसाधन के रूप में जल, वन और खनिज पदार्थ मुख्य रूप से सम्मिलित होते हैं।
(ii) **श्रम** यह उत्पादन का मुख्य साधन है। श्रमिक ही उत्पादन के लिए आवश्यक श्रम प्रदान करता है।
(iii) **भौतिक पूँजी** उत्पादन के प्रत्येक स्तर पर कार्य में लाई जाने वाली विभिन्न प्रकार की आगतों (मदों) को भौतिक पूँजी कहा जाता है।
(iv) **मानव पूँजी** उत्पादन प्रक्रिया में भूमि, श्रम एवं पूँजी को संयोजित कर जिस कारक द्वारा उसे संगठित किया जाता है, उसे मानव पूँजी कहा जाता है।

**2.** पालमपुर के किसान कौन-सी फसलों का उत्पादन करते हैं?
*उत्तर* पालमपुर की समस्त भूमि पर कृषि की जाती है तथा कोई भूमि व्यर्थ नहीं छोड़ी जाती। पालमपुर के सभी किसान कम-से-कम दो मुख्य फसलें पैदा करते हैं। वर्षा ऋतु (खरीफ) में ज्वार और बाजरे की खेती करते हैं, जो पशुओं

के चारे के रूप में प्रयोग होते हैं। इसके बाद अक्टूबर और दिसंबर में आलू की खेती करते हैं।

गेहूँ को सर्दी के मौसम (रबी) में उगाया जाता है। उत्पादित गेहूँ में से परिवार के खाने के लिए रखकर शेष गेहूँ किसान रायगंज की मंडी में बेच देते हैं। पालमपुर के किसान भूमि के एक भाग पर गन्ने की खेती भी करते हैं, जिसकी वर्ष में एक बार कटाई की जाती है। गन्ना कच्चे रूप में या गुड़ के रूप में शाहपुर के व्यापारियों को बेचा जाता है।

**3. अधिक उपज के लिए आधुनिक विधियों का प्रयोग करना दूसरा उपाय है। क्या आप इससे सहमत हैं?**

**उत्तर** अधिक उपज के लिए खेती में आधुनिक विधियों का प्रयोग करना दूसरा उपाय है।

खेती में पारंपरिक बीजों का उपयोग 1960 के दशक के मध्य तक होता था, किंतु 1960 के दशक के अंत में हरित क्रांति ने भारतीय किसानों को अधिक उपज वाले बीजों के द्वारा गेहूँ और चावल की खेती करने के उपाय सिखाए। इसी के अंतर्गत पंजाब, हरियाणा और पश्चिमी उत्तर प्रदेश के किसानों ने खेती के आधुनिक तरीकों का सबसे पहले प्रयोग किया। इस क्रम में किसानों में गेहूँ की अधिक पैदावार प्राप्त हुई।

**4. आधुनिक कृषि विधि क्या है? इसकी त्रुटियाँ भी लिखें।**

**उत्तर** उत्पादन में वृद्धि करने का यह एक वैज्ञानिक उपाय है, जिसके अंतर्गत HYV बीजों का उपयोग किया जाता है। इसकी अनेक त्रुटियाँ हैं, जो निम्न हैं

(i) केवल संपन्न किसानों द्वारा ही इसका उपयोग किया जाता है।

(ii) रासायनिक उर्वरकों के अधिक उपयोग से भूमि की उर्वरता कम हो गई है।

(iii) अधिक सिंचाई के कारण भौम जल स्तर कम हो गया।

**5. पालमपुर के किसानों में भूमि वितरण किस प्रकार है? समझाइए।**

**उत्तर** पालमपुर गाँव में 450 परिवारों में से लगभग एक-तिहाई अर्थात् 150 परिवारों के पास खेती करने के लिए भूमि नहीं है, जिनमें अधिकांश संख्या दलितों की है। 240 परिवारों में से कुछ परिवार ऐसे हैं, जिनके पास भूमि है, किंतु वे 2 हेक्टेयर से कम क्षेत्रफल वाले भूमि के टुकड़ों पर खेती करते हैं।

इसके अतिरिक्त गाँव में आधे से ज्यादा क्षेत्र में बड़े आकार के प्लॉट हैं। पालमपुर गाँव में मझोले और बड़े किसानों के 60 परिवार हैं, जो 2 हेक्टेयर से अधिक भूमि पर खेती करते हैं तथा कुछ बड़े किसानों के पास 10 हेक्टेयर या इससे अधिक भूमि है।

**6. भूमि के असमान वितरण के कारण पैदा हुई समस्याओं का उल्लेख करें।**

**उत्तर** भूमि के असमान वितरण के कारण निम्न समस्याएँ पैदा होती हैं

(i) भूमि के असमान वितरण के कारण सामाजिक व पारिवारिक रूप से आर्थिक असमानता बढ़ती है। अमीर अधिक अमीर तथा गरीब अधिक गरीब हो जाते हैं।

(ii) भूमि के असमान वितरण के कारण बेरोजगारी भी बढ़ती है। खासतौर से ग्रामीण क्षेत्रों में, जहाँ कृषि कार्य के अलावा कोई अन्य कार्य संचालित नहीं होते हैं।

(iii) भूमि के असमान वितरण के कारण गरीबी और भुखमरी जैसी समस्या गंभीर हो जाती है, इससे भूमिहीन वर्ग सबसे अधिक प्रभावित होते हैं।

**7. भूमि के एक टुकड़े पर एक से अधिक फसलें उगाने का क्या महत्त्व है?**

**उत्तर** भूमि के एक टुकड़े पर एक से अधिक फसलें उगाने का महत्त्व निम्नलिखित है

(i) भूमि की उर्वरता बनी रहती है।

(ii) भूमि के उसी टुकड़े पर एक से अधिक फसलें उगाने से भूमि का अधिकाधिक उपयोग किया जा सकता है।

(iii) किसानों को अधिक धन प्राप्त होता है, जो इसका प्रयोग अगली उपज के लिए करते हैं।

(iv) पूरे वर्ष रोज़गार की प्राप्ति होती है।

**8. भूमि क्या होती है? भूमि के संजीवन के तीन तरीके बताइए।**

**उत्तर** भूमि उत्पादन संबंधी आवश्यकता को पूरी करने की प्रथम आवश्यकता है। यह उत्पादन का एक स्थिर कारक है।

भूमि के संजीवन के निम्न तरीके हैं

(i) रासायनिक उर्वरकों तथा कीटनाशकों का प्रयोग कम करके जैव खाद का प्रयोग करना चाहिए।

(ii) आधुनिक वैज्ञानिक कृषि विधियों को प्रोत्साहित करके।

(iii) सामुदायिक या सहकारी कृषि को प्रोत्साहन देकर।

**9. किस पूँजी को आप सबसे अच्छा मानते हैं—भूमि, श्रम, भौतिक पूँजी एवं मानव पूँजी और क्यों?**

**उत्तर** मानव पूँजी ही सबसे श्रेष्ठ है, क्योंकि इसी पूँजी द्वारा दूसरे संसाधन; जैसे–भूमि, श्रम और भौतिक पूँजी आदि सब उपयोगी बनते हैं। मानव पूँजी का निवेश ही अन्य साधनों का सही ढंग से उपयोग करता है।

जापान का एक विकसित देश होना मानव पूँजी के निवेश का ही उदाहरण है। वास्तव में, मानव पूँजी कौशल और उसमें निहित उत्पादन के ज्ञान का भंडार है। अतः हम कह सकते हैं कि मानव पूँजी ही सबसे श्रेष्ठ पूँजी के रूप में विद्यमान है।

**10. आर्थिक और गैर-आर्थिक क्रियाओं को स्पष्ट कीजिए।**

**उत्तर** **आर्थिक क्रियाएँ** वे क्रियाएँ, जो जीविका कमाने के लिए और आर्थिक उद्देश्य से की जाती हैं, आर्थिक क्रियाएँ कहलाती हैं। ये क्रियाएँ उत्पादन, विनिमय एवं वस्तुओं और सेवाओं के वितरण से संबंधित होती हैं। लोगों का व्यवसाय, पेशे और रोज़गार में होना आर्थिक क्रियाएँ हैं। इन क्रियाओं का मूल्यांकन मुद्रा में किया जाता है।

**गैर-आर्थिक क्रियाएँ** वे क्रियाएँ, जो भावनात्मक एवं मनोवैज्ञानिक आवश्यकताओं की संतुष्टि के लिए की जाती हैं और जिनका कोई अधिक उद्देश्य नहीं होता, गैर-आर्थिक क्रियाएँ कहलाती हैं। ये क्रियाएँ सामाजिक, सांस्कृतिक, धार्मिक, शैक्षिक एवं सार्वजनिक हित से संबंधित हो सकती हैं।

**11.** किन दो राज्यों ने भारत में सबसे पहले कृषि के आधुनिक तरीके अपनाए थे? इसके कोई तीन सकारात्मक प्रभाव बताइए।

**उत्तर** भारत में सबसे पहले कृषि के आधुनिक तरीके पंजाब, हरियाणा तथा पश्चिमी उत्तर प्रदेश के किसानों ने अपनाए थे। इसके सकारात्मक प्रभाव निम्न हैं

(i) आधुनिक विधि से कृषि करने से भूमि की उत्पादकता बढ़ी है।

(ii) इसके द्वारा देश में खाद्यान्न उत्पादन बढ़ा है।

(iii) इसके द्वारा हरित क्रांति हुई, जिसके कारण गेहूँ तथा चावल का उत्पादन बढ़ा।

(iv) इसके द्वारा कृषि पर आधारित उद्योगों का विकास हुआ।

**12.** कृषि के आधुनिक तरीकों के लिए अधिक पूँजी की आवश्यकता क्यों होती है? व्याख्या करें।

**उत्तर** कृषि के आधुनिक तरीकों के लिए अधिक पूँजी की आवश्यकता होती है, क्योंकि

(i) आधुनिक तरीकों से कृषि करने में HYV बीजों का प्रयोग किया जाता है। इन बीजों को सिंचाई की अधिक आवश्यकता होती है।

(ii) आधुनिक विधि से कृषि करने में रासायनिक उर्वरकों, कीटनाशकों तथा मशीनों की आवश्यकता होती है, जिसके लिए अधिक नकदी की जरूरत होती है।

(iii) आधुनिक कृषि में प्रयुक्त मशीनें चलाने के लिए कुशल मानव श्रम की आवश्यकता होती है, जिसके कारण निवेश और बढ़ जाता है।

**13.** श्रम व्यवस्था से क्या तात्पर्य है? छोटे किसान कृषि के लिए पूँजी की व्यवस्था किस प्रकार करते हैं? इनके परिणाम क्या होते हैं? व्याख्या करें।

**उत्तर** श्रम एक ऐसा कारक है, जो भूमि के पश्चात् उत्पादन के लिए आवश्यक है। कृषि कार्य के लिए अधिक श्रम की आवश्यकता होती है। छोटे किसान अपने परिवार की सहायता से खेती करते हैं, जबकि बड़े किसान खेती के लिए दूसरे श्रमिकों को किराए पर रखते हैं।

छोटे किसान पूँजी के लिए बड़े किसानों तथा साहूकारों पर निर्भर रहते हैं। ये साहूकार इन किसानों को ऊँची ब्याज दरों पर कर्ज देते हैं, जिसके परिणामस्वरूप इन कर्जों को चुकाने के लिए इन किसानों को बहुत कष्ट सहने पड़ते हैं, जबकि बड़े व मझोले किसानों को खेती से बचत होती है, जिसके कारण वे आवश्यक पूँजी की पूर्ति कर लेते हैं।

**14.** भूमि तथा पूँजी में कोई तीन अंतर बताइए।

**उत्तर** भूमि तथा पूँजी में तीन अंतर निम्न हैं

| भूमि | पूँजी |
|---|---|
| भूमि उत्पादन का एक स्थिर कारक है। | पूँजी उत्पादन का एक मानव निर्मित कारक है। |
| भूमि उत्पादन संबंधी आवश्यकता को पूरी करने की प्रथम आवश्यकता है। | पूँजी उत्पादन संबंधी क्रिया के लिए तीसरी आवश्यकता है। |
| भूमि प्रकृति द्वारा प्रदान की गई मुक्त देन है। | पूँजी के दो प्रकार हैं–स्थायी तथा कार्यशील। |

परीक्षा अभ्यास

## C दीर्घ उत्तरीय प्रश्न

**1.** खेतों से उत्पादन बढ़ाने में आने वाली मुख्य कठिनाइयों पर प्रकाश डालिए।

**उत्तर** खेतों से उत्पादन बढ़ाने में आने वाली मुख्य कठिनाइयाँ निम्न हैं

(i) अपर्याप्त निवेश होने के कारण कृषि को बड़ा आघात पहुँचा है।

(ii) अत्यधिक लोगों का कृषि पर निर्भर होना भी उत्पादन बढ़ाने पर प्रतिकूल प्रभाव डालता है।

(iii) भूमि की जोतों का आकार छोटा होने के कारण भी उत्पादन बढ़ाने में समस्या आती है।

(iv) परंपरागत कृषि विधियों का प्रयोग तथा आधुनिक कृषि विधियों का ज्ञान न होना भी उत्पादन बढ़ाने में बाधक है।

(v) भारतीय कृषि मानसून पर अधिक निर्भर करती है। कई बार पर्याप्त वर्षा न होने पर भी कृषि उत्पादन पर प्रभाव पड़ता है।

(vi) कृषि योग्य भूमि का सीमित होना, उत्पादन बढ़ाने में एक मुख्य चुनौती है।

(vii) कृषि में परंपरागत बीजों के प्रयोग से भी उत्पादन के स्तर पर प्रभाव पड़ता है।

(viii) भारतीय किसानों द्वारा उत्पादन के लिए पुरानी तकनीक का प्रयोग किया जाता है, जो अधिक उत्पादन के लिए उपयुक्त नहीं है।

(ix) सिंचाई व्यवस्था का सही प्रबंध न होना भी कम उत्पादन का कारण है।

**2.** बहुविध फसल प्रणाली किसे कहते हैं? इसकी दो आवश्यक शर्तें बताते हुए रबी एवं खरीफ की फसलों का वर्णन कीजिए।

*अथवा* रबी तथा खरीफ की फसलों में क्या अंतर होता है? ये कब बोई और काटी जाती हैं?

**उत्तर** एक वर्ष में किसी भूमि पर एक से अधिक फसल उगाने को 'बहुविध फसल' प्रणाली कहते हैं। यह भूमि के किसी एक टुकड़े में उपज बढ़ाने की सबसे सरल प्रणाली है। बहुविध फसलों के लिए आवश्यक शर्तें निम्न हैं

(i) सिंचाई की उत्तम सुविधा होनी चाहिए।

(ii) खेतों में निवेश के लिए किसानों के लिए पर्याप्त पूँजी होनी चाहिए।

**रबी की फसल** ये फसलें शीत ऋतु में होती हैं, क्योंकि इन फसलों की बुआई के समय कम तापमान तथा पकते समय शुष्क एवं गर्म वातावरण की आवश्यकता होती है। अतः इन्हें अक्टूबर-नवंबर में बोया जाता है तथा मार्च-अप्रैल में काट लिया जाता है। गेहूँ, जौ, चना, मटर एवं सरसों आदि प्रमुख रबी की फसलों के उदाहरण हैं।

**खरीफ की फसल** खरीफ की खेती वर्षा ऋतु में की जाती है, क्योंकि इन फसलों के लिए अधिक तापमान एवं आर्द्रता की आवश्यकता होती है। अतः ये फसलें जून-जुलाई में बोई जाती हैं तथा अक्टूबर-नवंबर में काट ली जाती हैं। धान, मक्का, ज्वार एवं बाजरा आदि प्रमुख खरीफ फसलें हैं।

**3.** पालमपुर गाँव में की जाने वाली किन्हीं तीन गैर-कृषि क्रियाओं का उल्लेख करें।

**उत्तर** पालमपुर गाँव में की जाने वाली तीन गैर-कृषि क्रियाएँ निम्न प्रकार हैं

(i) **डेयरी** पालमपुर के कई परिवारों में डेयरी एक प्रचलित क्रिया है। लोग अपनी भैंसों को कई तरह की घास और बरसात के मौसम में उगने वाले ज्वार एवं बाजरा खिलाते हैं। किसानों द्वारा दूध निकट के बड़े गाँव रायगंज में बेचा जाता है। शाहपुर शहर के दो व्यापारियों ने रायगंज में दूध संग्रहण एवं शीतलन केंद्र खोला हुआ है, जहाँ से दूध दूर-दराज के शहरों एवं कस्बों में भेजा जाता है।

(ii) **लघुस्तरीय विनिर्माण** पालमपुर में 50 से कम लोग विनिर्माण कार्यों में जुटे हैं। शहरों एवं कस्बों में बड़ी फैक्ट्रियों में होने वाले विनिर्माण के विपरीत पालमपुर में विनिर्माण में बहुत सरल उत्पादन विधियों का प्रयोग होता है और उसे छोटे पैमाने पर ही किया जाता है।

(iii) **दुकानदार** पालमपुर में ज़्यादा लोग व्यापार (वस्तु विनिमय) नहीं करते। पालमपुर के व्यापारी वे दुकानदार हैं, जो शहरों के थोक बाज़ारों से कई प्रकार की वस्तुएँ खरीदते हैं एवं गाँव में लाकर बेचते हैं। गाँव में छोटे जनरल स्टोर हैं, जहाँ चावल, गेहूँ, चाय, तेल, बिस्कुट आदि सामान बिकते हैं।

**4.** उत्पादन क्या है? उत्पादन के साधन के रूप में श्रम की विशेषताएँ बताइए।

**उत्तर** उत्पादन, वस्तुओं एवं सेवाओं को उपलब्ध कराने की प्रक्रिया को कहा जाता है। उत्पादन का उद्देश्य ऐसी वस्तुएँ और सेवाएँ प्रदान करना है, जिनकी मनुष्यों को बेहतर जीवन-यापन के लिए आवश्यकता होती है।

उत्पादन भूमि, पूँजी और श्रम को संयोजित करके किया जाता है, इसलिए ये उत्पादन के कारक कहलाते हैं, क्योंकि वर्तमान युग औद्योगिक युग है, इसलिए प्रतिदिन नए-नए निर्माण हो रहे हैं; जैसे—स्टील से कार बनाना इत्यादि। इन वस्तुओं में मूल्य का निर्माण करना ही उत्पादन कहलाता है। उत्पादन के साधन के रूप में श्रम की निम्न विशेषताएँ हैं

(i) उत्पादन का एक सक्रिय साधन श्रम होता है। श्रम की कुशलता को प्रशिक्षण द्वारा बढ़ाया जाता है।

(ii) श्रमिकों को उनकी मेहनत के बदले मजदूरी देने का प्रावधान है। श्रम विभाजन के माध्यम से कार्य दक्षता बढ़ाई जाती है।

(iii) श्रमिक कम समय में अपना काम सीख जाते हैं। अतः उन्हें जल्दी उत्पादन में लगाया जा सकता है।

**5.** उत्पादन संगठन में भौतिक पूँजी एवं मानव पूँजी को कितने भागों में वर्गीकृत किया जाता है? बताइए।

**उत्तर** उत्पादन संगठन के अंतर्गत भूमि, श्रम एवं पूँजी को सम्मिलित किया जाता है। पूँजी को दो भागों में बाँटा जाता है—भौतिक पूँजी एवं मानव पूँजी।

**भौतिक पूँजी** उत्पादन के प्रत्येक स्तर पर कार्य में लाई जाने वाली विभिन्न प्रकार की आगतों (मदों) को भौतिक पूँजी कहा जाता है।

भौतिक पूँजी दो प्रकार की होती है

(i) **स्थायी पूँजी** उत्पादन कार्य में प्रयोग किए जाने वाले विभिन्न प्रकार के औज़ारों, मशीनों, भवनों इत्यादि को स्थायी पूँजी के अंतर्गत सम्मिलित किया जाता है। इसके अंतर्गत किसान के हल से लेकर परिष्कृत मशीनों; जैसे—जनरेटर, टरबाइन, कंप्यूटर इत्यादि आते हैं। औजारों, मशीनों एवं भवनों को उत्पादन प्रक्रिया में कई वर्षों तक प्रयोग में लाया जाता है, इस कारण इसे स्थायी पूँजी कहा जाता है।

(ii) **कार्यशील पूँजी** उत्पादन प्रक्रिया के अंतर्गत प्रयोग में लाए जाने वाले कच्चे माल एवं नकदी के प्रवाह को कार्यशील पूँजी के अंतर्गत रखा जाता है; जैसे—बुनकरों द्वारा प्रयोग में लाया जाने वाला कच्चा सूत, कुम्हार द्वारा बर्तन बनाने के प्रयोग में लाई जाने वाली मिट्टी, उत्पादन के दौरान जरूरी माल खरीदने के पश्चात् भुगतान की जाने वाली नकदी इत्यादि।

**मानव पूँजी** उत्पादन प्रक्रिया में भूमि, श्रम एवं पूँजी को संयोजित कर जिस कारक द्वारा उसे संगठित किया जाता है, उसे मानव पूँजी कहा जाता है। शिक्षा, स्वास्थ्य एवं प्रशिक्षण के माध्यम से एक कुशल मानव पूँजी का विकास किया जा सकता है।

## स्रोत आधारित प्रश्न

निम्नलिखित स्रोतों को ध्यानपूर्वक पढ़कर उन पर आधारित प्रश्नों के उत्तर दीजिए।

**1.** एक काल्पनिक गाँव पालमपुर की कहानी हमें किसी भी गाँव में विभिन्न प्रकार की उत्पादन संबंधी गतिविधियों के बारे में बताएगी। भारत के गाँवों में खेती उत्पादन की प्रमुख गतिविधि है। अन्य उत्पादन गतिविधियों में, जिन्हें गैर-कृषि क्रियाएँ कहा गया है, लघु विनिर्माण, परिवहन, दुकानदारी आदि शामिल हैं। हम उत्पादन के बारे में कुछ सामान्य बातें जानने के बाद इन दोनों प्रकार की क्रियाओं पर विचार करेंगे। उत्पादन का उद्देश्य ऐसी वस्तुएँ और सेवाएँ उत्पादित करना है, जिनकी हमें आवश्यकता है। वस्तुओं और सेवाओं के उत्पादन के लिए चार चीजें आवश्यक हैं।

पहली आवश्यकता है—भूमि तथा अन्य प्राकृतिक संसाधन; जैसे—जल, वन, खनिज। दूसरी आवश्यकता है—श्रम अर्थात् जो लोग काम करेंगे। कुछ उत्पादन क्रियाओं में जरूरी कार्यों को करने के लिए बहुत ज्यादा पढ़े-लिखे कर्मियों की जरूरत होती है। दूसरी क्रियाओं के लिए शारीरिक कार्य करने वाले श्रमिकों की जरूरत होती है। प्रत्येक श्रमिक उत्पादन के लिए आवश्यक श्रम प्रदान करता है।

तीसरी आवश्यकता भौतिक पूँजी है अर्थात् उत्पादन के प्रत्येक स्तर पर अपेक्षित कई तरह के आगत। एक चौथी आवश्यकता भी होती है, जिसे वर्तमान में मानव पूँजी कहा जाता है।

(i) पालमपुर गाँव में गैर-कृषि क्रियाओं के अंतर्गत कौन-से कार्य किए जाते हैं?

(a) लघु विनिर्माण, परिवहन, दुकानदारी

(b) मत्स्य उत्पादन, वृहत विनिर्माण, सेवाएँ

(c) वाणिज्यिक कार्य, परिवहन, लघु विनिर्माण
(d) मत्स्य उत्पादन, डेयरी संबंधित कार्य, वाणिज्यिक कार्य

**उत्तर** (a) लघु विनिर्माण, परिवहन, दुकानदारी

(ii) **ग्रामीण क्षेत्रों में छोटे किसान पूँजी के लिए बड़े किसानों तथा साहूकारों पर निर्भर रहते हैं, इसके पीछे मुख्य कारण है**
(a) किसानों को आसानी से कर्ज मिल जाना
(b) बैंकों तक किसानों की पहुँच का अभाव
(c) तत्काल वित्तीय सहायता प्राप्त करने में आसानी
(d) उपरोक्त सभी

**उत्तर** (d) उपरोक्त सभी

(iii) **वस्तुओं और सेवाओं के उत्पादन के लिए प्राकृतिक संसाधनों के अंतर्गत किसे सम्मिलित किया जाता है?**
(a) शारीरिक श्रम, वन और खनिज उत्पाद
(b) पृथ्वी पर उपस्थित जल, वन और खनिज
(c) यातायात साधन, खनिज और वन
(d) खनिज, वन, जल और मानवीय पूँजी

**उत्तर** (b) पृथ्वी पर उपस्थित जल, वन और खनिज

(iv) **वस्तुओं और सेवाओं के उत्पादन के लिए क्या आवश्यक है?**
(a) श्रम बल, जिसके अंतर्गत श्रमिक आते हैं
(b) भौतिक पूँजी, जिसका उत्पादन के प्रत्येक स्तर पर उपयोग होता है
(c) मानव पूँजी, जो वस्तुओं को उत्कृष्टता प्रदान करती है
(d) उपरोक्त सभी

**उत्तर** (d) उपरोक्त सभी

(v) **औजारों, मशीनों और भवनों के उत्पादन को …………… में सम्मिलित किया जाता है।**
(a) अस्थायी पूँजी (b) स्थायी पूँजी
(c) संस्थागत पूँजी (d) असंस्थागत पूँजी

**उत्तर** (b) स्थायी पूँजी

(vi) **कथन** (A) **कच्चा माल तथा नकद पैसों को कार्यशील पूँजी कहते हैं।**
**कारण** (R) **कार्यशील पूँजी उत्पादन को प्रत्येक स्तर पर प्रभावित करती है।**
**कूट**
(a) A और R दोनों सही हैं तथा R, A का सही स्पष्टीकरण है
(b) A और R दोनों सही हैं, परंतु R, A का सही स्पष्टीकरण नहीं है
(c) A सही है, किंतु R गलत है
(d) A गलत है, किंतु R सही है

**उत्तर** (a) A और R दोनों सही हैं तथा R, A का सही स्पष्टीकरण है

**2.** 1960 के दशक के अंत में हरित क्रांति ने भारतीय किसानों को अधिक उपज वाले बीजों (एचवाईवी) के द्वारा गेहूँ और चावल की खेती करने के तरीके सिखाए। परंपरागत बीजों की तुलना में एचवाईवी बीजों से एक ही पौधे से ज्यादा मात्रा में अनाज पैदा होने की आशा थी। इसके परिणामस्वरूप, जमीन के उसी टुकड़े में, पहले की अपेक्षा कहीं अधिक अनाज की मात्रा पैदा होने लगी। यद्यपि, अति उपज प्रजातियों वाले बीजों से अधिकतम उपज पाने के लिए बहुत ज्यादा पानी, रासायनिक खाद और कीटनाशकों की जरूरत थी। अधिक उपज केवल अति उपज प्रजातियों वाले बीजों, सिंचाई, रासायनिक उर्वरकों और कीटनाशकों आदि के संयोजन से ही संभव थी।

भारत में पंजाब, हरियाणा और पश्चिमी उत्तर प्रदेश के किसानों ने खेती के आधुनिक तरीकों का सबसे पहले प्रयोग किया। इन क्षेत्रों में किसानों ने खेती में सिंचाई के लिए नलकूप और एचवाईवी बीजों, रासायनिक उर्वरकों तथा कीटनाशकों का प्रयोग किया। उनमें से कुछ ने ट्रैक्टर और फसल गहाने के लिए मशीनें खरीदीं, जिसने जुताई और कटाई के काम को तेज कर दिया। उन्हें इनसे गेहूँ की ज्यादा पैदावार प्राप्त हुई।

पालमपुर में, परंपरागत बीजों से गेहूँ की उपज 1,300 किग्रा प्रति हेक्टेयर थी। एचवाईवी बीजों से उपज 3,200 किग्रा प्रति हेक्टेयर तक पहुँच गई। गेहूँ के उत्पादन में बहुत अधिक वृद्धि हुई। किसानों के पास बाजार में बेचने को अब अधिशेष गेहूँ की काफी मात्रा उपलब्ध थी।

(i) **हरित क्रांति ने भारतीय किसानों को किस प्रकार की कृषि तकनीक से परिचित कराया था?**
(a) अधिक उपज देने वाले बीजों की कृषि तकनीक से
(b) अधिक पोषक तत्त्व वाले बीजों की कृषि तकनीक से
(c) न्यूनतम कार्यबल वाली कृषि तकनीक से
(d) समावेशी विकास के लिए आवश्यक कृषि तकनीक से

**उत्तर** (a) अधिक उपज देने वाले बीजों की कृषि तकनीक से

(ii) **हरित क्रांति के अंतर्गत उच्च उपज देने वाली किस्म के अंतर्गत किसे संचालित किया गया था?**
(a) मक्का, गेहूँ, सोयाबीन, फूल, हरी सब्जियाँ इत्यादि
(b) बाजरा, ज्वार, सरसों, गन्ना, कपास इत्यादि
(c) चावल, बाजरा, मटर, चना, तिलहन इत्यादि
(d) गेहूँ, चावल, मक्का आदि

**उत्तर** (d) गेहूँ, चावल, मक्का आदि

(iii) **निम्नलिखित में से ………. राज्यों ने आधुनिक कृषि तकनीकों का सर्वप्रथम प्रयोग किया था।**
(a) हरियाणा, पंजाब, महाराष्ट्र
(b) पंजाब, हरियाणा, पश्चिमी उत्तर प्रदेश
(c) पश्चिमी उत्तर प्रदेश, हरियाणा, राजस्थान
(d) पश्चिमी उत्तर प्रदेश, मध्य प्रदेश, महाराष्ट्र

**उत्तर** (b) पंजाब, हरियाणा, पश्चिमी उत्तर प्रदेश

(iv) **हरित क्रांति के दौरान उत्पादन क्षमता बढ़ाने हेतु विभिन्न उपक्रमों का उपयोग किया गया**

| सूची I | सूची II |
|---|---|
| A. रासायनिक खाद | 1. फसलों को नष्ट होने से बचाने हेतु |
| B. कीटनाशक | 2. उत्पादन क्षमता बढ़ाने हेतु |
| C. सिंचाई | 3. फसलों की गुणवत्ता बढ़ाने हेतु |
| D. HYV बीज | 4. उत्पादकता बढ़ाने के लिए |

**कूट**

| | A | B | C | D | | A | B | C | D |
|---|---|---|---|---|---|---|---|---|---|
| (a) | 1 | 2 | 4 | 3 | (b) | 2 | 4 | 3 | 1 |
| (c) | 4 | 1 | 2 | 3 | (d) | 1 | 2 | 3 | 4 |

**उत्तर** (c) 4 1 2 3

(v) निम्नलिखित में से कौन-से कथन सही हैं?
1. भारत में हरित क्रांति के जनक डॉ. एम एस स्वामीनाथन हैं।
2. भारत में हरित क्रांति ने खाद्यान्न पर आत्मनिर्भरता को बढ़ाया है।
3. भारत में हरित क्रांति के दौरान रासायनिक उर्वरकों के योग में वृद्धि नहीं हुई है।

कूट
(a) 1 और 2 (b) 2 और 3
(c) 1 और 3 (d) ये सभी

उत्तर (a) 1 और 2

(vi) ………… बीजों को कम सिंचाई की आवश्यकता होती थी।
(a) आधुनिक (b) परंपरागत
(c) वाणिज्यिक (d) ये सभी

उत्तर (b) परंपरागत

**3. स्रोत 'अ' कृषि कार्यों में संलग्न किसान**

भूमि के पश्चात् श्रम उत्पादन का दूसरा आवश्यक कारक है। खेती में बहुत ज्यादा परिश्रम की आवश्यकता होती है। छोटे किसान अपने परिवारों के साथ अपने खेतों में स्वयं काम करते हैं। इस प्रकार, वे खेती के लिए आवश्यक श्रम की व्यवस्था स्वयं ही करते हैं। मझोले और बड़े किसान अपने खेतों में काम करने के लिए दूसरे श्रमिकों को किराए पर लगाते हैं।

**स्रोत 'ब' कृषि कार्यों में लगे किसानों की मजदूरी**

खेतों में काम करने के लिए श्रमिक या तो भूमिहीन परिवारों से आते हैं या बहुत छोटे प्लॉटों में खेती करने वाले परिवारों से। खेतों में काम करने वाले श्रमिकों का उगाई गई फसल पर कोई अधिकार नहीं होता, जैसा किसानों का होता है, बल्कि उन्हें उन किसानों द्वारा मजदूरी मिलती है, जिनके लिए वे काम करते हैं।

**स्रोत 'स' कृषि कार्यों में लगे किसानों द्वारा ऋण प्राप्ति**

अधिसंख्य छोटे किसानों को पूँजी की व्यवस्था करने के लिए पैसा उधार लेना पड़ता है। वे बड़े किसानों से या गाँव के साहूकारों से या खेती के लिए विभिन्न आगतों की पूर्ति करने वाले व्यापारियों से कर्ज लेते हैं। ऐसे कर्जों पर ब्याज की दर बहुत ऊँची होती है। कर्ज चुकाने के लिए उन्हें बहुत कष्ट सहने पड़ते हैं।

**स्रोत 'अ' कृषि कार्यों में संलग्न किसान**

(i) कृषि कार्यों में छोटे तथा बड़े किसान किस प्रकार से भिन्न हैं?

उत्तर कृषि कार्यों में छोटे तथा बड़े किसान भिन्न हैं, क्योंकि छोटे किसान कृषि कार्य स्वयं तथा अपने परिवार के साथ करते हैं, जबकि बड़े किसान कृषि कार्य श्रमिकों की सहायता से करते हैं।

**स्रोत 'ब' कृषि कार्यों में लगे किसानों की मजदूरी**

(ii) कृषि कार्यों में लगे मजदूरों को मजदूरी किस रूप में मिलती है?

उत्तर कृषि कार्यों में लगे मजदूरों को मजदूरी नकद या वस्तु; जैसे—अनाज के रूप में मिलती है। कभी-कभी श्रमिकों को मजदूरी के रूप में भोजन भी मिलता है। कृषि कार्यों में लगे मजदूरों की मजदूरी एक क्षेत्र से दूसरे क्षेत्र, एक फसल से दूसरी फसल और खेत में एक से दूसरे कृषि कार्य के लिए अलग-अलग होती है।

**स्रोत 'स' कृषि कार्यों में लगे किसानों द्वारा ऋण प्राप्ति**

(iii) छोटे किसानों को साहूकारों से ऋण की आवश्यकता क्यों होती है?

उत्तर छोटे किसानों को साहूकारों से ऋण की आवश्यकता इसलिए होती है, क्योंकि छोटे किसान छोटी भूमि पर कृषि करते हैं, जिस कारण उनकी आय के साधन सीमित होते हैं, जो उन्हें ऋण लेने के लिए उन्मुख करते हैं। बाढ़, सूखा जैसी स्थिति भी किसानों को ऋण लेने के लिए विवश करती है।

**4.** पालमपुर में समस्त भूमि पर खेती की जाती है। कोई भूमि बेकार नहीं छोड़ी जाती। बरसात के मौसम (खरीफ) में किसान ज्वार और बाजरा उगाते हैं। इन पौधों को पशुओं के चारे के लिए प्रयोग में लाया जाता है। इसके बाद अक्टूबर और दिसंबर के बीच आलू की खेती होती है। सर्दी के मौसम (रबी) में खेतों में गेहूँ उगाया जाता है। उत्पादित गेहूँ में से परिवार के खाने के लिए रखकर शेष गेहूँ किसान रायगंज की मंडी में बेच देते हैं। भूमि के एक भाग में गन्ने की खेती भी की जाती है, जिसकी वर्ष में एक बार कटाई होती है। गन्ना अपने कच्चे रूप में या गुड़ के रूप में शाहपुर के व्यापारियों को बेचा जाता है।

(i) पालमपुर के किसान एक वर्ष में तीन फसल किस कारण से उत्पादित कर पाते हैं?

उत्तर पालमपुर के किसान एक वर्ष में तीन फसल सिंचाई की उत्तम व्यवस्था के कारण उत्पादित कर पाते हैं। पालमपुर में उत्तम बिजली व्यवस्था ने सिंचाई की पद्धति को प्रोत्साहित किया है, जिसके कारण किसानों ने रहट पद्धति को छोड़कर नलकूप पद्धति को अपना लिया।

(ii) "पालमपुर में बहुविध फसल पद्धति व्यापक रूप से प्रसारित है।" कथन की पुष्टि करें।

उत्तर बहुविध फसल प्रणाली का संबंध एक वर्ष में भूमि विशेष पर एक से अधिक फसलों का उत्पादन करना है। पालमपुर में अधिकतर किसान कम-से-कम दो मुख्य फसलें उत्पादित करते हैं। पालमपुर के किसान तीसरी फसल के रूप में दालें तथा आलू उत्पादित करते हैं। इस प्रकार, पालमपुर में बहुविध फसल पद्धति व्यापक रूप से प्रसारित है।

(iii) पालमपुर में 1960 के दशक के मध्य तक कृषि प्रक्रिया किस प्रकार की थी?

उत्तर पालमपुर में 1960 के दशक के मध्य तक खेती में पारंपरिक बीजों का प्रयोग किया जाता था, जिसकी उपज अपेक्षाकृत कम थी। किसान उर्वरकों के रूप में गाय के गोबर या दूसरी प्राकृतिक खाद का प्रयोग करते थे। यह सब किसानों के पास तत्काल भी उपलब्ध थे। उन्हें इनको खरीदना नहीं पड़ता था।

# स्वयं को जाँचें

## वस्तुनिष्ठ प्रश्न

**1.** किसानों द्वारा गेहूँ किस मौसम में उगाया जाता है?
(a) गर्मी (b) वसंत ऋतु (c) सर्दी (d) वर्षा ऋतु

**2.** हरित क्रांति की शुरुआत का वर्ष है
(a) 1970 (b) 1960 (c) 1980 (d) 1994

**3.** भारतीय ग्रामीणों की सबसे महत्त्वपूर्ण गतिविधि निम्न में से कौन है?
(a) पशुपालन (b) खेती (c) व्यापार (d) प्रसंस्करण उद्योग

**4.** निम्नलिखित में से कौन-सा कथन श्रम से संबंधित है?
(a) भूमि के पश्चात् श्रम उत्पादन का दूसरा आवश्यक कारक है
(b) कृषि कार्य में श्रम की आवश्यकता नहीं होती है
(c) कृषि के अंतर्गत किसान अपने परिवार के साथ कृषि कार्य नहीं करते हैं
(d) कृषि कार्य के अंतर्गत आंशिक बेरोजगारी देखने की मिलती है

## अतिलघु उत्तरीय प्रश्न

**5.** बहुविध फसल प्रणाली क्या होती है?

**6.** पालमपुर में उत्पादन की मुख्य क्रिया क्या है?

**7.** पालमपुर में मझोले और बड़े किसानों के कितने परिवार हैं?

## लघु उत्तरीय प्रश्न

**8.** उत्पादन के कारकों को संक्षेप में बताएँ।

**9.** पालमपुर गाँव में बहुविध फसल प्रणाली के सफल होने के क्या कारण हैं?

**10.** खेती के पारंपरिक तरीकों में क्या कमियाँ होती हैं?

**11.** पालमपुर की गैर-कृषि गतिविधियों को बताएँ।

## दीर्घ उत्तरीय प्रश्न

**12.** आधुनिक कृषि विधियों की क्या हानियाँ हैं? विस्तारपूर्वक बताइए।

**13.** बहुविध फसल प्रणाली के सफल होने के कारणों को बताएँ।

अध्याय

02

# संसाधन के रूप में लोग

## अवलोकन

जनसंख्या किसी भी देश के लिए दायित्व से अधिक अर्थव्यवस्था के लिए एक परिसंपत्ति है। जब शिक्षा, प्रशिक्षण और चिकित्सा सेवाओं में निवेश किया जाता है, तब जनसंख्या **मानव पूँजी** (Human Capital) में परिवर्तित हो जाती है। मानव पूंजी कौशल और उनमें निहित उत्पादन के ज्ञान का भंडार है।

संसाधन के रूप में लोग उत्पादन कौशल और क्षमताओं के संदर्भ में किसी देश के कार्यरत लोगों का वर्णन करने का तरीका है। उत्पादक पहलू की दृष्टि से जनसंख्या पर विचार करना **सकल राष्ट्रीय उत्पाद** (Gross National Product, GNP) के सृजन में उनके योगदान की क्षमता पर बल देता है। दूसरे संसाधनों की भाँति ही जनसंख्या भी एक संसाधन है—एक मानव संसाधन।

जब मानव संसाधन को उच्च शिक्षा और स्वास्थ्य द्वारा विकसित किया जाता है, तब उसे **मानव पूँजी निर्माण** (Human Capital Formation) कहते हैं, जो भौतिक पूँजी निर्माण की ही भाँति देश की उत्पादक शक्ति में वृद्धि करता है।

### अध्याय एक नजर में

- *अवलोकन*
- *पुरुषों और महिलाओं के आर्थिक क्रियाकलाप*
- *जनसंख्या की गुणवत्ता*
- *बेरोजगारी*

## मानव पूँजी में निवेश

मानव पूँजी में निवेश (शिक्षा, प्रशिक्षण और स्वास्थ्य सेवा के द्वारा), भौतिक पूँजी (Physical Capital) की ही भाँति देश की उत्पादक शक्ति में वृद्धि करता है।

उदाहरण के लिए, अधिक शिक्षित और बेहतर प्रशिक्षित व्यक्ति उच्च आय अर्जित करते हैं, क्योंकि वे अपने नियोक्ताओं को उच्च उत्पादकता देते हैं। उसी तरह एक स्वस्थ व्यक्ति भी उच्च उत्पादकता दे सकता है और अच्छी आय अर्जित कर सकता है।

अत: मानव पूँजी में निवेश द्वारा जनसंख्या को उत्पादक परिसंपत्ति में बदला जा सकता है; जैसे–

- सबके लिए शिक्षा और स्वास्थ्य
- आधुनिक प्रौद्योगिकी के प्रयोग में औद्योगिक और कृषि श्रमिकों को प्रशिक्षण
- उपयोगी वैज्ञानिक अनुसंधान आदि पर संसाधनों का व्यय

## शिक्षा एवं स्वास्थ्य में निवेश

- शिक्षा एवं स्वास्थ्य में निवेश से भविष्य में उच्च प्रतिफल प्राप्त हो सकते हैं। लोगों में यह निवेश भूमि और पूँजी में निवेश की ही तरह है।
- शिक्षित माँ-बाप अपने बच्चों की शिक्षा पर अधिक निवेश करते हैं। वे उनके उचित पोषण और स्वच्छता के प्रति भी सचेत रहते हैं। इस प्रकार एक **अच्छे चक्र** (Virtuous Cycle) का निर्माण हो जाता है। इसके विपरीत अशिक्षित और सुविधाओं से वंचित स्थिति में रहने वाले माँ-बाप अपने बच्चों की शिक्षा व पोषण पर निवेश नहीं कर पाते, जिससे **एक दुष्चक्र** (Vicious Cycle) का निर्माण होता है।
- जापान जैसे देशों ने मानव संसाधन पर निवेश किया है, क्योंकि उनके पास निवेश के लिए प्राकृतिक संसाधन उपलब्ध नहीं थे। जापान जैसे देश आवश्यक प्राकृतिक संसाधनों का आयात करते हैं।
- इन देशों ने शिक्षा और स्वास्थ्य के क्षेत्र में निवेश अधिक किया है। उन लोगों ने भूमि और पूँजी जैसे अन्य संसाधनों का कुशल उपयोग किया है, जिससे लोगों में कुशलता और प्रौद्योगिकी की समझ विकसित हुई तथा ये देश विकसित बने।

# पुरुषों और महिलाओं के आर्थिक क्रियाकलाप

राष्ट्रीय आय में मूल्यवर्द्धन करने वाली गतिविधियों को **आर्थिक गतिविधियाँ** (Economic Activities) या **बाजार गतिविधियाँ** (Market Activities) कहा जाता है।

इन्हें तीन क्षेत्रों में वर्गीकृत किया जाता है

(i) **प्राथमिक क्षेत्रक** (Primary Sector) वे क्रियाएँ, जो पर्यावरण एवं प्रकृति द्वारा प्राप्त संसाधनों पर प्रत्यक्ष रूप से निर्भर होती हैं, उन्हें प्राथमिक क्षेत्रक कहते हैं। इस क्षेत्रक के अंतर्गत कृषि, वानिकी, पशुपालन, मत्स्यपालन, मुर्गीपालन, खनन एवं उत्खनन (Excavation) शामिल हैं।

(ii) **द्वितीयक क्षेत्रक** (Secondary Sector) प्राथमिक क्षेत्रकों से प्राप्त उत्पादों के माध्यम से गुणवत्तापूर्ण एवं उपयोगी उत्पादों की रचना एवं विनिर्माण की क्रिया को ही द्वितीयक क्षेत्रक कहते हैं। इस क्षेत्रक के अंतर्गत उत्पादन प्रक्रिया और विनिर्माण शामिल हैं।

(iii) **तृतीयक क्षेत्रक** (Tertiary Sector) प्राथमिक और द्वितीयक क्षेत्रों का समर्थन करने वाली सभी गतिविधियों को इस क्षेत्र में वर्गीकृत किया गया है। इस क्षेत्रक के अंतर्गत व्यापार, परिवहन, संचार, बैंकिंग, बीमा, शिक्षा, स्वास्थ्य, पर्यटन सेवाएँ शामिल हैं। इस क्षेत्रक के अंतर्गत क्रियाकलाप के फलस्वरूप वस्तुओं और सेवाओं का उत्पादन होता है। ये क्रियाकलाप राष्ट्रीय आय में मूल्यवर्द्धन करते हैं। ये सभी क्रियाएँ आर्थिक क्रियाएँ कहलाती हैं।

आर्थिक क्रियाओं के दो भाग होते हैं

(i) **बाजार क्रियाएँ** (Market Activities) इन क्रियाओं में वेतन या लाभ के उद्देश्य से की गई क्रियाओं के लिए पारिश्रमिक का भुगतान किया जाता है। उदाहरण के लिए, सरकारी सेवा सहित वस्तु या सेवाओं का भुगतान शामिल है।

(ii) **गैर-बाजार क्रियाएँ** (Non-Market Activities) इन क्रियाओं का उत्पादन **स्व-उपभोग** (Self-consumption) के लिए होता है। उदाहरण के लिए, एक माँ बच्चों की देखभाल करने वाली। खेतों में काम करने वाले पुरुष, धन अर्जित करते हैं, जिसे वे अपने परिवार के पालन-पोषण के लिए बाजार क्रियाओं में खर्च करते हैं।

सामान्यत: देखा जाता है कि पुरुष अपने परिवार के लिए कमाते हैं और महिलाएँ परिवार की देखभाल करती हैं। परिवारों में पुरुषों और महिलाओं के बीच श्रम का यह विभाजन ऐतिहासिक और सांस्कृतिक कारणों से है। परिवार के लिए दी गई सेवाओं के बदले महिलाओं को भुगतान नहीं किया जाता। उनकी सेवाओं को राष्ट्रीय आय से नहीं जोड़ा जाता है।

## शिक्षा और कौशल : निर्धारक आय

- शिक्षा तथा कौशल बाजार में किसी व्यक्ति की आय के प्रमुख निर्धारक हैं। अधिकांश महिलाएँ ऐसी हैं, जिनके पास पुरुषों की तुलना में बहुत कम शिक्षा तथा निम्न कौशल स्तर है। अधिकांश महिलाएँ प्राथमिक क्षेत्र में काम करती हैं, जहाँ नौकरी की असुरक्षा, कानूनी सुरक्षा का अभाव, अनियमित रोजगार तथा निम्न आय होती है।
- इस क्षेत्र में प्रसूति अवकाश, शिशु देखभाल और अन्य सामाजिक सुरक्षा तंत्र जैसी सुविधाएँ उपलब्ध नहीं होती हैं। इसके विपरीत उच्च शिक्षा और उच्च कौशल वाली महिलाओं को पुरुषों के बराबर वेतन मिलता है। संगठित क्षेत्रकों में (Organised Sectors) में शिक्षण और चिकित्सा महिलाओं को सबसे अधिक आकर्षित करते हैं।

### चेक प्वॉइंट 01

1. *मानव संसाधन किसे कहते हैं?*
2. *कौन-सी पूँजी देश की उत्पादक शक्ति में वृद्धि करती है?*
3. *प्राथमिक क्षेत्रकों के अंतर्गत ........ सम्मिलित किया जाता है।*
4. *किस क्षेत्रक के अंतर्गत क्रियाकलाप के फलस्वरूप वस्तुओं और सेवाओं का उत्पादन होता है?*
5. *आर्थिक क्रिया को कितने भागों में विभाजित किया जाता है?*

# जनसंख्या की गुणवत्ता

जनसंख्या की गुणवत्ता **साक्षरता दर** (Literacy Rate) जीवन प्रत्याशा से निरूपित व्यक्तियों के स्वास्थ्य और देश के लोगों द्वारा प्राप्त कौशल निर्माण पर निर्भर करती है। जनसंख्या की गुणवत्ता ही देश की संवृद्धि दर निर्धारित करती है। अत: साक्षर और स्वस्थ जनसंख्या देश के लिए परिसंपत्तियाँ होती हैं।

## शिक्षा

शिक्षा के द्वारा ही राष्ट्रीय आय और सांस्कृतिक समृद्धि में वृद्धि संभव हुई है तथा प्रशासक की कार्यक्षमता बढ़ी है। विद्यार्थियों को ज्ञान और कौशल से संबंधित व्यवसाय उपलब्ध कराने के लिए **व्यावसायिक शाखाएँ** (Vocational Education) विकसित की गई हैं।

### बारहवीं पंचवर्षीय योजना में शिक्षा

बारहवीं योजना में उच्च शिक्षा में 18-23 वर्ष आयु वर्ग के नामांकन में 27% तक की वृद्धि वर्ष 2018 तक रही है। इस योजना में निम्नलिखित पर भी ध्यान केंद्रित किया गया है

(i) पहुँच में वृद्धि, गुणवत्ता, राज्यों के लिए विशेष पाठ्यक्रम में परिवर्तन को स्वीकार करना, व्यवसायीकरण तथा सूचना प्रौद्योगिकी के उपयोग का जाल बिछाना।

(ii) दूरस्थ शिक्षा, औपचारिक, अनौपचारिक, दूरस्थ तथा संचार प्रौद्योगिकी की शिक्षा देने वाले शिक्षण संस्थान।

### भारत में शिक्षा का परिदृश्य

- प्राथमिक शिक्षा में सार्वजनिक पहुँच, धारण और गुणवत्ता प्रदान करने का प्रावधान किया गया है। इसके अंतर्गत लड़कियों की शिक्षा पर विशेष बल दिया गया है। नवोदय विद्यालय जैसे प्रगति निर्धारक विद्यालयों की स्थापना प्रत्येक जिले में की गई है।
- साक्षरता दर वर्ष 1951 के 18% से बढ़कर वर्ष 2018 में 85% हो गई है।
- महिलाओं की अपेक्षा पुरुषों में साक्षरता दर करीब 16.8% अधिक है। ग्रामीण क्षेत्रों की अपेक्षा नगरीय क्षेत्रों में साक्षरता दर करीब 14.2% अधिक है।
- इसी क्रम में केरल के कुछ जिलों में साक्षरता दर 94% है, जबकि बिहार में 62% ही है।

### सभी को शिक्षा प्रदान करने के लिए किए गए सरकारी प्रयास

सरकार ने सभी को शिक्षा प्रदान करने के लिए निम्न प्रयास किए

- वर्ष 2019-20 तक प्राथमिक स्कूल प्रणाली भारत के 7,78,842 लाख से भी अधिक गाँवों में है।
- 6 से 14 वर्ष आयु वर्ग के सभी बच्चों को शिक्षा प्रदान करने की दिशा में **सर्व शिक्षा अभियान** (Sarva Shiksha Abhiyan) सरकार का एक महत्त्वपूर्ण प्रयास है।
- प्राथमिक शिक्षा में नामांकन बढ़ाने के लिए 'सेतु-पाठ्यक्रम' और 'स्कूल लौटो शिविर' प्रारंभ किए गए हैं।
- कक्षा में बच्चों की उपस्थिति को बढ़ावा देने, बच्चों के धारण और उनकी पोषण स्थिति में सुधार के लिए **दोपहर के भोजन** (Mid-day Meal) की योजना कार्यान्वित की गई।

## स्वास्थ्य

- किसी भी व्यक्ति का स्वास्थ्य उसे अपनी क्षमता को प्राप्त करने तथा बीमारियों से लड़ने की शक्ति प्रदान करता है।
- स्वास्थ्य अपना कल्याण करने का एक अपरिहार्य आधार है इसलिए जनसंख्या की स्वास्थ्य स्थिति को सुधारना किसी भी देश की प्राथमिकता होती है।
- सरकार की राष्ट्रीय स्वास्थ्य नीति का लक्ष्य भी जनसंख्या के अल्प सुविधा प्राप्त वर्गों पर विशेष ध्यान देते हुए स्वास्थ्य सेवाओं, परिवार कल्याण और पौष्टिक सेवा तक इनकी पहुँच को बेहतर बनाना है।

पिछले 50 सालों में भारत ने एक विस्तृत स्वास्थ्य आधारिक संरचना और जनशक्ति का निर्माण किया है। इसके परिणाम हैं

- **जीवन प्रत्याशा** (Life Expectancy) बढ़कर वर्ष 2016 में 69.4 वर्ष हो गई।
- **शिशु मृत्यु दर** (Infant Mortality Rate) वर्ष 1951 के 147 से घटकर वर्ष 2020 में 36 पर आ गई।
- इसी अवधि में **अशोधित जन्म दर** (Crude Birth Rate) गिरकर 20.0 (2018) और **अशोधित मृत्यु दर** (Crude Death Rate) 6.2 (2018) पर आ गई।
- जीवन प्रत्याशा में वृद्धि और शिशु देखभाल में सुधार देश के आत्मविश्वास के लिए उपयोगी है।

## बेरोजगारी

जब प्रचलित मजदूरी की दर पर काम करने के लिए इच्छुक लोगों को रोजगार नहीं मिल पाता, तब बेरोजगारी (Unemployment) विद्यमान होती है। श्रम बल (Workforce) जनसंख्या में वे लोग शामिल किए जाते हैं, जिनकी उम्र 15 से 59 वर्ष के मध्य है। श्रम बल में बच्चे और वयस्क लोग (60 वर्ष से अधिक) शामिल नहीं होते हैं, इसलिए उन्हें बेरोजगार नहीं माना जाता है।

### भारत में बेरोजगारी का स्वरूप

भारत में ग्रामीण और नगरीय दोनों क्षेत्रों में बेरोजगारी है। ग्रामीण क्षेत्रों में **मौसमी** (Seasonal) और **प्रच्छन्न** (Disguised) बेरोजगारी है, जबकि नगरीय क्षेत्रों में अधिकतर **शिक्षित बेरोजगारी** (Educated Unemployment) है।

#### मौसमी बेरोजगारी

मौसमी बेरोजगारी तब होती है जब लोग वर्ष के कुछ महीने में रोजगार प्राप्त नहीं कर पाते हैं। जो लोग कृषि पर आश्रित होते हैं, उन्हें इस बेरोजगारी की समस्या का सामना करना पड़ता है।

#### प्रच्छन्न बेरोजगारी

इस बेरोजगारी के अंतर्गत लोग नियोजित (Employed) प्रतीत होते हैं, लेकिन वे वास्तव में कार्यरत नहीं होते हैं।

उदाहरण के लिए, किसी कृषि कार्य में पाँच लोगों की आवश्यकता है, लेकिन वहाँ आठ लोग कार्य करते हैं। यदि तीन अतिरिक्त लोगों को हटा दिया जाए तो कृषि कार्य की उत्पादकता में कोई कमी नहीं आएगी, परंतु हटाए गए तीन लोग प्रच्छन्न बेरोजगार हो जाएँगे।

#### शिक्षित बेरोजगारी

इस प्रकार की बेरोजगारी शहरी क्षेत्रों में अधिक होती है, जहाँ मैट्रिक, स्नातक एवं स्नातकोत्तर डिग्रीधारक युवक-युवतियाँ रोजगार पाने में समर्थ होने के बावजूद भी असमर्थ हैं। यह स्थिति शिक्षित बेरोजगारी की अवस्था होती है। एक विरोधाभाषी जनशक्ति की स्थिति सामने आई है कि कुछ विशेष श्रेणी में जनशक्ति की अधिकता होती है। वहीं दूसरी तरफ कुछ अन्य श्रेणी में जनशक्ति की कमी विद्यमान होती है।

## बेरोजगारी के प्रभाव

बेरोजगारी किसी भी अर्थव्यवस्था के समग्र विकास पर प्रभाव डालती है। बेरोजगारी में वृद्धि मंदीग्रस्त अर्थव्यवस्था का सूचक है। यह मानव संसाधनों की बर्बादी भी करती है।

अर्थव्यवस्था में बेरोजगारी के प्रभाव निम्नलिखित हैं

- बेरोजगारी से जनशक्ति संसाधन व्यर्थ सिद्ध होते हैं, जो लोग अर्थव्यवस्था के लिए परिसंपत्ति हैं, वे बेरोजगारी के कारण दायित्व में बदल जाते हैं।
- बेरोजगारी से युवकों में निराशा की भावना उत्पन्न होती है। लोगों के पास अपने परिवार का भरण-पोषण करने के लिए पर्याप्त मुद्रा नहीं होती है।
- शिक्षित लोगों के साथ, जो कार्य करने के इच्छुक हैं और सार्थक रोजगार प्राप्त करने में समर्थ नहीं हैं, यह एक बड़ा सामाजिक अपव्यय है।
- बेरोजगारी से **आर्थिक बोझ** (Economic overload) में वृद्धि होती है।
- इसका किसी व्यक्ति और साथ-ही-साथ समाज के जीवन की गुणवत्ता पर बुरा प्रभाव पड़ता है।
- इससे स्वास्थ्य स्तर में सामान्य कमी आती है और स्कूल प्रणाली से अलगाव में वृद्धि होती है।

## रोजगार संरचना

- प्राथमिक क्षेत्रक में स्वरोजगार एक विशेषता है। कृषि, अर्थव्यवस्था का सबसे अधिक अवशोषित करने वाला क्षेत्र है, लेकिन इस क्षेत्र में प्रच्छन्न बेरोजगारी की समस्या है। प्राथमिक क्षेत्र की अधिकांश गतिविधियाँ स्वरोजगार हैं यानि जहाँ संपूर्ण परिवार कार्य में योगदान देता है।
- द्वितीयक क्षेत्रक में छोटे पैमाने पर होने वाले विनिर्माण में श्रम का सबसे अधिक अभिशोषण है।
- तृतीयक क्षेत्र भी श्रम का अधिशोषण करता है। कृषि अधिशेष श्रम का कुछ भाग द्वितीयक या तृतीयक क्षेत्र में चला गया है। तृतीयक क्षेत्रक में जैव-प्रौद्योगिकी, सूचना प्रौद्योगिकी आदि विभिन्न नई सेवाएँ सामने आ रही हैं।

### चेक प्वॉइंट 02

*1. बेरोजगारी क्या है?*

*2. श्रम बल जनसंख्या में कितनी आयु के व्यक्तियों को शामिल किया जाता है?*

*3. प्रच्छन्न बेरोजगारी क्या है?*

*4. बेरोजगारी में किस संसाधन की बर्बादी होती है?*

### इन्हें भी जानें

- ***जीवन प्रत्याशा** (Life Expectancy)* जीवन प्रत्याशा एक दी गई उम्र के बाद जीवन में शेष बचे वर्षों की औसत संख्या है। यह एक व्यक्ति के औसत जीवनकाल का अनुमान है।
- ***शिशु मृत्यु दर** (Crude Birth Rate)* शिशु मृत्यु दर प्रति 1,000 जीवित जन्मे शिशुओं में से एक वर्ष या इससे कम उम्र में मर गए शिशुओं की संख्या है।
- ***सर्व शिक्षा अभियान** (Sarva Siksha Abhiyan)* सर्व शिक्षा अभियान 'सभी के लिए शिक्षा' अभियान के नाम से जाना जाता है। इस योजना को भारत सरकार द्वारा वर्ष 2000-01 में प्रारंभ किया गया। इस अभियान का लक्ष्य वर्ष 2010 तक 6 से 14 वर्ष के आयु समूह के सभी बच्चों को उपयोगी एवं सार्थक शिक्षा प्रदान करना था।
- ***दोपहर का भोजन** (Mid-day Meal)* स्कूलों में बच्चों का नामांकन बढ़ाने एवं उनके पोषण स्तर को सुधारने के दृष्टिकोण से भारत सरकार द्वारा 15 अगस्त, 1995 को दोपहर का भोजन कार्यक्रम शुरू किया गया।
- ***नवोदय विद्यालय** (Navodaya School)* नवोदय विद्यालय भारत सरकार के मानव संसाधन विकास मंत्रालय द्वारा चलाई जाने वाली पूरी तरह से आवासीय, सहशिक्षा से संबद्ध शिक्षण परियोजना है। इसकी स्थापना वर्ष 1985 में गाँव-गाँव तक उत्तम शिक्षा पहुँचाने के उद्देश्य से की गई थी।

# NCERT फोल्डर

**1.** **'संसाधन के रूप में लोग' से आप क्या समझते हैं?**

**उत्तर** 'संसाधन के रूप में लोग' किसी देश के कार्यरत लोगों का उनके वर्तमान उत्पादन कौशल एवं योग्यताओं का वर्णन करने का एक तरीका है। यह लोगों के सकल घरेलू उत्पाद के सृजन में योगदान करने की योग्यता पर बल देता है। अन्य संसाधनों की भाँति जनसंख्या भी एक संसाधन है, जिसे 'मानव संसाधन' कहा जाता है।

**2.** **मानव संसाधन भूमि और भौतिक पूँजी जैसे अन्य संसाधनों से कैसे भिन्न हैं?**

**उत्तर** मानव संसाधन भूमि और भौतिक पूँजी जैसे अन्य संसाधनों से निम्न प्रकार भिन्न हैं

| मानव संसाधन | भूमि और भौतिक पूँजी संसाधन |
|---|---|
| ये उत्पादन के सक्रिय कारक हैं। | ये उत्पादन के शांत कारक हैं। |
| ये उत्पादन के प्राथमिक कारक हैं। | ये उत्पादन के द्वितीयक कारक हैं। |
| इनके द्वारा भूमि तथा पूँजी का उपयोग किया जाता है। | ये स्वयं उपयोगी नहीं हो सकते। |

**3.** **मानव पूँजी निर्माण में शिक्षा की क्या भूमिका है?**

**उत्तर** मानव पूँजी निर्माण अथवा मानव संसाधन विकास में शिक्षा की महत्त्वपूर्ण भूमिका है। शिक्षा एवं कौशल किसी व्यक्ति की आय को निर्धारित करने वाले मुख्य कारक हैं। किसी बच्चे की शिक्षा और प्रशिक्षण पर किए गए निवेश से वह भविष्य में अपेक्षाकृत अधिक आय एवं समाज में बेहतर योगदान के रूप में उच्च प्रतिफल दे सकता है। शिक्षित लोग अपने बच्चों की शिक्षा पर अधिक निवेश करते हैं। इसका कारण यह है कि उन्होंने स्वयं के लिए शिक्षा का महत्त्व जान लिया है। यह कहने की आवश्यकता नहीं है कि यह शिक्षा ही है, जो एक व्यक्ति को उसके सामने उपलब्ध आर्थिक अवसरों का बेहतर उपयोग करने में सहायता करती है। शिक्षा श्रम की गुणवत्ता में वृद्धि करती है और कुल उत्पादकता में वृद्धि करने में सहायता करती है। कुल उत्पादकता देश के विकास में योगदान देती है।

**4.** **मानव पूँजी निर्माण में स्वास्थ्य की क्या भूमिका है?**

**उत्तर** मानव पूँजी निर्माण अथवा संसाधन विकास में स्वास्थ्य की महत्त्वपूर्ण भूमिका है, जिसके निम्नलिखित कारण हैं

(i) केवल एक पूर्णत: स्वस्थ व्यक्ति ही अपने काम के साथ न्याय कर सकता है। इस प्रकार यह किसी व्यक्ति के कामकाजी जीवन में महत्त्वपूर्ण भूमिका अदा करता है।

(ii) एक अस्वस्थ व्यक्ति अपने परिवार, संगठन एवं देश के लिए दायित्व है। कोई भी संगठन ऐसे व्यक्ति को काम पर नहीं रखेगा, जो खराब स्वास्थ्य के कारण पूरी दक्षता से काम न कर सके।

(iii) स्वास्थ्य न केवल किसी व्यक्ति के जीवन की गुणवत्ता में सुधार लाता है, अपितु मानव संसाधन विकास में भी वर्द्धन करता है, जिस पर देश के कई क्षेत्रक निर्भर करते हैं।

(iv) किसी व्यक्ति का स्वास्थ्य अपनी क्षमता एवं बीमारी से लड़ने की योग्यता को पहचानने में सहायता करता है।

**5.** **किसी व्यक्ति के कामयाब जीवन में स्वास्थ्य की क्या भूमिका है?**

**उत्तर** स्वस्थ शरीर में ही एक स्वस्थ दिमाग निवास करता है। स्वास्थ्य जीवन का एक महत्त्वपूर्ण पहलू है। स्वास्थ्य का अर्थ जीवित रहना मात्र ही नहीं है। स्वास्थ्य में शारीरिक, मानसिक, आर्थिक एवं सामाजिक सुदृढ़ता शामिल है। स्वास्थ्य में परिवार कल्याण, जनसंख्या नियंत्रण, दवा नियंत्रण, प्रतिरक्षण एवं खाद्य मिलावट निवारण आदि बहुत से क्रियाकलाप शामिल हैं। यदि कोई व्यक्ति अस्वस्थ है, तो वह ठीक से काम नहीं कर सकता। चिकित्सा सुविधाओं के अभाव में एक अस्वस्थ मजदूर अपनी उत्पादकता और अपने देश की उत्पादकता को कम करता है, इसलिए किसी व्यक्ति के कामयाब जीवन में स्वास्थ्य महत्त्वपूर्ण भूमिका निभाता है।

**6.** **प्राथमिक, द्वितीयक और तृतीयक क्षेत्रकों में किस तरह की विभिन्न आर्थिक क्रियाएँ संचालित की जाती हैं?**

**उत्तर** प्राथमिक, द्वितीयक और तृतीयक क्षेत्रकों में निम्न आर्थिक क्रियाएँ संचालित की जाती हैं

- **प्राथमिक क्षेत्रक** इसके अंतर्गत कृषि, वानिकी, पशुपालन, मत्स्यपालन, मुर्गीपालन तथा खनन एवं उत्खनन शामिल हैं।
- **द्वितीयक क्षेत्रक** इसके अंतर्गत विनिर्माण शामिल है।
- **तृतीयक क्षेत्रक** इसके अंतर्गत व्यापार, परिवहन, संचार, बैंकिंग, बीमा, शिक्षा, स्वास्थ्य एवं पर्यटन सेवाएँ शामिल हैं। इस क्षेत्रक के अंतर्गत क्रियाकलाप के फलस्वरूप वस्तुओं और सेवाओं का उत्पादन होता है।

**7.** **आर्थिक और गैर-आर्थिक क्रियाओं में क्या अंतर है?**

**उत्तर** आर्थिक और गैर-आर्थिक क्रियाओं में निम्न अंतर हैं

| आर्थिक क्रियाएँ | गैर-आर्थिक क्रियाएँ |
|---|---|
| इन क्रियाओं में वेतन या लाभ के उद्देश्य से की गई क्रियाओं के लिए पारिश्रमिक का भुगतान किया जाता है। | इन क्रियाओं से अभिप्राय स्व-उपभोग के लिए उत्पादन से है। |
| इनके अंतर्गत सरकारी सेवा सहित वस्तु या सेवाओं का उत्पादन शामिल है। | इनके अंतर्गत प्राथमिक उत्पादों का उपभोग तथा अचल संपत्तियों का स्व-लेखा उत्पादन शामिल है। |
| इन क्रियाओं के कारण निजी आय तथा राष्ट्रीय आय दोनों में वृद्धि होती है। | इन क्रियाओं के कारण निजी तथा राष्ट्रीय आय में वृद्धि नहीं होती। |

**8.** **महिलाएँ क्यों निम्न वेतन वाले कार्यों में नियोजित होती हैं?**

**उत्तर** महिलाएँ निम्नलिखित कारणों से निम्न वेतन वाले कार्यों में नियोजित होती हैं

- बाजार में किसी व्यक्ति की आय निर्धारण में शिक्षा महत्त्वपूर्ण कारकों में से एक है। भारत में महिलाएँ पुरुषों की अपेक्षा कम शिक्षित होती हैं। उनके पास बहुत कम शिक्षा एवं निम्न कौशल स्तर है, इसलिए उन्हें पुरुषों की तुलना में कम वेतन दिया जाता है।

- ज्ञान व जानकारी के अभाव में महिलाएँ असंगठित क्षेत्रों में कार्य करती हैं, जो उन्हें कम मजदूरी देते हैं। उन्हें अपने कानूनी अधिकारों की जानकारी भी नहीं है।
- महिलाओं को शारीरिक रूप से कमजोर माना जाता है, इसलिए उन्हें प्रायः कम वेतन दिया जाता है।

**9. 'बेरोजगारी' शब्द की आप कैसे व्याख्या करेंगे?**

**उत्तर** बेरोजगारी का अर्थ है कि जब लोग काम करने के इच्छुक हों, किंतु उन्हें रोजगार नहीं मिले। यह स्थिति विकसित देशों की अपेक्षा विकासशील देशों में अधिक देखने में आती है। कामगार जनसंख्या में 25 से 59 वर्ष के आयु वर्ग के लोग आते हैं।

**10. प्रच्छन्न और मौसमी बेरोजगारी में क्या अंतर है?**

**उत्तर** प्रच्छन्न और मौसमी बेरोजगारी में निम्नलिखित अंतर हैं

| प्रच्छन्न बेरोजगारी | मौसमी बेरोजगारी |
|---|---|
| यह बेरोजगारी की वह अवस्था होती है, जब किसी व्यवसाय में आवश्यकता से अधिक श्रमिक लगे हों। | मौसमी बेरोजगारी तब होती है, जब लोग वर्ष के कुछ महीनों में रोजगार प्राप्त नहीं कर पाते हैं। |
| इस बेरोजगारी से उत्पादन पर कोई प्रभाव नहीं पड़ता। | इससे उत्पादन पर प्रभाव पड़ता है। कुछ समय के लिए उत्पादन उत्पादित नहीं होता है। |
| इस बेरोजगारी का संबंध अर्थव्यवस्था के लगभग सभी क्षेत्रों से होता है। | मौसमी बेरोजगारी सर्वाधिक कृषि क्षेत्र से संबंधित होती है। |

**11. शिक्षित बेरोजगारी भारत के लिए एक विशेष समस्या क्यों है?**

***अथवा* शहरी क्षेत्रों में शिक्षित बेरोजगारी के क्या कारण हैं?**

**उत्तर** शिक्षित बेरोजगारी भारत के लिए एक विशेष समस्या इसलिए बन गई है, क्योंकि यह बेरोजगारी शहरों में एक सामान्य परिघटना बन गई है। मैट्रिक, स्नातक, स्नातकोत्तर डिग्रीधारक अनेक युवा रोजगार पाने में असमर्थ हैं। एक अध्ययन में यह बात सामने आई है कि मैट्रिक की अपेक्षा स्नातक एवं स्नातकोत्तर डिग्रीधारकों में बेरोजगारी अधिक तेजी से बढ़ी है। एक विरोधाभासी जनशक्ति स्थिति सामने आती है, क्योंकि कुछ वर्गों में अतिशेष जनशक्ति अन्य क्षेत्रों में जनशक्ति की कमी के साथ-साथ विद्यमान है। एक ओर तकनीकी अर्हता प्राप्त लोगों में बेरोजगारी व्याप्त है, जबकि दूसरी ओर आर्थिक संवृद्धि के लिए जरूरी तकनीकी कौशल की कमी है। उपरोक्त कारणों से शिक्षित बेरोजगारी भारत के लिए विशेष समस्या है।

**12. आपके विचार से भारत किस क्षेत्रक में रोजगार के सर्वाधिक अवसर सृजित कर सकता है?**

**उत्तर** भारत का तृतीयक क्षेत्रक रोजगार में सर्वाधिक अवसर सृजित कर सकता है। तृतीय क्षेत्रक में व्यापार, परिवहन, संचार, बैंकिंग, बीमा, शिक्षा, स्वास्थ्य, पर्यटन सेवाएँ इत्यादि शामिल किए जाते हैं। इस क्षेत्रक में क्रियाकलाप के फलस्वरूप वस्तुओं और सेवाओं का उत्पादन होता है। ये क्रियाकलाप राष्ट्रीय आय में मूल्यवर्द्धन करते हैं। वर्तमान में तृतीयक क्षेत्रक में जैव-प्रौद्योगिकी, सूचना प्रौद्योगिकी आदि विभिन्न नई सेवाएँ सामने आ रही हैं।

**13. क्या आप शिक्षा प्रणाली में शिक्षित बेरोजगारों की समस्या दूर करने के लिए कुछ उपाय सुझा सकते हैं?**

**उत्तर** शिक्षा प्रणाली में शिक्षित बेरोजगारों की समस्या दूर करने हेतु निम्नलिखित उपाय सहायक सिद्ध हो सकते हैं

(i) स्कूली शिक्षा के साथ-साथ तकनीकी शिक्षा प्रदान की जाए।
(ii) शिक्षा को अधिक कार्योन्मुखी बनाया जाना चाहिए। एक किसान के बेटे को शिक्षा देने के साथ-साथ इस बात का प्रशिक्षण दिया जाना चाहिए कि खेत में उत्पादन कैसे बढ़ाया जा सकता है।
(iii) लोगों को स्वावलंबी एवं उद्यमी बनाने के लिए प्रेरित करना चाहिए।
(iv) शिक्षा के लिए योजना बनाई जानी चाहिए एवं इसकी भावी संभावनाओं को ध्यान में रखकर इसे क्रियान्वित किया जाना चाहिए।
(v) रोजगार के अधिक अवसर पैदा किए जाने चाहिए।

**14. क्या आप कुछ ऐसे गाँवों की कल्पना कर सकते हैं, जहाँ पहले रोजगार का कोई अवसर नहीं था, लेकिन बाद में बहुतायत में हो गया?**

**उत्तर** हाँ ऐसे गाँवों की कल्पना कर सकते हैं, जहाँ पहले रोजगार का कोई अवसर नहीं था, लेकिन बाद में बहुतायत में हो गया। एक गाँव में अनेक परिवार मिलकर इतना उत्पादन कर लेते थे जितना वे उपयोग कर सकें। इन परिवारों के पास आय के अन्य स्रोत नहीं थे। कुछ समय बाद गाँव के परिवार का एक लड़का कृषि महाविद्यालय में अध्ययन करने गया और उसने एक ऐसे उन्नत किस्म के हल का निर्माण किया, जिसके उपयोग से गाँवों के परिवारों को अधिशेष उत्पादकता प्राप्त होने लगी। गाँव के लोग अपनी उपज के अधिशेष को समीप के गाँव में भेजने लगे, इससे गाँवों के लोगों को अतिरिक्त धन की प्राप्ति हुई, इसके पश्चात् गाँव वालों ने गाँव में एक विद्यालय खुलवा दिया, जिससे गाँव के बच्चे अब शिक्षा ग्रहण करने लगे।

इसके बाद गाँव की एक लड़की ने सिलाई का काम शुरू किया, इससे लोगों को कपड़े खरीदने के लिए दूर जाने में लगने वाला समय अब बचने लगा, शिक्षा के प्रसार से किसान अब खेतों में गहन कृषि करने लगे, जिससे किसानों को उपभोग से अधिक वस्तुएँ प्राप्त होने लगीं।

समय के साथ गाँव, जहाँ प्रारंभ में किसी नए काम का औपचारिक रूप से कोई अवसर नहीं था, शिक्षक, दर्जी एग्रो इंजीनियर और अन्य तरह के लोगों से परिपूर्ण हो गया। यहाँ मानव पूँजी के उठते स्तर ने उसे जटिल और आधुनिक आर्थिक क्रियाकलापों के स्थल के रूप में विकसित बनाया।

**15. किस पूँजी को आप सबसे अच्छा मानते हैं—भूमि, श्रम, भौतिक और मानव पूँजी? क्यों?**

**उत्तर** जिस प्रकार भूमि, जल, वन, खनिज हमारे बहुमूल्य प्राकृतिक संसाधन हैं, उसी प्रकार मानव पूँजी बहुमूल्य संसाधन हैं। मानव राष्ट्रीय परिसंपत्तियों के उपभोक्ता मात्र नहीं हैं, अपितु वे राष्ट्रीय संपत्तियों के उत्पादक भी हैं। वास्तव में, मानव संसाधन अन्य संसाधनों; जैसे–भूमि तथा पूँजी की अपेक्षाकृत श्रेष्ठ हैं, क्योंकि वे भूमि एवं पूँजी का प्रयोग करते हैं। भूमि एवं पूँजी स्वयं उपयोगी नहीं हो सकते। यदि मानव संसाधन में शिक्षा, प्रशिक्षण एवं चिकित्सा सुविधाओं के द्वारा निवेश करें, तो जनसंख्या के बड़े भाग को परिसंपत्ति में बदला जा सकता है।

उदाहरण के लिए, जापान के पास कोई प्राकृतिक संसाधन नहीं था, परंतु जापान ने शिक्षा और स्वास्थ्य के क्षेत्र में अपने लोगों पर निवेश किया। अंततः इन लोगों ने अपने मानव संसाधन को दक्षतापूर्ण उपयोग करने के बाद नई तकनीक विकसित करते हुए अपने देश को समृद्ध एवं विकसित बना दिया है। इस प्रकार मानव पूँजी अन्य सभी संसाधनों की अपेक्षा अधिक महत्त्वपूर्ण है।

# परीक्षा अभ्यास

## वस्तुनिष्ठ प्रश्न

### बहुविकल्पीय प्रश्न

**1.** बड़ी जनसंख्या को किसके माध्यम से उत्पादक संपत्ति में बदला जा सकता है?

(a) रोजगार स्तर बढ़ाना (b) प्रवसन को रोकना
(c) मानव पूँजी में निवेश (d) स्वास्थ्य सेवा विस्तार

**उत्तर** (c) मानव पूँजी में निवेश

**2.** जापान के विकसित होने का कारण है

(a) मानव पूँजी में निवेश
(b) विश्व बैंक से ऋण
(c) अवसंरचना विकास
(d) कृषि क्षेत्र का विकास

**उत्तर** (a) मानव पूँजी में निवेश

**3.** कीटनाशक का फसलों पर छिड़काव करना एक गतिविधि है

(a) विनिर्माण क्षेत्र (b) कृषि क्षेत्र
(c) व्यापार क्षेत्र (d) तृतीयक क्षेत्र

**उत्तर** (b) कृषि क्षेत्र

**4.** निम्न में से कौन-सा द्वितीयक क्षेत्र से संबंधित है?

(a) विनिर्माण (b) सेवा
(c) स्वास्थ्य (d) पर्यटन

**उत्तर** (a) विनिर्माण

**5.** निम्न में से कौन-सा एक गैर-आर्थिक गतिविधि है?

(a) शिक्षक द्वारा स्कूल में पढ़ाना
(b) किसान द्वारा खेती करना
(c) दर्जी द्वारा स्वयं के कपड़े सिलना
(d) क्लर्क द्वारा नौकरी

**उत्तर** (c) दर्जी द्वारा स्वयं के कपड़े सिलना

**6.** निम्न में से कौन-सा तृतीयक क्षेत्र से संबंधित है?

(a) बैंकिंग (b) बीमा
(c) शिक्षा (d) ये सभी

**उत्तर** (d) ये सभी

**7.** मौसमी बेरोजगारी संबंधित है

(a) शहरी क्षेत्र (b) ग्रामीण क्षेत्र
(c) 'a' और 'b' (d) इनमें से कोई नहीं

**उत्तर** (b) ग्रामीण क्षेत्र

**8.** निम्न में से कौन-सा आयु वर्ग कार्यशील जनसंख्या में है?

(a) 14 से 50 वर्ष (b) 22 से 60 वर्ष
(c) 21 से 50 वर्ष (d) 22 से 55 वर्ष

**उत्तर** (a) 14 से 50 वर्ष

**9.** प्रच्छन्न बेरोजगारी संबंधित है

(a) बैंक (b) परिवहन (c) खनन (d) कृषि

**उत्तर** (d) कृषि

**10.** निम्नलिखित में से कौन-से कथन भारत की स्वास्थ्य आधारिक संरचना से संबंधित हैं?

(a) वर्ष 2016 में भारत में जीवन-प्रत्याशा 69.4 वर्ष हो गई थी
(b) वर्ष 2020 में भारत की शिशु मृत्यु दर 36 हो गई थी
(c) वर्ष 2020 में भारत की अशोधित जन्म दर 20.0 पर आ गई थी
(d) उपरोक्त सभी

**उत्तर** (d) उपरोक्त सभी

**11.** निम्नलिखित में से क्या बेरोजगारी का प्रभाव नहीं है?

(a) बेरोजगारी से जनशक्ति संसाधन व्यर्थ सिद्ध होते हैं
(b) बेरोजगारी युवाओं में कुंठा की भावना को प्रबल करती है
(c) बेरोजगारी से आर्थिक बोझ में कमी होती है
(d) बेरोजगारी से स्वास्थ्य स्तर में सामान्य कमी आती है

**उत्तर** (c) बेरोजगारी से आर्थिक बोझ में कमी होती है

**12.** निम्नलिखित में से कौन-सा कथन मानव पूँजी से संबंधित है?

1. मानव पूँजी में निवेश भौतिक पूँजी में किए गए निवेश से लाभदायक होता है।
2. मानव पूँजी में निवेश राष्ट्रीय आय को बढ़ा सकता है।
3. शिक्षा और स्वास्थ्य के द्वारा मानव पूँजी को सुदृढ़ किया जा सकता है।

**कूट**

(a) 1 और 2 (b) 2 और 3
(c) 1 और 3 (d) ये सभी

**उत्तर** (d) ये सभी

**13.** निम्नलिखित में से कौन-से कथन भारत में शिक्षा के परिदृश्य से संबंधित हैं?

1. भारत में वर्ष 2018 तक साक्षरता दर 85% थी।
2. भारत में महिलाओं की साक्षरता दर पुरुषों से अधिक है।
3. भारत में ग्रामीण क्षेत्र की अपेक्षा नगरीय क्षेत्रों में साक्षरता दर करीब 14.2% अधिक है।
4. केरल के कुछ जिलों की साक्षरता दर 94% है।

**कूट**

(a) 1 और 2 (b) 2 और 3
(c) 1, 3 और 4 (d) ये सभी

**उत्तर** (c) 1, 3 और 4

**14.** क्रम में व्यवस्थित करें

1. गुणवत्तापूर्ण मानव पूँजी का सृजन
2. कंप्यूटर प्रौद्योगिकी कौशल प्रदान करना
3. प्राथमिक विद्यालय में निवेश
4. जन्म के दौरान चिकित्सा देखभाल

**कूट**

(a) 4, 3, 2, 1 (b) 4, 3, 1, 2
(c) 2, 3, 4, 1 (d) 3, 2, 4, 1

**उत्तर** (a) 4, 3, 2, 1

**15.** निम्नलिखित में से कौन-सा युग्म सही सुमेलित नहीं है?

| | योजना | | प्रारंभिक वर्ष |
|---|---|---|---|
| (a) | सर्व शिक्षा अभियान | – | 2000 |
| (b) | दोपहर का भोजन | – | 2010 |
| (c) | नवोदय विद्यालय | – | 1995 |
| (d) | शिक्षा का अधिकार | – | 2005 |

**उत्तर** (d) शिक्षा का अधिकार – 2005

**16.** निम्नलिखित में से कौन-सा युग्म सही सुमेलित है?

| | वर्ष | | विश्वविद्यालयों की संख्या |
|---|---|---|---|
| (a) | 1950-51 | – | 50 |
| (b) | 1990-91 | – | 277 |
| (c) | 2015-16 | – | 753 |
| (d) | 2016-17 | – | 800 |

**उत्तर** (c) 2015-16 — 753

**17.** निम्नलिखित की सहायता से बेरोजगारी के प्रकार की पहचान करें

- इस बेरोजगारी के अंतर्गत व्यक्ति वर्ष के कुछ महीनों में ही रोजगार पाते हैं।
- कृषि कार्यों में संलग्न व्यक्ति को इस बेरोजगारी का सामना करना पड़ता है।
- यह बेरोजगारी मजदूरों को प्रवास करने के लिए प्रोत्साहित करती है।

**कूट**

(a) स्थायी बेरोजगारी
(b) प्रच्छन्न बेरोजगारी
(c) मौसमी बेरोजगारी
(d) शिक्षित बेरोजगारी

**उत्तर** (c) मौसमी बेरोजगारी

**18.** निम्नलिखित की सहायता से आर्थिक क्षेत्र की पहचान करें

- इस क्षेत्र के अंतर्गत बैंकिंग, बीमा, शिक्षा, स्वास्थ्य आदि को सम्मिलित किया जाता है।
- इस क्षेत्र में क्रियाकलाप के फलस्वरूप वस्तुओं और सेवाओं का उत्पादन होता है।
- यह क्षेत्र राष्ट्रीय आय में सबसे अधिक योगदान देता है।

**कूट**

(a) प्राथमिक क्षेत्र (b) द्वितीयक क्षेत्र
(c) तृतीयक क्षेत्र (d) इनमें से कोई नहीं

**उत्तर** (c) तृतीयक क्षेत्र

## सुमेलित करें

**19.** सुमेलित कीजिए

| सूची I | सूची II |
|---|---|
| A. गैर-आर्थिक क्रिया | 1. मत्स्यपालन |
| B. प्राथमिक क्षेत्र | 2. बैंक |
| C. द्वितीयक क्षेत्र | 3. परिवार के लिए भोजन |
| D. तृतीयक क्षेत्र | 4. विनिर्माण |

**कूट**

| | A | B | C | D | | A | B | C | D |
|---|---|---|---|---|---|---|---|---|---|
| (a) | 1 | 2 | 3 | 4 | (b) | 3 | 1 | 4 | 2 |
| (c) | 2 | 3 | 4 | 1 | (d) | 4 | 3 | 2 | 1 |

**उत्तर** (b) 3 1 4 2

## रिक्त स्थान भरें

**20.** कृषि कार्य में अतिरिक्त श्रम बल ………… अंतर्गत आते हैं।

**उत्तर** प्रच्छन्न बेरोजगारी

**21.** आर्थिक क्रियाओं के दो भाग होते हैं ………… और …………।

**उत्तर** बाजार क्रियाएँ और गैर-बाजार क्रियाएँ

**22.** प्राथमिक शिक्षा में नामांकन बढ़ाने हेतु ………… प्रारंभ किए गए हैं।

**उत्तर** सेतु-पाठ्यक्रम

**23.** शिक्षा के द्वारा ही राष्ट्रीय आय और ………… में वृद्धि संभव हुई है।

**उत्तर** सांस्कृतिक समृद्धि

**24.** निम्न रिक्त स्थान को पूरा करें

| आर्थिक क्षेत्रक | आर्थिक क्रियाएँ |
|---|---|
| प्राथमिक क्षेत्रक | कृषि, वानिकी, पशुपालन |
| तृतीयक क्षेत्रक | ? |

**कूट**

(a) खनन, मुर्गीपालन तथा उत्खनन
(b) उत्पादन, शिक्षा तथा स्वास्थ्य
(c) परिवहन, संचार तथा पर्यटन
(d) वानिकी, बैंकिंग तथा संचार

**उत्तर** (c) परिवहन, संचार तथा पर्यटन

## सही और पुनः लिखें

**25.** मौसमी बेरोजगारी वह स्थिति है जब लोग कुछ महीने में रोजगार प्राप्त कर पाते हैं। व्यापार पर आश्रित लोग आमतौर पर इस तरह की समस्या से जूझते हैं।

**उत्तर** मौसमी बेरोजगारी वह स्थिति है जब लोग कुछ महीने में रोजगार प्राप्त नहीं कर पाते हैं। भूमि पर आश्रित लोग आमतौर पर इस तरह की समस्या से जूझते हैं।

**26.** जापान जैसे देश ने मानव संसाधन पर निवेश किया है उनके पास पर्याप्त प्राकृतिक संसाधन हैं यह विकासशील देश है।

*उत्तर* जापान जैसे देश ने मानव संसाधन पर निवेश किया है उनके पास कोई प्राकृतिक संसाधन नहीं था। यह विकसित धनी देश है।

## डेटा आधारित प्रश्न

**27.** नीचे दी गई सारणी का अध्ययन कीजिए तथा पूछे गए प्रश्नों का उत्तर दीजिए

**सारणी : उच्च शिक्षा के संस्थानों की संख्या, नामांकन तथा संकाय**

| वर्ष | महाविद्यालयों की संख्या | विश्वविद्यालयों की संख्या | विद्यार्थी | शिक्षक यूनिवर्सिटी एवं कॉलेज |
|---|---|---|---|---|
| 1950-51 | 750 | 30 | 2,63,000 | 24,000 |
| 1990-91 | 7,346 | 177 | 49,25,000 | 2,72,000 |
| 1998-99 | 11,089 | 238 | 74,17,000 | 3,42,000 |
| 2010-11 | 33,023 | 523 | 1,86,70,050 | 8,16,966 |
| 2012-13 | 37,204 | 628 | 2,23,02,938 | 9,25,396 |
| 2014-15 | 40,760 | 711 | 2,65,85,437 | 12,61,350 |
| 2015-16 | 41,435 | 753 | 2,84,84,746 | 14,38,000 |
| 2016-17 | 42,338 | 795 | 2,94,27,158* | 14,70,190* |
| 2017-18 | 41,012 | 851 | 3,66,42,378 | 12,84,957 |
| 2018-19 | 39,931 | 993 | 3,73,99,388 | 14,16,299 |
| 2019-20 | 44,374 | 1,236 | 3,82,75,207 | 12,07,204 |

*स्रोत* विश्वविद्यालय अनुदान आयोग वार्षिक रिपोर्ट 2019-20

सारणी के अनुसार किस वर्ष में विश्वविद्यालयों की संख्या एक हजार (1000) के निकट दर्ज की गई?

(a) वर्ष 2013-14
(b) वर्ष 2014-15
(c) वर्ष 2016-17
(d) वर्ष 2018-19

*उत्तर* (d) वर्ष 2018-19

## कथन/कारण

**28.** **कथन** (A) किसी अर्थव्यवस्था के समग्र विकास पर बेरोजगारी का अहितकर प्रभाव पड़ता है।

**कारण** (R) बेरोजगारी से आर्थिक बोझ में वृद्धि होती है तथा कार्यरत जनसंख्या पर बेरोजगारों की निर्भरता बढ़ती है।

**कूट**

(a) A और R दोनों सत्य हैं तथा R, A की सही व्याख्या है
(b) A और R दोनों सत्य हैं, परंतु R, A की सही व्याख्या नहीं है
(c) A सत्य है, किंतु R असत्य है
(d) A असत्य है, किंतु R सत्य है

*उत्तर* (a) A और R दोनों सत्य हैं तथा R, A की सही व्याख्या है

**29.** **कथन** (A) वर्ष 2017-18 में भारत की साक्षरता दर 75% रहने की संभावना है।

**कारण** (R) वर्ष 2011 के अनुसार केरल की साक्षरता 94% एवं बिहार की 62% है।

**कूट**

(a) A और R दोनों सत्य हैं तथा R, A की सही व्याख्या है
(b) A और R दोनों सत्य हैं, परंतु R, A की सही व्याख्या नहीं है
(c) A सत्य है, किंतु R असत्य है
(d) A असत्य है, किंतु R सत्य है

*उत्तर* (d) A असत्य है, किंतु R सत्य है

## केस आधारित प्रश्न

**30.** सकल गाँव के स्कूल में जाता है और पतंग बनाने की तकनीक को सीखता है। उसके परिवार वाले उसे पोषणयुक्त खाना देते हैं। विलास अपनी माँ के साथ जीवन-यापन हेतु दुकान पर काम करता है। वह स्कूल जाना चाहता है, परंतु ऐसा अवसर कभी नहीं आता है।

इस कथन के आधार पर किसके पास भविष्य में कमाई की बेहतर संभावनाएँ हैं?

(a) विलास
(b) सकल
(c) 'a' और 'b' दोनों
(d) सकल की माँ

*उत्तर* (b) सकल

## अतिलघु उत्तरीय प्रश्न

**1.** मानव पूँजी क्या है?

*उत्तर* मानव पूँजी, कौशल और उसमें निहित उत्पादन के ज्ञान का भंडार है।

**2.** मानव पूँजी निर्माण से क्या अभिप्राय है?

*उत्तर* जब मानव संसाधन को उच्च शिक्षा और स्वास्थ्य द्वारा विकसित किया जाता है तब उसे मानव पूँजी निर्माण कहा जाता है।

**3.** जब शिक्षा, प्रशिक्षण तथा स्वास्थ्य सुरक्षा पर निवेश किया जाता है, तो वह जनसंख्या क्या बन जाती है?

*उत्तर* जब शिक्षा, प्रशिक्षण तथा स्वास्थ्य सुरक्षा पर निवेश किया जाता है, तो वह जनसंख्या मानव पूँजी बन जाती है।

**4.** आर्थिक गतिविधियाँ किन क्षेत्रकों में विभक्त हैं?

*उत्तर* आर्थिक गतिविधियाँ प्राथमिक, द्वितीयक एवं तृतीयक क्षेत्रकों में विभक्त हैं।

**5.** प्राथमिक क्षेत्रक के दो उदाहरण कौन-से हैं?

*उत्तर* प्राथमिक क्षेत्रक के दो उदाहरण निम्न हैं

(i) कृषि
(ii) पशुपालन

**6.** बाजार क्रियाएँ क्या हैं?

*उत्तर* बाजार क्रियाओं में वेतन या लाभ के उद्देश्य से की गई क्रियाओं के लिए पारिश्रमिक का भुगतान किया जाता है।

**7.** गैर-बाजार क्रियाएँ क्या हैं?

*उत्तर* गैर-बाजार क्रियाओं से अभिप्राय स्व-उपभोग के लिए उत्पादन से है।

**8.** **जनसंख्या की गुणवत्ता किस पर निर्भर करती है?**

उत्तर जनसंख्या की गुणवत्ता साक्षरता दर, जीवन प्रत्याशा से निरूपित व्यक्तियों के स्वास्थ्य और देश के लोगों द्वारा प्राप्त कौशल निर्माण पर निर्भर करती है।

**9.** **सर्वशिक्षा अभियान क्या है?**

उत्तर सर्वशिक्षा अभियान 6 से 14 वर्ष आयु वर्ग के सभी स्कूली बच्चों को वर्ष 2010 तक प्राथमिक शिक्षा प्रदान करने की दिशा में एक महत्त्वपूर्ण कदम है।

**10.** **बेरोजगारी क्या है?**

उत्तर जब प्रचलित मजदूरी की दर पर काम करने के लिए इच्छुक लोग रोजगार नहीं पा सकें, तो वह बेरोजगारी होती है।

**11.** **नगरीय क्षेत्रों में किस प्रकार की बेरोजगारी सामान्य है?**

उत्तर नगरीय क्षेत्रों में मैट्रिक, स्नातक और स्नातकोत्तर डिग्रीधारकों की संख्या अधिक होने के कारण रोजगार के अवसर. कम हो जाते हैं, जिसके परिणामस्वरूप रोजगार प्राप्त न हो पाने के कारण ये डिग्रीधारक शिक्षित बेरोजगार हो जाते हैं।

**12.** **कृषि पर आश्रित लोग किस प्रकार की बेरोजगारी से जूझते हैं?**

उत्तर कृषि पर आश्रित लोग मौसमी बेरोजगारी से जूझते हैं, क्योंकि कृषि मुख्यतः मानसून के आगमन से शुरू होती है।

**13.** **जनशक्ति संसाधन की बर्बादी किससे होती है?**

उत्तर वे लोग, जो अर्थव्यवस्था की एक मूल्यवान संपत्ति हो सकते थे, बेरोजगारी के कारण मूल्यहीन हो जाते हैं। इसी कारण बेरोजगारी से जनशक्ति संसाधन की बर्बादी होती है।

**14.** **बेरोजगारी में वृद्धि किसका सूचक है?**

उत्तर बेरोजगारी में वृद्धि मंदीग्रस्त अर्थव्यवस्था का सूचक है।

**15.** **मानव संसाधन को सबसे श्रेष्ठ संसाधन क्यों माना जाता है?**

उत्तर वास्तव में, मानव पूँजी अन्य संसाधनों; जैसे–भूमि और भौतिक पूँजी से श्रेष्ठ है, क्योंकि मानव संसाधन द्वारा भूमि और पूँजी का उपयोग किया जाता है। ये स्वयं उपयोग नहीं हो सकते हैं।

**16.** **किस एशियायी देश ने अपने संसाधनों का अधिकांश भाग लोगों विशेषत: शिक्षा और स्वास्थ्य के क्षेत्र में निवेश किया है?**

उत्तर जापान ने अपने संसाधनों के अधिकांश भाग का शिक्षा और स्वास्थ्य के क्षेत्र में निवेश किया है।

**17.** **सकल राष्ट्रीय उत्पाद के विकास के लिए एक महत्त्वपूर्ण आगत क्या है?**

उत्तर सकल राष्ट्रीय उत्पाद के विकास के लिए एक महत्त्वपूर्ण आगत शिक्षा है।

**18.** **प्राथमिक शिक्षा में नामांकन बढ़ाने के लिए कौन–से कार्यक्रम शुरू किए गए?**

उत्तर प्राथमिक शिक्षा में नामांकन बढ़ाने के लिए 'सेतु-पाठ्यक्रम' और 'स्कूल लौटो शिविर' कार्यक्रम शुरू किए गए।



## लघु उत्तरीय प्रश्न

**1.** **मानव पूँजी निर्माण से क्या आशय है? इसने भारत में क्या सहायता की है?**

उत्तर मानव संसाधन को जब शिक्षा और स्वास्थ्य द्वारा विकसित किया जाता है, तब उसे मानव पूँजी का निर्माण कहा जाता है। इसने भारत में निम्न सहायता की है

- मानव संसाधन में निवेश से अधिक शिक्षित या बेहतर प्रशिक्षित लोगों की उच्च उत्पादकता के कारण होने वाली अधिक आय और साथ ही अधिक स्वस्थ लोगों की उच्च उत्पादकता के रूप में भारत को लाभ प्राप्त हुआ।
- भारत में उच्च आय से न केवल अधिक शिक्षित और अधिक स्वस्थ लोगों को लाभ हुआ, बल्कि समाज को भी अप्रत्यक्ष तरीकों से लाभ प्राप्त हुआ।
- भारत में मानव पूँजी में निवेश के द्वारा मानव को एक उत्पादक परिसंपत्ति में बदल दिया। उदाहरण के लिए, सबके लिए शिक्षा और स्वास्थ्य, आधुनिक प्रौद्योगिकी के प्रयोग में औद्योगिक और कृषि श्रमिकों के प्रशिक्षण उपयोग वैज्ञानिक अनुसंधान आदि पर संसाधनों के व्यय द्वारा।

**2.** **मानव संसाधन, उत्पादन के अन्य घटकों से अलग कैसे है? कारण बताइए।**

उत्तर मानव संसाधन का उत्पादन के अन्य घटकों से अलग होने के निम्न कारण हैं

(i) मानव संसाधन उत्पादन का जीवित घटक है।

(ii) मानव संसाधन काम करने के साथ-साथ अन्य घटकों को भी सक्रिय बनाता है।

(iii) यह श्रम, प्रबंधन तथा उद्यमी के तौर पर काम करता है।

(iv) मानव संसाधन अन्य उत्पादन घटकों के विपरीत मनुष्य के स्वास्थ्य तथा जीवन स्तर को भी उच्च बनाता है।

(v) मानव संसाधन अन्य उत्पादन घटकों से अधिक आय का सृजन करता है।

**3.** **मानव संसाधनों में निवेश भविष्य में किस प्रकार उच्चतर प्रतिफल देता है? स्पष्ट कीजिए।**

उत्तर शिक्षित माँ-बाप अपने बच्चों की शिक्षा पर अधिक निवेश करते हैं, क्योंकि उन्होंने स्वयं भी शिक्षा के महत्त्व का अनुभव किया होता है। वे उचित पोषण और स्वच्छता के प्रति भी सचेत रहते हैं, जिसके परिणामस्वरूप एक चक्र बन जाता है। जापान जैसे देशों ने मानव संसाधन पर निवेश किया है, क्योंकि उनके पास निवेश के लिए प्राकृतिक संसाधन उपलब्ध नहीं थे। जापान जैसे देश आवश्यक प्राकृतिक संसाधनों का आयात करते हैं साथ इन देशों ने शिक्षा और स्वास्थ्य के क्षेत्र में निवेश अधिक किया है, जिससे लोगों में कुशलता और प्रौद्योगिकी की समझ विकसित हुई। देश धनी व विकसित बन सके।

**4.** **शिक्षित माता-पिता अपने बच्चों की शिक्षा पर भारी निवेश क्यों करते हैं? कारण बताइए।**

उत्तर शिक्षित माँ-बाप अपने बच्चों की शिक्षा पर अधिक निवेश करते हैं, क्योंकि

(i) उन्होंने स्वयं भी शिक्षा के महत्त्व को अनुभव किया होता है।

(ii) शिक्षा द्वारा ही नई आकांक्षाएँ एवं नए जीवन-मूल्य विकसित किए जाते हैं।
(iii) अशिक्षित माता-पिता की तुलना में उनकी आय अधिक होती है।
(iv) बच्चों की शिक्षा प्राप्ति से वे स्वास्थ्य के प्रति अधिक सचेत रहते हैं।
(v) बच्चों में शिक्षा निवेश से उचित मानव संसाधन का उत्पादन होता है।

**5. तीन क्षेत्रकों में रोजगार के परिदृश्य की चर्चा कीजिए।**

उत्तर तीन क्षेत्रकों में रोजगार के परिदृश्य निम्न हैं

**प्राथमिक क्षेत्र** यह कृषि श्रमिकों का सबसे अधिक अवशोषण करने वाला क्षेत्र है, किंतु इसे प्रच्छन्न बेरोजगारी का सामना करना पड़ रहा है।

**द्वितीयक क्षेत्र** इस क्षेत्र में छोटे पैमाने पर होने वाले विनिर्माण में श्रमिकों का सबसे अधिक अवशोषण होता है।

**तृतीयक क्षेत्र** यह क्षेत्र सबसे महत्त्वपूर्ण क्षेत्र है, जो बेरोजगारी की समस्या को दूर करने में सहायक हो सकता है।

**6. "प्राथमिक क्षेत्रक में रोजगार ढाँचा स्व-रोजगार पर आश्रित होने के क्या कारण हैं।" इस कथन की व्याख्या कीजिए।**

उत्तर प्राथमिक क्षेत्रक में रोजगार ढाँचा स्व-रोजगार पर आश्रित होने के कारण निम्न हैं

(i) प्राथमिक क्षेत्रक में संपूर्ण परिवार खेतों में कार्य करता है। अतः वहाँ प्रच्छन्न बेरोजगारी पाई जाती है।
(ii) इसके अंतर्गत उत्पादित वस्तुओं में संपूर्ण परिवार का हिस्सा होता है।
(iii) खेतों में काम करने की अवधारणा तथा उत्पादन वृद्धि से बेरोजगारी कम हुई, किंतु निर्धनता कम नहीं हुई।

**7. मौसमी बेरोजगारी क्या है? मौसमी बेरोजगारी के लिए उत्तरदायी कारक कौन-से हैं?**

उत्तर वर्ष के कुछ महीनों में जब लोगों को रोजगार प्राप्त नहीं होता है, तब मौसमी बेरोजगारी होती है। जो लोग कृषि पर आश्रित होते हैं, उन्हें इस बेरोजगारी की समस्या का सामना करना पड़ता है।

मौसमी बेरोजगारी के लिए उत्तरदायी कारक निम्न हैं

(i) ग्रामीण क्षेत्रों में छोटे पैमाने तथा कुटीर उद्योगों की कमी।
(ii) बहु-फसलों की कमी।
(iii) कृषि में व्यावसायिकता की कमी।

**8. मध्याह्न भोजन/आहार का क्या अर्थ है? इसके दो उद्देश्य बताइए।**

उत्तर मध्याह्न आहार योजना विद्यार्थियों को पोषक आहार प्रदान करने के लिए चलाई गई है। इस योजना के उद्देश्य निम्नलिखित हैं

(i) यह योजना विद्यार्थियों की उपस्थिति को उत्साहित करने के लिए चलाई गई।
(ii) इसका उद्देश्य बच्चों का पोषण स्तर बढ़ाना है।
(iii) इस योजना से भारत की जनसंख्या की साक्षरता में वृद्धि होगी।

**9. बाजार क्रियाओं तथा गैर-बाजार क्रियाओं में अंतर स्पष्ट कीजिए।**

उत्तर बाजार क्रियाओं और गैर-बाजार क्रियाओं में निम्नलिखित अंतर हैं

| बाजार क्रियाएँ | गैर-बाजार क्रियाएँ |
|---|---|
| इनमें वेतन या लाभ के उद्देश्य से की गई क्रियाओं के लिए पारिश्रमिक का भुगतान किया जाता है। | ये क्रियाएँ स्व-उपभोग के लिए की जाती हैं। |
| इनके अंतर्गत सरकारी सेवा सहित वस्तु या सेवाओं का उत्पादन शामिल है। | इनके अंतर्गत प्राथमिक उत्पादों का उपभोग तथा अचल संपत्तियों का स्व-लेखा उत्पादन शामिल है। |

**10. "शिक्षा तथा कौशल बाजार में किसी व्यक्ति की आय के प्रमुख निर्धारक तत्त्व हैं।" इस कथन को सिद्ध कीजिए।**

उत्तर अधिकांश महिलाएँ ऐसी हैं, जिनके पास बहुत कम शिक्षा तथा निम्न कौशल स्तर है। अतः पुरुषों की अपेक्षा महिलाओं को कम पारिश्रमिक दिया जाता है।

अधिकांश महिलाएँ प्राथमिक क्षेत्र वाले स्थान पर काम करती हैं, जहाँ नौकरी की असुरक्षा, कानूनी सुरक्षा का अभाव, अनियमित रोजगार तथा निम्न आय होती है। इस क्षेत्र में प्रसूति अवकाश, शिशु देखभाल और अन्य सामाजिक सुरक्षा तंत्र जैसी सुविधाएँ उपलब्ध नहीं होती हैं।

इसके विपरीत उच्च शिक्षा और उच्च कौशल वाली महिलाओं को पुरुषों के बराबर वेतन मिलता है। संगठित क्षेत्रक में शिक्षण और चिकित्सा महिलाओं को सबसे अधिक आकर्षित करते हैं।

**11. भारत में महिला साक्षरता दर पुरुषों की तुलना में बहुत कम है। इसके लिए उत्तरदायी कारण क्या हैं? व्याख्या कीजिए।**

उत्तर भारत में महिला साक्षरता दर पुरुषों की तुलना में बहुत कम है, इसके निम्न कारण हैं

(i) लड़कियों की शिक्षा के प्रति उनके माता-पिता का नकारात्मक दृष्टिकोण।
(ii) लड़कियों में निम्न साक्षरता दर के लिए गरीबी मूल कारण है।
(iii) लिंग असमानता के कारण भी महिला साक्षरता दर कम है।
(iv) ग्रामीण क्षेत्रों में शिक्षा से संबंधित मूलभूत सुविधाओं की कमी।
(v) शिक्षा क्षेत्र के लिए सरकारी धन की मात्रा कम निर्धारित की जाती है।

**12. शिक्षित और अशिक्षित महिलाओं की कार्यशील दशाओं में क्या अंतर हैं? किन्हीं तीन का उल्लेख कीजिए।**

उत्तर शिक्षित और अशिक्षित महिलाओं की कार्यशील दशाओं में निम्न अंतर हैं

| शिक्षित महिलाएँ | अशिक्षित महिलाएँ |
|---|---|
| इन्हें पुरुषों के बराबर पारिश्रमिक दिया जाता है। | इन्हें पुरुषों की अपेक्षा कम पारिश्रमिक दिया जाता है। |
| ये महिलाएँ संगठित क्षेत्र में काम करती हैं, जहाँ नौकरी की सुरक्षा होती है। | ये महिलाएँ असंगठित क्षेत्र में कार्य करती हैं, जहाँ नौकरी की सुरक्षा नहीं है। |

| | |
|---|---|
| ये महिलाएँ द्वितीयक अथवा तृतीयक क्षेत्रक में काम करती हैं। | ये महिलाएँ प्राथमिक क्षेत्रक में काम करती हैं। |
| इन्हें कौशल का विशेष ज्ञान होता है। | ये किसी विशेष कौशल से युक्त नहीं होतीं। |
| इनके वेतन एवं कार्य के घंटे निश्चित होते हैं। | इनकी मजदूरी दैनिक एवं कार्य के घंटे भी अधिक होते हैं। |

**13. बेरोजगारी की प्रमुख हानियों का संक्षेप में वर्णन कीजिए।**

**उत्तर** बेरोजगारी की प्रमुख हानियाँ निम्न हैं

- बेरोजगारी से जनशक्ति संसाधन व्यर्थ होते हैं।
- जो लोग अर्थव्यवस्था के लिए परिसंपत्ति हैं, वे बेरोजगारी के कारण अर्थव्यवस्था पर बोझ बन जाते हैं।
- बेरोजगारी में वृद्धि मंदीग्रस्त अर्थव्यवस्था का सूचक है। यह संसाधनों की बर्बादी भी करती है। सांख्यिकीय रूप से भारत में बेरोजगारी की दर निम्न है।
- बड़ी संख्या में निम्न आय और निम्न उत्पादकता वाले लोगों की गिनती नियोजित लोगों में की जाती है।
- वे पूरे वर्ष काम करते प्रतीत होते हैं, लेकिन उनकी क्षमता और आय के हिसाब से यह उनके लिए पर्याप्त नहीं है।

## दीर्घ उत्तरीय प्रश्न

**1. मानव पूँजी निर्माण से आप क्या समझते हैं? किस प्रकार मानव पूँजी में निवेश भौतिक पूँजी में निवेश के समान है?**

**उत्तर** जब मानव संसाधन को शिक्षा तथा स्वास्थ्य द्वारा विकसित किया जाता है, तो उसे मानव पूँजी निर्माण कहते हैं। इसके द्वारा ही मानव संसाधन प्राप्त होते हैं। मानव संसाधन भौतिक पूँजी निर्माण की ही भाँति देश की उत्पादन शक्ति में वृद्धि करता है। मानव पूँजी में निवेश भौतिक पूँजी की ही भाँति प्रतिफल प्रदान करता है। अधिक शिक्षित या बेहतर प्रशिक्षित लोगों की उच्च उत्पादकता के कारण होने वाली अधिक आय और साथ ही अधिक स्वस्थ लोगों की उच्च उत्पादकता के रूप में इसे प्रत्यक्षतः देखा जा सकता है।

कुल मानव संसाधन से उच्च आय की प्राप्ति होती है। उच्च आय से न केवल अधिक शिक्षित और अधिक स्वस्थ लोगों को लाभ होता है, बल्कि समाज को भी अप्रत्यक्ष तरीकों से लाभ होता है, क्योंकि अधिक शिक्षित या अधिक स्वस्थ जनसंख्या का लाभ उन लोगों तक भी पहुँचता है, जो स्वयं प्रत्यक्ष रूप से उतने शिक्षित नहीं हैं या उतनी स्वास्थ्य सेवाएँ उन्हें प्रदान नहीं की गई हैं। मानव पूँजी एक तरह से अन्य संसाधनों; जैसे–भूमि और भौतिक पूँजी से श्रेष्ठ है, क्योंकि मानव संसाधन भूमि और पूँजी का उपयोग कर सकता है। भूमि और पूँजी अपने आप उपयोगी नहीं हो सकतीं।

**2. राष्ट्रीय आय में मूल्यवर्द्धन करने वाली गतिविधियों को कितने क्षेत्रों में वर्गीकृत किया गया बताइए।**

**उत्तर** राष्ट्रीय आय में मूल्यवर्द्धन करने वाली गतिविधियों को तीन क्षेत्रों में बाँटा गया है, जो निम्न प्रकार हैं

(i) **प्राथमिक क्षेत्रक** वे क्रियाएँ, जो पर्यावरण एवं प्रकृति द्वारा प्राप्त संसाधनों पर प्रत्यक्ष रूप से निर्भर होती हैं, उन्हें प्राथमिक क्षेत्रक कहते हैं। इस क्षेत्रक के अंतर्गत कृषि, वानिकी, पशुपालन, मत्स्यपालन, मुर्गीपालन तथा खनन एवं उत्खनन शामिल हैं।

(ii) **द्वितीयक क्षेत्रक** प्राथमिक क्षेत्रकों से प्राप्त उत्पादों के माध्यम से गुणवत्तापूर्ण एवं उपयोगी उत्पादों की रचना एवं विनिर्माण की क्रिया को ही द्वितीयक क्षेत्रक कहते हैं। इस क्षेत्रक के अंतर्गत विनिर्माण शामिल है।

(iii) **तृतीयक क्षेत्रक** इस क्षेत्रक के अंतर्गत व्यापार, परिवहन, संचार, बैंकिंग, बीमा, शिक्षा, स्वास्थ्य, पर्यटन सेवाएँ शामिल हैं। इस क्षेत्रक के अंतर्गत क्रियाकलाप के फलस्वरूप वस्तुओं और सेवाओं का उत्पादन होता है।

**3. ''जनसंख्या की गुणवत्ता ही देश की संवृद्धि दर निर्धारित करती है।'' इस कथन की व्याख्या कीजिए।**

**उत्तर** जनसंख्या की गुणवत्ता साक्षरता दर, जीवन प्रत्याशा से निरूपित व्यक्तियों के स्वास्थ्य और देश के लोगों द्वारा प्राप्त कौशल निर्माण पर निर्भर करती है। जनसंख्या की गुणवत्ता ही देश की संवृद्धि दर निर्धारित करती है। अतः साक्षर और स्वस्थ जनसंख्या परिसंपत्तियाँ होती हैं; जैसे–शिक्षा शिक्षा एक महत्त्वपूर्ण आगत है, जिसके द्वारा नई आकांक्षाएँ एवं जीवन के मूल्य विकसित किए जाते हैं। शिक्षा के द्वारा ही राष्ट्रीय आय और सांस्कृतिक समृद्धि में वृद्धि संभव हुई है। भारत में प्राथमिक शिक्षा के अंतर्गत गुणवत्ता प्रदान करने का प्रावधान किया गया है। इसके अंतर्गत लड़कियों की शिक्षा पर विशेष बल दिया गया है। नवोदय विद्यालय जैसे प्रगति निर्धारक विद्यालयों की स्थापना प्रत्येक जिले में की गई है। ग्रामीण क्षेत्रों की अपेक्षा नगरीय क्षेत्रों में साक्षरता दर 16% अधिक है। इसी क्रम में केरल के कुछ जिलों में साक्षरता दर 93% है, जबकि बिहार में 62% ही है। इससे स्पष्ट होता है कि शिक्षा से जनसंख्या की गुणवत्ता निश्चित होती है।

**स्वास्थ्य** जब किसी देश में व्यक्ति स्वस्थ मुद्दों के प्रति जागरूक रहते हैं एवं सरकार भी स्वास्थ्य कार्यक्रमों का उचित प्रकार से संचालन करती है तो उससे देश का विकास भी स्वस्थ तरीके से होता है, जिससे जनसंख्या की अर्थव्यवस्था में भागीदारी बड़े स्तर पर होती है।

**4. बेरोजगारी से आप क्या समझते हो? विभिन्न प्रकार की बेरोजगारी के बारे में भी चर्चा करें।**

**उत्तर** जब प्रचलित मजदूरी की दर पर काम करने के लिए इच्छुक लोग रोजगार नहीं पाते, तो उस स्थिति को बेरोजगारी कहते हैं। किसी भी देश में श्रम बल जनसंख्या में वे लोग शामिल किए जाते हैं, जिनकी उम्र १५ से ५९ वर्ष के बीच हो। भारत में ग्रामीण और नगरीय क्षेत्रों में बेरोजगारी है, परंतु भारत में ग्रामीण और नगरीय क्षेत्रों में बेरोजगारी की प्रकृति में अंतर है।

ग्रामीण क्षेत्रों में मौसमी और प्रच्छन्न बेरोजगारी है जबकि नगरीय क्षेत्रों में अधिकांशतः शिक्षित बेरोजगारी है।

बेरोजगारी के विभिन्न प्रकार निम्नलिखित हैं

(i) **मौसमी बेरोजगारी** मौसमी बेरोजगारी के अंतर्गत लोग वर्ष के कुछ ही महीनों में रोजगार प्राप्त करते हैं। कृषि

परीक्षा अभ्यास

पर आश्रित लोग आमतौर पर इस तरह की समस्या से जूझते हैं, क्योंकि कृषि में कुछ महीने ही काम होता है तथा कुछ महीनों में काम न के बराबर होता है।

(ii) **प्रच्छन्न बेरोजगारी** प्रच्छन्न बेरोजगारी के अंतर्गत मजदूरों की अधिकता होती है। इस बेरोजगारी के अंतर्गत लोग नियोजित प्रतीत होते हैं, लेकिन वे वास्तव में कार्यरत नहीं होते हैं। उदाहरणस्वरूप; यदि किसी कार्य को दो आदमी कर सकते हैं, परंतु उस कार्य को करने के लिए चार आदमी बुलाए जाते हैं यदि इन दो अतिरिक्त आदमियों को कार्य से बाहर भी कर दिया जाए तो उत्पादकता में कोई कमी नहीं आएगी, इन दो अतिरिक्त मजदूरों के द्वारा किए गए कार्य को प्रच्छन्न बेरोजगारी के अंतर्गत ही समझा जा सकता है।

(iii) **शिक्षित बेरोजगारी** इस प्रकार की बेरोजगारी शहरों में देखने को मिलती है। जहाँ शिक्षित व्यक्ति रोजगार पाने में समर्थ होने के बावजूद भी असमर्थ होता है। वर्तमान अध्ययन से यह बात सामने आई कि मैट्रिक की तुलना में स्नातक और स्नातकोत्तर युवकों में बेरोजगारी अधिक तेजी से बढ़ रही है।

**5. महिलाओं तथा पुरुषों के बीच श्रम विभाजन को समझाइए। कौशल तथा शिक्षा ने महिलाओं को किस प्रकार सहयोग प्रदान किया?**

**उत्तर** भारत में ऐतिहासिक और सांस्कृतिक कारणों से परिवार में महिलाओं और पुरुष के बीच श्रम का विभाजन होता है। भारत में सामान्यतः महिलाएँ घर में कामकाज देखती हैं तथा पुरुष आय अर्जन के काम को देखता है। परिवार के लिए दी गई सेवाओं के बदले महिलाओं को भुगतान नहीं किया जाता। उनकी आय को राष्ट्रीय आय में नहीं जोड़ा जाता है।

महिलाएँ जब श्रम बाजार में प्रवेश करती हैं तो उनके पुरुष सहयोगी की ही तरह उनकी आय, उनकी शिक्षा और कौशल के आधार पर निर्धारित होती है।

शिक्षा व्यक्ति के उपलब्ध आर्थिक अवसरों के बेहतर उपयोग में सहायता करती है। शिक्षा और कौशल बाजार में किसी व्यक्ति की आय के प्रमुख निर्धारक हैं।

अधिकांश महिलाओं के पास शिक्षा तथा कौशल का निम्न स्तर होता है तो उन महिलाओं को पुरुषों की अपेक्षा कम पारिश्रमिक मिलता है। महिलाएँ अधिकतर वहाँ काम करती हैं जहाँ नौकरी की सुरक्षा तथा कानूनी सुरक्षा का अभाव होता है। अनियमित रोजगार और निम्न आय इस क्षेत्रक की विशेषताएँ हैं। उच्च शिक्षा और उच्च कौशल वाली महिलाओं को पुरुषों के बराबर वेतन मिलता है। संगठित क्षेत्रक में शिक्षण और चिकित्सा उन्हें सबसे अधिक आकर्षित करते हैं। कुछ महिलाओं ने सामान्य नौकरियों के अतिरिक्त प्रशासनिक और अन्य सेवाओं में प्रवेश किया है, जिनमें वैज्ञानिक और प्रौद्योगिक सेवा के उच्च स्तर की आवश्यकता होती है।

**6. मानव स्वास्थ्य में सुधार, मानव संसाधन के लिए किस प्रकार उपयोगी है? स्पष्ट करें।**

**उत्तर** मानव स्वास्थ्य में सुधार, मानव संसाधन के लिए अत्यंत उपयोगी है। किसी भी मानव स्वास्थ्य उसे उसकी क्षमता को प्राप्त करने और बीमारियों से लड़ने की शक्ति प्रदान करता है। अस्वस्थ व्यक्ति किसी संगठन के समग्र विकास में अपने योगदान को अधिकतम करने में सक्षम नहीं होगा। स्वास्थ्य अपना कल्याण करने का एक अपरिहार्य आधार है। जनसंख्या की स्वास्थ्य स्थिति को सुधारना किसी भी देश की प्राथमिकता होती है। भारत की राष्ट्रीय नीति का लक्ष्य भी जनसंख्या के अल्प सुविधा प्राप्त वर्गों पर विशेष ध्यान देते हुए स्वास्थ्य सेवाओं, परिवार कल्याण और पौष्टिक सेवा तक इनकी पहुँच को बेहतर बनाना है। भारत ने विगत पाँच दशकों के दौरान सरकारी और निजी क्षेत्रकों में प्राथमिक, द्वितीयक तथा तृतीयक सेवाओं के लिए एक विस्तृत स्वास्थ्य आधारिक संरचना और जनशक्ति का निर्माण किया है।

इन सभी सुधार से जीवन प्रत्याशा बढ़कर वर्ष 2016 में 69.4 वर्ष हो गई। इसी के साथ शिशु मृत्यु दर 1951 के 147 से घटकर 2020 में 36 पर आ गई है। इसी अवधि में अशोधित जन्म दर गिरकर 20.0 और मृत्यु दर 6.2 आ गई है। जीवन प्रत्याशा में वृद्धि और शिशु देखभाल में सुधार, किसी देश के आत्मविश्वास को भावी प्रगति के साथ आँकने के लिए उपयोगी है। आयु में वृद्धि, जीवन की उत्तम गुणवत्ता का सूचक है।

## स्रोत आधारित प्रश्न

निम्नलिखित स्रोतों को ध्यानपूर्वक पढ़कर उन पर आधारित प्रश्नों के उत्तर दीजिए।

**1.** सर्वशिक्षा अभियान एक महत्त्वपूर्ण कदम है। राज्यों, स्थानीय सरकारों और प्राथमिक शिक्षा सार्वभौमिक लक्ष्य को प्राप्त करने के लिए समुदाय की सहभागिता के साथ केंद्रीय सरकार की यह एक समयबद्ध पहल है। इसके साथ ही, प्राथमिक शिक्षा में नामांकन बढ़ाने के लिए 'सेतु-पाठ्यक्रम' और 'स्कूल लौटो शिविर' प्रारंभ किए गए हैं। कक्षा में बच्चों की उपस्थिति को बढ़ावा देने, बच्चों के धारण और उनकी पोषण स्थिति में सुधार के लिए दोपहर के भोजन की योजना कार्यान्वित की जा रही है। इन नीतियों से भारत में शिक्षित लोगों की संख्या में वृद्धि हो सकती है। बारहवीं योजना में उच्च शिक्षा में 18-23 वर्ष आयु वर्ग के नामांकन में 27 प्रतिशत तक की वृद्धि वर्ष 2018 तक रही यह विश्व औसतन 26 प्रतिशत से मिलती-जुलती है। यह रणनीति पहुँच में वृद्धि, गुणवत्ता, राज्यों के लिए विशेष पाठ्यक्रम में परिवर्तन को स्वीकार करना, व्यवसायीकरण तथा सूचना प्रौद्योगिकी के उपयोग का जाल बिछाने पर केंद्रित है।

योजना दूरस्थ शिक्षा, औपचारिक, अनौपचारिक, दूरस्थ तथा संचार प्रौद्योगिकी की शिक्षा देने वाले शिक्षण संस्थानों के अभिसरण पर भी केंद्रित है। पिछले 60 वर्षों में विशेष क्षेत्रों में उच्च शिक्षा देने वाले शिक्षण संस्थानों तथा विश्वविद्यालयों की संख्या में महत्त्वपूर्ण वृद्धि हुई है।

(i) केंद्र सरकार ने प्राथमिक शिक्षा में उपस्थिति को बढ़ाने के लिए ........ और ........ योजनाएँ प्रारंभ की थीं।

(a) सर्व शिक्षा अभियान, सेतु-पाठ्यक्रम
(b) स्कूल लौटो शिविर योजना, सर्व शिक्षा अभियान
(c) सेतु-पाठ्यक्रम, स्कूल लौटो अभियान
(d) बालिका शिक्षा और सर्व शिक्षा अभियान

**उत्तर** (c) सेतु-पाठ्यक्रम, स्कूल लौटो अभियान

(ii) निम्न में से किसे बढ़ावा देने के लिए दोपहर की भोजन योजना कार्यान्वित की जा रही है?
(a) स्कूल स्तर पर विद्यार्थियों की उपस्थिति में वृद्धि के लिए
(b) स्कूल स्तर पर विद्यार्थियों की मानसिक धारणाओं में सुधार के लिए
(c) सामाजिक स्तर पर विद्यार्थियों की पोषण स्थिति में सुधार के लिए
(d) उपरोक्त सभी

उत्तर (d) उपरोक्त सभी

(iii) बारहवीं पंचवर्षीय योजना में निहित उच्च शिक्षा में किस प्रकार नामांकन बढ़ाया जा रहा था?
(a) शिक्षा की गुणवत्ता में वृद्धि करके
(b) राज्य विशेष के पाठयक्रम में परिवर्तन स्वीकार करके
(c) शिक्षा में व्यवसायीकरण और सूचना प्रौद्योगिकी का उपयोग करके
(d) उपरोक्त सभी

उत्तर (d) उपरोक्त सभी

(iv) बारहवीं पंचवर्षीय योजना किन शिक्षण संस्थाओं के अभिसरण पर केंद्रित थी?
(a) दूरस्थ शिक्षा तथा प्राथमिक शिक्षा देने वाली संस्थाओं पर
(b) दूरस्थ शिक्षा, औपचारिक तथा अनौपचारिक शिक्षा देने वाली शिक्षण संस्थाओं पर
(c) माध्यमिक और उच्चस्तरीय शिक्षा देने वाले शिक्षण संस्थानों पर
(d) प्राथमिक, माध्यमिक और प्रौढ़ शिक्षा देने वाले शिक्षण संस्थानों पर

उत्तर (b) दूरस्थ शिक्षा, औपचारिक तथा अनौपचारिक शिक्षा देने वाली शिक्षण संस्थाओं पर

(v) भारत के ………… आयु वर्ग को सर्वशिक्षा अभियान के अंतर्गत नि:शुल्क शिक्षा प्रदान की जा रही है।
(a) 4-12 वर्ष (b) 6-12 वर्ष
(c) 6-14 वर्ष (d) 8-16 वर्ष

उत्तर (c) 6-14 वर्ष

(vi) **कथन** (A) भारत में पिछले 60 वर्षों में विशेष क्षेत्रों में उच्च शिक्षा देने वाले शिक्षण संस्थानों तथा विश्वविद्यालयों की संख्या में महत्त्वपूर्ण वृद्धि हुई है।
**कारण** (R) भारत में पिछले 50 वर्षों में जनसंख्या में अत्यधिक वृद्धि हुई है।
**कूट**
(a) A और R दोनों सही हैं तथा R, A का सही व्याख्या है
(b) A और R दोनों सही हैं, परंतु R, A का सही व्याख्या नहीं है
(c) A सही है, किंतु R गलत है
(d) A गलत है, किंतु R सही है

उत्तर (b) A और R दोनों सही हैं, परंतु R, A का सही व्याख्या नहीं है

**2.** 'संसाधन के रूप में लोग' वर्तमान उत्पादन कौशल और क्षमताओं के संदर्भ में किसी देश के कार्यरत लोगों का वर्णन करने का एक तरीका है। उत्पादक पहलू की दृष्टि से जनसंख्या पर विचार करना सकल राष्ट्रीय उत्पाद के सृजन में उनके योगदान की क्षमता पर बल देता है। दूसरे संसाधनों की भाँति ही जनसंख्या भी एक संसाधन है—'एक मानव संसाधन'।

यह विशाल जनसंख्या का एक सकारात्मक पहलू है, जिसे प्राय: उस समय अनदेखा कर दिया जाता है जब हम इसके नकारात्मक पहलू को देखते हैं; जैसे—भोजन, शिक्षा और स्वास्थ्य सुविधाओं की जनसंख्या तक पहुँच से संबंधित समस्याओं पर विचार करते समय। जब इस विद्यमान मानव संसाधन को और अधिक शिक्षा तथा स्वास्थ्य द्वारा और विकसित किया जाता है, तब हम इसे मानव पूँजी निर्माण कहते हैं, जो भौतिक पूँजी निर्माण की ही भाँति देश की उत्पादक शक्ति में वृद्धि करता है।

मानव पूँजी में निवेश (शिक्षा, प्रशिक्षण और स्वास्थ्य सेवा के द्वारा) भौतिक पूँजी की ही भाँति प्रतिफल प्रदान करता है। अधिक शिक्षित या बेहतर प्रशिक्षित लोगों की उच्च उत्पादकता के कारण होने वाली अधिक आय और साथ ही अधिक स्वस्थ लोगों की उच्च उत्पादकता के रूप में इसे प्रत्यक्षत: देखा जा सकता है।

(i) निम्नलिखित में से किस संसाधन को उत्पादन कौशल और क्षमताओं के रूप में परिभाषित किया जाता है?
(a) प्राकृतिक संसाधनों के रूप में
(b) भौतिक संसाधनों के रूप में
(c) मानव संसाधनों के रूप में
(d) आर्थिक संसाधनों के रूप में

उत्तर (c) मानव संसाधनों के रूप में

(ii) उत्पादन की दृष्टि से जनसंख्या ……… के सृजन पर योगदान की क्षमताओं पर बल देती है।
(a) सकल निवल उत्पाद
(b) सकल राष्ट्रीय उत्पाद
(c) सकल निर्यात उन्मुखी उत्पाद
(d) सकल घरेलू उत्पाद

उत्तर (b) सकल राष्ट्रीय उत्पाद

(iii) किस कारण के आधार पर जनसंख्या को नकारात्मक रूप से देखा जाता है?
(a) शिक्षा की अपर्याप्तता के आधार पर
(b) भोजन की अपर्याप्तता के आधार पर
(c) स्वास्थ्य सुविधाओं की पहुँच के आधार पर
(d) उपरोक्त सभी

उत्तर (d) उपरोक्त सभी

(iv) निम्नलिखित में से किस स्तर पर निवेश करने से उत्कृष्ट मानव पूँजी प्राप्त होती है?
(a) शिक्षा, प्रशिक्षण और स्वास्थ्य सेवा स्तर पर
(b) ग्रामीण विकास और सड़क अवसंरचना स्तर पर
(c) औद्योगिक अवसंरचना तथा पोषण स्तर पर
(d) महिला सशक्तीकरण तथा बाल विकास स्तर पर

उत्तर (a) शिक्षा, प्रशिक्षण और स्वास्थ्य सेवा स्तर पर

(v) निम्नलिखित कथनों में से सही कथन की पहचान करें
1. मानव पूँजी कौशल और उनमें निहित उत्पादन के ज्ञान का स्टाक है।
2. मानव पूँजी में कम निवेश से भी अधिक उत्पादकता प्राप्त की जा सकती है।
3. विश्व में कुछ देशों ने मानव पूँजी के आधार पर अपने आप को विकसित किया है।

**कूट**

(a) 1 और 2 (b) 2 और 3
(c) 1 और 3 (d) ये सभी

**उत्तर** (a) 1 और 2

(vi) ………………… देश में विशाल जनसंख्या को एक परिसंपत्ति की अपेक्षा एक दायित्व माना जाता रहा है।

(a) अमेरिका (b) चीन (c) भारत (d) इंग्लैंड

**उत्तर** (c) भारत

**3.** फर्म का उद्देश्य लाभ को अधिकतम करना है। क्या आप सोचते हैं कि कोई भी फर्म ऐसे व्यक्तियों को रोजगार देने के लिए प्रेरित होगी, जो खराब स्वास्थ्य होने के कारण स्वस्थ श्रमिकों के बराबर कार्य नहीं कर पाएँ?

किसी व्यक्ति का स्वास्थ्य उसे अपनी क्षमता को प्राप्त करने और बीमारियों से लड़ने की ताकत देता है। ऐसा कोई भी अस्वस्थ स्त्री/पुरुष संगठन के समग्र विकास में अपने योगदान को अधिकतम करने में सक्षम नहीं होगा। वास्तव में, स्वास्थ्य अपना कल्याण करने का एक अपरिहार्य आधार है। इसलिए जनसंख्या की स्वास्थ्य स्थिति को सुधारना किसी भी देश की प्राथमिकता होती है। हमारी राष्ट्रीय नीति का लक्ष्य भी जनसंख्या के अल्प सुविधा प्राप्त वर्गों पर विशेष ध्यान देते हुए स्वास्थ्य सेवाओं, परिवार कल्याण और पौष्टिक सेवा तक इनकी पहुँच को बेहतर बनाना है। पिछले पाँच दशकों में भारत ने सरकारी और निजी क्षेत्रकों में प्राथमिक, द्वितीयक तथा सेवाओं के लिए अपेक्षित एक विस्तृत स्वास्थ्य आधारिक संरचना और जनशक्ति का निर्माण किया है।

(i) किसी भी देश की अपने नागरिकों के प्रति क्या प्राथमिकता होती है?

**उत्तर** स्वास्थ्य अपना कल्याण करने का एक अपरिहार्य आधार है इसलिए जनसंख्या की स्वास्थ्य स्थिति को सुधारना किसी भी देश की प्राथमिकता होती है।

(ii) जीवन-प्रत्याशा में वृद्धि तथा शिशु देखभाल किसी देश के लिए क्यों आवश्यक हैं?

**उत्तर** जीवन-प्रत्याशा में वृद्धि और शिशु देखभाल किसी देश के लिए इसलिए आवश्यक है, क्योंकि जीवन-प्रत्याशा में वृद्धि और शिशु देखभाल में सुधार देश के आत्मविश्वास के लिए उपयोगी है। आयु में वृद्धि आत्मविश्वास के साथ जीवन की उत्तम गुणवत्ता का सूचक है। शिशु देखभाल और पोषण सुनिश्चित करने से शिशु-मृत्यु दर घटती है।

(iii) राष्ट्र निर्माण में स्वास्थ्य की क्या भूमिका है?

**उत्तर** किसी राष्ट्र की समृद्धि के लिए स्वस्थ मानव पूँजी की आवश्यकता है। स्वस्थ मानव पूँजी देश की प्रगति में अहम भूमिका निभाती है। स्वस्थ मानव पूँजी के अभाव में कोई भी राष्ट्र प्रगति नहीं कर सकता है, क्योंकि स्वस्थ मनुष्य में ही स्वस्थ दिमाग का निवास होता है।

**4. स्रोत 'अ' परिवार पर बेरोजगारी का प्रभाव**

बेरोजगारी से आर्थिक बोझ में वृद्धि होती है। कार्यरत जनसंख्या पर बेरोजगारों की निर्भरता बढ़ती है। किसी व्यक्ति और साथ-ही-साथ समाज के जीवन की गुणवत्ता पर बुरा प्रभाव पड़ता है। जब किसी परिवार को मात्र जीवन-निर्वाह स्तर पर रहना पड़ता है, तो उसके स्वास्थ्य स्तर में एक आम गिरावट आती है और स्कूल प्रणाली से अलगाव में वृद्धि होती है।

**स्रोत 'ब' बेरोजगारी का राष्ट्र पर अप्रभाव**

किसी अर्थव्यवस्था के समग्र विकास पर बेरोजगारी का अहितकर प्रभाव पड़ता है। बेरोजगारी में वृद्धि मंदीग्रस्त अर्थव्यवस्था का सूचक है। यह संसाधनों की बर्बादी भी करता है, जिन्हें उपयोगी ढंग से नियोजित किया जा सकता है। अगर लोगों को संसाधन के रूप में प्रयोग नहीं किया जा सका, तो वे स्वाभाविक रूप से अर्थव्यवस्था के लिए दायित्व बन जाएँगे।

**स्रोत 'स' कृषि क्षेत्र में बेरोजगारी**

प्राथमिक क्षेत्रक में स्वरोजगार एक विशेषता है। यद्यपि सभी लोगों की आवश्यकता नहीं होती है, फिर भी पूरा परिवार खेतों में काम करता है। इस तरह कृषि क्षेत्रक में प्रच्छन्न बेरोजगारी होती है, लेकिन जो भी उत्पादन होता है उसमें पूरे परिवार की हिस्सेदारी होती है।

**स्रोत 'अ' परिवार पर बेरोजगारी का प्रभाव**

(i) किसी परिवार पर बेरोजगारी का क्या प्रभाव पड़ता है?

**उत्तर** परिवार का मुख्य सदस्य यदि बेरोजगार होगा, तो इससे परिवार पर नकारात्मक प्रभाव पड़ेगा। इससे परिवार के सदस्य में स्वास्थ्य तथा सामाजिक स्तर पर गिरावट आती है।

**स्रोत 'ब' बेरोजगारी का राष्ट्र पर अप्रभाव**

(ii) भारत में बेरोजगारी की दर क्या है?

**उत्तर** सांख्यिकीय रूप से भारत में बेरोजगारी की दर निम्न है, क्योंकि भारत में बड़ी संख्या में निम्न आय और निम्न उत्पादकता वाले लोगों की गिनती नियोजित लोगों में की जाती है, वे पूरे वर्ष काम करते प्रतीत होते हैं, लेकिन उनकी क्षमता और आय के हिसाब से यह उनके लिए पर्याप्त नहीं है।

**स्रोत 'स' कृषि क्षेत्र में बेरोजगारी**

(iii) कृषि कार्य में कौन-सी भावना बेरोजगार की कठिनाइयों में कमी लाती है?

**उत्तर** कृषि कार्य में साझेदारी और उत्पादित फसल में हिस्सेदारी की धारणा बेरोजगारी की कठिनाइयों में कमी लाती है। हालाँकि इससे परिवार की गरीबी कम नहीं होती और प्रत्येक परिवार से अधिशेष श्रमिक रोजगार की तलाश में गाँवों से शहरों की ओर प्रवास करते हैं।

# स्वयं को जाँचें

## वस्तुनिष्ठ प्रश्न

**1.** निम्नलिखित में से कौन-सा मानव पूँजी के लिए आवश्यक है?
(a) आधुनिक तकनीक (b) शिक्षा एवं स्वास्थ्य (c) भोजन एवं जल (d) शिक्षा एवं परिवहन

**2.** निम्नलिखित में से कौन-सा कथन बेरोजगारी से संबंधित है?
(a) प्राथमिक शिक्षा में गुणवत्ता के द्वारा रोजगार (b) प्रचलित मजदूरी की दर पर काम का न मिलना
(c) नगरीय क्षेत्रों में बेरोजगारी (d) इनमें से कोई नहीं

**3.** निम्न में से कौन-सा प्राथमिक क्षेत्र में सम्मिलित है?
(a) कृषि (b) पशुपालन (c) मत्स्यपालन (d) ये सभी

**4.** निम्नलिखित में से तृतीयक क्षेत्र है
(a) परिवहन (b) विनिर्माण (c) मत्स्यपालन (d) खनन

**5.** निम्नलिखित में से कौन-सा कथन मानव पूँजी से संबंधित है?
(a) मनुष्य एक सकारात्मक परिसंपत्ति और कीमती राष्ट्रीय संसाधन है
(b) मानव संसाधन को एक नीति से तैयार नहीं किया जा सकता है
(c) मानव संसाधन पर शिक्षा का नकारात्मक प्रभाव पड़ता है
(d) समावेशी विकास उत्तम मानव संसाधन के बिना प्राप्त किया जा सकता है

## अतिलघु उत्तरीय प्रश्न

**6.** उच्च आय के क्या लाभ हैं?

**7.** मानव पूँजी अन्य संसाधनों से श्रेष्ठ कैसे है?

**8.** बाजार में किसी व्यक्ति की आय के प्रमुख निर्धारक क्या हैं?

## लघु उत्तरीय प्रश्न

**9.** मानव पूँजी को उत्पादक परिसंपत्ति में कैसे बदलते हैं? संक्षेप में बताइए।

**10.** गैर-बाजार क्रियाएँ क्या होती हैं? इनके कुछ उदाहरण प्रस्तुत करें।

**11.** जनसंख्या की गुणवत्ता को निरूपित करने वाले कारकों का उल्लेख करें।

**12.** देश की राष्ट्रीय स्वास्थ्य नीति का क्या लक्ष्य है?

## दीर्घ उत्तरीय प्रश्न

**13.** आर्थिक क्रियाकलापों को कितने क्षेत्रों में वर्गीकृत किया गया है? विस्तृत व्याख्या करें।

**14.** बेरोजगारी के दोषों का उल्लेख विस्तारपूर्वक करें।

अध्याय
03

# निर्धनता : एक चुनौती

## निर्धनता का अर्थ

निर्धनता (Poverty) से अभिप्राय एक ऐसी स्थिति है, जिसमें व्यक्ति वित्तीय संसाधनों और जीवन की मूलभूत आवश्यकताओं की पूर्ति करने में सक्षम नहीं होता है। निर्धनता स्वतंत्र भारत के सम्मुख एक कठिन चुनौती है। भारत तथा विश्व में निर्धनता की प्रवृत्तियों को निर्धनता रेखा की अवधारणा के माध्यम से समझाया गया है।

निर्धनता रिपोर्ट 2011-12 के अनुसार, 270 मिलियन अर्थात् 27 करोड़ व्यक्ति भारत में निर्धनता का जीवन व्यतीत कर रहे हैं। अत: विश्व में भारत में सबसे अधिक निर्धनों का संकेंद्रण है।

**अध्याय एक नजर में**

- *निर्धनता का अर्थ*
- *भारत में निर्धनता का अनुमान*
- *निर्धनता के कारण*
- *निर्धनता निरोधी उपाय*

## निर्धनता के दो विशिष्ट मामले

नीचे दिए गए दो मामले गरीबी के अनेक आयामों को दर्शाते हैं, जिनमें उचित भोजन की कमी, आश्रय (Shelter), स्वास्थ्य देखभाल, शिक्षा के साथ-साथ स्वच्छ पानी और स्वच्छता शामिल हैं। उनके पास आजीविका के एक नियमित साधन की कमी भी है।

### शहरी मामला

रामसरन झारखंड में राँची के पास एक आटा मिल में दिहाड़ी मजदूर है। वह कार्यरत होने पर प्रतिमाह लगभग ₹ 1,500 कमाता है। वह अपने वृद्ध माता-पिता को कुछ पैसे भेजने के अतिरिक्त, 6 व्यक्तियों के अपने परिवार का पालन करता है। उसकी पत्नी संता देवी अंशकालिक (Part Time) नौकरानी के रूप में काम करती है और ₹ 800 कमाती है। उसका बड़ा बेटा भी काम करता है और ₹ 300 कमाता है। उसके 4 बच्चों में से कोई भी (6 महीने से 12 साल की उम्र का) स्कूल नहीं जाता है।

परिवार शहर के बाहरी क्षेत्रों में एक कमरे के किराए के घर में रहता है। छोटे बच्चे अल्पपोषित (Undernourished) हैं। उनके पास कपड़े और जूतों की कमी है। साथ ही स्वास्थ्य सेवा तक भी उनकी पहुँच नहीं है।

### ग्रामीण मामला

लक्खा सिंह उत्तर प्रदेश के मेरठ के पास एक छोटे से गाँव में रहता है। उसके परिवार के पास कोई जमीन नहीं है, इसलिए वह बड़े किसानों के लिए छोटे-मोटे काम करता है और प्रतिदिन ₹ 50 कमाता है। कभी-कभी उसे नकदी के बदले कुछ खाद्यान्न या अन्य वस्तु मिलती है। लक्खा सिंह साक्षर नहीं हैं और 8 लोगों का उसका परिवार गाँव के पास कच्ची झोंपड़ी में रहता है। उसके पास स्वास्थ्य सेवा की कोई सुविधा नहीं है तथा वह नए कपड़े, साबुन या तेल भी नहीं ले सकता है।

ये दो विशिष्ट मामले गरीबी के कई आयामों को दर्शाते हैं। ये दिखाते हैं कि गरीबी का मतलब भूख और आश्रय की कमी है। यह एक ऐसी स्थिति है जिसमें माता-पिता अपने बच्चों को स्कूल नहीं भेज पा रहे हैं या जहाँ बीमार लोग इलाज का खर्च नहीं उठा सकते हैं।

गरीबी का अर्थ साफ पानी, स्वच्छता और न्यूनतम स्तर पर नियमित रोजगार के अभाव से संबंधित है। गरीब लोग एक ऐसी स्थिति में रहते हैं, जिसमें उनके साथ खेतों, कारखानों, सरकारी कार्यालयों, अस्पतालों, रेलवे स्टेशनों आदि में लगभग हर जगह पर दुर्व्यवहार होता है।

करोड़ों लोगों को दयनीय निर्धनता से बाहर निकालना स्वतंत्र भारत की सबसे बड़ी चुनौतियों में से एक रही है। ये दोनों मामले महात्मा गाँधी के इस कथन को स्पष्ट रूप से प्रमाणित करते हैं कि भारत वास्तव में तभी स्वतंत्र होगा जब देश के सबसे गरीब व्यक्ति मानव पीड़ा से मुक्त हो जाएँगे।

## सामाजिक वैज्ञानिकों की दृष्टि में निर्धनता

सामाजिक वैज्ञानिकों द्वारा निर्धनता के लिए प्रयोग किए जाने वाले सूचक, आय (Income) और उपभोग (Consumption) से संबंधित हैं। इनके अतिरिक्त निर्धनता को निम्न सूचकों के माध्यम से भी देखा जाता है

- साक्षरता का निम्न स्तर
- कुपोषण (Malnutrition) के कारण रोग प्रतिरोधी क्षमता की कमी
- स्वास्थ्य सेवाओं की कमी
- रोजगार के अवसरों की कमी
- सुरक्षित पेयजल एवं स्वच्छता तक पहुँच की कमी आदि।

### निर्धनता के सूचक

निर्धनता के दो मुख्य सूचक सामाजिक अपवर्जन (Social Exclusion) और असुरक्षा (Vulnerability) हैं। इनका विवरण निम्न प्रकार है

#### सामाजिक अपवर्जन

- सामाजिक अपवर्जन से यह अभिप्राय है कि निर्धन लोगों को अच्छे वातावरण में रहने वाले अमीर और संपन्न लोगों की सामाजिक समानता को छोड़कर, समता से अपवर्जित रहकर अन्य निर्धनों के साथ रहना पड़ता है।
- सामान्य अर्थ में सामाजिक अपवर्जन निर्धनता का एक कारण और परिणाम हो सकता है। सामाजिक अपवर्जन एक प्रक्रिया है, जिसके माध्यम से व्यक्ति या समूह उन सुविधाओं, लाभों और अवसरों से अपवर्जित रहते हैं, जिनका उपयोग दूसरे धनी वर्ग करते हैं।
- भारत में जाति व्यवस्था सामाजिक अपवर्जन पर आधारित है। इसके अंतर्गत कुछ जातियों के लोगों को समान अवसरों से अपवर्जित रखा जाता है, जिससे आय में कमी के साथ-साथ निर्धनता को भी बढ़ावा मिला है।

#### असुरक्षा

- असुरक्षा निर्धनता की एक माप है, जो विशेष समुदायों (जैसे—किसी पिछड़ी जाति के सदस्य) या व्यक्तियों (जैसे—कोई विधवा या शारीरिक रूप से विकलांग व्यक्ति) के आने वाले वर्षों में निर्धन होने या निर्धन बने रहने की अधिक संभावना को दर्शाती है।
- शिक्षा, स्वास्थ्य और रोजगार के अवसरों में जीविका खोजने के लिए भिन्न समुदायों के पास उपलब्ध विकल्पों से असुरक्षा का निर्धारण किया जाता है।
- इन समुदायों द्वारा प्राकृतिक आपदाओं (भूकंप, सुनामी), आतंकवाद आदि जैसे विभिन्न जोखिमों का सामना करने की क्षमता का भी विश्लेषण किया जाता है। ऐसे समूह, जो प्राकृतिक आपदा के समय अधिक जोखिम उठाते हैं, **कमजोर वर्ग** (Vulnerable Groups) कहलाते हैं।

## निर्धनता रेखा

यह एक काल्पनिक रेखा है, जिसका प्रयोग प्रत्येक देश गरीबी मापने के लिए करता है। निर्धनता रेखा का स्तर एक देश से दूसरे देश में अलग-अलग हो सकता है।

निर्धनता को मापने के लिए आय या उपभोग स्तरों पर आधारित सामान्य पद्धति का प्रयोग किया जाता है अर्थात् किसी व्यक्ति को निर्धन तब माना जाता है, जब उसकी आय या उपभोग स्तर एक निर्धारित न्यूनतम स्तर (Minimum Level) से नीचे गिर जाए, जो मूल आवश्यकताओं को पूर्ण करने के लिए आवश्यक होता है।

### भारत में निर्धनता रेखा का निर्धारण

- भारत में निर्धनता रेखा का निर्धारण करते समय जीवन निर्वाह के लिए खाद्य आवश्यकता, कपड़ों, जूतों, ईंधन और प्रकाश, शैक्षिक और चिकित्सा संबंधी आवश्यकताओं आदि को मुख्य माना जाता है।
- निर्धनता रेखा निर्धारण करने का यह सूत्र वांछित **कैलोरी आवश्यकताओं** (Caloritic Requirement) पर आधारित है। अनाज, दालें, सब्जियाँ, तेल, दूध, चीनी आदि ये सभी वस्तुएँ कैलोरी की पूर्ति करती हैं। आयु, लिंग, कार्य करने की प्रकृति के आधार पर कैलोरी आवश्यकताएँ बदलती रहती हैं।
- भारत में कैलोरी आवश्यकता **ग्रामीण क्षेत्रों में 2400 कैलोरी** प्रतिव्यक्ति प्रतिदिन और **नगरीय क्षेत्रों में 2100 कैलोरी** प्रतिव्यक्ति प्रतिदिन है।
- खाद्यान्न और अन्य वस्तुओं के संदर्भ में कैलोरी आवश्यकताओं को खरीदने के लिए प्रतिव्यक्ति मौद्रिक व्यय को मूल्य में वृद्धि के आधार पर संशोधित किया जाता है।
- वर्ष 2011-12 में एक व्यक्ति के लिए निर्धनता रेखा का निर्धारण ग्रामीण क्षेत्रों में ₹816 प्रतिमाह और शहरी क्षेत्रों में ₹1,000 प्रतिमाह किया गया था। कम कैलोरी की आवश्यकता के बावजूद शहरी क्षेत्रों के लिए उच्च राशि निश्चित की गई, क्योंकि शहरी क्षेत्रों में अनेक आवश्यक वस्तुओं की कीमत अधिक होती है।
- इस प्रकार वर्ष 2011-12 में ग्रामीण क्षेत्रों में ₹4,080 प्रतिमाह से कम और शहरी क्षेत्रों में ₹5,000 प्रतिमाह से कम आय वाले पाँच सदस्यों के परिवार को गरीबी रेखा से नीचे माना जाएगा।

### निर्धनता रेखा का आकलन करने वाली संस्थाएँ

- निर्धनता रेखा का आकलन **राष्ट्रीय प्रतिदर्श सर्वेक्षण संगठन** (National Sample Survey Organisation, NSSO) द्वारा किया जाता है।
- विकासशील देशों के बीच तुलना करने के लिए **विश्व बैंक** (World Bank) जैसे अनेक अंतर्राष्ट्रीय संगठन निर्धनता रेखा के लिए एकसमान मानक का प्रयोग करते हैं; जैसे—1.90 डॉलर प्रतिव्यक्ति प्रतिदिन के समतुल्य न्यूनतम उपलब्धता के आधार पर।

**चेक प्वॉइंट 01**

1. *निर्धनता से क्या अभिप्राय है?*
2. *निर्धनता के दो मुख्य सूचक कौन-से हैं?*
3. *निर्धनता रेखा किसे कहते हैं?*
4. *राष्ट्रीय प्रतिदर्श सर्वेक्षण संगठन की स्थापना किस वर्ष हुई?*

## भारत में निर्धनता का अनुमान

- भारत में निर्धनता अनुपात वर्ष 1993-94 के लगभग 45% से वर्ष 2004-05 में 37.2% तक कम हुआ है।
- वर्ष 2011-12 में गरीबी रेखा से नीचे के लोगों का अनुपात घटकर लगभग 22% हो गया है। यदि निर्धनता अनुपात की कमी में यही प्रवृत्ति रही, तो अगले कुछ वर्षों में निर्धनता रेखा से नीचे के लोगों की संख्या 20% से भी नीचे आ जाएगी।
- निर्धनता रेखा से नीचे रहने वाले लोगों का प्रतिशत पूर्व के दो दशकों (1973-93) में कम हुआ है।
- इसके अतिरिक्त निर्धन लोगों की संख्या वर्ष 2004-05 में 407 मिलियन से कम होकर 270 मिलियन हो गई।
- वर्ष 2004-05 से 2011-12 के मध्य में औसतन 2.2% की कमी हुई है।

### असुरक्षित समूह

- भारत में निर्धनता रेखा के नीचे के लोगों का अनुपात सामाजिक समूहों और आर्थिक समूहों में एकसमान नहीं है। **अनुसूचित जाति** और **अनुसूचित जनजाति** के परिवार, सामाजिक समूह निर्धनता के प्रति सर्वाधिक असुरक्षित हैं। ग्रामीण कृषि श्रमिक परिवार और नगरीय अनियत मजदूर परिवार आर्थिक समूहों में सर्वाधिक **आर्थिक असुरक्षित समूह** (Economically Vulnerable Groups) हैं।
- अनुसूचित जाति या अनुसूचित जनजातियों के सामाजिक रूप से सुविधावंचित सामाजिक समूहों का भूमिहीन, अनियत दिहाड़ी श्रमिक होना उनकी दोहरी असुविधा की समस्या की गंभीरता को दिखाता है।
- हालाँकि कुछ वर्षों के दौरान अनुसूचित जनजाति परिवारों को छोड़कर अन्य सभी समूहों में निर्धनता में कमी आई है।
- सामाजिक समूहों के अतिरिक्त परिवारों में भी आय असमानता है। निर्धन परिवारों में सभी लोगों को कठिनाइयों का सामना करना पड़ता है, लेकिन कुछ लोगों को दूसरे लोगों के सापेक्ष अधिक कठिनाइयों का सामना करना पड़ता है।

### अंतर्राज्यीय असमानताएँ

- भारत के प्रत्येक राज्य में निर्धन लोगों का अनुपात एकसमान नहीं है। 1970 के दशक के प्रारंभ से राज्य स्तरीय निर्धनता में सुदीर्घकालिक कमी हुई है। निर्धनता कम करने में सफलता की दर विभिन्न राज्यों में अलग-अलग है। वर्ष 2011-12 के अनुसार भारत में **निर्धनता अनुपात** (Head Count Ratio) 22% है। कुछ राज्यों; जैसे—मध्य प्रदेश, असम, उत्तर प्रदेश, बिहार और ओडिशा में निर्धनता अनुपात राष्ट्रीय अनुपात से अधिक है।
- बिहार और ओडिशा क्रमशः 33.7% और 32.6% निर्धनता औसत के साथ दो सर्वाधिक निर्धन राज्य बने हुए हैं। ओडिशा, मध्य प्रदेश, बिहार और उत्तर प्रदेश में ग्रामीण निर्धनता के साथ नगरीय निर्धनता भी अधिक है।
- केरल, महाराष्ट्र, आंध्र प्रदेश, तमिलनाडु, गुजरात और पश्चिम बंगाल में निर्धनता में कमी आई है। इन राज्यों ने विभिन्न उपाय अपनाकर निर्धनता में कमी की है। इसके कुछ उदाहरण इस प्रकार हैं
  (i) पंजाब और हरियाणा जैसे राज्य उच्च कृषि वृद्धि दर से निर्धनता कम करने में पारंपरिक रूप से सफल रहे हैं।
  (ii) केरल ने मानव संसाधन विकास पर अधिक बल दिया है।
  (iii) पश्चिम बंगाल में भूमि सुधार उपायों से निर्धनता कम करने में सहायता मिली है।
  (iv) आंध्र प्रदेश और तमिलनाडु में अनाज की **सार्वजनिक वितरण प्रणाली** (Public Distribution System) से इसमें सुधार हुआ है।

### वैश्विक निर्धनता परिदृश्य

विभिन्न देशों में गरीबी के अधीन रहने वाले लोगों के अनुपात को विश्व बैंक की परिभाषा द्वारा परिभाषित किया गया है। विश्व बैंक के अनुसार, अत्यंत आर्थिक निर्धनता में रहने वाले लोगों का अनुपात वर्ष 1990 के 36% से गिरकर वर्ष 2015 में 10% हो गया है, लेकिन फिर भी बहुत से क्षेत्रीय अंतर हैं। इनका वर्णन निम्न प्रकार है

- तीव्र आर्थिक प्रगति (Rapid Economic Growth) और मानव संसाधन विकास में निवेश के कारण चीन और दक्षिण-पूर्वी एशिया के देशों में निर्धनता में विशेष कमी आई है।
- चीन में निर्धनों की संख्या वर्ष 1981 के 88.3% से घटकर वर्ष 2008 में 14.7% और वर्ष 2019 में 0.6% हो गई।
- दक्षिणी एशिया के देशों (भारत, पाकिस्तान, श्रीलंका, नेपाल, बांग्लादेश, भूटान) में निर्धनों की संख्या में कमी वर्ष 2005 में 34% से घटकर वर्ष 2014 में 15.2% हो गई। निर्धनों के प्रतिशत में कमी के साथ ही निर्धनों की संख्या में भी कमी आई है, जो वर्ष 2005 में 510.4 मिलियन से घटकर वर्ष 2013 में 274.5 मिलियन हो गई है। भिन्न निर्धनता रेखा परिभाषा के कारण भारत में भी निर्धनता राष्ट्रीय अनुमान से अधिक है।
- सब-सहारा अफ्रीका में निर्धनता वास्तव में वर्ष 2005 के 51% से गिरकर वर्ष 2018 में 40.2% हो गई।
- लैटिन अमेरिका में निर्धनता वर्ष 2005 में 10% से गिरकर वर्ष 2018 में केवल 4% रह गई।

- रूस जैसे पूर्व समाजवादी देशों में भी निर्धनता पुनः व्याप्त हो गई। जहाँ पहले आधिकारिक रूप से कोई निर्धनता नहीं थी।
- संयुक्त राष्ट्र के नए **सतत विकास लक्ष्यों** (Millenium Development Goals) के अंतर्गत वर्ष 2030 तक सभी प्रकार की गरीबी समाप्त करने का प्रस्ताव है।

## निर्धनता के कारण

भारत में व्यापक निर्धनता के अनेक कारण हैं। ये है

- ब्रिटिश औपनिवेशिक प्रशासन के समय आर्थिक विकास का स्तर निम्न था, जिसके परिणामस्वरूप औपनिवेशिक सरकार की नीतियों ने पारंपरिक हस्तशिल्पकारी को नष्ट कर दिया।
- स्वतंत्रता के बाद आर्थिक विकास की निम्न दर कई वर्षों तक जारी रही, जिसके कारण रोजगार के अवसर घटे तथा जनसंख्या में उच्च दर से वृद्धि हुई। इन दोनों ने प्रतिव्यक्ति आय की संवृद्धि दर को बहुत कम कर दिया।
- सिंचाई और हरित क्रांति के प्रसार से कृषि क्षेत्र में रोजगार के अनेक अवसर सृजित हुए, परंतु इनका प्रभाव भारत के कुछ भागों तक रहा।
- सार्वजनिक और निजी दोनों क्षेत्रकों ने कुछ रोजगार उपलब्ध कराए, लेकिन ये रोजगार तलाश करने वाले सभी लोगों के लिए पर्याप्त नहीं हो सके।
- सामाजिक-सांस्कृतिक और आर्थिक कारक अतिरिक्त व्यय को जन्म देते हैं, जो अंततः गरीबी को बढ़ाता है।
- उच्च निर्धनता दर की एक और विशेषता आय असमानता रही है। भूमि और अन्य संसाधनों के असमान वितरण के कारण आय में असमानताएँ हैं।
- भूमि सुधारों को ठीक से लागू नहीं किया गया है और पर्याप्त भूमि संसाधनों की कमी भी कई लोगों के गरीब होने का एक कारण है।
- छोटे किसान बीज, उर्वरक और कीटनाशक आदि के लिए पैसे सूदखोरों से उधार लेते हैं और बाद में भुगतान करने में असफल रहते हैं जिसके परिणामस्वरूप वे कर्ज के जाल में फँस जाते हैं। ऋणग्रस्तता (Indebtedness) का यह उच्च स्तर गरीबी का कारण और प्रभाव दोनों है।

## निर्धनता निरोधी उपाय

भारत की विकास रणनीति का एक प्रमुख उद्देश्य निर्धनता उन्मूलन रहा है। सरकार की निर्धनता निरोधी रणनीति दो कारकों पर निर्भर है

### आर्थिक संवृद्धि को प्रोत्साहन

- 1980 के दशक तक भारत में प्रतिव्यक्ति आय में कोई वृद्धि नहीं हुई और निर्धनता में भी अधिक कमी नहीं आई। भारत की संवृद्धि दर 1970 के दशक के करीब 3.5% के औसत से बढ़कर 1980 और 1990 के दशक में 6% के करीब पहुँच गई। भारत में निर्धनता कम करने में विकास की उच्च दर ने एक महत्त्वपूर्ण भूमिका निभाई है।
- आर्थिक संवृद्धि और गरीबी में कमी के बीच घनिष्ठ संबंध है। आर्थिक संवृद्धि अवसरों को व्यापक कर देती है तथा मानव विकास में निवेश के आवश्यक संसाधन उपलब्ध कराती है।
- उच्च आर्थिक संवृद्धि शिक्षा में अधिक आर्थिक लाभ पाने की उम्मीद में लोगों को अपने बच्चों को लड़कियों सहित स्कूल भेजने के लिए प्रोत्साहित करती है, लेकिन इस आर्थिक विकास से उत्पन्न अवसरों से निर्धन लोग प्रत्यक्ष लाभ नहीं उठा सके। कृषि क्षेत्र में संवृद्धि बहुत कम रही, जिसके कारण ग्रामीण क्षेत्रों में अधिक संख्या में लोग निर्धन हैं।

### लक्षित निर्धनता निरोधी कार्यक्रम

सरकार ने इस कार्यक्रम की शुरुआत वर्ष 1990 में की थी। इस कार्यक्रम की स्थापना निर्धनता पर अंकुश लगाने जैसी परिस्थितियों के लिए की गई थी। भारत सरकार ने इस प्रकार के अनेक कार्यक्रमों की स्थापना की है, जिनमें से कुछ इस प्रकार हैं

- **महात्मा गाँधी राष्ट्रीय ग्रामीण रोजगार गारंटी अधिनियम (मनरेगा)** इस कार्यक्रम की शुरुआत वर्ष 2005 में हुई थी। इस योजना से प्रत्येक वर्ष देश के प्रत्येक ग्रामीण परिवार को 100 दिन के सुनिश्चित रोजगार का लाभ मिलता है। इसका उद्देश्य सतत विकास में मदद करना है, जिससे सूखा, वन कटाई एवं मिट्टी के कटाव जैसी समस्याओं से बचा जा सके। इस योजना के अंतर्गत अनुसूचित जाति, अनुसूचित जनजाति एवं महिलाओं का हिस्सा क्रमशः 23%, 17% एवं 53% आरक्षित है।
- **राष्ट्रीय काम के बदले अनाज कार्यक्रम** इस योजना को वर्ष 2004 में देश के सबसे पिछड़े 150 जिलों में लागू किया गया। यह कार्यक्रम उन सभी ग्रामीण निर्धनों के लिए है, जिन्हें मजदूरी पर रोजगार की आवश्यकता हो और जो अकुशल शारीरिक काम करने के इच्छुक हैं। इस योजना का शत-प्रतिशत कार्यान्वयन केंद्र सरकार के द्वारा किया जा रहा है।
- **प्रधानमंत्री रोजगार योजना** इस कार्यक्रम की शुरुआत वर्ष 1993 में हुई थी। इस कार्यक्रम का मुख्य उद्देश्य ग्रामीण क्षेत्रों और छोटे शहरों में शिक्षित बेरोजगार युवकों के लिए स्व-रोजगार के अवसर उपलब्ध कराना तथा उन्हें लघु व्यवसाय और उद्योग स्थापित करने में सहायता करना है।
- **ग्रामीण रोजगार सृजन कार्यक्रम** इस कार्यक्रम की शुरुआत वर्ष 1995 में हुई थी। इस कार्यक्रम का मुख्य उद्देश्य ग्रामीण क्षेत्रों और छोटे शहरों में स्वरोजगार के अवसर सृजित करना है। 10वीं पंचवर्षीय योजना में इस कार्यक्रम के अंतर्गत 25 लाख नए रोजगार के अवसर सृजित करने का लक्ष्य रखा गया था।
- **स्वर्ण जयंती ग्रामीण स्वरोजगार योजना** इस कार्यक्रम की शुरुआत वर्ष 1999 में हुई थी। इस कार्यक्रम का उद्देश्य सहायता प्राप्त निर्धन परिवारों को स्व-सहायता समूहों में संगठित कर बैंक ऋण और सरकारी सहायिकी के संयोजन द्वारा निर्धनता रेखा से ऊपर लाना है।
- **प्रधानमंत्री ग्रामोदय योजना** इस कार्यक्रम की शुरुआत वर्ष 2000 में हुई थी। इस कार्यक्रम का उद्देश्य प्राथमिक स्वास्थ्य व शिक्षा, ग्रामीण आश्रय, ग्रामीण पेयजल और ग्रामीण विद्युतीकरण जैसी मूल सुविधाओं के लिए राज्यों को केंद्र द्वारा अतिरिक्त सहायता उपलब्ध कराना है।

## भावी चुनौतियाँ

यद्यपि भारत में निर्धनता में निश्चित रूप से गिरावट आई है, किंतु प्रगति के बाद भी निर्धनता उन्मूलन भारत की सबसे बाध्यकारी चुनौती है। इसके अतिरिक्त निर्धनता में न केवल पर्याप्त मात्रा में भोजन की बात शामिल होनी चाहिए, बल्कि शिक्षा, स्वास्थ्य सेवा, आश्रय, नौकरी की सुरक्षा, लैंगिक समानता, गरिमा आदि जैसे अन्य कारक भी शामिल होने चाहिए। निर्धनता उन्मूलन में अगले 10 से 15 वर्षों में अधिक प्रगति होने की संभावना है।

निर्धनता उन्मूलन के उपायों के साथ ही सरकार को निर्धनता घटाने के लिए निम्नलिखित विवरणों पर भी विचार करना चाहिए

- उच्च आर्थिक संवृद्धि
- सभी के लिए नि:शुल्क प्राथमिक शिक्षा
- जनसंख्या वृद्धि में कमी
- महिलाओं और समाज के आर्थिक रूप से कमजोर वर्गों के बढ़ते सशक्तीकरण

### चेक प्वॉइंट 02

1. *विकास की धीमी दर किस दशक तक जारी रही?*
2. *निर्धनता का एक प्रमुख कारण क्या है?*
3. *प्रधानमंत्री रोजगार योजना किस वर्ष प्रारंभ हुई?*
4. *मनरेगा कार्यक्रम को किस वर्ष प्रारंभ किया गया?*

### इन्हें भी जानें

- ***सामाजिक अपवर्जन*** *(Social Exclusion)* यह एक प्रक्रिया है, जिसके द्वारा व्यक्ति या समूह को सुविधाओं, लाभ और अवसरों से वंचित कर दिया जाता है, जो अन्य अमीर लोगों के द्वारा लिए जा रहे होते हैं।
- ***असुरक्षा*** *(Vulnerable)* असुरक्षा एक मापन है, जो आने वाले वर्षों में किसी समुदाय या व्यक्ति के निर्धन बनने या बने रहने की संभावना को बताता है।
- ***निर्धनता*** *(Poverty)* यह एक अवस्था है, जहाँ व्यक्ति मूलभूत सुविधाएँ; जैसे—चिकित्सा सुविधा, शैक्षिक सुविधा, आधारभूत नागरिक सुविधाएँ आदि प्राप्त नहीं कर पाता।
- ***मानव निर्धनता*** *(Human Poverty)* इसका अर्थ किसी व्यक्ति को राजनीतिक, सामाजिक और आर्थिक अवसरों का 'उचित' स्तर प्राप्त न होना है।
- ***सामूहिक निर्धनता*** *(Mass Poverty)* यह ऐसी दशा है, जिसमें लोगों का विशाल अनुभाग आर्थिक दृष्टि से मूलभूत आवश्यकताओं की पूर्ति से वंचित रहता है।
- ***सार्वजनिक वितरण प्रणाली*** *(Public Distribution System)* सरकारी एजेंसियों द्वारा निर्धन लोगों को आवश्यक वस्तुओं की आपूर्ति सार्वजनिक वितरण प्रणाली कहलाती है। इसके अंतर्गत केंद्रीय सरकार ने आवश्यक वस्तुओं; जैसे—गेहूँ, चावल, चीनी, खाद्य तेल तथा केरोसिन आदि की आपूर्ति की जिम्मेदारी अपने ऊपर स्थिर की हुई है।

# NCERT फोल्डर

**1. भारत में निर्धनता रेखा का आकलन कैसे किया जाता है?**

**उत्तर** निर्धनता रेखा का आकलन राष्ट्रीय प्रतिदर्श सर्वेक्षण संगठन द्वारा किया जाता है। इसकी स्थापना वर्ष 1950 में सांख्यिकी और भारत सरकार मंत्रालय के अंतर्गत की गई। यह भारत का सामाजिक-आर्थिक सर्वेक्षण करने वाला सबसे बड़ा संगठन है। प्रतिदर्श सर्वेक्षण के माध्यम से निर्धनता रेखा का आकलन सामान्यतः प्रत्येक पाँच वर्ष पर किया जाता है। विकासशील देशों के बीच तुलना करने के लिए विश्व बैंक जैसे अनेक अंतर्राष्ट्रीय संगठन निर्धनता रेखा के लिए एक समान मानक का प्रयोग करते हैं।

**2. क्या आप समझते हैं कि निर्धनता आकलन का वर्तमान तरीका सही है?**

**उत्तर** हाँ, मेरे विचार में निर्धनता आकलन का वर्तमान तरीका सही है। अपने उत्तर के समर्थन में मैं निम्नलिखित तर्क देना चाहूँगा/चाहूँगी

(i) हमारा देश विकासशील देश है। अतः न्यूनतम आवश्यकताओं में सबसे पहले मनुष्य की दिन-प्रतिदिन की आवश्यकताओं को शामिल किया जाना चाहिए।

(ii) आज भी हमारे देश की जनसंख्या का एक महत्त्वपूर्ण भाग (लगभग 26%) अपने परिवार का पालन-पोषण करने में असमर्थ है। अतः निर्धनता रेखा का आकलन करते समय खाद्य आवश्यकता का वर्तमान सूत्र सबसे अधिक उपयुक्त है, क्योंकि यह वांछित कैलोरी आवश्यकता पर आधारित है।

(iii) ग्रामीण क्षेत्र में रहने वाले लोग अधिक शारीरिक श्रम करते हैं। अतः इनके लिए कैलोरी की आवश्यकता शहरी क्षेत्र की अपेक्षा अधिक मानी गई है।

**3. भारत में वर्ष 1973 से निर्धनता की प्रवृत्तियों की चर्चा करें।**

**उत्तर** भारत में निर्धनता अनुपात में वर्ष 1973 में लगभग 55% से वर्ष 1993 में 36% तक महत्त्वपूर्ण गिरावट आई है। वर्ष 2000 में निर्धनता रेखा के नीचे के निर्धनों का अनुपात और भी गिरकर 26% पर आ गया। यदि यही प्रवृत्ति रही तो अगले कुछ वर्षों में निर्धनता रेखा से नीचे के लोगों की संख्या 20% से भी नीचे आ जाएगी। यद्यपि निर्धनता रेखा से नीचे रहने वाले लोगों का प्रतिशत पूर्व के दो दशकों 1973-93 में गिरा है, निर्धन लोगों की संख्या 32 करोड़ के लगभग अधिक समय तक स्थिर रही। नवीनतम अनुमान, निर्धनों की संख्या में लगभग 26 करोड़ की कमी उल्लेखनीय गिरावट का संकेत देते हैं।

**4. भारत में निर्धनता में अंतर-राज्य असमानताओं का एक विवरण प्रस्तुत कीजिए।**

**उत्तर** भारत में अंतर्राज्यीय असमानताओं के निम्नलिखित कारक हैं

(i) ब्रिटिश औपनिवेशिक प्रशासन के समय में भी विभिन्न क्षेत्रों के बीच निर्धनता में अंतर देखा जा सकता है; जैसे–औपनिवेशिक प्रशासन ने हस्तशिल्पकारी को नष्ट किया तथा विभिन्न क्षेत्रों में कृषि को प्रोत्साहन दिया, जो उनकी औद्योगिक क्रांति के लिए कच्चा माल उपलब्ध कराते थे।

(ii) भारत की आजादी के 30 वर्षों तक भी राज्य की निर्धनता में अंतर देखा जा सकता था, क्योंकि औद्योगिक क्षेत्र विशेष राज्यों में स्थापित किए गए थे, जिससे वहाँ के लोगों की आमदनी में बढ़ोतरी हुई।

(iii) सिंचाई और हरित क्रांति के प्रसार से कृषि क्षेत्र में रोजगार के अनेक अवसर सृजित हुए, परंतु इनका प्रभाव भारत के कुछ भागों तक रहा। उच्च निर्धनता दर की विशेषता आय की असमानता रही। इसका प्रमुख कारण भूमि और अन्य संसाधनों का असमान वितरण है।

**5. उन सामाजिक और आर्थिक समूहों की पहचान कीजिए, जो भारत में निर्धनता के समक्ष निरुपाय हैं।**

**उत्तर** अनुसूचित जाति और अनुसूचित जनजाति के परिवार निर्धनता के प्रति सर्वाधिक असुरक्षित सामाजिक समूह हैं। इस प्रकार, आर्थिक समूहों में सर्वाधिक असुरक्षित समूह, ग्रामीण कृषक श्रमिक परिवार और नगरीय अनियत मजदूर परिवार हैं। इसके अतिरिक्त महिलाओं, वृद्ध लोगों और बच्चियों को अति निर्धन माना जाता है, क्योंकि उन्हें सुव्यवस्थित ढंग से परिवार के उपलब्ध संसाधनों तक पहुँच से वंचित रखा जाता है।

**6. भारत में अंतर्राज्यीय निर्धनता में विभिन्नता के कारण बताइए।**

**उत्तर** भारत के प्रत्येक राज्य में निर्धन लोगों का अनुपात एकसमान नहीं है। वर्ष 2011-12 के अनुसार भारत में निर्धनता का अनुपात 22% है। कुछ राज्यों; जैसे–मध्य प्रदेश, असम, उत्तर प्रदेश, बिहार और ओडिशा में निर्धनता अनुपात राष्ट्रीय अनुपात से अधिक है। बिहार और ओडिशा क्रमशः 33.7% और 32.6% निर्धनता औसत के दो सर्वाधिक निर्धन राज्य हैं।

ओडिशा, मध्य प्रदेश, बिहार और उत्तर प्रदेश में ग्रामीण निर्धनता के साथ नगरीय निर्धनता भी अधिक है, जबकि केरल, महाराष्ट्र, आंध्र प्रदेश, तमिलनाडु, गुजरात और पश्चिम बंगाल में निर्धनता में कमी आई है। इन राज्यों ने विभिन्न माध्यम अपनाकर निर्धनता में कमी की है। कुछ उदाहरण इस प्रकार हैं

- पंजाब और हरियाणा जैसे राज्य उच्च कृषि वृद्धि दर से निर्धनता कम करने में पारंपरिक रूप से सफल रहे हैं।
- केरल ने मानव संसाधन विकास पर अधिक बल दिया है।
- पश्चिम बंगाल में भूमि सुधार उपायों से निर्धनता कम करने में सहायता मिली है।
- आंध्र प्रदेश और तमिलनाडु में अनाज की सार्वजनिक वितरण प्रणाली से इसमें सुधार हुआ है।

**7. वैश्विक निर्धनता की प्रवृत्तियों की चर्चा कीजिए।**

**उत्तर** विश्व बैंक के अनुसार विकासशील देशों में अत्यंत आर्थिक निर्धनता में रहने वाले लोगों का अनुपात वर्ष 1990 के 36 से गिरकर वर्ष 2015 में 10% हो गया।

तीव्र आर्थिक प्रगति और मानव संसाधन विकास में निवेश के कारण चीन और दक्षिण-पूर्वी एशिया के देशों में निर्धनता में

विशेष कमी आई है। चीन में निर्धनों की संख्या वर्ष 1981 के 88.3% से घटकर वर्ष 2008 में 14.7% और वर्ष 2019 में 0.6% रह गई। दक्षिणी एशिया के देशों (भारत, पाकिस्तान, श्रीलंका, नेपाल, बांग्लादेश, भूटान) में निर्धनों की संख्या में गिरावट इतनी तीव्र नहीं है। सब-सहारा अफ्रीका में निर्धनता वास्तव में 2005 के 51% से 2018 में 40.2% हो गई। लैटिन अमेरिका में निर्धनता के अनुपात में कोई बदलाव नहीं हुआ। यहाँ का निर्धनता अनुपात वर्ष 2005 में 10% गिरकर वर्ष 2018 में 4% रह गया। रूस जैसे पूर्व समाजवादी देशों में भी निर्धनता पुनः व्याप्त हो गई।

**8.** निर्धनता उन्मूलन की वर्तमान सरकारी रणनीति की चर्चा कीजिए।

**उत्तर** सरकार ने निर्धनता को नियंत्रित करने के लिए अनेक कार्यक्रम आरंभ किए। भारत से गरीबी को दूर करने के लिए निम्नलिखित उपाय अपनाए गए हैं

(i) **प्रधानमंत्री रोजगार योजना** इस कार्यक्रम की शुरुआत वर्ष 1993 में हुई थी। इस कार्यक्रम का मुख्य उद्देश्य ग्रामीण क्षेत्रों और छोटे शहरों में शिक्षित बेरोजगार युवकों के लिए स्व-रोजगार के अवसर उपलब्ध कराना तथा उन्हें लघु व्यवसाय और उद्योग स्थापित करने में सहायता करना है।

(ii) **ग्रामीण रोजगार सृजन कार्यक्रम** इस कार्यक्रम की शुरुआत वर्ष 1995 में हुई थी। इस कार्यक्रम का मुख्य उद्देश्य ग्रामीण क्षेत्रों और छोटे शहरों में स्वरोजगार के अवसर सृजित करना है। 10वीं पंचवर्षीय योजना में इस कार्यक्रम के अंतर्गत 25 लाख नए रोजगार के अवसर सृजित करने का लक्ष्य रखा गया था।

(iii) **स्वर्ण जयंती ग्रामीण स्वरोजगार योजना** इस कार्यक्रम की शुरुआत वर्ष 1999 में हुई थी। इस कार्यक्रम का उद्देश्य सहायता प्राप्त निर्धन परिवारों को स्व-सहायता समूहों में संगठित कर बैंक ऋण और सरकारी सहायिकी के संयोजन द्वारा निर्धनता रेखा से ऊपर लाना है।

(iv) **प्रधानमंत्री ग्राम उदय योजना** इस कार्यक्रम की शुरुआत वर्ष 2000 में हुई थी। इस कार्यक्रम का उद्देश्य प्राथमिक स्वास्थ्य व शिक्षा, ग्रामीण आश्रय, ग्रामीण पेयजल और ग्रामीण विद्युतीकरण जैसी मूल सुविधाओं के लिए राज्यों को केंद्र द्वारा अतिरिक्त सहायता उपलब्ध कराना है।

(v) **महात्मा गाँधी राष्ट्रीय ग्रामीण रोजगार गारंटी अधिनियम (मनरेगा)** इस कार्यक्रम की शुरुआत वर्ष 2005 में हुई थी। इस योजना से प्रत्येक वर्ष देश के प्रत्येक ग्रामीण परिवार को 100 दिन के सुनिश्चित रोजगार का लाभ मिलता है। इसका उद्देश्य सतत विकास में मदद करना है, जिससे सूखा, वन कटाई एवं मिट्टी के कटाव जैसी समस्याओं से बचा जा सके। इस योजना के अंतर्गत अनुसूचित जाति, अनुसूचित जनजाति एवं महिलाओं का हिस्सा क्रमशः 23%, 17% एवं 53% आरक्षित है।

**9.** निम्न प्रश्नों का संक्षेप में उत्तर दीजिए

(i) मानव निर्धनता से आप क्या समझते हैं?

**उत्तर** मानव निर्धनता गरीबी का व्यापक पक्ष है। इसके अंतर्गत भोजन, शिक्षा, आश्रय, स्वास्थ्य सुरक्षा, रोजगार, सामाजिक समानता आदि सम्मिलित हैं।

(ii) निर्धनों में भी सबसे निर्धन कौन हैं?

**उत्तर** महिलाओं, वृद्ध लोगों और बच्चों को अति निर्धन माना जाता है, क्योंकि उन्हें सुव्यवस्थित ढंग से परिवार के उपलब्ध संसाधनों की पहुँच से वंचित रखा जाता है।

(iii) राष्ट्रीय ग्रामीण रोजगार गारंटी अधिनियम, 2005 की मुख्य विशेषताएँ क्या हैं?

**उत्तर** राष्ट्रीय ग्रामीण रोजगार गारंटी अधिनियम, 2005 की विशेषताएँ निम्नलिखित हैं

- इस अधिनियम को सितंबर, 2005 में पारित किया गया।
- प्रत्येक ग्रामीण परिवार को 100 दिनों के सुनिश्चित रोजगार का प्रावधान करता है।
- प्रारंभ में यह विधेयक प्रत्येक वर्ष देश के 200 जिलों में और बाद में इस योजना का विस्तार 600 जिलों में किया गया।
- प्रस्तावित रोजगारों का एक-तिहाई रोजगार महिलाओं के लिए आरक्षित है।

# परीक्षा अभ्यास

## वस्तुनिष्ठ प्रश्न

### बहुविकल्पीय प्रश्न

**1.** निर्धनता से अभिप्राय है
(a) मूलभूत आवश्यकता की पूर्ति न होना
(b) आर्थिक आवश्यकता की पूर्ति न होना
(c) शैक्षणिक आवश्यकता की पूर्ति न होना
(d) उपरोक्त सभी

**उत्तर** (a) मूलभूत आवश्यकता की पूर्ति न होना

**2.** सामाजिक वैज्ञानिकों द्वारा निर्धनता के लिए प्रयोग किए जाने सूचक कौन हैं?
(a) आय और उपभोग (b) व्यय और उपभोग
(c) उपभोग और क्रय क्षमता (d) क्रय क्षमता और आय

**उत्तर** (a) आय और उपभोग

**3.** असुरक्षा के अंतर्गत किन समुदायों को रखा जाता है?
(a) विधवा (b) विकलांग
(c) पिछड़ी जाति (d) ये सभी

**उत्तर** (d) ये सभी

**4.** निर्धनता निर्धारण में ग्रामीण क्षेत्र में प्रतिदिन कितनी कैलोरी की आवश्यक है?
(a) 2500 (b) 3000 (c) 2400 (d) 2500

**उत्तर** (c) 2400

**5.** राष्ट्रीय प्रतिदर्श सर्वेक्षण की स्थापना किस वर्ष हुई थी?
(a) वर्ष 1950 में (b) वर्ष 1952 में
(c) वर्ष 1954 में (d) वर्ष 1960 में

**उत्तर** (a) 1950 में

**6.** किस राज्य में निर्धनता राष्ट्रीय अनुपात से अधिक है?
(a) मध्य प्रदेश (b) उत्तर प्रदेश
(c) बिहार (d) ये सभी

**उत्तर** (d) ये सभी

**7.** सतत विकास लक्ष्य के तहत किस वर्ष तक गरीबी खत्म करने का लक्ष्य है?
(a) वर्ष 2025 तक (b) वर्ष 2030 तक
(c) वर्ष 2035 तक (d) वर्ष 2020 तक

**उत्तर** (b) वर्ष 2030 तक

**8.** लक्षित निर्धनता निरोधी कार्यक्रम किस वर्ष प्रारंभ किया गया?
(a) वर्ष 1990 में (b) वर्ष 1995 में
(c) वर्ष 2000 में (d) वर्ष 2020 में

**उत्तर** (a) वर्ष 1990 में

**9.** प्रधानमंत्री रोजगार योजना का प्रारंभ किस वर्ष किया गया?
(a) वर्ष 1995 में (b) वर्ष 1992 में
(c) वर्ष 1993 में (d) वर्ष 1995 में

**उत्तर** (c) वर्ष 1993 में

**10.** निम्नलिखित में से किसके द्वारा निर्धनता को मापा जा सकता है?
(a) साक्षरता का निम्न स्तर
(b) कुपोषण के कारण रोग प्रतिरोधी क्षमता में कमी
(c) सुरक्षित पेयजल एवं स्वच्छता तक पहुँच में कमी
(d) उपरोक्त सभी

**उत्तर** (d) उपरोक्त सभी

**11.** निम्नलिखित में से कौन एक निर्धनता के कारण से संबंधित नहीं है?
(a) स्वतंत्रता के पश्चात् कई वर्षों तक आर्थिक विकास का कम होना
(b) हरित क्रांति का कुछ राज्यों तक सीमित होना
(c) भूमि सुधार का ठीक से लागू होना
(d) सार्वजनिक और निजी क्षेत्रों के रोजगार का पर्याप्त सर्जन न होना

**उत्तर** (c) भूमि सुधार का ठीक से लागू होना

**12.** निम्नलिखित में से कौन-सा कथन निर्धनता रेखा से संबंधित है?
1. निर्धनता रेखा एक काल्पनिक रेखा है।
2. इस रेखा का प्रयोग प्रत्येक देश गरीबी मापने के लिए करता है।
3. इस रेखा का स्तर प्रत्येक देश में एकसमान रहता है।
4. इसे मापने के लिए केवल आय के स्तरों पर आधारित पद्धति का प्रयोग किया जाता है।

**कूट**
(a) 1 और 2 (b) 2 और 3
(c) 1, 3 और 4 (d) ये सभी

**उत्तर** (a) 1 और 2

**13.** निम्नलिखित में से कौन-सा कथन अंतर्राज्यीय असमानताओं से संबंधित है?
1. भारत के प्रत्येक राज्य में निर्धन लोगों का अनुपात एकसमान नहीं है।
2. भारत में निर्धनता कम करने की सफलता की दर विभिन्न राज्यों में अलग-अलग है।
3. केरल राज्य में भूमि सुधार उपायों से निर्धनता कम करने में सहायता मिली है।

कूट
(a) 1 और 2 (b) 2 और 3
(c) 1 और 3 (d) ये सभी

उत्तर (d) ये सभी

**14.** निम्न को सही क्रम में लगाइए
1. प्रधानमंत्री रोजगार योजना
2. ग्रामीण रोजगार सृजन कार्यक्रम
3. प्रधानमंत्री ग्रामोदय योजना
4. अंत्योदय अन्न योजना

(a) 1, 2, 3, 4 (b) 4, 3, 1, 2
(c) 2, 1, 3, 4 (d) 4, 3, 2, 1

उत्तर (a) 1, 2, 3, 4

**15.** निम्नलिखित में से कौन-सा युग्म आर्थिक सर्वेक्षण 2017-18 के अनुसार सही सुमेलित नहीं है?

| राज्य | | प्रतिशतता |
|---|---|---|
| (a) बिहार | – | 33.7 |
| (b) ओडिशा | – | 31.6 |
| (c) हिमाचल प्रदेश | – | 8.1 |
| (d) केरल | – | 7.1 |

उत्तर (b) ओडिशा – 31.6

**16.** निम्नलिखित में से कौन-सा कथन सही सुमेलित है?

| योजना | | उद्देश्य |
|---|---|---|
| (a) महात्मा गाँधी राष्ट्रीय ग्रामीण रोजगार गारंटी अधिनियम | – | रोजगार उपलब्ध करना |
| (b) प्रधानमंत्री रोजगार योजना | – | सरकारी नौकरी की तैयारी |
| (c) स्वर्ण जयंती ग्रामीण स्वरोजगार योजना | – | व्यक्ति स्तर पर रोजगार उपलब्ध करना |
| (d) प्रधानमंत्री ग्रामोदय योजना | – | केवल स्वास्थ्य और शिक्षा उपलब्ध कराना |

उत्तर (a) महात्मा गाँधी राष्ट्रीय ग्रामीण रोजगार गारंटी अधिनियम – रोजगार उपलब्ध करना

**17.** निम्नलिखित की सहायता से कार्यक्रम की पहचान करें
- इस कार्यक्रम की शुरुआत वर्ष 2005 में हुई थी।
- इस योजना से प्रत्येक ग्रामीण परिवार को 100 दिन के सुनिश्चित रोजगार का लाभ मिलता है।
- इस योजना में अनुसूचित जाति के लिए 25% आरक्षण है।
- इसका उद्देश्य सतत विकास में सहायता करना है।

(a) महात्मा गाँधी राष्ट्रीय ग्रामीण रोजगार गारंटी अधिनियम
(b) प्रधानमंत्री रोजगार योजना
(c) प्रधानमंत्री आदर्श ग्राम योजना
(d) संपूर्ण ग्रामीण रोजगार योजना

उत्तर (a) महात्मा गाँधी राष्ट्रीय ग्रामीण रोजगार गारंटी अधिनियम

**18.** निम्नलिखित की सहायता से कार्यक्रम की पहचान करें
- इस योजना की शुरुआत वर्ष 1993 में हुई थी।
- इस कार्यक्रम के द्वारा ग्रामीण तथा छोटे शहरी क्षेत्रों के शिक्षित बेरोजगारों को स्वरोजगार प्रदान करने में सहायता प्रदान की।
- इस योजना के अंतर्गत लघु उद्योगों की स्थापना की गई।

(a) प्रधानमंत्री रोजगार योजना
(b) ग्रामीण रोजगार सृजन कार्यक्रम
(c) स्वर्ण जयंती ग्रामीण स्वरोजगार योजना
(d) प्रधानमंत्री ग्रामोदय योजना

उत्तर (a) प्रधानमंत्री रोजगार योजना

**19.** नीचे दी गई तालिका के आँकड़ों का अध्ययन कीजिए तथा पूछे गए प्रश्नों का उत्तर दीजिए

**तालिका भारत में निर्धनता के अनुमान ( तेंदुलकर कार्यप्रणाली )**

| | निर्धनता अनुपात (प्रतिशत) | | | निर्धनों की संख्या (करोड़) | | |
|---|---|---|---|---|---|---|
| वर्ष | ग्रामीण | शहरी | योग | ग्रामीण | शहरी | संयुक्त योग |
| 1993-94 | 50 | 32 | 45 | 329 | 75 | 404 |
| 2004-05 | 42 | 26 | 37 | 326 | 81 | 407 |
| 2009-10 | 34 | 21 | 30 | 278 | 76 | 355 |
| 2011-12 | 26 | 14 | 22 | 217 | 53 | 270 |

निम्नलिखित में से किस वर्ष में निर्धनों की संख्या (करोड़ों) में सर्वाधिक दर्ज की गई?

(a) वर्ष 1993-94 (b) वर्ष 2004-05
(c) वर्ष 2009-10 (d) वर्ष 2011-12

उत्तर (b) वर्ष 2004-05

## सुमेलित करें

**20.** सुमेलित कीजिए

| सूची I (प्रारंभ) | सूची II (योजना) |
|---|---|
| A. 1950 | 1. राष्ट्रीय प्रतिदर्श सर्वेक्षण संगठन |
| B. 1993 | 2. प्रधानमंत्री रोजगार योजना |
| C. 1995 | 3. ग्रामीण रोजगार सृजन योजना |
| D. 1999 | 4. स्वर्णजयंती ग्राम स्वरोजगार |

कूट
| | A | B | C | D |
|---|---|---|---|---|
| (a) | 1 | 2 | 3 | 4 |
| (b) | 4 | 3 | 1 | 2 |
| (c) | 2 | 1 | 3 | 4 |
| (d) | 4 | 3 | 2 | 1 |

उत्तर (a) 1 2 3 4

## रिक्त स्थान भरें

**21.** वर्ष 2011-12 के अनुसार भारत में निर्धनता का अनुपात ............ है।

उत्तर 22%

**22.** राष्ट्रीय काम के बदले अनाज कार्यक्रम ………… में लागू किया गया था।

उत्तर वर्ष 2004

**23.** भारत में कैलोरी आवश्यकता ग्रामीण क्षेत्रों में ………… कैलोरी प्रतिव्यक्ति प्रतिदिन है।

उत्तर 2400

**24.** निम्न रिक्त स्थान को पूरा करें

| निर्धनता निरोधी कार्यक्रम | उद्देश्य/विशेषता |
|---|---|
| प्रधानमंत्री रोजगार योजना | स्वरोजगार का अवसर उपलब्ध कराना। |
| प्रधानमंत्री ग्रामोदय योजना | ? |

**कूट**

(a) लघु व्यवसाय को बढ़ावा देना।
(b) विद्यार्थियों को छात्रवृत्ति प्रदान करना।
(c) मूलभूत सुविधा शिक्षा, स्वास्थ्य आदि का विकास करना।
(d) अनुसूचित जनजाति समुदाय को ऋण प्रदान करना।

उत्तर (c) मूलभूत सुविधा शिक्षा, स्वास्थ्य आदि का विकास करना।

## सही और पुनः लिखें

**25.** अपवर्जन एक प्रकिया है, जिसके अंतर्गत केवल व्यक्ति को लाभों से अपवर्जित किया जाता है, जिनका उपयोग दूसरे समूह करते हैं।

उत्तर अपवर्जन एक प्रकिया है, जिसके अंतर्गत व्यक्ति या समूह उन सुविधाओं, लाभों और अवसरों से अपवर्जित रह जाते हैं, जिनका उपयोग दूसरे समूह करते हैं।

## कथन/कारण

**26.** **कथन** (A) निर्धनता रेखा एक काल्पनिक रेखा है जिसका प्रयोग देश में गरीबी मापने के लिए किया जाता है।

**कारण** (R) निर्धनता रेखा का स्तर समय और स्थान के साथ अलग-अलग हो सकता है।

**कूट**

(a) A और R दोनों सही हैं तथा R, A की सही व्याख्या है
(b) A और R दोनों सही हैं, परंतु R, A की सही व्याख्या नहीं है
(c) A सही है, किंतु R गलत है
(d) A गलत है, किंतु R सही है

उत्तर (a) A और R दोनों सही हैं तथा R, A की सही व्याख्या है

**27.** **कथन** (A) निर्धनता रेखा का निर्धारण राष्ट्रीय प्रतिदर्श सर्वेक्षण संगठन द्वारा किया जाता है।

**कारण** (R) एन एस एस ओ की स्थापना वर्ष 1950 में की गई थी।

**कूट**

(a) A और R दोनों सही हैं तथा R, A की सही व्याख्या है
(b) A और R दोनों सही हैं, परंतु R, A की सही व्याख्या नहीं है
(c) A सही है, किंतु R गलत है
(d) A गलत है, किंतु R सही है

उत्तर (b) A और R दोनों सही हैं, परंतु R, A की सही व्याख्या नहीं है

## केस आधारित प्रश्न

**28.** भारत में निर्धनता रेखा का निर्धारण करते समय जीवन निर्वाह के लिए खाद्य आवश्यकता, कपड़ों, जूतों, ईंधन और प्रकाश, शैक्षिक और चिकित्सा संबंधी आवश्यकताओं आदि को मुख्य माना जाता है। इन भौतिक मात्राओं को रुपयों में उनकी कीमतों से गुणा कर दिया जाता है और निर्धनता रेखा का निर्धारण किया जाता है।

भारत में निर्धनता रेखा का निर्धारण किस आधार पर किया जाता है?

(a) जीवन निर्वाह पर
(b) खाद्य आवश्यकता पर
(c) शैक्षिक योग्यता पर
(d) उपरोक्त सभी

उत्तर *(d)* उपरोक्त सभी

**29.** निर्धन परिवारों में सभी लोगों को कठिनाइयों का सामना करना पड़ता है। इसमें महिलाओं, वृद्ध लोगों और बच्चियों को भी सुव्यवस्थित ढंग से परिवार के उपलब्ध संसाधनों तक पहुँच से वंचित किया जाता है, इसलिए इन्हें निर्धनों में निर्धन कहा जाता है।

किसे निर्धनों में निर्धन कहा जाता है?

(a) महिला (b) वृद्ध
(c) बच्चियों (d) ये सभी

उत्तर (d) ये सभी

## अतिलघु उत्तरीय प्रश्न

**1.** निर्धनता का क्या अर्थ है?

उत्तर निर्धनता वह स्थिति है, जिसमें व्यक्ति अपने जीवन निर्वाह हेतु आवश्यक न्यूनतम आवश्यकताओं की पूर्ति करने में अक्षम रहता है।

**2.** ग्रामीण गरीबी से क्या समझते हैं?

उत्तर ग्रामीण गरीबी के अंतर्गत ग्रामीण समाज के कारक, ग्रामीण अर्थव्यवस्था और ग्रामीण राजनीतिक व्यवस्था को शामिल किया जाता है।

**3.** भारत में निर्धनता रेखा के निर्धारण के लिए किस पर विचार किया जाता है?

उत्तर भारत में निर्धनता रेखा के निर्धारण के लिए जीवन निर्वाह के लिए खाद्य आवश्यकता; जैसे-कपड़ों, जूतों, ईंधन, प्रकाश, शैक्षिक एवं चिकित्सा संबंधी आवश्यकताओं पर विचार किया जाता है।

**4.** निर्धनता रेखा का आकलन सामान्यतः कितने वर्ष पर किया जाता है?

उत्तर भारत में निर्धनता रेखा का आकलन नेशनल सैंपल सर्वे ऑर्गनाइजेशन द्वारा प्रत्येक 5 वर्ष पर किया जाता है।

**5.** सामाजिक समूह निर्धनता के प्रति सर्वाधिक असुरक्षित परिवार कौन-से हैं?

उत्तर अनुसूचित जाति और अनुसूचित जनजाति परिवार सामाजिक समूह निर्धनता के प्रति सर्वाधिक असुरक्षित परिवार हैं।

**6.** भारत में निर्धनता रेखा के नीचे के लोगों का औसत सभी समूहों के लिए कितना है?

उत्तर भारत में निर्धनता रेखा से नीचे के लोगों का औसत सभी समूहों हेतु 26 है।

**7.** कौन-से दो राज्य उच्च कृषि वृद्धि दर से निर्धनता कम करने में सफल रहे हैं?

उत्तर पंजाब और हरियाणा राज्य उच्च कृषि वृद्धि दर से निर्धनता कम करने में सफल रहे हैं।

**8.** किस राज्य ने मानव संसाधन विकास पर अधिक बल दिया है?

उत्तर केरल ने मानव संसाधन विकास पर अधिक बल दिया है, जिससे वहाँ निर्धनता में काफी कमी आई है।

**9.** विश्व बैंक के अनुसार किस एशियायी देश ने निर्धनता में ठोस कमी दिखाई है?

उत्तर विश्व बैंक के अनुसार आर्थिक प्रगति और मानव संसाधन में निवेश के कारण चीन ने निर्धनता में ठोस कमी दिखाई है।

**10.** प्रधानमंत्री रोजगार योजना का उद्देश्य क्या है?

उत्तर प्रधानमंत्री रोजगार योजना का उद्देश्य ग्रामीण क्षेत्रों और छोटे शहरों में शिक्षित बेरोजगार युवाओं के लिए स्वरोजगार के अवसर सृजित करना है।

**11.** भारत की वास्तविक स्वतंत्रता के विषय में गाँधीजी का क्या विचार था?

उत्तर गाँधीजी का विचार था कि भारत सही अर्थों में तभी स्वतंत्र होगा, जब यहाँ का सबसे निर्धन व्यक्ति भी मानवीय व्यथा से मुक्त होगा।

**12.** राष्ट्रीय ग्रामीण रोजगार अधिनियम में कितने दिन तक काम न मिलने पर आवेदक बेरोजगारी भत्ते का हकदार होगा?

उत्तर राष्ट्रीय ग्रामीण रोजगार अधिनियम में आवेदन के बाद 15 दिन तक काम न मिलने की स्थिति में आवेदक बेरोजगारी भत्ते का हकदार होगा।

**13.** राष्ट्रीय काम के बदले अनाज कार्यक्रम को देश के कितने जिलों में एवं किस वर्ष लागू किया गया था?

उत्तर राष्ट्रीय काम के बदले अनाज कार्यक्रम को देश के 150 जिलों में वर्ष 2004 में लागू किया गया था।

## लघु उत्तरीय प्रश्न

**1.** निर्धनता से संबद्ध निम्न मुद्दों को समझाइए
(i) भूमिहीनता (ii) निरक्षरता

उत्तर (i) **भूमिहीनता** भूमिहीनता-भूमि के बिना, भूमि तक पहुँच के बिना या भूमि के निजी स्वामित्व के बिना होने की स्थिति है। भूमिहीनता, निर्धनता का दूसरा नाम है। भूमिहीन श्रमिक समाज के निम्न वर्ग से संबंधित होते हैं। उन्हें दिनभर की कड़ी मेहनत के लिए बहुत कम मजदूरी मिलती है। अपनी जरूरतों को पूरा करने के लिए वे साहूकारों के ऋण जाल में फँस जाते हैं।

(ii) **निरक्षरता** निरक्षरता से तात्पर्य अनपढ़ होने से है। निरक्षरता निर्धनता को बढ़ाने में सहायक होती है। निरक्षर व्यक्ति अपने परिवार एवं समाज की जिम्मेदारियों को पूरा करने में सक्षम नहीं होते हैं।

**2.** निर्धनता को किस प्रकार दूर किया जा सकता है? कोई दो उपाय बताइए।

उत्तर निर्धनता एक ऐसी स्थिति है, जिसमें किसी मनुष्य को अपना जीवन-यापन करने के लिए मूलभूत आवश्यकताएँ पूरी करने में बहुत कठिनाइयों का सामना करना पड़ता है।
इसे दूर करने के उपाय निम्नलिखित हैं
(i) ग्रामीण क्षेत्रों में लघु और कुटीर उद्योगों को बढ़ावा देना तथा बढ़ती हुई जनसंख्या पर नियंत्रण करना।
(ii) हरित क्रांति के लिए किसानों को प्रोत्साहन देना।
(iii) गरीबी उन्मूलन कार्यक्रमों को ठीक तरीके से लागू करना।

**3.** सामाजिक वैज्ञानिकों की दृष्टि में निर्धनता को स्पष्ट कीजिए।

उत्तर सामाजिक वैज्ञानिकों द्वारा निर्धनता के लिए प्रयोग किए जाने वाले सूचक आय और उपभोग से संबंधित हैं। इनके अतिरिक्त निर्धनता को निम्न सूचकों के माध्यम से भी देखा जाता है
- साक्षरता का निम्न स्तर।
- कुपोषण के कारण रोग प्रतिरोधी क्षमता की कमी।
- स्वास्थ्य सेवाओं की कमी।
- रोजगार के अवसरों की कमी।
- सुरक्षित पेयजल एवं स्वच्छता तक पहुँच की कमी आदि।

**4.** निर्धनता के मुख्य सूचक सामाजिक अपवर्जन व असुरक्षा को समझाइए।

उत्तर निर्धनता के दो मुख्य सूचक सामाजिक अपवर्जन और असुरक्षा हैं। इनका विवरण निम्न प्रकार है
**सामाजिक अपवर्जन** सामाजिक अपवर्जन से यह अभिप्राय है कि निर्धन लोगों को अच्छे वातावरण में रहने वाले अमीर और संपन्न लोगों की सामाजिक समानता को छोड़कर, निकृष्ट अर्थात् हानिकारक वातावरण में अन्य निर्धनों के साथ रहना पड़ता है। सामान्य अर्थ में, सामाजिक अपवर्जन निर्धनता का कारण और परिणाम दोनों हो सकता है।
**असुरक्षा** असुरक्षा निर्धनता की एक माप है, जो विशेष समुदायों (जैसे-किसी पिछड़ी जाति के सदस्य) या व्यक्तियों

(जैसे-कोई विधवा या शारीरिक रूप से विकलांग व्यक्ति) के आने वाले वर्षों में निर्धन होने या निर्धन बने रहने की अधिक संभावना को दर्शाती है। शिक्षा, स्वास्थ्य और रोजगार के अवसरों में जीविका खोजने के लिए भिन्न समुदायों के पास उपलब्ध विकल्पों से असुरक्षा का निर्धारण किया जाता है।

**5. निर्धनता के असुरक्षित समूह पर संक्षिप्त टिप्पणी लिखिए।**

उत्तर भारत में निर्धनता रेखा के नीचे के लोगों का अनुपात सामाजिक समूहों और आर्थिक समूहों में एकसमान नहीं है। अनुसूचित जाति और अनुसूचित जनजाति के परिवार, सामाजिक समूह निर्धनता के प्रति सर्वाधिक असुरक्षित हैं। यही ग्रामीण कृषि श्रमिक परिवार और अनियत मजदूर परिवार आर्थिक समूहों में, सर्वाधिक आर्थिक असुरक्षित समूह हैं। 1990 के दशक के दौरान अनुसूचित जनजाति परिवारों को छोड़कर अन्य सभी तीनों समूहों (अनुसूचित जाति, ग्रामीण कृषि श्रमिक और शहरी अनियमित मजदूर परिवार) में निर्धनता में कमी आई है। इन सामाजिक समूहों के अतिरिक्त परिवारों में भी आय की असमानता है।

**6. सरकार की निर्धनता निरोधी रणनीति कितने कारकों पर निर्भर है? स्पष्ट करें।**

उत्तर भारत की विकास रणनीति का एक प्रमुख उद्देश्य निर्धनता उन्मूलन रहा है। सरकार की निर्धनता निरोधी रणनीति दो कारकों पर निर्भर है

**आर्थिक संवृद्धि** 1980 के दशक से भारत की आर्थिक वृद्धि दर विश्व में सबसे अधिक रही। भारत में निर्धनता कम करने में विकास की इस उच्च दर ने एक महत्त्वपूर्ण भूमिका निभाई है। आर्थिक संवृद्धि मानव विकास में निवेश के आवश्यक संसाधन उपलब्ध कराती है; जैसे–शिक्षा में अधिक आर्थिक लाभ पाने की उम्मीद में लोगों को अपने बच्चों को लड़कियों सहित स्कूल भेजने के लिए प्रोत्साहित करती है, लेकिन इस आर्थिक विकास से उत्पन्न अवसरों से निर्धन लोग प्रत्यक्ष लाभ नहीं उठा सके।

**लक्षित निर्धनता निरोधी कार्यक्रम** इस कार्यक्रम की शुरुआत वर्ष 1990 में की गई थी। इस कार्यक्रम की स्थापना निर्धनता पर अंकुश लगाने जैसी परिस्थितियों के लिए की गई थी। भारत सरकार ने इस प्रकार के अनेक कार्यक्रमों की स्थापना की है, जिनमें से कुछ इस प्रकार हैं–प्रधानमंत्री रोजगार योजना (1993), ग्रामीण रोजगार सृजन कार्यक्रम (1995), स्वर्ण जयंती ग्रामीण योजना (1999), प्रधानमंत्री ग्राम उदय योजना (2000), राष्ट्रीय काम के बदले अनाज कार्यक्रम (2004), महात्मा गाँधी राष्ट्रीय ग्रामीण रोजगार गारंटी अधिनियम (2005)।

**7. किन्हीं तीन सामाजिक सूचकों की व्याख्या कीजिए जिनके माध्यम से निर्धनता को देखा जाता है।**

उत्तर निम्नलिखित सामाजिक सूचकों की सहायता से निर्धनता को देखा जाता है

- निर्धनता एक ऐसी स्थिति है जब माता-पिता अपने बच्चों को विद्यालय नहीं भेज पाते हैं। साथ ही बीमारी की स्थिति में उचित देख-रेख भी नहीं करा पाते हैं।
- निर्धनता का संबंध स्वच्छ जल तथा सफाई सुविधाओं के अभाव से है। निर्धन व्यक्ति गंदे वातावरण में जीवन व्यतीत करने के लिए बाध्य रहते हैं।
- निर्धनता का अर्थ किसी व्यक्ति के जीवन में नियमित रोजगार का अभाव है। निर्धन व्यक्ति के जीवन में न्यूनतम शालीनता स्तर का भी अभाव पाया जाता है। अतः कहा जा सकता है कि निर्धन व्यक्ति असहायता की भावना के साथ जीते हैं।

**8. भारत में न्यूनतम मानवीय आवश्यकताओं में किन-किन को शामिल किया गया है? इन आवश्यकताओं की पूर्ति न होने पर मनुष्य पर क्या दुष्प्रभाव पड़ते हैं?**

उत्तर भारत में न्यूनतम मावनीय आवश्यकताओं में भोजन, वस्त्र, आवास, शिक्षा तथा स्वास्थ्य सेवाओं को शामिल किया गया है। न्यूनतम मानवीय आवश्यकताओं के पूरा न होने पर निम्न दुष्प्रभाव होते हैं

- स्वास्थ्य तथा कार्यकुशलता में कमी आती है।
- उत्पादन में वृद्धि करना तथा भविष्य में निर्धनता से छुटकारा पाना कठिन हो जाता है।
- अशिक्षा, मानव संसाधन विकास को अवरुद्ध करती है।
- आवास की अनुपलब्धता लोगों में असुरक्षा की भावना को बढ़ाती है।
- भोजन की अनुपलब्धता व्यक्ति की रोग प्रतिरोधक क्षमता को कमजोर करती है जिसके कारण व्यक्ति को अपने स्वास्थ्य पर अधिक धन खर्च करना पड़ता है, इस कारण भी वह निर्धनता की ओर जाता है।

**9. क्या आप समझते हैं कि निर्धनता आकलन का गुणात्मक तरीका सही है?**

उत्तर भारत वर्ष में निर्धनता आकलन का गुणात्मक तरीका सही नहीं है। यह सिर्फ मात्रात्मक आकलन है। इसमें निर्धनता मापन के गुणात्मक पक्षों को शामिल नहीं किया जाता है। यह जीवन के न्यूनतम निर्वाह स्तर की व्याख्या करता है, न कि उचित निर्वाह स्तर की। कुछ अर्थशास्त्री यह मानते हैं कि मानव निर्धनता आकलन के क्षेत्र को बढ़ा देना चाहिए। निर्धनता निर्धारण के समय शिक्षा, स्वास्थ्य, नौकरी, आत्मविश्वास, समानता आदि को भी ध्यान में रखना चाहिए।

## दीर्घ उत्तरीय प्रश्न

**1. भारत में ग्रामीण गरीबी के मुख्य कारणों की विवेचना कीजिए।**

उत्तर भारत में ग्रामीण गरीबी के मुख्य कारण निम्नलिखित हैं

- **भूमिहीन** ग्रामीण गरीबों के पास अपनी भूमि नहीं होती। यदि कोई भूमि का हिस्सा होता है तो यह बहुत छोटा हिस्सा होता है जो उसके परिवार की आवश्यकताओं को संतुष्ट नहीं कर सकता।
- **कृषि श्रमिक** अपर्याप्त एवं भूमि के हिस्से का नहीं होना ग्रामीण व्यक्ति को कार्य से वंचित रखता है। इस प्रकार उन्हें कृषि श्रमिक के रूप में साहूकारों के पास कार्य करना पड़ता है और वह स्वयं को शोषण के लिए उन्हें

परीक्षा अभ्यास

समर्पित कर देते हैं। अधिकांश कार्य मौसमी एवं अस्थायी होते हैं एवं परेशानियाँ जारी रहती हैं।

- **कच्चा घर** ग्रामीण मजदूरों का घर कच्चा होता है, जहाँ दीवारें मिट्टी की एवं छत सामान्यतौर पर घास-फूस एवं लकड़ियों से बनी होती हैं यह घर तेज हवा, वर्षा एवं ठंड का सामना करने में असमर्थ होते हैं।
- **गंभीर ऋणग्रस्तता** एक ग्रामीण गरीब के पास सीमित साधन होते हैं। उसकी आय उसके परिवार की आधारभूत आवश्यकताओं को संतुष्ट करने में अपर्याप्त होती है। इस प्रकार वह ऊँची ब्याज दर पर ऋण प्राप्त करने के लिए मजबूर होता है।
- **बाल श्रम** बच्चों को अपने माता-पिता की कम आय में सहायता करने की आवश्यकता होती है। इसलिए उन्हें ग्रामीण फैक्ट्रियों या ढाबों में श्रमिक के रूप में कार्य करना पड़ता है।

**2.** भारत में शहरी गरीबी के मुख्य कारणों की विवेचना कीजिए।

**उत्तर** भारत में शहरी गरीबी के मुख्य कारण निम्नलिखित हैं

- **झुग्गी-झोंपड़ी के निवासी** शहरी गरीब आवासीय क्षेत्रों में घर का प्रबंध नहीं कर सकते। इसलिए वह अपने घर शहर के किनारे एवं झुग्गी-झोंपड़ी के क्षेत्रों में बनाते हैं जो गंदे, अस्वच्छ कीचड़ एवं कूड़ा करकट वाले होते हैं और मानवीय निवास के लिए अनुपयुक्त हैं।
- **निरक्षता** गरीबी एवं निरक्षरता दोनों एक-दूसरे पर निर्भर हैं। गरीबी, निरक्षरता को बढ़ाती है और निरक्षता गरीबी को बढ़ाती है। सामान्य तौर पर गरीब बच्चों को अपने माता-पिता की कम आय में सहायता के लिए कार्य करना पड़ता है। स्कूल जाने के लिए उनके पास समय एवं पैसा नहीं होता।
- **अनिरंतर रोजगार** शहरी गरीबों के पास सामान्य तौर पर निरंतर कार्य नहीं होता। कुछ समय वह कार्यरत होते हैं और वर्ष के कई महीने वह बेरोजगार होते हैं। वह मौसमी एवं वार्षिक बेरोजगारी के शिकार होते हैं, जो उनके जीवन को कठिन बनाती है।
- **अस्वस्थता** गरीबी, भुखमरी, ऋणग्रस्तता एवं मानसिक परेशानी को पैदा करती है, जो अस्वस्थता को बढ़ावा देती है और जो कार्य की हानि करके गरीबी में दोबारा योगदान देती है।
- **अस्वच्छता एवं बिजली की अनुपलब्धता** सफाई सुविधाओं का झुग्गी-झोपड़ी के क्षेत्रों में अभाव है। सामान्य तौर पर बिजली उपलब्ध नहीं है। अस्वच्छता गंभीर बीमारियों एवं बुरे स्वास्थ्य का कारण होती है।

**3.** आर्थिक विकास की दर में वृद्धि के क्या उपाय हैं? वर्णन करें।

**उत्तर** आर्थिक विकास की दर में वृद्धि गरीबी को दूर करने के लिए सबसे प्रथम एवं महत्त्वपूर्ण कार्य है। इसके लिए निम्नलिखित उपाय अपनाए जा सकते हैं

(i) गरीब लोगों के लिए पूर्ण एवं अधिक उत्पादित रोजगार।
(ii) गरीबों को न्यूनतम एवं उपयुक्त मजदूरी।
(iii) समाज के गरीब वर्गों के लिए स्वयं अवसरों में वृद्धि करना।
(iv) गरीब श्रमिकों की श्रम उत्पादकता में वृद्धि के लिए शिक्षा, प्रशिक्षण एवं स्वास्थ्य की व्यवस्था करना।
(v) देश के पिछड़े हुए क्षेत्रों में कुटीर एवं लघु उद्योगों का निर्माण करना।
(vi) देश के प्राकृतिक, मानवीय एवं पूँजी संसाधनों का कुशलतम उपयोग करना।
(vii) सार्वजनिक अनुत्पादित व्यय के स्थान पर सार्वजनिक उत्पादिक व्यय को प्राथमिकता देना।

## स्रोत आधारित प्रश्न

निम्नलिखित स्रोतों को ध्यानपूर्वक पढ़कर उनपर आधारित प्रश्नों के उत्तर दीजिए

**1.** निर्धनता पर चर्चा के केंद्र में सामान्यतया 'निर्धनता रेखा' की अवधारणा होती है। निर्धनता के आकलन की एक सर्वमान्य सामान्य विधि आय अथवा उपभोग स्तरों पर आधारित है। किसी व्यक्ति को निर्धन माना जाता है, यदि उसकी आय या उपभोग स्तर किसी ऐसे 'न्यूनतम स्तर' से नीचे गिर जाए, जो मूल आवश्यकताओं के एक दिए हुए समूह को पूर्ण करने के लिए आवश्यक है। मूल आवश्यकताओं को पूर्ण करने के लिए आवश्यक वस्तुएँ विभिन्न कालों एवं विभिन्न देशों में भिन्न हैं। अत: काल एवं स्थान के अनुसार निर्धनता रेखा भिन्न हो सकती है। प्रत्येक देश एक काल्पनिक रेखा का प्रयोग करता है, जिसे विकास एवं उसके स्वीकृत न्यूनतम सामाजिक मानदंडों के वर्तमान स्तर के अनुरूप माना जाता है। उदाहरण के लिए, अमेरिका में उस आदमी को निर्धन माना जाता है, जिसके पास कार नहीं है, जबकि भारत में अब भी कार रखना विलासिता मानी जाती है। भारत में निर्धनता रेखा का निर्धारण करते समय जीवन निर्वाह के लिए खाद्य आवश्यकता, कपड़ों, जूतों, ईंधन और प्रकाश, शैक्षिक एवं चिकित्सा संबंधी आवश्यकताओं आदि पर विचार किया जाता है।

(i) निर्धनता के आकलन की सर्वमान्य विधि ···· पर आधारित है।
(a) उत्पादन और उपभोग स्तरों
(b) आय और उपभोग स्तरों
(c) आय और उत्पादन स्तरों
(d) विनिर्माण और उपभोग स्तरों

**उत्तर** (b) आय और उपभोग स्तरों

(ii) अर्थशास्त्र के अंतर्गत किस व्यक्ति को निर्धन माना जाता है?
(a) जिसकी आय और उपभोग समान स्तर पर हों
(b) जिसकी आय न्यूनतम आवश्यक वस्तुओं को खरीदने के लिए पर्याप्त न हो
(c) जिसकी आय और उपभोग में असमानता हो
(d) जिसकी आय उसकी उपभोक्ता क्षमता को न बढ़ा पाए

**उत्तर** (b) जिसकी आय न्यूनतम आवश्यक वस्तुओं को खरीदने के लिए पर्याप्त न हो

(iii) निर्धनता रेखा के आकलन (खाद्य आवश्यकता) के लिए उपयुक्त सूत्र किस पर आधारित है?
(a) वसा आवश्यकताओं पर
(b) प्रोटीन आवश्यकताओं पर
(c) कैलोरी आवश्यकताओं पर
(d) पोषक तत्त्वों की आवश्यकताओं पर

**उत्तर** (c) कैलोरी आवश्यकताओं पर

(iv) भारत में निर्धनता रेखा का आकलन किन आवश्यक वस्तुओं के आधार पर किया जाता है?
(a) खाद्य, मनोरंजन और चिकित्सा संबंधी आवश्यकता
(b) खाद्य, शैक्षिक और चिकित्सा संबंधी आवश्यकता
(c) परिवहन, मनोरंजन तथा विलासिता संबंधी आवश्यकता
(d) सामाजिक सुरक्षा संबंधी आवश्यकता

उत्तर (b) खाद्य, शैक्षिक और चिकित्सा संबंधी आवश्यकता

(v) भारत में आधार वर्ष 2011-12 में किसी व्यक्ति के लिए निर्धनता रेखा का निर्धारण ग्रामीण क्षेत्रों में ................ प्रतिमाह और शहरी क्षेत्रों में ........ प्रतिमाह किया गया था।
(a) ₹ 820 - ₹ 960 (b) ₹ 816 - ₹ 1000
(c) ₹ 900 - ₹ 1200 (d) ₹ 1000 - ₹ 1500

उत्तर (b) ₹ 816 - ₹ 1000

(vi) **कथन** (A) प्रत्येक देश में काल एवं स्थान के अनुसार निर्धनता रेखा एकसमान हो सकती है।
**कारण** (R) प्रत्येक देश में मूल आवश्यकताओं को पूर्ण करने के लिए आवश्यक वस्तुएँ भिन्न-भिन्न हैं।
**कूट**
(a) A और R दोनों सही हैं तथा R, A की सही व्याख्या है
(b) A और R दोनों सही हैं, परंतु R, A की सही व्याख्या नहीं है
(c) A सही है, किंतु R गलत है
(d) A गलत है, किंतु R सही है

उत्तर (d) A गलत है, किंतु R सही है

**2.** भारत में व्यापक निर्धनता के अनेक कारण हैं। एक ऐतिहासिक कारण ब्रिटिश औपनिवेशिक प्रशासन के दौरान आर्थिक विकास का निम्न स्तर है। औपनिवेशिक सरकार की नीतियों ने पारंपरिक हस्तशिल्पकारी को नष्ट कर दिया और वस्त्र जैसे उद्योगों के विकास को हतोत्साहित किया। विकास की धीमी दर 1980 के दशक तक जारी रही। इसके परिणामस्वरूप रोजगार के अवसर घटे और आय की वृद्धि दर गिरी। इसके साथ-साथ जनसंख्या में उच्च दर से वृद्धि हुई। इन दोनों ने प्रतिव्यक्ति आय की संवृद्धि दर को बहुत कम कर दिया। आर्थिक प्रगति को बढ़ावा और जनसंख्या नियंत्रण, दोनों मोर्चों पर असफलता के कारण निर्धनता का चक्र बना रहा। सिंचाई और हरित क्रांति के प्रसार से कृषि क्षेत्र में रोजगार के अनेक अवसर सृजित हुए, लेकिन इनका प्रभाव भारत के कुछ भागों तक ही सीमित रहा। सार्वजनिक और निजी दोनों क्षेत्रकों ने कुछ रोजगार उपलब्ध कराए, लेकिन ये रोजगार तलाश करने वाले सभी लोगों के लिए पर्याप्त नहीं हो सके। शहरों में उपयुक्त नौकरी पाने में असफल अनेक लोग रिक्शा चालक, विक्रेता, गृह निर्माण श्रमिक, घरेलू नौकर आदि के रूप में कार्य करने लगे। अनियमित और कम आय के कारण ये लोग महँगे मकानों में नहीं रह सकते थे।

(i) निम्नलिखित में से कौन-सा ब्रिटिश काल में भारत में व्यापक निर्धनता का प्रमुख कारण था?
(a) ब्रिटिश औपनिवेशिक प्रशासन में आर्थिक विकास के निम्न स्तर के होने से
(b) ब्रिटिश औपनिवेशिक के द्वारा पारंपरिक हस्तशिल्पकारी को नष्ट करने से
(c) ब्रिटिश औपनिवेशिक द्वारा वस्त्र उद्योग को हतोत्साहित करने से
(d) उपरोक्त सभी

उत्तर (d) उपरोक्त सभी

(ii) किस कारण से भारत की विकास दर 1980 तक निम्न स्तर पर रही थी?
(a) जनसंख्या वृद्धि के कारण
(b) रोजगार के अवसर घटने के कारण
(c) प्रौद्योगिकी के उच्च स्तर तक न पहुँचने के कारण
(d) उपरोक्त सभी

उत्तर (d) उपरोक्त सभी

(iii) भारत में ........ से कृषि क्षेत्र में रोजगार के अवसर का सृजन हुआ।
(a) श्वेत क्रांति के प्रसार (b) नीली क्रांति के प्रसार
(c) हरित क्रांति के प्रसार (d) गुलाबी क्रांति के प्रसार

उत्तर (c) हरित क्रांति के प्रसार

(iv) निम्नलिखित में से कौन-सा आय असमानता का एक प्रमुख कारण है?
(a) शिक्षा तथा प्राकृतिक संसाधनों का असमान वितरण
(b) भौतिक तथा प्राकृतिक संसाधनों का असमान वितरण
(c) भूमि और अन्य संसाधनों का असमान वितरण
(d) आय तथा उपभोग संसाधनों का असमान वितरण

उत्तर (c) भूमि और अन्य संसाधनों का असमान वितरण

(v) निम्नलिखित में से कौन-सा कथन निर्धनता से संबंधित है?
(a) भारत में स्वतंत्रता के पश्चात् भी असमानता के मुद्दों का सही ढंग से निपटारा नहीं हुआ
(b) भारत के सामाजिक तथा सांस्कृतिक कारण असमानता से संबंधित नहीं हैं
(c) भारत में भूमि संसाधन का बँटवारा निर्धनता को कम करता है
(d) हरित क्रांति ने असमानता को कम नहीं किया है

उत्तर (a) भारत में स्वतंत्रता के पश्चात् भी असमानता के मुद्दों का सही ढंग से निपटारा नहीं हुआ

(vi) भारत में किस वर्ष की जनगणना के आधार पर नवीनतम निर्धनता अनुपात प्राप्त किया गया?
(a) वर्ष 1981 (b) वर्ष 1991
(c) वर्ष 2000 (d) वर्ष 2011

उत्तर (d) वर्ष 2011

**3.** निर्धनता रेखा से नीचे के लोगों का अनुपात भी भारत में सभी सामाजिक समूहों और आर्थिक वर्गों में एकसमान नहीं है। जो सामाजिक समूह निर्धनता के प्रति सर्वाधिक असुरक्षित हैं, वे अनुसूचित जाति और अनुसूचित जनजाति के परिवार हैं। इसी प्रकार, आर्थिक समूहों में सर्वाधिक असुरक्षित समूह, ग्रामीण कृषि श्रमिक परिवार और नगरीय अनियत मजदूर परिवार हैं। यद्यपि निर्धनता रेखा के नीचे के लोगों का औसत भारत में सभी समूहों के लिए 22 है।

अनुसूचित जनजातियों के 100 में से 43 लोग अपनी मूल आवश्यकताओं को पूरा करने में असमर्थ हैं। इसी तरह नगरीय क्षेत्रों में 34% अनियत मजदूर निर्धनता रेखा के नीचे हैं। लगभग 34% अनियत कृषि श्रमिक ग्रामीण क्षेत्र में और 29% अनुसूचित जातियाँ भी निर्धन हैं।

(i) वर्ष 1990 के पश्चात् भारत में किस वर्ग में निर्धनता में कमी आई थी?

**उत्तर** वर्ष 1990 के पश्चात् भारत के अनुसूचित जाति, ग्रामीण कृषि श्रमिक तथा शहरी अनियमित मजदूर परिवारों की निर्धनता में कमी आई थी।

(ii) निर्धन परिवार के सदस्यों को किन समस्याओं का सामना करना पड़ता है?

**उत्तर** निर्धन परिवार के सदस्य को शिक्षा, स्वास्थ्य तथा आवास सभी स्तरों पर समस्याओं का सामना करना पड़ता है। निर्धन परिवार के बच्चों, महिलाओं तथा वृद्धों को अधिक समस्याओं का सामना करना पड़ता है।

निर्धनता के कारण निर्धन परिवार के बच्चे अशिक्षित तथा कुपोषित रह जाते हैं तथा वृद्ध तथा महिलाएँ चिकित्सा सुविधा प्राप्त न होने के कारण विभिन्न रोगों से ग्रसित हो जाते हैं।

(iii) भारत में अंतर्राज्यीय असमानताओं से आप क्या समझते हैं?

**उत्तर** भारत के प्रत्येक राज्य में निर्धन लोगों का अनुपात एक समान नहीं है। हालाँकि 1970 के दशक के प्रारंभ में राज्य स्तरीय निर्धनता में सुदीर्घकालिक कमी हुई है, लेकिन भारत में निर्धनता कम करने में सफलता की दर विभिन्न राज्यों में अलग-अलग है। वर्ष 2011-12 में भारत में निर्धनता अनुपात 22% था, जो किसी राज्य से अधिक तथा किसी राज्य से कम था।

**4. स्रोत 'अ' भारत में स्वतंत्रता प्राप्ति के बाद की स्थिति**

1950 के दशक के आरंभ में आधिकारिक निर्धनता अनुमान 45% का था और 1980 के दशक के आरंभ में भी वहीं बना रहा। 1980 के दशक से भारत की आर्थिक संवृद्धि-दर विश्व में सबसे अधिक रही। संवृद्धि-दर 1970 के दशक के करीब 3.5% के औसत से बढ़कर 1980 और 1990 के दशक में 6% के करीब पहुँच गई।

**स्रोत 'ब' भारत में मनरेगा के अंतर्गत कार्य**

इन परिस्थितियों में लक्षित निर्धनता-निरोधी कार्यक्रमों की स्पष्ट आवश्यकता है। यद्यपि ऐसी अनेक योजनाएँ हैं, जिनको प्रत्यक्ष या परोक्ष रूप से निर्धनता कम करने के लिए बनाया गया, उनमें से कुछ का उल्लेख यहाँ करना आवश्यक है। महात्मा गाँधी राष्ट्रीय ग्रामीण रोजगार अधिनियम, 2005 (मनरेगा) का उद्देश्य ग्रामीण क्षेत्रों में आजीविका सुरक्षित करने के लिए हर घर के लिए मजदूरी रोजगार कम-से-कम 100 दिनों के लिए उपलब्ध कराना है।

**स्रोत 'स' भारत में निर्धनता-निरोधी कार्यक्रम के परिणाम**

भारत में निर्धनता-निरोधी कार्यक्रम के मिले-जुले परिणाम हुए हैं। उनके कम प्रभावी होने का एक मुख्य कारण उचित कार्यान्वयन और सही लक्ष्य निश्चित करने की कमी है। इसके अतिरिक्त, कुछ योजनाएँ परस्पर-व्यापी भी हैं। अच्छी नीयत के बावजूद इन योजनाओं के लाभ उनके पात्र, निर्धनों को पूरी तरह नहीं मिल पाए।

**स्रोत 'अ' भारत में स्वतंत्रता प्राप्ति के बाद की स्थिति**

(i) आर्थिक संवृद्धि और निर्धनता में किस प्रकार का संबंध है?

**उत्तर** आर्थिक संवृद्धि और निर्धनता में घनिष्ठ संबंध है। यदि आर्थिक संवृद्धि अधिक होगी, तो निर्धनता में कमी आएगी, परंतु यदि आर्थिक संवृद्धि कम होगी, तो निर्धनता में अधिकता आएगी।

**स्रोत 'ब' भारत में मनरेगा के अंतर्गत कार्य**

(ii) भारत में मनरेगा का प्रमुख उद्देश्य क्या था?

**उत्तर** भारत में मनरेगा का उद्देश्य सतत विकास में मदद करना था, ताकि सूखा, वन कटाई एवं मिट्टी के कटाव जैसी समस्याओं से बचा जा सके। इसके अतिरिक्त मनरेगा का उद्देश्य महिलाओं को सशक्तीकरण करना भी था। इसके लिए मनरेगा में एक-तिहाई रोजगार महिलाओं के लिए सुरक्षित किए गए थे। भारत में मनरेगा ने ग्रामीण निर्धनता को कम करने का प्रयास किया है।

**स्रोत 'स' भारत में निर्धनता-निरोधी कार्यक्रम के परिणाम**

(iii) भारत में निर्धनता-निरोधी कार्यक्रम की आवश्यकता क्यों महसूस की गई?

**उत्तर** भारत में निर्धनता-निरोधी कार्यक्रम की आवश्यकता का प्रमुख कारण समाज के उन वर्गों को सहायता पहुँचाना था, जो किसी कारण से समाज की मुख्य धारा में पहुँच नहीं पाए हैं। भारत में निर्धनता-निरोधी कार्यक्रम के सही से क्रियान्वित नहीं होने के कारण समाज के कुछ वर्ग आज भी मूलभूत आवश्यकता से अछूते हैं। हालाँकि इन कार्यक्रमों से समाज के परिदृश्य में काफी परिवर्तन हुआ है।

# स्वयं को जाँचें

## वस्तुनिष्ठ प्रश्न

**1.** निम्न में से कौन निर्धनता के सूचक हैं?
(a) साक्षरता का निम्न स्तर (b) कुपोषण (c) स्वास्थ्य सेवाओं में कमी (d) ये सभी

**2.** भारत में किस प्रकार की सामाजिक अपर्वजन व्यवस्था विद्यमान है?
(a) जाति व्यवस्था (b) धार्मिक व्यवस्था (c) आर्थिक व्यवस्था (d) वर्गीय व्यवस्था

**3.** निर्धनता निर्धारण में शहरी क्षेत्र में प्रतिदिन कितनी कैलोरी आवश्यक है?
(a) 2400 (b) 2500 (c) 2000 (d) 2100

**4.** 2011-12 में भारत में निर्धनता का अनुपात कितना है?
(a) 22% (b) 25% (c) 30% (d) 18%

## अतिलघु उत्तरीय प्रश्न

**5.** विश्व में सबसे अधिक निर्धनों का संकेंद्रण किस देश में है?

**6.** निर्धनता से आप क्या समझते हैं?

**7.** निर्धनता को लेकर गाँधीजी के क्या विचार थे?

**8.** निर्धनता के लिए प्रयोग किए जाने वाले सूचक कौन-से हैं?

## लघु उत्तरीय प्रश्न

**9.** भारत में निर्धनता रेखा का निर्धारण किसके द्वारा एवं किन-किन कारकों को ध्यान में रखकर किया जाता है?

**10.** निर्धनता क्या है? इसके प्रकारों का उल्लेख कीजिए।

**11.** भारत में निर्धनता को लेकर राज्यों की स्थिति का आकलन कीजिए।

**12.** निर्धनता को लेकर भारत में अनुसूचित जाति, अनुसूचित जनजाति एवं ग्रामीण कृषि श्रमिकों की स्थिति बताइए।

## दीर्घ उत्तरीय प्रश्न

**13.** भारत में निर्धनता के कारणों का विस्तार से उल्लेख कीजिए।

**14.** निर्धनता से निपटने हेतु भावी चुनौतियाँ कौन-सी हैं? वर्णन कीजिए।

अध्याय

04

# भारत में खाद्य सुरक्षा

## खाद्य सुरक्षा क्या है?

सभी लोगों के लिए सदैव भोजन की उपलब्धता, पहुँच और उसे प्राप्त करने की सामर्थ्य खाद्य सुरक्षा (Food Security) कहलाता है। खाद्य सुरक्षा सामान्यत: सार्वजनिक वितरण प्रणाली (Public Distribution System, PDS) पर निर्भर करती है। यह प्रणाली सरकार द्वारा गरीबों को खाद्यान्न उपलब्ध करने के लिए प्रारंभ की गई थी। जीवन के लिए भोजन उतना ही आवश्यक है जितना कि साँस लेने के लिए वायु।

खाद्य सुरक्षा के तीन आयाम (Dimensions) हैं

(i) **खाद्य उपलब्धता** इसका तात्पर्य देश में खाद्य उत्पादन, खाद्य आयात (Imports) और सरकारी अनाज भंडारों में पूर्व वर्षों के स्टॉक से है।

(ii) **खाद्य की पहुँच** इसका तात्पर्य है कि प्रत्येक व्यक्ति को खाद्य उपलब्ध है।

(iii) **खाद्य की सामर्थ्य** इसका तात्पर्य है कि लोगों के पास पौष्टिक भोजन प्राप्त करने के लिए धन उपलब्ध है।

उपरोक्त आयामों से निष्कर्ष निकलता है कि किसी देश में खाद्य सुरक्षा तभी सुनिश्चित की जाती है, जब

- सभी लोगों के लिए पर्याप्त भोजन उपलब्ध हो।
- सभी व्यक्तियों के पास स्वीकार्य गुणवत्ता के खाद्य पदार्थ खरीदने की क्षमता हो।
- खाद्य की उपलब्धता में कोई बाधा न हो।

**विश्व खाद्य शिखर सम्मेलन, 1995** में यह घोषणा की गई कि "वैयक्तिक, पारिवारिक, क्षेत्रीय, राष्ट्रीय और वैश्विक स्तर पर खाद्य सुरक्षा का अस्तित्व तभी है, जब सक्रिय और स्वस्थ जीवन व्यतीत करने के लिए आहार संबंधी जरूरतों और खाद्य पदार्थों को पूरा करने के लिए पर्याप्त सुरक्षित एवं पौष्टिक खाद्य तक सभी लोगों की भौतिक एवं आर्थिक पहुँच सदैव हो।

### अध्याय एक नजर में

**खाद्य सुरक्षा के लिए एक नया आयाम**

1970 के दशक में खाद्य सुरक्षा का अर्थ 'आधारिक खाद्य पदार्थों की सदैव पर्याप्त उपलब्धता' था।

**अमर्त्य सेन** ने खाद्य सुरक्षा में एक नया आयाम जोड़ा और हकदारियों के आधार पर खाद्य तक पहुँच पर जोर दिया। हकदारियों का अभिप्राय राज्य या सामाजिक रूप से उपलब्ध कराई गई अन्य पूर्तियों के साथ-साथ उन वस्तुओं से है जिनका उत्पादन और विनिमय बाजार में किसी व्यक्ति द्वारा किया जा सकता है।

# खाद्य सुरक्षा क्यों?

प्रत्येक समय भोजन सुनिश्चित करने के लिए देश में खाद्य सुरक्षा की जरूरत है, जिससे देश का कोई भी व्यक्ति भूख से न मरने पाए।

## खाद्य सुरक्षा पर प्राकृतिक आपदा का प्रभाव

- समाज का अधिक गरीब वर्ग तो प्रत्येक समय खाद्य असुरक्षा से ग्रस्त होता है, परंतु जब देश भूकंप, सूखा, बाढ़, सुनामी एवं फसलों के खराब होने से उत्पन्न **अकाल** (Famine) आदि राष्ट्रीय आपदाओं से गुजर रहा हो, तो निर्धन रेखा से ऊपर के लोग भी खाद्य असुरक्षा से ग्रस्त हो सकते हैं।
- यदि यह आपदा अधिक विस्तृत क्षेत्र में आती है या अधिक लंबे समय तक बनी रहती है, तो इससे **भुखमरी** (Starvation) की स्थिति उत्पन्न हो सकती है।
- व्यापक भुखमरी से अकाल की स्थिति बन सकती है। इस प्रकार प्राकृतिक आपदा का खाद्य सुरक्षा पर प्रतिकूल प्रभाव पड़ता है।

## अकाल और भुखमरी

- अकाल के समय अत्यधिक संख्या में मृत्यु होती है, जिनका मुख्य कारण अशुद्ध जल एवं सड़े हुए खाद्य पदार्थों से फैलने वाली महामारियाँ (Epidemic) तथा भुखमरी से उत्पन्न कमजोरी के कारण प्रतिरोधी क्षमता में गिरावट है।
- भारत में सबसे भयानक अकाल वर्ष 1943 का **बंगाल का अकाल** था। इस अकाल में बंगाल प्रांत में तीस लाख लोग मारे गए थे।
- चावल की कीमतों में भारी वृद्धि से खेतिहर मजदूर, मछुआरे, परिवहन कर्मचारी और अन्य अनियमित मजदूर सबसे अधिक प्रभावित हुए।
- ओडिशा में कालाहांडी और काशीपुर जैसे स्थानों पर अकाल की स्थिति अभी भी प्रचलित है।
- राजस्थान के बारन जिले, झारखंड के पलामू और कई अन्य क्षेत्रों में भी भूख के कारण मृत्यु हुई है।
- वर्तमान में भी अकाल जैसी स्थिति व्याप्त है और भूख के कारण कुछ लोगों की मृत्यु भी हुई है। प्राकृतिक आपदाओं एवं महामारियों के कारण भी खाद्य में कमी आ सकती है। उदाहरण के लिए;
कोविड-19 महामारी का विपरीत प्रभाव पड़ा। लोगों के आवागमन पर तथा वस्तुओं एवं सेवाओं पर प्रतिबंध लगाया गया, जिससे आर्थिक गतिविधि प्रभावित हुई। अत: किसी भी देश में खाद्य सुरक्षा आवश्यक होती है, जिससे खाद्य की उपलब्धता सुनिश्चित की जा सके।

## खाद्य असुरक्षित कौन हैं?

भारत में लोगों का एक बड़ा वर्ग खाद्य एवं पोषण की दृष्टि से असुरक्षित है, परंतु इससे सर्वाधिक प्रभावित वर्गों में शामिल हैं—भूमिहीन **खेतिहर मजदूर, पारंपरिक दस्तकार**, पारंपरिक सेवाएँ प्रदान करने वाले लोग, **अपना छोटा-मोटा काम करने वाले कामगार** और **निराश्रित** तथा **भिखारी**।

शहरी क्षेत्रों में खाद्य की दृष्टि से असुरक्षित वे परिवार हैं, जिनके कामकाजी सदस्य प्राय: कम वेतन वाले व्यवसायों और अनियत श्रम बाजार में काम करते हैं। ये कामगार अधिकतर मौसमी कार्यों में लगे हैं और उनको बहुत कम मजदूरी दी जाती है।

भारतीय समाज की सामाजिक संरचना में भी खाद्य असुरक्षा है। उदाहरण के लिए, **अनुसूचित जाति, अनुसूचित जनजाति** और **अन्य पिछड़ी जातियों** के कुछ वर्गों के भूमि पर अधिकार कमजोर होते हैं (इनमें से निचली जातियाँ) या फिर उनकी भूमि की उत्पादकता बहुत कम होती है, वे खाद्य की दृष्टि से शीघ्र असुरक्षित हो जाते हैं। वे लोग भी खाद्य की दृष्टि से सर्वाधिक असुरक्षित होते हैं, जो प्राकृतिक आपदाओं से प्रभावित हैं और जिन्हें रोजगार की तलाश में दूसरे स्थानों पर जाना पड़ता है। कुपोषण से सबसे अधिक महिलाएँ प्रभावित होती हैं। यह गंभीर चिंता का विषय है, क्योंकि इससे अजन्मे बच्चों को भी कुपोषण का खतरा रहता है।

खाद्य असुरक्षा से ग्रस्त लोगों में गर्भवती एवं दूध पिला रही महिलाएँ तथा पाँच वर्ष से कम उम्र के बच्चे भी शामिल हैं।

**राष्ट्रीय स्वास्थ्य एवं पारिवारिक सर्वेक्षण** (National Health and Family Survey, NHFS), **1998-99** के अनुसार भारत में ऐसी महिलाओं और बच्चों की संख्या 11 करोड़ के लगभग है।

## खाद्य असुरक्षित क्षेत्र

आर्थिक रूप से पिछड़े राज्य, जहाँ गरीबी अधिक है, आदिवासी और दूरदराज के क्षेत्र, प्राकृतिक आपदाओं से ग्रस्त क्षेत्र आदि में सबसे अधिक लोग खाद्य असुरक्षा से संबंधित हैं।

इन राज्यों में उत्तर प्रदेश के पूर्वी और दक्षिण-पूर्वी भाग, बिहार, ओडिशा, झारखंड, पश्चिम बंगाल, छत्तीसगढ़, महाराष्ट्र और मध्य प्रदेश के कुछ भाग हैं।

## भुखमरी

यह खाद्य असुरक्षा को इंगित करने वाला एक दूसरा पहलू है। खाद्य की दृष्टि से सुरक्षित होने से वर्तमान में भुखमरी (Hunger) समाप्त हो जाती है और भविष्य में भुखमरी का खतरा कम हो जाता है। भुखमरी के दो आयाम दीर्घकालिक और मौसमी हैं। ये निम्न प्रकार हैं

### दीर्घकालिक भुखमरी

- दीर्घकालिक भुखमरी (Chronic Hunger) मात्रा या गुणवत्ता के आधार पर अपर्याप्त आहार ग्रहण करने के कारण होती है। गरीब लोग अपनी अत्यंत निम्न आय और जीवित रहने के लिए खाद्य पदार्थ खरीदने में अक्षमता के कारण दीर्घकालिक भुखमरी से ग्रस्त होते हैं।

- ग्रामीण क्षेत्रों के परिवार में दीर्घकालिक भुखमरी वर्ष 1983 के 2.3% से कम होकर वर्ष 1999-2000 में 0.7% हो गई है।
- शहरी क्षेत्रों में इसी अवधि में यह 0.8% से कम होकर 0.3% हो गई है।

### मौसमी भुखमरी

- मौसमी भुखमरी (Seasonal Hunger) फसल उपजाने और काटने के चक्र से संबद्ध है। यह ग्रामीण क्षेत्रों की कृषि क्रियाओं की मौसमी प्रकृति के कारण तथा नगरीय क्षेत्रों में अनियमित श्रम के कारण होती है।
- इस तरह की भुखमरी तब होती है, जब कोई व्यक्ति पूरे वर्ष काम पाने में अक्षम रहता है।
- ग्रामीण क्षेत्रों में मौसमी भुखमरी का सामना करने वाले परिवारों का अनुपात वर्ष 1983 के 16.2% से घटकर वर्ष 1999-2000 में 2.6% हो गया।
- इसी अवधि के दौरान शहरी क्षेत्रों में वर्ष 1983 के 5.6% से घटकर वर्ष 1999-2000 में 0.6% हो गया है।

## खाद्यान्नों में आत्मदक्षता के उपाय

- स्वतंत्रता के पश्चात् भारतीय नीति-निर्माताओं ने खाद्यान्नों में आत्मनिर्भरता प्राप्त करने के सभी उपायों को अपनाया है।
- भारत ने कृषि में एक नई रणनीति अपनाई, जो **हरित क्रांति** (Green Revolution) के रूप में जानी गई। इस अवधि के दौरान कई क्षेत्रों में गेहूँ और चावल की उच्च उपज किस्मों की पैदावार शुरू की गई। भारत की तत्कालीन प्रधानमंत्री इंदिरा गाँधी ने जुलाई, 1968 में **गेहूँ क्रांति** (Wheat Revolution) नामक एक विशेष डाक टिकट जारी करके कृषि के क्षेत्र में हरित क्रांति की प्रभावशाली प्रगति दर्ज की।
- गेहूँ की सफलता के बाद चावल के क्षेत्र में इस सफलता की पुनरावृत्ति हुई। उत्तर प्रदेश और मध्य प्रदेश में सर्वाधिक वृद्धि हुई जो 44.01 और 30.21 करोड़ टन क्रमशः वर्ष 2015-16 में है।
- वर्ष 2015-16 में कुल अनाजों का उत्पादन 252.22 करोड़ टन है। वर्ष 2016-17 में कुल अनाजों का उत्पादन 275.68 करोड़ टन है।
- गेहूँ का उत्पादन में उत्तर प्रदेश एवं मध्य प्रदेश में उल्लेखनीय वृद्धि हुई जो 26.87 और 17.69 करोड़ टन क्रमशः 2015-16 में है।
- पश्चिम बंगाल एवं उत्तर प्रदेश में चावल के उत्पादन में उल्लेखनीय वृद्धि हुई जो 15.75 एवं 12.51 करोड़ टन क्रमशः वर्ष 2015-16 में है।

### चेक प्वॉइंट 01

1. *खाद्य सुरक्षा क्या है?*
2. *1970 के दशक में खाद्य सुरक्षा का क्या अर्थ था?*
3. *भारत में सबसे भयानक अकाल वर्ष ....... का बंगाल का अकाल था।*
4. *भुखमरी के दो आयाम बताइए।*
5. *भारत ने कृषि में कौन-सी रणनीति अपनाई?*

## भारत में खाद्य सुरक्षा

1970 के दशक के प्रारंभ में हरित क्रांति की शुरुआत हुई। देशभर में उपजाई जाने वाली विविध फसलों के कारण भारत खाद्यान्नों के मामले में आत्मनिर्भर बन गया है। सरकार द्वारा सावधानीपूर्वक की गई खाद्य सुरक्षा व्यवस्था के कारण देश में अनाज की उपलब्धता और भी सुनिश्चित हो गई। इस व्यवस्था के अंतर्गत दो घटक बफर स्टॉक (Buffer Stock) और सार्वजनिक वितरण प्रणाली (Public Distribution System, PDS) सम्मिलित हैं।

### बफर स्टॉक

- यह भारतीय खाद्य निगम (Food Corporation of India, FCI) के माध्यम से सरकार द्वारा खरीदे गए अनाज (गेहूँ और चावल) का भंडार है।
- भारतीय खाद्य निगम उन राज्यों के किसानों से गेहूँ और चावल खरीदता है, जिनमें अधिशेष उत्पादन होता है।
- किसानों को उनकी फसलों के लिए **न्यूनतम समर्थन मूल्य** (Minimum Support Price, MSP) का भुगतान किया जाता है। इन फसलों के उत्पादन को प्रोत्साहन देने के उद्देश्य से बुआई के मौसम से पहले सरकार MSP की घोषणा करती है।
- खरीदा हुआ खाद्यान्न भंडारगृह में **बफर स्टॉक** के रूप में रखा जाता है। इस स्टॉक का देश के उन क्षेत्रों में वितरण किया जाता है, जहाँ उत्पादन कम होता है।
- बफर स्टॉक समाज के गरीब वर्गों में बाजार कीमत से कम कीमत पर अनाज के वितरण के लिए किया जाता है। इस कीमत को निर्गत कीमत भी कहते हैं।
- बफर स्टॉक एक आपदा या प्रतिकूल मौसम की स्थिति में भोजन की कमी की समस्या को हल करने में मदद करता है।

### सार्वजनिक वितरण प्रणाली

- भारतीय खाद्य निगम द्वारा अधिप्राप्त अनाज को सरकार विनियमित राशन दुकानों के माध्यम से समाज के गरीब वर्गों में वितरित करती है, इसे सार्वजनिक वितरण प्रणाली कहते हैं।
- 1970 के दशक के मध्य राष्ट्रीय नमूना सर्वेक्षण कार्यालय (National Sample Survey Office, NSSO) की रिपोर्ट के अनुसार खाद्य संबंधी तीन महत्त्वपूर्ण अंत:क्षेप कार्यक्रम (Intervention Programmes) प्रारंभ किए गए—सार्वजनिक वितरण प्रणाली, एकीकृत बाल विकास सेवाएँ (Integrated Child Development Service, ICDS), जो प्रायोगिक आधार पर वर्ष 1975 में शुरू किए गए और काम के बदले अनाज (Food for Work Programme, FFW) जिसे 1977-78 में प्रारंभ किया गया।
- **भारतीय खाद्य सुरक्षा अधिनियम, 2013** के तहत खाद्य एवं पोषण संबंधी सुरक्षा सस्ती कीमतों पर उपलब्ध कराई जा सके ताकि मानव गरिमामय जीवन निर्वाह कर सके। इस अधिनियम के तहत 75% ग्रामीण जनसंख्या एवं 50% शहरी जनसंख्या को योग्य परिवार में वर्गीकृत किया गया है।

### राशन

- 1940 के दशक में बंगाल अकाल के दौरान भारत में राशन प्रणाली की शुरुआत की गई थी। इसे **हरित क्रांति** से पहले 1960 के दशक के दौरान तीव्र भोजन की कमी को ध्यान में रखते हुए पुनर्जीवित किया गया था।
- वर्तमान में राशन की दुकानें गाँव, कस्बे व शहर सभी जगह हैं। इन्हें **उचित दर वाली दुकानें** (Fair Price Shops) भी कहते हैं। देशभर में लगभग 5.5 लाख राशन की दुकानें हैं। इनमें चीनी, खाद्यान्न और खाना पकाने के लिए मिट्टी के तेल का भंडार होता है।

#### राशन कार्ड के प्रकार

राशन कार्ड तीन प्रकार के हैं

(i) निर्धनों में भी निर्धन लोगों के लिए अंत्योदय कार्ड

(ii) निर्धनता रेखा से नीचे के लोगों के लिए BPL कार्ड (Below Poverty Line)

(iii) अन्य सभी के लिए APL कार्ड (Above Poverty Line)

**गरीबी उन्मूलन कार्यक्रम** अधिकतर ग्रामीण क्षेत्रों में चल रहे हैं। इनका उद्देश्य गरीब लोगों को खाद्य सुरक्षा उपलब्ध कराना है। अधिकतर गरीबी उन्मूलन कार्यक्रम भी खाद्य सुरक्षा बढ़ाते हैं और रोजगार कार्यक्रम गरीबों की आय में बढ़ोतरी कर खाद्य सुरक्षा में बड़ा योगदान करते हैं।

### सार्वजनिक वितरण प्रणाली की वर्तमान स्थिति

प्रारंभ में यह प्रणाली सबके लिए थी और निर्धनों और गैर-निर्धनों के बीच कोई भेद नहीं किया जाता था। वर्ष 1992 में देश के 1700 ब्लॉकों में **संशोधित सार्वजनिक वितरण प्रणाली** शुरू की गई। इसका लक्ष्य दूर-दराज और पिछड़े क्षेत्रों में सार्वजनिक वितरण प्रणाली से लाभ पहुँचाना था। जून, 1997 से सभी क्षेत्रों में गरीबों को लक्षित करने के सिद्धांत को अपनाने के लिए **लक्षित सार्वजनिक वितरण प्रणाली** (Targeted Public Distribution System, TPDS) प्रारंभ की गई। निर्धनों और गैर-निर्धनों के लिए विभेदक कीमत नीति अपनाई गई।

इसके अतिरिक्त वर्ष 2000 में दो विशेष योजनाएँ **अंत्योदय अन्न योजना** और **अन्नपूर्णा योजना प्रारंभ** की गईं।

#### अंत्योदय अन्न योजना

- अंत्योदय अन्न योजना दिसंबर, 2000 में शुरू की गई थी। यह निर्धनों में भी निर्धन के लिए थी।
- इस योजना के अंतर्गत लक्षित सार्वजनिक वितरण प्रणाली में आने वाले निर्धनता रेखा के नीचे के परिवारों में से एक करोड़ लोगों की पहचान की गई।
- संबंधित राज्य के ग्रामीण विकास विभागों ने गरीबी रेखा के नीचे के गरीब परिवारों को सर्वेक्षण के द्वारा चुना।
- ₹ 2 प्रति किलोग्राम गेहूँ और ₹ 3 प्रति किलोग्राम की अत्यधिक आर्थिक सहायता प्राप्त दर पर प्रत्येक परिवार को 25 किलोग्राम अनाज उपलब्ध कराया गया। अनाज की यह मात्रा अप्रैल, 2002 में 25 किलोग्राम से बढ़ाकर 35 किलोग्राम कर दी गई।
- जून, 2003 और अगस्त, 2004 में इसमें 50-50 लाख अतिरिक्त बी पी एल परिवार दो बार जोड़े गए। इससे इस योजना में आने वाले परिवारों की संख्या 2 करोड़ हो गई।

#### अन्नपूर्णा योजना

- अन्नपूर्णा योजना वर्ष 2000 में गरीब वरिष्ठ नागरिकों के लिए आरंभ की गई थी।
- इस योजना के अंतर्गत वरिष्ठ नागरिकों को 10 किलोग्राम खाद्यान्न नि:शुल्क दिया जाता है, जिन्हें कोई पेंशन नहीं मिल रही है या उनके पास आय का कोई अन्य साधन नहीं है या उनके परिवार का समर्थन नहीं है।

## सार्वजनिक वितरण प्रणाली के साथ समस्याएँ

भारतीय खाद्य निगम द्वारा अत्यधिक और विविध प्रकार के अनाजों का भंडारण किया जाता है। इससे पश्चात् भी गरीब आदमी को भूख का सामना करना पड़ता है, क्योंकि वितरण प्रणाली उचित नहीं है। खाद्यान्न या तो सड़ जाते हैं या चूहों द्वारा बर्बादी की जाती है। इसी प्रकार खाद्यान्न अनाजों के खरीद में सही अनाजों का न खरीदा जाना भी एक प्रमुख समस्या है।

बड़े पैमाने पर खाद्य भंडार का भंडारण उच्च वाहन लागत और रखरखाव लागत के लिए जिम्मेदार है। TPDS की शुरुआत के साथ, तीन अलग-अलग आय समूहों के लिए तीन स्तर की कीमतें तय की जाती हैं।

APL समूहों के लिए राशन की दुकानों में खाद्य मूल्य बाजार मूल्य के लगभग समान है। इसके कारण वे राशन की दुकानों से सामान खरीदने के लिए प्रोत्साहित नहीं होते हैं, जिसके परिणामस्वरूप बड़े पैमाने पर खाद्यान्न जमा हुआ है।

### सार्वजनिक वितरण प्रणाली में भ्रष्टाचार

सार्वजनिक वितरण प्रणाली देश के कई क्षेत्रों में अप्रभावी हो गई है, क्योंकि राशन की दुकानों को चलाने वाले डीलर दुर्व्यवहार करते हैं। इनमें शामिल हैं

(i) अधिक लाभ कमाने के लिए अनाज को खुले बाजार में बेचना।

(ii) राशन दुकानों में कम गुणवत्ता का अनाज बेचना।

(iii) दुकान अनियमित खोलना।

यह एक बड़ी समस्या सिद्ध हो रही है। जब राशन की दुकानें इन अनाजों को बेच नहीं पातीं, तो एफ सी आई के गोदामों में अनाज का विशाल भंडार जमा हो जाता है।

## अन्य समस्याएँ

वर्द्धित (बढ़े हुए) न्यूनतम समर्थित कीमत (Increased Minimum Supported Price, IMSP) पर अनाज की अधिक खरीदारी प्रमुख अनाज उत्पादक राज्यों; जैसे—पंजाब, हरियाणा और आंध्र प्रदेश द्वारा डाले गए दबावों का परिणाम है।

गेहूँ और चावल की न्यूनतम समर्थित कीमत (Minimum Support Price, MSP) में वृद्धि ने विशेषतया खाद्यान्नों के अधिशेष वाले राज्यों के किसानों को अपनी भूमि पर मोटे अनाजों की खेती समाप्त कर धान और गेहूँ उपजाने के लिए प्रेरित किया है, जबकि मोटे अनाज गरीबों का प्रमुख भोजन हैं।

धान की खेती के लिए सघन सिंचाई से पर्यावरण और जल स्तर में गिरावट भी आई है, जिससे इन राज्यों में कृषिगत विकास को बनाए रखने में समस्या उत्पन्न हो गई।

## सहकारी समितियों की खाद्य सुरक्षा में भूमिका

भारत की खाद्य सुरक्षा में सहकारी समितियों की भूमिका विशेष रूप से देश के दक्षिणी और पश्चिमी हिस्सों में महत्त्वपूर्ण है।

गरीब लोगों को कम कीमत पर खाद्यान्न उपलब्ध कराने के लिए सहकारी समितियों ने उचित मूल्य की दुकानें स्थापित की हैं। उदाहरण के लिए, तमिलनाडु की लगभग 94% उचित मूल्य की दुकानों को सहकारी समितियों द्वारा चलाया जा रहा है।

भारत की खाद्य सुरक्षा में सहकारी समितियों का योगदान के कुछ उदाहरण निम्नलिखित हैं

(i) दिल्ली में, मदर डेयरी दिल्ली सरकार द्वारा निर्धारित दर पर उपभोक्ताओं को दूध और सब्जियों का वितरण कर रही है।

(ii) अमूल गुजरात में दूध और दूध उत्पादों में सहकारी समितियों की एक और सफलता की कहानी है। अमूल ने देश में **श्वेत क्रांति** (White Revolution) ला दी है।

(iii) महाराष्ट्र में विकास विज्ञान अकादमी (Academy Development Scheme, ADS) ने विभिन्न क्षेत्रों में अनाज बैंकों की स्थापना के लिए गैर-सरकारी संगठनों के नेटवर्क में सहायता की है। यह अकादमी गैर-सरकारी संगठनों के लिए खाद्य सुरक्षा का प्रशिक्षण और क्षमता निर्माण कार्यक्रम का आयोजन करती है। विकास विज्ञान अकादमी अनाज बैंक कार्यक्रम को एक सफल और अभिनव खाद्य सुरक्षा कार्यक्रम के रूप में स्वीकार किया गया है।

### चेक प्वॉइंट 02

1. *हरित क्रांति की शुरुआत कब हुई?*
2. *राशन कार्ड के कितने प्रकार होते हैं?*
3. *लक्षित सार्वजनिक वितरण प्रणाली की शुरुआत कब की गई?*
4. *किसने देश में श्वेत क्रांति ला दी है?*

### इन्हें भी जानें

- ***खाद्य सुरक्षा** (Food Security)* खाद्य सुरक्षा का अर्थ सभी लोगों के लिए प्रत्येक समय खाद्य उपलब्धता, खाद्य पहुँच, खाद्य सामर्थ्य का होना है।
- ***भुखमरी** (Hunger)* भुखमरी गरीबी की एक अभिव्यक्ति मात्र नहीं है, यह गरीबी लाती है। इस तरह खाद्य की दृष्टि से सुरक्षित होने से वर्तमान में भुखमरी समाप्त हो जाती है और भविष्य में भुखमरी का खतरा कम हो जाता है।
- ***अकाल** (Famine)* अकाल के दौरान बड़े पैमाने पर मृत्यु होती हैं, जो भुखमरी तथा विवश होकर दूषित जल या सड़े भोजन के प्रयोग से फैलने वाली महामारियों तथा भुखमरी से उत्पन्न कमजोरी से रोगों के प्रति शरीर की प्रतिरोधी क्षमता में गिरावट के कारण होती हैं।
- ***दीर्घकालिक भुखमरी** (Chronic Hunger)* यह मात्रा या गुणवत्ता के आधार पर अपर्याप्त आहार ग्रहण के कारण होती है। गरीब लोग अपनी अत्यंत निम्न आय और जीवित रहने के लिए खाद्य पदार्थ खरीदने में अक्षमता के कारण दीर्घकालिक भुखमरी से ग्रस्त होते हैं।
- ***मौसमी भुखमरी** (Seasonal Hunger)* यह फसल उपजाने और काटने के चक्र से संबंधित है। यह ग्रामीण क्षेत्रों की कृषि क्रियाओं की मौसमी प्रकृति के कारण तथा नगरीय क्षेत्रों में अनियमित श्रम के कारण होती है।
- ***बफर स्टॉक** (Buffer Stock )* बफर स्टॉक भारतीय खाद्य निगम (एफ सी आई) के माध्यम से सरकार द्वारा अधिप्राप्त अनाज, गेहूँ और चावल का भंडार है।
- ***निर्गम कीमत** (Minimum Support Price, MSP)* फसलों के उत्पादन को प्रोत्साहन देने के उद्देश्य से बुआई के मौसम से पहले सरकार न्यूनतम समर्थित कीमत की घोषणा करती है। खरीदे हुए अनाज खाद्य भंडारों में रखे जाते हैं। ऐसा कमी वाले क्षेत्रों में और समाज के गरीब वर्गों में बाजार कीमत से कम कीमत पर अनाज के वितरण के लिए किया जाता है। इस कीमत को निर्गम कीमत कहते हैं।

# NCERT फोल्डर

**1. भारत में खाद्य सुरक्षा कैसे सुनिश्चित की जाती है?**

**उत्तर** भारत में खाद्य सुरक्षा सुनिश्चित करने के निम्नलिखित प्रकार हैं

(i) भारत ने कृषि में एक नई रणनीति अपनाई जिसकी परिणति हरित क्रांति में हुई, विशेषकर गेहूँ और चावल के उत्पादन से खाद्य उत्पादन की समस्या का निदान कर खाद्य सुरक्षा को सुनिश्चित किया गया।

(ii) भारत में खाद्य सुरक्षा को सुनिश्चित करने के लिए विभिन्न खाद्य आपूर्ति योजनाएँ चलाई गईं; जैसे–अंत्योदय अन्न योजना, अन्नपूर्णा योजना, गरीबी उन्मूलन कार्यक्रम आदि। इन योजनाओं ने खाद्य की आपूर्ति गरीबों के लिए सुनिश्चित की।

**2. कौन लोग खाद्य असुरक्षा से अधिक ग्रस्त हो सकते हैं?**

**उत्तर** भूमिहीन कृषि मजदूर, पारंपरिक दस्तकार, पारंपरिक सेवाएँ प्रदान करने वाले लोग, अपना छोटा-मोटा काम करने वाले कामगार, भिखारी, शहरी कामकाजी मजदूर, अनुसूचित जाति, अनुसूचित जनजाति और अन्य पिछड़ी जातियों के कुछ वर्गों के लोग, प्राकृतिक आपदाओं से प्रभावित लोग, गर्भवती और दूध पिला रही महिलाएँ तथा पाँच वर्ष से कम उम्र के बच्चे खाद्य असुरक्षा से अधिक ग्रस्त हो सकते हैं।

**3. भारत में कौन-से राज्य खाद्य असुरक्षा से अधिक ग्रस्त हैं?**

**उत्तर** भारत में उत्तर प्रदेश (पूर्वी और दक्षिण-पूर्वी हिस्से), बिहार, झारखंड, उड़ीसा, पश्चिम बंगाल, छत्तीसगढ़, मध्य प्रदेश और महाराष्ट्र के कुछ भागों में खाद्य की दृष्टि से असुरक्षित लोगों की सर्वाधिक संख्या है।

**4. क्या आप मानते हैं कि हरित क्रांति ने भारत को खाद्यान्न में आत्मनिर्भर बना दिया है? कैसे?**

**उत्तर** स्वतंत्रता के पश्चात् खाद्यान्नों में आत्मनिर्भरता प्राप्त करने के सभी उपाय किए गए। भारत ने कृषि में एक नई रणनीति अपनाई; जैसे–हरित क्रांति के कारण गेहूँ उत्पादन में वृद्धि हुई। गेहूँ की सफलता के बाद चावल के क्षेत्र में इस सफलता की पुनरावृत्ति हुई। पंजाब और हरियाणा में सर्वाधिक वृद्धि दर दर्ज की गई, इससे अनाजों का उत्पादन रिकॉर्ड स्तर तक पहुँच गया।

दूसरी तरफ, तमिलनाडु और आंध्र प्रदेश में चावल के उत्पादन में उल्लेखनीय वृद्धि हुई। अतः हरित क्रांति ने भारत को काफी हद तक खाद्यान्न में आत्मनिर्भर बना दिया है।

**5. भारत में लोगों का एक वर्ग अब भी खाद्य से वंचित है? व्याख्या कीजिए।**

**उत्तर** भारत में भूमिहीन जो थोड़ी-बहुत अथवा नगण्य भूमि पर निर्भर हैं, खाद्य से वंचित हैं। इनके अतिरिक्त पारंपरिक दस्तकार, पारंपरिक सेवाएँ प्रदान करने वाले लोग, अपना छोटा-मोटा काम करने वाले कामगार और निराश्रित भिखारी आदि भी खाद्य से वंचित हैं। शहरी क्षेत्रों में खाद्य की दृष्टि से असुरक्षित वे परिवार हैं, जिनके कामकाजी सदस्य प्रायः कम वेतन वाले व्यवसायों और अनियमित श्रम बाजार में काम करते हैं।

**6. जब कोई आपदा आती है, तो खाद्य पूर्ति पर क्या प्रभाव होता है?**

**उत्तर** प्राकृतिक आपदा खाद्यान्न के उत्पादन में नकारात्मक परिवर्तन लाती है; जैसे–सूखे तथा बाढ़ के कारण उत्पादकता में गिरावट आती है। इससे प्रभावित क्षेत्रों में खाद्यान्न की कमी हो जाती है। खाद्यान्न की कमी के कारण कीमतें बढ़ जाती हैं। कुछ लोग ऊँची कीमतों पर खाद्य पदार्थ नहीं खरीद सकते। यदि यह आपदा अधिक लंबे समय तक बनी रहती है, तो भुखमरी की स्थिति उत्पन्न हो सकती है, जो अकाल की स्थिति बन सकती है।

**7. मौसमी भुखमरी और दीर्घकालिक भुखमरी में भेद कीजिए।**

**उत्तर** मौसमी भुखमरी और दीर्घकालिक भुखमरी में भेद निम्न प्रकार हैं

| | |
|---|---|
| **मौसमी भुखमरी** | यह फसल उपजाने और काटने के चक्र से संबंधित है। यह ग्रामीण क्षेत्रों की कृषि क्रियाओं की मौसमी प्रकृति के कारण तथा नगरीय क्षेत्रों में अनियमित श्रम के कारण होती है; जैसे–बरसात के मौसम में अनियत निर्माण श्रमिक को काम कम मिलता है। |
| **दीर्घकालिक भुखमरी** | यह मात्रा या गुणवत्ता के आधार पर अपर्याप्त आहार ग्रहण करने के कारण होती है। गरीब लोग अपनी अत्यंत निम्न आय और जीवित रहने के लिए खाद्य पदार्थ खरीदने में अक्षमता के कारण दीर्घकालिक भुखमरी से ग्रस्त होते हैं। |

**8. गरीबों को खाद्य सुरक्षा देने के लिए सरकार ने क्या किया? सरकार की ओर से शुरू की गई किन्हीं दो योजनाओं की चर्चा कीजिए।**

**उत्तर** सरकार ने समाज के सभी वर्गों को भोजन की उपलब्धता सुनिश्चित करने के लिए खाद्य सुरक्षा प्रणाली को सावधानीपूर्वक तैयार किया है। यह प्रणाली दो घटकों से बनी है–बफर स्टॉक और सार्वजनिक वितरण प्रणाली। सरकार ने गरीब लोगों को उचित मूल्य पर भोजन वितरित करने के लिए लगभग 5.5 लाख राशन की दुकानें (उचित मूल्य की दुकानें) खोली हुई हैं।

सरकार की ओर से दो योजनाएँ निम्नलिखित हैं

**अंत्योदय अन्न योजना** अंत्योदय अन्न योजना दिसंबर, 2000 में शुरू की गई थी। यह निर्धनों में भी निर्धन के लिए थी। इस योजना के अंतर्गत लक्षित सार्वजनिक वितरण प्रणाली में आने वाले निर्धनता रेखा के नीचे के परिवारों में से एक करोड़ लोगों की पहचान की गई। संबंधित राज्य के ग्रामीण विकास विभागों ने गरीबी रेखा के नीचे के गरीब परिवारों को सर्वेक्षण के द्वारा चुना। ₹ 2 प्रति किलोग्राम गेहूँ और ₹ 3 प्रति किलोग्राम की अत्यधिक आर्थिक सहायता प्राप्त दर पर प्रत्येक परिवार को 25 किलोग्राम अनाज उपलब्ध कराया गया। अनाज की यह मात्रा अप्रैल, 2002 में 25 किलोग्राम से बढ़ाकर 35 किलोग्राम कर दी गई। जून, 2003 और अगस्त, 2004 में इसमें 50-50 लाख अतिरिक्त बी पी एल परिवार

दो बार जोड़े गए। इससे इस योजना में आने वाले परिवारों की संख्या 2 करोड़ हो गई।

**अन्नपूर्णा योजना** अन्नपूर्णा योजना वर्ष 2000 में गरीब वरिष्ठ नागरिकों के लिए आरंभ की गई थी। इस योजना के अंतर्गत वरिष्ठ नागरिकों को 10 किलोग्राम खाद्यान्न निःशुल्क दिया जाता है, जिन्हें कोई पेंशन नहीं मिल रही है या उनके पास आय का कोई अन्य साधन नहीं है या उनके परिवार का समर्थन नहीं है।

**9.** सरकार बफर स्टॉक क्यों बनाती है?

**उत्तर** सरकार द्वारा बफर स्टॉक बनाए जाने के निम्नलिखित कारण हैं

(i) बफर स्टॉक को खाद्यान्न की कमी वाले क्षेत्रों और समाज के गरीब तबके के बीच बाजार मूल्य से बहुत कम कीमत पर वितरित किया जा सके।

(ii) बफर स्टॉक प्रतिकूल मौसम की स्थिति, आपदा या आपदा के दौरान भोजन की कमी की समस्या को हल करने में मदद करता है।

(iii) खाद्य सुरक्षा सुनिश्चित करने के लिए बफर स्टॉक को बनाए रखना सरकार द्वारा उठाया गया कदम है।

**10.** टिप्पणी लिखिए

(क) न्यूनतम समर्थित कीमत (ख) बफर स्टॉक

(ग) निर्गम कीमत (घ) उचित दर की दुकान

**उत्तर** (क) **न्यूनतम समर्थित कीमत** भारतीय खाद्य निगम अधिशेष उत्पादन वाले राज्यों में किसानों से गेहूँ और चावल खरीदता है। किसानों को उनकी फसल के लिए पहले से घोषित कीमतें दी जाती हैं। इन मूल्यों को न्यूनतम समर्थित कीमत कहा जाता है। सरकार फसलों के उत्पादन को प्रोत्साहन देने के उद्देश्य से बुआई के मौसम से पहले न्यूनतम समर्थित कीमत की घोषणा करती है। खरीदे हुए अनाज खाद्य भंडारों में रखे जाते हैं।

(ख) **बफर स्टॉक** बफर स्टॉक भारतीय खाद्य निगम (एफ सी आई) के माध्यम से सरकार द्वारा अधिप्राप्त अनाज, गेहूँ और चावल का भंडार है। भारतीय खाद्य निगम अधिशेष उत्पादन वाले राज्य में किसानों से गेहूँ और चावल खरीदता है। अनाज के इस भंडार को बफर स्टॉक के नाम से जाना जाता है।

(ग) **निर्गम कीमत** सरकार सार्वजनिक वितरण प्रणाली के माध्यम से समाज के गरीब वर्गों को बाजार कीमत से कम कीमत पर अनाज देती है। इस कीमत को निर्गम कीमत कहते हैं।

(घ) **उचित दर की दुकान** भारतीय खाद्य निगम द्वारा अधिप्राप्त अनाज को सरकार विनियमित राशन दुकानों के माध्यम से समाज के गरीब वर्गों में वितरित करती है। राशन की दुकानों, जिन्हें उचित दर वाली दुकानें कहा जाता है, पर चीनी, खाद्यान्न और खाना पकाने के लिए मिट्टी के तेल का भंडार होता है। ये लोगों को सामान बाजार कीमत से कम कीमत पर देती हैं।

**11.** राशन की दुकानों के संचालन में क्या समस्याएँ हैं?

**उत्तर** सार्वजनिक वितरण प्रणाली देश के कई क्षेत्रों में अप्रभावी हो गई है, क्योंकि राशन की दुकानों को चलाने वाले डीलर दुर्व्यवहार करते हैं। इनमें शामिल हैं

(i) अधिक लाभ कमाने के लिए अनाज को खुले बाजार में बेचना

(ii) राशन दुकानों में कम गुणवत्ता का अनाज बेचना

(iii) दुकान अनियमित खोलना

**12.** खाद्य और संबंधित वस्तुओं को उपलब्ध कराने में सहकारी समितियों की भूमिका पर एक टिप्पणी लिखें।

**उत्तर** भारत की खाद्य सुरक्षा में सहकारी समितियों की भूमिका विशेष रूप से देश के दक्षिणी और पश्चिमी हिस्सों में महत्त्वपूर्ण है। गरीब लोगों को कम कीमत पर खाद्यान्न उपलब्ध कराने के लिए सहकारी समितियों ने उचित मूल्य की दुकानें स्थापित की हैं। उदाहरण के लिए, तमिलनाडु की लगभग 94% उचित मूल्य की दुकानों को सहकारी समितियों द्वारा चलाया जा रहा है।

भारत की खाद्य सुरक्षा में सहकारी समितियों का योगदान के कुछ उदाहरण निम्नलिखित हैं

(i) दिल्ली में, मदर डेयरी दिल्ली सरकार द्वारा निर्धारित दर पर उपभोक्ताओं को दूध और सब्जियों का वितरण कर रही है।

(ii) अमूल गुजरात में दूध और दूध उत्पादों में सहकारी समितियों की एक और सफलता की कहानी है। अमूल ने देश में श्वेत क्रांति ला दी है।

(iii) महाराष्ट्र में विकास विज्ञान अकादमी (ए डी एस) ने विभिन्न क्षेत्रों में अनाज बैंकों की स्थापना के लिए गैर-सरकारी संगठनों के नेटवर्क में सहायता की है। यह अकादमी गैर-सरकारी संगठनों के लिए खाद्य सुरक्षा का प्रशिक्षण और क्षमता निर्माण कार्यक्रम का आयोजन करती है। विकास विज्ञान अकादमी अनाज बैंक कार्यक्रम को एक सफल और अभिनव खाद्य सुरक्षा कार्यक्रम के रूप में स्वीकार किया गया है।

# परीक्षा अभ्यास

## वस्तुनिष्ठ प्रश्न

### बहुविकल्पीय प्रश्न

**1.** खाद्य सुरक्षा से तात्पर्य है
(a) निर्धन के लिए भोजन
(b) शहरी क्षेत्रों के लिए भोजन
(c) सभी लोगों के लिए भोजन उपलब्धता
(d) योजना के अंतर्गत भोजन
**उत्तर** *(c)* सभी लोगों के लिए भोजन उपलब्धता

**2.** निम्न में से किस वर्ष बंगाल में अकाल पड़ा?
(a) 1955 (b) 1943
(c) 1922 (d) 1914
**उत्तर** *(b)* 1943

**3.** किस वर्ग समूह के लिए पीला कार्ड जारी किया जाता है?
(a) बेरोजगार लोगों (b) गरीबी रेखा के नीचे
(c) शहरी लोगों (d) ये सभी
**उत्तर** *(b)* गरीबी रेखा के नीचे

**4.** न्यूनतम समर्थन मूल्य की घोषणा कौन करता है?
(a) भारत खाद्य निगम (b) सरकार
(c) राष्ट्रीय सर्वेक्षण संगठन (d) नगर निगम
**उत्तर** *(b)* सरकार

**5.** राष्ट्रीय खाद्य सुरक्षा अधिनियम किस वर्ष पारित हुआ?
(a) 2014 (b) 2009
(c) 2010 (d) 2013
**उत्तर** *(d)* 2013

**6.** राष्ट्रीय खाद्य सुरक्षा अधिनियम, 2013 में कितनी प्रतिशत शहरी जनसंख्या सम्मिलित है?
(a) 75% (b) 40%
(c) 50% (d) 20%
**उत्तर** *(c)* 50%

**7.** निम्नलिखित में से कौन-सा राशन कार्ड का प्रकार है?
(a) अंत्योदय कार्ड (b) बी पी एल कार्ड
(c) ए पी एल कार्ड (d) ये सभी
**उत्तर** *(d)* ये सभी

**8.** बी पी एल कार्ड निम्न में से किस वर्ग के लिए है?
(a) निर्धन लोगों के लिए
(b) गरीबी रेखा से नीचे के लिए
(c) अंत्योदय वर्ग के लिए
(d) गरीब परिवार के लिए
**उत्तर** *(b)* गरीबी रेखा से नीचे के लिए

**9.** हरित क्रांति से पूर्व अत्यधिक खाद्य संकट के कारण कब राशन प्रणाली शुरू हुई?
(a) वर्ष 1970 (b) वर्ष 1930 (c) वर्ष 1980 (d) वर्ष 1960
**उत्तर** *(d)* वर्ष 1960

**10.** निम्नलिखित में से कौन-सा कथन बफर स्टॉक से संबंधित है?
(a) भारत में बफर स्टॉक का कार्य निजी संस्थान द्वारा किया जाता है
(b) भारत में केवल गेहूँ का बफर स्टॉक किया जाता है
(c) बफर स्टॉक का प्रयोग केवल अकाल की स्थिति से निपटने के लिए किया जाता है
(d) बफर स्टॉक देश में भुखमरी की समस्या को उत्पन्न नहीं होने देता है
**उत्तर** (d) बफर स्टॉक देश में भुखमरी की समस्या को उत्पन्न नहीं होने देता है

**11.** निम्नलिखित में से क्या सार्वजनिक वितरण प्रणाली में भ्रष्टाचार का कारण है?
(a) अधिक लाभ कमाने के लिए अनाज को खुले बाजार में बेचना
(b) दुकान का अनियमित संचालन करना
(c) राशन दुकानों में कम गुणवत्ता का अनाज बेचना
(d) उपरोक्त सभी
**उत्तर** (d) उपरोक्त सभी

**12.** निम्नलिखित में से कौन-सा कथन अंत्योदय अन्न योजना से संबंधित है?
1. यह योजना निर्धनों में भी निर्धन के लिए थी।
2. इस योजना के अंतर्गत दो करोड़ लोगों की पहचान की गई थी।
3. इस योजना के अंतर्गत गेहूँ, चावल, दालें आदि प्रदान किए जाते हैं।
4. इस योजना की शुरुआत वर्ष 2005 में की गई थी।

**कूट**
(a) केवल 1 (b) 1 और 2 (c) 1, 2 और 3 (d) 1, 3 और 4
**उत्तर** (a) केवल 1

**13.** निम्नलिखित में से कौन-सा कथन अकाल और भुखमरी से संबंधित है?
1. अकाल के समय अत्यधिक संख्या में मृत्यु होती है।
2. ओडिशा के कालाहांडी तथा काशीपुर जैसे स्थानों पर अकाल की स्थिति वर्तमान में भी प्रचलित है।
3. राजस्थान के बारन जिले तथा झारखंड के पलामू जिले में अकाल के कारण मृत्यु देखने को मिली है।

**कूट**

(a) 1 और 2 (b) 2 और 3
(c) 1 और 3 (d) ये सभी

**उत्तर** (d) ये सभी

**14.** निम्नलिखित खाद्य आपूर्ति योजना को उनके प्रारंभ होने के वर्ष के अनुसार व्यवस्थित करें

1. अंत्योदय अन्न योजना
2. एकीकृत बाल विकास सेवा
3. काम के बदले अनाज
4. खाद्य सुरक्षा अधिनियम

**कूट**

(a) 2, 3, 1, 4 (b) 3, 2, 1, 4
(c) 4, 3, 2, 1 (d) 2, 1, 3, 4

**उत्तर** (a) 2, 3, 1, 4

**15.** निम्नलिखित युग्मों में से गलत युग्म की पहचान करें

| | योजना का काम | | अद्यतन मात्रा |
|---|---|---|---|
| (a) | लक्षित सार्वजनिक विवरण प्रणाली | – | 35 किलोग्राम |
| (b) | अंत्योदय अन्न योजना | – | 25 किलोग्राम |
| (c) | अन्नपूर्णा योजना | – | 10 किलोग्राम |
| (d) | राष्ट्रीय खाद्य सुरक्षा अधिनियम | – | 5 किलोग्राम प्रति व्यक्ति |

**उत्तर** (b) अंत्योदय अन्न योजना – 25 किलोग्राम

**16.** निम्नलिखित में से सही युग्म की पहचान करें

(a) बंगाल में अकाल – वर्ष 1940
(b) गेहूँ क्रांति नामक डाक टिकट – वर्ष 1965
(c) अन्नपूर्णा योजना प्रारंभ – वर्ष 1999
(d) विश्व खाद्य शिखर सम्मेलन – वर्ष 1995

**उत्तर** (d) विश्व खाद्य शिखर सम्मेलन – वर्ष 1995

**17.** निम्नलिखित की सहायता से सही विकल्प का चुनाव करें

- यह भुखमरी फसल उपजाने और काटने के चक्र से संबद्ध है।
- इस तरह की भुखमरी तब होती है, जब कोई व्यक्ति पूरे वर्ष काम पाने में अक्षम रहता है।
- यह भुखमरी ग्रामीण क्षेत्रों में अधिक देखने को मिलती है।
- यह ग्रामीण क्षेत्रों में कृषि क्रियाओं की मौसमी प्रकृति के कारण होती है।

(a) दीर्घकालिक भुखमरी (b) मौसमी भुखमरी
(c) स्थायी भुखमरी (d) अस्थायी भुखमरी

**उत्तर** (b) मौसमी भुखमरी

**18.** निम्नलिखित की सहायता से सही विकल्प का चुनाव करें

- यह योजना दिसंबर, 2000 में शुरू हुई थी।
- इस योजना में 2 रुपये प्रति किलो गेहूँ तथा 3 रुपये प्रति किलो चावल प्रदान किए जाते हैं।
- इस योजना के अंतर्गत निर्धनतम परिवारों का चुनाव किया गया था।

(a) अंत्योदय अन्न योजना (b) स्वालंबन योजना
(c) अन्नपूर्णा योजना (d) पोषाहार योजना

**उत्तर** (a) अंत्योदय अन्न योजना

**19.** नीचे दी गई सारणी में भारत में भुखमरी से ग्रस्त परिवारों के प्रतिशत से संबंधित दिए गए आँकड़ों का अध्ययन कीजिए तथा पूछे गए प्रश्नों का उत्तर दीजिए।

**सारणी : भारत में 'भुखमरी' से ग्रस्त परिवारों का प्रतिशत**

| वर्ष | भुखमरी के प्रकार | | |
|---|---|---|---|
| | मौसमी | दीर्घकालिक | कुल |
| **ग्रामीण** | | | |
| 1983 | 16.2 | 2.3 | 18.5 |
| 1993-94 | 4.2 | 0.9 | 5.1 |
| 1999-2000 | 2.6 | 0.7 | 3.3 |
| **शहरी** | | | |
| 1983 | 5.6 | 0.8 | 6.4 |
| 1993-94 | 1.1 | 0.5 | 1.6 |
| 1999-2000 | 0.6 | 0.3 | 0.9 |

भारत में वर्ष 1993-94 में शहरी क्षेत्रों में दीर्घकालिक भुखमरी का कितना प्रतिशत दर्ज किया गया था?

(a) 2.3% (b) 0.5% (c) 0.7% (d) 0.3%

**उत्तर** (b) 0.5%

**20.** हरिया गाँव के सरपंच के फार्म हाउस में एक अनियमित मजदूर के रूप में काम करता है तथा वह जून से सितंबर तक सरपंच के चावल के खेतों में काम करता है। इसके बाद अक्टूबर से जनवरी तक मवेशियों का पालन करता है। हरिया किस महीने में खाद्य असुरक्षित है?

(a) जुलाई-जनवरी (b) फरवरी-जून
(c) जुलाई-मार्च (d) सितंबर-अक्टूबर

**उत्तर** (b) फरवरी-जून

## चित्र आधारित प्रश्न

**21.** निम्नलिखित सार्वजनिक वितरण दुकान से किन कार्ड धारकों को अनाज प्राप्त होता है?

(a) अंत्योदय कार्ड (b) बी पी एल कार्ड
(c) ए पी एल कार्ड (d) ये सभी

**उत्तर** (d) ये सभी

## सुमेलित करें

**22.** सुमेलित कीजिए

| | सूची I | | सूची II |
|---|---|---|---|
| A. | लक्षित सार्वजनिक वितरण प्रणाली | 1. | वर्ष 2013 |
| B. | अंत्योदय अन्न योजना | 2. | वर्ष 1992 |
| C. | सार्वजनिक वितरण प्रणाली | 3. | वर्ष 2002 |
| D. | राष्ट्रीय खाद्य सुरक्षा अधिनियम | 4. | वर्ष 1997 |

**कूट**

| | A | B | C | D | | A | B | C | D |
|---|---|---|---|---|---|---|---|---|---|
| (a) | 1 | 2 | 3 | 4 | (b) | 4 | 3 | 2 | 1 |
| (c) | 3 | 4 | 2 | 1 | (d) | 2 | 3 | 1 | 4 |

**उत्तर** (b) 4 3 2 1

## रिक्त स्थान भरें

**23.** वर्ष .......... में एकीकृत बाल विकास सेवा प्रारंभ की गई।

**उत्तर** 1975

**24.** अंत्योदय अन्न योजना द्वारा प्रत्येक पात्र परिवार को .......... किलोग्राम अनाज उपलब्ध कराया जाता है।

**उत्तर** 25

**25.** अंत्योदय अन्न योजना .......... की शुरू की गई थी।

**उत्तर** दिसंबर, 2000

**26.** निम्न रिक्त स्थान को पूरा करें

| भुखमरी | विशेषता |
|---|---|
| दीर्घकालिक भुखमरी | अपर्याप्त आहार ग्रहण से सम्बद्ध। |
| मौसमी भुखमरी | ? |

**कूट**

(a) फसल उपजाने तथा काटने के चक्र से संबद्ध।
(b) भविष्य की भुखमरी से संबद्ध।
(c) खाद्य पदार्थों की खरीद में असक्षमता से संबद्ध।
(d) नगरीय क्षेत्रों में कृषि की मौसमी प्रक्रियाओं से संबद्ध।

**उत्तर** (a) फसल उपजाने तथा काटने के चक्र से संबद्ध।

## सही और पुन: लिखें

**27.** किसानों को उनकी फसल के लिए कम कीमतें दी जाती हैं, इस मूल्य को समर्थित कीमत कहा जाता है।

**उत्तर** किसानों को उनकी फसल के लिए पहले से घोषित कीमतें दी जाती हैं। इस मूल्य को न्यूनतम समर्थित कीमत कहा जाता है।

**28.** खाद्य सुरक्षा सार्वजनिक वितरण प्रणाली, जागरूकता और अनाज सुरक्षा के खतरे की स्थिति में सरकार द्वारा की गई कार्यवाही पर निर्भर करती है।

**उत्तर** खाद्य सुरक्षा सार्वजनिक वितरण प्रणाली, शासकीय सतर्कता और खाद्य सुरक्षा के खतरे की स्थिति में सरकार द्वारा की गई कार्यवाही पर निर्भर करती है।

## कथन/कारण

**29.** **कथन** (A) विश्व खाद्य शिखर सम्मेलन, 1995 में सक्रिय स्वस्थ जीवन एवं पौष्टिकता पर जोर दिया गया।

**कारण** (R) वर्ष 2015-16 में कुल अनाजों का उत्पादन 252.22 करोड़ टन है।

**कूट**

(a) A और R दोनों सत्य हैं तथा R, A की सही व्याख्या है
(b) A और R दोनों सत्य हैं, परंतु R, A की सही व्याख्या नहीं है
(c) A सत्य है, किंतु R असत्य है
(d) A असत्य है, किंतु R सत्य है

**उत्तर** *(b)* A और R दोनों सत्य हैं तथा R, A की सही व्याख्या नहीं है।

**30.** **कथन** (A) सहायिकी वह भुगतान है, जो सरकार द्वारा किसानों को बाजार मूल्य पर नगद पैसा दिया जाता है।

**कारण** (R) भारत में राशन व्यवस्था की शुरुआत बंगाल के अकाल की पृष्ठभूमि में 1940 के दशक में हुई।

**कूट**

(a) A और R दोनों सत्य हैं तथा R, A की सही व्याख्या है
(b) A और R दोनों सत्य हैं, परंतु R, A की सही व्याख्या नहीं है
(c) A सत्य है, किंतु R असत्य है
(d) A असत्य है, किंतु R सत्य है

**उत्तर** *(d)* A असत्य है, किंतु R सत्य है

## अतिलघु उत्तरीय प्रश्न

**1.** खाद्य सुरक्षा किसे कहते हैं?

**उत्तर** खाद्य सुरक्षा से आशय सभी लोगों के लिए प्रत्येक समय आहार की उपलब्धता, पहुँच तथा सामर्थ्य से है।

**2.** दीर्घकालिक भुखमरी क्या होती है? इसके लिए उत्तरदायी कोई एक घटक बताएँ।

**उत्तर** यह आहार की वांछित मात्रा या गुणवत्ता के भरपूर न होने का परिणाम होती है। इससे वे लोग प्रभावित होते हैं, जो अत्यंत कम आय वाले होते हैं।

**3.** प्रतिरोधक भंडारण किसे कहते हैं?

**उत्तर** यह सरकार का भारतीय खाद्य निगम द्वारा भंडार किया गया खाद्यान्न अर्थात् गेहूँ, चावल आदि मूलभूत वस्तुओं का संग्रहण होता है।

**4.** न्यूनतम समर्थन मूल्य क्या होता है?

**उत्तर** किसानों को उनकी फसल का पूर्व घोषित मूल्य दिया जाता है। इसे न्यूनतम समर्थन मूल्य कहते हैं। यह सरकार द्वारा प्रतिवर्ष फसलों की बुआई के समय किसानों को उन फसलों के उत्पादन के लिए प्रोत्साहन करने के लिए घोषित किया जाता है।

**5.** निर्गम मूल्य क्या होता है?

**उत्तर** यह वह मूल्य होता है जिस पर सरकार जन वितरण प्रणाली के अंतर्गत निर्धनतम वर्ग के समाज को खाद्यान्न उपलब्ध कराती है।

**6.** भारत में राशन प्रणाली कब लागू हुई?

उत्तर भारत में 1940 के दशक से पूर्व राशन प्रणाली प्रारंभ की गई थी।

**7.** सभी के लिए खाद्य सुरक्षा के एकमात्र उद्देश्य से लागू की गई दो योजनाएँ कौन-सी हैं?

उत्तर (i) **काम के लिए भोजन की राष्ट्रीय योजना** इसके अधीन राज्यों को मुफ्त खाद्यान्न उपलब्ध कराया जाता है।

(ii) **अंत्योदय अन्न योजना** इसके अधीन 25 किग्रा खाद्यान्न सभी योग्य परिवारों के लिए सब्सिडी के मूल्य पर उपलब्ध कराया जाता है।

**8.** सार्वजनिक (जन) वितरण प्रणाली की दो परिसीमाएँ बताएँ।

उत्तर सार्वजनिक वितरण प्रणाली की दो समस्याएँ निम्नलिखित हैं

(i) जन वितरण प्रणाली के व्यापारियों का भ्रष्टाचार।

(ii) दुकानों का नियमित रूप से न खुलना।

**9.** उस नीति का नाम लिखिए जिसमें निर्धन तथा गैर-निर्धन लोगों के लिए अलग मूल्य-नीति बनाई गई थी।

उत्तर मूल्य वितरण प्रणाली के अंतर्गत निर्धन तथा गैर-निर्धन लोगों के लिए अलग मूल्य-नीति बनाई गई थी।

**10.** राष्ट्रीय काम के बदले भोजन कार्यक्रम कब लागू किया गया?

उत्तर राष्ट्रीय काम के बदले भोजन कार्यक्रम 14 नवंबर, 2004 को लागू किया गया।

**11.** निर्धनों में भी निर्धन तथा वरिष्ठ नागरिकों के लिए चलाई गई खाद्य योजना का नाम बताइए।

उत्तर अंत्योदय अन्न योजना तथा अन्नपूर्णा योजना निर्धनों में भी निर्धन तथा वरिष्ठ नागरिकों के लिए चलाई गई थी।

**12.** उस राज्य का नाम बताइए जहाँ गैर-सरकारी संगठनों द्वारा अनाज-बैंक स्थापित किए गए हैं।

उत्तर महाराष्ट्र में गैर-सरकारी संगठनों द्वारा अनाज-बैंक स्थापित किए गए हैं।

**13.** सहायिकी (सब्सिडी) क्या होती है?

उत्तर यह एक ऐसा भुगतान है, जो सरकार किसी उत्पादक को उसके उत्पाद की बाजार कीमत के अतिरिक्त पूरक रूप में करती है। इससे उपभोक्ता मूल्य कम रहते हैं और घरेलू उत्पादकों के लिए उच्चतर आय बनाए रखने में सहायता मिलती है।

**14.** कुछ राज्यों का उदाहरण दें जहाँ निर्धनों की खाद्य आपूर्ति जन वितरण प्रणाली की दुकान 5% या उससे भी कम करती है।

उत्तर मध्य प्रदेश में निर्धनों द्वारा गेहूँ और चावल के उपभोग का मात्र 5% राशन की दुकानों के माध्यम से पूरा होता है। उत्तर प्रदेश और बिहार में यह प्रतिशत और भी कम है।

## लघु उत्तरीय प्रश्न

**1.** खाद्य सुरक्षा के कितने आयाम होते हैं? स्पष्ट कीजिए।

उत्तर खाद्य सुरक्षा के तीन आयाम हैं

(i) **खाद्य उपलब्धता** इसका तात्पर्य देश में खाद्य उत्पादन, खाद्य आयात और सरकारी अनाज भंडारों में पूर्व वर्षों के स्टॉक से है।

(ii) **खाद्य की पहुँच** इसका तात्पर्य है कि प्रत्येक व्यक्ति को खाद्य उपलब्ध हो।

(iii) **खाद्य की सामर्थ्य** इसका तात्पर्य है कि लोगों के पास पौष्टिक भोजन प्राप्त करने के लिए धन उपलब्ध हो।

उपरोक्त आयामों से निष्कर्ष निकलता है कि यदि किसी देश में खाद्य सुनिश्चित किया जाता है, तो

- सभी लोगों के लिए पर्याप्त भोजन उपलब्ध हो।
- सभी व्यक्तियों के पास स्वीकार्य गुणवत्ता के खाद्य पदार्थ खरीदने की क्षमता हो।
- खाद्य की उपलब्धता में कोई बाधा न हो।

**2.** खाद्य सुरक्षा की आवश्यकता को स्पष्ट कीजिए।

उत्तर खाद्य सुरक्षा की आवश्यकता के निम्न कारण हैं

(i) भारत में खाद्य सुरक्षा की आवश्यकता कुपोषण को खत्म करने के लिए आवश्यक है। कुपोषण से सबसे अधिक महिलाएँ प्रभावित होती हैं यह प्रमुख मुद्दा है, क्योंकि इससे अजन्मे बच्चों में कुपोषण का खतरा बना रहता है। खाद्य असुरक्षा से ग्रस्त आबादी का बड़ा भाग गर्भवती तथा दूध पिला रही महिलाओं तथा पाँच वर्षों से कम उम्र के बच्चों का है।

(ii) खाद्य सुरक्षा की आवश्यकता गरीबी मिटाने के लिए भी आवश्यक है। भुखमरी गरीबी की एक अभिव्यक्ति मात्र नहीं है। यह गरीबी लाती है। इस तरह खाद्य की दृष्टि से सुरक्षित होने से वर्तमान में भुखमरी समाप्त हो जाती है और भविष्य में भुखमरी का खतरा कम हो जाता है।

**3.** अकाल और भुखमरी पर टिप्पणी कीजिए।

उत्तर **अकाल और भुखमरी**

- अकाल के समय अत्यधिक संख्या में मृत्यु होती है, जिनका मुख्य कारण अशुद्ध जल एवं सड़े हुए खाद्य पदार्थों से फैलने वाली महामारियाँ तथा भुखमरी से उत्पन्न कमजोरी के कारण प्रतिरोधी क्षमता में गिरावट है।
- भारत में सबसे भयानक अकाल वर्ष 1943 का **बंगाल का अकाल** था। इस अकाल में बंगाल प्रांत में तीस लाख लोग मारे गए थे।
- चावल की कीमतों में भारी वृद्धि से खेतिहर मजदूर, मछुआरे, परिवहन कर्मचारी और अन्य अनियमित मजदूर सबसे अधिक प्रभावित हुए।

- ओडिशा में कालाहांडी और काशीपुर जैसे स्थानों पर अकाल की स्थिति अभी भी प्रचलित है।
- राजस्थान के बारन जिले, झारखंड के पलामू और कई अन्य क्षेत्रों में भी भूख के कारण मृत्यु हुई है।

**4. खाद्य सुरक्षा के लिए भारत में हुए महत्त्वपूर्ण कार्यक्रमों को स्पष्ट कीजिए।**

**उत्तर** 1970 के दशक के मध्य में राष्ट्रीय नमूना सर्वेक्षण संगठन ने गरीबी के स्तर की उच्च घटनाओं की सूचना दी। इस कारण तीन महत्त्वपूर्ण खाद्य हस्तक्षेप कार्यक्रम पेश किए गए, जो निम्न हैं

(i) खाद्यान्नों के लिए सार्वजनिक वितरण प्रणाली
(ii) एकीकृत बाल विकास सेवाएँ
(iii) काम के बदले अनाज कार्यक्रम।

**5. सार्वजनिक वितरण प्रणाली को स्पष्ट कीजिए।**

**उत्तर** सरकार द्वारा नियंत्रित राशन की दुकानों के माध्यम से भारतीय खाद्य निगम द्वारा खरीदा गया भोजन समाज के गरीब वर्गों में वितरित किया जाता है। इसे सार्वजनिक वितरण प्रणाली कहा जाता है।

सार्वजनिक वितरण प्रणाली मूल्यों को स्थिर बनाने और सामर्थ्य अनुसार कीमतों पर उपभोक्ताओं को खाद्यान्न उपलब्ध कराने की सरकार की नीति में सर्वाधिक प्रभावी साधन सिद्ध हुई है।

इसने देश के अनाज की अधिशेष क्षेत्रों से कमी वाले क्षेत्रों में खाद्य पूर्ति के माध्यम से अकाल और भुखमरी की व्यापकता को रोकने में एक महत्त्वपूर्ण भूमिका निभाई है।

## दीर्घ उत्तरीय प्रश्न

**1. बफर स्टॉक एवं राशन की विस्तृत व्याख्या दीजिए।**

**उत्तर** **बफर स्टॉक** यह सरकार द्वारा खरीदे गए अनाज (गेहूँ और चावल) का भंडार है। भारत के खाद्य निगम के माध्यम से सरकार उन राज्यों के किसानों से गेहूँ और चावल की खरीद करती है, जिनमें अधिशेष उत्पादन होता है। किसानों को उनकी फसलों के लिए न्यूनतम समर्थन मूल्य का भुगतान किया जाता है।

इन फसलों के उत्पादन को प्रोत्साहन देने के उद्देश्य से बुआई के मौसम से पहले सरकार न्यूनतम समर्थन मूल्य की घोषणा करती है। खरीदा हुआ खाद्यान्न भंडारगृह में बफर स्टॉक के रूप में रखा जाता है। इस स्टॉक का देश के उन क्षेत्रों में वितरण किया जाता है, जहाँ उत्पादन कम होता है तथा यह सब्सिडी वाले दामों पर समाज के गरीब वर्गों को प्रदान किया जाता है अर्थात् बाजार मूल्य से कम कीमत पर वितरित किया जाता है। बफर स्टॉक एक आपदा या प्रतिकूल मौसम की स्थिति में भोजन की कमी की समस्या को हल करने में मदद करता है।

**राशन** यह संसाधनों और दुर्लभ वस्तुओं या सेवाओं के सरकारी नियंत्रित वितरण को दिया गया एक शब्द है। यह प्रतिबंधित है कि कितने लोगों को किसी विशेष अवधि के दौरान किसी विशेष समय में खरीदने या उपभोग करने की अनुमति है।

1940 के दशक में बंगाल अकाल के दौरान भारत में राशन प्रणाली की शुरुआत की गई थी। इसे हरित क्रांति से पहले 1960 के दशक के दौरान तीव्र भोजन की कमी को ध्यान में रखते हुए पुनर्जीवित किया गया था।

**2. खाद्य असुरक्षा से सर्वाधिक प्रभावी वर्ग कौन-से हैं? खाद्य असुरक्षा को इंगित करने वाले प्रमुख पहलू कौन-से हैं?**

**उत्तर** भारत में लोगों का एक बड़ा वर्ग खाद्य एवं पोषण की दृष्टि से असुरक्षित है, परंतु इससे सर्वाधिक प्रभावित वर्गों में भूमिहीन, पारंपरिक दस्तकार, पांरपरिक सेवाएँ प्रदान करने वाले लोग, अपना छोटा-मोटा काम करने वाले कामगार और निराश्रित तथा भिखारी शामिल हैं। शहरी क्षेत्रों में खाद्य की दृष्टि से असुरक्षित वे परिवार हैं जिनके कामकाजी सदस्य प्रायः कम वेतन वाले व्यवसायों और अनियत श्रम बाजारों में काम करते हैं।

खाद्य असुरक्षा को इंगित करने वाले प्रमुख पहलू निम्न हैं

(i) **खाद्य पदार्थ खरीदने में असमर्थता** खाद्य पदार्थ खरीदने में असमर्थता को सामाजिक संरचना अत्यधिक प्रभावित करती है। अनुसूचित जाति, अनुसूचित जनजाति और अन्य पिछड़ी जातियों के कुछ वर्गों का या तो भूमि का आधार कमजोर होता है या फिर उनकी भूमि की उत्पादकता बहुत कम होती है, जिसके कारण वे खाद्य की दृष्टि से शीघ्र असुरक्षित हो जाते हैं। वे लोग भी खाद्य की दृष्टि से सर्वाधिक असुरक्षित हो जाते हैं, जो प्राकृतिक आपदाओं से प्रभावित हैं और जिन्हें काम की तलाश में दूसरे स्थान पर जाना पड़ता है। अतः यह खाद्य पदार्थ खरीदने में पूर्णतः कभी समर्थ नहीं होते हैं।

(ii) **महिलाओं की कुपोषण स्थिति** खाद्य असुरक्षा में कुपोषित महिलाएँ भी योगदान देती हैं। एक तो वह स्वयं कुपोषित होती हैं और कुपोषित महिलाओं से जन्मे बच्चे भी कुपोषित ही उत्पन्न होते हैं। परिणामस्वरूप मृत्यु दर में वृद्धि होती है। इसका सबसे बड़ा कारण गरीबी है।

(iii) **भुखमरी** भुखमरी खाद्य की दृष्टि से असुरक्षा को इंगित करने वाला प्रमुख पहलू है। भुखमरी गरीबी की एक अभिव्यक्ति मात्र नहीं है, यह गरीबी लाती है, परंतु खाद्य सुरक्षा की दृष्टि से सुरक्षा बनी रहती है, तो भुखमरी समाप्त हो जाती है।

गरीब लोग अपनी अत्यंत निम्न आय और जीवित रहने के लिए खाद्य पदार्थ खरीदने में अक्षमता के कारण दीर्घकालिक भुखमरी से ग्रस्त होते हैं।

**3. सार्वजनिक वितरण प्रणाली की समस्याओं का वर्णन कीजिए।**

**उत्तर** इस प्रश्न के उत्तर के लिए पृष्ठ संख्या 342 पर शीर्षक 'सार्वजनिक वितरण प्रणाली के साथ समस्याएँ' देखें।

## स्रोत आधारित प्रश्न

निम्नलिखित स्रोतों को ध्यानपूर्वक पढ़कर उन पर आधारित प्रश्नों के उत्तर दीजिए

1. जीवन के लिए भोजन उतना ही आवश्यक है, जितना कि साँस लेने के लिए वायु। लेकिन खाद्य सुरक्षा मात्र दो जून की रोटी पाना नहीं है, बल्कि उससे कहीं अधिक है। खाद्य सुरक्षा के विभिन्न आयाम हैं। खाद्य उपलब्धता का तात्पर्य देश में खाद्य उत्पादन, खाद्य आयात और सरकारी अनाज भंडारों में संचित पिछले वर्षों के स्टॉक से है। पहुँच का अर्थ है कि खाद्य प्रत्येक व्यक्ति को मिलता रहे। सामर्थ्य का अर्थ है कि लोगों के पास अपनी भोजन आवश्यकताओं को पूरा करने के लिए पर्याप्त और पौष्टिक भोजन खरीदने के लिए धन उपलब्ध हो।

किसी देश में खाद्य सुरक्षा केवल तभी सुनिश्चित होती है, जब सभी लोगों के लिए पर्याप्त खाद्य उपलब्ध हो, सभी लोगों के पास स्वीकार्य गुणवत्ता के खाद्य पदार्थ खरीदने की क्षमता हो और खाद्य की उपलब्धता में कोई बाधा न हो। 70 के दशक के प्रारंभ में हरित क्रांति के आने के बाद से मौसम की विपरीत दशाओं के दौरान भी देश में अकाल नहीं पड़ा है। देशभर में उपजाई जाने वाली विविध फसलों के कारण भारत पिछले तीस वर्षों के दौरान खाद्यान्नों के मामले में आत्मनिर्भर बन गया है।

(i) निम्नलिखित में से क्या खाद्य सुरक्षा का महत्त्वपूर्ण आयाम है?
(a) खाद्य उपलब्धता का बना रहना
(b) प्रत्येक व्यक्ति तक खाद्य वस्तुओं की पहुँच सुनिश्चित रहना
(c) व्यक्ति पर पर्याप्त और पौष्टिक भोजन खरीदने के लिए आय का होना
(d) उपरोक्त सभी

उत्तर (d) उपरोक्त सभी

(ii) हरित क्रांति ने किस प्रकार भारत में खाद्य सुरक्षा को सुनिश्चित किया?
(a) मौसम की विपरीत दशाओं में गेहूँ तथा चावल का उच्चतम उत्पादन करके
(b) आय समानता में वृद्धि करके
(c) उच्च पौष्टिकता युक्त खाद्य उत्पादों का उत्पादन करके
(d) खाद्य उत्पादों के निर्यात को प्रोत्साहित करके

उत्तर (a) मौसम की विपरीत दशाओं में गेहूँ तथा चावल का उच्चतम उत्पादन करके

(iii) भारत हरित क्रांति को संचालित करने के पश्चात् ........ खाद्य उत्पादन के मामलों में आत्मनिर्भर हो गया।
(a) हरित क्रांति के 10 वर्षों के पश्चात्
(b) हरित क्रांति के 20 वर्षों के पश्चात्
(c) हरित क्रांति के 30 वर्षों के पश्चात्
(d) हरित क्रांति के 40 वर्षों के पश्चात्

उत्तर (c) हरित क्रांति के 30 वर्षों के पश्चात्

(iv) सरकार द्वारा खाद्य सुरक्षा को किस प्रकार सुनिश्चित किया गया?
(a) देश विशेष से खाद्य उत्पादों का आयात करके
(b) देश के व्यक्तियों में आय समानता करके
(c) प्राकृतिक तथा सामाजिक परेशानियों के समय में खाद्य उपलब्ध करके
(d) समाज के प्रत्येक व्यक्ति को खाद्य उपलब्धता करके

उत्तर (c) प्राकृतिक तथा सामाजिक परेशानियों के समय में खाद्य उपलब्ध करके

(v) वर्ष 1943 में भारत के ............ में अकाल पड़ा था। इस अकाल में लगभग तीस लाख लोगों की मृत्यु हुई थी।
(a) मद्रास प्रांत (b) बंगाल प्रांत
(c) अवध प्रांत (d) पंजाब प्रांत

उत्तर (b) बंगाल प्रांत

(vi) **कथन** (A) हरित क्रांति के पश्चात् भारत में अकाल नहीं पड़ा है।

**कारण** (R) हरित क्रांति के अंतर्गत किसानों की प्राकृतिक संसाधनों में निर्भरता कुछ कम हुई।

**कूट**
(a) A और R दोनों सही हैं तथा R, A की सही व्याख्या है
(b) A और R दोनों सही हैं, परंतु R, A की सही व्याख्या नहीं है
(c) A सही है, किंतु R गलत है
(d) A गलत है, किंतु R सही है

उत्तर (a) A और R दोनों सही हैं तथा R, A की सही व्याख्या है

2. सार्वजनिक वितरण प्रणाली खाद्य सुरक्षा सुनिश्चित करने की दिशा में भारत सरकार का सर्वाधिक महत्त्वपूर्ण कदम है। प्रारंभ में यह प्रणाली सबके लिए थी और निर्धनों और गैर-निर्धनों के बीच कोई भेद नहीं किया जाता था। बाद के वर्षों में सार्वजनिक वितरण प्रणाली को अधिक दक्ष एवं अधिक लक्षित बनाने के लिए संशोधित किया गया। भारतीय खाद्य निगम द्वारा अधिप्राप्त अनाज को सरकार विनियमित राशन दुकानों के माध्यम से समाज के गरीब वर्गों में वितरित करती है। इसे सार्वजनिक वितरण प्रणाली (पी. डी. एस.) कहते हैं। अब अधिकांश क्षेत्रों, गाँवों, कस्बों और शहरों में राशन की दुकानें हैं। देशभर में लगभग 5.5 लाख राशन की दुकानें हैं। राशन की दुकानों में, जिन्हें उचित दर वाली दुकानें कहा जाता है, चीनी खाद्यान्न और खाना पकाने के लिए मिट्टी के तेल का भंडार होता है। यह सब बाजार कीमत से कम कीमत पर लोगों को बेचा जाता है। राशन कार्ड रखने वाला कोई भी परिवार प्रतिमाह इनकी एक अनुबंधित मात्रा (जैसे—35 किग्रा अनाज, 5 ली मिट्टी का तेल, 5 किग्रा चीनी आदि) निकटवर्ती राशन की दुकान से खरीद सकता है।

(i) भारत में सार्वजनिक वितरण प्रणाली प्रारंभ में किस वर्ग के लिए खाद्य सुरक्षा को सुनिश्चित करती थी?
(a) समाज के निर्धन वर्गों के लिए
(b) समाज के गैर-निर्धन वर्गों के लिए
(c) समाज के सभी वर्गों के लिए
(d) समाज में वरिष्ठ वर्गों के लिए

उत्तर (c) समाज के सभी वर्गों के लिए

(ii) भारत में राशन दुकानों को अन्य किस नाम से जाना जाता है?
(a) उचित विनियम दर वाली दुकानें
(b) उचित संशोधित दर वाली दुकानें
(c) उचित दर वाली दुकानें
(d) उचित आवश्यक वस्तुओं वाली दुकानें

उत्तर (c) उचित दर वाली दुकानें

(iii) भारत में राशन दुकानों के द्वारा ……… वस्तुओं की बिक्री की जाती है।
(a) खाद्य वस्तुएँ और सिलेंडर
(b) आवश्यक वस्तुएँ और मिट्टी का तेल
(c) खाद्य वस्तुएँ और मिट्टी का तेल
(d) घरेलू उपयोग वस्तुएँ और खाद्य वस्तु

उत्तर (c) खाद्य वस्तुएँ और मिट्टी का तेल

(iv) भारत में राशन कार्डधारक को प्रतिमाह कितने किलो अनाज तथा चीनी उचित दर पर प्राप्त होती है?
(a) 25 किग्रा अनाज, 2 किग्रा चीनी
(b) 30 किग्रा अनाज, 3 किग्रा चीनी
(c) 35 किग्रा अनाज, 5 किग्रा चीनी
(d) 40 किग्रा अनाज, 8 किग्रा चीनी

उत्तर (c) 35 किग्रा अनाज, 5 किग्रा चीनी

(v) निम्नलिखित में से कौन-सा कथन भारतीय खाद्य अधिनियम, 2013 से संबंधित है?
1. इस अधिनियम के अंतर्गत निर्धन वर्ग को कम दरों पर खाद्यान्न उपलब्ध कराया गया।
2. इस अधिनियम में 75% ग्रामीण जनसंख्या को वर्गीकृत किया गया था।
3. इस अधिनियम में 50% शहरी जनसंख्या को वर्गीकृत किया गया था।

**कूट**
(a) 1 और 2 (b) 2 और 3
(c) 1 और 3 (d) ये सभी

उत्तर (d) ये सभी

(vi) अन्नपूर्णा योजना के अंतर्गत ……………… वर्ग को लक्षित किया गया था।
(a) सर्वजनीन (b) निर्धन और गैर-निर्धन
(c) दीन वरिष्ठ नागरिक (d) योग्य परिवार

उत्तर (c) दीन वरिष्ठ नागरिक

**3.** यद्यपि भारत में लोगों का एक बड़ा वर्ग खाद्य एवं पोषण की दृष्टि से असुरक्षित है, परंतु इससे सर्वाधिक प्रभावित वर्गों में निम्नलिखित शामिल हैं : भूमिहीन जो थोड़ी बहुत अथवा नगण्य भूमि पर निर्भर हैं, पारंपरिक दस्तकार, पारंपरिक सेवाएँ प्रदान करने वाले लोग, अपना छोटा-मोटा काम करने वाले कामगार और निराश्रित तथा भिखारी। शहरी क्षेत्रों में खाद्य की दृष्टि से असुरक्षित वे परिवार हैं, जिनके कामकाजी सदस्य प्रायः कम वेतन वाले व्यवसायों और अनियत श्रम-बाजार में काम करते हैं। ये कामगार अधिकतर मौसमी कार्यों में लगे हैं और उनको इतनी कम मजदूरी दी जाती है कि वे मात्र जीवित रह सकते हैं।

(i) भारत के किन राज्यों में खाद्य की दृष्टि से असुरक्षित लोगों की सर्वाधिक संख्या है?

उत्तर भारत के बिहार, झारखंड, उड़ीसा, पश्चिम बंगाल, छत्तीसगढ़, मध्य प्रदेश तथा महाराष्ट्र के कुछ भागों में खाद्य की दृष्टि से असुरक्षित लोगों की सर्वाधिक संख्या है।

(ii) भारत में कौन-सा वर्ग सर्वाधिक खाद्य की दृष्टि से असुरक्षित होता है?

उत्तर भारत में अनुसूचित जाति, अनुसूचित जनजाति तथा पिछड़े वर्ग के कुछ वर्ग सर्वाधिक खाद्य की दृष्टि से असुरक्षित होते हैं। उनकी असुरक्षा का प्रमुख कारण भूमि की कम उपलब्धता तथा कम उत्पादकता है। इसके अतिरिक्त प्राकृतिक आपदाओं से प्रभावित व्यक्ति भी खाद्य की दृष्टि से जल्दी असुरक्षित हो जाते हैं।

(iii) भुखमरी के आयाम से आप क्या समझते हैं?

उत्तर भुखमरी में दीर्घकालिक और मौसमी आयाम होते हैं। दीर्घ-कालिक भुखमरी मात्रा एवं गुणवत्ता के आधार पर अपर्याप्त आहार ग्रहण करने के कारण होता है, जबकि मौसमी भुखमरी फसल उपजाने और काटने के चक्र से संबद्ध है। यह ग्रामीण क्षेत्रों की कृषि क्रियाओं की मौसमी प्रकृति के कारण तथा नगरीय क्षेत्रों में अनियमित श्रम के कारण होती है।

**4. स्रोत 'अ' सरकार द्वारा बफर स्टॉक का निर्माण**

वर्ष 2014 में एफ सी आई के पास गेहूँ और चावल का भंडार 65.2 करोड़ टन था, जो न्यूनतम बफर प्रतिमान से बहुत अधिक था। फिर भी यह बफर स्टॉक प्रतिमानों से लगातार ऊँचा बना रहा। सरकार द्वारा शुरू की गई विभिन्न योजनाओं के अधीन खाद्यान्नों के वितरण के द्वारा स्थिति में सुधार हुआ। अनाज वितरण में हालात सुधरे। इस बात पर आम सहमति है कि बफर स्टॉक का उच्च स्तर बेहद अवांछनीय है और यह बर्बादी भी है।

**स्रोत 'ब' न्यूनतम समर्थन मूल्य का किसानों से संबंध**

वर्द्धित न्यूनतम समर्थित कीमत पर अनाज की अधिक खरीदारी प्रमुख अनाज उत्पादक राज्यों; जैसे—पंजाब, हरियाणा और आंध्र प्रदेश की ओर से डाले गए दबावों का नतीजा है। इसके अलावा, चूँकि खरीदारी कुछ समृद्ध क्षेत्रों (पंजाब, हरियाणा, पश्चिमी उत्तर प्रदेश, आंध्र प्रदेश और कुछ सीमा तक पश्चिम बंगाल) में मुख्यतः दो फसलों-गेहूँ और चावल तक सीमित है।

**स्रोत 'स' भारत में राशन की दुकानों का संचालन**

पीडीसी डीलर अधिक लाभ कमाने के लिए अनाज को खुले बाजार में बेचना, राशन दुकानों में घटिया अनाज बेचना, दुकान कभी-कभार खोलना जैसे अपचार करते हैं। राशन दुकानों में घटिया किस्म के अनाज का पड़ा रहना आम बात है, जो बिक नहीं पाता। यह एक बड़ी समस्या साबित हो रही है। जब राशन की दुकानें इन अनाजों को बेच नहीं पातीं, तो एफसीआई के गोदामों में अनाज का विशाल स्टॉक जमा हो जाता है।

**स्रोत 'अ' सरकार द्वारा बफर स्टॉक का निर्माण**

(i) सरकार द्वारा बफर स्टॉक का उपयोग कब किया जाता है?

उत्तर सरकार द्वारा खाद्यान्न की उचित व्यवस्था को बनाए रखने के लिए बफर स्टॉक का उपयोग किया जाता है। सरकार अकाल की स्थिति में खाद्यान्न की उपलब्धता बनाए रखने के लिए भी बफर स्टॉक का उपयोग करती है।

**स्रोत 'ब' न्यूनतम समर्थन मूल्य का किसानों से संबंध**

(ii) न्यूनतम समर्थन मूल्य में वृद्धि ने किसानों को किस प्रकार प्रभावित किया है?

उत्तर न्यूनतम समर्थन मूल्य में वृद्धि से किसानों ने अपनी भूमि पर मोटे अनाजों की खेती समाप्त कर धान और गेहूँ की उत्पादकता में वृद्धि की है, जबकि धान की खेती के लिए सघन सिंचाई से पर्यावरण और जल स्तर में गिरावट भी आई है, जिससे इन राज्यों में कृषिगत विकास को बनाए रखने में खतरा उत्पन्न हो गया है।

**स्रोत 'स' भारत में राशन की दुकानों का संचालन**

(iii) वर्तमान में सार्वजनिक वितरण प्रणाली में कमी का क्या कारण है?

उत्तर वर्तमान में सार्वजनिक वितरण प्रणाली में कमी होने का प्रमुख कारण समाज में आर्थिक वर्गों के अनुसार विभिन्न राशन कार्डों का बनाना है, जो सार्वजनिक वितरण प्रणाली को सुदृढ़ बनाता है।

# स्वयं को जाँचें

## वस्तुनिष्ठ प्रश्न

**1.** सरकार अपने बफर स्टॉक के लिए किस मूल्य पर अनाजों की खरीद करती है?
(a) समर्थित मूल्य (b) न्यूनतम समर्थन मूल्य (c) अधिकतम समर्थन मूल्य (d) बाजार कीमत मूल्य

**2.** आई सी डी एस किस वर्ष प्रारंभ किया गया था?
(a) वर्ष 1965 (b) वर्ष 1975 (c) वर्ष 1985 (d) वर्ष 1995

**3.** भारत सरकार द्वारा अन्नपूर्णा योजना को कब प्रारंभ किया गया?
(a) वर्ष 1999 (b) वर्ष 2000 (c) वर्ष 2001 (d) वर्ष 2002

**4.** निम्नलिखित कथनों में से कौन-सा कथन सहकारी समिति से संबंधित है?
(a) भारत में सहकारी समितियाँ अधिकतर दक्षिण तथा पश्चिम भागों में देखने को मिलती हैं
(b) सहकारी समितियाँ कम कीमत वाली खाद्यान्न दुकानों को संचालन करती हैं
(c) मदर डेयरी भारत में सहकारी समितियों का प्रमुख उदाहरण है
(d) उपरोक्त सभी

## अतिलघु उत्तरीय प्रश्न

**5.** अकाल से आप क्या समझते हैं?

**6.** उचित दर वाली दुकानों से क्या तात्पर्य है?

**7.** राशन कार्ड रखने वाले परिवार को लगभग कितना सामान प्रतिमाह मिलता है?

## लघु उत्तरीय प्रश्न

**8.** खाद्य सुरक्षा का क्या अर्थ है? खाद्य सुरक्षा के कितने आयाम हैं?

**9.** भारत में खाद्य सुरक्षा के लिए दो घटक कौन-से हैं?

**10.** राष्ट्रीय काम के बदले अनाज कार्यक्रम को कब और किन उद्देश्यों के लिए लागू किया गया?

**11.** अंत्योदय अन्न योजना से आप क्या समझते हैं? टिप्पणी कीजिए।

## दीर्घ उत्तरीय प्रश्न

**12.** भुखमरी से आप क्या समझते हैं? भारत में भुखमरी के कितने प्रकार हैं? वर्णन कीजिए।

**13.** खाद्य और संबंधित वस्तुओं को उपलब्ध कराने में सहकारी समितियों और गैर-सरकारी संगठनों की भूमिका पर एक टिप्पणी लिखिए।

# आपदा प्रबंधन

अध्याय 01



# आपदा प्रबंधन से परिचय

## आपदा प्रबंधक बनना

संकट आपदाओं का रूप ले लेते हैं, क्योंकि उनका सही प्रबंधन नहीं हो पाता है। प्रस्तुत अध्याय आपदा प्रबंधक को प्रबंधन के लिए महत्त्वपूर्ण तत्त्वों एवं सूचनाओं की जानकारी से अवगत करा रहा है।

## संकट किसे कहते हैं?

वह घटना जिसके कारण मानव जीवन को कष्ट एवं उसकी संपत्ति, जीविका को क्षति पहुँचती है, जो प्राकृतिक अथवा अप्राकृतिक दोनों कारणों से होता है **संकट** कहलाता है। **भूकंप, सुनामी लहरें, ज्वालामुखी विस्फोट** को हम प्राकृतिक संकट कह सकते हैं। इसके अतिरिक्त बाढ़, अकाल, आग लगना एवं **भूस्खलन** को हम सामाजिक-प्राकृतिक संकट की श्रेणी में रखते हैं, क्योंकि इनका स्रोत केवल प्राकृतिक नहीं होता, बल्कि यह मानव जनित भी होता हैं; जैसे—वनों के विनाश के कारण तूफान प्रवाह बढ़ जाता है एवं वातावरण में प्रदूषण की मात्रा में वृद्धि हो जाती है।

मानव द्वारा उत्पन्न संकटों में प्राय: कारखानों, उद्योगों से उत्पन्न विस्फोटक, प्रदूषित उत्पाद तथा बाँधों को नुकसान आदि आते हैं। युद्ध एवं गृह युद्ध की स्थिति भी इसी श्रेणी में आती है। इन सब बातों के अतिरिक्त संकट बहु-संकट संभावित भी हो सकता है। *उदाहरणार्थ* भूकंप के बाद कई क्षेत्रों में बाढ़ की संभावना बढ़ जाती है, क्योंकि भूस्खलन से नदियों का प्रवाह रुक जाता है और जो एक संकट की स्थिति को पैदा करता है।

## आपदा किसे कहते हैं?

ऐसी घटना जिसका परिणामस्वरूप भयानक मानव-क्षति होती है, जो एक विशाल क्षेत्र में संपत्ति को नुकसान पहुँचाती है **आपदा** कहलाती है। यह प्राकृतिक एवं मानव जनित दोनों कारणों के परिणामस्वरूप हो सकती है। एक क्षेत्र में आई आपदा भारी मात्रा में जन-धन की हानि करती है, जिससे क्षेत्रवासियों का जीवन विकास की धारा से रुक जाता है।

### प्रभाव

आपदा एक विशाल क्षेत्र को प्रभावित करती है एवं उनकी दैनिक क्रियाकलापों में रुकावट उत्पन्न करती है। आपदा के परिणामस्वरूप जीवन एवं संपत्ति की भारी मात्रा में क्षति होती है। आपदा पूरे समुदाय के जीवन को प्रभावित करती है, जिसे बाहरी सहायता से ही पूरा किया जा सकता है।

- मई, 2003 को आंध्र प्रदेश के दक्षिणी भारत राज्य में दो सौ व्यक्तियों के शरीर में **पानी की कमी** तथा लू के कारण मृत्यु हो गई।
- वहाँ पारा 47.2 डिग्री सेंटीग्रेड तक पहुँच गया था। इसी दौरान **लू** के कारण राज्य में एक हजार व्यक्तियों की मृत्यु हुई तथा व्यापक सूखा पड़ा।
- राजस्थान के उत्तरी क्षेत्र में निरंतर चार वर्ष से सूखा पड़ रहा है। वहाँ सभी 32 जिले सूखाग्रस्त क्षेत्र घोषित कर दिए गए तथा राज्य के मुख्यमंत्री ने राष्ट्रीय सरकार से 1.5 बिलियन डॉलर सहायता राशि की माँग की है।
- दो सप्ताह बाद श्रीलंका की सरकार ने लगभग 30 मिलियन डॉलर अंतर्राष्ट्रीय सहायता की अपील की, क्योंकि मानसून की वर्षा के कारण देश के इतिहास में सर्वाधिक भीषण बाढ़ आ गई थी।
- 250 व्यक्तियों की मृत्यु हो गई 1,08,000 परिवार प्रभावित हुए तथा 9,000 घर और 90 विद्यालय नष्ट हो गए।

## असुरक्षा क्या होती है?

असुरक्षा आपदाओं से पहले आकर उसे और अधिक गंभीर बना देती है। यह किसी भी समुदाय के भीतर मौजूद विभिन्न कारणों; जैसे—गरीबी, जीवन-यापन की खराब स्थिति, अपर्याप्त संसाधन, सूचनाओं की कमी आदि के कारण कोई समुदाय संकट की सीमा तक प्रभावित होता है, उसे **असुरक्षा** कहते हैं।

इसका प्रभाव आपदा से घटित होने के बाद भी लंबे समय तक बना रहता है। अत: हम कह सकते हैं कि असुरक्षा और संकट ही स्थिति को **भयावह** बनाते हैं और उस क्षेत्र में आपदा होने की संभावना को बढ़ाते हैं।

## कारण

असुरक्षा विभिन्न कारणों पर निर्भर होती है। आंध्र प्रदेश के तटीय क्षेत्र में बाँस और छप्पर की झोंपड़ी में रहने वाला व्यक्ति **चक्रवात** से असुरक्षित है। **झंझावात** उसे उड़ा सकता है या तूफानी लहरें बहा सकती हैं, किंतु भूकंप-संभावित क्षेत्र में वह गलत ढंग से बनाए गए ईंट के **पक्के** मकान में रहने वाले व्यक्ति की अपेक्षा भूकंप के प्रभाव से इसलिए कम असुरक्षित है, क्योंकि गलत ढंग से बनाया गया ईंट का मकान गिरने पर चोट या मृत्यु का कारण हो सकता है।

वे व्यक्ति जो आर्थिक एवं सामाजिक रूप से कमजोर हैं, उन्हें आपदाओं से अधिक असुरक्षा होती है। लोगों के निवास की स्थिति, संसाधनों तक उनकी पहुँच, जागरूकता की कमी, प्रशिक्षण एवं शिक्षण अवसरों की कमी भी प्रमुख कारण हैं।

ऐसे व्यक्तियों के पास संसाधनों की कमी एवं आपदा प्रभावों को नियंत्रित करने की क्षमता भी कम होती है। समुदाय में आपदा घटित होने की स्थिति में समाज के कमजोर मानवों; जैसे—स्त्रियों, बच्चों, वृद्धों पर इसका ज्यादा प्रभाव पड़ता है। इसके विपरीत युवा, स्वस्थ एवं सतर्क वयस्कों को आपातकाल के दौरान कम सहायता की आवश्यकता होती है। वर्तमान समाज में गरीबी, बेरोजगारी, जनसंख्या वृद्धि एवं **शहरीकरण** जैसे कारणों से मनुष्य आज संकट संभावित क्षेत्रों की ओर जाने को बाध्य हो रहा है। जिस कारण उन क्षेत्रों में आवास, संसाधनों में अनियंत्रित वृद्धि के कारण समुदायों में संकट उत्पन्न होता जा रहा है।

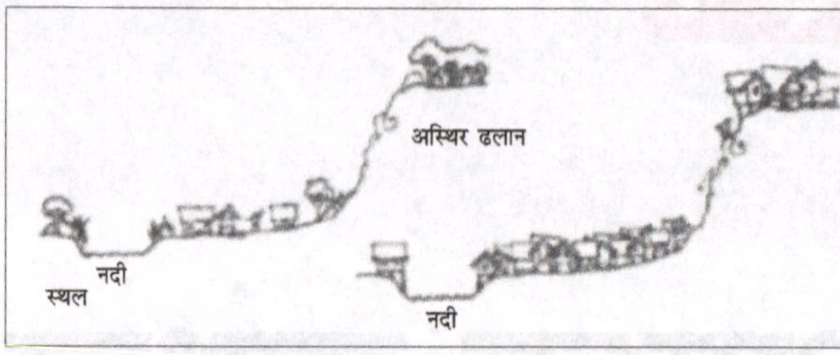


**चित्र** 1 जनसंख्या वृद्धि और शहरीकरण के दबाव के बाद स्थल

हमें जानते है कि पहाड़ी क्षेत्रों में भूकंप तथा भूस्खलन की संभावना अत्यधिक होती है। ऐसे क्षेत्रों में ऊपर बने घर गिर जाते हैं या खिसक जाते हैं और नीचे की बनी हुई बस्तियों को प्रभावित करते हैं। अत: कह सकते हैं कि असुरक्षा तथा संकट के मेल से आपदा का खतरा एवं उसके दुष्प्रभावों में वृद्धि हो जाती है। असुरक्षा किसी समुदाय की अंतर्निहित कमजोरियों को दर्शाती है, लेकिन संकट की स्थिति आपदा को जन्म देती है।

*निम्नलिखित सारणी असुरक्षा एवं संकट के परिणामों के संदर्भ में जानकारी दे रही है*

| असुरक्षा<br>कारण | संकट<br>प्रेरक घटना |
|---|---|
| स्थान | भूकम्प |
| सामाजिक तथा आर्थिक पिछड़ापन | बाढ़ |
| बीमारी तथा विकलांगता | चक्रवात |
| आयु तथा लिंग | सूखा |
| जागरूकता एवं शिक्षा का अभाव | भू-स्खलन |
| आपदा प्रबंध के लिए योजना की अपर्याप्तता | आग |
| आपदाओं की रोकथाम, उनके दुष्प्रभावों को कम करने तथा उनकी पूर्व तैयारी के लिए प्रशिक्षण का अभाव | युद्ध<br>आतंकवाद |
| जनसंख्या वृद्धि | नाभिकीय संकट |
| शहरीकरण | रासायनिक संकट |
| | पर्यावरण संकट |

## खतरा क्या है?

क्षति पहुँचाने की क्षमता के माप को **खतरा** कहते हैं। असुरक्षा, संकट एवं आपदा ये सभी खतरे से जुड़े हैं। यदि असुरक्षा एवं संकट कम हैं, तो आपदा एवं उसका खतरा भी उतना ही कम होता है। खतरे की प्रभावकारिता को कम करने के लिए जिस प्रकार समुदाय के हस्तक्षेप से खतरा नियंत्रित होता है, उसी रूप में क्षमता को भी परिभाषित किया जा सकता है।

आपदा के खतरे को कम करने के लिए संकट को कम करना अधिक सुविधाजनक हो सकता है, किंतु हम जानते हैं कि अधिकांश स्थितियों में संकट की मात्रा निर्धारित होती है तथा उसमें परिवर्तन नहीं किया जा सकता है। हम जानते हैं कि भारत की साठ प्रतिशत से अधिक भूमि में सामान्य से लेकर बहुत तीव्र भूकंपों की संभावना रहती है। भारत में 70% से अधिक कृषियोग्य भूमि सूखा-संभावित, 12% बाढ़-संभावित

तथा 8% चक्रवात-संभावित है। कश्मीर तथा उत्तर पूर्वी भाग आतंकवाद तथा युद्ध संकट का सामना कर रहे हैं। जनसंख्या को ऐसे स्थानों पर पुन: बसाना नितांत असंभव है, जो संकटग्रस्त नहीं हैं।

**खतरा** प्राकृतिक या मानव प्रेरित संकटों के बीच अन्योन्यक्रिया तथा असुरक्षित परिस्थितियों से उत्पन्न हानिकारक परिणामों की संभावना या अपेक्षित क्षतियाँ (मृत्यु, चोटें लगना, संपत्ति, आजीविकाएँ, आर्थिक गतिविधियों में बाधाएँ या वातावरण क्षति)।

*परंपरागत रूप से खतरा इस सिद्धांत द्वारा व्यक्त किया जा सकता है*

$$\text{खतरा} = \frac{\text{संकट} \times \text{असुरक्षा}}{\text{क्षमता}}$$

## आपदा जोखिम को कम करना

आपदा समाज के हर क्षेत्र को प्रभावित करती है। इसके दुष्प्रभावों को कम करने एवं जोखिम से बचने के लिए **जोखिम प्रबंधन** की आवश्कयता होती है। आपदा संकट एवं जोखिम प्रबंधन के लिए आवश्यक जानकारी इसमें वर्णित है।

प्राकृतिक संकटों के कारण उत्पन्न आपदाओं में वर्ष 1992 और 2001 के दौरान प्रतिवर्ष औसतन 60,000 व्यक्तियों ने अपने प्राण गँवाए। इन आपदाओं ने मकानों, संपत्ति, फसल, मवेशियों और बुनियादी सुविधाओं को क्षति पहुँचाकर लोगों को प्रभावित किया है। भारत जैसे विकासशील देश, प्राकृतिक आपदाओं का शिकार होते हैं। प्राकृतिक आपदाओं के कारण होने वाली लगभग 96% मृत्यु विकासशील देशों में ही हुई थी। गुजरात राज्य में, जो कि पहले ही कई वर्षों तक सूखे से जूझ रहा था, 26 जनवरी, 2001 को एक भीषण भूकंप आया। यही नहीं, हाल ही में यह राज्य एक गंभीर चक्रवात, प्लेग और घरेलू अशांति का भी गवाह रहा। इससे केवल यही नहीं कि विकास से होने वाले लाभों को क्षति पहुँची, बल्कि गुजरात के लोगों को दारुण यातनाएँ भी सहनी पड़ीं।

आपदा जब भी आती है वह हमारे विकास कार्यों को क्षति पहुँचाती है। मनुष्य कड़ी मेहनत से संसाधनों को जुटाता है और आपदा उसे एक झटके में नष्ट कर देती है, जिससे विकास की सीढ़ी चढ़ रहा समाज कई वर्ष पीछे खिसक जाता है। आपदाओं के विश्लेषण से यह पता चलता है कि ईरान, अफगानिस्तान और भारतवर्ष जैसे कम विकसित देशों में जहाँ भूकंप बार-बार आते रहते हैं वहीं जापान, अमेरिका की तुलना में कहीं अधिक क्षति होती है। इसका प्रमुख कारण **विकासशील देशों** में रह रहे लोगों कीअंतर्निहित सामाजिक-आर्थिक कमजोरियों तथा आपदाओं की उपयुक्त रोकथाम एवं उसके दुष्प्रभावों को कम करने और पहले से तैयारी की कमी जैसे कारण जिम्मेदार हैं। इन क्षेत्रों में भीषण चक्रवात (उड़ीसा, 1999) अथवा भुज में आए भूकंप (2001) जैसी आपदाओं से उबरने में अनेक वर्ष लग जाते हैं। फलस्वरूप विकास-यात्रा में बाधा पहुँचती है।

## आपदा जोखिम प्रबंधन

सर्वप्रथम आपदाओं एवं विकास के बीच अंतर्संबंधों को जानना अतिआवश्यक है, क्योंकि कुशल आपदा प्रबंधन होने से विकास के लाभों की रक्षा की जा सकती है, जो समुदायों के अनेक वर्षों के कठिन परिश्रम का प्रतिफल होता है। कहा भी जाता है कि इलाज की अपेक्षा परहेज करना बेहतर होता है अत: इसके लिए आपदापूर्व बातों पर ध्यान देने की विशेष आवश्यकता है,

*जोखिम प्रबंधन के प्रमुख घटक इस प्रकार हैं*

## जोखिम की पहचान और उसका जायजा लेना

इसके माध्यम से खतरा बनी आपदाओं, समुदाय की दुर्बलताओं एवं उसके मजबूत पक्षों का मिलकर जायजा लिया जाता है। यह संपूर्ण प्रक्रिया ऐसे तत्त्वों की पहचान करती है, जिन्हें खतरा है एवं उसके कारणों का विश्लेषण भी करती है। इस दौरान भौतिक, भौगोलिक, सामाजिक, राजनैतिक और मनोवैज्ञानिक कारणों पर ध्यान दिया जाता है, जो आपदा जोखिम के कारण होते हैं।

## जोखिम कम करना

इसके अंतर्गत आपदा एवं जोखिम को कम करने के उपाय किए जाते हैं और इस प्रकार आपदा के कारण होने वाली जान, संपत्ति अथवा परिसंपत्तियों को कम कर सकते हैं। जब किसी तत्त्व में आपदा का खतरा होता है, तब जोखिम होने की स्थिति होती है एवं आपदाओं से उसके प्रभावित होने की संभावना होती है।

### आपदा प्रबंधन प्राधिकरण

स्थानीय स्तर पर आपदाओं से निबटने की जिम्मेदारी स्थानीय स्वशासन तथा समुदाय की होती है, जो यह काम आपदा प्रबंध समितियों के माध्यम से करते हैं। इस तरह की समितियाँ अब केवल समुदाय के स्तर पर ही नहीं बल्कि जिला और उप-जिला प्रशासनिक स्तरों पर गठित की जा रही हैं। सरकारी अधिकारियों, पुलिस, विकास एजेंसियों, जनप्रतिनिधियों तथा अन्य पणधारियों को आपदा प्रबंध के विभिन्न पक्षों में प्रशिक्षित करने की जिम्मेदारी **राष्ट्रीय आपदा प्रबंध संस्थान** (एनआईडीएम) भारत सरकार, दिल्ली के ऊपर है। राज्य स्तर पर इस तरह की जिम्मेदारी प्रशासनिक प्रशिक्षण संस्थानों, राज्य ग्रामीण विकास संस्थानों, विश्वविद्यालयों आदि के ऊपर होती है। इंजीनियरों, वास्तुकारों जैसे व्यावसायिकों को प्रशिक्षित करने का काम तकनीकी शिक्षा संस्थानों (भारतीय प्रौद्योगिकी संस्थानों-आईआईटी, स्थानीय इंजीनियरी कॉलेजों, वास्तुकला स्कूलों आदि) द्वारा किया जा रहा है। डॉक्टरों और चिकित्सा स्टाफ को आपातकाल चिकित्सीय प्रक्रिया में प्रशिक्षण दिए जाने की जरूरत है। इस तरह का प्रशिक्षण राज्य सरकारों के माध्यम से आयोजित किया जा रहा है।

## रोकथाम एवं दुष्प्रभाव कम करना

आपदा जोखिम कम करने के लिए यह एक आवश्यक प्रक्रिया होती है। मुख्य रूप से जब दुष्प्रभावों की बात करते हैं, तो ढाँचागत और गैर-ढाँचागत उपाय करने होते हैं, जिससे प्राकृतिक आपदाओं, पर्यावरण अवक्रमण और प्रौद्योगिकीय आपदाओं के प्रभावों को कम किया जा सके।

## ढाँचागत दुष्प्रभाव

"दुष्प्रभाव को कम करने के लिए ढाँचागत और गैर-ढाँचागत उपाय किए जाते हैं, जिससे कि प्राकृतिक आपदाओं पर्यावरणात्मक अवक्रमण और प्रौद्योगिकीय आपदाओं के दुष्प्रभावों को सीमित किया जा सके।"

### नक्शों के अनुसार बनाए गए भवन

वास्तुकार, इंजीनियर तथा राज की सहायता से विधिवत तरीके से आपदारोधी निर्माण किया जाता है।

*निम्नलिखित माध्यमों से आपदारोधी निर्माण होता है*

- भवन (भूस्थल) के लिए सुरक्षित स्थान ढूँढना।
- प्राकृतिक आपदाओं की प्रचंडता का जायजा लेना।
- इस तरह की प्रचंडता से निबटने के लिए ढाँचागत उपायों की आयोजना और विश्लेषण।
- ढाँचागत घटकों का डिजाइन तथा उपयुक्त ब्यौरे।
- उपयुक्त सामग्री से निर्माण कार्य।
- उपयुक्त देख-रेख में उन्नत कार्यकुशलता।

अधिकांश देशों में **भवन निर्माण संहिता** होती है, जिसका प्रयोग नियमानुसार भवन निर्माण के लिए किया जाता है।

### बिना नक्शे के बनाए गए भवन

ऐसे भवन उन राजों एवं बढ़इयों के द्वारा बनाए जाते हैं, जिन्हें औपचारिक प्रशिक्षण प्राप्त नहीं होता है, जो परंपरागत भवन पूर्व में आपदाओं की दृष्टि से खरे उतरे हैं। उन्हें परंपरागत डिजाइनों में प्रशिक्षित किया जा सकता है। इससे आपदा-संभावित क्षेत्रों में मकान बनाने पर नियंत्रण रखा जा सकता है।

### गैर-ढाँचागत दुष्प्रभाव को कम करना

- **कानूनी तंत्र** भवन निर्माण संहिता के माध्यम से बने भवनों में चक्रवात, भूकंपों के प्रभाव को झेलने की क्षमता होती है।
- **भू-प्रयोग आयोजना** भूकंप जोखिम क्षेत्रों से मानवीय गतिविधियों को रोकना तथा जान-माल की क्षति को कम करना इसका प्रमुख उद्देश्य होता है। साथ ही समुदायों को सुरक्षित स्थान में ले जाना, कानूनों का सुव्यवस्थित नियोजन करवाना अन्य उद्देश्य होते हैं।
- **प्रोत्साहन और आर्थिक तंत्र** सरकारी एवं अन्य संस्थानों की सहायता से अनुदान और आर्थिक सहायता देकर दुष्प्रभावों को कम किया जाता है। इसके अतिरिक्त आपदारोधी तकनीकों से युक्त भवनों की घटी दरों पर ऋण उपलब्ध कराया जाता है। बैंकों को भवन निर्माण करने एवं पुराने भवनों की मरम्मत करवाने के लिए ऋण मुहैया कराने को भी कहा जा सकता है।
- **प्रशिक्षण एवं शिक्षा** विभिन्न सरकारी कर्मचारियों, इंजीनियरों, वास्तुकारों, पर्यवेक्षकों, कारीगरों आदि को कुशल प्रशिक्षण देकर आपदा के लिए तैयार किया जाता है, जिससे आपदा दुष्प्रभावों को कम किया जा सकता है।

  *निम्नलिखित बातें स्पष्ट करती हैं कि जनजागरूकता आवश्यक है*
  - प्राकृतिक संकटों और दुर्बलताओं की समझ एवं ज्ञान।
  - दुष्प्रभावों में कमी करने के संदर्भ में जानकारी।
  - सामुदायिक तत्परता कार्यक्रम में जन-भागीदारी।

## रोकथाम

मानव जनित आपदाओं में रोकथाम ज्यादा कारगर होती है। इसके विपरीत प्राकृतिक आपदाओं को नहीं रोका जा सकता, बल्कि सामुदायिक संकट कम करके आपदा के संकट को कम किया जा सकता है। आपदा को टालने के लिए सरकारी विभाग एवं नगरपालिका उपाय करें, तो इसके प्रभाव को कम किया जा सकता है; जैसे—बाँधों के माध्यम से बाढ़ का नियंत्रण, अग्नि क्षेत्रों के नियंत्रण के लिए दावानल के फैलने को रोका जा सकता है। आपदा प्रबंधन में समुदायों की भागीदारी, उपयुक्त चेतावनी, व्यवस्थित सामाजिक-आर्थिक विकास और स्वामित्व की सक्रिय भावना से अच्छे परिणाम सामने आ सकते हैं।

## जोखिम को अन्य पक्ष के जिम्मे डालना

आपदा के बाद के दुष्प्रभाव को कम करने के लिए उसकी भरपाई करने के लिए बीमा योजना, आपदा प्रबंधन आयोजना एवं **सामुदायिक आकस्मिक निधियों** से जोखिम को अन्य पक्ष के जिम्मे डाला जा सकता है। आपदा प्रबंधन योजना के अधीन समुदाय द्वारा आकस्मिक संकट के लिए दिए गए धन का एक हिस्सा अलग रख दिया जाता है।

विकसित देशों में पूँजी जुटाने का प्रमुख काम निजी बीमा कंपनियाँ करती हैं, क्योंकि यहाँ लोग संपत्ति आजीविका का बीमा कराते हैं। लेकिन अन्य देश, जिन्हें विकासशील की श्रेणी में रखा जाता है, वहाँ सरकार पर और आपदा व्यक्ति पर यह जिम्मेदारी आ जाती है। यहाँ आपदा प्रबंधन का बड़ा हुआ खर्च आपदा पूर्व जोखिम पर ध्यान न देने के कारण होता है और इस बढ़ते आपदा खर्च के कारण विकास के लिए दिया जाने वाला बजट कम हो जाता है, जिसके कारण दीर्घकालीन आर्थिक एवं सामाजिक सुधार धीमा पड़ जाता है।

अत: भारतीय सरकार ऐसी योजना का निर्माण कर रही है, जिसके कारण अत्यंत गरीब लोग भी आपदा जोखिम से आसानी से निपट सकें। इसके तहत अनेक उपाय शामिल हो सकते हैं, जिससे आपदाओं, सुरक्षा नेटों और आकस्मिक निधियों से निपटा जा सके। इसके अतिरिक्त सामाजिक पूँजी निर्मित करने और समुदाय स्तर पर जोखिम के दुष्प्रभावों को कम करने के उपाय किए जा सकते हैं।

# आपदा प्रबंधन के घटक

राष्ट्रमंडल सरकार आपातकाल, आपदा प्रबंधन के लिए निम्न *चार बातों को महत्त्व देती है*

(i) पहले से तैयारी (ii) जवाबी कार्यवाही
(iii) सामान्य जीवन स्तर पर लौटना
(iv) रोकथाम/आयोजना/दुष्प्रभाव को कम करना आदि (पी आर आर पी) और इन बातों के पालन के लिए आपदा प्रबंध व्यवस्था तैयार करने की हिमायत करती है।

## पी आर आर पी

| | |
|---|---|
| **पहले से तैयारी** | इसके माध्यम से यह सुनिश्चित करने का उपाय किया जाता है कि समुदाय और सेवाएँ आपदा के दुष्प्रभाव से निबटने के लिए पहले से तैयार रहें। |
| **जवाबी कार्यवाही** | आपदा से पहले, उसके दौरान और आपदा के तुरंत बाद किए गए ऐसे उपाय, जिनसे आपदा के प्रभाव को कम किया जा सके। |
| **सामान्य जीवन स्तर पर लौटना** | भौतिक आधारभूत सुविधाओं के पुनः निर्माण तथा आर्थिक एवं भावनात्मक कल्याण की पुनः प्राप्ति में संकट से प्रभावित समुदायों के लिए सहायक उपाय। |
| **रोकथाम** | संकटों/आपदाओं की गंभीरता से मुक्ति पाने अथवा उनके प्रभाव को कम करने के उपाय। |

*किसी भी क्षेत्र में याद रखी जाने वाली महत्त्वपूर्ण बातें नीचे दी गई हैं*

## पहले से तैयारी

1. सामग्री और मानवीय कौशल संसाधन, दोनों प्रकार के संसाधनों की सूची।
2. सामुदायिक जागरूकता एवं शिक्षा।
3. स्कूल/समुदाय/व्यक्ति के लिए आपदा प्रबंध योजनाएँ तैयार करना।
4. समुचित चेतावनी प्रणाली।
5. पारस्परिक सहायता व्यवस्था।
6. असुरक्षित समूहों की पहचान करना।
7. अभ्यास प्रशिक्षण मॉकड्रिल।

## राहत और बचाव कार्यवाही

1. आपदा प्रबंध योजनाओं को कार्यरूप देना।
2. आपातिक नियंत्रण कक्ष को चालू करना।
3. ताजा स्थितिनुसार चेतावनी देना।
4. संसाधन जुटाना।
5. चिकित्सा शिविर।
6. स्थानीय समूहों की सहायता से सामुदायिक रसोई स्थापित करना।
7. रहने के लिए अस्थायी व्यवस्था करना।
8. प्रभावितों को ढूँढने और उनका बचाव करने के लिए दल भेजना।
9. समुचित आश्रय और टॉयलेट इत्यादि की व्यवस्था करना।

## सामान्य जीवन स्तर पर लौटना तथा पुनर्वास

1. समुदाय को स्वास्थ्य और सुरक्षोपायों की जानकारी देना।
2. अनिवार्य सेवाओं—सड़कों, संचार संबंधों की पुन: शुरूआत करना।
3. आश्रय/अस्थायी आवास सुलभ कराना।
4. निर्माण के लिए मलबे में से प्रयोग के लायक सामग्री इकट्ठी करना।
5. आर्थिक सहायता उपलब्ध कराना।
6. रोजगार के अवसर ढूँढना।
7. नए भवनों का पुन:निर्माण करना।
8. जिनके परिजन बिछड़ गए हैं, उन्हें तसल्ली देने के कार्यक्रम आयोजित करना।

## रोकथाम और दुष्प्रभाव को कम करने के लिए योजना बनाना

1. सामुदायिक जागरूकता और शिक्षा।
2. भूमि उपयोग के लिए योजना तैयार करना।
3. जोखिम क्षेत्रों में बसावट को रोकना।
4. आपदारोधी भवन।
5. आपदा से पहले जोखिम को कम करने के तरीके तलाशना।

यद्यपि विभिन्न संकटों के लिए विशेष जवाबी उपाय प्राय: अलग-अलग तरह के होंगे, फिर भी देखभाल व्यवस्था का एक एकल सैट बनाना अपरिहार्य है, जो कि सभी संकटों का मुकाबला करने में सक्षम हो। दरअसल आपदा प्रबंध आपदा से पहले और उसके बाद ही नहीं, बल्कि एक-दूसरे के समानांतर चलने वाली क्रियाकलापों की एक श्रृंखला का प्रतिनिधित्व करता है।

इस व्यवस्था में यह मानकर चला जाता है कि आपदा संभावित समुदाय के भीतर आपदा की रोकथाम, दुष्प्रभाव को कम करने, जवाबी कार्यवाही और सामान्य जीवन स्तर पर लौटने हेतु आपदा के समय हस्तक्षेप उपाय किए जा सकते हैं इस प्रकार देखें तो यह व्यवस्था **विस्तार और संकुचन** मॉडल से भी अधिक है। हालाँकि विभिन्न घटक, संकट और समुदाय की असुरक्षा की संभावना के बीच के संबंध के आधार पर विस्तारित तथा संकुचित होते रहते हैं।

उदाहरणस्वरूप देखें, तो पूर्व चेतावनी मिलने पर पहला कदम पहले से तैयार रहना है, ताकि समुदाय और सेवाएँ आपदा के दुष्प्रभाव से निबटने में सक्षम हों। इसका संबंध उन विशिष्ट उपायों से है, जो आपदा पूर्व किए जाते हैं ताकि तीव्र जवाबी कार्यवाही में मदद मिल सके। **राहत और जवाबी कार्यवाही** करने के चरण के दौरान सरकारी और गैर-सरकारी संगठन प्रभावित लोगों को भोजन, वस्त्र और आश्रय उपलब्ध कराते हैं। **सामान्य जीवन स्तर पर लौटने और पुनर्वास/पुनर्निर्माण** चरण के दौरान प्रभावित लोग पुन: अपने लिए मकान बनाते हैं, रोजगार ढूँढते हैं तथा बुनियादी एवं अनिवार्य सेवाओं; जैसे—सड़कें, पुल, अस्पताल, स्कूल आदि का निर्माण किया जाता है। सामान्य विकास कार्य में केंद्रीय और राज्य सरकार की सहायता सुलभ रहती है। अंतिम चरण के रूप में **रोकथाम और दुष्प्रभाव को कम करने** संबंधी कार्य संभावित आपदा के प्रभाव को कम-से-कम करने के उद्देश्य से संपादित किए जाते हैं।

**आपदा के समय जवाबी कार्रवाई और सामान्य जीवन स्तर लौटने** से हटकर **आपदा जोखिम और जोखिम को कम करने** तथा **सरकार केंद्रिक दृष्टिकोण** से हटकर **सामुदायिक सहभागिता की कार्यनीति** पर अधिक बल दिया जा रहा है।

अध्याय

02

# विशिष्ट संकट और मंदन

## मंदन

किसी आपदा या भावी आपदा के प्रभाव को कम करने के लिए किए गए उपाय ही मंदन है। मंदन आपदा से पहले, उसके दौरान या बाद से शुरू किया जा सकता है, लेकिन यह शब्द प्राय: भावी आपदाओं के विरुद्ध किए गए कामों की ओर संकेत करता है।

## मंदन का महत्त्व

मंदन के प्रयत्न, समुदायों को अधिक सुरक्षित बनाने तथा जन-धन की हानि को कम करने के कारण लोगों के लिए उपयोगी सिद्ध हुए हैं।

कुछ मंदन उपाय निम्नलिखित हैं

- भवन निर्माण के कठोर नियम लागू करना, बाढ़ से सुरक्षा की आवश्यकता, नए निर्माणों या विद्यमान भवनों की मरम्मत के लिए भूकंपीय मानक डिजाइन और पवन वेग को सहने की आवश्यकता।
- संकट वाले क्षेत्रों से दूर मकानों का निर्माण।
- धरातल की हलचल और तेज गति वाली पवनों का सामना करने के लिए सार्वजनिक भवनों को और अधिक मजबूत बनाना।
- लोगों को अपने घरों में सुरक्षित रखने में सहायता के लिए सामुदायिक आश्रयों का निर्माण। विभिन्न संकटों की संभावना वाले क्षेत्रों में सार्वजनिक भवनों और विद्यालयों का निर्माण।

## समाज के लिए मंदन की उपयोगिता

- जीवन और संपत्ति की हानि को कम करके मंदन अधिक सुरक्षित समुदाय बनाता है।
- मंदन व्यक्तियों और समुदायों को, आपदाओं से तेजी से उबरने के योग्य बनाता है।
- मंदन सरकार और समुदायों पर आपदाओं के वित्तीय प्रभावों को कम करता है।

# विशिष्ट संकट तथा दुष्प्रभावों को कम करना

हमारे लिए व्यापक चिंता का कारण बनने वाले संकट कई तरह के होते हैं। संकटों की लंबी सूची को देखते हुए उनका वर्गीकरण अनेक ढंगों से किया जा चुका है। *आसानी से समझने के लिए विभिन्न संकटों का वर्गीकरण इस प्रकार किया जा सकता है*

**अचानक उत्पन्न होने वाले संकट** भूकंप, सुनामी लहरें, ज्वालामुखी विस्फोट, भूस्खलन, बाढ़, उष्ण प्रदेशीय चक्रवात, हिमस्खलन, मेघ विस्फोट।

**धीरे-धीरे प्रकट होने वाले संकट** सूखा, अकाल, पर्यावरण अवक्रमण, पेस्ट बाधा, मरुस्थलीकरण।

**महामारी** जल/खाद्य आधारित रोग, एक व्यक्ति से दूसरे व्यक्ति को लगने वाले रोग, रोगवाहक आधारित रोग।

**औद्योगिक/प्रौद्योगिकीय दुर्घटनाएँ** प्रणालीगत खराबी, आग, विस्फोट, रासायनिक रिसाव/टपकना।

**युद्ध और गृह युद्ध** प्रस्तुत अध्याय के अगले कुछ पृष्ठों में संकट विशेष के विशेष दुष्प्रभावों और उन्हें कम करने के लिए कार्यनीतियों पर चर्चा की गई है।

***विशिष्ट संकटों और उनके दुष्प्रभावों को कम करने वाले ढाँचे का वर्णन कई मामलों में निम्न क्रम में किया गया है***

- शुरुआत कैसे होती है
- चेतावनी
- ऐसे तत्त्व जिनके लिए खतरा है
- विशिष्ट प्रभाव
- संकट का जायजा लेना
- दुष्प्रभावों को कम करने की प्रमुख कार्यनीतियाँ
- समुदाय के आधार पर दुष्प्रभावों को कम करना

## भूकंप

विस्थापित चट्टानों में एकत्रित होने वाली ऊर्जा के अचानक निकलने से भू-पटल में उत्पन्न होने वाली कंपन या लहर को भूकंप कहते हैं।

### चेतावनी

भूकंप अचानक से आने वाली आपदा है। यह दिन या रात के किसी भी समय में आ सकता है। इसका पूर्वानुमान नहीं लगाया जा सकता। अनेक वैज्ञानिक प्रयासों के बाद भी वर्तमान में ऐसी कोई चेतावनी प्रणाली विकसित नहीं हो पाई है, जिससे भूकंप का पूर्वानुमान लगाया जा सके।

अहमदाबाद में एल आकार का एक स्कूल भवन ढह गया, जिसके कारण 32 बच्चों की मृत्यु हुई। सरकारी आँकड़ों के अनुसार भूकंप में कुल मिलाकर 31 अध्यापकों ने जान गँवाई, 95 घायल हुए, जबकि 971 छात्रों की जानें गईं और 1,051 छात्र घायल हुए।

*भूकंप के दौरान मानव आबादी की क्षति के निम्नलिखित कारण होते हैं*

1. भूकंप संभावित क्षेत्रों—कछारी, भूस्खलन, मिट्‌टी के ढेर एवं भू-वैज्ञानिक भ्रंश रेखाओं के सहारे मानव बस्तियों का निर्माण होना।
2. कमजोर नींव वाले भवनों का निर्माण तथा क्षमता से अधिक मानव आबादी का निवास होना।
3. निम्न गुणवत्ता की मिट्‌टी, रोड़ी, ईंटों से बनाए गए परंपरागत भारी भवन, हल्के पदार्थों से बने भवनों की अपेक्षा अधिक जोखिम भरे होते हैं।
4. कमजोर एवं लचीले आधार युक्त स्थानों पर वाहन तथा भवनों की स्थिति।

1991 के भूकंप में उत्तरकाशी में बिना नक्शे के बनाया गया भवन (पत्थर-मसाले की दीवारें) आंशिक रूप से ढह गया। **स्रोत** भूकंप युक्तियाँ आईआईटी के, बीएम टीपीसी

गलत ढंग से बनाई गई कमजोर अथवा लचीली मंजिल भूकंपों के दौरान घटिया कार्य निष्पादन का परिचय देती है। भुज में कई ऐसे भवन जिनकी निचली मंजिल वाहन खड़े करने के लिए खुली रखी गई थी, भूकंप में ढह गए थे। ऊपर चित्र में आंशिक रूप से रखी गई निचली मंजिल के कारण भवन में ऊपर की तरफ दरार दिखाई दे रही है।

### विशिष्ट प्रभाव

*भूकंप से होने वाले विशिष्ट प्रभाव हैं*

1. **भौतिक क्षति** भवनों तथा सेवा ढाँचों को नुकसान अथवा क्षति/आग, बाँध के टूटने के कारण बाढ़, भूस्खलन हो सकते हैं।
2. **मृत्यु** अधिकेंद्र के निकट तथा ऐसे स्थानों पर जहाँ जनसंख्या का घनत्व अधिक है और मकान भूकंपरोधी नहीं होते, वहाँ अधिक लोगों की मृत्यु होती है।
3. **जनस्वास्थ्य** हड्डियों के टूटने, मामूली तथा गंभीर रूप से घायल होने की समस्या व्यापक होती है, सफाई व्यवस्था के भंग हो जाने तथा अन्य अस्वास्थ्यकर स्थितियों के फलस्वरूप महामारियाँ पैदा हो सकती हैं।

4. **जल आपूर्ति** जल आपूर्ति वितरण नेटवर्क तथा जलाशयों के टूट जाने के कारण गंभीर समस्याएँ पैदा हो जाती हैं। आग बुझाने में प्रयुक्त नलकियों की आपूर्ति लाइनें असुरक्षित होने की स्थिति में अग्नि सेवा कार्रवाई को प्रभावित कर सकती है।
5. **बिजली और संचार** सभी संपर्क प्रभावित हो जाते हैं। ट्रांसमिशन टावर, ट्रांस्पौंडर, ट्रांस्फार्मर काम करना बंद कर सकते हैं।
6. **परिवहन नेटवर्क** सड़कों और पुलों, रेल पटरियों, हवाई पट्टियों तथा संबंधित बुनियादी सेवाओं के टूट जाने के कारण परिवहन नेटवर्क पर गंभीर प्रभाव पड़ता है।

## दुष्प्रभाव को कम करने की प्रमुख कार्यनीतियाँ

भूकंप से होने वाली हानि को रोकने के लिए भवनों को भूकंप के झटके सहने योग्य बनाया जाता है। भवनों के डिजाइन एवं निर्माण सामग्री पर विशेष ध्यान दिया जाता है। भवनों का निर्माण दुर्बल मिट्टी पर नहीं किया जाना चाहिए।

**भारतीय मानक ब्यूरो** ने भवनों को प्राकृतिक आपदाओं से सुरक्षित बनाने वाली संहिताएँ एवं मार्गदर्शी निर्देश लागू किए हैं। इन नियमों का पालन भवन निर्माण में करने से भूकंप से होने वाली हानियों से बचा जा सकता है। इसके साथ ही नगरपालिकाओं, नगर निगमों एवं इंजीनियरों द्वारा भवन निर्माण का नक्शा जाँच कराकर ही भवन निर्माण करवाना चाहिए।

भूकंप से होने वाली हानि को रोकने के लिए समयानुकूल नई तकनीकों का प्रयोग करना चाहिए। सार्वजनिक भवनों एवं पुराने भवनों को भूकंपरोधी बनाने के लिए विशेष प्रयास किए जाने चाहिए। इसके लिए वास्तुकारों, बिल्डरों, ठेकेदारों, डिजाइनरों, इंजीनियरों, सरकारी अधिकारियों, मकान मालिकों आदि में संवेदीकरण और प्रशिक्षण कार्यक्रमों के जरिए **जनजागरूकता** पैदा की जानी चाहिए।

# भूस्खलन

पर्वतों के वनस्पतिहीन तीव्र ढाल की चट्टानें, मिट्टी एवं मलबा आदि भारी वर्षा के कारण जब नीचे की ओर गमन करते हैं, तो इसे **भूस्खलन** कहते हैं।

## चेतावनी

भूस्खलन होने वाले क्षेत्रों की पहचान की जा सकती है, किंतु भूस्खलन होने का अंदाजा नहीं लगाया जा सकता है। भूस्खलन कभी भी अचानक हो सकता है। भूकंप, बाढ़ एवं चक्रवातों के साथ इसकी तीव्रता और अधिक बढ़ जाती है।

भूस्खलन के कारण विध्वंस का शिकार मकान-शिमला शहर के बीचोंबीच एक निजी घर में रहने वाले 25 व्यक्ति उस समय चमत्कारी ढंग से बच गए, जबकि भूस्खलन के कारण एक बड़ा हिस्सा ढह गया। यह भूस्खलन एक होटल का निर्माण करते समय नीचे की एक पहाड़ी को मनमाने ढंग से काटे जाने का परिणाम था।

## ऐसे तत्त्व जिनके लिए खतरा है

भूस्खलन से सर्वाधिक संकट तीव्र ढालों, पर्वतीय क्षेत्रों में स्थित बस्तियों पर होता है। कच्ची नींव एवं ढाल वाले क्षेत्रों में बने भवनों को भूस्खलन से अधिक क्षति पहुँचती है। भूस्खलन संबंधित क्षेत्र में सड़कों, संचार लाइनों एवं परिवहन साधनों को क्षतिग्रस्त कर देता है।

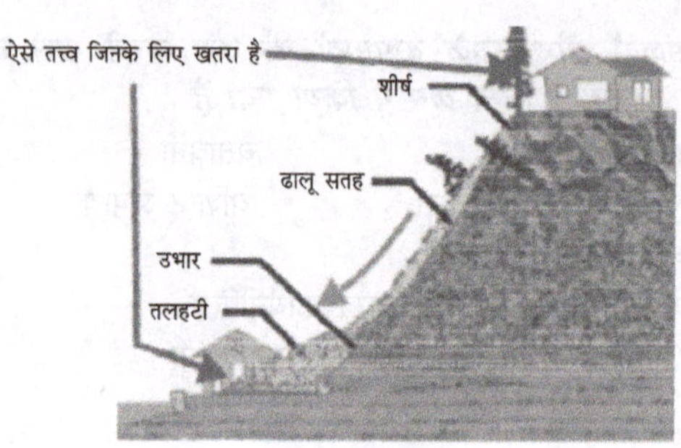


## विशिष्ट प्रभाव

*भूस्खलन से होने वाले विशिष्ट प्रभाव हैं*

1. **भौतिक क्षति** भूस्खलन अपने मार्ग में आने वाली भौतिक संरचनाओं को पूरी तरह नष्ट कर देता है। इससे परिवहन, संचार, सड़क, फसलें, भवन आदि को अत्यधिक क्षति पहुँचती है।
2. **मृत्यु** भूस्खलन क्षेत्रों में मानव बस्तियों के होने पर व्यापक जान-माल की हानि होती है। भयंकर भूस्खलनों ने हजारों लोगों की जाने ले ली हैं। वर्ष 1970 में भूकंप से आए भूस्खलन ने पेरू में 18,000 से अधिक व्यक्तियों की जान ली थी।

## दुष्प्रभाव को कम करने की प्रमुख कार्यनीतियाँ

*भूस्खलन के प्रभाव को कम करने तथा उसके आने की संभावना को रोकने के लिए कारगर उपाय किए जाने चाहिए।*

- इसके लिए तीव्र ढालों पर उपयुक्त वनस्पति प्रजातियों का रोपण करना चाहिए।

- इसके साथ ही कमजोर ढालों एवं आधार वाली भूमि पर भवन निर्माण नहीं किए जाने चाहिए।
- भूस्खलन प्रभावित क्षेत्रों का नक्शा बनाकर उनका बेहतर नियोजन किया जा सकता है।
- तीव्र ढालों पर भूस्खलन रोकने के लिए **पुश्ता दीवारों** एवं **समतल जल निकासी प्रणाली** को अपनाना चाहिए।

भूमि के नीचे बिछाई जाने वाले विभिन्न पाइप, केबल आदि को भूस्खलन सहने के योग्य बनाना चाहिए। लचीली चट्टानों एवं ढालों को भूस्खलन से बचाने के लिए उन पर **वनस्पति का रोपण** सबसे अधिक उपयुक्त उपाय है।

पुश्ता-दीवार-दुष्प्रभाव को कम करने के लिए एक उपाय के रूप में निर्मित प्रबलित दीवार।

समतल निकासी खाई

## बाढ़

जब भारी वर्षा के कारण नदी द्वारा तट रेखा तोड़ने, पिघलती बर्फ से जलाशयों एवं बाँधों के फटने अथवा चक्रवाती लहरों एवं सुनामी से एक बड़ा क्षेत्र अस्थायी रूप से जलमग्न हो जाता है, तो उस स्थिति को **बाढ़** कहते हैं।

बाढ़ कभी-कभी जलस्तर के धीरे-धीरे बढ़ने से आती है, तो कभी बाँध एवं जलाशयों के टूटने से अचानक आ जाती है। अचानक आने वाली बाढ़ अधिक भयानक होती है।

## चेतावनी

आकस्मिक आने वाली बाढ़ों को छोड़कर अधिकतर बाढ़ों का पूर्वानुमान लगाया जा सकता है। **भारत में केंद्रीय जल आयोग** (सीडब्ल्यूसी), सिंचाई और बाढ़ नियंत्रण विभाग तथा जल संसाधन विभाग चेतावनी जारी करते हैं। केंद्रीय जल आयोग का बाढ़ संबंधी पूर्वानुमान अधिकांश अंतर्राज्यीय बाढ़-संभावित नदियों को समाहित करते हुए 132 पूर्वानुमान केंद्रों पर आधारित होता है। बाढ़ चेतावनी की सूचना निम्न तरीकों से प्रसारित की जाती है

- सरकारी चैनल
- उच्च प्राथमिकता वाले तार
- आकाशवाणी
- प्रेस बुलेटिन
- उपग्रह आधारित आपदा चेतावनी प्रणाली

## ऐसे तत्त्व जिनके लिए खतरा है

बाढ़ के आने से प्रभावित क्षेत्र के भवन एवं फसल आदि जलमग्न हो जाते हैं। इसके साथ ही जल आपूर्ति, संचार लाइनों और बिजली, परिवहन, मवेशी, खाद्य भंडार आदि को बाढ़ से भयंकर क्षति होती है।

## विशिष्ट प्रभाव

*बाढ़ से होने वाले प्रभाव निम्न हैं*

1. **भौतिक क्षति** बाढ़ के दौरान पानी के तेज बहाव के कारण भवन नष्ट हो जाते हैं तथा भूस्खलन की प्रक्रिया बढ़ जाती है। संबंधित क्षेत्रों में मवेशी एवं अन्य उपयोगी वस्तुओं को व्यापक क्षति पहुँचती है।
2. **मृत्यु तथा जनस्वास्थ्य** जल का स्तर बढ़ने से मवेशी एवं मानवों की सैकड़ों की संख्या में मृत्यु हो जाती है। प्रदूषित जल के कारण विभिन्न प्रकार की महामारियाँ फैलने से भी मौतें होती हैं।
3. **जल आपूर्ति** बाढ़ का पानी कूप, नलों एवं जलप्रदाय सरोवर में भर जाता है, जिससे पीने योग्य स्वच्छ पानी की आपूर्ति बाधित हो जाती है।
4. **फसलें और खाद्य आपूर्ति** बाढ़ से खेतों में खड़ी फसलों के साथ-साथ खाद्य भंडारों का अनाज भी बेकार हो जाता है। इससे अचानक खाद्य संकट उत्पन्न हो जाता है। बाढ़ के पानी से भूमि की उर्वरा शक्ति भी कमजोर हो जाती है।

## दुष्प्रभाव को कम करने की प्रमुख कार्यनीतियाँ

बाढ़ की तीव्रता को कम करने के लिए बाढ़ ग्रसित क्षेत्रों एवं संभावित क्षेत्रों में **कछार का मानचित्रण** किया जाना चाहिए। इसके बाद **भू-प्रयोग नियंत्रण** के द्वारा जान-माल की हानि को रोका जा सकता है। भवनों का निर्माण सुरक्षित क्षेत्रों में नक्शे के अनुसार करना चाहिए। इसके साथ ही भवन निर्माण में उपयोगी सामग्री उच्च कोटि की प्रयोग

की जानी चाहिए। बाढ़ को कम करने के लिए वनस्पति संरक्षण, पुनर्वनरोपण, नदियों एवं तालाब से गाद की सफाई की जानी चाहिए। बाढ़ के पथ में आने वाले बाँधों, तटबंधों एवं चैनलों की पर्याप्त मरम्मत होनी चाहिए। निर्माण कार्यों की अनुमति बाढ़ क्षेत्रों एवं तटबंधों पर नहीं होनी चाहिए। बाढ़ के पानी को रोकने के लिए अस्थायी चैक डेमों का निर्माण किया जा सकता है।

खंभों अथवा चबूतरों पर निर्माण

ढाका, बांग्लादेश के बाहरी छोर पर मलिन बस्तियों में रिटल्ट पर बने मकान

**खश ढलाई बाढ़ आश्रय**

इस तरह के बाढ़ आश्रय मात्र इस बात का एक उदाहरण हैं कि किस प्रकार समुदाय भीषण बाढ़ों से अपना बचाव कर सकते हैं। भूमि के किनारों को 15 फुट तक ऊँचा उठाया जाता है और कई किलोमीटर क्षेत्र तक उसका विस्तार कर दिया जाता है। लोग बीच में एक बड़ा तालाब खोद देते हैं और इस मिट्टी का प्रयोग भू-स्तर को ऊपर उठाने के लिए करते हैं। जब कभी बाढ़ें आती हैं लोग अपने मवेशियों, माल-मत्ता यहाँ तक कि मकानों को भी सुरक्षित स्थान पर ला सकते हैं। बीच में बना हुआ तालाब मत्स्यपालन के काम आता है और इस कारण खाद्य का एक महत्त्वपूर्ण स्रोत बन जाता है।

## चक्रवात

चक्रवात निम्नदाब के केंद्र होते हैं। इनके चारों तरफ हवाएँ 50 किमी प्रति घंटे से अधिक गति से चलती हैं। ये हवाएँ केंद्र में पहुँचकर तेजी से ऊपर की ओर उठ जाती हैं।

### शुरुआत कैसे होती है और चेतावनी

उपग्रह के द्वारा हवा का दबाव क्षेत्र देखकर यद्यपि चक्रवात के बनने एवं गमन करने की दिशा का पता लगाया जा सकता है, परंतु चक्रवात प्राय: अचानक से ही प्रकट होते हैं। उपग्रह के आधार पर संभावित क्षेत्र में चेतावनी जारी करके जान-माल की हानि को रोका जा सकता है। उपग्रह के मानचित्रों के आधार पर ही भारतीय मौसम विज्ञान उष्णकटिबंधीय चक्रवातों, भारी वर्षा एवं हिमपात, शीतलहर तथा लू आदि के लिए चेतावनी जारी करता है। आम जनता में चेतावनी का प्रसार संचार साधनों—रेडियो, दूरदर्शन, टेलीफोन, फैक्स एवं अखबारों आदि से किया जाता है।

### ऐसे तत्त्व जिनके लिए खतरा है

कच्चे पदार्थों से बने मकान, लचीली भूमि पर बने निर्माण तथा तटीय बस्तियों को चक्रवातों से अधिक नुकसान होता है। चक्रवात अपने क्षेत्र में आने वाली चीजों—परिवहन, केबल तार, विद्युत लाइन, वनस्पति, मवेशी एवं मानव बस्तियों आदि को पूरी तरह नष्ट कर देता है। चक्रवात के कारण बाढ़, भूस्खलन आदि प्राकृतिक आपदाओं की तीव्रता बढ़ जाती है।

### विशिष्ट प्रभाव

*चक्रवात से होने वाले प्रभाव हैं*

1. **भौतिक क्षति** हवा की ताकत, बाढ़, तूफानी लहरों और भूस्खलनों के कारण भवनों को क्षति पहुँचेगी अथवा वे नष्ट हो जाएँगे। हल्की सामग्री से बनाई गई छत को भारी क्षति पहुँचती है।
2. **मृत्यु और स्वास्थ्य** बाढ़ और उड़ने वाले तत्त्वों के कारण मृत्यु हो जाती है। जल आपूर्ति के संदूषण से विषाणु का प्रकोप, अतिसार और मलेरिया जैसी बीमारियाँ पैदा हो जाती हैं।
3. **फसलें और खाद्य आपूर्ति** अधिक तेज हवाएँ और बारिश निचले स्थानों पर खड़ी फसलों और मवेशियों के लिए तबाही ला देंगी। केले और नारियल के वृक्षों जैसी फसलें सबसे ज्यादा असुरक्षित होती हैं। समुद्री जल के कारण लवणता बढ़ जाएगी और मृदा खेती के लिए अनुपयुक्त बन जाएगी।
4. **संचार** संचार संबंधों में गंभीर व्यवधान पड़ जाएगा। परिवहन संपर्क कम हो सकते हैं।
5. **जल आपूर्ति** भू-जल और नलकों से प्राप्त होने वाला पानी बाढ़ के पानी के कारण संदूषित हो सकता है।

### दुष्प्रभाव को कम करने के लिए प्रमुख कार्यनीतियाँ

1. **संकट का मानचित्रण** उपग्रह के द्वारा चक्रवात संभावित क्षेत्र का मानचित्र बनाकर उपयुक्त बचाव कार्य किए जाने चाहिए।
2. **भू-प्रयोग नियंत्रण** असुरक्षित क्षेत्रों मानव आबादी के संकेंद्रण को बाधित किया जाना चाहिए।
3. **बहुप्रयोजन चक्रवात आश्रय स्थल** तटीय उड़ीसा में ऐसे स्थलों का निर्माण किया गया है, जो तेज हवाओं को सहने एवं मजबूत आधार वाले हैं। चक्रवात संभावित क्षेत्रों में ऐसे ही भवनों का निर्माण किया जाना चाहिए। इसके साथ ही भवनों के आसपास हवाओं की गति कम करने के लिए पेड़ों को पंक्तिबद्ध लगाना चाहिए।

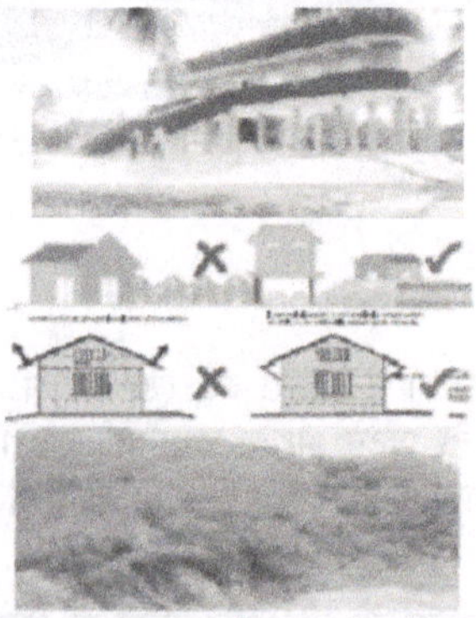

**तटीय सुरक्षा मेखला बागान कार्यक्रम** तटीय रेखा के साथ-साथ सुरक्षा मेखला के रूप में पेड़ लगाने से तेज चक्रवाती हवाओं का प्रभाव कम होगा और इस प्रकार भूक्षरण तथा बालू का भीतर की तरफ प्रवाह रुक जाएगा, जिससे बुवाई किए हुए खेत, मकान और तटों के निकट रिहायशी भूमि सुरक्षित रहेगी चित्र में भूमि का पुनरुद्धार दिखाया गया है : सुधरे हुए भू-क्षेत्र

4. **नक्शे के अनुसार बनाए गए भवन** चक्रवात से संभावित क्षेत्रों में भवनों का निर्माण नक्शे बनाकर उन्नत इंजीनियरिंग का प्रयोग करते हुए किया जाना चाहिए। भवनों को तेज आँधियों को सहने योग्य मजबूत आधार से बनाया जाना चाहिए।
5. **बाढ़ प्रबंध** बाढ़ से बचने के लिए तटबंधों पर भवन निर्माण नहीं होना चाहिए तथा बाढ़ से कटाव रोकने के लिए वनस्पति एवं सुरक्षा दीवारों का उपयोग किया जाना चाहिए।
6. **वनस्पति आच्छादन में सुधार लाना** चक्रवात में आने वाली तेज आँधियों की गति को तटीय सुरक्षा मेखला बागान द्वारा कम किया जा सकता है। पंक्तिबद्ध वृक्ष चक्रवात से होने वाली हानि को कम करते हैं।

## सूखा

सूखा एक ऐसी प्राकृतिक आपदा है, जिसमें वर्षा, आवश्यक औसत वर्षा से कम होती है। ऐसी स्थिति में प्रभावित क्षेत्र की वनस्पति एवं फसलों को आवश्यक जल की मात्रा प्राप्त नहीं होती है। अत: वनस्पति एवं फसलें नष्ट हो जाती हैं।

सूखा, लोगों को पेयजल की तलाश में मीलों तक चलने के लिए विवश कर देता है।

सूखे से प्रभावित समुदाय वर्षा के लिए ईश्वर से

सूखा पड़ने पर फसल का न होना एक सामान्य घटनाक्रम है। पृष्ठभूमि में अत्यंत न्यून पेड़-पौधे दिखाई पड़ते हैं।

## चेतावनी

सूखा कोई अचानक आने वाली घटना नहीं है। यह धीरे-धीरे आता है। वर्षा के कारणों के प्रभावित होने पर सूखा आने लगता है। जैसे-जैसे वर्षा की मात्रा घटती जाती है, सूखे की आवृत्ति बढ़ने लगती है।

इस दौरान जलाशय, नदियाँ, भू-जल स्तर आदि में जल कम होने लगता है। कृषि की उत्पादकता घट जाती है। भारतीय मौसम विज्ञान विभाग, वर्षा की कुल कमी दीर्घ अवधि औसत के 10% से अधिक होने के आधार पर सूखे की चेतावनी जारी करता है।

## ऐसे तत्त्व जिनके लिए खतरा है

सूखे के कारण प्रभावित क्षेत्र में फसलें नष्ट हो जाती हैं। मवेशियों को चारे एवं जल की कमी हो जाती है। सूखे की स्थिति अधिक दिनों तक रहने पर जान-माल की हानि अधिक होती है। सूखे के कारण लोगों की आजीविका छिन जाती है। चरवाहों, मजदूरों, किसानों आदि को रोजी-रोटी के साथ-साथ पीने योग्य पानी की समस्या भी झेलनी पड़ती है।

## विशिष्ट प्रभाव

सूखे के कारण फसल, डेरी, वनस्पति, विद्युत, बेरोजगारी, जैव-विविधता आदि प्रभावित होते हैं। स्वच्छ पीने योग्य पानी की कमी हो जाती है। भू-जल स्तर में गिरावट होने से यह समस्या और बढ़ जाती है। लोगों के जीवन स्तर में गिरावट, खराब स्वास्थ्य, गरीबी आदि के कारण समाज में अशांति फैल जाती है।

### जल विभाजक क्षेत्र

जल विभाजक क्षेत्र ऐसे भौगोलिक क्षेत्र होते हैं, जहाँ पानी एक सामान्य बिंदु की ओर प्रवाहित होता है। सूखे के दुष्प्रभाव को कम करने के लिए स्थानीय समुदायों के सहयोग से मृदा और जल संरक्षण के सभी प्रकार के उपाय करने होते हैं। इस रास्ते को अपनाने से इन क्षेत्रों को मृदा, पेड़-पौधों, पानी तथा अन्य संसाधनों का प्रभावी रूप से प्रबंध करने में मदद मिली। इन जल विभाजक क्षेत्रों के भीतर दुर्लभ जल स्रोतों के संरक्षण तथा मृदा और पेड़-पौधों के प्रबंधन में सुधार लाकर प्राकृतिक संसाधनों का संरक्षण करते हुए उच्चतर कृषि उत्पादन के अनुकूल स्थितियाँ पैदा करने की क्षमता है।

## दुष्प्रभाव को कम करने की प्रमुख कार्यनीतियाँ

वर्षा की स्थिति, जलाशयों, झीलों, नदियों आदि में जल की मात्रा के आधार पर **सूखे की स्थिति पर निगाह रखी** जा सकती है। सूखे के दौरान घरों में **जल आपूर्ति** सुनिश्चित करके कृषि के लिए **वर्षा के पानी का संग्रह** किया जाना चाहिए।

समोच्च बाँध, समोच्च कृषि आदि को बढ़ावा देना चाहिए। सिंचाई की सुविधा को बढ़ाकर फसलों को बचाया जाना चाहिए। प्रभावित लोगों के लिए वैकल्पिक आजीविका स्रोतों की खोज की जानी चाहिए। इसके साथ ही मवेशियों के लिए चारा व पानी की समुचित व्यवस्था होनी चाहिए।

## रालेगाँव सिद्धी

महाराष्ट्र के राले गाँव के लोगों ने खराब दशाओं को बदलकर संपन्नता की राह खोज निकाली। 20 वर्ष पहले इस गाँव में निपट गरीबी की सभी लक्षण दिखाई पड़ते थे। यह गाँव लगभग वृक्षहीन था। मृदा की ऊपरी परत उड़ गई थी। कोई खेती नहीं थी तथा लोग बेरोजगार थे। भारत के प्रमुख समाज सेवियों में से एक, अन्ना हजारे ने एक आंदोलन चलाया। उन्होंने वर्षा की प्रत्येक बूंद को इकट्ठा किया। यही वास्तविक सूखा मंदन की रीति है।

लोगों ने रोक बाँध और तालाब बनाए। मृदा संरक्षण के लिए पेड़ लगाए। परिणामत: दो दशक पहले रालेगाँव में केवल 80 एकड़ सिंचित क्षेत्र था। आज रालेगाँव के 1300 एकड़ क्षेत्र में सिंचाई की जाती है। रोजगार के लिए प्रवास रुक गया है। प्रति व्यक्ति आय दस गुना

बढ़कर, इसी अवधि में ₹ 225 से 2250 हो गई। विश्व बैंक का कोई अनुदान नहीं मिला। सरकार ने भी कोई मदद नहीं की। यह तो केवल लोगों का उद्यम था।

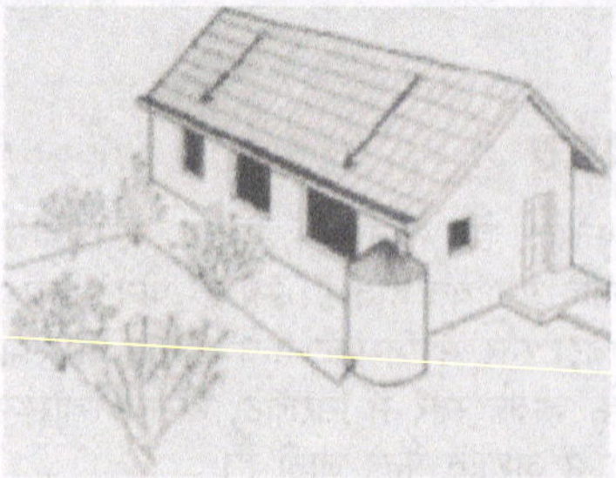

छत पर वर्षा का पानी इकट्ठा करना : छत एक ऐसे आवाह क्षेत्र के रूप में काम करती है, जो कि पानी को एक टंकी में डालता रहता है तथा वह पानी सूखे के समय काम आ सकता है।

आंध्र प्रदेश के करनूल जिले में फार्म तालाबों ने वर्षा का पानी इकट्ठा कर लिया और सूखे के प्रभाव से बचने में मदद की।

अध्याय

03

# सामान्य मानव प्रेरित आपदाओं की रोकथाम

## जन विनाशकारी आयुध

जन विनाशकारी आयुधों से जीवन, संपत्ति और पर्यावरण को भारी हानि होती है। इस पद में आयुधों के कई प्रकार शामिल हैं। इनमें नाभिकीय, जैविक, रासायनिक और रेडियोऐक्टिव अस्त्र शामिल हैं। 1937 में (स्पेन के ग्वेरनिका की हवाई बम वर्षा के संदर्भ में) या 1945 में (नाभिकीय आयुधों के संदर्भ में) **हिरोशिमा** और **नागासाकी** में एटमी बम गिराने के बाद, शीत युद्ध से गुजरते हुए, इस पद का अधिकाधिक प्रयोग अपारंपरिक आयुधों के लिए होने लगा है। संयुक्त राज्य अमेरिका के द्वारा वर्ष 2003 में ईराक पर हुए हमले के बाद से इस पद का व्यापक प्रयोग होने लगा है।

## नाभिकीय दुर्घटनाएँ

नाभिकीय आयुध विस्फोटक एक प्रकार का आयुध है। इसे विनाशक शक्ति, विखंडन की नाभिकीय प्रतिक्रिया या विखंडन और संलयन के संयोजन से मिलती है। परिणामस्वरूप, एक नाभिकीय आयुध कम पराभव के साथ ही बड़े से बड़े पारंपरिक विस्फोटकों से अत्यधिक शक्तिशाली होता है। एक अकेला आयुध संपूर्ण नगर को नष्ट करने में सक्षम है।

नाभिकीय आयुध मुख्यत: दो प्रकार के होते हैं। प्रथम प्रकार के आयुध अपनी विस्फोटक ऊर्जा केवल नाभिकीय विखंडन की प्रतिक्रिया से पैदा करते हैं। इन्हें बोलचाल की भाषा में अणुबम, ए-बम या विखंडन बम कहते हैं।

दूसरे प्रकार के नाभिकीय आयुध नाभिकीय संलयन प्रतिक्रिया के द्वारा भारी मात्रा में अपनी ऊर्जा पैदा करते हैं। ये बम विखंडन बमों की तुलना में हजार गुना शक्तिशाली होते हैं। ऐसा इसलिए है कि संलयन प्रतिक्रियाएँ द्रव्यमान की प्रति इकाई में विखंडन प्रतिक्रियाओं की तुलना में अधिक ऊर्जा को मुक्त करती हैं। इन्हें हाइड्रोजन बम, एच-बम, ताप नाभिकीय बम या संलयन बम कहते हैं।

## रासायनिक और औद्योगिक दुर्घटनाएँ

औद्योगिक प्रतिष्ठानों में आग लग जाने के कारण रासायनिक रिसाव एवं विस्फोट का खतरा बढ़ जाता है, *जिस कारण निम्नलिखित खतरे उत्पन्न हो जाते हैं*

उद्योग तथा निकटवर्ती रिहायशी क्षेत्रों में फैलने वाली आग के फलस्वरूप

- गर्मी की लहरें
- रासायनिक गैस रिसाव (जहरीली)
- विभिन्न उत्पादों का दहन और गर्मी की लहरें
- ऑक्सीजन के निम्न स्तर
- संरचनाओं और मशीनरी का ढह जाना
- निकटवर्ती पर्यावरण (भूमि, पानी और वायु) का संदूषण

भोपाल रासायनिक गैस रिसाव आपदा (2-3 दिसंबर, 1984) भोपाल में घटने वाली अभी तक की सबसे विनाशकारी औद्योगिक आपदा है। यह त्रासदी एक प्रौद्योगिक दुर्घटना का परिणाम थी, जिसमें हाइड्रोजन साइनाइड तथा अन्य अभिक्रिया उत्पादों (reaction products) सहित 45 टन मिथाइल आइसोसाइनेट (एमआईसी) नामक अत्यंत जहरीली गैस यूनियन कार्बाइड के कीटनाशक कारखाने से रात लगभग 12.30 बजे रिसकर भोपाल में हवा के साथ बह गई। सरकारी सूत्रों के अनुसार इस त्रासदी में वर्ष 1989 तक मरने वालों की संख्या 3598 तक पहुँच गई थी। त्रासदी में जीवित बचे हजारों लोग मृत्यु से भी बदतर जिंदगी जी रहे हैं।

चित्र में (बाएँ) जानलेवा एमआईसी (दाएँ ऊपर की तरफ) यूनियन कार्बाइड पेस्टीसाइड फैक्ट्री-जहरीली गैस का निकलना (दाएँ नीचे) कारखाने की दीवारों पर अंकित नारे।

## शुरुआत कैसे होती है और चेतावनी

इस प्रकार की आपदा में विपदा की शुरूआत बड़ी तेजी से और अचानक होती है। औद्योगिक आपदा शुरू होने के साथ बहुत सी प्रक्रियाएँ और अभिक्रियाएँ जुड़ी होती हैं अत: इस कारण इसका प्रारंभ अलग-अलग तरीकों से हो सकता है। रसायनों का रिसाव मानवीय गलती, प्रौद्योगिकीय खराबी अथवा प्राकृतिक क्रियाकलापों के कारण हो सकता है।

प्राकृतिक क्रियाकलापों में भूकंप, आग लगने की घटना एवं बाढ़ आदि भू-वैज्ञानिक क्रियाकलाप शामिल हैं। इसके अतिरिक्त औद्योगिक संस्थानों में चेतावनी प्रणालियाँ भी मौजूद होनी चाहिए।

## ऐसे तत्त्व जिनके लिए खतरा है

यह निकटवर्ती पर्यावरण को सबसे ज्यादा खतरा पहुँचाता है। निकटवर्ती स्थलों में रहने वाले लोग, मवेशी, जमीन आदि को खतरा होता है। औद्योगिक आपदा बड़े पैमाने पर जल, जमीन एवं जंगल को प्रदूषित करती है। वायु अथवा पानी के द्वारा बड़े क्षेत्र में खतरनाक प्रदूषण फैल जाता है।

## विशिष्ट प्रभाव

1. **भौतिक क्षति** भवनों एवं बुनियादी सुविधाओं को क्षति हो सकती है और बड़े क्षेत्र में मकानों को नुकसान हो जाता है।
2. **मृत्यु** बड़े पैमाने पर लोगों की मृत्यु हो सकती है, कई लोग घायल हो सकते हैं और तुरंत उपचार की आवश्यकता पड़ सकती है। जिन स्थानों पर दुर्घटना हुई है, वहाँ साँस लेने, आँखों में परेशानी, त्वचा संबंधित एवं अंतर्ग्रहण स्वास्थ्य पर प्रभाव पड़ सकता है। इस कारण हृदय रोग, कैंसर, मस्तिष्क क्षति, विरूपण जनन संबंधी विकृतियाँ आदि रोग हो सकते हैं।
3. **पर्यावरणात्मक** वायु, जल, भूमि और खड़ी फसलों का संदूषण हो सकता है। पर्यावरण प्रदूषण के कारण क्षेत्र विशेष के लोग प्रभावित हो जाते हैं।

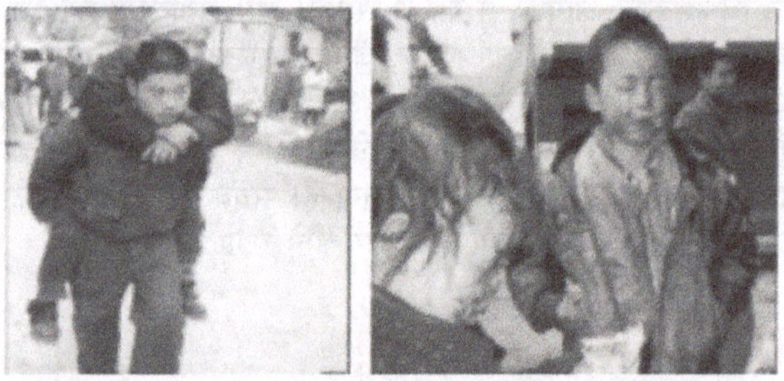

चोंगिंग, चीन में 23 दिसंबर, 2003 को गैसकूप विस्फोट हुआ, जिसमें 243 व्यक्तियों की मौत हो गई और 9,000 व्यक्ति घायल हुए तथा 64,000 व्यक्तियों को सुरक्षित स्थानों पर पहुँचाया गया। मृतकों में बहुत से ऐसे बच्चे और वृद्ध व्यक्ति शामिल थे, जो विस्फोट होने के बाद भागने में असमर्थ थे। जो लोग समय पर नहीं भाग सके गैस के कारण उनकी आँखें, त्वचा और फेफड़े जल गए। (**स्रोत** *www.uneptie.org*)

## मंदन कार्यनीतियाँ

### संकट मानचित्रण

खतरनाक पदार्थों के भंडार स्थलों और साथ ही उनकी संभावित विशेषताएँ दर्शाने वाली समान सूचियाँ और नक्शे प्रदर्शित किए जाने चाहिए तथा उनको सभी के लिए सुलभ कर देना चाहिए।

दुर्घटना स्थल के पड़ोस में रहने वाले समुदाय को संकट और दुर्घटना होने पर संभावित प्रभावों की जानकारी होनी चाहिए एवं बाहर निकलने का सुरक्षित मार्ग बताया जाना चाहिए।

### भू-प्रयोग आयोजना

औद्योगिक एवं रिहायशी क्षेत्र के बीच एक हरित पटरी होनी चाहिए तथा घनी आबादी वाले रिहायशी क्षेत्रों को औद्योगिक क्षेत्र से दूर बनाना चाहिए।

### समुदाय की पहले से तैयारी

समाज को उसके आसपास के औद्योगिक खतरनाक कारखानों की जानकारी होनी चाहिए एवं उसे स्थिति का मुकाबला करने की समझ होनी चाहिए। समुदाय के सदस्यों को उद्योगों के प्रदूषण पर निगाह रखनी चाहिए एवं लोगों को मॉकड्रिल (नकली अभ्यासों) में हिस्सा लेना चाहिए।

### खतरे के दुष्प्रभावों को कम करने के अन्य संभावित उपाय

क्षेत्र में अग्निरोधी एवं चेतावनी प्रणाली को सुदृढ़ किया जाए, वायु प्रवाह आरेख (डाईग्राम) बनाना चाहिए। आग बुझाने वाली और प्रदूषण विसर्जन क्षमताओं में सुधार लाना चाहिए, कर्मचारियों और पड़ोस की बस्तियों के लिए आपातकाल राहत एवं दुर्घटना क्षेत्र से भागकर सुरक्षित स्थान में जाने की योजना तैयार करनी चाहिए।

## जैविक आपदाएँ

जैविक आयुधों को गरीबों का नाभिकीय बम भी कहा जाता है। इन्हें आसानी से बनाया जा सकता है। साथ ही बिना किसी परिष्कृत प्रणाली के लक्ष्य पर भेजना संभव होता है तथा सैकड़ों हजारों लोगों को मारने या चोट पहुँचाने की क्षमता है।

यह एक ऐसी घटना है, जो किसी रोग अथवा स्वास्थ्य संबंधी अन्य घटना के रूप में परिभाषित की जाती है, जो एक बड़े पैमाने को प्रभावित करती है।

महामारी के तेज एवं अचानक फैलने के अनेक कारण हो सकते हैं। किसी रोग विशेष से ग्रस्त व्यक्तियों की संख्या में वृद्धि होने से महामारी का पूर्वानुमान लगाया जा सकता है। कुछ मामलों में लोगों की मृत्यु की घटना से स्थिति का पूर्वानुमान लगाया जाता है।

महामारी अथवा प्रकोप की स्थिति तब होती है जब किसी रोग विशेष से ग्रस्त मामलों की संख्या अनुमान से बहुत अधिक हो जाती है और ऐसी स्थिति में आपातकालीन नियंत्रण की स्थिति आ जाती है।

आपदा के पश्चात् अनेक रोगों का खतरा बढ़ जाता है विशेष रूप से संचारी रोग, जिसमें विशेष रूप से तब, जबकि बड़े पैमाने पर लोग विस्थापित हो रहे होते हैं।

महामारी की स्थिति तब पैदा होती है, जब बड़े पैमाने पर आबादी की सुग्राह्यता, संक्रामक एजेंट, (जीवाणु, विषाणु, परजीवी अथवा कवक अथवा उनके उत्पादों) की उग्रता और वातावरण जो कि खतरे को बढ़ावा देता है और संतुलन गड़बड़ा जाता है।

### कारण

महामारी के प्रमुख कारणों में रोगजनक विषाणु, जीवाणु प्रोटोजोआ होते हैं। आजकल अखबारों की रिपोर्टों में संचारी रोगों की संख्या में वृद्धि हो रही है, इसके अनेक कारण हैं।

उदाहरण के लिए; स्वच्छता की स्थिति असंतोषपूर्ण होने से जहाँ एक ओर तो खाद्य और पानी का संदूषण हो जाएगा वहीं दूसरी ओर रोगवाहक के प्रजनन के लिए वातावरण की आवश्यकता पूरी हो जाएगी।

अन्य कारणों में ये शामिल हैं—ऐसे मौसमी बदलाव जो कि कीट रोगवाहक के प्रजनन के अनुकूल होते हैं, जैसे कि बारिश के मौसम में मच्छर, ऐसे व्यक्ति की प्रभावाधीनता जो कि रोगक्षम न हो, जैसे कि पर्यटक तथा प्रवासी लोग, गरीबी, अत्यधिक भीड़-भाड़ आदि। असुरक्षा में योगदान देने में गरीबी एक बहुत बड़ा कारण होती है।

वातावरण पर प्राकृतिक आपदाओं का प्रभाव भी महामारी के प्रकोप को प्रेरित करता है। प्रकोपों के मामलों की संख्या में वृद्धि का एक कारण यह है कि बेहतर रिपोर्टिंग के चलते लोगों के रिपोर्ट न किए जाने वाले मामले भी प्रकाश में आने लगे हैं और स्वास्थ्य सेवाओं को अपेक्षतया अधिक मात्रा में कवर किया जा रहा है।

### ऐसे तत्त्व जिनके लिए खतरा है

इस तरह का खतरा विशिष्ट स्थान अथवा देशव्यापी हो सकता है एवं समुदाय विशेष की आबादी को खतरा होता है।

### विशिष्ट प्रभाव

महामारियाँ रोग एवं मृत्यु के लिए जिम्मेदार होती हैं। इसके अन्य गौण प्रभाव भी होते हैं; जैसे—समाज में विघटन और आर्थिक नुकसान। कुपोषित लोग ज्यादा असुरक्षित रहते हैं और अस्वस्थ हालतों में भी रहते हैं। जहाँ जल आपूर्ति सुव्यवस्थित नहीं होती है तथा स्वास्थ्य सेवाएँ सुलभ नहीं होती हैं, जिनकी रोगक्षम क्षमता कमजोर होती है, उन्हें ज्यादा खतरा रहता है। प्राकृतिक आपदा जहाँ आई रहती है, वहाँ महामारी का प्रकोप उत्पन्न हो जाता है।

### खतरा कम करने के संभावित उपाय

स्वास्थ्य सेवाओं का विन्यास किया जाना जरूरी है। राज्य, जिला एवं उपकेंद्र के बीच तालमेल आवश्यक है। संगठनात्मक पूर्व तैयारी और तालमेल की व्यवस्था जरूरी है।

महामारियों का पता लगाने के लिए आकस्मिकता योजना तैयार की जानी चाहिए।

निगरानी व्यवस्था एवं पहले से चेतावनी देने की प्रणाली का विकास किया जाना चाहिए। रूटीन स्वास्थ्य निगरानी के साथ-साथ स्वास्थ्य सुविधाओं का मानचित्र तैयार रखा जाना चाहिए।

इन मानचित्रों में उपलब्ध दवाओं और टीकों, प्रयोगशाला इकाइयों की सूची, डॉक्टरों और सहयोग स्टाफ आदि की संख्या दर्शाने वाली सूची शामिल होनी चाहिए।

प्रशिक्षण की व्यवस्था सभी स्तरों पर होनी चाहिए, जिससे आपातकाल में स्थिति का बेहतर नियंत्रण किया जा सकता है। **टीकाकरण** के जरिए वैयक्तिक बचाव दुष्प्रभाव को कम करने की एक प्रभावी कार्यनीति है और ऐसा करने से उन लोगों की रक्षा हो सकेगी, जिन्हें खतरा है।

# अन्य मानव जनित आपदा

## आग

आग आपदाओं में सबसे अधिक विनाशकारी होती है। आँकड़ों से ज्ञात होता है कि आग से मरने वालों की संख्या अन्य आपदाओं भूकंप, बाढ़ से कहीं ज्यादा है। आग अत्यंत भयानक आपदा है। आग लगने के पश्चात् बड़े स्तर पर जान-माल का नुकसान भी हो जाता है।

### आग लगने के कारण

*आग लगने के कारण निम्न हैं*

1. गर्म करने वाले उपकरण; जैसे—हीटर, चूल्हा अक्सर आग लगने का कारण होते हैं।
2. आवासीय स्थानों में खाना पकाते समय सबसे ज्यादा आग लगती है। खाना बनाते समय किसी भी प्रकार की लापरवाही ऐसी आपदा को जन्म देती है।
3. बिजली की वायरिंग में उसकी क्षमता से ज्यादा बिजली सप्लाई किए जाने पर वह आग का कारण बनती है।
   इसके अतिरिक्त आवश्यकता से ज्यादा कनेक्शन, कमजोर वायरिंग, आग का कारण हो सकती है।
4. कूड़े का ढेर और बेकार की वस्तुएँ आग लगने और उसे फैलाने में सहायक होती हैं। अत: हमें इस बात का ध्यान रखना चाहिए कि बेकार की वस्तुओं को नियत स्थान पर डालें और हो सके तो उनका सही नियोजन करें।
5. पैकिंग सामग्री, सरेस, तरल पदार्थ और अन्य ज्वलनशील सामग्री खतरनाक होती है अत: कार्यस्थल से बाहर इनको सुरक्षित स्थान पर रखा जाए।
6. जोखिमपूर्ण सामग्री; जैसे—पेंटों, तरल पदार्थों, आसंजकों, गैस सिलेंडरों को चिंगारी के स्रोतों से दूर रखना चाहिए।
7. आगजनी एवं जानबूझकर आग लगाना भी एक प्रमुख कारण हो सकता है।
8. धूम्रपान इत्यादि भी आग का कारण होता है।
   इसके अतिरिक्त समारोहों; जैसे—दीपावली, शादी-ब्याह में पटाखों से आग लगने की संभावना रहती है। गाड़ी में, कंप्यूटर के सामानों में भी आग लगने से आग लग सकती है।

### घर में आग की रोकथाम के लिए सुरक्षोपाय

यहाँ आग से बचाव की कुछ बुनियादी युक्तियाँ दी गई हैं, लेकिन यदि आप उनका पालन करें, तो आप अपने घर को और अपने आपको बचा सकेंगे।

- आग से बचाव के बुनियादी नियम और बाहर जाने का रास्ता सदैव ध्यान में रखें।
- घर के भीतर अत्यधिक ज्वलनशील तरल पदार्थ न रखें।
- घर में एक अग्निशामक यंत्र रखें और इसे इस्तेमाल करना सीखें। घर में हर व्यक्ति को इसके इस्तेमाल का तरीका सिखा दें।
- जब घर से बाहर जाएँ, तो बिजली और गैस के सभी उपकरण बंद करके जाएँ।
- एक ही सॉकिट में बहुत सारे उपकरण न लगाएँ।
- माचिस को बच्चों के हाथ न लगने दें और घर के भीतर किसी को भी बीड़ी-सिगरेट न पीने दें।
- अलमारी अथवा अन्य फर्नीचर लगाकर प्रवेश मार्ग को बंद न करें।
- आग लगने का कारण जानने और आवश्यक कार्यवाही करने का प्रयास करें। बिजली की खराबी के कारण उत्पन्न हुई आग को बुझाने के लिए पानी का प्रयोग नहीं किया जा सकता, क्योंकि पानी डालने से करंट लग सकता है।
- आग लगने पर दमकल विभाग को बुलाएँ, उन्हें अपना पता तथा आग की प्रकृति और स्थान की सूचना दें।
- जिस गलियारे में धुआँ हो वहाँ हाथों-पैरों या पेट के बल रेंगने का प्रयास करें, क्योंकि फर्श पर धुआँ कम होता है।
- अपने घर से बाहर निकलने के कम-से-कम दो रास्ते तय करें और वर्ष में कम-से-कम दो बार घर से बाहर निकलने की अपनी योजना का अभ्यास करें।

# सड़क, रेल और यातायात दुर्घटनाएँ

## सड़क

सड़क आज बेहतर संपर्क का माध्यम है, लेकिन इसके साथ ही सड़क दुर्घटनाओं की संख्या भी बढ़ती जा रही है। इनका प्रमुख कारण यातायात नियमों का उल्लंघन तेज गाड़ी चलाना, शराब पीकर गाड़ी चलाना, सड़कों एवं वाहनों के रखरखाव में कमी होना है।

### सुरक्षा के उपाय

- वाहन तभी चलाएँ जब आप उसके लिए पर्याप्त सक्षम हों।
- अपनी सुरक्षा के लिए सड़क पर सुरक्षित रहने का सबसे बढ़िया तरीका अपनी लेन में चलने के नियम का पालन करना है।
- सड़क चिह्नों की जानकारी रखें।
- सड़क पर यातायात संकेतों की जानकारी रखें और उनका पालन करें।
- बारिश के मौसम में वाहन चलाते समय सावधानी बरतें।

- वाहन चलाते समय गति को अचानक तेज या कम न करें।
- अपने वाहन विनिर्माता द्वारा बताई गई गति पर वाहन चलाएँ।
- सड़क पार करते समय सड़क के दोनों तरफ देखें।
- गाड़ी बहुत तेज न चलाएँ और अपने से अगली गाड़ी से आगे निकलने का अनावश्यक प्रयास न करें।
- आमने-सामने की टक्कर से बचने के लिए हर संभव प्रयास करें।
- यात्रियों को अपनी बाजुओं से सिर की रक्षा करनी चाहिए और किनारे की तरफ रहना चाहिए।
- कोई दुर्घटना होने की स्थिति में शांत रहें और सर्वोत्तम प्रयास करें।
- वाहन को तब तक नियंत्रण में रखें जब तक वह एकदम रुक नहीं जाता।
- यदि वाहन पानी में डूब जाता है, तो खुली खिड़की से निकल कर बाहर आ जाएँ।
- आग में फँसने पर जितनी जल्दी संभव हो वाहन से बाहर निकल आएँ और सामान की चिंता न करें। आपका जीवन बहुमूल्य है।

## रेल

रेलवे के रखरखाव में कमी, मानवीय त्रुटियों की वजह से अथवा तोड़-फोड़ की कार्यवाही के कारण रेलगाड़ी पटरी पर से उतर जाती है और दुर्घटनाओं को न्यौता देती है। रेल, ईंधन तेल उत्पादों की ढुलाई में काफी काम आती है।

### सुरक्षा के उपाय

- रेलवे क्रासिंग पर सिग्नल और स्विंग बैरियर का ध्यान रखें। उसके नीचे से निकलकर क्रॉसिंग को पार करने की कोशिश न करें।
- यदि क्रॉसिंग पर कोई कर्मचारी मौजूद नहीं है, तो पटरी पार करने से पूर्व वाहन से उतरकर पटरी के दोनों तरफ दृष्टि डालें।
- रेलगाड़ी को किसी पुल या सुरंग में खड़ी न करें, जहाँ यात्रियों के लिए गाड़ी से निकलना संभव न हो।
- ज्वलनशील सामग्री लेकर न चलें।
- रेलगाड़ी में सफर करते समय दरवाजे पर न खड़े हों और न ही बाहर की तरफ झुकें।
- रेलगाड़ी में बीड़ी-सिगरेट न पिएँ।
- आपातकालीन चेन को बिना जरूरत के न खीचें।

अध्याय

04

# आपदा प्रबंधन के लिए सामुदायिक नियोजन

जब कभी आपदा की स्थिति आती है, तो उस आपदा के दौरान या उसके तुरंत बाद स्थिति से निपटने के लिए सबसे पहले पड़ोसी अथवा समुदाय के लोग सामने आते हैं। इन परिस्थितियों में वे लोग सबसे पहले सामने आते हैं, जिनके पास चिकित्सीय या आपात स्थितियों से निपटने का कौशल होता है और ये लोग उस समुदाय के अंग होते हैं अथवा उनके सहयोग से काम करते हैं। आपदा से पहले अथवा उसके तुरंत बाद का समय सबसे महत्त्वपूर्ण होता है, क्योंकि इसी समय में लोगों के प्राण बचाए और ज्यादा-से-ज्यादा क्षति को रोका जा सकता है। अक्सर ऐसा होता है कि जब भी ऐसी परिस्थिति उत्पन्न होती है तो बाहरी मदद आने में देरी हो जाती है, तो ऐसी स्थिति में समुदाय के प्रशिक्षित सदस्य लोगों को इन मुश्किलों से बाहर निकालने और जीवनरक्षक संपदा के रूप में कार्य करते हैं। साथ ही खतरे को कम करने में भी महत्त्वपूर्ण भूमिका निभाते हैं। आपदा प्रबंधन की कोई भी योजना समुदाय की शिक्षा और सहयोग के बिना पूरी नहीं हो सकती, परंतु योजना समुदाय के लिए होती है।

भारत सरकार भी आपदा प्रबंधन के क्षेत्रों में अपनी महत्त्वपूर्ण भूमिका निभा रही है। वह विभिन्न क्षेत्रों में सामुदायिक क्षमताएँ निर्मित करने की हिमायती रही है। वह विभिन्न समुदायों से आपदा प्रबंध योजनाएँ तैयार करने की हिमायती रही है, जिससे आपदा को रोका जा सके और उससे निपटने की बेहतर तैयारी की जा सके। सरकार यह मानती है कि आपदा जैसी समस्याओं से निपटने में अध्यापकों और विद्यार्थियों द्वारा अहम् भूमिका निभाई जा सकती है, क्योंकि ये समुदाय के शिक्षित सदस्य होते हैं।

## किसी भी आपदा प्रबंधन पहल के केंद्र बिंदु में समुदाय क्यों होना चाहिए?

1. **सबसे पहले जवाबी कार्रवाई करने वाले लोग** जवाबी कार्रवाई करने सबसे पहले समुदाय आता है, क्योंकि समुदाय आपदा स्थल पर मौजूद होता है।
2. **अधिकतम जानकारी का स्रोत** जब किसी क्षेत्र में आपदा आती है, तो वहाँ के रहने वाले लोगों को यानि वहाँ के निवासियों को संसाधनों की बेहतर और विस्तृत एवं ताजा जानकारी उपलब्ध होती है।
3. **आपदा का मुकाबला करने के लिए स्थानीय तंत्र** जहाँ अधिकांश आपदाएँ बार-बार आती हैं, तो उससे निपटने के लिए सदैव परंपरागत रूप से तंत्र स्थापित होता है, जो पीढ़ी-दर-पीढ़ी आगे बढ़ता रहता है। स्थानीय माहौल में यह तंत्र तुरंत जवाबी कार्रवाई करने में सक्षम होता है।
4. **स्वयंसेवा मनुष्य के अपने हित में है** आपदाओं के तत्काल बाद जवाबी कार्रवाई करना समुदाय की सहज प्रवृत्ति होती है, क्योंकि बाहरी मदद पर निर्भर होने से अनावश्यक विलंब हो सकता। यहाँ तक कि वह मदद भी बेकार चली जाती है। समुदाय के सहयोग से ही समुदाय की सुरक्षा बढ़ सकती है।

# सीखने वाले समुदाय की कहानी

## सुखपार गाँव की कहानी

रामजी, सुखपार और निकटवर्ती गाँवों में एक बहुत सम्मानित व्यक्ति था। एक दिन उसने अपने 15 वर्षीय पोते भरत से कहा कि खंड (जिले की एक विकास इकाई) विकास अधिकारी (बीडीओ) ने आपदा प्रबंधन के एक समारोह में उसे बुलाया है। उत्सुकतावश भरत ने अपने दादा, सरपंच और तलाथी (ग्राम पंचायत का सचिव) के साथ समारोह में जाने का निश्चय किया। सरपंच की बेटी गौरी भी, जो भरत की सहपाठिनी थी, समारोह में गई।

## खंड विकास अधिकारी के कार्यालय में हुई सभा

समारोह में पहुँचकर भरत ने देखा कि सरकारी कार्यकर्ताओं के अलावा उसके और गौरी जैसे स्वयं सेवक भी समारोह में उपस्थित थे, जो यह समझा रहे थे कि उनका क्षेत्र किस तरह भूकंप और चक्रवात दोनों से भारत का सर्वाधिक असुरक्षित क्षेत्र है। उनके पास ऐसे मानचित्र थे, जिनसे यह पता चल रहा था कि उनका ब्लॉक किस प्रकार पिछले चक्रवातों से मात्र कुछ सौ किलोमीटर से बचा था।

इस बैठक में 8-10 निकटवर्ती गाँवों के प्रतिनिधियों ने भाग लिया। सुखपार गाँव के सभी वासियों की एक विस्तृत गाँव-वार बैठक और उसके बाद निकटवर्ती गाँवों की बैठक तय की गई। आपदा संबंधी पूर्व तैयारी, जवाबी कार्रवाई और रोकथाम के उपायों से जुड़े सवालों के बारे में चर्चा करने के लिए सुखपार में एक कार्यक्रम आयोजित करने की जिम्मेदारी रामजी और सरपंच ने अपने ऊपर ले ली। सुखपार में यह बैठक आने वाली पूर्णिमा के दिन पंचायत घर में आयोजित की जानी थी।

भरत ने अपने दादा से कहा कि वह बैठक में भाग लेने के लिए बड़ी संख्या में लोगों को प्रेरित करने की दिशा में पूरा प्रयास करेगा।

संगठन में सहायता करने के उद्देश्य से भरत ने सबसे पहले अपने सभी मित्रों से मुलाकात की और उनसे कहा कि वे बैठक में भाग लेने के लिए अपने माता-पिता को याद दिलाएँ। गौरी अपने स्कूल के प्रिंसिपल के यहाँ गई और उनसे अनुरोध किया कि सभी अध्यापकों को कक्षा में इस आशय की घोषणा करने के लिए कह दिया जाए। तद्नुसार सभी बच्चों को कहा गया कि वे अपने माता-पिता से बैठक में भाग लेने का आग्रह करें। इसके बाद भरत ने मंदिर के पुजारी पंडित रामदास के साथ संपर्क किया और उनसे अनुरोध किया कि वे इस बैठक का महत्त्व बताने की जिम्मेदारी अपने ऊपर लें, क्योंकि बैठक में उनके गाँव की सुरक्षा पर चर्चा की जाएगी। उसके दोस्त अहमद ने पहाड़ की चोटी पर बनी मस्जिद में जाकर इसी तरह की कार्रवाई की। गौरी ने गाँव के प्राथमिक स्वास्थ्य केंद्र (पीएचसी) में तैनात डॉक्टर और एएनएम (नर्स) को सूचित किया। डाकिए और महिलाओं के स्वयंसेवी समूह (एसएचजी) से भी बैठक संबंधी समाचार का प्रसार करने का अनुरोध किया गया।

### ग्राम सभा

तलाथी ने बड़ी संख्या में उपस्थित लोगों को बताया कि पिछली बैठक में उसने क्या कुछ सीखा था। सुखपार की भौगोलिक स्थिति के लिए जो बड़ा खतरा बना था, वह सभी के लिए चिंता का कारण बन गया। तदनंतर रामजी बोलने को खड़ा हुआ और सभी तसल्ली से उसकी तरफ देखने लगे। रामजी ने एक दिलासा देने वाली मुस्कान बिखेरी और कहा, "हम लोग ऐसा मानते हैं कि चक्रवात हमारे ऊपर माँ प्रकृति का प्रकोप है। इसलिए यदि हमें मरना है, तो हम मरेंगे। यदि हम यह मान लें कि बुखार भी ईश्वर की देन है, तो हमें प्राथमिक स्वास्थ्य केंद्र के डॉक्टर के पास जाने की कोई जरूरत नहीं होगी, लेकिन ईश्वर तो रक्षक भी है और वह केवल उनकी रक्षा करता है, जो स्वयं अपनी रक्षा करने का प्रयास करते हैं। इसलिए हमें सदैव किसी भी स्थिति के लिए पूर्व तैयारी करनी चाहिए और जवाबी कार्रवाई करने के लिए तैयार रहना चाहिए।" तदनंतर उन्होंने समुदाय आधारित आपदा प्रबंध की पूरी प्रक्रिया के बारे में समझाया।

पहला काम ग्राम आपदा प्रबंध समिति (वीडीएमसी) का गठन करना था। सरपंच के अलावा तलाथी, स्कूल प्रिंसिपल, पीएचसी डॉक्टर, ग्राम सेवक, एसएचजी की दो महिलाएँ और एक एनएसएस स्वयं सेवक इस समिति में शामिल किए गए।

रामजी को सर्वसम्मति से इस समिति का अध्यक्ष चुना गया। रामजी ने कहा कि "समिति का काम यह है कि आपदा स्थिति उत्पन्न होने पर मार्गदर्शन करे तथा की जाने वाली कार्रवाई के बारे में निर्णय ले, लेकिन आपातकाल में जवाबी कार्रवाई करने के लिए समिति को कतिपय विशेषज्ञों की जरूरत होगी।

इस प्रयोजन के लिए हमें सुखपार के लिए एक आपदा प्रबंध दल (डीएमटी) की जरूरत है। इस दल में ऐसे स्वयं सेवक शामिल होने चाहिए, जिन्हें ऐसे बुनियादी कार्यक्षेत्रों में प्रशिक्षित किया जा सकेगा, जो प्रभावी जवाबी कार्रवाई के लिए महत्त्वपूर्ण हैं।" चाय की दुकान चलाने वाले रोशन लाल ने कहा कि "काका हममें से अधिकांश अर्द्धसाक्षर हैं, हमसे कौन-से महत्त्वपूर्ण कौशल सीखने की अपेक्षा की जा सकती है?"

हवलदार छगन सिंह बोला, "हाँ यह ठीक है कि आप अर्द्धसाक्षर हैं, लेकिन चक्रवात तो सर्वथा निरक्षर है। काश! कि मैं, 'प्रवेश वर्जित' का सूचना पट्ट लगाकर उसका रास्ता मोड़ सकता।"

रामजी ने कहा कि "मैं ऐसे लोग चाहता हूँ जो कि अच्छी तरह तैर सकते हैं और जिनकी काया इतनी बलिष्ठ हो कि वे अपने साथी ग्रामवासियों को उठाकर ले जा सकें। डॉ. पटेल को पीएचसी में मदद की जरूरत होगी, ताकि वे गंभीर मामलों की तरफ ध्यान केंद्रित कर सकें, जबकि प्राथमिक चिकित्सा अन्य कार्मिक उपलब्ध करा सकते हैं इसके अलावा यदि टेलीफोन और बिजली ठप्प हो जाती है, तो जानकारी प्राप्त करने के लिए हमें बादल के रेडियो का सहारा लेना होगा। बेचारे बादल को रेडियो के प्रति उसके आकर्षण के लिए सदैव डाँट खानी पड़ती है।"

इसके बाद इस समूह ने निम्न क्रियाकलाप/जिम्मेदारियाँ संभालने के निमित्त प्रत्येक क्रियाकलाप/जिम्मेदारी के लिए नामों का एक सेट तय करने के लिए बातचीत की, चर्चा की, संपर्क किया, विचार किया, झगड़ा किया तथा और ऐसा सब संभव किया जोकि एक समूह कर सकता है

- समय रहते चेतावनी और संचार
- दुर्घटनाग्रस्त स्थान खाली करना और अस्थायी आपदा प्रबंध
- खोज और बचाव

- स्वास्थ्य और प्राथमिक चिकित्सा
- राहत समन्वय
- पानी और स्वच्छता

*(यह सूची आपदा के प्रकट होने पर आवश्यकतानुसार विशेषज्ञता के संभावित क्रमानुरूप है)*

## कुशलता के आधार पर गाँव वालो ने प्रत्येक दल के स्वयं सेवकों की सूचाई बनाई

लगभग 2-3 दिनों के बाद भरत, गौरी तथा उनके मित्रों ने सहभागितापूर्ण ग्रामीण मूल्यांकन (पीआरए) करने के प्रयोजन से सुखपार में रहने वाले विभिन्न समुदायों के सभी सक्रिय प्रतिनिधियों को इकट्ठा किया। स्वयं सेवकों की चर्चा होने पर जया नाम की एक छोटी–सी लड़की ने, जिसे रंगोली बनाने में महारथ हासिल थी, उपस्थित स्वयं सेवकों की सहायता से स्कूल के बरामदे में गाँव का एक मानचित्र खींचने की पेशकश की। समुद्र का किनारा सुखपार की एक महत्त्वपूर्ण प्राकृतिक विशेषता बताई गई। इसके बाद जया ने गाँव की सीमा खींची। उसने स्कूल स्थल के साथ गाँव बनाना शुरू कर दिया।

इसके बाद पीएचसी, पुलिस थाना, मंदिर, मस्जिद तथा तट विस्तार दर्शाए गए। मालती की गाँव में किराने की दुकान थी और वह चाहती थी कि गाँव का बाजार स्थल ध्यानपूर्वक दर्शाया जाए। कुएँ अंकित किए गए और उनके संदर्भ में यथासंभव सर्वोत्तम ढंग से और अधिकाधिक मकान दिखाए गए।

**भरत ने कहा** *"प्रारंभिक चेतावनी के रूप में हम मस्जिद को सुखपार के सर्वोत्तम साधन का स्थान देंगे क्या हम अपने गाँव की अन्य ताकतों की पहचान कर सकते हैं?"* इस पर **प्रिंसिपल शर्मा ने कहा** *"लोगों को संकटग्रस्त स्थान को खाली करना पड़े, तो एक सुरक्षित स्थान के रूप में आप मेरे स्कूल के अहाते का प्रयोग कर सकते हैं और प्रभावित लोग एक निश्चित अवधि तक वहाँ रह सकते हैं।"*

**मालती** बोली "बताइए कि क्या आपको राशन की जरूरत हो सकती है। मेरे पास जितना राशन उपलब्ध है, वह हाजिर रहेगा। मेरे गाँव के लिए मेरा यही योगदान है।"

**चंपा देवी** बोल उठी "हम तो सोचते थे कि सिर्फ कंकड़ ही मुफ्त मिल सकते हैं।" चंपा देवी की बात सुनकर सभी हँस पड़े।

एक-एक करके ऐसे परिवारों की पहचान की गई, जिनके पास ट्रैक्टर, ट्रक तथा जेनरेटर सैट मौजूद थे। अंत में लोगों का ध्यान गाँव में उपलब्ध मानव संसाधनों की ओर गया। आपदा प्रबंध समितियाँ पहले ही बना दी गई थीं। अत: प्रत्येक समूह के सदस्यों के घरों पर समुचित संकेत चिह्न अंकित कर दिया गया। राजू नामक डाकिए ने भी अपना दावा प्रस्तुत करते हुए कहा कि वह और उसकी बाईसिकल फिडीपीडीज की तरह दौड़ लगाएँगे 'मैराथन दौड़ के पीछे यूनानी दंतकथा'।

जब भरत ने भावी संदर्भ के लिए चार्ट पेपर पर रंगोली की एक नकल बनाई, तो जया खुशी से मुस्करा उठी। जया ने एक मजबूत और आत्मनिर्भर सुखपार का मानचित्र बनाने का काम पूरा कर लिया था।

**प्रश्न** क्या आप ग्रामवासियों द्वारा प्रयुक्त सहभागितापूर्ण ग्रामीण मूल्यांकन तकनीक/तकनीकों का नाम बता सकते हैं? यह जानने का प्रयास करें कि आपदा जोखिम प्रबंध में इन तकनीकों ने किस प्रकार उनकी मदद की थी?

सुखपार की आपदा प्रबंध समिति की बैठक शीघ्र ही आयोजित की गई और बैठक में शीला अपनी शंका लेकर उपस्थित थी। उन्होंने कहा कि "दलों को जानना तो अच्छी बात है, किंतु जब तक हमारे डीएमटी सदस्यों को प्रशिक्षित नहीं किया जाता, वे अपनी सर्वोत्तम क्षमता का परिचय नहीं दे सकते।"

**प्रश्न** *इसके लिए हमारी क्या योजना है?*

स्थिति संभालने के लिए **राम जी** पुन: सामने आए और बोले, "शीला बहन इस बारे में हम पहले ही सरकार को कह चुके हैं और वह इस काम में हमारा सहयोग करेगी। पंचायत और डीएमसी को इसी तरह की पहल करने वाले अन्य गाँवों के साथ तालमेल करना होगा तथा दलों को प्रशिक्षित करने के लिए जानकार लोगों का पता लगाना होगा।"

अगली बैठक में रामजी एक सूची लेकर हाजिर हुए। हमारे क्षेत्रवार प्रशिक्षण में हमारी मदद करने के लिए हमने खंड प्रशासन के परामर्श से *निम्न संगठनों का पता लगाया है*

**प्रारंभिक चेतावनी और संचार :** *हमारे जिला मुख्यालय में सेना शिविर*

- दुर्घटनाग्रस्त स्थान खाली कराना और अस्थायी आश्रय प्रबंध : जिला पुलिस विभाग
- खोज और बचाव : हमारे जिला मुख्यालय का दमकल केंद्र
- स्वास्थ्य और प्राथमिक चिकित्सा : जिला सिविल अस्पताल और सेंट जान एंबुलेंस प्रत्येक से एक-एक डॉक्टर।
- राहत समन्वय : स्थानीय एनएसएस स्कंध
- जल और स्वच्छता : जिला पंचायत द्वारा एक जल स्वच्छता निरीक्षक भेजा जा रहा है।

**सरपंच** ने कहा कि "इस सबके अलावा हमें अपने राजमिस्त्रियों को भूकंप/चक्रवातरोधी मकान बनाने का प्रशिक्षण भी देना चाहिए। इस तकनीक को वे भूकंपरोधी पश्च फीटिंग (Retrofitting) भी कहते हैं। हमारे कुछ टूटे-फूटे भवन इससे किंचित लाभ उठा सकते हैं याद रखें कि बीडीओ साहब कह रहे थे कि इस प्रशिक्षण के लिए वे कुछ मास्टर राजमिस्त्रियों की व्यवस्था कर सकते हैं।-

"हाँ और मैं जब जिला मुख्यालय में गया, तो मैंने कुछ घरों में पाइप लगे हुए देखे। पूछने पर पता चला कि यह चेनलों की एक ऐसी व्यवस्था है, जिसके जरिए छत पर बारिश का पानी इकट्ठा किया जा सकता है और घरेलू प्रयोजनों के लिए इस्तेमाल किया जा सकता है। मैं सोचता हूँ कि क्या हम लोग भी ऐसा नहीं कर सकते, ऐसा करने से हर साल हमारे सामने पानी की कमी का जो संकट पेश आता है, उससे मुक्ति मिल सकती है। यदि हम सूखे के दिनों में अपने खेतों में परंपरागत जलाशयों में बारिश के सीमित पानी का संग्रह कर सकते हैं, तो अपने घरों के लिए भी ऐसा क्यों नहीं कर सकते?"

अगले छ: महीनों में एक-एक करके सभी क्षमताओं का निर्माण कार्य पूरा कर लिया गया और सुखपार एकदम नए ढंग का गाँव बन गया। सुखपार के रंग-रूप में कोई बदलाव नहीं आया था, मात्र कुछ नए निर्माण कार्य जारी थे, लेकिन मनोदशा में बदलाव आया और अब यहाँ के समुदाय के मन में कहीं अधिक आत्मविश्वास था।

डीएमसी ने अब सुखपार के लिए एक आपदा तत्परता तथा जवाबी कार्रवाई योजना तैयार करने का निर्णय लिया। इससे आपातकालीन स्थिति पेश होने पर वहाँ रहने वाले सामान्य लोगों और प्रत्येक पणधारी द्वारा की जाने वाली मानक प्रचालन क्रियाविधियों (एसओपी) के ब्यौरे प्रस्तुत किए गए। इसमें डीएमसी के भीतर और बाहर (जिला और ब्लॉक प्रशासन) संबंधित कार्मिकों के साथ संपर्क स्थापित करने का विवरण देने के साथ-साथ संकटों, असुरक्षाओं और संसाधनों के बारे में पीआरए तथा अन्य स्रोतों द्वारा इकट्ठा की गई जानकारी भी दी गई थी।

एक दिन सवेरे भरत पहाड़ी पर स्थित मस्जिद में गया। वहाँ उसने मौलवी से नमस्ते करने के बाद उनसे कहा कि "मौलाना साहब आपको याद है, आपने गाँव की गलियों में तैरती अपनी आवाज की चर्चा की थी। अब समय आ गया है और सुखपार को आपकी आवाज की जरूरत है। इसके बाद उसने बाहर की तरफ समुद्र पर दृष्टि डाली।"

उस बूढ़े आदमी ने एक शब्द भी नहीं बोला; न तो उसकी पलकें झपकी न उसकी झुर्रियों में कोई खिंचाव आया। वह उठा और माइक पर जाकर घोषणा करने लगा, "अल्ला के नाम पर भागकर स्कूल में चले आइए समुद्री डाकू आ रहा है। चक्रवात की चेतावनी मिली है।"

लोगों के समक्ष घोषणा करते हुए उसकी आवाज प्रतिदिन खुदा की बंदगी करने वाली आवाज की तुलना में अधिक जानदार थी।

रामजी अचंभित था, लेकिन हर स्त्री और पुरुष अपने-अपने काम पर तैनात हो गए। बचाव दल ने सबसे पहले बूढ़ों, रोगियों, गर्भवती महिलाओं तथा दूध पिलाने वाली माताओं, शारीरिक/मानसिक रूप से विकलांग व्यक्तियों को सुरक्षित स्थान पर पहुँचाया। गाँव में मौजूद कुछेक टेलीफोन काम कर रहे थे।

राजू नाम का डाकिया अपनी जबान पर खरा उतरा। सहायता प्राप्त करने के लिए वह अपनी साईकिल पर खंड मुख्यालय के लिए रवाना हो गया। प्रिंसिपल ने अपने स्कूल में संचालन और कार्यान्वयन तंत्र की व्यवस्था की।

डॉक्टर पटेल कुछ ऐसे वृद्ध व्यक्तियों के इलाज में जुट गए, जिन्हें साँस लेने में कठिनाई हो रही थी। बंसी ने डीएमटी सदस्यों के लिए गोदाम के दरवाजे खोल दिए।

जिन लोगों को भीड़ में मामूली चोटें आई थीं, उन्होंने प्राथमिक चिकित्सा पाने के लिए डॉक्टर पटेल को तकलीफ नहीं दी।

दो घंटे बाद जब भरत स्कूल के हॉल में आया और जब उसने हर व्यक्ति का ध्यान आकृष्ट किया, तो दो हजार आँखें उसकी ओर ताकने लगीं। एक भी व्यक्ति नहीं रोया। केवल कुछ शिशु रो रहे थे। भरत ने घोषणा की "शत्रु चला गया है अब वह कभी नहीं लौटेगा।" सभी ने राहत की साँस ली और लोग प्रार्थना में लीन हो गए। धर्म सिंह का प्रश्न था, "लेकिन आपको यह कैसे पता है कि चक्रवात फिर कभी नहीं लौटेगा।"

"चक्रवात का जिक्र कब किसने किया था? हमारा शत्रु तो हमारा अज्ञान और आपदा तत्परता को लेकर हमारी आत्मतुष्टि थी।" कोई भी व्यक्ति अपने स्थान से नहीं हिला।

जिस वायरमैन ने एक पवित्र प्रयोजन के लिए टेलीफोन लाइन काट दी थी, वही एकमात्र ऐसा व्यक्ति था, जिसने इस सफल नकली अभ्यास (मॉकड्रिल) के लिए भरत की पीठ थपथपाई।

अध्याय 05

# विद्यालयों और घरों में सुरक्षा की युक्तियाँ

घर और विद्यालय समुदाय के महत्त्वपूर्ण अंग हैं। अत: घरों और विद्यालय में एक सुरक्षित वातावरण बनाना बहुत जरूरी है, क्योंकि विद्यार्थी इन्हीं स्थानों में अपना काफी समय व्यतीत करते हैं। घरों और विद्यालयों को प्राकृतिक और मानवप्रेरित संकटों से बचाना मनुष्यों का ही दायित्व है। यह ऐसा दायित्व है, जिसे प्रत्येक विद्यालय और समुदाय को गंभीरता से लेना चाहिए तथा इसकी प्राप्ति के लिए सतत प्रयत्न करने चाहिए।

## स्कूल आपदा प्रबंधन योजना के अंग

1. **शिक्षकों और स्कूल प्रशासन में संवेदीकरण और जागरूकता** स्कूल आपदा प्रबंधन योजना बनाने से पूर्व स्कूल से जुड़े मुख्य व्यक्तियों का संवेदीकरण करना बहुत जरूरी है। स्कूल के मुख्य व्यक्ति हैं प्रधानाचार्य, उपप्रधानाचार्य, स्कूल के प्रबंधक, प्रशासनिक कर्मचारी, शिक्षक और प्रमुख विद्यार्थी। संवेदीकरण से इन सभी को योजना की आवश्यकता और महत्त्व का पता चल जाएगा।
2. **आपदा प्रबंधन समिति का गठन** इस समिति के सदस्यों के ऊपर स्कूल की योजना बनाने के लिए मार्गदर्शन की जिम्मेदारी होगी। इन्हें स्कूल में नियमित रूप से नकली अभ्यास करवाने होंगे। इस समिति का अध्यक्ष होने का श्रेय स्कूल के प्रधानाचार्य को मिलना चाहिए। स्कूल के सक्रिय सदस्यों को ही समिति में शामिल किया जाना चाहिए। ऐसे सदस्यों में शिक्षक, प्रमुख लड़के/लड़कियाँ, अभिभावक-शिक्षक संघ का प्रतिनिधि, स्थानीय प्रशासन, स्वास्थ्य विभाग का प्रतिनिधि, गैर-सरकारी संगठन, नागरिक सुरक्षा, बाजार व्यापारी संघ, राष्ट्रीय कैडेट कोर, राष्ट्रीय सामाजिक सेवा, स्काउट और गाइड, नेहरू युवा केंद्र संगठन से एक दो सदस्य उपयुक्त होंगे।
3. **संकट की पहचान और आकलन** स्कूलों के प्रांगण में आने वाले संकटों को जानना बहुत जरूरी है। संकट संरचनात्मक और गैर-संरचनात्मक हो सकते हैं। स्कूल पर दुष्प्रभाव डालने वाले (कमजोर कंक्रीट से बना भवन) संरचनात्मक संकटों की पहचान करनी चाहिए। इसके साथ ही गैर-संरचनात्मक संकटों का भी पता लगाना चाहिए। स्कूल में अलमारियों, बत्तियों और अन्य वस्तुएँ, ट्रॉफी, स्कूल की प्रयोगशाला में रखे रसायन आदि गैर-संरचनात्मक संकटों की श्रेणी में आते हैं।
4. **संसाधनों की सूची** मानव और भौतिक आपदा से निपटने के लिए जवाबी कार्यवाही करने में मानव और भौतिक संसाधनों की प्रभावी महत्त्वपूर्ण भूमिका होती है। स्कूल में उपलब्ध संसाधनों को काम में लाना चाहिए तथा उनकी स्थिति और संपर्क व्यक्ति की जानकारी के साथ एक सूची बनानी चाहिए। मानव

संसाधन ये हैं—प्राथमिक उपचार, खोज और बचाव और आग बुझाने में प्रशिक्षित व्यक्ति तथा इन्हीं क्षेत्रों में प्रशिक्षित शिक्षक, प्रशासनिक कर्मचारी, वरिष्ठ विद्यार्थी।

भौतिक संसाधनों में स्कूल में उपलब्ध शामिल वस्तुएँ हैं—सीढ़ियाँ, रस्सियाँ, आग बुझाने के यंत्र, स्ट्रैचर, प्राथमिक उपचार बक्सा, संचार प्रणाली आदि। स्कूल के आस-पास उपलब्ध संसाधनों की जानकारी भी होनी चाहिए। अस्पताल प्राथमिक स्वास्थ्य केंद्र, क्लीनिक/दवाखाना, थाना आदि ऐसे ही संसाधन हैं। आपातकालीन स्थितियों में उनसे तुरंत संपर्क किया जा सकता है।

5. **मानचित्रण** मानचित्रण का अभ्यास भी किया जाना चाहिए। इससे नए विद्यार्थियों और अन्य कर्मचारियों को बाहर निकलने के रास्ते और उपलब्ध संसाधनों की स्थिति की जानकारी मिल जाएगी। विभिन्न आवश्यकताओं को पूरा करने के लिए चार भिन्न प्रकार के मानचित्र उपलब्ध हैं
   (i) सामाजिक मानचित्र
   (ii) संसाधन मानचित्र
   (iii) असुरक्षा मानचित्र
   (iv) स्कूल का सुरक्षित स्थान और स्थान खाली करने के मार्ग का चार्ट।
6. **आपदा प्रबंधन दलों का गठन और प्रशिक्षण** जागरूकता पैदा करने वाले दल के सदस्य सृजनशील तथा कला और संस्कृति में रुचि रखने वाले होने चाहिए। यह दल विभिन्न संकटों के विषय में जागरूकता पैदा करेगा।
   - **चेतावनी और सूचना प्रसारण दल** स्कूल में एक नियंत्रण कक्ष होना चाहिए। कक्षा 8 से लेकर कक्षा 12 तक विद्यार्थियों को नियंत्रण कक्ष सँभालने की जिम्मेदारी दी जा सकती है।
   - **प्राथमिक उपचार दल** स्कूल में किसी के आहत होने पर यह दल प्राथमिक उपचार का दायित्व निभाएगा। आपात स्थिति में किया जाने वाला यह कौशलपूर्ण कार्य है। अत: इस दल को प्रशिक्षण देना जरूरी है। इनके प्रशिक्षण के लिए नागरिक सुरक्षा, दमकल सेवा, सेंट जॉन ब्रिगेड, रेडक्रॉस आदि की सेवाएँ ली जा सकती हैं।
   - **खोज और बचाव दल** स्कूल परिसर में किसी भी आपात स्थिति में खोज और बचाव का दायित्व इस दल का होगा। खेल शिक्षक तथा स्कूल के वरिष्ठ विद्यार्थी इस दल के सदस्य होने चाहिए।
7. **नकली अभ्यास** (मॉक ड्रिल) विद्यालय द्वारा तैयार की गई आपदा प्रबंधन योजना के तत्वों के परीक्षण के लिए नकली अभ्यास किए जाने चाहिए। स्कूल, अपनी आपदा प्रबंधन समिति के मार्गदर्शन और सहायता से आ सकने वाली परिस्थितियों का अभ्यास कर सकता है। ये प्राय: किए जाने वाले नकली अभ्यास आपात स्थिति पैदा होने पर प्रभावी जवाबी कार्यवाही करने में सहायता करेंगे। भूकंप प्रवण क्षेत्रों में 'झुको, ढको और ठहरो' जैसे अभ्यास किए जाते हैं।
8. **योजना का पुनरीक्षण, स्वीकृति और आधुनिकीकरण** केवल योजना बनाना और नकली अभ्यास करना ही काफी नहीं है। योजना का पुनरीक्षण भी जरूरी है, ताकि कमियों को पहचानकर उन्हें दूर किया जा सके। योजना के तैयार होने के बाद आपदा प्रबंधन समिति को इसकी स्वीकृति देनी चाहिए। जिला स्तर के अधिकारियों को भी योजना की जानकारी देनी चाहिए। इन अधिकारियों में जिला न्यायाधीश या जिला शिक्षाधिकारी प्रमुख होते हैं।

## पारिवारिक आपदा किट को बनाना

प्रत्येक परिवार को अपने घरों में एक आपदा किट जरूर रखना चाहिए। यह किट आपदा के दौरान आपकी और आपके परिवार की मदद करेगा। चक्रवात या भूकंप आने पर बिजली जा सकती है और पानी बंद हो सकता है। तूफान और बाढ़ के समय कुछ दिनों तक घर से बाहर नहीं जा सकते हैं। ऐसे दिनों में आपको केवल अपने ऊपर निर्भर रहना पड़ेगा। आपका आपदा आपूर्ति किट ऐसे में आपकी राह आसान बना देगा। याद रखिए कि शायद आपके परिवार को आपदा आपूर्ति किट की कभी जरूरत ही न पड़े, तो भी तैयार रहना बहुत अच्छा है।

आपके पारिवारिक आपदा किट में निम्नलिखित वस्तुएँ हो सकती हैं

- गरम कपड़ों का जोड़ा
- भोजन की सूखी वस्तुएँ और पानी
- जरूरी दस्तावेज
- बैटरी, टॉर्च, ट्रांजिस्टर
- प्राथमिक उपचार बक्सा
- रोगियों के लिए दवाइयाँ
- प्रिय खिलौने और खेल
- कंबल, तकिया
- परिवार और पालतू जीव के फोटो और

ऐसी अन्य वस्तुओं के बारे में सोचिए, जिन्हें आप इस सूची में शामिल कर सकते हैं।

# प्रोजेक्ट रिपोर्ट

# प्रोजेक्ट रिपोर्ट

प्रोजेक्ट रिपोर्ट एक लिखित सामग्री है, जिसमें विश्लेषक द्वारा अपने परियोजना कार्य का विश्लेषण प्रस्तुत किया जाता है। प्रोजेक्ट रिपोर्ट तैयार करने के लिए यह आवश्यक है कि उसमें अत्यावश्यक सावधानी और विचारणीय बिंदु को महत्ता प्रदान की जाए।

## प्रोजेक्ट रिपोर्ट के तत्त्व

यह सुनिश्चित करने का प्रयास किया जाए कि आपकी रिपोर्ट में निम्नलिखित तत्त्व सम्मिलित हों

### मुख्य पृष्ठ

इसमें आपके शोध विषय से संबंधित कंपनी/उत्पाद के नाम और विद्यार्थी के नाम को शामिल किया जाता है। मुख्य पृष्ठ में विषय-शिक्षक, कक्षा एवं विद्यालय के नाम को भी सम्मिलित कर सकते हैं।

### अभिस्वीकृति/आभार

अभिस्वीकृति के द्वारा प्राय: ऐसे व्यक्ति/व्यक्तियों को धन्यवाद किया जाता है, जिसने परियोजना कार्य के दौरान तकनीकी या अन्य प्रकार का सहयोग प्रदान किया हो।

### विषय सूची

इसमें रिपोर्ट के मुख्य खंड और उप-खंड सम्मिलित होते हैं। इसके अंतर्गत शीर्षक को स्पष्ट और पाठ्य विवरण के अनुरूप रखने की कोशिश की जाती है। विषय सूची को प्रभावशाली और विवरणात्मक तरीके से प्रस्तुत करने का प्रयास किया जाता है, जिससे पाठक को प्रोजेक्ट के उद्देश्य को सरलता से समझने में सहायता प्राप्त हो।

### परिचय

यह प्रोजेक्ट रिपोर्ट के महत्त्वपूर्ण भागों में से एक है। इसकी शुरुआत प्रोजेक्ट से संबंधित स्पष्ट विवरण से की जानी चाहिए, जिससे पाठक को प्रोजेक्ट की प्रकृति और कार्यक्षेत्र की आसान समझ प्राप्त हो सके। इसमें प्रोजेक्ट की पृष्ठभूमि, उसकी प्रासंगिकता और योगदानों के सारांश सहित उन सभी बातों का संक्षिप्त प्रस्तुतीकरण हो, जो आपने अपने परियोजना कार्य के लिए निर्धारित की हों। परिचय में परियोजना के संदर्भ और उसके महत्त्वपूर्ण बिंदुओं की, उद्देश्य के अनुरूप संक्षिप्त प्रस्तुति दी जानी चाहिए। इस प्रकार यह कहा जा सकता है कि परिचय परियोजना के मुख्य उद्देश्य को बताने हेतु महत्त्वपूर्ण भूमिका निर्वहन करता है।

### पृष्ठभूमि

रिपोर्ट के पृष्ठभूमि वाले भाग में प्रोजेक्ट के क्रियान्वयनकारी उद्देश्य को शामिल किए जाने की आवश्यकता होती है, जिससे संदर्भित विषय के लक्ष्य को समझा जा सके। यह प्रोजेक्ट का कार्यात्मक भाग होता है, इसमें समस्या, उसके प्रभाव इत्यादि को निर्दिष्ट किया जाता है। यह संपूर्ण परियोजना कीं मूल योजना (Blue Print) को प्रस्तावित करती है।

### रिपोर्ट का मुख्य हिस्सा

रिपोर्ट का मुख्य भाग प्राय: तीन या चार खंडों में विभक्त होता है, जिसमें प्रोजेक्ट के दौरान अपनाए गए तकनीकी कार्यों का विवरण दिया जाता है। इससे मूलत: परियोजना निर्धारित होती है। इसमें प्रोजेक्ट के क्रमागत विकास को प्रतिबिंबित किया जाता है। यह परियोजना से संदर्भित विस्तृत विवरणात्मक चरित्र को स्पष्ट करता है।

## मूल्यांकन

प्रोजेक्ट परिमाणात्मक और गुणात्मक दोनों हो सकता है, जिसमें प्रोजेक्ट की अभिव्यंजकता (Expressiveness), कार्यक्षमता, उपयोग में सरलता जैसे तत्त्वों को समाहित किया जाता है। आवश्यकतानुसार आपको अपने प्रोजेक्ट की मजबूती और कमजोरी का मूल्यांकन भी करना चाहिए।

## निष्कर्ष

निष्कर्ष रूप में परियोजना कार्य के दौरान सीखी गई समस्त बातों का लेखा-जोखा प्रदान किया जाता है। इसमें विद्यार्थी के प्रोजेक्ट की मौलिक प्रतिक्रिया को अभिव्यक्त किया जाता है। रिपोर्ट के इस भाग को अर्थपूर्ण और प्रभावशाली तरीके से व्यक्त किया जाना चाहिए, जिससे पाठक परियोजना कार्य और विश्लेषक का स्पष्टतया मूल्यांकन करने में सक्षम हो।

# आपदा प्रबंधन पर प्रोजेक्ट कार्य

आपदा एक विध्वंसकारी घटना है, जिसमें व्यापक पैमाने पर मानवीय क्षति होती है और जान-माल का नुकसान होता है। इससे प्रभावित समुदाय को जीवन, संपत्ति और आजीविका का नुकसान उठाना पड़ता है। इस क्षति से बाहर निकलने के लिए प्रभावित समुदाय को बाह्य मदद की आवश्यकता होती है। विश्व में तीव्रता से बदलाव आ रहा है, अधिक-से-अधिक लोग आपदा की चपेट में आते जा रहे हैं और इनमें से प्राय: लोग इन परिस्थितियों से निकल पाने में असक्षम होते हैं। ऐसी ही स्थिति में आपदा प्रबंधन की आवश्यकता महसूस होती है। आपदा प्रबंधन में उन समस्त गतिविधियों को सम्मिलित किया जाता है, जिसमें लोगों को आपदा से निपटने, उसके प्रभाव को कम करने और बचाव की एक रूपरेखा उपलब्ध कराई जाती है। CBSE पाठ्यक्रम के अनुसार कक्षा IX के प्रत्येक विद्यार्थी के लिए आपदा प्रबंधन पर एक प्रोजेक्ट तैयार करना अनिवार्य कर दिया गया है। विद्यार्थियों से प्रोजेक्ट तैयार कराने का मुख्य उद्देश्य है

(i) शिक्षार्थियों में जागरूकता का संचार करना।
(ii) उनमें आपदा प्रबंधन और उससे संबंधित सभी पहलुओं की समझ का विकास करना।
(iii) सिद्धांत और व्यावहारिक समझ में आपसी समन्वय बैठाना।
(iv) जीवन के साथ विविध पहलुओं के संबंधों की समझ विकसित करना।
(v) अनुभव प्राप्ति में सहयोग प्रदान करना।

विद्यार्थियों द्वारा तैयार किए जाने वाले प्रोजेक्ट से अपेक्षित लक्ष्य की प्राप्ति हेतु प्रधानाचार्य/शिक्षक को संबद्ध क्षेत्र की विभिन्न स्थानीय इकाइयों और संगठनों से सहयोग प्राप्त करना आवश्यक है। इनमें आपदा प्रबंधन प्राधिकरण, संबद्ध राज्य के राहत, पुनर्वास और आपदा प्रबंधन विभाग, जिलाधिकारी/उपायुक्त कार्यालय, अग्नि सेवा, पुलिस, नागरिक दस्ता जैसी एजेंसियों का सहयोग अपेक्षित है। शिक्षक द्वारा विद्यार्थियों को उचित प्रोजेक्ट के चयन को सुनिश्चित करने में मदद करनी चाहिए।

प्रोजेक्ट का विषय हमारे समाज और राष्ट्र के लिए प्रासंगिक होना आवश्यक है। विद्यार्थियों द्वारा प्रोजेक्ट से संबंधित जानकारियों को भिन्न-भिन्न समाचार-पत्रों, पत्रिकाओं, इलेक्ट्रॉनिक मीडिया व वेबसाइट के सहयोग से एकत्रित किया जा सकता है। शिक्षक और शिक्षार्थियों को इस बात का ध्यान रखना चाहिए कि प्रोजेक्ट और मॉडल को तैयार करने में प्रयुक्त सामग्री पर्यावरण के अनुकूल हों और बहुत अधिक व्यय से भी बचने की कोशिश की जानी चाहिए। विद्यार्थियों द्वारा प्रोजेक्ट रिपोर्ट को स्वयं ही, हस्तलिखित रूप में तैयार किया जाना चाहिए। उन्हें विषय से संबद्ध चित्रों को संलग्न करना चाहिए। इनमें सभी प्रासंगिक तथ्यों व पहलुओं को समाहित करने का प्रयत्न किया जाना चाहिए।

## प्रोजेक्ट का मूल्यांकन

प्रोजेक्ट के विविध पक्षों में दिए जाने वाले अंकों का वितरण इस प्रकार है

| **पक्ष** (Aspects) | **अंक** (Marks) |
|---|---|
| सामग्री सटीकता और मौलिकता | 1 |
| प्रस्तुति और सृजन क्षमता | 1 |
| प्रोजेक्ट समापन की प्रक्रिया : पहल, सहयोग, भागीदारी और समयनिष्ठा | 1 |
| प्रोजेक्ट से संबद्ध मौखिक परीक्षा | 2 |

विद्यार्थियों द्वारा प्रोजेक्ट पूरा करने के पश्चात् उसे प्रदर्शनी, पैनल वाद-विवाद इत्यादि के माध्यम से सत्र में रखा जाता है। प्रोजेक्ट से संबद्ध शिक्षक को, मूल्यांकन (प्रोजेक्ट) से संबंधित सभी दस्तावेजों को सावधानीपूर्वक सुरक्षित रखना चाहिए। शिक्षक को निम्न बिंदुओं को ध्यान में रखते हुए एक संक्षिप्त रिपोर्ट तैयार करनी आवश्यक होती है

- व्यक्ति या समूह बातचीत के माध्यम से प्राप्त किए गए उद्देश्य
- विविध गतिविधियों के कैलेंडर
- प्रक्रिया के दौरान अपनाए गए अभिनव विचारों का आकलन
- मौखिक परीक्षा के दौरान पूछे गए प्रश्नों की सूची इत्यादि।

# प्रोजेक्ट का शीर्षक
## (हिमालय सुनामी, 2013)

| | | |
|---|---|---|
| उद्देश्य | : | केस स्टडी के माध्यम से वर्ष 2013 की आपदा की कारणों को जानना और भविष्य में ऐसी परिस्थितियों से निपटने के उपाय खोजना। |
| नाम | : | .................. |
| विद्यालय | : | .................. |
| सत्र | : | 2022-23 |
| कक्षा | : | *IXA* |
| प्रस्तुत करना | : | .................. |

# अभिस्वीकृति

'हिमालय सुनामी, 2013' जैसे असाधारण प्रोजेक्ट पर कार्य करने का अवसर प्रदान करने के लिए मैं अपने शिक्षक......सहित प्रधानाध्यापक महोदय.........को कृतज्ञतापूर्वक विशेष आभार व्यक्त करता हूँ।

इस प्रोजेक्ट ने मुझे विषय से संबद्ध जानकारी और ज्ञानार्जन प्राप्त करने में पर्याप्त सहायता उपलब्ध कराई है। इस प्रोजेक्ट को पूरा करने के लिए मैंने उचित विश्लेषण और अनुसंधान का सहयोग लिया है। इस प्रक्रिया में मैंने कई नई चीजों को सीखा और समझा है।

मैं अपने मित्रों, सहयोगियों और मार्गदर्शक का हृदय से आभारी हूँ, जिन्होंने अपना बहुमूल्य समय मेरे इस विषय को पूर्ण करने में दिया है। मैं अपने माता-पिता का विशेष आभार व्यक्त करता हूँ, जिनके सहयोग ने प्रोजेक्ट को निर्धारित समय में पूरा करने में मदद की है।

मेरे द्वारा इस प्रोजेक्ट को केवल अंक अर्जित करने के उद्देश्य से नहीं, बल्कि यह मेरे ज्ञान और बुद्धि विकास में मददगार साबित होगा, के द्रष्टव्य किया गया है।

पुनः मेरे सभी सहयोगियों को मेरा धन्यवाद।

# प्रमाण-पत्र

प्रमाणित किया जाता है कि ........................................................ (विद्यार्थी का नाम) ने 'हिमालय सुनामी, 2013,' परियोजना कार्य को मेरे पर्यवेक्षण में कुशलतापूर्वक पूर्ण किया है। इस परियोजना के दौरान उसने मौलिकता और रचनात्मक प्रतिभा का परिचय दिया है।

______________________________

नाम और हस्ताक्षर
शिक्षक/पर्यवेक्षक

# विषय सूची

## परिचय

आध्यात्मिक और धार्मिक रूप से समृद्ध उत्तराखंड भारत के उत्तरी हिमालयी क्षेत्र में अवस्थित एक प्रांत है। यह अपनी पर्यावरणीय विविधता, पर्यटन सहित पारंपरिक व सांस्कृतिक विविधता के लिए प्रसिद्ध है, किंतु यह क्षेत्र पारिस्थितिक और भू-गर्भीय दृष्टिकोण से नाजुक भी है। उत्तराखंड भू-जलवायु, पारिस्थितिकी, सामाजिक-आर्थिक व प्राकृतिक आपदा के दृष्टिकोण से बहुत ही भेद्य क्षेत्र है।

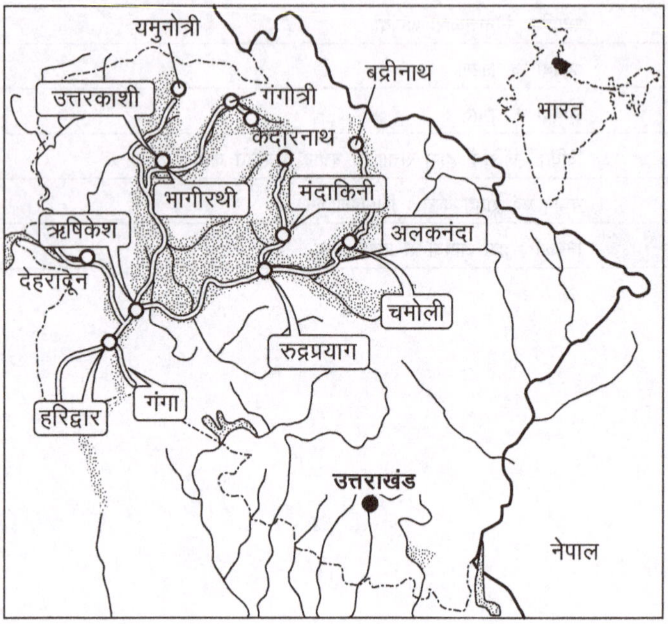

## सर्वाधिक विनाशकारी आपदा

जून, 2013 में उत्तराखंड में आई आपदा, राज्य के इतिहास में दर्ज अब तक की सबसे भयानक त्रासदी थी। इससे राज्य में जान-माल की व्यापक क्षति और बुनियादी संरचनाओं का विनाश हुआ। इस प्राकृतिक आपदा को 'हिमालय सुनामी, 2013' के नाम से जाना जाता है। लगातार बारिश और बादल फटने के कारण समुद्र तल से 12 हजार फीट की ऊँचाई पर आई बाढ़ से चारों ओर तबाही का मंजर उपस्थित हो गया। इस विनाशकारी आपदा का प्रभाव केदारनाथ और राज्य के अन्य पहाड़ी इलाकों में था। इनमें बागेश्वर, चमोली, पिथौरागढ़, रुद्रप्रयाग और उत्तरकाशी राज्य के सर्वाधिक प्रभावित जिले थे।

चोराबरी ग्लेशियर में मौसम विज्ञान संगठन द्वारा 15 व 16 जून, 2013 को 325 मिमी वर्षा का रिकॉर्ड दर्ज किया गया। मूसलाधार वर्षा के कारण रामबारा शहर 16 जून को पूर्णत: जलमग्न हो चुका था। इस आपदा का दूसरा विनाशकारी मंजर 17 जून को चोराबरी झील के टूटने के पश्चात् देखा गया। बाँध के टूटने और जलप्लावन की स्थिति ने केदारनाथ में पुन: बाढ़ की स्थिति उत्पन्न कर दी, जिसने भारी तबाही को अंजाम दिया।

आपदा के समय केदारनाथ

रामबारा में बाढ़

आपदा से प्रभावित घर

मूसलाधार बारिश और चोराबरी झील के टूटने के कारण केदारनाथ मंदिर और उसके आस-पास के क्षेत्र रामबारा, अगस्तमुनि, तिलवारा और गुप्तकाशी में बाढ़ की उपस्थिति दर्ज की गई। राज्य के अन्य धार्मिक स्थलों; जैसे—गंगोत्री, यमुनोत्री और बद्रीनाथ, जहाँ हजारों की संख्या में श्रद्धालुओं का आगमन होता रहा है, आपदा से बुरी तरह प्रभावित हुए। पर्यटक सहित स्थानीय लोग हर्शिल, रूपकुंड और हेमकुंड साहिब जैसे क्षेत्रों में कई दिनों और सप्ताहों तक फँसे रहे। राज्य के अलग-अलग क्षेत्रों में भूस्खलन, रोड-रेलवे और संचार साधनों व परिवहन व्यवस्था के ध्वस्त होने से लाखों लोग सप्ताहों महीनों तक असहाय के रूप में जीवन व्यतीत करने को मजबूर हुए।

वाहनों से जाम सड़कें

# आपदा के कारण

14 से 17 जून, 2013 के मध्य उत्तराखंड और उसके सीमावर्ती क्षेत्रों में अत्यधिक मात्रा में वर्षा हुई, जोकि सामान्य मानसूनी वर्षा की तुलना में 37.5% अधिक थी। यह स्थिति 3,800 मी ऊँचे चोराबरी ग्लेशियर के पिघलने के कारण बनी और मंदाकिनी नदी का उद्‌भेदन (Eruption) भी हुआ। चार दिन लगातार बारिश तथा हिमपात के कारण बाढ़ ने भीषण रूप धारण कर लिया। जून माह में बर्फ के पिघलने और मूसलाधार वर्षा ने गंगा नदी की 6 सहायक नदियों के आस-पास बसे अनगिनत क्षेत्रों को बाढ़ के आगोश में ले लिया।

अचानक आई बाढ़ से एक या दो घंटे पूर्व चोराबरी झील (केदारनाथ से 1.5 मील ऊपरी हिस्सों में) पर तैनात विशेषज्ञों की टीम ने बादलों के एक तीव्र गर्जन की आवाज सुनी। तीव्र गर्जन का कारण भूस्खलन हो सकता है- जिसने बर्फ और पत्थरों से बने प्राकृतिक बाँध को झकझोर दिया तथा चंद मिनटों के अंदर पूरे शहर को जलमग्न कर दिया।

हिमालय पर्वत श्रेणी में लगभग 20,000 हिमनद झील हैं। इनमें से 200 से अधिक झीलों को खतरनाक श्रेणियों में रखा गया है। वैज्ञानिकों द्वारा इन सभी झीलों पर नजर रखी जा रही है। उनकी दृष्टि में मार्च, अप्रैल और मई के माह में भारी हिमपात भी तीव्र वर्षा का एक कारण हो सकता है। जून माह से बर्फ का पिघलना आरंभ हो जाता है, जिससे हिमालय की नदियों का जल स्तर ऊपर हो जाता है। समुद्र विज्ञान विशेषज्ञों के अनुसार, उत्तराखंड की इस आपदा का कारण पश्चिमी प्रशांत महासागर में उत्पन्न न्यून वायुदाब भी हो सकता है।

न्यून दाब की स्थिति अपनी ओर आर्द्रता और पवन की गति को आकर्षित करती है। इससे पश्चिमी हिंद महासागर में उठने वाली पवन भारतीय उपमहाद्वीप में समय पूर्व मानसून की दशा का निर्माण करती है। जून माह में होने वाली भारी वर्षा बर्फ पिघलने की दर को तीव्रतर कर देती है।

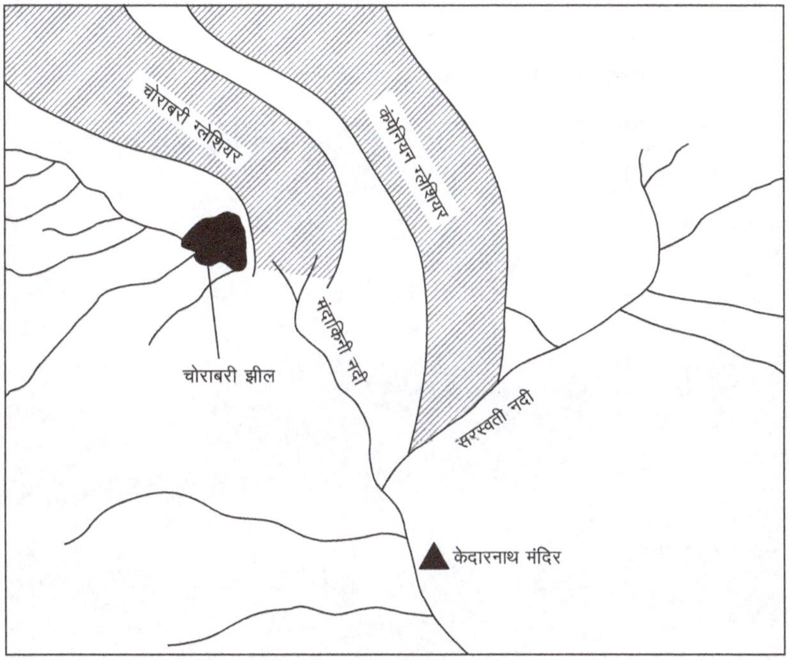


**केदार घाटी**

प्रोजेक्ट रिपोर्ट

उत्तराखंड में तीव्र वर्षा के साथ बर्फ का पिघलना, प्राकृतिक या कृत्रिम बाँधों का टूटना, बादल फटना जैसे कारकों के कारण मौसमी खतरों की उपस्थिति सामान्य परिघटनाएँ हैं। तीव्र और विशाल ऊर्जा शक्ति से युक्त जल प्रवाह और यहाँ की भौगोलिक संरचना के कारण इन क्षेत्रों में आने वाली बाढ़ काफी विनाशकारी स्वरूप ग्रहण कर लेती है।

प्रत्येक वर्ष उत्तराखंड के गढ़वाल क्षेत्र में छोटा चार धाम यात्रा के लिए हजारों श्रद्धालु आते हैं। इन चार धामों में गंगोत्री, यमुनोत्री, केदारनाथ और बद्रीनाथ शामिल हैं। यहाँ भी वर्षा और बाढ़ की स्थिति सामान्य बात है, किंतु इस बार की त्रासदी भयानक थी। चार धाम कंट्रोल रिकॉर्ड के अनुसार, 16 जून को केदारनाथ घाटी में 26 हजार लोग फँसे थे। सूचना के अनुसार, उसी दिन 39 हजार लोग केदारनाथ घाटी छोड़कर बद्रीनाथ, गंगोत्री, यमुनोत्री और हेमकुंड साहिब चले गए थे। सरकारी आँकड़ों के अनुसार आपदा में 800 लोगों की मृत्यु, एक अकल्पनीय तस्वीर पेश करती है। स्पष्टत: आपदा से मरने वालों की संख्या हजारों में थी। भागीरथी, अलकनंदा और मंदाकिनी नदियों के तीव्र प्रवाह में जो भी सामने आए, बर्बाद होते चले गए। विकास उपायुक्त राकेश शर्मा के अनुसार 2,052 मकान, 147 पुल और 1,307 सड़कें तहस-नहस हो गई। आपदा में उत्तराखंड का ऊपरी भाग अकल्पनीय तरीके से बर्बाद हो गया।

**उत्तराखंड हिमालय में जल-विद्युत परियोजना, सड़क और पर्यटन के विस्तार से विघटन** विशेषज्ञों की राय में राज्य में अप्रत्याशित विनाश के पीछे तीव्र और निरंतर जल-विद्युत परियोजनाओं का विकास, सड़क निर्माण और बढ़ते पर्यटन और उससे जुड़ी सुविधाएँ प्रमुख कारण हैं। पर्यटकों की संख्या में अभिवृद्धि ने सरकार द्वारा नए सड़कों के निर्माण और विस्तार को भी प्रोत्साहित किया है। गंगा का ऊपरी हिस्सा तो इंजीनियरों के क्रीड़ांगन जैसा बन गया है, जहाँ नित नए होने वाले को देखा जा सकता है।

केंद्रीय विद्युत प्राधिकरण और उत्तराखंड विद्युत विभाग के एक अनुमान के अनुसार, गंगा की सहायक नदियों पर राज्य में 9,000 मेगावाट बिजली और 70 परियोजनाओं के विस्तार की संभावना है। अनियंत्रित तरीके से सड़क बाँध, होटल, रेस्तराँ इत्यादि के निर्माण ने पर्वतीय क्षेत्र को अस्थिर और पारिस्थितिक संतुलन को बिगाड़ने का काम किया है।

उपरोक्त वर्णित ये सभी कारक इस भयानक मानव निर्मित आपदा के कारण थे।

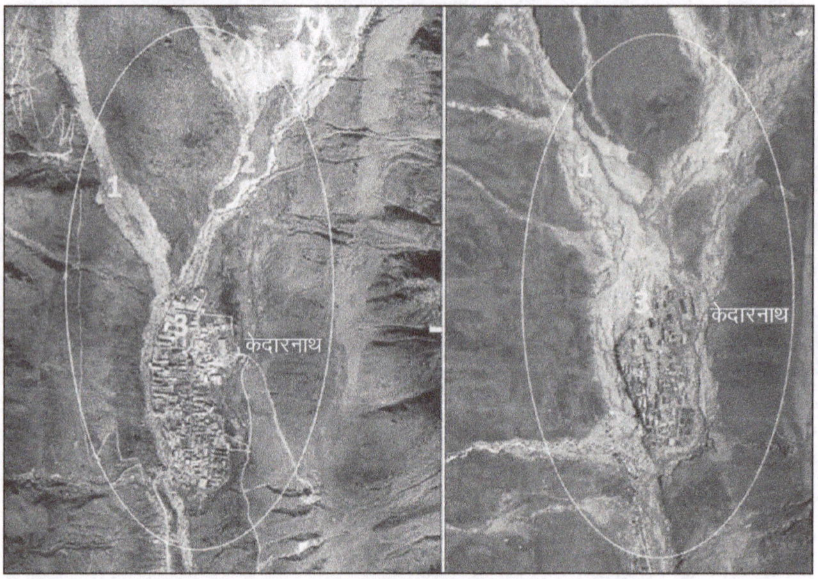


**आपदा से पूर्व और बाद में केदारनाथ का उपग्रह चित्र**

# आपदा के प्रभाव

आपदा के कारण जन-धन की अपार क्षति हुई। इसमें निजी संपत्तियों और सार्वजनिक अवसंरचनाओं का भी व्यापक पैमाने पर नुकसान हुआ है। अचानक आई बाढ़ से 90 लाख से अधिक लोग प्रभावित हुए। राज्य के पाँच जिले बागेश्वर, चमोली, पिथौरागढ़, रुद्रप्रयाग और उत्तरकाशी सर्वाधिक प्रभावित जिलों में शामिल थे।

राज्य सरकार द्वारा 9 मई, 2014 को जारी किए गए आँकड़ों के अनुसार इस आपदा में भिन्न-भिन्न राज्यों से आए 169 लोगों की मृत्यु और 4,021 लोग लापता (मृत होने का अनुमान) हो गए। रिपोर्ट के अनुसार, 4,200 गाँव, 11,091 जानवर और 2,513 घरों का नुकसान हुआ। एक लाख से अधिक स्थानीय निवासी और 70 हजार से अधिक पर्यटक मुश्किल भरे पहाड़ी इलाकों में फँसे रहे। राज्य सरकार के आपदा जनित नुकसान को निम्न तालिका में दर्शाया गया है

| | मद | विवरण |
|---|---|---|
| 1. | प्रभावित जिलों की संख्या | 13 |
| 2. | मृत और लापता (मृत होने का अनुमान) हुए लोगों की संख्या | 169 + 4,021 |
| 3. | क्षतिग्रस्त मकानों की संख्या | |
| | (i) पूर्णतः क्षतिग्रस्त पक्के मकान | 2,119 |
| | (ii) गंभीर रूप से क्षतिग्रस्त पक्के मकान | 3,001 |
| | (iii) आंशिक रूप से क्षतिग्रस्त पक्के मकान | 11,759 |
| | (iv) पूर्णतः क्षतिग्रस्त कच्चे मकान | 394 |
| | (v) गंभीर रूप से क्षतिग्रस्त कच्चे मकान | 360 |
| | (vi) आंशिक रूप से क्षतिग्रस्त कच्चे मकान | 1,676 |
| | (vii) क्षतिग्रस्त झोंपड़ियों की संख्या | 471 |
| | (viii) क्षतिग्रस्त गोशालाओं की संख्या | 361 |
| 4. | पशुओं/जानवरों का नुकसान | |
| | (i) बड़े पशुओं के नुकसान की संख्या | 3,280 |
| | (ii) छोटे पशुओं के नुकसान की संख्या | 7,811 |

* भारतीय आपदा रिपोर्ट, 2013 (उत्तराखंड सरकार)

बाढ़ के बाद केदारनाथ घाटी

# विविध एजेंसियों द्वारा संचालित बचाव एवं राहत कार्य

उत्तराखंड आपदा के दौरान चलाया गया खोज, बचाव और राहत अभियान भारतीय आपदा प्रबंधन के इतिहास में सबसे बड़ा और कठिन राहत ऑपरेशन था। प्रतिकूल परिस्थितियों के बावजूद केंद्र व राज्य सरकार की विविध एजेंसियों और गैर-सरकारी संगठनों ने इस राहत कार्य को सफल बनाने में महत्त्वपूर्ण भूमिका अदा की है। इन सभी संगठनों/एजेंसियों का राहत व निकास कार्यों में सहयोग अतुलनीय था। भारतीय वायु सेना, भारतीय सेना का विमानन कोर और राज्य सरकार के नागर विमानन विभाग द्वारा इस राहत ऑपरेशन में प्रमुख भूमिका निभाई गई।

राहत एजेंसियों के समर्पित सेवा भाव के बिना इस बचाव कार्य की सफलता असंभव थी। उत्तराखंड आपदा के सूचना में आते ही केंद्र सरकार से संबंधित मंत्रालय और विभाग सक्रिय और लामबंद हो गए। राष्ट्रीय आपदा राहत बल (एन डी आर एफ) की टीम को 16 जून को उत्तराखंड भेजा गया। केंद्र सरकार द्वारा एन डी आर एफ सहित सशस्त्र बल और अर्द्धसैनिक बलों के माध्यम से राज्य सरकार को राहत और बचाव कार्य में मदद की जाने लगी। भारत सरकार द्वारा संचार व्यवस्था को पुन:स्थापित करने हेतु 105 सैटेलाइट फोन केंद्र और राज्य सरकार की एजेंसियों को वितरित किए गए। बी एस एन एल के अतिरिक्त राष्ट्रीय संकट प्रबंधन समिति द्वारा संचार बहाली प्रक्रिया की समय-समय पर निगरानी की जा रही थी।

आपदा आने के तत्पश्चात् ही राज्य सरकार द्वारा केंद्रीय और राज्य सरकार की एजेंसियों; यथा—भारतीय सेना, भारतीय वायु सेना, अर्द्धसैनिक बल, एन डी आर एफ की मदद से व्यापक पैमाने पर राहत व बचाव कार्य आरंभ कर दिए गए। आपदा में 1,20,000 से अधिक लोग, जिसमें स्थानीय और पर्यटक दोनों शामिल थे, भिन्न-भिन्न स्थानों पर फँस चुके थे। उन्हें समय रहते सुरक्षित तरीके से निकाला गया और राहत कैंपों तक पहुँचाया गया। पर्यटकों को बाहर निकालने के पश्चात् उन्हें रेल, बस या अन्य निजी वाहनों के माध्यम से उनके घरों तक पहुँचाने में सहायता उपलब्ध कराई गई। बचाव एवं राहत कार्य का एक बड़ा हिस्सा, एक पखवाड़े के अंदर ही सफलतापूर्वक पूर्ण कर लिया गया, जो नागरिक प्रशासन द्वारा संचालित अब तक के सर्वाधिक विशाल और तत्परतापूर्ण अभियानों में से एक था।

**राहत अभियान**

गृह मंत्रालय द्वारा एन डी आर एफ टीम को केदारनाथ घाटी में भेजने का निर्णय लिया गया। घाटी से पूर्ण रूप से सड़क संपर्क टूट चुका था और वहाँ पहुँचने का एकमात्र विकल्प हेलिकॉप्टर सेवा ही थी। टीम को वायुयान/हेलिकॉप्टर की मदद से राहत स्थल तक पहुँचाया गया। अत्यंत कठोर मौसमी परिस्थितियों और लगभग नगण्य सहायक संरचना के अभाव में एन डी आर एफ कर्मियों ने अदम्य साहस और निष्ठा का परिचय दिया। एन डी आर एफ टीम ने केदारनाथ के जंगलों और दूर-दराज के क्षेत्रों में राहत और बचाव कार्य किए। ऑपरेशन के दौरान एन डी आर एफ कर्मियों ने सफलतापूर्वक 9,044 लोगों को बचाया, जिनमें केदारनाथ (1,053) , जंगलचट्टी (907), गौरीकुंड (756), गुप्तकाशी (1,281), सोनप्रयाग (2,000), सुखीटोप (120) और बद्रीनाथ (2,927) जैसे क्षेत्र शामिल थे। इसके अतिरिक्त एन डी आर एफ कर्मियों ने सिंगापुर के 14 विदेशी नागरिकों को भी सुरक्षित निकाला, टीम द्वारा 881 तीर्थयात्रियों/पर्यटकों को मेडिकल सेवा उपलब्ध कराई गई।

**राहत अभियान**

## बचाव एवं राहत कार्य : एक अवलोकन

- आपदा राहत अभियान में एन डी आर एफ की 14 टीमों को तैनात किया गया, जिन्होंने 9,044 से अधिक लोगों को बचाया।
- भारत-तिब्बत सीमा पुलिस (आई टी बी पी) ने अपने 1,600 कार्मिकों की तैनाती की, जिन्होंने 33,000 से अधिक लोगों को सुरक्षित बाहर निकाला।
- भारतीय वायु सेना (आई ए एफ) द्वारा राहत बचाव अभियान में 45 हेलिकॉप्टरों की सेवाएँ उपलब्ध कराई गईं, जिसमें 23,500 से अधिक लोगों को बचा पाने में सफलता हासिल की।
- भारतीय सेना द्वारा 8,000 कार्मिकों को तैनात किया गया, जिसमें 150 विशेष बल के सैनिक सम्मिलित थे। इन्होंने 38,500 लोगों को सुरक्षित बाहर निकाला। इस कार्य के लिए 12 सैन्य हेलिकॉप्टर भी तैनात किए गए थे।
- उत्तराखंड राज्य सरकार द्वारा 20 नागर विमान सेवाओं की मदद से 12,000 से अधिक लोगों को बचाया गया।
- नेहरू पर्वतारोहण संस्था, उत्तरकाशी द्वारा 20 प्रशिक्षक और स्थानीय युवा की मदद से 5 बचाव टीम का गठन किया गया। इस टीम ने 6,500 से अधिक फँसे हुए लोगों को सुरक्षित वापस निकाला।
- व्यापक पैमाने पर सड़कों की क्षति, कठिन व दुर्गम पहाड़ी इलाके एवं अत्यंत विकट मौसम के बावजूद 1,35,000 से अधिक लोगों को न्यूनतम समय में प्रभावित क्षेत्रों से सुरक्षित वापस निकालने में सफलता हासिल की।

राहत अभियान

# निष्कर्ष

उत्तराखंड में आई इस महाविपदा ने हमारी सुरक्षा तैयारियों की कई कमियों को उजागर किया है। इन खामियों को अविलंबपूर्वक दूर किया जाना हमारी आवश्यकता है। आपदा से प्राप्त प्रमुख शिक्षा और मुख्य सिफारिशें निम्नवत् हैं

1. बाढ़ प्रवण क्षेत्रों में निर्माण गतिविधियों के निगरानी संबंधी बाढ़ मैदानी क्षेत्र नियमों/अधिनियमों को कठोरतापूर्वक लागू किया जाना चाहिए।
2. पारिस्थितिक रूप से संवेदनशील क्षेत्रों में जल-विद्युत परियोजनाओं और अन्य मेगा परियोजनाओं की स्वीकृति से पूर्व पर्यावरण प्रभाव मूल्यांकन के साथ-साथ आपदा प्रभाव मूल्यांकन को अनिवार्य रूप से प्रभाव में लाया जाना चाहिए।
3. भू-स्खलन जोखिम क्षेत्रों का प्राथमिक स्तर पर मानचित्रण पूरा किया जाए।
4. ढालनुमा और कमजोर क्षेत्रों में प्रभावी रूप से स्थिरता प्राप्त करने और गतिविधियों के संचालन के लिए राष्ट्रीय/अंतर्राष्ट्रीय रूप से अपनाई जाने वाली वैज्ञानिक तकनीकों को अपनाया जाना चाहिए।
5. विकासात्मक गतिविधियों के संचालन के लिए विस्फोटन जैसी तकनीक से दूर रहना चाहिए, क्योंकि ऐसी गतिविधियाँ दुर्बल पहाड़ी क्षेत्रों को अस्थिर कर देती हैं।
6. एक ऐसे केंद्रीय (विशेष) कार्यक्रम को चलाए जाने की आवश्यकता है, जिससे नई सड़कों के निर्माण और नवीकरण में वैज्ञानिक प्रविधियों का प्रयोग किया जा सके।
7. आपदा प्रबंधन योजना की नियमित तौर पर समीक्षा और तैयारी कार्यों का अद्यतन किया जाना आवश्यक है।
8. राज्य स्तर पर आपातकालीन एजेंसियों/सेवाओं; जैसे—एस डी आर एफ या नागरिक सुरक्षा और गृह रक्षक दल/होम गार्ड को प्रशिक्षित और सुसज्जित किया जाना आवश्यक है, ताकि समस्या निवारण में प्रभावकारी सिद्ध हो सकें।
9. नदी के किनारों पर पर्यटन संबंधी विकास गतिविधियों को बढ़ावा नहीं देना चाहिए।
10. चिह्नित क्षेत्रों में आवश्यक मदों; जैसे—खाद्यान्न, कंबल, दवाई इत्यादि का ब्लॉक/पंचायत स्तर पर भंडारण को सुनिश्चित किया जाए, ताकि आपात स्थितियों से निपटने में मददगार साबित हो सके।

# मौखिक परीक्षा

**1.** हिमालय सुनामी आपदा, 2013 किस राज्य में घटित हुई?

**उत्तर** उत्तराखंड

**2.** किस तिथि को हिमालय सुनामी विपदा को अंकित किया गया?

**उत्तर** 16 और 17 जून।

**3.** इस आपदा से सर्वाधिक रूप से प्रभावित किन्हीं दो जिलों के नाम बताएँ।

**उत्तर** चमोली और पिथौरागढ़।

**4.** केदारनाथ मंदिर किस जगह पर अवस्थित है?

**उत्तर** मंदाकिनी नदी के समीप केदारघाटी में।

**5.** हिमालय सुनामी आपदा के प्रमुख कारण क्या थे?

**उत्तर** चोराबरी ग्लेशियर क्षेत्र में मूसलाधार वर्षा और चोराबरी झील के टूटने से अचानक आई बाढ़ हिमालय सुनामी के प्रमुख कारण थे।

**6.** केदारनाथ के नजदीक स्थित अन्य पवित्र स्थलों के नाम बताइए।

**उत्तर** बद्रीनाथ, हेमकुंड साहिब और गंगोत्री।

**7.** केदारनाथ क्षेत्र के समीप से बहने वाली मुख्य नदी कौन-सी है?

**उत्तर** मंदाकिनी नदी।

**8.** 16 जून को उत्तराखंड का कौन-सा शहर पूर्णत: बाढ़ की चपेट में आ गया था?

**उत्तर** रामबारा

**9.** प्राकृतिक कारणों के अतिरिक्त इस आपदा के मानवकृत कारण क्या थे?

**उत्तर** निरंतर जल-विद्युत परियोजनाओं का विस्तार, नई सड़कों का निर्माण और नवीकरण, भागीरथी, अलकनंदा और मंदाकिनी नदियों पर बाँध का निर्माण तथा होटल एवं रेस्तराँ का विकास आदि।

**10.** राहत बचाव कार्यों को किनके द्वारा संचालित किया गया?

**उत्तर** भारतीय वायु सेना, भारतीय सेना के विमानन कोर, एन डी आर एफ, राज्य सरकार का नागर विमानन विभाग इत्यादि।

**11.** बचाव कार्य केवल हेलिकॉप्टरों से ही किया जाना क्यों संभव था?

**उत्तर** भू-स्खलन से सड़कों का क्षतिग्रस्त होना और गंगा की सहायक नदियों में अचानक आई बाढ़ से मलबों के ढेर उपस्थित हो जाने के कारण, केवल हेलिकॉप्टर बचाव कार्य के लिए उपयुक्त थे।

**12.** इस बचाव कार्य को क्यों सर्वाधिक तत्परतापूर्ण अभियान का नाम दिया गया है?

**उत्तर** क्योंकि इस अभियान का एक बड़ा भाग, एक पखवाड़े के अंतर्गत ही सफलतापूर्वक पूर्ण कर लिया गया था।

**13.** उत्तराखंड में आई आपदा से लगभग कितने लोग प्रभावित हुए?

**उत्तर** लगभग 1,40,000 लोग।

**14.** छोटी चार धाम यात्रा के तीर्थस्थलों का नाम लिखें।

**उत्तर** गंगोत्री, यमुनोत्री, केदारनाथ और बद्रीनाथ।

**15.** उत्तराखंड में मुख्य रूप से किस प्रकार के पर्यटन को देखा जा सकता है?

**उत्तर** धार्मिक पर्यटन।

# सैंपल पेपर्स (1-3)

# सैंपल पेपर 1

व्याख्या सहित (कक्षा 9)

# सामाजिक विज्ञान

**निर्देश** *1. प्रश्न-पत्र में छः खंड दिए गए हैं—क, ख, ग, घ, ङ और च। प्रश्न-पत्र में कुल 37 प्रश्न दिए गए हैं। सभी प्रश्न करने अनिवार्य हैं।*

*2. खंड क—प्रश्न सं. 1 से 20 तक वस्तुनिष्ठ प्रश्न हैं। प्रत्येक प्रश्न 1 अंक का है।*

*3. खंड ख—प्रश्न सं. 21 से 24 तक अतिलघु उत्तरीय प्रश्न हैं, जिनका उत्तर 40 शब्दों में देना है। प्रत्येक प्रश्न 2 अंक का है।*

*4. खंड ग—प्रश्न सं. 25 से 29 तक लघु उत्तरीय प्रश्न हैं, जिनका उत्तर अधिकतम 60 शब्दों में देना है। प्रत्येक प्रश्न 3 अंक का है।*

*5. खंड घ—प्रश्न सं. 30 से 33 तक दीर्घ उत्तरीय प्रश्न हैं, जिनका उत्तर अधिकतम 120 शब्दों में देना है। प्रत्येक प्रश्न 5 अंक का है।*

*6. खंड ङ—प्रश्न सं. 34 से 36 तक स्रोत आधारित प्रश्न हैं। प्रत्येक प्रश्न 4 अंक का है।*

*7. खंड च—प्रश्न 37 मानचित्र पर आधारित है। प्रश्न 5 अंक का है, जो दो भागों—इतिहास (2 अंक) तथा भूगोल (3 अंक) में बँटा हुआ है।*

*8. प्रश्न-पत्र में कोई समग्र विकल्प नहीं है। हालाँकि कुछ प्रश्नों में एक आंतरिक विकल्प दिया गया है। ऐसे प्रश्नों में से केवल एक ही प्रश्न किया जाएगा।*

*9. इसके अतिरिक्त जहाँ आवश्यक है, वहाँ प्रत्येक खंड और प्रश्न के साथ निर्देश दिए गए हैं।*

---

*समय : 3 घंटे* *पूर्णांक : 80*

---

## खंड 'क'

**1.** 'फ्रांस की क्रांति' के संबंध में दार्शनिकों के कथनों में सत्य कथन की पहचान करें। (1)

(a) जॉन लॉक ने सजा के निरंकुश एवं दैवीय सिद्धांतों का खंडन किया है

(b) रूसो ने जनता और प्रतिनिधियों के बीच सामाजिक असमानता पर आधारित सरकार का प्रस्ताव रखा है

(c) दिदरो ने शक्ति के पृथक्करण का सिद्धांत दिया है

(d) मॉण्टेस्क्यू ने 'सोशल कांट्रेक्ट' नाम पुस्तक लिखी है

**उत्तर** (a) जॉन लॉक ने सजा के निरंकुश एवं दैवीय सिद्धांतों का खंडन किया है

**2.** उदारवादी विचारधारा के समर्थक किस प्रकार का राष्ट्र-निर्माण करना चाहते थे? (1)

(a) एक समान नस्ल (b) एक समान जाति

(c) एक समाज धर्म (d) एक समाज विचार

**उत्तर** (c) एक समाज धर्म

**3.** फ्रांस की क्रांति के दौरान अपनाए गए प्रतीकों में गलत युग्म का चयन करें (1)

(a) टूटी हुई जंजीर – आजादी का प्रतीक

(b) त्रिभुज के अंदर रोशनी – अज्ञानरूपी अँधेरे की समाप्ति

(c) पूँछ मुँह में लिए साँप – असमानता का प्रतीक

(d) लाल क्राइजियन टोपी – दासों की स्वतंत्रता

**उत्तर** (c) पूँछ मुँह में लिए साँप—असमानता का प्रतीक

**4.** नात्सीवाद के दौरान निम्नलिखित चित्र किस अवस्था को प्रदर्शित करता है? (1)

(a) उत्तरी समुद्र स्नान क्षेत्र यहूदियों से मुक्त

(b) पोलैंड का क्षेत्र यहूदियों से मुक्त

(c) नात्सीवाद की साम्राज्यवादी नीति

(d) नात्सीवाद की मातृत्व नीति

**उत्तर** (a) उत्तरी समुद्र स्नान क्षेत्र यहूदियों से मुक्त

**5.** सुमेलित कीजिए (1)

| सूची I | सूची II |
|---|---|
| A. दास प्रथा का उन्मूलन | 1. 1789 |
| B. महिलाओं को मताधिकार | 2. 1815 |
| C. वाटरलू की लड़ाई | 3. 1848 |
| D. सामंती प्रथा का उन्मूलन | 4. 1946 |

**कूट**

| | A | B | C | D | | A | B | C | D |
|---|---|---|---|---|---|---|---|---|---|
| (a) | 4 | 3 | 2 | 1 | (b) | 2 | 4 | 1 | 3 |
| (c) | 3 | 1 | 4 | 2 | (d) | 3 | 4 | 2 | 1 |

**उत्तर** (d) 3 4 2 1

**6.** निम्नलिखित की सहायता से ऋतु की पहचान करें (1)

- इस ऋतु काल में आसमान साफ, तापमान व आर्द्रता कम एवं पवनें शिथिल और परिवर्तित होती हैं।
- इस ऋतु में उत्तरी मैदानों में पश्चिम एवं उत्तर-पश्चिम से चक्रवाती विक्षोभ का अंतर्वाह होता है।
- यह ऋतु रबी फसल के लिए महत्त्वपूर्ण है।
- उत्तरी भारत में इसकी काल अवधि मध्य नवम्बर से फरवरी तक होता है।

(a) ग्रीष्म ऋतु (b) शीत ऋतु
(c) हेमंत ऋतु (d) वर्षा ऋतु

**उत्तर** (b) शीत ऋतु

**7.** निम्नलिखित कथनों पर विचार करके सही कूट का चयन करें (1)

1. अफ्रीका में श्वेत लोगों का जनसंख्या में तीन-चौथाई हिस्सा है।
2. 1960 से ही अश्वेत, रंगीन चमड़ी वाले और भारतीय मूल के लोगों ने रंगभेद प्रणाली के खिलाफ संघर्ष किया।

**कूट**
(a) केवल 1
(b) केवल 2
(c) 1 और 2
(d) न तो 1 और न ही 2

**उत्तर** *(d)* न तो 1 और न ही 2

**8.** निम्नलिखित में से कौन-सा कथन सत्य है? (1)
(a) भारतीय संविधान 28 जनवरी, 1950 को लागू हुआ
(b) भारत का गणतंत्र दिवस 26 जनवरी को मनाया जाता है
(c) भारतीय संविधान सभा में 300 सदस्य थे
(d) भारतीय संविधान सभा के सदस्यों को नियुक्त किया गया था

**उत्तर** *(b)* भारत का गणतंत्र दिवस 26 जनवरी को मनाया जाता है

**9.** निम्नलिखित में से कौन-सा युग्म गलत है? (1)
(a) प्रतिज्ञा-पत्र – नियमों और सिद्धांतों को बनाए रखना
(b) दावा – नागरिक द्वारा नैतिक अधिकारों की माँग
(c) सम्मान – अदालत द्वारा जारी एक आदेश
(d) रिट – अनौपचारिक लिखित/आदेश

**उत्तर** (d) रिट–अनौपचारिक लिखित/आदेश

**10.** निम्नलिखित में से कौन-सा युग्म सही सुमेलित नहीं है? (1)

| योजना | | प्रारंभिक वर्ष |
|---|---|---|
| (a) सर्व शिक्षा अभियान | – | 2000 |
| (b) दोपहर का भोजन | – | 2010 |
| (c) नवोदय विद्यालय | – | 1995 |
| (d) शिक्षा का अधिकार | – | 2005 |

**उत्तर** (d) शिक्षा का अधिकार – 2005

**11.** नदी तथा उद्गम स्थान के संबंध में निम्नलिखित जोड़ों में से कौन-सा सही है? (1)
(a) नर्मदा नदी–अमरकंटक (b) गंगा नदी–अलकनंदा
(c) सोन–यमुनोत्री (d) गोदावरी–अमरकंटक

**उत्तर** (a) नर्मदा नदी–अमरकंटक

**12.** क्रम में लगाएँ (1)
1. वाइमर गणराज्य की घोषणा
2. जर्मनी का USSR पर आक्रमण
3. वर्साय की संधि

**कूट**
(a) 1, 2, 3 (b) 2, 1, 3
(c) 3, 2, 1 (d) 2, 3, 1

**उत्तर** (a) 1, 2, 3

**13.** उस भारतीय राज्य की पहचान करें, जो निम्न की पूर्ति करता है (1)
- कर्क रेखा उससे होकर गुजरती है।
- रेगिस्तान की अधिकता है
- उष्ण जलवायु पाई जाती है।

(a) राजस्थान (b) महाराष्ट्र
(c) केरल (d) गुजरात

**उत्तर** (a) राजस्थान

**14.** नीचे दी गई सारणी का अध्ययन कीजिए तथा बताइए कि किस वर्ष में भारत की जनसंख्या की वार्षिक वृद्धि दर सर्वाधिक दर्ज की गई थी? (1)

**सारणी भारत की जनसंख्या वृद्धि का परिमाण एवं दर**

| वर्ष | कुल जनसंख्या (दस लाख में) | एक दशक में सापेक्ष वृद्धि (लाख में) | वार्षिक वृद्धि दर (प्रतिशत) |
|---|---|---|---|
| 1951 | 361.0 | 42.43 | 1.25 |
| 1961 | 439.2 | 78.15 | 1.96 |
| 1971 | 548.2 | 108.92 | 2.20 |
| 1981 | 683.3 | 135.17 | 2.22 |
| 1991 | 846.4 | 163.09 | 2.16 |
| 2001 | 1028.7 | 182.32 | 1.97 |
| 2011 | 1210.6 | 181.4 | 1.64 |

(a) वर्ष 1961 (b) वर्ष 1981
(c) वर्ष 1991 (d) वर्ष 2001

उत्तर (b) वर्ष 1981

**15.** कम कैलोरी की आवश्यकता के बावजूद शहरी क्षेत्रों के लिए उच्च राशि निश्चित की गई, क्योंकि (1)

(a) शहरी क्षेत्रों में अनेक आवश्यक वस्तुओं की कीमतें अधिक होती हैं
(b) शहरी क्षेत्रों में अनेक आवश्यक वस्तुओं की कीमतें कम होती हैं
(c) ग्रामीण क्षेत्रों में अनेक आवश्यक वस्तुओं की कीमतें अधिक होती हैं
(d) उपरोक्त में से कोई नहीं

उत्तर (c) शहरी क्षेत्रों में अनेक आवश्यक वस्तुओं की कीमतें अधिक होती हैं

**16.** सतत् विकास लक्ष्य के तहत किस वर्ष तक गरीबी खत्म करने का लक्ष्य है? (1)

(a) वर्ष 2025 तक (b) वर्ष 2030 तक
(c) वर्ष 2035 तक (d) वर्ष 2020 तक

उत्तर (b) वर्ष 2030 तक

**17.** निम्नलिखित में से कौन-सा कथन अंतर्राज्यीय असमानताओं से संबंधित है? (1)

1. भारत के प्रत्येक राज्य में निर्धन लोगों का अनुपात एकसमान नहीं है।
2. भारत में निर्धनता कम करने की सफलता की दर विभिन्न राज्यों में अलग-अलग है।
3. केरल राज्य में भूमि सुधार उपायों से निर्धनता कम करने में सहायता मिली है।

**कूट**

(a) 1 और 2 (b) 2 और 3
(c) 1 और 3 (d) ये सभी

उत्तर (d) ये सभी

**18.** निम्न रिक्त स्थान को पूरा करें (1)

| भारत में प्रवास की प्रवृत्ति | स्थिति/प्रभाव/कारण |
|---|---|
| अपकर्षण | ग्रामीण क्षेत्रों में गरीबी |
| अभिकर्षण | ? |

**कूट**

(a) ग्रामीण क्षेत्रों में बेरोजगारी
(b) ग्रामीण क्षेत्रों में संपन्नता
(c) शहरी क्षेत्रों में अच्छा जीवन स्तर
(d) शहरों में रोजगार की कमी

उत्तर (c) शहरी क्षेत्रों में अच्छा जीवन स्तर

**19.** **कथन** (A) विकसित एवं विकासशील देशों में विभिन्न क्रियाकलापों में कार्य करने वाले लोगों का अनुपात अलग-अलग होता है। (1)

**कारण** (R) भारत में महिला साक्षरता दर 70.2% है।

**कूट**

(a) A और R दोनों सत्य हैं तथा R, A की सही व्याख्या है
(b) A और R दोनों सत्य हैं तथा R, A की सही व्याख्या नहीं है
(c) A सही है, किंतु R गलत है
(d) A गलत है, किंतु R सही है

उत्तर (c) A सही है, किंतु R गलत है

**20.** 'निर्धनता' के संबंध में निम्नलिखित में से कौन-सा कथन असत्य है? (1)

(a) निर्धनता के आकलन को एक सर्वमान्य विधि सामान्य आय अथवा उपभोग स्तर पर आधारित है
(b) राष्ट्रीय प्रतिदर्श सर्वेक्षण संगठन वर्ष 1970 में स्थापित किया गया
(c) भारत में निर्धनता अनुपात सामाजिक समूह और आर्थिक वर्गों में एक समान नहीं है
(d) वर्ष 2011-12 में भारत में निर्धनता अनुमान 22% था

उत्तर (b) राष्ट्रीय प्रतिदर्श सर्वेक्षण संगठन वर्ष 1970 में स्थापित किया गया।

## खंड 'ख'

**21.** इलेक्ट्रॉनिक वोटिंग मशीन को परिभाषित करें। (2)

*अथवा* चुनाव चिह्न क्या है?

उत्तर इलेक्ट्रॉनिक वोटिंग मशीन का प्रयोग चुनाव में होता है। इससे उम्मीदवारों के नाम के सामने वाले बटन को दबाकर अपना मत दिया जाता है।

*अथवा*

चुनाव के समय चुनाव आयोग द्वारा राजनीतिक दलों को निश्चित संकेतक दिए जाते हैं, जिसे चुनाव चिह्न कहते हैं।

**22.** मुख्य चुनाव आयुक्त की नियुक्ति कौन करता है? (2)

उत्तर मुख्य चुनाव आयुक्त की नियुक्ति राष्ट्रपति करता है।

**23.** फ्रांसीसी क्रांति के समय फ्रांस में किस राजवंश का शासन था? (2)

उत्तर फ्रांसीसी क्रांति के समय फ्रांस में बूर्बो वंश का शासन था।

**24.** निर्गम मूल्य क्या होता है? (2)

उत्तर यह वह मूल्य होता है जिस पर सरकार जन वितरण प्रणाली के अंतर्गत निर्धनतम वर्ग के समाज को खाद्यान्न उपलब्ध कराती है।

## खंड 'ग'

**25.** फ्रांस में लुई XVI को सत्ता सँभालने के साथ किन समस्याओं का सामना करना पड़ा? (3)

उत्तर लुई XVI 1774 ई. में फ्रांस की राजगद्दी पर आसीन हुआ। सत्ता सँभालने के साथ लुई XVI को निम्न समस्याओं का सामना करना पड़ा

- राज्यारोहण के समय उसने राजकोष खाली पाया। लुई XVI को वर्साय के विशाल महल और राजदबार की शानो-शौकत बनाए रखने के लिए अतिरिक्त वित्तीय बोझ का सामना करना पड़ा।
- लुई XVI के शासनकाल में फ्रांस ने अमेरिका के 13 उपनिवेशों को ब्रिटेन से आजाद कराने में सहायता दी थी। इस युद्ध के चलते फ्रांस पर दस अरब लिब्रे से भी अधिक का कर्ज और जुड़ गया, जबकि उस पर पहले से ही दो अरब लिब्रे का बोझ चढ़ा हुआ था।
- सरकार से कर्जदाता अब 10% ब्याज में से माँग करने लगे थे। फलस्वरूप फ्रांसीसी सरकार अपने बजट का बहुत बड़ा हिस्सा दिनोंदिन बढ़ते जा रहे कर्ज को चुकाने पर मजबूर थी।

**26.** **यूरोप में फ्रांसीसी क्रांति के पश्चात् तीन तरह के विचारों का अभ्युदय हुआ, जो राजनीतिक परिवर्तन की वकालत करते थे। संक्षेप में इनके विचारों की चर्चा कीजिए।** (3)

*अथवा*

**वर्ष 1914 के रूसी साम्राज्य को स्पष्ट कीजिए।**

**उत्तर** यूरोप में तीन विभिन्न प्रकार के विचारों वाले समूह थे– रूढ़िवादी, उदारवादी एवं रैडिकल।

(i) **रूढ़िवादी** रूढ़िवादी वर्ग उदारवादी तथा रैडिकल दोनों का विरोधी था। फ्रांसीसी क्रांति के पश्चात् इनकी भी सोच में परिवर्तन आया।

(ii) **उदारवादी** समाज परिवर्तन के समर्थकों में एक समूह उदारवादियों का था। ये ऐसा राष्ट्र चाहते थे, जहाँ सभी धर्मों को एकसमान सम्मान मिले।

(iii) **रैडिकल** रैडिकल समूह के लोग ऐसी सरकार के पक्ष में थे, जो देश की आबादी के बहुमत के समर्थन पर आधारित हो, इनमें से अधिकांश लोग महिला मताधिकार आंदोलन के समर्थन में थे।

*अथवा*

वर्ष 1914 में जार निकोलस द्वितीय का रूस एवं उसके पूरे साम्राज्य पर शासन था। मॉस्को के आस-पास के क्षेत्र के अतिरिक्त रूसी साम्राज्य में फिनलैंड, लाटविया, लिथुआनिया, एस्तोनिया, पोलैंड, यूक्रेन व बेलारूस के कुछ क्षेत्र भी समाहित थे। यह साम्राज्य मध्य एशिया तथा प्रशांत महासागर तक फैला था।

मध्य एशियाई राज्यों में जॉर्जिया, आर्मेनिया व अजरबैजान भी रूसी साम्राज्य के अंतर्गत आते थे। रूस में सबसे अधिक ऑर्थोडॉक्स क्रिश्चियैनिटी धर्म को मानने वाले लोग थे। इस धर्म का उद्भव रूसी ऑर्थोडॉक्स चर्च से हुआ था। रूसी साम्राज्य के अंतर्गत रहने वालों में कैथोलिक, प्रोटेस्टेंट, मुस्लिम और बौद्ध भी शामिल थे।

**27.** **भारत का देशांतरीय व अक्षांशीय विस्तार क्या है? इसके दो महत्त्व बताइए।** (3)

**उत्तर** भारत के मुख्य भू-भाग का देशांतरीय विस्तार 68°7' पूर्व से 97°25' पूर्व तक तथा अक्षांशीय विस्तार 8°4' उत्तर से 37°6' उत्तर तक है। इसके महत्त्व निम्नलिखित हैं

(i) भारत की भौगोलिक स्थिति अंतर्राष्ट्रीय व्यापार के लिए महत्त्वपूर्ण है।

(ii) पूर्वी गोलार्द्ध में केंद्रीय स्थिति के कारण, प्रमुख व्यापारिक महामार्गों पर स्थित है।

**28.** **अफ्रीका में किस प्रकार लोकतांत्रिक गणराज्य की स्थापना हुई?** (3)

**उत्तर** वर्ष 1950 के आरंभ में अश्वेतों एवं भारतीयों ने रंगभेद नीति के विरुद्ध संघर्ष किया। उन्होंने धरना प्रदर्शन के माध्यम से आंदोलन करना शुरू किया। अफ्रीकन नेशनल कांग्रेस ने इस आंदोलन का नेतृत्व किया। इस आंदोलन में रंगभेद की नीतियों के विरोध में मजदूर संगठन, कम्युनिस्ट पार्टी एवं संवेदनशील लोगों ने अफ्रीकन नेशनल कांग्रेस को समर्थन दिया।

जब रंगभेद के खिलाफ संघर्ष बढ़ता गया, तो सरकार ने अपनी नीतियों में बदलाव शुरू किया तथा भेदभाव वाले कानून को वापस लिया। 28 वर्ष तक जेल में रहने के बाद नेल्सन मंडेला को आजाद कर दिया गया। अंततः 26 अप्रैल, 1994 की रात्रि को दक्षिण अफ्रीका गणराज्य का नया झंडा लहराया, जिससे यह दुनिया का एक नया लोकतांत्रिक देश बन गया तथा यहाँ रंगभेद वाली शासन व्यवस्था भी समाप्त हो गई।

**29.** **सामान तथा सेवाओं के उत्पादन के लिए मौलिक आवश्यकताएँ कौन-सी है?** (3)

**उत्तर** सामान तथा सेवाओं के उत्पादन के लिए मौलिक आवश्यकताओं (कारकों) का वर्णन निम्नलिखित है

(i) **भूमि** यह उत्पादन का एक स्थिर साधन है। इसमें प्राकृतिक संसाधन के रूप में जल, वन और खनिज पदार्थ मुख्य रूप से सम्मिलित होते हैं।

(ii) **श्रम** यह उत्पादन का मुख्य साधन है। श्रमिक ही उत्पादन के लिए आवश्यक श्रम प्रदान करता है।

(iii) **भौतिक पूँजी** उत्पादन के प्रत्येक स्तर पर कार्य में लाई जाने वाली विभिन्न प्रकार की आगतों (मदों) को भौतिक पूँजी कहा जाता है।

(iv) **मानव पूँजी** उत्पादन प्रक्रिया में भूमि, श्रम एवं पूँजी को संयोजित कर जिस कारक द्वारा उसे संगठित किया जाता है, उसे मानव पूँजी कहा जाता है।

## खंड 'घ'

**30.** **दास प्रथा के अंत से आप क्या समझते हो? सविस्तार वर्णन करें।** (5)

*अथवा*

**विश्व इतिहास में महत्त्वपूर्ण क्रांतियों में से एक फ्रांसीसी क्रांति के पीछे राजनीतिक कारक महत्त्वपूर्ण थे। स्पष्ट करें।**

**उत्तर** जैकोबिन सरकार द्वारा जो महान् सुधार हुए उनमें दास प्रथा का अंत महत्त्वपूर्ण था। फ्रांसीसी उपनिवेशों में कैरीबियन; जैसे-मार्टिनिक, गॉडेलोप और सैन डोमिंगो आदि महत्त्वपूर्ण थे, जो तंबाकू, नील, चीनी तथा कॉफी के महत्त्वपूर्ण आपूर्तिकर्ता थे। फ्रांसीसियों को जहाँ श्रमिकों की आवश्यकता थी, वहीं यूरोपीय द्वारा दूर देशों में जाकर काम न करने की इच्छा ने दासों का व्यापार शुरू किया, जो यूरोप, अफ्रीका और अमेरिका के मध्य शुरू हुआ। 17वीं शताब्दी में इसे ही त्रिकोणीय दास व्यापार के नाम से जाना जाता था।

फ्रांसीसी व्यापारी अपने पोतों को बोर्दे या नान्ते बंदरगाह से अफ्रीका तट तक ले जाते, जहाँ से ये स्थानीय सरदारों से दास खरीदते थे। इन दासों को हथकड़ी लगाकर तीन महीने लंबे अटलांटिक महासागर के पार कैरीबियाई देशों की समुद्री यात्रा पर भेज दिया जाता था। हालाँकि 18वीं सदी में दासता की कम ही आलोचना हुई है।

लंबी बहस के बाद नेशनल असेंबली द्वारा 1794 ई. में दासता को गैर-कानूनी घोषित किया गया तथा सभी दासों को फ्रांस एवं इसके समुद्रपारीय उपनिवेशों से मुक्त कर दिया गया। दस साल के उपरांत नेपोलियन द्वारा पुनः बागान मालिकों को श्रमिकों की आपूर्ति शुरू किया गया। ये दास अफ्रीकी नीग्रो के नाम से जाने जाते थे। अंततः 1848 ई. में फ्रांस के उपनिवेशों से दासता का उन्मूलन किया गया।

*अथवा*

फ्रांसीसी क्रांति के राजनीतिक कारण निम्नलिखित थे

(i) **राजा का निरंकुश होना** फ्रांस का राजा स्वेच्छाचारी एवं निरंकुश हो गया था। वहाँ के शासक ने राजा के दैवी अधिकारों को प्रतिपादित किया तथा स्वयं को ईश्वर का प्रतिनिधि घोषित कर दिया। इस कारण राजा जनता के प्रति अपने कर्त्तव्यों को भूल गया तथा जनकल्याण के प्रति लापरवाही बरतने लगा।

(ii) **राजा द्वारा अपव्यय किया जाना** इस समय राजा द्वारा नागरिकों पर अनेक नए-नए करों का अधिरोपण किया जाता था। जनता द्वारा प्राप्त इन करों को राजा के भोग-विलास पर खर्च किया जाता था।

(iii) **प्रांतों में असमानता** फ्रांस के विभिन्न प्रांतों में अलग-अलग कानून प्रचलित थे। गरीब एवं अमीर वर्ग के लिए भी अलग-अलग कानून थे, जिसके कारण जनता को अनेक परेशानियों का सामना करना पड़ता था।

(iv) **व्यक्तिगत स्वतंत्रता का अभाव** राजा के दरबारियों के पास अधिकार पत्र होते थे, जिन पर राजा की मुहर लगी होती थी। वे जिन्हें कैद करना चाहते, उनके नाम अधिकार पत्र पर लिखे होते थे। इस व्यवस्था के कारण अनेक निर्दोष लोगों को जेल जाना पड़ता था।

(v) **सेना में असंतोष** साधारण सैनिकों की उन्नति के द्वार बंद थे, जिसके कारण सेना में असंतोष पैदा हुआ, जो फ्रांस की राज्य क्रांति का एक कारण बना।

**31.** भारत में ग्रामीण गरीबी के मुख्य कारणों की विवेचना कीजिए।

*अथवा*

भारत में शहरी गरीबी के मुख्य कारणों की विवेचना कीजिए।

**उत्तर** भारत में ग्रामीण गरीबी के मुख्य कारण निम्नलिखित हैं

- **भूमिहीन** ग्रामीण गरीबों के पास अपनी भूमि नहीं होती। यदि कोई भूमि का हिस्सा होता है तो यह बहुत छोटा हिस्सा होता है जो उसके परिवार की आवश्यकताओं को संतुष्ट नहीं कर सकता।
- **कृषि श्रमिक** अपर्याप्त एवं भूमि के हिस्से का नहीं होना ग्रामीण व्यक्ति को कार्य से वंचित रखता है। इस प्रकार उन्हें कृषि श्रमिक के रूप में साहूकारों के पास कार्य करना पड़ता है और वह स्वयं को शोषण के लिए उन्हें समर्पित कर देते हैं। अधिकांश कार्य मौसमी एवं अस्थायी होते हैं एवं परेशानियाँ जारी रहती हैं।
- **कच्चा घर** ग्रामीण मजदूरों का घर कच्चा होता है, जहाँ दीवारें मिट्टी की एवं छत सामान्यतौर पर घास-फूस एवं लकड़ियों से बनी होती हैं यह घर तेज हवा, वर्षा एवं ठंड का सामना करने में असमर्थ होते हैं।
- **गंभीर ऋणग्रस्तता** एक ग्रामीण गरीब के पास सीमित साधन होते हैं। उसकी आय उसके परिवार की आधारभूत आवश्यकताओं को संतुष्ट करने में अपर्याप्त होती है। इस प्रकार वह ऊँची ब्याज दर पर ऋण प्राप्त करने के लिए मजबूर होता है।
- **बाल श्रम** बच्चों को अपने माता-पिता की कम आय में सहायता करने की आवश्यकता होती है। इसलिए उन्हें ग्रामीण फैक्ट्रियों या ढाबों में श्रमिक के रूप में कार्य करना पड़ता है।

*अथवा*

भारत में शहरी गरीबी के मुख्य कारण निम्नलिखित हैं

- **झुग्गी-झोंपड़ी के निवासी** शहरी गरीब आवासीय क्षेत्रों में घर का प्रबंध नहीं कर सकते। इसलिए वह अपने घर शहर के किनारे एवं झुग्गी-झोंपड़ी के क्षेत्रों में बनाते हैं जो गंदे, अस्वच्छ कीचड़ एवं कूड़ा करकट वाले होते हैं और मानवीय निवास के लिए अनुपयुक्त हैं।
- **निरक्षता** गरीबी एवं निरक्षरता दोनों एक-दूसरे पर निर्भर हैं। गरीबी, निरक्षरता को बढ़ाती है और निरक्षता गरीबी को बढ़ाती है। सामान्य तौर पर गरीब बच्चों को अपने माता-पिता की कम आय में सहायता के लिए कार्य करना पड़ता है। स्कूल जाने के लिए उनके पास समय एवं पैसा नहीं होता।
- **अनिरंतर रोजगार** शहरी गरीबों के पास सामान्य तौर पर निरंतर कार्य नहीं होता। कुछ समय वह कार्यरत होते हैं और वर्ष के कई महीने वह बेरोजगार होते हैं। वह मौसमी एवं वार्षिक बेरोजगारी के शिकार होते हैं, जो उनके जीवन को कठिन बनाती है।
- **अस्वस्थता** गरीबी, भुखमरी, ऋणग्रस्तता एवं मानसिक परेशानी को पैदा करती है, जो अस्वस्थता को बढ़ावा देती है और जो कार्य की हानि करके गरीबी में दोबारा योगदान देती है।
- **अस्वच्छता एवं बिजली की अनुपलब्धता** सफाई सुविधाओं का झुग्गी-झोपड़ी के क्षेत्रों में अभाव है। सामान्य तौर पर बिजली उपलब्ध नहीं है। अस्वच्छता गंभीर बीमारियों एवं बुरे स्वास्थ्य का कारण होती है।

**32.** भारत सरकार द्वारा चुनाव प्रणाली में किए गए सुधारों का वर्णन कीजिए। (5)

*अथवा*

भारत में स्वतंत्र तथा निष्पक्ष चुनाव कराने के लिए क्या कदम उठाए गए हैं?

**उत्तर** भारत सरकार द्वारा चुनाव प्रणाली में निम्नलिखित सुधार किए गए हैं

- **मताधिकार की उम्र सीमा 18 वर्ष करना** पहले हमारे देश में मताधिकार की उम्र सीमा 21 वर्ष थी, जिसे 18 वर्ष तक करने की अनेक राजनीतिक दल और वर्ग बहुत दिनों से माँग कर रहे थे। सरकार ने संविधान में 61वाँ संशोधन करके मताधिकार की उम्र सीमा को 18 वर्ष कर दिया।
- **चुनाव मशीनरी चुनाव आयोग के अधीन** वर्ष 1951 में जनप्रतिनिधित्व कानून में संशोधन करके चुनाव मशीनरी पर चुनाव आयोग को पूरा अधिकार दे दिया गया।
- **इलेक्ट्रॉनिक मशीन का प्रयोग** जनप्रतिनिधित्व कानून में संशोधन कर चुनाव में इलेक्ट्रॉनिक मतदान मशीनों के प्रयोग की व्यवस्था की गई।
- **बहु-सदस्यीय चुनाव आयोग का गठन** चुनाव आयोग को बहु-सदस्यीय बनाने के लिए संसद में दिसंबर, 1993 में एक विधेयक पारित किया गया, जिसके अंतर्गत यह प्रावधान किया गया कि चुनाव आयोग में मुख्य चुनाव आयुक्त के साथ दो अन्य सदस्य और होंगे।

- **मतदाता पहचान-पत्र आवश्यक** चुनाव आयोग ने 15 दिसंबर, 1993 को आदेश जारी किया कि दिसंबर, 1994 तक जम्मू-कश्मीर को छोड़कर देश के सभी संसदीय क्षेत्रों में निर्वाचित पहचान-पत्र जारी कर दिए जाएँ। तत्पश्चात् हरियाणा में फरवरी, 2000 में हुए विधानसभा चुनाव में मतदान पहचान-पत्रों के द्वारा ही कराया गया।

*अथवा*

भारत में स्वतंत्र तथा निष्पक्ष चुनाव कराने के लिए निम्नलिखित कदम उठाए गए हैं

- **चुनाव आयोग की स्थापना** इस बात को निश्चित करने के लिए कि चुनाव स्वतंत्र तथा निष्पक्ष हों। संविधान द्वारा चुनाव आयोग की स्थापना की गई है।
- **चुनाव से पूर्व मतदाता सूचियों को ठीक करना** चुनावों के कुछ समय पहले राज्य विधानसभा तथा संसद के प्रत्येक निर्वाचन क्षेत्र की मतदाता सूचियों को दोहराया जाता है और इसमें आवश्यक सुधार किए जाते हैं।
- **सरकारी मशीनरी के दुरुपयोग पर नियंत्रण** चुनाव आयोग इस बात का ध्यान रखता है कि सत्तारूढ़ दल सरकारी मशीनरी का दुरुपयोग न करे।
- **मतदाताओं के लिए पहचान-पत्र** फर्जी मतदान को रोकने के लिए मतदाताओं को फोटो युक्त पहचान-पत्र जारी किए जाते हैं।
- **चुनावों में धन के प्रयोग पर प्रतिबंध** चुनावों में तय सीमा से अधिक धन खर्च करने पर प्रतिबंध रहता है।

**33.** भारत की स्थिति, आकार एवं विस्तार को बताइए। (5)

*अथवा*

प्राचीन तथा मध्य काल में भारत के विश्व के अन्य देशों के साथ संबंधों का वर्णन कीजिए।

**उत्तर** **स्थिति** भारत एक विशाल देश है, जो उत्तरी गोलार्द्ध में अवस्थित है। इसका अक्षांशीय विस्तार 8°4' उत्तर से 37°6' उत्तर तक तथा देशांतरीय विस्तार 68°7' पूर्व से 97°25' पूर्व तक है। कर्क रेखा (23°30' उत्तर) भारत को भौगोलिक रूप से लगभग दो भागों में विभाजित किया जाता है। यह भारत के 8 राज्यों–गुजरात, राजस्थान, मध्य प्रदेश, छत्तीसगढ़, झारखंड, पश्चिम बंगाल, त्रिपुरा और मिजोरम से गुजरती है।

**आकार** भारतीय भू-भाग का कुल क्षेत्रफल 32.8 लाख वर्ग किमी है, जो विश्व के कुल क्षेत्रफल के 2.4% के बराबर है। क्षेत्रफल के दृष्टिकोण से रूस, कनाडा, संयुक्त राज्य अमेरिका, चीन, ब्राजील और ऑस्ट्रेलिया के बाद भारत विश्व का सातवाँ बड़ा देश है।

**विस्तार** भारत उत्तर-पश्चिम, उत्तर एवं उत्तर-पूर्वी सीमा पर नवीनतम वलित पर्वतों से घिरा हुआ है। इसके दक्षिण का भू-भाग उत्तर में चौड़ा तथा 22° उत्तरी अक्षांश से हिंद महासागर की ओर सँकरा है। इसके पश्चिम में अरब सागर तथा पूर्व में बंगाल की खाड़ी स्थित है।

*अथवा*

भारत का विश्व के अन्य देशों के साथ संपर्क सदियों पुराना है, जिसमें भारत के पश्चिम मध्य, पूर्वी और दक्षिणी एशियाई देशों से महत्त्वपूर्ण संबंध रहे हैं। प्राचीन समय में यह संबंध समुद्री जलमार्गों की अपेक्षा स्थल मार्गों से था। इन्हीं संपर्कों के कारण ही प्राचीन काल से विचारों और वस्तुओं का आदान-प्रदान होता रहा है, जिसके परिणामस्वरूप भारतीय उपनिषद् के विचार, रामायण और महाभारत के संदेश, पंचतंत्र की कहानियाँ, भारतीय अंक और दशमलव प्रणाली संसार के विविध भागों तक पहुँचे हैं। व्यापार के माध्यम से मसाले, मलमल व कपड़े सहित अन्य वस्तुओं को भी विभिन्न देशों तक पहुँचाया जाता था।

इन देशों के साथ वस्तुओं व विचारों के आदान-प्रदान से न केवल आवश्यकताओं की पूर्ति हुई, बल्कि संबंध स्थापना को भी मजबूती मिली है। ऐसे ही यूनानी स्थापत्य कला तथा पश्चिमी एशिया की वास्तुकला के प्रतीक चिह्नों, मीनारों, गुंबदों व अन्य कलाकृतियों का प्रभाव हमारे देश के विभिन्न भागों में देखा जा सकता है। वर्ष 1947 से पूर्व भारत में दो प्रकार के राज्य थे–प्रांत और रियासत। वायसराय द्वारा नियुक्त अंग्रेज अधिकारी प्रांतों पर शासन करते तथा रियासतों का शासन स्थानीय शासकों द्वारा पैतृकता के आधार पर अंग्रेजी शासकों की प्रभुसत्ता मानकर स्वायत्तता से किया जाता था।

## खंड 'ङ'

**34.** महिलाएँ शुरू से ही फ्रांसीसी समाज में इतने अहम परिवर्तन लाने वाली गतिविधियों में सक्रिय रूप से शामिल थीं। उन्हें उम्मीद थी कि उनकी भागीदारी क्रांतिकारी सरकार को उनका जीवन सुधारने हेतु ठोस कदम उठाने के लिए प्रेरित करेगी।

तीसरे एस्टेट की अधिकांश महिलाएँ जीविका निर्वाह के लिए काम करती थीं। वे सिलाई-बुनाई, कपड़ों की धुलाई करती थीं, बाजारों में फल-फूल-सब्जियाँ बेचती थीं अथवा संपन्न घरों में घरेलू काम करती थीं। अधिकांश महिलाओं के पास पढ़ाई-लिखाई तथा व्यावसायिक प्रशिक्षण के अवसर नहीं थे। केवल कुलीनों की लड़कियाँ अथवा तीसरे एस्टेट के धनी परिवारों की लड़कियाँ ही कॉन्वेंट में पढ़ पाती थीं। इसके बाद उनकी शादी कर दी जाती थी।

महिलाओं ने अपने हितों की हिमायत करने और उन पर चर्चा करने के लिए खुद के राजनीतिक क्लब शुरू किए और अखबार निकाले। फ्रांस के विभिन्न नगरों में महिलाओं के लगभग 60 क्लब अस्तित्व में आए। उनमें 'द सोसाइटी ऑफ रिवोल्यूशनरी एंड रिपब्लिकन विमेन' सबसे मशहूर क्लब था। उनकी एक प्रमुख माँग यह थी कि महिलाओं को पुरुषों के समान राजनीतिक अधिकार प्राप्त होने चाहिए।

(i) फ्रांसीसी समाज में किन महिलाओं को शिक्षित होने का अधिकार था? (1)

**उत्तर** फ्रांसीसी समाज में केवल कुलीनों की लड़कियाँ अथवा तीसरे एस्टेट के धनी परिवारों की लड़कियों को ही कॉन्वेंट स्कूलों में शिक्षित होने का अधिकार था। इसके बाद उनकी शादी कर दी जाती थी।

(ii) अठारहवीं सदी में फ्रांसीसी महिलाओं को कब निराशा का सामना करना पड़ा? (1)

**उत्तर** अठारहवीं सदी में फ्रांसीसी महिलाओं को तब निराशा का सामना करना पड़ा, जब उन्हें निष्क्रिय नागरिकों का दर्जा दिया गया, क्योंकि उससे पहले महिलाओं ने मताधिकार असेंबली के लिए चुने जाने तथा राजनीतिक पदों की माँग रखी, क्योंकि उनका मानना था कि नई सरकार में उनके हितों का प्रतिनिधित्व हो पाएगा।

(iii) फ्रांसीसी सरकार ने महिलाओं से संबंधित कौन-से कार्य किए? (2)

**उत्तर** अठारहवीं सदी में फ्रांसीसी सरकार ने महिलाओं के जीवन में सुधार लाने वाले कुछ कानून लागू किए तथा सरकारी विद्यालयों की स्थापना के साथ ही सभी लड़कियों के लिए स्कूली शिक्षा को अनिवार्य कर दिया। अब उनके पिता उन्हें उनकी मर्जी के खिलाफ शादी के लिए बाध्य नहीं कर सकते थे। शादी को स्वैच्छिक अनुबंध माना गया और नागरिक कानूनों के अंतर्गत उनका पंजीकरण किया जाने लगा।

**35.** निर्धनता रेखा से नीचे के लोगों का अनुपात भी भारत में सभी सामाजिक समूहों और आर्थिक वर्गों में एकसमान नहीं है। जो सामाजिक समूह निर्धनता के प्रति सर्वाधिक असुरक्षित हैं, वे अनुसूचित जाति और अनुसूचित जनजाति के परिवार हैं। इसी प्रकार, आर्थिक समूहों में सर्वाधिक असुरक्षित समूह, ग्रामीण कृषि श्रमिक परिवार और नगरीय अनियत मजदूर परिवार हैं। यद्यपि निर्धनता रेखा के नीचे के लोगों का औसत भारत में सभी समूहों के लिए 22 है।

अनुसूचित जनजातियों के 100 में से 43 लोग अपनी मूल आवश्यकताओं को पूरा करने में असमर्थ हैं। इसी तरह नगरीय क्षेत्रों में 34% अनियत मजदूर निर्धनता रेखा के नीचे हैं। लगभग 34% अनियत कृषि श्रमिक ग्रामीण क्षेत्र में और 29% अनुसूचित जातियाँ भी निर्धन हैं।

(i) वर्ष 1990 के पश्चात् भारत में किस वर्ग में निर्धनता में कमी आई थी? (1)

**उत्तर** वर्ष 1990 के पश्चात् भारत के अनुसूचित जाति, ग्रामीण कृषि श्रमिक तथा शहरी अनियमित मजदूर परिवारों की निर्धनता में कमी आई थी।

(ii) निर्धन परिवार के सदस्यों को किन समस्याओं का सामना करना पड़ता है? (1)

**उत्तर** निर्धन परिवार के सदस्य को शिक्षा, स्वास्थ्य तथा आवास सभी स्तरों पर समस्याओं का सामना करना पड़ता है। निर्धन परिवार के बच्चों, महिलाओं तथा वृद्धों को अधिक समस्याओं का सामना करना पड़ता है। निर्धनता के कारण निर्धन परिवार के बच्चे अशिक्षित तथा कुपोषित रह जाते हैं तथा वृद्ध तथा महिलाएँ चिकित्सा सुविधा प्राप्त न होने के कारण विभिन्न रोगों से ग्रसित हो जाते हैं।

(iii) भारत में अंतर्राज्यीय असमानताओं से आप क्या समझते हैं? (2)

**उत्तर** भारत के प्रत्येक राज्य में निर्धन लोगों का अनुपात एक समान नहीं है। हालाँकि 1970 के दशक के प्रारंभ में राज्य स्तरीय निर्धनता में सुदीर्घकालिक कमी हुई है, लेकिन भारत में निर्धनता कम करने में सफलता की दर विभिन्न राज्यों में अलग-अलग है। वर्ष 2011-12 में भारत में निर्धनता अनुपात 22% था, जो किसी राज्य से अधिक तथा किसी राज्य से कम था।

**36.** जनसंख्या में होने वाले परिवर्तन की तीन मुख्य प्रक्रियाएँ हैं—जन्म दर, मृत्यु दर एवं प्रवास। जन्म दर एवं मृत्यु दर के बीच का अंतर जनसंख्या की प्राकृतिक वृद्धि है। एक वर्ष में प्रति हजार व्यक्तियों में जितने जीवित बच्चों का जन्म होता है, उसे 'जन्म दर' कहते हैं। यह वृद्धि का एक प्रमुख घटक है, क्योंकि भारत में हमेशा जन्म दर, मृत्यु दर से अधिक रहा है। जनसंख्या वृद्धि का तीसरा घटक है प्रवास। लोगों का एक क्षेत्र से दूसरे क्षेत्र में चले जाने को प्रवास कहते हैं। प्रवास आंतरिक (देश के भीतर) या अंतर्राष्ट्रीय (देशों के बीच) हो सकता है। आंतरिक प्रवास जनसंख्या के आकार में कोई परिवर्तन नहीं लाता है, लेकिन यह एक देश के भीतर जनसंख्या के वितरण को प्रभावित करता है। प्रवास जनसंख्या परिवर्तन का एक महत्त्वपूर्ण घटक है। यह केवल जनसंख्या के आकार को ही प्रभावित नहीं करता, बल्कि उम्र एवं लिंग के दृष्टिकोण से नगरीय एवं ग्रामीण जनसंख्या की संरचना को भी परिवर्तित करता है।

(i) वर्ष 1980 में भारत की जनसंख्या वृद्धि का क्या कारण था? (1)

**उत्तर** वर्ष 1980 तक भारत में उच्च जन्म दर एवं मृत्यु दर में लगातार गिरावट के कारण जन्म दर तथा मृत्यु दर में काफी बड़ा अंतर आ गया, इसके कारण जनसंख्या वृद्धि दर अधिक हो गई थी।

(ii) भारत में अधिकतर प्रवास ग्रामीण क्षेत्रों से शहरी क्षेत्रों की ओर क्यों होता है? (2)

**उत्तर** भारत में अधिकतर प्रवास ग्रामीण से शहरी क्षेत्रों की ओर इसलिए होता है, क्योंकि ग्रामीण क्षेत्रों में अपकर्षण कारक प्रभावी होते हैं। ये ग्रामीण क्षेत्रों में गरीबी एवं बेरोजगारी की प्रतिकूल अवस्थाएँ हैं तथा नगर का अभिकर्षण प्रभाव रोजगार में वृद्धि एवं अच्छे जीवन को दर्शाता है।

(iii) जनसंख्या वितरण एवं उसके घटक को परिवर्तित करने में किसकी भूमिका होती है? (1)

**उत्तर** जनसंख्या वितरण एवं उसके घटक को परिवर्तित करने में प्रवास की महत्त्वपूर्ण भूमिका होती है।

## खंड 'च'

**37.** (i) फ्रांस के रूपरेखीय मानचित्र पर दो बंदरगाह A व B के रूप में अंकित हैं। उनकी पहचान करके नामांकित कीजिए (2)

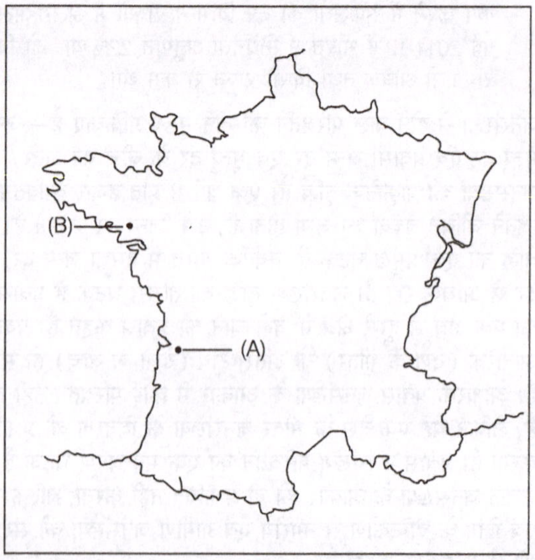


**उत्तर**

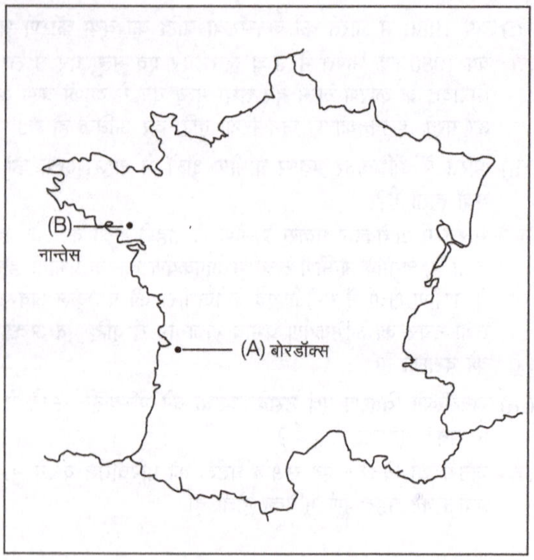


(ii) भारत के मानचित्र पर निम्नलिखित में से किन्हीं तीन को पहचानकर चिह्नित कीजिए (3)

(a) राज्य जिसकी राजधानी जयपुर है।

(b) कंचनजंघा

(c) ओडिशा की झील

(d) गुजरात की राजधानी

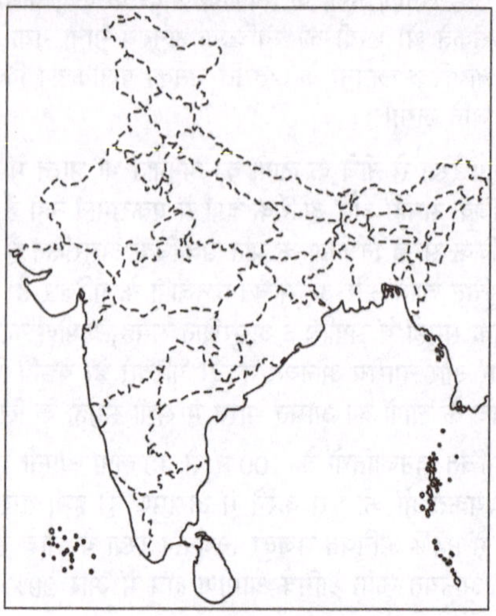

**उत्तर**

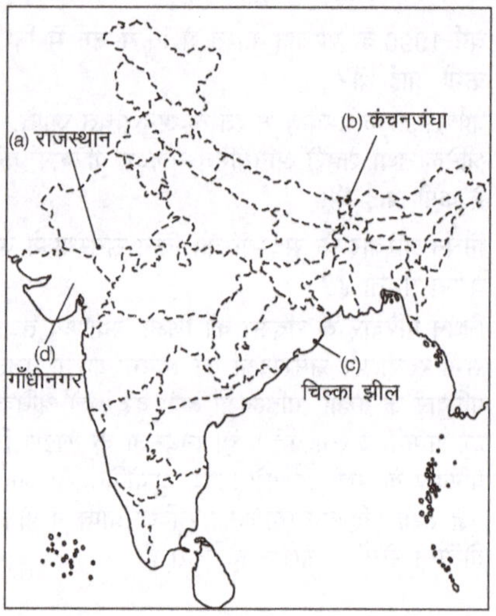

# सैंपल पेपर 2

व्याख्या रहित (कक्षा 9)

# सामाजिक विज्ञान

**निर्देश** *1. प्रश्न-पत्र में छः खंड दिए गए हैं—क, ख, ग, घ, ङ और च। प्रश्न-पत्र में कुल 37 प्रश्न दिए गए हैं। सभी प्रश्न करने अनिवार्य हैं।*

*2. खंड क—प्रश्न सं. 1 से 20 तक वस्तुनिष्ठ प्रश्न हैं। प्रत्येक प्रश्न 1 अंक का है।*

*3. खंड ख—प्रश्न सं. 21 से 24 तक अतिलघु उत्तरीय प्रश्न हैं, जिनका उत्तर 40 शब्दों में देना है। प्रत्येक प्रश्न 2 अंक का है।*

*4. खंड ग—प्रश्न सं. 25 से 29 तक लघु उत्तरीय प्रश्न हैं, जिनका उत्तर अधिकतम 60 शब्दों में देना है। प्रत्येक प्रश्न 3 अंक का है।*

*5. खंड घ—प्रश्न सं. 30 से 33 तक दीर्घ उत्तरीय प्रश्न हैं, जिनका उत्तर अधिकतम 120 शब्दों में देना है। प्रत्येक प्रश्न 5 अंक का है।*

*6. खंड ङ—प्रश्न सं. 34 से 36 तक स्रोत आधारित प्रश्न हैं। प्रत्येक प्रश्न 4 अंक का है।*

*7. खंड च—प्रश्न 37 मानचित्र पर आधारित है। प्रश्न 5 अंक का है, जो दो भागों—इतिहास (2 अंक) तथा भूगोल (3 अंक) में बँटा हुआ है।*

*8. प्रश्न-पत्र में कोई समग्र विकल्प नहीं है। हालाँकि कुछ प्रश्नों में एक आंतरिक विकल्प दिया गया है। ऐसे प्रश्नों में से केवल एक ही प्रश्न किया जाएगा।*

*9. इसके अतिरिक्त जहाँ आवश्यक है, वहाँ प्रत्येक खंड और प्रश्न के साथ निर्देश दिए गए हैं।*

---

*समय* : 3 घंटे — *पूर्णांक* : 80

---

## खंड 'क'

**1.** रूस में किस क्रांति के समय अंतर्राष्ट्रीय महिला दिवस मनाने की घोषणा की गई थी? (1)

(a) फरवरी की क्रांति (b) मार्च की क्रांति
(c) अक्टूबर की क्रांति (d) नवंबर की क्रांति

**2.** पालमपुर गाँव में कितने प्राथमिक विद्यालय हैं? (1)

(a) एक (b) दो
(c) तीन (d) चार

**3.** एक चरम स्थिति, जिसमें आजीविका के मूल साधन खतरे में हैं, के रूप में जाना जाता है? (1)

(a) निर्वाह संकट (b) जीवित रहने के लिए संघर्ष
(c) आर्थिक संकट (d) उपरोक्त में से कोई नहीं

**4.** सुमेलित कीजिए (1)

| सूची I | सूची II |
|---|---|
| A. एच सी मुखर्जी | 1. भारतीय जनसंघ की स्थापना |
| B. सरोजिनी नायडू | 2. बंगाल विधानसभा के सदस्य |
| C. श्यामा प्रसाद मुखर्जी | 3. उत्तर प्रदेश की प्रथम राज्यपाल |

**कूट**

| | A | B | C |
|---|---|---|---|
| (a) | 3 | 2 | 1 |
| (b) | 2 | 3 | 1 |
| (c) | 1 | 3 | 2 |
| (d) | 3 | 1 | 2 |

**5.** निम्नलिखित में से कौन सही सुमेलित नहीं है? (1)

| वन प्रकार | | प्रजाति |
|---|---|---|
| (a) उष्णकटिबंधीय वन | – | सागौन |
| (b) शुष्क पर्णपाती वन | – | नीम |
| (c) आर्द्र पर्णपाती वन | – | देवदार |
| (d) पर्वतीय वन | – | रोजवुड |

**6.** भारत के उत्तर-पश्चिमी क्षेत्रों में दिन के समय चलने वाली पवन कहलाती है

(a) आर्द्र पवनें (b) लू पवनें
(c) मानसूनी पवनें (d) व्यापारिक पवनें

**7.** निम्नलिखित कथनों की सहायता से सही व्यक्तित्व की पहचान करें (1)

- ये सभी के लिए राजनीतिक, सामाजिक और आर्थिक समानता चाहते थे।
- इन्हें भारतीय संविधान के पिता के रूप में जाना जाता है।
- इन्हें भारत का पहला कानून मंत्री बनाया गया था।

(a) कन्हैयालाल माणिकलाल (b) भीमराव अंबेडकर
(c) बलदेव सिंह (d) सोमनाथ लाहिड़ी

**8.** भारत का कौन-सा जीवमंडल निचय विश्व के जीवमंडल निचयों से लिया गया है? (1)

(a) मानस (b) मन्नार की खाड़ी
(c) नीलगिरि (d) नंदादेवी

**9.** निम्नलिखित में से कौन-सा कथन पश्चिमी और पूर्वी घाट से संबंधित नहीं है? (1)

(a) दक्कन के पठार के पूर्वी एवं पश्चिमी सिरे पर क्रमशः पूर्वी एवं पश्चिमी घाट स्थित हैं
(b) पश्चिम घाट, पश्चिमी तट के समानांतर है
(c) पश्चिम घाट का सबसे ऊँचा शिखर महेंद्रगिरि है
(d) पूर्वी घाट का विस्तार महानदी घाटी से दक्षिण में नीलगिरि तक है

**10.** निम्नलिखित चित्र रूसी क्रांति के द्वारा खेती की प्रणाली को अभिव्यक्त करता है (1)

(a) खेती का विकेंद्रीकरण
(b) खेती का केंद्रीकरण
(c) खेती का सामूहिकीकरण
(d) आधुनिक खेती

**11.** निम्नलिखित में से कौन-सा/से कथन प्रधानमंत्री से संबंधित है/हैं? (1)

1. प्रधानमंत्री सरकार का मुखिया होता है।
2. प्रधानमंत्री सरकार की सभी शक्तियों का औपचारिक प्रयोग करता है।
3. प्रधानमंत्री का कार्यकाल निश्चित नहीं होता है।

**कूट**

(a) 1 और 2 (b) 2 और 3
(c) 1 और 3 (d) ये सभी

**12.** दी गई सारणी का अध्ययन करें तथा बताएँ कि वर्ष 2010-11 से 2012-13 के बीच विश्वविद्यालयों की संख्या में कितनी वृद्धि हुई?

उच्च शिक्षा के संस्थानों की संख्या, नामांकन तथा संकाय (1)

| वर्ष | महाविद्यालयों की संख्या | विश्वविद्यालयों की संख्या | विद्यार्थी |
|---|---|---|---|
| 2010-11 | 33023 | 523 | 18670050 |
| 2012-13 | 37204 | 628 | 22302938 |
| 2014-15 | 40760 | 711 | 26585437 |

(a) 95 (b) 1000
(c) 94 (d) 96

**13.** नीचे दी गई सूचना का अध्ययन कर सही विकल्प का चयन करें

सहायिकी (सब्सिडी) वह भुगतान है, जो सरकार द्वारा किसी उत्पादक को बाजार कीमत की अनुपूर्ति के लिए किया जाता है। सहायिकी से घरेलू उत्पादकों के लिए ऊँची आय कायम रखते हुए, उपभोक्ता को कम किया जा सकता है। (1)

सब्सिडी दी जाती है

(a) उत्पादक को बाजार कीमत की आपूर्ति के लिए
(b) उत्पादक को थोक कीमत की अनुपूर्ति के लिए
(c) उत्पादक को खुदरा कीमत की अनुपूर्ति के लिए
(d) उपरोक्त सभी

**14.** निम्नलिखित में से कौन-सा कथन भारत में आरक्षित निर्वाचन क्षेत्र से संबंधित नहीं है? (1)

(a) भारत में केवल अनुसूचित जाति के लिए चुनाव आरक्षित क्षेत्र है
(b) भारत में चुनाव आरक्षित क्षेत्र से किसी भी जाति का सदस्य चुनाव लड़ सकता है
(c) भारत में अनुसूचित जाति/अनुसूचित जनजाति की जनसंख्या के आधार पर आरक्षित क्षेत्र का निर्माण किया जाता है
(d) भारत में जातिगत आरक्षित क्षेत्रों की अवधारणा वर्ष 2000 के पश्चात् आई थी

**15.** बीपीएल (बिलो पॉवर्टी लाइन) निम्न में से किस वर्ग के लिए है? (1)

(a) निर्धन लोगों के लिए (b) गरीबी रेखा के नीचे के लिए
(c) अंत्योदय वर्ग के लिए (d) गरीब परिवार के लिए

**16.** **कथन** (A) विश्व खाद्य शिखर सम्मेलन वर्ष 1995 में सक्रिय स्वस्थ जीवन एवं पौष्टिकता पर जोर दिया गया। (1)

**कारण** (R) वर्ष 2015-16 में कुल अनाजों का उत्पादन 252.22 करोड़ टन था।

**कूट**

(a) A और R दोनों सत्य हैं तथा R, A की सही व्याख्या है
(b) A और R दोनों सत्य है, परंतु R, A की सही व्याख्या नहीं है
(c) A सत्य है, किंतु R असत्य है
(d) A असत्य है, किंतु R सत्य है

**17.** निम्नलिखित में से कौन-सा कथन द्वितीय विश्वयुद्ध से संबंधित है? (1)

1. द्वितीय विश्वयुद्ध की शुरुआत वर्ष 1939 में जर्मनी द्वारा पोलैंड पर आक्रमण से हुई है।
2. द्वितीय विश्वयुद्ध के अंतर्गत वर्ष 1940 में जर्मनी इटली तथा जापान के मध्य त्रिपक्षीय संधि हुई थी।
3. द्वितीय विश्वयुद्ध वर्ष 1946 में समाप्त हुआ था।

**कूट**

(a) 1 और 2 (b) 1 और 3
(c) 2 और 3 (d) ये सभी

**18.** निम्नलिखित झीलों को उत्तर से दक्षिण के क्रम में व्यवस्थित करें (1)

1. चिल्का झील 2. कोलेरू झील
3. सांभर झील 4. पुलिकट झील

**कूट**

(a) 1, 2, 3, 4 (b) 4, 3, 2, 1
(c) 3, 1, 2, 4 (d) 1, 4, 3, 2

**19.** निम्नलिखित में से कौन एक निर्धनता के कारण से संबंधित नहीं है? (1)

(a) स्वतंत्रता के पश्चात् कई वर्षों तक आर्थिक विकास का कम होना
(b) हरित क्रांति का कुछ राज्यों तक सीमित होना
(c) भूमि सुधार का ठीक से लागू होना
(d) सार्वजनिक और निजी क्षेत्रों के रोजगार का पर्याप्त सर्जन न होना

**20.** निम्नलिखित में से कौन-सा युग्म सही सुमेलित है? (1)

(b) मित्र राष्ट्र – ब्रिटेन, फ्रांस
(b) धुरी राष्ट्र – सोवियत संघ, अमेरिका, जर्मनी इटली, जापान
(c) सर्वहाराकरण – आर्थिक स्थिति में कमी के कारण मजदूर वर्ग में पहुँचना
(d) घेटो – समुदायों को एकसाथ रखना

## खंड 'ख'

**21.** 'एक व्यक्ति एक वोट' का विचार रूसो की किस पुस्तक में है? (2)

**22.** वितरिका किसे कहा जाता है? (2)

**23.** लोकतंत्र में गुणवत्ता वाले निर्णयों की संभावना क्यों होती है? (2)

**24.** निर्धनता रेखा का आकलन सामान्यत: कितने वर्ष पर किया जाता है? (2)

*अथवा*

प्रधानमंत्री रोजगार योजना का उद्देश्य क्या हैं? (2)

## खंड 'ग'

**25.** 18वीं सदी के उत्तरार्द्ध में फ्रांसीसी समाज को स्पष्ट कीजिए। (3)

**26.** तापी द्रोणी तथा नर्मदा नदी के प्रमुख लक्षण लिखें। (3)

*अथवा* झीलों का क्या महत्त्व हैं? (3)

**27.** लोकतंत्र की महत्त्वपूर्ण तीन विशेषताएँ बताइए। (3)

**28.** शिक्षित माता-पिता अपने बच्चों की शिक्षा पर भारी निवेश क्यों करते हैं? कारण बताइए। (3)

**29.** मौसमी बेरोजगारी क्या है? मौसमी बेरोजगारी के लिए उत्तरदायी कारक कौन-से हैं? (3)

## खंड 'घ'

**30.** हिटलर के उदय होने के प्रमुख कारणों की व्याख्या कीजिए। (5)

*अथवा* वर्साय की संधि की मुख्य धाराएँ क्या थीं? (5)

**31.** राष्ट्रीय आय में मूल्यवर्द्धन करने वाली गतिविधियों को कितने क्षेत्रों में वर्गीकृत किया गया बताइए। (5)

*अथवा* बेरोजगारी से आप क्या समझते हो? विभिन्न प्रकार की बेरोजगारी के बारे में भी चर्चा करें। (5)

**32.** भारतीय चुनाव आयोग शक्तिशाली संस्था है, व्याख्या कीजिए। (5)

*अथवा* चुनाव प्रक्रिया का विस्तृत वर्णन कीजिए। (5)

**33.** प्रायद्वीपीय भारत की नदियों का विस्तृत विवरण दें। (5)

*अथवा* भारत जैसी कृषि अर्थव्यवस्था में नदियों की भूमिका रेखांकित करें। (5)

## खंड 'ङ'

**34.** निम्नलिखित स्रोतों को ध्यानपूर्वक पढ़कर उन पर आधारित प्रश्नों के उत्तर दीजिए (4)

चुनावों का मुख्य उद्देश्य लोगों को अपनी पसंद के प्रतिनिधियों, सरकार और नीतियों का चुनाव करने का अवसर देना है, इसलिए कौन प्रतिनिधि बेहतर है, कौन पार्टी अच्छी सरकार देगी या अच्छी नीति कौन-सी है? इस बारे में स्वतंत्र और खुली चर्चा भी बहुत जरूरी है। चुनाव अभियान के दौरान यही होता है। हमारे देश में उम्मीदवारों की अंतिम सूची की घोषणा होने और मतदान की तारीख के बीच आमतौर पर दो सप्ताह का समय चुनाव प्रचार के लिए दिया जाता है। इस अवधि में उम्मीदवार मतदाताओं से संपर्क करते हैं, राजनेता चुनावी सभाओं में भाषण देते हैं और राजनैतिक पार्टियाँ अपने समर्थकों को सक्रिय करती हैं। इसी अवधि में अखबार और टीवी चैनलों पर चुनाव से जुड़ी खबरें और बहसें भी होती हैं। पर असल में चुनाव अभियान सिर्फ दो हफ्ते नहीं चलता। राजनैतिक दल चुनाव होने के महीनों पहले से इसकी तैयारियाँ शुरू कर देते हैं।

(i) चुनाव अभियान के दौरान राजनीतिक पार्टी किस प्रकार का कार्य करती है?
(ii) भारतीय राजनीति में किन्हीं दो प्रसिद्ध चुनावी नारों को बताइए।
(iii) लोकतंत्र में राजनैतिक दल के लिए चुनाव प्रचार का उत्तम माध्यम कौन-सा है?

**35.** जनसंख्या वृद्धि का अर्थ होता है, किसी विशेष समय अंतराल में, जैसे 10 वर्षों के भीतर, किसी देश/राज्य के निवासियों की संख्या में परिवर्तन। इस प्रकार के परिवर्तन को दो प्रकार से व्यक्त किया जा सकता है। पहला, सापेक्ष वृद्धि तथा दूसरा, प्रतिवर्ष होने वाले प्रतिशत परिवर्तन के द्वारा। प्रत्येक वर्ष या एक दशक में बढ़ी जनसंख्या, कुल संख्या में वृद्धि का परिमाण है। पहले की जनसंख्या (जैसे 2001 की जनसंख्या) को बाद की जनसंख्या (जैसे 2011 की जनसंख्या) से घटा कर इसे प्राप्त किया जाता है, इसे 'निरपेक्ष वृद्धि' कहा जाता है।

जनसंख्या वृद्धि दर दूसरा महत्त्वपूर्ण पहलू है। इसका अध्ययन प्रतिवर्ष प्रतिशत में किया जाता है, जैसे प्रतिवर्ष 2 प्रतिशत वृद्धि की दर का अर्थ है कि दिए हुए किसी वर्ष की मूल जनसंख्या में प्रत्येक 100 व्यक्तियों पर 2 व्यक्तियों की वृद्धि, इसे 'वार्षिक वृद्धि दर' कहा जाता है। भारत की वर्ष 1951 से 1981 तक जनसंख्या की वार्षिक वृद्धि दर नियमित रूप से बढ़ रही थी। ये जनसंख्या में तीव्र वृद्धि की व्याख्या करता है, जो 1951 में 3.610 लाख से 1981 में 6.830 लाख हो गई।

(i) किस वर्ष से भारत में वृद्धि दर कम होने लगी?
(ii) "भारत की वर्तमान जनसंख्या में वार्षिक वृद्धि संसाधनों एवं पर्यावरण के संरक्षण को निष्क्रिय करने के लिए पर्याप्त है।" कथन की पुष्टि करें।
(iii) भारत की वृद्धि दर में कमी किसे प्रदर्शित करता है?

**36.** वर्ष 1924 से 1928 तक जर्मनी में कुछ स्थिरता रही, लेकिन यह स्थिरता मानो रेत के ढेर पर खड़ी थी। जर्मन निवेश और औद्योगिक गतिविधियों में सुधार मुख्यत: अमेरिका से लिए गए अल्पकालिक कर्जों पर आश्रित था। जब वर्ष 1929 में वॉल स्ट्रीट एक्सचेंज (शेयर बाजार) धराशायी हो गया, तो जर्मनी को मिल रही यह मदद भी रातों-रात बंद हो गई। कीमतों में गिरावट की आशंका को देखते हुए लोग धड़ाधड़ अपने शेयर बेचने लगे। 24 अक्टूबर को केवल एक दिन में 1.3 करोड़ शेयर बेच दिए गए। यह आर्थिक महामंदी की शुरुआत थी। वर्ष 1929 से 1932 तक के अगले तीन सालों में अमेरिका की राष्ट्रीय आय केवल आधी रह गई। फैक्ट्रियाँ बंद हो गई थीं, निर्यात गिरता जा रहा था, किसानों की हालत खराब थी और सट्टेबाज बाजार से पैसा खींचते जा रहे थे। अमेरिकी अर्थव्यवस्था में आई इस मंदी का असर दुनिया भर में महसूस किया गया।

(i) आर्थिक मंदी का सबसे नकारात्मक प्रभाव किस देश पर पड़ा?

(ii) आर्थिक मंदी का समाज पर किस प्रकार का प्रभाव पड़ा?

(iii) आर्थिक मंदी के काल में वाइमर गणराज्य की स्थिति किस प्रकार थी?

## खंड 'च'

**37.** (i) विश्व के रूपरेखीय मानचित्र में अंकित प्रथम विश्वयुद्ध की प्रमुख केंद्रीय शक्तियाँ (A) तथा (B) को पहचानकर उनका नाम लिखिए। (2)

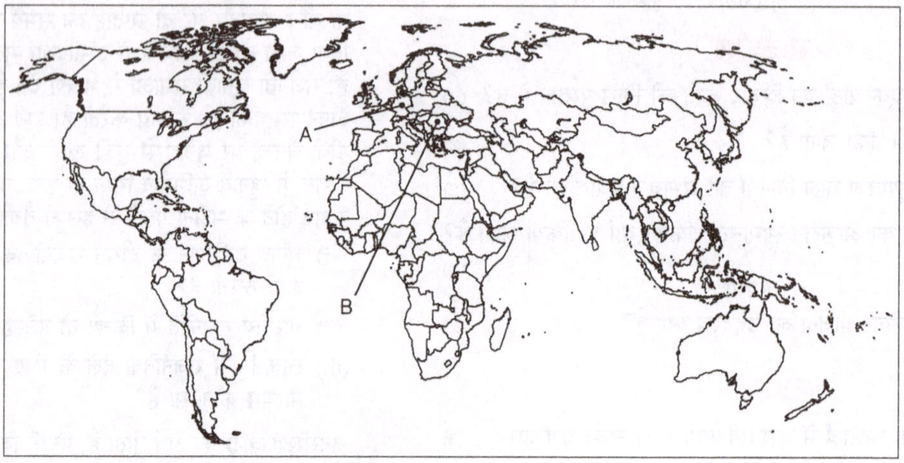


(ii) भारत के मानचित्र पर निम्नलिखित में से किन्हीं तीन को पहचानकर चिह्नित कीजिए (3)

(a) नंगा पर्वत

(b) सांभर झील

(c) सबसे अधिक जनसंख्या घनत्व वाला राज्य

(d) शिलांग का पठार

## उत्तर

| | | | | | | | | | | | | | | | | | | | |
|---|---|---|---|---|---|---|---|---|---|---|---|---|---|---|---|---|---|---|---|
| 1. | (a) | 2. | (b) | 3. | (a) | 4. | (b) | 5. | (b) | 6. | (b) | 7. | (b) | 8. | (d) | 9. | (c) | 10. | (c) |
| 11. | (c) | 12. | (a) | 13. | (a) | 14. | (c) | 15. | (b) | 16. | (b) | 17. | (a) | 18. | (c) | 19. | (c) | 20. | (d) |

# सैंपल पेपर 3

व्याख्या रहित (कक्षा 9)

# सामाजिक विज्ञान

**निर्देश** *1. प्रश्न-पत्र में छः खंड दिए गए हैं—क, ख, ग, घ, ङ और च। प्रश्न-पत्र में कुल 37 प्रश्न दिए गए हैं। सभी प्रश्न करने अनिवार्य हैं।*

*2. खंड क—प्रश्न सं. 1 से 20 तक वस्तुनिष्ठ प्रश्न हैं। प्रत्येक प्रश्न 1 अंक का है।*

*3. खंड ख—प्रश्न सं. 21 से 24 तक अतिलघु उत्तरीय प्रश्न हैं, जिनका उत्तर 40 शब्दों में देना है। प्रत्येक प्रश्न 2 अंक का है।*

*4. खंड ग—प्रश्न सं. 25 से 29 तक लघु उत्तरीय प्रश्न हैं, जिनका उत्तर अधिकतम 60 शब्दों में देना है। प्रत्येक प्रश्न 3 अंक का है।*

*5. खंड घ—प्रश्न सं. 30 से 33 तक दीर्घ उत्तरीय प्रश्न हैं, जिनका उत्तर अधिकतम 120 शब्दों में देना है। प्रत्येक प्रश्न 5 अंक का है।*

*6. खंड ङ—प्रश्न सं. 34 से 36 तक स्रोत आधारित प्रश्न हैं। प्रत्येक प्रश्न 4 अंक का है।*

*7. खंड च—प्रश्न 37 मानचित्र पर आधारित है। प्रश्न 5 अंक का है, जो दो भागों—इतिहास (2 अंक) तथा भूगोल (3 अंक) में बँटा हुआ है।*

*8. प्रश्न-पत्र में कोई समग्र विकल्प नहीं है। हालाँकि कुछ प्रश्नों में एक आंतरिक विकल्प दिया गया है। ऐसे प्रश्नों में से केवल एक ही प्रश्न किया जाएगा।*

*9. इसके अतिरिक्त जहाँ आवश्यक है, वहाँ प्रत्येक खंड और प्रश्न के साथ निर्देश दिए गए हैं।*

*समय : 3 घंटे* | *पूर्णांक : 80*

## खंड 'क'

**1.** उपनिवेशवादियों द्वारा पोचिंग शब्द किसके लिए प्रयोग में लाया जाता था? (1)

(a) सुरक्षित वनों के लिए
(b) शिकार करने के अवैध माध्यम के लिए
(c) झूम खेती के लिए
(d) वन में पारंपरिक गतिविधियों के लिए

**2.** जैकोबिन क्लब में समाज के किस वर्ग के लोग शामिल थे? (1)

(a) कुलीन वर्ग (b) पादरी वर्ग
(c) मध्यम वर्ग (d) कमजोर वर्ग

**3.** धंगर चरवाहा समुदाय के लोग बाजरे की कटाई के बाद किस क्षेत्र में चले जाते थे? (1)

(a) मालाबार क्षेत्र में (b) कोंकण क्षेत्र में
(c) मालवा के क्षेत्र में (d) धंग के क्षेत्र में

**4.** निम्नलिखित में से कौन-सा कथन नमामि गंगे कार्यक्रम से संबंधित है? (1)

(a) यह एकल संरक्षण योजना है
(b) इसे उत्तराखंड राज्य द्वारा क्लैगशिप कार्यक्रम के तहत जून, 2014 में शुरू किया गया था
(c) इस कार्यक्रम का लक्ष्य डॉल्फिन की संख्या को कम करना था
(d) इसका लक्ष्य गंगा का संरक्षण और इसके कायाकल्प का प्रयास करना है

**5.** नीचे दिए गए ग्राफ का अध्ययन कीजिए तथा पूछे गए प्रश्न का उत्तर दीजिए (1)

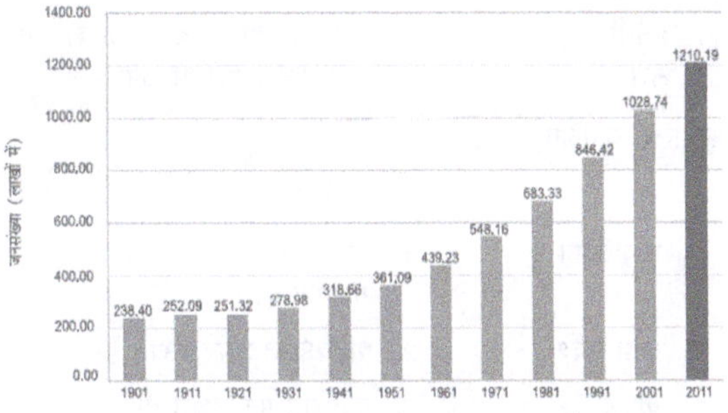


*भारत की कुल जनसंख्या 1901-2011 जनसंख्या (दस लाख में)*

निम्नलिखित में से किस वर्ष में भारत की जनसंख्या कम दर्ज की गई?

(a) वर्ष 1921 (b) वर्ष 1951
(c) वर्ष 1971 (d) वर्ष 1991

**6.** निम्न रिक्त स्थानों को पूरा करे (1)

| नदी तंत्र | विशेषता |
|---|---|
| गंगा नदी तंत्र | हरिद्वार के निकट मैदानी भाग में प्रवेश। |
| ब्रह्मपुत्र नदी तंत्र | ? |

**कूट**
(a) हिमालय श्रृंखला के पश्चिम दिशा में प्रवाह।
(b) भारत में अधिकांश क्षेत्रों में प्रवाह।
(c) गॉर्ज के माध्यम से अरुणाचल प्रदेश में प्रवेश।
(d) भारत के सिक्किम राज्य में प्रवेश।

**7.** निम्नलिखित विशेषताओं के आधार पर राज्य की पहचान करें (1)
- पाकिस्तान से साझा सीमा
- गिर वन्य जीव अभयारण्य
- सरदार पटेल की मूर्ति (सबसे ऊँची)

(a) गुजरात (b) कलकत्ता
(c) दिल्ली (d) मध्य प्रदेश

**8.** भारत एशियाई महाद्वीप का एक विस्तार है (1)
(a) उत्तर की ओर
(b) दक्षिण की ओर
(c) पूर्व की ओर
(d) पश्चिम की ओर

**9.** निम्नलिखित में से कौन-सा कथन यूरोप के उदारवादियों से संबंधित नहीं था? (1)
(a) उदारवादी एक ऐसा राष्ट्र चाहते थे, जहाँ सभी धर्मों को एकसमान सम्मान मिले
(b) उदारवादी, शासकों की नियंत्रित सत्ता के विरोधी थे
(c) उदारवादी अधिकारों को छीनने के विरुद्ध थे
(d) उदारवादी समूह प्रतिनिधित्व पर आधारित निर्वाचित सरकार के पक्ष में थे

**10.** निम्नलिखित युग्मों में से कौन-सा युग्म सुमेलित नहीं है? (1)

| **राष्ट्र** | | **सरकार के प्रकार** |
|---|---|---|
| (a) फ्रांस | – | राजशाही शासन |
| (b) इटली | – | फासीवादी शासन |
| (c) जर्मनी | – | नाजीवादी सरकार का शासन |
| (d) रूस | – | लोकतंत्रवादी सरकार |

**11.** सुमेलित कीजिए (1)

| **सूची I** | **सूची II** |
|---|---|
| A. राजस्थान | 1. कर्क रेखा उससे होकर गुजरती है। |
| B. आंध्र प्रदेश | 2. पश्चिमी तट पर स्थित है। |
| C. केरल | 3. पूर्वी तट पर स्थित है। |
| D. मिजोरम | 4. कर्क रेखा के उत्तर में स्थित है। |

**कूट**

| | A | B | C | D | | A | B | C | D |
|---|---|---|---|---|---|---|---|---|---|
| (a) | 4 | 3 | 2 | 1 | (b) | 1 | 2 | 3 | 4 |
| (c) | 4 | 1 | 2 | 3 | (d) | 3 | 4 | 1 | 2 |

**12.** दी गई सारणी का अध्ययन करें तथा यह बताएँ कि वर्ष 1993-94 से 2004-05 के मध्य निर्धनता अनुपात में गिरावट होने के बावजूद निर्धनों की संख्या कितनी रही? (1)

**भारत में निर्धनता के अनुमान**

| | निर्धनता अनुपात (प्रतिशत) | | | निर्धनों की संख्या (करोड़) | | |
|---|---|---|---|---|---|---|
| **वर्ष** | **ग्रामीण** | **शहरी** | **योग** | **ग्रामीण** | **शहरी** | **संयुक्त योग** |
| 1993-94 | 50 | 32 | 45 | 329 | 75 | 404 |
| 2004-05 | 42 | 26 | 37 | 326 | 81 | 407 |
| 2009-10 | 34 | 21 | 30 | 278 | 76 | 355 |
| 2011-12 | 26 | 14 | 22 | 217 | 53 | 270 |

(a) 407 करोड़ के लगभग (b) 404 करोड़ के लगभग
(c) 326 करोड़ के लगभग (d) 217 करोड़ के लगभग

**13.** नीचे दी गई सूचना को पढ़कर सही विकल्प का चुनाव करें (1)
1970 के दशक में खाद्य सुरक्षा का अर्थ था—'आधारिक खाद्य पदार्थों की सदैव पर्याप्त उपलब्धता', अमर्त्य सेन ने खाद्य सुरक्षा में एक नया आयाम जोड़ा और हकदारियों के आधार खाद्य तक पहुँच पर जोर दिया। हकदारियों का अभिप्राय राज्य या सामाजिक रूप से उपलब्ध कराई गई अन्य पूर्तियों के साथ-साथ उन वस्तुओं से है, जिनका उत्पादन और विनिमय बाजार में किसी व्यक्ति द्वारा किया जा सकता है।
'आधारिक खाद्य पदार्थों की सदैव पर्याप्त उपलब्धता' किसको परिभाषित करता है?
(a) आवास ऋण को (b) खाद्य सुरक्षा को
(c) बाल श्रम को (d) मातृत्व हितलाभ को

**14.** निम्नलिखित में से कौन-से तर्क लोकतंत्र के विपक्ष में हैं? (1)
1. लोकतंत्र में नेता बदलने से अस्थिरता उत्पन्न होती है।
2. लोकतंत्र में नैतिकता के लिए जगह नहीं होती है।
3. लोकतंत्र में चुनावी लड़ाई महत्त्वपूर्ण और खर्चीली होती है।

**कूट**
(a) 1 और 2 (b) 2 और 3
(c) 1 और 3 (d) ये सभी

**15.** विधि पट फ्रांसीसी क्रांति में किसका प्रतीक था? (1)

(a) कानून की पहुँच (b) कानून की बराबरी
(c) कानून का स्पष्ट होना (d) कानून का लिखित होना

**16.** **कथन** (A) किसी अर्थव्यवस्था के समग्र विकास पर बेरोजगारी का अहितकर प्रभाव पड़ता है। (1)
**कारण** (R) बेरोजगारी से आर्थिक बोझ में वृद्धि होती है। कार्यरत् जनसंख्या पर बेरोजगारों की निर्भरता बढ़ती है।

कूट
(a) A और R दोनों सत्य हैं तथा R, A की सही व्याख्या है
(b) A और R दोनों सत्य हैं, परंतु R, A की सही व्याख्या नहीं है
(c) A सत्य है, किंतु R असत्य है
(d) A असत्य है, किंतु B सत्य है

**17.** निम्नलिखित में से कौन-सा युग्म सही सुमेलित है? (1)

| | स्वतंत्रता सेनानी | | जन्मस्थल |
|---|---|---|---|
| (a) | बलदेव सिंह | – | पंजाब |
| (b) | श्यामा प्रसाद मुखर्जी | – | उड़ीसा |
| (c) | भीमराव रामजी अंबेडकर | – | मध्य प्रदेश |
| (d) | जवाहर लाल नेहरू | – | गुजरात |

**18.** विधानसभा चुनाव प्रक्रिया को सही क्रम में लगाइए। (1)

1. मतदान
2. चुनावी प्रक्रिया
3. मुख्यमंत्री की नियुक्ति
4. परिणाम की घोषणा

कूट
(a) 1, 2, 3, 4 (b) 2, 3, 1, 4
(c) 2, 1, 4, 3 (d) 4, 2, 1, 3

**19.** निम्नलिखित खाद्य आपूर्ति योजना को उनके प्रारंभ होने के वर्ष के अनुसार व्यवस्थित करें (1)

1. अंत्योदय अन्न योजना
2. एकीकृत बाल विकास सेवा
3. काम के बदले अनाज
4. खाद्य सुरक्षा अधिनियम

कूट
(a) 2, 3, 1, 4 (b) 3, 2, 1, 4
(c) 4, 3, 2, 1 (d) 2, 1, 3, 4

**20.** निम्नलिखित में से कौन-सा कथन भारत के संबंध में सत्य है? (1)
(a) अरब सागर भारत के दक्षिण-पूर्व में स्थित है
(b) बंगाल की खाड़ी भारत के उत्तर-पश्चिम में स्थित है
(c) नेपाल भारत के उत्तर-पूर्व में स्थित है
(d) अफगानिस्तान भारत के पूर्व में स्थित है

## खंड 'ख'

**21.** फ्रांसीसी संविधान के अनुसार मानव के प्राकृतिक एवं नैसर्गिक अधिकार कौन से हैं? (2)

**22.** उपमहाद्वीप से क्या तात्पर्य है? भारतीय उपमहाद्वीप में स्थित देशों के नाम बताइए। (2)

**23.** 'क्वार की उमस' से क्या आशय है? (2)

*अथवा*

सम जलवायु से क्या तात्पर्य है?

**24.** गणतंत्र में शासनाध्यक्ष को निर्वाचित किया जाता है या मनोनीत। (2)

## खंड 'ग'

**25.** मौसम एवं जलवायु में क्या अंतर है? स्पष्ट करें। (3)

*अथवा*

लू तथा पश्चिमी विक्षोभ में अंतर बतइाए।

**26.** मध्यम वर्ग के उदय के रूप में किसे जाना जाता है? स्पष्ट कीजिए। (3)

**27.** लोकतांत्रिक संविधान के निर्माण के लिए जर्मनी द्वारा किए गए प्रयासों की चर्चा कीजिए। (3)

**28.** कौन-से तीन अधिकार लोकतंत्र में प्रत्येक नागरिक को प्राप्त होते हैं? (3)

**29.** सामाजिक वैज्ञानिकों की दृष्टि में निर्धनता को स्पष्ट कीजिए। (3)

## खंड 'घ'

**30.** फ्रांस की क्रांति विभिन्न दार्शनिकों के विचारों से प्रभावित थी, कुछ प्रमुख दार्शनिकों के विचारों का वर्णन करें। (5)

*अथवा*

फ्रांस में संवैधानिक राजतंत्र के स्थापित हो जाने के बाद कौन-कौन से परिवर्तन हुए? स्पष्ट करें।

**31.** महिला साक्षरता और जनसंख्या वृद्धि के मध्य संबंध को स्पष्ट कीजिए। (5)

*अथवा*

जनसंख्या वृद्धि क्या है? इसके निर्धारक तत्त्वों की व्याख्या कीजिए।

**32.** राष्ट्रपति कौन होता है? इसकी नियुक्ति कैसे होती है तथा इसकी शक्तियों पर सीमाओं का वर्णन कीजिए। (5)

*अथवा*

प्रधानमंत्री की नियुक्ति कैसे होती है? इसकी पाँच मुख्य शक्तियाँ कौन-सी हैं?

**33.** खाद्य और संबंधित वस्तुओं को उपलब्ध कराने में सहकारी समितियाँ की भूमिका पर एक टिप्पणी लिखें। (5)

*अथवा*

बफर स्टॉक एवं राशन की विस्तृत व्याख्या कीजिए।

## खंड 'ङ'

**34.** बीसवीं सदी की शुरुआत में रूस की आबादी का एक बहुत बड़ा हिस्सा खेती-बाड़ी से जुड़ा हुआ था। रूसी साम्राज्य की लगभग 85% जनता आजीविका के लिए खेती पर ही निर्भर थी। यूरोप के किसी भी देश में खेती पर आश्रित जनता का प्रतिशत इतना नहीं था। उदाहरण के तौर पर, फ्रांस और जर्मनी में खेती पर निर्भर आबादी 40-50 प्रतिशत से ज्यादा नहीं थी। रूसी साम्राज्य के किसान अपनी जरूरतों के साथ-साथ बाजार के लिए भी पैदावार करते थे। रूस अनाज का एक बड़ा निर्यातक था।

उद्योग बहुत कम थे। सेंट पीटर्सबर्ग और मास्को प्रमुख औद्योगिक इलाके थे। हालाँकि ज्यादातर उत्पादन कारीगर ही करते थे, लेकिन कारीगरों की वर्कशॉपों के साथ-साथ बड़े-बड़े कल-कारखाने भी मौजूद थे। बहुत सारे कारखाने 1890 के दशक में चालू हुए थे, जब रूस के रेल नेटवर्क को फैलाया जा रहा था। उसी समय रूसी उद्योगों में विदेशी निवेश भी तेजी से बढ़ा था। इन कारकों के चलते कुछ ही सालों में रूस के कोयला उत्पादन में दोगुना और स्टील

उत्पादन में चार गुना वृद्धि हुई थी। वर्ष 1900 तक कुछ इलाकों में तो कारीगरों और कारखाना मजदूरों की संख्या लगभग बराबर हो चुकी थी। ज्यादातर कारखाने उद्योगपतियों की निजी संपत्ति थे। मजदूरों को न्यूनतम वेतन मिलता रहे और काम की पाली के घंटे निश्चित हों—इस बात का ध्यान रखने के लिए सरकारी विभाग बड़ी फैक्ट्रियों पर नजर रखते थे।

(i) बीसवीं सदी की शुरुआत में रूस की आबादी के एक बड़े हिस्से का मुख्य व्यवसाय ………… था। (1)

(ii) रूस में 1890 के दशक में बहुत सारे कल-कारखानों के चालू होने के पीछे मुख्य कारण क्या था? (1)

(iii) मजदूरों को न्यूनतम वेतन मिलता रहे और काम की पाली के घंटे निश्चित हों—इस बात को ध्यान रखने के लिए निम्न में से कौन नजर रखता था? (2)

**35.** प्रायद्वीपीय पठार एक मेज की आकृति वाला स्थल है, जो पुराने क्रिस्टलीय, आग्नेय तथा रूपांतरित शैलों से बना है। यह गोंडवाना भूमि के टूटने एवं अपवाह के कारण बना था तथा यही कारण है कि यह प्राचीनतम भू-भाग का एक हिस्सा है। इस पठारी भाग में चौड़ी तथा छिछली घाटियाँ एवं गोलाकार पहाड़ियाँ हैं। इस पठार के दो मुख्य भाग हैं—'मध्य उच्चभूमि' तथा 'दक्कन का पठार'। नर्मदा नदी के उत्तर में प्रायद्वीपीय पठार का वह भाग, जो कि मालवा पठार के अधिकतर भागों पर फैला है।

उसे मध्य उच्चभूमि के नाम से जाना जाता है। विंध्य शृंखला दक्षिण में सतपुड़ा शृंखला तथा उत्तर-पश्चिम में अरावली से घिरी है। पश्चिम में यह धीरे-धीरे राजस्थान के बलुई तथा पथरीले मरुस्थल से मिल जाता है। इस क्षेत्र में बहने वाली नदियाँ चंबल, सिंधु, बेतवा तथा केन दक्षिण-पश्चिम से उत्तर-पूर्व की तरफ बहती हैं, इस प्रकार ये इस क्षेत्र के ढाल को दर्शाती हैं।

(i) मध्य उच्चभूमि की अवस्थिति और विस्तार से आप क्या समझते हैं? (1)

(ii) भारत में दक्षिण के पठार की अवस्थिति को समझाइए। (1)

(iii) दक्कन पठार के पूर्वी तथा पश्चिमी सिरे पर क्या स्थित है? (2)

**36.** रंगभेद नस्ली भेदभाव पर आधारित उस व्यवस्था का नाम है, जो दक्षिण अफ्रीका में विशिष्ट तौर पर चलाई गई। दक्षिण अफ्रीका पर यह व्यवस्था यूरोप के गोरे लोगों ने लादी थी। 17वीं और 18वीं सदी में व्यापार करने आई यूरोप की कंपनियों ने दक्षिण अफ्रीका को भी उसी तरह हथियारों और जोर-जबर्दस्ती से गुलाम बनाया जैसे भारत को। पर भारत से उलट काफी बड़ी संख्या में गोरे लोग दक्षिण अफ्रीका में बस गए और उन्होंने स्थानीय शासन को अपने हाथों में ले लिया। रंगभेद की राजनीति ने लोगों को उनकी चमड़ी के रंग के आधार पर बाँट दिया। दक्षिण अफ्रीका के स्थानीय लोगों की चमड़ी का रंग काला होता है। आबादी में उनका हिस्सा तीन-चौथाई है और उन्हें 'अश्वेत' कहा जाता था। श्वेत और अश्वेतों के अलावा वहाँ मिश्रित नस्लों जिन्हें 'रंगीन' चमड़ी वाला कहा जाता था और भारत से गए लोग भी थे।

(i) रंगभेद की शासकीय नीति अश्वेतों के लिए किस प्रकार की थी? (1)

(ii) रंगभेद की शासकीय नीति के अंतर्गत अश्वेतों को कहाँ-कहाँ भेदभाव का शिकार होना पड़ता था? (1)

(iii) वर्ष 1950 में अश्वेत लोगों ने रंगभेद नीति के खिलाफ कौन-से कार्य किए? (2)

## खंड 'च'

**37.** (i) विश्व के रूपरेखीय मानचित्र में अंकित A व B प्रथम विश्वयुद्ध के प्रमुख देश (शक्तियाँ) हैं। इनकी पहचान करके नाम लिखिए। (2)

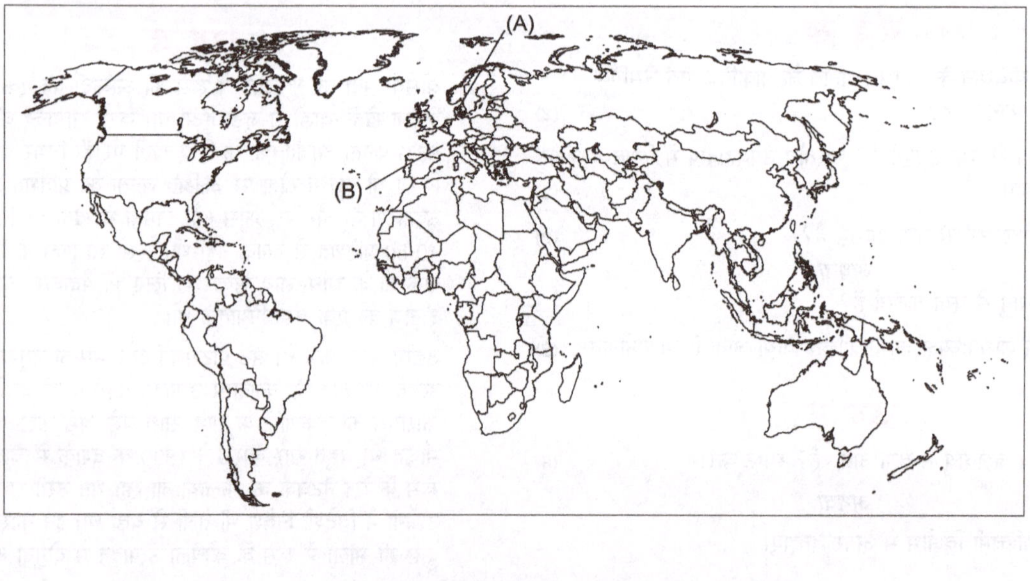

(ii) दिए गए भारत के मानचित्र में निम्नलिखित में से किन्हीं तीन को चिह्नित करें (3)

(a) गंगा नदी (b) वूलर झील (c) 20 सेमी से कम वर्षा वाले क्षेत्र

(d) सबसे कम जनसंख्या घनत्व वाला राज्य

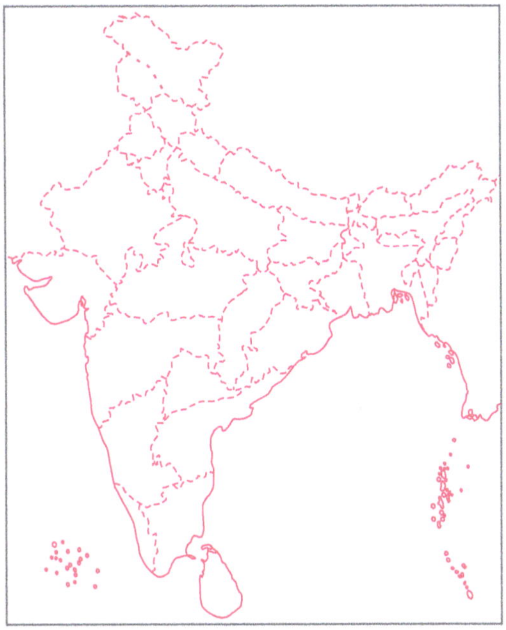

## उत्तर

| | | | | | | | | | | | | | | | | | | | |
|---|---|---|---|---|---|---|---|---|---|---|---|---|---|---|---|---|---|---|---|
| **1.** | (b) | **2.** | (d) | **3.** | (b) | **4.** | (d) | **5.** | (a) | **6.** | (c) | **7.** | (a) | **8.** | (b) | **9.** | (b) | **10.** | (d) |
| **11.** | (a) | **12.** | (a) | **13.** | (b) | **14.** | (d) | **15.** | (b) | **16.** | (a) | **17.** | (c) | **18.** | (c) | **19.** | (a) | **20.** | (c) |